Windows 10

Das große Handbuch

von
Walter Saumweber

Liebe Leserin, lieber Leser,

sei es, dass Sie als überzeugter Windows-XP-Anwender nun nicht mehr um den Computerneukauf herumgekommen sind, dass Sie sich von Windows 7 halb freiwillig, halb hoffnungsfroh verabschieden oder dass Sie einfach das Update von Windows 8 in Anspruch nehmen – etliche von Ihnen haben das neue Windows 10 sicherlich schon lang ersehnt, andere sehen ihm durchaus auch mit gemischten Gefühlen entgegen, zu groß war die Verunsicherung, die die negative Presse zum Vorgänger ausgelöst hat.

Ich kann Ihnen nicht versprechen, dass Windows 10 all Ihre persönlichen Erwartungen einlösen wird, eines aber kann ich Ihnen garantieren: Mit den Ausführungen unseres Experten holen Sie das Maximum aus Ihrem System heraus und sind dabei immer auf der sicheren Seite. Walter Saumweber hat Windows 10 bis ins letzte Detail unter die Lupe genommen und ist dabei alles andere als unkritisch. Wenn er Systemfunktionen nicht sinnvoll und praktikabel findet, sucht er nach hilfreichen Alternativen und zeigt Ihnen, wie Sie dort einfacher, schneller oder auch sicherer ans Ziel kommen. Dabei richtet er sich an alle Anwender – vom Einsteiger bis zum Power-User. Sie lernen sämtliche Anwendungen kennen und setzen diese mithilfe der Schrittanleitungen gleich in der Praxis um: E-Mails, Fotos, Filme, Spiele, Musik, Internet und Onlinespeicher. Auch die Grundlagen werden verständlich vermittelt: vom neuen Startmenü, den Programmen und Apps über den aktuellen Browser bis zur Systemsteuerung und dem Anschluss von Geräten. Präzise und anschaulich zeigt er Ihnen, wie Sie Dateien und Einstellungen von anderen Computern übertragen, den Explorer effektiv nutzen, Daten vor fremdem Zugriff schützen, Benutzerkonten einrichten oder die Systemwiederherstellung einsetzen. Und mit den Praxisanleitungen gelingen Ihnen mit Sicherheit auch anspruchsvollere Aufgaben wie das Einrichten von Netzwerken oder virtuellen Systemen ganz leicht.

Dieses Buch wurde mit größter Sorgfalt geschrieben und hergestellt. Sollten Sie dennoch einmal einen Fehler finden oder inhaltliche Anregungen haben, freue ich mich, wenn Sie mit mir in Kontakt treten. Für Kritik bin ich dabei ebenso offen wie für lobende Worte. Doch nun möchte ich Sie nicht länger aufhalten, sicher wollen Sie Ihr neues Windows gleich ausprobieren. Dabei wünsche ich Ihnen viel Spaß und Erfolg!

Ihre Isabella Bleissem
Lektorat Vierfarben

isabella.bleissem@vierfarben.de
www.facebook.com/vierfarben

Auf einen Blick

Sie haben Fragen, Wünsche oder Anregungen zum Buch?
Gerne sind wir für Sie da:

Anmerkungen zum Inhalt des Buches: isabella.bleissem@vierfarben.de
Bestellungen und Reklamationen: service@vierfarben.de
Rezensions- und Schulungsexemplare: sophie.herzberg@vierfarben.de

An diesem Buch haben viele mitgewirkt, insbesondere:

Lektorat Isabella Bleissem
Korrektorat Marita Böhm, München
Herstellung Janina Brönner
Einbandgestaltung Janina Conrady
Typografie und Layout Vera Brauner
Satz Reemers Publishing Services GmbH, Krefeld
Druck C.H. Beck, Nördlingen

Gesetzt wurde dieses Buch aus der ITC Charter (10,25 pt/14 pt) in Adobe InDesign CC 2014.
Und gedruckt wurde es auf ungestrichenem Offsetpapier (80 g/m²).
Hergestellt in Deutschland.

Bibliografische Information der Deutschen Nationalbibliothek
Die Deutsche Nationalbibliothek verzeichnet diese Publikation in der Deutschen Nationalbibliografie; detaillierte bibliografische Daten sind im Internet über http://dnb.d-nb.de abrufbar.

ISBN 978-3-8421-0162-3

© Vierfarben, Bonn 2016
1. Auflage 2016

Vierfarben ist ein Verlag der Rheinwerk Verlag GmbH
Rheinwerkallee 4, 53227 Bonn
www.vierfarben.de

Der Verlagsname Vierfarben spielt an auf den Vierfarbdruck, eine Technik zur Erstellung farbiger Bücher. Der Name steht für die Kunst, die Dinge einfach zu machen, um aus dem Einfachen das Ganze lebendig zur Anschauung zu bringen.

Inhalt

Teil V   Geräte, Sicherheit und Troubleshooting

Teil VI   Spezialitäten für Power-User

TEIL I
Start mit Windows 10

1   Windows 10 installieren

In diesem Kapitel erfahren Sie alles, was Sie im Hinblick auf die Installation und Inbetriebnahme von Windows 10 wissen sollten. Wenn Sie die Absicht haben, das Buch
komplett vom Anfang bis zum Ende durchzulesen, um sich mit Windows 10 vertraut
zu machen, Sie aber bereits Windows 10 auf Ihrem Computer installiert haben – z. B.
weil Ihr Notebook oder Ihr Tablet-PC vom Hersteller mit einer OEM-Version ausgeliefert wurde –, liegt es natürlich nahe, erst einmal mit Kapitel 2, »Einstellungen, die Sie
sofort kennen sollten«, ab Seite 57 weiterzumachen. Möglicherweise sind aber auch in
diesem Fall einige der hier behandelten Themen für Sie von Interesse. Für diejenigen
Leser, welche die Installation von Windows 10 noch vor sich haben, ist es sinnvoll, dieses Kapitel erst einmal vollständig durchzulesen, bevor sie mit der Installation beginnen. So erhalten Sie einen Überblick, welche Optionen Ihnen zur Verfügung stehen und
was Sie dabei beachten müssen.

1.1   Systemanforderungen

Die Anforderungen an die Hardware haben sich gegenüber Windows 7 und Windows 8
bzw. Windows 8.1 nicht erhöht. Sie benötigen für Windows 10 also keinen schnelle-
ren oder leistungsfähigeren Computer, insbesondere gegenüber Windows 7 trifft sogar
eher das Gegenteil zu. Windows 10 läuft auf der gleichen Hardware wesentlich schneller, benötigt weniger Speicher und weist eine geringere CPU-Belastung auf. Auf Computern, die Sie bereits mit Windows 7, Windows 8 oder Windows 8.1 verwendet haben,
sollten Sie daher problemlos Windows 10 installieren und verwenden können. Hier die
Mindestanforderungen von Windows 10:

- 1-GHz-Prozessor, 32 Bit (x86) oder 64 Bit (x64)
- 1-GB-RAM bei 32-Bit- bzw. 2-GB-RAM bei 64-Bit-Rechnern
- 16 GB verfügbarer Festplattenspeicher bei 32-Bit- bzw. 20 GB bei 64-Bit-Rechnern
- DirectX-9-fähige Grafikkarte mit 128-MB-RAM und WDDM-1.0- oder höherem
  Treiber

Kostenfreies Upgrade auf Windows 10

Windows-8- bzw. Windows-8.1- und auch Windows-7-Anwender können kostenfrei auf Windows 10 upgraden. Das Angebot muss innerhalb eines Jahres in Anspruch genommen werden. Sie erhalten eine volle Version von Windows 10, wobei sich die Edition nach dem Produktschlüssel des aktuell verwendeten Betriebssystems richtet, Windows-7-Home-Anwender erhalten auf diesem Wege z. B. das Betriebssystem Windows 10 Home.

Abbildung 1.1 Infobereich der Taskleiste auf einem Windows-7-Computer: Über das Windows-Symbol ❶ können Sie Windows 10 beziehen.

Auch auf mobilen Geräten mit Windows Phone 8.1 kann ein kostenloses Upgrade auf die entsprechende Windows-10-Edition durchgeführt werden (Windows 10 Mobil erscheint voraussichtlich im November 2015).

1.2   Windows-10-Editionen

Windows 10 gibt es für Desktop-PCs, Notebooks und Tablets in den Editionen Home, Pro und Enterprise, jeweils für x86- (32 Bit) und für x64-Prozessoren (64 Bit). Außerdem gibt es eine Education-Edition für Schulen, Universitäten, Lehrer, Schüler und Studenten. Windows 10 Education basiert auf Windows 10 Enterprise, die Edition wird jedoch ausschließlich über spezielle Volumenlizenzprogramme für Bildungseinrichtungen vertrieben.

Windows 10 Enterprise ist für Unternehmen vorgesehen und enthält alle Features. Der Funktionsumfang deckt sich jedoch im Wesentlichen mit Windows 10 Pro. Hinzu kommen spezielle Verwaltungstools für Apps und Geräte sowie zusätzliche Sicherheitsfunktionen, die auf den Einsatz in mittleren und großen Unternehmen zugeschnitten sind. Windows 10 Enterprise ist nur über einen direkten Vertrag (Volumenlizenz) mit Microsoft erhältlich.

Für die überwiegende Mehrheit der Anwender sind Windows 10 Home und Windows 10 Pro die Betriebssysteme der Wahl und auf diese Editionen fokussiert auch dieses Buch. Windows 10 Home ist die kleinste Edition von Windows 10 und dementsprechend für den »normalen« Heimanwender gedacht. Features wie die Sprachassistentin Cortana, der mögliche Wechsel in den Tablet-Modus, die vorinstallierten Apps für Fotos, Musik, Video, E-Mail usw. und der neue Browser Microsoft Edge sind wie in den anderen Editionen vorhanden. Windows 10 Pro ist für den etwas anspruchsvolleren Anwender, aber auch für Büros und kleinere Unternehmen geeignet. Das, was Windows 10 Pro vor allem gegenüber Windows 10 Home auszeichnet, ist die Unterstützung der BitLocker-Laufwerksverschlüsselung, die EFS-Verschlüsselung von Dateien und der Gruppenrichtlinien-Editor. Daneben sind auch der Zugriff per Remotedesktop und der Beitritt in eine Domäne nur mit der Windows-10-Pro-Edition möglich.

> **Weitere Windows-10-Editionen**
>
> Neben den Editionen Windows 10 Home, Windows 10 Pro, Windows 10 Enterprise und Windows 10 Education gibt es noch die Editionen Windows 10 Mobile, Windows 10 Mobile Enterprise und Windows 10 IoT Core. Windows 10 Mobile ist für kleine mobile Geräte, Windows 10 Mobile Enterprise für Firmen-Smartphones und Windows 10 IoT Core für Smartwatches vorgesehen.

INFO

1.3   Neuinstallation von Windows 10

Eine Neuinstallation von Windows 10 können Sie auf jedem Computer durchführen, der die in Abschnitt 1.1, »Systemanforderungen«, ab Seite 17 genannten Voraussetzungen erfüllt – diese werden sogar von der Installationsroutine im Vorfeld geprüft. Dabei sollte es grundsätzlich keine Rolle spielen, ob ein bzw. welches Betriebssystem vorher auf dem Computer installiert war (falls Sie allerdings eine Vorabversion von Windows 10 installiert haben, lesen Sie bitte den Hinweis im folgenden Kasten).

> **Probleme beim Wechsel von einer Windows-10-Preview-Version**
>
> Falls Sie eine Windows-10-Preview-Version auf Ihrem Computer installiert haben und es Probleme mit der Installation des finalen Betriebssystems geben sollte, hilft es unter Umständen, wenn Sie zunächst ein anderes Windows-Betriebssystem installieren (z. B. Windows 7 oder Windows 8.1), bevor Sie Windows 10 aufspielen. Das gilt auch dann, wenn Sie keine Dateien und Einstellungen übernehmen, Windows 10 also völlig neu installieren wollen.

TIPP

Beachten Sie, dass bei einer Neuinstallation alle Dateien und Anwendungen, die sich auf dem Computer befinden, verloren gehen. Sichern Sie persönliche Dateien, die Ihnen wichtig sind, vorher am besten auf einem externen Datenträger (USB-Stick, DVD, externe Festplatte). Im Übrigen ist die Installation von Windows 10 praktisch selbsterklärend und sollte im Allgemeinen keine Probleme bereiten – vorausgesetzt, Ihre Hardware erfüllt die in Abschnitt 1.1, »Systemanforderungen«, ab Seite 17 genannten Voraussetzungen. Dennoch seien die erforderlichen Schritte hier in aller Kürze dargestellt:

1 Legen Sie den Windows-10-Installationsdatenträger ein und starten Sie anschließend Ihren Computer.

Wenn auf dem Computer bereits ein anderes Betriebssystem installiert ist, Sie aber dennoch eine Neuinstallation von Windows 10 durchführen wollen, müssen Sie im BIOS gegebenenfalls erst noch die Bootreihenfolge anpassen. Wenn Sie von einer DVD installieren, muss das DVD-Laufwerk in der Liste an oberster Stelle stehen. Nur dann haben Sie nach dem Einschalten des Computers die Option, direkt vom DVD-Laufwerk zu booten. Drücken Sie in diesem Fall eine beliebige Taste, um von der DVD zu starten, sobald die entsprechende Aufforderung auf dem Bildschirm erscheint. Beachten Sie, dass diese Aufforderung nur für kurze Zeit erscheint. Wenn Sie nicht reagieren, startet das installierte Betriebssystem.

Informationen über das BIOS finden Sie in der Bedienungsanleitung Ihres Computers oder auf den Webseiten des Herstellers. Bei den meisten Geräten gelangen Sie in das BIOS, indem Sie nach dem Starten des Computers die Taste $\boxed{\text{Entf}}$ bzw. $\boxed{\text{Del}}$ oder vor allem bei Notebooks $\boxed{\text{F2}}$ – manchmal handelt es sich auch um die Tasten $\boxed{\text{F1}}$ oder $\boxed{\text{F10}}$ – gedrückt halten. Die Bootreihenfolge ändern Sie im BIOS im Abschnitt **Boot** und speichern die Änderungen durch Drücken der Taste $\boxed{\text{F10}}$.

2 Es kann unter Umständen etwas dauern, bis der erste Dialog auf dem Bildschirm erscheint. In diesem treffen Sie die Spracheinstellungen. Für die deutsche Sprache wählen Sie **Deutsch (Deutschland)** als Installationssprache sowie für **Uhrzeit und Währungsformat** und **Deutsch** für **Tastatur oder Eingabemethode** – die entsprechenden Optionen dürften bereits voreingestellt sein. Bestätigen Sie Ihre Angaben, indem Sie auf die Schaltfläche **Weiter** klicken.

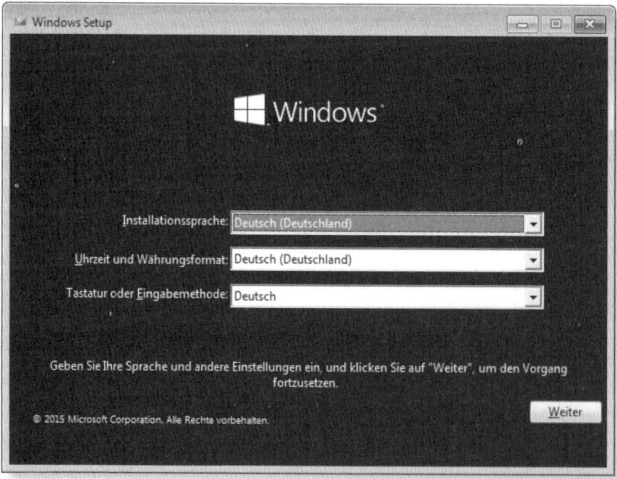

3 Klicken Sie auf der nächsten Seite auf **Jetzt installieren**.

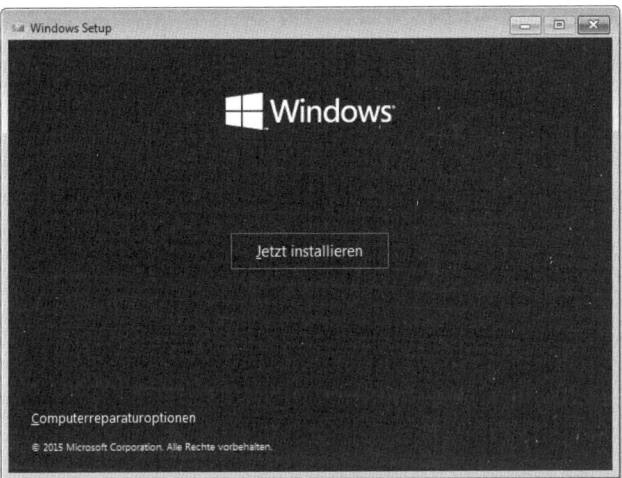

4 Geben Sie jetzt Ihren Produktschlüssel (Product Key) ein. Wenn Sie wollen, können Sie dabei Kleinbuchstaben verwenden. Auf die Angabe der Bindestriche können Sie ebenfalls verzichten – diese werden vom Assistenten automatisch eingefügt. Möchten Sie für die Eingabe die Bildschirmtastatur verwenden, klicken Sie rechts neben dem Eingabefeld auf das Tastatursymbol ❶.

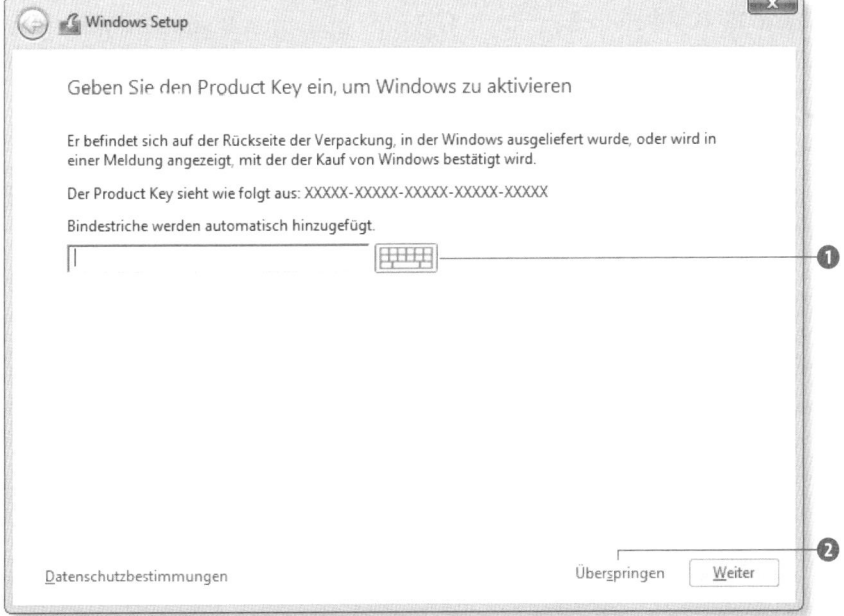

Wenn Sie den Produktschlüssel von Windows 10 momentan nicht zur Hand haben, können Sie diesen Schritt auch überspringen ❷. In diesem Fall müssen Sie Windows 10 nachträglich in den Einstellungen aktivieren (siehe dazu weiter unten den Abschnitt 1.5, »Windows 10 nachträglich aktivieren«, ab Seite 29).

Mit der Taste &123 können Sie auf der Bildschirmtastatur zwischen Buchstaben und Ziffern umschalten. Die Rücktaste befindet sich auf der Tastatur rechts oben ❸. Mehr zur Bildschirmtastatur erfahren Sie in Kapitel 5, »Touchbedienung und Tablet-Modus«, ab Seite 213.

5 Klicken Sie auf **Weiter**, nachdem Sie den Produktschlüssel eingegeben haben. Das Setup überprüft nun Ihre Eingabe. Ist der Produktschlüssel gültig, müssen Sie im nächsten Schritt den Lizenzbedingungen von Microsoft zustimmen. Dies tun Sie, indem Sie in das Kontrollkästchen vor **Ich akzeptiere die Lizenzbedingungen** ein Häkchen setzen und auf **Weiter** klicken.

6 Sie haben nun die Wahl zwischen einem Upgrade und einer benutzerdefinierten Installation. Um Windows 10 neu zu installieren, klicken Sie in den mit **Benutzerdefiniert: nur Windows installieren (für fortgeschrittene Benutzer)** betitelten Abschnitt ❹.

Mit den Zurück-Symbolschaltflächen ❺ gelangen Sie während der Installation jeweils einen Schritt zurück, falls Sie eine bereits getroffene Entscheidung nachträglich ändern wollen.

INFO

Was sind eigentlich Partitionen?

Eine Partition ist ein zusammenhängender Speicherbereich eines Datenträgers. Partitionen sind voneinander unabhängig, so dass z. B. auf einer Festplatte, die in mehrere Partitionen aufgeteilt ist, genauso viele Betriebssysteme installiert werden können, wie Partitionen vorhanden sind. Im einfachsten Fall erstreckt sich eine Partition über die ganze Festplatte, so dass im Dialog aus Schritt 7 »Partition« praktisch mit »Laufwerk« gleichzusetzen ist.

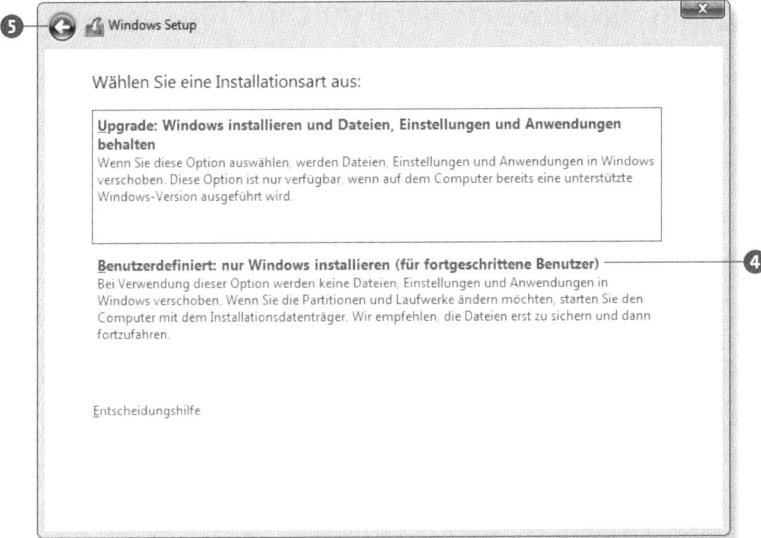

7 Sie werden nun gefragt, wo Sie Windows installieren wollen. Wählen Sie in der Liste die gewünschte Partition aus (wenn nur eine Partition zur Verfügung steht, sehen Sie in der Liste nur diese). Um eine neue Partition zu erstellen, eine vorhandene Partition zu löschen oder eine Partition vor der Installation zu formatieren, klicken Sie unterhalb der Liste auf den entsprechenden Befehl (**Neu**, **Löschen** bzw. **Formatieren**). Klicken Sie auf **Weiter**, nachdem Sie die Partition ausgewählt haben, in der Sie Windows 10 installieren wollen.

8 Nun müssen Sie nur noch warten, bis das Setup alle notwendigen Aufgaben durchgeführt hat (Windows-Dateien kopieren, Dateien für die Installation vorbereiten, Features installieren, Updates installieren, Aktionen abschließen). Am längsten dauert der Part mit der Vorbereitung der Installationsdateien, den Fortschritt zeigt der Assistent in Prozentzahlen an. In der Zwischenzeit startet das Setup den Computer einige Male neu. Dies geschieht automatisch, ohne dass Sie etwas dazu tun müssen.

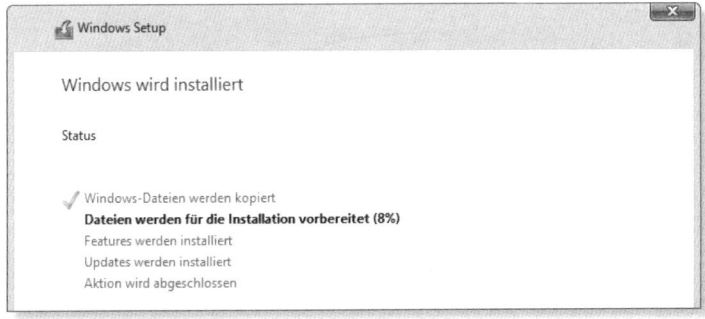

1.4   Erste Konfiguration von Windows 10 durchführen

Nachdem die eigentliche Installation fertig ist, startet ein Konfigurationsprogramm, mit dem Sie die ersten Einstellungen für Ihren Computer treffen.

1 Als Erstes zeigt das Setup nun alle Funknetze an, die es erkennt. Möchten Sie im Augenblick noch keine Internetverbindung herstellen, klicken Sie unten auf der Seite **Verbindung herstellen** auf die Verknüpfung **Schritt überspringen**. Um sogleich eine Internetverbindung herzustellen, klicken Sie den Namen Ihres Netzwerks an. Tippen Sie auf der nächsten Seite den Netzwerkschlüssel für Ihr Netzwerk ein und klicken Sie auf **Weiter**. Denken Sie daran, dass Sie bei der Eingabe des Netzwerkschlüssels Groß- und Kleinschreibung beachten müssen.

2 Auf der Seite **Schnell einsteigen** können Sie sich entscheiden, ob Sie die vordefinierten Standardeinstellungen verwenden wollen. Klicken Sie in diesem Fall auf die Schaltfläche **Express-Einstellungen verwenden** ❶. Unter den Express-Einstellungen verfügen Apps über Ihre Positionsdaten, Eingaben werden personalisiert, der Browser unterstützt die Seitenvorhersage usw. Die meisten dieser Features sind jedoch mit dem Senden von Daten an Microsoft verbunden (dazu gehören teilweise auch sehr persönliche Daten wie z.B. Kontaktdaten und Kalendereinträge). Klicken Sie stattdessen auf **Einstellungen anpassen** ❷, um selbst zu entscheiden, was Sie zulassen und was Sie nicht zulassen bzw. welche Features Sie in Anspruch nehmen und welche Sie nicht in Anspruch nehmen wollen. Über die Verknüpfung **Weitere Informationen** ❸ können Sie sich vorab einen Überblick über die Bedeutung der Einstellungen verschaffen.

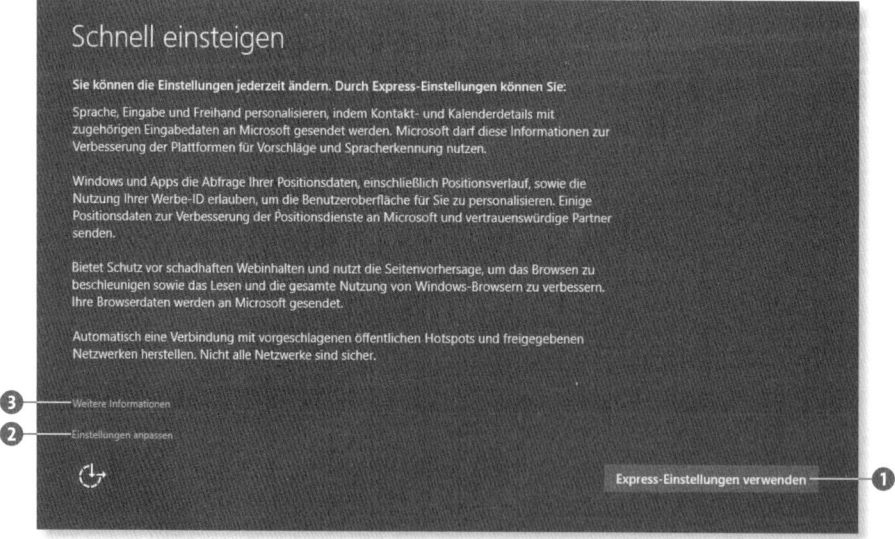

Unabhängig davon, ob Sie bei der ersten Konfiguration die besagten Einstellungen selbst vornehmen oder ob Sie die Express-Einstellungen wählen, können Sie alle Einstellungen, um die es hier geht, auch nachträglich ändern.

Personen mit Sehschwäche können jetzt oder im Weiteren eines der angebotenen Hilfsmittel benutzen. Klicken Sie dazu links unten auf das Symbol mit dem gestrichelten Dreiviertelkreis ❹ und wählen Sie die gewünschte Option im aufklappenden Popup-Fenster.

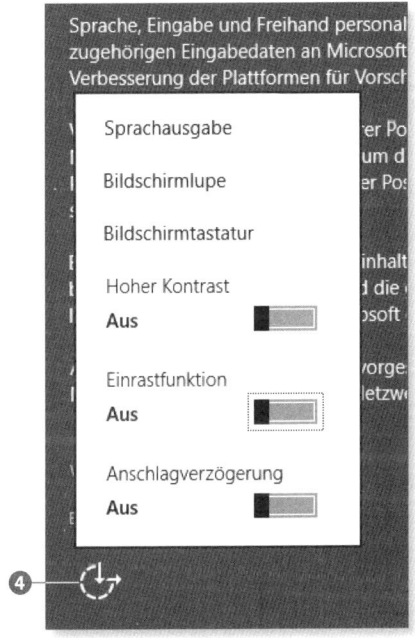

Rufen Sie z. B. die Bildschirmtastatur auf, um mit dieser eventuelle Eingaben vorzunehmen. Mit der Sprachausgabe können Sie sich ansagen lassen, was auf dem Bildschirm passiert, und mit der Bildschirmlupe können Sie einzelne Ausschnitte des Bildschirms vergrößern.

Die Optionen **Einrastfunktion** und **Anschlagverzögerung** beziehen sich allein auf die Bildschirmtastatur. Bei aktivierter Einrastfunktion können Sie die Tasten von Tastenkombinationen einzeln drücken und bei aktivierter Anschlagverzögerung werden wiederholte Tastenanschläge ignoriert.

Wenn Sie den hohen Kontrast einschalten, invertieren Sie den Bildschirm. Dessen Hintergrund erscheint dann in Schwarz und die meisten Texte in Weiß oder in anderen hellen Farben, so dass die Elemente auf dem Bildschirm leichter zu identifizieren sind. Der hohe Kontrast kann auch bei schlechten Lichtverhältnissen hilfreich sein und er verringert zudem bei Notebooks und Tablets den Batterieverbrauch.

3 Belassen Sie es im nächsten Schritt bei der Auswahl von **Meiner Firma**, wenn Sie einen Firmen-PC verwenden. Klicken Sie dagegen auf **Mir**, wenn es sich um Ihren eigenen Computer handelt. Klicken Sie schließlich auf **Weiter**, um zur nächsten Dialogseite zu gelangen.

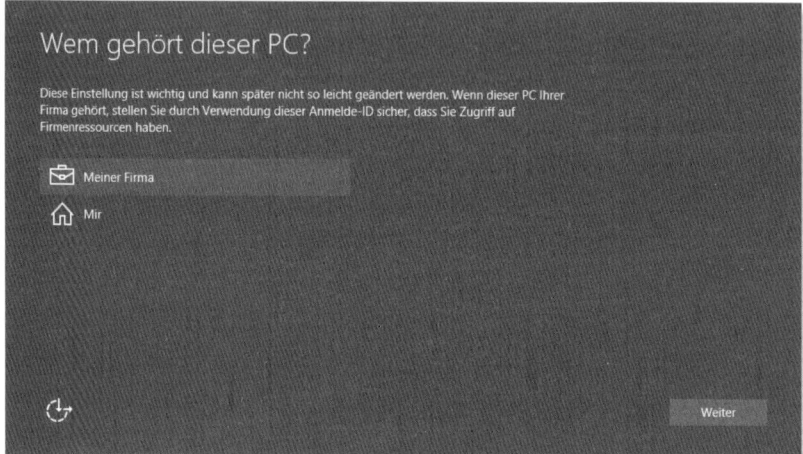

4 Als Nächstes können Sie sich nun mit Ihrem Microsoft-Konto anmelden oder, falls Sie noch keines haben (oder ein bestehendes nicht für diesen Computer verwenden wollen), über die Verknüpfung **Erstellen Sie ein Konto** ➎ sich für ein neues Microsoft-Konto registrieren. Machen Sie anschließend mit Schritt 7 weiter.

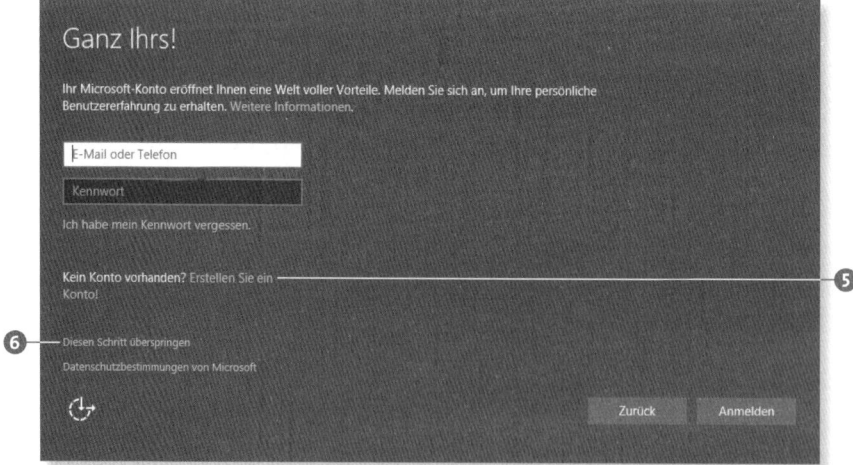

Lesen Sie gegebenenfalls den Info-Kasten »Was ist ein Microsoft-Konto?« auf Seite 29, um mehr über Microsoft-Konten zu erfahren.

5 Klicken Sie dagegen auf **Diesen Schritt überspringen** 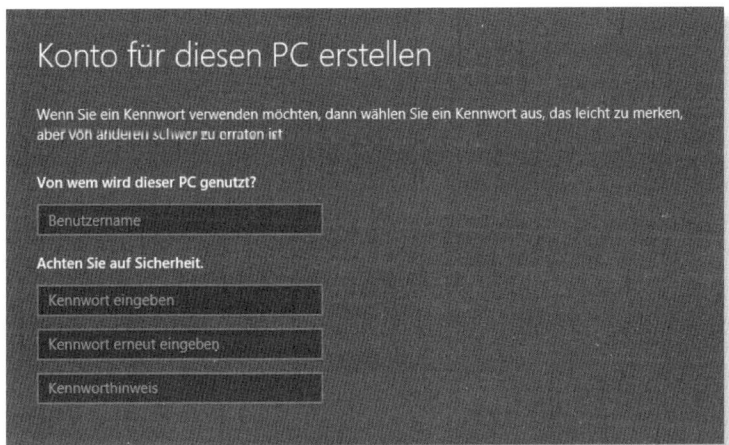, wenn Sie Ihren Computer erst einmal mit einem lokalen Benutzerkonto verwenden wollen. Füllen Sie anschließend das folgende Formular aus: Geben Sie in das erste Feld den gewünschten Benutzernamen, in das zweite und zur Bestätigung noch einmal in das dritte Feld ein Kennwort sowie in das unterste Feld einen Kennworthinweis ein.

Der Benutzername ist Pflicht, das Kennwort optional. Wenn Ihr Computer mehreren Personen zugänglich ist bzw. mehrere Benutzer am Computer arbeiten werden, sollten Sie auf jeden Fall ein Kennwort verwenden, um zu vermeiden, dass andere Personen sich mit Ihrem Benutzerkonto am Computer anmelden können. Die Angabe eines Kennworthinweises ist obligatorisch, wenn Sie sich für ein Kennwort entscheiden. Grundsätzlich können Sie aber jeden beliebigen Text in das unterste Feld eingeben. Der Hinweis wird später, sozusagen als Gedächtnisstütze, angezeigt, wenn Sie das Kennwort bei der Anmeldung einmal falsch eingeben. Das müssen jedoch nicht notwendigerweise Sie selbst sein, allgemein formuliert müsste der letzte Satz lauten: »Der Kennworthinweis wird angezeigt, wenn das Kennwort für das betreffende Benutzerkonto falsch eingegeben wird.« Wählen Sie also auf keinen Fall einen Hinweis, aus dem andere Personen das Kennwort für Ihr Benutzerkonto ableiten können.

Im Übrigen legen Sie sich nicht endgültig fest, wenn Sie den Computer zunächst mit einem lokalen Benutzerkonto verwenden wollen. Sie können sich später zu jedem beliebigen Zeitpunkt mit einem Microsoft-Konto anmelden und sogar während der Arbeit am Computer zwischen Microsoft-Konto und lokalem Konto wechseln.

6 Klicken Sie auf **Weiter**, nachdem Sie die Daten für Ihr lokales Benutzerkonto eingegeben haben. Danach richtet Windows Ihre Benutzerumgebung mit den gewählten Einstellungen ein und installiert die standardmäßigen Apps für Ihr Benutzerkonto.

7 Wenn Sie sich mit einem Microsoft-Konto angemeldet haben, erscheint jetzt (nach Schritt 4) noch das Angebot, eine PIN für zukünftige Anmeldungen am Computer zu erstellen. Klicken Sie in diesem Fall auf die Schaltfläche **PIN festlegen ❼**. Klicken Sie dagegen auf die Verknüpfung **Diesen Schritt überspringen ❽**, wenn Sie weiterhin die ausschließliche Anmeldung mit Kennwort bevorzugen.

Sie können die PIN-Anmeldeoption auch jederzeit nachträglich aktivieren. Dies gilt im Übrigen auch für lokale Benutzerkonten, die mit einem Kennwort geschützt sind. Genaueres zu den verschiedenen Anmeldeoptionen erfahren Sie in Kapitel 2, »Einstellungen, die Sie sofort kennen sollten«, ab Seite 57.

8 Als Letztes erscheint nun noch eine Dialogseite der Sprachassistentin Cortana. Klicken Sie auf die Schaltfläche **Weiter**, wenn Sie Cortana verwenden wollen, oder auf die Verknüpfung **Jetzt nicht**, wenn Sie Cortana fürs Erste nicht verwenden wollen. Auch Cortana können Sie bei Bedarf jederzeit aktivieren und wieder deaktivieren.

Nun müssen Sie noch einen Moment warten, bis Windows die getroffenen Einstellungen vornimmt und die Apps, die mit Windows 10 ausgeliefert werden, installiert. Danach sehen Sie den Desktop von Windows 10.

Was ist ein Microsoft-Konto?

Ein Microsoft-Konto ist eine beliebige E-Mail-Adresse, die Sie zusammen mit Ihrem Kennwort bei der Anmeldung an einem Microsoft-Programm oder Microsoft-Dienst wie z. B. Outlook, Skype, Messenger, OneDrive, Xbox LIVE oder Office Live verwenden. Der frühere Name war Windows Live ID, wenn Sie also eine Windows Live ID besitzen, können Sie die damit verbundene E-Mail-Adresse auch bei der Anmeldung unter Windows 10 als Microsoft-Konto verwenden.

Dazu sei gesagt, dass Sie nur mit einem Microsoft-Konto bestimmte Dienste nutzen können, die Microsoft in der Cloud kostenlos zur Verfügung stellt. Beispielsweise können Sie verschiedene Einstellungen mit anderen Computern synchronisieren, wenn Sie diese mit demselben Microsoft-Konto verwenden, auf einfache Weise Fotos und Dokumente mit Ihren Freunden und Geschäftspartnern austauschen und z. B. bevorzugte Inhalte Ihrer sozialen Netzwerke aktualisieren und auf den App-Kacheln anzeigen. Auch das Installieren von Apps aus dem Windows Store erfordert ein Microsoft-Konto. Sie müssen dazu aber nicht notwendigerweise mit einem solchen am Computer angemeldet sein, es reicht auch, wenn Sie sich vor der Installation mit einem Microsoft-Konto identifizieren. In diesem Fall können Sie Apps aus dem Windows Store beziehen und dabei mit einem lokalen Benutzerkonto am Computer weiterarbeiten.

1.5 Windows 10 nachträglich aktivieren

Wenn Sie Windows 10 nicht schon bei der Installation durch Eingabe eines Produktschlüssels aktiviert haben, können Sie dies nachträglich in den Einstellungen erledigen:

1 Klicken Sie am linken Rand der Taskleiste auf das Symbol mit dem Windows-Logo ❶, um das Startmenü zu öffnen. Klicken Sie im Startmenü auf **Einstellungen** ❷.

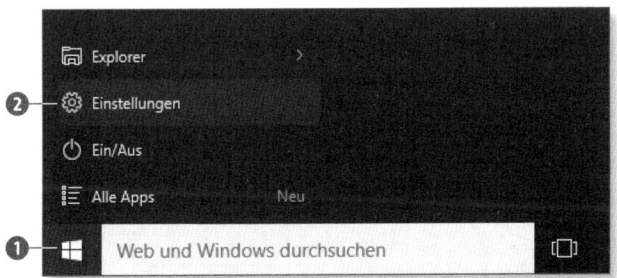

2 Klicken Sie auf der Ausgangsseite der Einstellungen auf den Abschnitt **System** ❸. Wenn unten auf der Seite die Verknüpfung **Windows ist nicht aktiviert** erscheint ❹, können Sie auch diese anklicken.

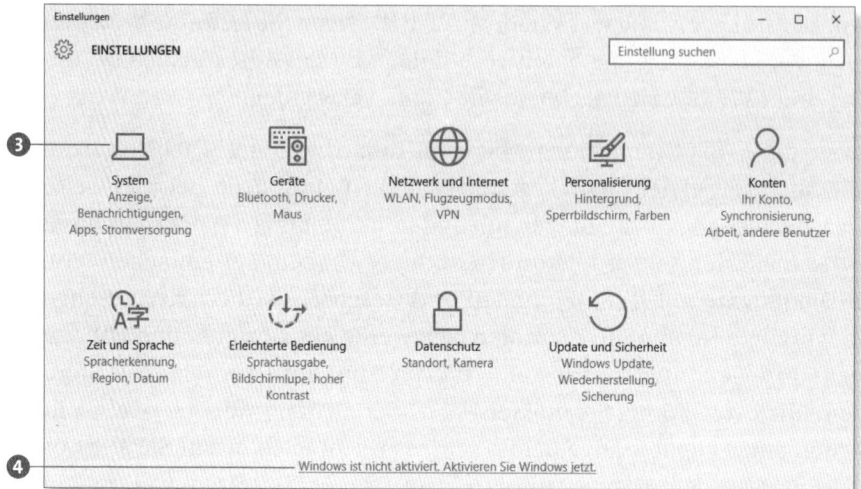

3 Selektieren Sie im linken Bereich der erscheinenden Dialogseite die Kategorie **Info**. Klicken Sie anschließend im rechten Bereich auf die Verknüpfung **Product Key ändern oder Windows-Edition aktualisieren** ❺.

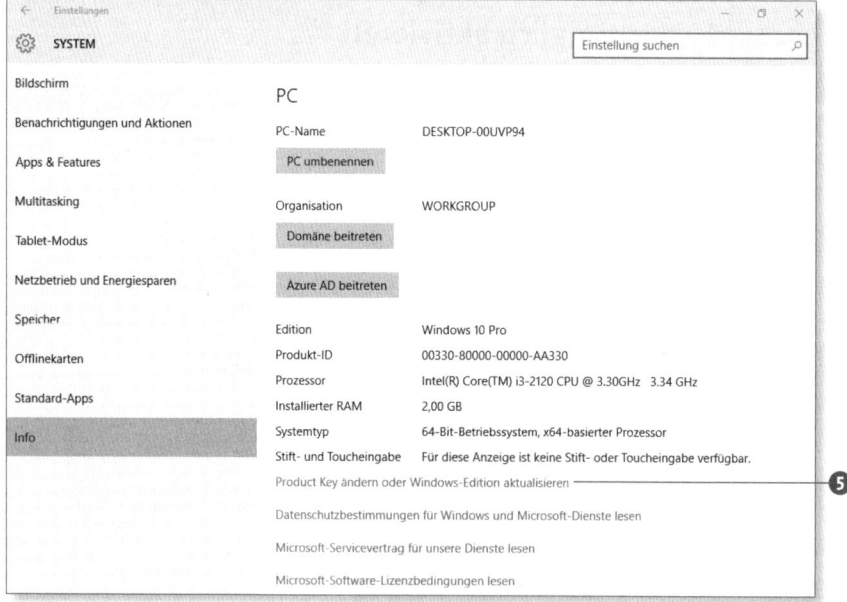

4 Es erscheint die Seite **Update und Sicherheit** mit selektierter Kategorie **Aktivierung**. Klicken Sie im rechten Bereich auf die Schaltfläche **Product Key ändern** ❻. Bestätigen Sie eine erscheinende Warnmeldung der Benutzerkontensteuerung mit **Ja**.

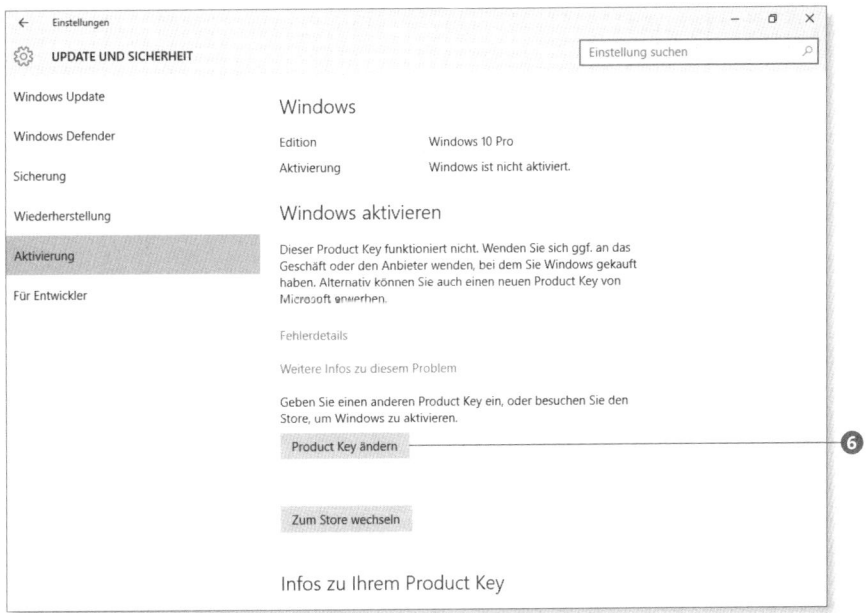

5 Es erscheint das Popup-Fenster, das in der folgenden Abbildung zu sehen ist. Geben Sie in das Feld **Product Key** ❼ den Produktschlüssel Ihrer Windows-Edition ein.

6 Ist der eingegebene Produktschlüssel gültig, erscheint im Popup-Fenster nach einer Weile die Schaltfläche **Weiter**. Klicken Sie darauf.

7 Danach ist Windows aktiviert und im Popup-Fenster erscheint eine entsprechende Meldung. Schließen Sie das Popup-Fenster, indem Sie auf die Schaltfläche klicken.

INFO

Upgrade auf eine höhere Windows-10-Edition

Auf die beschriebene Weise können Sie auch ein Upgrade auf eine höhere Windows-10-Edition durchführen, z. B. von Windows 10 Home auf Windows 10 Pro. Geben Sie in Schritt 5 einfach den Schlüssel der Edition ein, die Sie in Zukunft verwenden wollen.

1.6   Upgrade auf Windows 10 durchführen

Die meisten Installationsschritte bei einem Upgrade von einer bestehenden Windows-7-, Windows-8- oder Windows-8.1-Installation auf Windows 10 verlaufen ähnlich wie bei einer Neuinstallation, abgesehen von zwei wesentlichen Unterschieden:

- Bei einer bestehenden Internetverbindung ist es sinnvoll, Updates sofort zu beziehen. Lassen Sie daher die Option **Updates herunterladen und installieren** am besten aktiviert, wenn das Angebot erscheint, und bestätigen Sie den Dialogschritt mit **Weiter**.

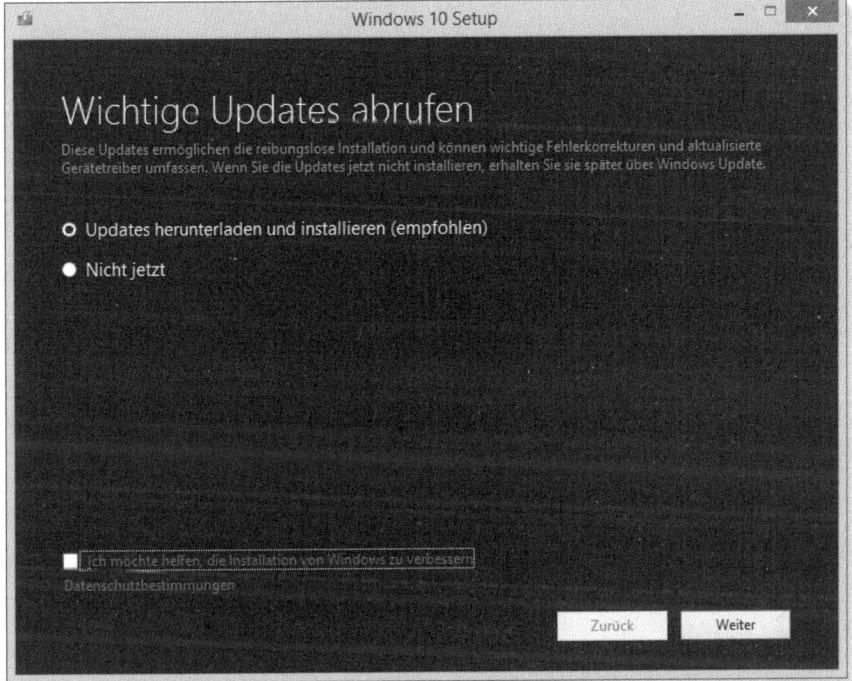

- Etwas später müssen Sie sich entscheiden, ob Sie Ihre persönlichen Dateien, Apps und Programme sowie die aktuellen Windows-Einstellungen unter Windows 10 behalten wollen. Das Windows-10-Setup bietet per Voreinstellung an, dies zu tun (siehe die Abbildungen auf der folgenden Seite). Möchten Sie eine detaillierte Auswahl treffen – z.B. nur die Dateien behalten –, klicken Sie auf die Verknüpfung **Ändern der zu behaltenen Elemente** ❶ und wählen anschließend die passende Option aus (**Persönliche Dateien und Apps behalten** oder **Nur persönliche Dateien behalten** ❷), wobei die Auswahl von **Nichts** einer Neuinstallation gleichkommt.

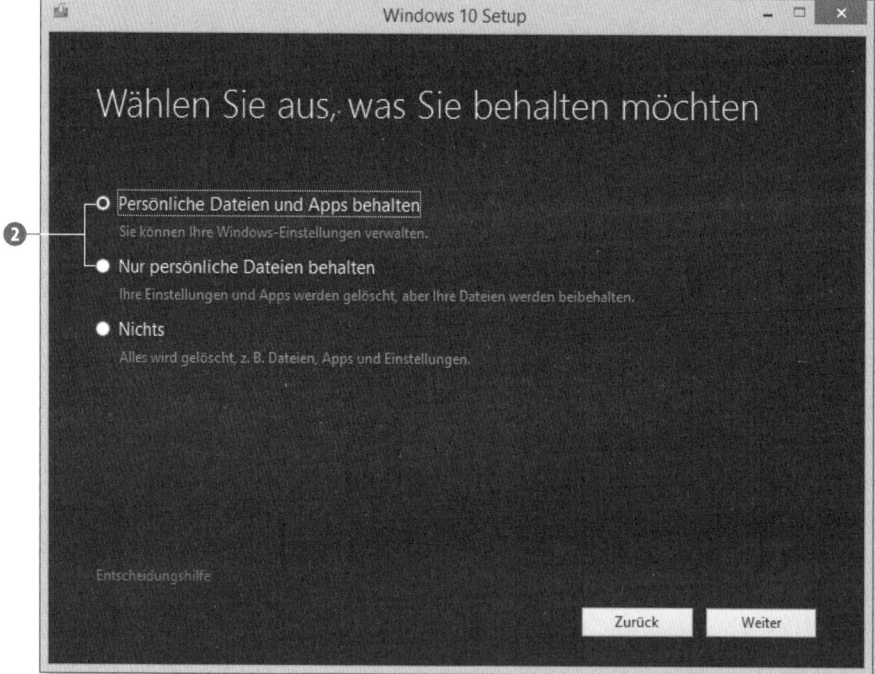

1.7   Media Creation Tool

Auf der Webseite *https://www.microsoft.com/de-de/software-download/windows10* können Sie das sogenannte Media Creation Tool herunterladen. Das Tool gibt es in einer 32-Bit- (**MediaCreationTool.exe**) sowie in einer 64-Bit-Version (**MediaCreationToolx64. exe**). Mit dem Tool können Sie wahlweise ein Upgrade auf Windows 10 auf dem aktuellen Computer durchführen – Voraussetzung ist eine bestehende Internetverbindung –, ein ISO-Installations-Image herunterladen oder einen bootfähigen USB-Stick erstellen. Gehen Sie in letzterem Fall z. B. folgendermaßen vor:

1 Schließen Sie einen leeren USB-Stick mit einer Größe von mindestens vier Gigabyte an Ihren Computer an.

2 Starten Sie das Media Creation Tool, indem Sie die Datei MediaCreationTool.exe bzw. **MediaCreationToolx64.exe** im Explorer doppelt anklicken.

3 Aktivieren Sie auf der Dialogseite **Wie möchten Sie vorgehen?** die Option **Installationsmedien für einen anderen PC erstellen** und klicken Sie auf **Weiter**.

Mit der Option **Jetzt Upgrade für diesen PC ausführen** können Sie auf dem aktuellen Computer sofort ein Upgrade auf Windows 10 durchführen.

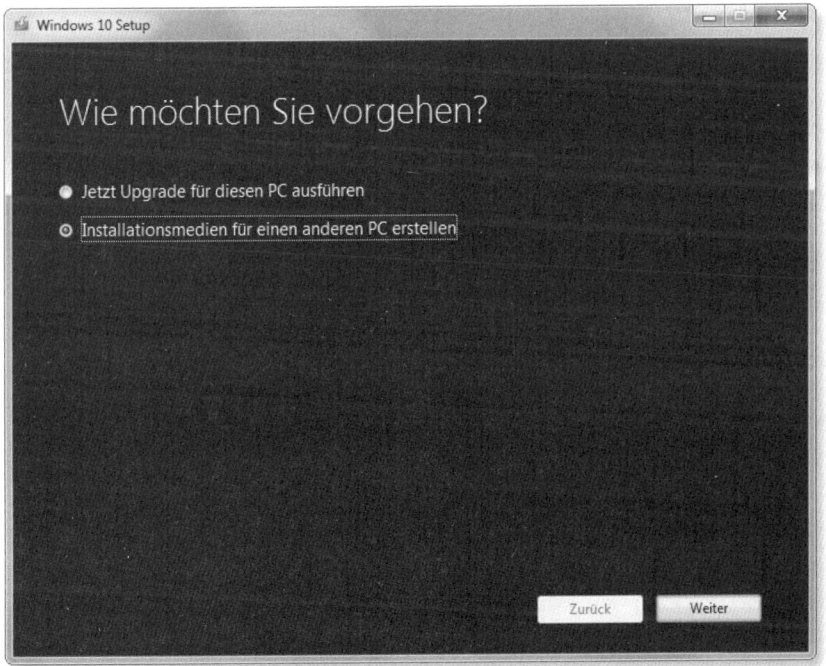

4 Stellen Sie auf der nächsten Seite die deutsche Sprache sowie die passende Edition und Architektur ein. Klicken Sie anschließend auf **Weiter**.

Sie können auch ein Installationsmedium sowohl für 32 Bit als auch für 64 Bit erstellen, wenn Sie im letzten Listenfeld **Beide** einstellen.

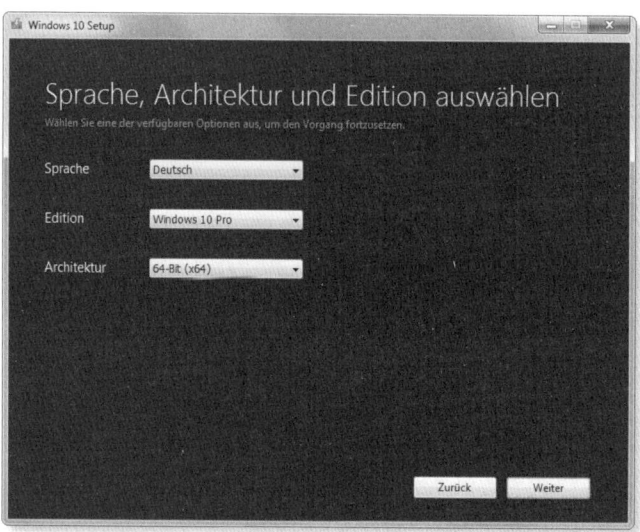

5 Aktivieren Sie nun das Optionsfeld **USB-Speicherstick**, um dieses Medium zu erstellen (die angegebene Mindestgröße von 3 GB sollte jedoch nur in Ausnahmefällen genügen).

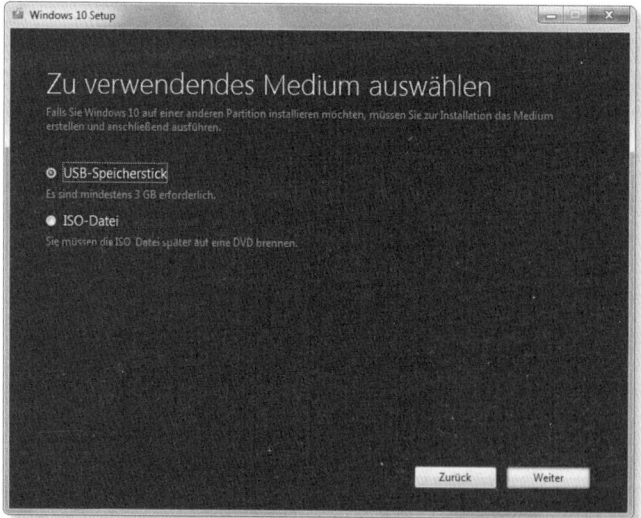

6 Wählen Sie das Laufwerk des angeschlossenen USB-Sticks aus ❶ und klicken Sie auf Weiter.

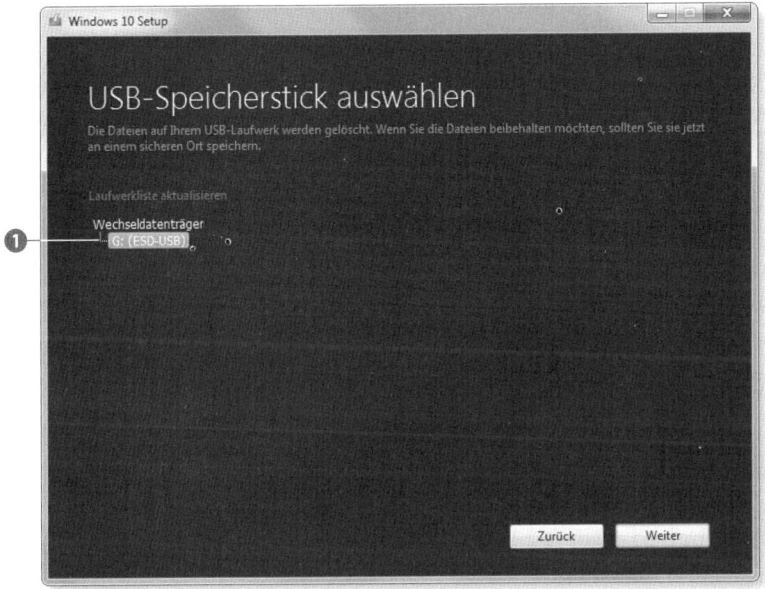

Mehr brauchen Sie nicht zu tun. Das Creation Tool erstellt daraufhin den bootfähigen USB-Stick. Den Fortschritt des Vorgangs zeigt es per Statusmeldung in Prozent an.

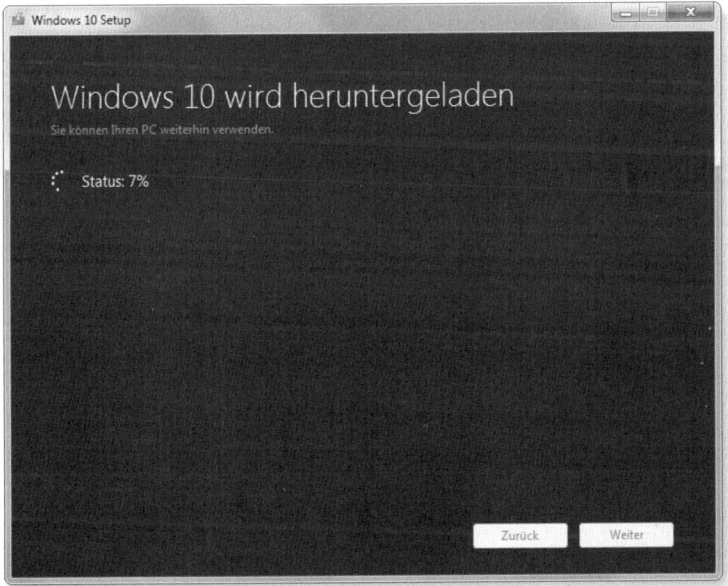

Beachten Sie, dass folgende Einschränkungen bestehen, wenn Sie mit dem resultierenden USB-Stick ein Upgrade auf Windows 10 durchführen:

- Sie müssen die Installation auf einem Gerät mit installiertem Windows 7, Windows 8 oder Windows 8.1 starten, wobei das Windows-Betriebssystem aktiviert sein muss.

- Die zu installierende Edition von Windows 10 muss sich nach der auf dem Computer installierten Windows-7-, Windows-8- oder Windows-8.1-Edition richten. Wenn Sie bis dato Windows 7 Home verwendet haben, können Sie z. B. auf Windows 10 Home, jedoch nicht auf Windows 10 Pro upgraden.

Die genannten Einschränkungen gelten natürlich auch, wenn Sie mit einer über das Creation Tool heruntergeladenen ISO-Datei oder unmittelbar mit dem Media Creation Tool installieren. Die Eingabe eines Produktschlüssels ist im Zuge der Installation unter diesen Voraussetzungen jedoch nicht erforderlich. Sie beziehen Windows 10 auf diese Weise völlig gratis.

1.8 Upgrade von Windows 8.1 per ISO-Datei

Wenn Sie über ein ISO-Image von Windows 10 verfügen, können Sie dieses auf einer bestehenden Windows-8- oder Windows-8.1-Installation direkt verwenden, um ein Upgrade auf Windows 10 durchzuführen oder um Windows 10 neu zu installieren. Das heißt, Sie brauchen das Image nicht vorher auf einen Datenträger zu brennen, sondern können es unter Windows 8.1 im Explorer »bereitstellen«. Führen Sie folgende Schritte durch, um Windows 10 mit einer ISO-Datei auf einen Windows-8.1-Rechner zu installieren:

1 Starten Sie den Computer mit dem Betriebssystem Windows 8.1 und melden Sie sich mit einem Administratorkonto an.

2 Starten Sie den Explorer, z. B. durch Drücken von ⊞ + E .

3 Öffnen Sie im Explorer den Ordner, in dem sich die ISO-Datei von Windows 10 befindet.

4 Selektieren Sie die ISO-Datei im Hauptbereich des Explorers. Klicken Sie anschließend im Menüband auf den Registerreiter **Datenträgerimagetools/Verwalten** ❶.

5 Klicken Sie auf der Registerkarte **Datenträgerimagetools/Verwalten** auf die Schaltfläche **Bereitstellen** ❷.

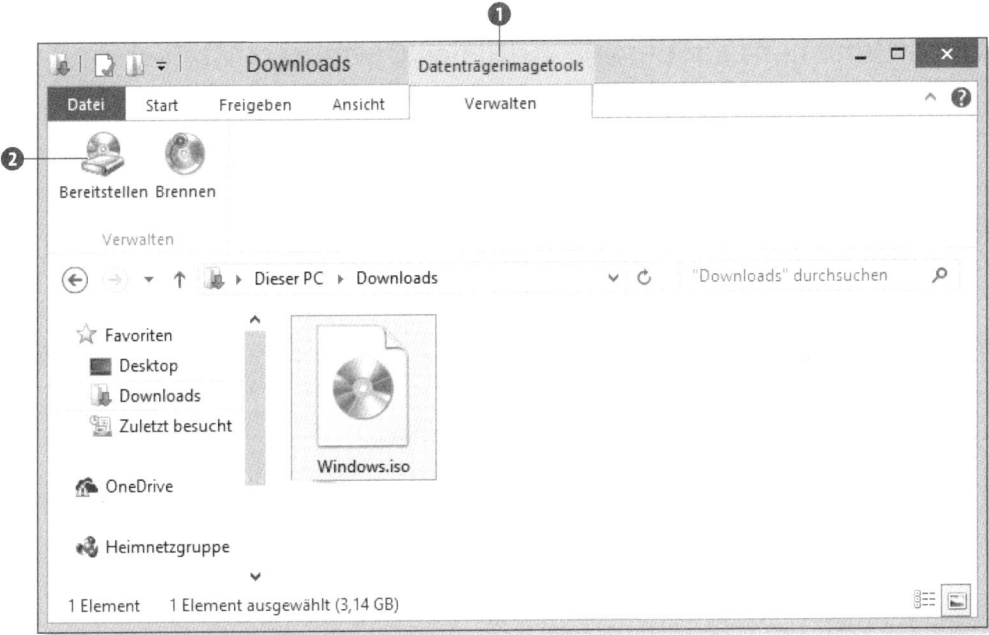

6 Starten Sie nun die Installation, indem Sie die Setup-Datei ❸ im Hauptbereich des Explorers doppelt anklicken.

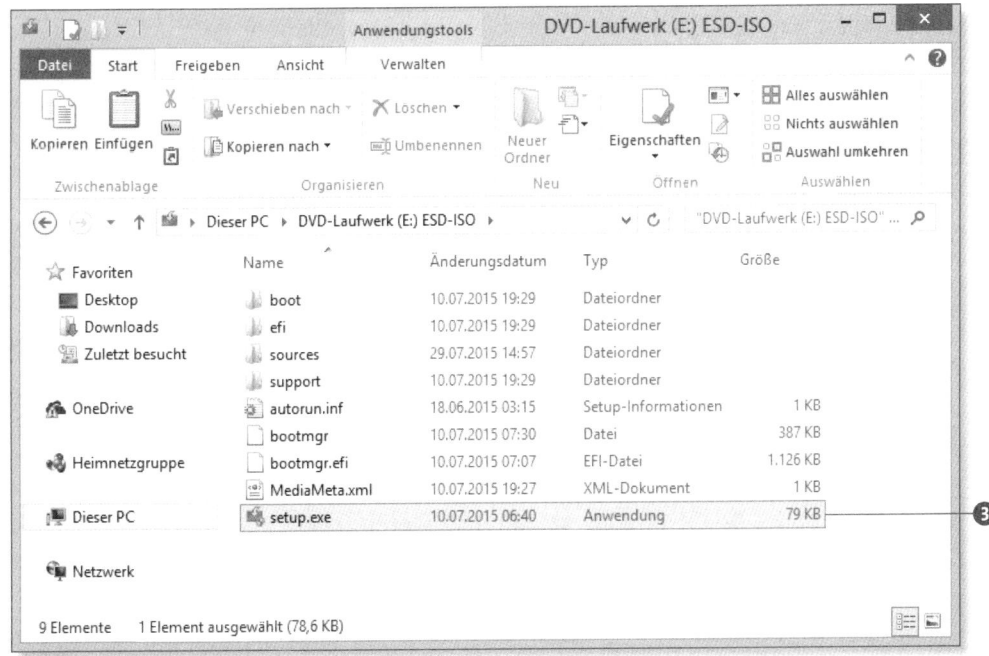

1.9   Windows 10 auf einem virtuellen Computer installieren

Wenn Sie wollen, können Sie Windows 10 auch auf einem virtuellen Computer installieren. Auf diese Weise können Sie erst einmal testen, ob Ihnen Windows 10 gefällt, und sich ohne jedes Risiko mit dem neuen Betriebssystem vertraut machen, während Sie Ihr altes Betriebssystem weiterverwenden. Wohlgemerkt, dies muss nicht der einzige Grund sein, Windows 10 virtuell zu installieren. Wenn Sie eine zusätzliche Installation auf dem Computer zur Verfügung haben, können Sie z. B. neue Programme testen, ohne Ihr Hauptsystem damit zu belasten.

Was ist ein virtueller Computer?

Bei einem virtuellen Computer, auch virtueller PC oder virtuelle Maschine genannt, handelt es sich praktisch um einen Computer innerhalb eines Computers. Das Programm, das den oder die virtuellen Computer verwaltet, simuliert dem Gast-Betriebssystem einen eigenständigen Computer, der wie eine gewöhnliche Anwendung in einem Anwendungsfenster von Windows bedient werden kann, wobei auch der Wechsel in den Vollbildmodus möglich ist. Im Übrigen können Sie mit dem virtuellen Computer so arbeiten wie mit einem realen Computer, z. B. Programme installieren und ausführen, Windows-Einstellungen ändern usw. Der virtuelle Computer läuft gewissermaßen nebenher. Das heißt, Sie können auf der virtuellen Maschine nach Herzenslust herumprobieren, ohne dabei Ihr Hauptsystem zu belasten oder zu gefährden. Wenn Sie sich z. B. auf dem virtuellen Computer beim Surfen im Internet einen Virus einfangen, hat das keinen Einfluss auf Ihr Haupt-Betriebssystem.

Um einen virtuellen Computer einzurichten, empfehle ich Ihnen die Software Virtual-Box (*https://www.virtualbox.org*). Das Programm ist kostenlos und eine virtuelle Maschine mit einer Windows-10-Installation funktioniert damit einwandfrei. Führen Sie folgende Schritte durch, um einen virtuellen Computer zu erstellen und auf diesem Windows 10 zu installieren:

1 Laden Sie die Internetseite *https://www.virtualbox.org* im Browser und klicken Sie in der linken Navigation auf **Downloads** ❶. Um VirtualBox auf einem Windows-Betriebssystem, z. B. auf Windows 7, zu installieren, klicken Sie neben **VirtualBox 5.0 for Windows hosts** (5.0 ist die aktuelle Versionsnummer zurzeit der Drucklegung dieses Buches) auf die Verknüpfung **x86/amd64** ❷. Klicken Sie anschließend in der am unteren Fensterrand erscheinenden Leiste auf **Ausführen** ❸, um VirtualBox zu installieren.

Natürlich können Sie die .exe-Datei auch speichern, um sie später auszuführen. Danach können Sie die Installation jederzeit starten, indem Sie im Explorer doppelt auf den Dateinamen klicken.

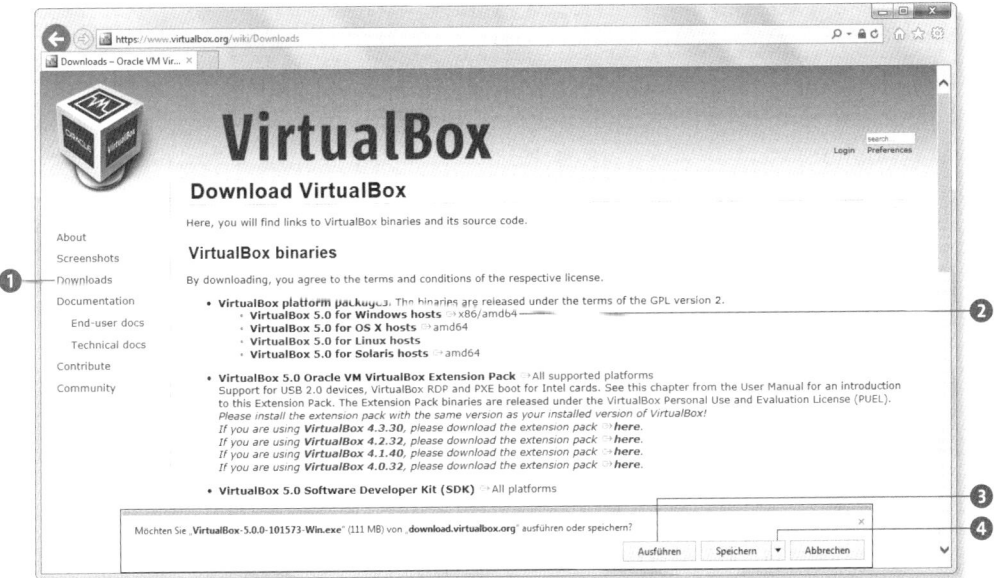

Um sowohl die Installation sofort auszuführen als auch, für alle Fälle, die Datei zu speichern, klicken Sie rechts neben der **Speichern**-Schaltfläche auf die kleine Schaltfläche mit der nach unten weisenden Pfeilspitze ❹ und anschließend im erscheinenden Menü auf **Speichern und ausführen**.

Die Installation von VirtualBox ist praktisch selbsterklärend. Folgen Sie einfach den Anweisungen des Assistenten. Auf der zweiten Seite (**Custom Setup**) können Sie ohne Weiteres die voreingestellten Features übernehmen.

2 Ich empfehle Ihnen, das Extension Pack von VirtualBox ebenfalls zu installieren. Es bietet außer der USB-2.0-Unterstützung für angeschlossene Speichermedien einige weitere Features und offensichtlich scheinen gerade im Hinblick auf Windows-10-Installationen einige Features besser zu funktionieren, wenn das Extension Pack installiert ist. Beachten Sie, dass das Extension Pack die gleiche Versionsnummer haben sollte wie das installierte VirtualBox. Für den Download der aktuellen Extension-Pack-Version klicken Sie in der ersten Zeile des entsprechenden Abschnitts auf **All supported platforms** ❺. Klicken Sie anschließend in der am unteren Bildschirmrand erscheinenden Leiste auf die Schaltfläche **Öffnen** ❻, um die Installation sofort zu starten.

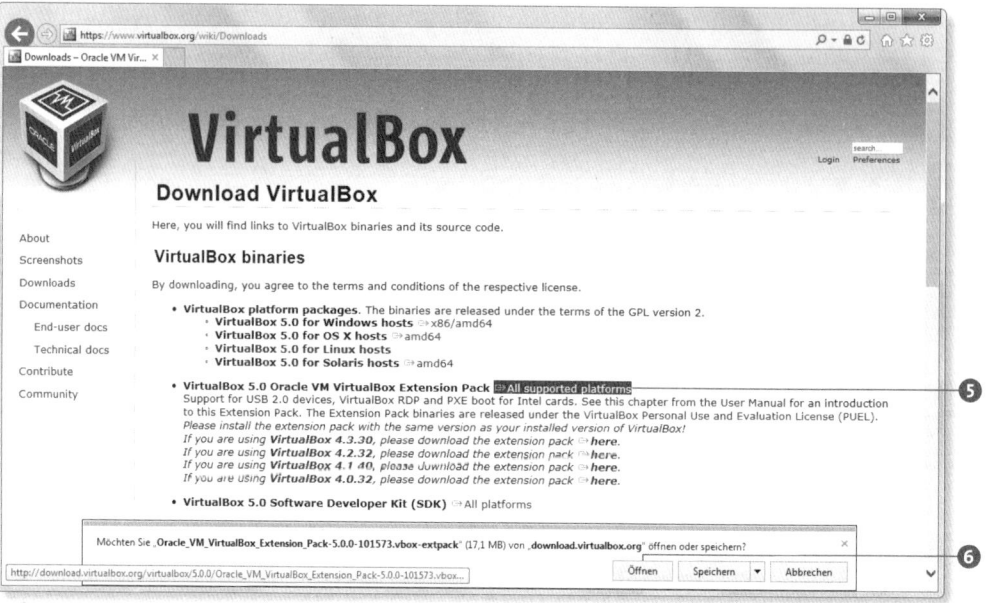

3 Starten Sie VirtualBox, nachdem Sie das Programm und eventuell auch das Extension Pack installiert haben. Klicken Sie links oben im Anwendungsfenster von VirtualBox auf die Symbolschaltfläche **Neu** oder drücken Sie Strg + N.

4 Wählen Sie im erscheinenden Dialogfeld **Virtuelle Maschine erzeugen** einen beliebigen Namen für den virtuellen Computer ➐. Stellen Sie im zweiten Feld **Microsoft Windows** und als **Version** das Betriebssystem **Windows 10 (32-bit)**, wenn Sie eine 32-Bit-Version installieren wollen, bzw. **Windows 10 (64-bit)** ein. Klicken Sie anschließend auf **Weiter**.

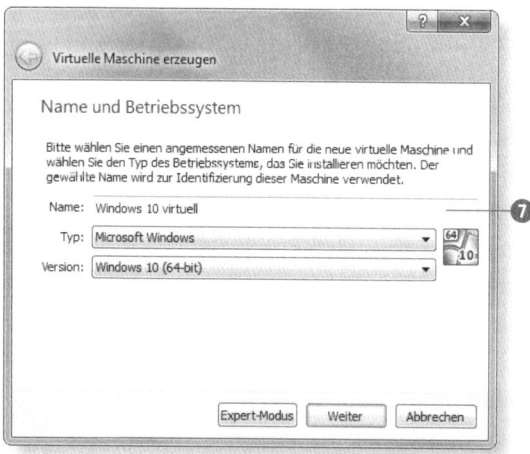

5 VirtualBox wählt nun anhand Ihrer Angaben den Hauptspeicher für Windows 10 entsprechend den Mindestanforderungen (für Windows 10 in der 32-Bit-Version 1.024 MB, für Windows 10 64-Bit 2.048 MB) aus. Wenn Ihr Computer über genügend RAM verfügt, können Sie diesen Wert mit dem Schieberegler entsprechend erhöhen. Klicken Sie anschließend auf **Weiter**.

Beachten Sie jedoch, dass ein zu hoher Wert Ihr Hauptsystem lahmlegen kann, da diesem dann eventuell nicht mehr genügend Arbeitsspeicher zur Verfügung steht, wenn beide Computer – der reale und der virtuelle – im Einsatz sind. Im Übrigen können Sie die Einstellung auch nachträglich anpassen.

Im Anschluss erzeugen Sie eine virtuelle Festplatte, die dynamisch alloziert wird. Das heißt, es wird nur so viel Speicherplatz verwendet, wie die virtuelle Maschine aktuell benötigt. Wenn Sie später auf dem virtuellen Computer Dateien anlegen und Programme installieren, vergrößert sich der reservierte Speicherplatz automatisch.

6 Bestätigen Sie die Dialogschritte **Festplatte** (Einstellung: **Festplatte erzeugen ❽**), **Dateityp der Festplatte** (Einstellung: **VDI (VirtualBox Disk Image) ❾**), **Storage on physical hard disk** (Einstellung: **dynamisch alloziert ❿**) mit **Erzeugen** bzw. mit **Weiter**.

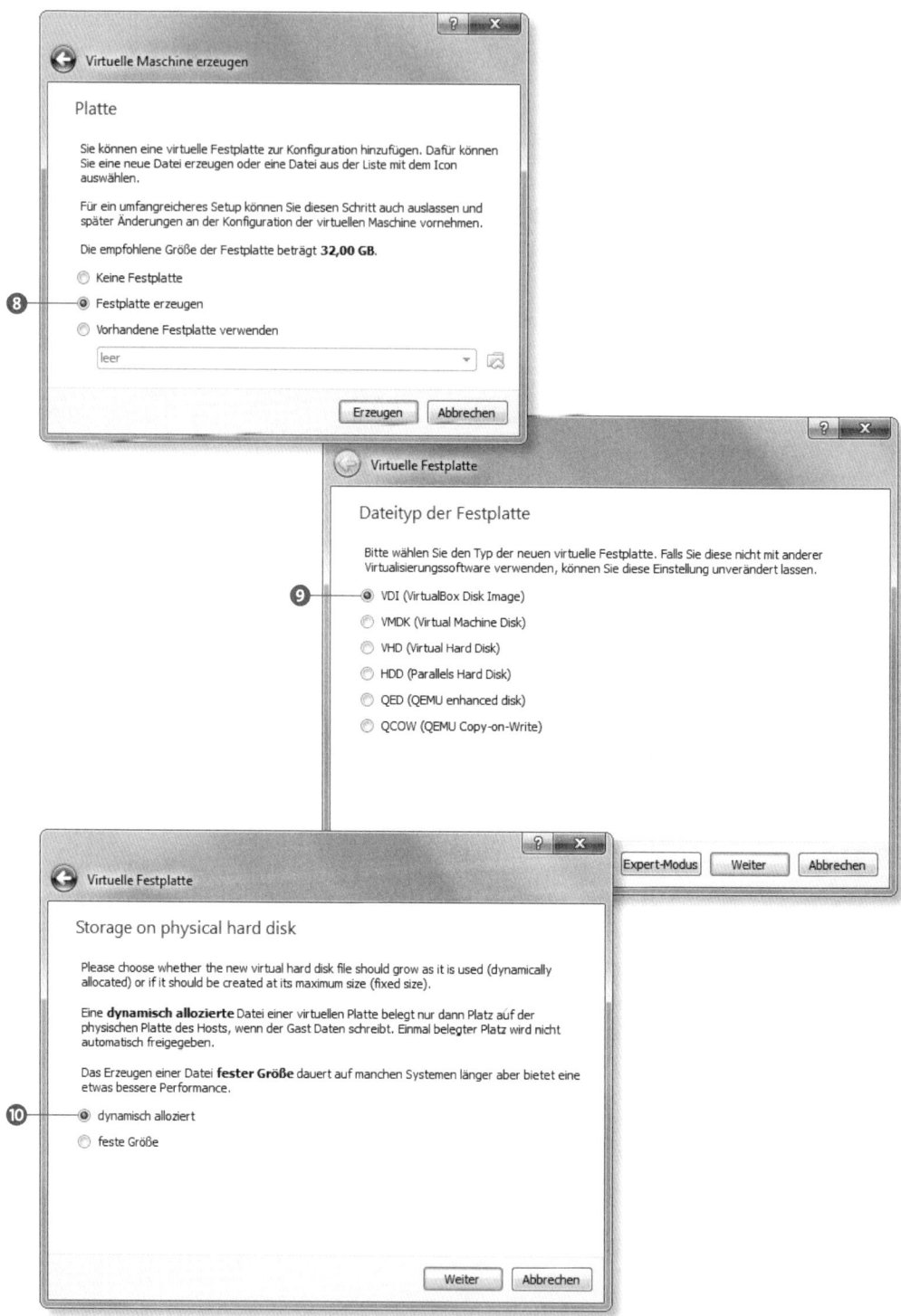

7 Auf der letzten Dialogseite **Dateiname und Größe** können Sie noch die Größe des Speicherplatzes anpassen, der für die Festplatte der virtuellen Maschine auf dem Hauptsystem reserviert wird. Klicken Sie anschließend auf die Schaltfläche **Erzeugen**, um die virtuelle Festplatte mit den gewählten Merkmalen zu erstellen.

Möchten Sie vorher doch noch etwas ändern, können Sie mit dem Zurück-Symbol ⑪ an die entsprechende Stelle zurücknavigieren.

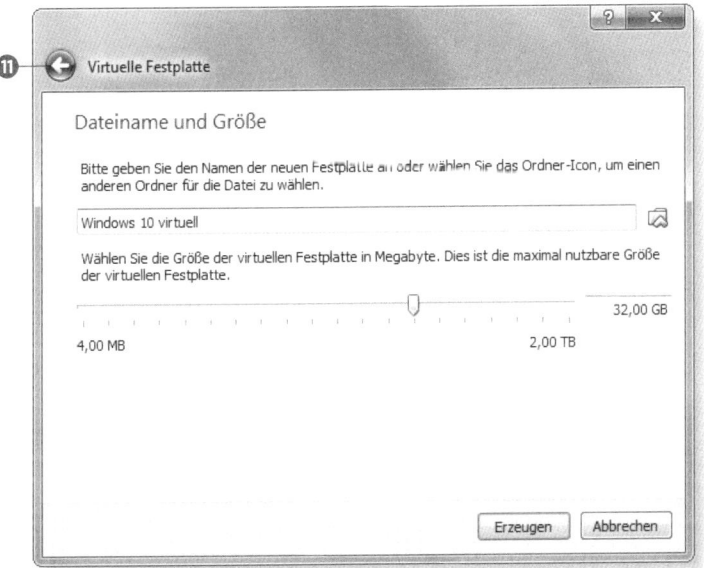

In Bezug auf die Größe der virtuellen Festplatte gilt das Gleiche wie für den Hauptspeicher: Wenn Ihr Hauptcomputer über eine genügend große Festplatte verfügt und dort genügend Speicher für den virtuellen Computer übrig bleibt, empfiehlt es sich durchaus, den voreingestellten Wert von 32 GB zu erhöhen. Grundsätzlich ist es nämlich so, dass ein höheres Festplattenkontingent bei der Arbeit auf einer virtuellen Windows-10-Installation mit Geschwindigkeitsvorteilen verbunden ist. Unter diesem Gesichtspunkt ist auch zu überlegen, ob ein fester Hauptspeicher statt einer dynamischen Allokation nicht doch vorzuziehen ist. Beides – reservierter Festplattenspeicher, fest oder dynamisch alloziert – können Sie jedoch ebenfalls nachträglich ändern.

Die erzeugte Festplatte erscheint nun im linken Bereich des VirtualBox-Anwendungsfensters. Um die Einstellungen für die Festplatte nachträglich anzupassen, klicken Sie im rechten Bereich auf den Titel des entsprechenden Abschnitts und führen anschließend im erscheinenden Dialog die gewünschten Änderungen durch.

Wie gesagt, Sie können Änderungen zu jeder Zeit durchführen, auch nachdem ein Betriebssystem auf der virtuellen Festplatte installiert ist.

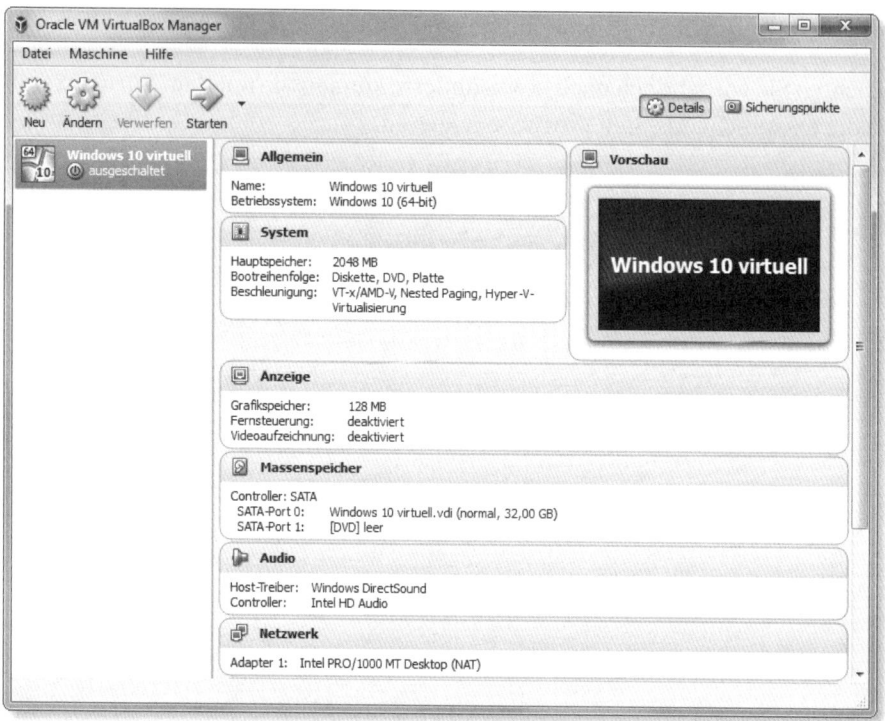

8 Nun gehen Sie daran, auf dem virtuellen Computer Windows 10 zu installieren. Legen Sie also die Windows-10-Installations-DVD in das DVD-Laufwerk Ihres Computers ein.

9 Markieren Sie im linken Bereich des VirtualBox-Anwendungsfensters den virtuellen Computer und klicken Sie auf **Starten**.

10 Wählen Sie im Dialog **Medium für Start auswählen** das DVD-Laufwerk Ihres Computers aus und klicken Sie auf **Starten**. Das Laufwerk wird nun von VirtualBox für die virtuelle Maschine übernommen.

Falls der Dialog zur Auswahl des Startmediums nicht angeboten wird, klicken Sie im Fenster der virtuellen Maschine auf **Geräte ▶ Optische Laufwerke** und wählen das DVD-Laufwerk mit dem Installationsmedium im Untermenü aus. Schließen Sie danach das Fenster der virtuellen Maschine, wählen Sie im Dialog **Beenden der virtuellen Maschine** die Option **die virtuelle Maschine ausschalten** und starten Sie den virtuellen Computer erneut.

Der weitere Vorgang gestaltet sich im Wesentlichen genauso wie die Installation auf einem realen Computer. Vorausgesetzt, Sie besitzen die entsprechenden Lizenzen, können Sie auf die beschriebene Weise auch mehrere virtuelle Windows-10-Computer erzeugen.

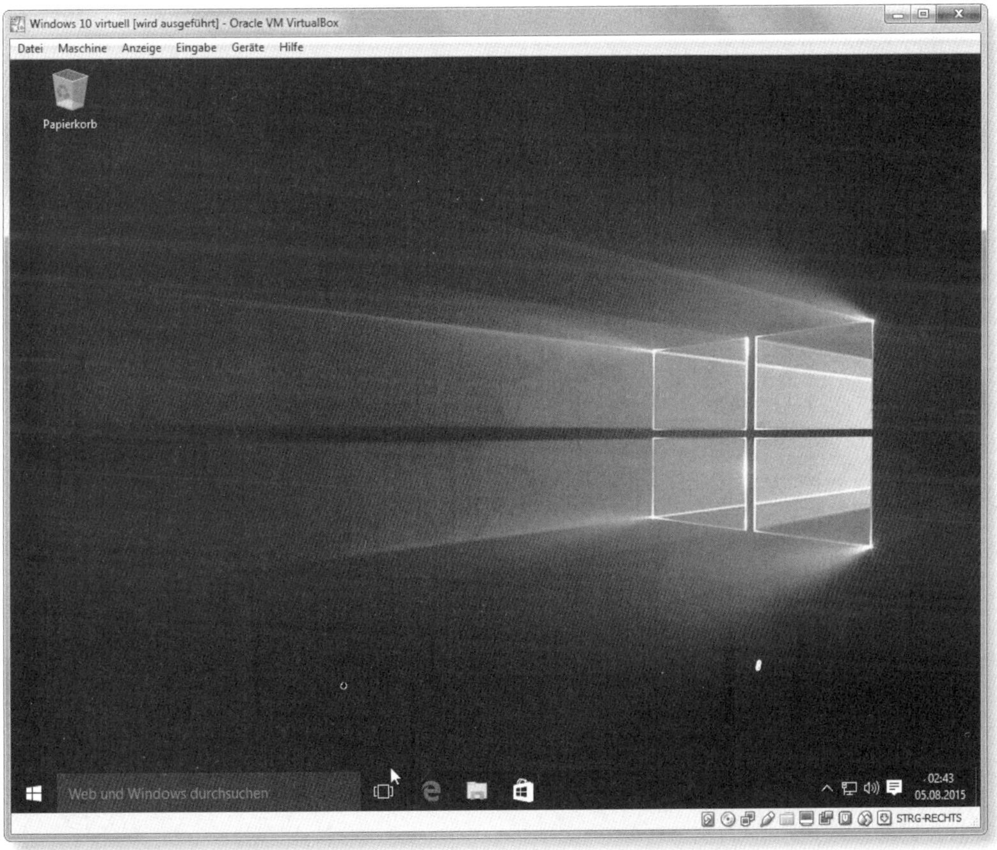

Abbildung 1.2 Anwendungsfenster des virtuellen Windows-10-Computers nach der Installation des Betriebssystems

1.9.1   Die Gasterweiterungen installieren

Nach der Installation von Windows 10 in VirtualBox empfiehlt es sich, auf dem virtuellen Computer die sogenannten Gasterweiterungen zu installieren. Gehen Sie dazu folgendermaßen vor:

1 Starten Sie zunächst den virtuellen Computer, falls dieser aktuell noch nicht ausgeführt wird.

2 Überzeugen Sie sich davon, dass das CD/DVD-Laufwerk in der virtuellen Maschine eingebunden ist. Klicken Sie also in der oberen Menüleiste des Fensters, in dem die virtuelle Maschine ausgeführt wird, auf **Geräte ▶ Optische Laufwerke** und klicken Sie gegebenenfalls im Untermenü auf das entsprechende Laufwerk, so dass dieses mit einem Häkchen gekennzeichnet wird. (In unserem Beispiel handelt es sich um das **Hostlaufwerk 'D:'**.) Legen Sie keine CD/DVD in das Laufwerk ein, da dieses von der virtuellen Maschine zum Installieren der Gasterweiterungen als virtuelles Laufwerk übernommen wird.

Wenn der virtuelle Computer im Vollbildmodus ausgeführt wird (siehe dazu den Kasten »Virtuellen Computer im Vollbildmodus ausführen« auf Seite 49), ist die Menüleiste standardmäßig ausgeblendet. Sie erscheint dann am unteren Bildschirmrand, sobald der Mausziger dorthin bewegt wird.

3 Klicken Sie im Anwendungsfenster des virtuellen Computers auf den Befehl **Geräte ▶ Gasterweiterungen einlegen**. Alternativ können Sie den Befehl mithilfe einer Tastenkombination aufrufen. Drücken Sie die Host-Taste (meist ist das die rechte ⌷Strg⌷-Taste) zusammen mit der Taste ⌷D⌷.

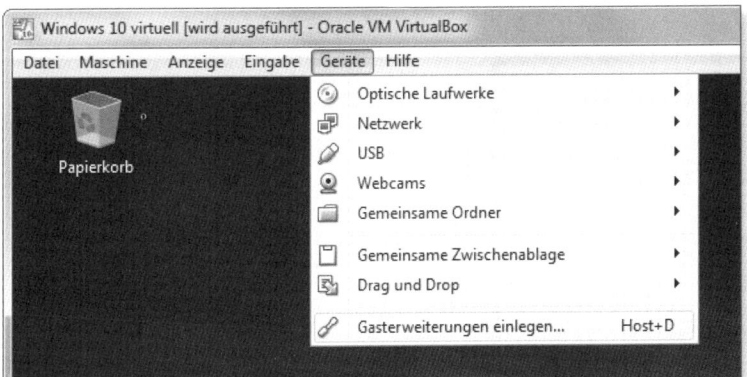

4 Klicken Sie einmal in das erscheinende Popup-Fenster, um die Optionen für das virtuelle Laufwerk anzuzeigen.

Führen Sie Schritt 3 gegebenenfalls erneut aus, falls das Popup-Fenster verschwindet, bevor Sie es anklicken bzw. antippen konnten.

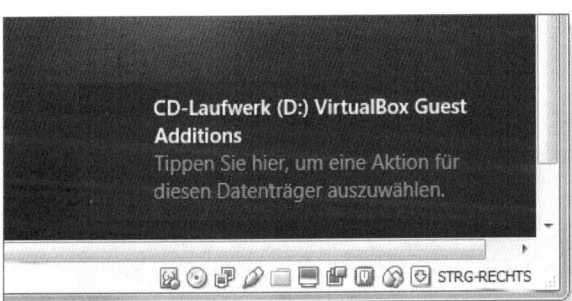

5 Daraufhin erscheint das Popup-Fenster mit den Optionen für das virtuelle DVD-Laufwerk, das in der Abbildung auf Seite 50 zu sehen ist. Klicken Sie in diesem auf **VBoxWindowsAdditions.exe ausführen** ❶ und bestätigen Sie die Rückfrage der Benutzerkontensteuerung mit **Ja**.

Virtuellen Computer im Vollbildmodus ausführen

Um im virtuellen Computer in den Vollbildmodus zu wechseln, drücken Sie die Host-Taste – in der Regel ist das die rechte $\boxed{\text{Strg}}$-Taste – zusammen mit der Taste $\boxed{\text{F}}$. Der virtuelle Computer nimmt daraufhin den ganzen Bildschirm ein. Mit der gleichen Tastenkombination ($\boxed{\text{Strg}}$ + $\boxed{\text{F}}$) gelangen Sie auch wieder in den normalen Modus.

INFO

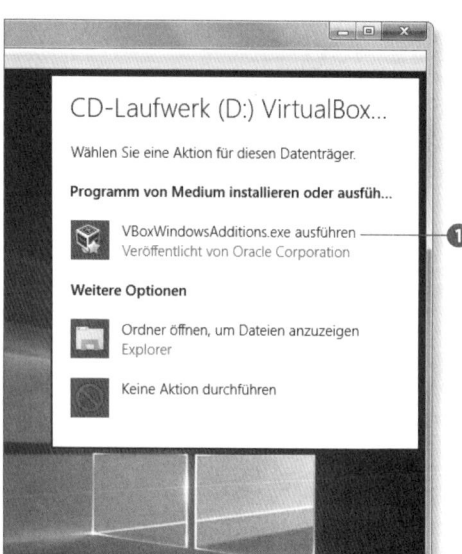

6 Folgen Sie nun den Anweisungen des Assistenten und starten Sie den virtuellen Computer neu, wenn Sie dazu aufgefordert werden.

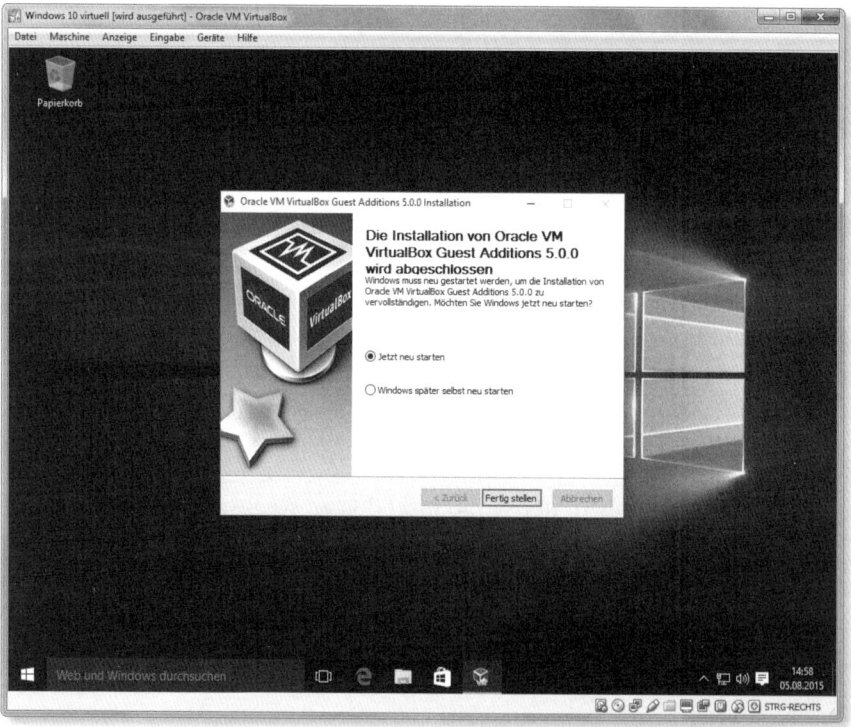

Die Gasterweiterungen verbessern das Zusammenspiel zwischen dem Host- und dem Gast-Betriebssystem, was sich unter anderem auf die Leistung des virtuellen Windows-10-Computers auswirken wird. Beispielsweise ist es nach der Installation der Gasterweiterungen möglich, eine gemeinsame Zwischenablage für Host- und Gastcomputer zu verwenden und einen oder mehrere gemeinsame Ordner einzurichten, um Dateien zwischen den beiden Systemen auszutauschen.

1.9.2   Gemeinsame Ordner definieren

Gehen Sie folgendermaßen vor, um einen gemeinsamen Ordner für den Hauptcomputer und den virtuellen Computer zu vereinbaren:

1 Klicken Sie im rechten Bereich des VirtualBox-Anwendungsfensters auf **Gemeinsame Ordner ❶**. Alternativ können Sie auch im Fenster des virtuellen Computers, wenn dieser ausgeführt wird, **Geräte ▸ Gemeinsame Ordner** wählen.

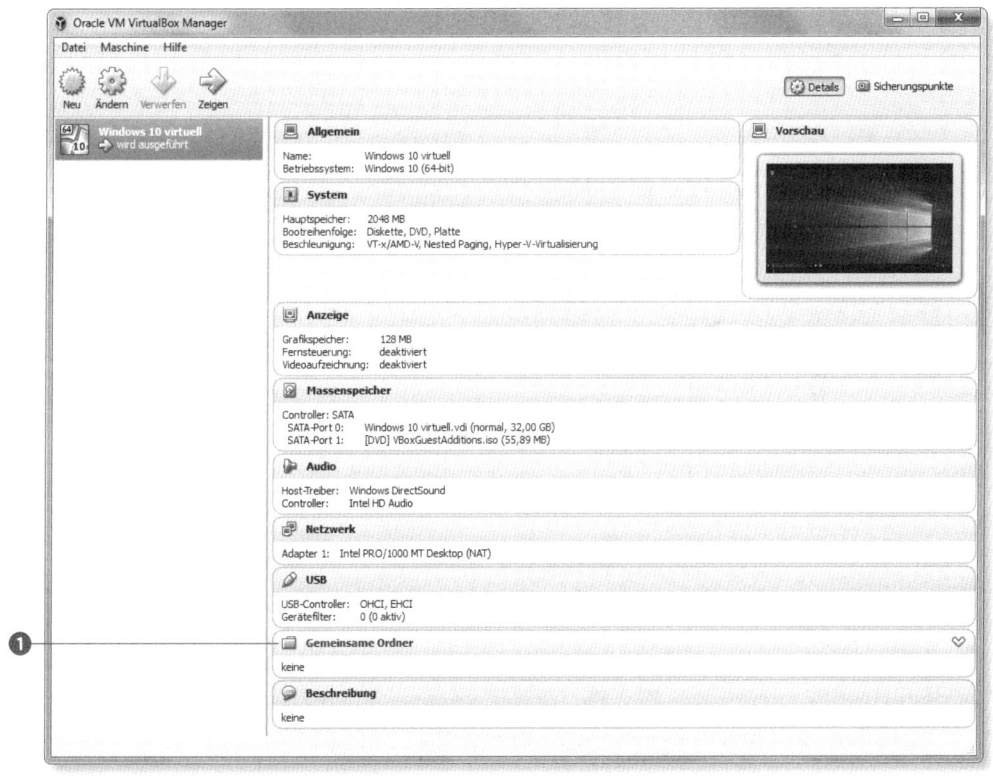

2 Es erscheint das Dialogfeld, das in der folgenden Abbildung zu sehen ist, mit der Seite **Gemeinsame Ordner**. Klicken Sie im rechten Bereich auf das Symbol mit dem grünen Kreuz ➋, es befindet sich rechts neben der Titelleiste der Ordnerliste.

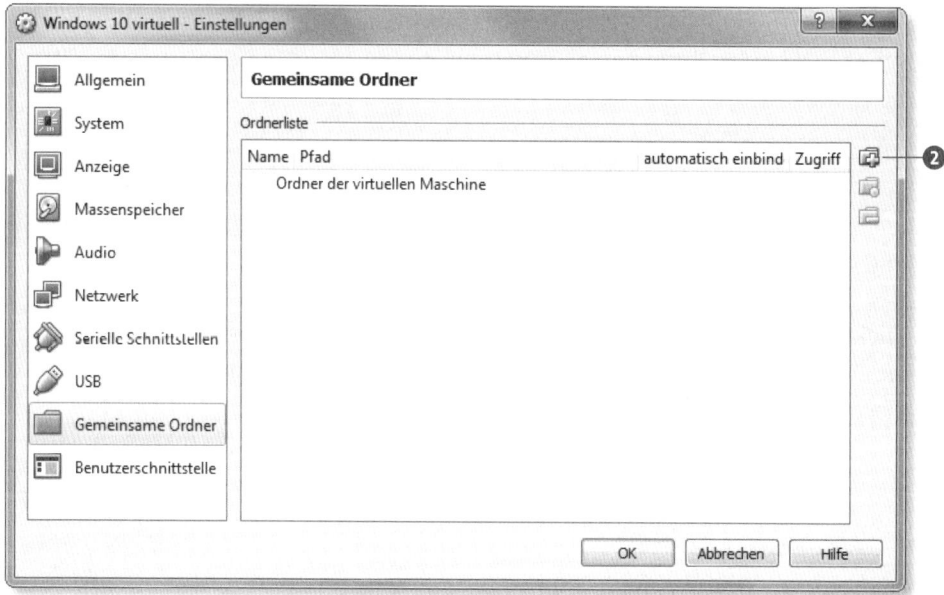

3 Es erscheint ein weiteres Dialogfeld **Ordner hinzufügen**. Öffnen Sie das Listenfeld **Ordner-Pfad** und klicken Sie auf **Ändern**.

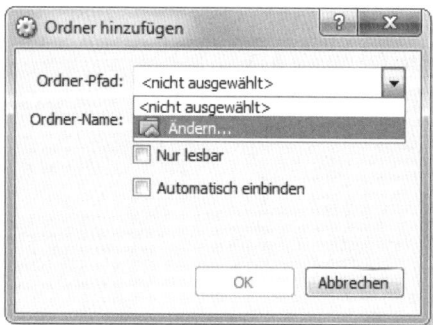

4 Wählen Sie im zusätzlich erscheinenden Dialogfeld **Ordner suchen** den Ordner auf dem Host-Computer aus, den Sie für den gemeinsamen Zugriff zur Verfügung stellen wollen. Bestätigen Sie Ihre Auswahl mit **OK**.

5 Aktivieren Sie im Dialogfeld **Ordner hinzufügen** die Option **Automatisch einbinden**, um den gemeinsamen Ordner dauerhaft für beide Computer bereitzustellen. Bestätigen Sie auch das Dialogfeld **Ordner hinzufügen** mit **OK**.

6 Im Ausgangsdialog **Ändern** erscheint der hinzugefügte Ordner nun in der Ordnerliste. Schließen Sie dieses Dialogfeld ebenfalls mit **OK**.

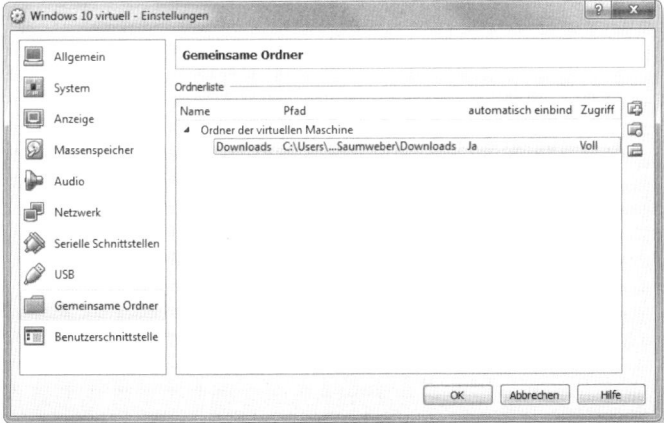

1.9.3 Gemeinsame Zwischenablage verwenden

Nach der Installation der Gasterweiterungen können Sie auch die Zwischenablage des Host-Computers mit dem virtuellen Computer teilen. Das heißt, wenn Sie z. B. in der Windows-7-Installation Ihres Host-Computers Text kopieren – etwa in einem Microsoft-Word-Dokument –, können Sie diesen im virtuellen Computer an jeder beliebigen Stelle per [Strg] + [V] einfügen und umgekehrt (vorausgesetzt, Sie konfigurieren die gemeinsame Zwischenablage so, dass diese in beide Richtungen funktioniert). Führen Sie folgende Schritte durch, um eine gemeinsame Zwischenablage zwischen Haupt-Betriebssystem und virtuellem Computer zu verwenden:

1 Selektieren Sie im linken Bereich des VirtualBox-Anwendungsfensters den Computer mit der Windows-10-Installation. Klicken Sie im rechten Bereich auf **Allgemein ❶**.

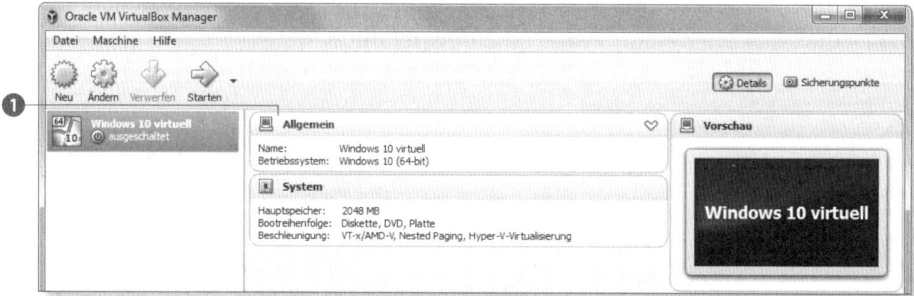

2 Im erscheinenden Dialogfeld ist die Kategorie **Allgemein** bereits ausgewählt, so dass im rechten Bereich die entsprechenden Optionen angezeigt werden. Klicken Sie hier auf den Registerreiter **Erweitert ❷**.

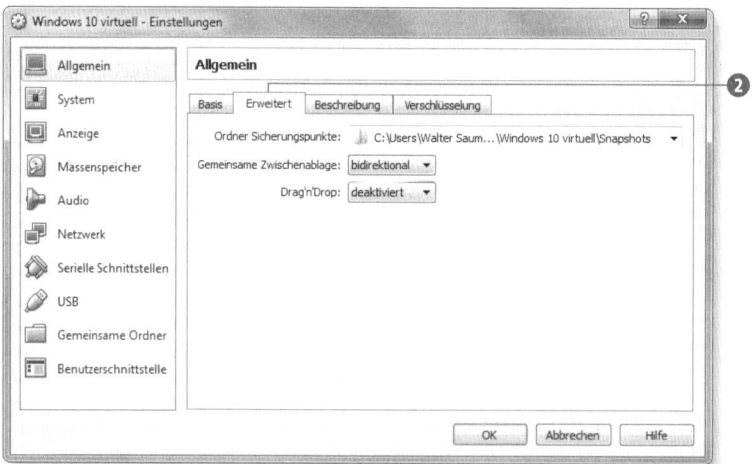

3 Stellen Sie in dem Listenfeld neben **Gemeinsame Zwischenablage** die Option **bidirektional** ein.

Soll das Kopieren nur in einer Richtung, also nur vom Host-Computer zum virtuellen Computer oder nur vom virtuellen Computer zum Host-Computer, funktionieren, wählen Sie **Host zu Gast** bzw. **Gast zu Host**.

4 Schließen Sie das Einstellungen-Dialogfeld, indem Sie auf die **OK**-Schaltfläche klicken, um die geänderte Einstellung zu speichern.

Sie können die Einstellung für die gemeinsame Zwischenablage auch direkt im Anwendungsfenster der virtuellen Maschine treffen. Klicken Sie hier auf **Geräte** ▸ **Gemeinsame Zwischenablage**. Danach erscheinen die Optionen **deaktiviert**, **Host zu Gast**, **Gast zu Host** und **bidirektional** im Untermenü, wo Sie diese nur anzuklicken brauchen.

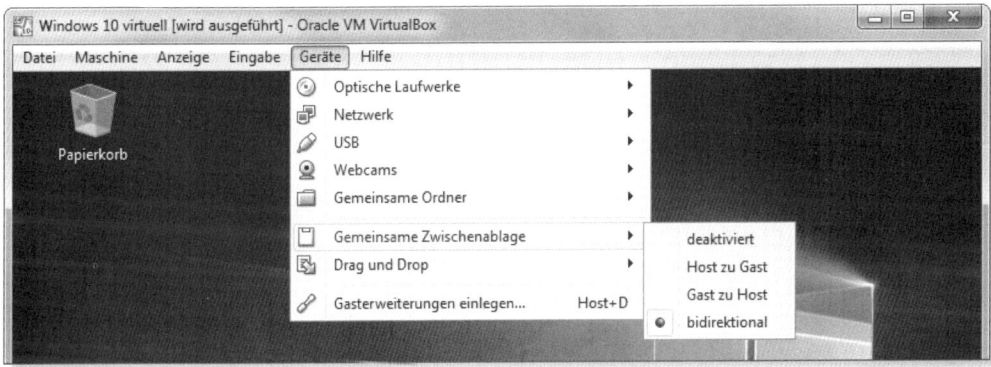

Abbildung 1.3 Einrichten einer gemeinsamen Zwischenablage im Fenster der virtuellen Maschine. Hier finden Sie die passenden Optionen in der Menüleiste.

1.10   VirtualBox: Windows 10 mit einem ISO-Image installieren

Besonders bequem gestaltet sich mit VirtualBox die Installation per ISO-Image. Wenn Sie im Besitz einer ISO-Datei von Windows 10 sind, können Sie diese in VirtualBox direkt als virtuelle CD/DVD einbinden, ohne das Image erst auf einen Datenträger zu brennen. Führen Sie folgende Schritte durch, um in VirtualBox Windows 10 mittels ISO-Datei auf einem virtuellen Computer zu installieren:

1 Selektieren Sie im linken Bereich des VirtualBox-Anwendungsfensters den virtuellen Computer, auf den Sie Windows 10 installieren wollen.

2 Klicken Sie im rechten Bereich auf **Massenspeicher**.

3 Es erscheint das Dialogfeld **<Name des virtuellen Computers> - Einstellungen** mit der Seite **Massenspeicher**. Selektieren Sie im rechten Bereich im gleichnamigen Abschnitt den Eintrag mit dem CD-Symbol und dem folgenden Wort **leer** ❶.

Wenn auf dem virtuellen Computer bereits ein Betriebssystem installiert ist, erscheint im Abschnitt **Massenspeicher** stattdessen ein Eintrag mit dem Laufwerksbuchstaben des CD/DVD-Laufwerks. Selektieren Sie in diesem Fall das CD/DVD-Laufwerk, wenn Sie Windows 10 über das vorhandene Betriebssystem installieren wollen.

4 Klicken Sie jetzt im nebenstehenden Abschnitt **Attribute** auf das CD-Symbol neben dem Feld **Optisches Laufwerk** ❷ und im nun erscheinenden Menü auf **Datei für optisches Medium auswählen** ❸.

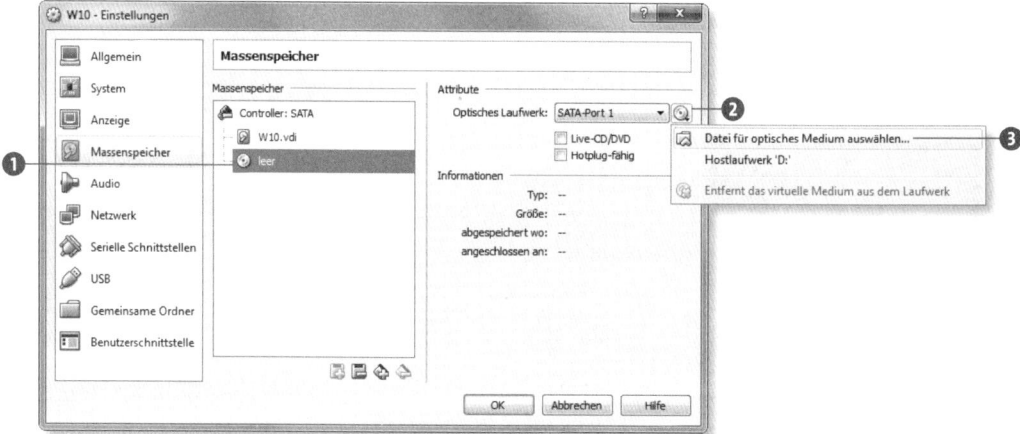

5 Es erscheint daraufhin das Dialogfeld **Bitte wählen Sie eine Datei für ein virtuelles optisches Medium**. Wählen Sie hier die ISO-Datei aus und klicken Sie auf **Öffnen**.

6 Im Ausgangsdialog **<Name des virtuellen Computers> - Einstellungen** erscheint jetzt im Abschnitt **Massenspeicher** neben dem CD-Symbol der Name der gewählten ISO-Datei. Schließen Sie auch dieses Dialogfeld mit **OK**.

7 Starten Sie nun den virtuellen Computer. Falls auf diesem bereits ein Betriebssystem installiert ist, erscheint die Meldung *Press any key to boot from CD or DVD*. Drücken Sie in diesem Fall eine beliebige Taste, um das Installationsmedium von der virtuellen DVD zu starten.

2   Einstellungen, die Sie sofort kennen sollten

In diesem Kapitel geht es um Einstellungen, von denen ich annehme, dass viele Leser sie möglichst schnell kennenlernen wollen, denn sie erleichtern die Arbeit und erlauben es, den Computer auf sehr einfache Weise den persönlichen Bedürfnissen anzupassen. Dazu gehören vor allem das Anpassen von Energieoptionen, was besonders für Notebooks und Tablet-PCs sinnvoll ist, und das automatische Speichern von Daten und Einstellungen auf OneDrive, das unter Windows 10 standardmäßig aktiviert ist.

In diesem Kapitel erfahren Sie außerdem, wie Sie sich alternativ zur Kennworteingabe mit einer PIN am System anmelden können und wie Sie zudem einen Bildcode erstellen, der ideal für eine Anmeldung auf einem Touchscreen ist.

2.1   Den Energiesparmodus als Standard festlegen

Unter Windows 10 müssen Sie Ihren Computer nicht vollständig herunterfahren. Auch wenn Sie die Benutzung für längere Zeit unterbrechen, reicht der Energiesparmodus aus. Der Computer verbraucht in diesem Modus sehr wenig Strom und lässt sich schneller wieder starten. Außerdem können Sie nach der Reaktivierung so weitermachen, wie Sie zuletzt aufgehört haben. Bei Notebooks oder Tablets brauchen Sie auch nicht zu befürchten, dass sich der Akku entlädt. Windows sichert Ihre Daten automatisch und schaltet den Computer aus, wenn der Akkuzustand zu niedrig ist.

Bei den meisten Notebooks und Tablets ist der Energiesparmodus der standardmäßige Modus für das Herunterfahren, sodass Sie nur den Deckel schließen oder den Netzschalter drücken müssen. Ist der Energiesparmodus für diese Aktionen nicht als Standard festgelegt oder möchten Sie bei einem Desktop-PC für den Netzschalter den Energiesparmodus festlegen, können Sie dies folgendermaßen einstellen:

1 Klicken Sie in der Taskleiste mit der rechten Maustaste auf das Symbol mit dem Windows-Logo ❶ und im erscheinenden Kontextmenü auf **Energieoptionen** ❷.

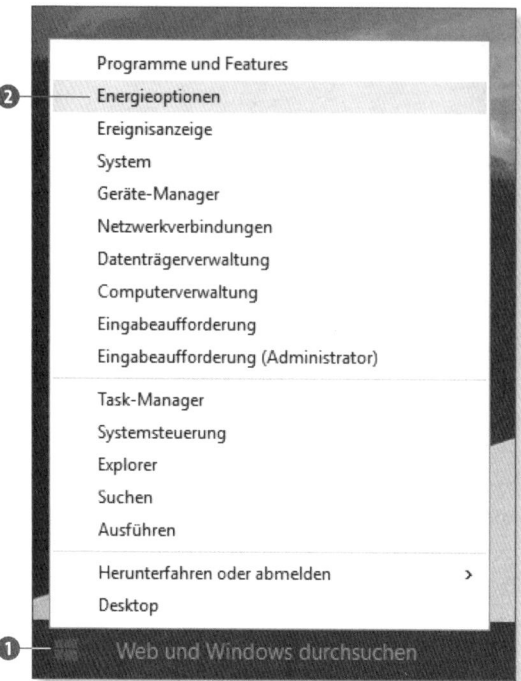

2 Es erscheint die Dialogseite **Energieoptionen** der Systemsteuerung. Klicken Sie im linken Bereich auf **Auswählen, was beim Drücken des Netzschalters geschehen soll ❸**.

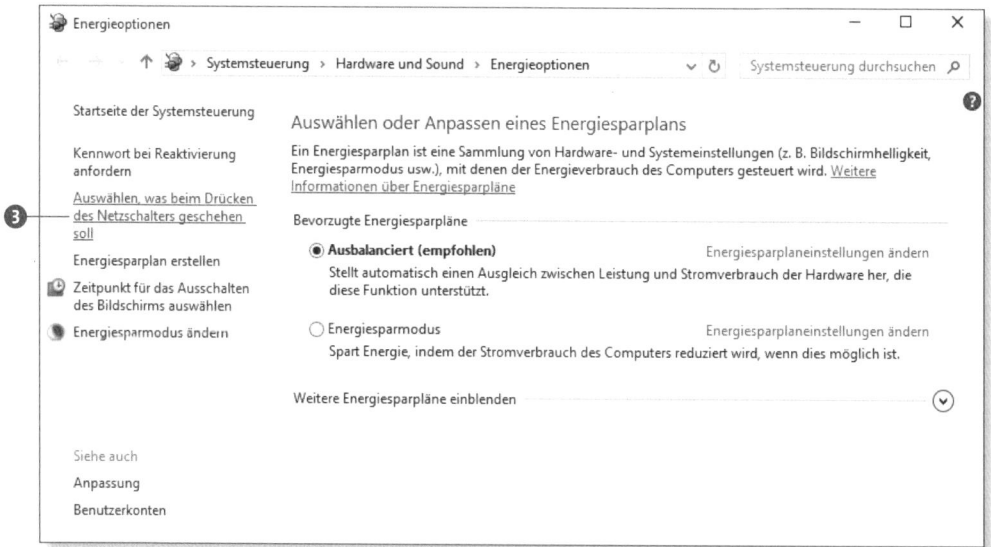

Bei Laptops lautet die entsprechende Verknüpfung **Auswählen, was beim Drücken von Netzschaltern geschehen soll** ❹. Außerdem enthält der linke Bereich der Energieoptionen zusätzlich die Verknüpfung **Auswählen, was beim Zuklappen des Computers geschehen soll** ❺. Es spielt keine Rolle, welche von beiden Verknüpfungen Sie anklicken, da beide zur gleichen Dialogseite führen.

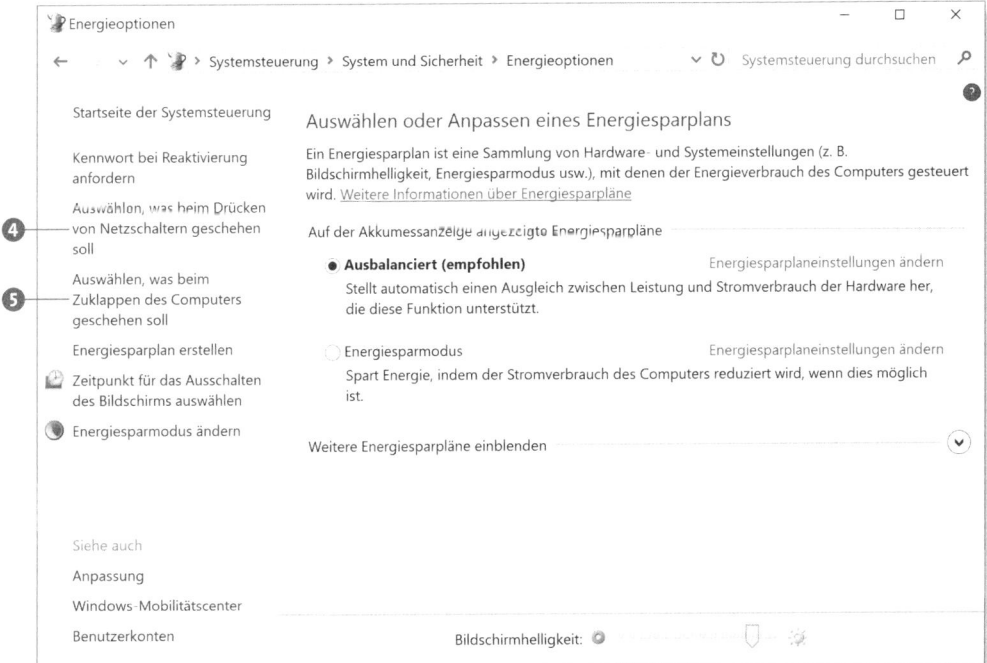

3 Stellen Sie in den Listenfeldern neben **Beim Drücken des Netzschalters**, **Beim Drücken der Energiespartaste** sowie **Beim Zuklappen** ein (siehe die Abbildung auf Seite 60), was bei den betreffenden Aktionen geschehen soll. Wählen Sie also **Energie sparen**, wenn Sie möchten, dass der Computer in den Energiesparmodus wechselt, sobald der Netzschalter oder die Energiespartaste gedrückt oder der Deckel des Notebooks zugeklappt wird.

Die Option **Beim Zuklappen** und in der Regel auch die Option **Beim Drücken der Energiespartaste** sind nur auf Laptops vorhanden. Hier können Sie – wie in der Abbildung auf Seite 60 zu sehen – die gewünschte Aktion getrennt für Akkubetrieb und Netzbetrieb einstellen.

4 Klicken Sie ganz unten auf der Dialogseite auf die Schaltfläche **Änderungen speichern**.

Danach wechselt Ihr Computer beim Betätigen des Netzschalters, beim Drücken der
Energiespartaste oder beim Zuklappen des Notebook-Deckels in den Energiesparmodus – je nachdem, wie Sie in Schritt 3 die entsprechenden Aktionen konfiguriert haben.

2.2   Computer reaktivieren ohne Kennworteingabe

Um den Computer aus dem Energiesparmodus zu reaktivieren, reicht es im Allgemeinen aus, eine beliebige Taste zu drücken oder einmal mit der Maus zu klicken. Standardmäßig müssen Sie sich danach noch am Computer anmelden, um weiterarbeiten
zu können.

Wenn mehrere Personen Zugang zum Computer haben, ist die Authentifizierung mittels Kennwort bzw. mittels PIN oder Bildcode, falls diese Anmeldemethoden aktiviert
sind, aus Sicherheitsgründen sicherlich angezeigt. Wenn die Gefahr jedoch nicht besteht, dass sich andere Personen Zugang zu Ihrem Computer verschaffen, können Sie
gegebenenfalls auf eine erneute Anmeldung verzichten. Die Umstellung erfolgt ebenfalls in den Energieoptionen.

1 Öffnen Sie die Dialogseite **Energieoptionen** der Systemsteuerung, z. B. indem Sie in
der Taskleiste mit der rechten Maustaste auf das Windows-Symbol klicken und im
erscheinenden Kontextmenü **Energieoptionen** wählen. Das gleiche Menü können Sie
auch mit der Tastenkombination ⊞ + ⏎ aufrufen.

2 Klicken Sie im linken Bereich der erscheinenden Dialogseite auf **Kennwort bei Reaktivierung anfordern**.

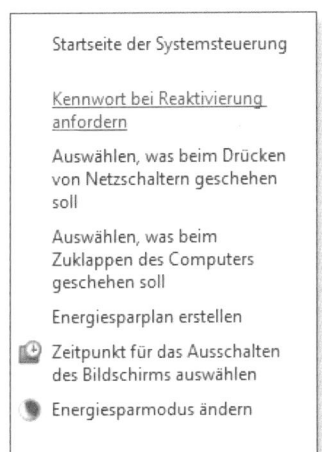

3 Klicken Sie auf der nächsten Seite **Verhalten des Netzschalters definieren und Kenn-wortschutz einschalten** auf die Verknüpfung **Einige Einstellungen sind momentan nicht verfügbar** ❶. Erst danach sind die Optionsfelder im Abschnitt **Kennworteingabe bei Reaktivierung** aktiv, so dass die Einstellung geändert werden kann.

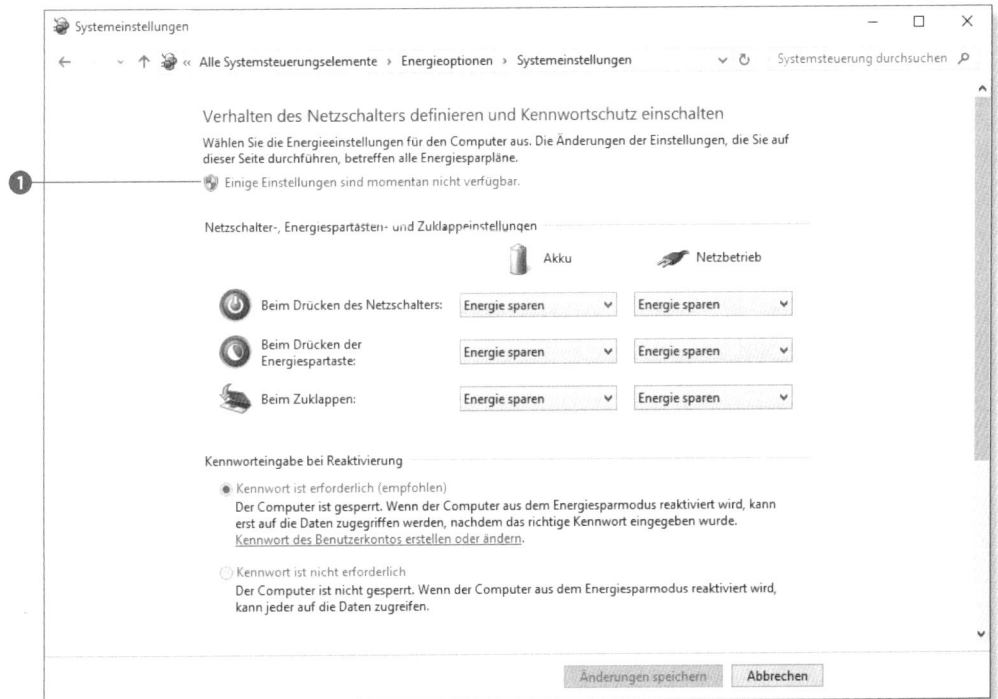

4 Aktivieren Sie jetzt im Abschnitt **Kennworteingabe bei Reaktivierung** die Option **Kennwort ist nicht erforderlich**. Klicken Sie dazu einmal auf das nebenstehende Optionsfeld ❷.

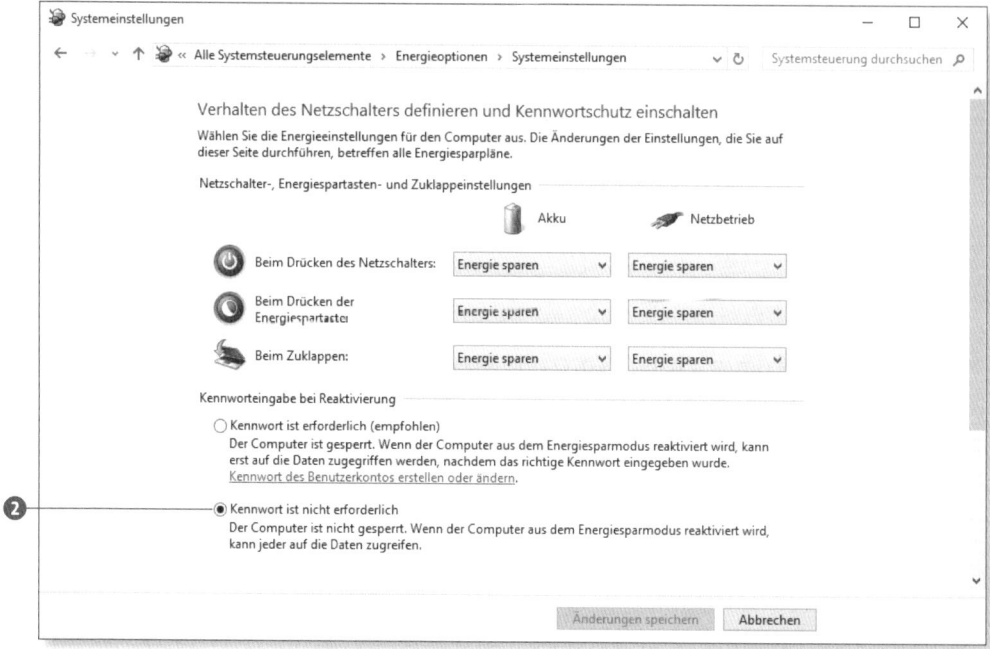

5 Bestätigen Sie die neue Einstellung, indem Sie unten auf die Schaltfläche **Änderungen speichern** klicken.

Danach brauchen Sie nur mehr eine beliebige Aktion (Tastendruck, Mausklick) auszuführen, um den Computer aus dem Energiesparmodus zu reaktivieren. Anschließend können Sie sofort mit Ihren geöffneten Apps und Programmen weiterarbeiten, ohne sich erneut anmelden zu müssen.

2.3 Den automatischen Wechsel in den Energiesparmodus verhindern

Windows passt den Energieverbrauch Ihres Computers bei Untätigkeit an. Dieses Verhalten beruht auf sogenannten Energiesparplänen, von denen auf Desktop-PCs und Notebooks drei vordefiniert sind. Der standardmäßig verwendete heißt *Ausbalanciert*.

Dieser Energiesparplan zielt auf einen Ausgleich zwischen Leistung und Stromverbrauch ab. Die Einstellungen eines anderen Energiesparplans mit dem Namen *Energiesparmodus* garantieren z. B. auf Notebooks mit Akkubetrieb eine möglichst lange Nutzungsdauer.

Wenn Sie z. B. ein Notebook mit Netzstrom betreiben und am Computer während eines bestimmten Zeitraums keine Aktionen durchführen (also auch nicht den Mauszeiger bewegen), schaltet Windows unter dem Energiesparplan *Ausbalanciert* den Bildschirm nach 10 Minuten aus und versetzt den Computer nach weiteren 20 Minuten in den Standbymodus. Bei Akkubetrieb schaltet der Bildschirm bereits nach fünf Minuten aus und nach insgesamt 15 Minuten erfolgt der Wechsel in den Energiesparmodus. Bei einem Tablet-PC erfolgt das Abschalten des Bildschirms gewöhnlich schon nach einer und der Wechsel in den Energiesparmodus nach zwei Minuten. Unter dem Energiesparplan *Energiesparmodus* sind die genannten Werte sogar noch geringer.

Zum besseren Verständnis: Eigentlich kommt es gar nicht auf den verwendeten Energiesparplan an, sondern vielmehr darauf, wie derjenige, der verwendet wird, eingestellt ist. Allerdings sind die vordefinierten Einstellungen des Energiesparplans *Energiesparmodus* energiesparender als die Standardeinstellungen des Energiesparplans *Ausbalanciert*. Sie können aber jeden Energiesparplan so einstellen, wie Sie das wünschen, und Sie können sogar neue Energiesparpläne erstellen. Letzteres dürfte in der Praxis jedoch kaum notwendig sein.

Energiesparplan hin, Energiesparplan her, gerade wenn man ein Notebook an das Stromnetz angeschlossen hat, also nicht befürchten muss, dass der Akku irgendwann leer sein wird, kann es zuweilen lästig sein, wenn sich am Computer ständig etwas ausschaltet. Aber auch die Standardeinstellungen auf einem Desktop-PC sind nicht unbedingt nach dem Geschmack jedes Anwenders. Es ist also sinnvoll, die Energieeinstellungen gegebenenfalls sofort anzupassen. Den verwendeten Energiesparplan bzw. dessen Einstellungen legen Sie ebenfalls in den Energieoptionen fest. Gehen Sie bei Bedarf folgendermaßen vor:

1 Klicken Sie in der Taskleiste mit der rechten Maustaste auf das Windows-Symbol. Wählen Sie **Energieoptionen** im erscheinenden Kontextmenü, um die gleichnamige Dialogseite der Systemsteuerung aufzurufen.

2 Klicken Sie im rechten Bereich der Dialogseite **Energieoptionen** neben dem aktiven Energiesparplan auf die Verknüpfung **Energiesparplaneinstellungen ändern** ➊.

Bevorzugte Energiesparpläne

⦿ **Ausbalanciert (empfohlen)**   Energiesparplaneinstellungen ändern ——— ❶
Stellt automatisch einen Ausgleich zwischen Leistung und Stromverbrauch der Hardware her, die
diese Funktion unterstützt.

◯ Energiesparmodus   Energiesparplaneinstellungen ändern
Spart Energie, indem der Stromverbrauch des Computers reduziert wird, wenn dies möglich ist.

Weitere Energiesparpläne einblenden ————————————————————— ⌄ ❷

Insgesamt sind drei Energiesparpläne vordefiniert, standardmäßig verwendet wird der Energiesparplan *Ausbalanciert*. Die anderen beiden heißen *Energiesparmodus* und *Höchstleistung*. Der Letztere erscheint erst nach Erweitern des entsprechenden Abschnitts auf der Dialogseite. Klicken Sie dazu auf das Symbol mit der nach unten weisenden Pfeilspitze neben **Weitere Energiesparpläne einblenden** ❷.

Zwar können über die Verknüpfung **Energiesparplan erstellen** (im linken Bereich der Dialogseite **Energieoptionen**) weitere Energiesparpläne erstellt werden. Im Allgemeinen ist das Erstellen von mehreren Energiesparplänen oder das Umschalten zwischen verschiedenen Energiesparplänen jedoch nicht notwendig. Schließlich kann aktuell immer nur ein Energiesparplan verwendet und dieser, wie hier beschrieben, bequem angepasst werden.

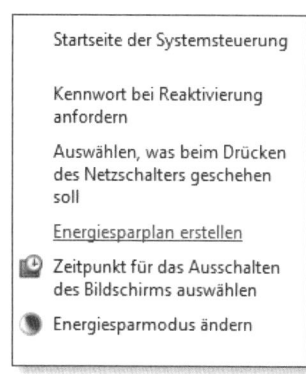

3 Klicken Sie auf der Dialogseite **Energiesparplaneinstellungen bearbeiten** in das jeweilige Auswahlfeld, um die zugehörige Auswahlliste zu öffnen. Stellen Sie in dieser den gewünschten Zeitwert ein. Möchten Sie das Abschalten des Bildschirms und den Wechsel in den Energiesparmodus generell unterbinden, wählen Sie für die entsprechenden Felder **Niemals** ❸.

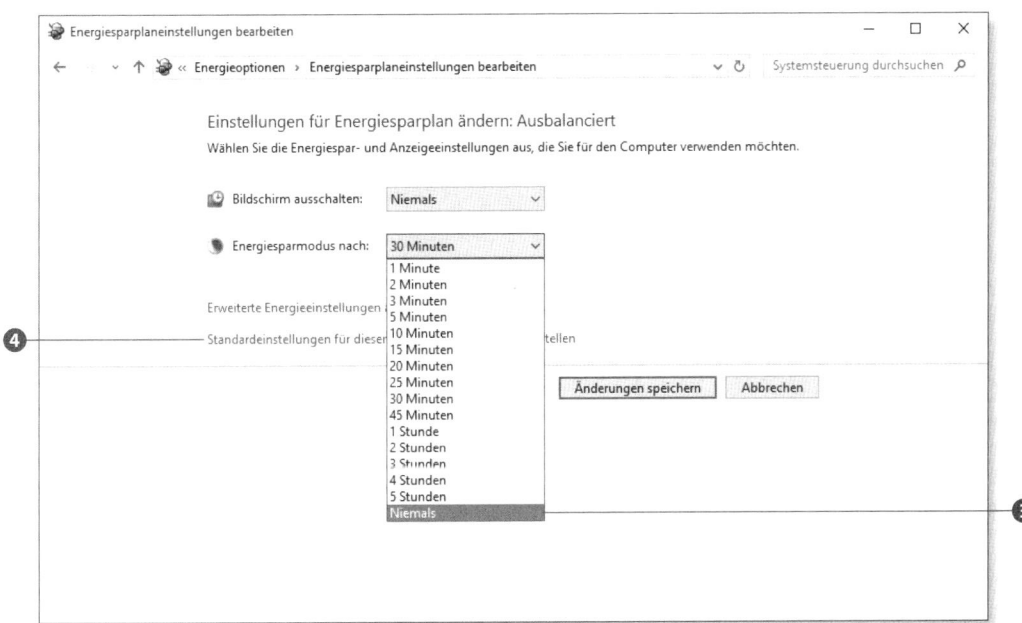

Auf Notebooks und Tablets können Sie die Einstellungen getrennt für Netz- und Akkubetrieb treffen. Zusätzlich können Sie mit den beiden Schiebereglern die Bildschirmhelligkeit einstellen. Die Option **Niemals** steht auch hier sowohl für Akkubetrieb als auch für Netzbetrieb zur Verfügung. In der folgenden Abbildung sind die Werte bereits entsprechend angepasst.

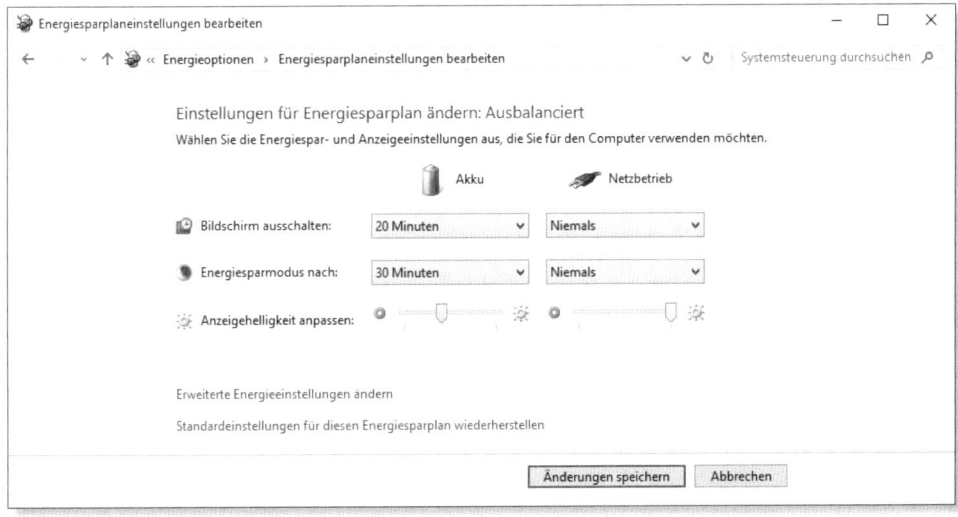

4 Klicken Sie auf die Schaltfläche **Änderungen speichern**, um die neuen Einstellungen für den Energiesparplan zu speichern. Diese werden sofort aktiv, ein Neustart des Computers ist nicht erforderlich.

TIPP

Ursprüngliche Energiesparplaneinstellungen wiederherstellen

Möchten Sie später einmal die Standardeinstellungen für den verwendeten Energie-sparplan wiederherstellen, klicken Sie auf der Dialogseite **Energiesparplaneinstel-lungen bearbeiten** auf die entsprechende Verknüpfung ❹ (siehe die Abbildung zu Schritt 3 auf Seite 65). Ein anschließendes Speichern ist in diesem Fall ebenfalls nicht erforderlich. Berücksichtigen Sie allerdings, dass dabei alle ursprünglichen Einstel-lungen komplett wiederhergestellt werden, also z. B. auch der Standardwert für das automatische Ausschalten der Festplatte (siehe dazu den folgenden Abschnitt) oder das Erfordernis der erneuten Anmeldung bei Reaktivierung (siehe den Abschnitt 2.2, »Computer reaktivieren ohne Kennworteingabe«, ab Seite 60). Gegebenenfalls müssten Sie die gewünschten Änderungen diesbezüglich erneut durchführen.

Alternativ zu der oben gezeigten Vorgehensweise können Sie die Einstellungen bezüg-lich automatischem Abschalten des Bildschirms und Wechsel in den Energiesparmodus auch in den Einstellungen ändern:

1 Öffnen Sie das Startmenü, indem Sie in der Taskleiste auf das Windows-Symbol kli-cken. Klicken Sie im Startmenü auf **Einstellungen**.

Alternativ können Sie die Einstellungen auch durch Drücken von ⊞ + Ⅰ öffnen.

2 Klicken Sie in den Einstellungen auf **System** ❶.

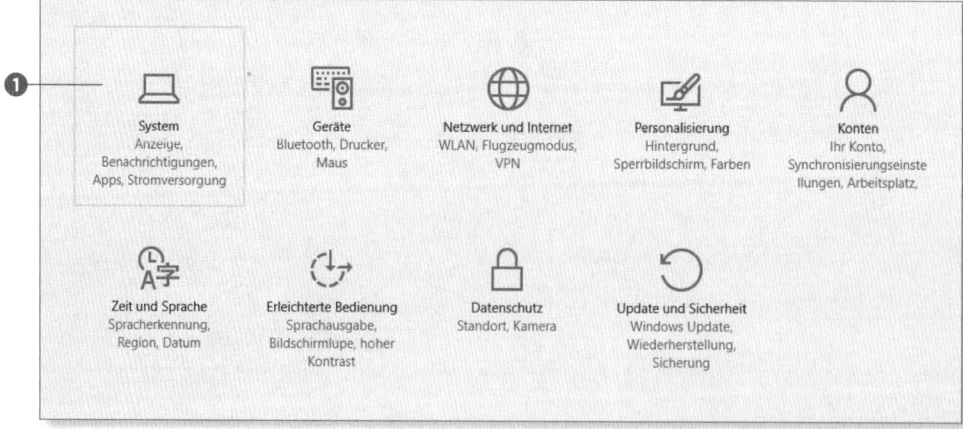

3 Wählen Sie im linken Bereich der erscheinenden Seite **Netzbetrieb und Energie-sparen**.

4 Stellen Sie in den Feldern des rechten Bereichs die gewünschten Werte ein. Klicken Sie auch hier einmal in das jeweilige Feld, um die Auswahlliste zu öffnen. Wählen Sie **Nie ❷**, wenn Sie nicht wollen, dass der Bildschirm abschaltet oder der Computer automatisch in den Energiesparmodus wechselt.

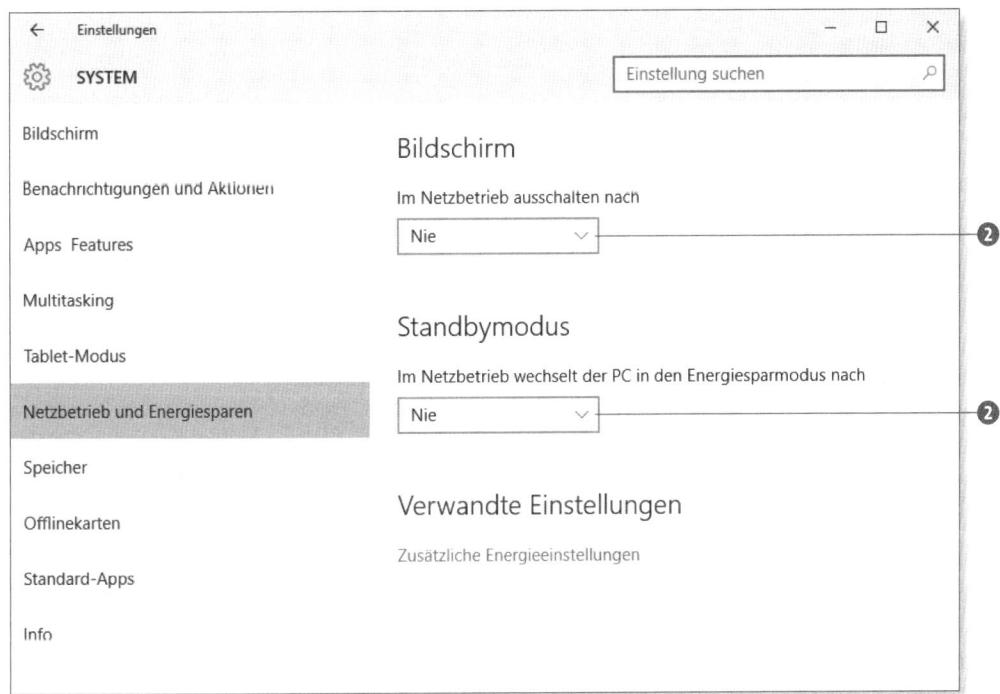

Die obige Abbildung zeigt die Dialogseite **Netzbetrieb und Energiesparen** auf einem Desktop-PC. Auf Notebooks, Tablets und Ultrabooks finden sich hier wiederum je zwei Auswahlfelder für Akkubetrieb (❸ und ❹) sowie für Netzbetrieb, wie es in der folgenden Abbildung zu sehen ist.

Änderungen in den Einstellungen werden sofort wirksam
Sicher ist es Ihnen schon längst aufgefallen, trotzdem sei es an dieser Stelle einmal ausdrücklich erwähnt: Windows übernimmt alle Änderungen, die Sie in den Ein-stellungen durchführen, sofort. Sie brauchen nicht erst zu speichern wie in den Dia-logen der Systemsteuerung. Auch ein Neustart ist in der Regel nicht erforderlich.

INFO

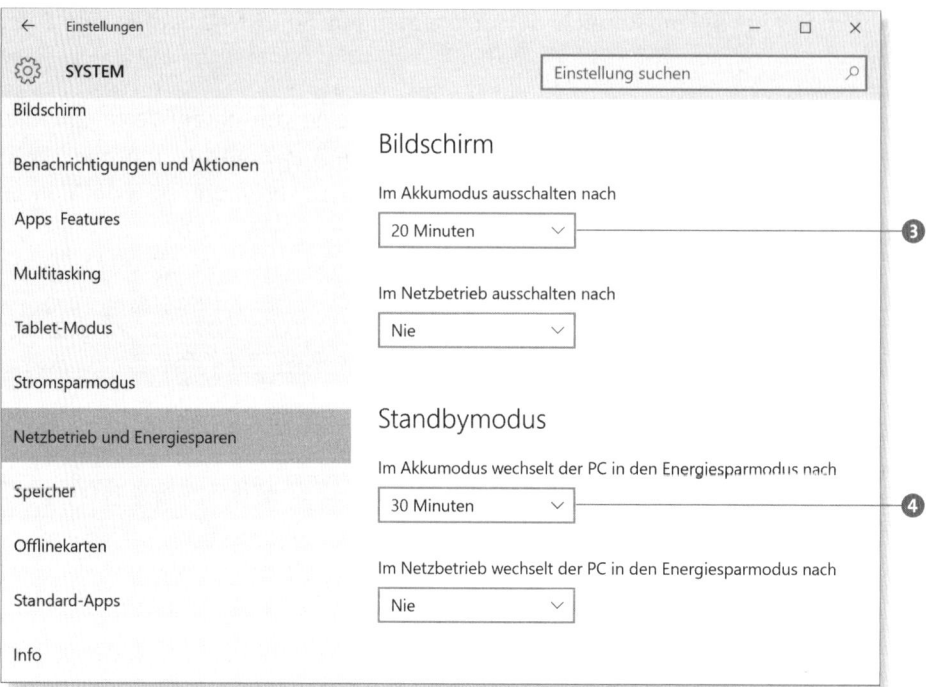

Die neuen Werte werden sofort vom Betriebssystem übernommen. Beachten Sie, dass das Wiederherstellen der Standardeinstellungen in den Einstellungen nicht möglich ist. Hierzu müssen Sie in den Energieoptionen die Dialogseite **Energiesparplaneinstellungen bearbeiten** aufrufen (siehe dazu den Kasten »Ursprüngliche Energiesparplaneinstellungen wiederherstellen« auf Seite 66).

2.4 Erweiterte Energieeinstellungen anpassen

Wenn Sie den Energiesparplan, wie beschrieben, angepasst haben – z. B. weil Sie selbst alles unter Kontrolle haben wollen und einfach nicht möchten, dass Geräte automatisch abschalten (in diesem Fall haben Sie womöglich für jede der Optionen auf der Dialogseite **Energiesparplaneinstellungen bearbeiten** die Einstellung **Niemals** gewählt) –, könnten Sie nun immer noch unangenehm überrascht werden. Nämlich dann, wenn nach einer gewissen Zeit der Untätigkeit unvermittelt die Festplatte abschaltet. Diese und viele weitere Einstellungen finden Sie in den erweiterten Energieeinstellungen.

Die erweiterten Energieeinstellungen rufen Sie auf, indem Sie auf der Dialogseite **Energiesparplaneinstellungen bearbeiten** auf die Verknüpfung **Erweiterte Energieeinstellungen ändern ❶** klicken.

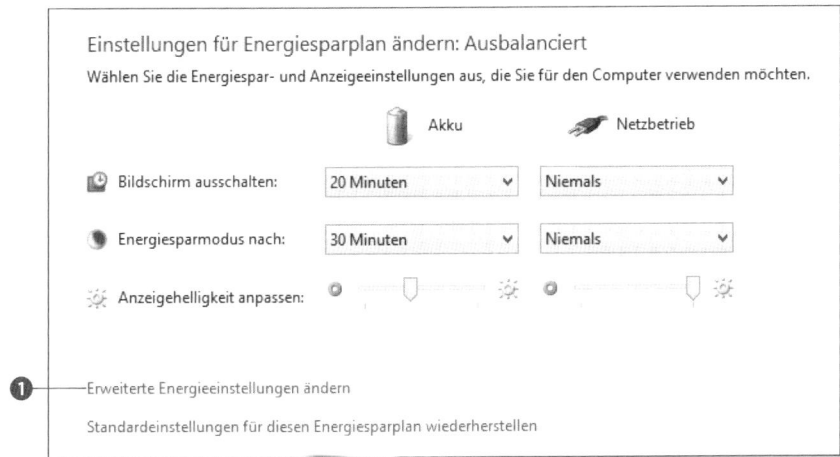

Abbildung 2.1 Der Aufruf der erweiterten Energieeinstellungen erfolgt stets über die Konfigurationsseite eines Energiesparplans.

Es erscheint das Dialogfeld, das Sie in Abbildung 2.2 sehen, mit einer einzigen Registerkarte **Erweiterte Einstellungen**. Im Listenfeld voreingestellt ist der aktuell verwendete Energiesparplan, hier **Ausbalanciert ❷**. Beachten Sie, dass alle Einstellungen, die Sie in den erweiterten Energieeinstellungen vornehmen, sich ebenfalls auf einen Energiesparplan beziehen, nämlich den, der im obigen Listenfeld eingestellt ist.

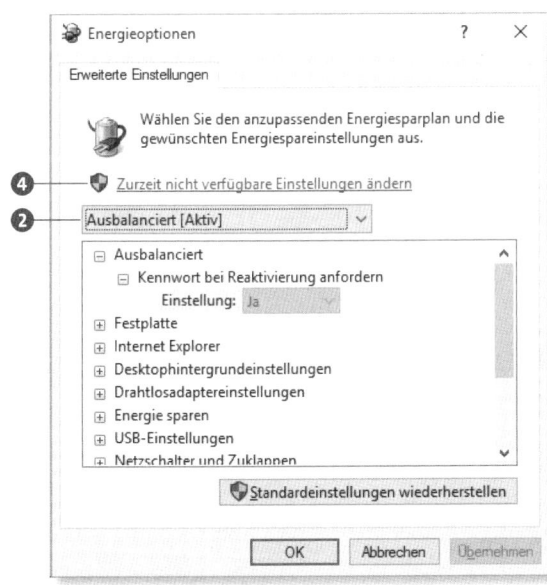

Abbildung 2.2 Erweiterte Energieeinstellungen: viele Hebel an verschiedenen Stellen

Um nun zu verhindern, dass sich die Festplatte automatisch abschaltet, erweitern Sie im Dialogfeld aus Abbildung 2.3 nacheinander die Knoten neben **Festplatte** und **Festplatte ausschalten nach** ❸. Bei Notebooks finden Sie hier die Untereinträge **Auf Akku** und **Netzbetrieb**, bei Desktop-PCs gibt es hier natürlich nur einen einzigen Eintrag – dieser lautet **Einstellung**.

Selektieren Sie den Eintrag, dessen Wert Sie ändern wollen (**Netzbetrieb** und/oder **Akku** bzw. **Einstellung** bei Desktop-PCs), und stellen Sie im nebenstehenden Feld die gewünschte Zeit ein. Sie können den Wert auch eintippen, was bei der Entscheidung für **Nie** (die Festplatte soll niemals automatisch abschalten) wohl der bequemste Weg ist, da Sie ansonsten ganz nach unten scrollen müssen. Bestätigen Sie die Änderungen mit **OK** bzw. **Übernehmen**, wenn Sie noch weitere Einstellungen ändern wollen.

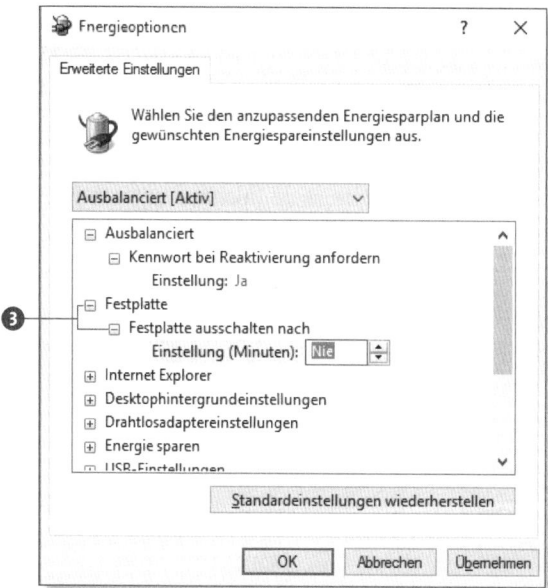

Abbildung 2.3 Automatisches Ausschalten der Festplatte verhindern

Automatisches Abschalten der Festplatte
Denken Sie jedoch daran, dass das automatische Ausschalten der Festplatte manchmal sehr nützlich sein kann. Das trifft z. B. zu, wenn Sie das Haus verlassen und vergessen haben, den Computer abzuschalten. Nach dem Ausschalten der Festplatte kann der Computer von anderen Personen ohne Zugangsberechtigung nicht mehr verwendet werden.

Manche Einstellungen im Dialogfeld **Energieoptionen** lassen sich zunächst nicht ändern. Um hier alle Eigenschaften ändern zu können, klicken Sie einmal auf die Verknüpfung **Zurzeit nicht verfügbare Einstellungen ändern** (❹ in Abbildung 2.2). Danach können Sie alle Einstellungen bearbeiten, solange das Dialogfeld geöffnet ist. Sehen Sie diesen eher trivialen Vorgang gewissermaßen als Warnfunktion seitens des Betriebssystems: Sie sollen sich sicher sein, was Sie tun, bevor Sie sensible Einstellungen vom Standard abweichend ändern.

Ein Beispiel hierfür ist die Option **Kennwort bei Reaktivierung anfordern**, die im Dialogfeld **Energieoptionen** ebenfalls zur Verfügung steht. Die Voreinstellung ist hier sowohl bei Notebooks als auch bei Desktop-PCs **Ja**. Dies bedeutet, dass Sie Ihr Benutzerkennwort bzw. das Kennwort Ihres Microsoft-Kontos, mit dem Sie am Computer angemeldet sind, eingeben müssen, wenn Sie den Computer aus dem Energiesparmodus heraus aktivieren, also am Computer weiterarbeiten möchten. Wenngleich dies eine vernünftige Sicherheitsmaßnahme darstellt, ist es nicht notwendig, wenn es sich regelmäßig so verhält, dass Sie den Computer in der Zwischenzeit nicht verlassen bzw. Sie sich während der Standbyphase im selben Raum aufhalten oder dieser für andere Personen nicht zugänglich ist.

Möchten Sie bei der Reaktivierung also kein Kennwort angeben müssen, klicken Sie zunächst auf die Verknüpfung **Zurzeit nicht verfügbare Einstellungen ändern** (❹ in Abbildung 2.2), erweitern dann den Knoten neben **Kennwort bei Reaktivierung anfordern**, setzen den entsprechenden Wert auf **Nein** (neben **Netzbetrieb** und/oder **Akku** bzw. bei Desktop-PCs neben **Einstellung**) und bestätigen die Änderung mit **OK** oder **Übernehmen**. Natürlich können Sie auch wie in Abschnitt 2.2, »Computer reaktivieren ohne Kennworteingabe«, ab Seite 60 beschrieben vorgehen und die Änderung unabhängig von einem bestimmten Energiesparplan durchführen.

Schaltflächen »OK« und »Übernehmen«

Diese beiden Schaltflächen, die in den meisten Dialogfeldern von Windows und auch in denen von klassischen Programmen integriert sind, haben praktisch immer die gleiche Funktion. Beide speichern die Änderungen des Benutzers, jedoch schließt die **OK**-Schaltfläche das Dialogfeld, während es bei **Übernehmen** geöffnet bleibt. Klicken Sie also in einem Dialogfeld auf **Übernehmen**, wenn Sie sichergehen und bis dato gemachte Änderungen schon einmal speichern möchten, jedoch anschließend noch weitere Einstellungen vornehmen wollen. Dazu sei gesagt, dass es nicht zwingend notwendig ist, nach jeder Änderung auf **Übernehmen** zu klicken, da beide Schaltflächen immer alle Änderungen, die während des geöffneten Dialogs vorgenommen wurden, speichern.

INFO

Wenn Sie in der Liste des Dialogfelds **Energieoptionen** etwas weiter nach unten scrollen, finden Sie unter anderem noch die Option **Netzschalter und Zuklappen**, mit der Sie regeln können, was beim Zuklappen des Notebook-Deckels, beim Drücken des Netzschalters (**Standardaktion für Beenden**) oder beim Drücken der Energiespartaste geschehen soll. Zur Auswahl stehen **Herunterfahren** (nicht beim Drücken der Energiespartaste), **Ruhezustand**, **Energie sparen** und **Nichts unternehmen**. Die Einstellungen für **Zuklappen** und **Energiespartastenaktion** sind allerdings nur für Notebooks verfügbar. Auch die letztgenannten Einstellungen können Sie jedoch etwas übersichtlicher und global, das heißt Energiesparplan-übergreifend, auch auf der Ausgangsseite **Energieoptionen** regeln, wie in Abschnitt 2.1, »Den Energiesparmodus als Standard festlegen«, ab Seite 57 beschrieben. Dazu gehört jedoch nicht das Abschalten der Festplatte, denn dieses Verhalten müssen Sie in jedem Fall in den erweiterten Energieeinstellungen festlegen.

Eine weitere, zumindest für Laptops wichtige Einstellung findet sich ebenfalls exklusiv in den erweiterten Energieoptionen. Hier können Sie regeln, ob und nach welcher Zeit der Computer bei Untätigkeit in den Ruhezustand versetzt wird. Windows 10 schaltet Notebooks z. B. bei Netzbetrieb wie bei Akkubetrieb standardmäßig nach drei Stunden in den Ruhezustand, und zwar unabhängig von der Einstellung bezüglich des Versetzens in den Energiesparmodus. Wenn Sie die Zeiten für Akku- und/oder Netzbetrieb ändern wollen, finden Sie die Option **Ruhezustand nach ❶** auf der Ebene unterhalb von **Energie sparen**. Die Einstellung **Nie** steht auch hier zur Auswahl.

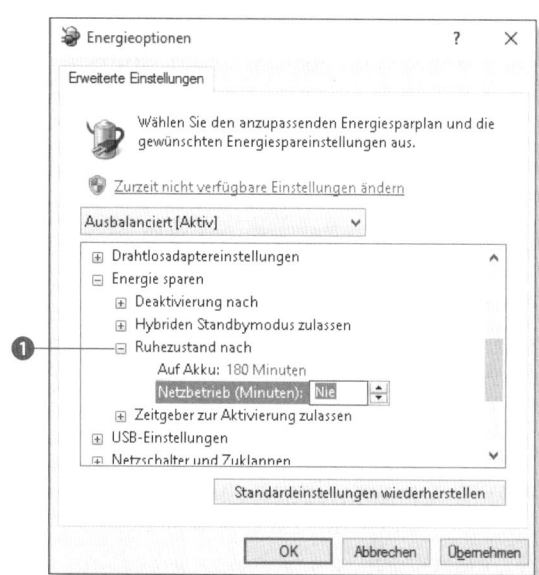

Abbildung 2.4 Die Einstellungen zum Versetzen des Computers in den Ruhezustand sind ausschließlich in den erweiterten Energieeinstellungen geregelt.

TIPP

PC-Schlafstörungen beseitigen

Auf eine kaum beachtete erweiterte Einstellung möchte ich Sie noch besonders aufmerksam machen: Wenn man die Arbeit am PC für kurze Zeit unterbricht, ist es sehr praktisch, den Computer in den Energiesparmodus zu versetzen, statt ihn ganz auszuschalten. Allerdings können Sie unter den Standardeinstellungen nicht 100%ig sicher sein, dass Ihr PC nicht doch ohne Ihr Zutun aus dem Schlafmodus erwacht. Dies kann geschehen, wenn irgendwelche Hintergrundaktivitäten (Installation von Updates, konfigurierte Tasks etc.) geplant sind. Um generell zu verhindern, dass Windows den Energiesparmodus oder einen Ruhezustand nicht automatisch beendet, ist es notwendig, während dieser Phase den zuständigen Zeitgeber zu deaktivieren.

Die Option **Zeitgeber zur Aktivierung zulassen** ❷ befindet sich ebenfalls auf der Ebene unterhalb von **Energie sparen** und darunter bei Notebooks wiederum die Einträge **Auf Akku** sowie **Netzbetrieb** (bei Desktop-PCs **Einstellung**). Wenn Sie also absolut sichergehen wollen, dass Ihr Computer nicht unvermittelt aus dem Schlafmodus erwachen wird, sollten Sie in den Listenfeldern jeweils **Deaktivieren** einstellen. Allerdings bietet Windows 10 gegenüber früheren Windows-Versionen außer **Aktivieren** und **Deaktivieren** noch eine weitere interessante Option, nämlich **Nur wichtige Aktivierungszeitgeber**. Unter dieser Einstellung reaktiviert sich das System nur dann, wenn es sich um wesentliche Aufgaben handelt.

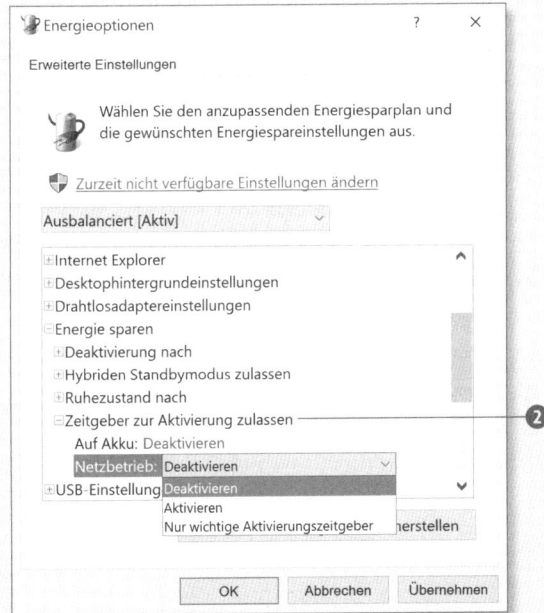

Abbildung 2.5 Nur bei deaktiviertem Zeitgeber ist sichergestellt, dass Windows einen Standbymodus nicht unversehens beendet.

Die Schaltfläche **Standardeinstellungen wiederherstellen** im Dialogfeld **Energieoptionen** bewirkt das Gleiche wie die entsprechende Verknüpfung auf der Dialogseite **Energiesparplaneinstellungen bearbeiten**. Sie stellt die Standardeinstellungen für den betreffenden Energiesparplan wieder her. Beachten Sie jedoch, dass dies nicht mit **OK** oder **Übernehmen** bestätigt werden muss. Windows stellt die standardmäßigen Einstellungen sofort wieder her, wenn Sie die Rückfrage mit **Ja** beantworten.

2.5 Automatische Synchronisierung deaktivieren

Standardmäßig synchronisiert Windows 10 bestimmte Einstellungen, z. B. das Desktop-Design, gespeicherte Kennwörter sowie die Einstellungen im Browser einschließlich der Internetfavoriten, mit anderen Computern. Voraussetzung ist, dass auf diesen ebenfalls Windows 10 installiert ist und Sie die Geräte mit dem gleichen Microsoft-Konto nutzen.

Ändern Sie z. B. bei eingeschalteter Synchronisierung auf Ihrem Bürocomputer oder auf Ihrem Tablet-PC das Aussehen des Desktops, wird das geänderte Design von Ihrem Homecomputer übernommen, wenn Sie sich dort das nächste Mal mit Ihrem Microsoft-Konto anmelden. Aber auch wenn Sie auf einem der Computer einen neuen Internetfavoriten hinzufügen oder einen Internetfavoriten löschen, wird dies auf den anderen Computern aktualisiert. Im letzteren Fall heißt dies, dass die Verknüpfung zur Webseite auf den anderen Computern gegebenenfalls automatisch gelöscht wird. Synchronisiert wird immer die zuletzt durchgeführte Änderung, wobei es keine Rolle spielt, auf welchem der Computer die Änderung vorgenommen wurde.

Fatal ist, dass die Synchronisierung bereits unmittelbar nach der Installation von Windows 10 aktiv ist. Der Anwender wird zunächst gar nicht gefragt, ob oder was er synchronisieren will. Möchten Sie bestimmte Elemente von der Synchronisierung ausschließen oder die Synchronisierung auf dem Computer ganz ausschalten, ist es daher sinnvoll, diese Einstellungen sofort zu treffen. Gehen Sie folgendermaßen vor, um die automatische Synchronisierung abzuschalten oder um festzulegen, welche Elemente auf dem aktuellen Computer synchronisiert werden sollen:

1 Rufen Sie die Einstellungen auf. Öffnen Sie also das Startmenü und wählen Sie **Einstellungen** oder drücken Sie ⊞ + Ⅰ.

2 Klicken Sie auf der Einstiegsseite der Einstellungen auf den Abschnitt **Konten**.

Konten
Ihr Konto, Synchronisierungseinstellungen, Arbeitsplatz,

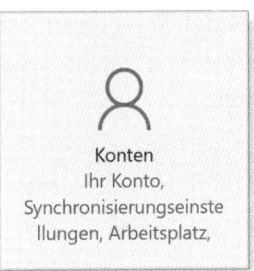

3 Wählen Sie im linken Bereich der erscheinenden Dialogseite **Einstellungen synchronisieren.**

4 Stellen Sie im rechten Bereich die Kippschalter bei den Elementen, die Sie nicht synchronisieren wollen, auf **Aus**. Um die Einstellung von **Ein** auf **Aus** bzw. von **Aus** auf **Ein** umzustellen, reicht es aus, einmal auf den Schalter zu klicken oder, bei einem Touchscreen, diesen anzutippen.

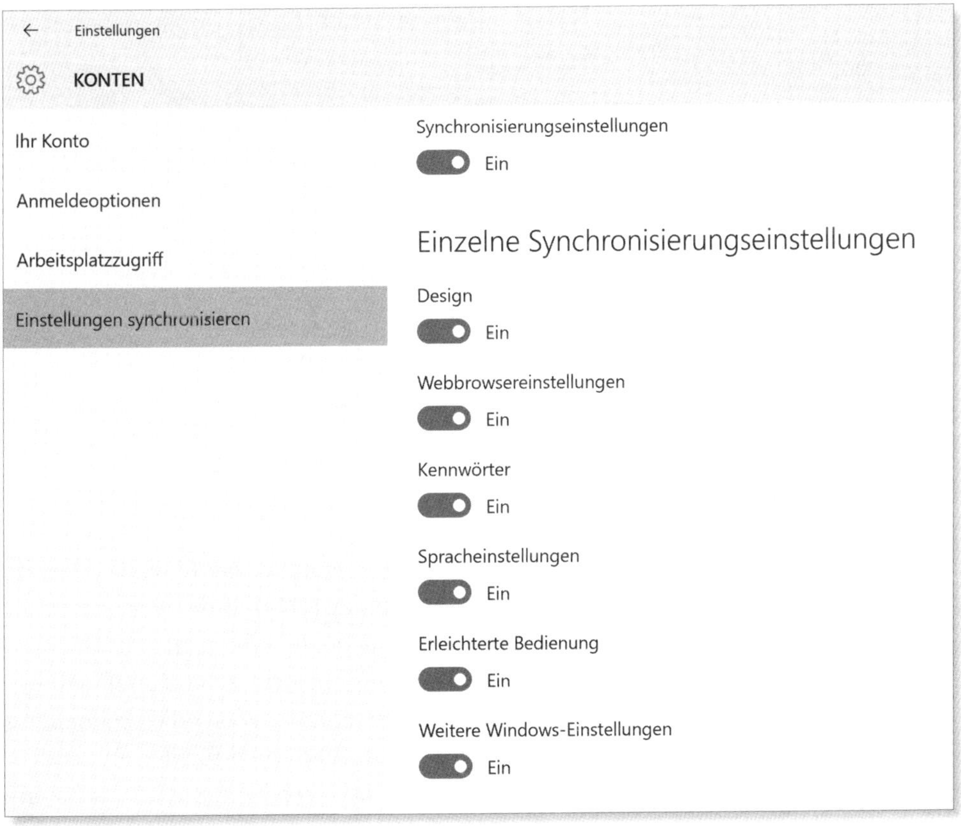
Einstellungen
KONTEN
Ihr Konto
Anmeldeoptionen
Arbeitsplatzzugriff
Einstellungen synchronisieren
Synchronisierungseinstellungen
Ein
Einzelne Synchronisierungseinstellungen
Design
Ein
Webbrowsereinstellungen
Ein
Kennwörter
Ein
Spracheinstellungen
Ein
Erleichterte Bedienung
Ein
Weitere Windows-Einstellungen
Ein

Um die Synchronisierung komplett abzuschalten, stellen Sie den Schalter im obersten Abschnitt **Einstellungen synchronisieren** ❶ auf **Aus**. An gleicher Stelle können Sie die Synchronisierung bei Bedarf jederzeit wieder einschalten.

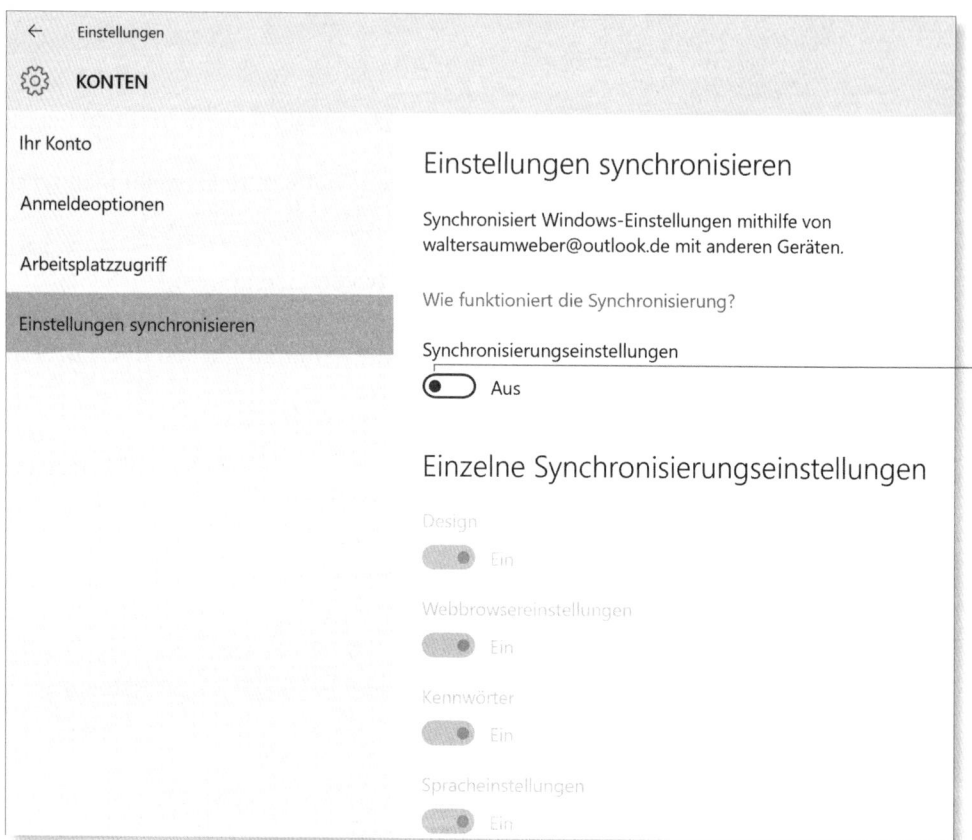

2.6   Mit PIN anmelden

Es gibt in Windows 10 für die Anmeldung am Computer außer der Eingabe eines Kennworts noch zwei weitere Optionen: die Eingabe einer PIN und das Verwenden eines Bildcodes. Gerade die Anmeldung mit Bildcode ist in idealer Weise auf den Touchscreen zugeschnitten. Schließlich ist das Eintippen eines Kennworts unter Zuhilfenahme der Bildschirmtastatur nicht unbedingt immer die reine Freude. Wesentlich schneller geht die Anmeldung hier per vierstelliger PIN vonstatten und auch für den Bildcode sind letzten Endes nur ein paar Handbewegungen erforderlich, wie Sie im nächsten Abschnitt sehen werden.

Dazu sei gesagt, dass sich die genannten Methoden nicht etwa gegenseitig ausschließen. Vielmehr können Sie bei jeder Anmeldung wählen, welcher Methode Sie den Vorzug geben wollen: dem Kennwort, der PIN oder dem Bildcode – vorausgesetzt, Sie haben alle Methoden aktiviert.

Die Anmeldung per PIN können Sie folgendermaßen einrichten:

1 Rufen Sie die Einstellungen auf. Öffnen Sie dazu das Startmenü und wählen Sie in diesem **Einstellungen** oder drücken Sie ⊞ + Ⅰ.

2 Wählen Sie auf der Ausgangsseite der Einstellungen **Konten** und anschließend **Anmeldeoptionen**.

3 Klicken Sie jetzt auf der rechten Seite im Abschnitt **PIN** auf die Schaltfläche **Hinzufügen ❷**.

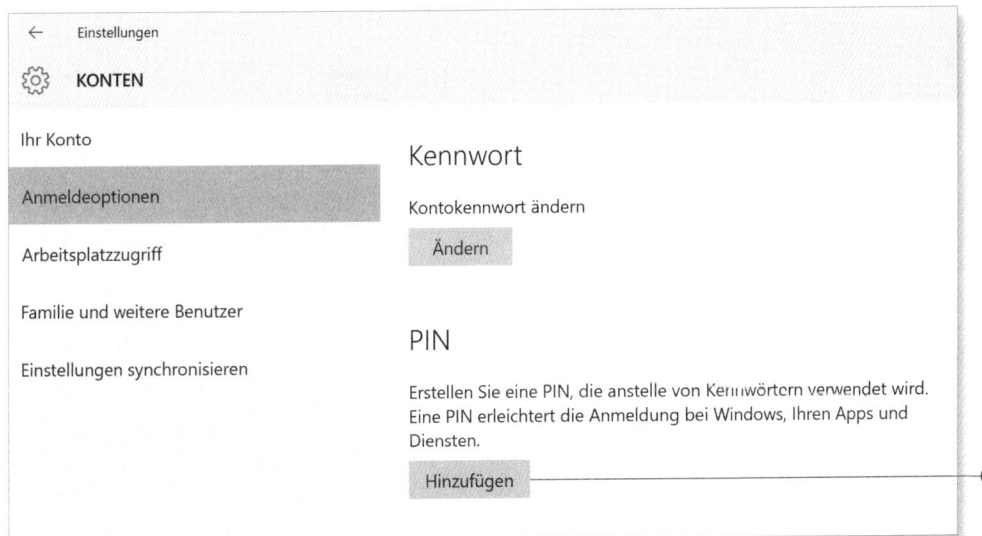

4 Geben Sie als Nächstes das Kennwort Ihres Benutzerkontos ein und klicken Sie auf **Anmelden**.

Die Angabe des Kennworts ist immer erforderlich, wenn Anmeldeinformationen geändert werden. Dies gilt auch dann, wenn bereits andere Anmeldeoptionen (PIN, Bildcode) eingerichtet sind.

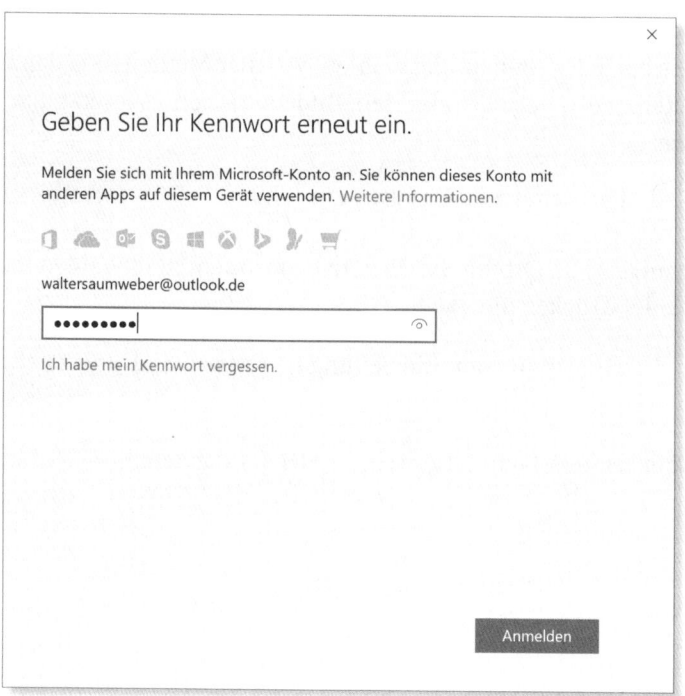

5 Tippen Sie die gewünschte PIN, bestehend aus vier beliebigen Ziffern, in das erste und zur Bestätigung noch einmal in das zweite Textfeld ein. Klicken Sie anschließend auf **OK**.

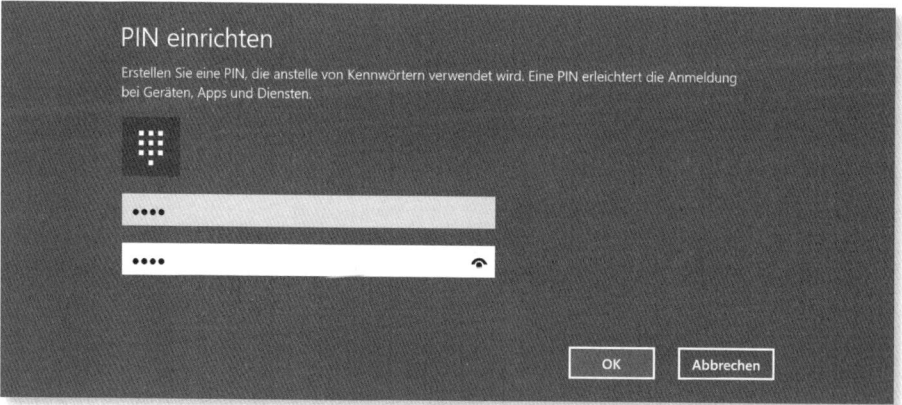

Damit ist der PIN-Code auch schon eingerichtet. Wenn Sie sich das nächste Mal am Computer anmelden, können Sie wie bei einem Mobiltelefon auf dem Anmeldebildschirm die vierstellige PIN eintippen, wobei das Bestätigen mittels ⏎ oder per Klick bzw.

Tipp auf die nebenstehende Schaltfläche im Gegensatz zur Kennworteingabe entfällt. Möchten Sie dennoch auf die kennwortbasierte Anmeldung zurückgreifen, klicken Sie auf **Anmeldeoptionen** ❶ und anschließend auf das darunter erscheinende Symbol für das Microsoft-Konto ❷. Bei der nächsten Anmeldung ist auf dem Anmeldebildschirm immer die zuletzt verwendete Option voreingestellt.

Abbildung 2.6 Geben Sie einfach wie bei einem Mobilgerät Ihre vierstellige PIN ein, um sich am Computer anzumelden.

Bei eingerichtetem PIN-Code erscheint in den Einstellungen auf der Seite **Anmeldeoptionen** im entsprechenden Abschnitt anstelle der Schaltfläche **Hinzufügen** die Schaltfläche **Ändern** sowie die Verknüpfung **Ich habe meine PIN vergessen**, mit der Sie Ihre PIN gegebenenfalls ohne Angabe der aktuellen PIN zurücksetzen können. Die Überprüfung Ihrer Identität erfolgt in diesem Fall mit einem Sicherheitscode, den Sie von Microsoft per Telefon anfordern können.

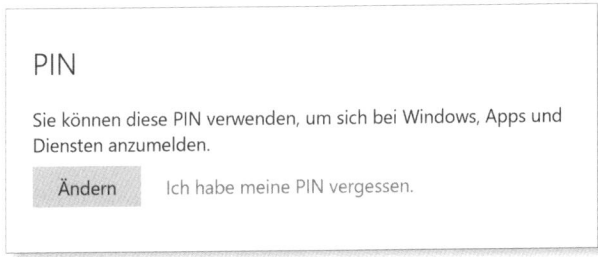

Abbildung 2.7 Abschnitt »PIN« auf der Seite »Anmeldeoptionen« bei eingerichtetem PIN-Code

Möchten Sie den PIN-Code ändern, klicken Sie auf die Schaltfläche **Ändern**. Danach geben Sie in das erste Feld die aktuelle PIN und in die beiden folgenden Felder die gewünschte neue PIN ein. Klicken Sie anschließend auf **OK**, um zukünftig die neue PIN zu verwenden. Der alte PIN-Code verliert damit seine Gültigkeit. Aus Sicherheitsgründen ist es durchaus sinnvoll, die PIN in regelmäßigen Abständen zu ändern (was im Übrigen auch für Kennwörter gilt). Außerdem sollten Sie natürlich keine Zahlenkombination verwenden, die einfach zu erraten ist, wie etwa vier Einsen oder Ihr Geburtsjahr.

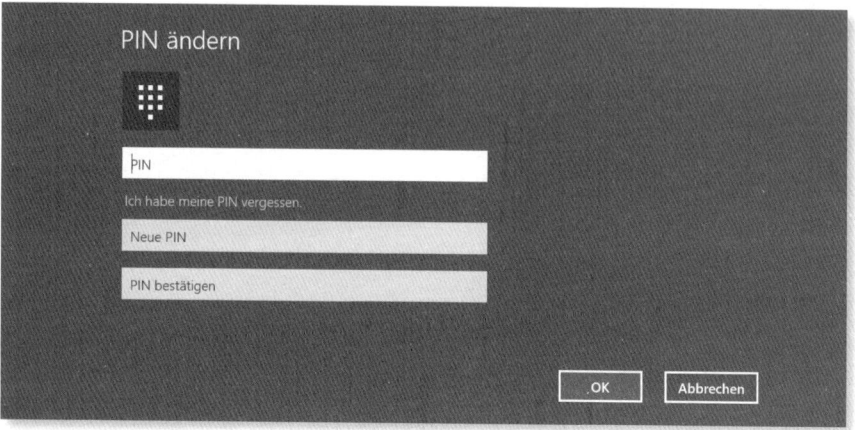

Abbildung 2.8 Sie können den PIN-Code jederzeit ändern.

2.7 Mit Bildcode anmelden

Neben der herkömmlichen kennwortbasierten Anmeldung und der Anmeldung mittels PIN gibt es noch eine weitere Anmeldeoption, die in idealer Weise auf den Touchscreen zugeschnitten ist, nämlich die Anmeldung mit Bildcode. Dabei können Sie ein beliebiges Bild verwenden, auf dem Sie eine Kombination aus Linien, Kreisen und Tippbewegungen ausführen, wenn Sie sich mit Ihrem Benutzerkonto am Computer anmelden wollen. Auch der Bildcode muss erst eingerichtet werden, bevor diese Anmeldeoption verwendet werden kann. Führen Sie dazu folgende Schritte durch:

1 Rufen Sie die Einstellungen auf. Klicken Sie im linken Bereich der Einstellungen auf **Konten** und danach auf **Anmeldeoptionen**.

2 Klicken Sie im Abschnitt **Bildcode** auf die Schaltfläche **Hinzufügen**.

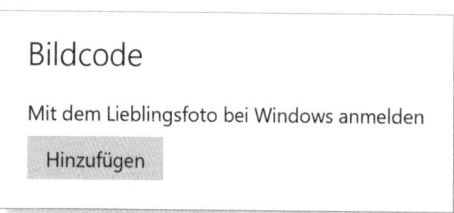

3 Geben Sie das Kennwort des Benutzerkontos, mit dem Sie am Computer angemeldet sind, ein und klicken Sie auf **OK** oder drücken Sie die Eingabetaste.

4 Klicken Sie auf der Seite **Willkommen** auf die Schaltfläche **Bild auswählen ❶**.

5 Im erscheinenden Öffnen-Dialogfeld sehen Sie jetzt die Bilder, die sich in Ihrem persönlichen Bilderordner befinden (in der Regel **C:\Users\<Benutzername>\Pictures bzw. <Benutzername>\Bilder oder Dieser PC\Bilder**). Wählen Sie ein Bild aus, indem Sie es anklicken. Natürlich können Sie auch ein Bild von einem anderen Ort als Ihrem persönlichen Bilderordner auswählen, z. B. von OneDrive oder von einem angeschlossenen USB-Stick. Klicken Sie im Dialogfeld rechts unten auf die Schaltfläche **Öffnen**, nachdem Sie das Bild, das Sie für den Bildcode verwenden wollen, ausgewählt haben.

6 Auf der nächsten Dialogseite erscheint das ausgewählte Bild in voller Größe. Klicken Sie auf die Schaltfläche **Dieses Bild verwenden** ❷, um das Bild für den Bildcode zu verwenden. Die Schaltfläche **Neues Bild auswählen** ❸ bringt Sie wieder zur Auswahl zurück.

7 Führen Sie nun auf dem Bild nacheinander drei Gesten aus. Zeichnen Sie Kreise oder Linien oder tippen Sie beliebige Stellen auf dem Bild an. Über die Schaltfläche **Erneut beginnen** ❹ können Sie jederzeit wieder bei der ersten Geste beginnen (die Schaltfläche aktiviert sich nach Ausführung der ersten Geste automatisch).

Tatsächlich sind für die Gesten praktisch alle Bewegungen erlaubt, z. B. auch Halbkreise oder Zickzacklinien. Berücksichtigen Sie jedoch, dass Größe, Position und Richtung der Gesten sowie die Reihenfolge, in der die Gesten ausgeführt werden, ebenfalls Teil des Bildcodes werden. Die Gesten, die Sie wählen, sollten für andere zwar nicht zu erraten, jedoch für Sie selbst leicht zu merken sein.

8 Nachdem Sie eine Kombination von drei Gesten auf dem Bild ausgeführt haben, müssen Sie diese zur Bestätigung wiederholen. Führen Sie also nacheinander dieselben Gesten noch einmal auf dem Bild aus.

Stimmen die wiederholten Gesten nicht mit den ursprünglichen überein, erscheint die Meldung, die Sie in der Abbildung auf Seite 84 sehen. Sie haben jetzt die Wahl, die im ersten Durchgang gewählten Gesten erneut zu wiederholen – klicken Sie in diesem Fall auf die Schaltfläche **Noch einmal versuchen** (❺ in der Abbildung auf Seite 83) – oder den Bildcode neu zu definieren. Im letzteren Fall klicken Sie auf die Schaltfläche **Erneut beginnen** ❻ und beginnen wieder mit Schritt 7. Die Meldung **Irgendetwas stimmt nicht** erscheint übrigens immer erst nach der letzten wiederholten Geste, unabhängig davon, welche der wiederholten Gesten nicht übereinstimmen.

9 Haben Sie alles richtig gemacht und die Gesten korrekt wiederholt, erscheint die Dialogseite aus der folgenden Abbildung mit dem Hinweis, dass der Bildcode erfolgreich erstellt wurde. Klicken Sie unten auf die Schaltfläche **Fertig stellen** ❼.

Nachdem Sie den Bildcode wie beschrieben eingerichtet haben, erscheint der Anmeldebildschirm mit dem ausgewählten Bild, wenn Sie sich das nächste Mal am Computer anmelden. Führen Sie darauf die vereinbarten drei Gesten in der entsprechenden Reihenfolge aus. Mehr brauchen Sie nicht zu tun – Windows meldet Sie nach der dritten Geste ohne weitere Bestätigung an.

Wie bereits eingangs im letzten Abschnitt erwähnt, schließen sich die verschiedenen Anmeldemethoden nicht etwa gegenseitig aus. Vorausgesetzt, Sie haben die entsprechenden Optionen aktiviert, können Sie bei jeder Anmeldung wählen, welcher Methode Sie den Vorzug geben wollen, dem Kennwort, der PIN oder dem Bildcode. Um z. B. auf dem Anmeldebildschirm aus Abbildung 2.9 zur Eingabe mit PIN zu wechseln, klicken Sie auf der linken Seite auf die Verknüpfung **Anmeldeoptionen** und unterhalb dieser Verknüpfung auf das PIN-Symbol ❽. Danach können Sie die hinterlegte PIN eintippen, um sich am Computer anzumelden.

Abbildung 2.9 Anmeldebildschirm bei eingerichtetem Bildcode: Um sich anzumelden, führen Sie auf dem Bild die vereinbarten Gesten aus.

3   Alles über Benutzerkonten

Die Benutzerkontenverwaltung von Windows ist Teil eines umfassenden Sicherheits-konzepts. Wenn Sie sich am Computer anmelden, tun Sie das immer unter einem be-stimmten Benutzerkonto. Das heißt, Sie verwenden bei der Anmeldung dessen Zugangs-daten, wobei es grundsätzlich Ihnen überlassen bleibt, ob Sie ein lokales Benutzerkonto mit einem Kennwort schützen oder darauf verzichten wollen. Bei Microsoft-Konten allerdings ist das Kennwort obligatorisch. Im Idealfall besitzt jede Person, die den Com-puter benutzen darf, ein eigenes Benutzerkonto, das zudem mit einem Kennwort verse-hen ist. Unter diesen Voraussetzungen sind das Betriebssystem und damit der Compu-ter am besten geschützt.

Anmeldung mit PIN und Bildcode

Unter Windows 10 gibt es zwei alternative Anmeldemethoden, nämlich die An-meldung mit PIN sowie die Anmeldung mit einem Bildcode. Besonders die Letz-tere ist auf die Verwendung eines Touchscreens ausgerichtet. Während die An-meldung mit Bildcode hier sehr praktisch ist, ist es mitunter sehr schwierig, die erforderlichen Gesten mit der Maus nachzuvollziehen. Wie Sie beide Methoden einrichten und verwenden, können Sie in Kapitel 2, »Einstellungen, die Sie sofort kennen sollten«, ab Seite 57 nachlesen.

INFO

3.1   Was es mit Benutzerkonten auf sich hat

Ein Benutzerkonto (englisch: *user account*) stellt praktisch eine Zugangsberechtigung für die Arbeit am Computer dar. Jeder Anwender muss sich unter Windows 10, wie bei den Vorgängerversionen auch, unter einem Benutzerkonto am Computer anmelden, wenn er diesen verwenden will. Außerdem sind jedem Benutzerkonto genau festge-legte Rechte zugeordnet. Es gibt in Windows nämlich zwei Kontotypen, den Standard-benutzer und den Administrator. Während der Administrator praktisch alles darf, sind die Rechte des Standardbenutzers eingeschränkt. Dadurch ist sichergestellt, dass ein Standardbenutzer am Computer nur Änderungen durchführen kann, die ihn selbst be-treffen.

Alles, was sich auf andere Benutzer auswirken kann, bleibt dem Administrator vorbehalten. Dieser ist dafür vorgesehen, das System zu administrieren, und deshalb ist es durchaus sinnvoll, auf dem Computer nur ein einziges Administratorkonto zu verwenden. Sie brauchen das Administratorkonto nicht erst einzurichten – das geschieht bei der Installation von Windows automatisch. Zunächst einmal arbeiten Sie also immer mit einem Administratorkonto. Wenn Sie, z. B. für ein Familienmitglied, ein neues Benutzerkonto einrichten, handelt es sich zunächst immer um einen Standardbenutzer. Allerdings können Sie für ein Benutzerkonto den Kontotyp jederzeit ändern, entweder vom Standardbenutzer zum Administrator, oder Sie machen aus einem Administratorkonto ein Standardbenutzerkonto. Letzteres ist jedoch nur möglich, wenn auf dem Computer anschließend noch ein Administratorkonto verbleibt. Für administrative Aufgaben muss natürlich immer ein Administratorkonto vorhanden sein. Windows hindert Sie gegebenenfalls daran, das letzte Administratorkonto zu entfernen oder dessen Kontotyp zu ändern.

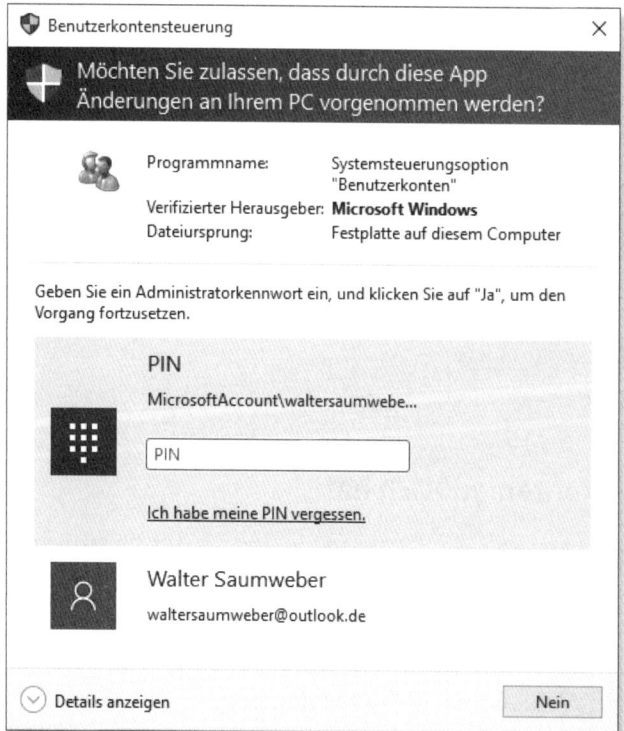

Abbildung 3.1 Diese Meldung erscheint, wenn ein Standardbenutzer eine Aktion, die privilegierte Rechte erfordert, durchführen will. Falls die Person zusätzlich über ein Administratorkonto verfügt, kann sie die Aktion nach Eingabe des Administratorkennworts dennoch durchführen.

Wie Sie sich denken können, bleiben solche Aufgaben – Benutzerkonten anlegen oder den Kontotyp eines Benutzerkontos ändern – den Administratoren vorbehalten. Mit *Administrator* ist eine Person gemeint, die unter einem Administratorkonto am Computer arbeitet, bzw. das Administratorkonto als solches. Wenn Sie gerade unter einem weniger privilegierten Konto am Computer arbeiten, erscheint beim Versuch, eine der genannten Aktionen durchzuführen, die Meldung, die Sie in Abbildung 3.1 sehen. Wenn Sie über ein Administratorkonto verfügen, können Sie im Dialogfeld das Kennwort für das Administratorkonto eingeben und die Aktion dennoch durchführen (wenn für das Administratorkonto eine PIN eingerichtet ist, können Sie auch diese eingeben). Die Meldung erscheint gegebenenfalls bei jeder Aktion, die privilegierte Rechte erfordert. Wenn Sie aktuell mit einem Administratorkonto am Computer angemeldet sind, erscheinen entsprechende Meldungen nur in Ausnahmefällen, da ein Administrator automatisch privilegierte Rechte besitzt.

Durch die Zuordnung von Rechten und die Authentifizierung über Benutzerkonten ist sichergestellt, dass nur berechtigte Personen am Computer arbeiten und andere nichts »durcheinanderbringen« können, wie z. B. Systemeinstellungen ändern, fremde Dokumente bearbeiten oder gar löschen oder etwa Apps deinstallieren. Darüber hinaus gewährleisten Benutzerkonten, dass sich mehrere Personen einen Computer teilen können, ohne sich gegenseitig ins Gehege zu kommen. Beispielsweise ist jedem Benutzerkonto ein eigener Ordner für persönliche Daten zugeordnet, auf die andere Benutzer keinen Zugriff haben.

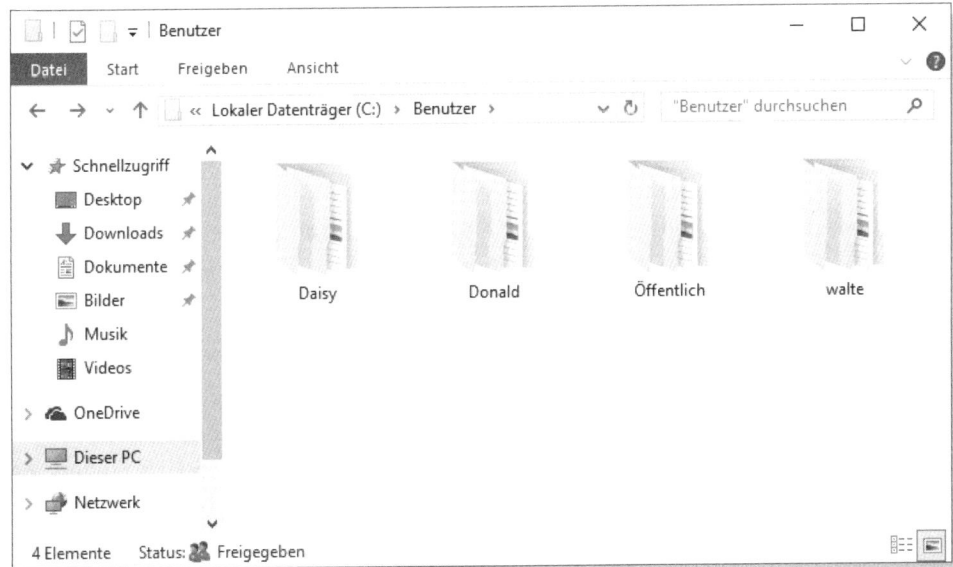

Abbildung 3.2 Explorer mit geöffnetem Verzeichnis »C:\Benutzer«: Jedes Benutzerkonto besitzt einen eigenen Ordner für persönliche Daten.

Die Benutzerordner finden Sie im Allgemeinen im Verzeichnis **C:\Benutzer** (mehr zur Verzeichnisstruktur erfahren Sie in Kapitel 7, »Alles über den Explorer«, ab Seite 315). Die Ordner sind nach den entsprechenden Benutzernamen benannt. Wenn auf Ihrem Computer nur ein einziges Benutzerkonto eingerichtet ist, befindet sich in diesem Verzeichnis natürlich nur ein Ordner mit Ihrem Namen bzw. mit dem Ihres Microsoft-Kontos.

Auch bestimmte Einstellungen am Betriebssystem, die ein Benutzer unter seinem Konto vornimmt, müssen sich nicht zwangsläufig auf andere Konten auswirken. Konkret: Wenn Benutzer A das Hintergrundbild des Desktops austauscht und Benutzer B sich später am Computer anmeldet, präsentiert sich diesem der Desktophintergrund genau so wie zu dem Zeitpunkt, als er sich das letzte Mal am Computer abgemeldet bzw. diesen heruntergefahren hatte. Die Einstellung, die A unter seinem Benutzerkonto getroffen hat, wirken sich in dieser Hinsicht nicht auf das Benutzerkonto des B aus. Das gilt im Übrigen für alle visuellen Einstellungen am Betriebssystem, die ein Standardbenutzer durchführen kann. Andere visuelle Einstellungen dagegen, die sich auf alle Benutzerkonten auswirken, können nur von Administratoren durchgeführt werden. Solche Einstellungen finden sich z. B. in den erweiterten Systemeinstellungen, die Sie in der Systemsteuerung über die Kategorien **System und Sicherheit** und **System** aufrufen. Davon wird in diesem Buch noch die Rede sein.

INFO

Stammlaufwerk C:

Jeder Computer hat ein Stammlaufwerk oder auch Hauptlaufwerk. Das Stammlaufwerk enthält alle Systemdateien und stellt praktisch die Wurzel des Verzeichnisbaums auf der Festplatte dar. In der Mehrzahl der Fälle ist dem Stammlaufwerk der Buchstabe C zugeordnet. Ich werde im Buch deshalb von diesem Laufwerksbuchstaben ausgehen. Sollte Ihr Stammlaufwerk einen anderen Laufwerksbuchstaben haben, verwenden Sie diesen in den Pfadangaben. Ist Ihr Stammlaufwerk z. B. F:, finden Sie die oben genannten Benutzerordner unter **F:\Benutzer** und die öffentlichen Ordner unter **F:\Benutzer\Öffentlich**.

An dieser Stelle sei noch einmal auf die Wichtigkeit der Kennwortvergabe hingewiesen. Wenn Sie einem Benutzerkonto kein Kennwort zuweisen, kann grundsätzlich jede Person mit diesem Benutzerkonto den Computer verwenden. Schließlich braucht jemand nur das entsprechende Konto auf der Startseite anzuklicken, um sich Zugang zu verschaffen. Soweit es sich um ein Standardbenutzerkonto handelt, beziehen sich unerwünschte Änderungen zwar nur auf dieses Konto, allerdings mit einer Ausnahme: Für die gemeinsame Nutzung von Dateien gibt es in Windows öffentliche Ordner, die im Verzeichnis **C:\Benutzer\Öffentlich** zu finden sind. Die Ordner, die dieses Verzeichnis enthält, sind für alle Benutzerkonten zugänglich. Eine nicht autorisierte Person, die Zugang zu einem Standardbenutzerkonto erhält, könnte folglich auch in diesem Verzeichnis nach Belieben Änderungen durchführen – Dateien löschen, verändern oder möglicherweise schädliche Dateien hineinkopieren. Schlimm genug, wenn ein Standardbenutzerkonto ohne Kennwortschutz bleibt, aber es kann – wie Sie sich denken können – noch viel schlimmer werden, wenn eine nicht autorisierte Person Zugriff auf ein Administratorkonto erhält. Soweit es sich um ein lokales Konto handelt, ist die Kennwortvergabe grundsätzlich optional. Ungeachtet dessen sollten Sie auch lokale Administratorkonten immer mit einem Kennwort versehen.

Es gibt nur eine einzige Ausnahme: Wenn Sie sich absolut sicher sind, dass keine andere Person Zugang zu Ihrem Computer hat, können Sie auf einen Kennwortschutz verzichten. Auch innerhalb der Familie empfehle ich Ihnen, für jedes Familienmitglied ein eigenes Benutzerkonto einzurichten und dieses mit einem Kennwort zu versehen. Auf diese Weise hat jeder seinen eigenen Benutzerordner und jeder kann Windows 10 so konfigurieren, wie er das Betriebssystem gerne haben möchte. Microsoft-Konten erfordern aus den genannten Gründen immer ein Kennwort, ob Standardbenutzer oder Administrator. Das Kennwort für ein Microsoft-Konto können Sie auch nicht nachträglich entfernen.

3.2   So registrieren Sie sich für ein Microsoft-Konto

Grundsätzlich ist es empfehlenswert, auf einem Windows-10-Computer ein Microsoft-Konto zu verwenden. Dieses hat gegenüber einem lokalen Benutzerkonto einige Vorteile. Unter einem Microsoft-Konto können Sie Apps installieren und in der Cloud von vielen nützlichen (und kostenfreien) Diensten Gebrauch machen, z. B. Dateien auf Ihren persönlichen Onlinespeicher bei OneDrive hochladen oder Ihre Apps mit Ihren sozialen Netzwerken verbinden.

Wenn Sie sich im Zuge der ersten Konfiguration von Windows 10 erst einmal für ein lokales Benutzerkonto entschieden haben, können Sie dies immer noch ändern und auf dem Computer zu einem Microsoft-Konto wechseln. Das lokale Benutzerkonto wird dabei gelöscht, Ihre bereits eingerichtete Umgebung (Dateien und Einstellungen) bleibt beim Wechsel aber erhalten. Auch wenn Sie noch kein Microsoft-Konto besitzen, müssen Sie sich nicht erst auf der entsprechenden Internetseite – deren Adresse ist *https:// signup.live.com* – registrieren, sondern können die notwendigen Schritte direkt an Ort und Stelle, nämlich in den Einstellungen erledigen. Gehen Sie dazu folgendermaßen vor:

1 Öffnen Sie das Startmenü, indem Sie in der Taskleiste auf das Symbol mit dem Windows-Logo ❶ klicken – es befindet sich auf der linken Seite der Taskleiste.

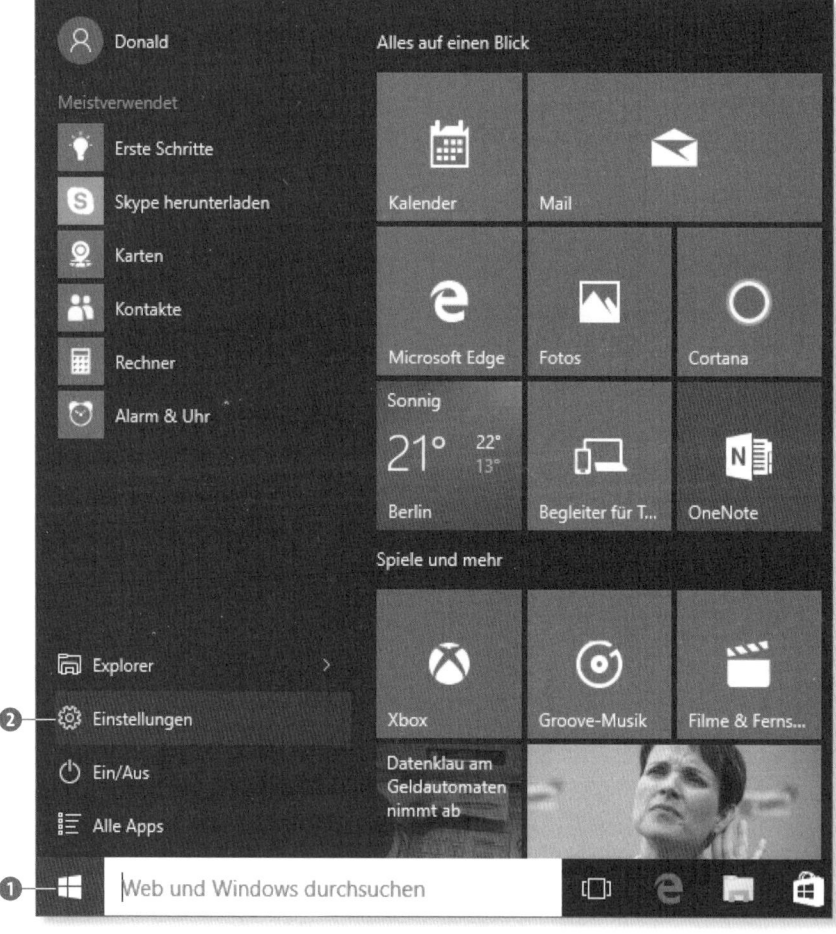

2 Wählen Sie nun **Einstellungen** ❷ im Startmenü.

Alternativ können Sie die Einstellungen an jeder beliebigen Stelle des Betriebssystems mit der Tastenkombination ⊞ + Ⓘ öffnen.

3 Klicken Sie auf der Ausgangsseite der Einstellungen auf den Abschnitt **Konten** und anschließend auf **Ihr Konto** ❸.

4 Klicken Sie im rechten Bereich der Seite **Ihr Konto** auf die Verknüpfung **Stattdessen mit einem Microsoft-Konto anmelden** ❹.

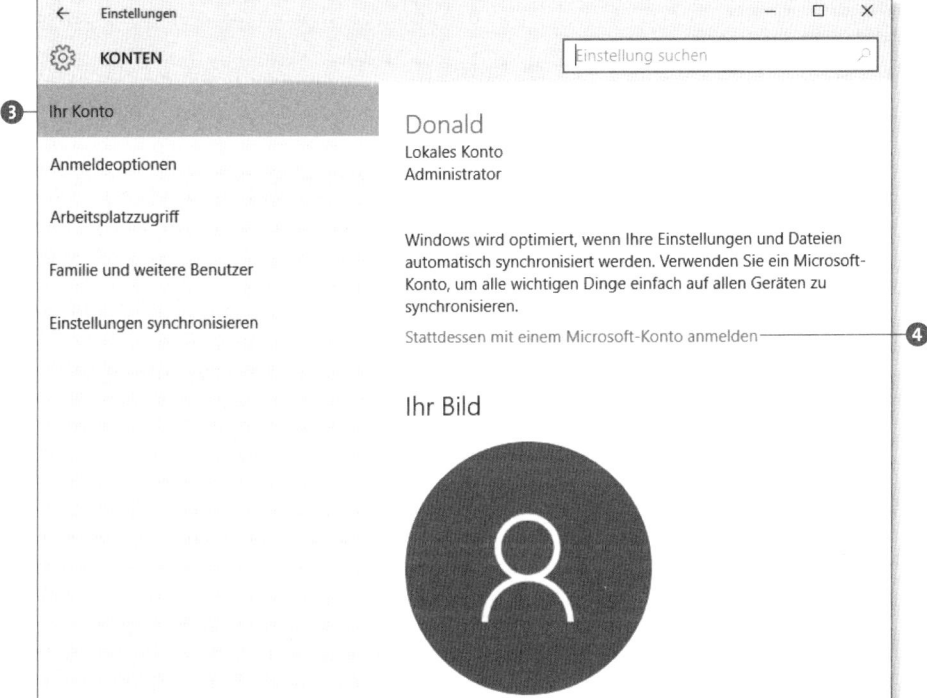

5 Es erscheint eine Anmeldemaske. Wenn Sie bereits über ein Microsoft-Konto verfügen, können Sie sich damit jetzt anmelden. Geben Sie in diesem Fall die E-Mail-Adresse Ihres Microsoft-Kontos ❺ und das zugehörige Kennwort ❻ ein und klicken Sie auf **Anmelden**. Fahren Sie anschließend mit Schritt 12 fort. Wenn Sie noch keine entsprechende E-Mail-Adresse haben, mit der Sie sich anmelden können – wovon wir hier ausgehen –, klicken Sie stattdessen unten auf die Verknüpfung **Erstellen Sie ein Konto** ❼.

6 Geben Sie in dem Registrierungsformular, das jetzt erscheint, Ihren Vornamen und Ihren Nachnamen an. In dem Feld darunter können Sie eine bereits bestehende E-Mail-Adresse angeben, um diese für Ihr Microsoft-Konto zu verwenden. Dabei muss es sich nicht unbedingt um eine Outlook-Adresse handeln. Sie können für Ihr Microsoft-Konto z. B. auch eine Google-, eine GMX-, eine Yahoo!- oder jede andere E-Mail-Adresse verwenden. Um eine neue Outlook-E-Mail-Adresse zu erhalten, klicken Sie auf die Verknüpfung **Fordern Sie eine neue E-Mail-Adresse an** ❽.

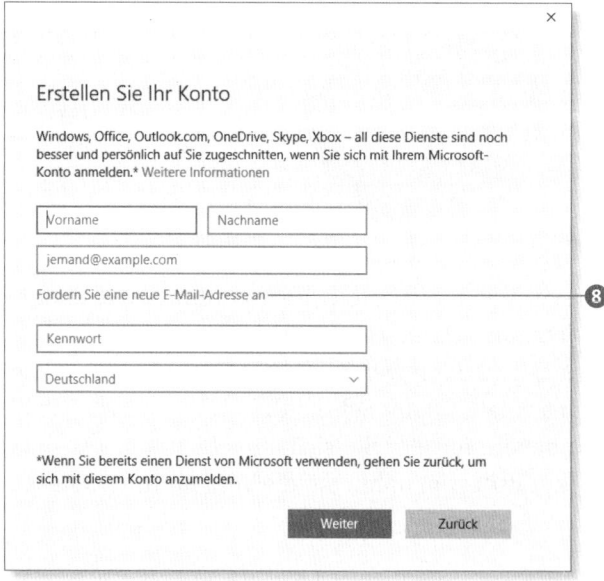

7 Es erscheint das Formular **Erstellen Sie Ihr Konto**, das Sie in der folgenden Abbildung sehen. Tippen Sie in das Feld mit dem Hilfetext **Neue E-Mail** den gewünschten Adressteil vor dem @-Zeichen ein ❾. Grundsätzlich können Sie hier eine beliebige Folge von Buchstaben und Ziffern angeben (einschließlich Bindestriche, Unterstriche und Punkte; andere Sonderzeichen dürfen allerdings nicht vorkommen). Wenn Sie jedoch beabsichtigen, die Adresse später auch im Mailverkehr zu verwenden, sollten Sie sich überlegen, den Text so zu wählen, dass er auf Ihre Person schließen lässt. Dann erkennen die Empfänger von E-Mail-Nachrichten z. B. sofort, dass eine Nachricht von Ihnen stammt.

8 Auch alle anderen Felder sind Pflichtfelder. Geben Sie also einen Vor- und Nachnamen an und tippen Sie in das Kennwortfeld ein Kennwort für Ihr Microsoft-Konto ein ❿. Beachten Sie, dass das Kennwort mindestens acht Zeichen lang sein und zumindest zwei der folgenden Elemente enthalten muss: Großbuchstaben, Kleinbuchstaben, Zahlen und Symbole. Zur Verdeutlichung: Diese Bedingung ist z. B. erfüllt, wenn das Kennwort zwei Großbuchstaben oder zwei Ziffern und ansonsten Kleinbuchstaben enthält. Klicken Sie auf die Schaltfläche **Weiter**, wenn Sie das Formular vollständig ausgefüllt haben.

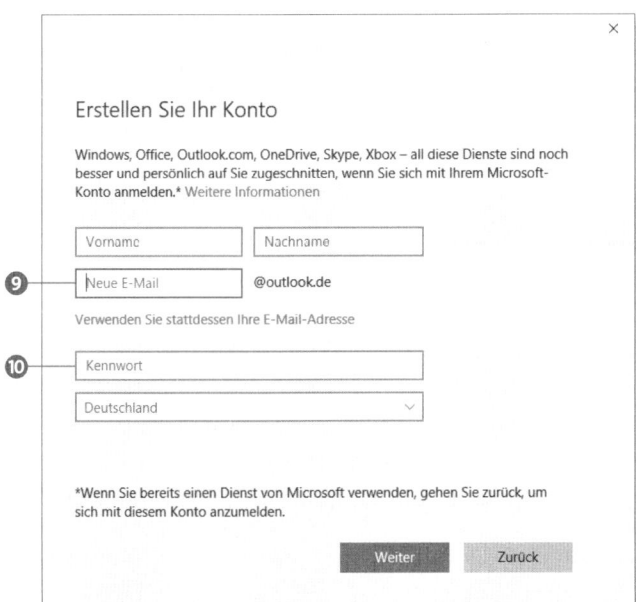

9 Als Nächstes erscheint die Seite **Sicherheitsinfos hinzufügen**. Geben Sie auf dieser Ihre Telefonnummer (mobil oder Festnetz) an ⓫. Klicken Sie anschließend auf **Weiter**.

Alternativ können Sie als Sicherheitsinfo eine zweite E-Mail-Adresse angeben. Klicken Sie in diesem Fall auf die Verknüpfung **Stattdessen eine alternative E-Mail-Adresse hinzufügen** ⑫.

Falls Sie sich für die Angabe einer alternativen E-Mail-Adresse entscheiden, muss es sich nicht unbedingt um eine Outlook-Adresse handeln, sondern Sie können hier jede beliebige andere Adresse angeben. Aufgrund negativer Erfahrungen rate ich Ihnen von der Angabe eines alternativen Microsoft-Kontos ab. Es ist auf diese Weise wiederholt vorgekommen, dass Microsoft-Konten irgendwann grundlos gesperrt wurden.

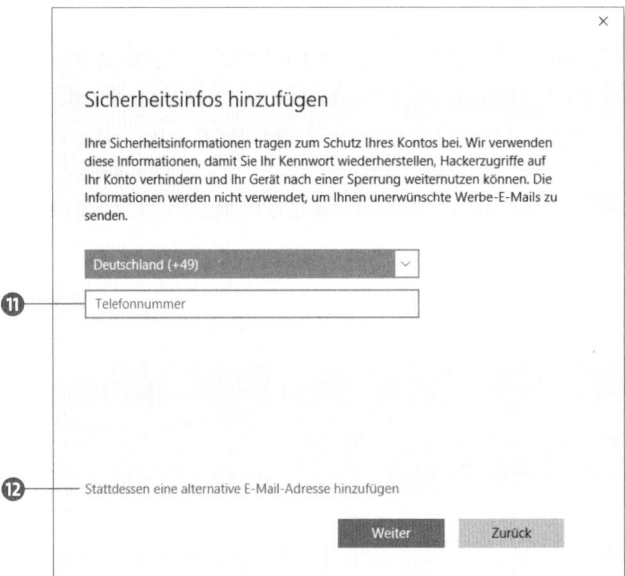

10 Auf der nächsten Seite **Nur interessante Inhalte anzeigen** legen Sie fest, ob *Microsoft Advertising* Zugriff auf die Informationen Ihres Microsoft-Kontos erhalten soll. Deaktivieren Sie das obere Kontrollkästchen ⑬, falls Sie das nicht wünschen. Der Bezug von Werbeangeboten ist standardmäßig deaktiviert. Aktivieren Sie das untere Kontrollkästchen, wenn Sie Werbeangebote von Microsoft erhalten wollen ⑭.

11 Lesen Sie gegebenenfalls den Microsoft-Servicevertrag und die Bestimmungen zu Datenschutz und Cookies. Über die entsprechenden Verknüpfungen ⑮ können Sie diese anzeigen. Klicken Sie schließlich auf der Seite **Nur interessante Inhalte anzeigen** auf die Schaltfläche **Weiter**. Sie erklären damit gleichzeitig Ihr Einverständnis mit dem Microsoft-Servicevertrag sowie mit den Bestimmungen zu Datenschutz und Cookies.

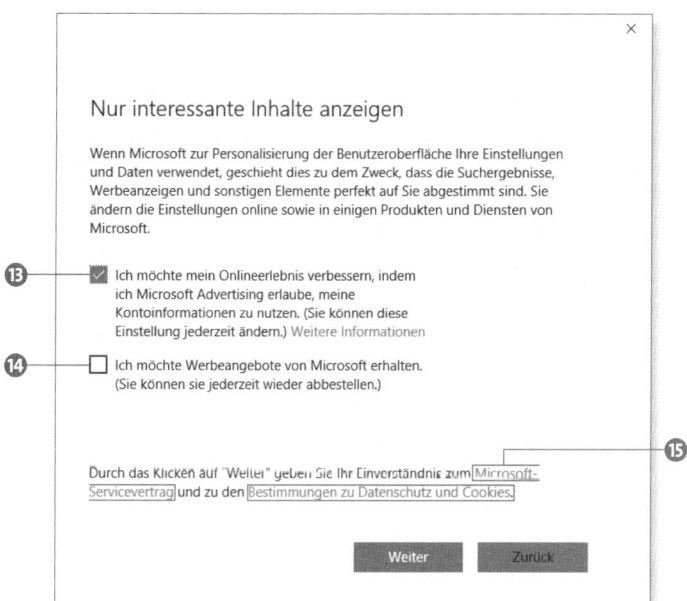

12 Zur Bestätigung müssen Sie nun noch das Kennwort Ihres lokalen Benutzerkontos angeben, mit dem Sie bis jetzt am Computer angemeldet waren ⑯. Lassen Sie das Feld leer, falls Sie für dieses Benutzerkonto kein Kennwort verwendet haben. Klicken Sie auf **Weiter**.

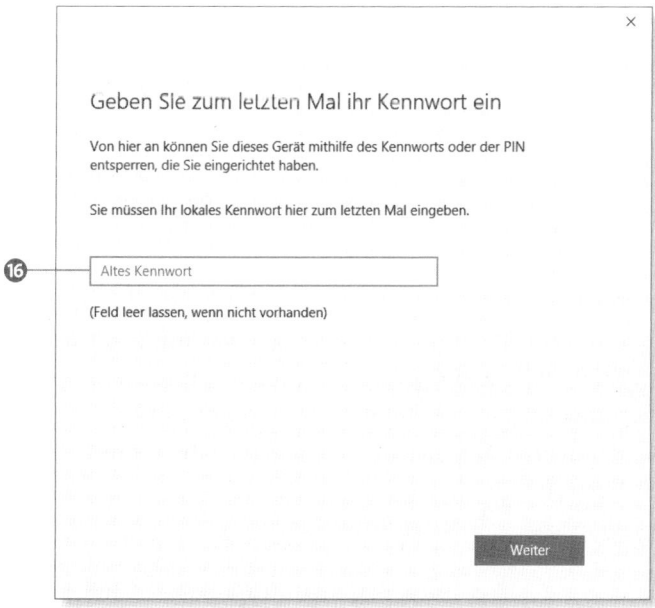

13 Microsoft bietet Ihnen nun an, für Ihr neues Microsoft-Konto eine PIN zu verwenden. Wenn Sie das möchten, können Sie den PIN-Code über die Schaltfläche **PIN zuweisen** einrichten ⓱. Klicken Sie stattdessen auf die Verknüpfung **Diesen Schritt überspringen** ⓲, wenn Sie für das Microsoft-Konto erst einmal keine PIN verwenden wollen.

Sie können für Ihr Microsoft-Konto später jederzeit in den Einstellungen einen PIN-Code einrichten (siehe dazu in Kapitel 2, »Einstellungen, die Sie sofort kennen sollten«, den Abschnitt 2.6, »Mit PIN anmelden«, ab Seite 76).

Windows führt nun den Wechsel vom lokalen Benutzerkonto zum Microsoft-Konto durch. Dies kann eine Weile dauern. Warten Sie einfach ab, bis der Vorgang beendet ist. Danach arbeiten Sie mit dem Microsoft-Konto am Computer, für das Sie sich gerade registriert haben. Das lokale Konto wird beim Wechsel automatisch vom Computer entfernt. Verwenden Sie bei der nächsten Anmeldung am Computer das in Schritt 8 hinterlegte Kennwort oder die PIN, die Sie in Schritt 13 vereinbart haben, um sich mit Ihrem Microsoft-Konto zu identifizieren.

3.3   Von einem Microsoft-Konto zu einem lokalen Benutzerkonto wechseln

In der umgekehrten Richtung funktioniert es selbstverständlich genauso, das heißt, Sie können von einem Microsoft-Konto jederzeit wieder zu einem lokalen Benutzerkonto zurückkehren. Führen Sie dazu folgende Schritte durch:

1 Öffnen Sie die Einstellungen, z. B. indem Sie `⊞` + `I` drücken. Klicken Sie auf der Einstiegsseite der Einstellungen auf den Abschnitt **Konten**.

2 Selektieren Sie im linken Bereich der Seite **Konten** die Kategorie für Ihr Benutzerkonto **❶**.

3 Klicken Sie im rechten Bereich auf die Verknüpfung **Stattdessen mit einem lokalen Konto anmelden ❷**.

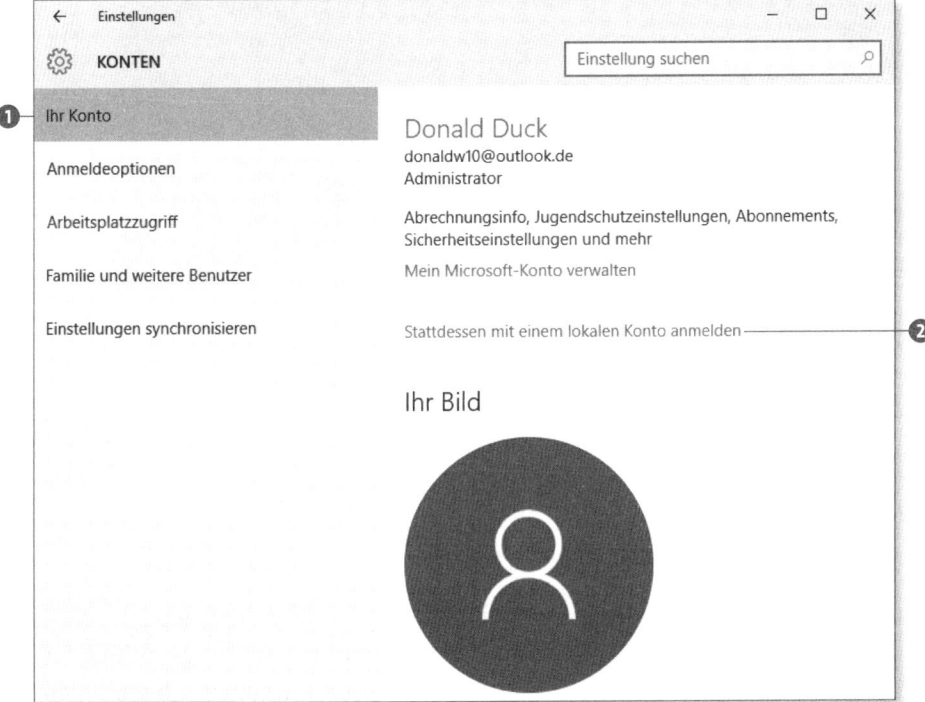

4 Geben Sie im erscheinenden Popup-Fenster das Kennwort Ihres Microsoft-Kontos an, mit dem Sie aktuell am Computer angemeldet sind, und klicken Sie auf **Weiter**.

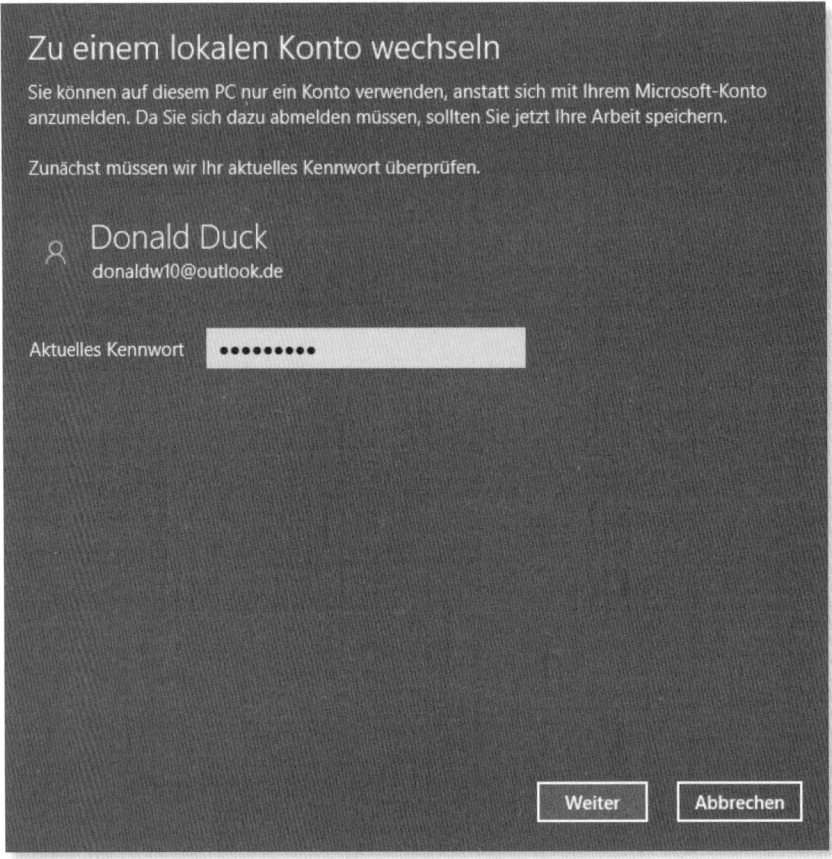

5 Geben Sie nun einen Benutzernamen und gegebenenfalls ein Kennwort für das lokale Konto an, unter dem Sie den Computer zukünftig verwenden wollen. Klicken Sie anschließend auf die Schaltfläche **Weiter**.

Der im Feld **Benutzername** vorgeschlagene Name ist der Name, den Sie für Ihr Microsoft-Konto angegeben hatten. Sie können den Namen aber überschreiben, wenn Sie für das lokale Konto einen anderen verwenden wollen.

Wenn Sie das lokale Benutzerkonto mit einem Kennwort schützen wollen – was aus den bereits genannten Gründen grundsätzlich anzuraten ist –, müssen Sie das gewünschte Kennwort sowohl in das zweite ❸ und zur Bestätigung noch einmal in das dritte Feld ❹ eingeben. Allerdings unterliegen die Kennwörter von lokalen Benutzerkonten nicht den strengen Regeln, die für Microsoft-Konten gelten. Sie können für Ihr lokales Benutzerkonto praktisch jede beliebige Zeichenfolge verwenden, das Kennwort muss auch nicht acht Zeichen lang sein.

Der Kennworthinweis ❺ ist jedoch obligatorisch, wenn das lokale Konto mit einem Kennwort verbunden wird. Sie können aber auch hier einen beliebigen Text notieren, wenn Sie nicht beabsichtigen, den Kennworthinweis tatsächlich zu verwenden (weil Sie sich sicher sind, dass Sie das Kennwort nicht vergessen werden). Möchten Sie für das lokale Benutzerkonto kein Kennwort verwenden, lassen Sie die letzten drei Felder einfach leer.

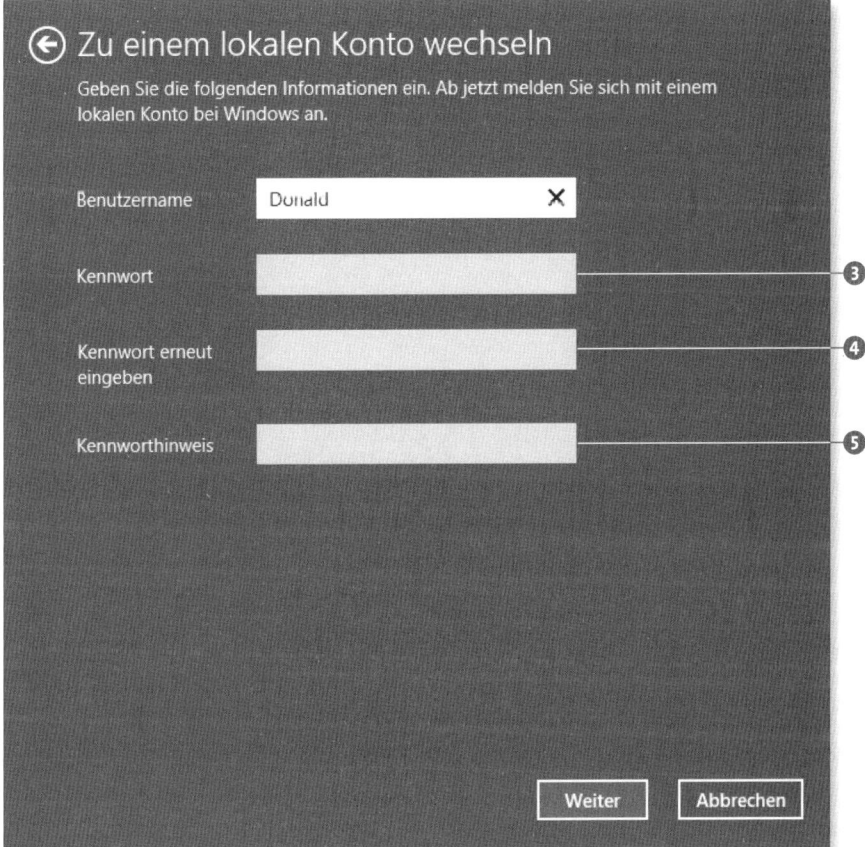

6 Klicken Sie auf die Schaltfläche **Abmelden und fertig stellen**, um den Wechsel vom Microsoft-Konto zum lokalen Konto durchzuführen.

Denken Sie gegebenenfalls daran, Dokumente, die Sie gerade bearbeiten, zu speichern, bevor Sie den Wechsel durchführen. Windows speichert übrigens die Adresse des zuvor verwendeten Microsoft-Kontos. Wenn Sie später z. B. eine App aus dem Windows Store installieren wollen, können Sie auf diese Adresse zurückgreifen – Windows wird sie Ihnen im Dialog anbieten.

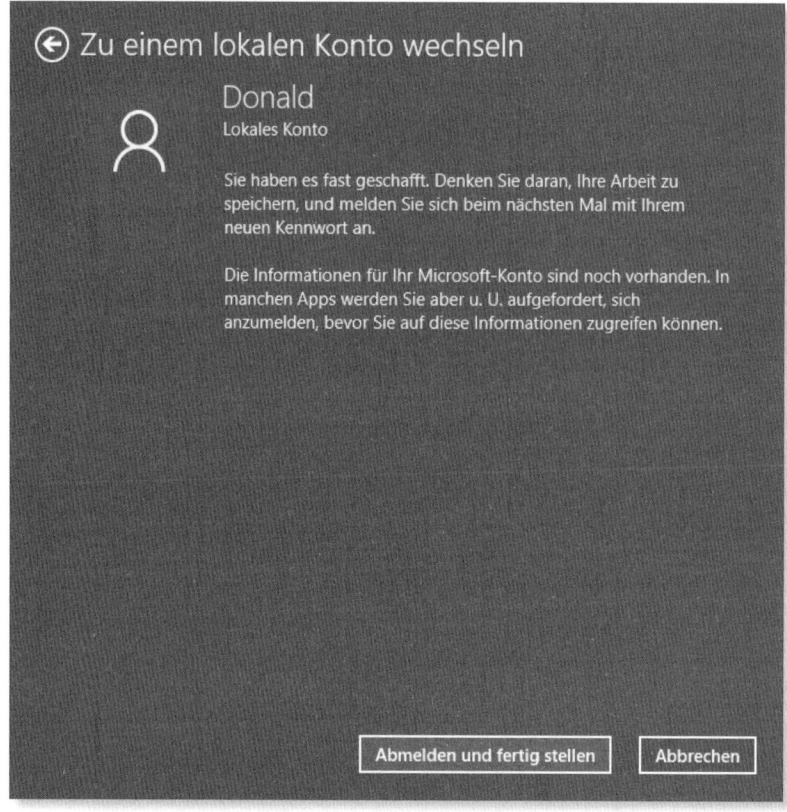

3.4   Benutzerkonten neu anlegen

Wie in den obigen Abschnitten ausgeführt, ist es am besten, wenn Sie für jede Person, die den Computer verwendet, ein eigenes Benutzerkonto anlegen. Beachten Sie, dass für diese Aufgabe ein Administratorkonto notwendig ist. Melden Sie sich also mit einem entsprechenden Benutzerkonto am Computer an.

3.4.1   Einen neuen Benutzer mit Microsoft-Konto anlegen

Führen Sie folgende Schritte durch, um einen neuen Benutzer mit Microsoft-Konto anzulegen:

1 Wählen Sie **Einstellungen** im Startmenü oder drücken Sie ⊞ + Ⓘ.

2 Klicken Sie auf der Einstiegsseite der Einstellungen auf den Abschnitt **Konten** ❶.

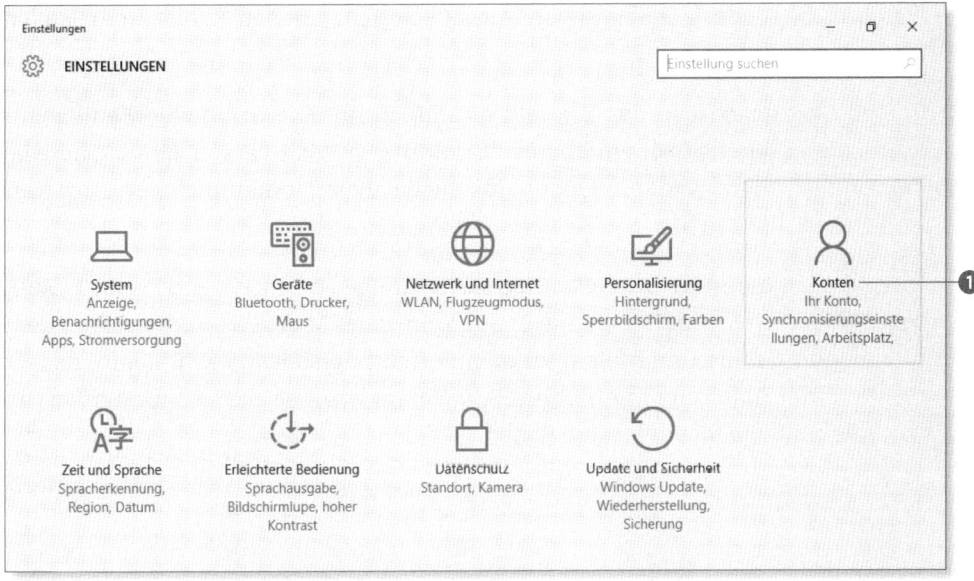

3 Klicken Sie im linken Bereich der Seite **Konten** auf **Familie und weitere Benutzer**.

4 Klicken Sie im rechten Bereich auf das Symbol mit dem Pluszeichen neben **Diesem PC eine andere Person hinzufügen** ➋.

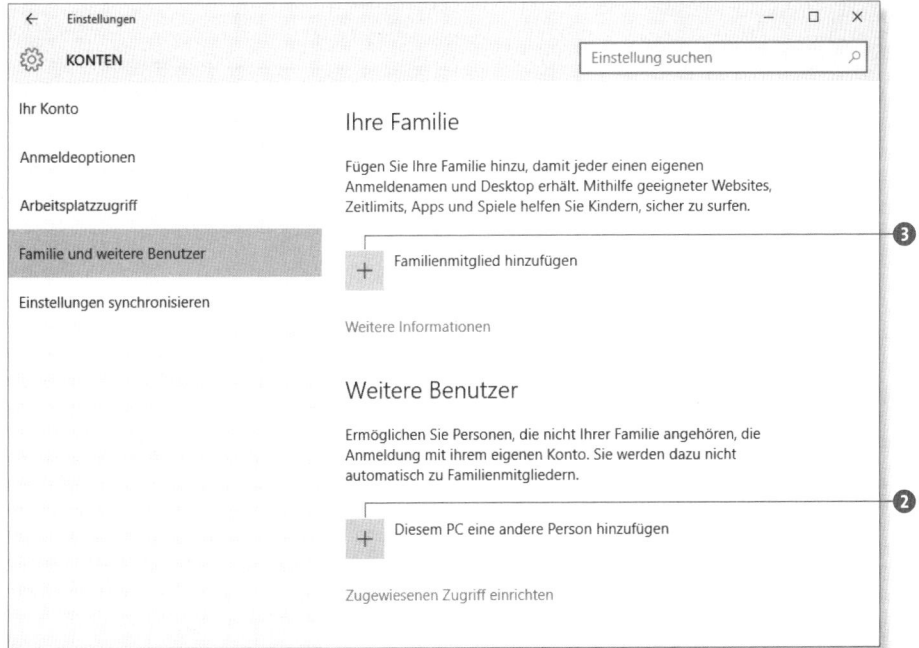

Familienmitglieder können Sie über das Pluszeichen neben **Familienmitglied hinzu- fügen** hinzufügen ❸.

5 Geben Sie zunächst in das Textfeld die E-Mail-Adresse des neuen Benutzers ein, wenn dieser bereits über ein Microsoft-Konto verfügt ❹. Lassen Sie sich diese gege- benenfalls von der anderen Person, für die das Benutzerkonto eingerichtet werden soll, geben. Klicken Sie anschließend auf **Weiter**.

Über die Verknüpfung **Die Person, die ich hinzufügen möchte, besitzt keine E-Mail-Ad- resse** ❺ können Sie für den Benutzer auch ein neues Microsoft-Konto einrichten. Die Verknüpfung führt unmittelbar zu dem Formular **Erstellen Sie Ihr Konto**, das Sie in Schritt 7 der Anleitung in Abschnitt 3.2, »So registrieren Sie sich für ein Microsoft- Konto«, auf Seite 95 aufgerufen haben.

6 Klicken Sie auf der nächsten Dialogseite auf **Fertig stellen**, um das Benutzerkonto zu erstellen.

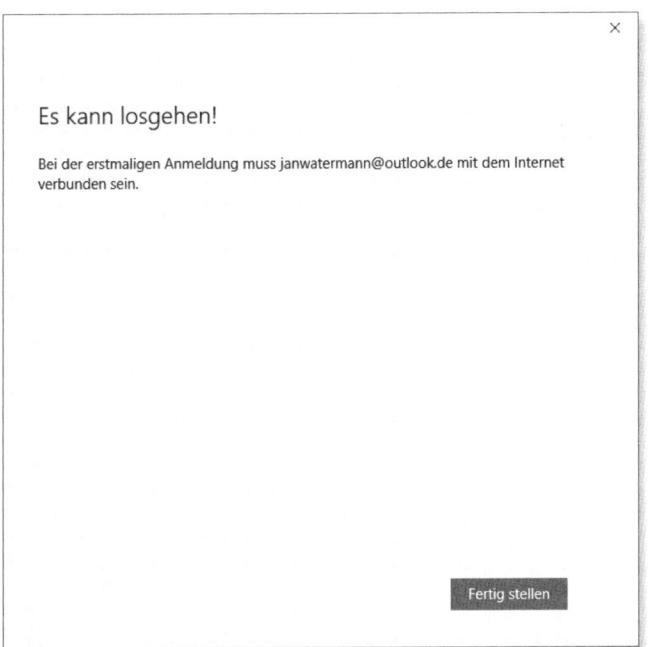

Das neue Benutzerkonto erscheint danach sowohl in der Systemsteuerung auf der Dialogseite **Konten verwalten**, die von der Startseite der Systemsteuerung aus über die Kategorie **Benutzerkonten** aufgerufen werden kann, als auch in den Einstellungen im Abschnitt **Weitere Benutzer** auf der Seite **Konten/Familie und weitere Benutzer** ❻.

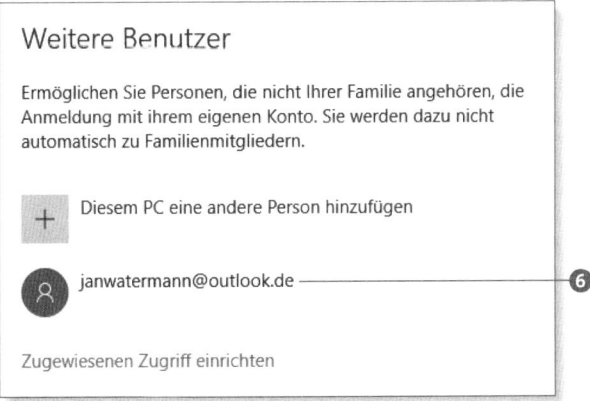

Beachten Sie, dass – da es sich um ein Microsoft-Konto handelt – die Person mit dem Internet verbunden sein muss, wenn sie sich das erste Mal mit dem Benutzerkonto am Computer anmeldet.

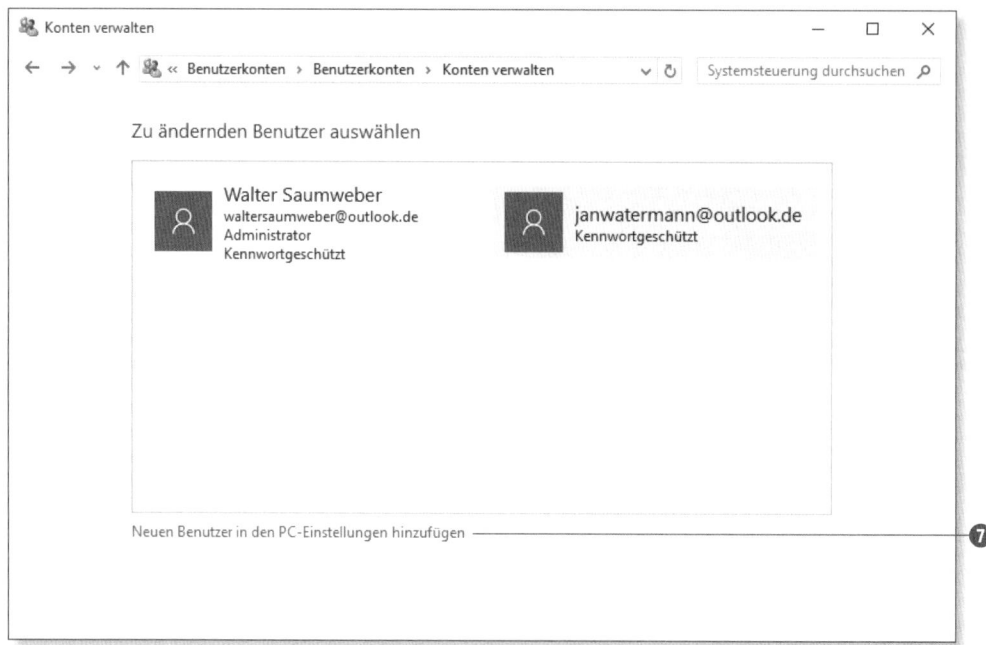

Abbildung 3.3 Der Eintrag für das neue Benutzerkonto auf der Dialogseite »Konten verwalten« der Systemsteuerung

Die Verknüpfung **Neuen Benutzer in den PC-Einstellungen hinzufügen** ❼ führt übrigens direkt zur Seite **Konten/Familie und weitere Benutzer** der Einstellungen.

3.4.2   Ein lokales Benutzerkonto anlegen

Um auf dem Computer ein lokales Benutzerkonto hinzuzufügen, führen Sie die Schritte 1 bis 4 wie in der obigen Anleitung durch und machen danach wie folgt weiter:

1 Klicken Sie im Dialog **Wie meldet sich diese Person an?** auf die unterste Verknüpfung **Die Person, die ich hinzufügen möchte, besitzt keine E-Mail-Adresse** ❶.

Unter einem lokalen Benutzerkonto können Sie keine Einstellungen mit anderen Geräten synchronisieren und auch zum Herunterladen von Apps aus dem Windows Store benötigen Sie ein Microsoft-Konto. Wenn der Benutzer über ein solches verfügt, kann er jedoch auch unter einem lokalen Konto Apps aus dem Windows Store beziehen. Dazu muss er die E-Mail-Adresse und das Kennwort des Microsoft-Kontos nur einmalig bei der Installation angeben, er kann dabei aber unter dem lokalen

Benutzerkonto weiterarbeiten (die genaue Vorgehensweise wird in Abschnitt 8.4, »Apps unter einem lokalen Konto installieren«, ab Seite 418 ausführlich erklärt).

2 Klicken Sie nun auf der nächsten Seite auf die Verknüpfung **Benutzer ohne Microsoft-Konto hinzufügen**. Das Formular lassen Sie unausgefüllt.

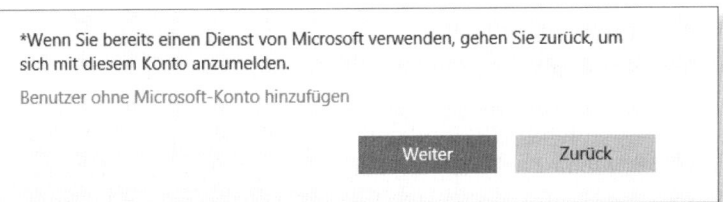

3 Geben Sie einen Benutzernamen für das lokale Konto an. Sie können hierfür z. B. Vor- und Nachnamen der betreffenden Person oder auch nur den Vornamen oder einen fiktiven Namen verwenden.

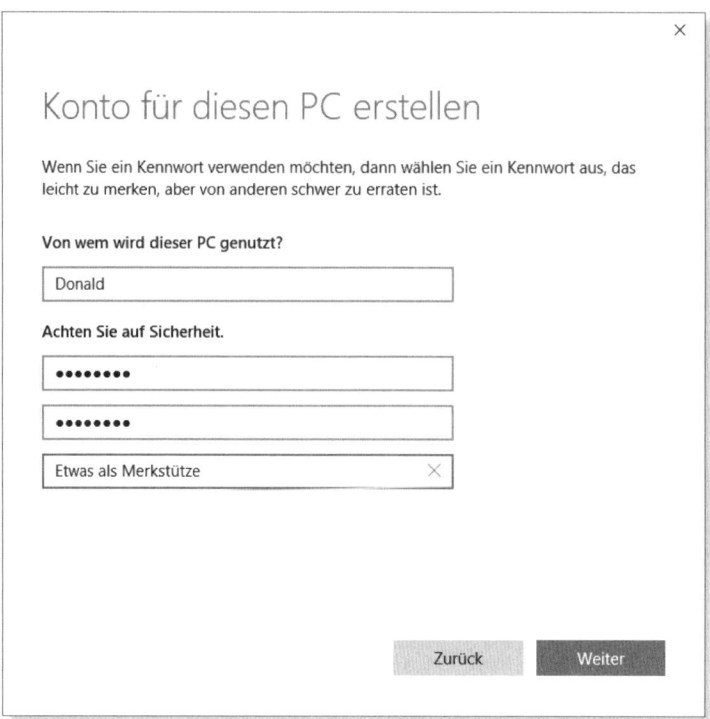

4 Tippen Sie das gewünschte Kennwort für das neue Benutzerkonto in das zweite und zur Bestätigung ein weiteres Mal in das dritte Feld ein.

Die Angabe eines Kennworts ist optional. Wenn Sie wollen, können Sie lokale Benutzerkonten auch ohne Kennwort erstellen. In diesem Fall lassen Sie die entsprechenden Felder leer. Sie sollten aber grundsätzlich jedes Benutzerkonto mit einem Kennwort versehen, wenn sich mehrere Personen den Computer teilen oder beispielsweise ein Laptop nicht nur zu Hause genutzt wird. Gegebenenfalls kann das Benutzerkonto auch nachträglich mit einem Kennwort versehen werden.

Kennwörter von lokalen Benutzerkonten dürfen im Gegensatz zu Kennwörtern von Microsoft-Konten beliebig lang und beliebig zusammengesetzt sein. Es sind auch ausschließlich Kleinbuchstaben erlaubt. Wählen Sie das Kennwort am besten so komplex, wie es den Sicherheitsanforderungen Ihrer Umgebung entspricht.

5 Geben Sie im letzten Feld einen beliebigen Kennworthinweis an. Dieser ist als Gedächtnisstütze vorgesehen für den Fall, dass Sie sich an das Kennwort einmal nicht mehr erinnern können. Das Feld **Kennworthinweis** muss immer ausgefüllt werden, wenn Sie das Konto mit einem Kennwort schützen.

Der Kennworthinweis wird später auf dem Anmeldebildschirm eingeblendet, wenn der Benutzer bei der Anmeldung ein falsches Kennwort eingibt. Ein Kennworthinweis kann aber unter Umständen auch ein gewisses Sicherheitsrisiko darstellen – nämlich dann, wenn Personen, die Sie gut kennen, anhand des Hinweises auf das Kennwort schließen können. Geben Sie in das Feld einfach einen beliebigen Text ein, wenn Sie den Kennworthinweis nicht nutzen wollen.

6 Klicken Sie unten auf die Schaltfläche **Weiter**, um zur nächsten Dialogseite zu gelangen. Klicken Sie auf dieser auf **Fertig stellen**, um das lokale Benutzerkonto zu erstellen.

Im Gegensatz zu früheren Windows-Versionen vor Windows 8 werden neue Benutzer ausschließlich in den Einstellungen angelegt. In der Systemsteuerung findet sich diesbezüglich auf der Dialogseite **Konten verwalten**, die über die Kategorie **Benutzerkonten** oder direkt über die Verknüpfung **Kontotyp ändern** aufgerufen werden kann, nur der Link **Neuen Benutzer in den PC-Einstellungen hinzufügen**, der direkt an die entsprechende Stelle in den Einstellungen führt. Einfacher und schneller gehen Sie jedoch wie hier beschrieben vor, ohne zuvor die Systemsteuerung aufzurufen.

3.5 Vom Standardbenutzer zum Administrator und umgekehrt

Falls dazu Anlass besteht, können Sie jederzeit den Typ eines Benutzerkontos – Administrator oder Standardbenutzer – ändern. Durchführen können Sie die Änderung natürlich nur unter einem Administratorkonto. Der Kontotyp kann sowohl in den Einstellungen als auch in der Systemsteuerung geändert werden. Führen Sie in letzterem Fall folgende Schritte durch, um z. B. aus einem Standardbenutzerkonto ein Administratorkonto zu machen:

1 Klicken Sie in der Taskleiste mit der rechten Maustaste auf das Symbol mit dem Windows-Logo. Wählen Sie **Systemsteuerung** im erscheinenden Menü.

Alternativ können Sie das Kontextmenü des Windows-Symbols auch durch Drücken von ▦ + X anzeigen.

2 Es erscheint die Startseite der Systemsteuerung. Klicken Sie hier unterhalb der Kategorie **Benutzerkonten** auf die Verknüpfung **Kontotyp ändern** ❶.

3 Klicken Sie auf der erscheinenden Dialogseite **Konten verwalten/Zu ändernden Benutzer auswählen** das Konto an, dessen Kontotyp Sie ändern wollen.

4 Es erscheint die Dialogseite **Konto ändern** mit dem ausgewählten Benutzerkonto. Klicken Sie hier ebenfalls auf die Verknüpfung **Kontotyp ändern** ❷.

5 Aktivieren Sie auf der nächsten Dialogseite das Optionsfeld **Administrator**. Klicken Sie anschließend auf die Schaltfläche **Kontotyp ändern**.

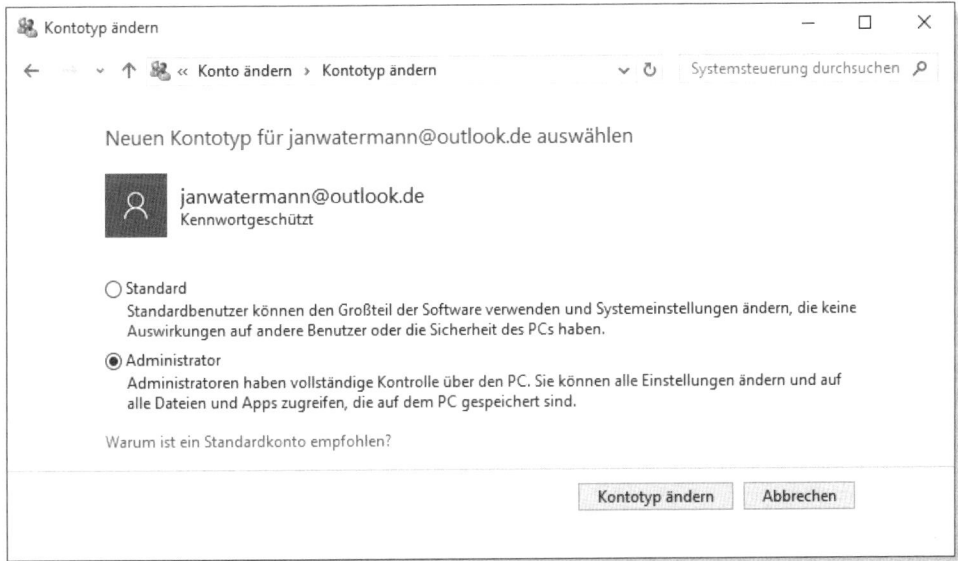

Danach besitzt das entsprechende Benutzerkonto ebenfalls Administratorrechte, was sogleich auf der Dialogseite **Konto ändern** zu erkennen ist ❸.

Abbildung 3.4 Das Microsoft-Konto »janwatermann@outlook.de« ist in ein Administratorkonto abgeändert worden.

Eigenen Kontotyp ändern

Wenn Sie den Kontotyp Ihres eigenen Benutzerkontos ändern wollen, können Sie dies über die Verknüpfung **Eigenen Kontotyp ändern** auf der Dialogseite **Benutzerkonten** tun ❹. Diese rufen Sie auf, indem Sie, ausgehend von der Startseite der Systemsteuerung, die Kategorie **Benutzerkonten** wählen und anschließend ein weiteres Mal auf **Benutzerkonten** klicken. Auch hier gilt das oben Geschriebene: Sie können nur unter der Bedingung zu einem Standardbenutzerkonto wechseln, wenn danach noch ein Administratorkonto auf dem Computer verbleibt.

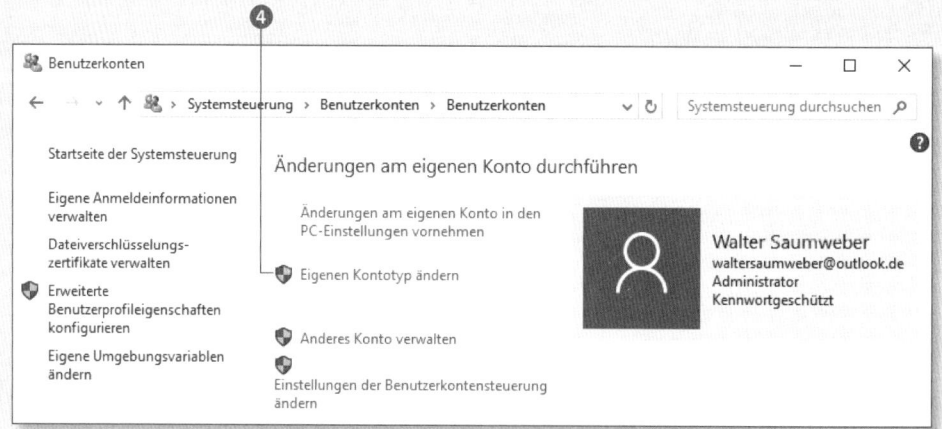

Abbildung 3.5 Auf der Dialogseite »Benutzerkonten« finden Sie unter anderem wichtige Optionen für das eigene Benutzerkonto.

Um den Vorgang wieder rückgängig, das heißt aus einem Administrator einen Standardbenutzer zu machen, klicken Sie auf der Dialogseite **Konto ändern** erneut auf die Verknüpfung **Kontotyp ändern**. Auf der nächsten Dialogseite ist der Standardbenutzer immer voreingestellt. Sie brauchen also nur auf die Schaltfläche **Kontotyp ändern** zu klicken, um aus dem Administratorkonto ein Standardbenutzerkonto zu machen. Beachten Sie, dass diese Änderung nur unter der Voraussetzung funktioniert, dass auf dem Computer ein Administratorkonto verbleibt. Ist das nicht der Fall, lässt sich das Optionsfeld **Standard** auf der Dialogseite **Kontotyp ändern/Neuen Kontotyp für <Benutzername> auswählen** nicht aktivieren.

Möglicherweise etwas schneller funktioniert die Änderung des Kontotyps in den Einstellungen:

1 Öffnen Sie unter Ihrem Administratorkonto die Einstellungen. Klicken Sie auf der Ausgangsseite der Einstellungen auf **Konten** und anschließend auf **Familie und weitere Benutzer** (die Kategorie **Familie und weitere Benutzer** erscheint nur unter einem Administratorkonto, Standardbenutzer sehen diesen Eintrag nicht).

2 Selektieren Sie im rechten Bereich das Benutzerkonto, dessen Typ Sie ändern wollen, und klicken Sie auf die daraufhin erscheinende Schaltfläche **Kontotyp ändern**.

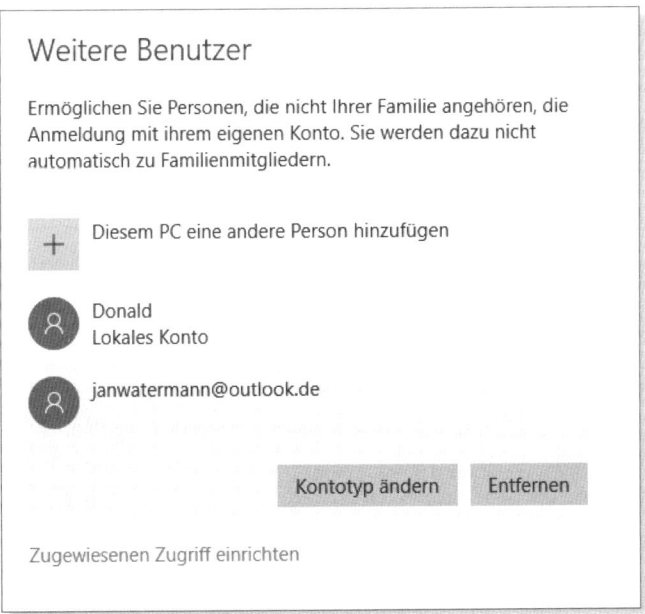

3 Klicken Sie auf das Listenfeld unterhalb von **Kontotyp** (in der folgenden Abbildung ist diese Beschriftung von der geöffneten Auswahlliste verdeckt). Wählen Sie in der aufklappenden Liste den gewünschten neuen Kontotyp ❶ und bestätigen Sie mit **OK** ❷. Der Kontotyp wird daraufhin sofort geändert.

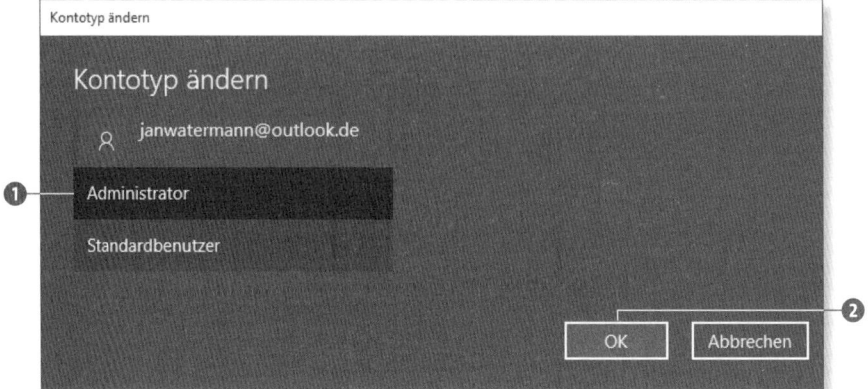

Der Kontotyp des eigenen Benutzerkontos lässt sich allerdings nicht in den Einstellungen ändern. Hier sind Sie nach wie vor auf die Systemsteuerung angewiesen (siehe dazu den Infokasten »Eigenen Kontotyp ändern« auf Seite 112).

3.6   Kennwörter erstellen, ändern oder entfernen

Zumindest in einer Umgebung mit mehreren Benutzern ist es im Allgemeinen ratsam, die Kennwörter von Benutzerkonten in gewissen Zeitabständen zu ändern.

3.6.1   Kennwort des eigenen lokalen Benutzerkontos ändern

Um das Kennwort des aktuellen lokalen Benutzerkontos – also des Kontos, mit dem Sie gerade am Computer angemeldet sind – zu ändern, gehen Sie folgendermaßen vor:

1 Öffnen Sie die Einstellungen. Klicken Sie auf der Ausgangsseite der Einstellungen auf **Konten**.

2 Klicken Sie im linken Bereich der erscheinenden Seite auf **Anmeldeoptionen**.

3 Klicken Sie im rechten Bereich ganz oben im Abschnitt **Kennwort** auf die Schaltfläche **Ändern**.

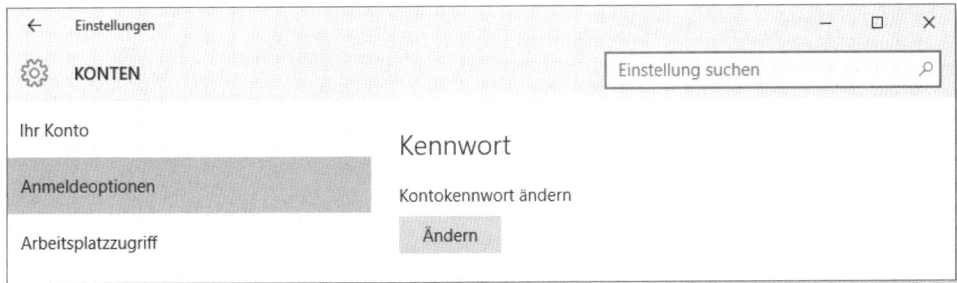

4 Geben Sie im erscheinenden Dialog **Kennwort ändern** das aktuelle Kennwort an und klicken Sie auf **Weiter**.

5 Geben Sie das gewünschte neue Kennwort in das erste Textfeld und noch einmal zur Bestätigung in das zweite Textfeld und einen beliebigen Kennworthinweis in das Feld darunter ein. Klicken Sie anschließend auf **Weiter**.

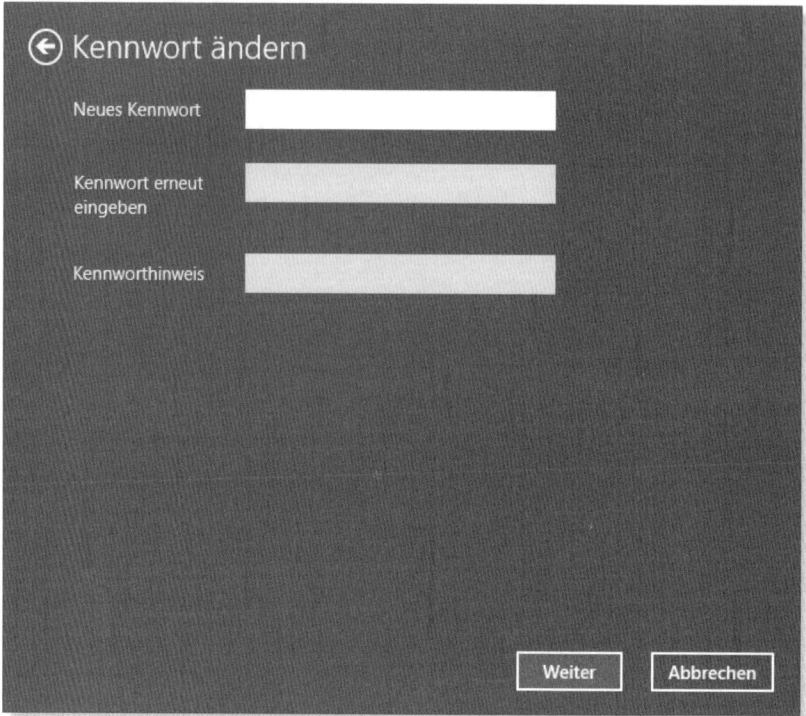

6 Klicken Sie auf der nächsten Seite auf **Fertig stellen**, um den Dialog zu schließen.

Theoretisch könnten Sie auch die Einstellungen schließen, ohne die Schaltfläche **Fertig stellen** zu betätigen, da Windows das Kennwort bereits nach Schritt 5 ausgetauscht hat.

3.6.2   Kennwort des eigenen lokalen Benutzerkontos entfernen

Möchten Sie das Kennwort für Ihr lokales Benutzerkonto ganz entfernen, lassen Sie in Schritt 5 die Felder für Kennwort und Kennworthinweis einfach leer. Wie bereits gesagt, sind Benutzerkonten ohne Kennwort nur in einer absolut sicheren Umgebung (fremde Personen haben keinen Zugang zum Computer) zu empfehlen.

3.6.3   Kennwort für das eigene lokale Benutzerkonto erstellen

Haben Sie für Ihr lokales Benutzerkonto anfänglich kein Kennwort festgelegt und möchten Sie dies später nachholen, verfahren Sie analog. In diesem Fall enthält die entsprechende Schaltfläche auf der Seite **Anmeldeoptionen** der Einstellungen im Abschnitt **Kennwort** die Beschriftung **Hinzufügen**. Darüber erscheint in roter Schrift der Hinweis, dass Sie ein Kennwort hinzufügen müssen, bevor Sie andere Anmeldeoptionen (PIN, Bildcode) verwenden können. Nach dem Anklicken der Schaltfläche erscheint sofort das Formular **Kennwort erstellen** mit den Feldern **Neues Kennwort**, **Kennwort erneut eingeben**, **Kennworthinweis**.

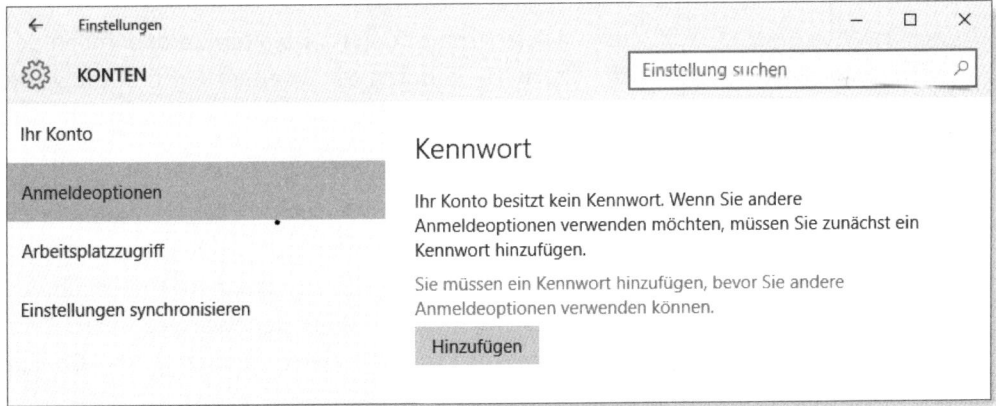

Abbildung 3.6 Auf die beschriebene Weise können Sie Ihr lokales Benutzerkonto auch nachträglich mit einem Kennwort versehen.

3.6.4 Kennworteinstellungen anderer Benutzerkonten ändern

Wenn es sich um das eigene Kennwort handelt, brauchen Sie für die oben beschriebenen Aktionen keine Administratorrechte, das heißt, Sie können diese auch unter einem Standardbenutzerkonto durchführen.

Kennwörter von anderen lokalen Benutzerkonten (jedoch nicht von Microsoft-Konten!) können dagegen nur unter einem Administratorkonto geändert, entfernt oder neu erstellt werden. Außerdem lassen sich die entsprechenden Aktionen nicht in den Einstellungen, sondern nur in der Systemsteuerung durchführen. So können Sie als Administrator einen Mitbenutzer praktisch zwingen, ein Kennwort zu verwenden, indem Sie für sein Benutzerkonto ein Kennwort erstellen. Gehen Sie dazu folgendermaßen vor:

1 Melden Sie sich mit Ihrem Administratorkonto am Computer an. Öffnen Sie die Systemsteuerung, z. B. indem Sie mit der rechten Maustaste auf das Symbol mit dem Windows-Logo klicken und im erscheinenden Kontextmenü den Eintrag **Systemsteuerung** wählen.

2 Klicken Sie auf der Startseite der Systemsteuerung unterhalb der Kategorie **Benutzerkonten** auf die Verknüpfung **Kontotyp ändern**.

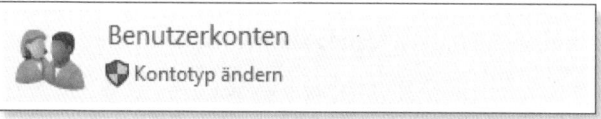

Dies ist der kürzeste Weg, um zur Dialogseite **Konten verwalten/Zu ändernden Benutzer auswählen** zu gelangen. Alternativ könnten Sie zweimal auf die Kategorie **Benutzerkonten** und dann auf die Verknüpfung **Anderes Konto verwalten** klicken. Sie erreichen damit die gleiche Dialogseite.

3 Klicken Sie auf der Dialogseite **Konten verwalten/Zu ändernden Benutzer auswählen** das Benutzerkonto an, für das Sie Änderungen durchführen wollen. Kennwortgeschützte Konten sind auf dieser Dialogscite als solche zu erkennen. Unterhalb des Benutzernamens erscheint bei diesen Konten das Wort **Kennwortgeschützt**. Dies trifft z. B. in der folgenden Abbildung auf das markierte Benutzerkonto **Donald** aktuell nicht zu.

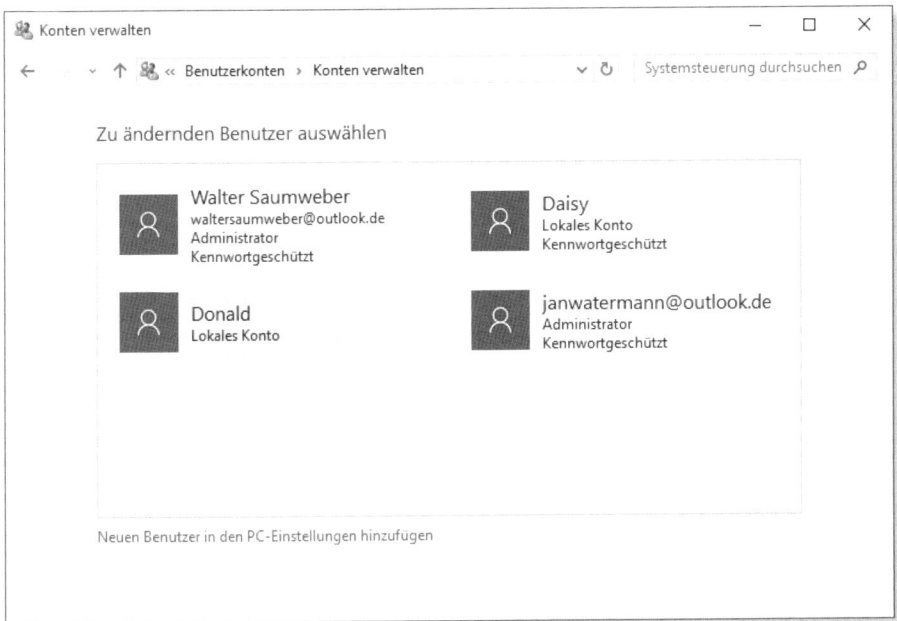

4 Klicken Sie auf der nächsten Dialogseite **Konto ändern** auf die Verknüpfung **Kennwort erstellen** ❶.

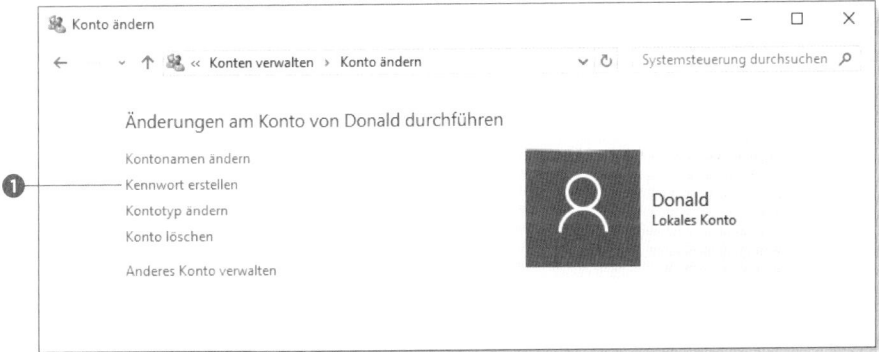

5 Tippen Sie auf der Folgeseite ein Kennwort ein und bestätigen Sie es. Geben Sie im letzten Feld gegebenenfalls einen Kennworthinweis an.

Als Administrator haben Sie die Möglichkeit, für das lokale Benutzerkonto auf einen Kennworthinweis ganz zu verzichten, was der Benutzer selbst nicht kann. Dieser muss in den Einstellungen immer einen, wenngleich beliebigen Text als Kennworthinweis angeben. Falls gewünscht, kann der Benutzer in den Einstellungen auch nachträglich einen Kennworthinweis hinzufügen, ohne das Kennwort selbst zu ändern.

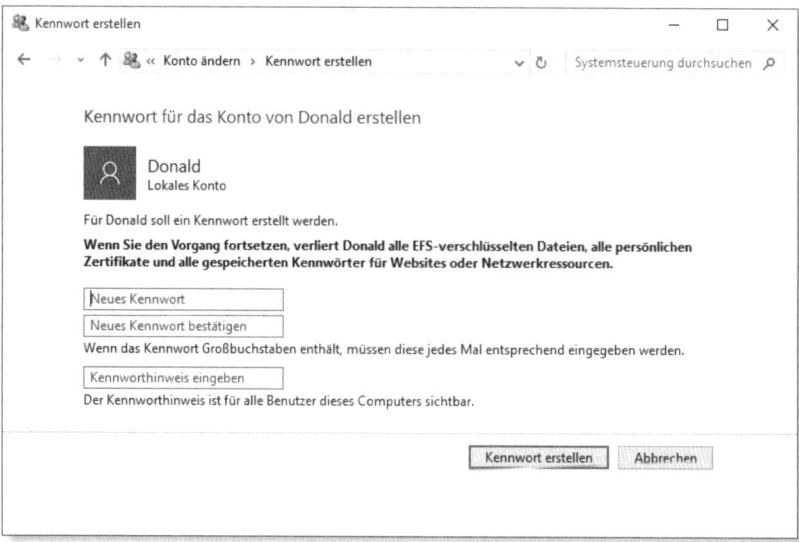

6 Klicken Sie auf die Schaltfläche **Kennwort erstellen**, um das angegebene Kennwort mit dem Benutzerkonto zu verbinden.

Wenn ein lokales Benutzerkonto bereits kennwortgeschützt ist, können Sie das Kennwort auf der Dialogseite **Konto ändern** (siehe Schritt 4 der obigen Anleitung) über die dann vorhandene Verknüpfung **Kennwort ändern** ❷ abändern oder – indem Sie im Weiteren die Kennwortfelder leer lassen – das Kennwort gegebenenfalls ganz entfernen. Im letzteren Fall erscheint dann auf der Dialogseite **Konto ändern** wieder die Option zum Erstellen eines Kennworts.

Abbildung 3.7 Bei kennwortgeschützten lokalen Benutzerkonten erscheint auf der Dialogseite »Konto ändern« anstelle der Verknüpfung »Kennwort erstellen« eine Option zum Ändern des Kennworts.

3.6.5   Kennwort des eigenen Microsoft-Kontos ändern

Microsoft-Konten sind gegenüber lokalen Benutzerkonten immer mit einem Kennwort verbunden, das auch nicht entfernt werden kann. Außerdem können die Kennwörter von Microsoft-Konten nur von den Besitzern selbst geändert werden. Dies ist allein in den Einstellungen möglich, in der Systemsteuerung findet sich keine entsprechende Option. Gehen Sie folgendermaßen vor, wenn Sie mit Ihrem Microsoft-Konto am Computer angemeldet sind:

1 Öffnen Sie die Einstellungen, wählen Sie **Konten** und anschließend **Anmeldeoptionen**. Klicken Sie im rechten Bereich der Dialogseite unterhalb von **Kontokennwort ändern** auf die Schaltfläche **Ändern**.

2 Falls für Ihr Konto ein PIN-Code eingerichtet ist, werden Sie jetzt aufgefordert, diesen einzugeben. Die Verknüpfung **Eine hier nicht aufgeführte Methode verwenden** ❶ führt gegebenenfalls sofort zur Kennworteingabe.

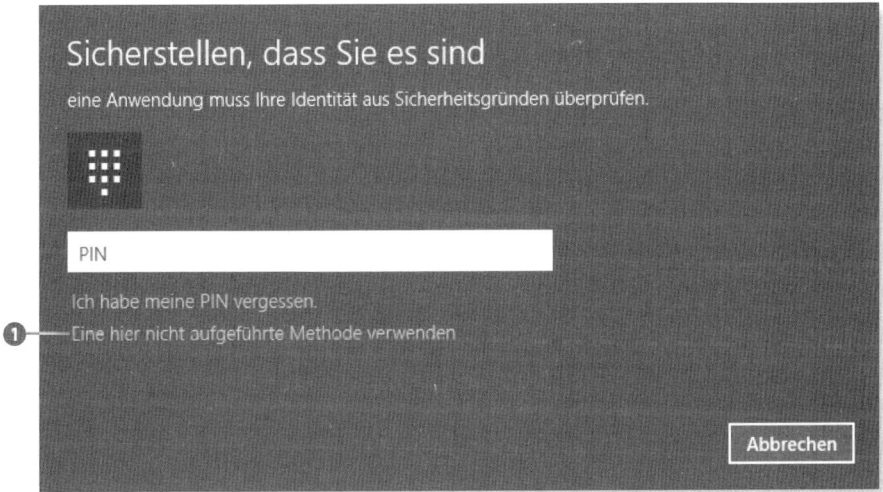

3 Trotz Eingabe der PIN werden Sie nun aufgefordert, die E-Mail-Adresse und das zugehörige Kennwort Ihres Microsoft-Kontos anzugeben (siehe die folgende Abbildung auf Seite 122 oben) – bis dato verhält es sich jedenfalls so (möglicherweise wird Microsoft die doppelte Überprüfung in absehbarer Zeit ändern).

4 Danach müssen Sie sich einen Sicherheitscode besorgen, was ebenfalls zur Prüfung Ihrer Identität dient. Sie können sich z. B. eine SMS senden oder sich anrufen lassen (auch auf dem Festnetz). Stellen Sie im Listenfeld die für Sie passende Methode ein ❷.

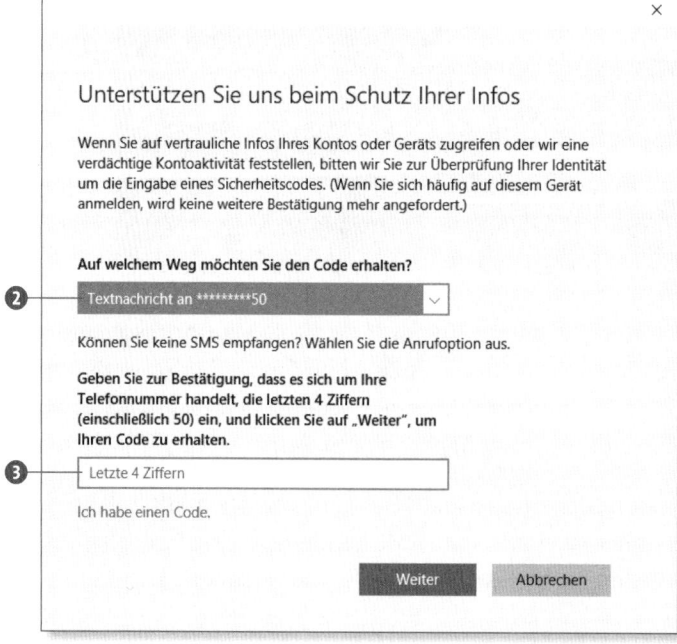

5 Geben Sie in das untere Textfeld die letzten vier Ziffern Ihrer Telefonnummer ein ❸. Klicken Sie anschließend auf **Weiter**.

6 Geben Sie auf der nächsten Seite den Code, den Sie erhalten haben, ein und klicken Sie wiederum auf **Weiter**.

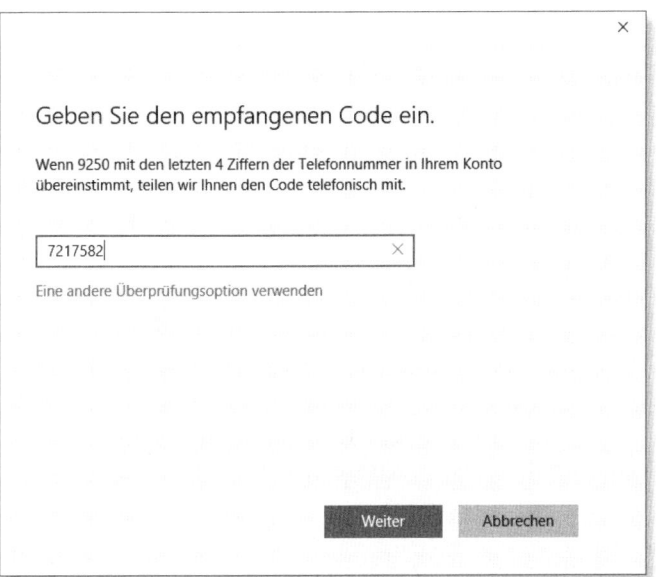

7 Danach erscheint das Formular zum Ändern des Kennworts. Geben Sie im ersten Feld das aktuelle Kennwort an und in den beiden Feldern darunter das gewünschte neue Kennwort.

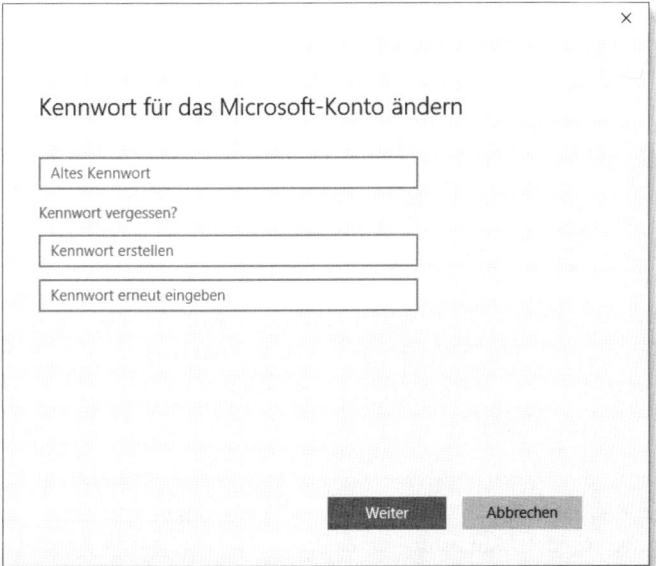

INFO

Microsoft-Konten verwalten

Natürlich können Sie das Kennwort Ihres Microsoft-Kontos auch direkt auf der Microsoft-Website *https://account.microsoft.com* ändern. In den Einstellungen können Sie die Seite für Ihr Konto auf der Dialogseite **Konten/Ihr Konto** über den Link **Mein Microsoft-Konto verwalten** ❹ aufrufen.

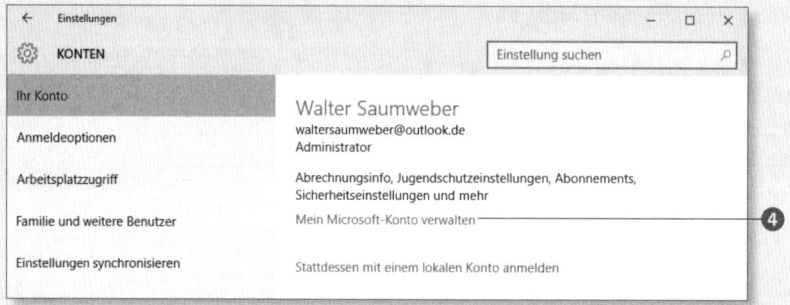

Abbildung 3.8 Einstellungen, Seite »Konten/Ihr Konto«: Über die Verknüpfung »Mein Microsoft-Konto verwalten« gelangen Sie direkt zu den Konfigurationseinstellungen Ihres Microsoft-Kontos.

Auf der Webseite können Sie praktisch alles erledigen, was mit Ihrem Microsoft-Konto zu tun hat, z. B. Sicherheitsinfos für Ihr Microsoft-Konto hinterlegen oder ändern, Ihre Xbox oder Ihr Windows Phone zur Verwaltung hinzufügen, Zahlungsoptionen für App-Käufe festlegen usw. Das Kennwort Ihres Microsoft-Kontos ❺ und gegebenenfalls sogar Ihren Benutzernamen ❻ können Sie direkt auf der Startseite im Abschnitt **Allgemeine Infos** ändern.

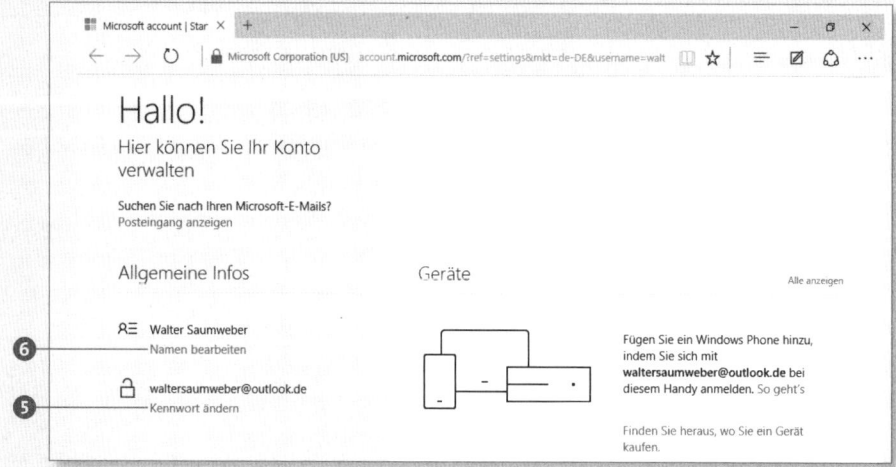

Abbildung 3.9 Startseite der Website »https://account.microsoft.com« mit den Einstellungen für das aktuell verwendete Microsoft-Konto

3.7 Den Benutzernamen ändern

Für lokale Benutzerkonten kann nicht nur der Kontotyp, sondern bei Bedarf auch der Benutzername geändert werden – eine Option, die zwar selten verwendet wird, nach der man aber erfahrungsgemäß lange sucht, wenn man sie denn doch benötigt. Tatsächlich funktioniert es ganz einfach:

1 Rufen Sie auf der Startseite der Systemsteuerung über die Verknüpfung **Kontotyp ändern** die Dialogseite **Konten verwalten** auf.

2 Klicken Sie auf der Dialogseite **Konten verwalten** das Benutzerkonto an, dessen Namen Sie ändern wollen.

Beachten Sie, dass es sich um ein lokales Benutzerkonto handeln muss. Die Benutzernamen von Microsoft-Konten können nur direkt auf der Website *https://account. microsoft.com* von der betreffenden Person geändert werden (siehe dazu den obigen Kasten »Microsoft-Konten verwalten« auf Seite 124).

3 Klicken Sie auf der erscheinenden Dialogseite **Konto ändern** auf die Verknüpfung **Kontonamen ändern** ❶.

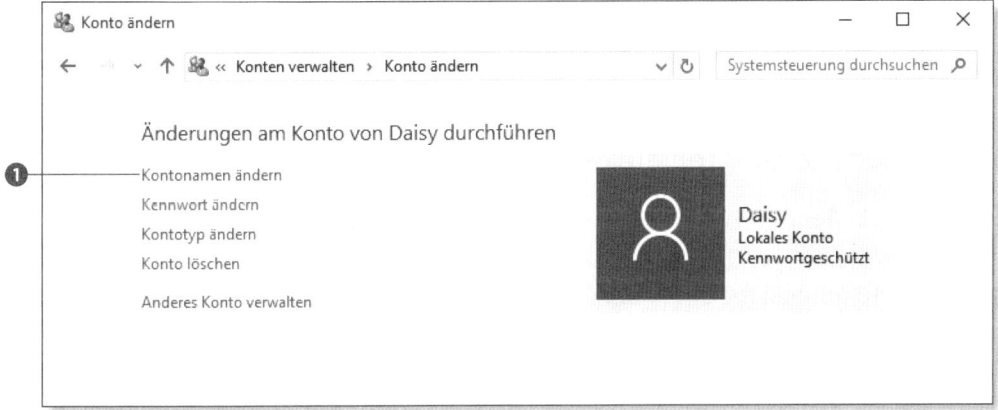

4 Geben Sie auf der erscheinenden Dialogseite **Konto umbenennen** den gewünschten neuen Benutzernamen an. Bestätigen Sie die Änderung, indem Sie auf die Schaltfläche **Namen ändern** klicken.

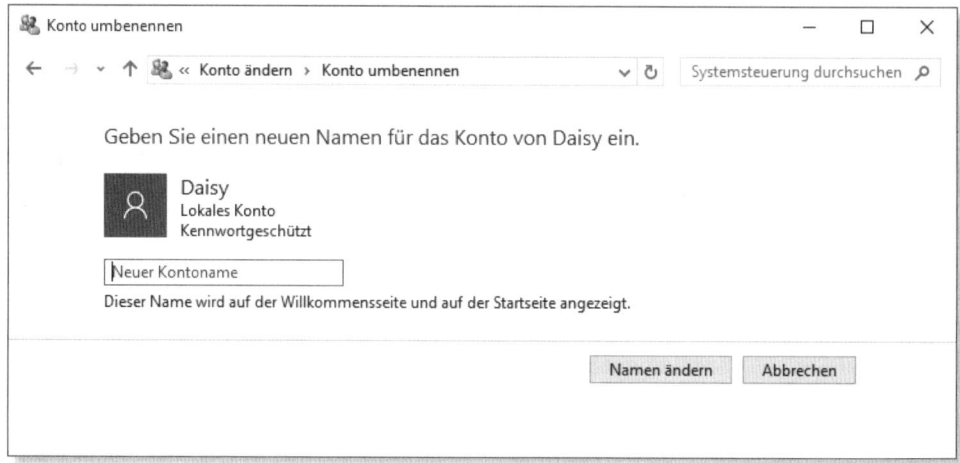

Wenngleich die Option zum Ändern von Benutzernamen im Allgemeinen eher selten benötigt wird, ist sie dennoch sehr praktisch. Ohne diese Option müsste ein Benutzerkonto (z. B. bei Namensänderung durch Heirat) neu angelegt werden. Im Übrigen ist die Umbenennung vollkommen risikofrei, in der Benutzerumgebung ändert sich dadurch nichts. Auch der Name des Benutzerordners bleibt zunächst der gleiche. Ändern Sie diesen gegebenenfalls im Explorer, indem Sie den Ordnereintrag mit der rechten Maustaste anklicken und im erscheinenden Kontextmenü den Befehl **Umbenennen** auswählen.

3.8   Benutzerkonten entfernen

Manchmal kommt es vor, dass man ein Benutzerkonto löschen möchte – z. B. weil man weiß, dass die entsprechende Person den Computer nicht mehr verwenden wird. Unter Windows 10 können Sie ein Benutzerkonto, das nicht mehr benötigt wird, in den Einstellungen wie auch in der Systemsteuerung entfernen. Wenn Sie das Benutzerkonto in der Systemsteuerung löschen, können Sie sich entscheiden, ob Sie die persönlichen Dateien des Benutzers behalten wollen (die mit dem Benutzerkonto verbundenen Windows-Einstellungen werden immer gelöscht). Hier zunächst die einfache Methode in den Einstellungen:

1 Melden Sie sich mit einem Administratorkonto am Computer an und rufen Sie die Einstellungen auf.

2 Wählen Sie auf der Ausgangsseite der Einstellungen **Konten** und danach **Familie und weitere Benutzer**.

3 Klicken Sie im rechten Bereich im Abschnitt **Weitere Benutzer** das Konto an, das Sie entfernen wollen ❶. Klicken Sie anschließend auf die Schaltfläche **Entfernen** ❷.

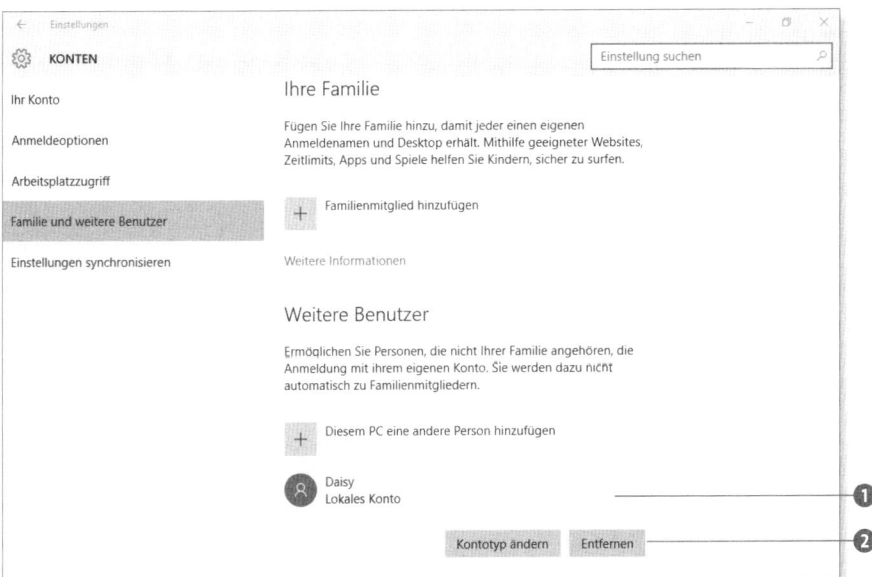

4 Klicken Sie im erscheinenden Dialogfenster auf die Schaltfläche **Konto und Daten löschen**.

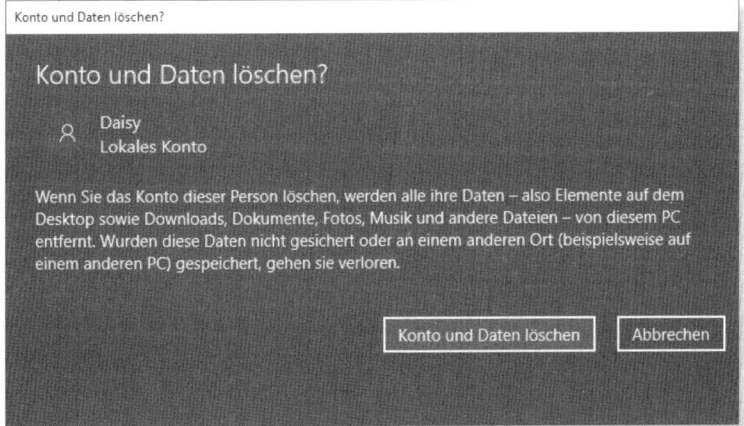

Beachten Sie, dass daraufhin der komplette Benutzerordner des betreffenden Kontos gelöscht wird. Sichern Sie die Daten gegebenenfalls, bevor Sie ein Benutzerkonto auf diese Weise löschen.

Alternativ können Sie ein Benutzerkonto auch in der Systemsteuerung löschen. Hierbei können Sie es sich aussuchen, ob Sie die Benutzerdaten behalten oder ebenfalls löschen wollen. Gehen Sie folgendermaßen vor:

1 Klicken Sie in der Taskleiste mit der rechten Maustaste auf das Windows-Symbol. Wählen Sie **Systemsteuerung** im erscheinenden Menü.

2 Klicken Sie auf der Startseite der Systemsteuerung auf die Verknüpfung **Kontotyp ändern**.

3 Klicken Sie auf der Dialogseite **Konten verwalten/Zu ändernden Benutzer auswählen** auf das Benutzerkonto, das Sie löschen wollen.

4 Es erscheint die Dialogseite **Konto ändern** für den ausgewählten Benutzer. Klicken Sie hier auf die Verknüpfung **Konto löschen ❶**.

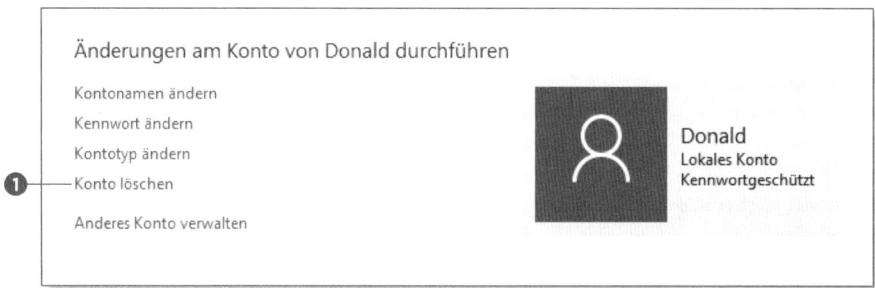

5 Auf der nächsten Dialogseite **Konto löschen** werden Sie nun gefragt, ob Sie die Dateien dieses Benutzers behalten wollen. Wenn ja, klicken Sie auf die Schaltfläche **Dateien behalten**. Falls Sie die persönlichen Dateien ebenfalls löschen wollen, klicken Sie auf die Schaltfläche **Dateien löschen**.

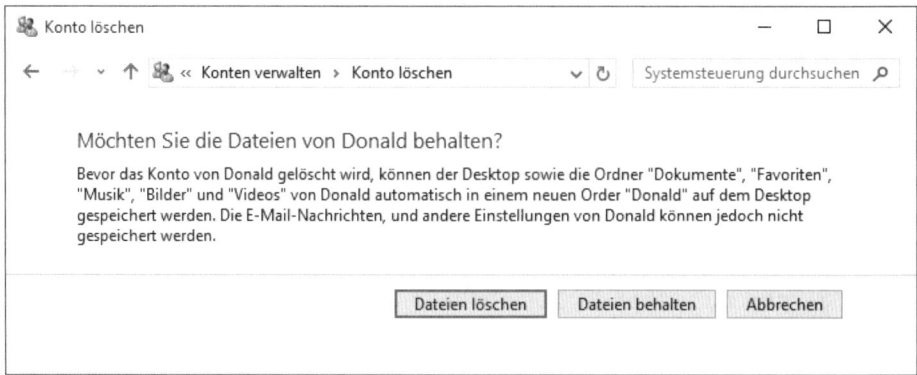

6 Bestätigen Sie die Rückfrage auf der nächsten Dialogseite, indem Sie auf die Schaltfläche **Konto löschen** klicken.

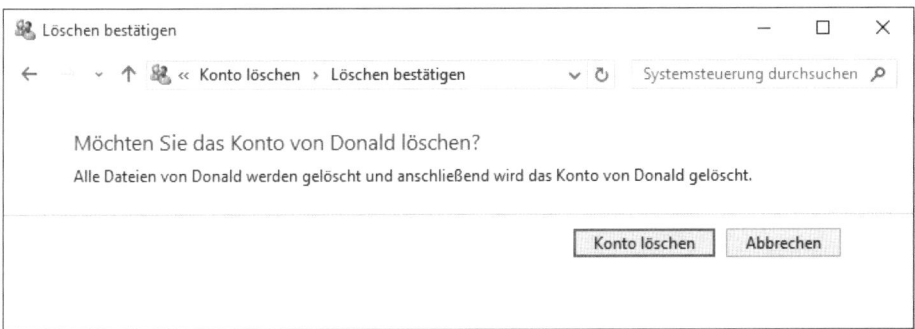

Windows löscht daraufhin das Benutzerkonto. Wenn Sie sich entschieden hatten, die persönlichen Dateien des gelöschten Benutzers zu behalten, finden Sie danach auf dem Desktop einen Ordner mit dem Computernamen – das ist der Name, den Sie im Zuge der ersten Konfiguration vergeben haben (siehe den Abschnitt 1.4, »Erste Konfiguration von Windows 10 durchführen«, ab Seite 24).

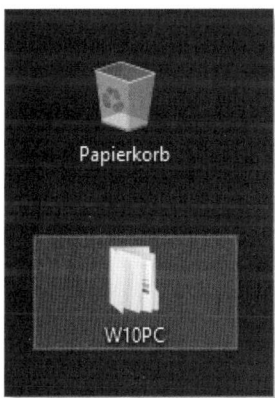

Abbildung 3.10 Ein Ordner mit den persönlichen Daten des Benutzers wird nach dem Löschen des Kontos auf dem Desktop abgelegt.

Klicken Sie das Ordnersymbol auf dem Desktop gegebenenfalls doppelt an, um den Ordner im Explorer zu öffnen. Der Ordner enthält einen Unterordner mit dem Namen des gelöschten Benutzers, in dem sich weitere Unterordner – **Bilder**, **Desktop**, **Dokumente**, **Musik**, **Videos** sowie die Internetfavoriten – mit den persönlichen Dateien des gelöschten Benutzers befinden.

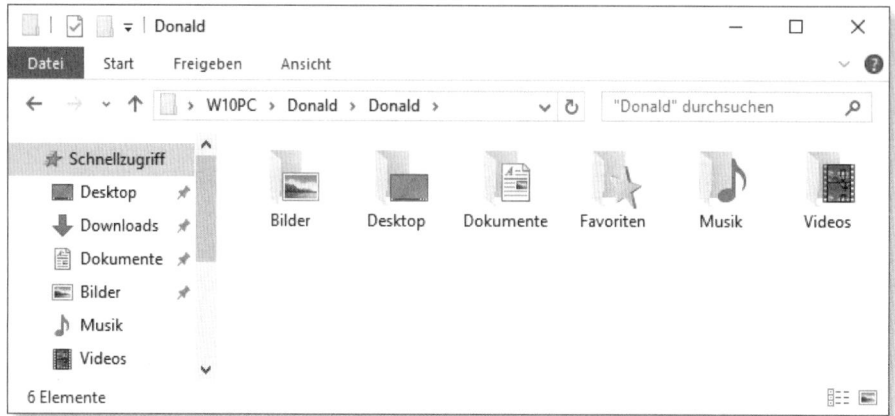

Abbildung 3.11 Die persönlichen Daten des gelöschten Benutzers im Explorer

Wenn Sie weitere Benutzerkonten entfernen und deren Daten behalten, werden diese ebenfalls in den Ordner mit dem Computernamen verschoben. Natürlich steht es Ihnen jederzeit frei, diesen Ordner oder einen darin enthaltenen Benutzerordner zu löschen, wenn Sie die Daten nicht mehr benötigen.

Sie können auf die beschriebene Weise lokale Benutzerkonten genauso wie Microsoft-Konten vom Computer entfernen. Das Microsoft-Konto selbst bleibt dabei natürlich erhalten und Sie bzw. der Inhaber des Microsoft-Kontos können es bei Bedarf jederzeit wieder verwenden.

3.9   Microsoft-Konto schließen

Möchten Sie eines Ihrer Microsoft-Konten einmal vollständig löschen, können Sie dies in den Einstellungen Ihres Kontos auf der Microsoft-Website *https://account.microsoft. com* tun:

1 Laden Sie die Webscitc *https://account.microsoft.com* im Browser. Klicken Sie gegebenenfalls rechts oben auf den Benutzernamen oder auf das Profilbild und wählen Sie **Mit einem anderen Konto anmelden**.

2 Geben Sie die E-Mail-Adresse und das Kennwort des Microsoft-Kontos ein, das Sie schließen wollen.

Alternativ zu den Schritten 1 und 2 können Sie die Webseite *https://account. microsoft.com* mit den Einstellungen Ihres Microsoft-Kontos, mit dem Sie gerade am Computer angemeldet sind, auch direkt über die Verknüpfung **Mein Microsoft-Konto verwalten** in den Einstellungen auf der Seite **Konten/Ihr Konto** aufrufen.

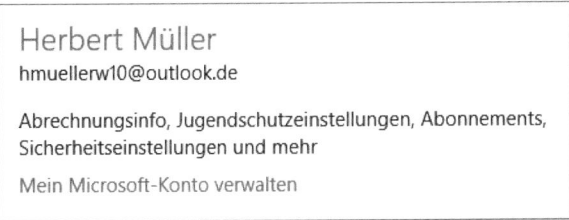

3 Klicken Sie auf **Sicherheit und Datenschutz** ❶.

4 Klicken Sie auf der nächsten Seite im Abschnitt **Kontosicherheit** auf den Link **Erweiterte Sicherheit verwalten** ❷.

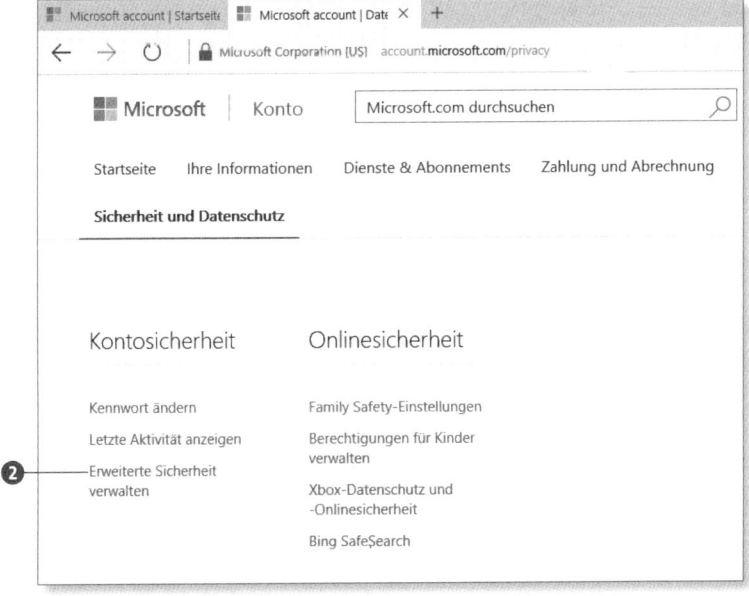

5 Womöglich müssen Sie sich vor dem Zugriff auf Ihre Sicherheitsinformationen erneut anmelden und anschließend Ihre Identität mit einem Sicherheitscode bestätigen. Geben Sie zunächst das Kennwort des Microsoft-Kontos an und klicken Sie auf **Anmelden.**

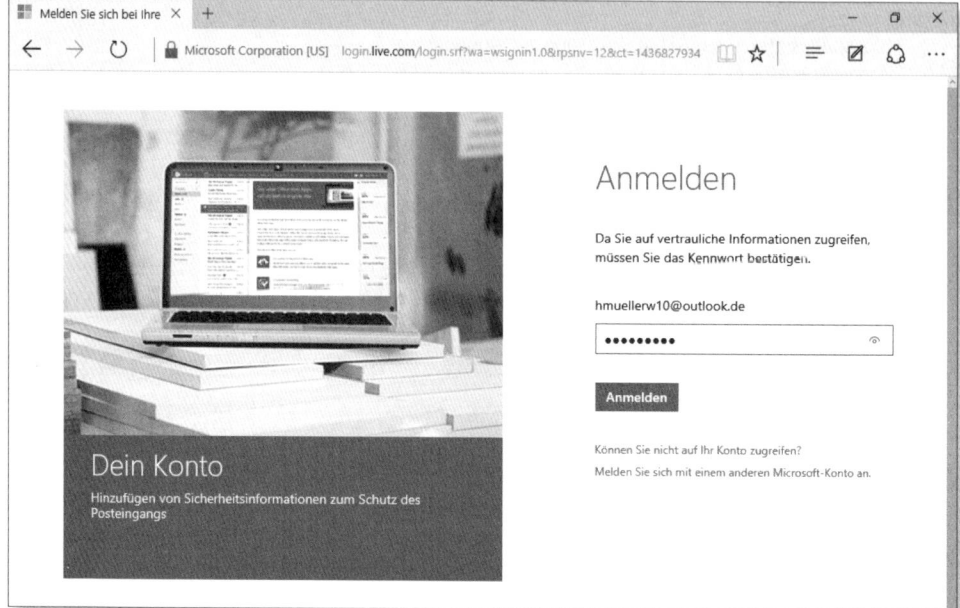

6 Den Sicherheitscode können Sie sich per SMS, per E-Mail oder per Telefon zukommen lassen, vorausgesetzt, Sie haben Ihre Telefonnummer in Ihren Kontoinformationen als Sicherheitsinfo hinterlegt (siehe Schritt 9 der Anleitung in Abschnitt 3.2, »So registrieren Sie sich für ein Microsoft-Konto«, ab Seite 95). Im letzteren Fall können Sie sich auch auf Ihrer Festnetznummer anrufen lassen. Stellen Sie also in dem Auswahlfeld die gewünschte Methode ein. Falls Sie einen Anruf wählen, müssen Sie noch die letzten vier Ziffern Ihrer Telefonnummer in das dafür vorgesehene Feld eingeben. Klicken Sie auf **Weiter.**

7 Geben Sie auf der nächsten Seite den erhaltenen Sicherheitscode ein und klicken Sie auf **Absenden.**

Aktivieren Sie vor dem Absenden gegebenenfalls das Kontrollkästchen neben **Ich melde mich oft auf diesem Gerät an. Keinen Code anfordern ❸**. In diesem Fall brauchen Sie den Code nicht erneut anzufordern, wenn Sie auf demselben Computer beim nächsten Mal auf die Sicherheitseinstellungen Ihres Microsoft-Kontos zugreifen.

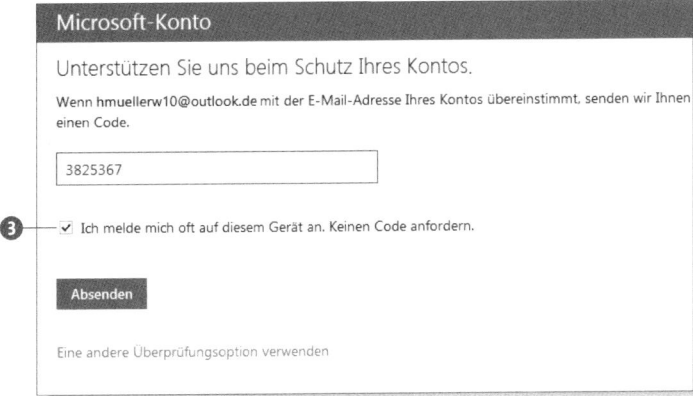

8 Spätestens jetzt befinden Sie sich auf der Seite **Sicherheitseinstellungen**. Scrollen Sie diese ganz nach unten, bis Sie den Abschnitt **Schließen Ihres Kontos** sehen. Klicken Sie hier auf die Verknüpfung **Eigenes Konto schließen**.

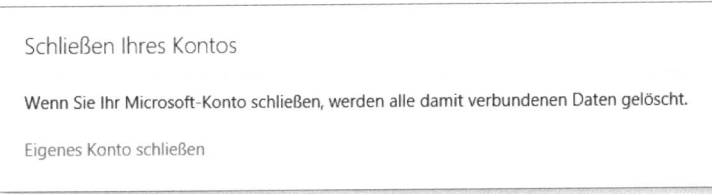

9 Lesen Sie die auf der folgenden Seite angezeigten Informationen. Falls Sie das Konto bis dahin im E-Mail-Verkehr verwendet haben, empfiehlt es sich beispielsweise, automatische E-Mail-Antworten einzurichten ❹. Klicken Sie anschließend auf **Weiter**.

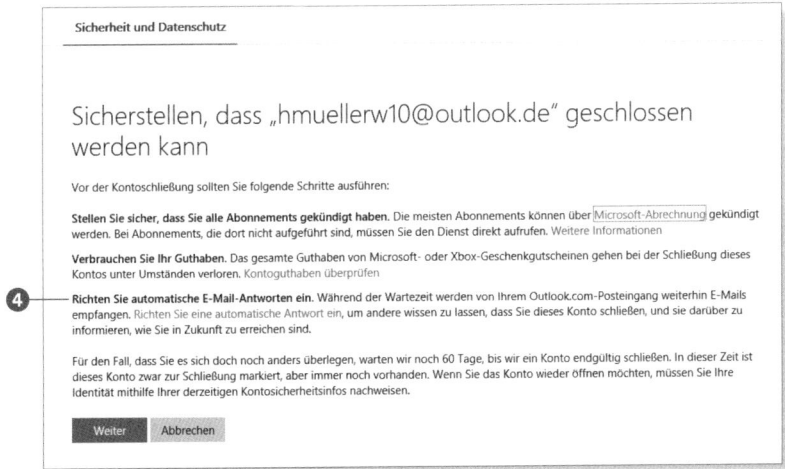

10 Lesen Sie auch die Informationen auf der nächsten Seite. Bestätigen Sie dies durch Aktivieren der einzelnen Kontrollkästchen. Geben Sie in dem Listenfeld ❺ einen Grund an, warum Sie das Konto schließen wollen (die Angabe ist obligatorisch, erst danach wird die Schaltfläche **Als zu schließendes Konto markieren** aktiviert). Stellen Sie in dem Listenfeld gegebenenfalls **Anderer Grund** ein, wenn Sie keine genauere Angabe machen wollen oder keiner der anderen Gründe zutrifft.

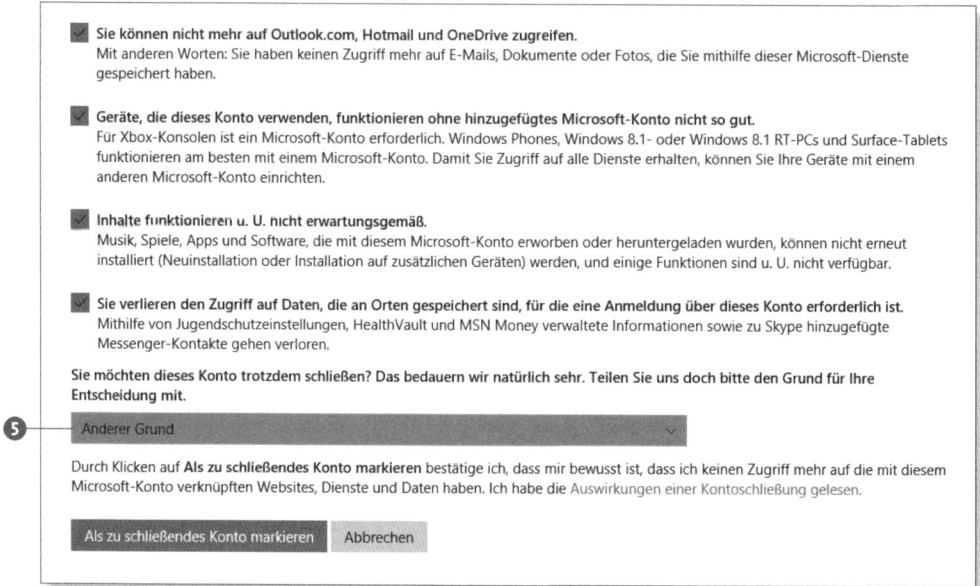

11 Klicken Sie auf die Schaltfläche **Als zu schließendes Konto markieren**, um das Microsoft-Konto zu schließen.

Microsoft schließt das Konto nach Ablauf von 60 Tagen. Bis dahin können Sie es gegebenenfalls durch Angabe von Sicherheitsinformationen wieder aktivieren.

3.10   So richten Sie Family Safety für Ihr Kind ein

Wenn Sie sich Sorgen machen, dass Ihr Kind zu viel Zeit am Computer verbringt oder bei der Benutzung mit nicht adäquaten Inhalten konfrontiert wird, können Sie für dessen Benutzerkonto Family Safety einrichten. Damit stellen Sie sicher, dass Ihr Kind auch während Ihrer Abwesenheit nur mit solchen Inhalten in Berührung kommt, die Sie ausdrücklich erlaubt haben.

Sie können Family Safety für das Benutzerkonto Ihres Kindes sogleich bei der Einrichtung des Kontos festlegen oder auch nachträglich aktivieren. Im ersteren Fall gehen Sie folgendermaßen vor:

1 Klicken Sie zunächst auf der Einstiegsseite der Einstellungen auf **Konten** und anschließend im linken Bereich der erscheinenden Dialogseite auf **Familie und weitere Benutzer**.

2 Klicken Sie im ersten Abschnitt des rechten Bereiches auf **Familienmitglied hinzufügen** bzw. auf das nebenstehende Pluszeichen ❶.

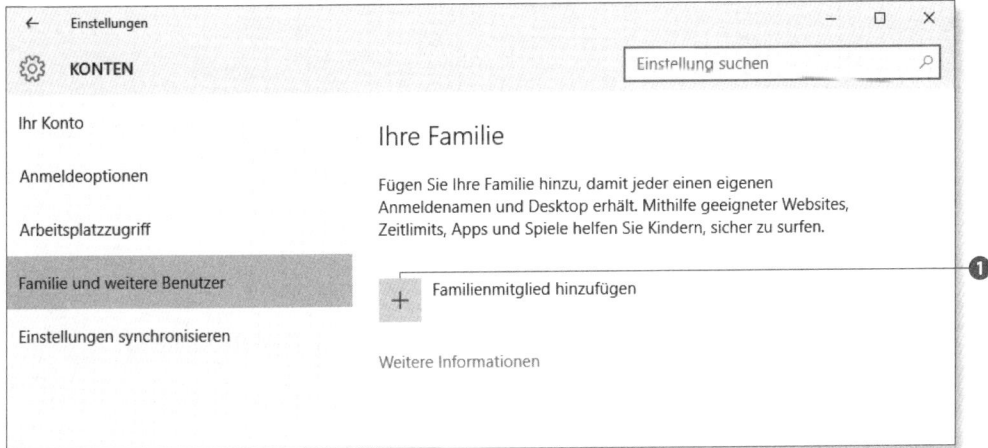

3 Aktivieren Sie im daraufhin erscheinenden Dialog das Optionsfeld **Kind hinzufügen** (siehe die obere Abbildung auf der folgenden Seite).

4 Wenn Sie für Ihr Kind ein bestehendes Microsoft-Konto verwenden wollen, geben Sie dessen E-Mail-Adresse in das Textfeld ❷ ein. Klicken Sie anschließend auf **Weiter**.

Klicken Sie stattdessen auf die Verknüpfung **Die Person, die ich hinzufügen möchte, besitzt keine E-Mail-Adresse** ❸, wenn für Ihr Kind noch kein Microsoft-Konto existiert.

Daraufhin erscheint das Formular **Erstellen Sie ein Konto**, mit dem Sie Ihr Kind für ein Microsoft-Konto registrieren können. Die dazu erforderlichen Schritte entsprechen denen ab Schritt 5 in Abschnitt 3.2, »So registrieren Sie sich für ein Microsoft-Konto«, ab Seite 93.

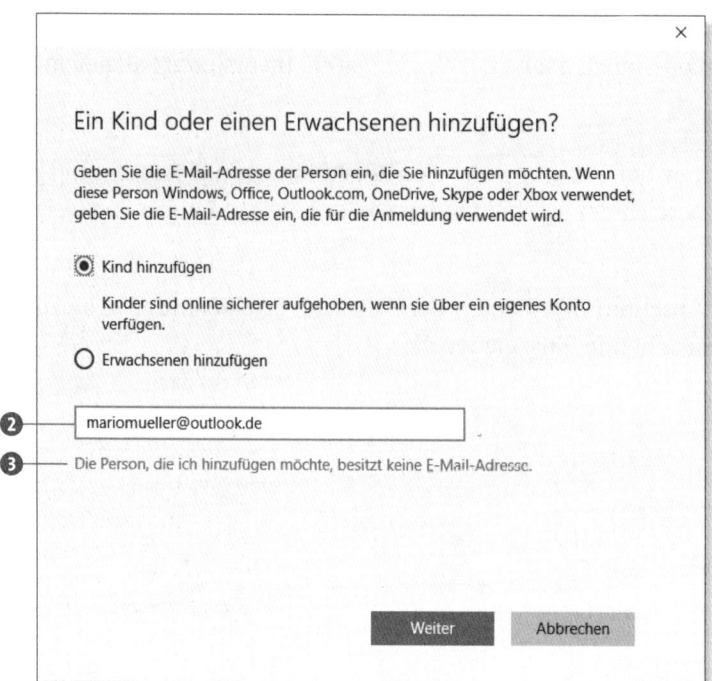

5 Bestätigen Sie die folgende Rückfrage per Klick auf die Schaltfläche ❹.

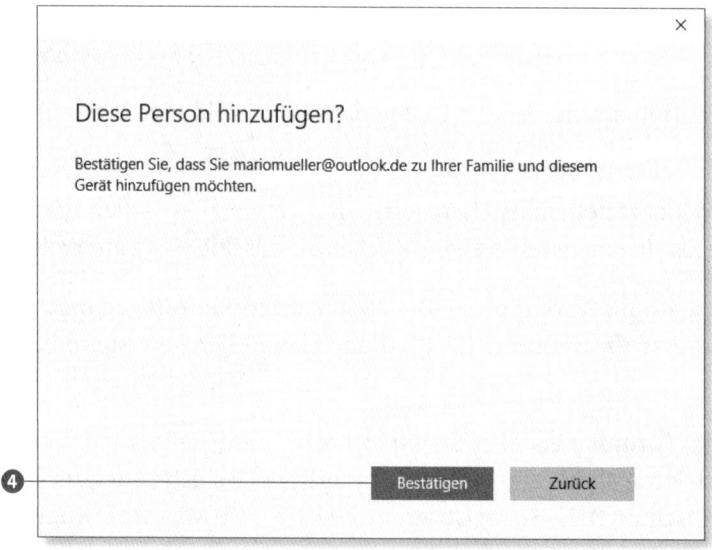

6 Microsoft sendet nun eine Einladung an Ihr Kind, die es bestätigen muss. Klicken Sie auf **Schließen**, um den Dialog zu beenden.

Die hinzugefügten Familienmitglieder erscheinen in den Einstellungen auf der Seite **Konten/Familie und weitere Benutzer** im Abschnitt **Ihre Familie** sowie auch in der Systemsteuerung auf der Seite **Konten verwalten**.

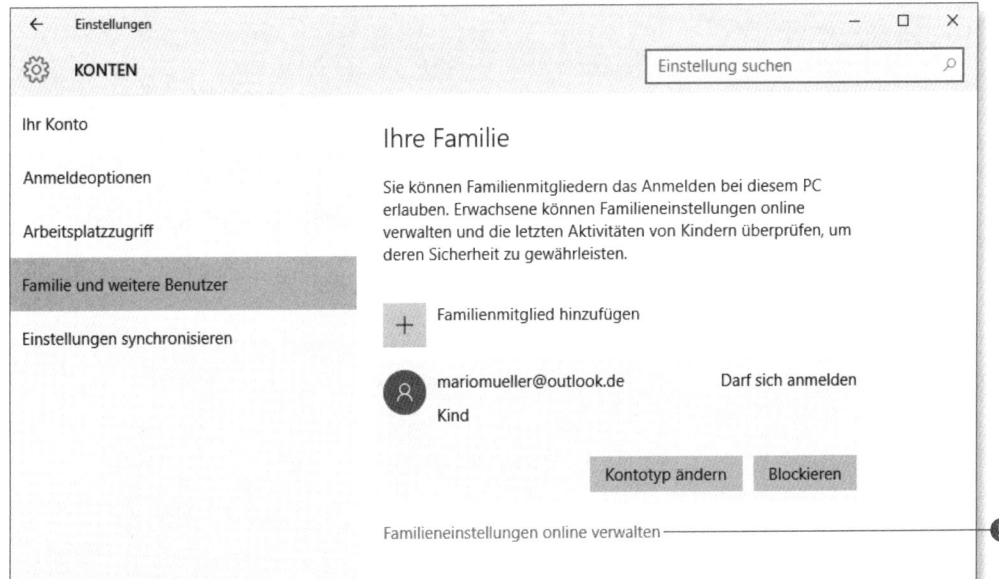

Abbildung 3.12 Die Seite »Familie und weitere Benutzer« mit dem neu hinzugefügten Familienmitglied

3.11 Family-Safety-Einstellungen festlegen

Auf der Seite **Familie und weitere Benutzer** können Sie über die Verknüpfung **Familieneinstellungen online verwalten** (**5** in Abbildung 3.12 auf Seite 137) die Konfigurationseinstellungen für Family Safety aufrufen. Auf der erscheinenden Webseite können Sie z. B. die Internetseiten, die Ihre Kinder besuchen oder nicht besuchen dürfen, oder die Benutzungszeiten für den Computer festlegen. In gleicher Weise können Sie sich über die Aktivitäten Ihrer Kinder informieren und das Installieren von Apps aus dem Windows Store, die nicht der Altersfreigabe entsprechen, verhindern. Wenn Sie sich z. B. sorgen, dass Ihre Kinder während ihrer Abwesenheit zu viel Zeit am Computer verbringen, können Sie entsprechende Zeitlimits für die Nutzung des PCs folgendermaßen einrichten:

1 Klicken Sie in den Einstellungen auf der Seite **Familie und weitere Benutzer** im Abschnitt **Ihre Familie** auf die Verknüpfung **Familieneinstellungen online verwalten**.

2 Klicken Sie auf der erscheinenden Webseite (*https://account.microsoft.com/family*) unter **Ihre Familie** auf das Konto, für das Sie die Einstellungen konfigurieren wollen.

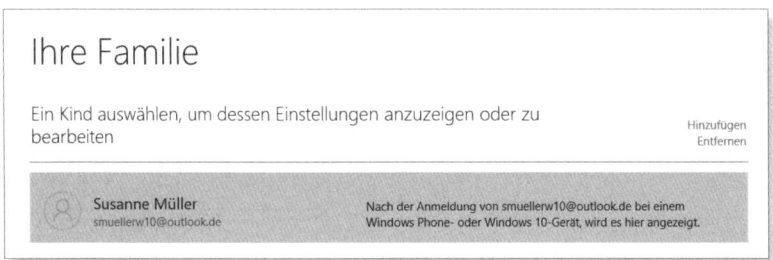

3 Klicken Sie auf der Folgeseite im linken Bereich auf **Computerzeit** **1**.

Alternativ können Sie im rechten Bereich im gleichnamigen Abschnitt auf die Verknüpfung **Einstellungen** klicken.

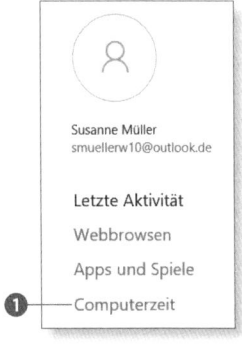

4 Stellen Sie den Schalter unterhalb von **Zeitlimits für die Gerätenutzung meines Kindes festlegen** auf **Ein**.

Computerzeit

Zeitlimits für die Gerätenutzung meines Kinds festlegen

⬤ Ein

Gilt für:

🖥 Windows 10-PC

5 Stellen Sie in den Listenfeldern des Wochenplans die Zeiten, in denen Sie Ihrem Kind die Nutzung des Computers erlauben wollen, ein. Zusätzlich können Sie in den Feldern **Maximale Zeit pro Gerät** für die jeweiligen Tage eine maximale Stundenzahl angeben.

Zeiten auswählen, zu denen Susanne Müller Geräte verwenden darf

	Um	Bis spätestens	Maximale Zeit pro Gerät
Sonntag	09:00	22:00	4 Stunden pro Tag
Montag	15:30	20:00	3 Stunden pro Tag
Dienstag	14:30	20:00	3 Stunden pro Tag
Mittwoch	15:00	20:00	3 Stunden pro Tag
Donnerstag	15:00	20:00	3 Stunden pro Tag
Freitag	15:00	21:00	4 Stunden pro Tag
Samstag	09:00	22:00	Unbegrenzt

6 Danach können Sie die Webseite schließen, wenn Sie keine weiteren Einstellungen vornehmen wollen. Die geänderten Einstellungen werden sofort übernommen, Sie brauchen sie nicht zu bestätigen.

Unabhängig davon, welche Family-Safety-Einstellungen für ein Kind getroffen sind, können Sie das Benutzerkonto vorübergehend oder auf Dauer blockieren:

1 Klicken Sie in den Einstellungen auf der Seite **Familie und weitere Benutzer** auf das Familienmitglied, dessen Benutzerkonto Sie blockieren wollen.

2 Daraufhin erscheinen die Schaltflächen **Kontotyp ändern** und **Blockieren**. Klicken Sie auf die Schaltfläche **Blockieren**.

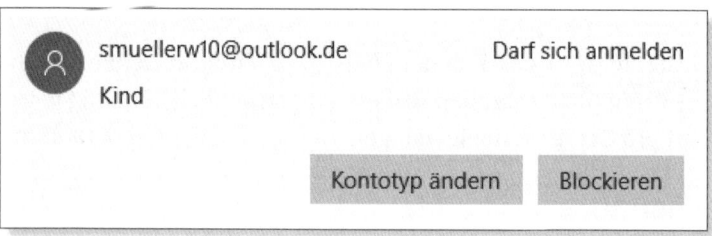

3 Klicken Sie zur Bestätigung im erscheinenden Dialogfeld ebenfalls auf **Blockieren**.

Danach kann sich das Kind am Computer nicht mehr anmelden, so lange, bis Sie es wieder zulassen. Es muss sich im Übrigen nicht unbedingt um Kinder handeln.

Als Administrator können Sie das Konto eines hinzugefügten erwachsenen Familienmitglieds in gleicher Weise blockieren.

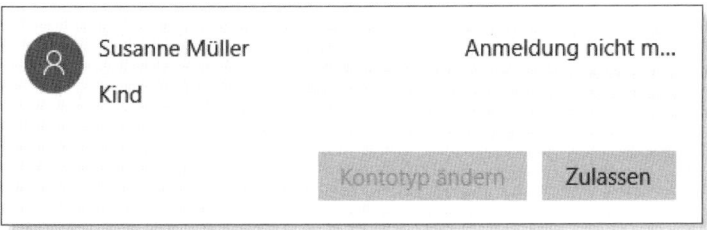

Abbildung 3.13 Klicken Sie bei einem blockierten Familienmitglied auf die Schaltfläche »Zulassen«, wenn Sie die Benutzung des PCs wieder gestatten wollen.

3.12 Die Benutzerkonten von Familienmitgliedern entfernen

Wenn Sie irgendwann die Benutzerkonten von hinzugefügten Familienmitgliedern (Kindern oder Erwachsenen) entfernen wollen, können Sie dies entweder unter *https://account.microsoft.com/family* oder in der Systemsteuerung tun. In den Einstellungen gibt es bis dato jedoch keine entsprechende Option.

Auf der Microsoft-Webseite *https://account.microsoft.com/family*, die in den Einstellungen auf der Seite **Familie und weitere Benutzer** über die Verknüpfung **Familieneinstellungen online verwalten** aufgerufen werden kann, funktioniert es folgendermaßen:

1 Sie klicken zunächst unterhalb von **Ihre Familie** auf die Verknüpfung **Entfernen** ❶.

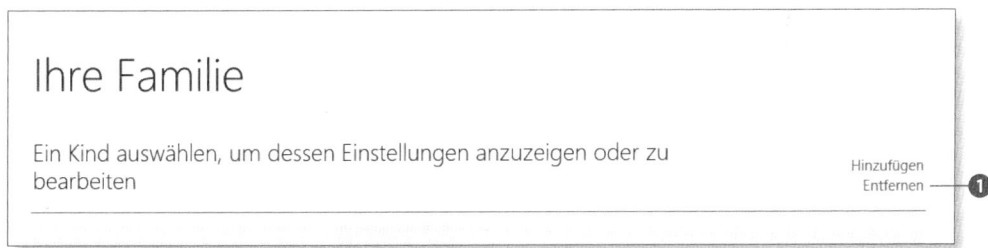

2 Erst danach wählen Sie das zu entfernende Familienmitglied aus, indem Sie in den entsprechenden Abschnitt klicken ❷.

3 Klicken Sie auf die Schaltfläche **Entfernen** ❸.

In der Systemsteuerung können Sie das Benutzerkonto eines Familienmitgliedes in bekannter Weise entfernen:

1 Rufen Sie die Dialogseite **Konten verwalten ▶ Zu ändernden Benutzer auswählen** auf.

2 Klicken Sie auf das zu entfernende Familienmitglied.

3 Es erscheint die Dialogseite **Konto ändern**. Klicken Sie hier auf die Verknüpfung **Konto löschen ❹**.

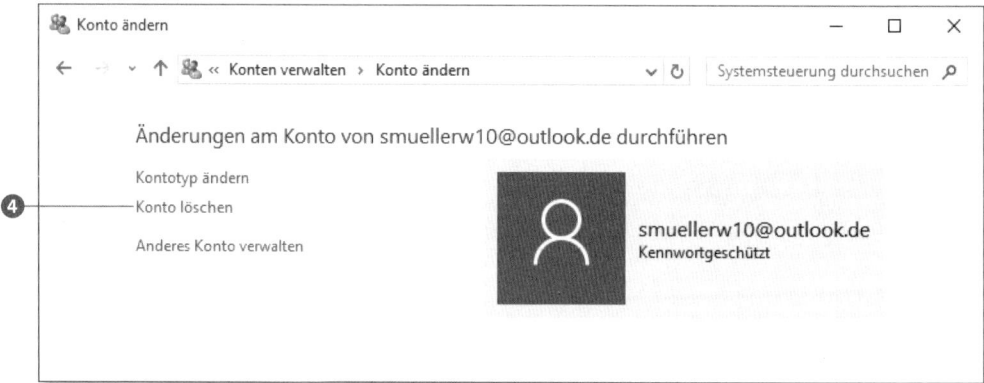

4 Klicken Sie auf die Schaltfläche **Dateien behalten**, wenn Sie die persönlichen Dateien des Benutzers behalten wollen. Andernfalls – wenn Sie die persönlichen Dateien ebenfalls löschen wollen – klicken Sie auf die Schaltfläche **Dateien löschen**.

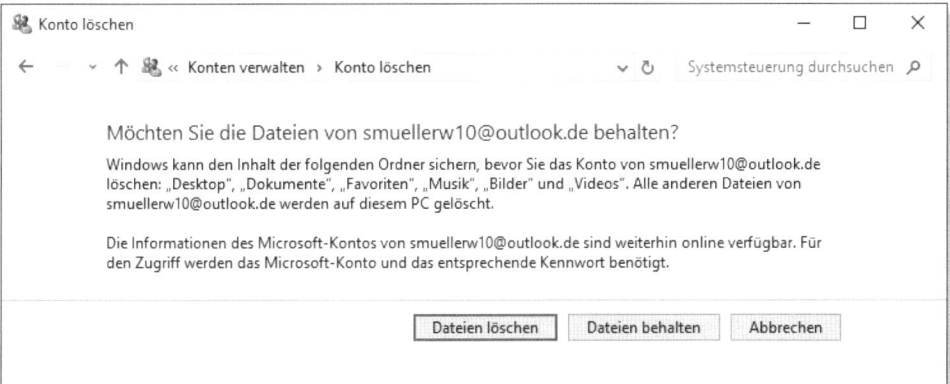

3.13   Benutzerkonto für zugewiesenen Zugriff einrichten

Unter Windows 10 kann der Computer im sogenannten Kiosk-Modus betrieben werden. Der Name leitet sich aus dem Zweck ab – der Kiosk-Modus ist meist für die öffentliche Benutzung vorgesehen, bei der dem Publikum nur eine einzige App zur Verfügung stehen soll. Denkbar ist z. B. der Einsatz an öffentlichen Informationsterminals oder in Geschäften, in denen wechselnden Kunden am Computer nur eine ganz bestimmte App – möglicherweise mit Serviceinhalten oder Produktinformationen – zugänglich sein soll. Bei Bedarf können Sie ein Benutzerkonto für zugewiesenen Zugriff folgendermaßen einrichten:

1 Legen Sie ein neues lokales Benutzerkonto auf dem Computer an. Melden Sie sich also mit einem Administratorkonto am Computer an und führen Sie die in Abschnitt 3.4.2, »Ein lokales Benutzerkonto anlegen«, ab Seite 106 beschriebenen Schritte durch.

Sie sollten das Konto auf jeden Fall mit einem Kennwort versehen. Ansonsten kann es passieren, dass nach Betrieb des Kiosk-Modus der Anmeldebildschirm beim Starten des Computers nicht sofort, sondern erst nach fünfmaligem Drücken der Windows-Taste (!) erreichbar ist (siehe dazu den Infokasten »Wie kann der Kiosk-Modus beendet werden?« auf Seite 144).

Beachten Sie, dass für den zugewiesenen Zugriff kein Konto mit Administratorrechten verwendet werden kann. Lokale Konten werden jedoch automatisch als Standardbenutzer angelegt. Ändern Sie gegebenenfalls den Kontotyp, wenn Sie ein bereits bestehendes lokales Konto verwenden wollen (siehe dazu den Abschnitt 3.5, »Vom Standardbenutzer zum Administrator und umgekehrt«, ab Seite 109).

2 Melden Sie sich zumindest einmal mit dem neu angelegten Benutzerkonto an, damit die Apps für dieses Konto installiert werden.

3 Öffnen Sie unter Ihrem Administratorkonto die Einstellungen. Klicken Sie auf **Konten** und danach auf **Familie und weitere Benutzer**.

4 Klicken Sie im Abschnitt **Weitere Benutzer** des rechten Bereichs auf die Verknüpfung **Zugewiesenen Zugriff einrichten** ❶.

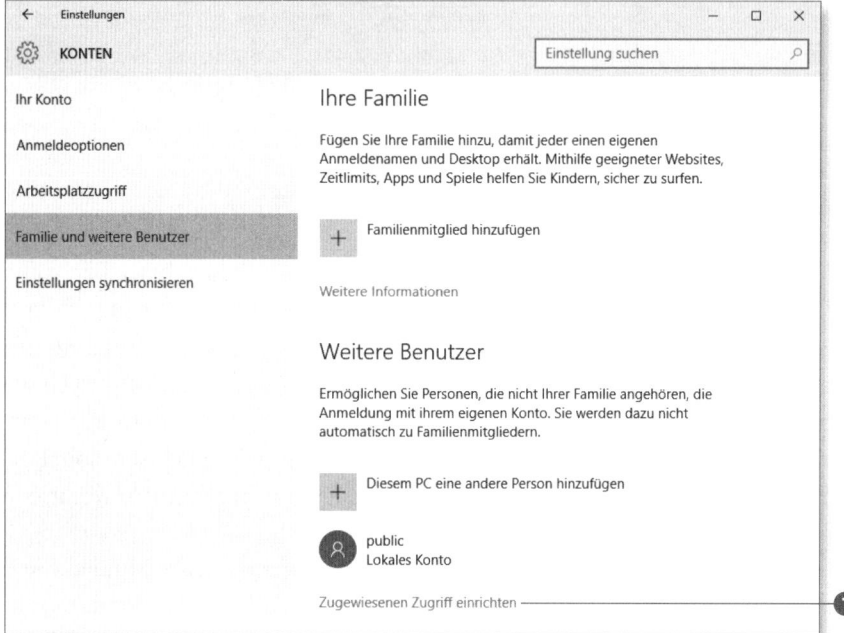

INFO

Wie kann der Kiosk-Modus beendet werden?

Innerhalb der zugewiesenen App können weder das Startmenü noch die Einstellungen geöffnet werden und auch der Desktop ist nicht zu sehen. Auch das kleine Menü, das per Rechtsklick auf das Windows-Symbol oder durch Drücken von ⊞ + X geöffnet werden kann, ist unter dem Konto für zugewiesenen Zugriff nicht verfügbar. Dementsprechend kann ein Benutzer unter diesem Konto auf üblichem Wege den Computer nicht herunterfahren oder sich abmelden. Eine Möglichkeit muss es natürlich – abgesehen vom Drücken des Netzschalters – dennoch geben: Drücken Sie Strg + Alt + Entf, um sich abzumelden. Danach können Sie sich gegebenenfalls mit einem anderen Benutzerkonto am Computer anmelden oder den Computer sogleich herunterfahren.

5 Klicken Sie auf der erscheinenden Seite ZUGEWIESENEN ZUGRIFF EINRICHTEN auf **Konto auswählen** bzw. auf das nebenstehende Pluszeichen.

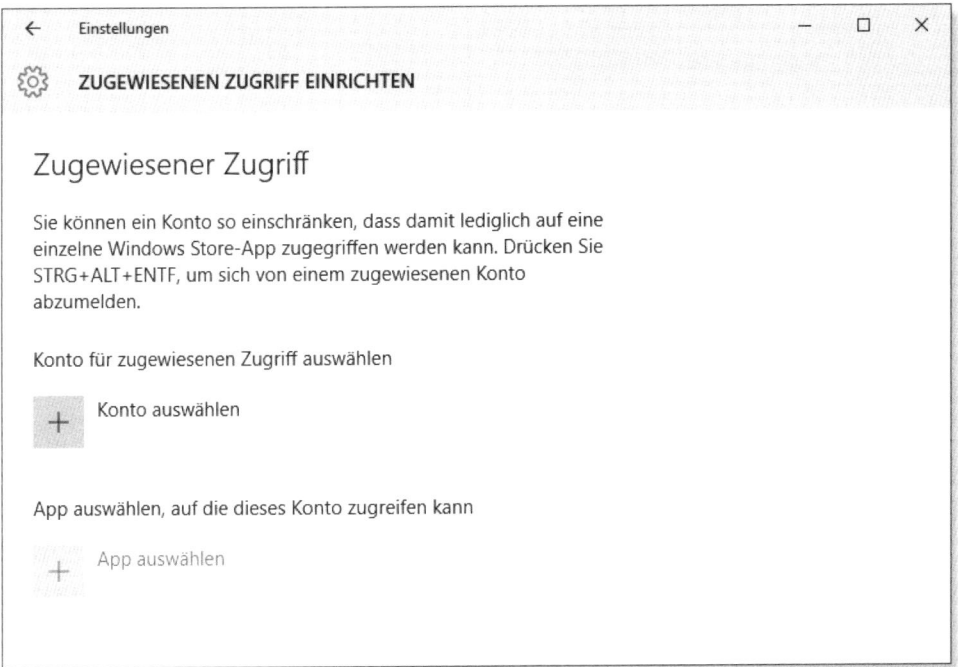

6 Wählen Sie im aufklappenden Popup-Fenster das Benutzerkonto aus, für das Sie den zugewiesenen Zugriff festlegen wollen. Dieses enthält nur solche Konten, die dafür infrage kommen.

7 Klicken Sie jetzt auf **App auswählen**. Wählen Sie im erscheinenden Popup-Fenster die App aus, die unter dem Konto für zugewiesenen Zugriff verwendet werden soll.

Es besteht die Einschränkung, dass nur Windows-Store-Apps angeboten werden. Klassische Desktopprogramme können im Kiosk-Modus nicht genutzt werden.

Damit ist der zugewiesene Zugriff für das zuvor ausgewählte Benutzerkonto auch schon eingerichtet. Nach dem nächsten Neustart können Sie den Computer im Kiosk-Modus betreiben, wenn Sie sich unter dem Benutzerkonto, für das Sie den zugewiesenen Zugriff festgelegt haben, anmelden.

Während des Betriebs unter dem Konto für zugewiesenen Zugriff können Benutzer am Betriebssystem keinerlei Veränderungen durchführen. Vielmehr sehen die Anwender allein die Oberfläche der dem Konto zugewiesenen App. Diese startet nach der Anmeldung automatisch.

Genauso einfach, wie er eingerichtet ist, können Sie den zugewiesenen Zugriff auch wieder deaktivieren, wenn Sie ihn nicht mehr benötigen. Klicken Sie dazu in den Einstellungen auf der Seite **Konten/Familie und weitere Benutzer** erneut auf die Verknüpfung **Zugewiesenen Zugriff einrichten**. Klicken Sie anschließend unterhalb von **Konto für zugewiesenen Zugriff auswählen** auf das festgelegte Konto ❶ und im erscheinenden Popup-Fenster auf **Keinen zugewiesenen Zugriff verwenden** ❷. Das Benutzerkonto als solches bleibt dabei natürlich erhalten. Sie können es wieder wie zuvor mit den Rechten eines Standardbenutzers und mit Zugriff auf alle installierten Apps und Programme verwenden.

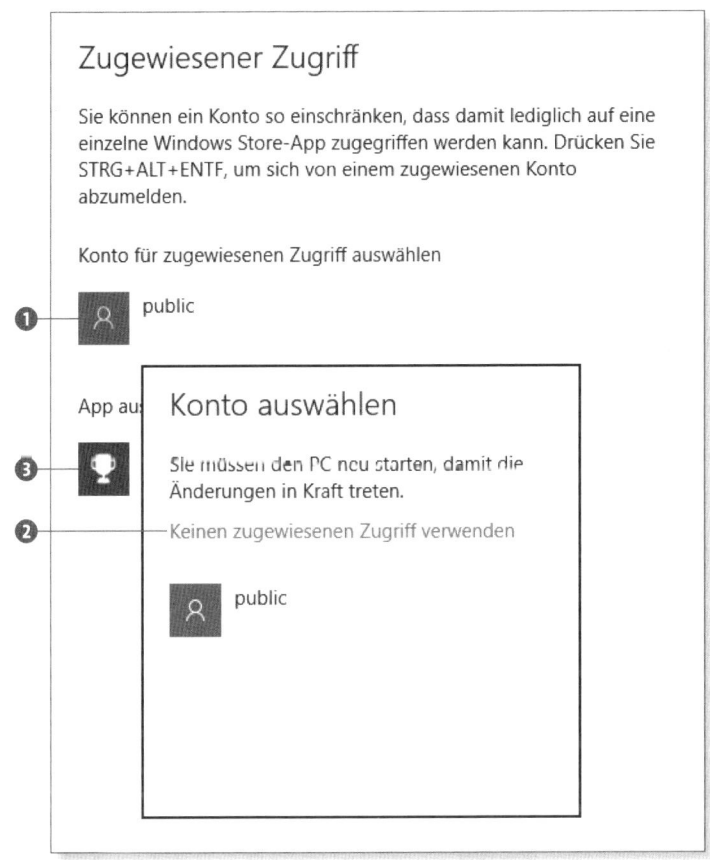

Abbildung 3.14 Sie können das Konto für zugewiesenen Zugriff jederzeit wieder deaktivieren oder eine andere App zur Benutzung festlegen.

Möchten Sie das Konto für zugewiesenen Zugriff nicht deaktivieren, sondern ihm eine andere App für die Benutzung zuweisen, klicken Sie auf der Seite **ZUGEWIESENEN ZUGRIFF EINRICHTEN** auf die aktuell verwendete App ❸ und wählen im erscheinenden Popup-Fenster die gewünschte App aus.

3.14   Den »Superadmin« aktivieren

Bei der Installation von Windows 10 wird eigentlich noch ein zweites, ganz besonderes Administratorkonto automatisch angelegt, das aber in der Benutzeroberfläche zunächst an keiner Stelle in Erscheinung tritt – ein Eintrag für dieses Konto findet sich nach der Installation von Windows 10 weder in den Einstellungen noch in der Systemsteuerung.

Tatsächlich handelt es sich um ein besonders privilegiertes Benutzerkonto, das standard-mäßig deaktiviert und versteckt ist. Es unterliegt keinerlei Beschränkungen, auch nicht der Kontrolle der Benutzerkontensteuerung. Das Konto hat den Namen *Administrator* (dieser Begriff bezeichnet im Zusammenhang mit diesem Konto nicht etwa den Kontotyp wie sonst, wenn man von einem Administratorkonto redet, sondern eben das Konto selbst).

Obwohl ein gewöhnliches Administratorkonto im Allgemeinen für nahezu alle Aufga-ben ausreicht, kann es doch Gründe geben, das Benutzerkonto *Administrator* zu akti-vieren – z. B. wenn es Ihnen unter Ihrem Microsoft-Konto oder einem lokalen Adminis-tratorkonto partout nicht gelingen will, ein bestimmtes Programm zu deinstallieren. Es gibt zwei Methoden, das Benutzerkonto *Administrator* zu aktivieren: über einen Befehl in der Eingabeaufforderung oder in der lokalen Benutzerverwaltung. Während den An-wendern von Windows 10 Pro beide Optionen zur Verfügung stehen, müssen Anwender von Windows 10 Home mit der Eingabeaufforderung vorliebnehmen.

Hier die Methode über die Eingabeaufforderung:

1 Starten Sie die Eingabeaufforderung als Administrator. Klicken Sie dazu in der Task-leiste mit der rechten Maustaste auf das Windows-Symbol und wählen Sie **Einga-beaufforderung (Administrator)** im erscheinenden Kontextmenü. Bestätigen Sie im Weiteren die Sicherheitsmeldung der Benutzerkontensteuerung mit **Ja**.

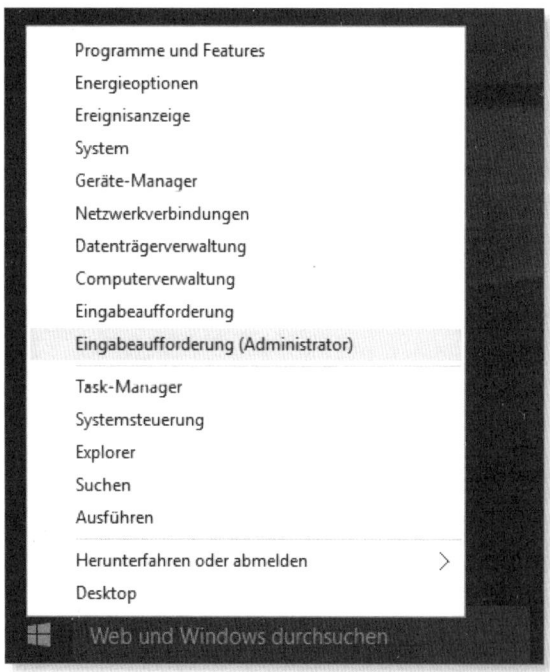

2 Geben Sie auf der Befehlszeile der Eingabeaufforderung den Befehl `net user ad-ministrator /active` ein und drücken Sie [↵].

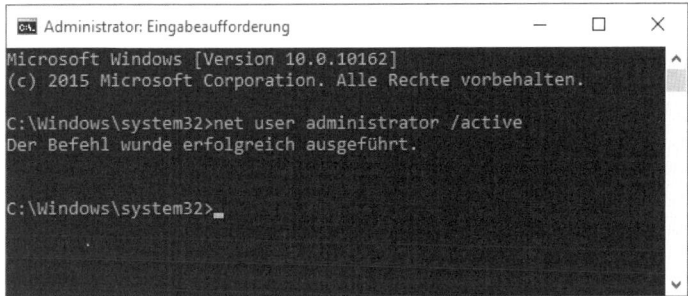

Wenn danach die Meldung **Der Befehl wurde erfolgreich ausgeführt**. erscheint, war die Aktivierung des Benutzerkontos *Administrator* erfolgreich.

Hier noch die alternative Methode, das Benutzerkonto *Administrator* zu aktivieren:

1 Klicken Sie in der Taskleiste mit der rechten Maustaste auf das Windows-Symbol und wählen Sie **Computerverwaltung** im erscheinenden Kontextmenü.

2 Klicken Sie im linken Bereich der Computerverwaltung auf **Lokale Benutzer und Gruppen** und anschließend im rechten Bereich doppelt auf **Benutzer**. Alternativ erweitern Sie im linken Bereich den Knoten neben **Lokale Benutzer und Gruppen** und klicken dort einmal auf **Benutzer**.

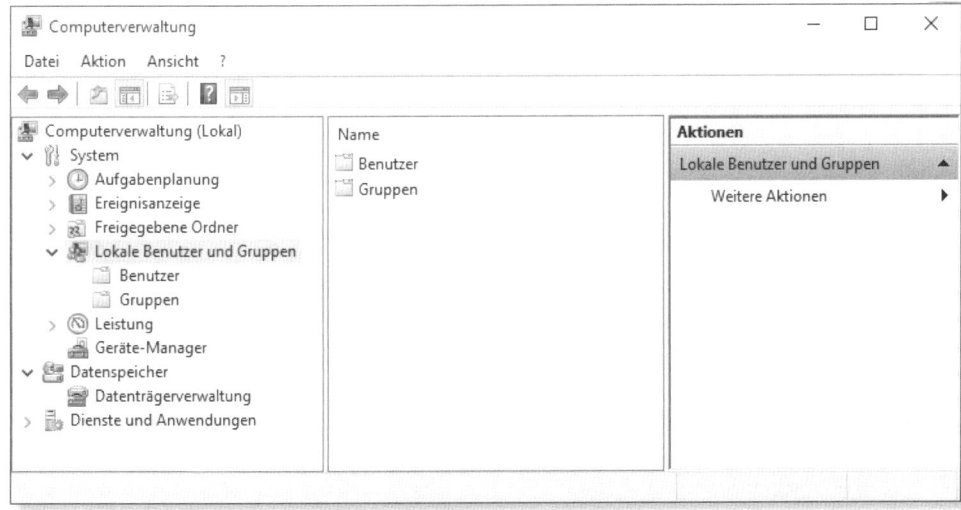

3 Klicken Sie im rechten Bereich mit der rechten Maustaste auf das Konto **Adminis-trator (Beschreibung: Vordefiniertes Konto für die Verwaltung des Computers bzw. der Domäne)** und wählen Sie **Eigenschaften** im erscheinenden Kontextmenü.

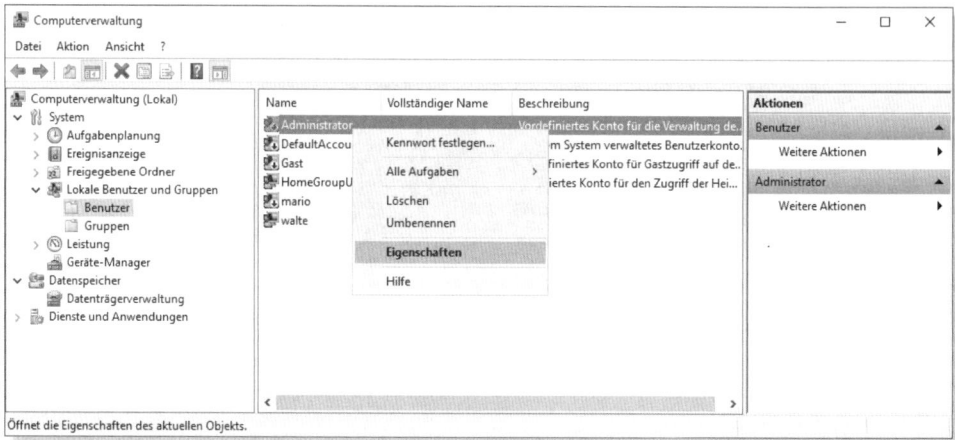

4 Entfernen Sie im erscheinenden Dialogfeld **Eigenschaften von Administrator** auf der Registerkarte **Allgemein** das Häkchen neben **Konto ist deaktiviert** ❶ und klicken Sie anschließend auf die **OK**-Schaltfläche. Das Konto *Administrator* ist nun aktiviert, so-dass Sie das Dialogfeld der Computerverwaltung ebenfalls schließen können.

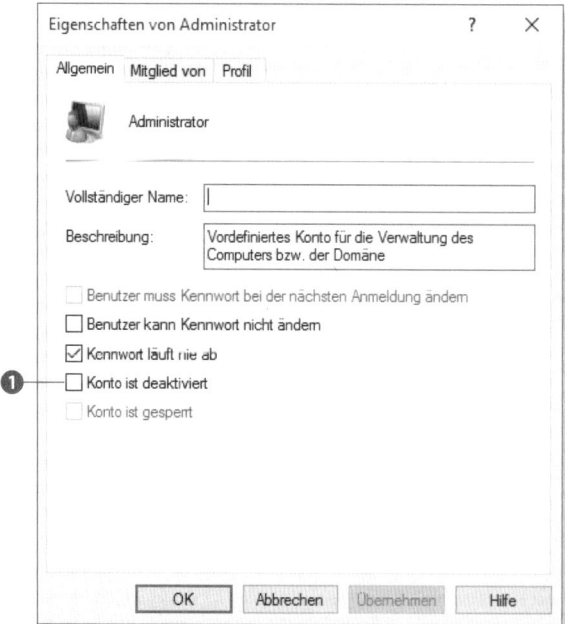

Nachdem Sie mittels einer der beiden gezeigten Methoden das Benutzerkonto *Administrator* aktiviert haben, können Sie sich in der nächsten Sitzung oder indem Sie den Benutzer wechseln, unter diesem Konto am Computer anmelden. Eines sollten Sie allerdings noch tun, nämlich ein Kennwort für dieses Konto vergeben. Schließlich handelt es sich um ein besonders sensibles, sprich gefährliches Benutzerkonto, da es, wie gesagt, nicht einmal der Kontrolle der Benutzerkontensteuerung unterliegt:

1 Klicken Sie in der Taskleiste mit der rechten Maustaste auf das Windows-Symbol und wählen Sie **Systemsteuerung** im erscheinenden Kontextmenü.

2 Klicken Sie auf der Startseite der Systemsteuerung unterhalb des Kategorienamens **Benutzerkonten** auf die Verknüpfung **Kontotyp ändern**.

3 Klicken Sie auf der Dialogseite **Konten verwalten/Zu ändernden Benutzer auswählen** auf das Konto **Administrator**.

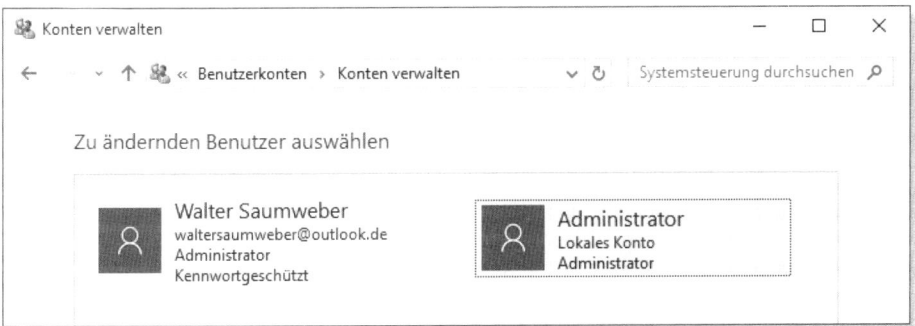

4 Klicken Sie auf der nächsten Seite **Änderungen am Konto von Administrator durchführen** auf die Verknüpfung **Kennwort erstellen**.

5 Geben Sie auf der Dialogseite **Kennwort für das Konto von Administrator erstellen** in das erste und noch einmal zur Bestätigung in das zweite Feld das gewünschte Kennwort für das Benutzerkonto *Administrator* ein.

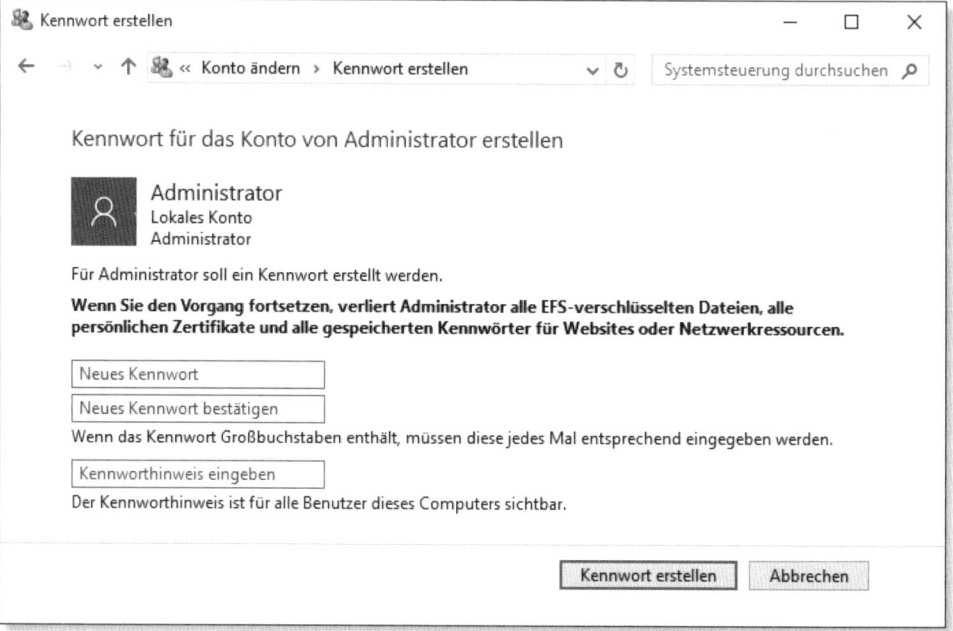

6 Geben Sie im untersten Feld als Gedächtnisstütze gegebenenfalls einen beliebigen Kennworthinweis ein. Die Angabe eines Kennworthinweises ist hier jedoch optional, Sie können dieses Feld also auch leer lassen (wie bereits erwähnt, stellt ein Kennworthinweis auch ein gewisses Sicherheitsrisiko dar). Klicken Sie unten auf die Schaltfläche **Kennwort erstellen**, um das Kennwort für das Benutzerkonto *Administrator* zu erstellen.

INFO

So können Sie das Konto »Administrator« wieder deaktivieren

Wenn Sie den »Superadministrator« einmal wieder deaktivieren wollen, stehen Ihnen – unabhängig davon, welche Methode Sie für die Aktivierung gewählt haben – ebenfalls zwei Methoden zur Verfügung. Entweder Sie verwenden auf der Befehlszeile der Eingabeaufforderung den Befehl `net user administrator /active:no` oder Sie aktivieren in der Computerverwaltung im Dialogfeld **Eigenschaften von Administrator** (siehe weiter oben auf Seite 150 die Abbildung zu Schritt 4) die Option **Konto ist deaktiviert** wieder, indem Sie davor ein Häkchen setzen. Beachten Sie, dass die Eingabeaufforderung mit Administratorrechten

gestartet werden muss, wenn Sie diese Methode wählen (Befehl **Eingabeaufforderung (Administrator)**, den Sie über das Kontextmenü des Windows-Symbols, also
per Rechtsklick auf das Symbol, aufrufen).

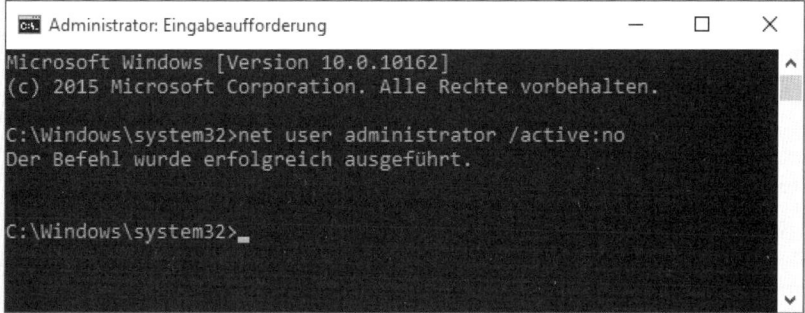

Abbildung 3.15 Sie können das Konto »Administrator« jederzeit wieder deaktivieren, indem
Sie in der Eingabeaufforderung den Befehl »net user administrator /active:no« absetzen.

TEIL II
Die neue Oberfläche

4   Windows 10 verwenden und individuell einrichten

Jeder Anwender erwartet, dass er sein Betriebssystem konfigurieren, das heißt nach seinen Wünschen einstellen kann. Dabei geht es nicht immer nur um funktionale Aspekte, sondern ebenso um das Aussehen. In diesem Kapitel erfahren Sie unter anderem, wie Sie das Startmenü konfigurieren, wie Sie Ihrem Benutzerkonto ein eigenes Profilbild hinzufügen oder wie Sie das Aussehen des Sperrbildschirms Ihrem eigenen Geschmack anpassen. Für den Desktophintergrund können Sie nicht nur zwischen vordefinierten Designs wählen, sondern auch eigene Designs definieren und dabei z. B. eine Diashow mit Ihren Fotos anzeigen.

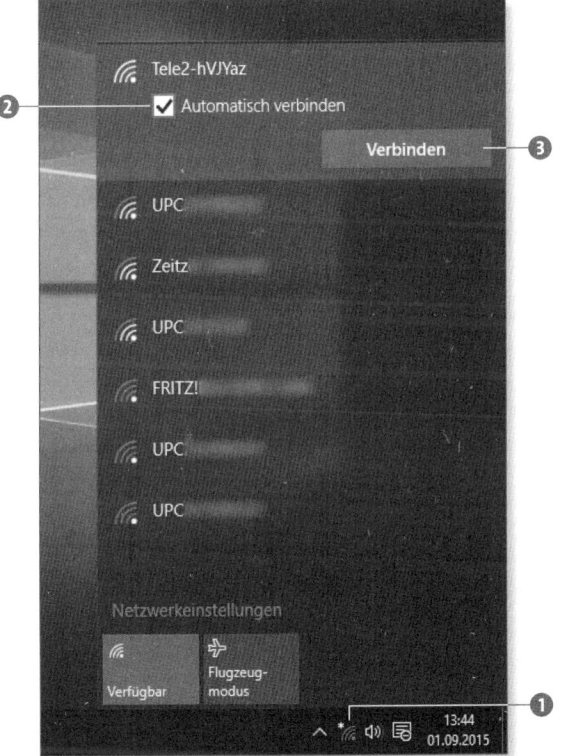

Abbildung 4.1 Über das Netzwerksymbol im Infobereich der Taskleiste können Sie sich mit dem Internet verbinden.

INFO

Internetverbindung herstellen

Falls Sie sich nicht bereits bei der Installation von Windows 10 mit dem Internet verbunden haben, können Sie dies über das Netzwerksymbol im Infobereich der Taskleiste ❶ nachholen (siehe Seite 157). Führen Sie dann die folgenden Schritte 1 bis 3 durch.

1 Klicken Sie das Symbol an und wählen Sie anschließend in der am rechten Bildschirmrand erscheinenden Leiste Ihr Netzwerk aus.

2 Aktivieren Sie die Option **Automatisch verbinden** ❷, wenn Sie möchten, dass Windows 10 die Verbindung automatisch herstellt, wenn Sie das nächste Mal Ihren Computer starten.

3 Klicken Sie schließlich auf die Schaltfläche **Verbinden** ❸, um die Internetverbindung herzustellen.

4.1 Optionen zum Beenden einer Computersitzung

Außer dem Herunterfahren des Computers gibt es zusätzliche Optionen, um eine Arbeitssitzung zu beenden oder zu unterbrechen. Sie können sich z. B. vom Computer abmelden, den Computer sperren, einen Neustart durchführen oder den Computer in einen Standbymodus versetzen. Die entsprechenden Befehle finden Sie im Startmenü. Um das Startmenü zu öffnen, klicken Sie auf das Symbol mit dem Windows-Logo, das sich am linken Ende der Taskleiste befindet ❹. Über die Symbolschaltfläche **Ein/Aus** ❺ können Sie den Computer herunterfahren, einen Neustart durchführen oder den Computer in den Energiesparmodus versetzen.

Abbildung 4.2 Optionen zur Symbolschaltfläche »Ein/Aus«

Das »kleine Startmenü«

Die Optionen **Abmelden, Energie sparen, Herunterfahren** und **Neu starten** finden
sich auch in dem Menü, das per Rechtsklick auf das Windows-Symbol geöffnet
werden kann (Menüpunkt **Herunterfahren oder abmelden**). Dieses Menü ist in
Windows 8 eingeführt und von Windows 10 praktisch unverändert übernommen
worden.

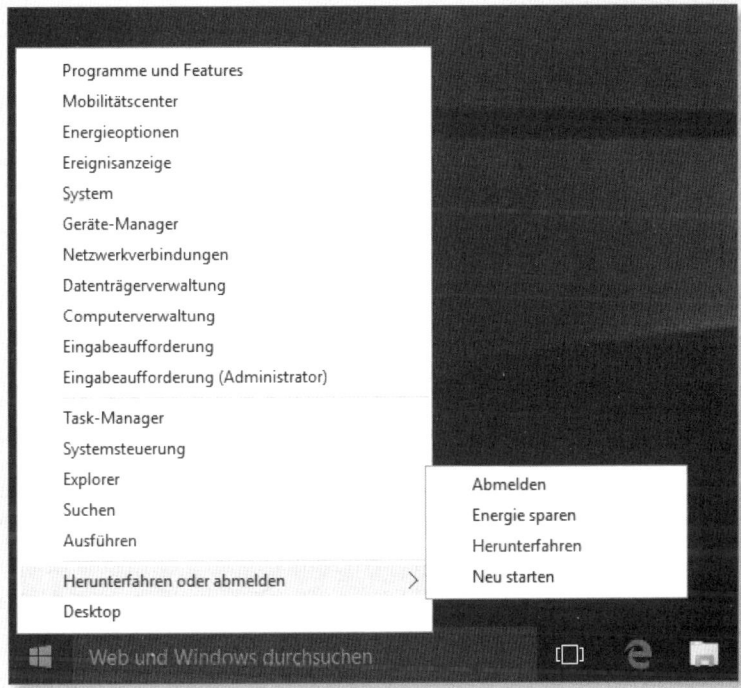

Abbildung 4.3 Das »kleine Startmenü« fasst besonders wichtige Optionen zusammen.

Statt per Rechtsklick auf das Windows-Symbol können Sie das »kleine Startmenü«
auch mit der Tastenkombination ⊞ + ⓧ öffnen.

Möchten Sie sich zwischenzeitlich vom Computer abmelden oder den Computer sperren, klicken Sie in der linken oberen Ecke des Startmenüs auf Ihren Benutzernamen
oder auf das nebenstehende Symbol (❶ auf Seite 160). Wenn auf dem Computer – wie
in Abbildung 4.4 der Fall – mehrere Benutzerkonten eingerichtet sind, enthält das erscheinende Popup-Fenster in einem zweiten Abschnitt Einträge für die anderen Benutzer. Um den Benutzer zu wechseln, brauchen Sie nur auf den entsprechenden Benutzernamen zu klicken. Windows meldet Sie daraufhin ab und die andere Person kann sich
anschließend am Computer anmelden.

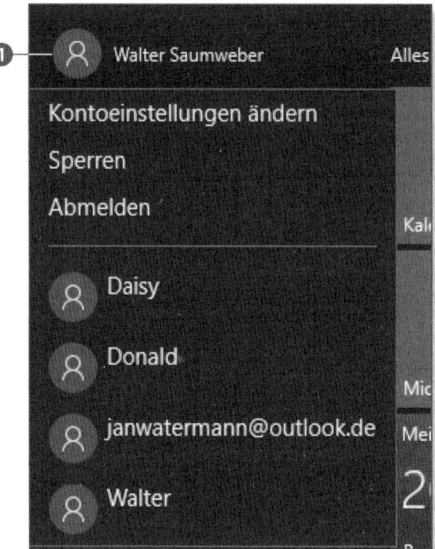

Abbildung 4.4 Optionen zum Unterbrechen einer Computersitzung

Hier eine kurze Beschreibung der zur Verfügung stehenden Optionen:

Neu starten fährt Ihren Computer herunter und startet ihn danach gleich wieder. Diese Option ist nützlich, wenn Sie Software installiert oder bestimmte Einstellungen verändert haben, die erst nach dem nächsten Start wirksam werden. Ein Neustart geht wesentlich schneller vonstatten, als wenn Sie den Computer herunterfahren und dann wieder hochfahren würden.

Ein wie oben beschrieben durchgeführter Benutzerwechsel unterbricht eine Sitzung, woraufhin der Anmeldebildschirm mit dem Konto des gewählten Benutzers erscheint. Dieser kann sich anmelden und zwischenzeitlich am Computer arbeiten. Trotz der Unterbrechung bleiben Sie beim Benutzerwechsel am Computer angemeldet. Windows speichert den Zustand von Programmen, die Sie geöffnet haben, im Arbeitsspeicher. Wenn Sie sich später wieder mit Ihrem Benutzerkonto am Computer authentifizieren, finden Sie die geöffneten Programme und Ihre Umgebung so vor, wie Sie sie zuvor verlassen haben. Allerdings sollten Sie bearbeitete Dokumente vor dem Benutzerwechsel trotzdem speichern, da die Gefahr besteht, dass andere Personen, die in der Zwischenzeit am Computer arbeiten, diesen – trotz erscheinender Warnmeldung (siehe Abbildung 4.5) – herunterfahren. Übrigens nutzt Windows Ihre Ruhepause eventuell, um anstehende Updates auf dem Computer zu installieren – natürlich nur dann, wenn gerade kein anderer Benutzer am Computer arbeitet. Dies gilt auch für das Sperren des Computers.

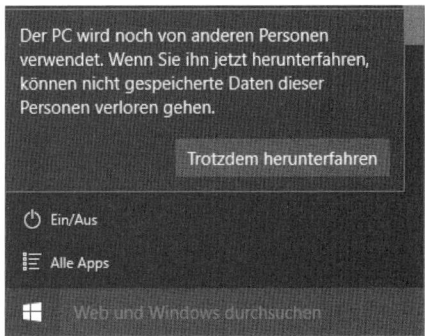

Abbildung 4.5 Diese Warnmeldung erscheint, wenn ein Benutzer den Computer herunterfahren will, während noch andere Benutzer am Computer angemeldet sind.

Die Option **Sperren** hat praktisch den gleichen Effekt wie ein Benutzerwechsel. Auch wenn der Computer gesperrt ist, können sich andere Benutzer zwischenzeitlich am Computer anmelden. Allerdings bietet Windows 10 auf dem Anmeldebildschirm, der nach dem Wegdrücken des Sperrbildschirms erscheint, zunächst einmal Ihr eigenes Benutzerkonto zum Anmelden an. Die anderen eingerichteten Konten erscheinen links unten auf dem Anmeldebildschirm.

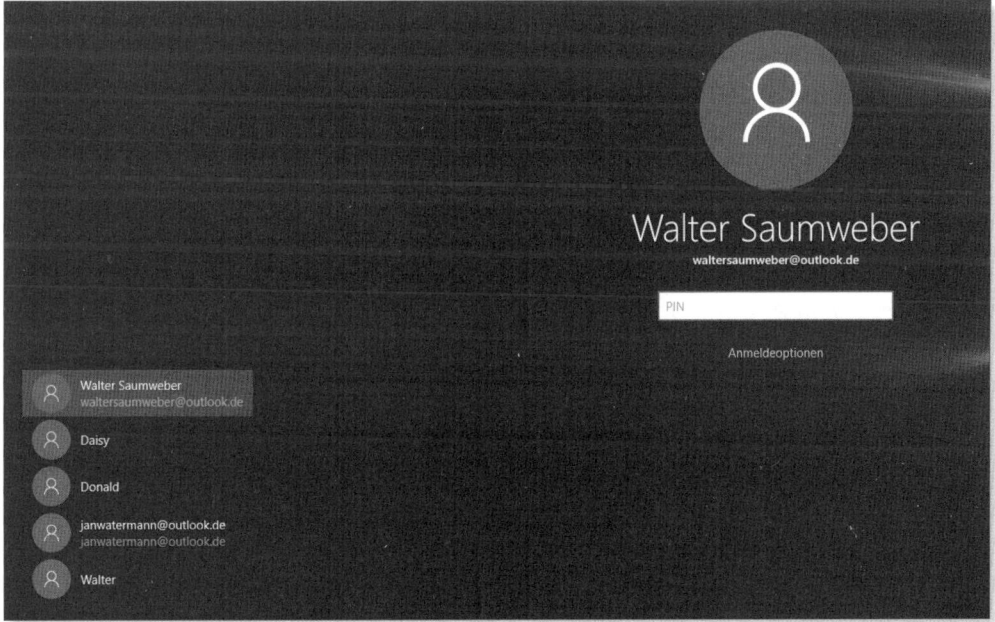

Abbildung 4.6 Beim Sperren des Computers erwartet Windows erst einmal nicht, dass zwischenzeitlich eine andere Person den Computer benutzen wird.

Der Befehl **Abmelden** beendet im Gegensatz zum Benutzerwechsel und dem Befehl **Sperren** alle laufenden Programme. Wenn Sie sich wieder am Computer anmelden, müssen Sie diese gegebenenfalls erneut starten.

Wenn Sie den Computer herunterfahren, ist alles klar: Sie möchten Ihre Sitzung fürs Erste beenden und den Computer abschalten, damit dieser keinen Strom mehr verbraucht. Wenn Sie aber die Absicht haben, nach einer gewissen Zeit wieder an den Computer zurückzukehren, können Sie Ihren Computer in einen Standbyzustand versetzen. Dieser hat zwei Vorteile: Der Computer präsentiert sich nach dem Wiedereinschalten so, wie Sie ihn zuvor verlassen haben (also genauso, als ob Sie den Computer sperren würden), dennoch ist der Energieverbrauch während der Standbyphase auf ein Minimum reduziert.

Für den Standbymodus gibt es grundsätzlich zwei Alternativen, den Energiesparmodus und den Ruhezustand. Windows 10 bevorzugt eindeutig den Energiesparmodus, denn der entsprechende Befehl ist unmittelbar im Startmenü erreichbar. Ein Befehl zum Versetzen des Computers in den Ruhezustand findet sich zunächst einmal nicht in der Benutzeroberfläche. Allerdings haben Sie die Möglichkeit, ihn nachträglich hinzuzufügen (siehe dazu den folgenden Abschnitt 4.2, »Den Ruhezustand im Startmenü verfügbar machen«, ab Seite 163). Außerdem können Sie bestimmte Aktionen – Betätigen des Ein-Aus-Schalters, Zuklappen des Notebook-Deckels – so konfigurieren, dass der Computer damit automatisch in den Ruhezustand versetzt wird (siehe dazu in Kapitel 2, »Einstellungen, die Sie sofort kennen sollten«, den Abschnitt 2.1, »Den Energiesparmodus als Standard festlegen«, ab Seite 57).

Zwischen dem Energiesparmodus und dem Ruhezustand bestehen folgende Unterschiede:

- Der **Ruhezustand** speichert die aktuelle Sitzung und schaltet den Computer praktisch komplett aus (von daher handelt es sich eigentlich nur bedingt um einen Standbymodus). Der Inhalt des Arbeitsspeichers wird zuvor auf die Festplatte kopiert. Nach dem Beenden des Ruhezustands – z.B. wenn der Anwender den Ein-Aus-Schalter am Computer drückt – werden die auf der Festplatte zwischengespeicherten Daten wieder zurück in den Arbeitsspeicher kopiert.

- Der **Energiesparmodus** ist dem Ruhezustand sehr ähnlich. Allerdings wird der Computer dabei nicht komplett abgeschaltet, sondern in einen Wartezustand (Standbymodus) versetzt. In diesem werden Bildschirm und Festplatte abgeschaltet, der Arbeitsspeicher jedoch weiter unter Strom gehalten. Das bedeutet allerdings auch, dass im Falle einer Unterbrechung der Stromversorgung die Gefahr besteht, dass Informationen verloren gehen. Speichern Sie daher Ihre begonnenen Arbeiten, bevor Sie in den Energiesparmodus wechseln. Der Standbymodus bietet den Vorteil, dass sich der Computer sehr schnell wieder anschalten lässt.

INFO

Dialogfeld »Windows herunterfahren«

Die meisten der oben genannten Optionen sind übrigens noch an einer weiteren Stelle verfügbar. Wenn Sie den Desktophintergrund vor sich haben und die Tastenkombination Alt + F4 drücken, erscheint das Dialogfeld, das in Abbildung 4.7 zu sehen ist. Im Listenfeld ist die Option zum Herunterfahren voreingestellt. Wenn Sie das Listenfeld öffnen, können Sie außerdem einen der Befehle **Abmelden**, **Energie sparen**, **Neu starten** oder **Benutzer wechseln** wählen. Der Befehl **Benutzer wechseln** meldet den aktuellen Benutzer ab und zeigt danach den Anmeldebildschirm.

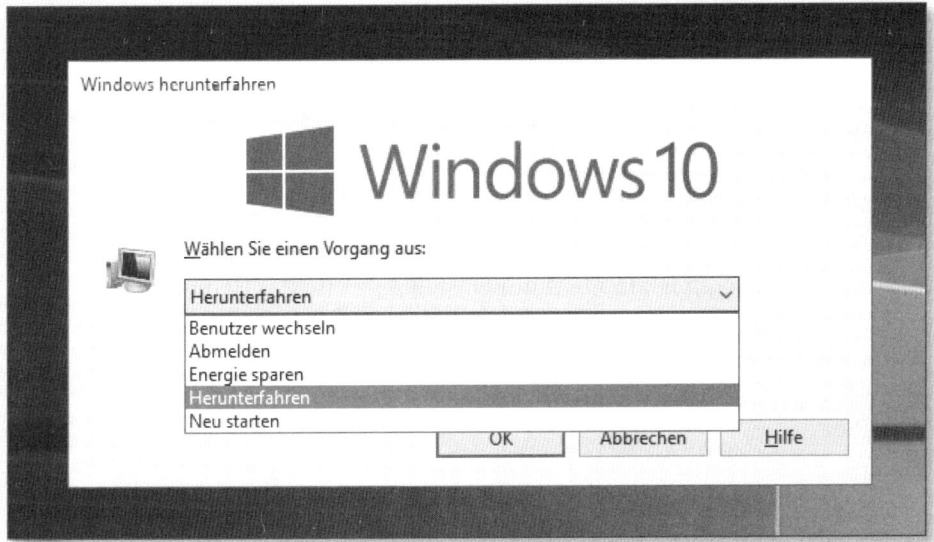

Abbildung 4.7 Dialogfeld, das auf dem Desktop nach Drücken von Alt + F4 erscheint.

4.2   Den Ruhezustand im Startmenü verfügbar machen

Führen Sie gegebenenfalls folgende Schritte durch, um die oben genannten Menüs um eine Option zum Versetzen des Computers in den Ruhezustand zu erweitern:

1 Klicken Sie in der Taskleiste mit der rechten Maustaste auf das Windows-Symbol oder drücken Sie ⊞ + X und wählen Sie **Energieoptionen** im erscheinenden Menü.

2 Klicken Sie im linken Bereich der Dialogseite **Energieoptionen** auf die Verknüpfung **Kennwort bei Reaktivierung anfordern**. Alternativ können Sie auch die Verknüpfungen **Auswählen, was beim Drücken von Netzschaltern geschehen soll** oder bei Laptops **Auswählen, was beim Zuklappen des Computers geschehen soll** anklicken. Die Verknüpfungen führen alle zur gleichen Dialogseite.

3 Klicken Sie auf der Dialogseite **Verhalten des Netzschalters definieren und Kennwortschutz einschalten** auf die Verknüpfung **Einige Einstellungen sind momentan nicht verfügbar ❶**.

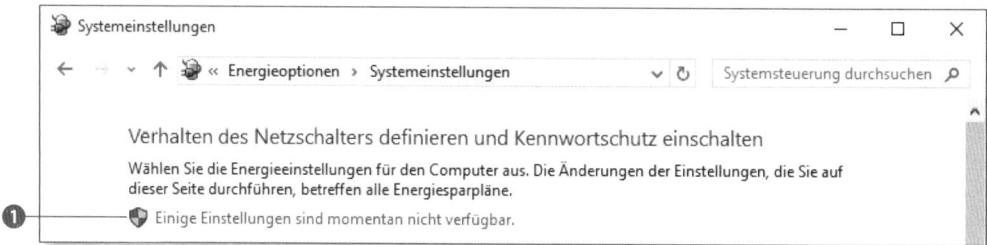

4 Aktivieren Sie im untersten Abschnitt **Einstellungen für das Herunterfahren** das Kontrollkästchen neben **Ruhezustand ❷**. Klicken Sie anschließend auf die Schaltfläche **Änderungen speichern**.

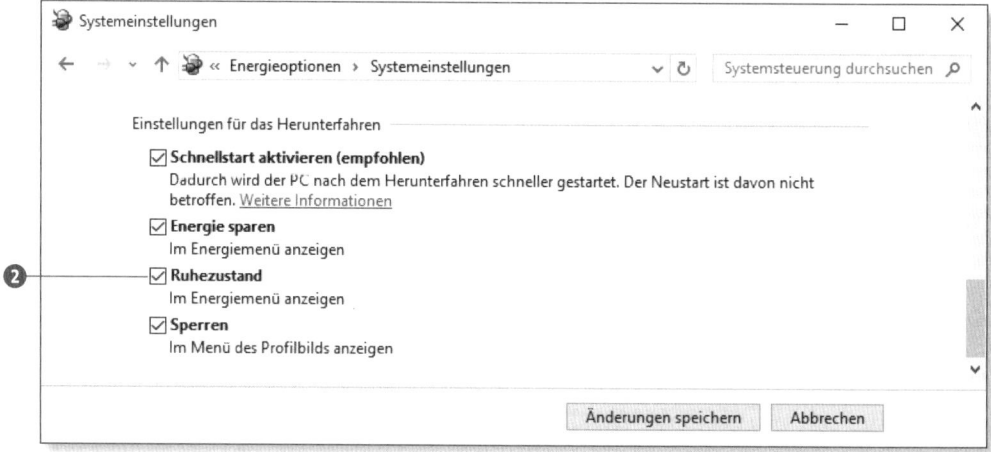

Danach erscheint die Option **Ruhezustand** im Popup-Fenster zur Symbolschaltfläche **Ein/Aus** des Startmenüs, des Menüs, das per Rechtsklick auf das Windows-Symbol geöffnet werden kann, sowie im Dialogfeld **Windows herunterfahren**. Das heißt, Sie haben an den betreffenden Stellen jeweils die Auswahl, ob Sie den Computer während einer Unterbrechung in den Energiesparmodus oder in den Ruhezustand versetzen wollen.

Abbildung 4.8 Den Befehl zum Versetzen des Computers in den Ruhezustand können Sie im Startmenü nachträglich hinzufügen.

4.3   Das Startmenü anpassen

Das Startmenü ist die zentrale Anlaufstelle des Betriebssystems. Um es zu öffnen, klicken Sie auf das Symbol mit dem Windows-Logo, das sich am linken Ende der Taskleiste bcfindet (❶ auf Seite 166).

Über die Verknüpfungen, die sich im Startmenü befinden, können Sie alle auf dem Computer installierten Apps und Programme starten. Auf der linken Seite sehen Sie zunächst Kategorien wie **Meistverwendet** oder – falls Sie Apps erst kürzlich installiert haben – **Zuletzt hinzugefügt**. Klicken Sie auf **Alle Apps** ❷, um in der linken Spalte eine alphabetisch geordnete Übersicht der installierten Apps (einschließlich Programme und Windows-Tools) anzuzeigen.

Apps, die an das Startmenü angeheftet sind, erscheinen dort auf der rechten Seite als Kacheln. Standardmäßig angeheftet sind z. B. die Mail-App, die Fotos-App oder die Kalender-App, wie es in Abbildung 4.9 auf der folgenden Seite zu sehen ist. Auch hier sind zwei Kategorien, sprich Kachelgruppen, vordefiniert, **Alles auf einen Blick** sowie **Spiele und mehr**.

Abbildung 4.9 Windows-10-Startmenü: Angeheftete Apps und Programme erscheinen als Kacheln auf der rechten Seite.

4.3.1   Das Startmenü im Vollbildmodus verwenden

Sie können die Größe des Startmenüs nach Ihren Wünschen anpassen, indem Sie es am oberen und am rechten Rand auseinander- bzw. zusammenziehen (siehe ❸ in der Abbildung 4.9 oben). Wie weit das möglich ist, hängt von der Displaygröße Ihres Monitors bzw. Computers ab. Bei einer durchschnittlichen Bildschirmauflösung können Sie das Startmenü in der Breite so erweitern, dass bis zu vier Kachelgruppen nebeneinander Platz finden. Möchten Sie, dass das Startmenü den ganzen Bildschirm einnimmt, können Sie es im Vollbildmodus verwenden:

1 Klicken Sie im Startmenü auf **Einstellungen** ❹ (siehe Abbildung 4.9) oder drücken Sie ⊞ + Ⅰ.

2 Klicken Sie auf der Einstiegsseite der Einstellungen (siehe die folgende Abbildung) auf den Abschnitt **Personalisierung** ❺.

166

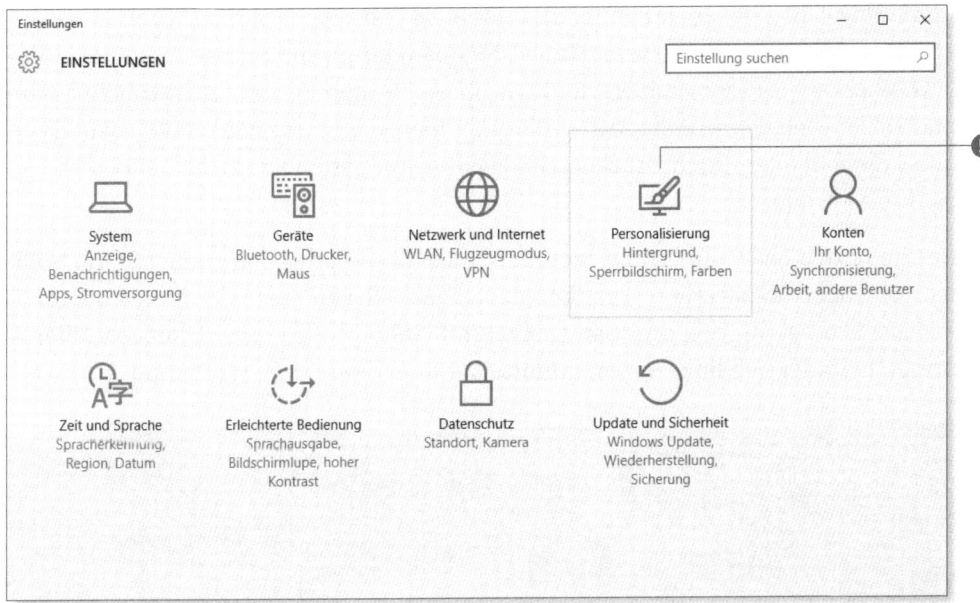

3 Selektieren Sie auf der linken Seite der erscheinenden Dialogseite die Kategorie **Start**. Setzen Sie den Schalter unterhalb von **Menü „Start" im Vollbildmodus verwenden** auf **Ein 6**.

Um die Einstellung eines Kippschalters zu ändern, reicht es aus, diesen einmal anzuklicken bzw. – bei Touchbedienung – anzutippen.

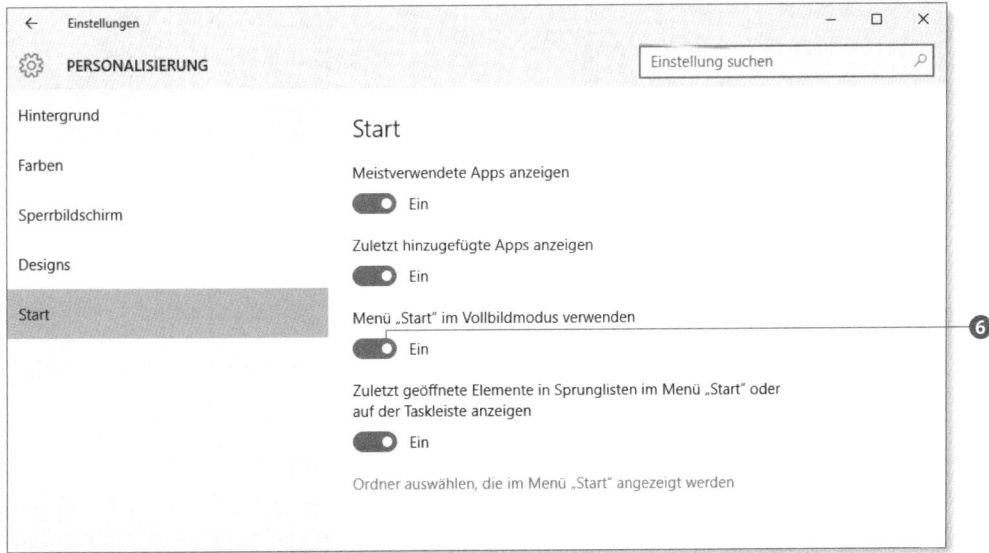

Abbildung 4.10 zeigt ein im Vollbildmodus ausgeführtes Startmenü. Vom Aussehen her erinnert es an den Windows-10-Tablet-Modus oder an die Startseite von Windows 8 bzw. Windows 8.1 (zum Tablet-Modus erfahren Sie mehr in Kapitel 5, »Touchbedienung und Tablet-Modus«, ab Seite 213). Allerdings kann das Startmenü per Klick auf das Windows-Symbol oder durch Drücken von [Esc] sofort geschlossen und bei Bedarf wieder geöffnet werden.

Der im normalen Modus immer sichtbare linke Bereich des Startmenüs ist im Vollbildmodus jedoch komprimiert. Um ihn anzuzeigen, klicken Sie in der linken oberen Ecke auf das Symbol mit den drei Balken ❶. Ein Symbol, welches die Übersicht aller Apps öffnet, befindet sich links unten, unmittelbar über dem Windows-Symbol ❷.

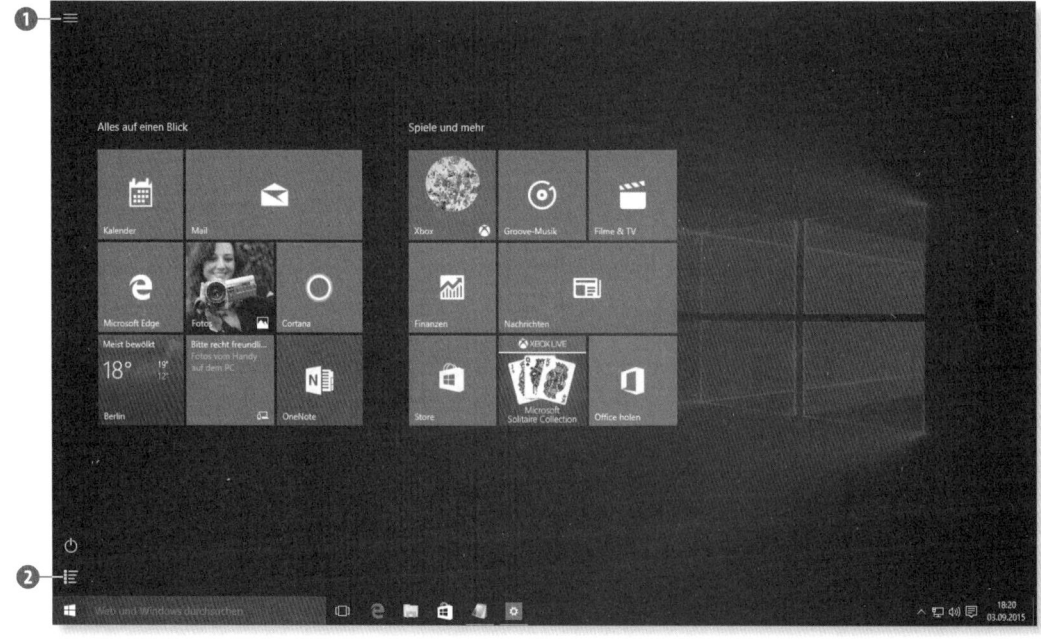

Abbildung 4.10 Startmenü im Vollbildmodus

4.3.2   Weitere Optionen für das Startmenü

Die anderen Optionen auf der Dialogseite PERSONALISIERUNG ▶ Start der Einstellungen (Schritt 3 der obigen Anleitung auf Seite 167) haben folgende Bedeutung:

Wenn Sie den Kippschalter **Meistverwendete Apps anzeigen** auf **Aus** setzen, verschwindet im linken Teil des Startmenüs der Abschnitt **Meistverwendet**. Genauso verhält es sich bezüglich der Option **Zuletzt hinzugefügte Apps anzeigen** mit dem Abschnitt **Zuletzt** hinzugefügt. Möchten Sie die Abschnitte im Startmenü wieder anzeigen, setzen Sie die Schalter einfach wieder auf **Ein**. Alle Änderungen, die Sie auf der Dialogseite vornehmen, werden sofort wirksam, ein Neustart des Computers ist bei Änderungen in den Einstellungen allenfalls in Ausnahmefällen erforderlich. Übrigens entfernt Windows Einträge im Abschnitt **Zuletzt hinzugefügt**, sobald Sie eine installierte App das erste Mal öffnen, und mit dem letzten Eintrag verschwindet automatisch auch der Abschnitt.

Mit der Option **Zuletzt geöffnete Elemente in Sprunglisten im Menü „Start" oder auf der Taskleiste anzeigen** können Sie festlegen, ob in den Sprunglisten von Programmen die Abschnitte **Zuletzt verwendet** sowie **Häufig verwendet** bzw. **Häufig** erscheinen. Übrigens bieten viele Programme Sprunglisten in der Taskleiste, jedoch nicht in den Verknüpfungen des Startmenüs an – eine Ausnahme ist der Explorer, wie in Abbildung 4.11 zu sehen ist. Dessen Sprungliste im Startmenü öffnen Sie, indem Sie neben dem Eintrag auf die nach rechts weisende Pfeilspitze klicken ❸ (mehr zu den Sprunglisten erfahren Sie in Kapitel 6, »Funktionen und Features auf dem Desktop«, ab Seite 255).

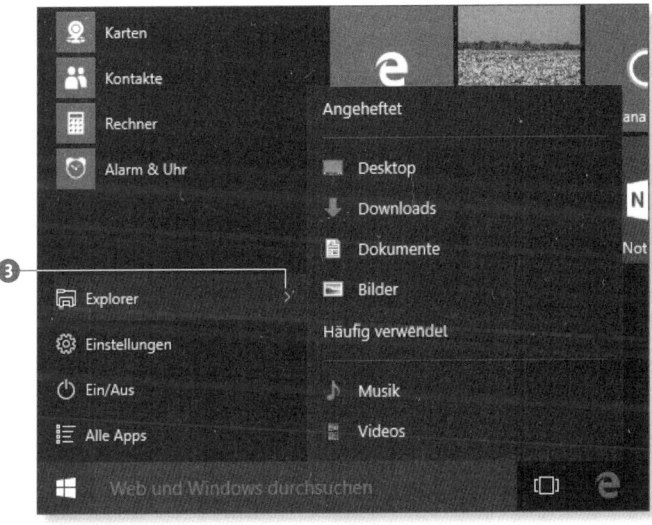

Abbildung 4.11 Sprungliste des Explorers im Startmenü mit den Abschnitten »Angeheftet« und »Häufig verwendet«

Zunächst zeigt Windows 10 im Startmenü überhaupt keine Ordner an. Allerdings können Sie wichtige Ordner Ihres Benutzerverzeichnisses sowie den Ordner für die Heimnetzgruppe oder den Netzwerkordner nachträglich hinzufügen:

1 Rufen Sie, wie oben beschrieben, in den Einstellungen die Dialogseite **PERSONALISIERUNG ▶ Start** auf (Schritte 1 bis 3 der obigen Anleitung ab Seite 166).

2 Klicken Sie unten im rechten Bereich der Dialogseite auf die Verknüpfung **Ordner auswählen, die im Menü „Start" angezeigt werden** ❶.

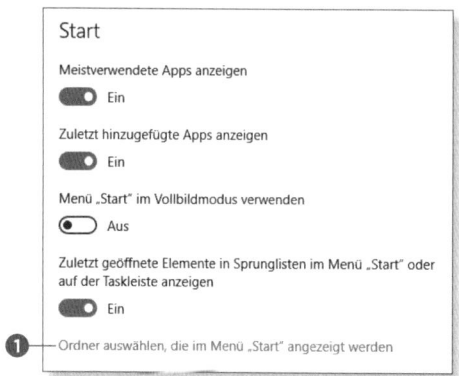

3 Aktivieren Sie auf der folgenden Seite die Schalter neben den Ordnern, die Sie im Startmenü anzeigen wollen. Zur Auswahl stehen die Ordner **Dokumente**, **Musik**, **Bilder**, **Videos** sowie der Ordner **Downloads** Ihres Benutzerverzeichnisses, außerdem die Ordner für Heimnetzgruppe und Netzwerk. Mit **Persönlicher Ordner** ❷ ist der Hauptordner Ihres Benutzerverzeichnisses gemeint, also der Ordner, der die anderen Ordner enthält.

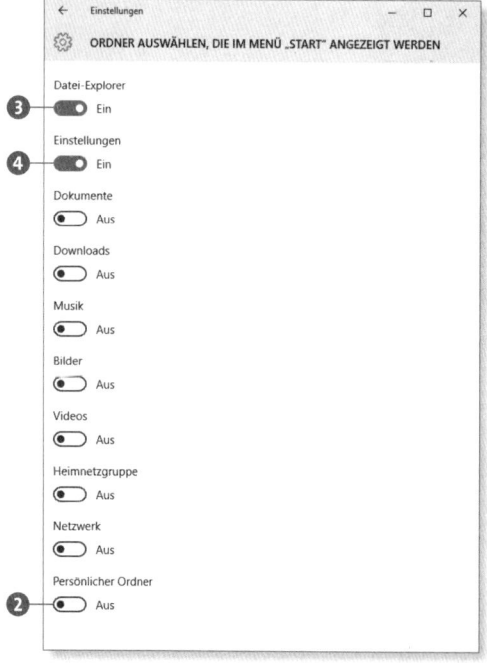

Die ersten beiden Schalter, die standardmäßig eingeschaltet sind, beziehen sich nicht auf Ordner des Dateisystems. Mit dem Schalter **Datei-Explorer** ❸ können Sie im Startmenü die Anzeige des Explorers, mit dem Schalter **Einstellungen** ❹ die Anzeige der Einstellungen aus- und auch wieder einblenden.

4.3.3   Live-Funktion von App-Kacheln

Im Startmenü ist praktisch immer etwas in Bewegung. Dafür sorgen die sogenannten Live-Kacheln. Diese zeigen direkt auf der Kachel die verschiedenartigsten Informationen an, die ständig aktualisiert werden. Auf den Kacheln einiger Apps, wie z. B. der Nachrichten-App oder der Finanzen-App, sehen Sie die neuesten Schlagzeilen, die Kachel der Wetter-App zeigt die aktuellen Temperaturen Ihres Standorts oder anderer Städte, die Fotos-App zeigt auf der Live-Kachel in einer Diashow die Fotos Ihres Bilderordners an und auf der Kachel der Mail-App sehen Sie die Betreffzeilen von ungelesenen Nachrichten, die Sie erhalten haben.

TIPP

Live-Dashboard

Wenn es Ihnen auf bestimmte Informationen besonders ankommt, empfiehlt es sich, die entsprechenden Live-Kacheln im Startmenü zusammenzulegen, eventuell in einer separaten Gruppe. Wie Sie neue Kachelgruppen anlegen, erfahren Sie gleich in Abschnitt 4.3.4, »App-Kacheln in Gruppen organisieren«, ab Seite 173.

Wenn Sie auf einer App-Kachel keine Informationen sehen wollen, können Sie die Live-Funktion deaktivieren. Klicken Sie dazu die Kachel mit der rechten Maustaste an und wählen Sie den Befehl **Live-Kachel deaktivieren** im Kontextmenü.

Abbildung 4.12 Live-Kachel der Wetter-App deaktivieren

Bei deaktivierten Live-Kacheln erscheint im Kontextmenü der Befehl **Live-Kachel akti-vieren**. Verwenden Sie diesen Befehl, wenn Sie bei einer deaktivierten Live-Kachel die Live-Funktion wieder einschalten wollen.

Abbildung 4.13 Bei Bedarf aktivieren Sie die Live-Kachel einfach wieder.

INFO

Größen von App-Kacheln einstellen

Für App-Kacheln sind grundsätzlich die vier Größen **Klein**, **Mittel**, **Breit** und **Groß** einstellbar. Nicht alle Größen werden jedoch von allen Kacheln unterstützt. Die Optionen **Mittel** und **Klein** stehen aber praktisch immer zur Verfügung. Wählen Sie im Kontextmenü einer Kachel im Untermenü von **Größe ändern** einfach die gewünschte Größe aus.

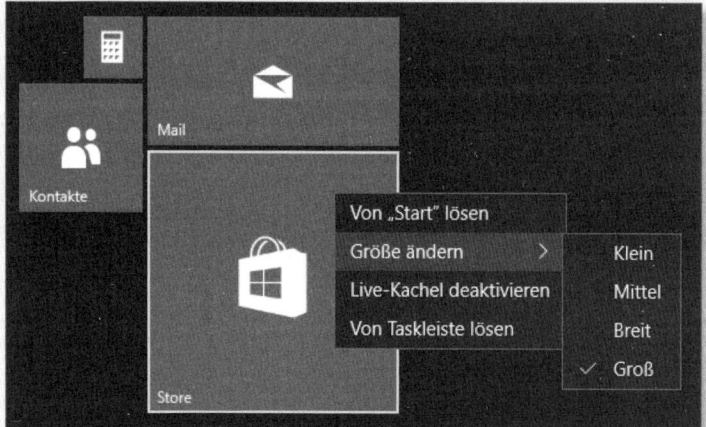

Abbildung 4.14 Die verschiedenen Kachelgrößen: »Klein« (Kachel des Rechners, links oben), »Mittel« (Kontakte-App), »Breit« (Mail-App) und »Groß« (hier die vergrößerte Kachel der Store-App)

4.3.4 App-Kacheln in Gruppen organisieren

Sie können auf der rechten Seite des Startmenüs App-Kacheln hinzufügen, indem Sie auf der linken Seite die entsprechende Verknüpfung mit der rechten Maustaste anklicken und im Kontextmenü den Befehl **An „Start" anheften** wählen. Das Gleiche bewirken Sie, wenn Sie den Eintrag auf die rechte Seite an die gewünschte Stelle ziehen. Die Verknüpfung auf der linken Seite des Startmenüs bleibt in beiden Fällen erhalten.

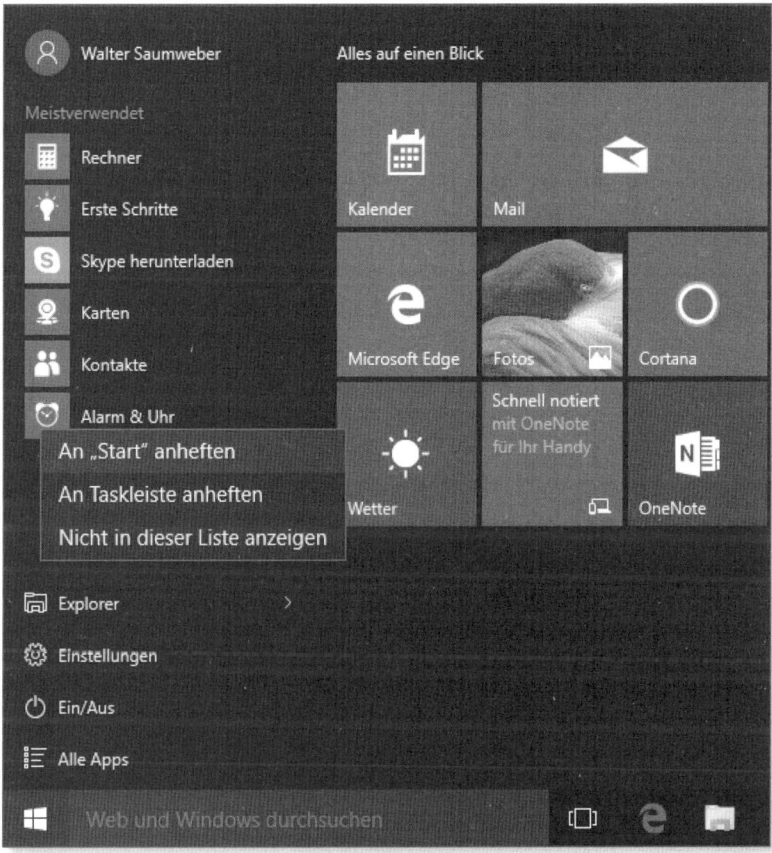

Abbildung 4.15 Der Befehl »An „Start" anheften« fügt auf der rechten Seite des Startmenüs eine Kachel für die App hinzu.

Die App-Kacheln im Startmenü sind in Gruppen eingeteilt, was am größeren Abstand zwischen zwei Gruppen und den Gruppennamen zu erkennen ist. Standardmäßig vorhanden sind die beiden Gruppen **Alles auf einen Blick** sowie **Spiele und mehr**. Wenn Sie selbst wie oben beschrieben weitere App-Kacheln auf der rechten Seite des Startmenüs hinzugefügt haben, möchten Sie diese womöglich nach eigenen Kriterien anordnen.

4.3.5 Einzelne App-Kacheln sowie App-Gruppen verschieben

Um eine Kachel an eine andere Position zu verschieben, können Sie sie einfach an die gewünschte Stelle ziehen. Klicken Sie die Kachel dazu mit der linken Maustaste an, halten Sie die Maustaste gedrückt und bewegen Sie den Mauszeiger an die neue Stelle. Abbildung 4.16 zeigt diesen Vorgang für die Kachel der OneNote-App. Lassen Sie den Mauszeiger los, sobald sich die Kachel über der gewünschten Position befindet.

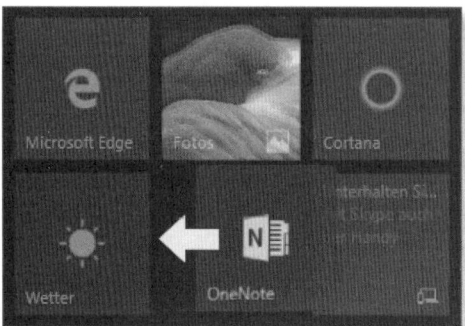

Abbildung 4.16 Die Kacheln auf der rechten Seite des Startmenüs können Sie durch Ziehen mit der Maus an eine andere Position verschieben.

Um eine ganze Kachelgruppe auf einmal zu verschieben, fassen Sie diese am Titel an und ziehen diesen an die gewünschte Stelle. Die App-Kacheln dieser Gruppe werden dabei bis zum Loslassen der Maus vorübergehend ausgeblendet, wie in Abbildung 4.17 zu sehen ist.

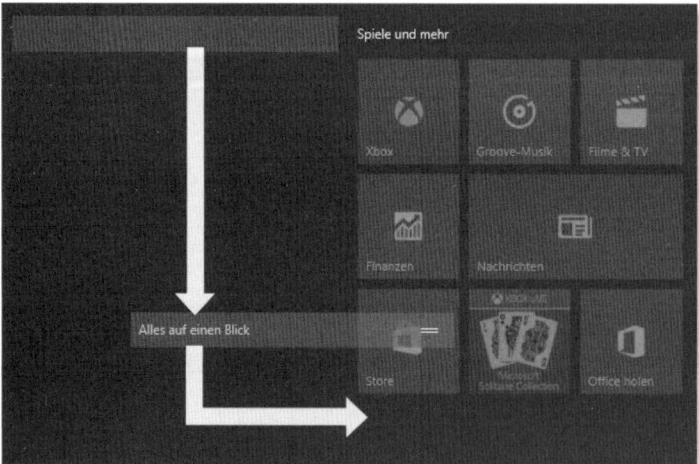

Abbildung 4.17 Kachelgruppe verschieben

4.3.6   Neue Kachelgruppen anlegen

Sobald Sie auf der rechten Seite des Startmenüs per Menübefehl **An „Start" anheften** die erste Kachel selbst hinzufügen, legt Windows für diese automatisch eine neue Gruppe an und fügt auch jede weitere Kachel dieser Gruppe hinzu. Allerdings hat die Gruppe zunächst keinen Namen. Möchten Sie sie benennen, verfahren Sie wie folgt.

1 Wenn Sie die Maus auf eine Stelle oberhalb der ersten Kachelreihe bewegen, erscheinen dort auf der linken Seite der Text **Gruppe benennen** und auf der rechten Seite ein Symbol mit zwei Balken.

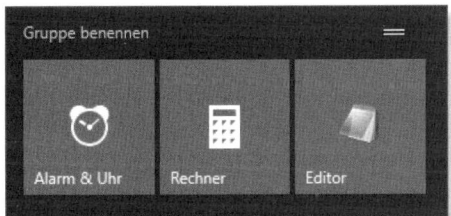

2 Klicken Sie einmal irgendwo in diesen Bereich, z. B. direkt auf **Gruppe benennen** oder auf das Symbol.

3 Geben Sie in das erscheinende Textfeld den gewünschten Gruppennamen ein ❶ und drücken Sie ⏎ oder klicken Sie auf eine beliebige Stelle außerhalb des Eingabefeldes.

Auf die gleiche Weise können Sie gegebenenfalls auch die standardmäßig vorhandenen Gruppen umbenennen. Um den Namen einer Gruppe vollständig zu entfernen, löschen Sie im Eingabefeld aus Schritt 3 den Namen und drücken bei leerem Feld die Eingabetaste.

Um selbst eine neue Kachelgruppe zu erstellen, ziehen Sie die erste Kachel, die Sie in der neuen Gruppe platzieren wollen, auf eine freie Stelle außerhalb der vorhandenen

Kachelgruppen. Halten Sie die Maustaste so lange gedrückt, bis der waagrechte blaue Balken aus Abbildung 4.18 erscheint ❷. Lassen Sie die Maustaste dann los.

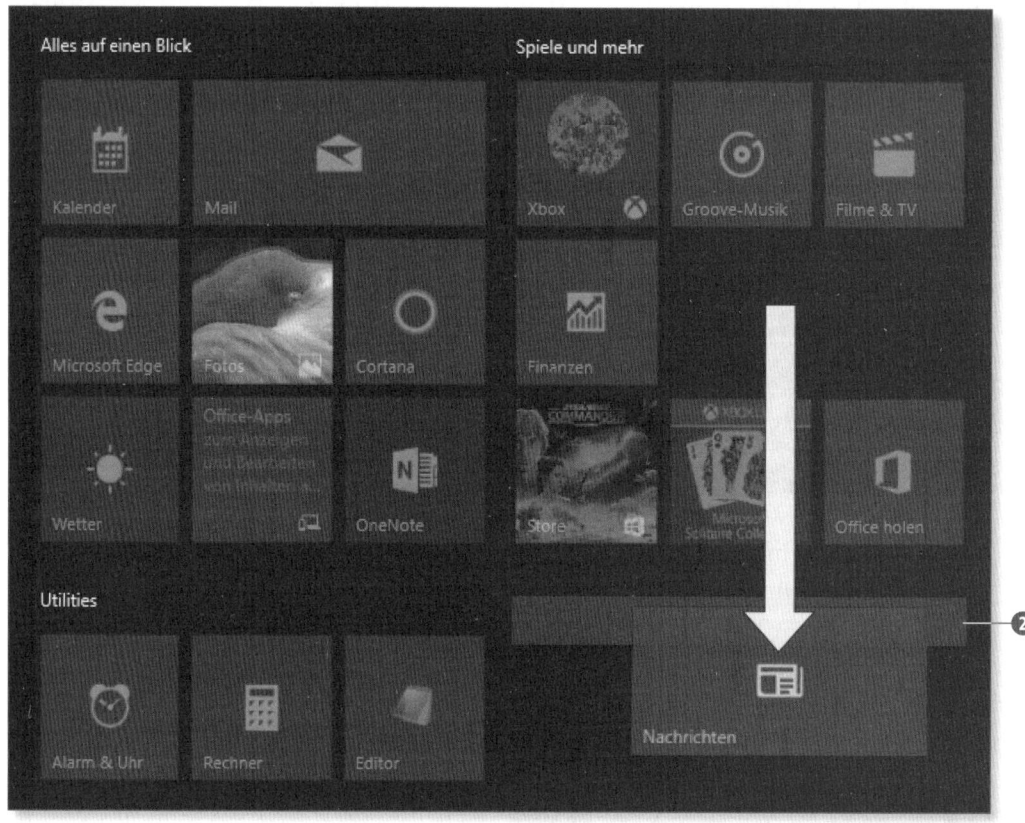

Abbildung 4.18 So legen Sie eine neue Kachelgruppe an.

Nachdem die neue Gruppe erstellt ist, können Sie ihr weitere App-Kacheln hinzufügen, indem Sie diese in den entsprechenden Bereich ziehen.

Kachelgruppen entfernen

Um eine Kachelgruppe zu entfernen, müssen Sie alle Kacheln aus dieser Gruppe herausziehen. Nachdem Sie die letzte Kachel in eine andere Gruppe gezogen oder vom Startmenü gelöst haben, wird die Gruppe komplett entfernt. Das heißt, der Abstand zwischen den verbleibenden Gruppen wird gegebenenfalls angepasst, und falls die Gruppe benannt ist, verschwindet der Gruppenname automatisch.

4.4   Das Aussehen des Desktops anpassen

Sie können das Aussehen des Desktops auf verschiedene Weise anpassen. Alle verfügbaren Optionen erreichen Sie über die Dialogseite **Personalisierung** der Einstellungen. Gehen Sie z. B. folgendermaßen vor, wenn Sie für den Desktop kein Hintergrundbild, sondern einen einfarbigen Hintergrund verwenden wollen:

1 Öffnen Sie die Einstellungen, indem Sie im Startmenü auf den entsprechenden Eintrag klicken oder ⊞ + Ⓘ drücken.

2 Klicken Sie auf der Startseite der Einstellungen auf den Abschnitt **Personalisierung**. Selektieren Sie im linken Bereich der erscheinenden Seite die Kategorie **Hintergrund**, falls diese nicht vorausgewählt ist.

Alternativ zu den Schritten 1 und 2 können Sie auch das Kontextmenü des Desktops aufrufen und in diesem **Anpassen** wählen. Der Befehl öffnet ebenfalls die Dialogseite **Personalisierung** der Einstellungen mit der ausgewählten Kategorie **Hintergrund**.

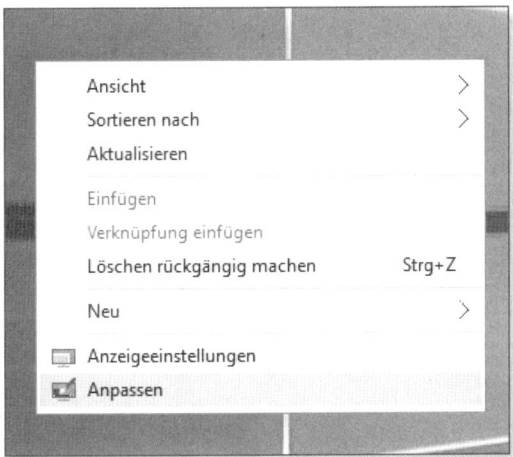

3 Stellen Sie in dem Listenfeld **Hintergrund** (❶ auf Seite 178) statt **Bild** den Auswahlpunkt **Volltonfarbe** ein.

Wenn Sie im Abschnitt **Bild auswählen** auf eines der angebotenen Bilder klicken ❷, tauscht Windows das Desktopmotiv sofort aus. Über die **Durchsuchen**-Schaltfläche ❸ können Sie gegebenenfalls ein eigenes Bild für den Desktophintergrund festlegen. Das Vorschaubild auf der Dialogseite ❹ zeigt immer den aktuell verwendeten Desktophintergrund, so dass Sie Ihre Auswahl bereits an Ort und Stelle betrachten können.

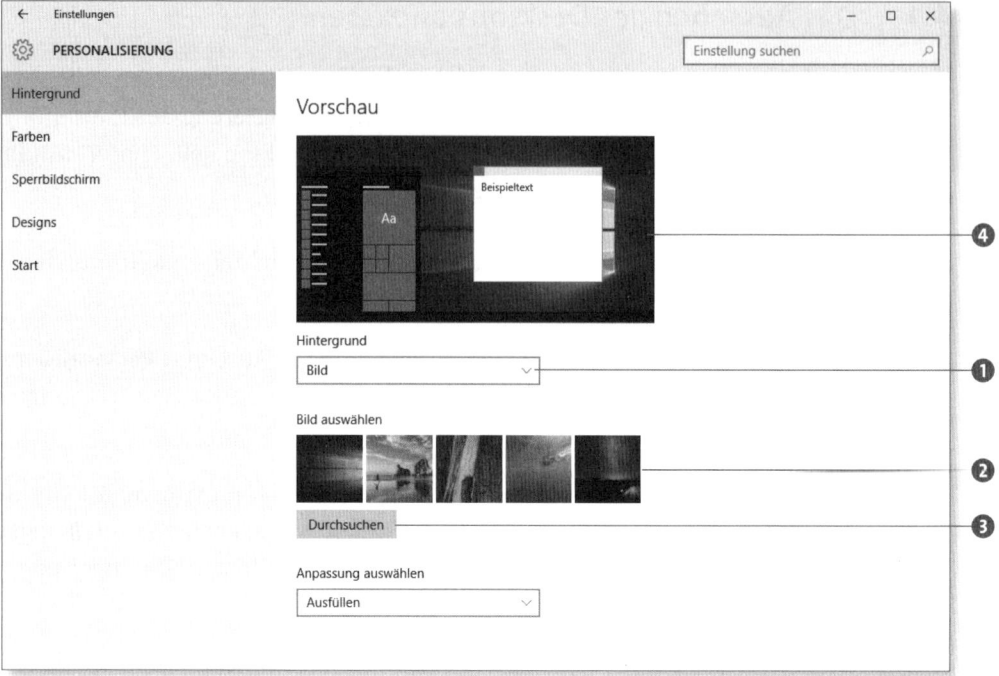

Möchten Sie auf dem Desktop eine Diashow anzeigen, stellen Sie im Listenfeld **Hintergrund** den Auswahlpunkt **Diashow** ein. Klicken Sie anschließend auf die Schaltfläche **Durchsuchen** und wählen Sie den Ordner aus, dessen Bilder Windows 10 für die Diashow verwenden soll. Im Listenfeld **Bildänderungsintervall** ❺ können Sie die Zeitspanne festlegen, nach der die Bilder auf dem Desktop ausgetauscht werden.

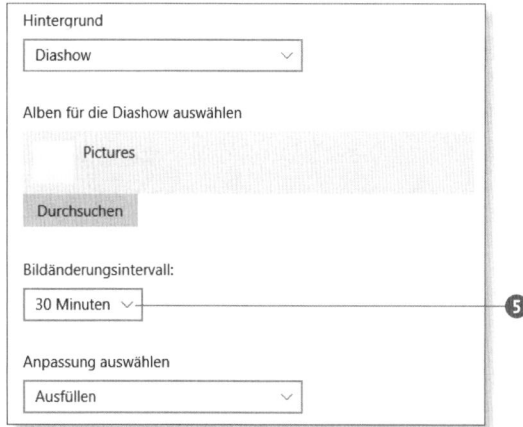

4 Nachdem Sie in Schritt 3 im Listenfeld **Hintergrund** die Option **Volltonfarbe** ausgewählt haben, stehen Ihnen nun verschiedene Hintergrundfarben als Auswahl zur Verfügung. Wählen Sie die gewünschte Hintergrundfarbe für Ihren Desktop aus ❻. Auch diese Änderung können Sie sofort sowohl auf dem Desktop als auch in der Vorschau begutachten.

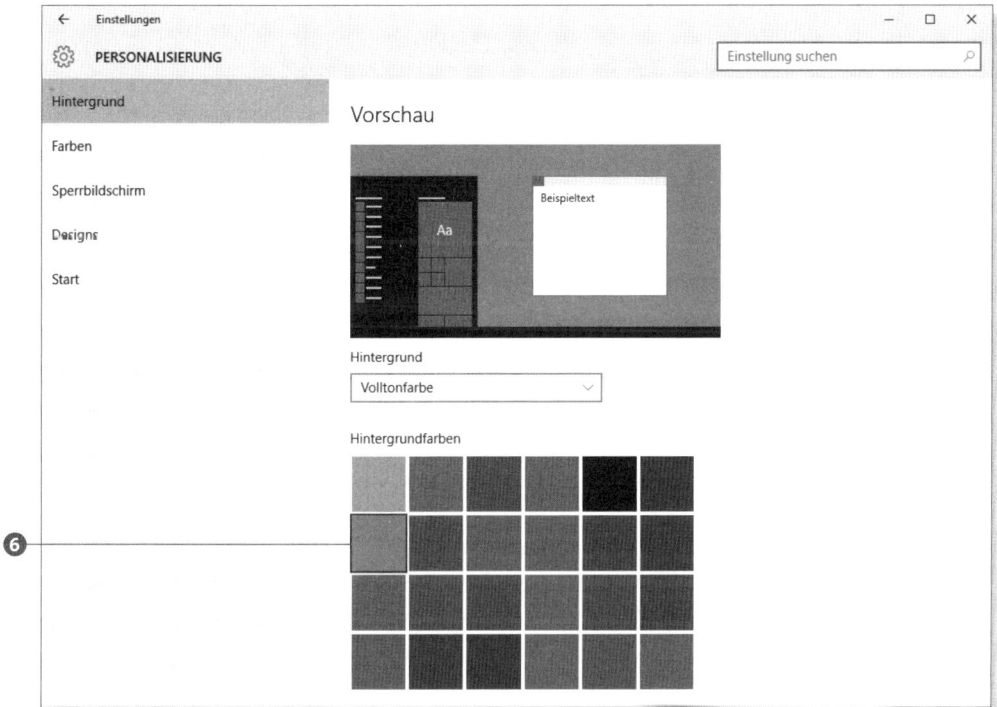

4.4.1   Vordefinierte Desktopdesigns verwenden

Windows 10 bietet für den Desktop außerdem mehrere vordefinierte Designs an, zwischen denen Sie praktisch per Mausklick wechseln können:

1 Selektieren Sie im linken Bereich der Dialogseite **Personalisierung** die Kategorie **Designs**.

2 Klicken Sie auf der rechten Seite auf die Verknüpfung **Designeinstellungen** (❶ auf Seite 180).

3 Die erfahrenen Windows-Anwender unter den Lesern werden die erscheinende Dialogseite **Anpassung** womöglich wiedererkennen. Es handelt sich um eine Dialogseite der Systemsteuerung, die in früheren Windows-Versionen direkt über das Desktop-Kontextmenü durch Auswahl von **Anpassen** (siehe den zusätzlichen Hinweis in Schritt 2 der obigen Anleitung auf Seite 177) aufgerufen werden konnte.

Windows 10 bietet hier drei vordefinierte Standard-Designs sowie vier Designs mit hohem Kontrast an – das erste der Standard-Designs ❷ wird von Windows 10 per Voreinstellung verwendet. Sie können zwischen den Designs wechseln, indem Sie diese einfach anklicken. Das Design auf dem Desktop wird daraufhin sofort ausgetauscht. Möchten Sie irgendwann wieder zum ursprünglichen Design zurückkehren, klicken Sie dieses an.

Die Designs mit hohem Kontrast sind vor allem für Benutzer mit Sehschwächen vorgesehen. Sie erhöhen den Farbkontrast für verschiedene Elemente, so dass diese deutlicher hervortreten und damit besser identifiziert werden können. Aber auch bei schlechten Lichtverhältnissen bietet es sich eventuell an, vorübergehend ein Design mit hohem Kontrast zu verwenden.

Sagen Ihnen die hier angebotenen Designs alle nicht zu, steht Ihnen ebenfalls auf der Dialogseite **Anpassung** in der Systemsteuerung die Möglichkeit offen, weitere Designs kostenlos auf der Microsoft-Webseite zu beziehen. Wie das genau funktioniert, lesen Sie in Abschnitt 4.4.2, »Designs online installieren«, ab Seite 181.

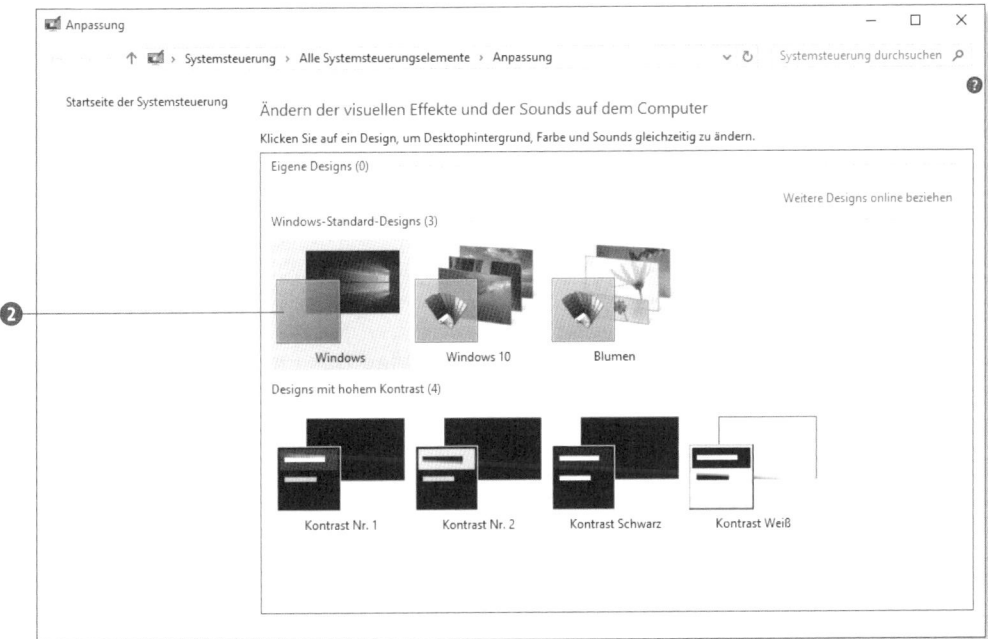

4.4.2   Designs online installieren

Wenn Ihnen die auf der Dialogseite **Anpassung** zur Verfügung stehenden Designs nicht reichen, können Sie sich im Internet weitere Desktopdesigns besorgen. Microsoft stellt unter *http://windows.microsoft.com/de-de/windows/themes?ocid=w8_client_themes* jede Menge tolle und abwechslungsreiche Designs für jeden Geschmack kostenlos zur Verfügung. Gehen Sie folgendermaßen vor, um ein Design direkt aus dem Internet zu installieren:

1 Klicken Sie auf der Dialogseite **Anpassung** auf die Verknüpfung **Weitere Designs online beziehen ❶**.

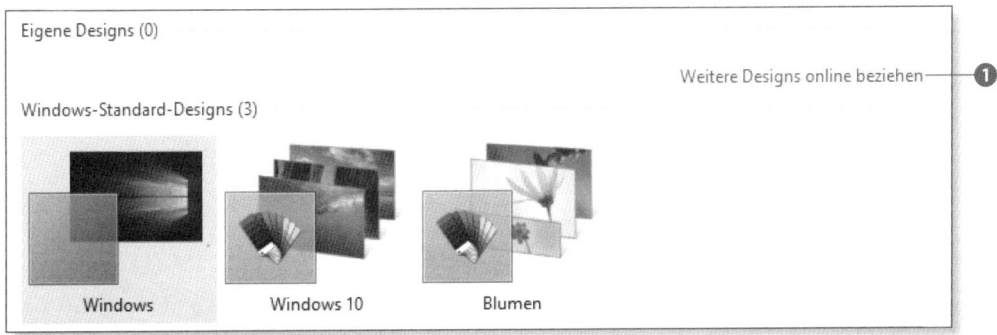

2 Daraufhin wird die oben genannte Webseite im Microsoft-Edge-Browser geöffnet. Auf dieser sind die zur Verfügung stehenden Designs in Kategorien geordnet. Klicken Sie gegebenenfalls in der linken Navigation eine bestimmte Kategorie an, um die Designs dieser Kategorie zu sehen.

3 Klicken Sie bei dem Design, das Sie haben wollen, auf die Verknüpfung **Herunterladen** ❷. Die Verknüpfung **Details** ❸ öffnet eine Webseite mit einer kurzen Beschreibung des entsprechenden Designs. Auch hier können Sie das Design über die Schaltfläche **Design herunterladen** beziehen.

Möglicherweise sind die zur Verfügung stehenden Designs auf der Webseite ausschließlich als Designs für Windows 7 und Windows 8 bzw. Windows 8.1 ausgewiesen. Zum Zeitpunkt der Drucklegung dieses Buches hatte Microsoft die Beschreibungen jedenfalls noch nicht im Hinblick auf Windows 10 aktualisiert. Dies wird sich sicher bald ändern, oder es hat sich bereits geändert, wenn Sie dieses Kapitel lesen. Für alle Fälle hier die Information, dass Sie die angebotenen Designs auch für Windows 10 verwenden können.

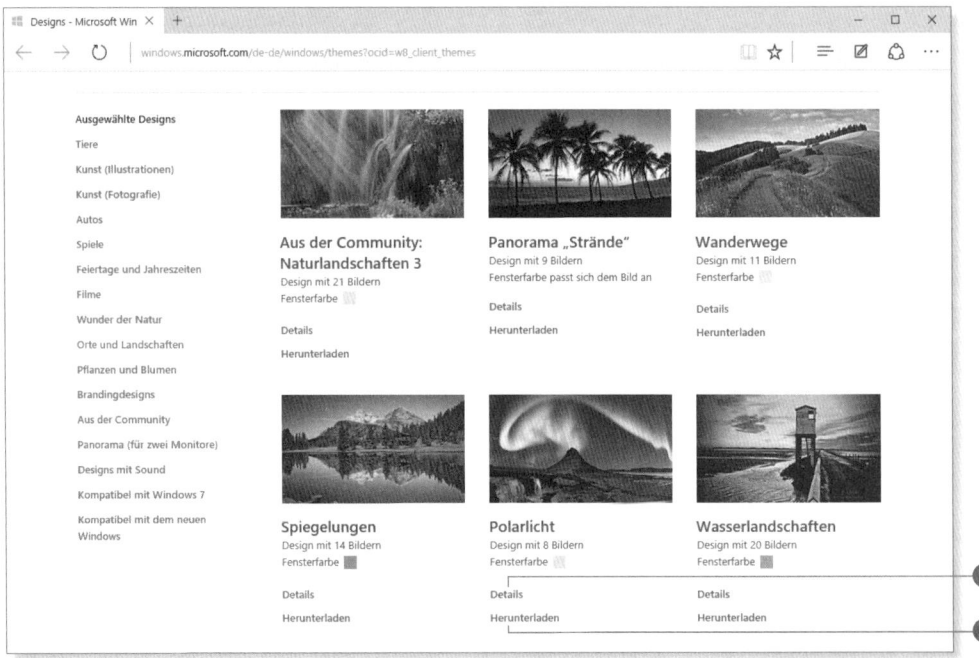

4 Das Design wird nun heruntergeladen. Klicken Sie anschließend in der am unteren Rand des Browserfensters erscheinenden Leiste auf die Schaltfläche **Öffnen**, um das Design zu installieren.

Windows speichert die Datei mit der Erweiterung **.themepack**, **.theme** oder **.desk-themepack** im Ordner **Downloads** Ihres Benutzerordners. Möglicherweise möchten Sie die Datei auf einem anderen Computer verwenden oder an andere Personen weitergeben. Sie bzw. die andere Person brauchen die Datei später nur im Explorer doppelt anzuklicken, um das Design im **Anpassung**-Dialog hinzuzufügen. Sie können eine Desktopthemenpaketdatei aber auch jederzeit über die Dialogseite **Anpassung** speichern (siehe dazu Schritt 5 ab Seite 184).

Das Design wird nach der Installation auch gleich angewendet. Daher sehen Sie auf dem Desktop sogleich den neuen Hintergrund und gegebenenfalls die farbliche Veränderung in der Taskleiste.

Auf der Dialogseite **Anpassung** finden Sie das installierte Design als Miniaturbild in einem separaten Abschnitt **Eigene Designs** ❹. Die Designs, die sich in diesem Abschnitt befinden, können Sie genauso verwenden wie die vordefinierten Designs. Das heißt, wenn Sie aktuell ein anderes Design verwenden, klicken Sie im Abschnitt **Eigene Designs** einfach auf das Miniaturbild des gewünschten Designs, um dieses auf dem Desktop zu verwenden.

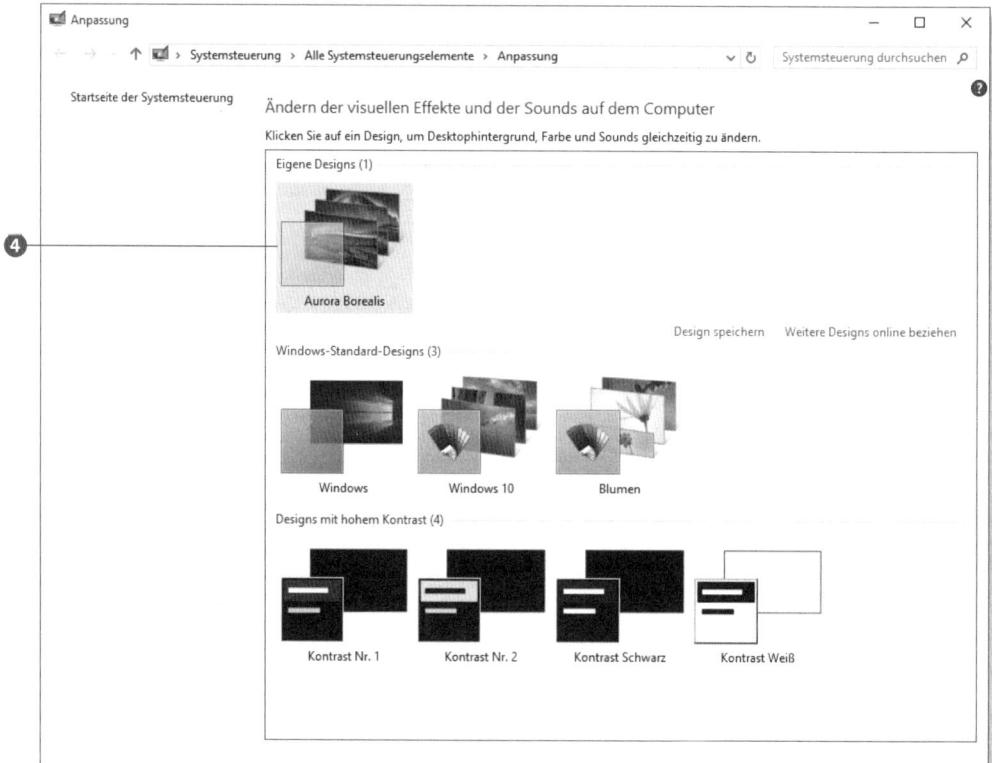

5 Eigentlich brauchen Sie jetzt nichts mehr zu tun, Sie können das Design unter seinem vorgegebenen Namen sofort verwenden. Wenn Sie das neue Design auf der Dialogseite **Anpassung** unter einem Namen Ihrer Wahl speichern möchten, klicken Sie es im Abschnitt **Eigene Designs** mit der rechten Maustaste an und wählen den Befehl **Design speichern** ❺. Beachten Sie, dass das Design aktuell verwendet werden muss, damit dieser Befehl zur Verfügung steht. Geben Sie im erscheinenden Dialogfeld **Design speichern unter** einen Namen für das Design an und bestätigen Sie per Klick auf die Schaltfläche **Speichern**.

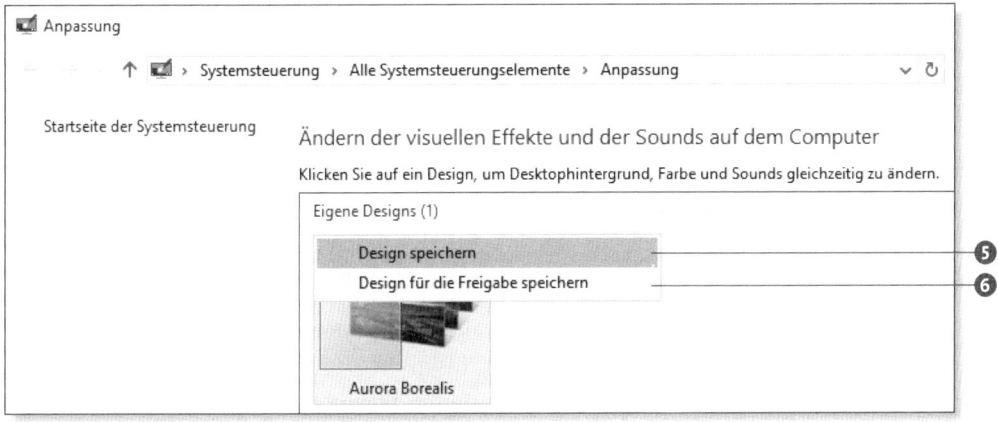

Die Option **Design für die Freigabe speichern** ❻ öffnet das Dialogfeld **Themenpaket speichern unter**, über das Sie das Design als Desktopthemenpaketdatei (Dateierweiterung **.deskthemepack**) speichern können. Sie – oder eine andere Person, der Sie das Design zur Verfügung stellen wollen – können das Design mithilfe dieser Datei jederzeit installieren, also auf der Dialogseite **Anpassung** hinzufügen, indem Sie die Desktopthemenpaketdatei im Explorer doppelt anzuklicken.

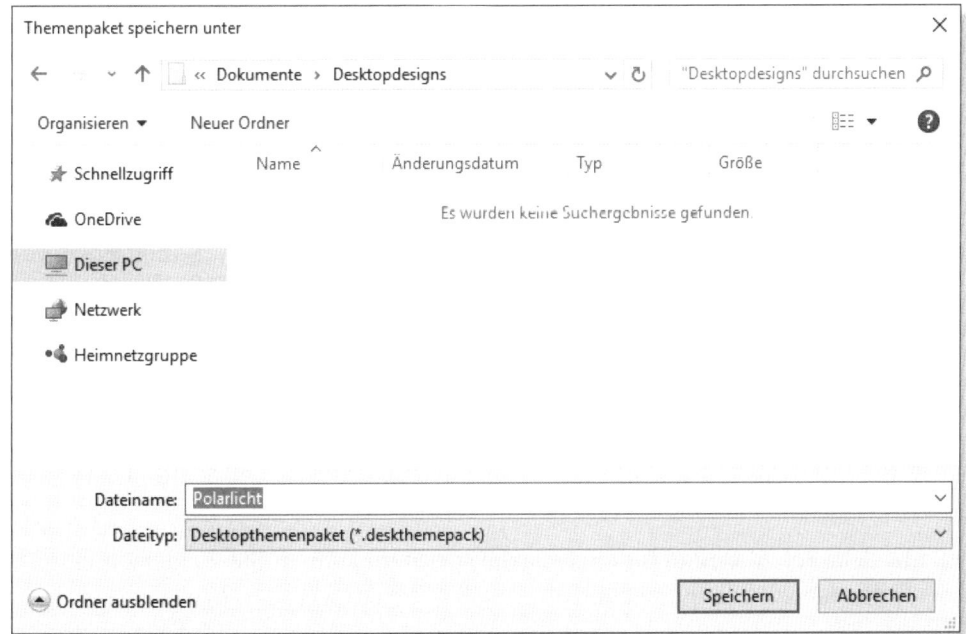

4.4.3   Eigene Designs erstellen

Sie können für den Desktop auch, ausgehend von einem bestehenden Design, eigene Designs definieren, um diese auf der Dialogseite **Anpassung** zur Verfügung zu haben. Eigentlich hatten wir bereits zu Beginn dieses Abschnitts bei der Einstellung einer Volltonfarbe für den Hintergrund (siehe Seite 179) damit begonnen. Windows 10 legt nämlich bei jeder Änderung auf der Dialogseite **Personalisierung**, die sich auf das Design bezieht, ein neues Design an, das Sie aber gegebenenfalls erst speichern müssen. Mit anderen Worten: Ein neues Design wird erstellt, indem die Eigenschaften eines vorhandenen Designs angepasst werden und das Resultat hinterher in einem neuen Design gespeichert wird. Das ursprüngliche Design, das als Vorlage dient, bleibt bei dem Vorgang unverändert, so dass Sie später jederzeit wieder darauf zurückgreifen können. Hier die erforderlichen Schritte, um ein eigenes Design zu erstellen:

1 Rufen Sie wie beschrieben die Dialogseite **Anpassung** auf, z. B. indem Sie auf der Dialogseite **PERSONALISIERUNG** ▶ **Designs** der Einstellungen auf die Verknüpfung **Designeinstellungen** klicken.

2 Klicken Sie auf der Dialogseite **Anpassung** das Design an, von dem Sie ausgehen wollen. Stören Sie sich nicht weiter daran, dass Windows das Design auf dem Desktop sofort ändert. Sie können später wieder zu Ihrem bevorzugten Design zurückkehren, bevor Sie die Dialogseite **Anpassung** verlassen. Möchten Sie von dem aktuell verwendeten Design ausgehen, brauchen Sie natürlich gar nichts zu tun.

3 Führen Sie nun auf der Dialogseite **Personalisierung** der Einstellungen die gewünschten Anpassungen durch. Ändern Sie also beispielsweise den Desktophintergrund, wählen Sie ein anderes Farbschema (Kategorie **Farben**) und/oder ändern Sie die Soundeinstellungen (dazu gleich mehr in Abschnitt 4.4.4, »Das Soundschema eines Designs anpassen«, ab Seite 189).

4 Sobald Sie damit beginnen, auf der Dialogseite **Personalisierung** entsprechende Designänderungen durchzuführen, legt Windows 10 auf der Dialogseite **Anpassung** automatisch ein neues, noch nicht gespeichertes Design an ❶. Klicken Sie dieses mit der rechten Maustaste an und wählen Sie den Befehl **Design speichern** im erscheinenden Kontextmenü.

Mit dem Befehl **Design für die Freigabe speichern** können Sie wiederum eine Desktopthemenpaketdatei speichern.

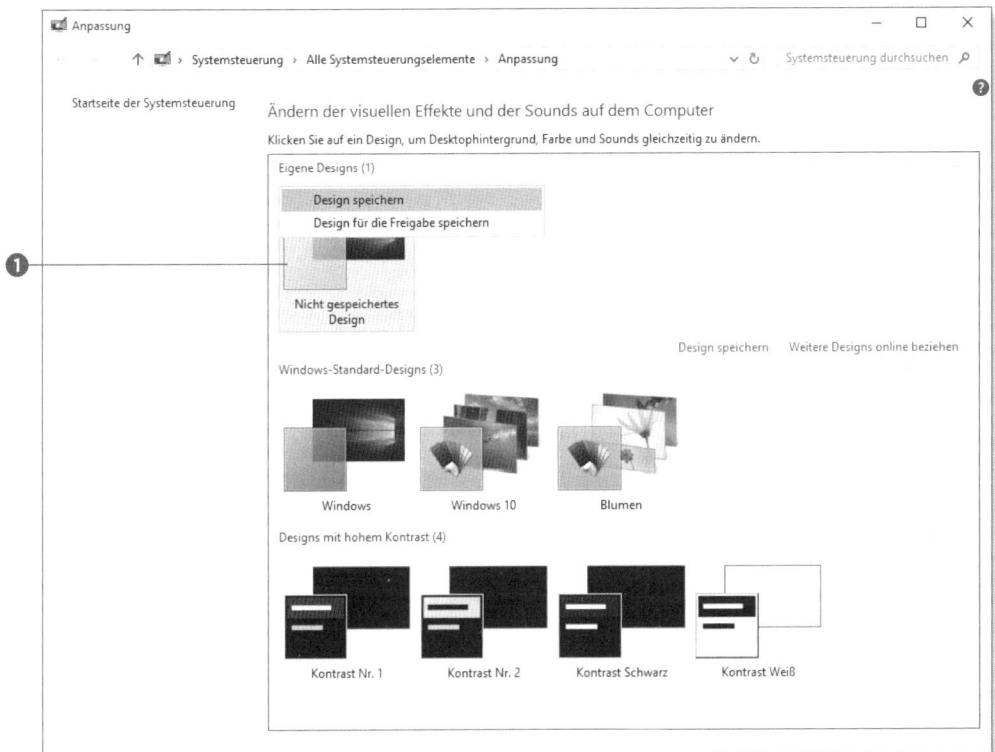

5 Geben Sie im erscheinenden Dialogfeld einen Namen für das Design ein und klicken Sie auf **Speichern**.

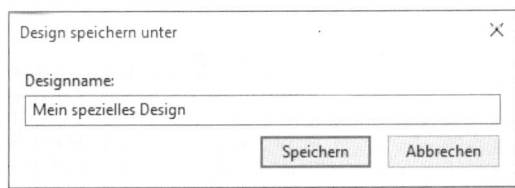

6 Danach steht das selbst definierte Design auf der Dialogseite **Anpassung** im Abschnitt **Eigene Designs** dauerhaft zur Verfügung (❷ auf Seite 188). Kehren Sie gegebenenfalls wieder zu dem ursprünglich verwendeten Design zurück, indem Sie dieses auf der Dialogseite anklicken ❸.

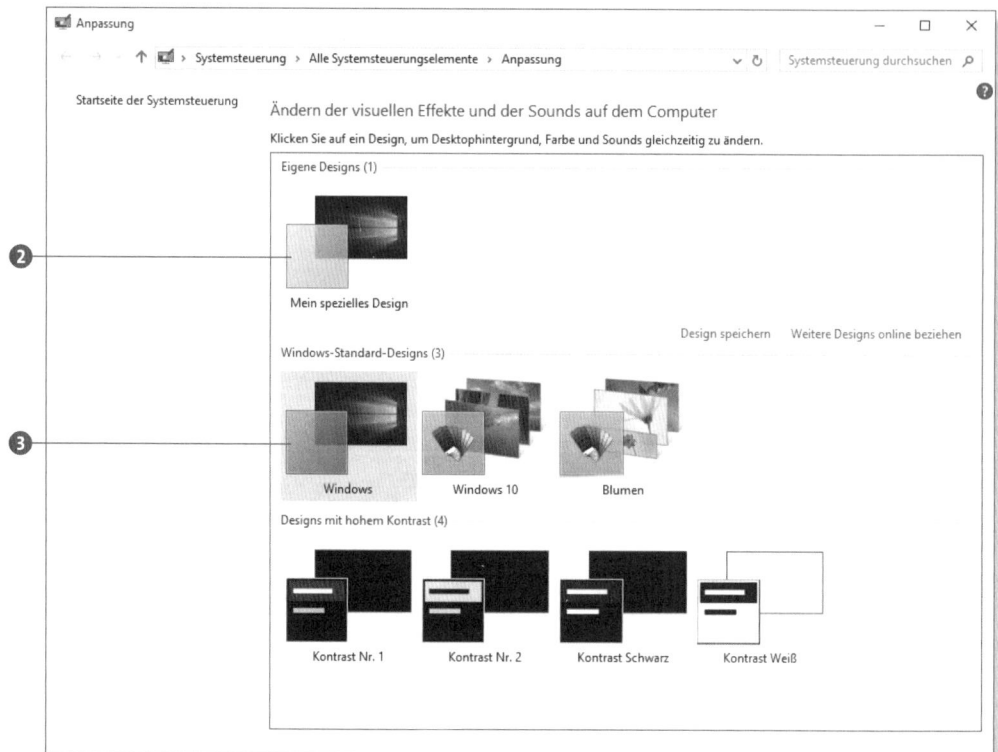

Ein Design löschen

Wenn Sie ein eigenes Design nicht mehr benötigen, können Sie es von der Dialog-seite **Anpassung** wieder entfernen. Dies gilt für alle Designs, die sich im Abschnitt **Eigene Designs** befinden, also für selbst definierte Designs und für alle anderen Designs, die zusätzlich installiert worden sind. Vordefinierte Designs können da-gegen nicht gelöscht werden.

Klicken Sie mit der rechten Maustaste auf das Design, das Sie löschen wollen, und wählen Sie im aufklappenden Menü den Befehl **Design löschen**. Das funktioniert sowohl bei gespeicherten Designs als auch bei solchen, die noch nicht gespeichert sind. Beachten Sie aber, dass ein Design, das auf der Dialogseite **Anpassung** se-lektiert ist, also aktuell auf dem Desktop verwendet wird, nicht gelöscht werden kann. Wählen Sie daher auf der Dialogseite **Anpassung** gegebenenfalls erst ein anderes Design aus, bevor Sie das Kontextmenü des Designs, das Sie löschen wol-len, aufrufen.

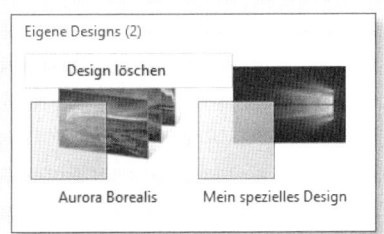

Abbildung 4.19 Wenn Sie ein Design, das Sie selbst definiert oder online bezogen haben, einmal nicht mehr benötigen, können Sie es jederzeit wieder von der Dialogseite »Anpassung« und damit vom Computer entfernen.

4.4.4   Das Soundschema eines Designs anpassen

Sie können für verschiedene Ereignisse Sounds festlegen. Solche Ereignisse sind z. B. das Empfangen von Faxnachrichten, Benachrichtigungen über eingehende E-Mails, aber auch das Leeren des Papierkorbs oder das Ändern des Designs. Das Soundschema, also die Gesamtheit der mit den verschiedenen Ereignissen verbundenen Klänge, gehört ebenfalls zu einem Design. Jedes Design hat daher sein eigenes Soundschema. Gehen Sie folgendermaßen vor, um beim Erstellen eines eigenen Designs (siehe dazu den vorhergehenden Abschnitt 4.4.3, »Eigene Designs erstellen«, ab Seite 186) gegebenenfalls das Soundschema nach Ihren Wünschen anzupassen:

1 Selektieren Sie im linken Bereich der Dialogseite **Personalisierung** der Einstellungen die Kategorie **Designs**. Klicken Sie im Abschnitt **Verwandte Einstellungen** des rechten Bereichs auf die Verknüpfung **Erweiterte Soundeinstellungen** ❶.

2 Es erscheint das Dialogfeld **Sound**, das Sie in der folgenden Abbildung sehen, mit der Registerkarte **Sounds** im Vordergrund. Im Listenfeld **Soundschema** ❷ steht, anders als in den Windows-Versionen vor Windows 8, nur mehr ein einziges vordefiniertes Soundschema zur Auswahl, nämlich **Windows-Standard**, das auch von allen vordefinierten Designs verwendet wird. Gehen Sie von diesem aus, wenn Sie für die meisten Ereignisse das Abspielen von Sounds wünschen und nur einige davon mit einem anderen Klang versehen wollen. Wählen Sie dagegen **Keine Sounds**, um praktisch ganz von vorne zu beginnen. Bei diesem Schema ist erst einmal keinem Ereignis ein Sound zugewiesen. Daher ist es sinnvoll, von diesem Schema auszugehen, wenn man nur ganz bestimmte Ereignisse mit Klängen verbinden will.

3 Um einem Programmereignis einen anderen Sound als den vordefinierten zuzuweisen, selektieren Sie das Programmereignis in der Liste ❸ und stellen im Listenfeld **Sounds** ❹ den Sound ein, der abgespielt werden soll, wenn das Ereignis eintritt (die Bezeichnung Programmereignisse ist hier eigentlich nicht ganz zutreffend, da die Liste auch solche Ereignisse enthält, die vom Betriebssystem selbst ausgelöst werden).

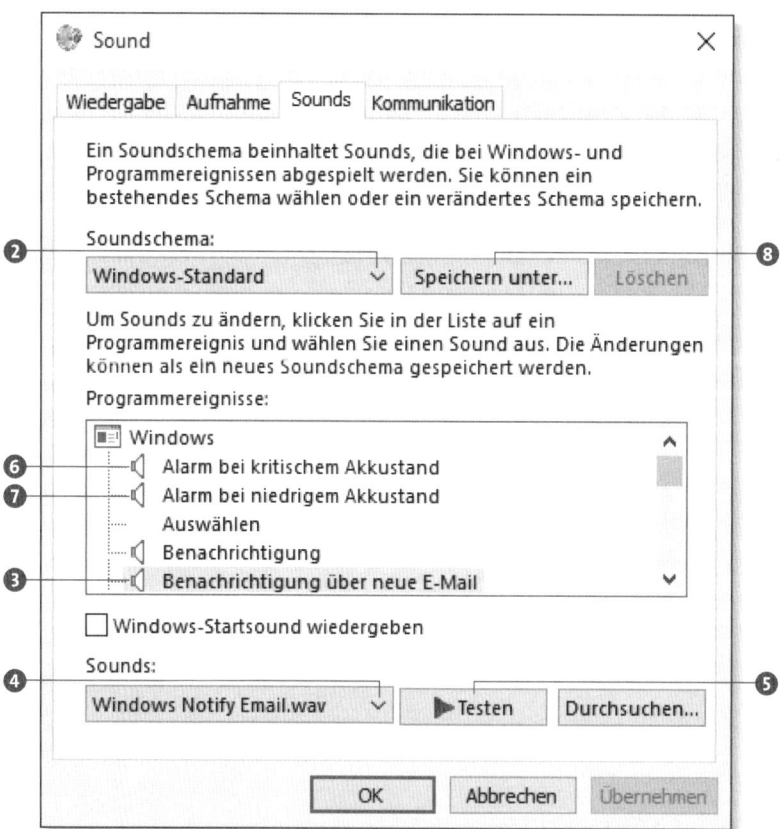

Verfahren Sie so mit allen Ereignissen, denen Sie einen anderen Sound zuweisen wollen. Über die Schaltfläche **Testen** ❺ können Sie sich den im Listenfeld **Sounds** eingestellten Klang sofort anhören.

Die Ereignisse **Alarm bei kritischem Akkustand** ❻ und **Alarm bei niedrigem Akkustand** ❼ stehen übrigens auch bei Desktopcomputern zur Verfügung, obwohl sie dort, weil kein Akku vorhanden ist, natürlich keinen Sinn ergeben. Bei einem Notebook und vor allem bei einem Tablet-PC sieht das natürlich ganz anders aus. Hier werden es vermutlich viele Anwender begrüßen, durch das Abspielen eines Sounds daran erinnert zu werden, wenn es an der Zeit ist, den Akku aufzuladen.

4 Schließen Sie das Dialogfeld mit **OK** oder klicken Sie auf **Übernehmen**, um die neuen Sounds zu verwenden.

Wenn Sie das bestehende Soundschema **Windows-Standard** wie beschrieben ändern oder von der Auswahl **Keine Sounds** ausgehen, verhält es sich praktisch genauso wie bei den Designs: Windows legt ein neues Soundschema mit dem Namen **Windows-Standard (geändert)** – oder **Keine Sounds (geändert)** – an, während das ursprüngliche Soundschema unverändert bleibt. Auf dieses können Sie jederzeit wieder zurückgreifen. Wenn Sie dem neuen Soundschema einen eigenen Namen geben wollen, klicken Sie auf die Schaltfläche **Speichern unter** ❽, geben im erscheinenden Dialogfeld **Schema speichern unter** einen Namen für das Soundschema ein und bestätigen mit **OK**.

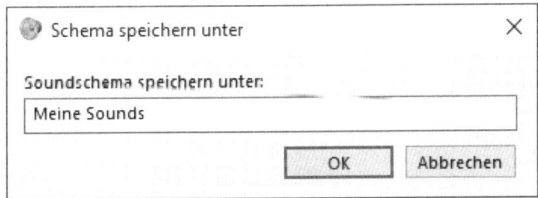

4.5   Den Sperrbildschirm anpassen

Der Sperrbildschirm ist standardmäßig dem Anmeldebildschirm vorgeschaltet. Er erscheint daher nach dem Hochfahren des Computers als Erstes und immer dann, wenn am Computer gerade niemand arbeitet, z. B. nachdem Sie den Computer in den Energiesparmodus versetzt, ihn gesperrt oder sich abgemeldet haben.

Sie können für den Sperrbildschirm ein anderes Hintergrundbild wählen und außerdem festlegen, welche Apps im Hintergrund weiter ausgeführt werden und auf dem Sperrbildschirm Informationen anzeigen dürfen.

4.5.1   Hintergrund für den Sperrbildschirm festlegen

Führen Sie folgende Schritte durch, um für den Sperrbildschirm ein anderes Hintergrundbild zu wählen:

1 Öffnen Sie das Startmenü und klicken Sie in diesem auf **Einstellungen** oder drücken Sie ⊞ + Ⅰ.

2 Klicken Sie auf der Startseite der Einstellungen auf den Abschnitt **Personalisierung**. Selektieren Sie im linken Bereich der erscheinenden Dialogseite die Kategorie **Sperrbildschirm**.

3 Ganz oben im rechten Bereich sehen Sie nun das Bild, das Windows 10 aktuell für den Sperrbildschirm verwendet ❶. Klicken Sie eines der Motive an, die sich darunter befinden ❷, um es als Hintergrund für den Sperrbildschirm festzulegen. Über die Schaltfläche **Durchsuchen** ❸ können Sie gegebenenfalls ein eigenes Bild für den Sperrbildschirm auswählen.

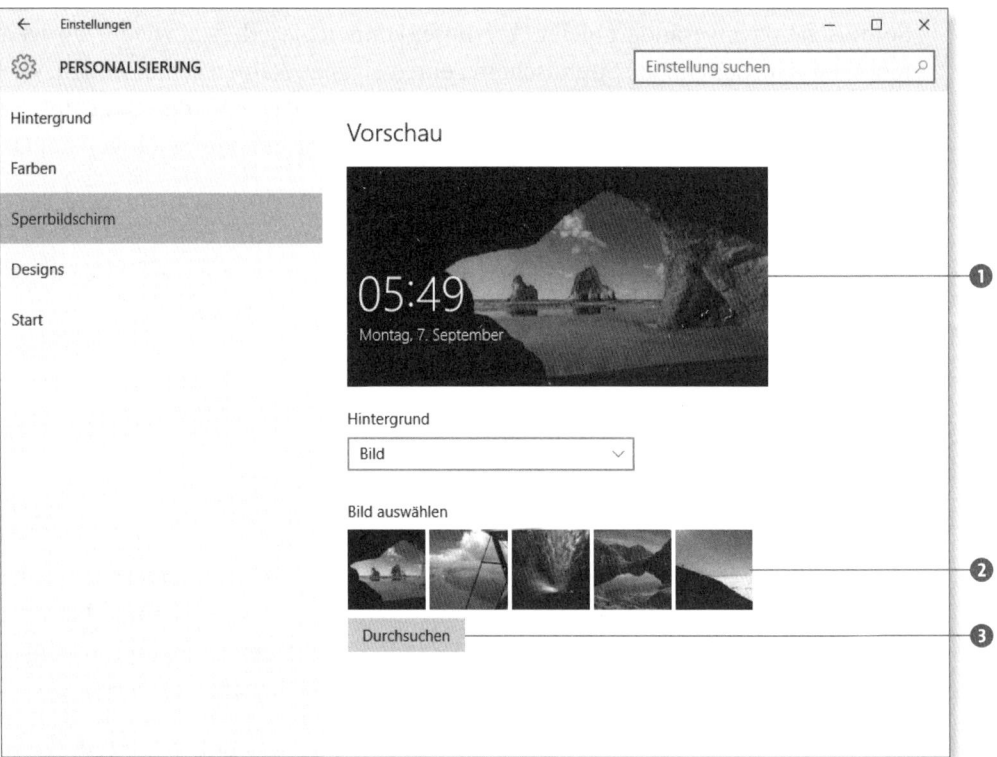

Wenn Sie wollen, können Sie auf dem Sperrbildschirm auch eine Diashow anzeigen. Stellen Sie dazu im Listenfeld **Hintergrund** den Auswahlpunkt **Diashow** ein ❹.

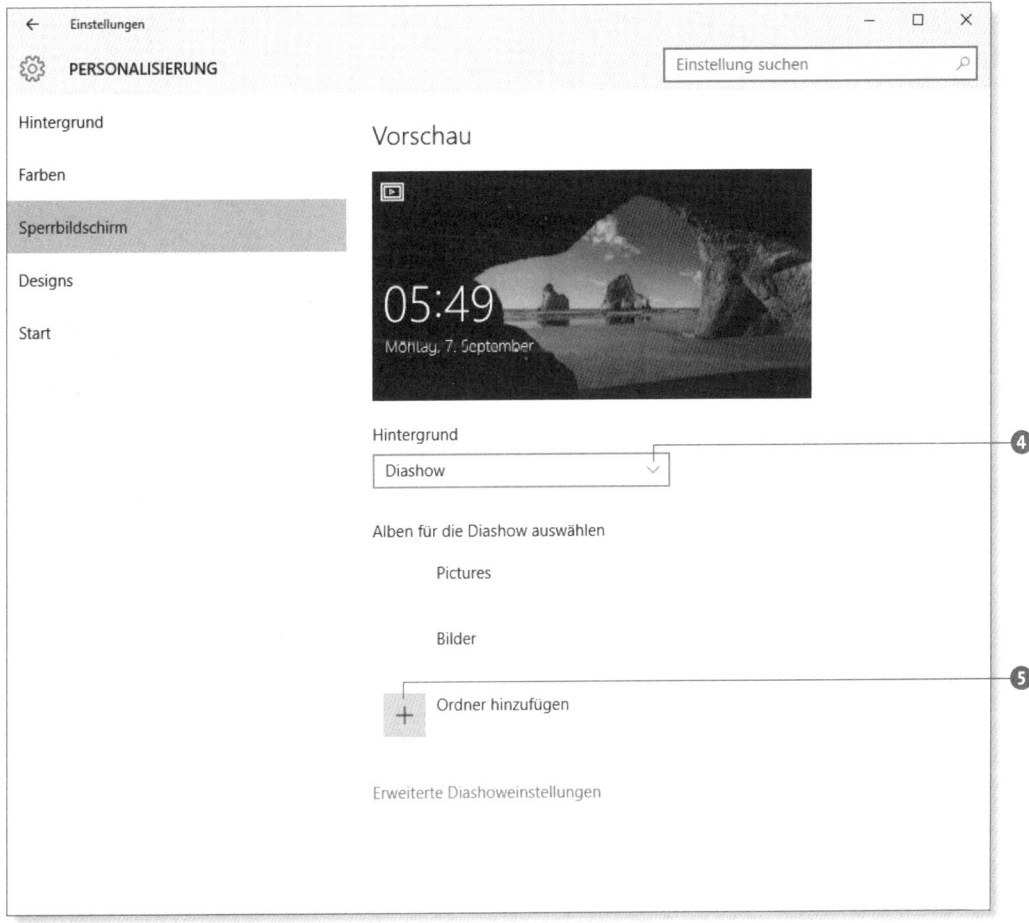

Abbildung 4.20 Diashow für den Sperrbildschirm konfigurieren

Standardmäßig verwendet Windows 10 für die Diashow die Bilder, die sich in Ihrem persönlichen Bilderordner befinden. Über das Symbol **Ordner hinzufügen** ❺ können Sie gegebenenfalls weitere Ordner für die Diashow hinzufügen. Möchten Sie den Bilderordner oder einen Ordner, den Sie selbst hinzugefügt haben, wieder ausschließen, klicken Sie auf das entsprechende Symbol (siehe Abbildung 4.21 auf Seite 194) und anschließend auf die Schaltfläche **Entfernen** ❻. Die Bilder des ausgeschlossenen Ordners werden dann von der Diashow nicht mehr berücksichtigt.

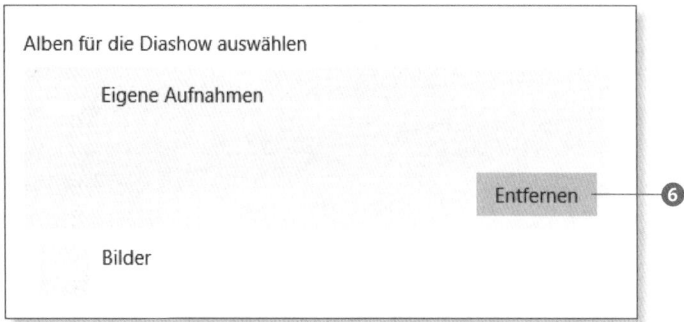

Alben für die Diashow auswählen

Eigene Aufnahmen

Entfernen ———— 6

Bilder

Abbildung 4.21 So schließen Sie einen Ordner von der Diashow auf dem Sperrbildschirm aus.

Zusätzlich zu den gezeigten Möglichkeiten gibt es auch innerhalb der vorinstallierten Fotos App eine Option, mit der ein einzelnes Foto als Hintergrund für den Sperrbildschirm festgelegt werden kann:

1 Starten Sie die Fotos-App, indem Sie auf der rechten Seite des Startmenüs auf die App-Kachel mit der Aufschrift **Fotos** klicken. Für die App-Kachel der Fotos-App ist standardmäßig die Live-Funktion eingeschaltet.

2 Klicken Sie in der Fotos-App auf das Bild, das Sie für den Sperrbildschirm verwenden wollen, um es in der Einzelbildansicht anzuzeigen.

3 Klicken Sie in der rechten oberen Ecke auf das Symbol mit den drei Punkten ❶ und im aufklappenden Menü auf **Als Sperrbildschirm** ❷. Alternativ können Sie auch [Strg] + [L] drücken.

Mit dem Befehl **Als Hintergrund festlegen** ❸ können Sie das angezeigte Foto für den Desktophintergrund verwenden. Der Befehl **Als Fotokachel festlegen** zeigt das Bild im Startmenü permanent auf der App-Kachel der Fotos-App an.

4.5.2   Informationen von Apps auf dem Sperrbildschirm anzeigen

Verschiedene Apps können weiter ausgeführt werden und auf dem Sperrbildschirm Informationen anzeigen, während der Computer gesperrt ist. Standardmäßig sind das unter Windows 10 die Apps Mail und Kalender, grundsätzlich können aber weitere Apps für die Anzeige von Infos auf dem Sperrbildschirm hinzugefügt werden – von den vorinstallierten Apps kommen z. B. noch die Wetter-App, die App Alarm & Uhr, die Kontakte-App, die Xbox-App oder z. B. auch die Store-App in Betracht.

Voraussetzung ist natürlich, dass eine App diese Funktion unterstützt. Außerdem muss die App natürlich auch entsprechende Informationen verwalten. Beispielsweise muss in der Mail-App zumindest ein E-Mail-Konto hinzugefügt sein, damit auf dem Sperrbildschirm entsprechende Informationen angezeigt werden können.

Gehen Sie folgendermaßen vor, um festzulegen, welche Apps Informationen auf dem Sperrbildschirm anzeigen dürfen:

1 Öffnen Sie wie beschrieben die Dialogseite **Personalisierung** der Einstellungen. Selektieren Sie im linken Bereich die Kategorie **Sperrbildschirm**.

2 Unten im rechten Bereich sehen Sie kleine Kacheln derjenigen Apps, die aktuell Informationen auf dem Sperrbildschirm anzeigen bzw. im Hintergrund weiter ausgeführt werden, wenn der Computer gesperrt ist. Standardmäßig sind das, wie gesagt, die Mail- ❶ und die Kalender-App ❷, wobei die Kalender-App für die zusätzliche Anzeige von ausführlichen Statusinfos ausgewählt ist ❸.

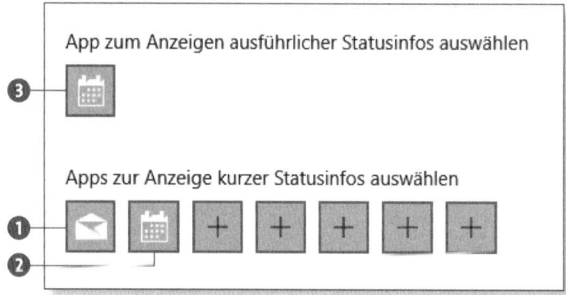

3 Klicken Sie die Kachel einer App an, von der Sie nicht möchten, dass sie auf dem Sperrbildschirm Informationen anzeigt. Klicken Sie anschließend im erscheinenden Popup-Fenster auf **Kein**. Daraufhin erscheint auf der Kachel ein Pluszeichen anstelle des App-Symbols.

4 Möchten Sie, dass eine weitere App Informationen auf dem Sperrbildschirm anzeigt, klicken Sie in der unteren Reihe auf eine der Kacheln mit dem Pluszeichen in der Mitte. Das aufklappende Popup-Fenster entspricht dem der Abbildung zu Schritt 3 und enthält alle installierten Apps, die dazu geeignet sind, Informationen auf dem Sperrbildschirm anzuzeigen. Um auf dem Sperrbildschirm z. B. Informationen der Wetter-App anzuzeigen, klicken Sie diese App im Popup-Fenster an.

Sie können auf die beschriebene Weise bis zu sieben Apps zur Anzeige von Statusinformationen auf dem Sperrbildschirm festlegen – so viele, wie in der unteren Reihe Kacheln vorhanden sind. Voraussetzung ist natürlich, dass auf dem Computer so viele Apps, die diese Funktionalität zur Verfügung stellen, installiert sind.

5 Zusätzlich können Sie speziell für eine einzige App ausführlichere Informationen auf dem Sperrbildschirm anzeigen – voreingestellt ist hierfür die Kalender-App.

Möchten Sie hierzu eine andere App bestimmen, klicken Sie auf die obere Kachel, unterhalb von **App zum Anzeigen ausführlicher Statusinfos auswählen** (siehe die Abbildung zu Schritt 2 auf Seite 196), und wählen im erscheinenden Popup-Fenster die gewünschte App aus. Von den vorinstallierten Apps ist jedoch neben der Kalender-App tatsächlich nur die Wetter-App dafür geeignet, mehr als die üblichen Statusinformationen anzuzeigen.

Möchten Sie, dass keine der Apps ausführliche Informationen auf dem Sperrbildschirm anzeigt, klicken Sie im Popup-Fenster wiederum auf **Kein** (siehe die Abbildung zu Schritt 3 auf Seite 196).

4.6   Ein Profilbild hinzufügen oder ändern

Das Profilbild eines Benutzerkontos erscheint auf dem Anmeldebildschirm und etwas kleiner im Startmenü neben dem Benutzernamen. Standardmäßig wird hier ein Platzhalter verwendet, der die Silhouette einer Person zeigt. Grundsätzlich können Sie als Profilbild jedes beliebige Bild verwenden, es muss nicht unbedingt ein Porträtfoto sein. Führen Sie gegebenenfalls folgende Schritte durch, um das Profilbild Ihres Benutzerkontos zu ändern:

1 Öffnen Sie das Startmenü und klicken Sie in der linken oberen Ecke auf Ihren Benutzernamen ❶. Wählen Sie **Kontoeinstellungen ändern** im erscheinenden Menü.

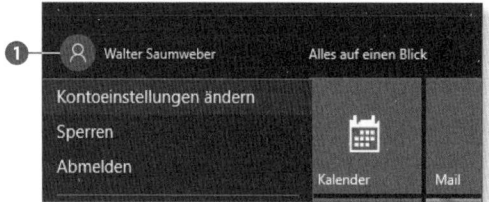

2 Es erscheint die Dialogseite **Konten** der Einstellungen mit der ausgewählten Kategorie **Ihr Konto**. Im rechten Bereich sehen Sie im Abschnitt **Profilbild** das aktuell verwendete Bild bzw. die besagte Silhouette ❷. Klicken Sie darunter auf die Schaltfläche **Durchsuchen** ❸.

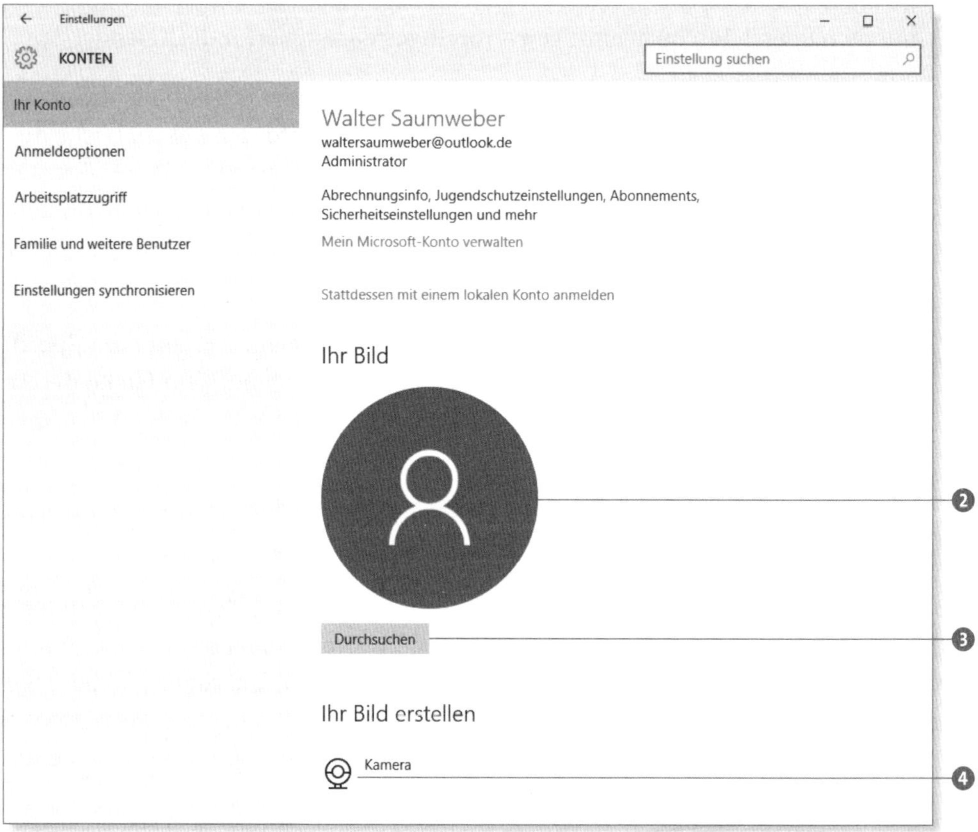

Wenn Ihr Computer mit einer Webcam ausgestattet ist, können Sie die Kamera-App starten, um eine Aufnahme zu machen und diese als Profilbild zu verwenden – das Profilbild wird nach der Aufnahme sofort ausgetauscht. Klicken Sie dazu im unteren Abschnitt **Ihr Bild erstellen** auf das Kamerasymbol ❹.

3 Wählen Sie im erscheinenden Explorer-Fenster dasjenige Bild aus, das Sie als Profilbild verwenden wollen. Klicken Sie anschließend unten auf die Schaltfläche **Bild auswählen**.

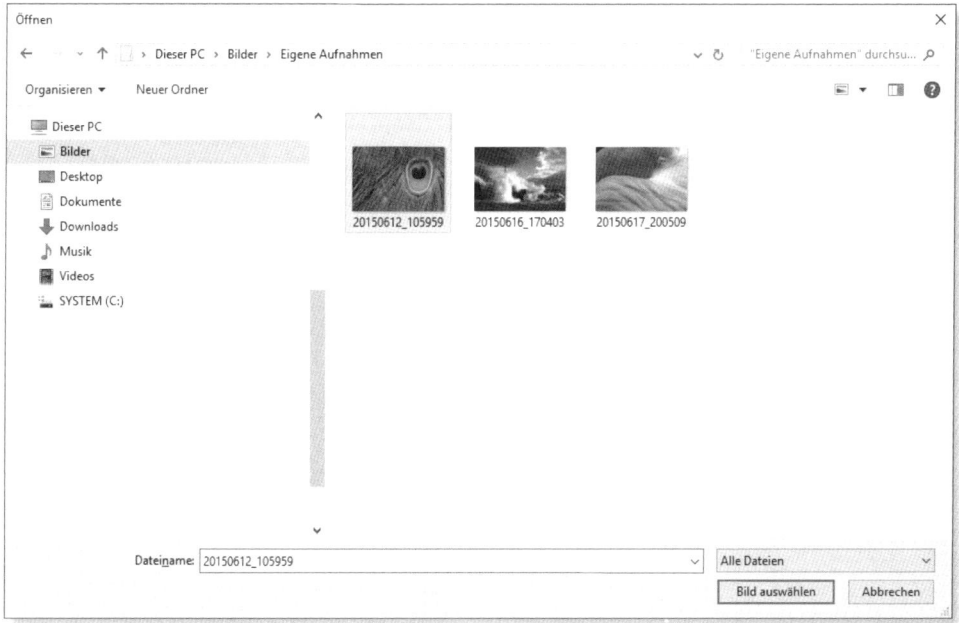

Nachdem Sie Ihr Profilbild eventuell weitere Male wie beschrieben ausgetauscht haben, erscheinen auf der Dialogseite **Ihr Konto** neben dem aktuell verwendeten Profilbild alle Bilder, die Sie in der Vergangenheit bereits als Profilbild verwendet hatten. Wenn Sie eines der angezeigten Bilder später einmal wieder als Profilbild festlegen wollen, brauchen Sie es hier nur anzuklicken.

Profilbild ändern bei einem Microsoft-Konto
Beachten Sie, dass das Profilbild eines Microsoft-Kontos nicht lokal auf dem Computer gespeichert wird, sondern online, da es zum Konto selbst gehört. Daher erscheint das neue Profilbild, wenn Sie es für ein Microsoft-Konto ändern, gegebenenfalls auch an anderen Stellen. Umgekehrt sehen Sie das aktualisierte Profilbild in Windows 10, wenn Sie es z. B. direkt in Ihrem Account unter *https://account.microsoft.com* ändern. Allerdings kann die Aktualisierung unter Umständen ein bis zwei Tage dauern.

INFO

199

4.7 Einstellungen und Systemsteuerung

In Windows 10 gibt es zwei Anlaufstellen, an denen Sie Einstellungen bezüglich des Verhaltens des Betriebssystems vornehmen können: die Systemsteuerung und die Einstellungen. Die Einstellungen können Sie durch Drücken von ⊞ + Ⓘ öffnen, außerdem enthält das Startmenü eine entsprechende Verknüpfung. Die Verknüpfung für die Systemsteuerung ist im Startmenü etwas versteckt, Sie finden sie über **Alle Apps** unter **Windows-Zubehör**. Schneller können Sie die Systemsteuerung über das kleine Menü öffnen, das per Rechtsklick auf das Windows-Symbol in der Taskleiste erscheint.

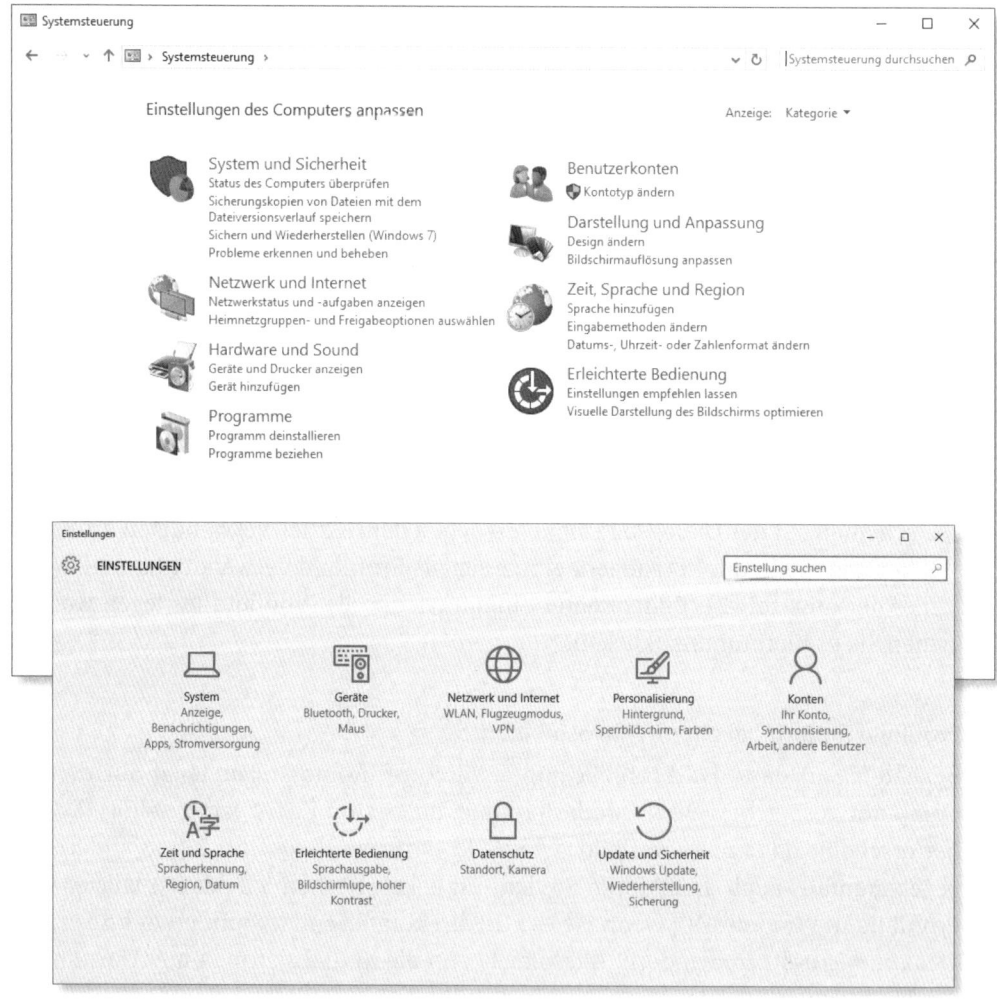

Abbildung 4.22 In Windows 10 stehen nun neben der klassischen Systemsteuerung auch die »Einstellungen« zur Verfügung, deren Optionen sich auch nicht in Teilbereichen unbedingt immer decken.

Während die Systemsteuerung jedoch eine Vielzahl von Optionen zur Verfügung stellt, hat Microsoft für die Einstellungen eine Auswahl getroffen. Hier werden vor allem solche Optionen angeboten, von denen anzunehmen ist, dass die meisten Anwender sie häufig benötigen. Dementsprechend sind die Einstellungen auch übersichtlicher, so dass man sich in der Regel schnell zurechtfindet. Außerdem sind die Einstellungen besser für die Touchbedienung geeignet, da die Elemente (Schaltflächen, Verknüpfungen usw.) hier etwas größer sind.

Allerdings hat Microsoft in der Vergangenheit (die Einstellungen wurden mit Windows 8 eingeführt) ständig an den Einstellungen »herumgebastelt« (auch mittels Windows Updates), während die Systemsteuerung seit mehreren Windows-Versionen kaum Veränderungen erfuhr. Bleibt zu hoffen, dass die Windows-10-Anwender in der Zukunft nicht ständig mit (teilweise wenig sinnvollen) Änderungen in den Einstellungen konfrontiert werden, wie das unter Windows 8 bzw. Windows 8.1 und auch bei den Previews von Windows 10 der Fall war.

Wenngleich die meisten in den Einstellungen angebotenen Optionen auch in der Systemsteuerung zur Verfügung stehen, ist es unter Windows 10 im Übrigen nicht mehr so, dass es sich bei den Einstellungen um eine echte Teilmenge der Systemsteuerung handelt. Einige Optionen wurden aus der Systemsteuerung komplett herausgenommen und in die Einstellungen integriert. Ein Beispiel sind die im letzten Abschnitt erörterten Designeinstellungen, die sich praktisch auf Systemsteuerung und Einstellungen verteilen. Im Übrigen kommt es vor, dass man über einen Dialog der Systemsteuerung direkt zu den Einstellungen gelangt und umgekehrt (was ebenfalls an den Designeinstellungen zu sehen war), und wenn eine Option an beiden Orten zur Verfügung steht, bleibt es natürlich dem Anwender überlassen, wo er gewünschte Änderungen vornehmen will.

Abbildung 4.23 auf Seite 202 zeigt die Startseite der Systemsteuerung in der Kategorieansicht. Indem Sie eine der Kategorien anklicken oder eine der Verknüpfungen innerhalb einer Kategorie, gelangen Sie zu weiteren Kategorien bzw. über die Verknüpfungen direkt zu den entsprechenden Dialogen.

Falls Ihnen das mehr zusagt, können Sie auf der Startseite der Systemsteuerung eine Symbolansicht einstellen, zur Auswahl stehen kleine oder große Symbole. Klicken Sie dazu auf das Listenfeld neben **Anzeige** ❶ (Abbildung 4.23) und wählen Sie in der aufklappenden Liste **Große Symbole** oder **Kleine Symbole**.

Abbildung 4.23 Startseite der Systemsteuerung in der Kategorieansicht

In der Symbolansicht sehen Sie alle Elemente der Systemsteuerung auf einer einzigen Seite mit Symbol und Namen in alphabetischer Reihenfolge aufgelistet. Abbildung 4.24 zeigt diese Ansicht mit großen Symbolen. Wenn Sie eines der Symbole oder die nebenstehende Beschreibung anklicken, öffnet sich die entsprechende Dialogseite oder ein Dialogfenster. Hier können Sie z. B. auch die Dialogseite **Anpassung** direkt aufrufen ❷.

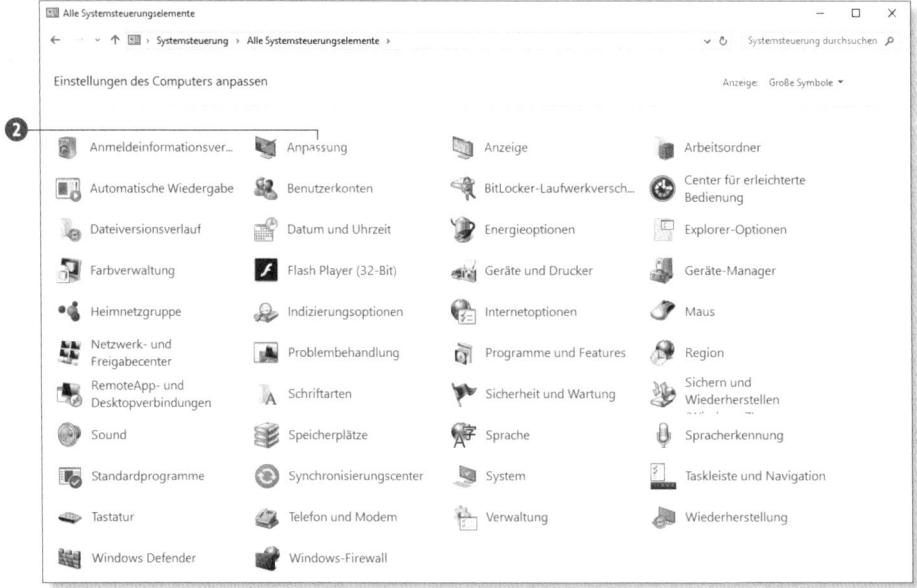

Abbildung 4.24 Symbolansicht der Systemsteuerung mit großen Symbolen

Standard-Apps festlegen

Wenn Sie von Windows 7 oder Windows 8 bzw. Windows 8.1 ein Upgrade auf Windows 10 durchgeführt haben, kann es vorkommen, dass die Zuordnungen der Dateitypen zu den Standardprogrammen durcheinandergeraten sind. Im Klartext kann das z. B. heißen, dass im Explorer ein Doppelklick auf eine Videodatei nicht mehr wie gewohnt den VLC Player, sondern die App *Filme & TV* startet und eine MP3-Audiodatei wird standardmäßig mit der App *Groove-Musik* abgespielt. In den Einstellungen können Sie die von Ihnen bevorzugten Dateizuordnungen für die wichtigsten Programme schnell wiederherstellen. Wählen Sie auf der Startseite der Einstellungen **System** und anschließend **Standard-Apps** ❶. Klicken Sie im rechten Bereich auf die entsprechenden Einträge und wählen Sie im erscheinenden Popup Fenster die neuen Standard-Apps aus. Wenn Sie z. B. möchten, dass Desktopverknüpfungen von Webseiten fürs Erste nicht mit Microsoft Edge, sondern wie gewohnt mit dem Internet Explorer geöffnet werden, klicken Sie im Abschnitt **Webbrowser** auf den dort eingestellten Microsoft Edge ❷ und anschließend im Popup-Fenster auf Internet Explorer ❸. Mehr zu den Standardprogrammen erfahren Sie in Kapitel 8, »Apps installieren und verwalten«, ab Seite 403.

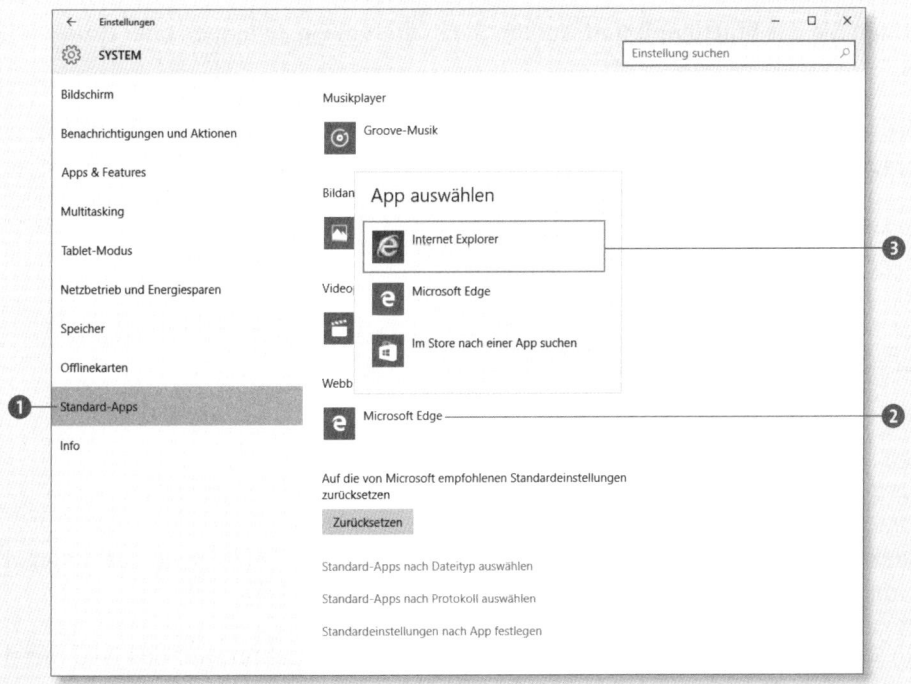

Abbildung 4.25 In den Einstellungen können Sie für die wichtigsten Programme schnell die gewohnten Standards wiederherstellen.

4.8   Windows 10 und die Zeit

Das aktuelle Datum und die aktuelle Uhrzeit erscheinen rechts unten im Infobereich der Taskleiste. Mit »aktuellem Datum und aktueller Uhrzeit« ist zunächst einmal die auf dem Computer eingestellte Zeit gemeint, unter der Voraussetzung, dass diese korrekt ist (standardmäßig ist Windows 10 so eingestellt, dass es die korrekte Uhrzeit automatisch über das Internet aktualisiert). Die auf dem Computer eingestellte Zeit wird auch zum Ausführen geplanter Aufgaben (Tasks) und auch von einigen Apps verwendet.

4.8.1   Andere Zeitzonen einstellen

Wenn Sie nicht selbst – möglicherweise aus guten Gründen – etwas an Datum und Uhrzeit geändert haben, können Sie davon ausgehen, dass auf Ihrem Computer immer die korrekte Zeit eingestellt ist. Die Zeitzone, in der Sie sich befinden, haben Sie ja bereits bei der ersten Konfiguration von Windows 10 angegeben. Wenn diesbezüglich Veränderungen stattfinden – z. B. weil Sie an einen Ort gereist sind, der in einer anderen Zeitzone liegt –, können Sie die neue Zeitzone wie folgt einstellen:

1 Öffnen Sie das Startmenü und wählen Sie in diesem **Einstellungen** oder drücken Sie ⊞ + Ⅰ.

2 Klicken Sie auf der Ausgangsseite der Einstellungen auf den Abschnitt **Zeit und Sprache**.

Zeit und Sprache
Spracherkennung,
Region, Datum

3 Selektieren Sie im linken Bereich der erscheinenden Dialogseite die Kategorie **Datum und Uhrzeit**.

4 Klicken Sie auf der rechten Seite im gleichnamigen Abschnitt auf das Feld mit der eingestellten Zeitzone ❶.

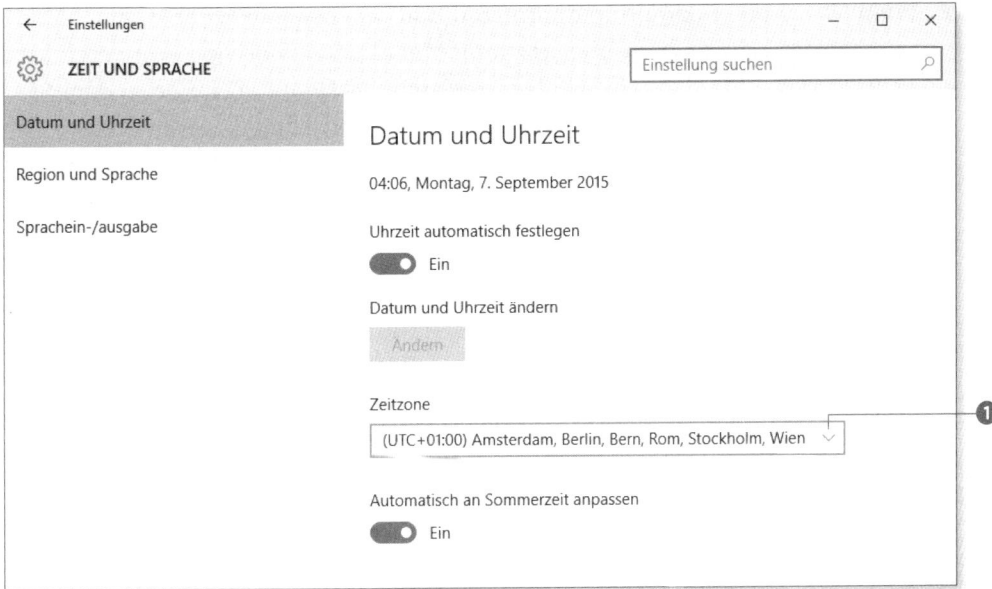

5 Daraufhin öffnet sich die Liste, die Sie in der folgenden Abbildung sehen. Scrollen Sie hier gegebenenfalls nach unten oder nach oben, um alle Zeitzonen zu sehen – ein Scrollbalken erscheint am rechten Rand, sobald Sie die Maus in das Popup-Fenster bewegen. Wenn Sie wollen, können Sie zur Auswahl auch die Pfeiltasten auf der Tastatur verwenden.

6 Klicken Sie in der Liste auf die Zeitzone, in der Sie sich befinden.

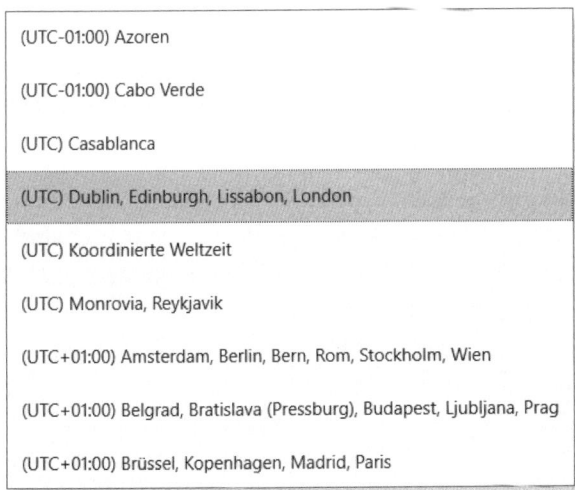

7 Windows 10 passt daraufhin die Uhrzeit und gegebenenfalls das Datum sofort der geänderten Zeitzone an, wobei es standardmäßig Sommer- und Winterzeit berücksichtigt. Wenn Sie das nicht wollen, deaktivieren Sie diese Option, indem Sie den Kippschalter unterhalb von **Automatisch an Sommerzeit anpassen** auf **Aus** stellen.

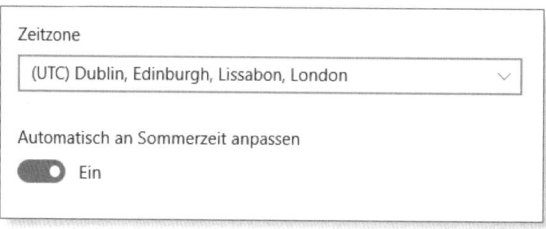

4.8.2   Die auf dem Computer eingestellte Zeit ändern

Gehen Sie folgendermaßen vor, wenn das Datum bzw. die Uhrzeit nicht korrekt eingestellt ist oder Sie die auf dem Computer eingestellte Zeit aus anderen Gründen ändern wollen:

1 Öffnen Sie wie beschrieben die Dialogseite **Zeit und Sprache**. Selektieren Sie im linken Bereich der Dialogseite die Kategorie **Datum und Uhrzeit**.

Die Dialogseite können Sie auch aufrufen, indem Sie im Infobereich der Taskleiste mit der rechten Maustaste auf die Zeit-/Datumsanzeige klicken und im Kontextmenü den Befehl **Datum/Uhrzeit ändern** wählen.

2 Stellen Sie auf der rechten Seite den obersten Kippschalter im Abschnitt **Datum und Uhrzeit** auf **Ein**, wenn Sie wollen, dass Windows 10 die Zeit entsprechend der gewählten Zeitzone automatisch festlegt. Mehr brauchen Sie in diesem Fall nicht mehr zu tun.

Wenn der Schalter bereits auf **Ein** steht – was die Standardeinstellung ist –, auf dem Computer aber dennoch die falsche Zeit eingcstellt ist, empfiehlt es sich, zwischenzeitlich den Schalter auf **Aus** zu setzen und vorher eventuell eine beliebige andere Zeitzone zu wählen. Stellen Sie anschließend wieder die Zeitzone ein, in der Sie sich befinden, und setzen Sie den Schalter wieder auf **Ein**. Danach sollte Windows 10 selbstständig die korrekten Zeitangaben ermitteln.

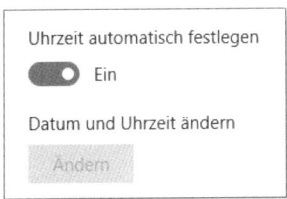

3 Wenn Sie Uhrzeit bzw. Datum selbst festlegen möchten, stellen Sie den obersten Kippschalter im Abschnitt **Datum und Uhrzeit** auf **Aus**. Klicken Sie anschließend auf die danach aktivierte Schaltfläche **Ändern**. Stellen Sie in den Feldern des erscheinenden Dialogfeldes das gewünschte Datum und die gewünschte Uhrzeit ein. Klicken Sie auch hier auf **Ändern**, wenn Sie fertig sind.

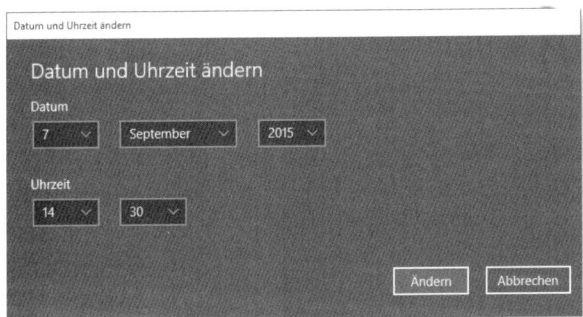

Beachten Sie, dass Datum und Uhrzeit, die auf dem Computer eingestellt sind, sich nicht auf ein bestimmtes Benutzerkonto beziehen. Das heißt, wenn ein Benutzer wie beschrieben das Datum oder die Zeit umstellt, wirkt sich das auch für alle anderen Benutzer aus. Auch diese sehen den vom anderen Benutzer zuletzt eingestellten Zeitpunkt, wenn sie sich das nächste Mal am Computer anmelden. Das Gleiche gilt im Übrigen auch für Änderungen der Zeitzone.

4.8.3   Mehrere Uhren für verschiedene Zeitzonen anzeigen

Wenn Sie möchten, können Sie der Datum-/Zeitanzeige im Infobereich der Taskleiste weitere Uhren für verschiedene Zeitzonen wie folgt hinzufügen:

1 Klicken Sie auf der Dialogseite **Zeit und Sprache** (Kategorie **Datum und Uhrzeit**) auf die Verknüpfung **Uhren für unterschiedliche Zeitzonen hinzufügen** ❶. Diese Verknüpfung befindet sich im rechten Bereich ganz unten, im letzten Abschnitt **Verwandte Einstellungen**.

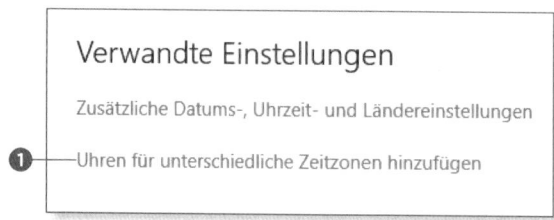

2 Auf der Registerkarte **Zusätzliche Uhren** des erscheinenden Dialogfeldes **Datum und Uhrzeit** können Sie bis zu zwei weitere Uhren konfigurieren. Aktivieren Sie dazu jeweils das Kontrollkästchen vor **Diese Uhr anzeigen ❷**, stellen Sie in den Listenfeldern die gewünschten Zeitzonen ein ❸ und geben Sie den Uhren einen Anzeigenamen ❹, wobei es natürlich Ihnen überlassen bleibt, ob Sie beide oder nur eine zusätzliche Uhr konfigurieren wollen. Im letzteren Fall lassen Sie die Felder des unteren Abschnitts so, wie sie sind.

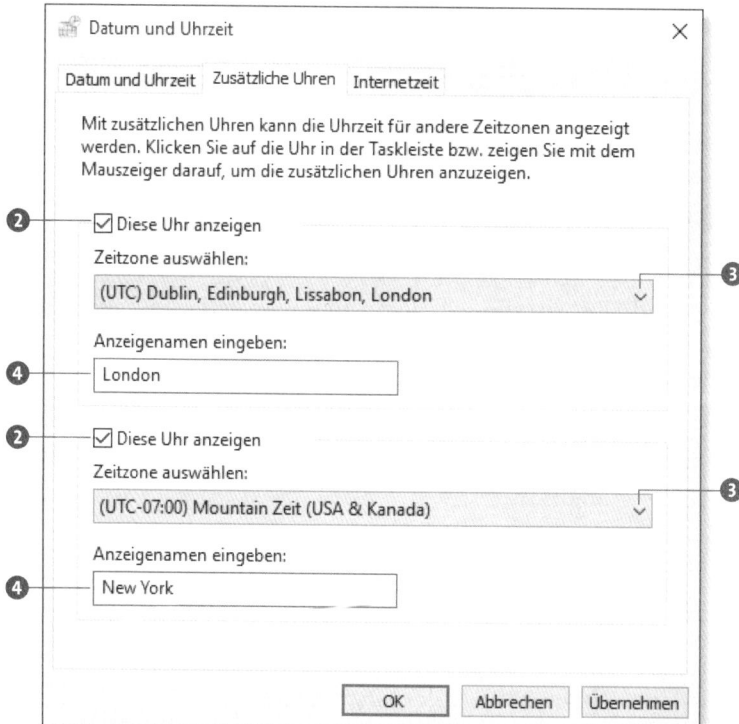

3 Bestätigen Sie die Änderungen im Dialogfeld **Datum und Uhrzeit** mit **OK**. Danach hält Sie Windows 10 über drei Zeitzonen auf dem Laufenden.

Wenn Sie nun im Infobereich der Taskleiste auf die Zeit-/Datumsanzeige klicken, informiert Sie das aufspringende Fenster über die eingestellten Zeitzonen. Der Text, der über den Uhren zu lesen ist (**London** und **New York** ➎), ist der Anzeigename, den Sie im Dialogfeld **Datum und Uhrzeit** für die Uhren vergeben haben (siehe die Abbildung zu Schritt 2).

Abbildung 4.26 Zusätzliche Uhren für die Zeitzonen von London und New York

Eine gleichermaßen aussagekräftige Kurzinfo erhalten Sie, wenn Sie den Mauszeiger nur über die Anzeige halten, ohne diese anzuklicken (siehe Abbildung 4.27).

209

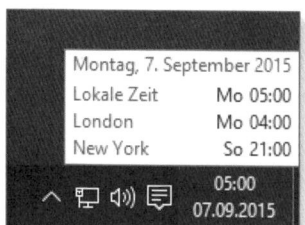

Abbildung 4.27 Die gleichen Informationen erscheinen als Kurzinfo, wenn Sie mit dem Mauszeiger eine kurze Weile auf der Datum-/Zeitanzeige verweilen.

4.9   Nützliche Tastenkombinationen

Zum Abschluss dieses Kapitels finden Sie in der folgenden Tabelle eine Reihe von wichtigen oder besonders nützlichen Tastenkombinationen für Windows 10. Die Aufstellung ist nicht abschließend, im Verlauf dieses Buches lernen Sie noch weitere Tastenkürzel und Tastenkombinationen kennen.

Tastenkombination	Beschreibung
⊞	Öffnet bzw. schließt das Startmenü.
⊞ + D	Zeigt den Desktop an. Wiederholtes Drücken bringt die zuvor geöffneten Anwendungsfenster wieder zum Vorschein.
⊞ + M	Minimiert alle Anwendungsfenster.
⊞ + ⇧ + M	Stellt alle minimierten Fenster wieder her.
⊞ + I	Öffnet die Einstellungen.
⊞ + E	Öffnet ein neues Explorer-Fenster.
⊞ + Pause	Öffnet die Seite **System** der Systemsteuerung.
⊞ + L	Sperrt den Computer.
⊞ + →	Dockt ein Anwendungsfenster am rechten Bildschirmrand an, so dass es genau die Hälfte des Bildschirms einnimmt.
⊞ + ←	Dockt ein Anwendungsfenster am linken Bildschirmrand an, ansonsten wie ⊞ + → .
Strg + A	Wählt alle Objekte in einem Fenster bzw. in einem Bereich zusammen aus.

Tastenkombination	Beschreibung
Strg + C	Kopiert das ausgewählte Objekt.
Strg + V	Fügt ein kopiertes Objekt an der aktuellen Stelle ein.
Strg + X	Schneidet das ausgewählte Objekt aus.
Strg + Z	Macht eine Aktion rückgängig. Wiederholtes Drücken stellt den Zustand vor dem Rückgängigmachen wieder her.
Alt + ↵	Zeigt die Eigenschaften eines Objekts an.
Alt + F4	Schließt das aktive Anwendungsfenster bzw. die aktive App.
⇧ + Entf	Löscht das ausgewählte Objekt.
Alt + ⇆	Erlaubt es, zwischen geöffneten Anwendungsfenstern zu wechseln.

5   Touchbedienung und Tablet-Modus

Dieses Kapitel richtet sich an diejenigen Leser, die Windows 10 mit einem Touchbildschirm verwenden. Sie werden schnell merken, wie intuitiv die Bedienung unter Zuhilfenahme der Finger vor allem im Tablet-Modus sein kann.

Unter dieser Oberfläche lässt sich ein Notebook, ein Ultrabook oder ein Tablet-PC praktisch genauso bedienen wie ein Smartphone und der eine oder andere Anwender mag die Touchbedienung – vorausgesetzt, er hat die Wahl – möglicherweise auch auf einem Desktop-PC bevorzugen. In diesem Kapitel erfahren Sie das Wichtigste, was Sie zur Touchbedienung von Windows 10 wissen müssen.

5.1   Besitze ich einen Touchscreen?

Der Umfang der Touchunterstützung hängt immer vom verwendeten Bildschirm ab. Manche Touchscreens unterstützen drei, andere fünf und mehr gleichzeitige Berührungspunkte (Touchpunkte) und auf einigen Touchscreens ist neben der Fingereingabe auch die Stifteingabe möglich.

Wenn Sie sich nicht darüber im Klaren sind, ob bzw. inwieweit Ihr Bildschirm Touchfunktionen unterstützt, können Sie sich die notwendigen Informationen in der Systemsteuerung oder auch in den Einstellungen anzeigen lassen:

- Um die entsprechende Dialogseite der Systemsteuerung aufzurufen, klicken Sie in der Taskleiste mit der rechten Maustaste auf das Windows-Symbol und wählen **System** im erscheinenden Kontextmenü. Es erscheint die Dialogseite **Basisinformationen über den Computer anzeigen**. Die Angaben bezüglich Unterstützung von Stift- und Fingereingabe finden Sie im Abschnitt **System** ganz unten neben **Stift- und Toucheingabe** ❶. Gegebenenfalls erfahren Sie hier auch, wie viele Berührungspunkte gleichzeitig erkannt werden.

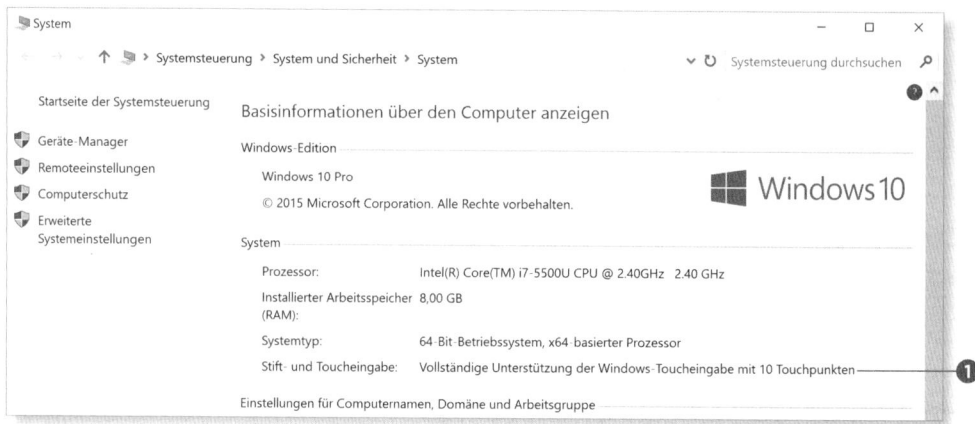

Abbildung 5.1 Dialogseite »System/Basisinformationen über den Computer anzeigen« in der Systemsteuerung

- In den Einstellungen wählen Sie auf der Ausgangsseite den Abschnitt **System** und danach **Info**. Die Informationen über die Unterstützung von Stift- und Toucheingabe finden Sie im ersten Abschnitt des rechten Bereichs ❷.

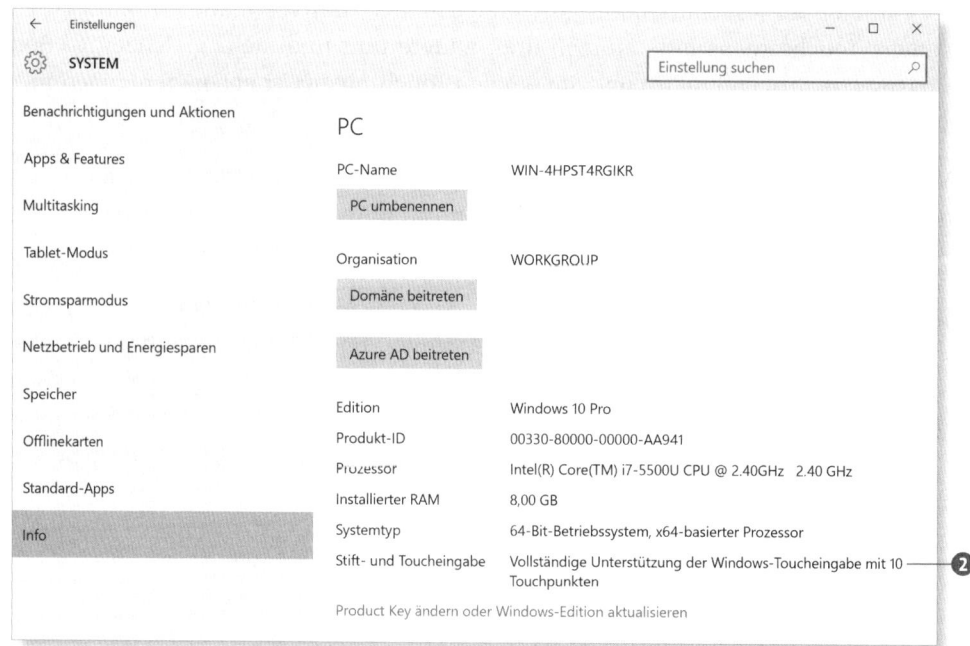

Abbildung 5.2 Die Informationen zur Touchunterstützung erhalten Sie unter Windows 10 auch in den Einstellungen.

Das in Abbildung 5.1 und Abbildung 5.2 wiedergegebene Gerät unterstützt die Toucheingabe in vollem Umfang, jedoch keine Stifteingabe. Bei Computern ohne Stift- und Touchunterstützung finden Sie an den entsprechenden Stellen die Mitteilung *Für diese Anzeige ist keine Stift- oder Toucheingabe verfügbar*.

5.2   Den Tablet-Modus aktivieren

Wenn Sie den Tablet-Modus verwenden wollen, müssen Sie diesen auf Ihrem Gerät möglicherweise erst aktivieren:

1 Klicken bzw. tippen Sie auf das Windows-Symbol in der Taskleiste und wählen Sie **Einstellungen** im Startmenü. Alternativ können Sie auch ▦ + I drücken, um die Einstellungen zu öffnen.

2 Klicken bzw. tippen Sie auf der Ausgangsseite der Einstellungen auf den Abschnitt **System**.

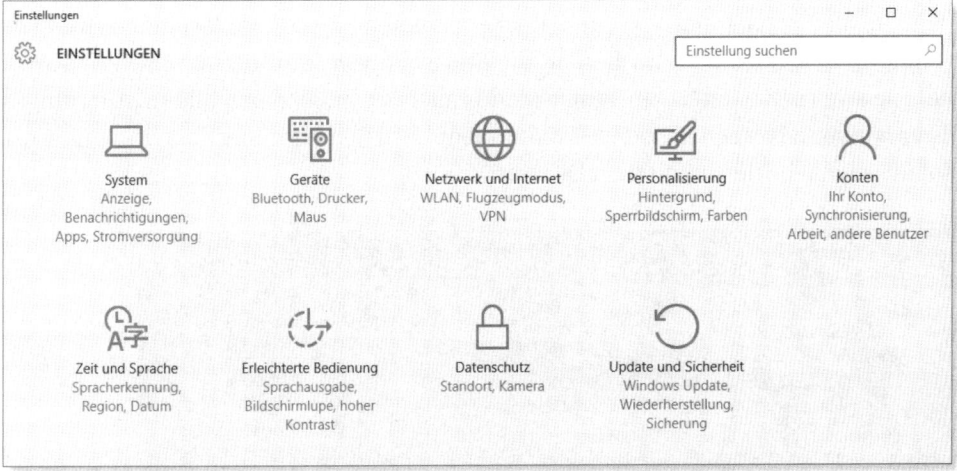

3 Selektieren Sie im linken Bereich der erscheinenden Dialogseite nun die Kategorie **Tablet-Modus**.

4 Setzen Sie den oberen Schalter im rechten Bereich auf **Ein** ❶, um den Tablet-Modus einzuschalten.

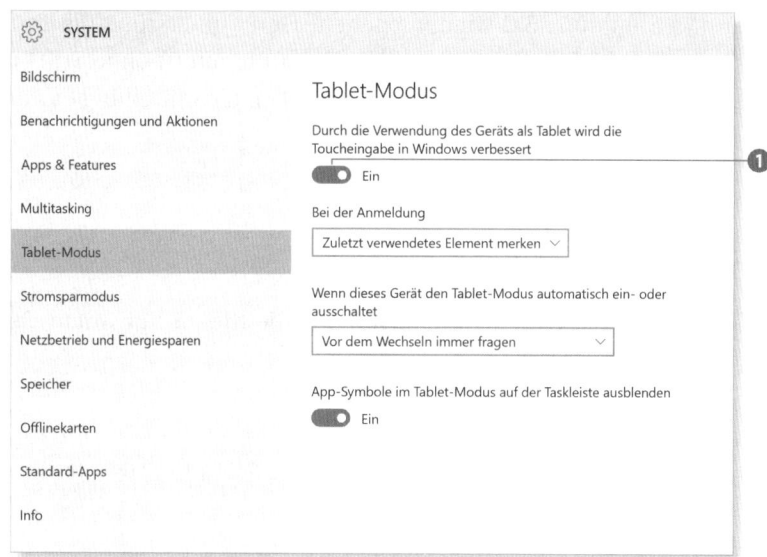

Im Tablet-Modus finden Sie die App-Kacheln, die im normalen Modus im Startmenü angeheftet sind, direkt auf dem Desktop. Hier brauchen Sie eine App-Kachel nur anzutippen, um die App zu starten. Weitere Kacheln können Sie nach Bedarf hinzufügen. Somit erinnert das Design ein bisschen an die Startseite von Windows 8 bzw. Windows 8.1, beispielsweise können Sie im Tablet-Modus auch Kachelgruppen bilden. Allerdings gibt es in Windows 10 auch im Tablet-Modus keine zwei Benutzeroberflächen, sondern alles spielt sich nach wie vor auf dem Desktop ab.

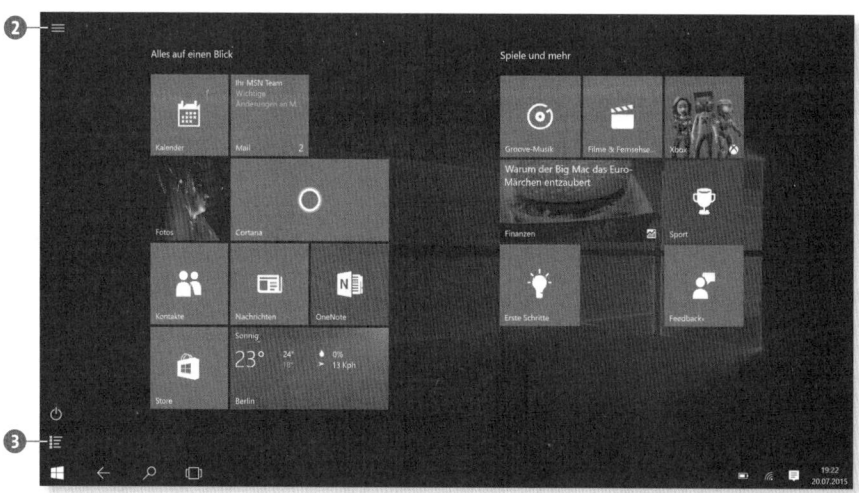

Abbildung 5.3 Auf einem Ultrabook eingeschalteter Tablet-Modus: App-Kacheln auf dem Desktop statt im Startmenü

Das Windows-Symbol öffnet im Tablet-Modus nicht mehr das Startmenü, sondern es dient zum Wechseln zwischen der aktuell geöffneten App bzw. dem aktuell geöffneten Programm und dem Desktop mit seinen App-Kacheln. Mit dem Symbol, das sich ganz oben am linken Rand befindet (❷ in Abbildung 5.3), können Sie jedoch das Startmenü – genau genommen die linke Hälfte davon – anzeigen (siehe Abbildung 5.4).

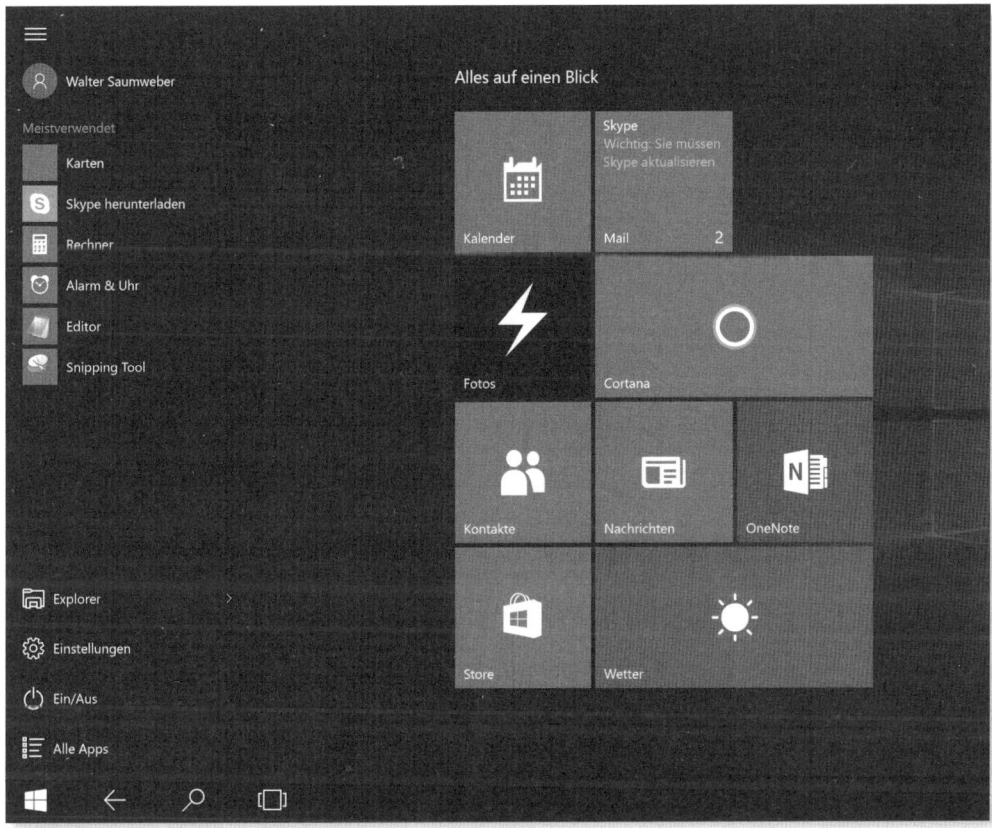

Abbildung 5.4 Auch im Tablet-Modus lässt sich der wichtigste Teil des Startmenüs öffnen.

Mit dem Symbol **Alle Apps** (❸ in Abbildung 5.3), das sich im Tablet-Modus wie das Symbol zum Herunterfahren des Computers ebenfalls direkt auf dem Desktophintergrund befindet, können Sie eine alphabetisch geordnete Übersicht der installierten Apps und Programme sofort anzeigen, ohne erst das Startmenü öffnen zu müssen (siehe Abbildung 5.5).

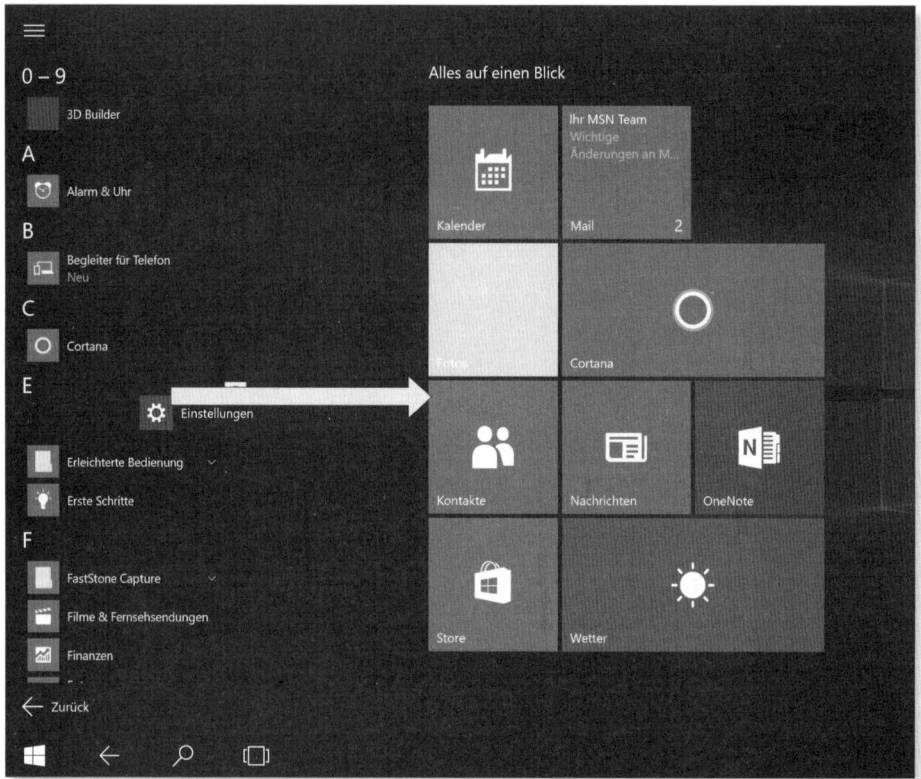

Abbildung 5.5 Ziehen Sie eine App aus der Alle-Apps-Übersicht einfach auf den Desktop, wenn Sie dort eine Kachel für die App hinzufügen wollen.

Um für eine App oder ein Programm eine weitere Kachel auf dem Desktop hinzuzufügen, ziehen Sie einfach die Symbolverknüpfung aus der Alle-Apps-Übersicht an die gewünschte Stelle auf dem Desktop, so wie es in Abbildung 5.5 für die Einstellungen-App dargestellt ist. Die ursprüngliche Verknüpfung bleibt bei diesem Vorgang erhalten, wenngleich sie sich dem Augenschein nach zunächst von der Alle-Apps-Übersicht zu lösen scheint.

Sie können im Tablet-Modus auf dem Desktop auch neue Kachelgruppen erstellen und diese benennen. Gehen Sie dabei folgendermaßen vor:

1 Ziehen Sie die erste Kachel, die Sie in der neuen Gruppe platzieren wollen, auf eine freie Stelle außerhalb der bestehenden Kachelgruppen.

Sie können die neue Kachelgruppe z. B. rechts neben der letzten Kachelgruppe, aber auch oberhalb oder unterhalb einer vorhandenen Kachelgruppe anlegen.

2 Halten Sie die Maustaste so lange gedrückt bzw. verweilen Sie mit dem Finger so lange auf der App-Kachel, bis der vertikale Balken erscheint, der in der folgenden Abbildung zu sehen ist **❶**. Lassen Sie die Maustaste dann los bzw. entfernen Sie den Finger vom Bildschirm.

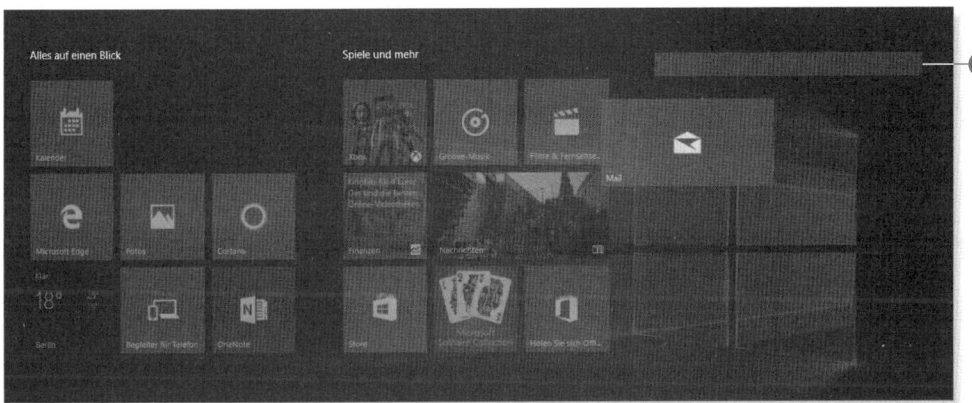

3 Nachdem die neue Gruppe erstellt ist, können Sie ihr weitere App-Kacheln hinzufügen, indem Sie diese in den entsprechenden Bereich ziehen.

4 Um eine Gruppe zu benennen, tippen bzw. klicken Sie auf eine Stelle, die sich oberhalb der Kachelgruppe befindet.

5 Zunächst erscheint der Text **Gruppe benennen**, unmittelbar danach das Eingabefeld, das in der folgenden Abbildung zu sehen ist. Tippen Sie in das Feld den gewünschten Gruppennamen ein. Sie können dabei Leerzeichen, Umlaute und alle Sonderzeichen verwenden.

6 Drücken Sie die Eingabetaste oder tippen bzw. klicken Sie auf eine beliebige freie Stelle auf dem Desktop oder z. B. auf eine freie Stelle in der Taskleiste.

Auf die gleiche Weise können Sie im Übrigen auch die standardmäßig vorhandenen Gruppen umbenennen.

INFO

Kachelgruppen entfernen

Um eine Kachelgruppe zu entfernen, müssen Sie alle Kacheln aus dieser Gruppe herausziehen oder entfernen (Befehl **Von „Start" lösen** im Kontextmenü der App-Kachel). Nachdem Sie die letzte Kachel in eine andere Gruppe gezogen bzw. vom Startmenü gelöst haben, wird die Gruppe komplett entfernt. Das heißt, der Abstand zwischen den verbleibenden Gruppen wird angepasst, und der Gruppenname – falls Sie die Gruppe benannt haben – verschwindet automatisch.

Zwei Besonderheiten des Tablet-Modus seien hier noch genannt:

- Apps werden im Tablet-Modus grundsätzlich im Vollbildmodus ausgeführt. Das heißt, eine App nimmt immer den kompletten Bildschirm ein. Einzige Ausnahme ist der Snap-Modus, in dem zwei Apps nebeneinander dargestellt werden können. Um in den Snap-Modus zu wechseln, fassen Sie eine App in der Titelleiste an und ziehen sie an den rechten oder an den linken Bildschirmrand.

  Wenn Sie den Snap-Modus wieder beenden möchten, ziehen Sie die Snap-Leiste ❶, die sich zwischen den angezeigten Apps befindet – je nachdem, mit welcher App Sie weiterarbeiten wollen –, zu einem der Bildschirmränder hin (um z. B. die Wetter-App auszublenden, würde man die Snap-Leiste an den linken Bildschirmrand ziehen).

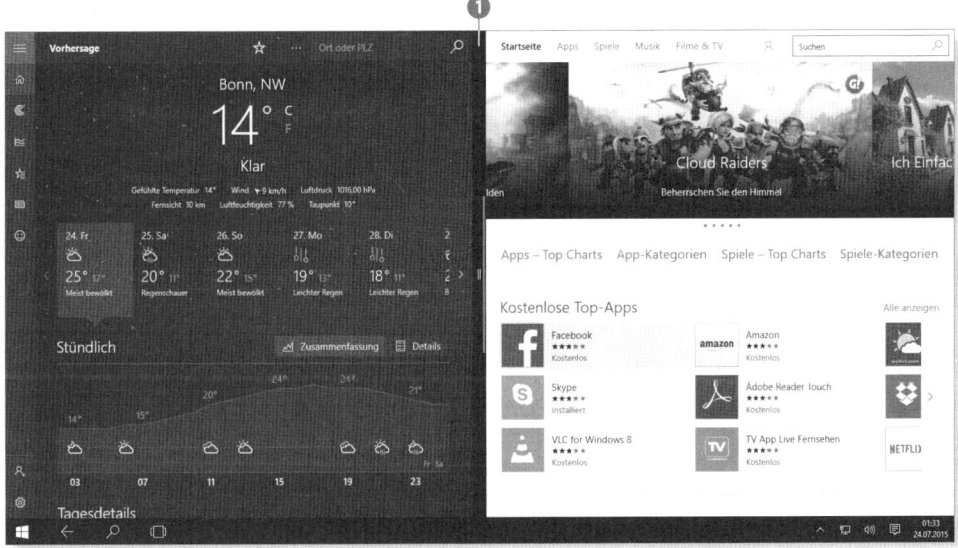

Abbildung 5.6 Wetter- und Store-App im Snap-Modus

▪ Im Tablet-Modus sind in der Taskleiste standardmäßig keine Programmsymbole sichtbar und auch das Symbol zur Anzeige von ausgeblendeten Systemsymbolen wird im Infobereich nicht mehr angezeigt. Um diese Symbole wieder zur Anzeige zu bringen, rufen Sie das Kontextmenü der Taskleiste per Rechtsklick bzw. bei Touchbedienung per Press & Hold (siehe dazu den Abschnitt 5.3.3, »Kontextmenüs per Touchgeste aufrufen«, ab Seite 224) auf. Wählen Sie im Taskleisten-Kontextmenü den Befehl **App-Symbole anzeigen**, um in der Taskleiste die Symbole von geöffneten und angehefteten Programmen und Apps anzuzeigen. Mit dem Befehl **Alle Benachrichtigungssymbole anzeigen** wird im Infobereich der Taskleiste das Symbol zur Anzeige von ausgeblendeten Systemsymbolen wieder sichtbar.

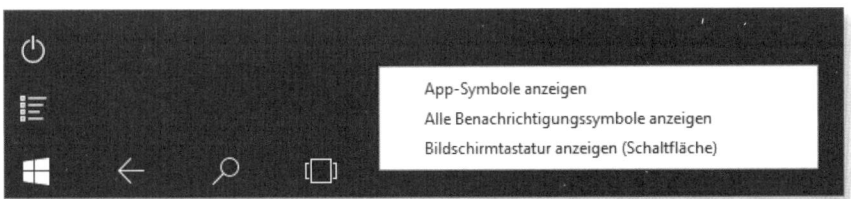

Abbildung 5.7 Im Tablet-Modus sind die Programmsymbole in der Taskleiste zunächst nicht sichtbar.

Fazit: Auf Smartphones und Tablet-PCs ist der Tablet-Modus sicherlich vorzuziehen. Auf anderen Geräten, die über Touchunterstützung verfügen, ist die Wahl wohl eher eine Frage des persönlichen Geschmacks.

5.3   Benutzergesten für den Touchscreen

Für fast alle Aktionen, die Sie gewohnt sind, mit der Maus durchzuführen, können Sie in Windows 10 auch die Finger benutzen, wenn Sie einen Touchbildschirm verwenden. Typische Bewegungen sind z. B. Drücken, Antippen, Schieben, Wischen, Ziehen oder Rotieren. Ein Touchscreen reagiert in der Regel bereits auf sehr geringen Druck, sodass Sie Ihre Finger nur leicht über den Bildschirm bewegen oder diesen kurz antippen müssen, damit die Aktion vom Prozessor des Computers erkannt wird. Im Folgenden zeige ich Ihnen die grundlegenden Handbewegungen und Gesten.

5.3.1   Einfachklick und Doppelklick per Touch umsetzen

Um ein Element der Benutzeroberfläche zu öffnen oder zu aktivieren, tippen Sie es einmal mit dem Finger an. Dies entspricht einem einfachen Mausklick. Für einen Doppelklick tippen Sie das Element zweimal kurz hintereinander an. Tippen Sie z. B. die Kachel einer App im Startmenü oder bei aktiviertem Tablet-Modus direkt auf dem Desktop einmal kurz an, um die entsprechende App zu starten.

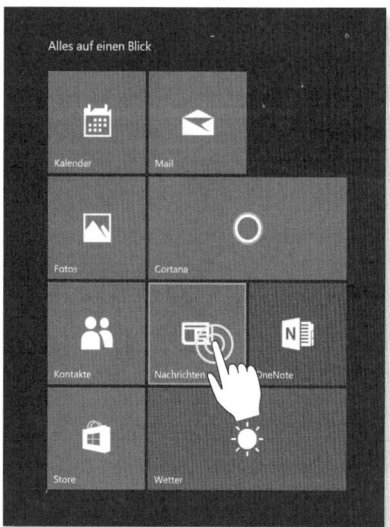

Abbildung 5.8 Tippen Sie die Kachel einer App einmal kurz mit dem Finger an, um die App zu starten.

5.3.2   Scrollen per Touch

Um eine Ansicht nach links, nach rechts, nach oben oder nach unten zu scrollen, sind Sie bei Touchbedienung nicht auf Scrollleisten angewiesen. Vielmehr können die Seite, die Sie vor sich haben, praktisch an jeder beliebigen Stelle »anpacken«. Um z. B. die Ansicht in der geöffneten Store-App nach unten oder nach oben zu scrollen, berühren Sie den Bildschirm an einer Stelle, die Ihnen genügend Spielraum lässt, und bewegen den Finger dann in die gewünschte Richtung, ohne den Kontakt mit dem Bildschirm zu verlieren. Alternativ können Sie mit dem Finger auch ein Stück nach unten oder nach oben wischen. Beachten Sie dabei, dass in beiden Fällen die Bewegung des Fingers genau in der Gegenrichtung verläuft. Das heißt z. B., indem Sie den Finger nach oben führen, scrollen Sie die Anzeige nach unten und umgekehrt.

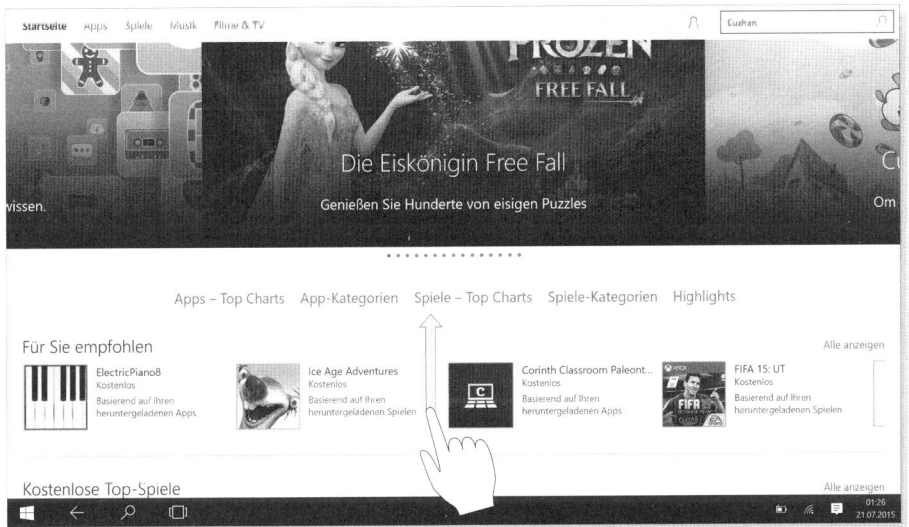

Abbildung 5.9 Store-App: Per Touch scrollen Sie die Ansicht nach unten, indem Sie den Finger auf dem Monitor nach oben bewegen.

Per Touch vom Sperrbildschirm zum Anmeldebildschirm

Wenn Sie mit einem Tablet-PC ohne Tastatur und Maus unterwegs sind und sich nun fragen, wie Sie den Sperrbildschirm loswerden, hier die Lösung: Schieben Sie den Sperrbildschirm einfach mit dem Finger nach oben, also über den oberen Bildschirmrand hinaus, um zum Anmeldebildschirm zu gelangen. Es reicht aber auch schon, wenn Sie eine Wischbewegung, z. B. vom unteren Bildschirmrand, nach oben hin ausführen. Dies sind die einzig möglichen Gesten – ein Ziehen oder eine Wischbewegung vom oberen Bildschirmrand nach unten funktioniert z. B. nicht.

INFO

5.3.3 Kontextmenüs per Touchgeste aufrufen

Die Wirkung eines Rechtsklicks erreichen Sie bei der Touchbedienung, wenn Sie ein Element mit dem Finger berühren, darauf verweilen, bis ein quadratischer Rahmen um den Finger erscheint, und dann den Finger vom Bildschirm entfernen. Microsoft nennt diese Methode *Press & Hold*, also »Drücken und Halten«. Sie können auf diese Weise jedes beliebige Kontextmenü aufrufen, z. B. das Kontextmenü einer Desktopverknüpfung, das Kontextmenü eines in der Taskleiste angehefteten Programmsymbols oder das Kontextmenü der Taskleiste oder des Desktops selbst (mit der Maus würden Sie zum gleichen Zweck auf eine freie Stelle der Taskleiste oder des Desktops rechtsklicken).

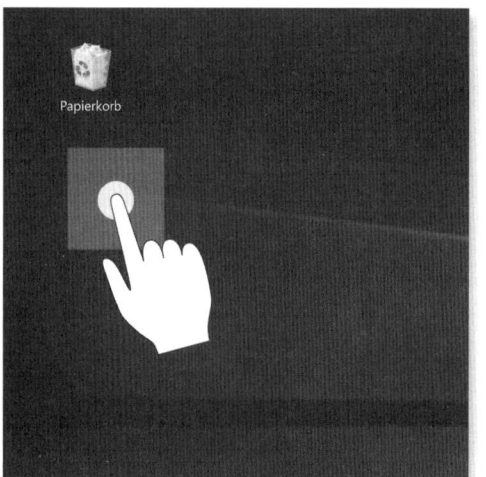 

Abbildung 5.10 Kontextmenü des Desktops per Press & Hold aufrufen

5.3.4 Press & Hold auf App-Kacheln

Wenn Press & Hold auf einer App-Kachel ausgeführt wird, erscheinen auf der rechten oberen und auf der rechten unteren Ecke der App-Kachel die zwei runden Symbole, die in Abbildung 5.11 zu sehen sind. Per Tipp auf das Symbol mit den drei Punkten ❶ öffnet sich ein Popup-Fenster mit verschiedenen Optionen, die sich auf die App-Kachel beziehen (Größenanpassung, Live-Funktion aktivieren/deaktivieren usw.). Mit dem anderen Symbol ❷ können Sie die App-Kachel lösen. Dazu tippen Sie das Symbol einmal kurz an. Die App-Kachel wird daraufhin entfernt, entweder von der rechten Seite des Startmenüs, wenn Sie im normalen Modus arbeiten, oder vom Desktop, falls Sie sich im Tablet-Modus befinden.

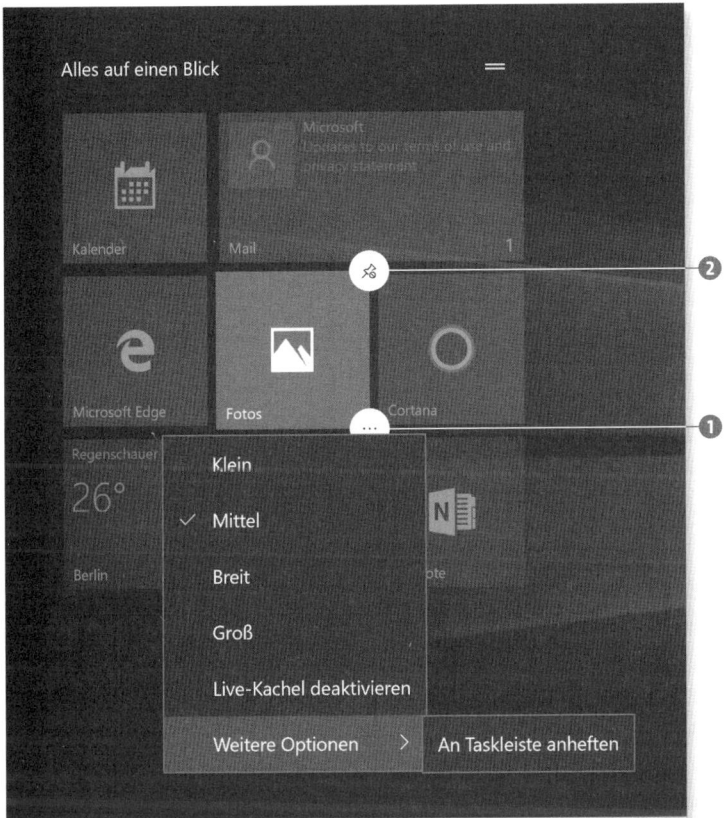

Abbildung 5.11 Press & Hold auf die App-Kachel der Fotos-App

5.3.5   App-Kacheln mit dem Finger verschieben

Bei Unterstützung der Toucheingabe können Sie eine App-Kachel statt mit der Maus auch mit dem Finger an eine andere Stelle verschieben. Auch dies funktioniert sowohl im Tablet-Modus als auch im normalen Modus. Wenn Sie also eine Kachel auf dem Desktop (Tablet-Modus) oder auf der rechten Seite des Startmenüs (normaler Modus) an einer anderen Stelle platzieren wollen, verfahren Sie per Touchbedienung folgendermaßen:

1 Halten Sie den Finger eine kurze Weile auf die Kachel, die Sie verschieben wollen, und warten Sie, bis sich die Kachel »löst«. Dabei vergrößern sich die Abstände der Kacheln untereinander etwas und die gelöste App-Kachel nimmt eine leichte Schräglage ein, wie es in der folgenden Abbildung auf Seite 226 oben zu sehen ist.

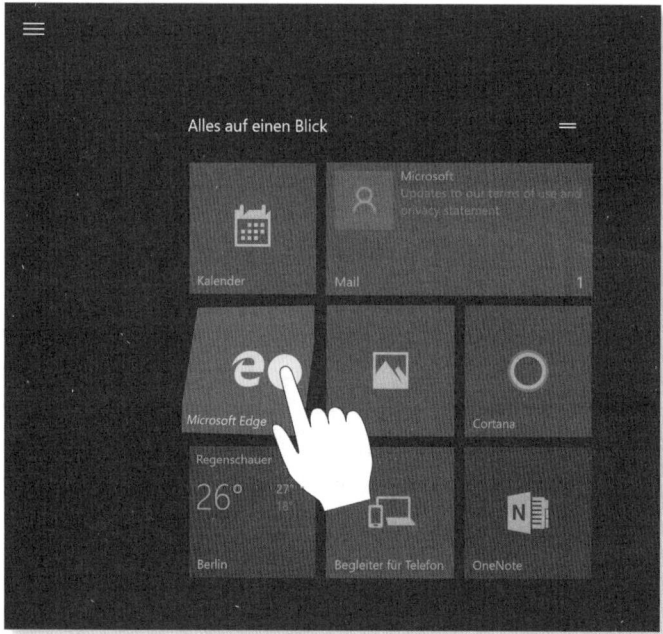

2 Gleiten Sie mit dem Finger an die gewünschte neue Stelle, ohne dabei den Kontakt mit der App-Kachel zu unterbrechen.

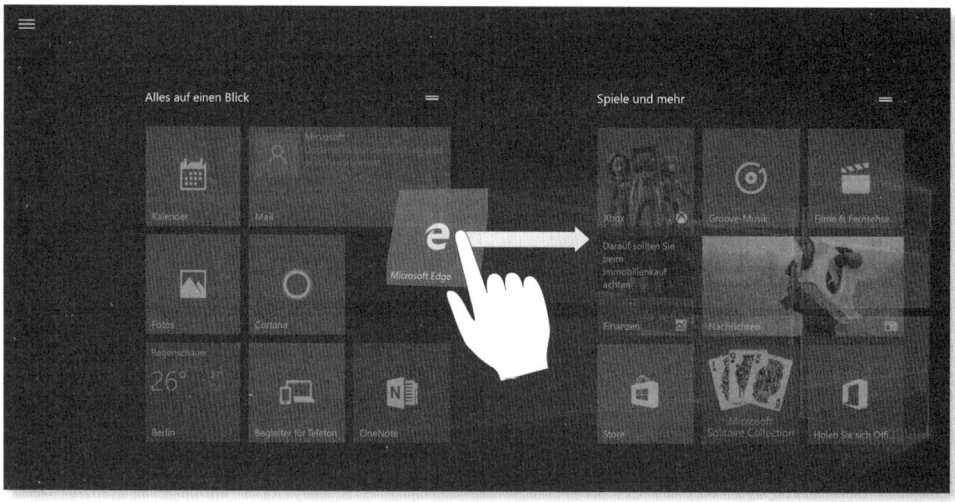

3 Am Ziel angelangt, entfernen Sie den Finger von der Kachel.

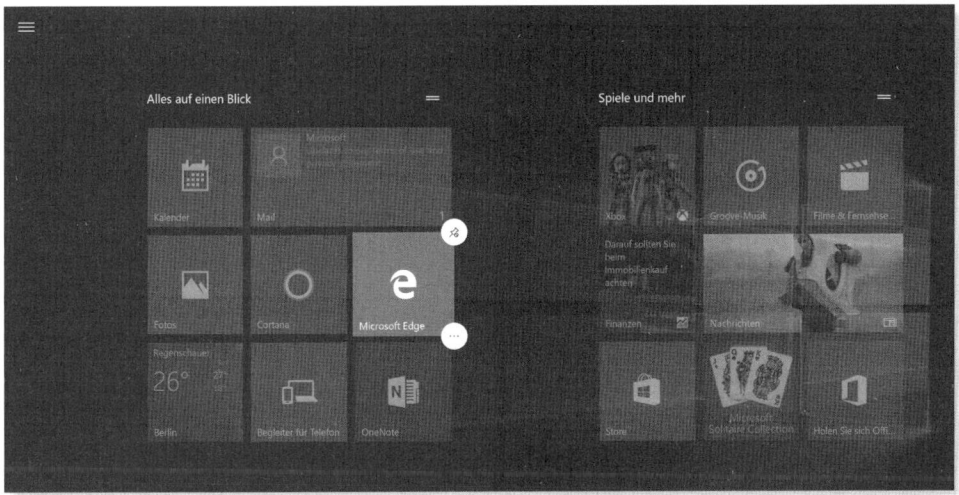

5.3.6   Wischbewegungen vom linken und rechten Bildschirmrand

Mit einer Wischbewegung vom linken Bildschirmrand nach innen zu können Sie eine Übersicht mit Vorschaubildern aktuell geöffneter Apps anzeigen. Die Vorschaubilder sind im Tablet-Modus etwas größer, im normalen Modus erscheint die Übersicht etwas komprimierter.

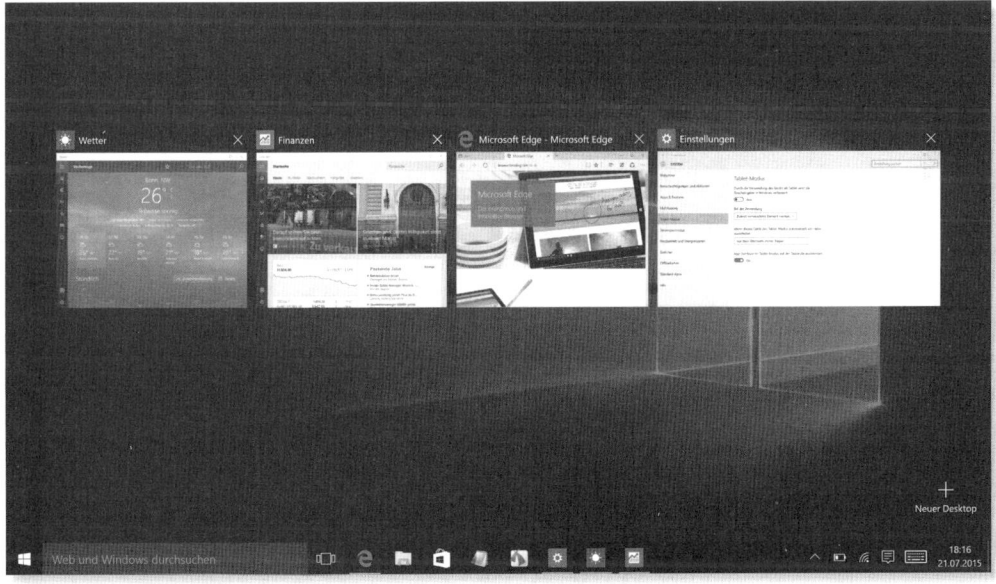

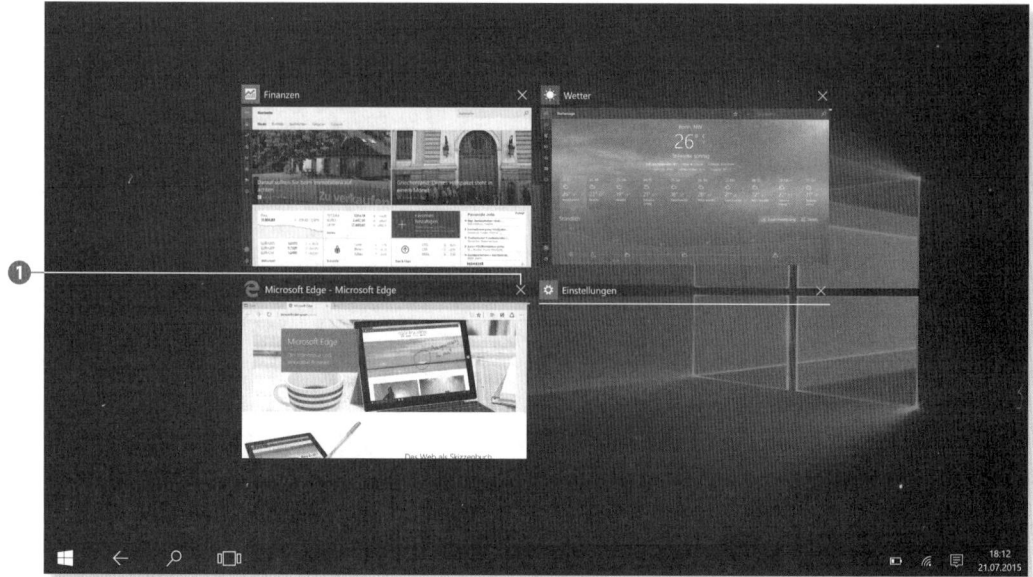

Abbildung 5.12 Vorschauliste geöffneter Apps, die per Wischbewegung vom linken Bildschirm-rand eingeblendet werden kann (das erste Bild auf Seite 227 zeigt die Vorschau im normalen, das zweite im Tablet-Modus).

Mit der kleinen Schließen-Schaltfläche in der rechten oberen Ecke ❶ (Abbildung 5.12) können Sie eine App in der Vorschau sofort schließen. Tippen Sie einfach in das Vor-schaubild einer App, wenn Sie mit dieser weiterarbeiten wollen. Im normalen Modus besitzen die Vorschaubilder sogar Kontextmenüs, mit denen die App gegebenenfalls auf einen anderen Desktop verschoben werden kann (siehe Abbildung 5.13).

Abbildung 5.13 Indem Sie Press & Hold auf ein Vorschaubild ausführen und im Kontextmenü »Ver-schieben nach« wählen, können Sie die App auf einen anderen – auch auf einen neuen – Desktop verschieben (diese Option steht nur im normalen Modus, nicht im Tablet-Modus zur Verfügung).

Wenn Sie vom rechten Bildschirmrand leicht nach innen zu wischen, erscheint dort eine Leiste mit dem Namen **INFO-CENTER**, die in Abbildung 5.14 zu sehen ist. Der obere Abschnitt enthält Benachrichtigungen von Apps (wenn Sie diese stören, können Sie deren Anzeige per Tipp auf die Verknüpfung **Alle löschen** ❷ ausblenden). Der untere Abschnitt enthält in Form von Kacheln wichtige Befehle und Optionen, darunter auch solche, die Sie kürzlich verwendet haben. Um einen Befehl auszuführen oder eine Option anzuzeigen, brauchen Sie nur auf die entsprechende Kachel zu tippen.

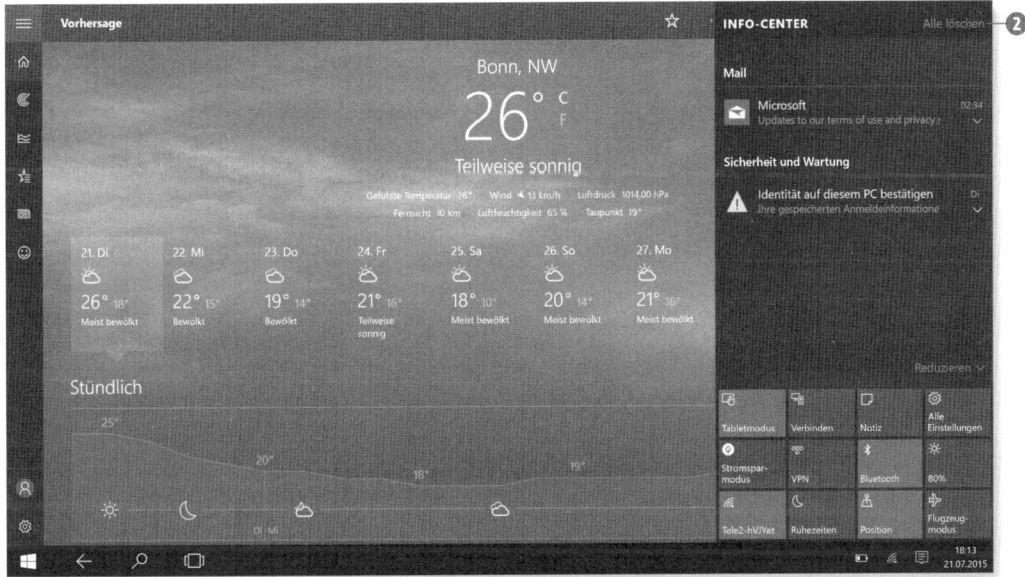

Abbildung 5.14 Am rechten Bildschirmrand eingeblendete Leiste mit App-Benachrichtigungen und wichtigen Optionen.

Sie können die Leiste **INFO-CENTER** sowohl im normalen als auch im Tablet-Modus jederzeit einblenden, auf dem Desktop, aber auch wenn Sie gerade mit einer App arbeiten.

5.3.7   Apps mit den Fingern schließen

Auf einem Touchscreen können Sie jede App schließen, indem Sie mit dem Finger vom oberen Bildschirmrand ganz nach unten fahren – dies funktioniert allerdings nur bei aktiviertem Tablet-Modus. Sie fassen die App dabei gewissermaßen an der Titelleiste an und ziehen sie über den unteren Bildschirmrand hinaus. Die App erscheint zunächst als Miniaturbild und verschwindet, am unteren Bildschirmrand angelangt, dann ganz, wie es in Abbildung 5.15 zu sehen ist. Die App wird mit dieser Aktion vollständig beendet.

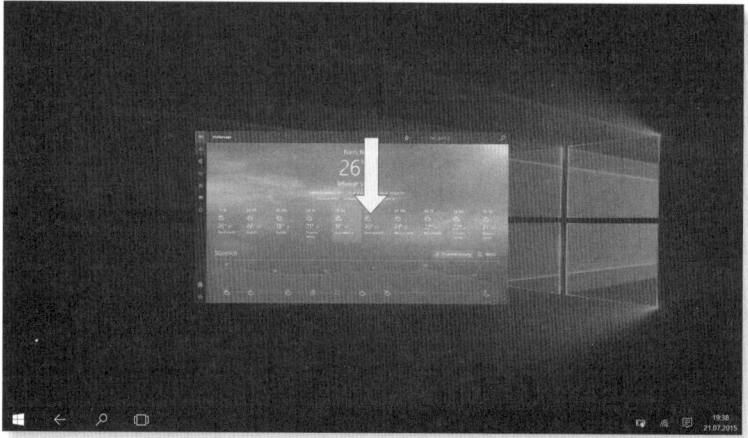

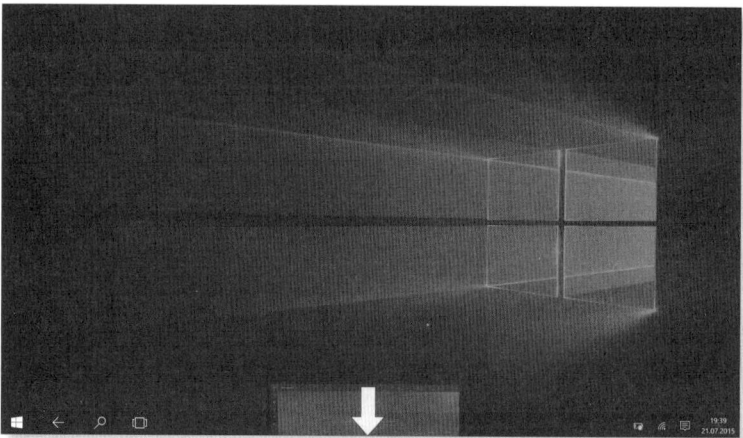

Abbildung 5.15 Im Tablet-Modus können Sie eine App per Touchbedienung schließen und damit vollständig beenden, indem Sie sie über den unteren Bildschirmrand hinausziehen.

5.3.8   Die Ansicht mit den Fingern zoomen

Um ein Element zu zoomen, berühren Sie es gleichzeitig mit zwei Fingern, am besten mit Daumen und Zeigefinger, und bewegen die Finger dann voneinander weg oder aufeinander zu, je nachdem, ob Sie das Element auseinander- oder zusammenziehen wollen. Auf diese Weise können Sie z. B. in der Fotos-App ein Foto oder die Darstellung in der Karten-App, aber auch die Ansicht im Browser zoomen.

Abbildung 5.16 Zoom-Effekt im Microsoft-Edge-Browser

Rotieren per Touchgeste

Indem Sie den Bildschirm mit zwei Fingern berühren und diese anschließend in die entsprechende Richtung drehen, können Sie die Anzeige im Uhrzeigersinn oder entgegen dem Uhrzeigersinn rotieren. Diese Geste wird allerdings nur von einigen Apps unterstützt.

5.4   Text per Touchbedienung kopieren und einfügen

Um Text von einer App in eine andere oder z. B. in ein Dokument zu kopieren, legen Sie ihn zunächst per Touchbewegungen in den Zwischenspeicher von Windows und fügen ihn dann mithilfe der Bildschirmtastatur an der gewünschten Stelle ein. Das Kopieren von Text per Touchgesten funktioniert im Übrigen nicht nur bei den Windows-Store-Apps, sondern auch bei klassischen Programmen, die diese Funktionalität unterstützen. Das ist z. B. beim Windows Editor, aber auch bei Microsoft Word oder Microsoft Excel der Fall.

Gehen Sie beispielsweise folgendermaßen vor, um Text von einer Webseite in eine andere App (etwa in eine E-Mail-Nachricht, die Sie versenden wollen) oder in ein Dokument zu kopieren:

1 Starten Sie Microsoft Edge und geben Sie in das Adressfeld die URL der Internetseite ein, die Sie interessiert.

2 Tippen Sie auf der geladenen Internetseite das erste Wort an, das Sie kopieren wollen. Das Wort wird daraufhin markiert und am Anfang und am Ende mit je einem kleinen Kreis versehen.

Wenn der Text, den Sie kopieren wollen, sehr klein angezeigt wird, empfiehlt es sich eventuell, die Darstellung der Webseite zu vergrößern. Berühren Sie dazu den Bildschirm mit zwei Fingern und ziehen Sie sie auseinander.

3 Berühren Sie jetzt den Kreis, der sich am Wortende befindet (Abbildung oben), mit dem Finger und ziehen Sie ihn bis an das Ende des zu kopierenden Bereichs. Damit wird der komplette Bereich markiert.

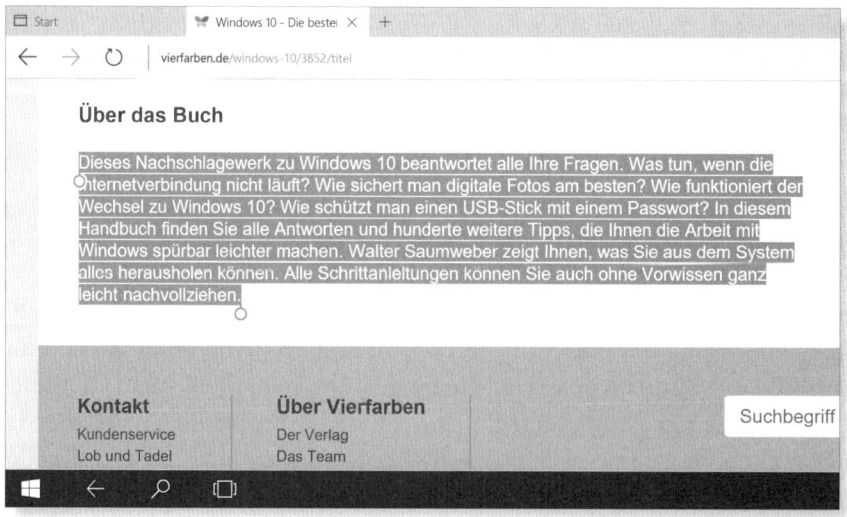

4 Rufen Sie nun das Kontextmenü für den markierten Bereich auf. Tippen Sie dazu mit dem Finger auf eine beliebige Stelle des markierten Bereichs und verweilen Sie so lange darauf, bis ein Rahmen um den Finger erscheint. Lassen Sie den Finger dann los.

5 Tippen Sie im Kontextmenü auf den Befehl **Kopieren**. Damit legen Sie den markierten Text in den Zwischenspeicher von Windows.

> **Über das Buch**
>
> Dieses Nachschlagewerk zu Windows 10 beantwortet alle Ihre Fragen. Was tun, wenn die Internetverbindung nicht läuft? Wie sichert man digitale Fotos am besten? Wie funktioniert der Wechsel zu Windows 10? Wie schützt man einen USB-Stick mit einem Passwort? In diesem Handbuch finden Sie alle Antworten u... ... e Tipps, die Ihnen die Arbeit mit Windows spürbar leichter machen. W... ...eigt Ihnen, was Sie aus dem System alles herausholen können. Alle Schritt... ...n Sie auch ohne Vorwissen ganz leicht nachvollziehen.
>
> Alles auswählen
>
> Kopieren
>
> Element untersuchen

6 Wechseln Sie zu der App oder zu dem Programm, in dem Sie den im Zwischenspeicher befindlichen Text einfügen wollen. Setzen Sie dort die Einfügemarke an die entsprechende Stelle, indem Sie diese antippen.

7 Blenden Sie die Bildschirmtastatur ein, wenn diese nicht automatisch angezeigt wird. Führen Sie dazu z. B. Press & Hold auf eine freie Stelle der Taskleiste aus und wählen Sie im Kontextmenü **Bildschirmtastatur anzeigen (Schaltfläche)**. Tippen Sie anschließend im Infobereich der Taskleiste auf das Tastatursymbol.

8 Drücken Sie auf der Bildschirmtastatur die Tasten `Strg` + `V` (Sie können die Tasten `Strg` und `V` auch nacheinander drücken). Der kopierte Text wird daraufhin an der Stelle, an der sich die Einfügemarke befindet, eingefügt.

Kopieren per Touch im Windows Editor

Bei manchen Programmen, wie z. B. dem Windows Editor, brauchen Sie den zu kopierenden Text nur mit dem Finger zu überstreichen, um ihn zu markieren. Die oben in den Schritten 2 und 3 genannten kleinen Kreise erscheinen nicht, so dass Schritt 2 in diesem Fall komplett wegfällt.

INFO

5.5   Das Verhalten der Stift- und Fingereingabe konfigurieren

Es gibt in der Systemsteuerung zwei Dialogfelder, mit denen das Verhalten von Windows 10 bei der Touchbedienung konfiguriert werden kann. Sie heißen *Stift- und Fingereingabe* sowie *Tablet PC-Einstellungen*.

Tippen bzw. klicken Sie auf der Startseite der Systemsteuerung auf den Kategoriennamen **Hardware und Sound**, um die gleichnamige Dialogseite aufzurufen. Hier öffnen die Verknüpfungen **Stift- und Fingereingabe** ❶ und **Tablet PC-Einstellungen** ❷ die entsprechenden Dialogfelder (beachten Sie, dass diese Verknüpfungen auf Geräten ohne Touchunterstützung nicht vorhanden sind).

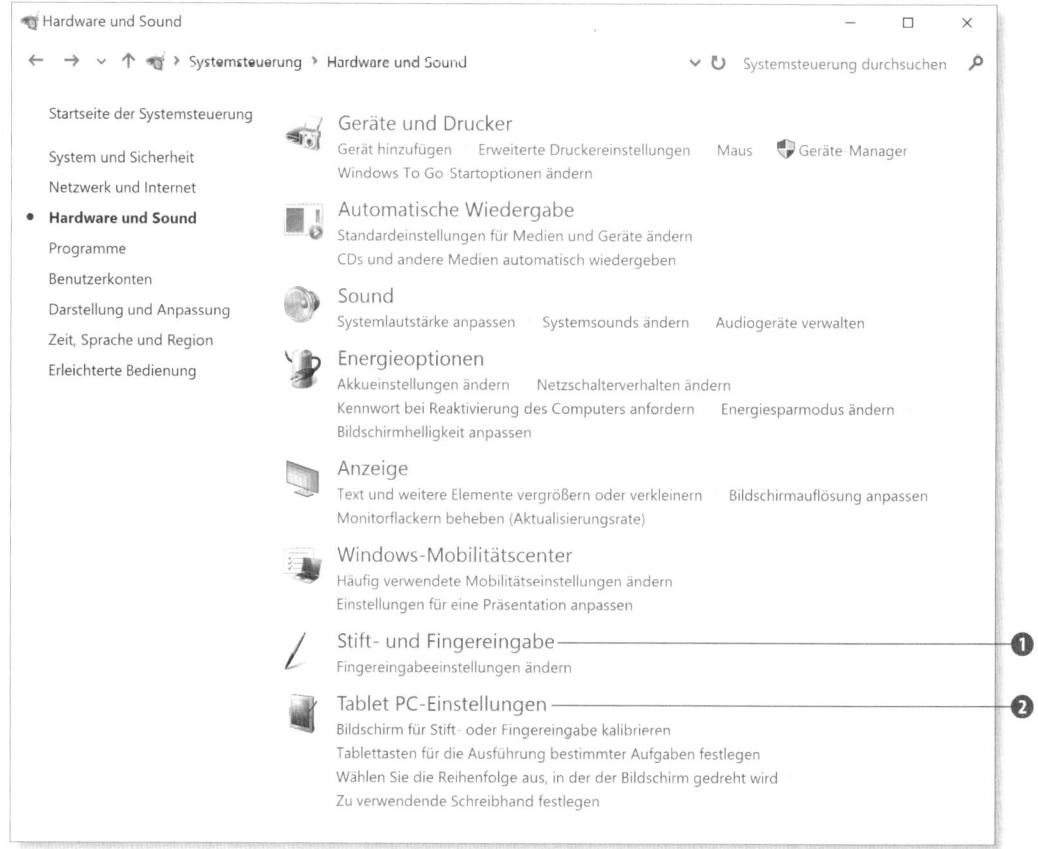

Abbildung 5.17 Auf der Dialogseite »Hardware und Sound« der Systemsteuerung können Sie die Dialogfelder zum Konfigurieren der Touchfunktionen aufrufen.

In den Tablet-PC-Einstellungen können Sie auf der Registerkarte **Anzeige** den Bildschirm kalibrieren. Klicken Sie dazu im Abschnitt **Anzeigeoptionen** auf die entsprechende Schaltfläche und folgen Sie den weiteren Anweisungen. Der Vorgang nimmt nur kurze Zeit in Anspruch.

Abbildung 5.18 Registerkarte »Anzeige« der Tablet-PC-Einstellungen

Das Kalibrieren des Bildschirms für die Stift- und Fingereingabe bietet sich z. B. dann an, wenn Sie merken, dass Tippbewegungen auf klassische Windows-Elemente nicht mehr korrekt umgesetzt werden. Das ist beispielsweise der Fall, wenn Sie wiederholt auf eine Verknüpfung, eine Schaltfläche oder einen Menüpunkt tippen müssen, bevor die gewünschte Aktion ausgeführt wird. Auch nach einer Neuinstallation oder nachdem Sie Ihren Computer auf die Werkseinstellungen zurückgesetzt haben, bietet sich die Kalibrierung des Bildschirms an.

Aktivieren Sie gegebenenfalls auf der Registerkarte **Andere** der Tablet-PC-Einstellungen (siehe Abbildung 5.19 auf Seite 236) im Abschnitt **Händigkeit** das Optionsfeld **Linkshändig**, wenn Sie Linkshänder sind. In diesem Fall werden verschiedene Menüs, jedoch nicht alle, rechts statt links neben Ihrem Finger angezeigt. Bestätigen Sie die neue Einstellung mit **OK** oder **Übernehmen**.

Abbildung 5.19 Registerkarte »Andere« der Tablet-PC-Einstellungen

Im Dialogfeld **Stift- und Fingereingabe**, das Sie auch über die Verknüpfung **Zu "Stift- und Fingereingabe" wechseln** auf der Registerkarte **Andere** der Tablet-PC-Einstellungen aufrufen können (siehe ➊ in Abbildung 5.19), können Sie festlegen, wie die Aktionen Doppeltippen und Gedrückthalten umgesetzt werden.

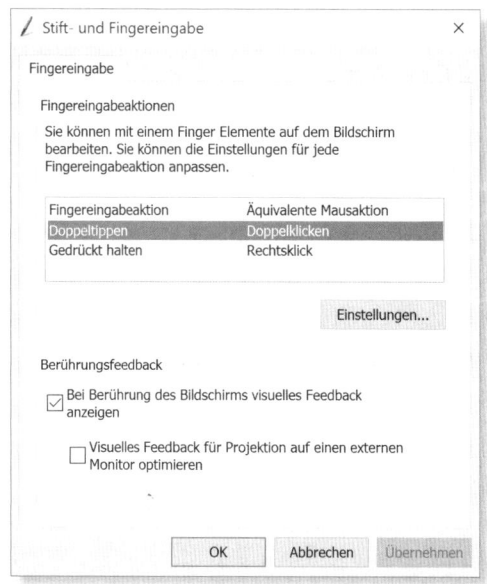

Abbildung 5.20 Im Dialogfeld »Stift- und Fingereingabe« können Sie das Verhalten der Fingereingabeaktionen Doppeltippen und Gedrückthalten anpassen.

Markieren Sie im Dialogfeld **Stift- und Fingereingabe** die Fingereingabeaktion **Doppeltippen** und klicken Sie anschließend auf die Schaltfläche **Einstellungen**, um die Umsetzung dieser Aktion anzupassen. Es erscheint ein weiteres Dialogfeld **Doppeltippeinstellungen**. In diesem können Sie die Geschwindigkeit und die räumliche Distanz zwischen den beiden erforderlichen Fingertipps festlegen. Bewegen Sie dazu die entsprechenden Schieberegler in die gewünschte Richtung. Mit anderen Worten, Sie legen damit fest, mit welcher Geschwindigkeit die beiden Fingertipps aufeinanderfolgen müssen und wie weit der zweite Fingertipp vom ersten räumlich entfernt sein darf, damit die Aktion als Doppeltippen bzw. als Doppelklicken interpretiert wird. Führen Sie gegebenenfalls einen Doppeltipp auf das untere Bild aus, um die gewählten Einstellungen zu testen. Das Bild verändert sich, wenn das Doppeltippen als solches erkannt wurde. Schließen Sie das Dialogfeld **Doppeltippeinstellungen** mit **OK**, um geänderte Einstellungen zu übernehmen. Beachten Sie jedoch, dass hierzu auch der Ausgangsdialog bestätigt werden muss. Tippen bzw. klicken Sie also im Dialogfeld **Stift- und Fingereingabe** ebenfalls auf **OK** oder auf **Übernehmen**, wenn Sie das Dialogfeld geöffnet lassen wollen.

Abbildung 5.21 Im Dialogfeld »Doppeltippeinstellungen« können Sie festlegen, wann das aufeinanderfolgende Tippen mit dem Finger als Doppelklick interpretiert werden soll.

Standardmäßig wird es als rechter Mausklick interpretiert, wenn Sie den Finger auf einem Element der Benutzeroberfläche gedrückt halten. Selektieren Sie im Dialogfeld **Stift- und Fingereingabe** aus Abbildung 5.20 auf Seite 236 die Fingereingabeaktion **Gedrückt halten** und klicken Sie anschließend wiederum auf die Schaltfläche **Einstellungen**, um die Umsetzung dieser Aktion anzupassen. Es erscheint das Dialogfeld **Einstellungen für Gedrückthalten**, das in Abbildung 5.22 zu sehen ist. Wenn Sie in diesem Dialogfeld das Häkchen neben **Gedrückthalten für Rechtsklick aktivieren** ❶ entfernen, schalten Sie die Umsetzung des Gedrückthaltens als Rechtsklick vollständig ab. Mit den beiden Schiebereglern legen Sie gegebenenfalls fest, wie lange ein Element der Benutzeroberfläche mit dem Finger gedrückt gehalten werden muss, damit die entsprechende Aktion als Rechtsklick umgesetzt wird. Die gewählten Einstellungen können Sie wiederum an dem Bild im unteren Abschnitt testen. Sobald das Gedrückthalten als Rechtsklick interpretiert wird, erscheint um den Finger ein Rahmen. Außerdem ändert sich das Bild, wenn Sie den Finger entfernen. Damit geänderte Einstellungen für das Gedrückthalten endgültig übernommen werden, ist es auch hier erforderlich, diese sowohl im Dialogfeld **Einstellungen für Gedrückthalten** als auch im Ausgangsdialog **Stift- und Fingereingabe** mit **OK** bzw. mit **Übernehmen** zu bestätigen.

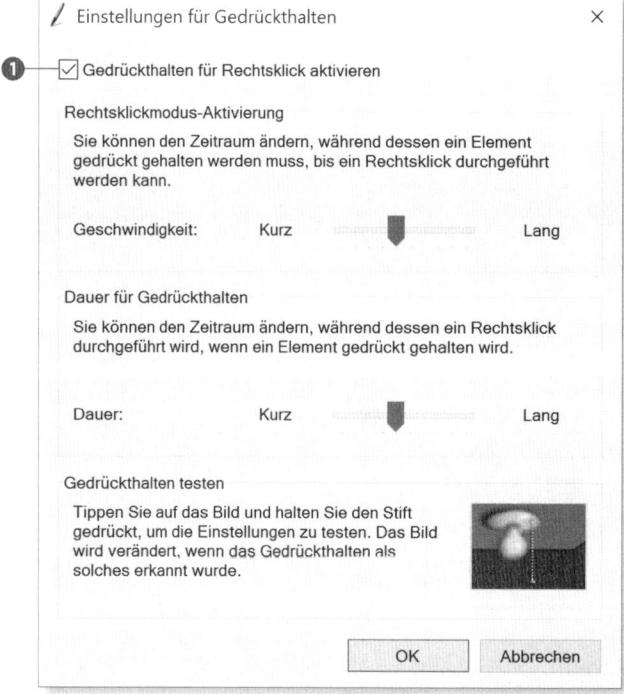

Abbildung 5.22 Im Dialogfeld »Einstellungen für Gedrückthalten« legen Sie fest, ob bzw. wann Windows das Gedrückthalten eines Elements der Benutzeroberfläche als Rechtsklick interpretiert.

Berührungsfeedback

Standardmäßig erhält der Benutzer beim Berühren des Bildschirms mit dem Finger ein visuelles Feedback in Form eines transparenten Kreises. Dieser erscheint kurzzeitig an der Stelle, an welcher der Finger den Bildschirm berührt, wobei es keine Rolle spielt, ob die betreffende Stelle mit einer Aktion (Schaltfläche, Menüpunkt etc.) hinterlegt ist oder nicht.

Sie können die Anzeige des Berührungsfeedbacks sowohl auf der Registerkarte **Fingereingabe** des Dialogfelds **Stift- und Fingereingabe** (Option **Bei Berührung des Bildschirms visuelles Feedback anzeigen** im unteren Abschnitt **Berührungsfeedback**, siehe Abbildung 5.20 auf Seite 236) als auch in den Einstellungen aus- und auch wieder einschalten.

In den Einstellungen wählen Sie auf der Ausgangsseite **Erleichterte Bedienung** und anschließend im linken Bereich der erscheinenden Dialogseite **Weitere Optionen**. Stellen Sie im rechten Bereich im Abschnitt **Berührungsfeedback** den Schalter **Optisches Feedback beim Berühren des Bildschirms** ❷ auf **Aus**, wenn Sie kein Berührungsfeedback wollen.

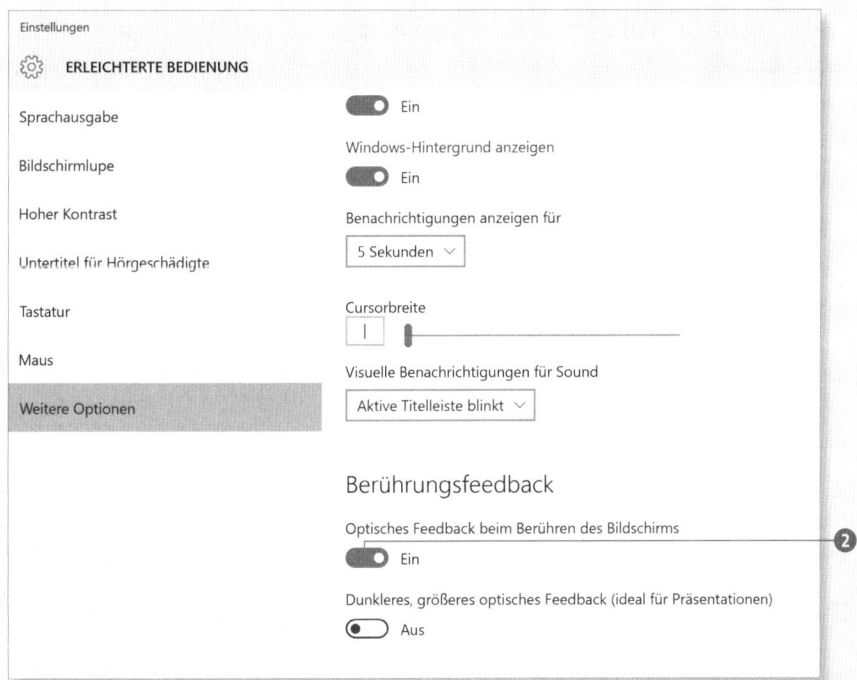

Abbildung 5.23 Das Berührungsfeedback können Sie auch in den Einstellungen deaktivieren oder wieder aktivieren.

Die Option **Dunkleres, größeres optisches Feedback (ideal für Präsentationen)** in den Einstellungen entspricht der Option **Visuelles Feedback für Projektionen auf einen externen Monitor optimieren** auf der Registerkarte **Fingereingabe** des Dialogfelds **Stift- und Fingereingabe**. Ist diese Option eingeschaltet, erscheint der besagte Kreis bei Berührung des Bildschirms dunkler und weniger transparent. Diese Einstellung eignet sich vor allem für Präsentationen vor Publikum.

Die Schalter in den Einstellungen und die entsprechenden Kontrollkästchen auf der Registerkarte **Fingereingabe** des Dialogfelds **Stift- und Fingereingabe** korrelieren miteinander. Das heißt, wenn z.B. in den Einstellungen einer der Schalter auf **Ein** bzw. auf **Aus** gestellt wird, wird das entsprechende Kontrollkästchen im Dialogfeld **Stift- und Fingereingabe** automatisch aktiviert bzw. deaktiviert und umgekehrt. Beachten Sie jedoch, dass Änderungen im Dialogfeld erst mit **OK** oder **Übernehmen** bestätigt werden müssen. Änderungen in den Einstellungen werden dagegen sofort übernommen.

Falls Ihr Computer zusätzlich zur Fingereingabe auch die Stifteingabe unterstützt, enthält das Dialogfeld **Stift- und Fingereingabe** außerdem noch die Registerkarten **Bewegungen** und **Stiftoptionen**. In diesem Fall bietet die Registerkarte **Stiftoptionen** für diese Art der Eingabe analoge Optionen, wie sie auf der Registerkarte für die Fingereingabe vorhanden sind.

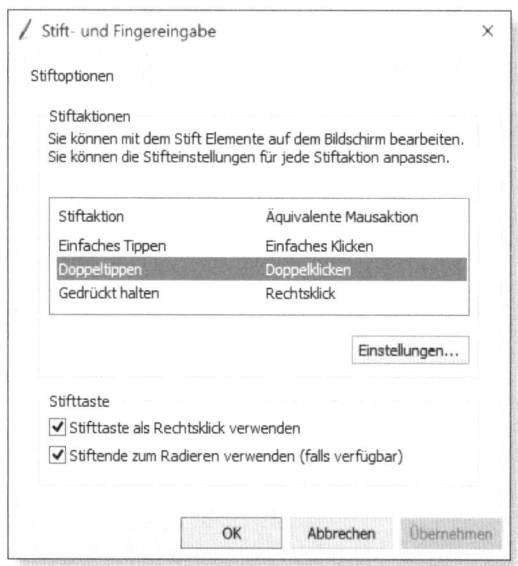

Abbildung 5.24 Auf der Registerkarte »Stiftoptionen« des Dialogfelds »Stift- und Fingereingabe« können Sie einstellen, wie bestimmte Stiftaktionen umgesetzt werden sollen.

5.6   Die Bildschirmtastatur(en) verwenden

Ein wichtiges Hilfsmittel für die Touchbedienung ist die Bildschirmtastatur. Das gilt vor allem für Tablet-PCs. Da viele Anwender ihren Tablet-PC ohne Tastatur verwenden, sind sie praktisch auf die Bildschirmtastatur angewiesen. Die Bildschirmtastatur von Windows 10 ist äußerst flexibel und bietet praktisch alles, was Sie als Anwender benötigen. Zum Beispiel können Sie mit mehreren Fingern gleichzeitig darauf schreiben und somit auch Großbuchstaben und Sonderzeichen genauso wie auf einer richtigen Tastatur tippen.

5.6.1   So starten Sie die Bildschirmtastatur

Sie können die Bildschirmtastatur grundsätzlich auf allen Windows-10-Computern verwenden, und zwar unabhängig davon, ob die Geräte über Touchunterstützung verfügen oder nicht. Es gibt mehrere Wege, um die Bildschirmtastatur einzublenden. Suchen Sie einfach den für Sie passenden aus:

- Wählen Sie in den Einstellungen zunächst **Erleichterte Bedienung** und anschließend auf der linken Seite **Tastatur**. Stellen Sie auf der rechten Seite den obersten Schalter im Abschnitt **Bildschirmtastatur** auf **Ein** ❶. Die Bildschirmtastatur erscheint daraufhin sofort.

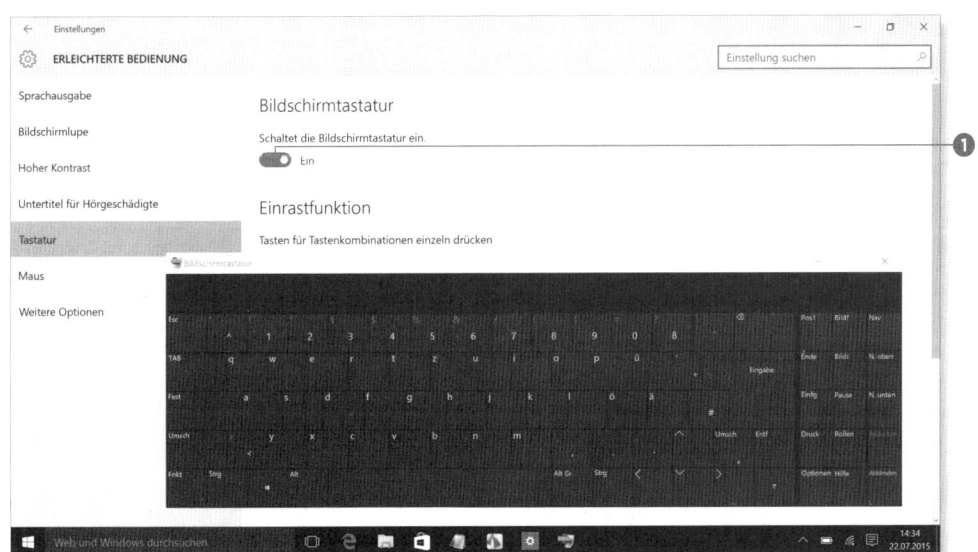

Windows stellt den Schalter im Abschnitt **Bildschirmtastatur** automatisch wieder auf **Aus**, wenn die Bildschirmtastatur geschlossen wird. Umgekehrt springt der Schalter automatisch auf **Ein**, wenn die Bildschirmtastatur z. B. in der Systemsteuerung gestartet wird. Sie können die Bildschirmtastatur auch schließen, indem Sie selbst den Schalter im Abschnitt **Bildschirmtastatur** wieder auf **Aus** stellen.

Tatsächlich handelt es sich nicht um eine dauerhafte Einstellung, denn es verhält sich nicht etwa so, dass die Bildschirmtastatur beim nächsten Start von Windows automatisch starten würde. Stattdessen wird der Schalter auch beim Herunterfahren des Betriebssystems automatisch wieder auf **Aus** gesetzt.

- Wohl etwas umständlicher ist der Weg über die Systemsteuerung. Tippen bzw. klicken Sie auf der Startseite der Systemsteuerung auf die Kategorie **Erleichterte Bedienung** und danach auf die Kategorie **Center für erleichterte Bedienung**. Tippen bzw. klicken Sie im Center für erleichterte Bedienung auf **Bildschirmtastatur starten** ❷, um die Bildschirmtastatur zu starten.

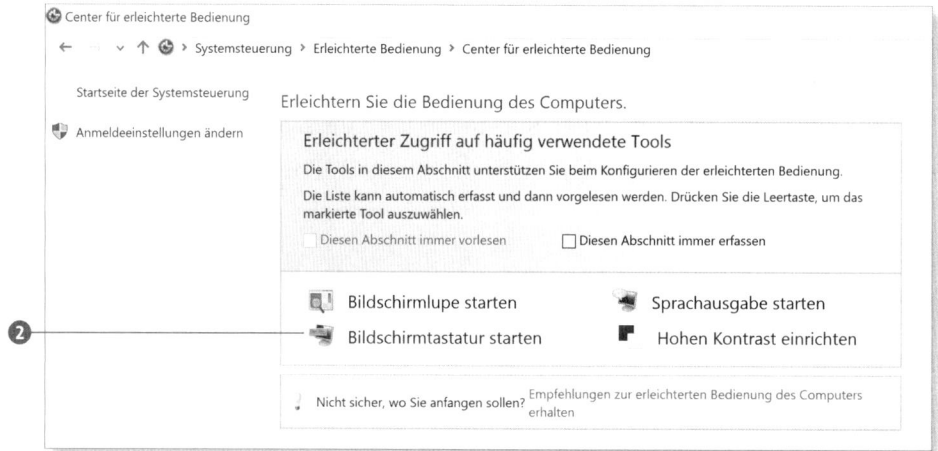

- Schließlich können Sie auch in der Taskleiste nach der Bildschirmtastatur suchen – gewöhnlich reicht schon die Eingabe von »bild« in das Suchfeld. Klicken Sie in den Ergebnissen auf die angezeigte Symbolverknüpfung ❸, um die Bildschirmtastatur zu starten.

INFO

Automatische Anzeige der Bildschirmtastatur bei Tablet-PCs
Bei den meisten Tablets können Sie einfach das Cover zurückklappen, wenn Sie zum Schreiben die Bildschirmtastatur verwenden möchten. Diese erscheint dann automatisch, wenn Sie auf ein Textfeld oder einen anderen zur Eingabe geeigneten Bereich tippen. Genauso verhält es sich, wenn Sie die Tastatur ganz abnehmen bzw. das Tablet über keine Tastatur verfügt.

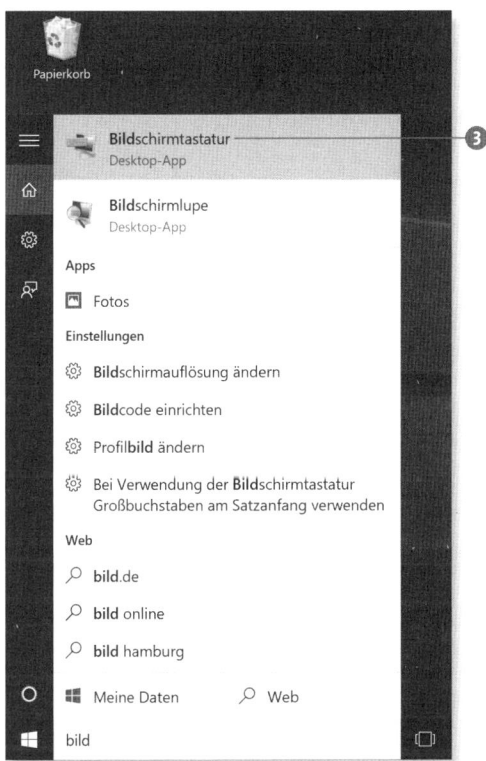

Wenn Sie die Bildschirmtastatur häufig benötigen, ist es sinnvoll, diese an die Taskleiste anzuheften. Im normalen Modus verwenden Sie dazu einfach den Befehl **Programm an Taskleiste anheften** im Kontextmenü des Programmsymbols in der Taskleiste. Im Tablet-Modus ist noch ein zusätzlicher Schritt erforderlich, da in diesem Modus standardmäßig keine Programmsymbole in der Taskleiste angezeigt werden:

1 Starten Sie die Bildschirmtastatur mit einer der oben beschriebenen Methoden.

2 Klicken Sie mit der rechten Maustaste auf eine freie Stelle der Taskleiste bzw. halten Sie den Finger darauf, bis ein Quadrat um den Finger erscheint (Press & Hold).

3 Wählen Sie **App-Symbole anzeigen** im erscheinenden Popup-Fenster.

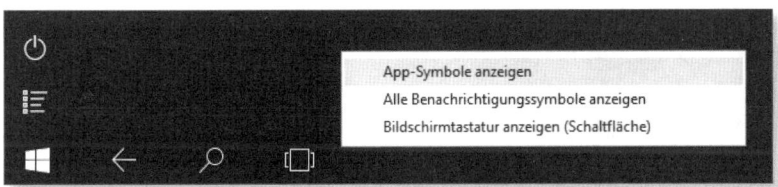

4 Öffnen Sie nun das Kontextmenü des Bildschirmtastatur-Programmsymbols in der Taskleiste per Rechtsklick bzw. per Press & Hold.

5 Wählen Sie **Programm an Taskleiste anheften** im Kontextmenü.

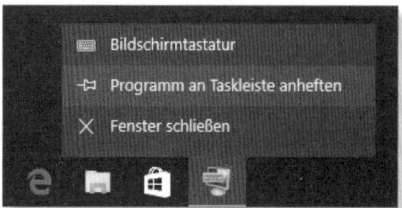

Gerade wenn Sie den Tablet-Modus verwenden, möchten Sie womöglich die Bildschirmtastatur direkt auf dem Desktop als Kachel zur Verfügung haben. Gehen Sie folgendermaßen vor, um im Tablet-Modus eine App-Kachel für die Bildschirmtastatur auf dem Desktop hinzuzufügen:

1 Klicken bzw. tippen Sie auf das Symbol **Alle Apps** ❶.

2 Klicken bzw. tippen Sie in der Alle-Apps-Übersicht unter dem Buchstaben **E** auf den Ordner **Erleichterte Bedienung** ❷.

3 Darunter befindet sich eine Symbolverknüpfung für die Bildschirmtastatur. Ziehen Sie diese mit der Maus bzw. mit dem Finger zum Desktop hin an die Stelle, an der Sie die App-Kachel haben wollen.

5.6.2   Welche Funktionen bietet die Bildschirmtastatur?

Die Bildschirmtastatur, von der bis jetzt die Rede war – wie Sie im nächsten Abschnitt sehen werden, gibt es noch eine andere –, verwendet das Standardtastaturlayout, das der realen Tastatur sehr nahekommt und über Funktionstasten und die in Windows 10 so wichtige Taste ⊞ verfügt. Die Tastatur bleibt auch beim App-Wechsel oder beim Wechsel zwischen Programmfenstern grundsätzlich immer sichtbar und im Vordergrund. Wenn Sie das stört, können Sie die Bildschirmtastatur vorübergehend transparent schalten, indem Sie die Taste ⌈Abblenden⌉ ❶ betätigen – die Taste befindet sich am rechten Ende der untersten Tastenreihe.

Bei Bedarf können Sie die Bildschirmtastatur beliebig in der Größe anpassen und verschieben. Ziehen Sie das Fenster der Bildschirmtastatur gegebenenfalls an den Rändern oder an den Ecken auseinander, wenn Ihnen die Tasten zu klein sind. Wenn Sie die Bildschirmtastatur nicht mehr benötigen, können Sie sie über die kleine Schaltfläche (das Kreuz) rechts oben in der Titelleiste schließen ❷.

Abbildung 5.25 Die von Windows 10 standardmäßig verwendete Bildschirmtastatur

Mit der Taste ⌈Fnkt⌉ ❸ blenden Sie in der ersten Reihe – dort, wo sich standardmäßig die Zifferntasten befinden – die Funktionstasten ⌈F1⌉ bis ⌈F12⌉ ein. Speziell für diese Bildschirmtastatur existieren die Tasten in der rechten Spalte. Die Taste ⌈N.oben⌉ positioniert die Bildschirmtastatur am oberen, die Taste ⌈N.unten⌉ am unteren Bildschirmrand. Mit der Taste ⌈Nav⌉ können Sie die Bildschirmtastatur in der Form minimieren, dass sie nur mehr eine Reihe von Tasten anzeigt, darunter die Pfeiltasten, die Eingabe- und die Leertaste. Abbildung 5.26 zeigt die so verkleinerte Bildschirmtastatur. Indem Sie hier die äußerste rechte Taste ⌈Allgemein⌉ betätigen, bringen Sie die Bildschirmtastatur wieder auf ihre ursprüngliche Größe.

Abbildung 5.26 Komprimierte Bildschirmtastatur

Wenn Sie auf der Bildschirmtastatur die Taste ⌈Optionen⌉ (❹ in Abbildung 5.25) betätigen, öffnen Sie ein gleichnamiges Dialogfeld, in dem Sie bestimmte Einstellungen für die Bildschirmtastatur treffen können. Hier können Sie unter anderem die Zehnertastatur aktivieren ❺ oder die Navigationstasten `Nav`, `N.oben`, `N.unten`, `Andocken`, `Abblenden` auf der rechten Seite der Bildschirmtastatur ein- und ausblenden ❻.

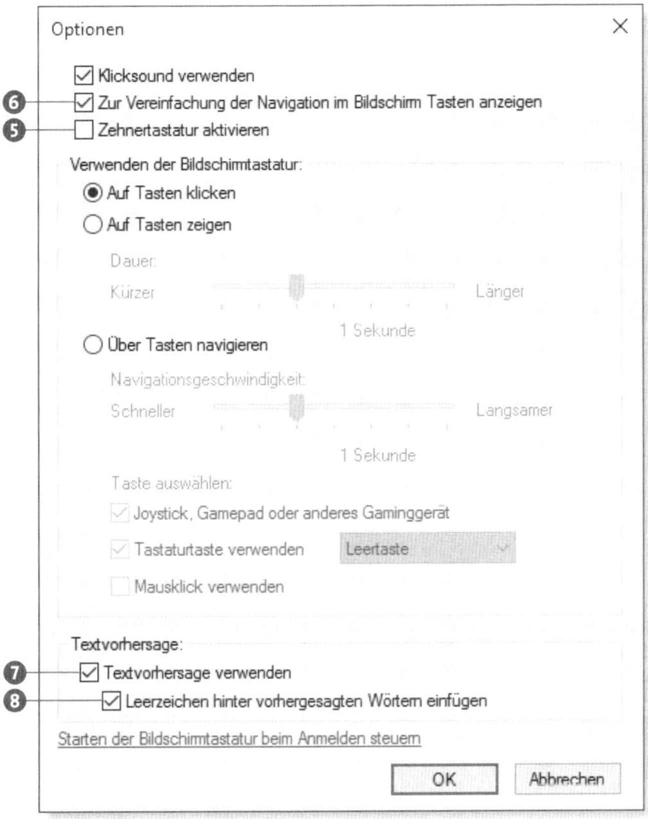

Abbildung 5.27 Optionen der Bildschirmtastatur

Das Verwenden der Textvorhersage ist im Dialogfeld **Optionen** standardmäßig aktiviert ❼. Bei aktivierter Textvorhersage zeigt die Bildschirmtastatur während der Eingabe von Text in ein Dokument eine Liste von Wortvorschlägen an. Die Vorschläge erscheinen direkt unterhalb der Titelleiste, also über der ersten Tastenreihe (siehe Abbildung 5.28). Um einen Wortvorschlag für das aktuelle Dokument zu übernehmen, tippen Sie ihn einfach an. Wenn nach dem Einfügen eines Vorschlags nicht automatisch ein Leerzeichen hinter dem Wort eingefügt werden soll, deaktivieren Sie im Optionen-Dialogfeld das Kontrollkästchen **Leerzeichen hinter vorhergesagten Wörtern einfügen** ❽. Beachten Sie, dass Änderungen im Dialogfeld **Optionen** mit **OK** bestätigt werden müssen. Wenn Sie die Textvorhersage ausschalten – deaktivieren Sie dazu das Kontrollkästchen **Textvorhersage verwenden** –, verschwindet in der Bildschirmtastatur der sonst leere Bereich zwischen Titelleiste und erster Tastenreihe.

Abbildung 5.28 Bei der Eingabe von Text erscheinen in der Bildschirmtastatur standardmäßig Vorschläge von Wörtern, die Sie vermutlich eingeben wollen. Um ein Wort zu übernehmen, brauchen Sie es nur anzutippen.

5.6.3 Die Bildschirmtastatur automatisch starten

Wenn Sie möchten, dass die Bildschirmtastatur bei der Anmeldung am Computer automatisch startet, können Sie dieses Verhalten wie folgt einrichten:

1 Starten Sie die Bildschirmtastatur. Drücken Sie auf der Bildschirmtastatur die Taste `Optionen`.

2 Klicken Sie im erscheinenden Dialogfeld auf die Verknüpfung **Starten der Bildschirmtastatur beim Anmelden steuern**.

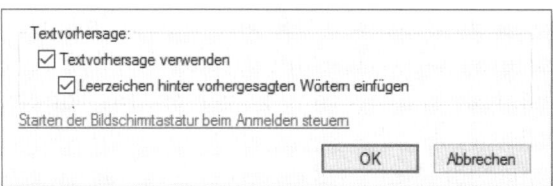

3 Es erscheint die Dialogseite **Computer ohne Maus oder Tastatur bedienen** der Systemsteuerung. Aktivieren Sie hier das Kontrollkästchen neben **Bildschirmtastatur verwenden ❶** und bestätigen Sie mit **OK** oder **Übernehmen**.

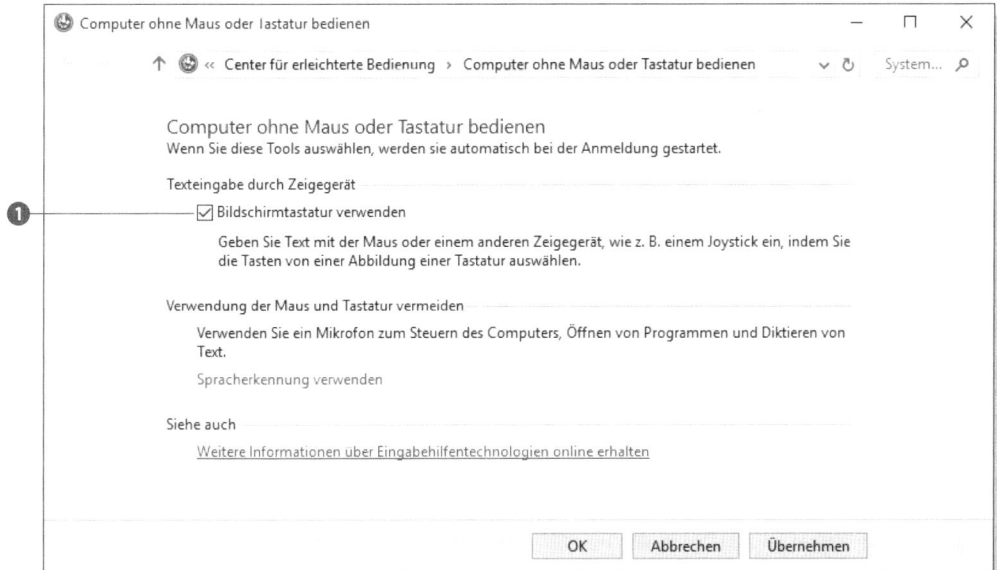

Das Verhalten der Bildschirmtastatur in den Einstellungen konfigurieren

Auch in den Einstellungen gibt es verschiedene Optionen bezüglich der Bildschirmtastatur. Um die entsprechende Dialogseite aufzurufen, wählen Sie auf der Ausgangsseite der Einstellungen **Erleichterte Bedienung** und anschließend im linken Bereich **Tastatur**.

INFO

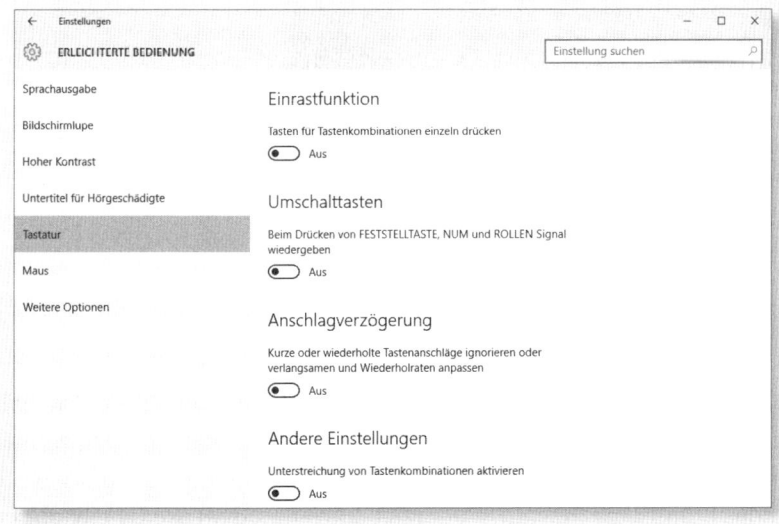

Abbildung 5.29 Optionen der Bildschirmtastatur in den Einstellungen

Dazu sei jedoch gesagt, dass die Einstellungen im oben genannten Optionen-Dialog, der im Übrigen Teil der Systemsteuerung ist, zuverlässiger sind. Beispielsweise ließen sich auf mehreren Geräten die Tasten für Tastenkombinationen einzeln drücken, und zwar unabhängig davon, ob die Einrastfunktion in den Einstellungen ein- oder ausgeschaltet war. Auch die Option **Einrastfunktion nach fünfmaligem Drücken der UMSCHALTTASTE aktivieren**, die bei eingeschalteter Einrastfunktion auf der Dialogseite erscheint, erscheint wenig praktikabel. So gesehen hat sich die Umsetzung gegenüber Windows 8 bzw. Windows 8.1 kaum verbessert: Dort gab es in den Einstellungen (unter Windows 8 und Windows 8.1 hießen diese PC-Einstellungen) eine Option zum An- und Ausschalten von Wortvorschlägen für eine Bildschirmtastatur, die überhaupt keine Wortvorschläge anbot!

5.6.4   Die Bildschirmtastatur in der Taskleiste anzeigen

Tatsächlich gibt es die Bildschirmtastatur in zwei Varianten und bei der, die ich Ihnen jetzt vorstelle, können Sie sogar zwischen verschiedenen Layouts wählen. Um diese Bildschirmtastatur anzuzeigen, führen Sie einen Rechtsklick (Press & Hold bei Touchbedienung) auf eine freie Stelle der Taskleiste aus und wählen **Bildschirmtastatur anzeigen (Schaltfläche)** im erscheinenden Taskleisten-Kontextmenü.

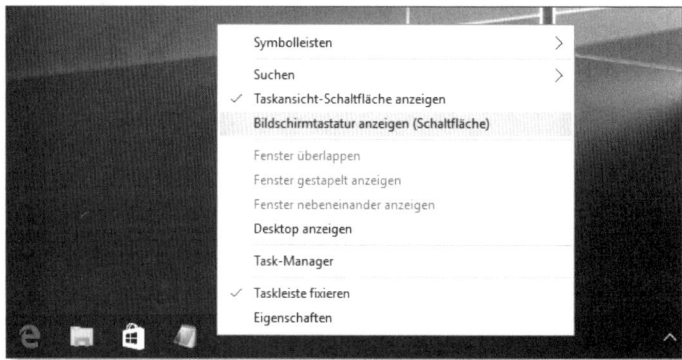

Abbildung 5.30 So machen Sie die alternative Bildschirmtastatur in der Taskleiste verfügbar.

Das Symbol der Bildschirmtastatur sehen Sie danach im Infobereich der Taskleiste links neben der Zeit-/Datumsanzeige ❶ (beachten Sie, dass Sie das Symbol gegebenenfalls erneut einblenden müssen, wenn Sie zwischen normalem und Tablet-Modus wechseln). Sie können diese Bildschirmtastatur jederzeit starten, indem Sie das Symbol in der Taskleiste antippen.

Abbildung 5.31 Symbol der Bildschirmtastatur im Infobereich der Taskleiste

Nach dem Starten nimmt diese Variante der Bildschirmtastatur zunächst die untere Hälfte des Bildschirms ein und verdeckt so z. B. auch die Taskleiste. Sie bleibt immer im Vordergrund, auch wenn Sie gerade mit einer App oder einem Programm arbeiten. Mit den beiden kleinen Schaltflächen auf der rechten Seite der Titelleiste können Sie die Bildschirmtastatur schließen ❷ oder minimieren bzw. maximieren ❸. Im letzteren Fall nimmt die Bildschirmtastatur wie in Abbildung 5.32 die ganze Breite ein. Wenn Sie die Bildschirmtastatur an einen anderen Ort verschieben wollen, fassen Sie sie in der Titelleiste an und ziehen Sie sie an die gewünschte Stelle – dies funktioniert allerdings nur im minimierten Zustand.

Abbildung 5.32 Auf dem Desktop eingeblendete Bildschirmtastatur

5.6.5   Verschiedene Layouts der Bildschirmtastatur verwenden

Für diese Ausführung der Bildschirmtastatur können Sie nach dem jetzigen Stand zwischen drei verschiedenen Layouts umschalten. Wenn Sie die Bildschirmtastatur das erste Mal anzeigen, präsentiert sie sich in dem Layout, das in Abbildung 5.33 wie auch oben in Abbildung 5.32 zu sehen ist (in der folgenden Abbildung 5.33 befindet sich die Tastatur jedoch im minimierten Zustand).

Abbildung 5.33 Üblicherweise verwendetes Tastaturlayout

Wenn Sie Ziffern oder Sonderzeichen benötigen, blenden Sie diese beim voreingestellten Layout mit der Taste &123 (links unten auf der Tastatur) ein. Die entsprechende Ansicht zeigt Abbildung 5.34. Im linken Block befinden sich die Sonderzeichen, im rechten die Ziffern. Da dieses Tastaturlayout nicht genügend Platz für alle Zeichen bietet – ansonsten würden die Tasten zu klein –, müssen Sie gegebenenfalls wiederholt mit der Taste &123 umschalten.

Abbildung 5.34 Sonderzeichen und Ziffern müssen Sie gegebenenfalls im Wechsel mit den Buchstaben einblenden.

Neben dem eben gezeigten Layout stehen auf der Bildschirmtastatur derzeit noch zwei weitere Layouts zur Verfügung. Um zu diesen zu wechseln, betätigen Sie unten rechts die Taste mit dem kleinen Tastatursymbol ❶ und wählen im erscheinenden Menü das Layout aus, das Sie verwenden wollen (das äußerste Symbol in der oberen Reihe des Menüs ❷ ist bis dato ohne Funktion). Die rechte untere Taste auf der Bildschirmtastatur, über die das Menü aufgerufen wird, zeigt jeweils das Symbol des aktuell verwendeten Layouts an.

Abbildung 5.35 zeigt das Tastaturlayout des zweiten Symbols aus Abbildung 5.34 ❸. Die Tastatur teilt sich in zwei Blöcke auf, die sich am Bildschirmrand befinden. Mit diesem Layout kann die Tastatur auch nur in der Höhe verschoben werden, die Blöcke bleiben dabei am Bildschirmrand verankert. Diese Anordnung der Tastaturblöcke ist besonders gut geeignet, wenn Sie beide Daumen für die Eingabe verwenden wollen, während Sie Ihren Tablet-PC in den Händen halten. Für Ziffern und Sonderzeichen müssen Sie wiederum mit der Taste &123 umschalten.

Abbildung 5.35 Dieses Tastaturlayout mit zwei Buchstabenblöcken ist vor allem auf Tablet-PCs für die Eingabe mit beiden Daumen vorgesehen.

Das dritte Layout, das im Menü zur rechten unteren Taste eingeblendet wird (❹ in Abbildung 5.34) – das Symbol zeigt einen Stift auf einer Zeichenfläche –, besteht aus einer mehr oder weniger leeren Fläche ohne Tasten, in die Sie mit dem Stift, aber auch mit dem Finger (und sogar mit der Maus) schreiben können. Die Bildschirmtastatur verfügt über eine integrierte Handschrifterkennung, so dass das Geschriebene in der Regel korrekt als Text umgesetzt wird. Arbeiten Sie z. B. gerade im Windows Editor oder in Microsoft Word oder sind dabei, in der Mail-App eine E-Mail-Nachricht zu verfassen, dann fügt Windows Ihren mit dem Finger oder mit dem Stift geschriebenen Text automatisch an der aktuellen Cursorposition ein. Für einen Zeilenumbruch betätigen Sie die Taste, die sich neben der Taste zum Umschalten des Layouts befindet (❶ in Abbildung 5.36). Um das zuletzt geschriebene Zeichen zu löschen, verwenden Sie die Rücktaste ❷. Die Taste daneben ❸ löscht den Inhalt der Schreibfläche.

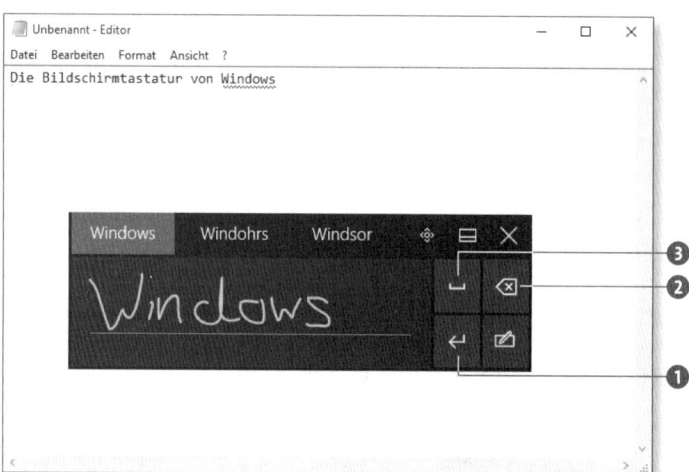

Abbildung 5.36 Mit diesem Layout können Sie mit den Fingern oder einem Stift in die Fläche schreiben. Der resultierende Text wird sofort in ein geöffnetes Dokument übernommen.

6   Funktionen und Features auf dem Desktop

Nach den Ausflügen von Windows 8 bzw. Windows 8.1 in eine andere Benutzeroberfläche ist nun wieder alles beim Alten: Der Desktop mit seinem Startmenü ist unter Windows 10, wie bereits unter Windows 7 und seinen Vorgängern, die zentrale Anlaufstelle des Betriebssystems. Von daher werden Sie sich von Anfang an gut zurechtfinden, wenn Sie Windows 7 verwendet haben. Neu ist die Option, mehrere Desktops zu verwenden. Sie lernen in diesem Kapitel diese und alle weiteren wichtigen Funktionen kennen, die auf dem Desktop zur Verfügung stehen.

6.1   Was hat der Desktop mit dem Explorer zu tun?

Eigentlich ist der Desktop, also das, was auf dem Desktophintergrund zu sehen ist, nichts anderes als eine alternative Ansicht eines Ordners auf der Festplatte des Computers. Es handelt sich nämlich um den Ordner **C:\Benutzer\<Benutzername>\Desktop** – vorausgesetzt, Ihr Stammlaufwerk ist **C:** und für *<Benutzername>* ist natürlich der Benutzername Ihres (oder der Benutzername eines anderen) Benutzerkontos einzusetzen. Wenn Sie wollen, können Sie sich diesen Ordner genauso gut im Explorer anzeigen lassen:

1 Drücken Sie ⊞ + Ⓔ, um den Explorer zu starten. Oder klicken Sie in der Taskleiste auf das gelbe Explorer-Symbol.

2 Wenn im rechten Fensterbereich des Explorers das Symbol für den Desktopordner ❶ zu sehen ist, klicken Sie dieses doppelt an. Andernfalls erweitern Sie oben im linken Navigationsbereich den Knoten neben **Schnellzugriff** ❷ und klicken darunter einmal auf Desktop ❸.

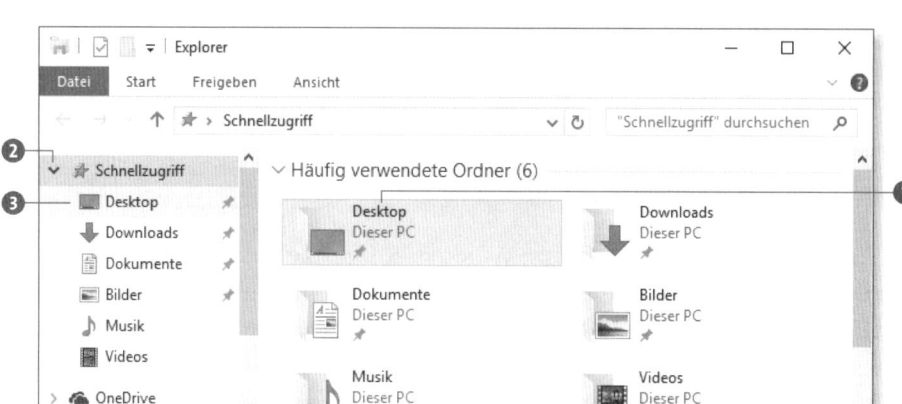

Im rechten Hauptbereich des Explorers sehen Sie nun den Inhalt des geöffneten Desktopordners. Dieser entspricht – bis auf das Papierkorbsymbol, das im Explorer nicht erscheint – dem, was auf dem Desktop vorhanden ist. In Abbildung 6.1 ist das nur eine Webseiten-Verknüpfung, da auf dem Desktop noch keine weiteren Elemente hinzugefügt worden sind. Nach der Installation von Windows 10 befindet sich auf dem Windows-Desktop außer dem Hintergrundbild nur das Papierkorbsymbol. Zugrunde liegt der Gedanke, den Benutzer nicht gleich mit einer Vielzahl von Desktopsymbolen, die er womöglich gar nicht benötigt, zu konfrontieren. Vielmehr will man es gerade jedem Benutzer selbst überlassen, seinen Desktop nach seinen Wünschen einzurichten.

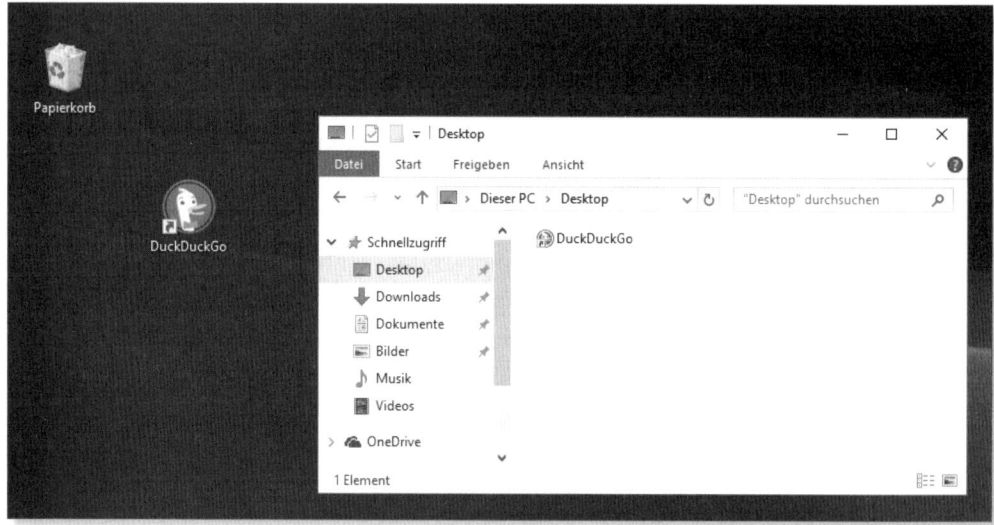

Abbildung 6.1 Windows-Desktop und Explorer-Fenster mit geöffnetem Ordner »Desktop«

Abgesehen von dem Papierkorbsymbol erscheint jede Verknüpfung, jede Datei und jeder Ordner, den Sie dem Desktopordner hinzufügen, in beiden Ansichten: auf dem Desktophintergrund sowie im Explorer im Desktopordner. Dabei spielt es auch keine Rolle, wo Sie ein Element hinzufügen, auf dem Desktop oder im Explorer, und wenn Sie an einer der beiden Stellen ein Element löschen, verschwindet es natürlich aus beiden Ansichten.

Tatsächlich ist der Desktop ein idealer Ort, um dort Verknüpfungen zu wichtigen Elementen abzulegen, z. B. zu Programmen, zu häufig besuchten Webseiten, zu Dokumenten, die Sie oft benötigen, oder etwa zu Ordnern. Ist auf dem Desktop z. B. eine Programmverknüpfung vorhanden, brauchen Sie diese nur doppelt anzuklicken, um das Programm zu starten, ohne das Startmenü öffnen zu müssen. Handelt es sich um eine Dateiverknüpfung, öffnet die Datei mit dem Programm, mit dem der entsprechende Dateityp verbunden ist. Bei Textdateien (Dateierweiterung **.txt**) ist das standardmäßig der Windows Editor, bei Microsoft-Word-Dateien (Erweiterung **.docx** oder **.doc**) startet Microsoft Word mit dem geladenen Dokument. Eine Verknüpfung zu einer Webseite öffnet diese im Browser – standardmäßig in Microsoft Edge – und wenn Sie auf dem Desktop eine Ordnerverknüpfung ablegen, startet der Explorer mit dem geöffneten Ordner. Wie gesagt, klicken Sie dazu einfach die entsprechende Verknüpfung auf dem Desktop doppelt an.

6.2   Desktopsymboleinstellungen

Windows 10 stellt verschiedene vordefinierte Desktopsymbole zur Verfügung, von denen zunächst nur das Papierkorbsymbol angezcigt wird. Weitere Symbole können Sie folgendermaßen auf dem Desktop hinzufügen:

1 Öffnen Sie das Startmenü und wählen Sie in diesem **Einstellungen** oder drücken Sie ⊞ + I .

2 Klicken Sie auf der Startseite der Einstellungen auf den Abschnitt **Personalisierung**.

3 Selektieren Sie im linken Bereich der erscheinenden Dialogseite die Kategorie **Designs**. Klicken Sie anschließend im rechten Bereich auf **Desktopsymboleinstellungen** ❶.

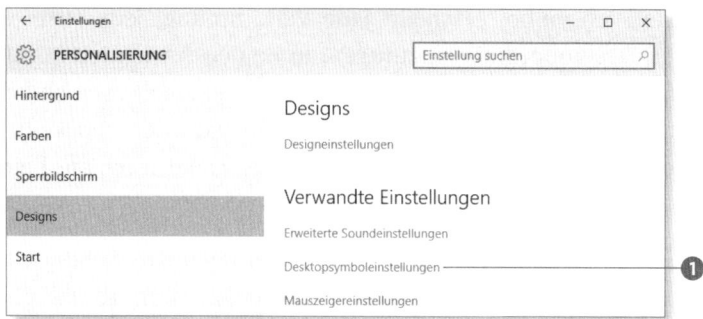

4 Es erscheint das Dialogfeld **Desktopsymboleinstellungen**, das Sie in der folgenden Abbildung sehen. Aktivieren Sie im oberen Abschnitt die Symbole, die Sie auf dem Desktop anzeigen wollen – standardmäßig ist hier nur das Symbol für den Papierkorb aktiviert **❷**. Möchten Sie ein Symbol nicht mehr auf dem Desktop anzeigen, deaktivieren Sie das nebenstehende Kontrollkästchen.

Windows 10 stellt für den Desktop verschiedene vordefinierte Designs zur Verfügung (siehe dazu Abschnitt 4.4.1, »Vordefinierte Desktopdesigns verwenden«, ab Seite 179). Mit der Option **Zulassen, dass Desktopsymbole durch Designs geändert werden ❸** legen Sie fest, ob sich eine Designänderung auch auf die Darstellung der Desktopsymbole auswirken darf.

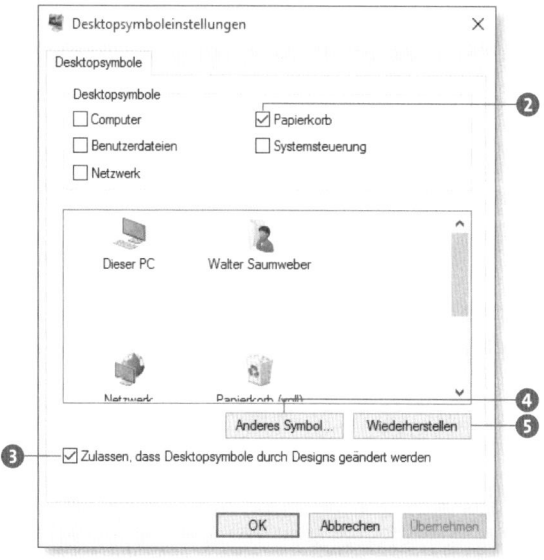

5 Bestätigen Sie die Änderungen im Dialogfeld **Desktopsymboleinstellungen** mit **OK** oder **Übernehmen.**

Unabhängig von den aktuell angezeigten Desktopsymbolen können Sie im mittleren Abschnitt der Desktopsymboleinstellungen über die Schaltfläche **Anderes Symbol** ❹ (Abbildung zu Schritt 4) für einzelne Verknüpfungen die angezeigten Symbole ändern. Selektieren Sie dazu im mittleren Abschnitt das Symbol, das Sie ändern wollen, und klicken Sie auf die Schaltfläche **Anderes Symbol**. Wählen Sie im erscheinenden Dialogfeld **Anderes Symbol** (siehe Abbildung 6.2) das neue Symbol aus und bestätigen Sie mit **OK**. Im Ausgangsdialog **Desktopsymboleinstellungen** müssen Sie die Änderung ebenfalls bestätigen. Wenn Sie später wieder die Standardsymbole verwenden wollen, stellen Sie im Dialogfeld **Desktopsymboleinstellungen** mit der Schaltfläche **Wiederherstellen** ❺ die ursprüngliche Zuordnung wieder her.

Abbildung 6.2 Für eine Verknüpfung können Sie auch ein anderes als das standardmäßig verwendete Symbol festlegen.

Für den Papierkorb gibt es zwei Symbole

Wie Sie im mittleren Abschnitt des Dialogfelds **Desktopsymboleinstellungen** sehen, sind für den Papierkorb zwei Symbole vorgesehen. Das Symbol **Papierkorb (leer)** wird verwendet, wenn sich im Papierkorb aktuell keine Elemente (gelöschte Dateien oder Ordner) befinden. Liegt auch nur eine gelöschte Datei im Papierkorb, erscheint auf dem Desktop das Symbol **Papierkorb (voll)**. Die Bezeichnung »voll« ist daher nicht wörtlich zu nehmen. Wenn dieses Symbol auf dem Desktop erscheint, können Sie dennoch davon ausgehen, dass im Papierkorb noch genügend Platz zur Verfügung steht (mehr zur Funktionsweise des Papierkorbs erfahren Sie in Kapitel 7, »Alles über den Explorer«, ab Seite 315).

INFO

Hier eine kurze Erläuterung der einzelnen Verknüpfungen:

- **Dieser PC ❶**: Wenn Sie diese Verknüpfung auf dem Desktop doppelt anklicken, öffnet der Explorer in der sogenannten Laufwerksansicht. Das heißt, Sie sehen im rechten Bereich im Abschnitt **Geräte und Laufwerke** alle auf dem Computer verfügbaren Laufwerke, z. B. Festplatte und DVD-Laufwerk, aber auch Laufwerke für angeschlossene Geräte. Zusätzlich sehen Sie im ersten Abschnitt **Ordner** die wichtigsten Ordner Ihres Benutzerordners und im letzten Abschnitt erscheinen die verfügbaren Netzwerkadressen.

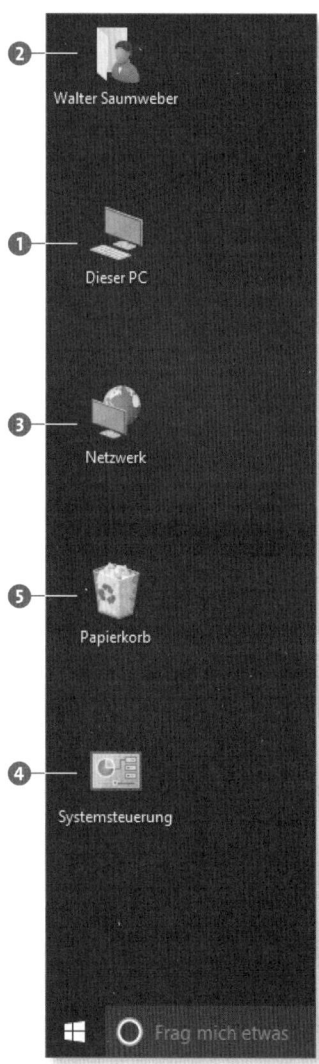

Abbildung 6.3 Hier zeigt der Desktop alle Standardsymbole an.

Das Symbol **Dieser PC** können Sie auf dem Desktop hinzufügen, indem Sie im Dialog-feld **Desktopsymboleinstellungen** das Kontrollkästchen neben **Computer** aktivieren.

- **Benutzerdateien** ❷: Mit dieser Verknüpfung öffnet im Explorer der Benutzerordner. Dieser sowie die entsprechende Verknüpfung auf dem Desktop sind nach dem Namen des aktuellen Benutzers benannt.
- **Netzwerk** ❸: Diese Verknüpfung öffnet den Netzwerkordner im Explorer. Hier sehen Sie z. B. auch andere Computer, die sich in Ihrem Heimnetzwerk befinden.
- **Systemsteuerung** ❹: Diese Verknüpfung öffnet die Startseite der Systemsteuerung.
- **Papierkorb** ❺: Mit dieser Verknüpfung öffnen Sie den Papierkorb.

6.3   Weitere Verknüpfungen auf dem Desktop anlegen

Abhängig von der Art der Verknüpfung (Verknüpfung zu einer Webseite, zu einer Datei oder zu einem Ordner, Programmverknüpfung etc.) gibt es verschiedene Wege, diese zu erstellen. Der übliche (aber nicht immer der kürzeste) funktioniert wie folgt:

1 Klicken Sie mit der rechten Maustaste auf eine freie Stelle des Desktops, so dass das Kontextmenü der folgenden Abbildung erscheint. Klicken Sie in diesem auf **Neu** und anschließend auf **Verknüpfung**.

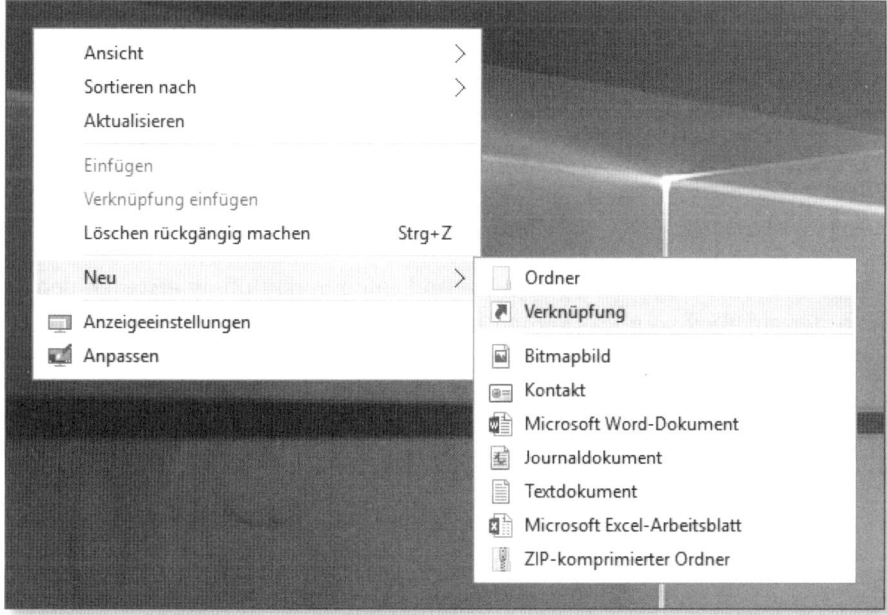

2 Geben Sie im erscheinenden Dialogfenster den Ort des Verknüpfungsziels an ❶ und klicken Sie anschließend auf **Weiter**.

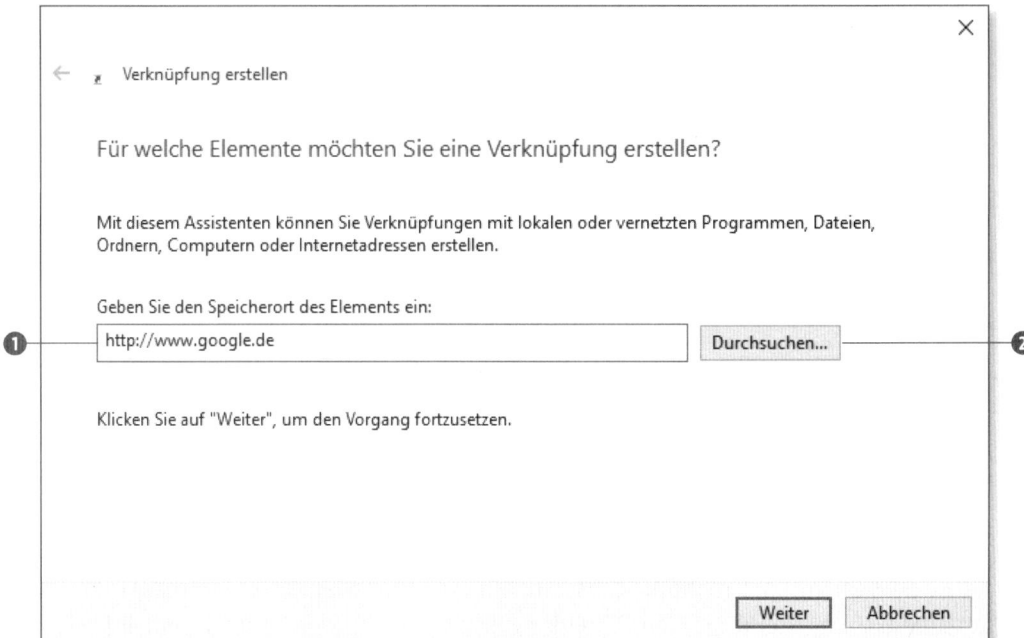

Wenn Sie eine Verknüpfung zu einer Webseite anlegen wollen, geben Sie in das Textfeld deren Adresse ein, für die Google-Website z. B. »http://www.google.de«. Bei Verknüpfungen zu Dateien und Ordnern geben Sie den Speicherort an.

Noch schneller können Sie die Datei oder den Ordner über die **Durchsuchen**-Schaltfläche auswählen ❷. Diese öffnet das Dialogfeld **Nach Dateien und Ordnern suchen**. Selektieren Sie hier die Datei oder den Ordner, auf den Sie verknüpfen wollen, und bestätigen Sie mit **OK**.

Bei Programmverknüpfungen geben Sie im Dialog **Verknüpfung erstellen** den Speicherort der ausführbaren Programmdatei an (in der Regel lautet die Dateierweiterung .exe – zur Anzeige von Dateierweiterungen siehe den Infokasten »Dateinamenerweiterung anzeigen« auf Seite 264). Auch diese können Sie gegebenenfalls im Dialogfeld **Nach Dateien und Ordnern suchen** auswählen.

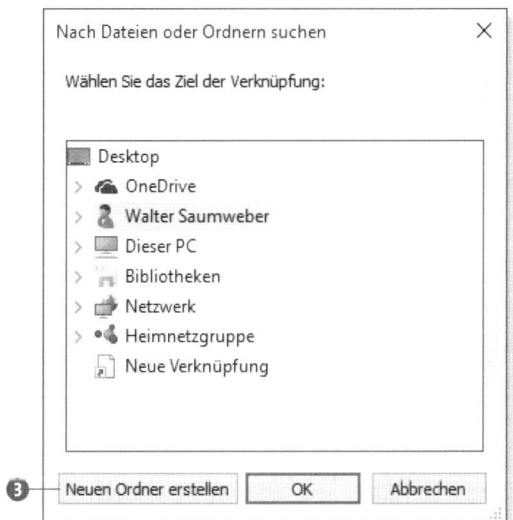

Gegebenenfalls können Sie im Dialogfeld **Nach Dateien und Ordnern suchen** auch einen neuen Ordner erstellen ❸, um diesen als Verknüpfungsziel anzugeben.

3 Geben Sie auf der nächsten Seite des Dialogs **Verknüpfung erstellen** einen Namen für die Verknüpfung an ❹. Der Name, den Sie hier wählen, wird nach dem Fertigstellen auf dem Desktop angezeigt.

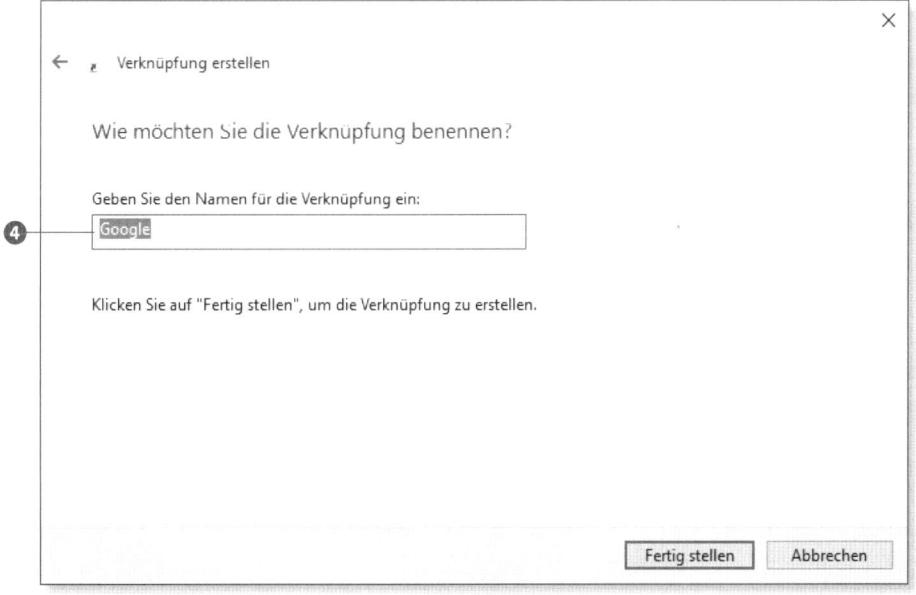

4 Klicken Sie abschließend auf die Schaltfläche **Fertig stellen**, um die Verknüpfung zu erstellen.

Dateinamenerweiterungen anzeigen

Standardmäßig zeigt Windows 10 die Erweiterungen von Dateien im Explorer und in verschiedenen Dialogfeldern nicht an. Das heißt, eine Textdatei mit dem Namen **notizen.txt** erscheint mit dem Namen **notizen** ohne die Erweiterung **.txt** und eine ausführbare Programmdatei wie **notepad.exe** – das ist die ausführbare Datei des Windows Editors – wird als **notepad** angezeigt. Um welche Art von Datei es sich handelt, können Sie so allenfalls an einem nebenstehenden Symbol oder im Explorer in der Spalte **Typ** erkennen. Um den Dateityp deutlicher zu machen, empfiehlt es sich, Dateinamenerweiterungen in den Dialogen anzuzeigen. Öffnen Sie dazu den Explorer (z. B. durch Drücken von ⊞ + E) und aktivieren Sie im Menüband in der Gruppe **Ein-/ausblenden** des Registers **Ansicht** das entsprechende Kontrollkästchen.

Abbildung 6.4 Die Anzeige von Dateinamenerweiterungen können Sie im Menüband des Explorers aktivieren.

Die gebräuchliche Bezeichnung für den doch etwas langen Namen »Dateinamenerweiterung« ist Dateierweiterung oder, noch kürzer, Erweiterung.

Was machen Sie nun, wenn Sie nicht wissen, wo sich die ausführbare Datei eines Programms, das Sie gerne als Verknüpfung auf dem Desktop zur Verfügung haben möchten, befindet? Grundsätzlich bieten sich hier zwei Lösungen an:

1 Klicken Sie im Startmenü auf **Alle Apps** und suchen Sie in der erscheinenden alphabetisch geordneten Übersicht den Eintrag für das Programm auf.

2 Klicken Sie den Eintrag mit der rechten Maustaste an und wählen Sie den Befehl **Dateipfad öffnen** im erscheinenden Kontextmenü.

Wenn das Programm als Kachel im Startmenü angeheftet ist, können Sie natürlich auch diese mit der rechten Maustaste anklicken. In diesem Fall entfällt Schritt 1.

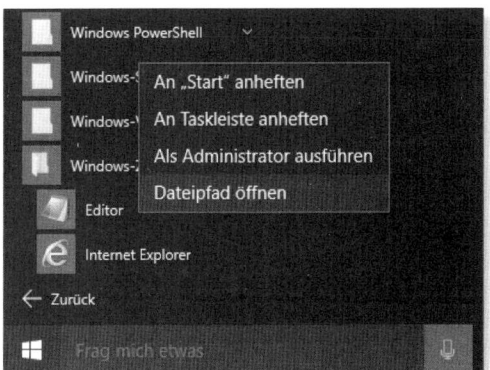

3 Daraufhin erscheint der Explorer. In diesem ist der Ordner geöffnet, der die entsprechende Programmverknüpfung enthält. Diese ist nach Auswahl des Befehls **Dateipfad öffnen** bereits vorselektiert. Klicken Sie die Verknüpfung mit der rechten Maustaste an und wählen Sie **Eigenschaften** ❶ im aufklappenden Kontextmenü.

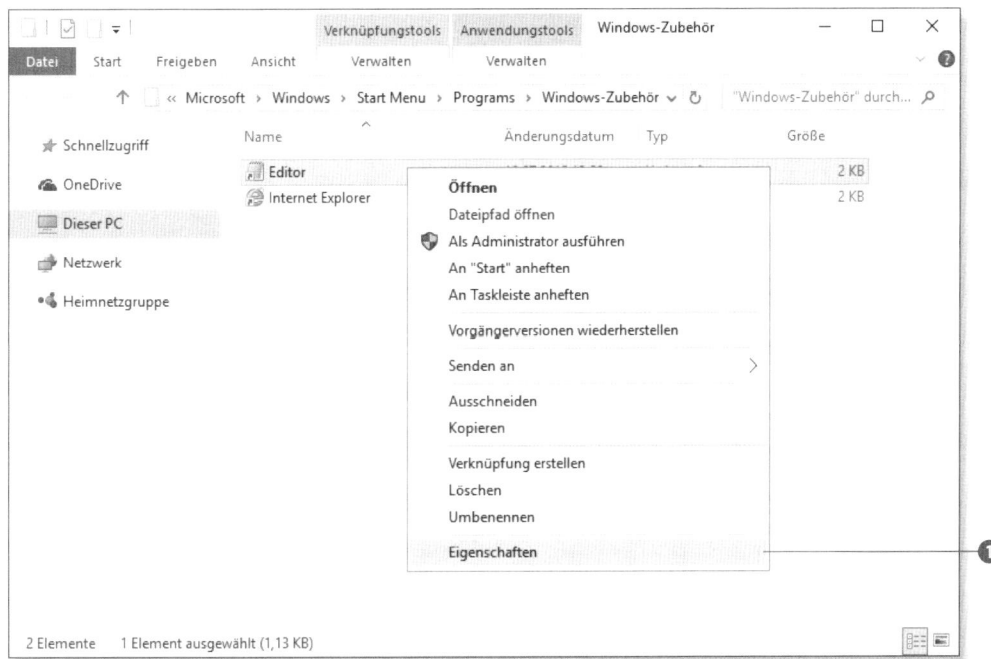

4 Im erscheinenden Eigenschaften-Dialogfeld finden Sie den Pfad samt Namen der ausführbaren Programmdatei auf der Registerkarte **Verknüpfung** – diese sollte sich bereits im Vordergrund befinden – im Feld **Ziel** ❷. Kopieren Sie den Inhalt dieses Feldes, indem Sie es markieren und [Strg] + [C] drücken. Danach fügen Sie den Pfad im Dialog **Verknüpfung erstellen** mit ⌷Strg⌷ + ⌷V⌷ als Verknüpfungsziel in das entsprechende Feld ein (Schritt 2 der Schrittfolge auf Seite 262) und fahren wie beschrieben fort.

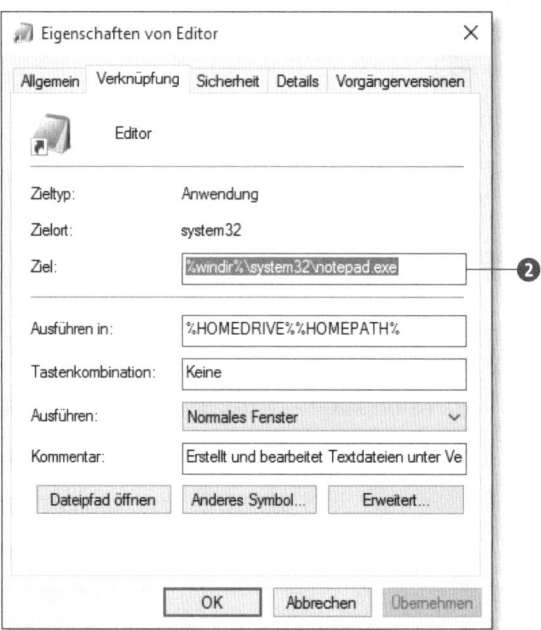

INFO

Die Zwischenablage von Windows

Wenn Sie einen Text oder auch andere Elemente kopieren, legt Windows diesen in die sogenannte Zwischenablage – eine alternative Bezeichnung ist Zwischenspeicher. Anschließend können Sie den Inhalt des Zwischenspeichers beliebig oft an anderen Stellen einfügen. Der Zwischenspeicher ist ein temporärer interner Speicher, der für alle Apps und Programme zur Verfügung steht. Auf diese Weise können Sie z. B. eine Nachricht, die Sie zunächst in einer Textdatei verfasst haben, per Copy & Paste in die Mail-App kopieren.

Viele Programme stellen Befehle zum Kopieren und Einfügen an den verschiedensten Stellen zur Verfügung. Besonders schnell geht es jedoch mit den Tastenkombinationen ⌷Strg⌷ + ⌷C⌷ (Kopieren) und ⌷Strg⌷ + ⌷V⌷ (Einfügen). Daneben gibt es die Tastenkombination ⌷Strg⌷ + ⌷X⌷ für das Ausschneiden. Beim Ausschneiden landet der Inhalt wie beim Kopieren im Zwischenspeicher, allerdings wird er am ursprünglichen Ort gelöscht. Um also ein Element – z. B. eine Datei oder einen bestimmten Text – zu verschieben, markieren Sie es, drücken dann ⌷Strg⌷ + ⌷X⌷ und fügen es an der gewünschten neuen Stelle mit ⌷Strg⌷ + ⌷V⌷ ein.

Alternativ zur oben beschriebenen Vorgehensweise heften Sie ein Programm, für das Sie auf dem Desktop eine Verknüpfung hinzufügen wollen, zunächst an die Taskleiste an, um dort die Verknüpfungseigenschaften aufzurufen:

1 Klicken Sie im Startmenü den Programmeintrag oder die Kachel des Programms mit der rechten Maustaste an. Wählen Sie im erscheinenden Kontextmenü den Befehl **An Taskleiste anheften**.

2 Klicken Sie das in der Taskleiste angeheftete Programmsymbol mit der rechten Maustaste an ❶.

3 Klicken Sie in der erscheinenden Sprungliste ebenfalls mit der rechten Maustaste auf den Namen des Programms ❷ und wählen Sie **Eigenschaften** ❸ im erscheinenden Kontextmenü.

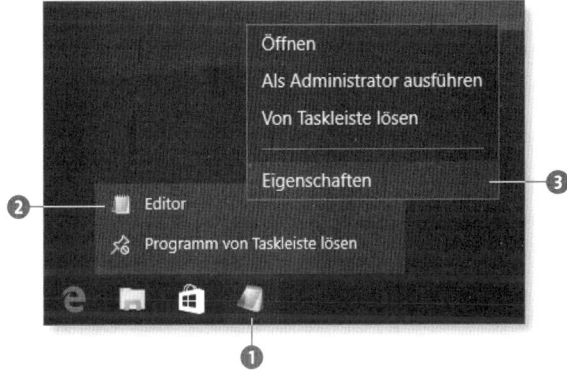

4 Den Pfad der Programmdatei finden Sie im erscheinenden Eigenschaften-Dialogfeld wiederum auf der Registerkarte **Verknüpfung** im Feld **Ziel**. Kopieren Sie den Pfad, indem Sie ⌨Strg + ⌨C drücken (alternativ können Sie den Pfad auch mit der rechten Maustaste anklicken und im erscheinenden Kontextmenü den Befehl **Kopieren** wählen).

5 Nachdem Sie den Pfad kopiert haben, können Sie das Programmsymbol in der Taskleiste wieder entfernen, wenn Sie nur auf dem Desktop eine Verknüpfung zur Verfügung haben wollen. Klicken Sie dazu das Symbol in der Taskleiste erneut mit der rechten Maustaste an. Wählen Sie im aufklappenden Menü den Befehl **Programm von Taskleiste lösen**.

INFO

Wofür stehen »%windir%« und »%userprofile%«?

Möglicherweise ist Ihnen im oben abgebildeten Pfad (**%windir%\system32\note-pad.exe** ist der Pfad zur ausführbaren Datei des Windows Editors) der Teil **%windir%** aufgefallen. Dieser steht für den Windows-Ordner, der sich direkt auf der Ebene unterhalb des Stammverzeichnisses befindet, in der Regel ist das **C:\Windows**. Die Bezeichnung **%windir%** hat den Vorteil, dass sie immer korrekt ist, auch wenn dem Stammlaufwerk ein anderer Buchstabe als **C** zugeordnet ist. Genauso verhält es sich mit dem Platzhalter **%userprofile%**. Dieser steht für den Benutzerordner des aktuell angemeldeten Benutzers (in der Regel *C:\Benutzer\<Benutzername>*).

Hier noch ein paar weitere besonders effektive Methoden, auf dem Desktop Verknüpfungen hinzuzufügen:

Um dem Desktop Verknüpfungen zu Ordnern und Dateien, die Ihnen wichtig sind, hinzuzufügen, klicken Sie den Ordner oder die Datei im Explorer mit der rechten Maustaste an und wählen im Kontextmenü **Senden an** ▶ **Desktop (Verknüpfung erstellen)** ❶. Mehr brauchen Sie nicht zu tun. Windows legt daraufhin eine Verknüpfung zur Datei bzw. zum Ordner auf dem Desktop ab.

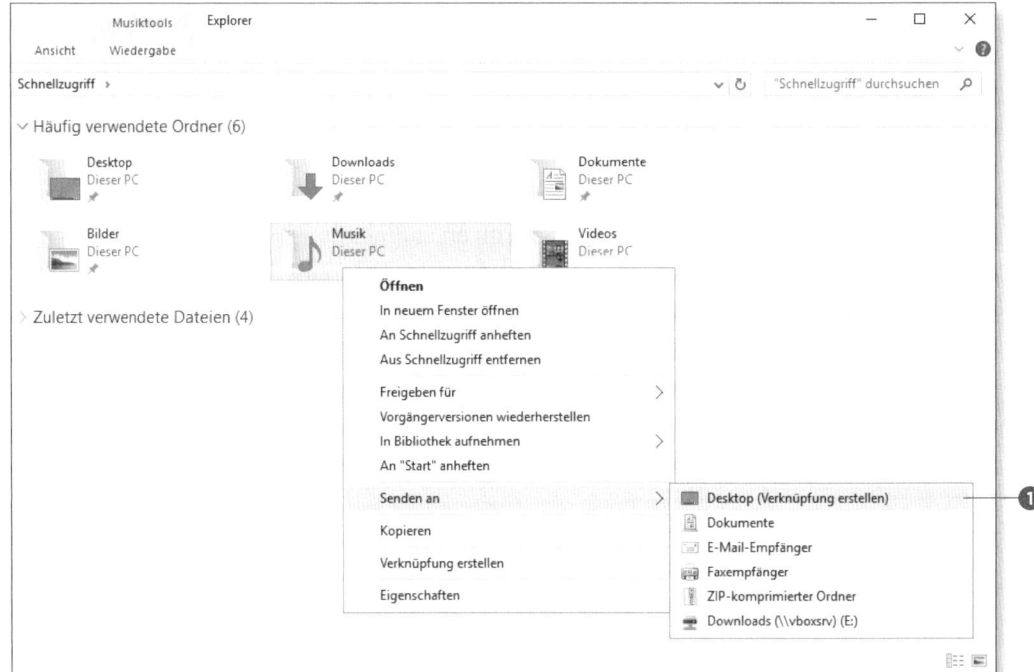

Abbildung 6.5 Desktopverknüpfungen über das »Senden an«-Menü des Explorers erstellen

INFO

Dateiverknüpfungen

Eigentlich handelt es sich bei Dateiverknüpfungen immer um Programmverknüpfungen. Wenn Sie die Verknüpfung einer ausführbaren Datei doppelt anklicken, startet das entsprechende Programm (die Verknüpfung zu einer ausführbaren Datei können Sie dem Desktop natürlich ebenfalls wie beschrieben über das **Senden an**-Menü des Explorers hinzufügen). Wenn Sie die Verknüpfung einer nicht ausführbaren Datei, wie z. B. ein Word-Dokument, eine einfache Textdatei oder eine Grafikdatei, doppelt anklicken, startet das Programm, das mit dem entsprechenden Dateityp verbunden ist, und zwar mit der geladenen Datei.

Falls sich schon sehr viele Verknüpfungen auf dem Desktop befinden und Sie den Ort für die neue Verknüpfung selbst bestimmen wollen, gehen Sie am besten folgendermaßen vor:

1 Öffnen Sie das Desktop-Kontextmenü, indem Sie mit der rechten Maustaste auf eine freie Stelle klicken.

2 Überzeugen Sie sich davon, dass vor der Option **Ansicht ▸ Symbole automatisch anordnen** ❶ kein Häkchen gesetzt ist. Entfernen Sie dieses gegebenenfalls, indem Sie darauf klicken. Bei sehr vielen Symbolen kann es hilfreich sein, die Option **Symbole am Raster ausrichten** ❷ ebenfalls zu deaktivieren.

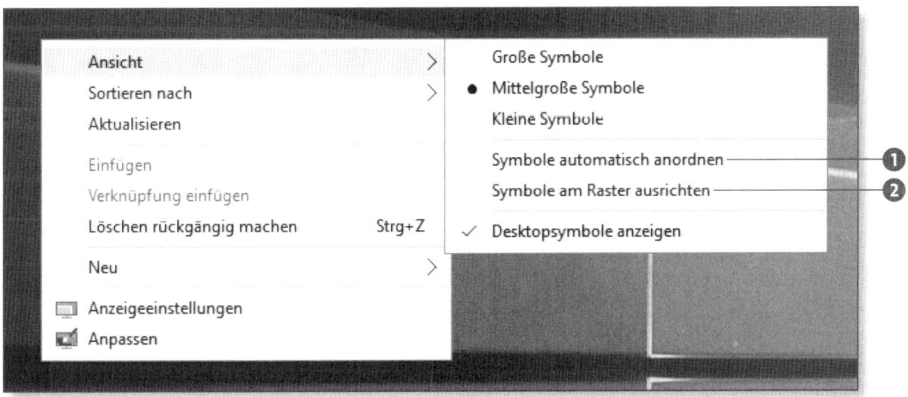

3 Klicken Sie im Explorer das Element, für das Sie eine Verknüpfung auf dem Desktop erstellen wollen, mit der rechten Maustaste an. Wählen Sie im erscheinenden Kontextmenü den Befehl **Verknüpfung erstellen**, ohne über das **Senden an**-Menü zu gehen. Die neue Verknüpfung wird nun im gleichen Ordner abgelegt.

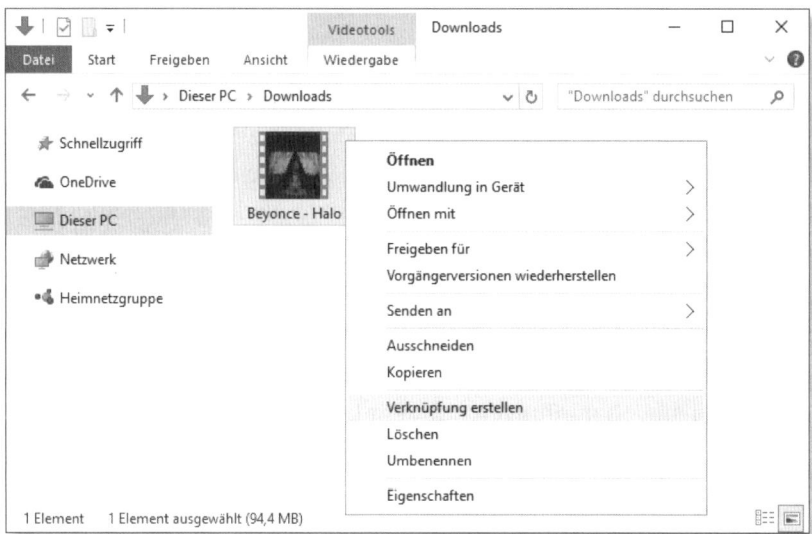

4 Schneiden Sie die Verknüpfungsdatei aus. Dazu klicken Sie sie mit der rechten Maustaste an und wählen den entsprechenden Befehl im Kontextmenü oder Sie markieren die Datei und drücken ⌨Strg + ⌨X.

5 Klicken Sie nun auf dem Desktop mit der rechten Maustaste auf die Stelle, an der Sie die Verknüpfung platzieren wollen, und wählen Sie den Befehl **Einfügen** im Kontextmenü (⌨Strg + ⌨V ordnet die Verknüpfung dagegen automatisch an, auch wenn Sie zuvor auf die entsprechende Stelle klicken).

Woran erkennt man eine Verknüpfung?

Verknüpfungen erkennen Sie sowohl im Explorer als auch auf dem Desktop an dem kleinen Quadrat mit dem nach oben gerichteten Pfeil.

Abbildung 6.6 Verknüpfungssymbol

Im Übrigen handelt es sich auch bei Verknüpfungen um kleine Dateien, die etwa 1 bis 2 Kilobyte groß sind. Tatsächlich besitzen Verknüpfungsdateien die Erweiterung **.lnk**, was für *link* (zu Deutsch: Verknüpfung) steht. Allerdings gehört dieser Dateityp zu den wenigen, deren Erweiterung standardmäßig immer ausgeblendet ist. Das heißt, die Dateierweiterung **.lnk** wird auch dann nicht angezeigt, wenn im Explorer die Anzeige von Dateinamenerweiterungen aktiviert ist.

Hier eine noch elegantere, weil kürzere, jedoch weniger bekannte Alternative zu dem Vorgehen, das in den Schritten 3 bis 5 ab Seite 269 beschrieben wurde:

Klicken Sie das Element, für das Sie eine Desktopverknüpfung einrichten wollen, im Explorer mit der rechten Maustaste an, wählen Sie jetzt aber den Befehl **Kopieren** im Kontextmenü (alternativ: Strg + C). Öffnen Sie anschließend auf die beschriebene Weise das Desktop-Kontextmenü und wählen Sie dort den Befehl **Verknüpfung einfügen**. Der Befehl **Einfügen** würde dagegen nicht die Verknüpfung, sondern eine Kopie der Datei bzw. des Ordners in den Desktopordner einfügen – diese würde auf dem Desktop ebenfalls als Symbol angezeigt.

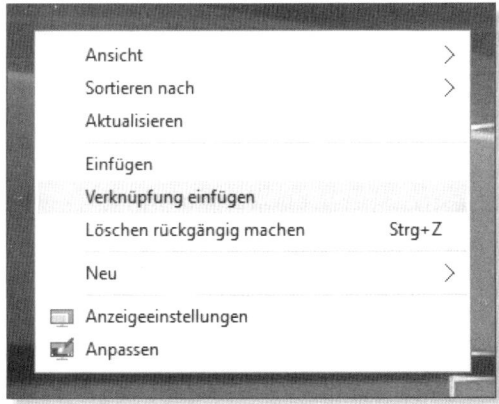

Abbildung 6.7 Bei kopierten Elementen haben Sie die Wahl, sie an der Zielstelle im Original oder als Verknüpfung einzufügen.

Schließlich können Sie eine Verknüpfung auf dem Desktop auch anlegen, indem Sie eine Datei oder einen Ordner mit der Maus aus dem Explorer direkt auf den Desktop ziehen:

1 Öffnen Sie den Explorer, indem Sie ⊞ + E drücken, und navigieren Sie zu dem Element (Datei oder Ordner), für das Sie eine Verknüpfung auf dem Desktop erstellen wollen.

2 Verkleinern Sie das Anwendungsfenster des Explorers, so dass Sie im Hintergrund den Desktop sehen. Klicken Sie dazu rechts oben in der Titelleiste auf die kleine mittlere Schaltfläche ❶. Passen Sie die Größe des Anwendungsfensters gegebenenfalls an, indem Sie es mit der Maus an den Rändern oder an den Ecken ziehen.

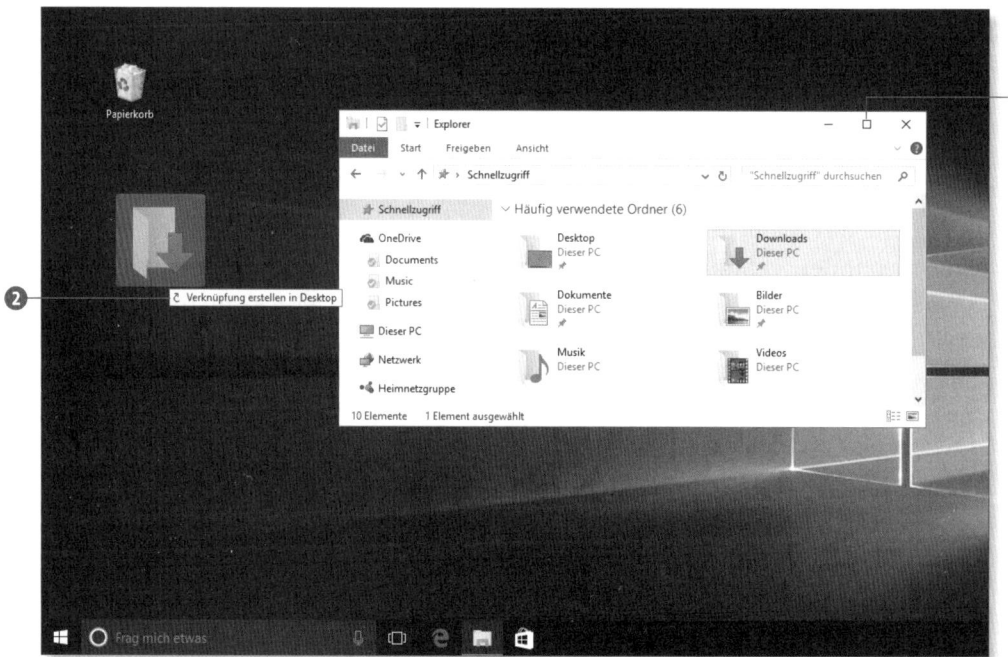

3 Klicken Sie im Explorer das Element, für das Sie eine Desktopverknüpfung erstellen wollen, mit der linken oder auch mit der rechten Maustaste an und ziehen Sie es auf den Desktop. Halten Sie dabei die Maustaste gedrückt.

4 Sobald sich das gezogene Symbol auf dem Desktophintergrund befindet, erscheint die Quickinfo *Verknüpfung erstellen in Desktop* ❷. Ziehen Sie das Symbol weiter bis zu der Stelle, an der Sie die Verknüpfung platzieren wollen, und lassen Sie die Maustaste dann los.

5 Wenn Sie das Element mit der linken Maustaste gezogen haben, wird die Verknüpfung sofort erstellt. Haben Sie die rechte Maustaste verwendet, erscheint nun anstelle des Symbols das Menü, das Sie in der folgenden Abbildung sehen. Klicken Sie darin auf den Befehl **Verknüpfungen hier erstellen**, um eine Verknüpfung für das gezogene Element an der aktuellen Stelle einzufügen (der Befehl **Hierher kopieren** erstellt dagegen auf dem Desktop eine Kopie der Datei oder des Ordners).

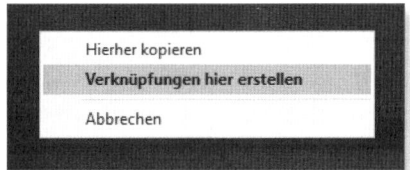

Keine Desktopverknüpfungen für Apps

Beachten Sie, dass sich Verknüpfungen auf dem Desktop nur für klassische Programme einrichten lassen, jedoch nicht für Apps. Apps liegen nicht als ausführbare .**exe**-Dateien vor und sie besitzen daher auch keine Dateieigenschaften. Aus dem gleichen Grund findet sich im Kontext von Apps auch nicht der Befehl **Speicherort öffnen**.

INFO

6.4   Optionen im Desktop-Kontextmenü

Die folgende Abbildung zeigt noch einmal das Kontextmenü für den Desktop mit aufklappbaren Untermenüs zu den Befehlen **Ansicht**, **Sortieren nach** und **Neu**.

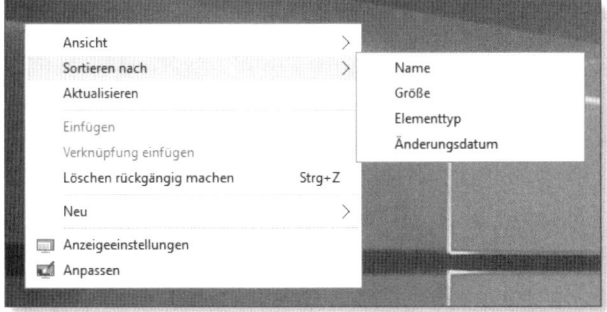

Abbildung 6.8 Kontextmenü für den Desktop mit aufgeklapptem »Sortieren nach«-Untermenü: Das hier eingestellte Kriterium ist nur bei der automatischen Anordnung relevant.

Über **Ansicht** stellen Sie die Größe der Desktopsymbole ein. Zur Auswahl stehen hier drei Größen (**Große Symbole**, **Mittelgroße Symbole**, **Kleine Symbole** – **Mittelgroße Symbole** entspricht dem Standard).

TIPP

So stellen Sie für Ihre Desktopsymbole fast jede beliebige Größe ein

Für den einen Anwender sind die Desktopsymbole zu klein, für den anderen sind sie wiederum zu groß – wenn sich sehr viele Verknüpfungen auf dem Desktop befinden, dürfte wohl eher das Letztere der Fall sein. Wem die abgestufte Auswahl nach großen, mittelgroßen und kleinen Symbolen im **Ansicht**-Untermenü nicht ausreicht, der kann auf eine einfache und gleichzeitig komfortable Option zurückgreifen: Bei gedrückter `Strg`-Taste können Sie die Größe der Desktopsymbole mit dem Mausrad nach Belieben einstellen. Indem Sie das Rad nach vorn bewegen, vergrößern Sie die Symbole, in die andere Richtung verkleinern Sie sie. Ihre Anordnung auf dem Desktop bleibt dabei erhalten. Möchten Sie irgendwann wieder zum Standard zurückkehren, verwenden Sie im Desktop-Kontextmenü einfach den Befehl **Ansicht ▶ Mittelgroße Symbole**.

Der Befehl **Desktopsymbole anzeigen**, ganz unten im **Ansicht**-Untermenü, blendet alle Desktopsymbole ein und aus. Standardmäßig ist diese Option natürlich gesetzt, das heißt, die Desktopsymbole werden auf dem Desktop angezeigt. Um sie vorübergehend auszublenden, klicken Sie den Befehl einmal an. Mit der gleichen Aktion zeigen Sie die Desktopsymbole wieder an.

Bei gesetzter Option **Symbole automatisch anordnen** ist es nicht möglich, einzelne Desktopverknüpfungen durch Ziehen mit der Maus an eine andere Stelle zu verschieben. Die Desktopsymbole werden unter dieser Einstellung automatisch nach dem im Untermenü **Sortieren nach** eingestellten Modus, von links beginnend, Spalte an Spalte sortiert angeordnet (per Voreinstellung nach Name, wenn Sie unter **Sortieren nach** nicht explizit etwas anderes einstellen). Das Symbol springt dann automatisch an seinen ursprünglichen Platz zurück, wenn es manuell bewegt wird. Viele Anwender bevorzugen es deshalb, diese Einstellung nicht zu aktivieren. Mit der Option **Symbole am Raster ausrichten** verhält es sich ähnlich. Diese richtet die Desktopsymbole an einem unsichtbaren Raster aus, so dass der Abstand zwischen ihnen stets gleich bleibt.

Der Befehl **Aktualisieren** aktualisiert die Anzeige auf dem Desktop. Verwenden Sie diesen Befehl, wenn Symbole fehlerhaft oder gar nicht mehr angezeigt werden.

Die Optionen im mittleren Abschnitt des oben abgebildeten Desktop-Kontextmenüs beziehen sich auf Dateioperationen. Mit der Option **Einfügen** können Sie auf dem Desktop

Dateien, Ordner und gegebenenfalls Verknüpfungen einfügen, die Sie zuvor kopiert, das heißt in den Zwischenspeicher von Windows gelegt haben. Zur Erklärung: Wenngleich der Windows-Desktop in erster Linie zum Ablegen von Verknüpfungen vorgesehen ist, handelt es sich dennoch um einen Ordner, und in einem Ordner können Sie grundsätzlich alles ablegen – Dateien, Unterordner oder eben Verknüpfungen (wie gesagt, Verknüpfungen sind ebenfalls kleine Dateien). Wenn Sie auf dem Desktop eine gewöhnliche Datei oder einen Ordner ablegen, werden diese Elemente ebenfalls als Symbol angezeigt, allerdings ohne das typische Verknüpfungssymbol. Mit dem Befehl **Verknüpfung einfügen** können Sie auf dem Desktop eine Verknüpfung zu einer Datei oder zu einem Ordner, die bzw. den Sie zuvor kopiert haben, einfügen (siehe dazu oben Abschnitt 6.3, »Weitere Verknüpfungen auf dem Desktop anlegen«, ab Seite 261). Die Befehle **Einfügen** und **Verknüpfung einfügen** sind nur aktiviert, wenn zuvor an anderer Stelle der Befehl **Kopieren** ausgeführt wurde, sich also ein Element, das auf dem Desktop eingefügt werden kann, im Zwischenspeicher von Windows befindet. Der Befehl **Löschen rückgängig machen** erscheint nur, wenn zuvor ein Element gelöscht wurde. Mit den Befehlen **Umbenennen rückgängig machen** und **Verschieben rückgängig machen** verhält es sich genauso.

Über die Option **Neu** können Sie wie beschrieben eine Verknüpfung, eine neue Datei oder einen neuen Ordner auf dem Desktop anlegen. Die Auswahl im Untermenü hängt von den Programmen und Apps ab, die auf dem Computer installiert sind. Wenn Microsoft Office installiert ist, finden sich hier auch Einträge zum Erstellen von Office-Dokumenten (z. B. **Microsoft Word-Dokument** oder **Microsoft Excel-Arbeitsblatt**). Der Befehl **ZIP-komprimierter Ordner** erstellt ein neues ZIP-Archiv (mehr über ZIP-Archive erfahren Sie im nächsten Kapitel, im Abschnitt 7.7, »ZIP-Archive erstellen und verwenden«, ab Seite 346).

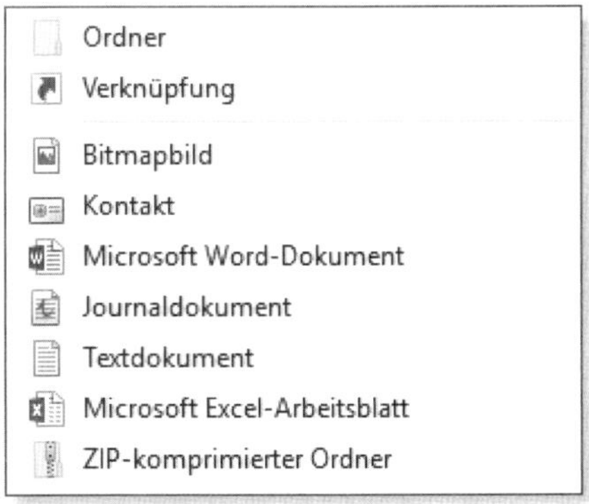

Abbildung 6.9 Untermenü »Neu«

Mit dem Befehl **Anzeigeeinstellungen** können Sie die Dialogseite **System/Bildschirm** der Einstellungen aufrufen. Hier können Sie die Anzeigegröße von verschiedenen Elementen einstellen und über die Verknüpfung **Erweiterte Anzeigeeinstellungen** bei Bedarf auch die Bildschirmauflösung anpassen (siehe dazu den Abschnitt 13.1, »Die Bildschirmauflösung anpassen«, ab Seite 591).

Der Befehl **Anpassen** öffnet die Dialogseite **Personalisierung/Hintergrund** der Einstellungen, auf der Sie z. B. ein anderes Hintergrundbild für den Desktop oder für diesen über die Auswahl von **Designs ▸ Designeinstellungen** ein komplettes anderes Design wählen können.

INFO

Allgemeines zu Kontextmenüs

Wichtige Befehle zu Elementen der Bedienoberfläche stellt Windows regelmäßig in Kontextmenüs bereit. Die Kontextmenüs zeigen – eventuell mit Untermenüs – eine Liste von Befehlen, die Sie durch Anklicken mit der Maus ausführen können. Grundsätzlich gibt es in Windows 10 drei Möglichkeiten, ein Kontextmenü zu öffnen:

- Klicken Sie das Element mit der rechten Maustaste an.
- Auf einem Touchbildschirm können Sie das Element antippen und mit dem Finger darauf verweilen (»Press & Hold« – eine detaillierte Beschreibung dieser Fingereingabeaktion finden Sie in Kapitel 5, »Touchbedienung und Tablet-Modus«, auf Seite 224).
- Markieren Sie das Element bzw. geben Sie ihm den Fokus und drücken Sie dann ⌂ + F10.

Um einem Element den Fokus zu geben, klicken Sie es einmal an. Um z. B. das Kontextmenü des Desktops aufzurufen, klicken Sie dort mit der linken Maustaste auf eine freie Stelle und drücken dann ⌂ + F10. Alternativ und wohl bequemer verwenden Sie natürlich die rechte Maustaste. Für die Symbole in der Taskleiste müssen Sie sogar so verfahren, da ein linker Mausklick die jeweilige Anwendung starten würde (bei Touchunterstützung funktioniert »Press & Hold« ebenfalls).

Apps (gemeint sind auch Programme) fügen den Kontextmenüs bei der Installation gegebenenfalls zusätzliche Befehle hinzu. Ein Beispiel ist das oben dargestellte Untermenü **Neu** im Desktop-Kontextmenü.

6.5 Die Taskleiste von Windows 10

Zusammen mit dem Startmenü bleibt die Taskleiste auch unter Windows 10 ein zentraler Bereich der Benutzeroberfläche, in dem Sie wichtige Dinge schnell und bequem erledigen können. Neu ist das Suchfeld, das sich nun, statt wie in Windows 7 im Startmenü, direkt in der Taskleiste, unmittelbar neben dem Windows-Symbol, befindet. Rechts neben dem Suchfeld befindet sich das Symbol für die Taskansicht ❶ (dazu mehr in Abschnitt 6.9, »Neu in Windows 10: virtuelle Desktops«, ab Seite 303), danach folgen die in der Taskleiste standardmäßig angehefteten Symbole für Microsoft Edge (den neuen Browser) ❷, den Explorer ❸ und für die Store-App ❹.

Abbildung 6.10 Linke Seite der Taskleiste

Auf der rechten Seite der Taskleiste befindet sich der sogenannte Infobereich mit Systemsymbolen und Zeit-/Datum-Anzeige. Daneben, am rechten Ende, befindet sich – als solche kaum erkennbar – die Schaltfläche, die bei aktiven Anwendungsfenstern direkt zum Desktop führt ❺. Diese Schaltfläche hat praktisch die gleiche Funktion wie die Tastenkombination ⊞ + [D]. Das heißt, wenn Sie gerade ein oder mehrere Anwendungsfenster geöffnet haben, klicken Sie einfach auf die Stelle am rechten Ende der Taskleiste, um zum Desktop zu gelangen. Die Anwendungsfenster werden dann ausgeblendet, das heißt minimiert. Ein weiterer Klick auf die Schaltfläche stellt den alten Zustand wieder her.

Abbildung 6.11 Rechte Seite der Taskleiste

Dagegen ist die Desktopvorschau für die Taskleistenschaltfläche – die sogenannte Peek-Funktion – in Windows 10 (wie bereits in Windows 8 bzw. Windows 8.1) standardmäßig nicht aktiviert. Sie können die Desktopvorschau aber einfach aktivieren, indem Sie mit der rechten Maustaste auf die kleine Schaltfläche und im erscheinenden Popup-Fenster auf **Vorschau für Desktop** klicken – bei aktivierter Peek-Funktion steht ein Häkchen davor. Danach können Sie jederzeit den Blick auf den Desktop freimachen, indem Sie die Maus über die Schaltfläche bewegen – ohne darauf zu klicken. Wenn Sie die Maus wieder entfernen, haben Sie das Programmfenster wieder vor sich, mit dem Sie zuletzt gearbeitet haben. Indem Sie die Option **Vorschau für Desktop** bei aktiviertem Zustand anklicken, schalten Sie die Desktopvorschau wieder aus.

Abbildung 6.12 Hier ist die Peek-Funktion aktiviert.

TIPP

Peek-Funktion per Tastenkombination verwenden

Zusätzlich gibt es eine womöglich noch bequemere Methode, die Peek-Funktion aufzurufen: Drücken Sie ⊞ + ⎟,⎟ (Windows-Taste plus Komma), um vorübergehend den Desktop anzuzeigen. Nachdem Sie die Windows-Taste loslassen, befinden Sie sich wieder da, wo Sie zuletzt waren. Die Tastenkombination ⊞ + ⎟,⎟ ist immer verfügbar, auch wenn die Desktopvorschau für die Taskleistenschaltfläche nicht aktiviert ist.

Außer mit ⊞ + ⎟D⎟ und dem besagten Klick auf die Taskleistenschaltfläche gibt es zwei weitere Stellen, an denen Sie den Desktop aufrufen können: Sowohl im Kontextmenü der Taskleiste – dieses rufen Sie auf, indem Sie mit der rechten Maustaste in der Taskleiste auf eine freie Stelle klicken – als auch im Kontextmenü der Taskleistenschaltfläche selbst (Rechtsklick auf diese Schaltfläche) findet sich der Befehl **Desktop anzeigen**, wie in Abbildung 6.12 zu sehen ist. Er bewirkt das Gleiche wie die Tastenkombination ⊞ + ⎟D⎟ oder wenn Sie die Taskleistenschaltfläche direkt anklicken, das heißt, er holt bei geöffneten Anwendungsfenstern den Desktop in den Vordergrund. Allerdings dürfte es wohl bequemer sein, zu diesem Zweck die besagte Schaltfläche direkt anzuklicken oder ⊞ + ⎟D⎟ zu drücken, statt erst per Rechtsklick ein Kontextmenü zu bemühen.

6.5.1   Die Taskleiste an einen anderen Bildschirmrand verschieben

Wenn Sie wollen, können Sie die Taskleiste auch an einem anderen Ort platzieren, infrage kommt jeder der vier Bildschirmränder:

1 Klicken Sie mit der rechten Maustaste auf eine freie Stelle der Taskleiste, und zwar außerhalb des Infobereichs. Damit rufen Sie das Kontextmenü der Taskleiste auf.

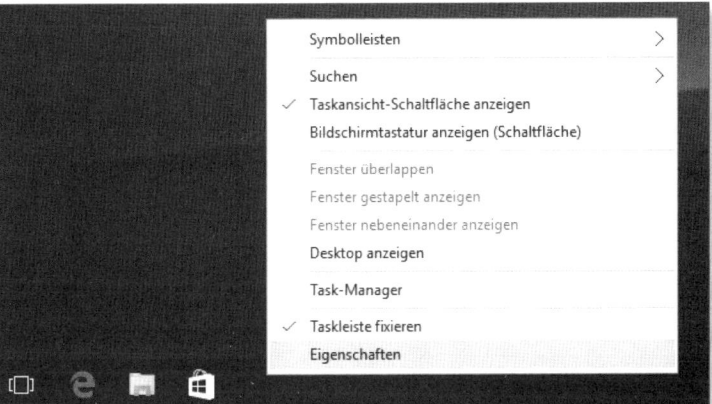

2 Wahlen Sie **Elgenschaften** im aufklappenden Kontextmenü. Es erscheint das Dialog-feld **Eigenschaften von Taskleiste und Startmenü** mit der Registerkarte **Taskleiste** im Vordergrund.

3 Klicken Sie auf dieser Registerkarte auf das Listenfeld neben **Position der Taskleiste auf dem Bildschirm** ❶.

4 Wählen Sie in der aufgeklappten Liste die gewünschte Position aus und bestätigen Sie mit **OK** oder **Übernehmen**.

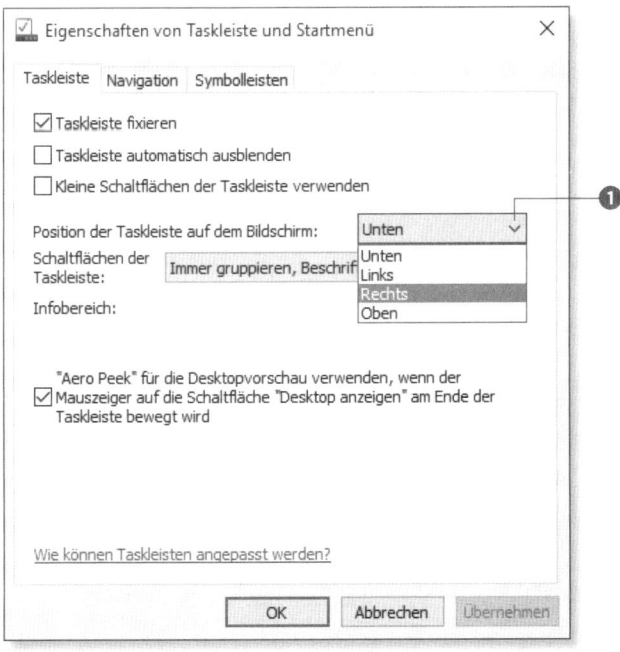

Alternativ zu der gezeigten Vorgehensweise können Sie die Taskleiste auch durch Ziehen mit der Maus an einen anderen Bildschirmrand verschieben. Klicken Sie dazu auf eine freie Stelle in der Taskleiste und ziehen Sie diese bei gedrückt gehaltener Maustaste in die entsprechende Richtung. Dies funktioniert allerdings nur, wenn die Taskleiste nicht fixiert ist. Um die Fixierung der Taskleiste aufzuheben, klicken Sie zunächst im Kontextmenü der Taskleiste auf die aktivierte Option **Taskleiste fixieren**, oder Sie deaktivieren diese Option im Dialogfeld **Eigenschaften von Taskleiste und Startmenü** auf der Registerkarte **Taskleiste ❷**.

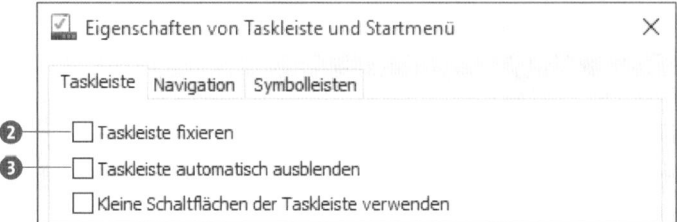

Abbildung 6.13 Befehle zum Fixieren und Entsperren sowie Aus- und Einblenden der Taskleiste

Es ist auch möglich, die Taskleiste automatisch auszublenden ❸. Dann nimmt der Desktophintergrund den ganzen Bildschirm ein. Die Taskleiste erscheint nur dann, wenn der Mauszeiger auf die entsprechende Stelle bewegt wird.

Abbildung 6.14 Desktop bei ausgeblendeter Taskleiste

6.5.2   Der Taskleiste weitere Programmsymbole hinzufügen

Wenn Sie in der Taskleiste ein Programmsymbol anklicken, startet das Programm bzw. es erhält den Fokus, wenn es bereits gestartet ist. Übrigens: Im Gegensatz zu den Verknüpfungen auf dem Desktop brauchen Sie eine Verknüpfung in der Taskleiste nur einmal anzuklicken, um das entsprechende Programm zu starten. Mit dem Internet Explorer – falls dieser in der Taskleiste nachträglich hinzugefügt wurde – verhält es sich etwas anders: Wenn mehrere Registerkarten oder mehrere Browserfenster geöffnet sind, erscheinen in der Taskleiste kleine Vorschaufenster – für jede geöffnete Registerkarte eines –, wenn Sie dort das Internet-Explorer-Symbol anklicken. Indem Sie in ein Vorschaufenster klicken, gelangen Sie zu der entsprechenden Registerkarte. Mehr zu den Vorschaufenstern in der Taskleiste erfahren Sie gleich im nächsten Abschnitt.

Neben den standardmäßig vorhandenen können Sie weitere Programmsymbole selbst hinzufügen, wofür praktisch die ganze Breite der Taskleiste zur Verfügung steht. Dazu gibt es folgende Möglichkeiten:

- Wenn Sie ein Programm starten, nistet sich das Programmsymbol automatisch in der Taskleiste ein. Sobald Sie das Programm schließen, verschwindet das Symbol wieder aus der Taskleiste. Damit das Programmsymbol dort dauerhaft angezeigt wird, müssen Sie es an die Taskleiste anheften. Den entsprechenden Befehl finden Sie in der Sprungliste des Programmsymbols. Die Sprunglisten in der Taskleiste blenden Sie genauso wie ein gewöhnliches Kontextmenü ein, indem Sie das Programmsymbol mit der rechten Maustaste anklicken. Mehr zu den Sprunglisten erfahren Sie ebenfalls im nächsten Abschnitt.

  Geöffnete Programme sind übrigens an einem kleinen hellblauen Balken am unteren Rand des Symbols zu erkennen. In Abbildung 6.15 ist z. B. neben dem Rechner noch der Microsoft-Edge-Browser ❶ aktiv. Die anderen Symbole sind in der Taskleiste angeheftet, die entsprechenden Apps sind jedoch nicht gestartet.

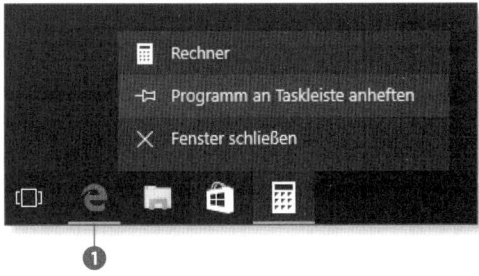

Abbildung 6.15 Rechner an Taskleiste anheften

■ Sie können ein Programm oder eine Windows-Store-App auch an die Taskleiste anheften, indem Sie im Startmenü den Eintrag oder – falls das Programm im Startmenü angeheftet ist – die App-Kachel mit der rechten Maustaste anklicken und den
Befehl **An Taskleiste anheften** im erscheinenden Kontextmenü wählen.

Abbildung 6.16 Auch die Kontextmenüs im Startmenü bieten für
Programme und Apps die Option »An Taskleiste anheften«.

6.5.3 Webseiten an die Taskleiste anheften

Der Internet Explorer bietet außerdem die Möglichkeit, angezeigte Webseiten an die
Taskleiste anzuheften. Dies ist sehr praktisch, da Sie so besonders bevorzugte Webseiten direkt von der Taskleiste aus aufrufen können. Gehen Sie folgendermaßen vor, um
eine Webseite an die Taskleiste anzuheften:

1 Starten Sie den Internet Explorer, z. B. indem Sie im Startmenü auf **Alle Apps** und
anschließend unter **W** auf **Windows-Zubehör** und darunter auf den Programmeintrag **Internet Explorer** klicken. Sie können aber auch im Suchfeld der Taskleiste nach
dem Internet Explorer suchen, in der Regel ist allein die Eingabe von »i« erforderlich
(umfassende Informationen zu den beiden Browsern Microsoft Edge und Internet
Explorer erhalten Sie in Kapitel 10, »Im Internet surfen«, ab Seite 487).

2 Öffnen Sie die Webseite, die Sie an die Taskleiste anheften wollen, in einer Registerkarte des Internet Explorers.

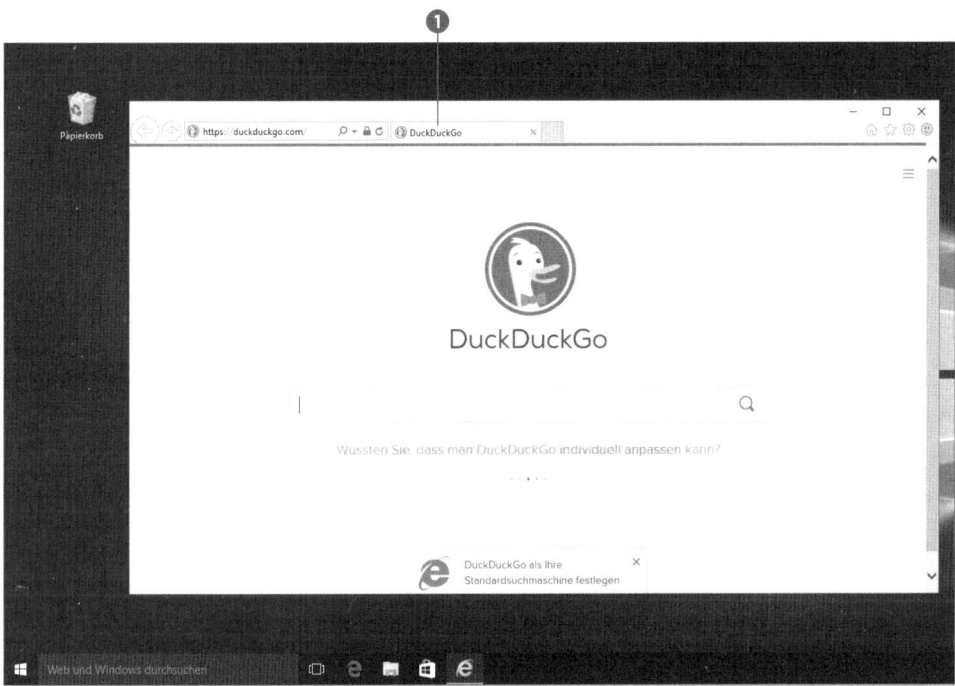

3 Klicken Sie auf den Reiter der Registerkarte ❶ und ziehen Sie die Webseite bei gedrückt gehaltener linker Maustaste Richtung Taskleiste.

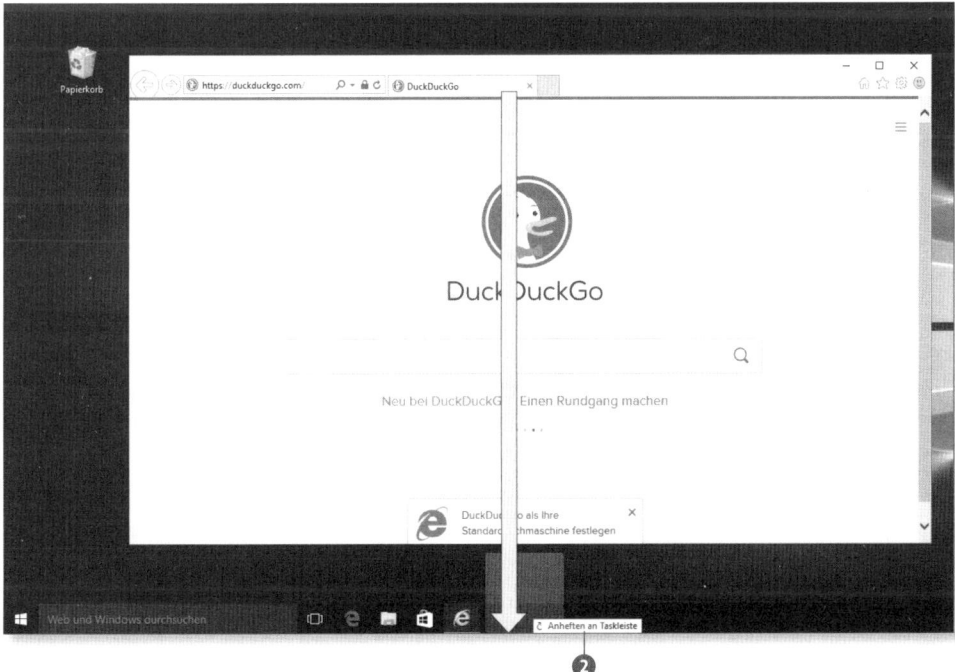

4 Sobald Sie dort angekommen sind, erscheint die QuickInfo *Anheften an Taskleiste* (siehe ❷ auf Seite 283). Nun können Sie die Maustaste loslassen. In der Taskleiste wird daraufhin ein Symbol für die Webseite angelegt.

Wenn Sie die Webseite über das angeheftete Taskleistensymbol aufrufen, wird sie jedes Mal in einem eigenen Fenster geladen, wobei der Internet Explorer links oben das Favicon der Webseite anzeigt ❸ und die Farbe der Vor- ❹ und Zurück-Schaltfläche ❺ entsprechend anpasst.

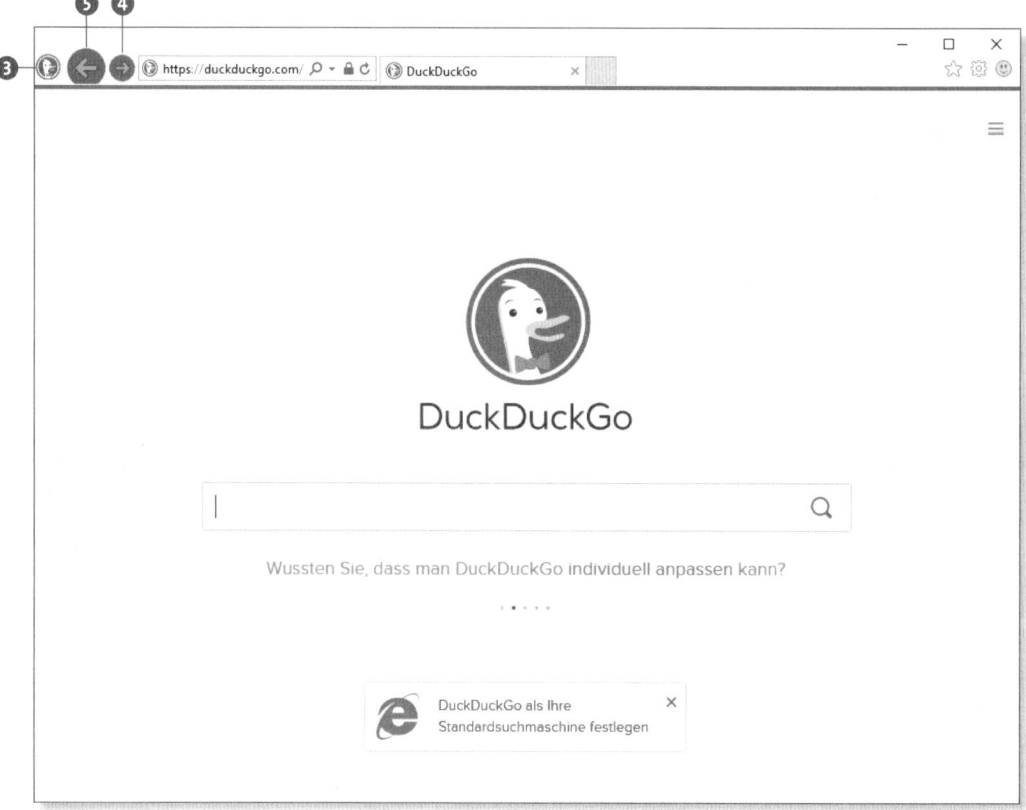

Abbildung 6.17 Am Favicon und an der Farbe der Vor- und Zurück-Schaltflächen sofort erkennbar: Die Webseite der Suchmaschine DuckDuckGo wurde über ein in der Taskleiste angeheftetes Webseitensymbol geladen.

Besonders interessant sind die Sprunglisten einiger Webseiten, wie z. B. die von Face-book. Nachdem Sie Ihre Facebook-Seite auf die beschriebene Weise der Taskleiste ange-heftet haben, bietet Ihnen die Sprungliste z. B. sofortigen Zugriff auf Ihre Nachrichten, Neuigkeiten von Freunden und auf Veranstaltungen.

Abbildung 6.18 Angeheftete Facebook-Webseite mit geöffneter Sprungliste

6.6   Sprunglisten und Vorschaufenster

Die Sprunglisten sind in der Taskleiste das Pendant zu den herkömmlichen Kontextme-nüs. Sprunglisten sind besonders praktisch, da sie einen schnellen und bequemen Zu-griff auf häufig verwendete Dateien und Funktionen ermöglichen. Wenn Ihre Taskleiste z. B. das Programm Microsoft Word enthält, dann gelangen Sie mit der Sprungliste des Programmsymbols in kürzester Zeit zu den zuletzt geöffneten Word-Dokumenten. Die Sprungliste des Editors zeigt ebenfalls die zuletzt geöffneten Textdateien, die Sprung-liste des Explorers Ordner, die oft geöffnet wurden, und in der Sprungliste des Win-dows Media Players sehen Sie z. B. Videos, die Sie häufig abgespielt haben. Die ent-sprechenden Verknüpfungen finden Sie in den Sprunglisten in den Abschnitten **Zuletzt verwendet** und **Häufig verwendet**. Dabei spielt es keine Rolle, ob das Programm an der Taskleiste angeheftet ist oder nicht. Wenn das Programm nicht angeheftet ist, sind bei laufendem Programm die Befehle in der Sprungliste genauso verfügbar. In den Sprung-listen von nicht angehefteten Programmen steht der Befehl **Programm an Taskleiste an-heften** zur Verfügung, in den Sprunglisten von angehefteten Programmen finden Sie an der gleichen Stelle den Befehl **Programm von Taskleiste lösen**.

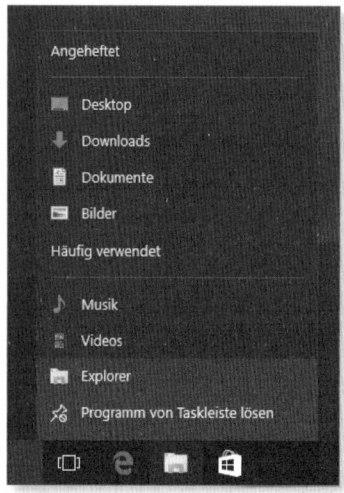

Abbildung 6.19 Sprungliste des Explorers mit den Abschnitten »Angeheftet« und »Häufig verwendet«

6.6.1   Elemente an die Sprungliste anheften

Dateien, die Sie oft benötigen, können Sie direkt in den Sprunglisten anheften, so dass sie dort dauerhaft angezeigt werden:

1 Öffnen Sie die Sprungliste des Symbols, indem Sie es in der Taskleiste mit der rechten Maustaste anklicken.

Wenn ein Programm nicht in der Taskleiste angeheftet ist, müssen Sie es zunächst starten, damit das Programmsymbol in der Taskleiste erscheint. Symbole von nicht an der Taskleiste angehefteten Programmen bleiben dort so lange, wie das betreffende Programm geöffnet ist.

2 Bewegen Sie den Mauszeiger in der Sprungliste auf die Verknüpfung, die Sie anheften wollen ❶.

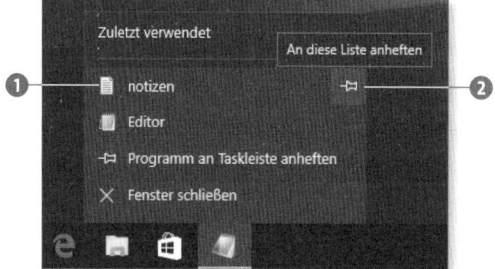

3 Klicken Sie auf das Pinnnadelsymbol, das auf der rechten Seite der Verknüpfung erscheint ❷ (QuickInfo: *An diese Liste anheften*).

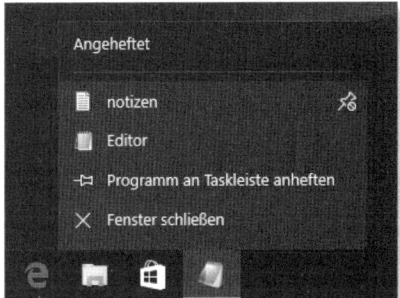

Abbildung 6.20 In der Sprungliste des Windows Editors angeheftete Textdatei

Um eine in der Sprungliste angeheftete Datei wieder zu lösen, klicken Sie erneut auf die besagte Pinnnadel – diese hat nach dem Anheften eine andere Form angenommen und wenn Sie die Maus darüber halten, erscheint jetzt die QuickInfo *Von dieser Liste lösen*. Alternativ verwenden Sie den Befehl **Von dieser Liste lösen** im Kontextmenü der Dateiverknüpfung. Klicken Sie gegebenenfalls mit der rechten Maustaste auf die Verknüpfung, um das Kontextmenü anzuzeigen. Nach dem Lösen verschwindet die Dateiverknüpfung jedoch nicht ganz aus der Sprungliste, sondern sie wird wieder zu einem der Abschnitte **Häufig verwendet** oder **Zuletzt verwendet** hinzugefügt.

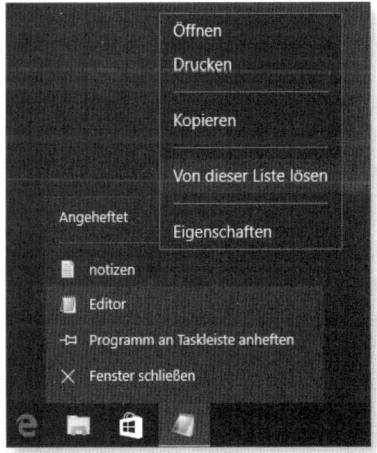

Abbildung 6.21 Kontextmenü der angehefteten Dateiverknüpfung

Um eine Verknüpfung manuell aus den Abschnitten **Häufig verwendet** und **Zuletzt verwendet** zu entfernen, müssen Sie ebenfalls das Kontextmenü bemühen. Hier findet sich der Befehl **Aus dieser Liste entfernen** ❸. Wie Sie in Abbildung 6.22 sehen, steht hier als weitere Alternative zu der oben gezeigten Methode der Befehl **An diese Liste anheften** ❹ zur Verfügung.

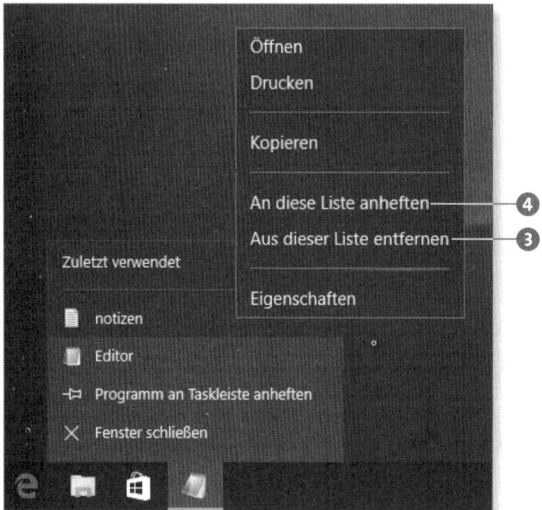

Abbildung 6.22 Sie können in den Sprunglisten jede Dateiverknüpfung über den entsprechenden Kontextmenübefehl entfernen oder permanent anheften.

6.6.2   Optionen im Abschnitt »Aufgaben«

Optionen, die sich speziell auf die Anwendung beziehen, erscheinen in den Sprunglisten in einem separaten Abschnitt **Aufgaben**. Die Sprungliste des Internet Explorers enthält dort z. B. die Einträge **InPrivate-Browsen starten**, **Neue Registerkarte öffnen** und **Letzte Sitzung erneut öffnen**. Mit dem Befehl **Letzte Sitzung erneut öffnen** präsentiert sich der Internet Explorer so, wie Sie ihn zuletzt verlassen haben. Das heißt, es erscheinen alle Webseiten, die zu diesem Zeitpunkt geöffnet waren. Das funktioniert im Übrigen auch dann, wenn Sie sich inzwischen vom Computer abgemeldet oder diesen heruntergefahren haben.

Ob der Abschnitt **Aufgaben** vorhanden ist und welche Optionen dort verfügbar sind, ist vom jeweiligen Programm abhängig, insbesondere davon, in welchem Umfang das Programm Sprunglisten unterstützt. Gewöhnlich können Sie die Funktionen Ihrer Lieblingsprogramme direkt aus der Taskleiste heraus aufrufen, ohne vorher das Programm starten zu müssen.

Abbildung 6.23 Sprungliste des Internet Explorers mit dem Abschnitt »Aufgaben«: Der mit »Häufig« betitelte erste Abschnitt enthält Verknüpfungen zu häufig besuchten Webseiten.

Wie allgemein in der Taskleiste brauchen Sie eine Verknüpfung in den Sprunglisten nur einmal anzuklicken. Bei einer Dateiverknüpfung startet das zugehörige Programm mit der geöffneten Datei. Handelt es sich um eine Verknüpfung im Bereich **Aufgaben**, wird der entsprechende Programmbefehl ausgeführt. Im unteren Bereich finden Sie in allen Sprunglisten eine Verknüpfung mit dem Namen des Programms ❶ (Abbildung oben). Wenn Sie diese anklicken, wird das Programm oder – wenn bereits ein Anwendungs-fenster geöffnet ist und die Anwendung mehrere Instanzen zulässt – eine weitere Ins-tanz des Programms gestartet. Ist bereits ein Anwendungsfenster geöffnet und handelt es sich um eine Einzelinstanzanwendung, hat ein Mausklick auf die Verknüpfung die gleiche Wirkung, wie wenn Sie in der Taskleiste direkt auf das Symbol klicken: Das ent-sprechende Programm erhält den Fokus, was bedeutet, dass Sie damit das Programm-fenster in den Vordergrund holen.

INFO

Mehrere Instanzen eines Programms

Im Gegensatz zu den Windows-Store-Apps können viele klassische Programme mehrere Anwendungsfenster öffnen, die dann völlig unabhängig voneinander existieren. Beispiele für solche Programme sind der Explorer und der Internet Explorer, aber auch der Windows Editor. Tatsächlich ist es so, dass diese Programme mehrmals gestartet werden können, wobei jeder Start eine eigene Programminstanz erzeugt, die z. B. auch unabhängig von den anderen Instanzen geschlossen werden muss. Das heißt, wenn Sie z. B. mehrere Explorer-Fenster geöffnet haben und in einem davon den Menübefehl **Datei ▶ Schließen** wählen, wird nur dieses eine Fenster geschlossen, die anderen bleiben jedoch geöffnet. Allerdings gibt es auch unter den klassischen Programmen sogenannte Einzelinstanzanwendungen, wozu z. B. der Windows Media Player gehört. Das sind Programme, die nur einmal gestartet werden können, von denen also nie mehr als ein Anwendungsfenster gleichzeitig geöffnet sein kann.

Im untersten, grau hinterlegten Bereich der Sprungliste findet sich außer der oben genannten Programmverknüpfung und dem Befehl **Programm an Taskleiste anheften** bzw. **Programm von Taskleiste lösen** bei gestartetem Programm regelmäßig der Befehl **Fenster schließen** bzw. – wenn mehrere Programmfenster geöffnet sind – **Alle Fenster schließen**.

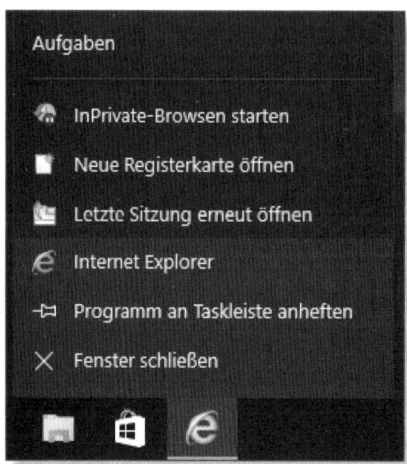

Abbildung 6.24 In der Sprungliste stehen zudem weitere Befehle zur Verfügung, wie »Programm an Taskleiste anheften« bzw. »Programm von Taskleiste lösen« und etwa »Fenster schließen«.

6.6.3   Funktionen der Taskleisten-Vorschau

Mehrere geöffnete Instanzen eines Programms werden in der Taskleiste standardmäßig gruppiert, wobei das Programmsymbol eine versetzte Umrandung aufweist, was den Eindruck mehrerer übereinanderliegender Symbole vermittelt. Dadurch sind gruppierte Anwendungsfenster gut erkennbar. Wenn Sie z.B. mit dem Office-Programm Microsoft Word oder mit dem vorinstallierten Textverarbeitungsprogramm WordPad gerade zwei verschiedene Dokumente bearbeiten, erkennen Sie die Anzahl der geöffneten Dokumente sofort an dem Programmsymbol in der Taskleiste.

Abbildung 6.25 Am Programmsymbol gut erkennbar: Es sind aktuell
(mindestens) zwei Anwendungsfenster von WordPad geöffnet.

Eine Einschränkung besteht jedoch: Nach dem zweiten geöffneten Anwendungsfenster fügt Windows nämlich keine weiteren Überlappungen mehr hinzu, so dass Sie am Programmsymbol selbst nur die ersten zwei geöffneten Anwendungsfenster mit Sicherheit identifizieren können.

Nicht nur in diesem Punkt helfen die Vorschaufenster weiter. Wenn Sie den Mauszeiger in der Taskleiste über ein Programmsymbol halten, zeigt Windows Vorschaufenster von allen Instanzen der betreffenden Anwendung an, wobei die Anzahl der Vorschaufenster stets der Anzahl der geöffneten Programmfenster entspricht. Wenn Sie also, sagen wir, gerade vier Explorer-Fenster geöffnet haben, erscheinen über dem Explorer-Programmsymbol genauso viele Vorschaufenster (siehe Abbildung 6.26 auf Seite 292). Dabei spielt es keine Rolle, ob die Anwendungsfenster aktuell eingeblendet oder minimiert sind.

Eine – allerdings sinnvolle – Ausnahme bildet wieder einmal der Internet Explorer. Sein Programmsymbol in der Taskleiste zeigt – unabhängig davon, wie viele Browserfenster geöffnet sind – für jede Internetseite, die in einem Register geöffnet ist, ein separates Vorschaufenster. Gegebenenfalls können Sie dort sogar das Abspielen von Videos verfolgen. Microsoft Edge zeigt dagegen für jedes Anwendungsfenster genau ein Vorschaubild mit der Webseite, die sich in dem jeweiligen Fenster momentan im Vordergrund befindet.

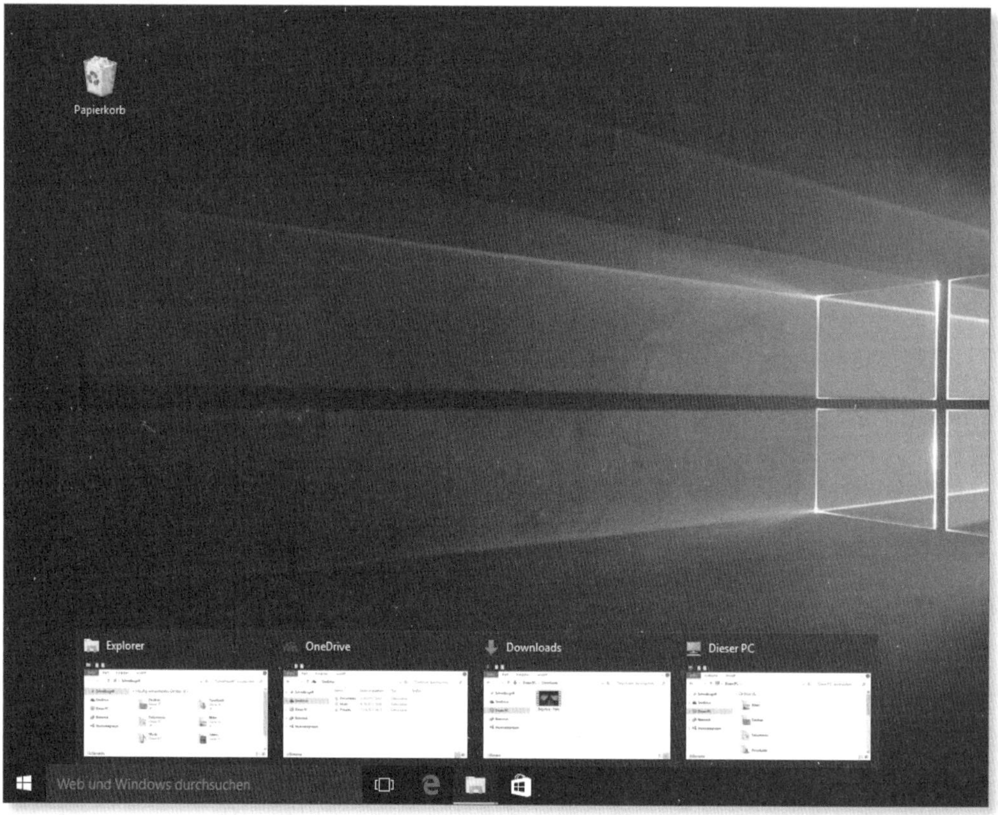

Abbildung 6.26 Taskleisten-Vorschaubilder des Explorer-Symbols: Vier Explorer-Fenster sind geöffnet. Alle Fenster befinden sich aktuell im minimierten Zustand.

Abbildung 6.27 Der Internet Explorer zeigt für jede geöffnete Webseite ein Vorschaubild.

Sie können bequem zwischen den geöffneten Anwendungsfenstern wechseln oder ein Fenster vorübergehend einblenden, falls es minimiert ist, indem Sie mit dem Mauszeiger über das entsprechende Vorschaubild fahren. In diesem Fall erscheint rechts oben im Vorschaufenster die bekannte kleine Schaltfläche mit einem Kreuz, über die Sie das jeweilige Anwendungsfenster schließen können. Die übrigen Vorschaufenster bleiben dabei geöffnet. Wenn Sie in ein Vorschaufenster klicken, verschwindet die Vorschau und Sie befinden sich direkt im entsprechenden Anwendungsfenster.

Genannt sei noch ein kleiner, trotzdem sehr informativer Effekt: Manche Anwendungen geben über das Programmsymbol in der Taskleiste Rückmeldungen über den Status einer Aktion. Das Symbol des Internet Explorers zeigt z. B. einen grünen Fortschrittsbalken, wenn gerade eine Datei heruntergeladen wird.

Abbildung 6.28 Internet-Explorer-Symbol beim Download einer Datei – ein grüner Balken zeigt den Fortschritt des Vorgangs an.

6.7   Symbole in der Taskleiste anpassen

Grundsätzlich soll jeder Anwender selbst entscheiden, welche Programmsymbole er in der Taskleiste haben will. Daher ist auch die Taskleiste genauso wie der Desktophintergrund zunächst minimal bestückt. Hier befinden sich anfangs außer dem Windows-Symbol, dem Suchfeld und dem Symbol **Taskansicht** nur ein Programmsymbol für den Microsoft-Edge-Browser, eines für den Explorer sowie ein Symbol der Store-App – der restliche Platz auf der rechten Seite ist frei.

Im Übrigen lassen sich auch die standardmäßig vorhandenen Programmsymbole auf die gleiche Weise von der Taskleiste entfernen wie Symbole, die Sie selbst hinzugefügt haben, nämlich mit dem Kontextmenübefehl **Programm von Taskleiste lösen**. Aber auch die Anordnung der Symbole können Sie jederzeit per Drag & Drop ändern:

1 Fassen Sie das Symbol, das Sie verschieben wollen, in der Taskleiste mit der linken Maustaste an.

2 Lassen Sie die Maustaste gedrückt und ziehen Sie das Symbol an die gewünschte Stelle. Sie werden feststellen, dass andere Symbole, die im Wege stehen, gegebenenfalls Platz machen.

3 Lassen Sie die Maustaste anschließend los. Das Symbol bleibt nun dauerhaft, also auch nach einem Neustart des Computers, an seinem neuen Platz – vorausgesetzt natürlich, es ist an die Taskleiste angeheftet.

Falls Ihnen die Programmsymbole ganz ohne erklärende Beschreibung nicht so recht zusagen, können Sie auch diesbezüglich eine andere Einstellung wählen:

1 Klicken Sie mit der rechten Maustaste auf eine freie Stelle in der Taskleiste und wählen Sie **Eigenschaften** im erscheinenden Kontextmenü.

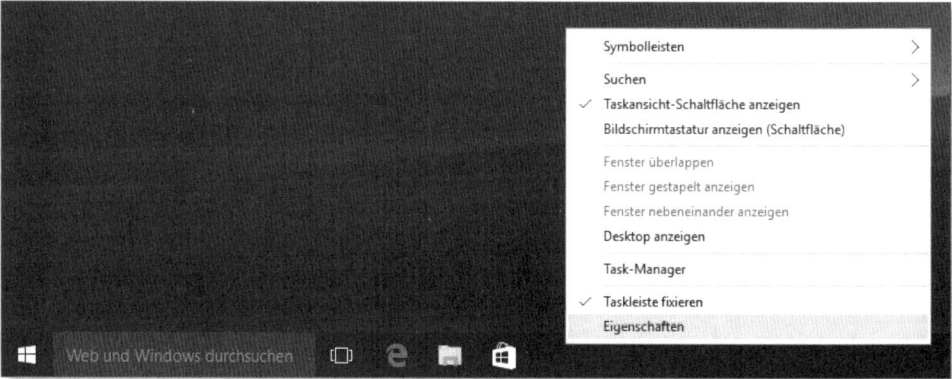

2 Es erscheint das Dialogfeld **Eigenschaften von Taskleiste und Startmenü**, das Sie in der folgenden Abbildung sehen. Stellen Sie auf der Registerkarte **Taskleiste** im Listenfeld neben **Schaltflächen der Taskleiste** die Option **Gruppieren, wenn die Taskleiste voll ist** ❶ ein.

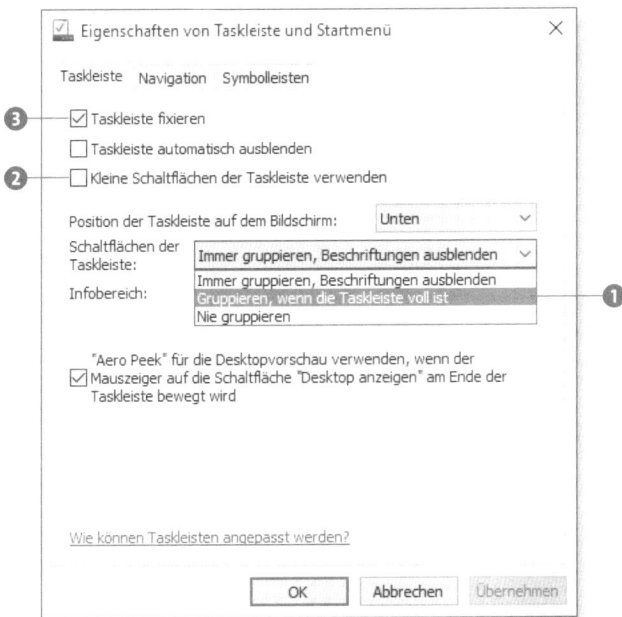

3 Bestätigen Sie die Änderung mit **OK** oder **Übernehmen**.

Mit dieser Einstellung verhält es sich so, dass Sie in der Taskleiste für geöffnete Programme Schaltflächen mit Symbol und Beschriftung sehen und dafür in den Vorschaufenstern kein beschreibender Titel mehr erscheint (siehe folgende Abbildung). Bei den anderen Symbolen bleibt alles beim Alten. Da die Schaltflächen nicht gruppiert werden, erzeugt jede weitere Instanz eines Programms eine neue Schaltfläche in der Taskleiste. Wenn die Taskleiste vollständig ausgenutzt ist, gruppiert Windows wieder, wobei die geöffneten Programme nach wie vor mit Schaltflächen dargestellt werden.

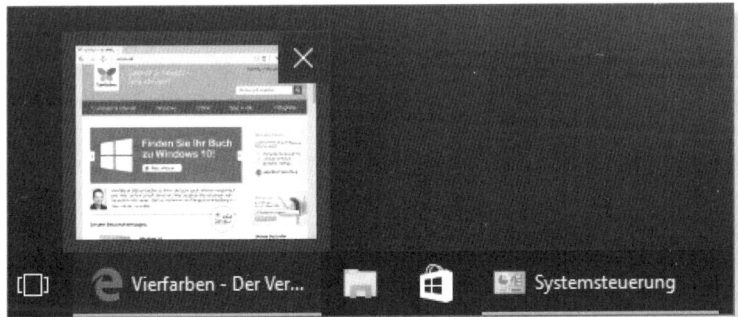

Abbildung 6.29 Kombination aus Schaltflächen für geöffnete Programme und bloßen Symbolen für nicht geöffnete Programme

Mehr Platz in der Taskleiste

Um in der Taskleiste mehr Platz zur Verfügung zu haben, können Sie die Programmsymbole verkleinern. Aktivieren Sie in diesem Fall im Dialogfeld **Eigenschaften von Taskleiste und Startmenü** auf der Registerkarte **Taskleiste** die Option **Kleine Schaltflächen der Taskleiste verwenden** (❷ in der Abbildung zu Schritt 2 auf Seite 295). Die Größe der Symbole im Infobereich ändert sich dadurch nicht.

Abbildung 6.30 Taskleiste mit kleinen Programmsymbolen

Standardmäßig ist die Taskleiste fixiert. Das heißt, ihre Größe und ihre Position können nicht geändert werden. Um die Fixierung der Taskleiste aufzuheben, entfernen Sie in den Taskleisteneigenschaften oder im Taskleisten-Kontextmenü das Häkchen neben **Taskleiste fixieren** (❸ in der Abbildung zu Schritt 2 auf Seite 295). Danach können Sie die Taskleiste am oberen Rand mit der Maus aufziehen (siehe Abbildung 6.30). Allerdings ist es in der Taskleiste nicht möglich, die Symbole auch untereinander anzuordnen.

Wie in Abbildung 6.30 zu sehen ist, wird mit der Einstellung **Kleine Schaltflächen der Taskleiste verwenden** auch das Suchfeld zum Symbol. Das Suchfeld erscheint in diesem Fall erst, wenn Sie darauf klicken. Aber auch wenn Sie die standardmäßige Größe der Taskleistensymbole verwenden, können Sie das Suchfeld über das Kontextmenü der Taskleiste ebenfalls als Symbol anzeigen oder ganz ausblenden. Die entsprechenden Optionen befinden sich im Untermenü zum Befehl **Suchen** (siehe auch in Kapitel 9, »Nach Dateien, Apps und Windows-Einstellungen suchen«, den Abschnitt 9.1, »Suchoptionen in der Taskleiste«, ab Seite 456).

6.8   System- und Benachrichtigungssymbole anpassen

Auf der rechten Seite der Taskleiste befindet sich der Infobereich mit Zeit- und Datumsanzeige und kleineren System- und Programmsymbolen. Standardmäßig befinden sich hier das Netzwerksymbol ❶, das bei LAN- oder WLAN-Verbindung unterschiedlich aussieht, ein Symbol zum Regeln der Lautstärke ❷ sowie ein Symbol, welches eine Infoleiste mit aktuellen Benachrichtigungen und verschiedenen Optionen am rechten Bildschirmrand öffnet ❸. Bei Notebooks und Tablets kommt noch das Icon Stromversorgung hinzu, das den Ladezustand der Batterie anzeigt. Halten Sie dazu den Mauszeiger eine kurze Weile über das Icon, bis die entsprechende Information als QuickInfo erscheint (z. B. *50 % verbleiben*).

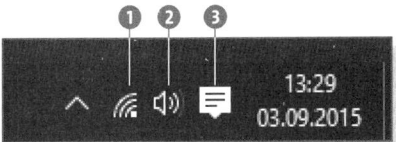

Abbildung 6.31 Infobereich der Taskleiste

Das erste Symbol mit der nach oben weisenden Pfeilspitze (QuickInfo: *Ausgeblendete Symbole einblenden*) erscheint im Infobereich der Taskleiste, sobald nur ein Benachrichtigungssymbol ausgeblendet ist ❹. Da einige Benachrichtigungssymbole standardmäßig ausgeblendet sind, ist es praktisch immer vorhanden. Aktive Benachrichtigungssymbole, die ausgeblendet sind, erscheinen zwar nicht im sichtbaren Teil des Infobereichs, über das Symbol **Ausgeblendete Symbole einblenden** können Sie aber trotzdem darauf zugreifen. Per Klick auf das Symbol erscheint ein Popup-Fenster mit allen ausgeblendeten Symbolen.

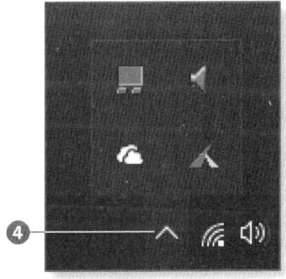

Abbildung 6.32 Das kleine Fenster enthält alle aktiven Benachrichtigungssymbole, die in der Taskleiste ausgeblendet sind.

Wenn Sie eines der im Popup-Fenster angezeigten Symbole wieder in der Taskleiste einblenden wollen, können Sie es einfach aus dem Fenster in den Infobereich der Taskleiste ziehen. Der umgekehrte Weg funktioniert ebenfalls: Um eines der in der Taskleiste angezeigten Symbole auszublenden, können Sie es mit der Maus auf den Desktop ziehen (dies funktioniert jedoch nicht mit der Uhr). Das Symbol ist danach weder in der Taskleiste noch auf dem Desktop zu sehen. Im Übrigen können Sie folgendermaßen vorgehen, um festzulegen, welche Symbole auf der Taskleiste angezeigt werden:

1 Klicken Sie im Infobereich der Taskleiste mit der rechten Maustaste auf die Zeit-/ Datumsanzeige ❶. Wählen Sie **Eigenschaften** oder **Benachrichtigungssymbole anpassen** im erscheinenden Kontextmenü. Die beiden Befehle führen zur gleichen Dialogseite.

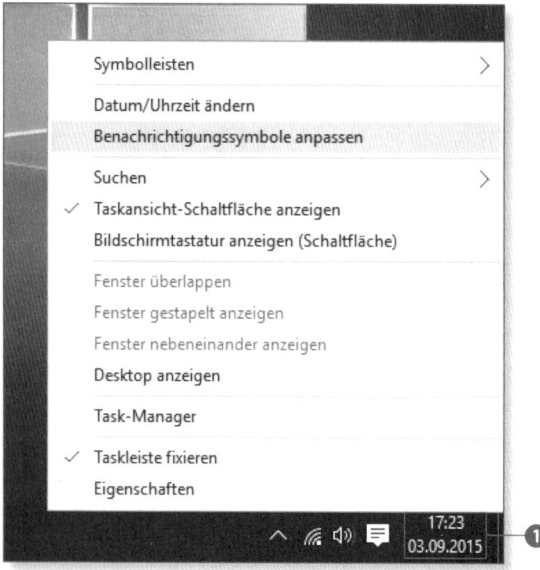

2 Es erscheint die Dialogseite **SYSTEM/Benachrichtigungen und Aktionen** der Einstellungen. Direkt auf der Dialogseite können Sie in den Abschnitten **Benachrichtigungen** und **Benachrichtigungen dieser Apps anzeigen** verschiedene Benachrichtigungen von Windows und von Apps ein- und ausschalten.

3 Klicken Sie die auf Verknüpfung **Systemsymbole aktivieren oder deaktivieren** ❷.

4 Setzen Sie auf der erscheinenden Dialogseite den Schalter neben den Symbolen, die Sie nicht in der Taskleiste anzeigen wollen, auf **Aus** bzw. setzen Sie den Schalter neben den Symbolen, die Sie in der Taskleiste einblenden wollen, auf **Ein**.

5 Klicken Sie anschließend links oben auf der Seite **Systemsymbole aktivieren oder deaktivieren** auf das Zurück-Symbol ❸, um wieder zur Dialogseite aus Schritt 3 zurückzukehren.

6 Klicken Sie auf der Dialogseite **SYSTEM/Benachrichtigungen und Aktionen** auf die Verknüpfung **Symbole für die Anzeige auf der Taskleiste auswählen** ❹.

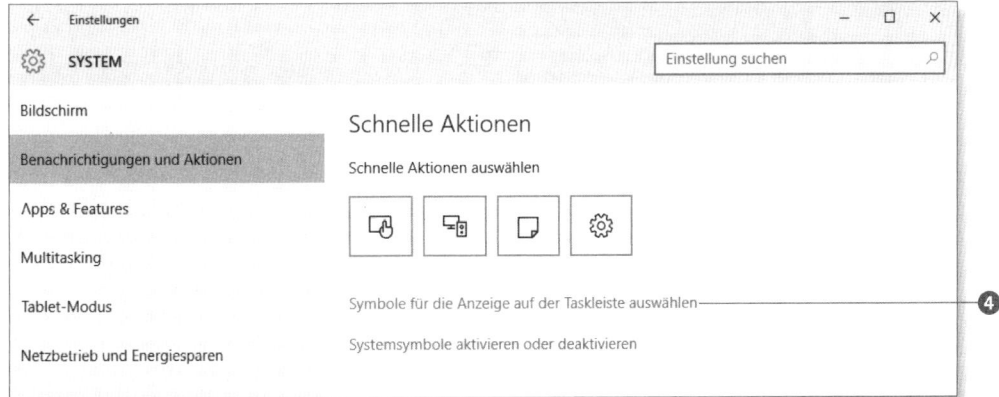

7 Verfahren Sie auf der erscheinenden Seite genauso wie in Schritt 4. Hier befinden sich vor allem Benachrichtigungssymbole von Programmen, aber eigenartigerweise auch Systemsymbole, die auf der Dialogseite **Systemsymbole aktivieren oder deaktivieren** ebenfalls vorkommen, etwa **Netzwerk** und **Lautstärke** (vergleiche dazu die Abbildung zu Schritt 4 auf Seite 299).

Wenn Sie ein Systemsymbol nicht benötigen, ist es eventuell vorzuziehen, dieses auf der Dialogseite **Systemsymbole aktivieren oder deaktivieren** zu deaktivieren. Für die Anzeige auf der Taskleiste spielt es jedoch keine Rolle, auf welcher der beiden Dialogseiten Sie das Systemsymbol ausschalten und für alle Fälle können Sie natürlich beide Schalter auf **Aus** setzen.

Setzen Sie den obersten Schalter ❺ auf **Ein**, wenn Sie grundsätzlich alle Symbole im Infobereich der Taskleiste anzeigen wollen. In diesem Fall sehen Sie dort sämtliche zur Verfügung stehenden Symbole im Benachrichtigungsbereich. Entsprechend ist dann das Symbol mit der nach oben weisenden Pfeilspitze verschwunden, das dazu dient, die ausgeblendeten Symbole des Infobereiches einzublenden (siehe dazu auch die Abbildungen 6.31 und 6.32 auf Seite 297).

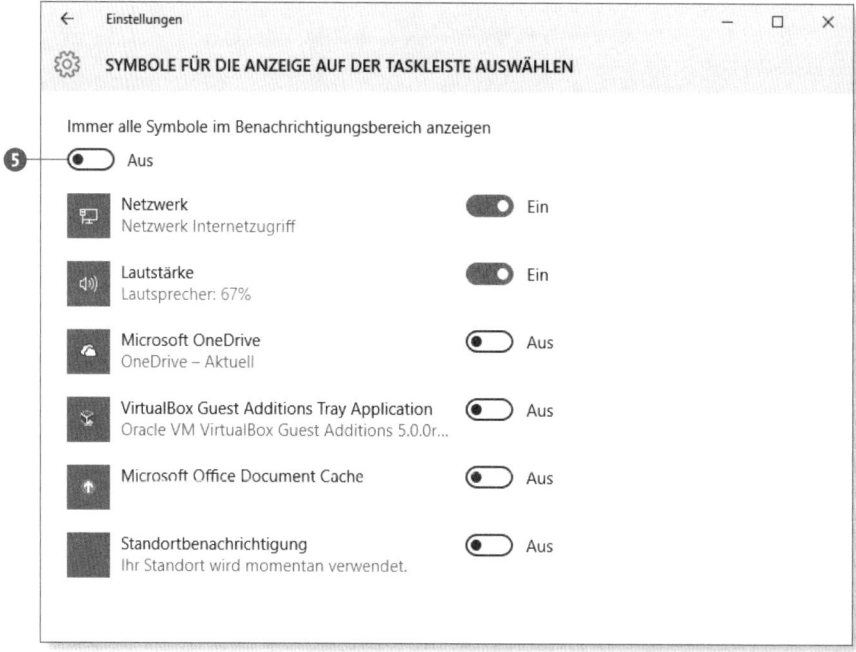

INFO

Was sind »schnelle Aktionen«?

Möglicherweise haben Sie sich schon gefragt, welche Funktion die vier Kacheln innehaben, die oben auf der Seite **SYSTEM/Benachrichtigungen und Aktionen** im Abschnitt **Schnelle Aktionen** zu sehen sind ❶. Hier die Antwort: Mit den Kacheln können Sie die ersten vier Optionen festlegen, die in der Funktionsleiste **INFO-CENTER** angeboten werden (diese kann über das Icon, das sich standardmäßig im Infobereich der Taskleiste links neben der Zeit-/Datumsanzeige befindet ❷, am rechten Bildschirmrand eingeblendet werden). Klicken Sie auf eine Kachel und wählen Sie in der aufklappenden Liste die gewünschte Aktion aus.

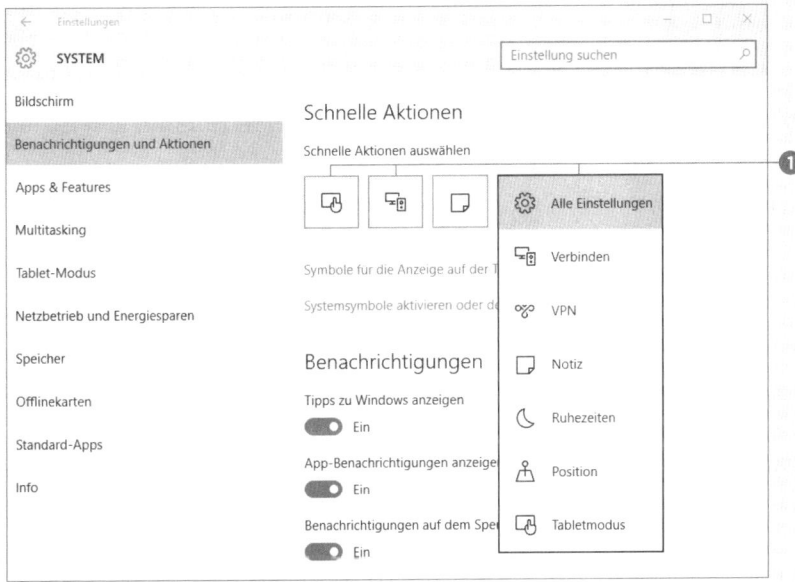

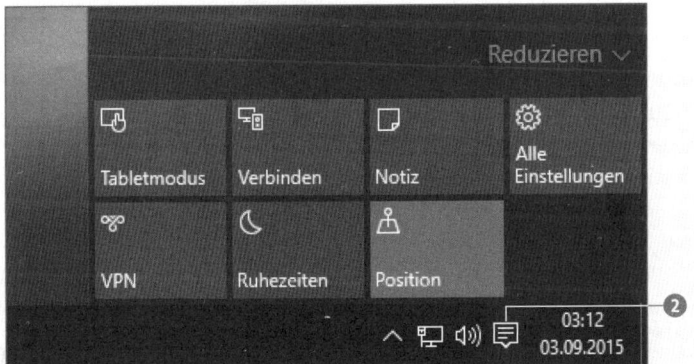

Abbildung 6.33 Die Optionen auf der abgebildeten Infoleiste können ebenfalls in den Einstellungen festgelegt werden.

301

Hier einige Gründe, wieso Sie im Infobereich auf das eine oder andere Symbol verzichten könnten oder wieso Sie das nicht tun sollten:

- Wenn Sie es gewohnt sind, die Lautstärke Ihres Computers über die Tastatur zu regeln, können Sie das Lautstärkesymbol ❶ eventuell ausblenden.

Abbildung 6.34 Wer das Lautstärkesymbol im Infobereich nicht benötigt, kann es auch ausblenden

- Wenn ein Akku vorhanden ist, ist ein Symbol für die Stromversorgung verfügbar. Wenn Sie Ihr Notebook üblicherweise ans Stromnetz anschließen, können Sie auf die Anzeige dieses Icons in der Taskleiste ohne Weiteres verzichten.

- Wenn externe Speichermedien an den Computer angeschlossen sind, ist das Benachrichtigungssymbol **Hardware sicher entfernen und Medium auswerfen** aktiv (es stellt einen grünen Kreis mit einem weißen Häkchen in der Mitte dar ❷). Wenn Sie ein externes Speichermedium wieder entfernen, sollten Sie die Anschlüsse nie einfach abziehen, sondern dies Windows über das Explorer-Symbol zuvor mitteilen (mehr dazu lesen Sie in Kapitel 13, »Angeschlossene Geräte verwenden«, ab Seite 591). Wenn Sie also des Öfteren Ihren USB-Stick oder andere Speichermedien an den Computer anschließen, ist es sinnvoll, dieses Icon im Taskleisten-Infobereich einzublenden – standardmäßig ist es ausgeblendet.

Abbildung 6.35 Symbol »Hardware sicher entfernen und Medium auswerfen« auf der Dialogseite »Symbole für die Anzeige auf der Taskleiste auswählen«: Dieses Symbol erscheint dort nur, wenn aktuell ein Speichermedium an den Computer angeschlossen ist.

- Wenn Sie mehrere Eingabesprachen installiert haben, ist es sinnvoll, das Systemsymbol **Eingabeindikator** in der Taskleiste anzuzeigen. Dieser blendet im Infobereich eine Sprachenleiste ein, wie sie in früheren Windows-Versionen standardmäßig vorhanden war. Über diese können Sie bei Bedarf bequem die Eingabesprache, also das Tastaturlayout, wechseln (Genaueres zu diesem Thema erfahren Sie in Kapitel 18, »Zusätzliche Sprachen installieren und verwenden«, ab Seite 743).

6.9   Neu in Windows 10: virtuelle Desktops

Wenn Ihnen ein Desktop nicht mehr ausreicht, können Sie weitere, virtuelle Desktops erstellen und die geöffneten Programme zwischen diesen verteilen:

1 Klicken Sie in der Taskleiste auf das Symbol **Taskansicht** ❶ oder drücken Sie ⊞ + ⇆ .

❶

2 Über dem Infobereich der Taskleiste erscheint jetzt eine Schaltfläche **Neuer Desktop** ❷. Klicken Sie darauf.

3 Sobald mehrere Desktops vorhanden sind, blendet Windows in der Taskansicht die Leiste ein, die in der folgenden Abbildung zu sehen ist. Die Leiste enthält Vorschaubilder für alle Desktops. Um zu einem anderen Desktop zu wechseln, klicken Sie dort einfach in das entsprechende Vorschaubild.

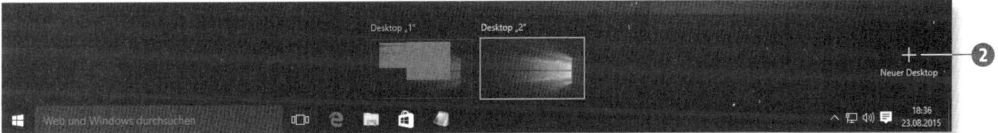
❷

Die Taskansicht wird nach dem Desktopwechsel automatisch beendet. Außerdem können Sie die Taskansicht jederzeit durch Drücken von Esc oder dadurch, dass Sie auf eine beliebige Stelle außerhalb der besagten Leiste klicken, beenden.

Um einem virtuellen Desktop ein Anwendungsfenster hinzuzufügen, gehen Sie folgendermaßen vor:

1 Wechseln Sie zu dem Desktop, auf dem sich das Fenster befindet, das Sie verschieben wollen.

2 Rufen Sie die Taskansicht erneut auf, entweder durch Drücken von ⊞ + ⇆ oder indem Sie in der Taskleiste auf das Symbol klicken. In der Taskansicht sehen Sie oberhalb der Leiste mit den Desktop-Vorschaubildern alle auf dem aktuellen Desktop geöffneten Fenster von Programmen und Apps.

3 Um z. B. in der obigen Abbildung die App *Microsoft Solitaire Collection* auf den zweiten Desktop zu verschieben, klicken Sie auf irgendeine Stelle des Anwendungsfensters ❸, halten die Maustaste gedrückt und ziehen es auf das mit **Desktop »2«** beschriftete Vorschaubild ❹.

4 Lassen Sie die Maustaste los, sobald sich das Anwendungsfenster als Miniaturbild über dem Desktop-Vorschaubild befindet.

Tipp: Wenn Sie ein Anwendungsfenster statt auf ein Desktop-Vorschaubild direkt auf die Schaltfläche **Neuer Desktop** ziehen, legt Windows 10 für das Fenster einen neuen Desktop an.

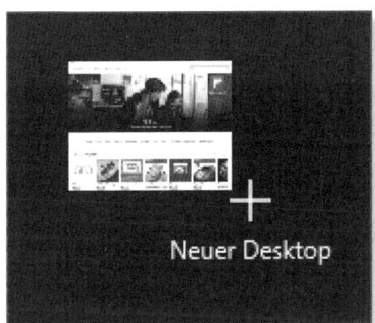

Alternativ zu dem beschriebenen Drag-&-Drop-Verfahren können Sie ein Anwendungsfenster auch auf einen anderen Desktop verschieben, indem Sie das Fenster mit der rechten Maustaste anklicken und im erscheinenden Kontextmenü **Verschieben nach** wählen. Im Untermenü können Sie dann den Ziel-Desktop auswählen und auch hier steht die Option **Neuer Desktop** zur Verfügung.

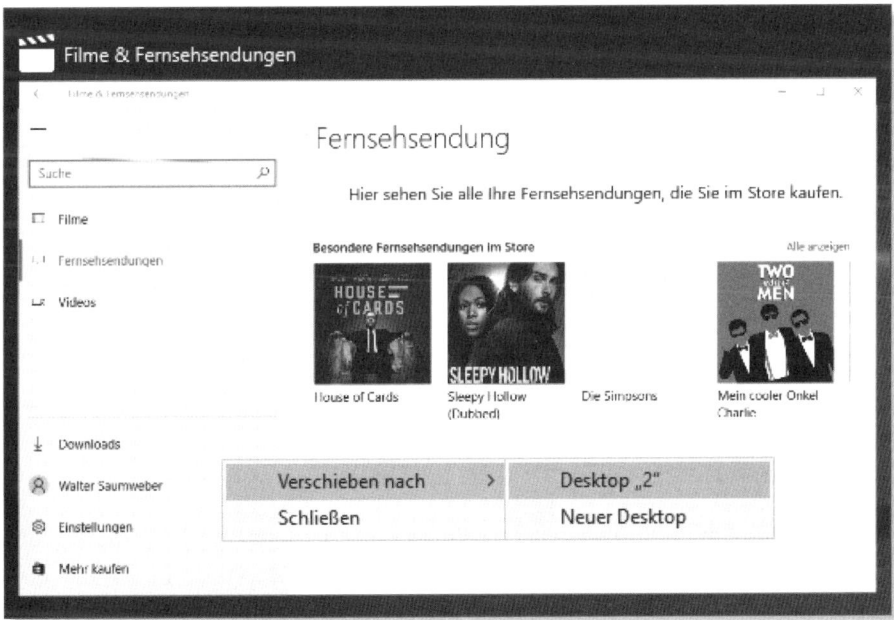

Abbildung 6.36 Verschieben von Anwendungsfenstern per Kontextmenübefehl

Hier noch ein paar Dinge, die Sie über das Verwenden von virtuellen Desktops wissen sollten:

- Wenn Sie den Mauszeiger in der Taskansicht über ein Desktop-Vorschaubild halten, wird dieser temporär angezeigt und Sie sehen, welche Anwendungsfenster sich darauf befinden. Die Vorschau verschwindet, sowie Sie den Mauszeiger entfernen.

- Alle Apps und Programme werden vor dem Herunterfahren des Computers automatisch beendet, die virtuellen Desktops bleiben jedoch erhalten, so dass Sie diese in der nächsten Sitzung sofort wieder verwenden können.

- Der Nutzen von virtuellen Desktops beschränkt sich auf das Verteilen von Anwendungsfenstern. Desktopverknüpfungen, die Sie auf einem der Desktops – auf dem realen oder auf einem virtuellen – hinzufügen, sehen Sie dagegen auf allen Desktops. Mit anderen Worten: Die Desktopoberfläche sieht bei allen Desktops gleich aus.

- Wenn Sie einen virtuellen Desktop nicht mehr benötigen, können Sie diesen entfernen, indem Sie die Taskansicht aufrufen und das entsprechende Vorschaubild per Klick auf das Kreuz-Symbol in der rechten oberen Ecke schließen. Windows 10 verschiebt dann alle Anwendungsfenster dieses Desktops auf den Desktop, der als Letztes angelegt wurde, also z. B. von **Desktop »3«** auf **Desktop »2«**.

INFO

Tastenkombinationen für virtuelle Desktops

Während Sie mit ⊞ + `Strg` + `D` einen neuen Desktop anlegen können, schließt ⊞ + `Strg` + `D` den aktuellen Desktop. Auch für den Desktopwechsel gibt es eine Tastenkombination, nämlich ⊞ + `Strg`, `→` bzw. `←` (Tasten ⊞ und `Strg` gedrückt halten und mit den Pfeiltasten navigieren). Ungünstig wirkt sich allerdings die Tatsache aus, dass die Tasten ⊞ und `Strg` in der Regel weit auseinanderliegen und die rechte `Strg`-Taste für die angegebenen Shortcuts nicht verwendet werden kann.

6.10   Fensterfunktionen – Snap und Shake

Für den Umgang mit Anwendungsfenstern gibt es verschiedene intuitive Methoden. Diese wurden bereits unter Windows 7 mit den Namen *Aero Snap* und *Aero Shake* eingeführt. Da Windows 10 auf das Aero-Design verzichtet, liegt es nahe, nur von *Snap* und *Shake* zu sprechen – ohne das Aero.

Mit der Snap-Funktion können Sie ein Anwendungsfenster per Drag & Drop maximieren und auf die gleiche Weise wieder auf seine ursprüngliche Größe reduzieren. Fassen Sie das Fenster einfach in der Titelleiste ❶ an und ziehen Sie es bei gedrückt gehaltener linker Maustaste bis zum Anschlag an den oberen Bildschirmrand. Daraufhin erscheint ein transparenter Rahmen, der nahezu den kompletten Bildschirm einnimmt ❷. Wenn Sie das Fenster jetzt loslassen, wechselt es in den Vollbildmodus.

Abbildung 6.37 Per Snap-Funktion in den Vollbildmodus

Genauso schnell, wie Sie mit der Snap-Funktion in den Vollbildmodus wechseln, genauso schnell verkleinern Sie das Fenster auch wieder. Sobald Sie ein maximiertes Fenster nur geringfügig nach unten ziehen – fassen Sie es dazu wiederum an der Titelleiste an –, nimmt es seine alte Form wieder an.

Wenn Sie ein Anwendungsfenster auf die beschriebene Weise an den linken oder an den rechten Bildschirmrand bewegen (siehe die folgende Abbildung), erreichen Sie den Effekt, den Sie in Abbildung 6.39 sehen.

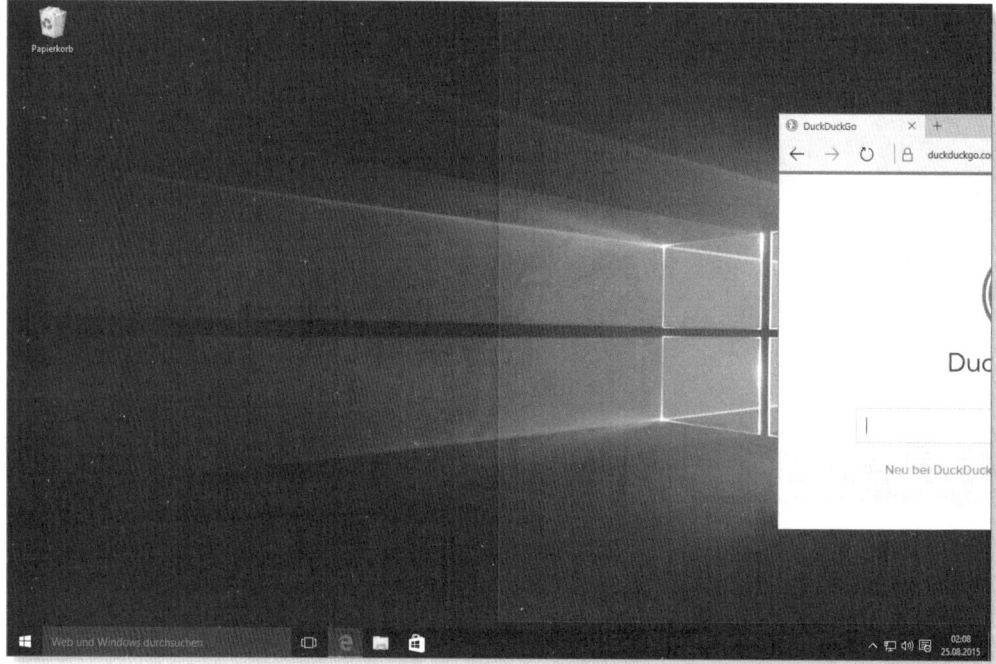

Abbildung 6.38 Hier wird das Fenster an den rechten Bildschirmrand bewegt.

Das Fenster wird vertikal maximiert und nimmt in der Horizontalen die Hälfte des Bildschirms ein. Auch hier bringen Sie das Fenster wieder auf seine ursprüngliche Größe, indem Sie es vom Bildschirmrand wegziehen.

Der Snap-Effekt stellt sich übrigens auch dann ein, wenn Sie das Fenster mit einer schnellen Bewegung zum Bildschirmrand »hinschubsen«. Wichtig ist nur, dass der Mauszeiger den Bildschirmrand berührt.

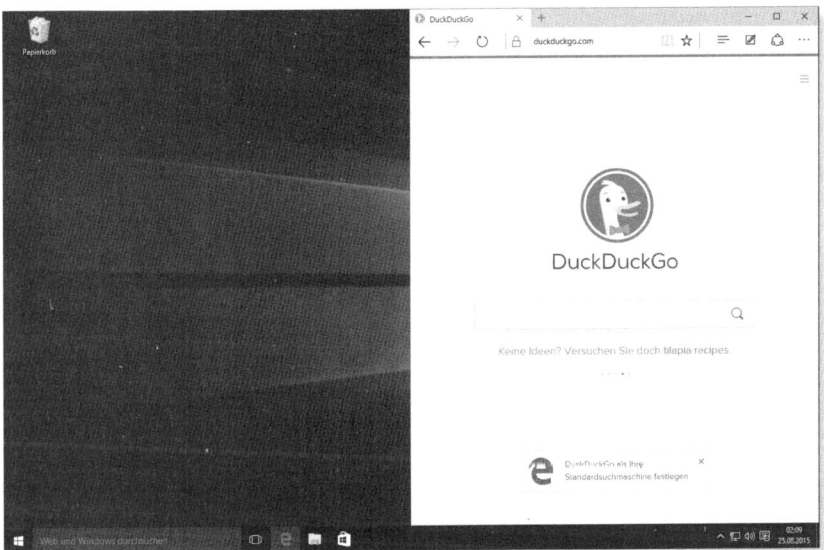

Abbildung 6.39 Snap-Effekt an den seitlichen Bildschirmrändern

Sie können die Snap-Funktion einsetzen, um zwei Fenster gleichberechtigt nebeneinander anzuzeigen. Ziehen Sie dazu das eine Fenster wie beschrieben an den linken
und das andere Fenster an den rechten Bildschirmrand. Jedes der angedockten Fenster
nimmt dann die Hälfte des Bildschirms ein (siehe die folgende Abbildung).

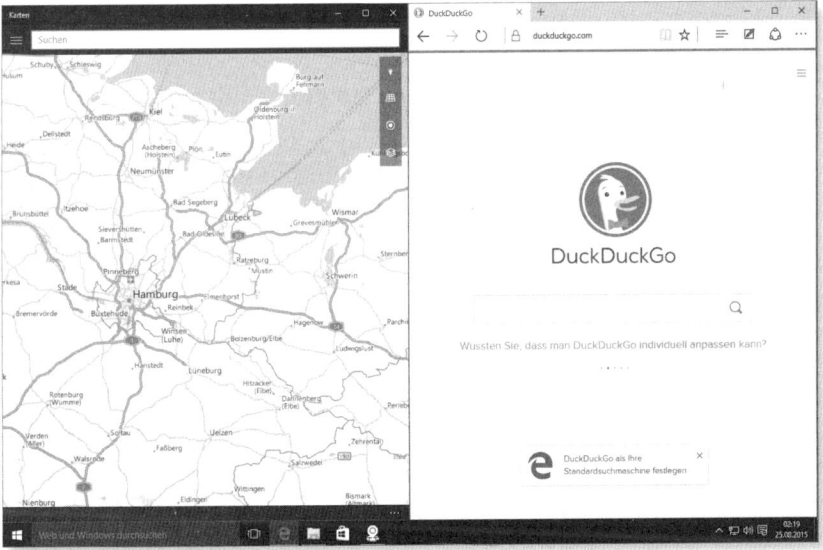

Abbildung 6.40 Karten-App und Microsoft-Edge-Browser teilen sich den Bildschirm.

Windows 10 macht das Aufteilen des Bildschirms im Snap-Modus sogar noch einfacher: Nachdem Sie ein Fenster an einer der Bildschirmhälften angedockt haben und aktuell weitere Apps geöffnet sind, zeigt der sogenannte Snap-Assistent in der anderen Bildschirmhälfte deren Vorschaubilder an. Sie brauchen in diesem Fall nur auf das Vorschaubild des Fensters zu klicken, das Sie im Snap-Modus neben dem bereits angedockten anzeigen wollen.

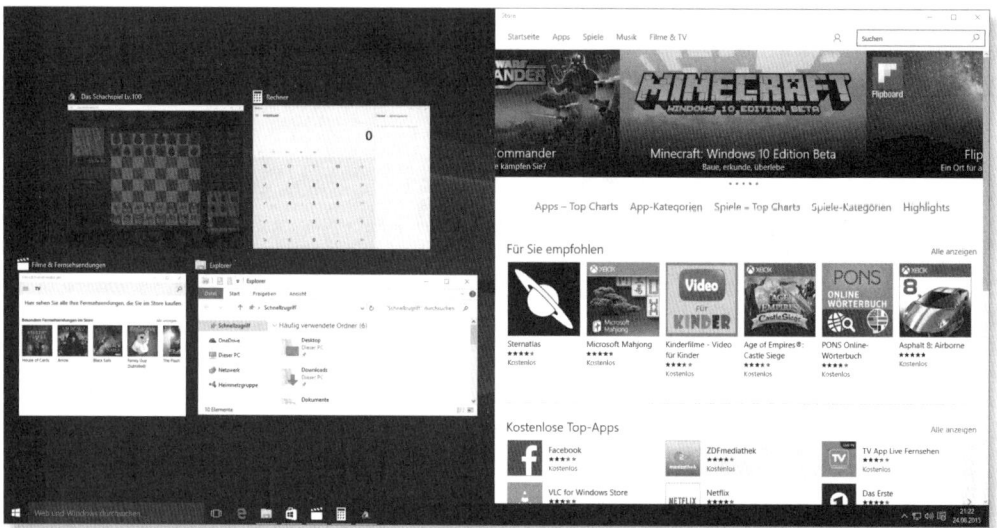

Abbildung 6.41 Snap-Funktion mit Snap-Assistent: Ein Klick auf ein Vorschaubild legt das Fenster neben das vorhandene.

Darüber hinaus erlaubt es der Effekt Corner Snap, bei Monitoren mit entsprechend hoher Auflösung in jeder Bildschirmhälfte je zwei Programme oder Apps im Snap-Modus anzuzeigen, so dass jedes der Fenster genau ein Viertel der Bildschirmfläche einnimmt. Das können Sie einmal erreichen, indem Sie die Fenster in die Bildschirmecken ziehen, was aber teilweise etwas Geschick abverlangt.

Zuverlässiger als das Ziehen mit der Maus erweisen sich hierbei die Tastenkombinationen:

⊞ + ← bzw. → platziert das aktive Fenster zunächst an einem der Bildschirmränder, danach lässt ⊞ + ↑ bzw. ↓ ein geviertetes Fenster in der oberen bzw. in der unteren Bildschirmecke einschnappen.

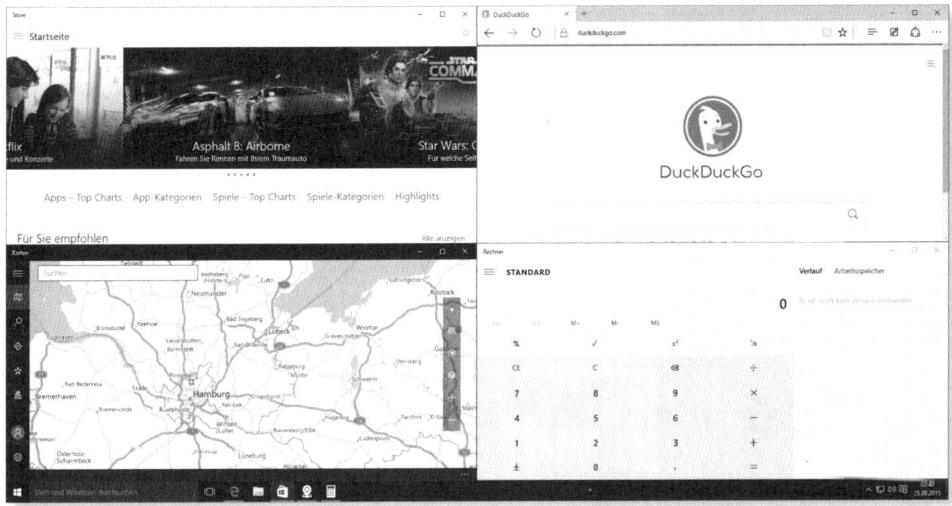

Abbildung 6.42 Dank Corner Snap: vier Apps im Snap-Modus

Das Pendant zur Snap-Funktion ist die Shake-Funktion (*shake*, zu Deutsch: schütteln). Wenn Sie auf dem Desktop mehrere Anwendungsfenster geöffnet haben und das aktuelle Fenster schütteln, werden alle übrigen Fenster minimiert. Schütteln heißt in diesem Fall: mit der Maus die Titelleiste ❶ anfassen und die Maus dann schnell in entgegengesetzte Richtungen bewegen, am besten von links nach rechts und umgekehrt (das, was geschüttelt wird, ist eigentlich die Maus). Durch erneutes Schütteln werden alle Fenster sofort wieder angezeigt.

Abbildung 6.43 Vor dem »Schütteln«

311

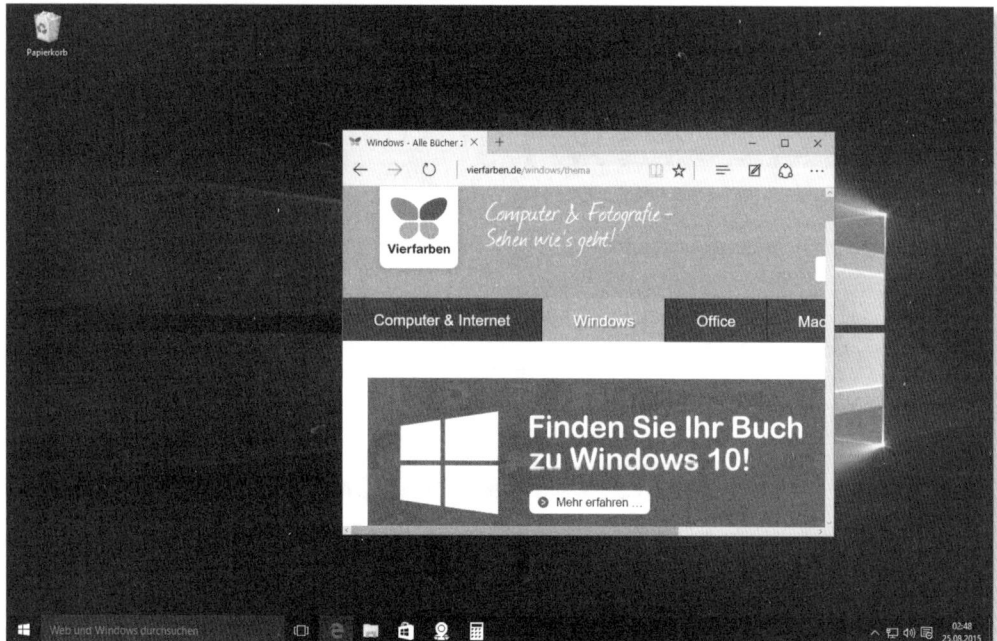

Abbildung 6.44 Nach dem »Schütteln«

TEIL III

Dateien und Programme organisieren

7   Alles über den Explorer

Bei der Arbeit am Computer geht es in irgendeiner Form immer um Dateien, z. B. persönliche Dokumente oder Bilder, und je mehr persönliche Dateien sich auf dem Computer befinden, desto wichtiger ist es, den Überblick zu behalten.

Natürlich können Sie z. B. Ihre Bilder in der Fotos-App prima verwalten. Außerdem haben Sie immer die Möglichkeit, im Suchfeld der Taskleiste oder an anderen Stellen nach Dateien, die Sie gerade benötigen, zu suchen. Ausführliche Informationen zur Windows-Suche erhalten Sie in Kapitel 9, »Nach Dateien, Apps und Windows Einstellungen suchen«, ab Seite 455. Letzten Endes greifen aber sowohl die Fotos-App als auch die Windows-Suche auf den Festspeicher des Computers zu oder auf eventuell am Computer angeschlossene Speichermedien, um die entsprechenden Bilddateien bzw. die gefundenen Dokumente als Suchergebnisse anzuzeigen.

Der komplette zur Verfügung stehende Speicher – wozu die Festplatte des Computers gehört, aber auch alle angeschlossenen Speichermedien wie z. B. ein USB-Stick oder eine externe Festplatte – ist unter Windows von jeher in Ordner eingeteilt. Ordner sind gewissermaßen die Container für Dateien, jeder Ordner kann aber auch weitere Unterordner enthalten. Jede Datei, die irgendwo gespeichert ist, befindet sich also in einem Ordner oder in einem Unterordner (einem Ordner innerhalb eines anderen Ordners) des Dateisystems.

Vermutlich wollen Sie sich jedoch nicht immer damit zufriedengeben, eine Datei als Suchergebnis angezeigt zu bekommen, sondern Sie möchten auch wissen, wo – das heißt in welchem Ordner – sie gespeichert ist, welche übergeordneten Ordner es dazu noch gibt usw. Für solche und andere Zwecke ist der Explorer – der frühere Name war Windows-Explorer – auch unter Windows 10 das Programm der Wahl. Im Explorer sehen Sie alle Ordner praktisch auf einen Blick und Sie können im Dateisystem nach Belieben navigieren. Darüber hinaus stehen im Explorer zahlreiche Funktionen für die Arbeit mit Dateien und Ordnern zur Verfügung. Sie können hier z. B. neue Ordner anlegen, Dateien in einen anderen Ordner verschieben, Dateien oder auch ganze Ordner löschen und z. B. auch Programme starten, indem Sie die ausführbare Datei des Programms im Explorer doppelt anklicken.

Den Überblick über seine persönlichen Dateien zu behalten klingt zwar trivial (und so sollte es auch sein), trotzdem zeigt die Erfahrung, dass es vielen Anwendern gar nicht so leichtfällt, auf ihrem Computer Ordnung zu schaffen und diese aufrechtzuerhalten. Nun, wenn es darum geht, Dinge zu ordnen, hat jeder sicherlich seine eigene Methode. Dem spricht nichts entgegen, eines gilt jedoch für alle Anwender: Je besser Sie sich mit dem Explorer auskennen, desto leichter wird es Ihnen gelingen, auf Ihrem Computer den Überblick zu behalten und das, was Sie gerade benötigen, so schnell wie möglich zu finden.

7.1 Den Explorer starten

Es gibt mehrere Methoden, um den Explorer zu starten, der Vollständigkeit halber seien sie alle erwähnt:

- Klicken Sie in der Taskleiste auf das gelbe Explorer-Symbol ❶.

Abbildung 7.1 Explorer-Symbol in der Taskleiste

- Drücken Sie ⊞ + E (das »E« steht natürlich für »Explorer«). Diese Tastenkombination steht an jeder beliebigen Stelle zur Verfügung.
- Schließlich enthält auch das »kleine Startmenü« einen Befehl zum Starten des Explorers. Klicken Sie in der Taskleiste mit der rechten Maustaste auf das Symbol mit dem Windows-Logo ❷ und wählen Sie anschließend **Explorer** im erscheinenden Menü.

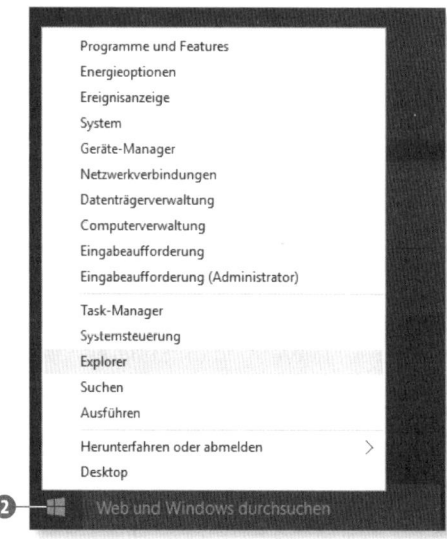

Abbildung 7.2 Auch das »kleine Startmenü« von Windows 10 enthält einen Eintrag für den Explorer.

Dateisystem

Der Begriff *Dateisystem* bezeichnet zum einen die Gesamtheit des auf dem Computer zur Verfügung stehenden Festspeichers und vor allem in diesem Sinne wird er gemeinhin auch verwendet. Eigentlich bezieht sich der Begriff aber auch auf die Ablageorganisation, also wie die Daten auf dem Datenträger verwaltet werden.

▪ Auch die Suche nach dem Explorer führt schnell zum Erfolg. Oft reicht schon die Eingabe von »e« oder »ex« in das Suchfeld der Taskleiste ❸ (Klein- oder Großschreibung spielen keine Rolle). Die Suche führt in der Regel zur Anzeige von zwei Verknüpfungen, die völlig gleichwertig sind, eine unter den Apps ❹ und eine als Befehl ❺. Sie können den Explorer mit jeder der beiden angezeigten Verknüpfungen starten.

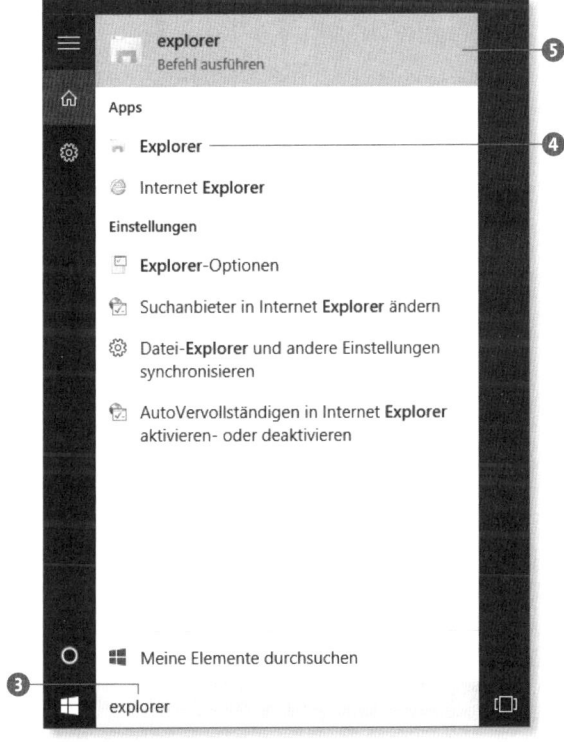

Abbildung 7.3 Suche nach »explorer« in der Taskleiste

▪ Außerdem existiert in der Alle-Apps-Übersicht ein Eintrag für den Explorer, der sich allerdings nicht auf der ersten Ebene unter »E« befindet. Öffnen Sie das Startmenü und klicken Sie auf **Alle Apps**. Den Eintrag für den Explorer finden Sie unter dem Buchstaben **W**, unterhalb von **Windows-System**.

Abbildung 7.4 In der Alle-Apps-Übersicht finden Sie den Explorer unter »Windows-System«.

Anders als in früheren Windows-Versionen startet der Explorer unabhängig von der gewählten Methode immer in der gleichen Ansicht, mit Fokus auf den Schnellzugriff (der frühere Name war Favoriten) und der Anzeige von häufig verwendeten Ordnern und zuletzt verwendeten Dateien.

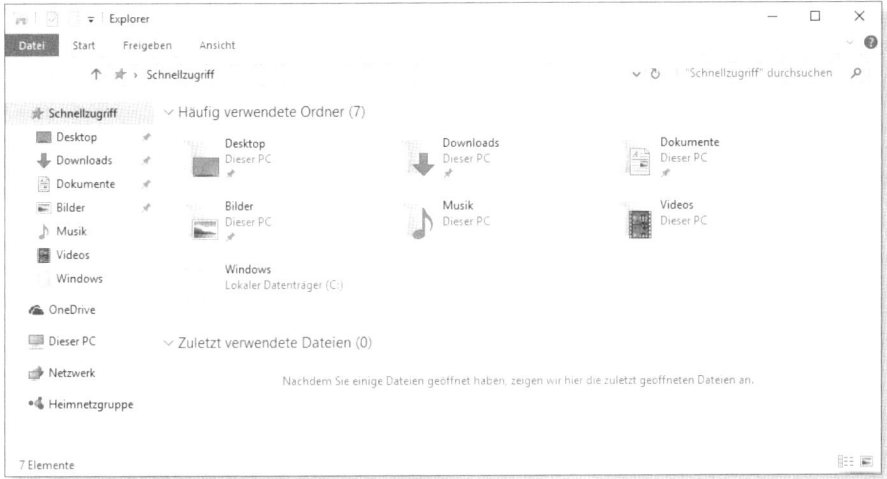

Abbildung 7.5 Der Explorer nach dem ersten Start

7.2   Das Menüband ein- und ausblenden

Der Explorer von Windows 10 stellt die wichtigsten Optionen für die Arbeit mit Datei-en und Ordnern in einem Menüband mit verschiedenen Registerkarten zur Verfügung. Dieses ist allerdings standardmäßig ausgeblendet, sodass zunächst nur die Registerreiter zu sehen sind.

Um im Explorer eine Registerkarte des Menübands anzuzeigen, klicken Sie auf einen der Registerreiter, in Abbildung 7.6 also auf einen der Registerreiter **Start** ❶, **Freigeben** ❷ oder **Ansicht** ❸, je nachdem, welche Befehle Sie gerade benötigen. Die entsprechende Registerkarte wird dann temporär eingeblendet. Sie verschwindet wieder, sobald Sie einen Befehl verwenden oder an eine andere Stelle außerhalb des Menübands klicken.

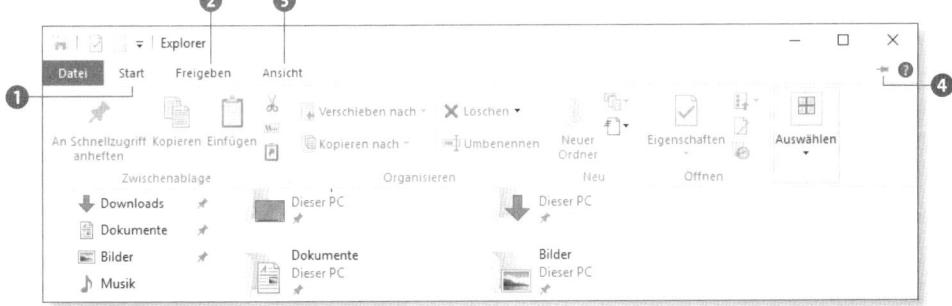

Abbildung 7.6 Temporär eingeblendete Registerkarte »Start«: Da im Explorer aktuell kein Element (Datei oder Ordner) ausgewählt ist, sind die meisten Befehle inaktiv.

Möchten Sie das Menüband erweitern, das heißt dauerhaft anzeigen, klicken Sie rechts oben im Anwendungsfenster auf das kleine Symbol mit der nach unten weisenden Pfeilspitze. Bei temporär eingeblendetem Menüband stellt dieses eine Heftzwecke dar ❹, wie in Abbildung 7.6 zu sehen ist.

Indem Sie das Symbol erneut anklicken (bei dauerhaft eingeblendetem Menüband weist die Pfeilspitze nach oben, wie in Abbildung 7.7 zu sehen ist), blenden Sie das Menüband wieder aus. Alternativ können Sie die Tastenkombination ⌈Strg⌉ + ⌈F1⌉ verwenden, um das Menüband zu erweitern oder zu minimieren. Den gleichen Effekt erreichen Sie, wenn Sie auf einen der Registerreiter doppelklicken.

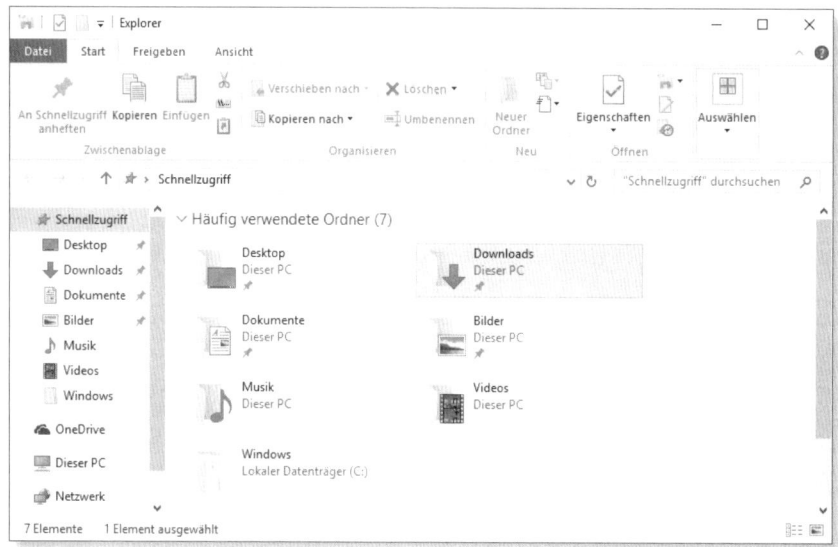

Abbildung 7.7 Dauerhaft eingeblendetes Menüband: Im Explorer ist der Ordner »Downloads« ausgewählt und das Menüband zeigt diejenigen Befehle, die hier angewendet werden können.

Wie Sie möglicherweise schon bemerkt haben, verhält sich das Menüband des Explorers kontextsensitiv. Das heißt, die verfügbaren Optionen passen sich der jeweiligen Situation an. Wenn Sie z. B. im linken Fensterbereich die Bibliothek **Dokumente** selektiert haben, zeigt das Menüband die Register **Start**, **Freigeben**, **Ansicht** und außerdem das Register **Bibliothektools/Verwalten**. Ist dagegen der Eintrag **Dieser PC** selektiert, sehen Sie erst einmal nur die beiden Register **Computer** und **Ansicht**. Sobald im rechten Fensterbereich ein Laufwerk selektiert wird, erscheint außerdem das Register **Laufwerktools/Verwalten**. Die Register **Musiktools/Wiedergabe** und **Videotools/Wiedergabe** erscheinen beispielsweise, wenn im Explorer die Musik- oder die Videobibliothek geöffnet oder in einem physikalischen Ordner eine Musik- oder eine Videodatei ausgewählt ist.

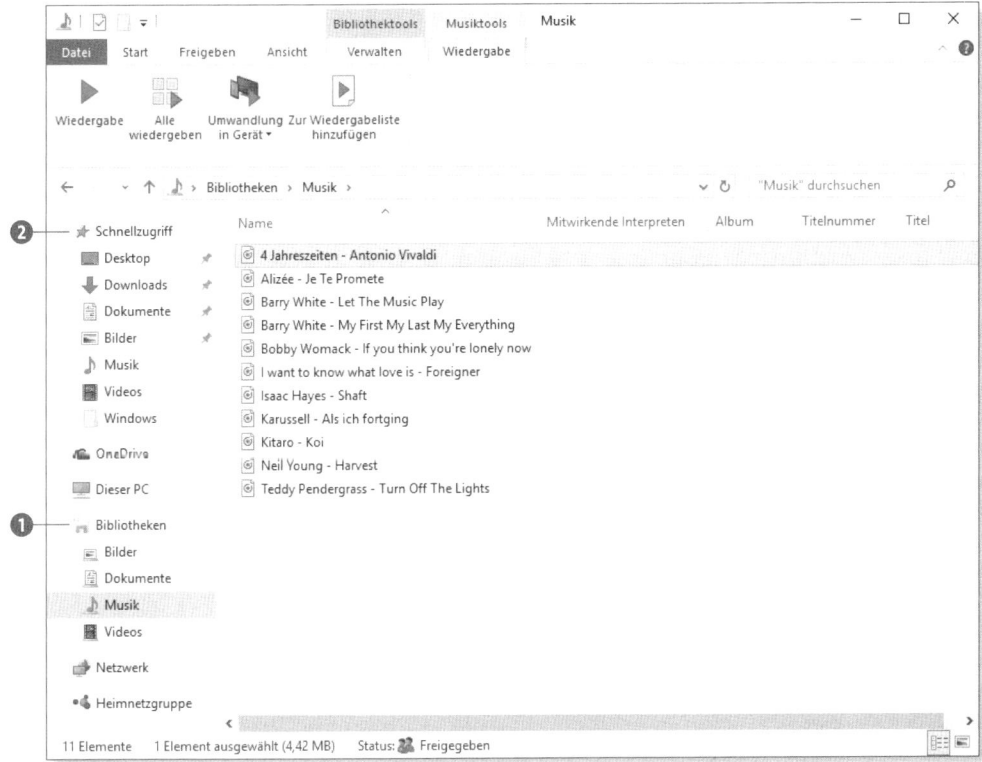

Abbildung 7.8 Bei geöffneter Musikbibliothek enthält das Menüband die zusätzliche Registerkarte »Musiktools/Wiedergabe« mit speziellen Befehlen zur Wiedergabe von Audiodateien.

Die Bibliotheken ❶, die in Abbildung 7.8 im Navigationsbereich zu sehen sind, sind standardmäßig ausgeblendet. Sie können die Bibliotheken im Navigationsbereich zur Anzeige bringen, indem Sie dort einen Rechtsklick auf eine freie Stelle ausführen und den Befehl **Bibliotheken anzeigen** im erscheinenden Kontextmenü wählen. Genaueres zu Bibliotheken erfahren Sie weiter unten in Abschnitt 7.9, »Mehr Übersicht mit Bibliotheken«, ab Seite 361.

Die Einträge **Dokumente**, **Bilder**, **Musik**, **Videos** im Schnellzugriff ❷ beziehen sich auf die physikalischen Ordner, nicht auf die Bibliotheken. Beispielsweise lautet der Pfad des Ordners **Musik** üblicherweise **C:\Users\<Benutzername>\Music** (wenn Ihr Stammlaufwerk **C:** ist). Im Explorer werden für die wichtigsten Ordner deutsche Namen angezeigt, sodass der Pfad zum Ordner **Musik** über **C:\Benutzer\<Benutzername>\Musik** und noch kürzer über **Dieser PC\Musik** oder über **<Benutzername>\Musik** geöffnet werden kann. Am schnellsten geht es natürlich, wenn Sie einfach auf den vordefinierten Eintrag im Schnellzugriff klicken.

Auch auf den einzelnen Registerkarten aktivieren und deaktivieren sich verschiedene Befehle situationsbedingt. Bei inaktiven Optionen erscheint die Schrift ausgegraut und das zugehörige Symbol transparent, aktive Optionen erscheinen mit fetter Schrift und deutlich sichtbarem Symbol.

INFO

Registerkarte Suchtools/Suchen

Wenn Sie im Explorer den Cursor in das Suchfeld oben rechts setzen ❶, erscheint die Registerkarte **Suchtools/Suchen** ❷. Mit den Befehlen auf dieser Registerkarte können Sie verschiedene Einstellungen für die Suche treffen. Sie können z. B. mit dem Begriff, den Sie in das Suchfeld eingeben, nach Dateien mit einer bestimmten Größe oder mit einem bestimmten Änderungsdatum suchen oder bei Dokumenten explizit die Inhaltssuche einbeziehen. Ausführliche Informationen zur Suche im Explorer erhalten Sie in Kapitel 9, »Nach Dateien, Apps und Windows-Einstellungen suchen«, ab Seite 455.

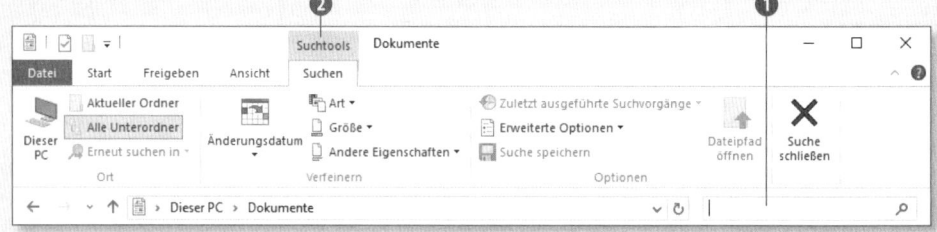

Abbildung 7.9 Die Registerkarte »Suchtools/Suchen« bietet Optionen zum Einstellen des Suchverhaltens.

7.3 Die Elemente im Explorer – ein erster Überblick

Gleich zu Beginn gebe ich Ihnen einen ersten Überblick über die wichtigsten Elemente des Explorers mit einer kurzen Beschreibung. Alle hier genannten Elemente werde ich in diesem Kapitel im Weiteren noch ausführlich besprechen. Allein das Suchfeld und damit im Zusammenhang die Optionen auf der Registerkarte **Suchtools/Suchen** des Menübands sind Thema in Kapitel 9, das sich mit der Windows-Suche beschäftigt, ab Seite 455.

Abbildung 7.10 zeigt den Explorer in der Bibliotheksansicht, in der im rechten Bereich alle Bibliotheken angezeigt werden. Das Menüband ❶, das in der Abbildung eingeblendet ist, und das Suchfeld ❷ wurden ja bereits genannt.

Oberhalb des Menübands in der linken oberen Fensterecke befindet sich die sogenannte Symbolleiste für den Schnellzugriff ❸. Diese ist immer sichtbar und enthält Befehle, die erfahrungsgemäß häufig benötigt werden. Standardmäßig befinden sich dort zunächst vier kleine Befehlsschaltflächen. Sie können der Symbolleiste für den Schnellzugriff aber weitere Befehle hinzufügen oder Befehle daraus entfernen, wenn Sie diese nicht oft benötigen. Wie Sie die Symbolleiste für den Schnellzugriff individuell anpassen, erfahren Sie in Abschnitt 7.20, »Die Symbolleiste für den Schnellzugriff anpassen«, ab Seite 395.

Links neben dem ersten Registerreiter befindet sich, mit weißer Schrift und blauem Hintergrund, die Schaltfläche **Datei** ❹ – tatsächlich handelt es sich um eine solche und nicht etwa um eine Registerkarte. Die Schaltfläche öffnet ein Menü, das ebenfalls sehr nützliche Optionen enthält. Auch dieses Element werde ich gleich im Anschluss in einem eigenen Abschnitt besprechen.

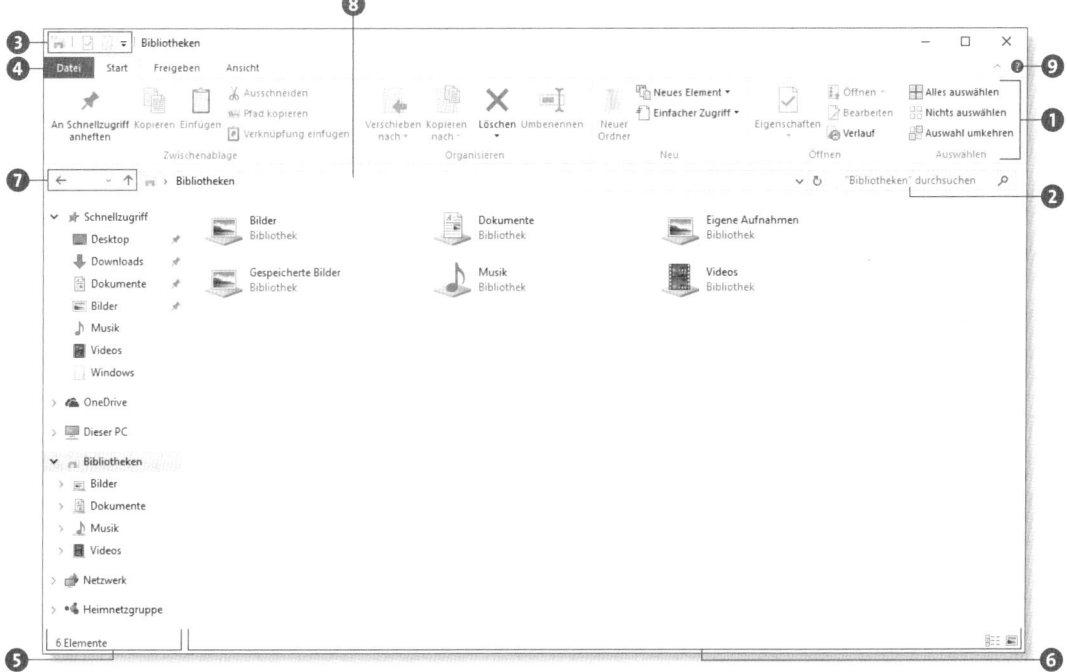

Abbildung 7.10 Explorer in der Bibliotheksansicht

Der linke Fensterausschnitt im Explorer bildet den Navigationsbereich ❺. Wenn Sie hier einen Ordner, ein Laufwerk oder eine Bibliothek selektieren, wird der Inhalt des ausgewählten Elements im rechten Hauptbereich ❻, der auch Inhaltsbereich genannt wird, angezeigt. Wenn Sie im Navigationsbereich einen Ordner markieren, sehen Sie im

Inhaltsbereich also alle Dateien und Unterordner, die der ausgewählte Ordner enthält. In Abbildung 7.10 zeigt der Inhaltsbereich Symbole aller Bibliotheken an, da im Navigationsbereich der Eintrag **Bibliotheken** selektiert ist (dieser Eintrag ist in Windows 10 standardmäßig ausgeblendet – Sie können ihn über das Kontextmenü des Navigationsbereichs einblenden).

Auch die Leiste, die sich oberhalb der beiden Hauptbereiche (Navigations- und Inhaltsbereich) befindet, dient der Navigation. Sie besteht aus den vier Navigationsschaltflächen ❼ (vor und zurück, zuletzt besuchte Orte, eine Ebene nach oben), einem Adressfeld ❽ und dem besagten Suchfeld.

Schließlich können Sie über das Symbol mit dem Fragezeichen ❾, das sich ganz rechts auf der Höhe der Registerreiter befindet, die Windows-Hilfe in Anspruch nehmen.

7.4   Das Menü zur »Datei«-Schaltfläche

Ein Klick auf die **Datei**-Schaltfläche blendet das Menü aus Abbildung 7.11 ein. In dessen rechtem Bereich sehen Sie zunächst eine Liste der am häufigsten besuchten Orte. Diese wird ständig aktualisiert, je nachdem, welche Elemente (Ordner, Laufwerke, Bibliotheken) Sie im Explorer öffnen. Wenn Sie in der Liste einen der Einträge anklicken, gelangen Sie direkt zu dem entsprechenden Ort. Möchten Sie eines der angezeigten Elemente dauerhaft an die Liste anheften, klicken Sie einmal auf die nebenstehende Heftzwecke. In Abbildung 7.11 sind z. B. die Ordner **Desktop**, **Downloads**, **Dokumente** und **Bilder** angeheftet.

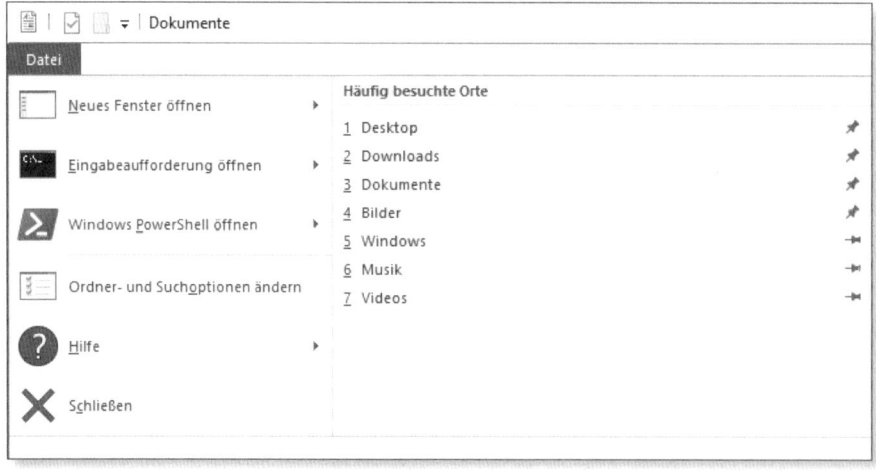

Abbildung 7.11 Das »Datei«-Menü im Explorer

Wenn Sie im linken Bereich einen der Befehle **Neues Fenster öffnen**, **Eingabeaufforderung öffnen**, **Windows PowerShell öffnen**, **Ordner- und Suchoptionen ändern**, **Hilfe** oder **Schließen** direkt anklicken, wird der Befehl sofort ausgeführt. Mit dem Befehl **Hilfe** rufen Sie die Windows-Hilfe auf. Er entspricht der kleinen Hilfe-Schaltfläche, die sich ganz rechts oberhalb des Menübands auf der Höhe der Registerreiter befindet. Mit dem Befehl **Schließen** schließen Sie das aktuelle Anwendungsfenster des Explorers. Auch hierzu können Sie alternativ die kleine Schließen-Schaltfläche in der rechten oberen Fensterecke des Explorers verwenden. Der Befehl **Ordner- und Suchoptionen ändern** öffnet das Dialogfeld **Ordneroptionen**, von dem im Weiteren noch die Rede sein wird.

Wenn Sie im linken Bereich die Maus über einen der Menüpunkte bewegen, ohne zu klicken, werden im rechten Bereich zusätzliche Optionen angezeigt. So haben Sie die Möglichkeit, ein Anwendungsfenster des Explorers in einem neuen Prozess zu öffnen. Dies macht äußerlich zwar keinen Unterschied, allerdings laufen dann im Hintergrund mehrere Prozesse für den Explorer (was Sie im Task-Manager auf der Registerkarte **Prozesse** leicht nachprüfen können). Sowohl die Eingabeaufforderung als auch die Windows PowerShell können Sie außer im normalen Modus auch als Administrator mit erhöhten Rechten öffnen.

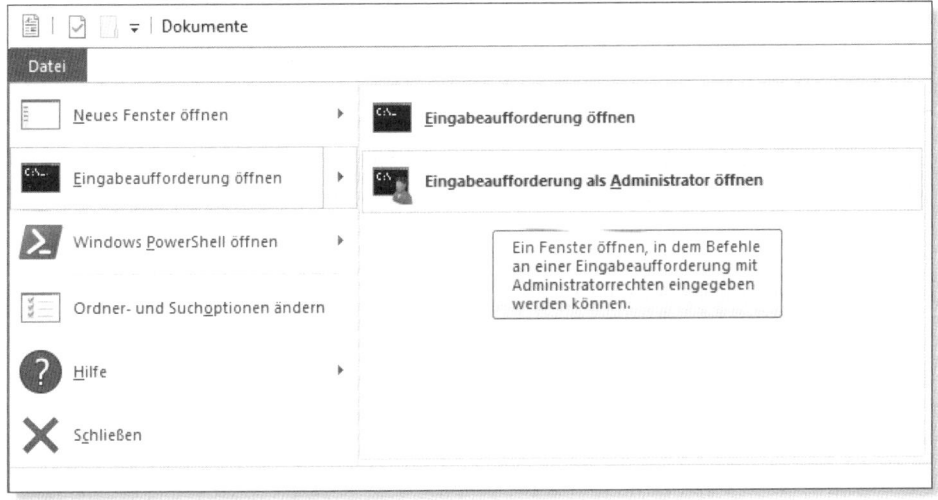

Abbildung 7.12 Die Eingabeaufforderung mit erhöhten Rechten ausführen

Als zusätzliche Option für **Hilfe** können Sie ein Infofenster des Betriebssystems einblenden (Auswahl von **Info** im rechten Bereich). Allein die Menüpunkte **Ordner- und Suchoptionen ändern** und **Schließen** besitzen keine weitere Option. Hier erscheint wieder die Liste häufig besuchter Orte.

Im Übrigen sind auch die Optionen im Menü zur **Datei**-Schaltfläche kontextabhängig. Beispielsweise sind die Befehle **Eingabeaufforderung öffnen** und **Windows PowerShell öffnen** ausgegraut, also deaktiviert, wenn im Explorer eine der Bibliotheken geöffnet ist.

7.5 Navigieren im Explorer

Navigieren im Explorer heißt natürlich, sich innerhalb der Ordnerstruktur des Dateisystems zu bewegen. In der Regel möchte man einen bestimmten Ordner oder ein bestimmtes Verzeichnis möglichst schnell öffnen, um darin Operationen durchzuführen: Dateien öffnen, kopieren, einfügen, umbenennen, Unterordner erstellen usw. Manchmal möchte man sich aber auch nur einen Überblick darüber verschaffen, welche Daten in einem bestimmten Ordner enthalten sind.

INFO

Verzeichnisse und Ordner

Die Begriffe *Verzeichnis* und *Ordner* sind so weit gleichbedeutend. Allerdings assoziiert man mit Ersterem eher einen großen, womöglich übergreifenden Ordner, der weitere Unterordner enthält (von Unterverzeichnissen würde man daher wohl weniger sprechen). Wenn es nach Microsoft gegangen wäre, sollte es eigentlich nur mehr Ordner heißen. Jedenfalls sollte dieser Begriff mit Einführung des Betriebssystems Windows 95 den Begriff Verzeichnis, der bis dahin im Zusammenhang mit dem Dateimanager verwendet wurde, ablösen. Der Dateimanager war in den ersten Windows-Betriebssystemen das zentrale Tool zur Dateiverwaltung. Er wurde mit Einführung des Betriebssystems Windows 95 durch den Windows-Explorer ersetzt. Dieser heißt nunmehr seit Windows 8 schlicht Explorer.

Der linke Fensterausschnitt des Explorers stellt den eigentlichen Navigationsbereich dar. Wenn Sie hier einen Ordner oder – falls eingeblendet – eine Bibliothek selektieren – klicken Sie dazu einfach den entsprechenden Eintrag an –, sehen Sie im rechten Bereich den Inhalt des Ordners bzw. der Bibliothek, bestehend aus Dateien und eventuell weiteren Unterordnern. Wenn ein Ordner keine Daten enthält, erscheint im rechten Fensterausschnitt des Explorers eine entsprechende Mitteilung (*Dieser Ordner ist leer*).

Am schnellsten geht das Öffnen eines Ordners natürlich über den Schnellzugriff, falls dieser eine Verknüpfung für den Ordner enthält. Grundsätzlich können Sie im Schnellzugriff jeden Ordner hinzufügen, um ihn bei Bedarf schnell öffnen zu können. Was Sie dazu tun müssen, erfahren Sie weiter unten in Abschnitt 7.12, »Der Schnellzugriff – Ihre

Favoriten im Explorer«, ab Seite 377. Gewöhnlich werden Sie im Schnellzugriff aber nur solche Ordner hinzufügen, die Ihnen besonders wichtig sind. Und möglicherweise entscheiden Sie sich später auch, einige der dort vorhandenen Verknüpfungen wieder zu entfernen. Aus diesem Grund und um die verschiedenen Optionen der Navigation zu demonstrieren, lasse ich im Weiteren den Schnellzugriff erst einmal außer Acht.

Um z. B. den Ordner **Dokumente** zu öffnen, können Sie im Navigationsbereich den Knoten neben **Dieser PC** erweitern und anschließend auf **Dokumente** klicken. Man sagt übrigens »Ein Ordner ist geöffnet«, wenn sein Inhalt im rechten Bereich angezeigt wird.

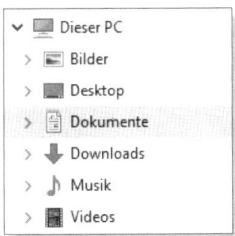

Abbildung 7.13 So öffnen Sie Ihren persönlichen Ordner »Dokumente«.

Im Hauptbereich des Explorers erkennen Sie einen Ordner nach wie vor an dem gelben Aktenkoffersymbol. Im Navigationsbereich ist dieses Symbol der Darstellung gewichen, die in Abbildung 7.14 zu sehen ist.

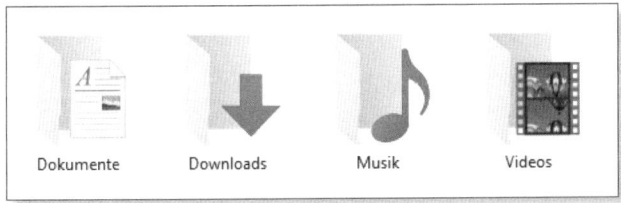

Abbildung 7.14 Nach wie vor typisch für die Anzeige von Ordnern: Aktenkoffersymbol im Hauptbereich des Explorers (hier als große Symbole dargestellt)

Der Ordner **Dokumente** ist für Ihre persönlichen Dokumente vorgesehen. Er wird standardmäßig von der gleichnamigen Bibliothek verwaltet, so dass sein Inhalt auch im Hauptbereich angezeigt wird, wenn in der linken Navigation diese Bibliothek selektiert ist – allerdings eventuell zusammen mit den Inhalten weiterer Ordner, die ebenfalls von der gleichen Bibliothek verwaltet werden. Bei den Bibliotheken handelt es sich um ein spezielles Feature, das ich in Abschnitt 7.9, »Mehr Übersicht mit Bibliotheken«, ab Seite 361 gesondert behandeln werde.

Was für Ordner gilt, gilt auch für Laufwerke. Diese erscheinen im Explorer wie gewöhnliche Ordner, nur mit einem anderen Symbol. Wenn Sie im Navigationsbereich des Explorers auf **Dieser PC** klicken, sehen Sie im zweiten Abschnitt **Geräte und Laufwerke** des rechten Hauptbereichs regelmäßig ein Symbol für das Hauptlaufwerk (in der Regel **C:**), eines für das DVD-Laufwerk und eventuell weitere Symbole für angeschlossene Geräte. Bei dem Eintrag **USB (F:)** in Abbildung 7.15 handelt es sich z. B. um das Laufwerk für einen angeschlossenen USB-Stick. Der erste Abschnitt des Hauptbereichs zeigt die wichtigsten Ordner in Ihrem Benutzerverzeichnis.

INFO

Hauptlaufwerk

Das Haupt- oder Stammlaufwerk ist das Laufwerk, auf dem Windows installiert ist. In der Regel ist das, wie gesagt, **C:**. Ich gehe im Buch daher vom Laufwerksbuchstaben **C** aus. Falls Sie Ihr Hauptlaufwerk unter einem anderen Laufwerksbuchstaben ansprechen, ersetzen Sie ihn einfach in den Pfadangaben.

Da die mit der Auswahl von **Dieser PC** verbundene Darstellung alle verfügbaren Laufwerke auflistet, spricht man auch von der Laufwerksansicht. Das ist übrigens die Ansicht, mit der der Explorer in früheren Windows-Versionen auf Drücken von ⊞ + E hin startete.

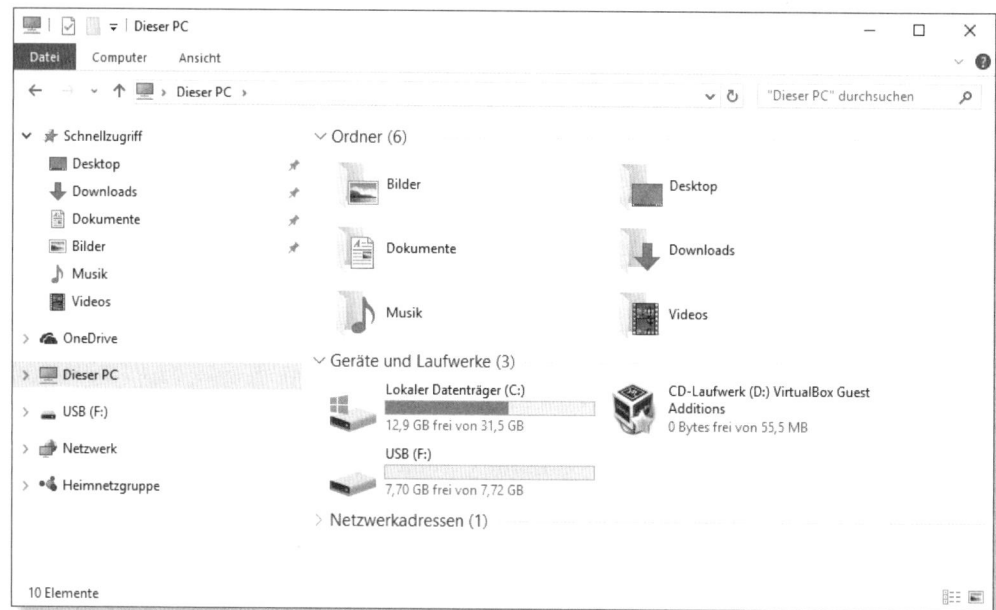

Abbildung 7.15 Explorer in der Laufwerksansicht bei ausgeblendetem Menüband

7.5.1   Alle Ordner im Navigationsbereich anzeigen

Für jeden Benutzer eines Computers reserviert Windows auf der Festplatte einen eigenen umfassenden Ordner (man spricht auch vom Benutzerordner oder vom Benutzerverzeichnis), in dem er seine persönlichen Daten ablegen kann. Ihr Benutzerordner ist nach Ihrem Benutzernamen benannt (bei einem Microsoft-Konto verhält es sich etwas anders, der Name des Benutzerordners leitet sich aber ebenfalls vom hinterlegten Namen ab) und enthält bereits nach der Installation verschiedene weitere Ordner. Damit Sie sich auf Ihrem Computer gut auskennen, ist es sinnvoll, diese Ordner zu kennen.

Speichern Sie persönliche Daten ausschließlich in Ihrem Benutzerordner!
Etwas äußerst Wichtiges gleich zu Anfang: Sie sollten die vorgegebene Ordnerstruktur für persönliche Daten auf keinen Fall ändern – also z. B. keinen dieser Ordner löschen – und Ihre persönlichen Daten ausschließlich in den dafür vorgesehenen Ordnern ablegen. Nur innerhalb Ihres Benutzerordners können Sie sicher sein, dass Sie über alle erforderlichen Zugriffsrechte verfügen und dass Ihre Daten – z. B. im Zuge einer Systemwiederherstellung – nicht verloren gehen.

HINWEIS

Die meisten Ordner in Ihrem Benutzerordner sind, wie z. B. der Ordner **Dokumente**, bequem über den Eintrag **Dieser PC** zu erreichen. Allerdings sehen Sie hier nicht alle Ordner, sondern nur die wichtigsten – also diejenigen, von denen man ausgehen kann, dass Sie sie am häufigsten benötigen. Dazu gehören natürlich auch die Ordner **Bilder**, **Musik** und **Videos**. Auch die Bibliotheken erscheinen unter Windows 10 standardmäßig nicht im Navigationsbereich.

Möchten Sie jedoch im Navigationsbereich Ihren Benutzerordner mit allen Unterordnern sehen, dann müssen Sie dort die Ansicht wechseln. Für den Navigationsbereich gibt es nämlich eine Ansicht, die alle Ordner anzeigt, und die Standardansicht, die aus Gründen der besseren Übersicht den Benutzerordner, die Bibliotheken und einige andere Elemente ausblendet.

Grundsätzlich gibt es zwei Methoden, um im Navigationsbereich die Ansicht zu wechseln:

- Klicken Sie mit der rechten Maustaste ganz unten im Navigationsbereich auf eine freie Stelle und wählen Sie den Befehl **Alle Ordner anzeigen** im erscheinenden Kontextmenü (mit dem Befehl **Bibliotheken anzeigen** blenden Sie im Navigationsbereich nur die Bibliotheken zusätzlich ein).

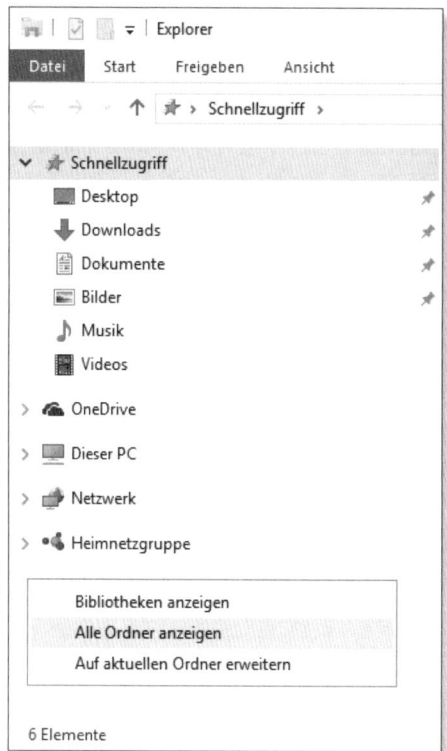

Abbildung 7.16 Die Ansicht im Navigationsbereich über das Kontextmenü wechseln

- Alternativ klicken Sie auf der Registerkarte **Ansicht** in der Gruppe **Bereiche** auf die Schaltfläche **Navigationsbereich**. In der aufklappenden Liste steht der gleiche Befehl zur Verfügung.

Abbildung 7.17 Im Menüband steht auf der Registerkarte »Ansicht« die gleiche Option zur Verfügung.

Danach erscheint im Navigationsbereich neben weiteren Einträgen (z. B. **Papierkorb** und **Systemsteuerung**) ein direkter Zugang zu Ihrem persönlichen Ordner – das ist der Ordner mit Ihrem Benutzernamen. Auch die Bibliotheken werden mit dem Befehl **Alle Ordner anzeigen** im Navigationsbereich eingeblendet.

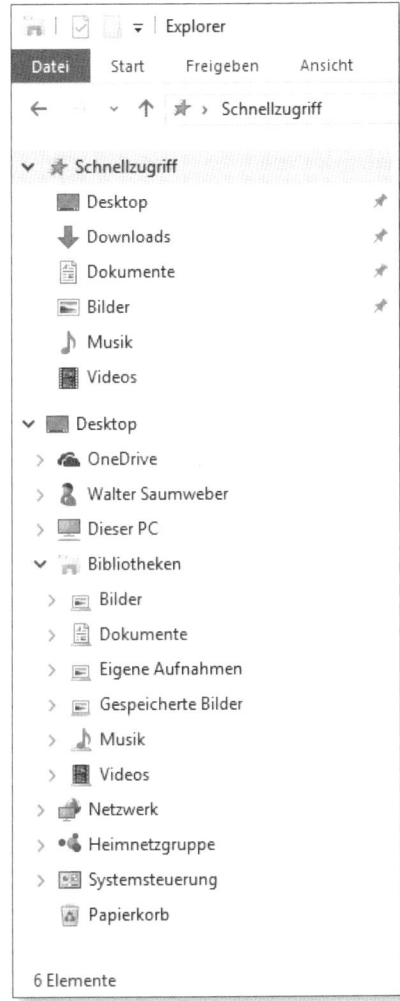

Abbildung 7.18 Erweiterte Ansicht des Navigationsbereichs

Um später wieder zur komprimierten Ansicht zurückzukehren, klicken Sie die Option **Alle Ordner anzeigen** im Kontextmenü des Navigationsbereichs oder im Menüband einfach erneut an. Wenn neben dieser Option ein Häkchen gesetzt ist, bedeutet das, dass aktuell die erweiterte Ansicht aktiviert ist.

7.5.2   Welche Ordner für private Daten gibt es?

Wenn Sie, wie in Abbildung 7.19 zu sehen, im Navigationsbereich des Explorers Ihren Benutzerordner selektieren, sehen Sie im rechten Bereich alle vordefinierten Unterordner. Das sind Ihre persönlichen Ordner, von denen jeder seine eigene Funktion hat, oder mit anderen Worten: Jeder dieser Ordner ist zur Aufnahme von ganz bestimmten Daten vorgesehen. Hier eine kurze Beschreibung der wichtigsten Ordner:

- Der Ordner **Dokumente** ist für Ihre persönlichen Dokumente vorgesehen. Dazu gehören beispielsweise Ihre Korrespondenz (z. B. Microsoft-Word-Dateien) oder Kalkulationen für Ihre Firma, die Sie möglicherweise als Excel-Dateien gespeichert haben.

- Ihre Bilder legen Sie im Ordner **Bilder** ab, im Ordner **Videos** Ihre Videos und der Ordner **Musik** ist für Musikdateien vorgesehen.

- Der Ordner **Desktop** speichert alles, was Sie auf dem Desktop sehen (wie Sie ja in Kapitel 6, »Funktionen und Features auf dem Desktop«, ab Seite 255 erfahren haben, ist der Desktop nichts anderes als eine spezielle Darstellung des entsprechenden Ordners). Das können z. B. Verknüpfungen sein, mit denen Sie ein Programm starten oder eine Webseite aufrufen, aber auch Dateien und Unterordner, die Sie direkt auf dem Desktop anlegen.

- Im Ordner **Downloads** speichern Sie Dateien, die Sie aus dem Internet auf Ihren Computer herunterladen. Später können Sie die Dateien aus dem Ordner **Downloads** dann in den passenden Ordner verschieben (Videos z. B. in den Ordner **Videos**, Fotos in Ihren persönlichen Bilderordner usw.).

- Der Ordner **Favoriten** speichert bis dato Ihre Favoriten im Internet Explorer. Das sind Verknüpfungen zu Webseiten, die Sie immer wieder besuchen wollen und deshalb im Internet Explorer als Shortcut verfügbar gemacht haben. Im Microsoft-EdgeBrowser können Sie diese Favoriten gegebenenfalls importieren.

- Der Ordner **Links** speichert Ihre Favoriten für den Schnellzugriff im Explorer (mehr zu den Explorer-Favoriten erfahren Sie in Abschnitt 7.12, »Der Schnellzugriff – Ihre Favoriten im Explorer«, ab Seite 377).

- Im Ordner **Kontakte** können Sie Kontaktdaten von Personen, die Ihnen wichtig sind, verwalten. Für jeden Kontakt können Sie wahlweise E-Mail-Adresse, Anschrift, mehrere Rufnummern, Website, ein Bild und beliebige weitere Informationen hinterlegen.

- Über den Ordner **OneDrive** können Sie Dateien direkt auf Ihren Onlinespeicher bei OneDrive (*https://onedrive.live.com*) speichern (siehe dazu den Abschnitt 7.13, »Dateien online bei OneDrive speichern«, ab Seite 383).

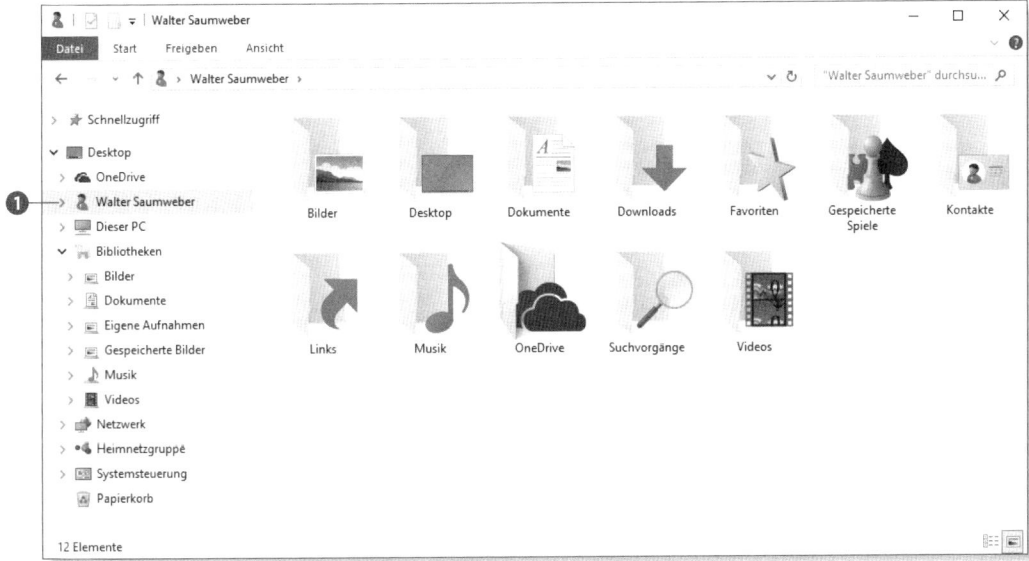

Abbildung 7.19 Im Navigationsbereich ist der Benutzerordner selektiert, so dass im Hauptbereich alle enthaltenen Unterordner erscheinen.

Um direkt im Navigationsbereich die Unterordner des Benutzerordners anzuzeigen, klicken Sie einmal auf die nebenstehende Pfeilspitze ❶. Diese weist bei einem erweiterten Ordner nach unten, wie es in Abbildung 7.20 für den Benutzerordner zu sehen ist, und nimmt statt der grauen eine schwarze Farbe an.

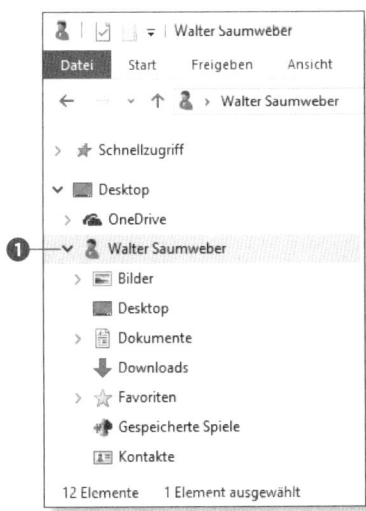

Abbildung 7.20 Navigationsbereich mit erweitertem Benutzerordner

333

Um nun z. B. den Ordner **Bilder** zu öffnen – das heißt, seine Inhalte (Dateien und eventuelle Unterordner) im rechten Hauptbereich anzuzeigen –, führen Sie wahlweise eine der beiden folgenden Aktionen durch:

- Sie klicken im Navigationsbereich unterhalb des Benutzerordners einmal auf den Ordner **Bilder.**

- Sie markieren den Benutzerordner im Navigationsbereich, so dass sein Inhalt im Hauptbereich angezeigt wird, und führen im Hauptbereich einen Doppelklick auf den Ordner **Bilder** aus (alternativ können Sie im Navigationsbereich natürlich auch **Dieser PC** selektieren, da der Bilderordner in dieser Ansicht ebenfalls im Hauptbereich angezeigt wird).

Im Hauptbereich müssen Sie also stets doppelklicken, um einen Ordner zu öffnen, der dort angezeigt wird, während im Navigationsbereich ein einfacher Mausklick ausreicht.

7.5.3   Optionen in der Navigationsleiste

Auch in der Navigationsleiste, die sich direkt über dem Navigationsbereich und dem Inhaltsbereich befindet, können Sie steuern, was im Hauptbereich angezeigt wird. Wenn Sie z. B. in der Adressleiste auf die Pfeilspitze links neben dem ersten Knoten klicken ❶, öffnen Sie das Menü aus Abbildung 7.21. Dieses Menü sieht immer gleich aus, unabhängig davon, an welcher Stelle des Ordnersystems Sie sich gerade im Explorer befinden und ob die Ansicht im Navigationsbereich komprimiert oder erweitert ist. Mit den Optionen im Menü öffnen Sie Ihren Benutzerordner, den Papierkorb, den Netzwerkordner, die Heimnetzgruppe oder die Systemsteuerung oder Sie zeigen im Explorer die Bibliotheksansicht oder die Laufwerksansicht an.

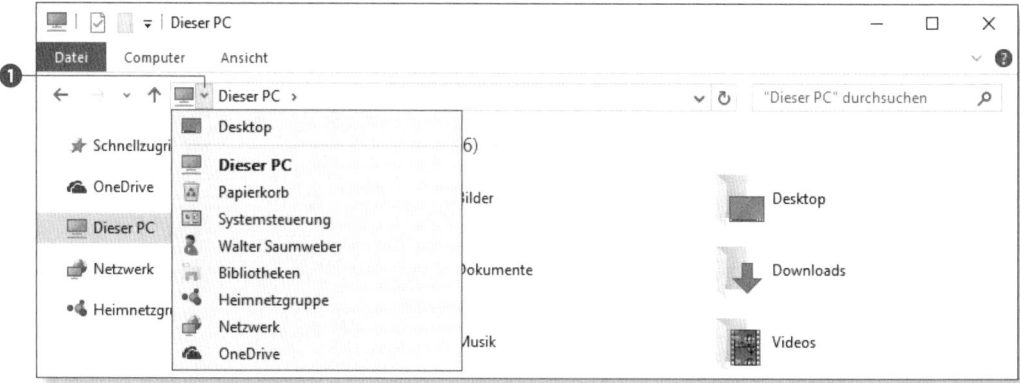

Abbildung 7.21 Über das erste Menü in der Adressleiste können Sie wichtige Stellen direkt ansteuern.

Um zu einem beliebigen übergeordneten Ordner zu wechseln, können Sie in der Adressleiste einfach den entsprechenden Eintrag anklicken. Abbildung 7.22 zeigt z. B. ein Szenario, in dem im Explorer gerade der Ordner **Windows 10 Handbuch** geöffnet ist, der sich wiederum im Ordner **Vierfarben** befindet. Indem Sie z. B. in der Adressleiste auf **Vierfarben** klicken, zeigen Sie im Hauptbereich die Inhalte dieses Ordners an. Klicken Sie auf **Dokumente**, öffnen Sie die entsprechende Bibliothek, und indem Sie auf den ersten Eintrag **Bibliotheken** klicken, zeigen Sie die Bibliotheksansicht an.

Wenn Sie in der Adressleiste zwischen zwei Einträgen auf eine der Pfeilspitzen klicken, öffnet sich eine Liste von untergeordneten Elementen. Auch hier können Sie zu einem Unterordner oder zu einer Bibliothek wechseln, indem Sie das gewünschte Element anklicken. Klicken Sie in Abbildung 7.22 z. B. auf die Pfeilspitze rechts neben **Bibliotheken**, können Sie im aufklappenden Menü eine Ihrer Bibliotheken auswählen, und wenn Sie rechts neben **Vierfarben** auf die Pfeilspitze klicken, erscheinen in der aufklappenden Liste alle Unterordner dieses Ordners. Genauso verhält es sich mit dem letzten Pfeilspitzensymbol ❷. Dieses öffnet eine Liste mit Unterordnern des aktuell geöffneten Ordners (wenngleich dessen Unterordner momentan auch im Hauptbereich des Explorers angezeigt werden). Falls der aktuell geöffnete Ordner keine Unterordner enthält, erscheint dieses Symbol nicht.

Abbildung 7.22 Navigationsleiste des Explorers

Wenn Sie in der Navigationsleiste auf das Zurück-Symbol klicken ❸, gelangen Sie zu dem Element, das Sie zuletzt aufgerufen hatten. Danach wird auch das Vorwärts-Symbol ❹ aktiviert. Sie können beide Symbolschaltflächen auch mehrmals anklicken und sich so in der Aufrufhistorie beliebig weit nach hinten und wieder nach vorne bewegen.

Vor und zurück per Tastenkombination

Anstelle der Zurück- und der Vor-Schaltfläche können Sie auch die Tastenkombinationen [Alt] + [←] und [Alt] + [→] verwenden. Auch diese können Sie in beliebiger Reihenfolge mehrmals hintereinander drücken, um sich in der Historie mehrere Schritte zurück- oder vorzubewegen.

Die von vielen Windows-7-Anwendern vermisste und unter Windows 8 wieder ins Leben gerufene Aufwärts-Schaltfläche gibt es auch im Explorer von Windows 10. Sie befindet sich unmittelbar links neben der Adressleiste ❺ (siehe Abbildung 7.22). Wenn

Sie das Symbol anklicken, gelangen Sie jeweils eine Ebene nach oben. In Abbildung 7.22 öffnet ein Klick auf dieses Symbol z. B. den Ordner **Vierfarben**. Auch für diese Funktion gibt es eine Tastenkombination, nämlich $\boxed{\text{Alt}}$ + $\boxed{\uparrow}$. Schließlich können Sie mit dem nebenstehenden Symbol (nach unten gerichtete Pfeilspitze) eine Liste der zuletzt besuchten Orte öffnen ❻.

7.6   Operationen mit Dateien und Ordnern

Sie können mit Dateien und Ordnern im Explorer eine Vielzahl von Operationen durchführen. Die entsprechenden Befehle finden Sie im Menüband und auch in den Kontextmenüs der Datei- und Ordnereinträge. Was die Vorgehensweise angeht, hat sich eigentlich auch in Windows 10 gegenüber früheren Windows-Versionen kaum etwas geändert. Wenn es also darum geht, neue Ordner anzulegen, bestehende Ordner zu löschen, Dateien oder Ordner zu kopieren usw., führen Sie im Prinzip die gleichen Aktionen durch, die Ihnen z. B. von Windows 7 oder Windows 8 bzw. Windows 8.1 bekannt sind. Lassen Sie mich dennoch die wichtigsten Aktionen für Leser, die sich mit Windows-Betriebssystemen nicht so gut auskennen, in aller Kürze in Form von ein paar kleinen Übungen demonstrieren. Ich werde dabei zunächst vorwiegend die Befehle im Menüband verwenden (das unter Windows 7 noch nicht vorhanden war), auf die Kontextmenüs werde ich im Anschluss eingehen. Im Übrigen steht es Ihnen natürlich frei, ob Sie die Befehle in den Kontextmenüs oder die Optionen im Menüband oder, falls verfügbar, eine andere Methode (Tastatur, Drag & Drop) verwenden wollen.

7.6.1   Einen neuen Ordner anlegen

Um im Explorer einen neuen Ordner zu erstellen, führen Sie die folgenden Schritte durch:

1 Öffnen Sie das Element – den Ordner oder die Bibliothek –, in dem Sie einen neuen Ordner erstellen wollen. Zeigen Sie also den Inhalt des Ordners oder der Bibliothek im rechten Fensterbereich an.

2 Klicken Sie gegebenenfalls auf den Registerreiter **Start** ❶, um die Optionen auf dieser Registerkarte anzuzeigen.

3 Klicken Sie in der Gruppe **Neu** der Registerkarte **Start** auf die Symbolschaltfläche **Neuer Ordner** ❷.

4 Windows legt daraufhin im rechten Fensterbereich ein neues Ordnersymbol mit dem vordefinierten Namen **Neuer Ordner** an ❸. Tippen Sie in das aktive Feld den Namen ein, den Sie dem Ordner geben wollen, und drücken Sie die Eingabetaste.

Neue Ordner per Tastendruck erstellen

Wenn Sie wollen, können Sie auch die Tastenkombination `Strg` + `⇧` + `N` verwenden, um einen neuen Ordner anzulegen.

TIPP

7.6.2   Eine neue Datei anlegen

In den meisten Fällen werden Sie neue Dateien natürlich direkt in den entsprechenden Programmen oder Apps anlegen, Textdateien z. B. im Windows Editor oder in Word-Pad, Bitmaps möglicherweise mit dem Zeichenprogramm Paint und – wenn Microsoft Office auf Ihrem Computer installiert ist – Word-Dateien in Microsoft Word oder Excel-Dateien in Microsoft Excel.

In den Benutzeroberflächen der meisten Programme verwenden Sie zum Anlegen neuer Dateien den Befehl **Datei ▶ Neu**. Daneben können Sie aber auch im Explorer neue Dateien verschiedenen Typs anlegen. Gehen Sie dabei folgendermaßen vor:

1 Öffnen Sie den Ordner oder die Bibliothek, in dem bzw. in der Sie die Datei erstellen wollen.

2 Klicken Sie gegebenenfalls auf den Registerreiter **Start**, um die Optionen auf dieser Registerkarte anzuzeigen.

WordPad

WordPad ist wie der Windows Editor ein vorinstalliertes Programm zur Bearbeitung von Textdokumenten. Gegenüber dem Windows Editor ist WordPad mit umfangreichen Formatierungsoptionen ausgestattet. Verknüpfungen zu beiden Programmen finden Sie in der Alle-Apps-Übersicht in der Kategorie **Windows-Zubehör**.

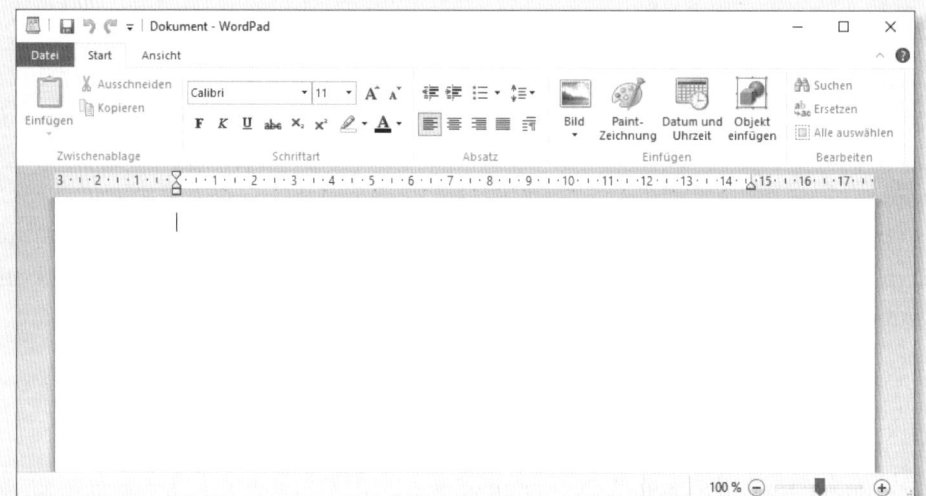

Abbildung 7.23 Die Benutzeroberfläche von WordPad bietet wesentlich mehr Optionen als der Windows Editor.

3 Klicken Sie in der Gruppe **Neu** des Registerreiters **Start** auf die Schaltfläche **Neues Element**. Wählen Sie anschließend in der aufklappenden Liste den gewünschten Dateityp aus.

Klicken Sie z. B. auf **Textdokument**, um eine Textdatei anzulegen, oder auf **RTF-Dokument**, um eine Datei im Rich Text Format zu erstellen. Das Menü in der folgenden Abbildung gibt mit seinen Optionen den Zustand nach der Installation von Windows 10 wieder. Programme und Apps, die Sie später installieren, fügen in den entsprechenden Menüs gegebenenfalls weitere Optionen hinzu.

Haben Sie z. B. Microsoft Office auf dem Computer installiert, so enthält die Liste auch Optionen zum Erstellen von Microsoft-Word-Dokumenten, Microsoft-Excel-Arbeitsblättern, PowerPoint-Präsentationen und Access-Datenbanken – je nachdem, welche Office-Programme installiert sind.

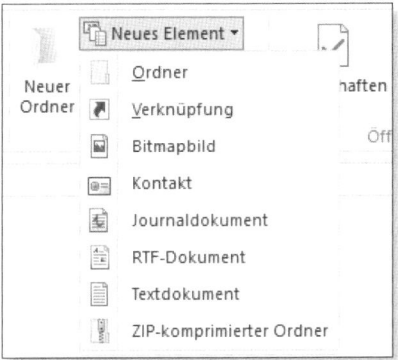

4 Das Symbol der neuen Datei erscheint danach im Hauptbereich des Explorers. Überschreiben Sie dort den Vorgabetext mit dem gewünschten Dateinamen und drücken Sie ⏎.

7.6.3   Eine Datei oder einen Ordner löschen

Um im Explorer eine Datei oder einen Ordner zu löschen, können Sie unter anderem folgendermaßen vorgehen:

1 Zeigen Sie das Element, das Sie löschen wollen – einen Ordner oder eine Datei –, im Hauptbereich des Explorers an. Öffnen Sie also den übergeordneten Ordner.

2 Markieren Sie die zu löschende Datei oder den zu löschenden Ordner im rechten Hauptbereich, indem Sie das Element einmal anklicken.

Sie können auch mehrere Elemente zum Löschen auswählen, indem Sie diese bei gedrückter Strg -Taste nacheinander anklicken. Einen zusammenhängenden Bereich können Sie auch markieren, indem Sie das erste Element und danach bei gedrückt gehaltener ⇧ -Taste das letzte Element anklicken. Um alle Elemente zu markieren, die im Hauptbereich angezeigt werden, drücken Sie die Tastenkombination Strg + A .

3 Klicken Sie auf der Registerkarte **Start** in der Gruppe **Organisieren** auf die Symbolschaltfläche **Löschen**. Daraufhin werden alle im Hauptbereich ausgewählten Elemente gelöscht. Beachten Sie, dass bei einem Ordner auch alle darin enthaltenen Unterordner samt Dateien gelöscht werden.

Alternativ können Sie zum Löschen von Dateien und Ordnern auch die [Entf]-Taste drücken, nachdem Sie die Elemente wie beschrieben ausgewählt haben, und zum gleichen Zweck gibt es mit [Strg] + [D] auch noch eine Tastenkombination.

Dateien und Ordner werden unter Windows 10 standardmäßig ohne Rückfrage gelöscht. Dies hat sich in früheren Windows-Versionen anders verhalten: Dort musste vor dem Löschen von Dateien und Ordnern immer eine entsprechende Rückfrage bestätigt werden. Möchten Sie das unter Windows 10 genauso halten, aktivieren Sie die entsprechende Option, indem Sie im Menü zur Symbolschaltfläche **Löschen** auf den Befehl **Recycelbestätigung anzeigen** klicken. Auf die gleiche Weise können Sie die Anzeige von Recycelbestätigungen auch wieder ausschalten. Ist die Option aktiviert, erkennen Sie dies am gesetzten Häkchen.

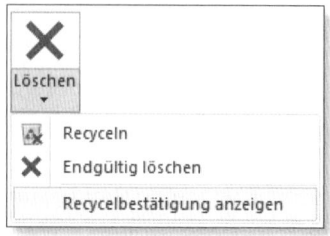

Abbildung 7.24 Optionen im Menü zur »Löschen«-Schaltfläche

Sind »gelöschte« Dateien und Ordner auf Nimmerwiedersehen verloren?
Die Antwort ist: Nein. Standardmäßig entfernt Windows einen gelöschten Ordner oder eine gelöschte Datei nämlich nicht wirklich, sondern verschiebt sie erst einmal in den Papierkorb. Von dort können Sie das gelöschte Element bei Bedarf wiederherstellen oder – wenn Sie sich sicher sind, dass Sie die Datei oder den Ordner wirklich nicht mehr benötigen – endgültig von der Festplatte Ihres Computers entfernen (mehr zum Papierkorb erfahren Sie in Abschnitt 7.21, »Der Papierkorb als Zwischenstation«, ab Seite 396).

Der Befehl **Recyceln** im Menü zur Symbolschaltfläche **Löschen** entspricht dem normalen Verhalten. Das heißt, die markierten Elemente werden in den Papierkorb verschoben. Darum spielt es keine Rolle, ob Sie in der obigen Anleitung in Schritt 3 direkt auf das **Löschen**-Symbol klicken oder mit einem Klick auf die untere Hälfte der Symbolschaltfläche zunächst das Menü aus Abbildung 7.24 öffnen und dort den Befehl **Recyceln** wählen. Möchten Sie das ausgewählte Element bzw. die ausgewählten Elemente jedoch sogleich vollständig vom Computer entfernen, können Sie hier den Befehl **Endgültig löschen** verwenden.

7.6.4   Dateien und Ordner kopieren oder verschieben

Sie können eine Kopie einer Datei oder eines Ordners an einer anderen Stelle einfügen. Die Datei oder der Ordner bleibt dabei am ursprünglichen Ort unverändert erhalten.

1 Öffnen Sie im Explorer den Ordner, in dem sich die Elemente befinden, die Sie kopieren wollen. Zeigen Sie diese also im Hauptbereich an.

2 Markieren Sie im Hauptbereich die Elemente, die Sie kopieren wollen.

3 Klicken Sie in der Gruppe **Zwischenablage** der Registerkarte **Start** auf die Symbolschaltfläche **Kopieren**. Damit fügen Sie Kopien der markierten Elemente in den Zwischenspeicher von Windows ein.

4 Öffnen Sie im Explorer jetzt den Zielordner, also den Ordner, in dem Sie die Kopien einfügen wollen.

5 Klicken Sie auf der Registerkarte **Start** in der Gruppe **Zwischenablage** auf die Symbolschaltfläche **Einfügen** – diese befindet sich rechts neben der **Kopieren**-Schaltfläche. Die Schaltfläche **Einfügen** ist nun aktiv, da sich im Zwischenspeicher von Windows Inhalte befinden.

Auf ähnliche Weise können Sie im Explorer Dateien bzw. Ordner verschieben. Der Unterschied zum Kopieren ist, dass die Elemente am ursprünglichen Ort entfernt werden. Um die im Hauptbereich des Explorers ausgewählten Elemente zu verschieben, klicken Sie in Schritt 3 der Anleitung in der Gruppe **Zwischenablage** auf die Schaltfläche **Ausschneiden**. Die weiteren Schritte bleiben die gleichen.

TIPP

Tastenkombinationen ⌨Strg + ⌨C, ⌨Strg + ⌨X, ⌨Strg + ⌨V

Auch für die genannten Aktionen gibt es Tastenkombinationen. Durch Drücken von ⌨Strg + ⌨C kopieren Sie ein Element in den Zwischenspeicher von Windows, mit ⌨Strg + ⌨X dagegen schneiden Sie das Element aus. Mit der Tastenkombination ⌨Strg + ⌨V fügen Sie ein Element, das sich im Zwischenspeicher befindet, an der aktuellen Stelle ein. Diese Tastenkombinationen funktionieren dabei auch in anderen Programmen und Apps. Wenn Sie z. B. in der Mail-App eine E-Mail schreiben und den Text der Nachricht im Windows Editor vorbereitet haben, legen Sie ihn dort per ⌨Strg + ⌨C in den Zwischenspeicher und fügen ihn anschließend in der Mail-App mit ⌨Strg + ⌨V ein. Im Übrigen können Sie Inhalte, die sich in der Zwischenablage befinden, auch mehrmals an verschiedenen Stellen einfügen.

Alternativ können Sie zum Kopieren oder Verschieben von Dateien und Ordnern auch die Optionen in der Gruppe **Organisieren** auf der Registerkarte **Start** verwenden. Dies ist besonders bequem, wenn Sie den gewünschten Zielordner erst kürzlich geöffnet hatten.

1 Öffnen Sie den Ordner, in dem sich die Dateien bzw. Ordner befinden, die Sie kopieren oder verschieben wollen. Markieren Sie im Hauptbereich die entsprechenden Elemente.

2 Klicken Sie in der Gruppe **Organisieren** der Registerkarte **Start** auf die Symbolschaltfläche **Kopieren nach**, um die im Hauptbereich ausgewählten Elemente zu kopieren. Klicken Sie in der gleichen Gruppe auf die Symbolschaltfläche **Verschieben nach**, wenn Sie die ausgewählten Elemente verschieben wollen.

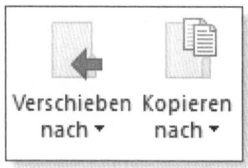

3 Klicken Sie in der aufklappenden Liste den gewünschten Zielordner an. Die Liste enthält die Bibliotheken, den **Downloads**- und den **Desktop**-Ordner und eventuell weitere Ordner, die Sie zuletzt besucht haben. Daraufhin werden die im Hauptbereich ausgewählten Elemente in den ausgewählten Zielordner kopiert bzw. verschoben.

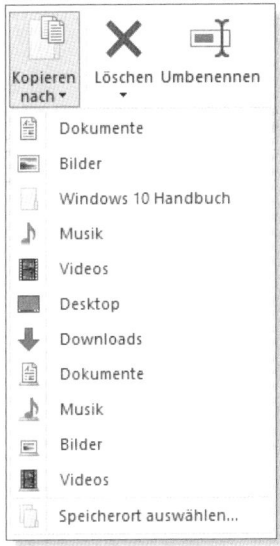

Erscheint der gewünschte Zielordner nicht in der Liste, klicken Sie auf den untersten Eintrag **Speicherort auswählen** und selektieren den Zielordner anschließend im erscheinenden Dialogfeld. Klicken Sie anschließend im Dialogfeld **Elemente kopieren** auf die Schaltfläche **Kopieren** bzw. im Dialogfeld **Elemente verschieben** auf die Schaltfläche **Verschieben**, wenn Sie im letzten Schritt diese Aktion gewählt hatten.

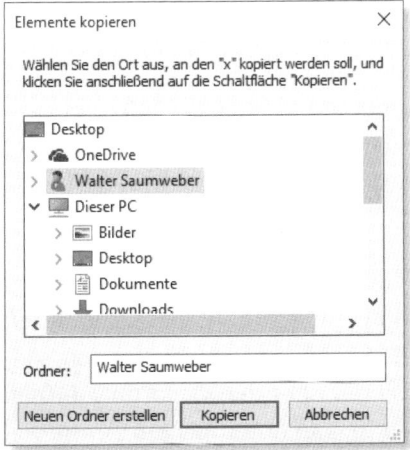

TIPP

Verschieben und kopieren per Drag & Drop

Aber auch damit ist es noch nicht genug, Sie können Dateien und Ordner auch durch Ziehen mit der Maus kopieren und verschieben. Dazu markieren Sie die entsprechenden Elemente wie gehabt im Hauptbereich des Explorers und ziehen sie anschließend mit gedrückt gehaltener linker Maustaste auf den gewünschten Zielordner im Navigationsbereich. Sobald dort die passende QuickInfo erscheint, lassen Sie die Maustaste los.

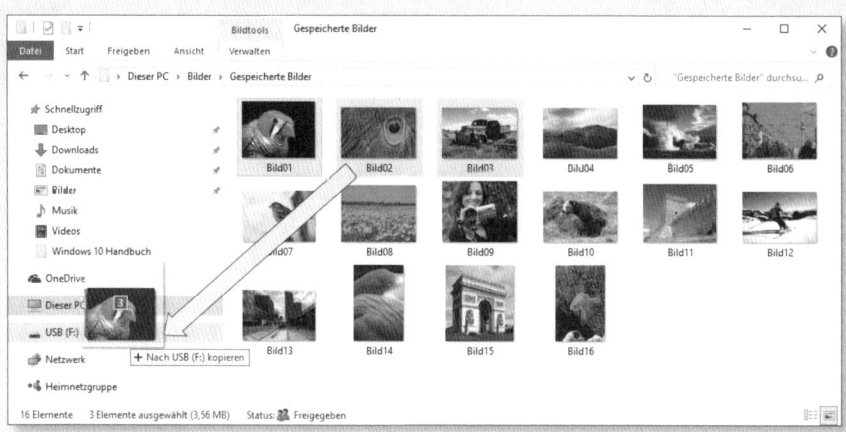

Abbildung 7.25 Die ersten drei Fotos des geöffneten Ordners »Gespeicherte Bilder« werden per Drag & Drop auf einen USB-Stick (Laufwerk F:) kopiert.

Bei dem beschriebenen Vorgang werden die Elemente kopiert, nicht verschoben – entsprechend lautet auch die QuickInfo, die im Navigationsbereich auf dem Zielordner erscheint. Das heißt, dass die zuvor im Hauptbereich markierten Dateien und Ordner dort verbleiben. Dies hat sich in den Vorgängerversionen noch anders verhalten, in Windows 7 oder Windows 8.1 werden die ausgewählten Elemente auf die beschriebene Weise verschoben, zum Kopieren ist es erforderlich, zusätzlich die ⌜Strg⌟-Taste gedrückt zu halten. Es spricht auch nichts dagegen, unter Windows 10 genauso zu verfahren: zu kopierende Elemente auswählen, ⌜Strg⌟-Taste drücken und gedrückt halten und die Elemente mit der Maus auf den gewünschten Zielordner ziehen. Wenn Sie die ausgewählten Elemente verschieben wollen, müssen Sie beim Ziehen dagegen die ⌜⇧⌟-Taste gedrückt halten.

Wenn Sie wollen, können Sie für das Verschieben bzw. Kopieren per Drag & Drop auch ein zweites Explorer-Fenster öffnen und die im ersten Fenster markierten Elemente in dieses hineinziehen. Dabei können Sie im zweiten Fenster den Zielordner entweder im Navigationsbereich anvisieren oder den Zielordner öffnen und die im ersten Explorer-Fenster markierten Elemente im rechten Fensterbereich »fallen lassen«, wie es Abbildung 7.26 zeigt. Warten Sie auch hier, bis die entsprechende QuickInfo erscheint.

TIPP

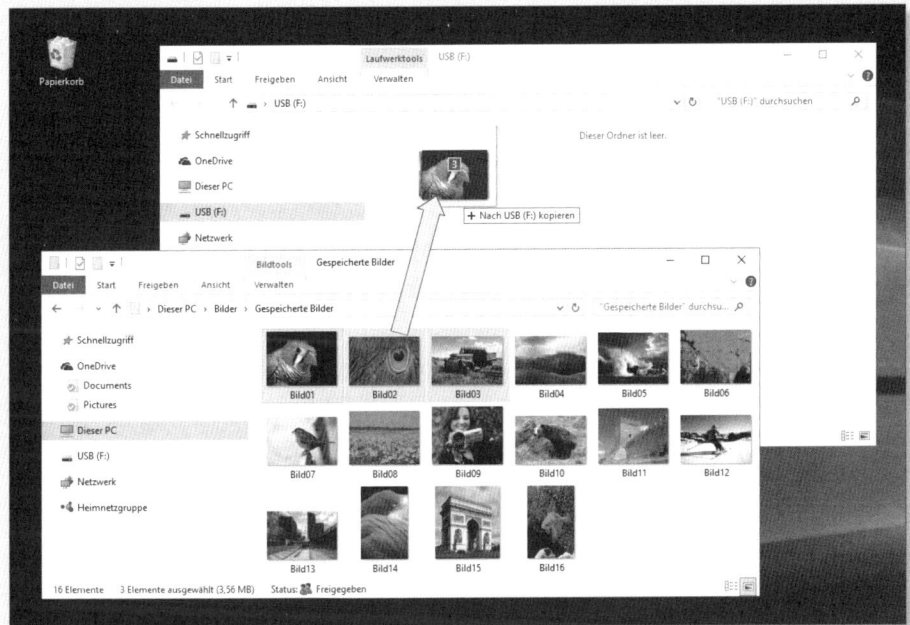

Abbildung 7.26 Sie können den Zielordner auch in einem zweiten Explorer-Fenster öffnen, um die im ersten Fenster markierten Dateien und Ordner dort hineinzuziehen.

7.6.5   Dateien und Ordner umbenennen

Um den Namen einer Datei oder eines Ordners zu ändern, gehen Sie folgendermaßen vor:

1 Markieren Sie das Element, das Sie umbenennen wollen, im rechten Hauptbereich des Explorers.

2 Klicken in der Gruppe **Organisieren** der Registerkarte **Start** auf die Symbolschaltflä-che **Umbenennen**. Alternativ können Sie auch die Taste F2 drücken.

3 Tippen Sie im Hauptbereich in dem nunmehr aktivierten Eingabefeld den gewünschten neuen Namen ein und drücken Sie $\boxed{\leftarrow}$.

Ändern Sie keine Dateinamenerweiterungen!

Falls Sie im Explorer die Anzeige von Dateinamenerweiterungen aktiviert haben, selektiert Windows nach Auswahl des Befehls **Umbenennen** bzw. nach Drücken von $\boxed{\text{F2}}$ nur den Teil bis zum Punkt, auf den die Dateierweiterung folgt – das ist der eigentliche Name einer Datei. Die Dateierweiterung sollten Sie wirklich nur dann ändern, wenn Sie dafür einen bestimmten Grund haben, da der Dateityp grundsätzlich mit dem Dateiinhalt bzw. dem Dateiformat übereinstimmen sollte. Ansonsten könnte die Datei von den passenden Programmen nicht mehr korrekt geöffnet bzw. bearbeitet werden.

7.7   ZIP-Archive erstellen und verwenden

Der Explorer von Windows 10 bietet alle Funktionen zum Erstellen und Entpacken von ZIP-Archiven. Ein ZIP-Archiv ist eine Art Container, in dem mehrere Dateien und eventuell auch Ordner zu einer einzelnen Datei zusammengepackt sind. Die Größe der resultierenden Datei ist meist geringer als die Gesamtheit der gepackten Dateien, aber auch sonst haben ZIP-Archive einige Vorteile. Wenn Sie z. B. an eine andere Person mehrere Fotos per E-Mail senden wollen, können Sie diese in ein ZIP-Archiv packen, so dass Sie der E-Mail nur eine einzige Datei statt jedes Foto einzeln anhängen müssen.

Gehen Sie folgendermaßen vor, um ein ZIP-Archiv zu erstellen:

1 Öffnen Sie im Explorer den Ordner, in dem sich die Dateien bzw. die Ordner befinden, die Sie in das ZIP-Archiv integrieren wollen – ein ZIP-Archiv kann sowohl Dateien als auch Ordner enthalten. Markieren Sie diese Elemente im Hauptbereich.

2 Klicken Sie auf den Registerreiter **Freigeben** ❶, um die Optionen auf dieser Registerkarte anzuzeigen.

3 Klicken Sie in der Gruppe **Senden** der Registerkarte **Freigeben** auf die Symbolschaltfläche **ZIP** ❷.

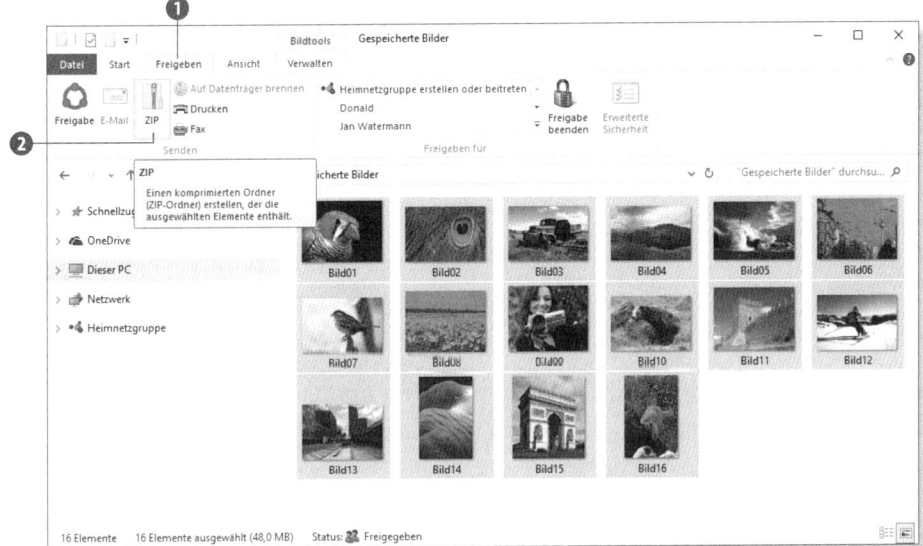

4 Das ZIP-Archiv wird nun im aktuellen Ordner erstellt. Überschreiben Sie den Vorgabetext gegebenenfalls mit dem gewünschten Dateinamen und drücken Sie anschließend die Eingabetaste.

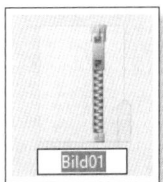

Das so erstellte ZIP-Archiv enthält Kopien aller Elemente, die im Hauptbereich markiert waren (Schritt 1 in der obigen Anleitung). Die Originaldateien bleiben bei diesem Vorgang unverändert, sie befinden sich also nach wie vor in dem geöffneten Ordner.

Es gibt aber noch eine andere Methode: Erstellen Sie zunächst ein leeres ZIP-Archiv und fügen Sie die gewünschten Elemente nachträglich hinzu.

1 Öffnen Sie den Ordner, in dem Sie das ZIP-Archiv erstellen wollen.

Der Speicherort spielt im Übrigen keine allzu große Rolle, da ZIP-Archive wie jede andere Datei kopiert oder an eine andere Stelle verschoben werden können.

2 Klicken Sie in der Gruppe **Neu** der Registerkarte **Start** auf die Schaltfläche **Neues Element** und in der aufklappenden Liste auf **ZIP-komprimierter Ordner**.

3 Das Symbol des noch leeren ZIP-Archivs erscheint jetzt im Hauptbereich. Geben Sie den gewünschten Namen in das aktivierte Feld ein und drücken Sie ⏎.

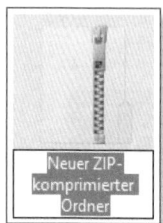

4 Sie können dem ZIP-Archiv nun beliebige Dateien und Ordner hinzufügen, indem Sie diese mit der Maus auf das Symbol ziehen. Lassen Sie die Maustaste los, sobald die QuickInfo + *Kopieren* erscheint.

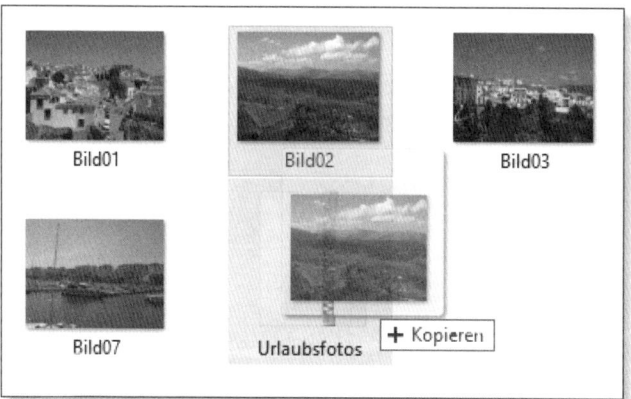

Öffnen Sie gegebenenfalls ein zweites Explorer-Fenster, wenn Sie Elemente aus einem anderen Ordner hinzufügen wollen.

Wenn Sie ein ZIP-Archiv wie weiter oben beschrieben erstellt haben, können Sie ihm auf die beschriebene Weise natürlich ebenfalls nachträglich Elemente hinzufügen. Daneben können Sie ZIP-Archive im Explorer praktisch so behandeln wie gewöhnliche Ordner (daher spricht man auch von ZIP-Ordnern). Das heißt beispielsweise, sie lassen sich per Doppelklick öffnen, so dass die gepackten Dateien und Ordner im rechten Fensterbereich zu sehen sind. Die Funktionen zum Verschieben, Kopieren und Löschen sind hier ebenfalls anwendbar.

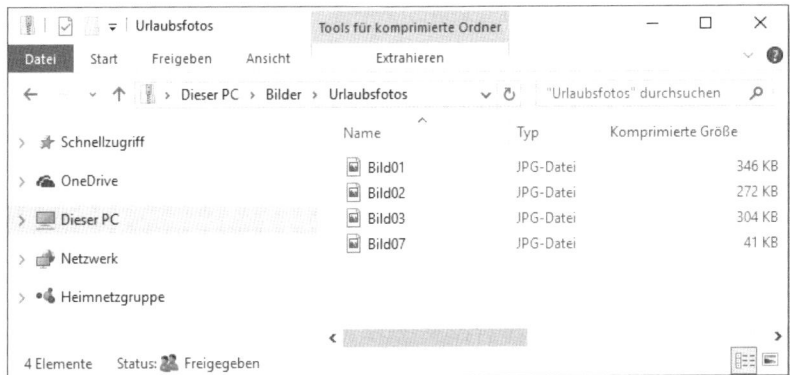

Abbildung 7.27 Im Explorer geöffnetes ZIP-Archiv

Um z. B. eine Datei aus dem ZIP-Archiv zu entfernen, können Sie diese einfach markieren und die ⌈Entf⌉-Taste drücken (innerhalb von ZIP-Archiven erscheint allerdings immer eine Rückfrage und in ZIP-Archiven gelöschte Elemente werden auch nicht in den Papierkorb verschoben, sondern vollständig entfernt).

Als Alternative zu dem oben beschriebenen Ziehen mit der Maus können Sie einem ZIP-Archiv auch Elemente hinzufügen, indem Sie diese mit den in Abschnitt 7.6.4, »Dateien und Ordner kopieren oder verschieben«, ab Seite 341 beschriebenen Methoden in den ZIP-Ordner hineinkopieren. Die so in das ZIP-Archiv eingefügten Dateien und Ordner werden dann ebenfalls gepackt.

Umgekehrt können Sie eine Datei oder einen Ordner innerhalb des ZIP-Ordners in die Zwischenablage legen – also kopieren oder ausschneiden – und sie in einen gewöhnlichen Ordner einfügen (beim Ausschneiden wird das Element ebenfalls aus dem ZIP-Ordner entfernt). Dort werden sie dann automatisch entpackt, besitzen also wieder ihre ursprüngliche Größe. Um ein ZIP-Archiv vollständig, also alle enthaltenen Dateien und Ordner, zu entpacken, gehen Sie folgendermaßen vor:

1 Öffnen Sie das ZIP-Archiv im Explorer, indem Sie sein Symbol doppelt anklicken. Um das komplette ZIP-Archiv, also alle enthaltenen Dateien und Ordner, zu entpacken, reicht es aber auch aus, wenn Sie das ZIP-Archiv nur auswählen, ohne es zu öffnen.

2 ZIP-Archive besitzen eine kontextbezogene Registerkarte, die automatisch erscheint, wenn im Explorer ZIP-Archive ausgewählt oder geöffnet sind. Klicken Sie gegebenenfalls auf den Reiter der Registerkarte **Tools für komprimierte Ordner/Extrahieren**, um die Befehle auf dieser Registerkarte anzuzeigen.

3 Klicken Sie auf der Registerkarte **Tools für komprimierte Ordner/Extrahieren** auf die Schaltfläche **Alle extrahieren ❶**.

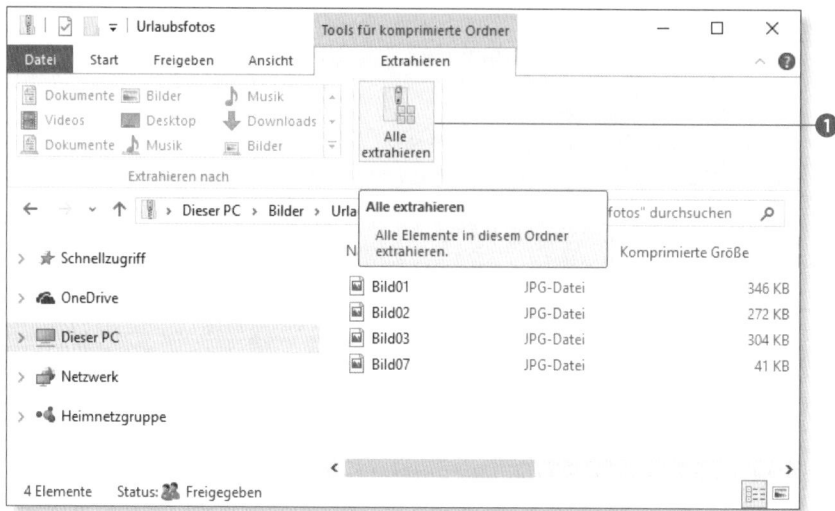

4 Klicken Sie im erscheinenden Dialogfeld **ZIP-komprimierte Ordner extrahieren** auf die Schaltfläche **Durchsuchen ❷** und wählen Sie den Zielordner – also den Ordner, in den Sie die im ZIP-Archiv enthaltenen Dateien und Ordner entpacken wollen – aus.

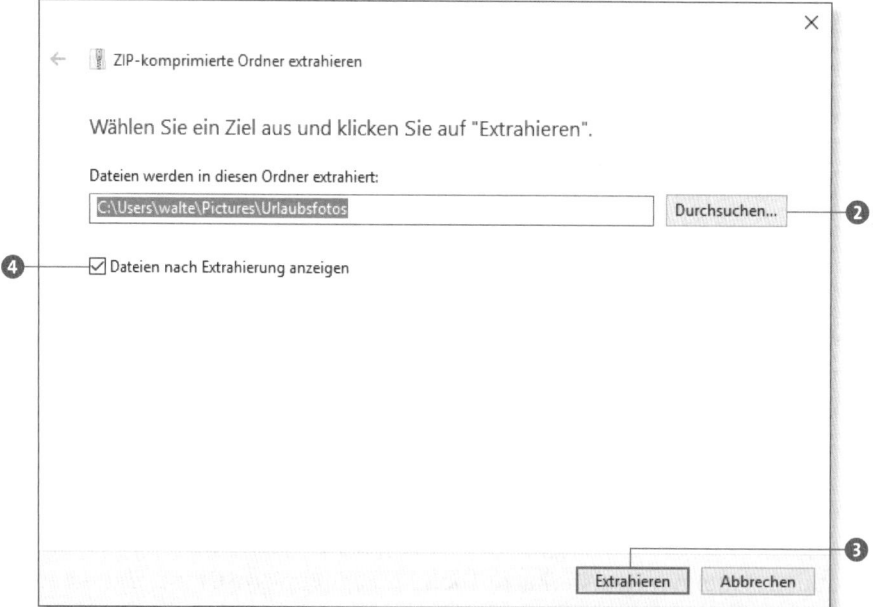

5 Klicken Sie im Dialogfeld **ZIP-komprimierte Ordner extrahieren** auf die Schaltfläche **Extrahieren** ❸, nachdem Sie den Zielordner ausgewählt haben. Die im ZIP-Archiv enthaltenen Dateien und Ordner werden daraufhin in den Zielordner entpackt. Das ZIP-Archiv selbst bleibt dabei unverändert. Bei aktivierter Option **Dateien nach Extrahierung anzeigen** ❹ erscheint ein zweites Explorer-Fenster mit dem geöffneten Zielordner, so dass Sie die entpackten Dateien sogleich vor sich haben.

7.8   Kontextmenüs von Dateien und Ordnern

Dateien und Ordnereinträge im Explorer haben Kontextmenüs, in denen Sie die wichtigsten Befehle ebenfalls schnell zur Verfügung haben. Abbildung 7.28 zeigt z. B. das Kontextmenü einer Textdatei (Erweiterung **.txt**).

Abbildung 7.28 Typische Optionen in einem Datei-Kontextmenü

Die einzelnen Optionen haben folgende Bedeutung:

- Der Befehl **Öffnen** öffnet eine Datei mit dem Programm, mit dem der entsprechende Dateityp verbunden ist, dem sogenannten Standardprogramm. Für eine Textdatei ist das standardmäßig der Windows Editor. Die Befehle **Öffnen** und **Bearbeiten** bewirken gewöhnlich das Gleiche. Allerdings können Sie immer noch versuchen, ein Dokument über **Bearbeiten** zu öffnen, falls der entsprechende Dateityp mit keinem Standardprogramm verbunden ist.

- Der Befehl **Öffnen mit** zeigt ein Untermenü, in dem Sie das Programm explizit auswählen können, mit dem die Datei geöffnet werden soll. Für Dateien mit der Erweiterung **.txt** erscheinen z. B. standardmäßig die Einträge **Editor** und **WordPad**. Falls Sie die Datei später mit anderen Programmen oder Apps öffnen, z. B. mit dem Office-Programm Microsoft Word, fügt Windows dem Kontextmenü automatisch weitere Einträge für diese Programme hinzu.

Abbildung 7.29 Geöffnetes »Öffnen mit«-Untermenü

Die Option **Andere App auswählen** im **Öffnen mit**-Untermenü öffnet ein Popup-Fenster, in dem Sie das Programm oder die App, mit der Sie die Datei öffnen möchten, explizit auswählen können. Wenn Sie im Popup-Fenster auf **Weitere Apps** ❶ klicken, bietet Windows dort noch weitere Programme bzw. Apps zur Auswahl an. Wenn das Programm, mit dem Sie die Datei öffnen wollen, immer noch nicht in der Liste erscheint, können Sie dann über die Verknüpfung **Andere App auf diesem PC suchen** ein anderes Programm auswählen, indem Sie im erscheinenden Dialogfeld die ausführbare Datei des gewünschten Programms selektieren und dann über die Schaltfläche **Öffnen** bestätigen.

Abbildung 7.30 Popup-Fenster, das nach der Auswahl von
»Öffnen mit ▶ Andere App auswählen« erscheint

Wenn Sie im Popup-Fenster **Wie soll diese Datei geöffnet werden?** die Option **Immer diese App zum Öffnen von .txt-Dateien verwenden** (bei anderen Dateitypen lautet die Erweiterung natürlich anders) aktivieren ❷ und die Datei mit einem anderen Programm (oder mit einer anderen App) als dem Standardprogramm öffnen, verbindet Windows den Dateityp automatisch mit dem neuen Programm, ohne dass Sie diese Einstellung erst in den Einstellungen oder in der Systemsteuerung treffen müssten. Beim nächsten Doppelklick auf die Datei startet diese dann automatisch mit dem zuletzt gewählten Programm (bzw. mit der zuletzt gewählten Windows-Store-App), also mit dem neuen Standardprogramm.

- Der Inhalt von Dokumenten kann direkt aus dem Explorer heraus auf den Standarddrucker ausgegeben werden. Bei den entsprechenden Dateien, wozu auch **.txt**-Dateien und natürlich Office-Dateien gehören, finden Sie die Option **Drucken** im Kontextmenü. Windows startet das zugehörige Programm bei Auswahl dieser Option automatisch und druckt den Inhalt des Dokuments aus oder fordert Sie gegebenenfalls auf, das zu tun. Das Anwendungsfenster erscheint in der Regel nur kurzzeitig und wird automatisch wieder geschlossen. Voraussetzung ist jedoch, dass das entsprechende Programm auf dem Computer installiert ist.

- Die Option **Freigeben für** öffnet ein Untermenü, mit dessen Optionen Sie die Datei für andere Benutzer oder für Personen in der Heimnetzgruppe oder im Netzwerk freigeben können. Die Auswahl von **Bestimmte Personen** im Untermenü öffnet das Dialogfeld **Dateifreigabe** aus Abbildung 7.31 auf der folgenden Seite. Auch hier kann die Freigabe für ein bestimmtes Benutzerkonto erfolgen.

Wählen Sie dazu die Person im oberen Listenfeld aus (❶ in Abbildung 7.31) und klicken Sie anschließend auf die nebenstehende Schaltfläche **Hinzufügen** ❷. Mit der Auswahl **Jeder** geben Sie die Datei für alle Personen frei.

Nach dem Hinzufügen erscheint im unteren Bereich ein neuer Eintrag für die hinzugefügte Person bzw. der Eintrag **Heimnetzgruppe** oder **Jeder**, falls Sie diese Option gewählt haben.

Stellen Sie anschließend in der Spalte **Berechtigungsebene** über das nach unten gerichtete kleine Dreieck ❸ gegebenenfalls die Berechtigung ein, die Sie der Person gestatten wollen. Zur Auswahl stehen **Lesen** und **Lesen/Schreiben** – mit der Option **Entfernen** nehmen Sie eine bereits hinzugefügte Person nachträglich von der Freigabe aus (das gilt auch für die Heimnetzgruppe, falls sie über das übergeordnete Menü – Auswahl von **Freigeben für** ▶ **Heimnetzgruppe (anzeigen)** bzw. **Heimnetzgruppe (anzeigen und bearbeiten)** im Datei-Kontextmenü – hinzugefügt wurde).

Klicken Sie auf die Schaltfläche **Freigabe** ❹, wenn Sie fertig sind. Danach gibt Windows die Datei für die ausgewählten Personen bzw. für die Heimnetzgruppe frei.

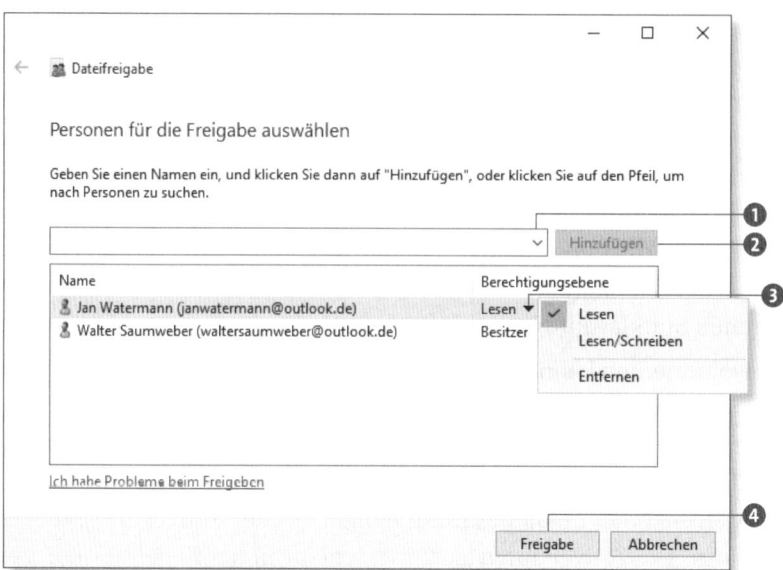

Abbildung 7.31 Im Dialogfeld »Dateifreigabe« können Sie die Freigaben für Dateien und Ordner detailliert regeln.

Die Option **Freigeben für** steht in gleicher Weise auch in den Kontextmenüs von Ordnern und Bibliotheken zur Verfügung, so dass Sie auch einen kompletten Ordner oder eine Bibliothek freigeben können. Wenn Sie den Zugriff auf eine Datei oder einen Ordner nicht mehr gestatten wollen, müssen Sie die Freigaben nicht einzeln entfernen. Mit dem Befehl **Freigeben für ▶ Freigabe beenden** im Kontextmenü löscht Windows 10 alle bestehenden Freigaben außer der für Ihr eigenes Benutzerkonto.

- Der Befehl **Verknüpfung erstellen** legt in demselben Ordner eine Verknüpfung der Datei ab, die Sie anschließend auch an einen anderen Ort kopieren oder verschieben können, z. B. auf den Desktop. Auch der Befehl **Verknüpfung erstellen** steht in den Kontextmenüs von Ordnern und Bibliotheken zur Verfügung.

- Der Befehl **Dateipfad öffnen** steht nur innerhalb von Bibliotheken zur Verfügung. Er öffnet den physikalischen Ordner, in dem sich die Datei befindet. Der entsprechende reale Pfad wird dann in der Adressleiste des Explorers angezeigt.

- Mit dem Befehl **Eigenschaften** rufen Sie die Dateieigenschaften auf. In dem erscheinenden Dialogfeld sehen Sie gleich auf der Registerkarte **Allgemein** grundlegende Informationen: wann die Datei erstellt worden ist, wann sie das letzte Mal geändert wurde und wann der letzte Zugriff erfolgt ist (z. B. nur um die Datei zu lesen, ohne sie zu ändern), die Dateigröße und den Speicherort. Im oberen Abschnitt der Registerkarte erscheint der Dateiname einschließlich Dateinamenerweiterung, und zwar unabhängig davon, ob Sie im Explorer die Anzeige von Dateinamenerweiterungen aktiviert haben. Einen kurzen Hinweis auf den Dateityp erhalten Sie im Abschnitt darunter – für Textdateien steht hier z. B. *Textdokument (.txt)*. Neben **Öffnen mit** finden Sie den Namen des Standardprogramms. Dieses können Sie hier ebenfalls ändern, indem Sie auf die Schaltfläche **Ändern ❺** klicken und das gewünschte neue Standardprogramm auswählen. Auch den Dateinamen können Sie im Eigenschaften-Dialog ändern. Überschreiben Sie dazu den Namen im oberen Textfeld mit dem gewünschten neuen Namen. Beachten Sie jedoch, dass Sie alle Änderungen in den Eigenschaften-Dialogen mit **OK** oder – um das Dialogfeld geöffnet zu lassen – mit **Übernehmen ❻** bestätigen müssen.

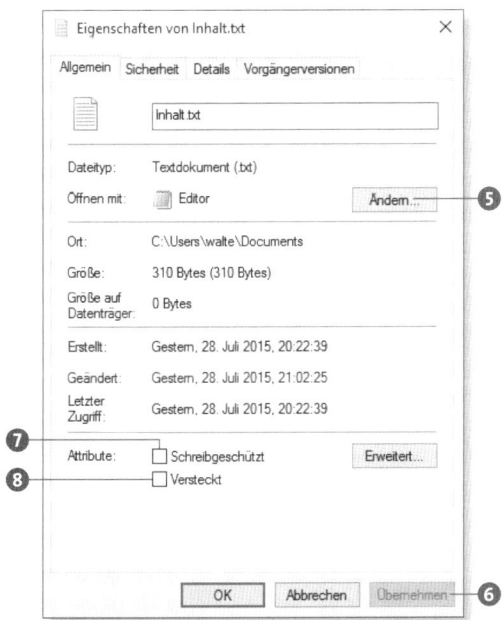

Abbildung 7.32 Registerkarte »Allgemein« der Dateieigenschaften

Möchten Sie verhindern, dass eine Datei bearbeitet werden kann, aktivieren Sie auf der Registerkarte **Allgemein** des Eigenschaften-Dialogfelds das Kontrollkästchen neben **Schreibgeschützt ❼**. Dann kann die Datei zwar gelesen, jedoch nicht bearbeitet werden, auch von Ihnen selbst nicht. Wenn Sie eine Datei als versteckt markieren ❽, wird sie im Explorer standardmäßig nicht angezeigt. Wenn Sie die Datei später wieder einblenden wollen, müssen Sie erst die Anzeige von ausgeblendeten Elementen aktivieren (siehe dazu den Infokasten auf Seite 357 oben), damit Sie die Datei im Explorer sehen und den Eigenschaften-Dialog erneut aufrufen können.

- Der Befehl **Vorgängerversionen wiederherstellen** öffnet ebenfalls das Eigenschaften-Dialogfeld. Auf der Registerkarte **Vorgängerversionen** können Sie frühere Versionen einer Datei wiederherstellen. Voraussetzung ist jedoch, dass frühere Zustände von Dateien im Rahmen des Dateiversionsverlaufs oder der Systemwiederherstellung gespeichert worden sind.

Die Befehle **Kopieren**, **Ausschneiden**, **Umbenennen** und **Löschen** im Datei-Kontextmenü funktionieren genauso wie ihre Pendants auf der Registerkarte **Start** des Menübands. Abhängig vom jeweiligen Dateityp gibt es in den Kontextmenüs gegebenenfalls noch weitere Optionen, bei Bilddateien finden sich hier z. B. die Befehle **Nach rechts drehen** und **Nach links drehen**.

Der Befehl **Einfügen** steht nur in den Kontextmenüs von Ordnern zur Verfügung (allerdings nur, falls sich Elemente im Zwischenspeicher befinden, Sie also vorher Dateien oder Ordner kopiert haben). Ansonsten finden Sie auch in den Ordner-Kontextmenüs die bekannten Befehle. Der Befehl **Öffnen** öffnet hier allerdings den Ordner im Explorer, so dass sein Inhalt im rechten Hauptbereich angezeigt wird. Die Optionen **Bearbeiten** und **Öffnen mit** sind in den Ordner-Kontextmenüs dagegen nicht vorhanden. Wie Sie in Abbildung 7.33 sehen, enthalten auch die Kontextmenüs von Ordnern den Befehl **Eigenschaften**, der hier die Ordnereigenschaften mit ähnlichen Optionen öffnet. Sie können Ordner z. B. ebenfalls als versteckt oder als schreibgeschützt markieren.

Abbildung 7.33 Kontextmenü eines Ordners, aufgerufen innerhalb einer Bibliothek

Anzeige von ausgeblendeten Elementen aktivieren

Die Anzeige von ausgeblendeten Elementen können Sie wahlweise in den Ordneroptionen oder direkt auf der Registerkarte **Ansicht** aktivieren. Aktivieren Sie im letzteren Fall in der Gruppe **Ein-/ausblenden** das Kontrollkästchen neben **Ausgeblendete Elemente**.

Die Ordneroptionen öffnen Sie ebenfalls auf der Registerkarte **Ansicht** über die Symbolschaltfläche **Optionen** – sie befindet sich am rechten Ende dieser Registerkarte. Die Option **Ausgeblendete Dateien, Ordner und Laufwerke anzeigen** finden Sie im Dialogfeld **Ordneroptionen** zusammen mit vielen weiteren Einstellungen auf der zweiten Registerkarte, diese hat ebenfalls den Namen **Ansicht**.

Spezielle Ordnerbefehle sind z. B. **In neuem Fenster öffnen**, der den Ordner in einem neuen Explorer-Fenster öffnet, sowie der Befehl **An "Start" anheften**, der im Startmenü eine Kachel für den Ordner hinzufügt. Mit dem Befehl **An Schnellzugriff anheften** können Sie eine Verknüpfung für den Ordner im Schnellzugriff des Explorers anheften, also den Ordner dort permanent verfügbar machen. Der Befehl **Ordnerpfad öffnen** ist das Pendant zum Befehl **Dateipfad öffnen** in den Datei-Kontextmenüs. Auch dieser Befehl, der den realen Pfad zum Ordner öffnet, steht nur innerhalb von Bibliotheken zur Verfügung.

Erweiterte Kontextmenüs

Sowohl die Datei-Kontextmenüs als auch die Ordner-Kontextmenüs besitzen noch weitere oft sehr praktische Befehle, die allerdings bei einem einfachen Rechtsklick nicht erscheinen. Einer heißt z. B. **Als Pfad kopieren**. Er stellt eine besonders bequeme Methode dar, lange Pfadangaben in den Zwischenspeicher von Windows zu legen: Klicken Sie im Explorer die Datei oder den Ordner, deren bzw. dessen Pfad Sie kopieren wollen, bei gedrückt gehaltener ⇧ -Taste mit der rechten Maustaste an und wählen Sie im erscheinenden Kontextmenü den Befehl **Als Pfad kopieren** (bei einem gewöhnlichen Rechtsklick ohne ⇧ -Taste erscheint dieser Befehl nicht im Kontextmenü). Danach können Sie den Pfad – bei Dateien inklusive Dateinamen –, z. B. mit der Tastenkombination Strg + V , an jeder beliebigen anderen Stelle einfügen. Ein weiterer Vorteil dieser Methode ist, dass Sie sicher sein können, dass die Pfadangabe korrekt ist, und nicht zu befürchten brauchen, sich bei sehr langen Pfadangaben zu vertippen.

Im Menüband ist die entsprechende Option allerdings immer vorhanden. Die Schaltfläche **Pfad kopieren** finden Sie auf der Registerkarte **Start** in der Gruppe **Zwischenablage**.

TIPP

Abbildung 7.34 Erweitertes Datei-Kontextmenü mit dem ausgewählten Befehl »Als Pfad kopieren«

Erweiterte Ordner-Kontextmenüs bieten außerdem noch die Befehle **In neuem Prozess öffnen** und **Eingabeaufforderung hier öffnen**, von denen der Letztere besonders interessant ist. Er öffnet die Eingabeaufforderung mit dem Pfad zu dem im Explorer ausgewählten Ordner.

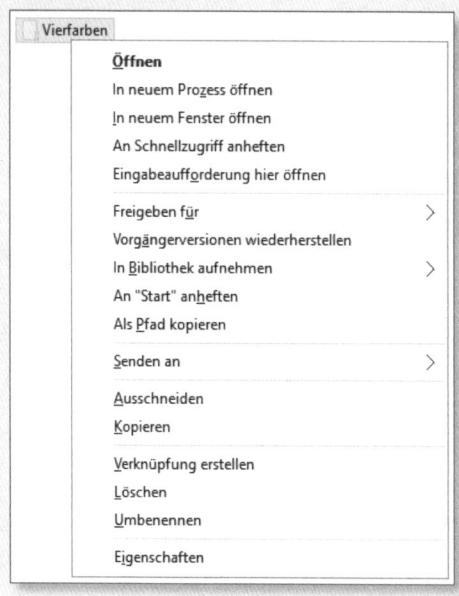

Abbildung 7.35 Erweitertes Kontextmenü eines Ordners

Die Option **Senden an** steht im Kontextmenü von Dateien wie Ordnern zur Verfügung. Sie öffnet ein Untermenü mit den Auswahlmöglichkeiten, die Sie in Abbildung 7.36 sehen.

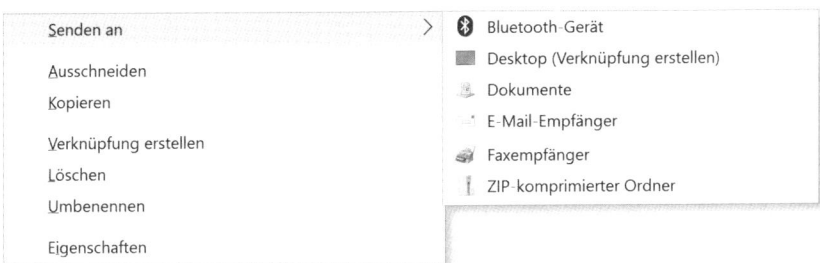

Abbildung 7.36 Das »Senden an«-Untermenü, hier aufgerufen im Kontext einer Datei, bietet für Ordner und Dateien die gleichen Optionen.

- Mit **Desktop (Verknüpfung erstellen)** fügen Sie dem Desktop eine Verknüpfung auf die Datei oder den Ordner hinzu.

- Mit der Option **ZIP-komprimierter Ordner** packen Sie eine oder mehrere Dateien bzw. Ordner zu einem Archiv zusammen. Markieren Sie im Hauptbereich die Elemente, die Sie dem Archiv hinzufügen wollen, klicken Sie dann mit der rechten Maustaste auf eines der selektierten Elemente und wählen Sie **Senden an** ▶ **ZIP-komprimierter Ordner**. Windows legt daraufhin im gleichen Ordner eine Archivdatei (Dateierweiterung **.zip**) mit den ausgewählten Dateien und Ordnern ab.

- Die Auswahl von **E-Mail-Empfänger** öffnet das Standard-E-Mail-Programm mit einem geöffneten Formular zum Senden einer E-Mail, der die Datei bereits angehängt ist.

- Die Option **Faxempfänger** gestattet es, den Inhalt einer Datei sofort zu faxen. Gegebenenfalls öffnet sich ein Dialog, in dem Sie eine Faxverbindung konfigurieren können.

- Die Auswahl von **Dokumente** oder eines Laufwerksordners kopiert die Datei oder den Ordner an den entsprechenden Ort. Sind Speichermedien (USB-Stick, externe Festplatte) an den Computer angeschlossen, so erscheinen die entsprechenden Laufwerke ebenfalls im **Senden an**-Untermenü.

Das in Abbildung 7.36 gezeigte **Senden an**-Menü wurde auf einem Ultrabook ohne DVD-Laufwerk für eine Datei aufgerufen. Daher erscheint auch kein Eintrag eines DVD-Laufwerks als Kopierziel. Stattdessen enthält das Menü die Option **Bluetooth-Gerät**, mit der die Datei über Bluetooth an ein anderes verfügbares Gerät gesendet werden kann.

Neben den Kontextmenüs von Dateien und Ordnereinträgen können Sie auch das Kontextmenü des Inhaltsbereichs verwenden, um Datei- oder Ordneroperationen durchzuführen. Alternativ zu den weiter oben in Abschnitt 7.6, »Operationen mit Dateien und Ordnern«, ab Seite 336 beschriebenen Vorgehensweisen können Sie eine neue Datei oder einen neuen Ordner z. B. folgendermaßen anlegen:

1 Öffnen Sie im Explorer den Ordner, in dem Sie ein neues Element anlegen wollen, so dass der Inhalt dieses Ordners im rechten Fensterbereich angezeigt wird.

2 Klicken Sie dort mit der rechten Maustaste auf eine freie Stelle und wählen Sie **Neu** im erscheinenden Kontextmenü.

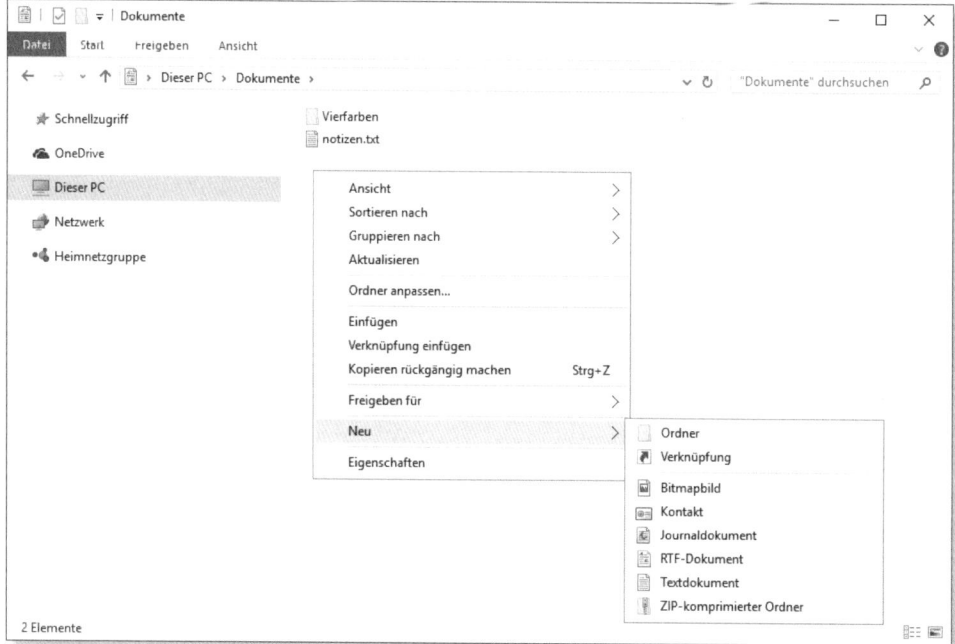

3 Wählen Sie im Untermenü den Typ des neuen Elements aus. Klicken Sie z. B. auf **Textdokument**, um eine neue Textdatei zu erstellen, oder auf **Ordner** für einen neuen Ordner. Wenn Sie Microsoft Office auf dem Computer installiert haben, finden Sie hier auch Einträge zum Erstellen neuer Office-Dateien. Mit der Auswahl von **ZIP-komprimierter Ordner** erstellen Sie auch hier ein neues leeres ZIP-Archiv.

4 Geben Sie den gewünschten Namen für das neue Element ein und drücken Sie ⏎.

7.9   Mehr Übersicht mit Bibliotheken

Bibliotheken sind im Grunde nichts anderes als virtuelle Ordner, die den Inhalt mehrerer physikalischer Ordner an einer zentralen Stelle vereinen. Diese zentrale Stelle macht sich im Explorer zwar ebenfalls als Ordner bemerkbar, aber eben, wie gesagt, nicht auf der Festplatte. Mit anderen Worten: Sie arbeiten mit Bibliotheken im Explorer nahezu so, wie Sie es von gewöhnlichen Ordnern her kennen, nur dass diese Ordner keinen zusätzlichen Speicherplatz beanspruchen. Auf diese Weise können Sie alle wichtigen Daten zu bestimmten Themen an einem zentralen Punkt verwalten, ohne sie unter mehr oder weniger großem Aufwand an verschiedenen Ordnern suchen und zusammentragen zu müssen.

Unter Windows 10 verwalten die vordefinierten Bibliotheken zunächst jeweils nur einen Ordner, wenn Sie noch nicht mit OneDrive verbunden sind: die Bilderbibliothek den physikalischen Ordner **Bilder** im Benutzerverzeichnis für das aktuelle Benutzerkonto (Pfad: **C:\Users\<Benutzername>\Pictures** bzw. **C:\Benutzer\<Benutzername>\Bilder**), die Musikbibliothek den Ordner **Musik**, die Videobibliothek den Ordner **Videos** und die Bibliothek **Dokumente** den gleichnamigen Ordner im Benutzerverzeichnis (wenn Sie bereits mit OneDrive verbunden sind, kommen die entsprechenden Orte Ihres Onlinespeicherplatzes hinzu).

Die Ordner **Öffentliche Bilder**, **Öffentliche Dokumente**, **Öffentliche Musik** und **Öffentliche Videos** im öffentlichen, für alle Benutzer zugänglichen Benutzerverzeichnis (Pfad: **C:\Users\Public** bzw. **C:\Benutzer\Öffentlich**) werden unter Windows 10, wie bereits unter Windows 8.1, von den vordefinierten Bibliotheken standardmäßig nicht verwaltet (unter Windows 7 und Windows 8 waren diese von Beginn an in den Bibliotheken integriert). Natürlich können Sie diese Ordner nachträglich jederzeit den entsprechenden Bibliotheken hinzufügen (und auch wieder entfernen, wenn Sie sie nicht mehr in den Bibliotheken benötigen), so dass die Bilderbibliothek z. B. den Ordner **Bilder** Ihres persönlichen Benutzerordners zusammen mit dem Bilderordner im öffentlichen Benutzerverzeichnis (Name: **Öffentliche Bilder**) verwaltet. Wenn Sie danach z. B. den anderen Benutzern einige besonders gelungene Bilder aus Ihrem letzten Urlaub zugänglich machen wollen, legen Sie diese einfach in den Ordner **Öffentliche Bilder**. Die anderen Fotos, von denen Sie nicht möchten, dass andere sie sehen, legen Sie in Ihrem persönlichen Bilderordner ab. Um jetzt alle Bilder zu betrachten, müssten Sie ohne Bilderbibliothek ständig zwischen beiden Ordnern hin- und herwechseln oder Kopien anfertigen. In der Bilderbibliothek haben Sie dagegen alle Bilder im Blickfeld und können diese dort auch bequem verwalten, da entsprechende Funktionen für Dateien und Ordner auch in Bibliotheken zur Verfügung stehen.

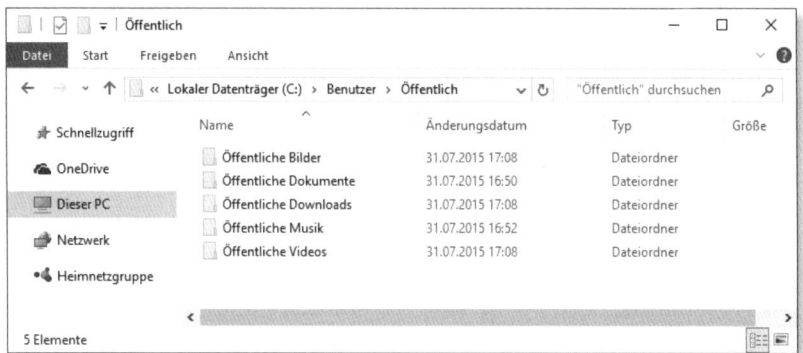

Abbildung 7.37 Öffentliches Benutzerverzeichnis: Hier können Sie Dateien ablegen, die Sie anderen Benutzern zugänglich machen wollen.

Alternative Pfadangaben

Die oben genannten Pfadangaben sind alternativ und bezeichnen denselben Speicherort. Die eigentlichen Pfade lauten allerdings **C:\Users\<Benutzername>\ Pictures** sowie **C:\Users\Public\Pictures** und in der Eingabeaufforderung können Sie z. B. nur die englischen Bezeichnungen verwenden. Im Explorer sind jedoch die deutschen Entsprechungen erlaubt und diese werden in der Adressleiste auch standardmäßig angezeigt, z. B. wenn Sie im Navigationsbereich einen Ordner selektieren. Um den tatsächlichen Pfad zu sehen, brauchen Sie nur an einer freien Stelle in das Adressfeld zu klicken.

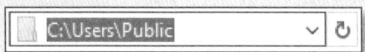

Abbildung 7.38 Nach einem Mausklick in das Adressfeld erscheint dort der reale Pfad.

Um im Adressfeld wieder die deutsche Pfadangabe anzuzeigen, klicken Sie einfach an eine beliebige andere Stelle oder drücken die Esc-Taste. Auch ein zwischenzeitlicher Wechsel des Programms bringt wieder die deutsche Pfadangabe zum Vorschein.

Wenn Sie den Pfad kopieren (um ihn z. B. in der Eingabeaufforderung oder in einem anderen Programm, in dem Sie den Pfad benötigen, einzufügen), landet übrigens immer die englische Angabe im Zwischenspeicher. Um den Pfad direkt im Adressfeld zu kopieren, öffnen Sie per Rechtsklick sein Kontextmenü und wählen darin einen der Befehle **Adresse kopieren** oder **Adresse als Text kopieren** bzw. **Kopieren**, wenn gerade die englische Pfadangabe angezeigt wird. Dabei spielt es auch keine Rolle, ob Sie den Ordner über die Bibliothek oder, wie in Abbildung 7.39, direkt anwählen.

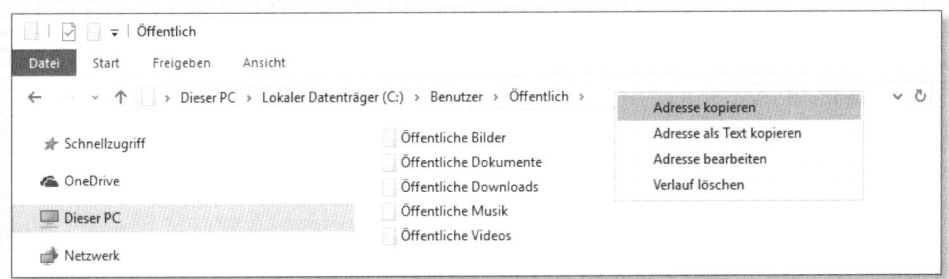

Abbildung 7.39 Mit den Befehlen »Adresse kopieren« oder »Adresse als Text kopieren« legen Sie den angezeigten Pfad in die Zwischenablage von Windows. Kopiert wird jedoch immer die englische Pfadangabe.

Die Bibliotheken sind unter Windows 10 im Navigationsbereich standardmäßig ausgeblendet. Sie können dort die Anzeige der Bibliotheken einblenden, indem Sie auf eine freie Stelle und im erscheinenden Kontextmenü auf **Bibliotheken anzeigen** klicken. Vordefiniert sind die Bibliotheken **Bilder**, **Dokumente**, **Musik** und **Videos**. Erweitern Sie gegebenenfalls den Knoten neben **Bibliotheken**, um die einzelnen Bibliotheken anzuzeigen.

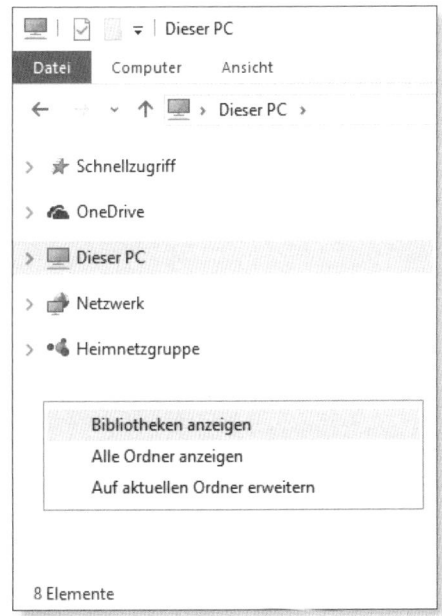

Abbildung 7.40 Bibliotheken im Navigationsbereich anzeigen

Wenn Sie eine der Bibliotheken öffnen, indem Sie sie im Navigationsbereich selektieren, so zeigt der Explorer je nach Bibliothekstyp die Inhalte unterschiedlich an: die Dateien in den Bibliotheken **Dokumente** und **Musik** standardmäßig in einer detaillierten Liste, die Dateien in den Bibliotheken **Bilder** und **Videos** mit Symbolen. Die Ansicht können Sie gegebenenfalls mit den Optionen in der Gruppe **Layout** auf der Registerkarte **Ansicht** oder mit den beiden Symbolschaltflächen in der rechten unteren Fensterecke wechseln. Zu den verschiedenen Ansichtstypen siehe auch den Abschnitt 7.17, »Ordneransichten und Spalteninformationen«, ab Seite 389.

Wenn im Navigationsbereich eine Bibliothek oder das übergeordnete Element **Bibliotheken** selektiert ist, erscheint im Menüband die kontextbezogene Registerkarte **Bibliothektools/Verwalten**, auf der allgemeine Befehle für Bibliotheken zur Verfügung stehen. Zusätzlich gibt es die Registerkarten **Bildtools/Verwalten** für die Bilderbibliothek, **Musiktools/Wiedergabe** für die Musikbibliothek und **Videotools/Wiedergabe** für die Bibliothek **Videos** mit typspezifischen Befehlen. Beispielsweise enthält die Registerkarte **Bildtools/Verwalten** eine Schaltfläche zum Anzeigen einer Diashow, während die Registerkarten **Musiktools/Wiedergabe** und **Videotools/Wiedergabe** Schaltflächen für die Wiedergabe zur Verfügung stellen. Die kontextbezogenen Registerkarten **Bildtools/Verwalten**, **Musiktools/Wiedergabe** und **Videotools/Wiedergabe** erscheinen im Übrigen für jeden Ordner, der für den entsprechenden Medientyp (Bilder, Musik oder Videos) optimiert ist (siehe dazu den Abschnitt 7.10, »Ordner und Bibliotheken für bestimmte Medientypen optimieren«, ab Seite 373).

Im Navigationsbereich ist der Knoten neben dem Element **Bibliotheken** standardmäßig erweitert, so dass hier sogleich alle Bibliotheken zu sehen sind. Um die Ordner anzuzeigen, die von einer Bibliothek verwaltet werden, erweitern Sie einfach den Knoten neben der entsprechenden Bibliothek ❶.

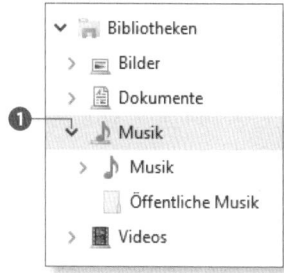

Abbildung 7.41 Die Musikbibliothek verwaltet hier zwei physikalische Ordner, »Musik« und »Öffentliche Musik«.

Wenn eine Bibliothek mehrere Ordner verwaltet, können Sie leicht erkennen, dass sich hinter den virtuellen Bibliotheksordnern physikalische Ordnerstrukturen verbergen. Wenn in Abbildung 7.41 z. B. der Ordner **Musik** unterhalb der Musikbibliothek selektiert wird, erscheinen im rechten Bereich die Inhalte genau dieses Ordners, und wenn im Navigationsbereich der Ordner **Öffentliche Musik** selektiert ist, erscheinen dessen Inhalte im Hauptbereich. Wenn – wie in Abbildung 7.41 der Fall – im Navigationsbereich die Bibliothek selektiert ist, erscheinen im Hauptbereich die Inhalte beider Ordner. Über die Befehle **Ordnerpfad öffnen** bzw. **Dateipfad öffnen**, die innerhalb von Bibliotheken in den Kontextmenüs von Ordnern und Dateien zur Verfügung stehen, gelangen Sie jederzeit direkt zum physikalischen Ort des ausgewählten Elements.

7.9.1   So fügen Sie einer Bibliothek weitere Ordner hinzu

Führen Sie gegebenenfalls folgende Schritte durch, um einer Bibliothek weitere Ordner zur Verwaltung hinzuzufügen:

1 Selektieren Sie im Explorer die Bibliothek, der Sie einen Ordner hinzufügen wollen ❷.

2 Klicken Sie im Menüband auf den Registerreiter **Bibliothektools/Verwalten** ❸, um die Optionen auf dieser Registerkarte anzuzeigen.

3 Klicken Sie in der Gruppe **Verwalten** der Registerkarte **Bibliothektools/Verwalten** auf die Symbolschaltfläche **Bibliothek verwalten** ❹.

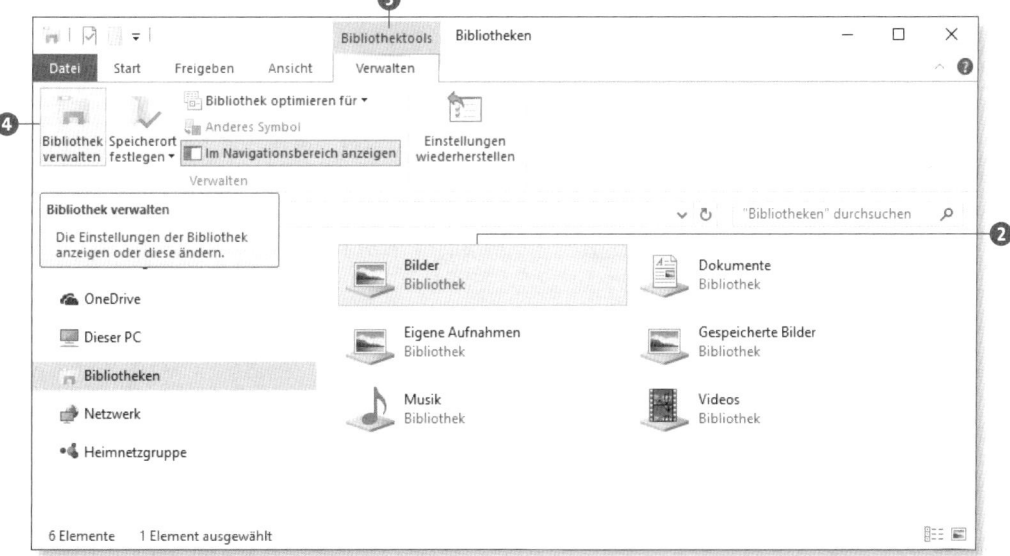

4 Es erscheint das Dialogfeld **Ändern der Erfassung von Inhalten in dieser Bibliothek**, in dem alle physikalischen Ordner der aktuellen Bibliothek aufgelistet sind. Klicken Sie hier auf die Schaltfläche **Hinzufügen** ❺.

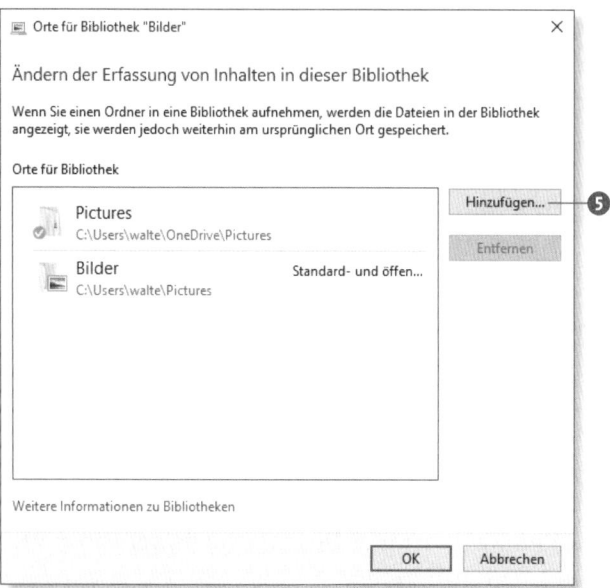

5 Wählen Sie im erscheinenden Dialogfenster den Ordner aus, den Sie der Bibliothek hinzufügen wollen, oder geben Sie dessen Pfad manuell in das Textfeld ein ❻. Klicken Sie anschließend auf die Schaltfläche **Ordner aufnehmen** ❼.

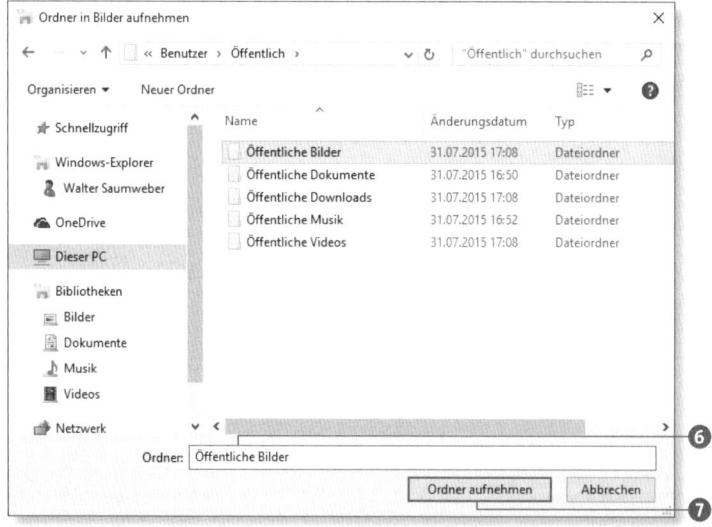

Wiederholen Sie die Schritte 4 und 5 gegebenenfalls, wenn Sie der Bibliothek gleich mehrere Ordner auf einmal hinzufügen wollen. Sie können auch Ordner hinzufügen, die sich nicht auf der Festplatte, sondern auf einem angeschlossenen externen Datenträger oder auf Ihrem Onlinespeicher bei OneDrive befinden.

6 Klicken Sie im Dialogfeld **Ändern der Erfassung von Inhalten in dieser Bibliothek** auf die **OK**-Schaltfläche, um das Hinzufügen des neuen Ordners bzw. der neuen Ordner zu bestätigen.

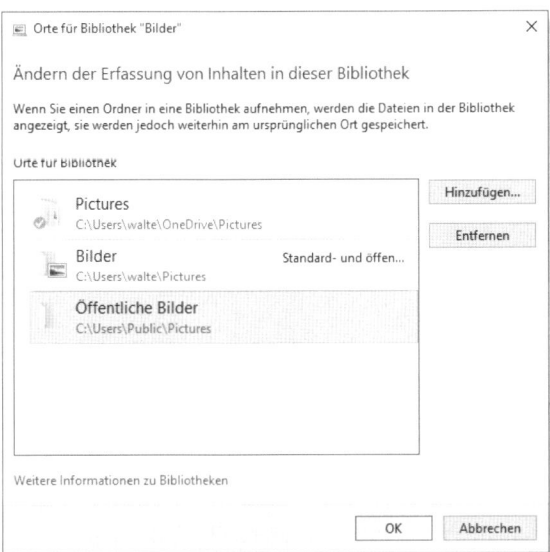

Alternativ zur beschriebenen Vorgehensweise können Sie einer Bibliothek auch über deren Eigenschaften neue Ordner hinzufügen. Öffnen Sie dazu z. B. per Rechtsklick das Kontextmenü der Bibliothek und wählen Sie **Eigenschaften**. Das erscheinende Dialogfeld enthält ebenfalls eine Schaltfläche **Hinzufügen**.

7.9.2   Den Standardspeicherort einer Bibliothek festlegen

Der Standardspeicherort einer Bibliothek ist derjenige Ordner, der zum Abspeichern neuer Elemente in der Bibliothek verwendet wird. Wenn Sie eine neue Datei direkt in einem physikalischen Ordner speichern, wird die Datei natürlich dort abgelegt, auch wenn dieser Ordner von einer oder möglicherweise sogar von mehreren Bibliotheken verwaltet wird. Wenn Sie aber in der Bibliothek selbst, das heißt auf der obersten Ebene, eine neue Datei erstellen oder eine Datei dorthin kopieren, dann wird diese automatisch in dem physikalischen Ordner, der als Standardspeicherort festgelegt ist, abgelegt.

Und es geht sogar noch einfacher …

Außerdem enthalten die Kontextmenüs von physikalischen Ordnern den Befehl **In Bibliothek aufnehmen**. Damit können Sie den betreffenden Ordner direkt zu einer Bibliothek hinzufügen. Die Zielbibliothek wählen Sie über das aufklappende Untermenü aus.

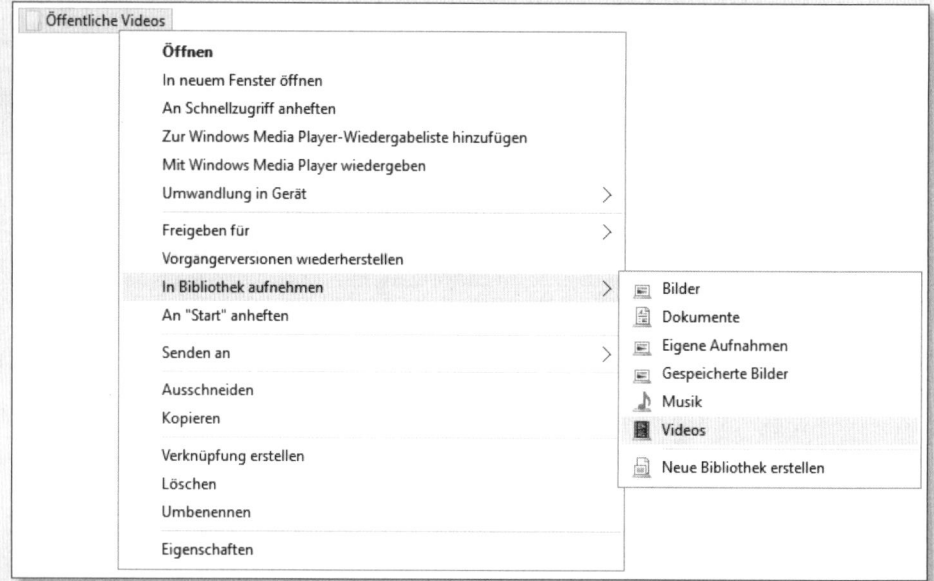

Abbildung 7.42 Eine Option zum Aufnehmen eines Ordners in eine Bibliothek finden Sie auch in seinem Kontextmenü.

Der Standardspeicherort der Videobibliothek ist per Voreinstellung z. B. der Ordner **Videos** (C:\Users\<Benutzername>\Videos bzw. **Dieser PC ▶ Videos**), in der Musikbibliothek ist es der Ordner **Musik**, in der Bilderbibliothek der Ordner **Bilder** und in der Bibliothek **Dokumente** ebenfalls der gleichnamige Ordner im Benutzerverzeichnis. Wenn Sie einer Bibliothek bereits weitere Ordner zur Verwaltung hinzugefügt haben, können Sie den Standardspeicherort folgendermaßen ändern:

1 Selektieren Sie im Explorer die Bibliothek, für die Sie einen neuen Standardspeicherort festlegen wollen.

2 Klicken Sie anschließend auf der Registerkarte **Bibliothektools/Verwalten** auf die Symbolschaltfläche **Speicherort festlegen ❶**. In der aufklappenden Liste ist das Symbol des aktuell verwendeten Standardspeicherorts mit einer blauen Hintergrundfarbe versehen (hier das Symbol des Ordners **Videos**).

3 Klicken Sie in der Liste zur Schaltfläche **Speicherort festlegen** auf den Ordner, den Sie als neuen Standardspeicherort festlegen wollen ➋.

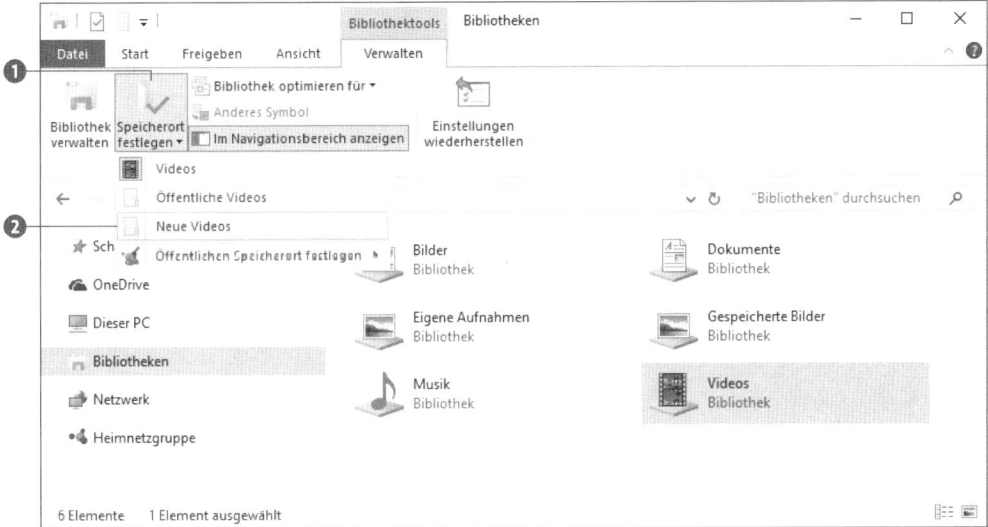

Außerdem können Sie den Standardspeicherort in den Bibliothekseigenschaften ändern:

1 Selektieren Sie die Bibliothek, für die Sie einen neuen Standardspeicherort festlegen wollen, und klicken Sie im Menüband in der Gruppe **Öffnen** der Registerkarte **Start** auf die Symbolschaltfläche **Eigenschaften**.

Sie können die Bibliothekseigenschaften auch aufrufen, indem Sie die Bibliothek mit der rechten Maustaste anklicken und im erscheinenden Kontextmenü die Option **Eigenschaften** wählen.

2 Im erscheinenden Eigenschaften-Dialogfeld ist der aktuelle Standardspeicherort mit einem grünen Häkchen gekennzeichnet (siehe ➊ in der Abbildung auf der folgenden Seite). Markieren Sie in der Liste **Orte für Bibliotheken** den Ordner, den Sie als neuen Standardspeicherort festlegen wollen ➋, und klicken Sie schließlich auf die Schaltfläche **Speicherort** ➌.

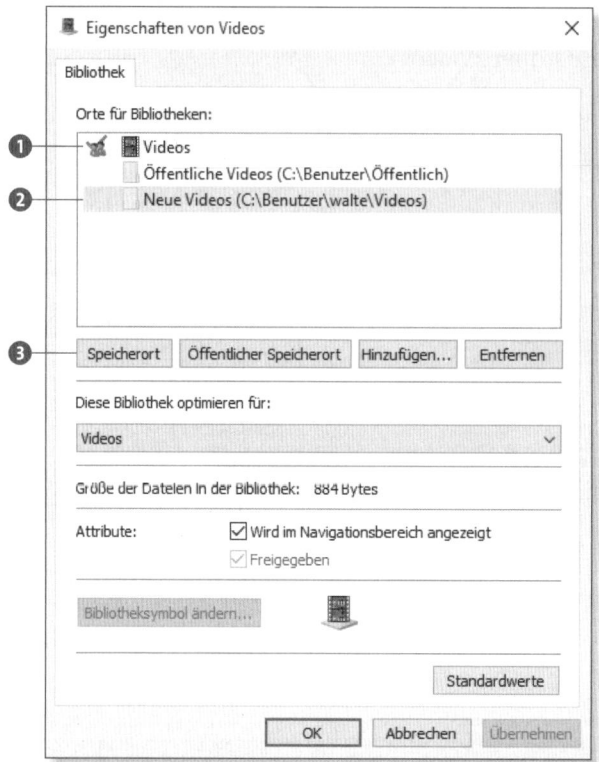

3 Bestätigen Sie die Änderung mit **OK** oder – falls Sie das Dialogfeld für weitere Einstellungen geöffnet lassen wollen – mit **Übernehmen**.

7.9.3 Eine Bibliothek auf die Standardeinstellungen zurücksetzen

Wenn Sie mit dem aktuellen Zustand einer Bibliothek überhaupt nicht mehr zufrieden sind, können Sie diese ganz einfach auf den Originalzustand zurücksetzen:

Selektieren Sie die Bibliothek im Navigations- oder im Hauptbereich des Explorers. Klicken Sie anschließend auf der Registerkarte **Bibliothektools/Verwalten** auf die Symbolschaltfläche **Einstellungen wiederherstellen**. Alternativ rufen Sie die Eigenschaften der Bibliothek auf und klicken dort auf die Schaltfläche **Standardwerte**.

Wenn Sie den standardmäßig vorhandenen Ordner aus der Bibliothek entfernt hatten, wird dieser automatisch wieder hinzugefügt. Ordner, die Sie zwischenzeitlich selbst hinzugefügt haben, werden jedoch entfernt und auch der ursprüngliche Standardspeicherort wird wiederhergestellt.

Abbildung 7.43 Gegebenenfalls können Sie den Originalzustand
einer Bibliothek wiederherstellen.

7.9.4   Neue Bibliotheken erstellen

Wenn Ihnen die Standardbibliotheken nicht ausreichen, können Sie auch selbst neue
Bibliotheken erstellen. Sie müssen dazu praktisch nicht mehr tun, als lediglich einen
Namen zu vergeben:

1 Selektieren Sie zunächst im Navigationsbereich auf der linken Seite des Explorers
den Eintrag **Bibliotheken**.

2 Klicken Sie im Hauptbereich mit der rechten Maustaste auf eine freie Stelle und
wählen Sie **Neu ▶ Bibliothek**.

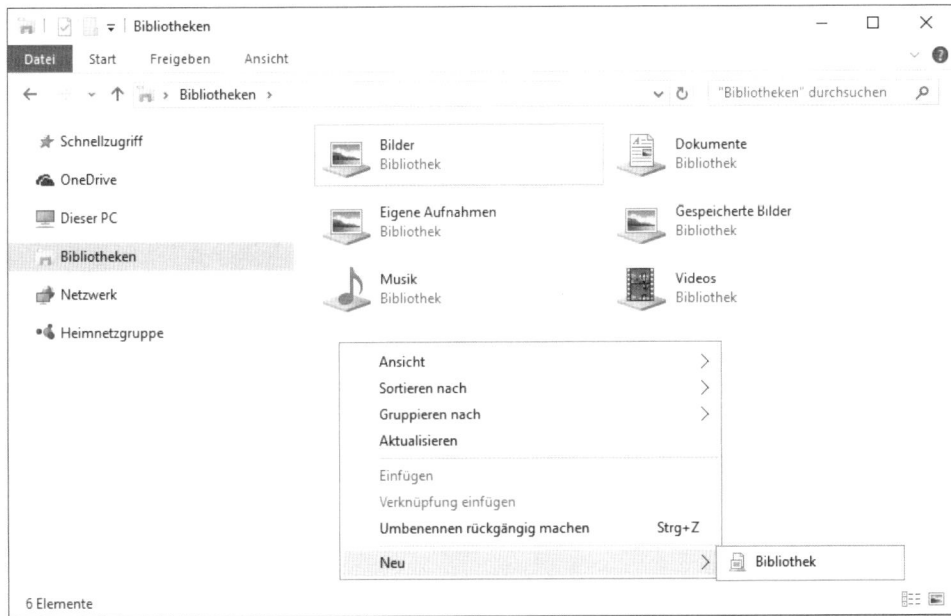

3 Überschreiben Sie den Vorgabetext **Neue Bibliothek** mit dem gewünschten Biblio-theksnamen und drücken Sie ⏎ oder klicken Sie einfach an eine andere Stelle.

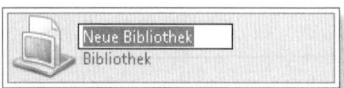

4 Öffnen Sie jetzt die neue Bibliothek, indem Sie im Hauptbereich doppelt auf das Symbol klicken. Sie erhalten die Mitteilung, dass die Bibliothek leer ist, diese also noch keine physikalischen Ordner enthält. Klicken Sie auf die Schaltfläche **Ordner hinzufügen**.

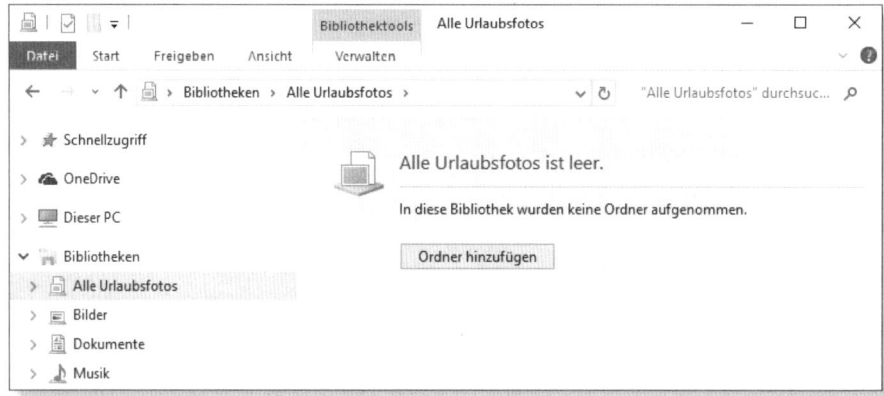

5 Wählen Sie im erscheinenden Dialogfeld **Ordner in <Name der Bibliothek> aufneh-men** den ersten Ordner aus, den Sie in die Bibliothek aufnehmen wollen. Klicken Sie anschließend auf die untere Schaltfläche **Ordner aufnehmen**.

Wenn Sie eine Bibliothek einmal nicht mehr benötigen, können Sie diese auf die gleiche Weise wie gewöhnliche Ordner und Dateien löschen. Am einfachsten selektieren Sie die Bibliothek im rechten Fenster des Explorers und drücken die ⟨Entf⟩-Taste. Gelöscht wird dabei nur die Bibliothek, die von ihr verwalteten physikalischen Dateien und Ord-ner bleiben davon unberührt.

7.9.5   Standardbibliotheken wiederherstellen

Wenn Sie eine oder mehrere der vordefinierten Bibliotheken **Bilder**, **Eigene Aufnahmen**, *Gespeicherte* **Bilder**, **Dokumente**, **Musik**, **Videos** gelöscht haben, diese aber später doch wieder benötigen, können Sie alle Standardbibliotheken auf einfache Weise wiederherstellen. Klicken Sie dazu mit der rechten Maustaste im Navigationsbereich des Explorers auf das Element **Bibliotheken** und im erscheinenden Kontextmenü auf den Befehl **Standardbibliotheken wiederherstellen**.

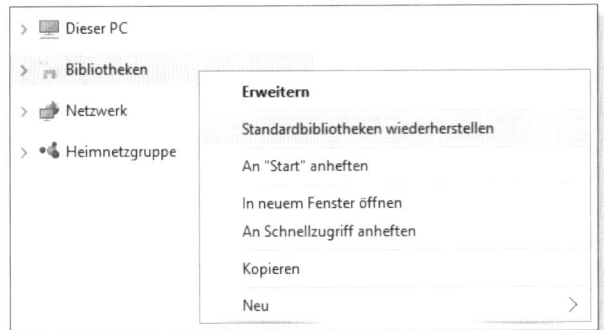

Abbildung 7.44 Falls Sie Standardbibliotheken gelöscht haben, können Sie diese bei Bedarf ebenfalls wiederherstellen.

7.10   Ordner und Bibliotheken für bestimmte Medientypen optimieren

Verschiedene Ordner – in Abhängigkeit davon, an welchem Ort sie erstellt worden sind – und z. B. die vordefinierten Standardbibliotheken sind bereits für einen bestimmten Medientyp optimiert. Das hat z. B. bei den Medientypen Bilder, Musik, Videos den Vorteil, dass beim Öffnen und bereits beim Selektieren des Ordners oder der Bibliothek im Menüband eine zusätzliche Registerkarte mit auf den speziellen Medientyp angepassten Optionen erscheint. Auch die Ansicht im Inhaltsbereich wird für den Ordner oder die Bibliothek entsprechend angepasst (große Symbole für Bilder und Videos, Detailansichten für Dokumente und Musik). Außerdem können Sie das Erscheinungsbild von Ordnern, die für denselben Typ optimiert sind, vereinheitlichen (siehe dazu den folgenden Abschnitt 7.11, »Die Darstellung von Ordnern vereinheitlichen«, ab Seite 375).

Gehen Sie folgendermaßen vor, um einen Ordner für einen bestimmten Medientyp zu optimieren:

1 Rufen Sie die Eigenschaften des Ordners auf. Klicken Sie dazu mit der rechten Maustaste auf den Ordner und wählen Sie **Eigenschaften** im erscheinenden Kontextmenü. Alternativ klicken Sie im Menüband auf die gleichnamige Schaltfläche der Registerkarte **Start**, nachdem Sie den Ordner im Navigations- oder im Hauptbereich markiert haben.

2 Klicken Sie im erscheinenden Dialogfeld auf den Registerreiter **Anpassen**, um die Optionen auf dieser Registerkarte anzuzeigen.

3 Wählen Sie in dem Listenfeld des Abschnitts **Ordnertyp** den passenden Medientyp aus ❶ (**Dokumente**, **Bilder**, **Musik**, **Videos** – für Ordner, in denen verschiedene Medientypen verwaltet werden, ist **Allgemeine Elemente** die passende Einstellung).

4 Aktivieren Sie unterhalb des Listenfeldes das Kontrollkästchen neben **Vorlage für alle Unterordner übernehmen** ❷, wenn Sie vorhandene und neu zu erstellende Unterordner automatisch für den gleichen Medientyp optimieren wollen.

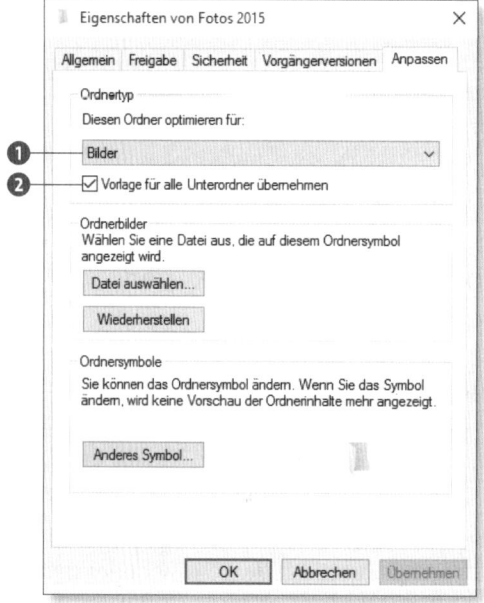

5 Bestätigen Sie schließlich Ihre Änderungen im Eigenschaften-Dialogfeld mit **OK** oder **Übernehmen**.

Um eine Bibliothek für einen bestimmten Medientyp zu optimieren – in der Regel wird es sich um eine Bibliothek handeln, die Sie selbst erstellt haben –, verfahren Sie analog:

1 Öffnen Sie die Bibliothekseigenschaften. Selektieren Sie dazu die Bibliothek im Navigations- oder im Inhaltsbereich des Explorers und klicken Sie im Menüband auf der Registerkarte **Start** auf die Schaltfläche **Eigenschaften**. Alternativ klicken Sie die Bibliothek mit der rechten Maustaste an und wählen **Eigenschaften** im erscheinenden Kontextmenü.

2 Öffnen Sie im erscheinenden Dialogfeld das Listenfeld unterhalb von **Diese Biblio-thek optimieren für**. Die Auswahlmöglichkeiten sind die gleichen wie bei Ordnern. Bei benutzerdefinierten Bibliotheken ist hier allerdings zunächst immer **Allgemei-ne Elemente** voreingestellt. Wählen Sie in der Liste den passenden Medientyp aus (wenn Sie beabsichtigen, in der Bibliothek verschiedene Medientypen zu verwalten, sollten Sie es natürlich bei der Einstellung **Allgemeine Elemente** belassen).

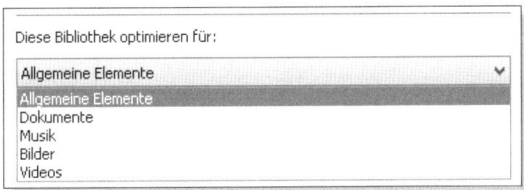

3 Bestätigen Sie die Änderung mit **OK** oder **Übernehmen**.

7.11   Die Darstellung von Ordnern vereinheitlichen

Sie können die Darstellung von Ordnern, die für den gleichen Medientyp optimiert sind, gegebenenfalls angleichen. Das ist gerade für Dokumentordner sinnvoll, die üblicherweise in der Detailansicht angezeigt werden – vor allem dann, wenn Ihnen eine bestimmte Spaltenkonfiguration besonders zusagt.

Abbildung 7.45 Wenn Ihnen die Spaltenkonfiguration eines Ordners zusagt, müssen Sie diese nicht für jeden Ordner einzeln festlegen – Sie können die Darstellung für Ordner, die für den gleichen Medientyp angepasst sind, übernehmen.

Angenommen, Sie zeigen für Ihren persönlichen Ordner **Dokumente** außer den standardmäßig vorhandenen Spalten **Name**, **Änderungsdatum**, **Typ** und **Größe** noch die Spalte **Erstelldatum** an, und zwar an der zweiten Stelle, also etwa so, wie es Abbildung 7.45 auf Seite 375 zeigt. Wenn Ihnen diese Konfiguration so gut gefällt, dass Sie sie auch für andere Ordner des gleichen Typs (optimiert für Dokumente) übernehmen möchten, können Sie dies folgendermaßen bewerkstelligen:

1 Öffnen Sie den Ordner, den Sie als Vorlage nehmen wollen – hier also den Ordner **Dokumente** –, im Explorer.

2 Klicken Sie im Menüband am rechten Ende der Registerkarte **Ansicht** auf die Schaltfläche **Optionen**.

3 Es erscheint das Dialogfeld **Ordneroptionen**. Holen Sie in diesem die Registerkarte **Ansicht** in den Vordergrund.

4 Klicken Sie auf der Registerkarte **Ansicht** auf die Schaltfläche **Für Ordner überneh-men ❶**.

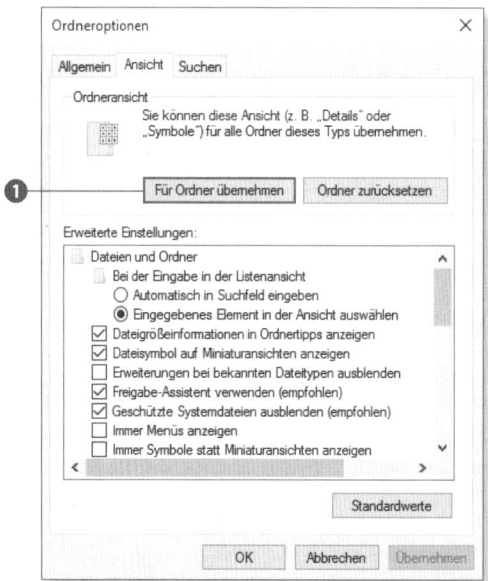

5 Bestätigen Sie die Rückfrage mit **Ja**.

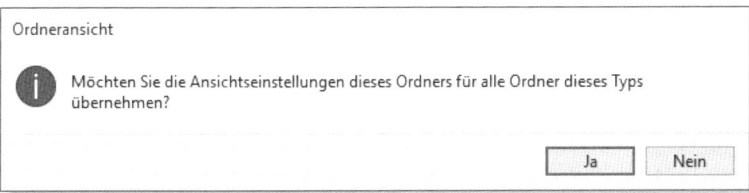

Danach werden alle Ordner, die für den gleichen Medientyp optimiert sind, einheitlich dargestellt. Dies gilt auch für Ordner, die neu erstellt werden, und auch für solche Ordner, bei denen der Medientyp nachträglich entsprechend angepasst wird. Das Übernehmen der Darstellung funktioniert im Übrigen auch bei allgemeinen Elementen, es muss sich nicht unbedingt um einen speziellen Medientyp handeln.

7.12   Der Schnellzugriff – Ihre Favoriten im Explorer

Ähnlich wie Webseiten im Browser können Sie im Explorer Verknüpfungen zu häufig verwendeten Ordnern als Favoriten hinterlegen, um darauf schnell zugreifen zu können. Dementsprechend heißt dieser Abschnitt des Navigationsbereichs unter Windows 10 nunmehr **Schnellzugriff**. Unter Windows 8.1 war er noch, wie in allen früheren Windows-Versionen, mit *Favoriten* betitelt, von der Sache her hat sich aber nichts geändert.

Den Bereich der Favoriten, also den Schnellzugriff, finden Sie ganz oben im linken Navigationsbereich mit einem blauen Stern gekennzeichnet. Sie können diesen Bereich komprimieren und erweitern wie die anderen Abschnitte im Navigationsbereich, indem Sie auf die nebenstehende nach unten weisende Pfeilspitze klicken. Um einen der Ordner im Inhaltsbereich des Explorers zu öffnen, brauchen Sie den entsprechenden Eintrag im Schnellzugriff nur anzuklicken.

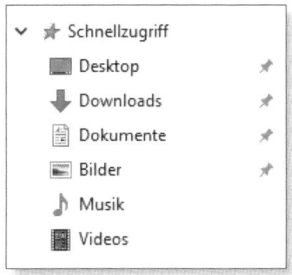

Abbildung 7.46 Der Schnellzugriff im Navigationsbereich des Explorers

Ein Detail hat sich gegenüber den Vorgängerversionen doch geändert: Im Schnellzugriff gibt es keinen Zuletzt-besucht-Eintrag mehr. Vielmehr fügt Windows Ordner, die Sie zuletzt besucht haben, ebenfalls auf der ersten Ebene des Schnellzugriffs hinzu. In Abbildung 7.46 auf Seite 377 trifft das z. B. auf die Ordner **Musik** und **Videos** zu, die Ordner **Desktop**, **Downloads**, **Dokumente** und **Bilder** sind dagegen an den Schnellzugriff angeheftet (bei Ordnern, die an den Schnellzugriff angeheftet sind, erscheint auf der rechten Seite eine graue Heftzwecke).

Sie können dem Schnellzugriff nach Bedarf weitere Ordner hinzufügen, die Sie häufig benötigen. Per Drag & Drop funktioniert dies folgendermaßen:

1 Klicken Sie im rechten Bereich des Explorers auf den Ordner, den Sie dem Schnellzugriff hinzufügen wollen, und lassen Sie die Maustaste gedrückt.

2 Bewegen Sie den Mauszeiger bei gedrückt gehaltener linker Maustaste in den Bereich des Schnellzugriffs.

3 Warten Sie, bis die QuickInfo *An Schnellzugriff anheften* erscheint. Lassen Sie die Maustaste dann los.

Die Verknüpfung wird genau an der Stelle erstellt, an der sich die schwarze Linie befindet, in der folgenden Abbildung z. B. zwischen **Downloads** und **Dokumente**.

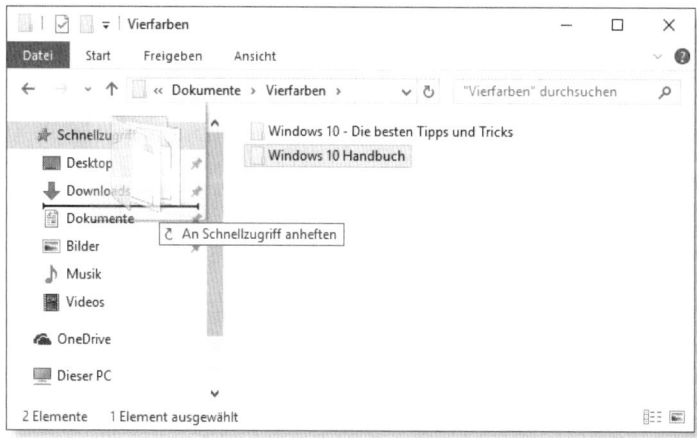

Außerdem können Sie einen Ordner dem Schnellzugriff hinzufügen, indem Sie diesen mit der rechten Maustaste anklicken und im Kontextmenü den Befehl **An Schnellzugriff anheften** wählen. In diesem Fall fügt Windows die Verknüpfung jedoch automatisch nach dem letzten angehefteten Ordner ein. Übrigens steht der Befehl **An Schnellzugriff anheften** auch in den Kontextmenüs von solchen Ordnern zur Verfügung, die dort bereits angeheftet sind. Möglicherweise wird Microsoft dies irgendwann per Windows Update korrigieren.

Abbildung 7.47 Neu in Windows 10: Die Kontextmenüs von Ordnern enthalten einen Befehl zum Anheften an den Schnellzugriff.

Laufwerke im Schnellzugriff anheften

Was für Ordner gilt, gilt auch für Laufwerke. Auch diese können Sie bei Bedarf dem Schnellzugriff hinzufügen. Wenn Sie dort z. B. das Laufwerk für eine externe Festplatte zur Verfügung haben wollen – weil Sie diese sehr oft verwenden –, selektieren Sie im Navigationsbereich den Eintrag **Dieser PC**, klicken im Hauptbereich auf das Laufwerk und ziehen es zum Schnellzugriff hin an die gewünschte Stelle. Oder Sie verwenden im Kontextmenü des Laufwerksymbols den Befehl **An Schnellzugriff anheften**.

INFO

Um eine angeheftete Verknüpfung, die Sie nicht mehr benötigen, aus dem Schnellzugriff zu entfernen, klicken Sie diese dort mit der rechten Maustaste an und wählen **Von Schnellzugriff lösen** im erscheinenden Kontextmenü. Bei automatisch hinzugefügten, jedoch nicht angehefteten Verknüpfungen lautet der entsprechende Befehl **Aus Schnellzugriff entfernen**. Gelöscht wird in beiden Fällen nur die Verknüpfung, nicht aber das Verknüpfungsziel, also der physikalische Ordner oder das Laufwerk, auf das verknüpft worden ist. Sie können auf die beschriebene Weise jederzeit wieder eine Verknüpfung zu demselben Ordner bzw. zu demselben Laufwerk im Schnellzugriff ablegen.

7.12.1   Alle zuletzt besuchten Orte auf einmal löschen

Wenn sich sehr viele zuletzt besuchte Orte im Schnellzugriff angesammelt haben und Sie dabei sind, den Überblick zu verlieren, brauchen Sie die Einträge nicht unbedingt einzeln zu entfernen. Gehen Sie folgendermaßen vor, um alle nicht angehefteten Verknüpfungen im Schnellzugriff auf einmal zu löschen:

1 Klicken Sie im Navigationsbereich mit der rechten Maustaste auf **Schnellzugriff**, also auf den Titel dieses Abschnitts.

2 Wählen Sie **Optionen** im erscheinenden Kontextmenü.

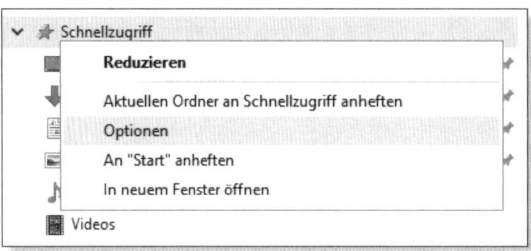

3 Es erscheinen die Ordneroptionen mit der Registerkarte **Allgemein** im Vordergrund. Klicken Sie im untersten Abschnitt neben **Datei-Explorer-Verlauf löschen** auf die Schaltfläche **Löschen** ❶.

7.12.2   Liste der zuletzt besuchten Orte automatisch löschen

Windows-10-Pro-Anwender können das Betriebssystem auch so einstellen, dass die Einträge zuletzt besuchter Orte im Schnellzugriff beim Herunterfahren automatisch gelöscht werden:

1 Geben Sie in das Suchfeld der Taskleiste »gpedit.msc« ein und klicken Sie auf die angezeigte Symbolverknüpfung ❷, um den Editor für lokale Gruppenrichtlinien zu starten.

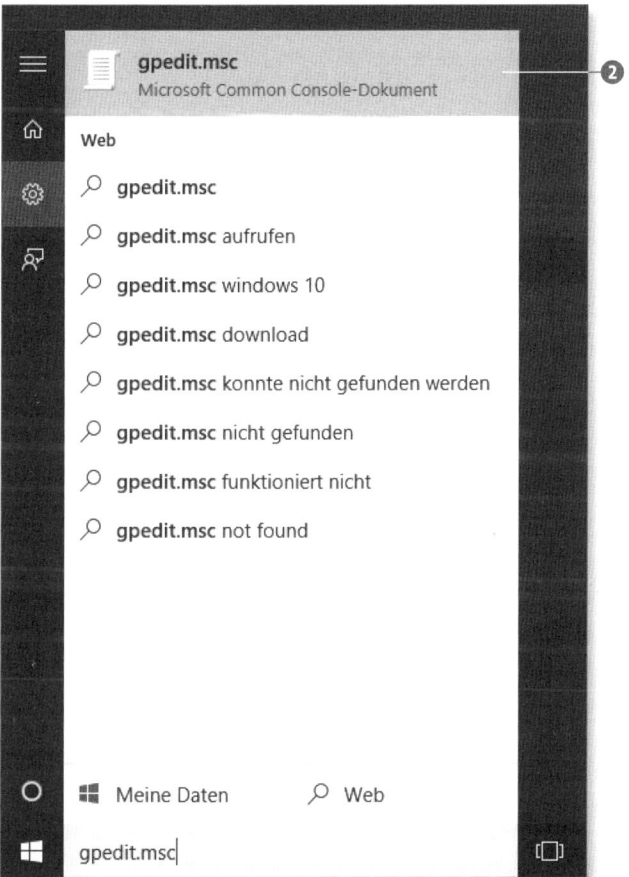

2 Navigieren Sie im linken Bereich des Gruppenrichtlinien-Editors zu **Benutzerkonfiguration ▶ Administrative Vorlagen ▶ Startmenü und Taskleiste** ❸.

3 Klicken Sie im rechten Bereich doppelt auf die Einstellung **Beim Beenden die Liste der zuletzt geöffneten Dokumente leeren** ❹.

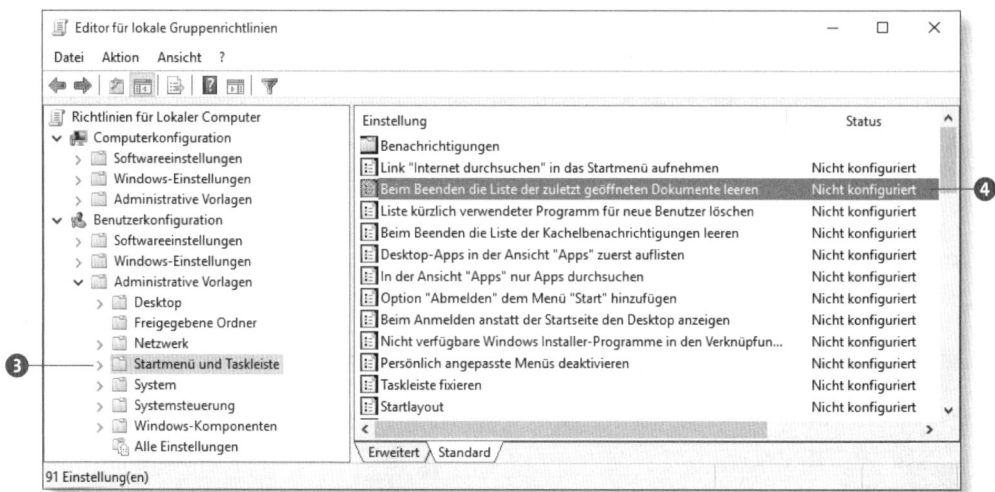

4 Aktivieren Sie im erscheinenden Dialogfeld die Option **Aktiviert** ❺ und bestätigen Sie mit **OK**.

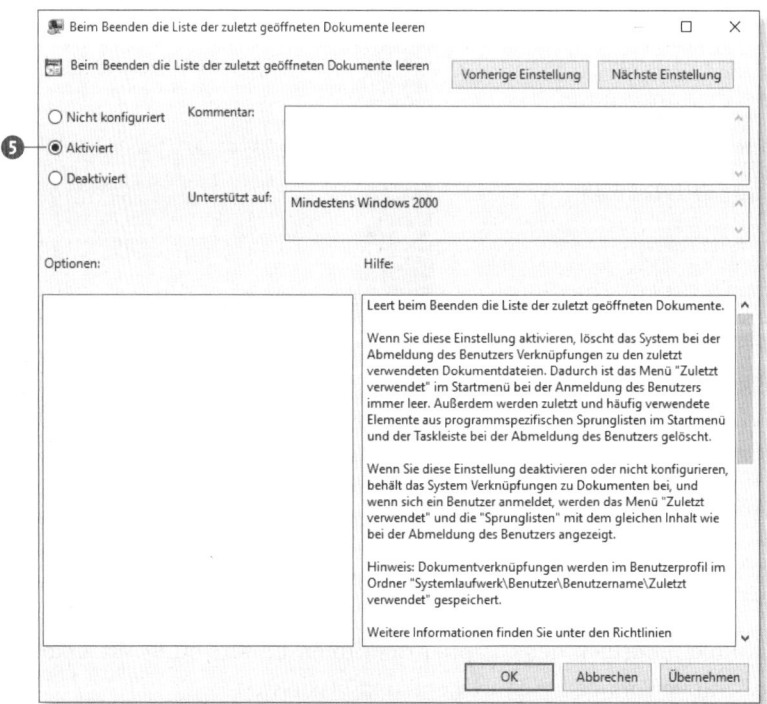

Danach erscheinen im Schnellzugriff neben den dort angehefteten Orten nur mehr die in der aktuellen Computersitzung besuchten Orte.

7.13   Dateien online bei OneDrive speichern

Vorausgesetzt, Sie sind mit einem Microsoft-Konto am Computer angemeldet, können Sie direkt im Explorer Dateien auf Ihren Onlinespeicherplatz bei OneDrive hochladen. Zu diesem Zweck ist im Explorer der Ordner **OneDrive**, gewissermaßen als virtuelles Laufwerk für Ihren Onlinespeicherplatz, eingerichtet. Ansonsten können Sie diesen Ordner wie jeden anderen Ordner im Explorer verwenden. Das heißt, Sie können Dateien und auch ganze Ordner in den Ordner **OneDrive** hineinkopieren und dort z. B. auch Elemente löschen, indem Sie diese markieren und die Taste Entf drücken – die entsprechenden Dateien oder Ordner werden dann von Ihrem Onlinespeicher gelöscht (so gelöschte Elemente landen übrigens ebenfalls im Papierkorb von Windows, so dass Sie diese gegebenenfalls in der gleichen Weise wie gelöschte lokale Dateien oder Ordner auf Ihrem Onlinespeicherplatz wiederherstellen können).

Genauso gut können Sie auf Ihrem Onlinespeicherplatz Dateien oder Ordner neu anlegen, indem Sie im Explorer bei geöffnetem **OneDrive**-Ordner im rechten Hauptbereich mit der rechten Maustaste auf eine freie Stelle klicken und im Kontextmenü den Befehl **Neu** wählen – alternativ verwenden Sie dazu die Optionen im Menüband in der Gruppe **Neu** der Registerkarte **Start**. Auch das Hinzufügen per Drag & Drop funktioniert mit dem **OneDrive**-Ordner, so dass Sie eine Datei oder einen Ordner von einem zweiten Explorer-Fenster in den Ordner hineinziehen können. Halten Sie dabei die Strg -Taste gedrückt, um die Datei oder einen Ordner zu kopieren, ansonsten wird das Element verschoben.

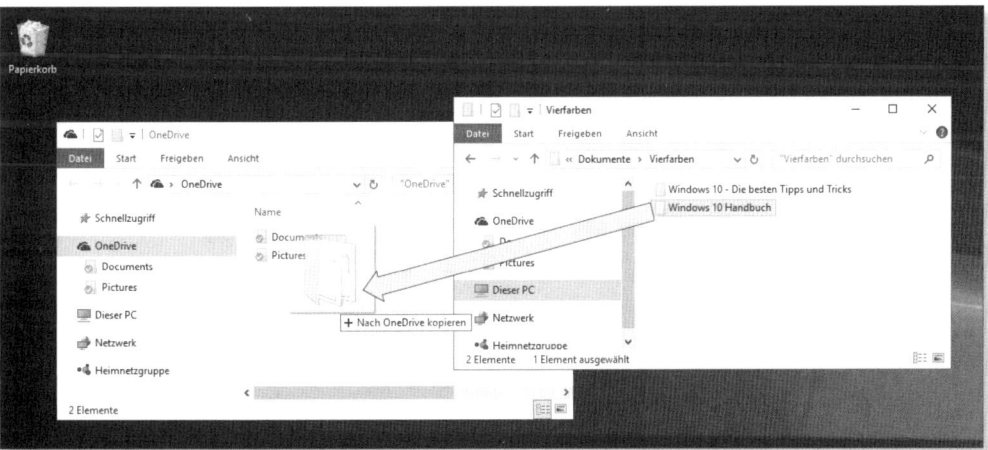

Abbildung 7.48 Drag & Drop-Operation mit dem »OneDrive«-Ordner als Ziel

7.14 Dateien mit Markierungen versehen

Dateien speichern zusammen mit den eigentlichen Inhalten sogenannte Detailinformationen. Es handelt sich praktisch um Metadaten, die z. B. auch bei der Suche verwendet werden können. Eine besonders effektive Methode ist es, Dateien mit Markierungen zu versehen, um sie später anhand dieser Markierungen schnell aufzufinden. Gehen Sie z. B. folgendermaßen vor, um den Detailinformationen einer oder mehrerer Dateien Markierungen hinzuzufügen:

1 Klicken Sie im Menüband des Explorers auf der Registerkarte **Ansicht** auf die Symbolschaltfläche **Detailbereich ❶**, um im Explorer den Detailbereich anzuzeigen. Dieser erscheint auf der rechten Seite des Anwendungsfensters.

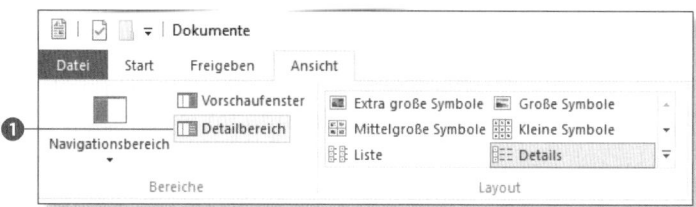

2 Öffnen Sie den Ordner, in dem sich die Datei bzw. die Dateien befinden, denen Sie Markierungen hinzufügen wollen. Selektieren Sie die entsprechenden Dateien im Hauptbereich ❷. Klicken Sie anschließend im Detailbereich auf das Feld neben **Markierungen ❸**.

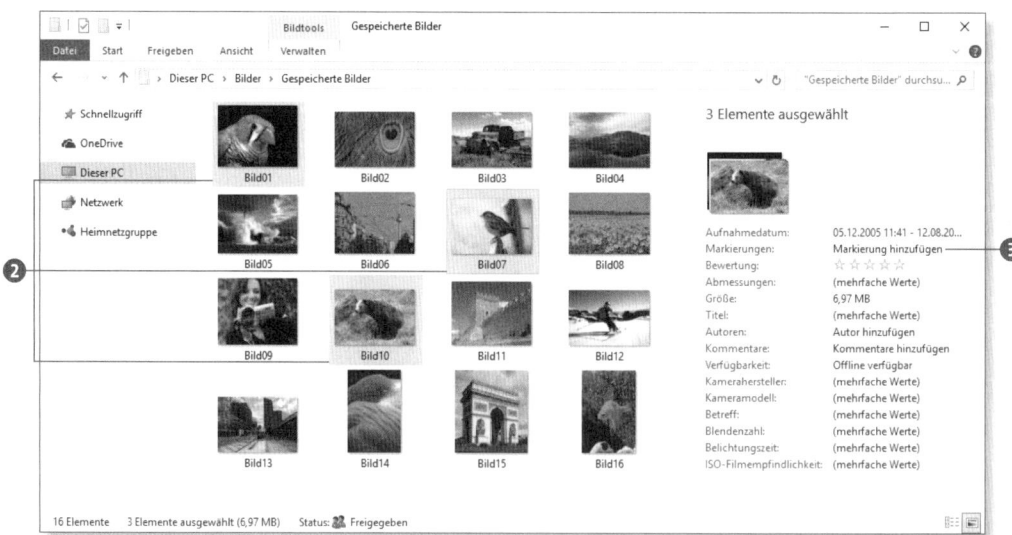

3 Tippen Sie die gewünschte Markierung in das Feld ein. Mehrere Markierungen können Sie durch ein Semikolon trennen – die Semikola werden gegebenenfalls automatisch ergänzt. Klicken Sie unten im Detailbereich auf die Schaltfläche **Speichern**, nachdem Sie alle Markierungen eingegeben haben.

Alternativ zu dieser Vorgehensweise können Sie die Detailinformationen einer einzelnen Datei auch im Eigenschaften-Dialogfeld bearbeiten:

1 Klicken Sie die Datei, deren Detailinformationen Sie bearbeiten wollen, mit der rechten Maustaste an. Wählen Sie **Eigenschaften** im erscheinenden Kontextmenü.

Alternativ können Sie die Eigenschaften einer Datei im Menüband über die Symbolschaltfläche **Eigenschaften** auf der Registerkarte **Start** aufrufen.

2 Klicken Sie im erscheinenden Dialogfeld auf den Registerreiter **Details**. Um Markierungen für die ausgewählte Datei hinzuzufügen, klicken Sie auf dieser Registerkarte in der Spalte **Wert** auf das entsprechende Feld ❶.

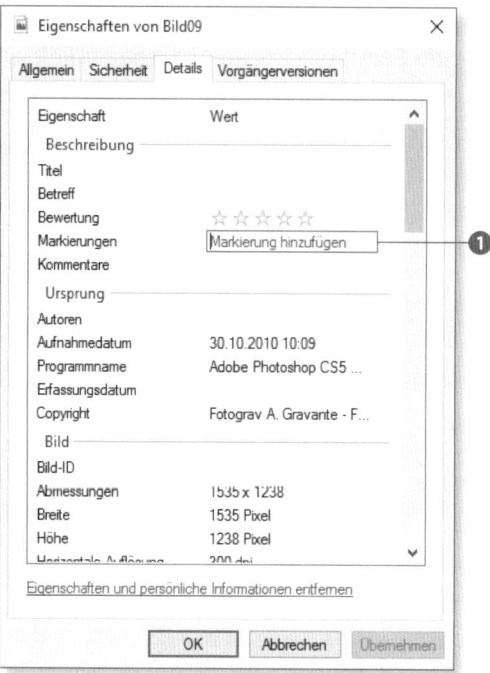

3 Tippen Sie die gewünschte Markierung in das Feld ein. Mehrere Markierungen können Sie wiederum mittels Semikolon trennen.

Falls bereits Markierungen vorhanden sind, können Sie die neue Markierung an das Ende, aber auch an jeder beliebigen anderen Stelle einfügen. Natürlich können Sie bestehende Markierungen, mit denen Sie die Datei nicht mehr kennzeichnen wollen, löschen.

4 Schließen Sie das Dialogfeld mit **OK** oder klicken Sie auf **Übernehmen**, um die Änderungen zu speichern.

Natürlich muss es sich nicht unbedingt um Bilddateien handeln. Sie können grundsätzlich jede Datei, z. B. auch Word-Dokumente oder Excel-Dateien, auf die beschriebene Weise mit Markierungen versehen.

7.15   Dateien ohne Detailinformationen weitergeben

Möchten Sie eine Datei an andere Personen weitergeben, jedoch ohne die in der Regel ausschließlich für private Zwecke bestimmten Zusatzinformationen, können Sie für die Weitergabe eine Kopie der Datei ohne Metadaten erzeugen:

1 Rufen Sie das Eigenschaften-Dialogfeld der Datei auf. Klicken Sie in diesem unten auf der Registerkarte **Details** auf die Verknüpfung **Eigenschaften und persönliche Informationen entfernen**. Alternativ selektieren Sie die Datei im Hauptbereich des Explorers und klicken im Menüband auf der Registerkarte **Start** auf die untere Hälfte der Schaltfläche **Eigenschaften ❶**. Wählen Sie anschließend **Eigenschaften entfernen ❷**.

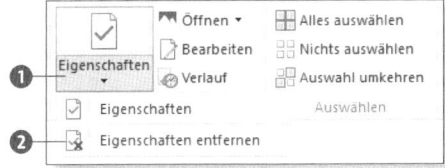

2 Es erscheint das Dialogfeld **Eigenschaften entfernen**. Hier haben Sie die Möglichkeit, eine Kopie der Datei ohne jegliche Metadaten zu erstellen. Lassen Sie in diesem Fall das obere Optionsfeld aktiviert ❸ und klicken Sie auf **OK**.

Alternativ können Sie gezielt bestimmte Eigenschaften aus der Datei entfernen. Beachten Sie jedoch, dass dabei keine Kopie der Datei erstellt, sondern die aktuelle Datei geändert wird. Aktivieren Sie in diesem Fall das untere Optionsfeld ❹ und setzen Sie in den Kontrollkästchen neben den Eigenschaften, die Sie löschen möchten, ein Häkchen. Falls Sie dennoch eine Kopie mit eingeschränkten Informationen weitergeben möchten, kopieren Sie einfach die Originaldatei und führen diese Veränderungen anschließend an der Kopie durch.

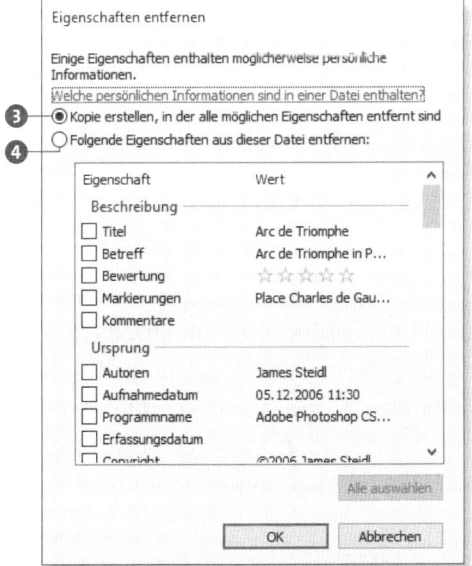

7.16 Dateinamenerweiterungen anzeigen

Standardmäßig zeigt Windows 10 die Erweiterungen von Dateien im Explorer nicht an (die gebräuchliche Bezeichnung für den doch etwas langen Namen »Dateinamenerweiterung« ist Dateierweiterung oder – wie hier verwendet –, noch kürzer, Erweiterung). Das heißt, eine Textdatei mit dem Namen **notizen.txt** erscheint im Explorer mit dem Namen **notizen** ohne die Erweiterung *.txt* und eine ausführbare Programmdatei wie **notepad.exe** – das ist die ausführbare Datei des Windows Editors – wird als **notepad** angezeigt. Angezeigt wird jeweils nur der Name der Datei ohne die Erweiterung.

Um welche Art von Datei es sich handelt, können Sie ohne Dateinamenerweiterung allenfalls an dem nebenstehenden Symbol oder anhand des Eintrags in der Spalte **Typ** erkennen – vorausgesetzt, Sie verwenden die Detailansicht und zeigen in dieser diese Spalte an. Um den Dateityp deutlicher zu machen, empfiehlt es sich daher, Dateinamenerweiterungen anzuzeigen. Gehen Sie folgendermaßen vor, um die Anzeige von Dateierweiterungen zu aktivieren:

1 Klicken Sie im Menüband auf den Registerreiter **Ansicht**, um die Optionen auf dieser Registerkarte anzuzeigen.

2 Aktivieren Sie auf der Registerkarte **Ansicht** in der Gruppe **Ein-/ausblenden** das Kontrollkästchen neben **Dateinamenerweiterungen**.

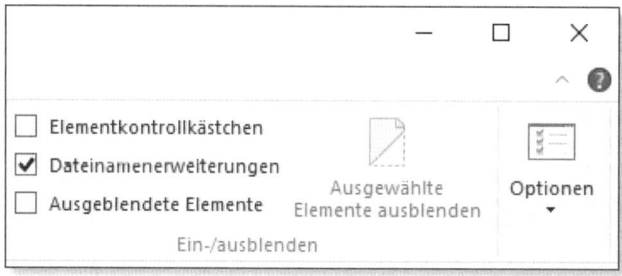

Danach erscheinen im Explorer mit den Dateinamen stets auch die Dateierweiterungen. Das hat z. B. auch den Vorteil, dass Sie getarnte ausführbare Dateien, die Sie als E-Mail-Anhänge oder von einer Webseite heruntergeladen haben, leichter als potenzielle Schädlinge identifizieren können. Beispielsweise würde eine Datei mit dem vollständigen Namen **Hallo.txt.exe** (Punkte im Dateinamen sind grundsätzlich erlaubt) im Explorer ohne Dateierweiterung irreführend als **Hallo.txt** angezeigt.

7.17   Ordneransichten und Spalteninformationen

Sie können Ordner im Explorer in verschiedenen Ansichten anzeigen. Zur Auswahl stehen die Ansichtstypen **Extra große Symbole**, **Große Symbole**, **Mittelgroße Symbole**, **Kleine Symbole**, **Liste**, **Details**, **Kacheln** und **Inhalt**.

Die entsprechenden Optionen finden Sie in der Gruppe **Layout** auf der Registerkarte **Ansicht**. Der aktuell für den geöffneten Ordner eingestellte Ansichtstyp erscheint in der Gruppe **Layout** markiert. Elemente in der Bilder- und in der Videobibliothek werden z. B. standardmäßig mit großen Symbolen angezeigt, Dokumente in der Detailansicht.

Abbildung 7.49 Gruppe »Layout« der Registerkarte »Ansicht«:
Hier können Sie für einen Ordner den Ansichtstyp ändern.

Eine Vorschau der entsprechenden Ordneransicht erscheint bereits, wenn Sie in der Gruppe **Layout** den Mauszeiger über einen Ansichtstyp halten. Um die Ansicht für den geöffneten Ordner zu ändern, klicken Sie auf den entsprechenden Ansichtstyp.

Daneben befinden sich in der rechten unteren Ecke des Explorer-Fensters je ein Symbol für die Detailansicht und für die Ansicht mit großen Symbolen, so dass Sie diese beiden Ansichtstypen auch hier einstellen können, ohne die Registerkarte **Ansicht** öffnen zu müssen.

Windows 10 verzichtet im Explorer auf die Anzeige von Spaltentiteln, wenn diese für die eingestellte Ordneransicht überflüssig sind. Spaltentitel werden allein in der Detailansicht angezeigt.

Listenansicht und Inhaltsansicht
Während die Listenansicht keinerlei zusätzliche Informationen anzeigt, bietet die Inhaltsansicht eine willkommene Alternative zur Detailansicht, da sie die wichtigsten Eigenschaften aller Elemente ohne eventuell störende Spaltentitel Zeile für Zeile übersichtlich anzeigt. Sie haben so alle Informationen auf einmal im Blickfeld.

INFO

7.18   Detailansicht konfigurieren

Welche Informationen in der Detailansicht zunächst angezeigt werden, ist abhängig vom jeweiligen Inhaltstyp (Dokumente, Musik, Bilder, Videos oder allgemeine Elemente). Standardmäßig zeigen Ordner des Typs **Dokumente** in der Detailansicht beispielsweise die Spalten **Name**, **Änderungsdatum**, **Typ** und **Größe** an.

Wenn Sie für einen Ordner weitere Informationen anzeigen wollen, z. B. das Erstelldatum, können Sie die gewünschte Spalte folgendermaßen hinzufügen:

1 Öffnen Sie den Ordner im Explorer, so dass sein Inhalt im Hauptbereich angezeigt wird. Stellen Sie für den Ordner gegebenenfalls die Detailansicht ein, falls diese Ansicht für den Ordner aktuell nicht verwendet wird.

2 Klicken Sie mit der rechten Maustaste irgendwo in die obere Spaltenleiste. Es erscheint das Kontextmenü, das Sie in der folgenden Abbildung sehen.

3 Spalten, die aktuell in der Ordneransicht angezeigt werden, sind im Kontextmenü mit einem Häkchen versehen. Aktivieren Sie im Kontextmenü die Spalte, die Sie hinzufügen wollen, oder deaktivieren Sie eine Spalte, die Sie entfernen wollen. Klicken Sie dazu auf den jeweiligen Spaltennamen. Wenn Sie so verfahren, schließt das Kontextmenü automatisch und Sie sehen die neue Spalte im Hauptbereich in der Spaltenleiste.

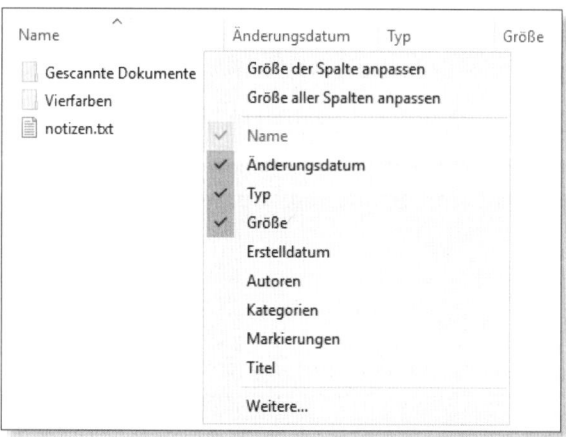

4 Direkt im Kontextmenü erscheinen z. B. für den Ordner **Dokumente** zunächst nur die Einträge **Name**, **Änderungsdatum**, **Typ**, **Größe**, **Erstelldatum**, **Autoren**, **Kategorien**, **Markierungen** und **Titel** – was hier auf der ersten Ebene angezeigt wird, ist abhängig vom Ordnertyp (**Allgemeine Elemente**, **Dokumente**, **Bilder**, **Musik** oder **Videos**; siehe

weiter oben den Abschnitt 7.10, »Ordner und Bibliotheken für bestimmte Medientypen optimieren«, ab Seite 373). Für weitere Spaltennamen – oder zur besseren
Übersicht, wenn Sie mehrere Spalten hinzufügen oder entfernen wollen – klicken
Sie ganz unten im Kontextmenü auf **Weitere**, um das Dialogfeld **Details auswählen**
zu öffnen.

5 Aktivieren oder deaktivieren Sie im Dialogfeld **Details auswählen** die entsprechenden Kontrollkästchen, um in der Ordneransicht Spalten hinzuzufügen bzw. zu entfernen. Klicken Sie dazu entweder in die Kontrollkästchen oder markieren Sie die
Spalten und klicken Sie dann auf eine der Schaltflächen **Anzeigen** ❶ oder **Ausblen-**
den ❷ (die Spalte **Name** ist die einzige, die nicht ausgeblendet werden kann, daher
bleibt die Schaltfläche **Ausblenden** bei Auswahl dieser Spalte ❸ inaktiv).

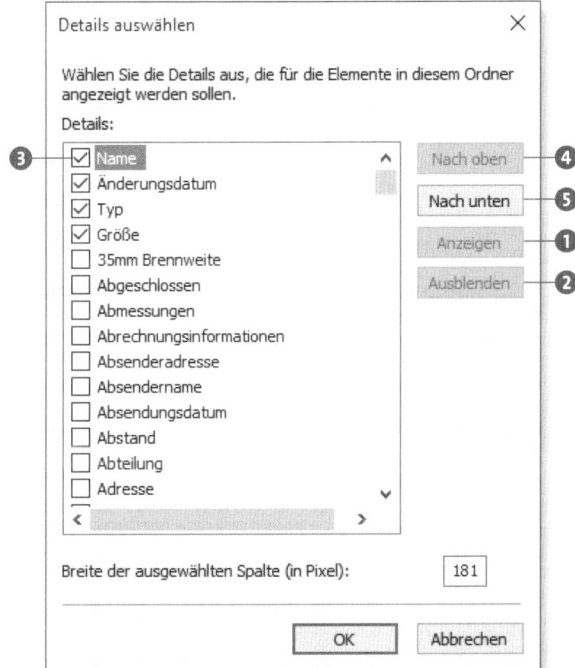

6 Möchten Sie die Anordnung der Spalten ändern, markieren Sie im Dialogfeld **Details**
auswählen eine Spalte und klicken anschließend auf eine der beiden Schaltflächen
Nach oben ❹ oder **Nach unten** ❺, um die markierte Spalte entsprechend zu verschieben. Führen Sie diese Aktion gegebenenfalls mehrmals und mit verschiedenen Spalten durch. Die Spalten werden damit nicht nur im Dialogfeld, sondern – wenn die
Spalten aktiviert sind – auch in der Ordneransicht in der entsprechenden Reihenfolge angeordnet.

7 Schließen Sie das Dialogfeld **Details auswählen** mit **OK**, nachdem Sie die gewünschten Änderungen durchgeführt haben.

Die Größe von Spalten automatisch anpassen

Wie in der Abbildung zu Schritt 3 auf Seite 390 zu sehen, enthält das Spalten-Kontextmenü noch die Befehle **Größe der Spalte anpassen** und **Größe aller Spalten anpassen**. Diese passen die Größe der Spalten ihrem Inhalt an (was Sie auf weniger bequeme Weise auch erreichen könnten, indem Sie die Spalten an den Rändern mit der Maus ziehen – alternativ zum Befehl **Größe der Spalte anpassen** können Sie die optimale Breite einer einzelnen Spalte hier allerdings auch per Doppelklick auf den rechten Spaltenrand einstellen). Der Befehl **Größe aller Spalten anpassen** passt alle Spalten, der Befehl **Größe der Spalte anpassen** passt nur die Größe der aktuellen Spalte an. Bei diesem Befehl spielt es daher eine Rolle, für welche Spalte Sie das Kontextmenü aufrufen (wenn Sie das Kontextmenü z. B. an einer Stelle aufrufen, an der sich kein Spaltentitel befindet, erscheint dort nur der Befehl **Größe aller Spalten anpassen**).

Die entsprechenden Optionen finden Sie auch im Menüband auf der Registerkarte **Ansicht** in der Gruppe **Aktuelle Ansicht**. Klicken Sie hier auf die Schaltfläche **Spalten hinzufügen**, um in der Ordneransicht neue Spalten hinzuzufügen oder Spalten auszublenden. Mit dem untersten Eintrag im aufklappenden Menü, der hier **Spalten auswählen** heißt, öffnen Sie ebenfalls das Dialogfeld **Details auswählen**.

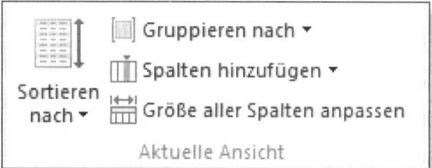

Abbildung 7.50 Optionen in der Gruppe »Aktuelle Ansicht« auf der Registerkarte »Ansicht«

7.19 Das Layout des Explorers anpassen

Unabhängig von den jeweils gewählten Ordneransichten können Sie im Explorer festlegen, welche Bereiche dort angezeigt werden. Die entsprechenden Optionen befinden sich in der ersten Gruppe auf der Registerkarte **Ansicht**.

Abbildung 7.51 Gruppe »Bereiche« der Registerkarte »Ansicht«

Wenn Sie den Navigationsbereich ausblenden wollen, klicken Sie auf die Schaltfläche **Navigationsbereich** und deaktivieren ihn im erscheinenden Menü (allerdings erscheint dies kaum empfehlenswert, da Sie danach praktisch ausschließlich auf die Navigation im Adressfeld angewiesen sind).

Mit den beiden anderen Schaltflächen in der Gruppe **Bereiche** blenden Sie auf der rechten Seite des Explorers eine Vorschau oder einen Detailbereich ein. Die Vorschau und der Detailbereich schließen sich gegenseitig aus, so dass die Vorschau verschwindet, wenn der Detailbereich eingeblendet wird, und umgekehrt. Möchten Sie den Bereich auf der rechten Seite wieder ausblenden, klicken Sie die entsprechende Schaltfläche einfach erneut an.

Ist die Vorschau eingeblendet, sehen Sie dort den Inhalt der im Hauptbereich selektierten Datei, wobei es sich nicht notwendigerweise um Bilddateien handeln muss. Die Vorschau zeigt auch den Inhalt von Dokumenten, wenn das entsprechende Programm auf dem Computer installiert ist.

Da man in der Vorschau auch scrollen kann, ist dies sehr praktisch. Sie können so eine beliebige Stelle im Dokument lesen, ohne das Dokument erst öffnen zu müssen. Die Größe des Vorschau- sowie des Detailbereichs können Sie gegebenenfalls durch Ziehen mit der Maus anpassen.

Abbildung 7.52 zeigt auf der rechten Seite den Detailbereich mit Informationen zur selektierten Datei. Detailinformationen werden zusammen mit den eigentlichen Inhalten in der Datei gespeichert. Es handelt sich praktisch um Metadaten, die Sie z. B. auch bei der Suche verwenden können. Beispielsweise ist es eine besonders beliebte und effektive Methode, Dateien mit Markierungen zu versehen, um sie später anhand dieser Markierungen schnell aufzufinden (siehe dazu weiter oben den Abschnitt 7.14, »Dateien mit Markierungen versehen«, ab Seite 384 und Abschnitt 7.15, »Dateien ohne Detailinformationen weitergeben«, ab Seite 386).

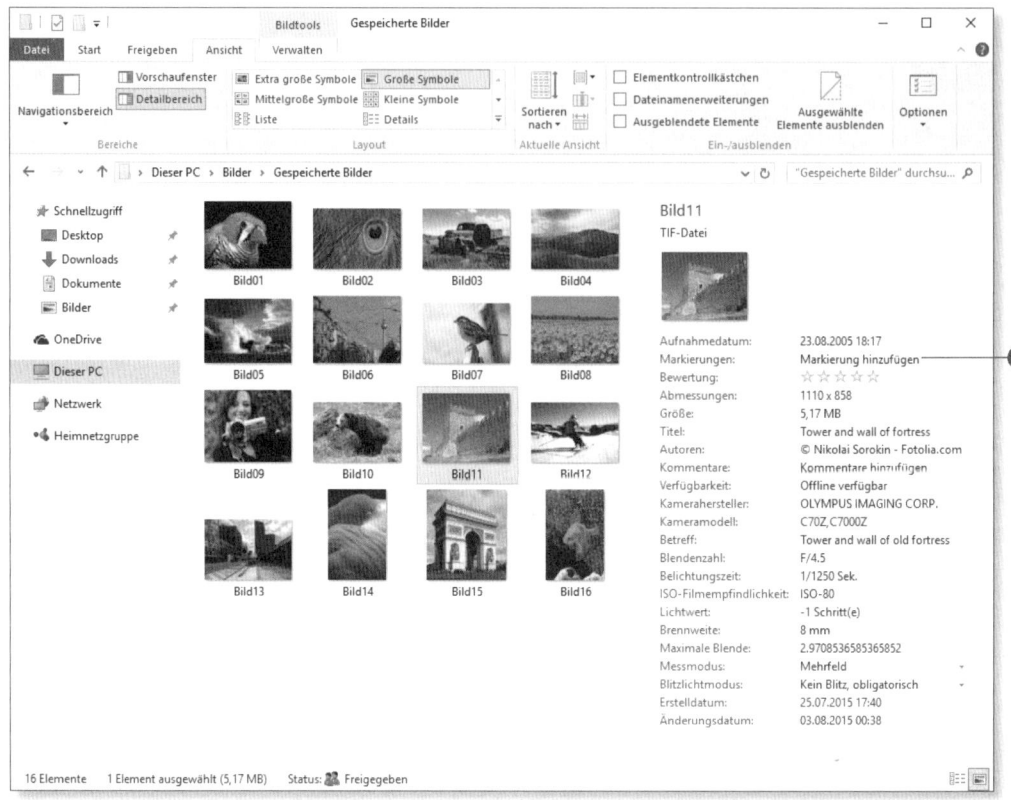

Abbildung 7.52 Auf der rechten Seite des Explorers eingeblendeter Detailbereich

Sie können die Detailinformationen direkt im Detailbereich bearbeiten. Klicken Sie dazu einfach auf die entsprechende Stelle in der zweiten Spalte – wenn die Datei noch keine Markierung enthält, steht dort der Text **Markierung hinzufügen** ❶.

Geben Sie im daraufhin erscheinenden Textfeld (siehe Abbildung 7.53) die gewünschten Daten ein. Klicken Sie anschließend unten rechts auf die Schaltfläche **Speichern**.

Im Übrigen hängen die angezeigten Informationen und mitunter auch die Art der Bearbeitung natürlich vom jeweiligen Dateityp ab. Beispielsweise können Sie einen Musiktitel oder ein Bild bewerten, nicht aber ein Dokument.

Das Attribut **Bewertung** ❷ bearbeiten Sie, indem Sie einen weißen oder einen gelben Stern anklicken, je nachdem, ob Sie die Bewertung erhöhen oder vermindern wollen.

Abbildung 7.53 Bearbeiten von Detailinformationen einer Datei im Detailbereich des Explorers

7.20   Die Symbolleiste für den Schnellzugriff anpassen

Die Symbolleiste für den Schnellzugriff befindet sich standardmäßig in der linken oberen Ecke des Explorer-Fensters oberhalb der Registerreiter. Wenn Sie möchten, können Sie die Symbolleiste für den Schnellzugriff aber auch unterhalb des Menübands bzw. bei ausgeblendetem Menüband unterhalb der Registerreiter anzeigen. Klicken Sie dazu auf die Schaltfläche mit der nach unten weisenden Pfeilspitze ❶ (QuickInfo *Symbolleiste für den Schnellzugriff anpassen*) und dann im erscheinenden Menü auf **Unter dem Menüband anzeigen** ❷.

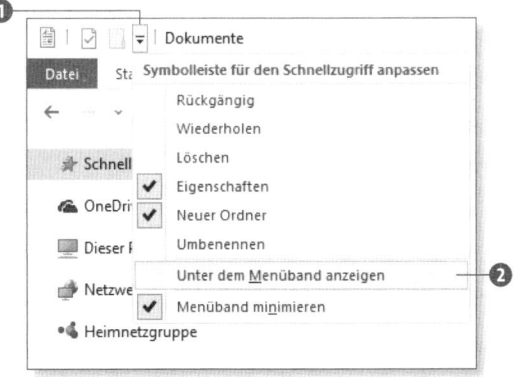

Abbildung 7.54 Menü zur Schaltfläche »Symbolleiste für den Schnellzugriff anpassen«

Anfänglich enthält die Symbolleiste für den Schnellzugriff nur vier Symbole, neben dem genannten ein Symbol zum Erstellen eines neuen Ordners, eines zum Aufrufen von **Eigenschaften**-Dialogen, und das erste bietet Befehle, die sich auf das Anwendungsfenster des Explorers beziehen. Die Befehle **Rückgängig**, **Wiederholen**, **Löschen** und **Umbenennen** können Sie der Symbolleiste für den Schnellzugriff sofort hinzufügen, indem Sie die entsprechenden Einträge im Menü zur oben genannten Schaltfläche **Symbolleiste für den Schnellzugriff anpassen** anklicken. Weitere Befehle fügen Sie der Symbolleiste für den Schnellzugriff hinzu, indem Sie sie auf den Registerkarten des Menübands mit der rechten Maustaste anklicken und im erscheinenden Kontextmenü auf **Zur Symbolleiste für den Schnellzugriff hinzufügen** klicken. Ob der betreffende Befehl gerade aktiv ist, spielt dabei keine Rolle. Die in Abbildung 7.55 wiedergegebene Aktion fügt der Symbolleiste für den Schnellzugriff z. B. ein Symbol für den Befehl **Auf Datenträger brennen** hinzu.

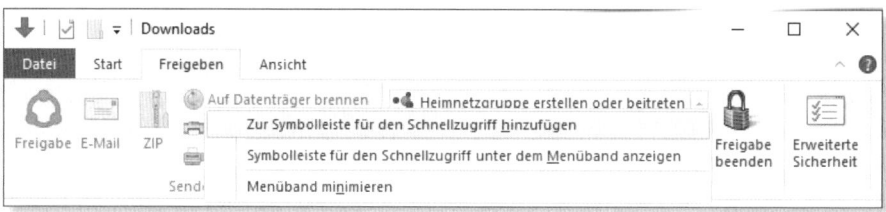

Abbildung 7.55 Befehle in der Symbolleiste für den Schnellzugriff hinzufügen

Möchten Sie einen Befehl wieder aus der Symbolleiste für den Schnellzugriff entfernen, klicken Sie das Symbol dort mit der rechten Maustaste an und klicken im erscheinenden Kontextmenü auf **Aus Symbolleiste für den Schnellzugriff entfernen**. Mit den standardmäßig vorhandenen Symbolen können Sie genauso verfahren, nur das erste Symbol kann nicht entfernt werden.

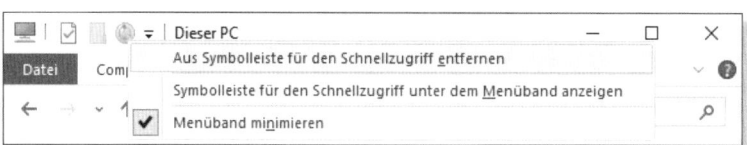

Abbildung 7.56 Symbole aus der Symbolleiste für den Schnellzugriff entfernen

7.21   Der Papierkorb als Zwischenstation

Wie Sie ja bereits erfahren haben, werden Dateien und Ordner im Explorer nicht sofort gelöscht, sondern landen erst einmal im Papierkorb. Erst wenn Sie das Element in diesem Ordner löschen, entfernen Sie es endgültig vom Computer. Das tun Sie auf die gleiche Weise wie in anderen Ordnern, indem Sie das Element im Papierkorb markieren und die ⌈Entf⌋-Taste drücken oder den Befehl **Löschen** im Menüband oder im Kontextmenü verwenden. Der Befehl **Papierkorb leeren** entfernt alle Elemente, die sich im Papierkorb befinden, löscht sie also endgültig. Sie finden diesen Befehl bei geöffnetem Papierkorb auf der kontextbezogenen Registerkarte **Papierkorbtools/Verwalten** ❶ sowie im Kontextmenü des Hauptbereichs ❷.

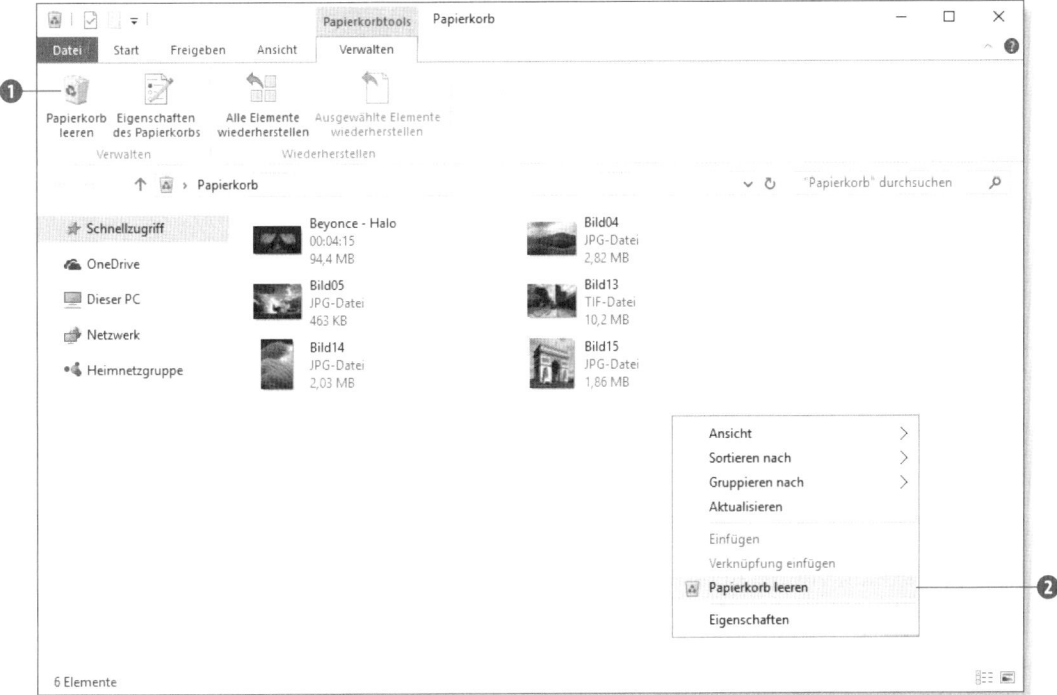

Abbildung 7.57 Mit dem Befehl »Papierkorb leeren« löschen Sie alle Elemente, die sich im Papierkorb befinden, endgültig.

Außerdem enthalten auch die Kontextmenüs von Papierkorbsymbolen den Befehl **Papierkorb leeren** – das gilt auch für das Papierkorbsymbol auf dem Desktop, das dort standardmäßig vorhanden ist. Sie brauchen den Papierkorbordner also gar nicht erst zu öffnen, um alle Elemente daraus zu löschen, und wenn Sie den Befehl im Kontextmenü des Desktopsymbols verwenden, muss dazu nicht einmal der Explorer gestartet sein.

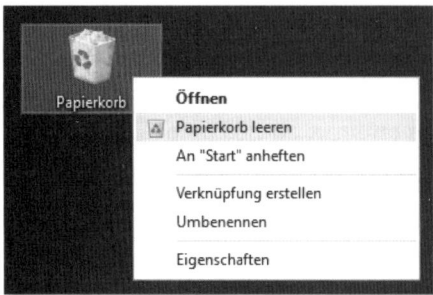

Abbildung 7.58 Kontextmenü des Papierkorbsymbols auf dem Desktop

Papierkorb im Startmenü anheften

Mit dem Befehl **An "Start" anheften**, der, wie in Abbildung 7.58 zu sehen ist, ebenfalls in den Kontextmenüs von Papierkorbsymbolen zur Verfügung steht, können Sie den Papierkorb auch im Startmenü von Windows 10 anheften, also im normalen Modus auf der rechten Seite des Startmenüs bzw. im Tablet-Modus auf dem Desktop als App-Kachel verfügbar machen. Wenn Sie im Tablet-Modus arbeiten, empfiehlt sich dies besonders, da in diesem Modus andernfalls keine Verknüpfung zum Papierkorb auf dem Desktop angezeigt wird.

7.21.1 Dateien wiederherstellen

Möchten Sie ein Element – eine Datei oder einen Ordner –, das Sie gelöscht haben und das sich noch im Papierkorb befindet, wiederherstellen, verfahren Sie folgendermaßen:

1 Öffnen Sie den Papierkorbordner im Explorer. Wenn Sie im Navigationsbereich alle Ordner anzeigen, erscheint dort auch das Papierkorbsymbol. Ansonsten können Sie in der Adressleiste auf das Symbol vor dem ersten Knoten klicken und den Papierkorb im aufklappenden Menü auswählen. Wenn noch kein Explorer-Fenster geöffnet ist, können Sie auch auf das Desktopsymbol doppelklicken. Dieses startet den Explorer mit dem geöffneten Papierkorb.

2 Im Hauptbereich sehen Sie nun alle Elemente, die Sie in der Vergangenheit gelöscht haben. Markieren Sie hier die Dateien und Ordner, die Sie wiederherstellen wollen.

3 Klicken Sie gegebenenfalls auf den Registerreiter **Papierkorbtools/Verwalten ❶**, um die Optionen auf dieser Registerkarte anzuzeigen.

4 Klicken Sie in der Gruppe **Wiederherstellen** dieser Registerkarte auf die Symbolschaltfläche **Ausgewählte Elemente wiederherstellen** ❷.

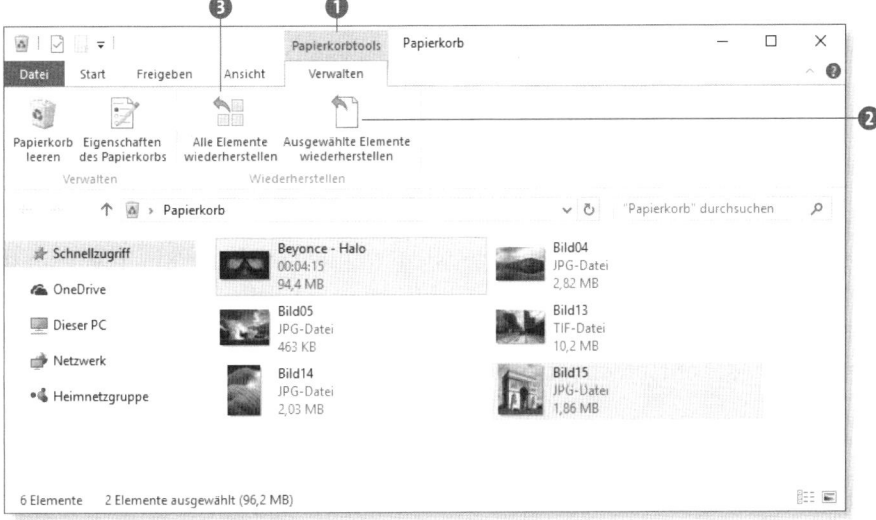

Mit der Schaltfläche **Alle Elemente wiederherstellen** ❸ stellen Sie alle Elemente, die
sich im Papierkorb befinden, wieder her, ohne diese vorher selektieren zu müssen
(in diesem Fall entfällt Schritt 2).

Beim Wiederherstellen werden die ausgewählten Dateien und Ordner aus dem Papierkorb wieder an ihren ursprünglichen Platz verschoben – so als ob sie dort nie gelöscht
worden wären.

Wiederherstellen von gelöschten Elementen per Kontextmenübefehl
Der Befehl **Wiederherstellen** steht auch im Kontextmenü von gelöschten Dateien
und Ordnern zur Verfügung. Dabei spielt es keine Rolle, für welches Element Sie
den Befehl aufrufen, wenn Sie mehrere Elemente zur Wiederherstellung ausgewählt
haben. Auch in diesem Fall werden alle markierten Elemente wiederhergestellt.

INFO

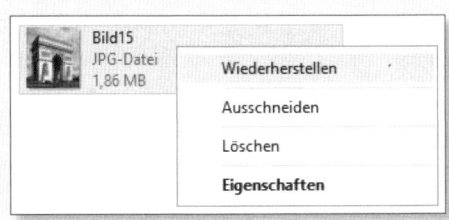

Abbildung 7.59 Kontextmenü einer gelöschten Datei

7.21.2 Das Verhalten des Papierkorbs anpassen

Der beschriebene Mechanismus – dass gelöschte Elemente zunächst nicht vollständig entfernt, sondern in den Papierkorb verschoben werden – hat den Zweck, den Anwender vor unüberlegtem oder versehentlichem Löschen von Daten zu schützen. Was unter Windows 10 standardmäßig nicht mehr erscheint, ist die Rückfrage vor jeder Löschaktion. Noch unter Windows 8 musste vor jeder Löschaktion ein Meldungsfenster bestätigt werden.

Beide Einstellungen können aber auch unter Windows 10 nachträglich geändert werden. Vielleicht möchten Sie die Rückfrage wieder aktivieren oder Sie möchten, dass gelöschte Elemente vom Computer ohne Rückfrage vollständig entfernt werden, oder Sie wollen möglicherweise allein die Rückfrage in Anspruch nehmen. Gehen Sie folgendermaßen vor, um die entsprechenden Einstellungen zu konfigurieren:

1 Klicken Sie auf dem Desktop mit der rechten Maustaste auf das Papierkorbsymbol. Wählen Sie **Eigenschaften** im erscheinenden Kontextmenü.

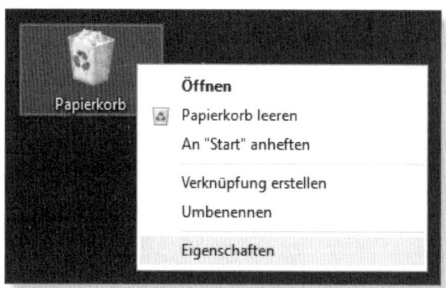

Bei geöffnetem Papierkorb können Sie die Papierkorbeigenschaften auch über die Symbolschaltfläche **Eigenschaften des Papierkorbs** ❶ auf der Registerkarte **Papierkorbtools/Verwalten** im Menüband aufrufen.

2 Aktivieren Sie im Dialogfeld **Eigenschaften von Papierkorb** gegebenenfalls das Optionsfeld neben **Dateien sofort löschen (nicht in Papierkorb verschieben)** ❷, wenn Sie Dateien zukünftig sofort löschen möchten, ohne sie zunächst in den Papierkorb zu verschieben. Beachten Sie jedoch, dass versehentlich gelöschte Elemente unter dieser Einstellung, wenn überhaupt, nur mit Spezialsoftware wiederhergestellt werden können.

3 Aktivieren Sie das untere Kontrollkästchen ❸, wenn Sie möchten, dass vor jeder Löschaktion ein Meldungsfenster mit einer entsprechenden Rückfrage, die bestätigt werden muss, angezeigt wird. Wie gesagt, Sie können die beiden Einstellungen beliebig miteinander kombinieren.

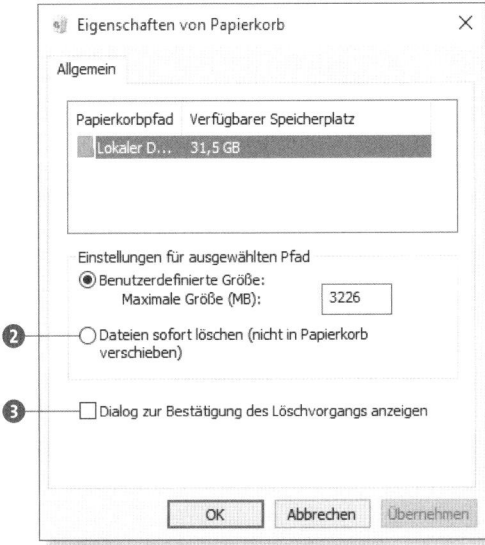

4 Schließen Sie das Dialogfeld **Eigenschaften von Papierkorb** mit **OK**, um die Änderungen zu speichern.

8   Apps installieren und verwalten

Das, was die Funktionalität eines Computers ausmacht, sind schließlich die Programme bzw. die seit Windows 8 neu hinzugekommenen Apps. Ohne Programme respektive Apps wäre auch ein Windows-10-Computer ziemlich nutzlos.

Eine gewisse Grundausstattung an Software erhalten Sie ja bereits mit der Installation von Windows 10. Neben den vorinstallierten Windows-Store-Apps gehören auch etliche Programme zum Lieferumfang, wie z. B. der Windows-Rechner, das Zeichenprogramm Paint oder etwa das Textverarbeitungsprogramm WordPad.

Windows-Tools

Bei anderen Programmen, die besonders eng mit dem Betriebssystem verzahnt sind, spricht man eher von Windows-Tools. Dazu gehören z. B. die Eingabeaufforderung, der Task-Manager, der Windows Defender, die Windows PowerShell, aber auch der Explorer. Windows-Tools gehören gewissermaßen zu den Bordmitteln des Betriebssystems und können auch nicht auf dem üblichen Wege deinstalliert werden. Übrigens erscheinen einige Windows-Tools, wie z. B. das Konfigurationsprogramm MSConfig oder der Editor für lokale Gruppenrichtlinien, erst einmal nicht im Startmenü, sondern müssen anderweitig gestartet werden (die Suche führt aber immer zum Erfolg – vorausgesetzt, man weiß, wie die Tools heißen).

INFO

Die vorinstallierten Apps und Programme werden Ihnen mit der Zeit natürlich nicht genügen. Möglicherweise möchten Sie ein aufwendiges Textverarbeitungsprogramm wie Microsoft Word, das wesentlich mehr Funktionen bietet als der Windows Editor oder WordPad, verwenden oder für den Freizeitspaß verschiedene Computerspiele installieren. Programme gibt es zu Tausenden im Internet, viele davon sind auch kostenfrei erhältlich. Das gilt vor allem auch für die Apps. Im Windows Store können Sie sich praktisch wie in einem Supermarkt bedienen. Auch hier werden Sie viele interessante Apps finden, für die Sie nur wenig oder gar nichts bezahlen müssen.

Die Bezeichnung *App* wird im Übrigen in zweifacher Bedeutung verwendet. Wenn man allgemein von Apps redet, sind damit auch die Programme mit inbegriffen, speziell meint man damit nur diejenigen Apps, die über den Windows Store zu beziehen sind. Um dies zu verdeutlichen, werden Letztere auch als Windows-Store-Apps bezeichnet.

In diesem Kapitel geht es sowohl um die Windows-Store-Apps als auch um die traditionellen Programme (die Bezeichnung Apps in der Kapitelüberschrift ist daher wie in so vielen Windows-10-Dialogen allgemein zu verstehen).

Das Aussehen und die Verhaltensweisen von Apps haben sich gegenüber Windows 8/8.1 den klassischen Programmen ein Stück weit angeglichen. So besitzen die Windows-Store-Apps nun ebenfalls Anwendungsfenster, die nach Bedarf verkleinert oder vergrößert oder auch minimiert werden können. Auch die mit Windows 8 eingeführten App-Leisten und Charms sind wieder den altbekannten Menü- bzw. Symbolleisten gewichen – die allerdings meist in einem etwas anderen Design erscheinen, als man es von den traditionellen Programmen gewohnt ist.

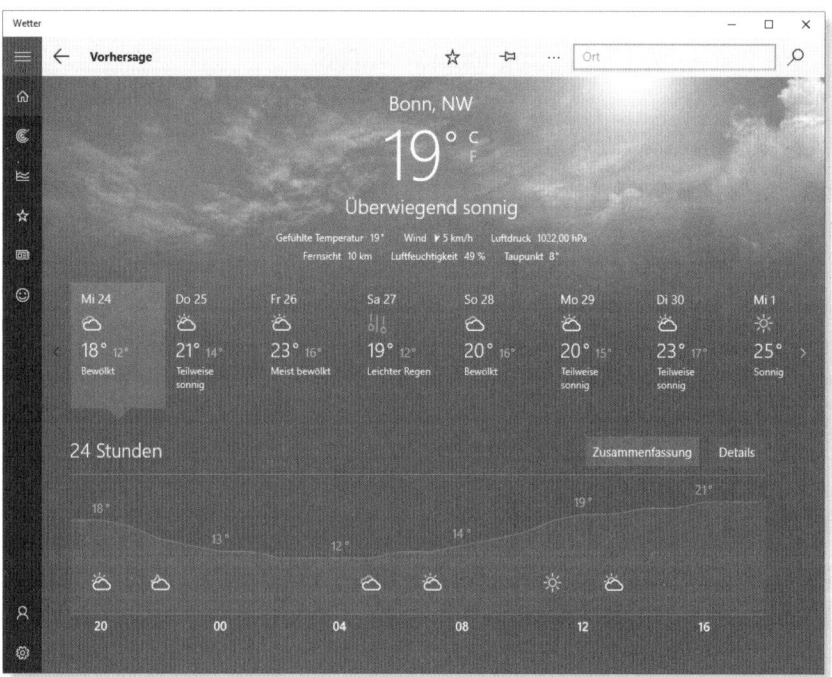

Abbildung 8.1 Wetter-App mit Symbolleiste auf der linken Seite

Zwei wesentliche Unterschiede zwischen Apps und Programmen gibt es dennoch:

- Apps sind ausschließlich über den Windows Store erhältlich. Dorthin gelangen nur solche Apps, welche die Kriterien eines standardisierten Zertifizierungsverfahrens erfüllen, wobei es keine Rolle spielt, ob die App kostenfrei oder gegen Entgelt erhältlich ist. Damit ist praktisch sichergestellt, dass Windows-Store-Apps auf dem Computer keinen Schaden anrichten.

■ Apps werden im Unterschied zu Programmen, bei denen die Installationsdatei vorher auf dem Computer gespeichert werden kann, unmittelbar auf dem Computer installiert. Dies ist Teil des Sicherheitskonzepts von Microsoft und verhindert, dass Apps von dritter Seite manipuliert werden können.

8.1   Apps im Startmenü oder in der Taskleiste verknüpfen

Die Taskleiste von Windows hat letzten Endes den Zweck, auf Elemente, die vom Anwender häufig benötigt werden, schnell zugreifen zu können. Gleiches gilt auch für das Startmenü. Bevorzugte Apps und Programme erscheinen in diesem als Kachel auf der rechten Seite. In der Windows-Sprache heißt das, sie sind an das Startmenü angeheftet.

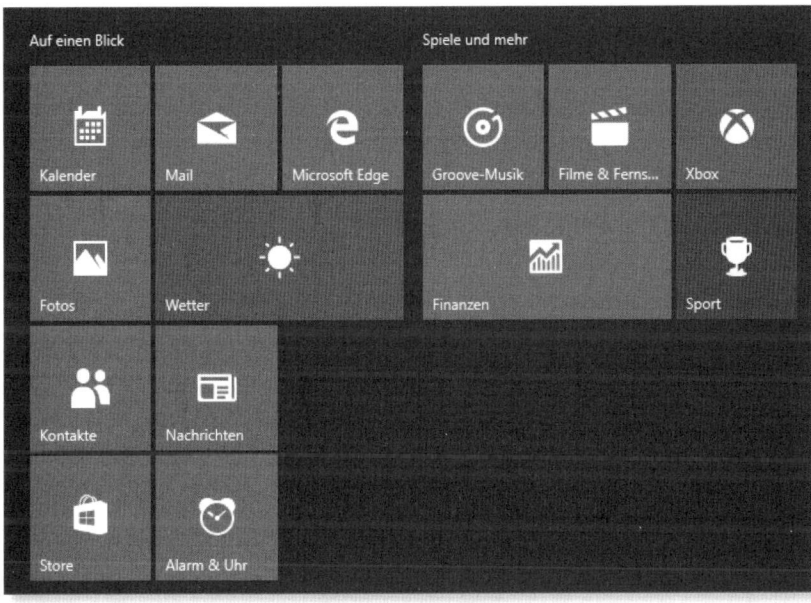

Abbildung 8.2 An das Startmenü angeheftete Apps

Nicht alle vorinstallierten Programme und Apps sind jedoch im Startmenü angeheftet und in der Taskleiste sind es nur der Browser, der Explorer und die Store-App. Auch wenn Sie eine App neu installieren, ist diese zunächst nur als Eintrag auf der linken Seite des Startmenüs – gegebenenfalls erst über die Auswahl von **Alle Apps** – verfügbar. Angeheftet wird eine neu installierte App oder ein neu installiertes Programm automatisch weder an das Startmenü noch an die Taskleiste. Es bleibt also folgerichtig dem Benutzer überlassen, hier eine Auswahl zu treffen.

Möchten Sie für eine App oder ein Programm auf der rechten Seite des Startmenüs eine Kachel oder ein Symbol in der Taskleiste zur Verfügung haben, können Sie dieses im Kontext einer App-Verknüpfung hinzufügen:

- Klicken Sie im Startmenü die App, die Sie in der Taskleiste oder auf der rechten Seite des Startmenüs verfügbar machen wollen, mit der rechten Maustaste an und wählen Sie den entsprechenden Befehl im Kontextmenü: Mit **An „Start" anheften** fügen Sie eine Kachel für die App auf der rechten Seite des Startmenüs, mit **An Taskleiste anheften** ein App-Symbol in der Taskleiste hinzu.

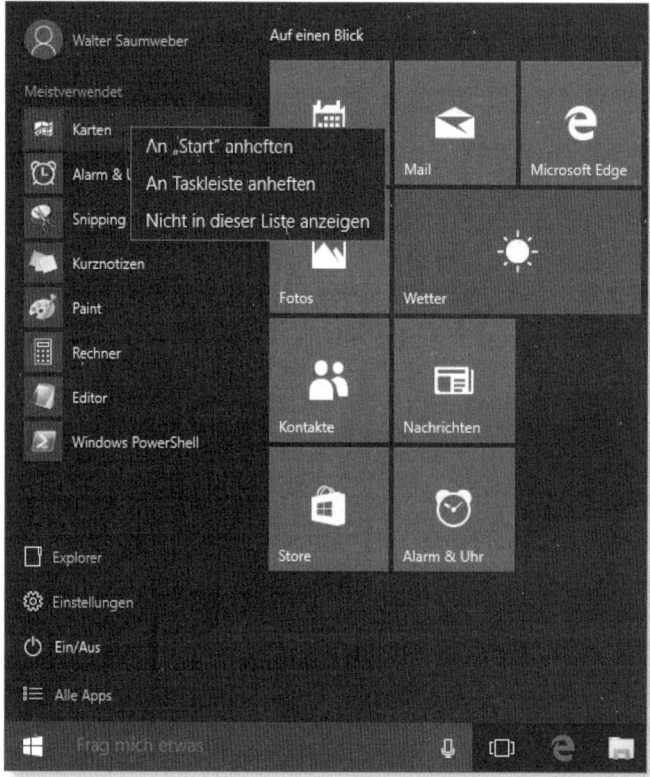

Abbildung 8.3 Die Befehle »An „Start" anheften« und »An Taskleiste anheften« sind nützliche Optionen zur Verknüpfung von Apps im Startmenü.

- Ist die App gerade geöffnet, sodass ein Symbol der App in der Taskleiste erscheint, können Sie dieses mit der rechten Maustaste anklicken und im erscheinenden Kontextmenü den Befehl **Programm an Taskleiste anheften** wählen. Damit wird die App dauerhaft in der Taskleiste verankert. Das heißt, auch nachdem sie beendet wird, bleibt sie dort als Symbol verfügbar.

Abbildung 8.4 Hier wird der Rechner von Windows an die Taskleiste angeheftet.

Ein Befehl zum Anheften an das Startmenü wird in den Kontextmenüs der Taskleiste jedoch nicht angeboten. Um eine App an das Startmenü anzuheften, müssen Sie sich immer direkt dorthin begeben. Übrigens heißt der Befehl in der Taskleiste immer **Programm an Taskleiste anheften**, wobei es keinen Unterschied macht, ob es sich tatsächlich um ein Programm oder um eine App handelt. Möglicherweise wird Microsoft die Bezeichnung noch angleichen, so dass der entsprechende Befehl auch in den Kontextmenüs der Taskleiste korrekterweise **An Taskleiste anheften** lauten wird. Ein funktionaler Unterschied zwischen beiden Befehlen – **An Taskleiste anheften** und **Programm an Taskleiste anheften** – besteht jedenfalls nicht.

▪ Sie können auch jederzeit nach der App oder nach dem Programm suchen, das Sie im Startmenü oder in der Taskleiste anheften wollen. Klicken Sie anschließend mit der rechten Maustaste auf das passende Suchergebnis und wählen Sie den entsprechenden Befehl im erscheinenden Popup-Fenster.

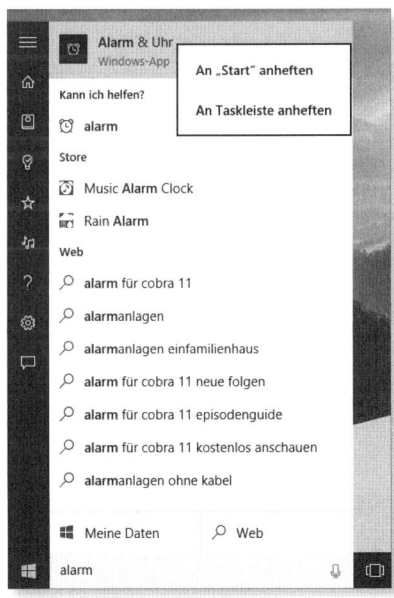

Abbildung 8.5 Anheften von Programmen und Apps über die Suchfunktion

Windows-Tools in der Benutzeroberfläche verfügbar machen

Wie oben erwähnt, sind verschiedene Windows-Tools nicht im Startmenü aufgelistet. Einige können zwar über Verknüpfungen in der Systemsteuerung gestartet
werden, andere erscheinen aber auch hier nicht. Wenn Sie z. B. den Registrierungs-Editor oder das Konfigurationsprogramm MSConfig starten möchten, ist
es praktisch unerlässlich, den Namen zu kennen, um in der Taskleiste danach zu
suchen. Auf diese können Sie auch Windows-Tools an das Startmenü und an die
Taskleiste anheften. Suchen Sie z. B. nach »msconfig«, klicken Sie anschließend
mit der rechten Maustaste auf die angezeigte Symbolverknüpfung und wählen
Sie im erscheinenden Menü die entsprechenden Befehle (**An „Start" anheften**, **An
Taskleiste anheften**).

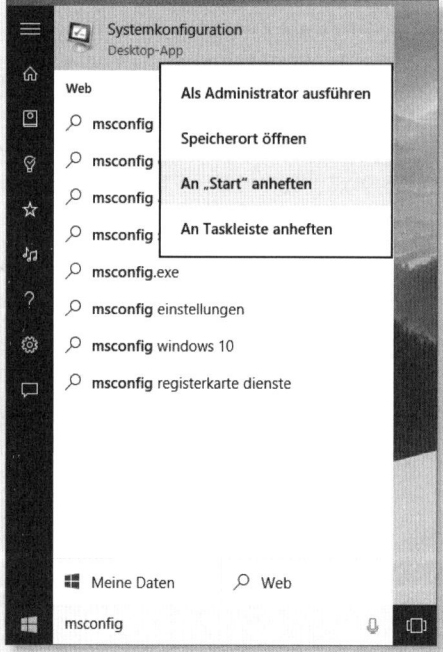

Abbildung 8.6 Auch solche Windows-Tools, die zunächst nicht im Startmenü
erscheinen, können als Symbole in der Taskleiste und als Kacheln auf der
rechten Seite des Startmenüs hinzugefügt werden.

Wenn Sie eine angeheftete App einmal nicht mehr in der Taskleiste oder als Kachel im
Startmenü benötigen, können Sie sie von der Taskleiste bzw. vom Startmenü lösen. Klicken Sie die App mit der rechten Maustaste an und wählen Sie den entsprechenden
Befehl im Kontextmenü (**Von „Start" lösen** bzw. **Von Taskleiste lösen** – in der Taskleiste
lautet der entsprechende Befehl wiederum **Programm von Taskleiste lösen**).

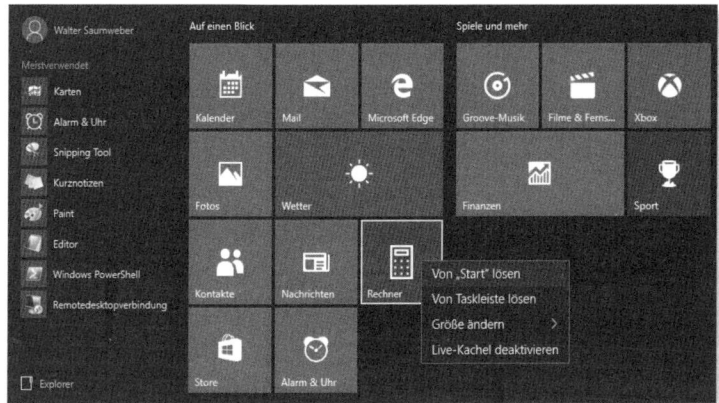

Abbildung 8.7 App vom Startmenü bzw. von der Taskleiste lösen

8.2   Apps aus dem Windows Store installieren

Der Windows Store ist praktisch der Marktplatz für Apps. Für den Zugang zum Windows Store gibt es eine eigene App, die bereits vorinstalliert ist (diese App kann übrigens nicht deinstalliert werden). Sie finden eine Verknüpfung zur Store-App in der Taskleiste von Windows 10, rechts neben dem Explorer-Symbol ❶, sowie im Startmenü als Kachel ❷. Um sich mit dem Windows Store zu verbinden, brauchen Sie die Kachel im Startmenü oder das Symbol in der Taskleiste nur anzuklicken.

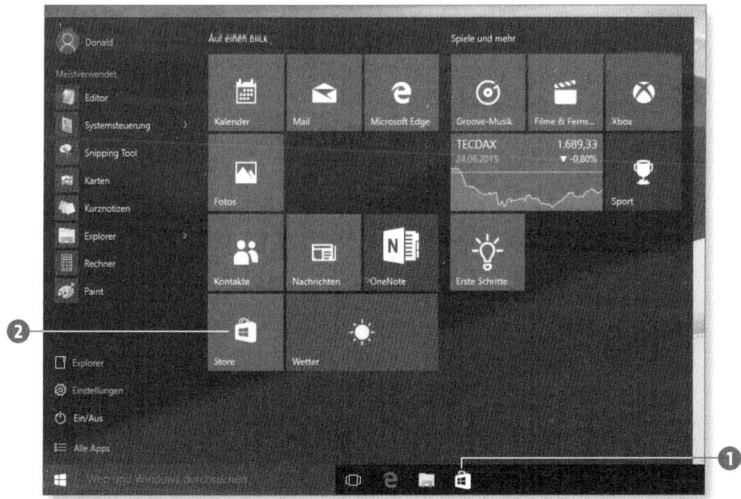

Abbildung 8.8 Sowohl das Startmenü als auch die Taskleiste enthalten standardmäßig Verknüpfungen zum Windows Store.

Abbildung 8.9 zeigt einen Teil der Einstiegsseite der Store-App. Hier haben Sie Zugriff auf Apps aller Couleur – kostenfreie wie kostenpflichtige –, deren Anzahl sich ständig erhöht. Auch Updates für bereits installierte Apps können Sie kostenfrei über den Windows Store beziehen (siehe dazu den Abschnitt 8.5, »App-Updates installieren«, ab Seite 421).

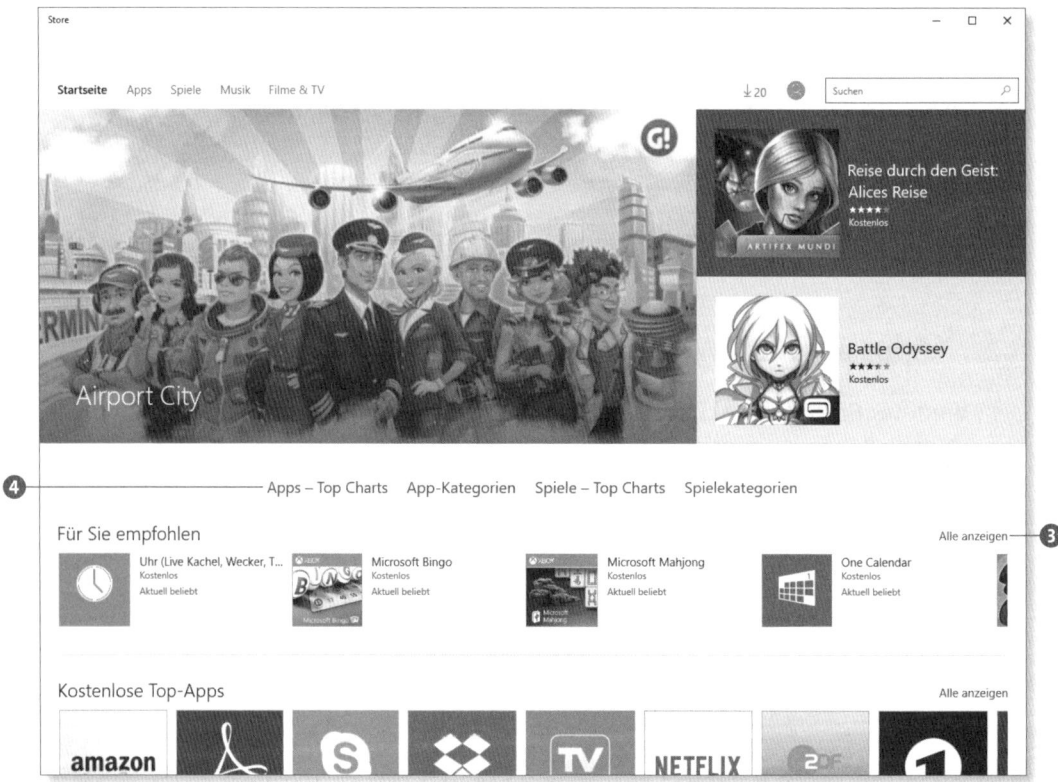

Abbildung 8.9 Einstiegsseite der Store-App

Die zur Verfügung stehenden Apps sind im Windows Store nach allen möglichen Kriterien geordnet – die Einteilung ändert sich allerdings ständig. Zurzeit finden Sie direkt auf der Einstiegsseite Gruppen für empfohlene Apps, kostenlose Top-Apps, Apps, die am besten bewertet wurden, sowie eine Gruppe für kürzlich erschienene Apps.

Wenn Sie innerhalb einer Gruppe auf die Verknüpfung **Alle anzeigen** ❸ klicken, bekommen Sie alle Apps dieser Gruppe zu sehen. Beachten Sie auch die Verknüpfungen **Apps – Top Charts**, **App-Kategorien**, **Spiele – Top Charts**, **Spielekategorien** ❹. Klicken Sie z. B. auf **App-Kategorien** (für Spiele: **Spielekategorien**), wenn Sie nach bestimmten Themengebieten suchen. Auf der Folgeseite können Sie die Kategorien **Behörden & Politik**, **Bildung**, **Bücher & Lexika**, **Dienstprogramme & Tools**, **Essen & Trinken**, **Fotos & Videos** usw. wählen oder sich die Apps in den Gruppen **Top kostenlos**, **Top bezahlt**, **Beste Kritiken**, **Meist verkauft** oder **Neuheiten** anzeigen lassen. Die Kategorien **Top bezahlt** und **Top kostenlos** fassen diejenigen Apps zusammen, die von Microsoft besonders gut bewertet worden sind. Die Platzierung von Apps im Windows Store erfolgt übrigens nicht gegen Gebühr, sondern sie richtet sich allein nach der Bewertung von Microsoft (auch nicht nach den Bewertungen der Anwender). Unter **Neuheiten** finden Sie interessante Apps, die erst kürzlich veröffentlicht worden sind.

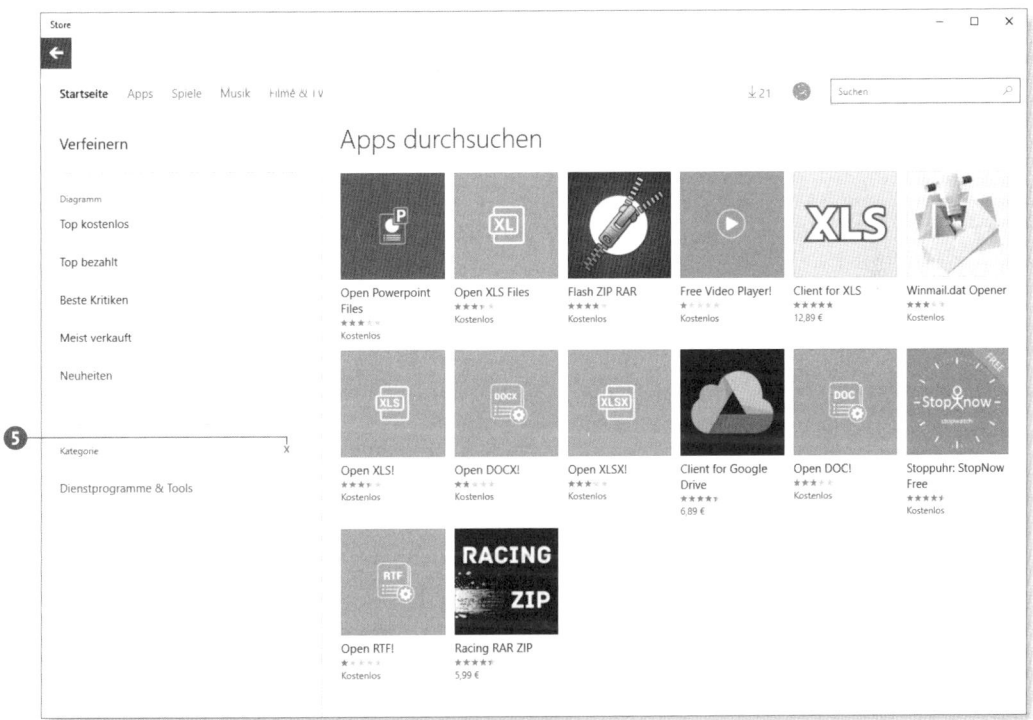

Abbildung 8.10 Apps der Kategorie »Dienstprogramme & Tools« – klicken Sie im linken Bereich auf das kleine Kreuz ❺, wenn Sie wieder alle Kategorien anzeigen wollen.

Über das Suchfeld, rechts oben, können Sie gegebenenfalls gezielt nach bestimmten Apps suchen. Geben Sie den Namen der App oder einen Teil davon ein und klicken Sie anschließend auf das Lupen-Symbol oder drücken Sie ⏎. Sie können aber auch nach allgemeinen Begriffen suchen. Mit der Eingabe von »youtube« finden Sie z.B. solche Apps, die sich in irgendeiner Weise mit der Videoplattform befassen. Das Suchfeld ist auf jeder Ebene der Store-App vorhanden, auf der Einstiegsseite sowie innerhalb von

Kategorien. Groß- und Kleinschreibung spielen bei der Suche im Windows Store übrigens keine Rolle, so dass Sie z. B. mit den Suchbegriffen »Player« und »player« die gleichen Ergebnisse erhalten.

INFO

Im Windows Store navigieren

Wie gezeigt, können Sie sich im Windows Store zwischen mehreren Ebenen bewegen, z.B. der Einstiegsseite (Startseite), den Kategorieseiten und schließlich den Beschreibungsseiten der einzelnen Apps. Mit dem Zurück-Symbol ❶, das sich in der linken oberen Ecke befindet, gelangen Sie jeweils eine Ebene zurück. Über die Verknüpfung **Startseite** ❷ kehren Sie – z. B. von einer App-Beschreibungsseite, die Sie über mehrere Stationen aufgerufen haben – direkt auf die Einstiegsseite zurück.

Abbildung 8.11 Innerhalb des Windows Store können Sie schnell zwischen verschiedenen Ebenen wechseln.

Wenn der Inhalt nicht vollständig auf die Seite passt – was in der Regel der Fall sein wird –, können Sie nach unten scrollen. Beachten Sie jedoch, dass die Scrollbalken oft erst erscheinen, wenn die Maus in die entsprechende Richtung bewegt wird. Bei Touchscreens können Sie mit dem Finger in die entgegengesetzte Richtung, also nach oben und wieder nach unten, wischen.

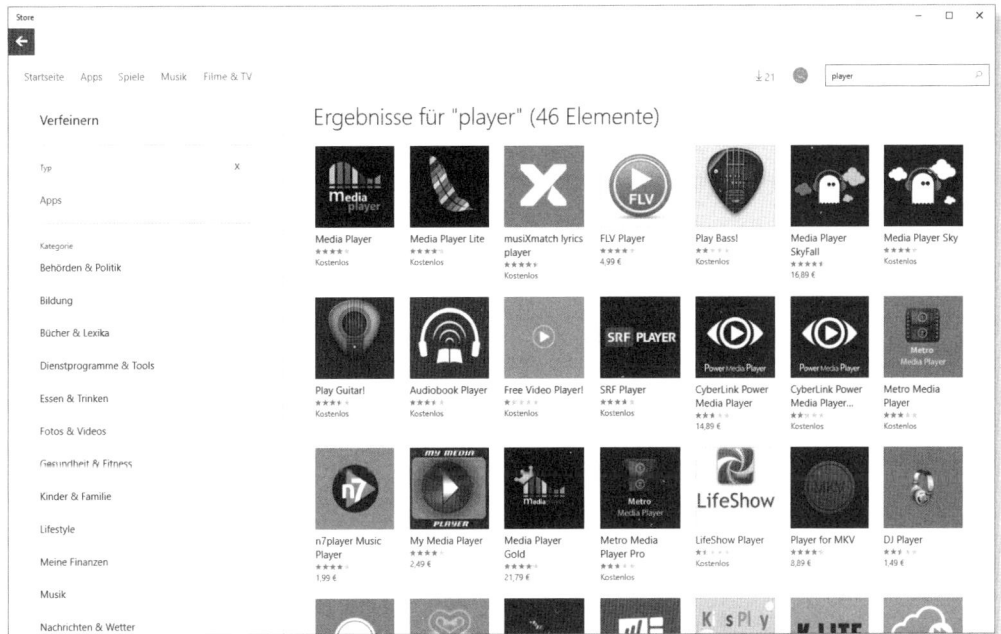

Abbildung 8.12 Die Suche nach »player« liefert 46 Treffer – die Zahl wird sich wohl in absehbarer Zeit rapide erhöhen.

Lassen Sie uns an dieser Stelle beispielhaft die sehr gut bewertete und kostenfrei erhältliche App *English Words Practice* installieren. Mit dieser App können Sie Ihren Englisch-Wortschatz verbessern oder auffrischen. Sie können aber auch jede andere App aus dem Windows Store wählen, die erforderlichen Schritte sind die gleichen.

Führen Sie folgende Schritte durch, um die English-Words-Practice-App oder eine andere App auf Ihren Computer zu installieren:

1 Klicken Sie in der Taskleiste von Windows 10 auf das Symbol der Store-App, um diese zu starten.

2 Geben Sie am besten den Namen der App (»English Words Practice«) in das Suchfeld der Store-App ❶ ein und drücken Sie ⏎ . Oder suchen Sie sich im Store eine andere App aus, die Sie installieren wollen.

3 Klicken Sie auf die Kachel der App ❷. Damit öffnen Sie ihre Beschreibungsseite.

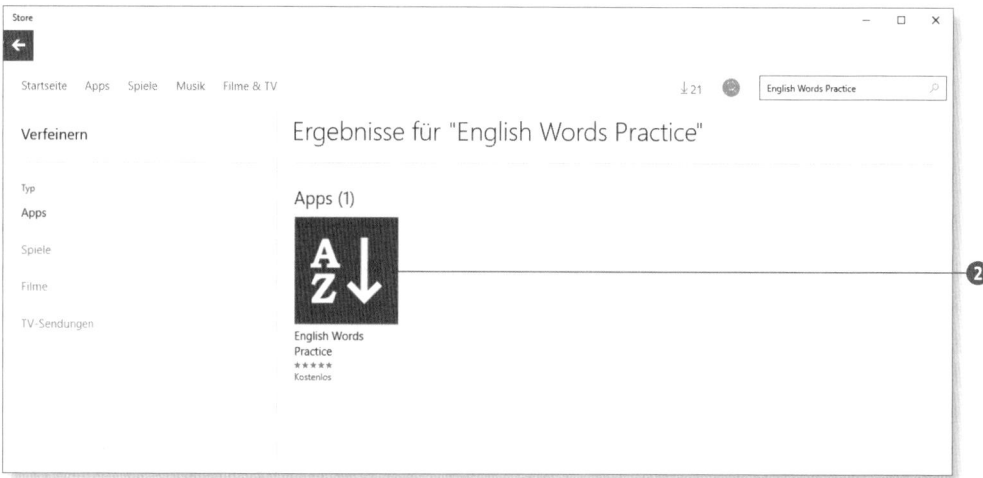

4 Auf der erscheinenden Seite finden Sie umfassende Informationen über die ausgewählte App. Klicken Sie gegebenenfalls auf die Verknüpfung **Mehr** ❸, um noch mehr über die App und ihre Features zu erfahren. Ein Klick auf eines der Bildschirmfotos startet eine kleine Vorschau, so dass Sie sich ein Bild von der Funktionsweise der App machen können.

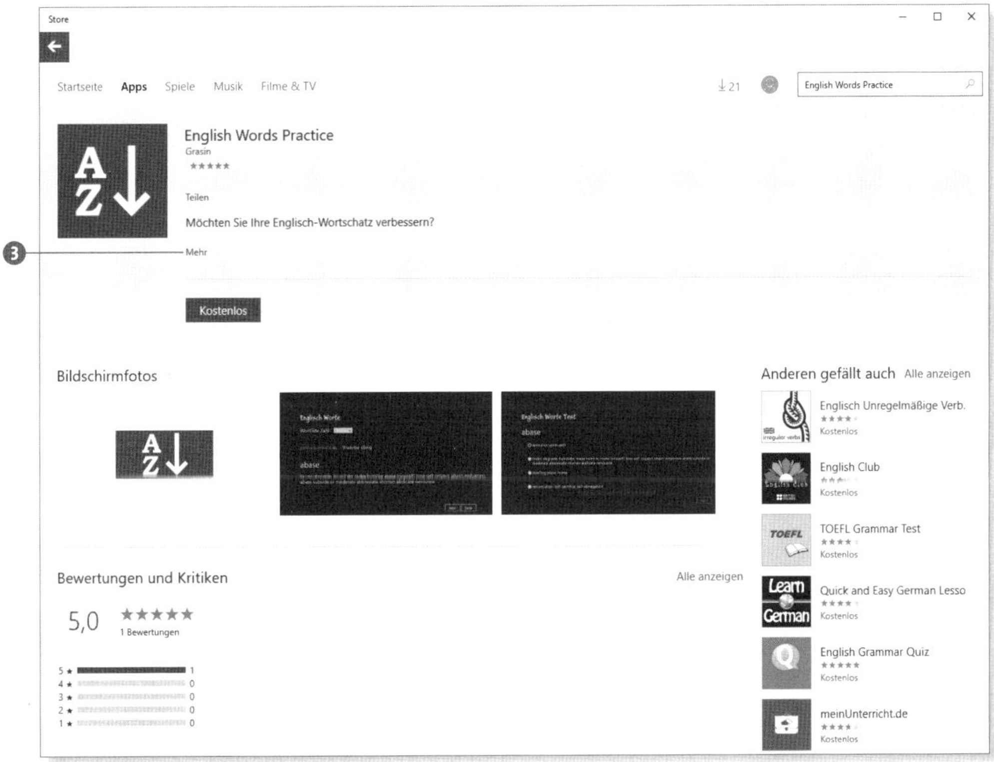

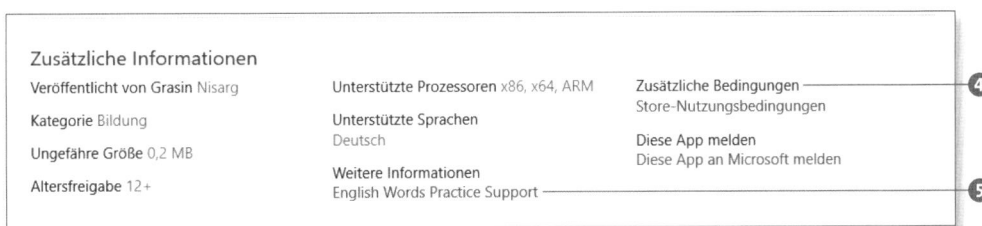

Der unterste, mit **Zusätzliche Informationen** betitelte Abschnitt zeigt die Entwickler der App, den von der installierten App beanspruchten Speicherplatz, die Altersfreigabe, die unterstützten Sprachen, eventuelle Systemvoraussetzungen (unterstützte Prozessoren) unter anderem. Hier können Sie sich auch die Nutzungsbedingungen anzeigen lassen ❹ und bei den meisten Apps findet sich hier auch eine Verknüpfung zum Support ❺. Scrollen Sie die Anzeige gegebenenfalls nach unten, um den Abschnitt mit den zusätzlichen Informationen zu sehen.

Zusätzliche Informationen

Veröffentlicht von Grasin Nisarg	Unterstützte Prozessoren x86, x64, ARM	Zusätzliche Bedingungen
Kategorie Bildung	Unterstützte Sprachen	Store-Nutzungsbedingungen
Ungefähre Größe 0,2 MB	Deutsch	Diese App melden
Altersfreigabe 12+	Weitere Informationen	Diese App an Microsoft melden
	English Words Practice Support	

5 Klicken Sie schließlich auf die Schaltfläche **Kostenlos**, um die Installation der English-Words-Practice-App zu starten ❻ (bei kostenpflichtigen Apps steht auf der Schaltfläche der Preis). Mit der Installation erklären Sie gleichzeitig Ihr Einverständnis mit den Nutzungsbedingungen.

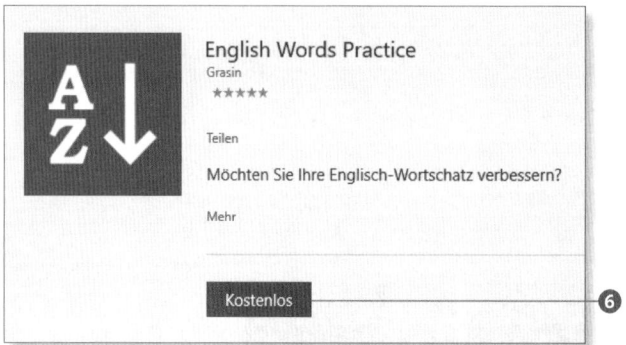

Mehr brauchen Sie nicht zu tun – die App installiert sich jetzt automatisch. Beachten Sie, dass die App mit der Installation nicht automatisch an die Startseite oder an die Taskleiste angeheftet wird. Sie erscheint aber im Startmenü auf der linken Seite unter **Zuletzt hinzugefügt** und natürlich in der alphabetischen Anordnung, die Sie über **Alle Apps** anzeigen können. Verfahren Sie gegebenenfalls wie in Abschnitt 8.1, »Apps im Startmenü oder in der Taskleiste verknüpfen«, ab Seite 405 beschrieben, wenn Sie die App in der Taskleiste hinzufügen oder im Startmenü anheften wollen.

Abbildung 8.13 Für neu installierte Apps enthält das Startmenü einen eigenen Abschnitt.

8.3   Zahlungsmethode für den Kauf von Apps festlegen

Für den Kauf von kostenpflichtigen Apps können Sie in der Store-App eine Zahlungsmethode hinterlegen. Gehen Sie dabei folgendermaßen vor:

1 Öffnen Sie die Store-App, indem Sie in der Taskleiste auf das entsprechende Symbol
klicken.

2 Klicken Sie auf das Symbol, das sich links neben dem Suchfeld befindet ❶. Wählen
Sie **Gekauft** im erscheinenden Popup-Fenster.

3 Der Microsoft-Edge-Browser startet mit der geladenen Webseite von Microsoft.com.
Klicken Sie auf **Zahlungsoptionen** ❷.

4 Geben Sie auf der nächsten Seite das Kennwort Ihres Microsoft-Kontos ein und klicken Sie auf **Anmelden**.

5 Klicken Sie unter **Zahlungsoption auswählen** auf **Zahlungsoption hinzufügen ❸**.

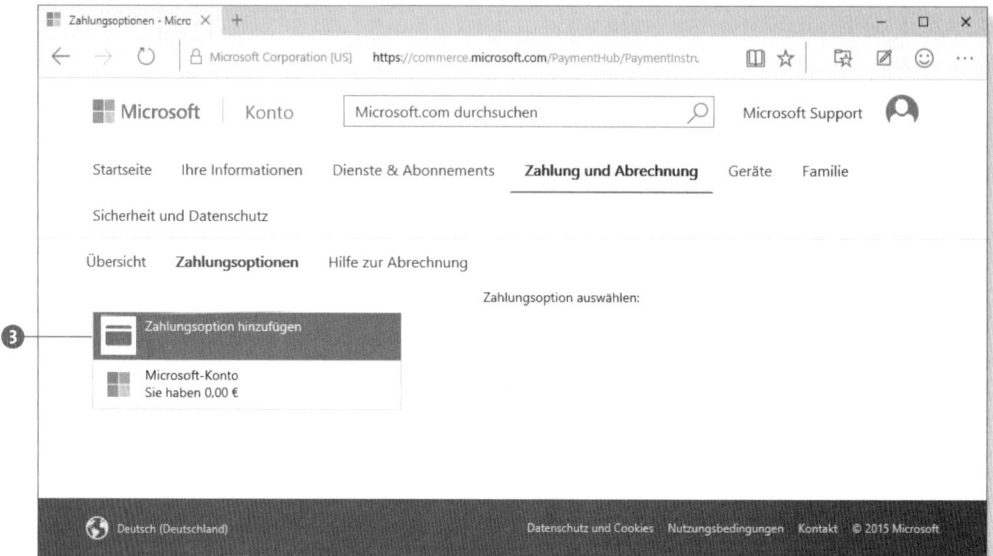

6 Sie können mit einer Visa-, MasterCard- oder American-Express-Kreditkarte bezahlen oder über PayPal. Geben Sie auf der Seite die erforderlichen Daten ein (Rechnungsadresse, Name, E-Mail, bei Kreditkartenzahlung Kreditkartennummer, Ablaufdatum der Kreditkarte, Kreditkartenprüfnummer etc. – gegebenenfalls müssen Sie etwas nach unten scrollen, um alle Felder zu sehen). Pflichtfelder sind mit einem roten Sternchen versehen, die anderen Felder brauchen Sie nicht unbedingt auszufüllen.

7 Klicken Sie ganz unten auf die Schaltfläche **Absenden**, um die angegebene Zahlungsmethode an Microsoft zu übermitteln.

8.4   Apps unter einem lokalen Konto installieren

Sie benötigen zwar ein Microsoft-Konto, um Apps aus dem Windows Store zu installieren, Sie müssen jedoch nicht unbedingt mit einem Microsoft-Konto am Computer angemeldet sein, wenn Sie dies tun. Wenn Sie mit einem lokalen Benutzerkonto am Computer angemeldet sind, gestaltet sich die Installation von Windows-Store-Apps wie folgt:

1 Navigieren Sie im Windows Store zu der App, die Sie installieren wollen. Klicken Sie auf die Kachel der App, um die Beschreibungsseite anzuzeigen. Klicken Sie hier auf die Schaltfläche **Kostenlos** ➊ bzw. bei kostenpflichtigen Apps auf die Schaltfläche mit dem Preis.

2 Geben Sie auf der nun erscheinenden Eingabemaske E-Mail-Adresse und Kennwort eines Microsoft-Kontos ein. Es ist nicht notwendig, dass auf dem Computer ein entsprechendes Benutzerkonto eingerichtet ist. Wenn Sie über mehrere Microsoft-Konten verfügen, spielt es also keine Rolle, welches davon Sie zur Installation von Apps verwenden.

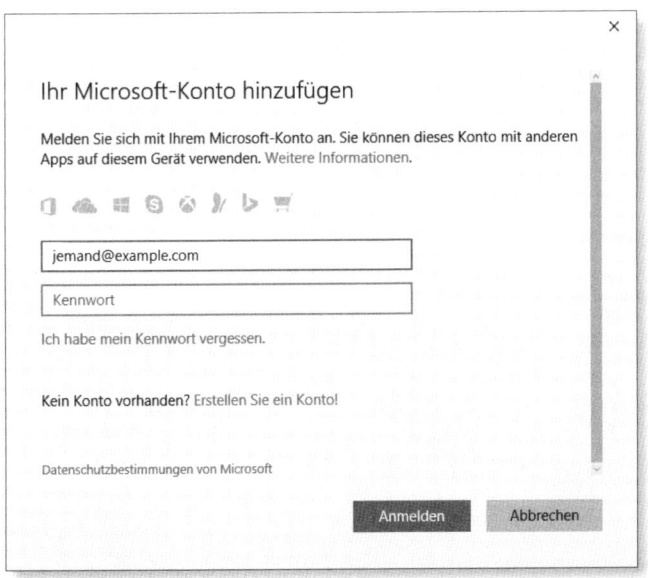

3 Windows legt Ihnen nun nahe, für die Arbeit am Computer zu dem im letzten Schritt angegebenen Microsoft-Konto zu wechseln. In diesem Fall müssen Sie zunächst das Kennwort Ihres aktuellen lokalen Benutzerkontos angeben (**Ihr Windows-Kennwort**). Lassen Sie das Eingabefeld leer, wenn Sie mit Ihrem lokalen Benutzerkonto am Computer weiterarbeiten wollen. Klicken Sie stattdessen unterhalb des Eingabefeldes auf die Verknüpfung **Ich verbinde mein Microsoft-Konto später ❷**.

4 Die App wird daraufhin installiert. Windows merkt sich das angegebene Microsoft-Konto, so dass Sie E-Mail-Adresse und Kennwort bei der Installation weiterer Apps zukünftig nicht mehr anzugeben brauchen.

Sollte die Installation zu lange dauern, kehren Sie am besten zurück zur Startseite und rufen die App-Seite erneut auf. Die Schaltfläche ist jetzt mit **Installieren** beschriftet und darunter erscheint die Information, dass Sie die App bereits erworben haben und nun auf den Computer installieren können. Klicken Sie auf die Schaltfläche, um die Installation erneut zu starten. Der Vorgang wird jetzt vermutlich nur ein paar Sekunden dauern.

8.5   App-Updates installieren

Die meisten Herausgeber von Apps stellen von Zeit zu Zeit Aktualisierungen zur Verfügung, z. B. um den Apps neue Features hinzuzufügen. Es ist also in jedem Fall sinnvoll, App-Updates regelmäßig zu installieren. Bis dato werden unter Windows 10 App-Updates nicht automatisch installiert. Diese Einstellung können Sie folgendermaßen ändern:

1 Starten Sie die Store-App, indem Sie die App-Kachel in der Taskleiste anklicken.

2 Klicken Sie im Windows Store auf das Symbol neben dem Suchfeld ❶. Wählen Sie **Einstellungen** ❷ im erscheinenden Popup-Fenster.

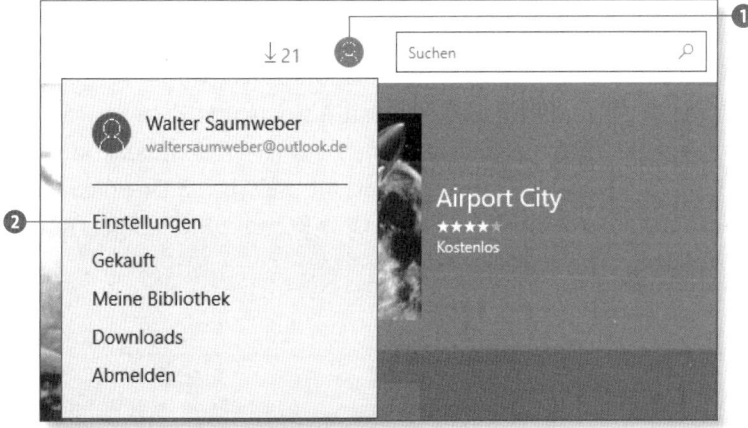

3 Stellen Sie den Schalter unter **Apps automatisch aktualisieren** auf **Ein** ❸. Klicken Sie einfach einmal auf den Schalter, um dessen Einstellung zu ändern.

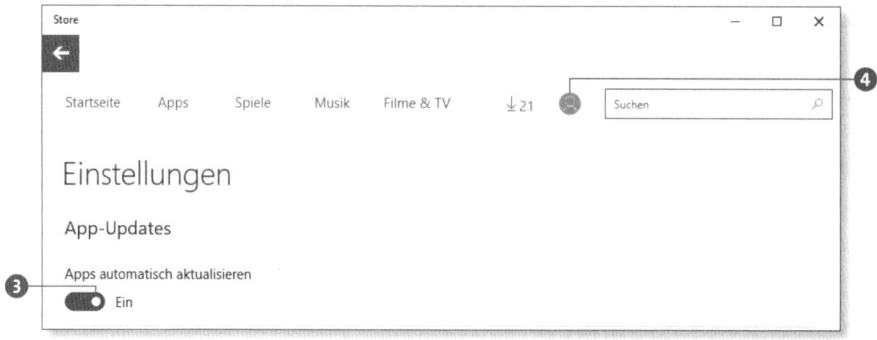

Unabhängig davon, ob die automatische Installation von App-Updates ein- oder ausgeschaltet ist, können Sie jederzeit manuell nach App-Updates suchen und diese installieren. Klicken Sie dazu wiederum auf das besagte Symbol, links neben dem Suchfeld, und wählen Sie diesmal **Downloads**. Alternativ klicken Sie auf das Symbol mit dem nach unten weisenden Pfeil und der Zahl daneben ❹ – sie zeigt die Anzahl der anstehenden App-Updates.

INFO

App-Updates unter einem lokalen Konto installieren

Wenn Sie mit einem lokalen Benutzerkonto am Computer angemeldet sind, können Sie App-Updates eventuell erst beziehen, nachdem Sie sich mit einem Microsoft-Konto »angemeldet« haben. Klicken Sie auf das Symbol neben dem Suchfeld – es sieht unter einem lokalen Konto etwas anders aus – und im Popup-Fenster auf **Anmelden**. Geben Sie anschließend E-Mail-Adresse und Kennwort Ihres Microsoft-Kontos an und klicken Sie auf **Speichern**. Das besagte Symbol ändert daraufhin sein Aussehen und das Popup-Fenster enthält die Option **Downloads**. Dessen ungeachtet erfolgt kein Wechsel zum Microsoft-Konto – Sie bleiben mit Ihrem lokalen Benutzerkonto am Computer angemeldet.

Abbildung 8.14 Wenn Sie mit einem lokalen Benutzerkonto am Computer arbeiten, müssen Sie sich möglicherweise erst mit einem Microsoft-Konto anmelden, um die App-Update-Funktionen nutzen zu können.

Auf der erscheinenden Dialogseite **Downloads und Installationen** sehen Sie, für welche Apps Updates anstehen ❺. Die Gesamtzahl erscheint auch hier in runden Klammern unterhalb der Schaltfläche **Nach Updates suchen** ❻. Möchten Sie unbesehen alle Apps aktualisieren, klicken Sie auf die Schaltfläche **Alle aktualisieren** ❼. Möchten Sie ein Update von der Installation ausnehmen, klicken Sie am Ende der betreffenden Zeile auf den nach unten weisenden Pfeil ❽ (wenn die Installation bereits im Gang ist, erscheinen hier ein kleines Kreuz zum Beenden sowie das bekannte Pause-Symbol zum Anhalten der Installation). Per Klick auf die Schaltfläche **Nach Updates suchen** können Sie die Suche erneut starten.

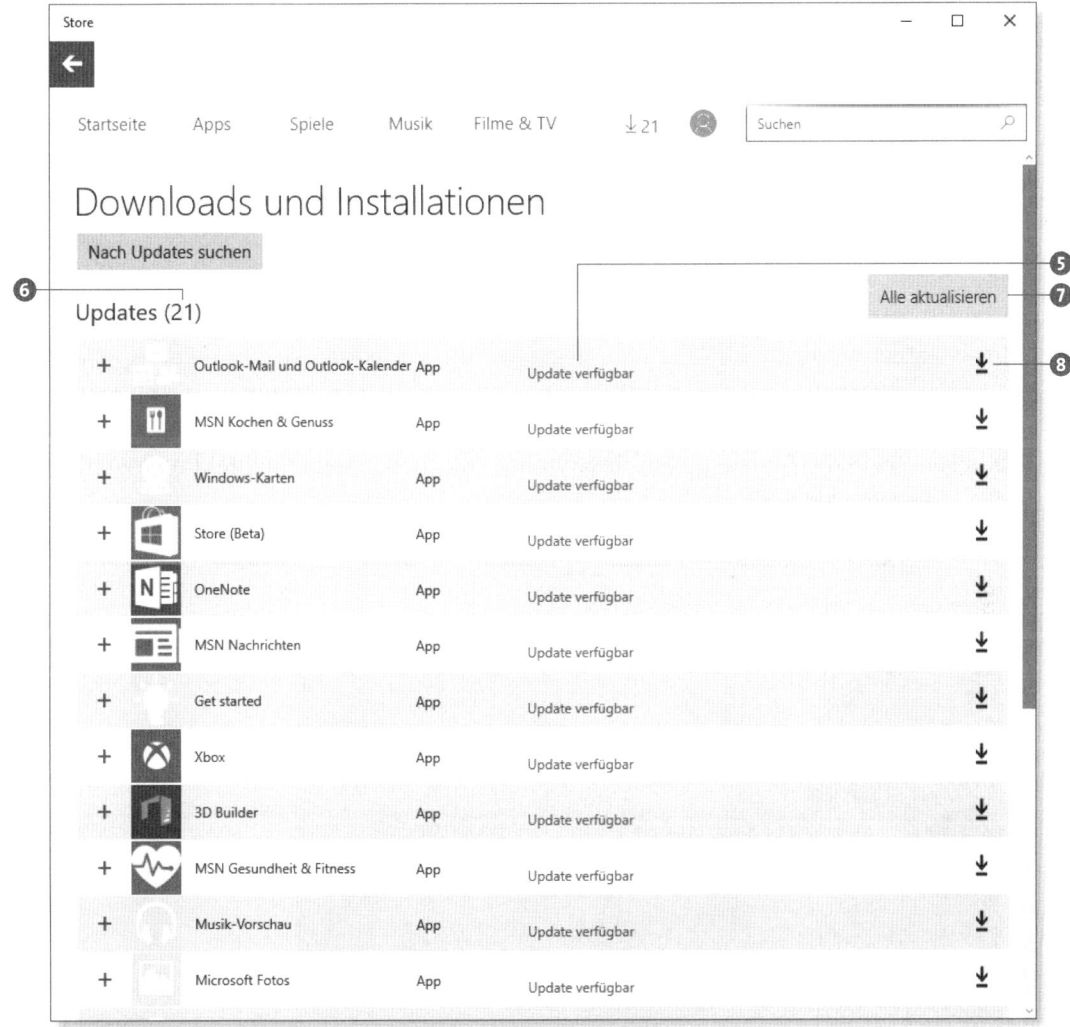

Abbildung 8.15 Übersicht über die zur Verfügung stehenden App-Updates

8.6   Apps deinstallieren

Wenn Sie eine installierte Windows-Store-App einmal nicht mehr benötigen, können Sie diese problemlos deinstallieren. Klicken Sie die App im Startmenü mit der rechten Maustaste an und wählen Sie den Befehl **Deinstallieren** im erscheinenden Kontextmenü. Bestätigen Sie die beabsichtigte Aktion, indem Sie im erscheinenden Popup-Fenster erneut auf **Deinstallieren** klicken. Danach wird die App deinstalliert. Der Vorgang dauert in der Regel nur wenige Sekunden.

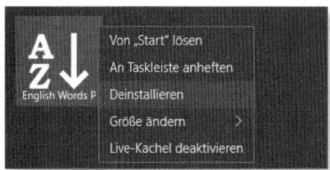

Abbildung 8.16 Die Deinstallation von Windows-Store-Apps erweist sich als noch problemloser als die von Programmen.

Deinstallierte Apps sind übrigens nicht verloren, so dass Sie erneut dafür bezahlen müssten, wenn Sie diese ein zweites Mal auf den aktuellen oder einen anderen Computer installieren möchten. Gehen Sie gegebenenfalls wie folgt vor, um eine App, die Sie bereits – kostenfrei oder kostenpflichtig – erworben hatten, erneut zu installieren:

1 Klicken Sie in der Store-App auf das Symbol links neben dem Suchfeld und wählen Sie **Meine Bibliothek ❶**.

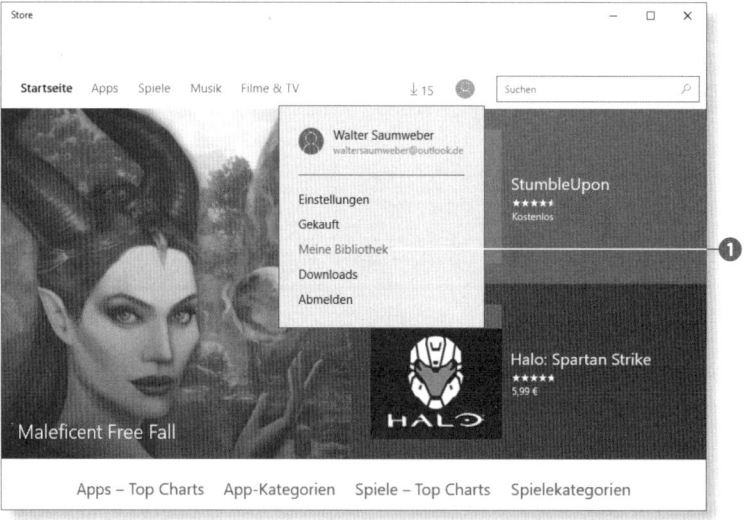

2 Ihre Bibliothek listet alle Apps auf, die Sie im Windows Store irgendwann erworben und aktuell nicht installiert haben. Klicken Sie gegebenenfalls auf **Alle anzeigen** ❷, um die Anzeige zu aktualisieren.

3 Klicken Sie auf die App, die Sie installieren wollen ❸.

4 Klicken Sie auf der erscheinenden App-Seite auf die Schaltfläche **Installieren** ❹. Daraufhin wird die App auf den aktuellen Computer installiert.

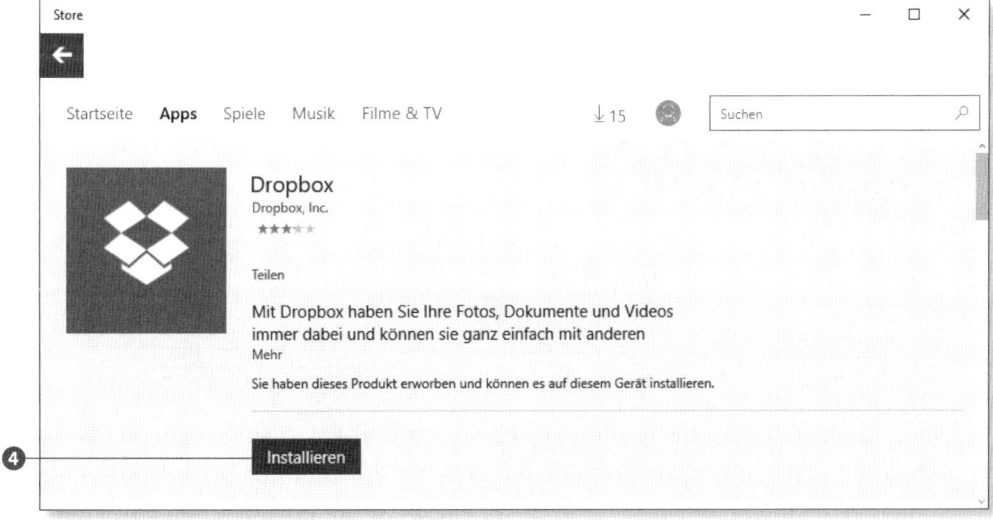

8.7   Programme installieren

Klassische Programme werden in der Regel von einer CD oder DVD, aus dem Internet oder über ein Netzwerk installiert. Die Installation setzen Sie in Gang, indem Sie eine Setup-Datei starten. Der Dateiname lautet in den meisten Fällen **setup.exe** oder **install. exe** (ebenfalls ausführbar sind Windows-Installer-Dateien, diese haben die Erweiterung **.msi**). Standardmäßig startet die Setup-Datei automatisch, wenn Sie eine CD oder DVD in das entsprechende Laufwerk einlegen. Andernfalls können Sie die Setup-Datei z. B. starten, indem Sie im Explorer doppelt auf den Dateinamen klicken. Wenn Sie ein Programm aus dem Internet installieren, haben Sie die Wahl, die Installationsdatei zunächst auf den Computer zu speichern oder sofort auszuführen.

Nach dem Start der Setup-Datei erscheint ein Assistent, der Sie bei den weiteren Installationsschritten unterstützt. Beispielhaft seien hier die erforderlichen Schritte genannt, um Microsoft Office 2013 von einer DVD sowie den Videoplayer VLC aus dem Internet zu installieren. Bei Office 2013 handelt es sich um ein Programmpaket, das Word, Excel, PowerPoint, OneNote und je nach Edition noch weitere Programme enthält. Hier die erforderlichen Installationsschritte:

1 Legen Sie den Installationsdatenträger in das DVD-Laufwerk Ihres Computers ein.

2 Klicken Sie auf die angezeigte Benachrichtigung ❶. Wählen Sie anschließend im erscheinenden Popup-Fenster die Option **SETUP.EXE ausführen** ❷.

Wenn die Installation nicht automatisch startet und keine entsprechende Benachrichtigung erscheint, navigieren Sie im Explorer zu Ihrem DVD-Laufwerk, klicken es mit der rechten Maustaste an und wählen im aufklappenden Kontextmenü den Befehl **Programm installieren oder ausführen** ❸.

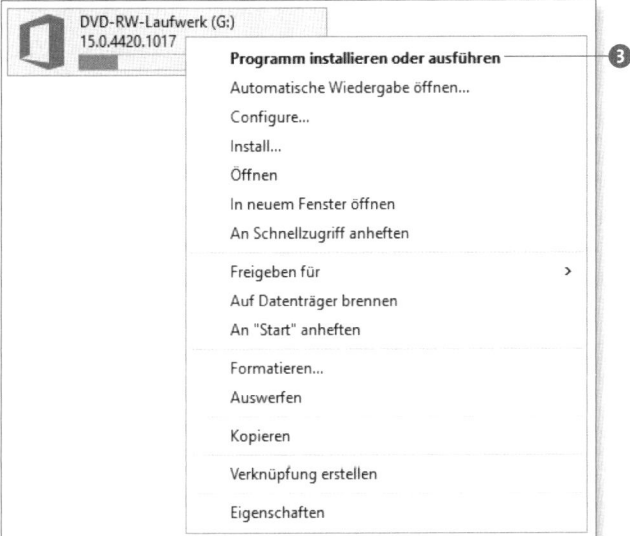

3 Bestätigen Sie die Rückfrage der **Benutzerkontensteuerung** (*Möchten Sie zulassen, dass durch diese App Änderungen an Ihrem PC vorgenommen werden?*) mit **Ja**.

4 Daraufhin erscheint der Installationsassistent. Hier müssen Sie zunächst den Lizenzbedingungen zustimmen, um die Installation fortsetzen zu können. Aktivieren Sie dazu das untere Kontrollkästchen ❹ und klicken Sie anschließend auf **Weiter**.

5 Um die standardmäßigen Features des Programmpakets zu installieren, klicken Sie auf der nächsten Seite des Assistenten auf die Schaltfläche **Jetzt installieren**. Machen Sie in diesem Fall mit Schritt 9 weiter.

Klicken Sie dagegen auf die Schaltfläche **Anpassen**, wenn Sie die zu installierenden Elemente selbst auswählen möchten, und folgen Sie daraufhin der weiteren Schrittfolge.

6 Wenn Sie im letzten Schritt **Anpassen** gewählt haben, erscheint nun eine detaillierte Auflistung aller Office-Programme, die mit dem Paket installiert werden können. Die Programme, die vollständig – also zusammen mit allen Features – installiert werden, sind hier weiß hinterlegt (in der folgenden Abbildung ist das z. B. bei Microsoft Access und Microsoft Excel der Fall). Bei den Programmen mit grauem Hintergrund werden einige Features nicht installiert. Erweitern Sie gegebenenfalls den Knoten neben einem Programm ❺, um dessen Features zu sehen. Klicken Sie neben einem Element auf die kleine Schaltfläche mit der nach unten weisenden Pfeilspitze ❻, um für das Element ein Menü mit den Optionen **Von „Arbeitsplatz" ausführen**, **Alle von Arbeitsplatz" ausführen**, **Bei der ersten Verwendung installiert**, **Nicht verfügbar** einzublenden. Wählen Sie für ein Programm oder für ein Programmfeature, das Sie von der Installation ausnehmen wollen, **Nicht verfügbar** bzw. wählen Sie **Von „Arbeitsplatz" ausführen**, um ein Programm oder ein Programmfeature in die Installation aufzunehmen.

7 Auf der Registerkarte **Dateispeicherort** ❼ können Sie gegebenenfalls einen anderen Zielordner für die Installation festlegen (standardmäßig wird Office in einem Unterordner **Microsoft Office** des Programmverzeichnisses installiert, z. B. in **C:\Program Files (x86)\Microsoft Office**).

8 Klicken Sie auf die Schaltfläche **Jetzt installieren** ❽, nachdem Sie alle Einstellungen getroffen haben.

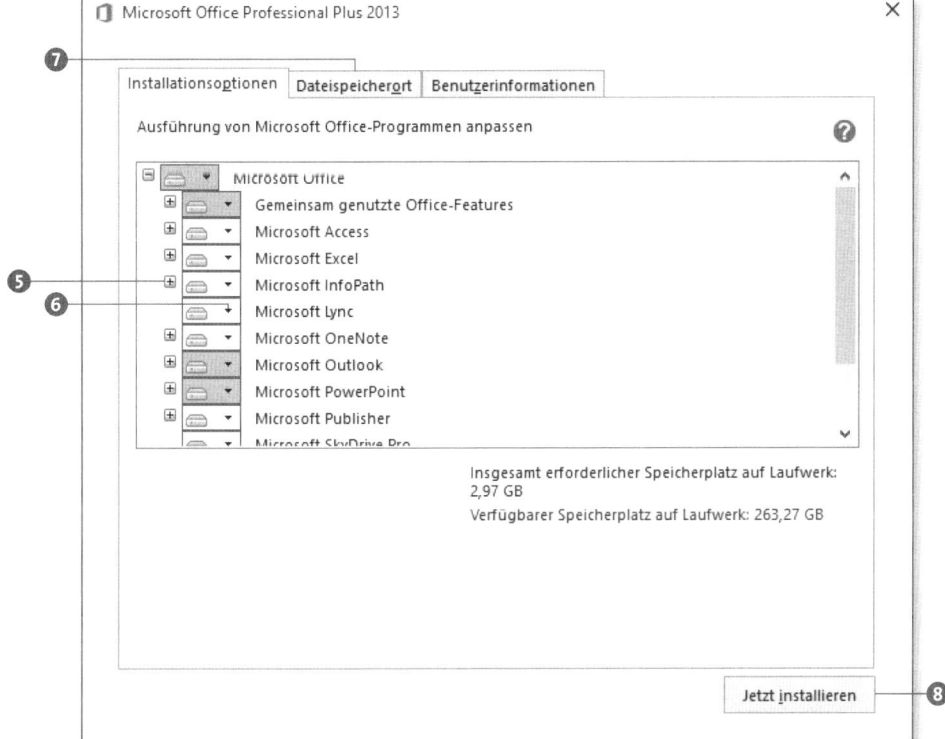

9 Microsoft Office wird nun mit den gewählten Komponenten auf den Computer installiert. Den aktuellen Stand der Installation gibt eine Fortschrittsanzeige wieder. Wenn der Vorgang beendet ist, zeigt der Assistent eine entsprechende Meldung an. Klicken Sie auf **Schließen** ❾, um den Assistenten zu beenden, oder klicken Sie dazu auf die Schaltfläche **Online fortsetzen** ❿, wenn Sie anschließend im Browser die Internetseite *http://office.microsoft.com* mit einer Einführung zu den Office-Programmen sehen möchten.

Der VLC Player ist ein kostenfrei erhältlicher, besonders leistungsfähiger Videoplayer, der alle gängigen Video- und Audioformate unterstützt und bei dem sämtliche Codecs bereits integriert sind. Das heißt, Sie können im VLC Player auch solche Videos abspielen, bei denen dies mit anderen Playern am Fehlen eines Codecs scheitert. Hier die erforderlichen Schritte zur Installation des VLC Players:

1 Rufen Sie im Browser die Internetseite *http://www.vlc.de* auf.

2 Klicken Sie auf der geladenen Internetseite auf die **Download**-Schaltfläche ❶.

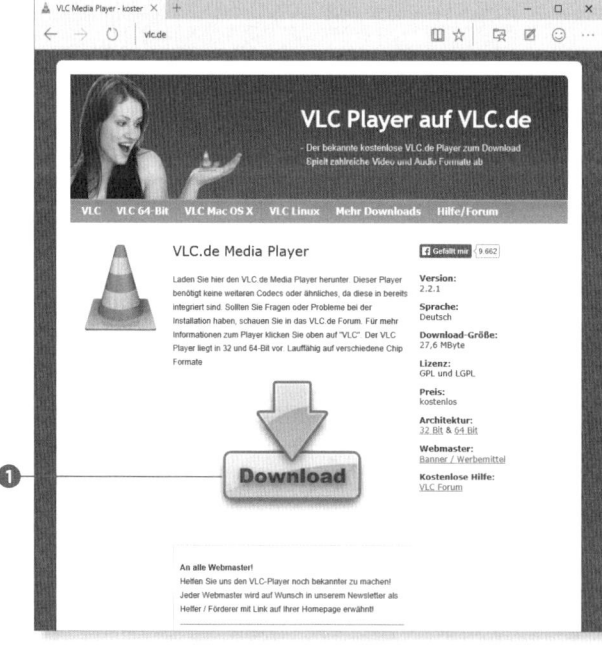

3 Auf 64-Bit-Betriebssystemen haben Sie jetzt die Wahl, den Player in der 32-Bit-
oder in der 64-Bit-Version zu installieren. Im ersteren Fall klicken Sie direkt auf die
Schaltfläche **Download starten** ❷. Um die 64-Bit-Version zu installieren, klicken Sie
zunächst auf die Verknüpfung **hier** ❸ und anschließend auf die Schaltfläche **Download starten**.

4 Die VLC-Installationsdatei wird nun gespeichert, standardmäßig im Ordner **Downloads** Ihres Benutzerverzeichnisses. Nach dem Speichern erscheinen in der unteren
Leiste die Schaltflächen **Ausführen** und **Downloads anzeigen**. Über **Downloads anzeigen** können Sie den Ordner öffnen, in dem die Installationsdatei gespeichert ist. Sie
können die Installation später jederzeit im Explorer durch Doppelklick auf die Datei
starten. Klicken Sie in der unteren Leiste auf **Ausführen** ❹, um den VLC Player sofort
zu installieren.

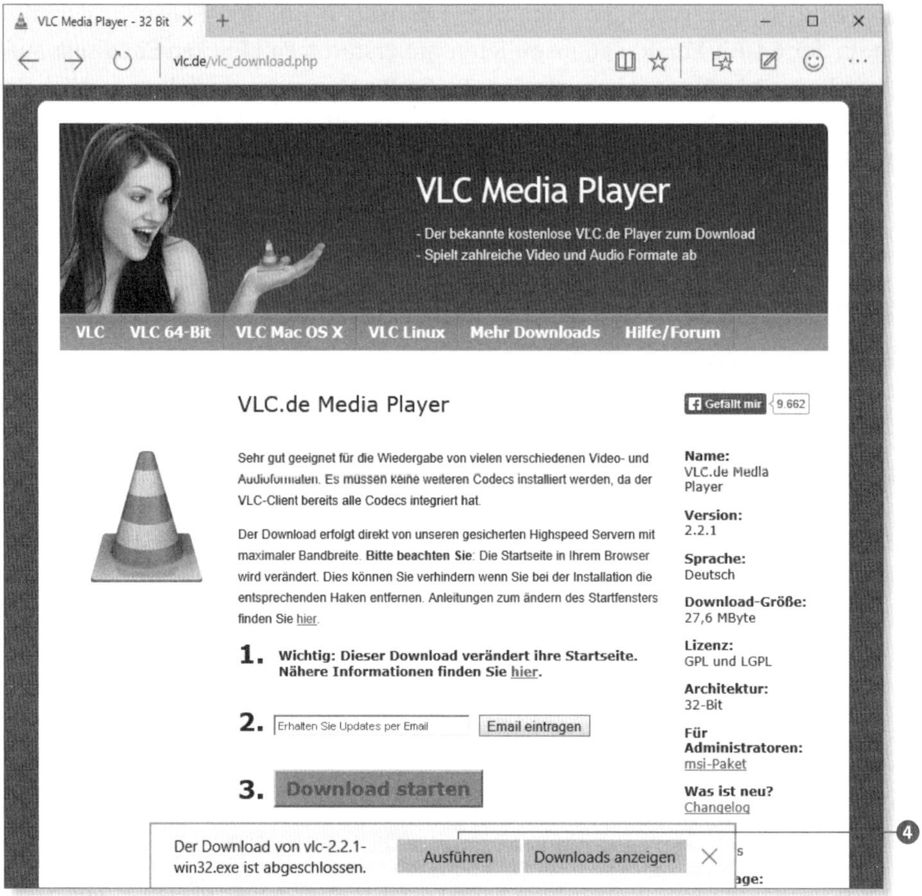

5 Bestätigen Sie die Rückfrage der **Benutzerkontensteuerung** mit Ja.

6 Nach einer kurzen Ladezeit erscheint das Dialogfeld **Installer Language**, in dem die Sprache Deutsch bereits voreingestellt ist. Klicken Sie auf **OK**, es sei denn, Sie möchten im Listenfeld erst eine andere Installationssprache einstellen (wobei es hier allein um die Sprache des Installationsassistenten geht, der VLC Player wird in jedem Fall in der deutschen Version installiert).

7 Es erscheint die Willkommensseite des Installationsassistenten. Folgen Sie den Emp-fehlungen auf der Seite und schließen Sie eventuell geöffnete Programme, bevor Sie fortfahren (geöffnete Windows-Store-Apps brauchen Sie nicht zu schließen). Klicken Sie anschließend auf die Schaltfläche **Weiter**.

8 Danach erscheinen die Lizenzbedingungen, die Sie natürlich lesen sollten. Klicken Sie auf **Weiter**, wenn Sie damit einverstanden sind.

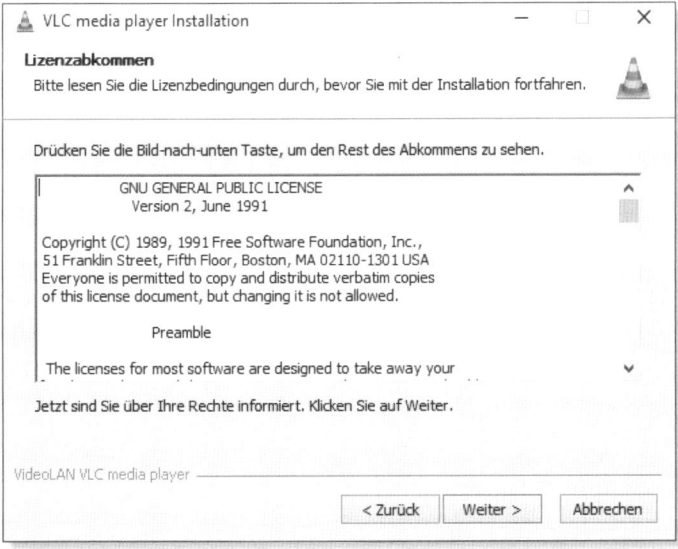

9   Wählen Sie auf der nächsten Seite die Komponenten aus, die Sie speziell für den VLC Player installieren bzw. einrichten wollen. Im Listenfeld neben **Installations-Typ bestimmen ❺** ist die benutzerdefinierte Installation voreingestellt. Außerdem zur Auswahl stehen **Empfohlen**, **Minimal** oder **Voll**. Unabhängig vom hier eingestellten Installationstyp, der nur als Ausgangsbasis dient, können Sie einzelne Komponenten von der Installation ausnehmen, indem Sie die entsprechenden Häkchen in den Kontrollkästchen entfernen, oder Komponenten zur Installation hinzufügen, indem Sie die entsprechenden Häkchen setzen. Möchten Sie z. B. keine Desktopverknüpfung für den VLC Player einrichten bzw. kein Plug-in für den Firefox-Browser installieren, da Sie diesen nicht verwenden, entfernen Sie die Häkchen neben **Desktopsymbol ❻** bzw. **Mozilla-Plugin ❼**. Wenn Sie den Mauszeiger über ein Element der Liste halten, erscheint im unteren Abschnitt eine kurze Beschreibung der Komponente. Klicken Sie auf **Weiter**, nachdem Sie die für den VLC Player zu installierenden Komponenten ausgewählt haben.

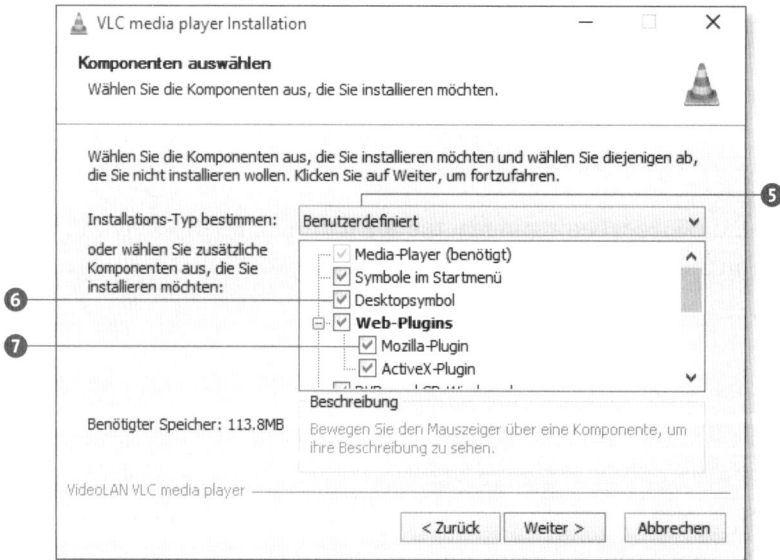

10   Standardmäßig erfolgt die Installation im Unterordner **VideoLAN\VLC** des Programmverzeichnisses. Über die Schaltfläche **Durchsuchen** können Sie gegebenenfalls einen anderen Zielordner auswählen. Klicken Sie schließlich auf **Installieren**, um den VLC Player auf dem Computer zu installieren.

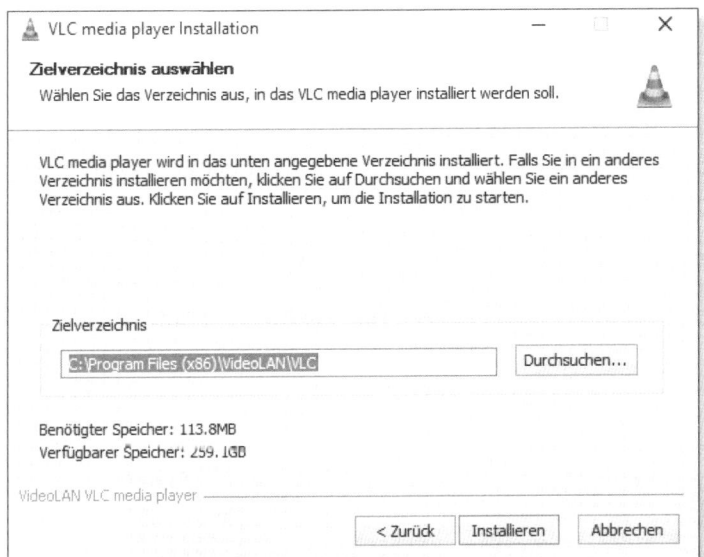

11 Danach müssen Sie lediglich abwarten, bis der Vorgang beendet ist. Auch hier informiert Sie der Assistent per Fortschrittsanzeige über den Stand der Installation und teilt Ihnen das erfolgreiche Ende mit. Klicken Sie wiederum auf **Fertig stellen**, um den Assistenten zu schließen. Wenn Sie dabei das obere Kontrollkästchen ❽ aktiviert lassen, wird der VLC Player sofort gestartet, so dass Sie sich sogleich mit seiner Bedienung vertraut machen können.

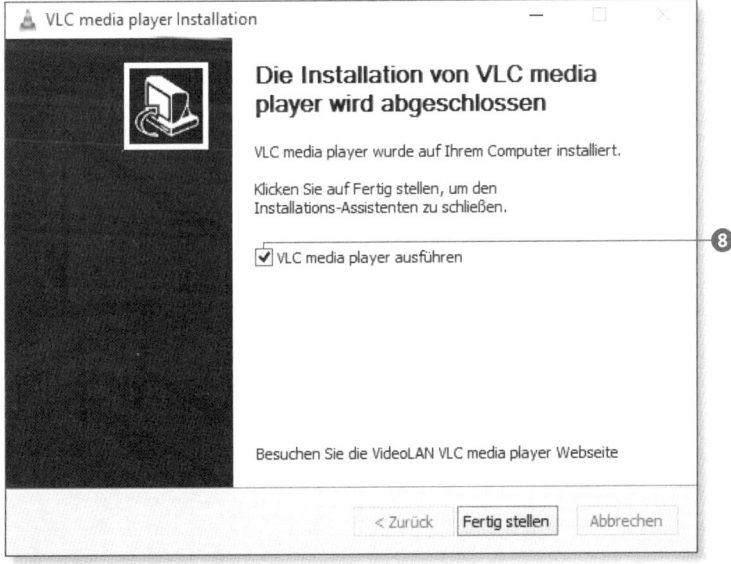

Nach der Installation des VLC Players oder wenn Sie diesen das erste Mal starten, werden Sie gefragt, ob Sie das Herunterladen von Medieninformationen (**Netzwerkzugriff auf die Metadaten**) sowie die Suche nach Updates erlauben. Diese und eine Vielzahl von anderen Einstellungen können Sie im VLC Player auch nachträglich anpassen, indem Sie in der oberen Menüleiste auf **Werkzeuge** ❾ und anschließend im aufklappenden Menü auf **Einstellungen** klicken. Aktivieren Sie links unten im erscheinenden Dialogfeld gegebenenfalls das Optionsfeld **Alle**, um alle Einstellungsmöglichkeiten zu sehen. Mit der Option **Einfach**, die voreingestellt ist, werden nur die wichtigsten angezeigt. Ein Video laden Sie übrigens mit dem Befehl **Datei öffnen** im **Medien**-Menü ❿.

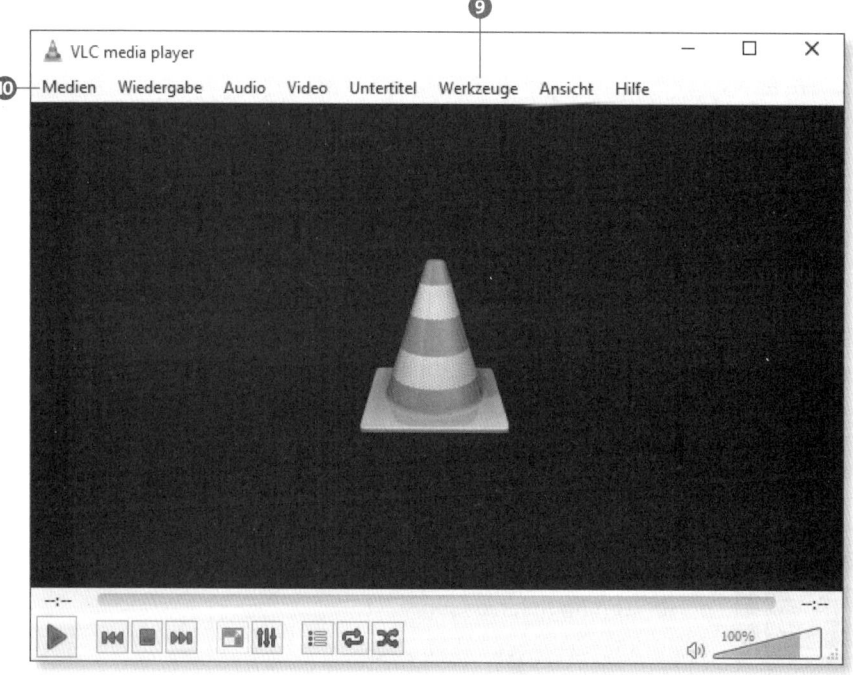

Abbildung 8.17 Der VLC Player nach der Installation

8.8   Ein Programm mit einem ISO-Image installieren

Falls Sie über die ISO-Datei eines Programms verfügen, können Sie diese auch direkt für die Installation verwenden. Das heißt, Sie müssen das Image nicht erst, wie in früheren Windows-Versionen, auf eine DVD brennen, sondern können es im Explorer »bereitstellen«.

INFO

ISO-Images

Bei einer ISO-Datei (ISO steht für die *International Organization for Standardization*, die internationale Normen festlegt) handelt es sich, vereinfacht ausgedrückt, um das Abbild (Image) einer kompletten CD/DVD. Früher musste ein ISO-Image erst auf eine CD/DVD gebrannt werden, seit Windows 8 und natürlich auch in Windows 10 kann es für die Nutzung vorübergehend bereitgestellt werden.

Führen Sie folgende Aktionen durch, um eine ISO-Datei unmittelbar für die Installation eines Programms zu verwenden:

1 Selektieren Sie die ISO-Datei im Explorer ❶.

2 Daraufhin erscheint im Menüband die kontextbezogene Registerkarte **Datenträgerimagetools/Verwalten**. Klicken Sie auf den Registerreiter ❷, um die Optionen auf dieser Registerkarte anzuzeigen.

3 Klicken Sie auf der Registerkarte **Datenträgerimagetools/Verwalten** auf die Symbolschaltfläche **Bereitstellen** ❸.

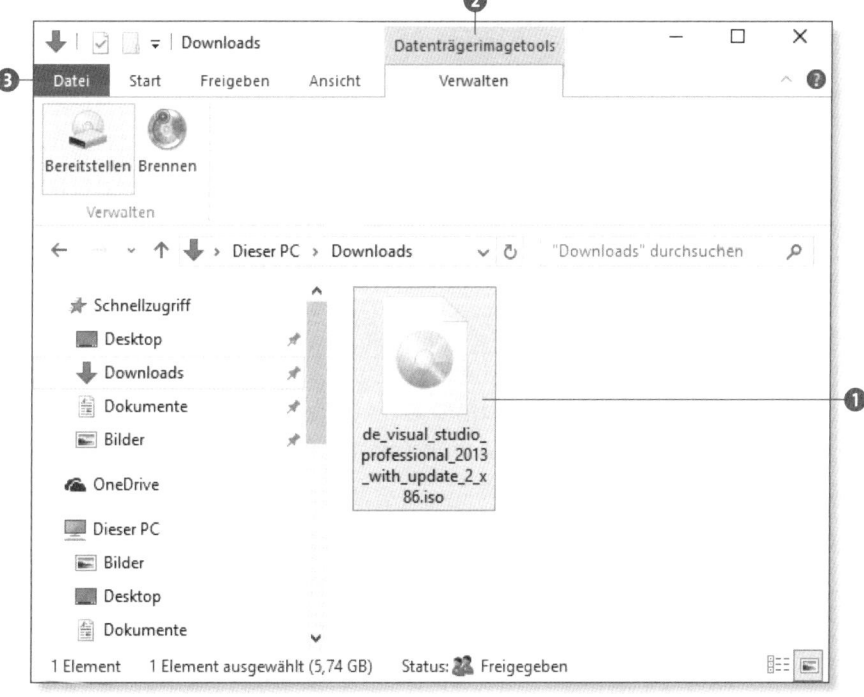

4 Das Image wird nun in ein virtuelles Laufwerk entpackt ❹ (hier mit dem Laufwerksbuchstaben I). Von diesem können Sie die Installation starten, indem Sie doppelt auf die Setup-Datei klicken ❺ (der Name der Setup-Datei lautet hier **vs_professional. exe**).

Sie können die Setup-Datei auch selektieren und auf der Registerkarte **Anwendungstools/Verwalten**, die daraufhin erscheint, auf die Schaltfläche **Als Administrator ausführen** ❻ klicken.

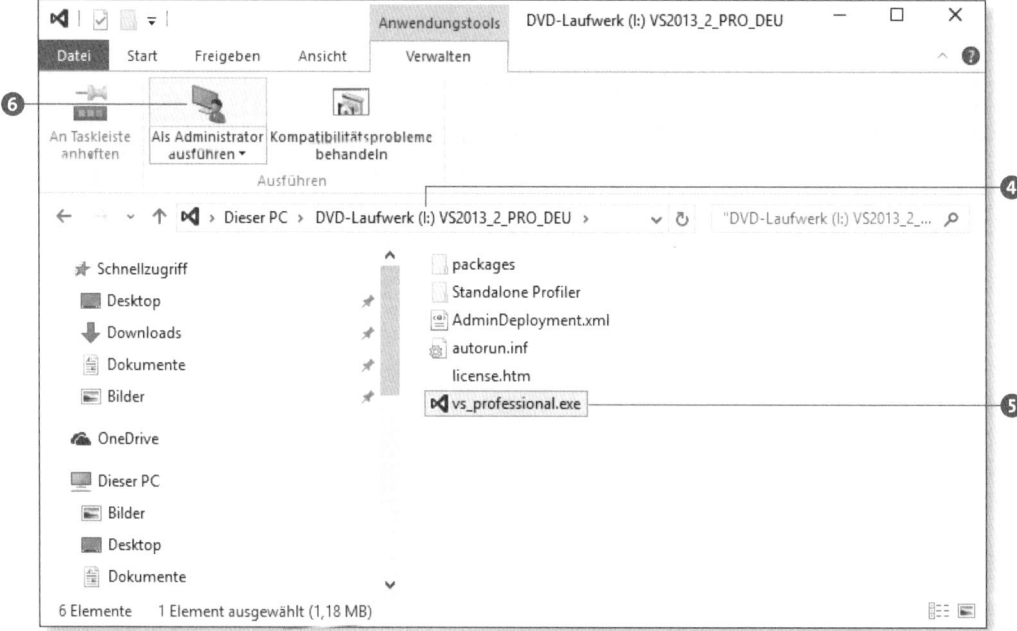

Im Übrigen können Sie mit den virtuell entpackten Dateien genauso verfahren, als ob sie sich auf einem realen Datenträger befänden. Sie können die Dateien z. B. auch kopieren oder in einer Anwendung öffnen. Die virtuellen Dateien profitieren dabei sogar von der höheren Geschwindigkeit der Festplatte gegenüber der geringeren Geschwindigkeit eines optischen Laufwerks.

5 Nachdem Sie die Installation durchgeführt haben, können Sie die virtuellen Dateien mit dem entsprechenden Befehl auf der Registerkarte **Laufwerktools/Verwalten** »auswerfen« ❼. Wählen Sie am besten im linken Navigationsbereich **Dieser PC** ❽ und anschließend im rechten Hauptbereich das virtuelle Laufwerk ❾ aus, um diese Registerkarte anzuzeigen. Nach dem Auswerfen wird das Laufwerk im Explorer nicht mehr angezeigt.

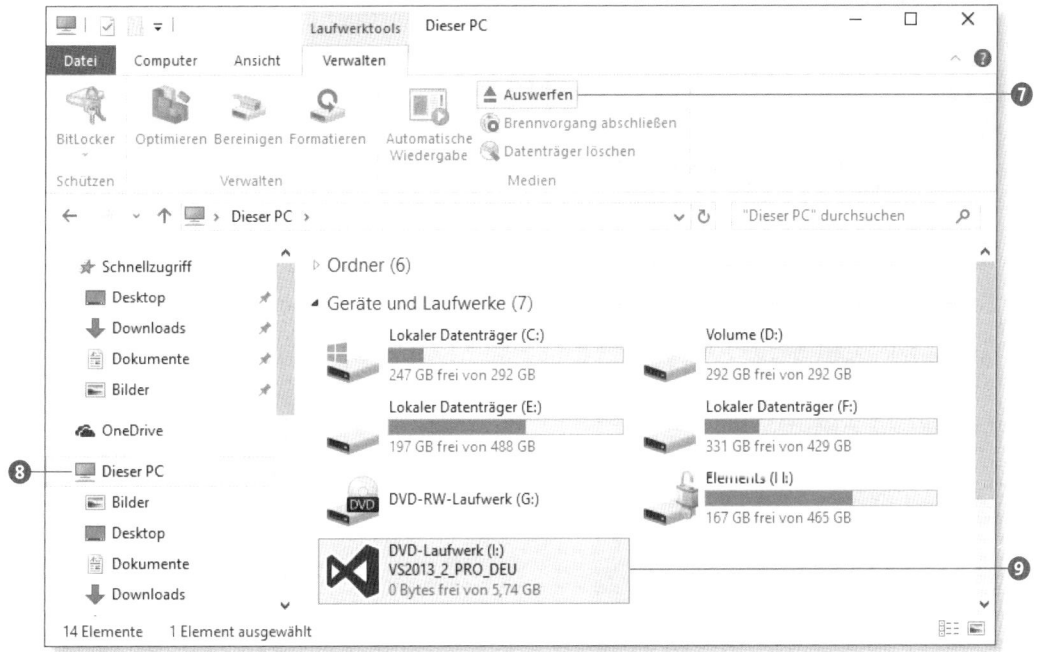

8.9   Programme aktualisieren

Auch die Hersteller von Programmen veröffentlichen von Zeit zu Zeit Updates. Anders als bei den Windows-Store-Apps verläuft die Installation der Updates jedoch von Programm zu Programm unterschiedlich.

Einige Programme besitzen einen automatischen Update-Mechanismus, sodass Sie sich nicht selbst darum kümmern müssen, dass die Software auf dem neuesten Stand bleibt. Andere Programme stellen Update-Funktionen über ein Menü bereit, mit denen Sie manuell nach Programm-Updates suchen können (oft finden Sie die entsprechende Option in der oberen Menüleiste im Hilfe-Menü).

Bei vielen Programmen, wie auch bei dem in Abschnitt 8.7, »Programme installieren«, ab Seite 426 beispielhaft installierten VLC Player, trifft beides zu: Sie besitzen eine automatische sowie eine manuelle Update-Funktion. Beim VLC Player können Sie den automatischen Update-Mechanismus entweder sofort nach der Installation aktivieren, indem Sie die entsprechende Rückfrage positiv beantworten, oder nachträglich in den Programmeinstellungen. Im letzteren Fall gehen Sie folgendermaßen vor:

1 Starten Sie den VLC Player, z. B. indem Sie im Startmenü auf **Alle Apps** und danach unter **V** auf **VideoLAN** klicken. Unterhalb des Ordnereintrags **VideoLAN** finden Sie eine Verknüpfung zum VLC Player ❶.

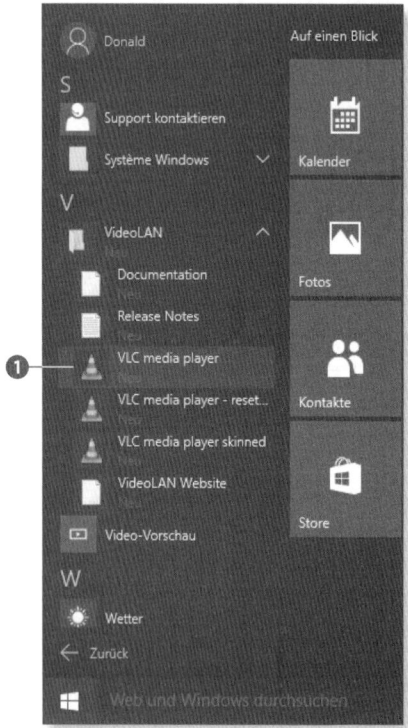

2 Klicken Sie in der oberen Menüleiste des VLC Players auf **Werkzeuge** ❷ und anschließend auf **Einstellungen** ❸ oder drücken Sie ⎡Strg⎤ + ⎡P⎤.

3 Im erscheinenden Dialogfeld können Sie es bei der Anzeige nur der wichtigsten Einstellungen belassen (Option **Einfach ❹**). Setzen Sie auf der Seite **Interface ❺** im Abschnitt **Privatsphäre/Netzwerkinteraktion** in das Kontrollkästchen neben **Benachrichtigung über Aktualisierungen aktivieren** ein Häkchen **❻**. Stellen Sie gegebenenfalls im Feld daneben ein, in welchen Zeitabständen nach Updates gesucht werden soll **❼**.

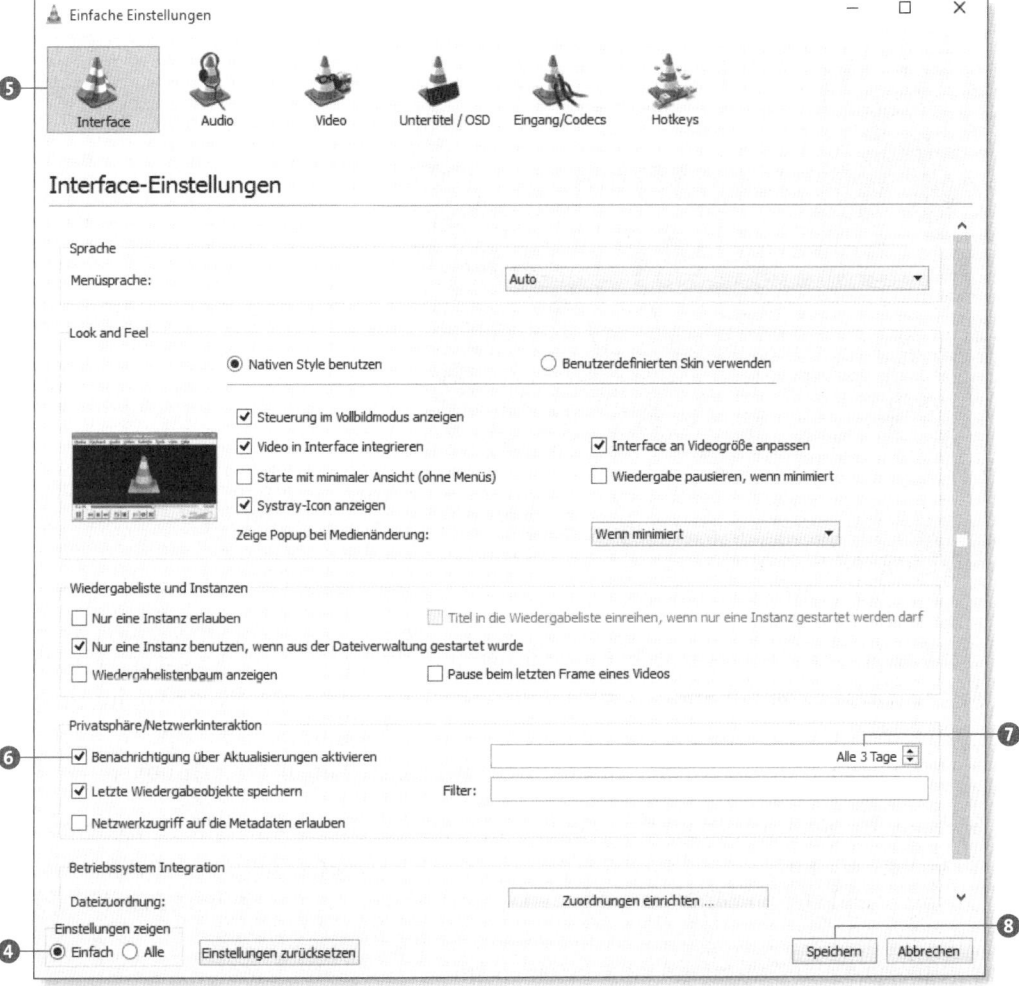

4 Speichern Sie die Änderungen in den Einstellungen, indem Sie rechts unten auf die entsprechende Schaltfläche klicken **❽**.

Unabhängig von der Einstellung bezüglich des automatischen Update-Mechanismus können Sie jederzeit manuell nach Aktualisierungen für den VLC Player suchen. Klicken Sie dazu in der oberen Menüleiste auf **Hilfe** ❾ und im aufklappenden Menü auf **Nach Aktualisierungen suchen** ❿. Wenn Programm-Updates verfügbar sind, können Sie diese anschließend herunterladen und installieren.

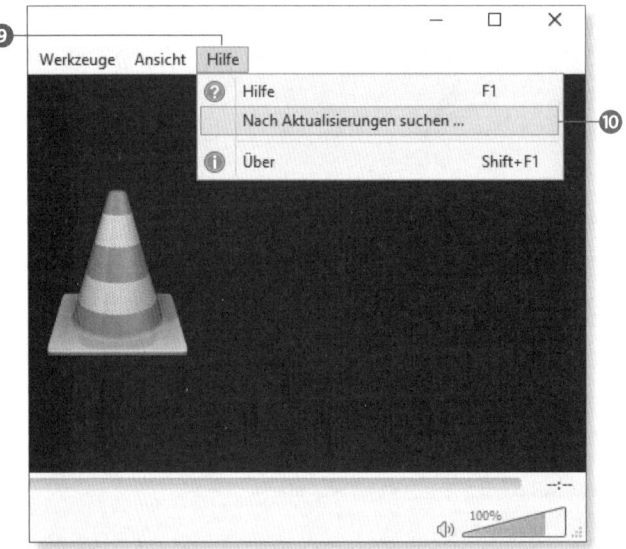

Abbildung 8.18 Manuelle Update-Suche im VLC Player

Wie gesagt, der VLC Player steht hier beispielhaft für die meisten klassischen Programme. Insofern diese Funktionen unterstützt werden, finden Sie die manuelle Update-Suche meist im Hilfe-Menü und die Einstellung für die automatische Update-Suche im entsprechenden Dialog. Dieser heißt gewöhnlich **Einstellungen** oder **Optionen**.

Speziell für Microsoft-Produkte wie z. B. Microsoft Office können Sie Programm-Updates bequem über den Windows-Update-Dienst beziehen. Allerdings müssen Sie die entsprechende Option erst aktivieren. Am schnellsten geht dies in den Einstellungen:

1 Klicken Sie im Startmenü auf **Einstellungen**.

2 Wählen Sie in den Einstellungen **Update und Sicherheit** und danach **Windows Update**.

3 Klicken Sie auf der Seite **Windows Update** auf die Verknüpfung **Erweiterte Optionen** ❶.

4 Aktivieren Sie auf der Folgeseite das Kontrollkästchen für **Microsoft Update** (neben **Updates für andere Microsoft-Produkte bereitstellen, wenn ein Windows-Update ausgeführt wird**) **②**.

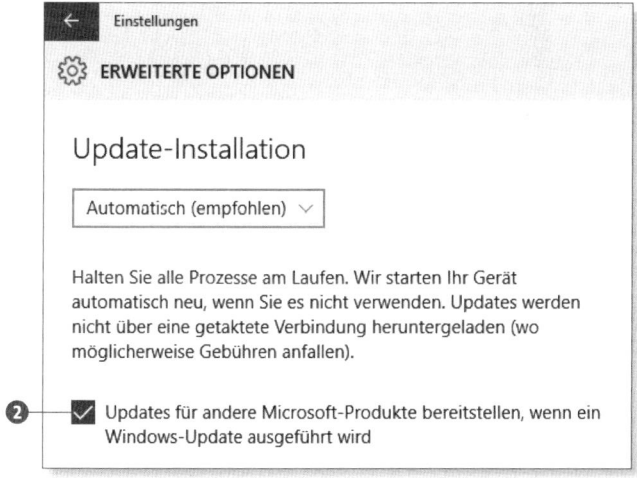

Wenn nun das nächste Mal auf dem Computer nach Windows Updates gesucht wird – sei es durch den automatischen Windows-Update-Dienst oder per manueller Suche –, werden Microsoft Updates, also Aktualisierungen für Microsoft-Programme, automatisch einbezogen.

8.10   Programme deinstallieren

Wenn Sie ein Programm nicht mehr benötigen und es vom Computer daher wieder entfernen wollen, sollten Sie immer eine »saubere« Deinstallation durchführen und nicht
etwa von Hand irgendwelche Programmordner oder Programmdateien löschen. Gehen
Sie am besten folgendermaßen vor:

1   Klicken Sie mit der rechten Maustaste auf das Windows-Symbol in der Taskleiste.
Wählen Sie im erscheinenden Menü **Programme und Features**.

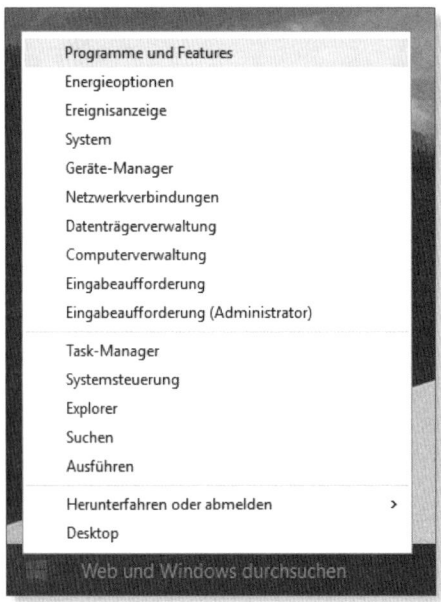

In der Systemsteuerung können Sie die Dialogseite **Programm deinstallieren oder
ändern** aufrufen, indem Sie in der Kategorie **Programme** auf die Verknüpfung **Programm deinstallieren** klicken.

2   Selektieren Sie auf der Dialogseite **Programm deinstallieren oder ändern** das Programm, das Sie deinstallieren wollen. Klicken Sie anschließend in der oberen Aktionsleiste auf die Schaltfläche **Deinstallieren/ändern** ❶. Alternativ können Sie den
gleichen Befehl auch in dem Kontextmenü aufrufen, das erscheint, wenn Sie den
Programmeintrag mit der rechten Maustaste anklicken ❷.

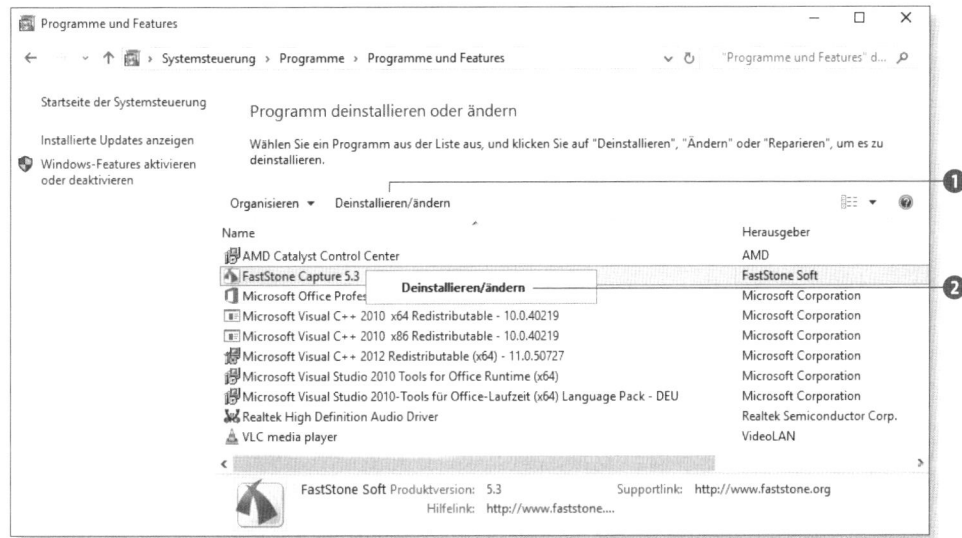

Programme ändern

Manche Programme bieten auf der Dialogseite **Programm deinstallieren oder än-dern** Optionen zum Ändern an. Entweder erscheint dann in der Aktionsleiste eine zusätzliche Schaltfläche **Ändern** oder die Aufschrift der Schaltfläche **Deinstallie-ren** erweitert sich zu **Deinstallieren/ändern**, wenn der entsprechende Programm-eintrag in der Liste selektiert wird. Nach einem Klick auf eine der Schaltflächen stehen meist mehrere alternative Optionen zur Auswahl, z. B. **Reparieren** oder **Features hinzufügen oder entfernen**. Mit der letzteren Option können Sie neue Programmfeatures hinzufügen oder einzelne Programmfeatures entfernen, ohne das Programm vollständig zu deinstallieren. Beim Reparieren wird die Installati-on z. B. auf fehlerhafte Registry-Einträge oder fehlende Programmbibliotheken hin überprüft. Diese werden gegebenenfalls ersetzt oder neu angelegt. Danach besteht die Wahrscheinlichkeit, dass das Programm wieder korrekt funktioniert, falls das vorher nicht mehr der Fall war.

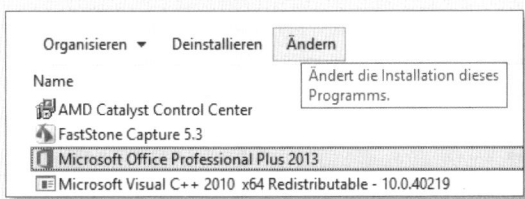

Abbildung 8.19 Manche Programme bieten in der Systemsteuerung zusätzliche Optionen zum Reparieren, Hinzufügen oder Entfernen von einzelnen Programmkomponenten an.

445

3 Abhängig vom Programm erscheint nun eine Rückfrage oder ein Assistent für die Deinstallation. Bestätigen Sie gegebenenfalls die Rückfrage oder die Hinweise des Assistenten. Danach ist das Programm vom Computer entfernt und auch der entsprechende Eintrag auf der Dialogseite **Programm deinstallieren oder ändern** ist nicht mehr vorhanden.

8.11   Windows-Features aktivieren oder deaktivieren

Auf der Dialogseite **Programm deinstallieren oder ändern** können Sie auch Windows-Features, die Sie benötigen, aktivieren und solche, die Sie nicht oder nicht mehr benötigen, deaktivieren. Dies ist mit wenigen Handgriffen erledigt:

1 Klicken Sie im linken Aufgabenbereich der Dialogseite **Programm deinstallieren oder ändern** auf **Windows-Features aktivieren oder deaktivieren**.

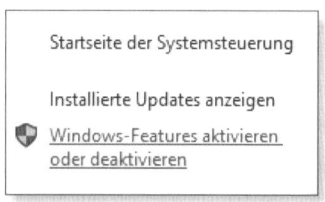

2 Es erscheint das Dialogfeld **Windows-Features**. Setzen Sie in diesem vor Elementen, die Sie benötigen, ein Häkchen bzw. entfernen Sie die Häkchen bei den Elementen, die Sie deaktivieren wollen.

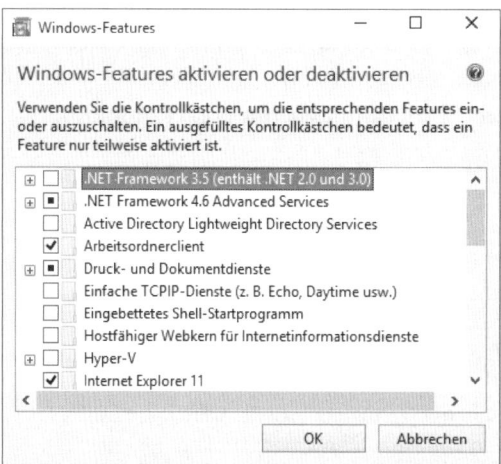

Auf diese Weise können Sie z. B. Hyper-V aktivieren oder den Internet Explorer, falls noch vorhanden, deaktivieren. Elemente, die Sie deaktiviert haben, können Sie jederzeit wieder aktivieren.

3 Bestätigen Sie eine eventuelle Rückfrage mit **Ja** und starten Sie gegebenenfalls Ihren PC neu, falls Sie dazu aufgefordert werden. Erst danach können Sie die neuen Features nutzen.

8.12   Standardprogramme festlegen

Ein Standardprogramm ist das Programm oder die App, welche von Windows automatisch zum Öffnen eines bestimmten Dateityps verwendet wird. Wenn Sie z. B. im Explorer doppelt auf eine Datei klicken, wird diese automatisch mit dem Programm bzw. mit der App geöffnet, die für den entsprechenden Dateityp als Standard festgelegt ist. Für Textdateien mit der Erweiterung **.txt** oder **.rtf** ist das beispielsweise der Windows Editor, HTML-Dateien (Erweiterung **.htm** oder **.html**) werden natürlich im Internet Explorer und Dateien mit der Erweiterung **.mp4** werden standardmäßig in der *Video*-App geöffnet – »standardmäßig«, weil es sich um die unter Windows 10 vordefinierten Programmzuordnungen handelt (mit Programmen sind hier ausnahmsweise auch die Apps gemeint und umgekehrt, da für ein bestimmtes Dateiformat ein klassisches Programm oder auch eine Windows-Store-App als Standard festgelegt werden kann).

Wenn Sie ein neues Programm installieren, können Sie es meist sofort mit den Dateitypen verknüpfen, für die das Programm geeignet ist – ein entsprechender Dialog erscheint gewöhnlich unmittelbar nach der Installation. Auf diese Weise verbinden Sie z. B. die Anwendung Microsoft Word mit den Dateitypen **.docx** und **.doc**. Wenn Sie dann eine **.docx**-Datei im Explorer oder z. B. eine entsprechende Dateiverknüpfung auf dem Desktop doppelt anklicken, startet Microsoft Word mit dem geladenen Dokument.

8.12.1   Standardprogramm für einzelne Dateitypen festlegen

In den meisten Fällen entsprechen die voreingestellten Programmverknüpfungen auch den Interessen des Anwenders. Manchmal möchte man aber dennoch für einen bestimmten Dateityp ein anderes Standardprogramm festlegen. Möglicherweise ziehen Sie es ja vor, zum Abspielen von MP4-Videos nicht die Video-App, sondern den in Abschnitt 8.7, »Programme installieren«, ab Seite 426 installierten VLC Player zu verwenden. In diesem Fall können Sie den VLC Player für MP4-Dateien folgendermaßen als Standardprogramm festlegen:

1 Klicken Sie in der Systemsteuerung auf die Kategorie **Programme** und danach auf **Standardprogramme ❶**.

Alternativ können Sie unterhalb von **Standardprogramme** auch direkt die Verknüpfung **Dateityp immer mit einem bestimmten Programm öffnen ❷** anklicken. Auf der Dialogseite **Wählen Sie die Programme aus, die Windows standardmäßig verwendet**, die über die oben genannte Auswahl erscheint, haben Sie jedoch alle Optionen zur Änderung von Programmstandards im Überblick.

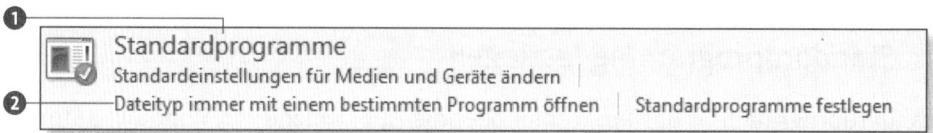

2 Klicken Sie auf der Dialogseite **Wählen Sie die Programme aus, die Windows standardmäßig verwendet** auf die Verknüpfung **Dateityp oder Protokoll einem Programm zuordnen ❸**.

3 Wenn auf dem Computer viele Apps und Programme installiert sind, kann es eine kurze Weile dauern, bis Windows auf der erscheinenden Dialogseite die Liste aufgebaut hat. Markieren Sie anschließend in der ersten Spalte die Dateierweiterung, für die Sie das Standardprogramm neu festlegen wollen. Markieren Sie also die Zeile mit der Dateierweiterung .mp4 ❹, um den Standard für diesen Typ zu ändern. In der dritten Spalte **Aktueller Standard** können Sie sehen, dass dieser Dateityp aktuell mit der Video-App verbunden ist.

4 Klicken Sie bei selektiertem Dateityp auf die Schaltfläche **Programm ändern ❺**.

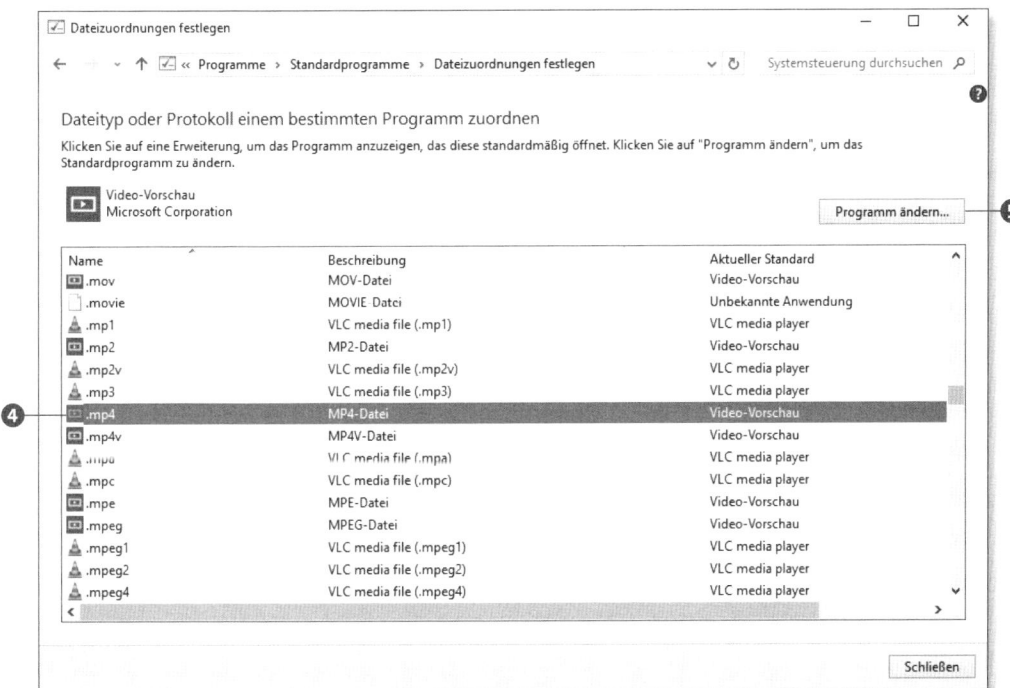

5 Klicken Sie im erscheinenden Popup-Fenster auf das Programm, mit dem Sie den ausgewählten Dateityp verknüpfen wollen (in diesem Fall also auf **VLC media player**) ❻. Bestätigen Sie anschließend mit **OK** ❼.

449

Wenn das gewünschte Programm oder die gewünschte App in der Liste nicht angezeigt wird, können Sie unten im Popup-Fenster auf die Verknüpfung **Weitere Apps** klicken – möglicherweise müssen Sie etwas nach unten scrollen, um diese Verknüpfung zu sehen. Danach erscheinen in der Liste noch weitere Apps, aus denen Sie auswählen können.

Erscheint das gewünschte Programm oder die gewünschte App auch dann nicht in der Liste, können Sie ein Programm über die Verknüpfung **Andere App auf diesem PC suchen ❽** festlegen (die Bezeichnung App ist wiederum allgemein zu verstehen, da Apps im Dateisystem des Computers nicht ausgewählt werden können, sondern nur Programme). Navigieren Sie anschließend im erscheinenden Dialogfeld **Öffnen mit** zur ausführbaren Programmdatei und klicken Sie auf **Öffnen**.

Ein Klick auf die Kachel **Im Store nach einer App suchen** plus **OK** öffnet den Windows Store. In diesem werden jetzt nur diejenigen Apps angezeigt, mit denen der entsprechende Dateityp geöffnet werden kann, sodass Sie eine passende App gegebenenfalls gleich installieren können. Die App erscheint danach in der Liste der für die Zuordnung zum ausgewählten Dateityp infrage kommenden Apps. Wählen Sie die App also im Popup-Fenster aus, um sie als Standard für den auf der Dialogseite **Dateizuordnungen festlegen** ausgewählten Dateityp festzulegen.

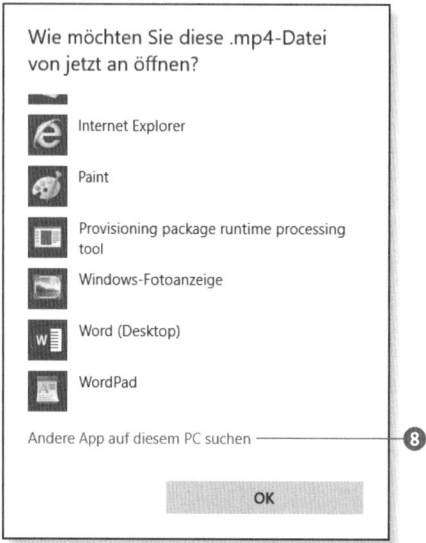

Nachdem Sie MP4-Dateien auf die beschriebene Weise mit dem VLC Player verbunden haben, spielt Windows alle Dateien dieses Formats automatisch mit dem VLC Player ab, wenn Sie im Explorer doppelt auf den Dateinamen klicken.

8.12.2   Standardprogramm pauschal für alle unterstützten Dateitypen festlegen

Wenn Sie ein bestimmtes Programm oder eine bestimmte App generell vorziehen, können Sie diese als Standard für alle infrage kommenden Dateitypen festlegen. Das heißt, Sie können die App pauschal mit allen Dateitypen verbinden, die von der App unterstützt werden, ohne die Zuordnung für jeden Dateityp einzeln vornehmen zu müssen. Gehen Sie dabei folgendermaßen vor:

1 Klicken Sie auf der Dialogseite **Wählen Sie die Programme aus, die Windows standardmäßig verwendet** (siehe auch Schritt 2 der obigen Anleitung) auf die Verknüpfung **Standardprogramme festlegen ❶**.

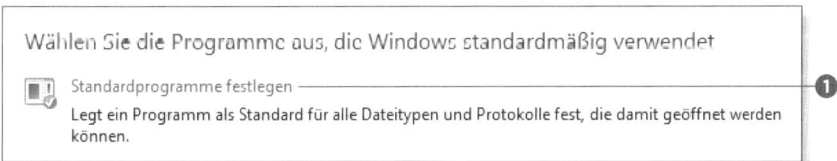

2 Selektieren Sie auf der erscheinenden gleichnamigen Dialogseite in der Programmliste das Programm oder die App, für die Sie eine umfassende Zuordnung durchführen möchten **❷**.

3 Klicken Sie auf den Abschnitt **Dieses Programm als Standard festlegen ❸**.

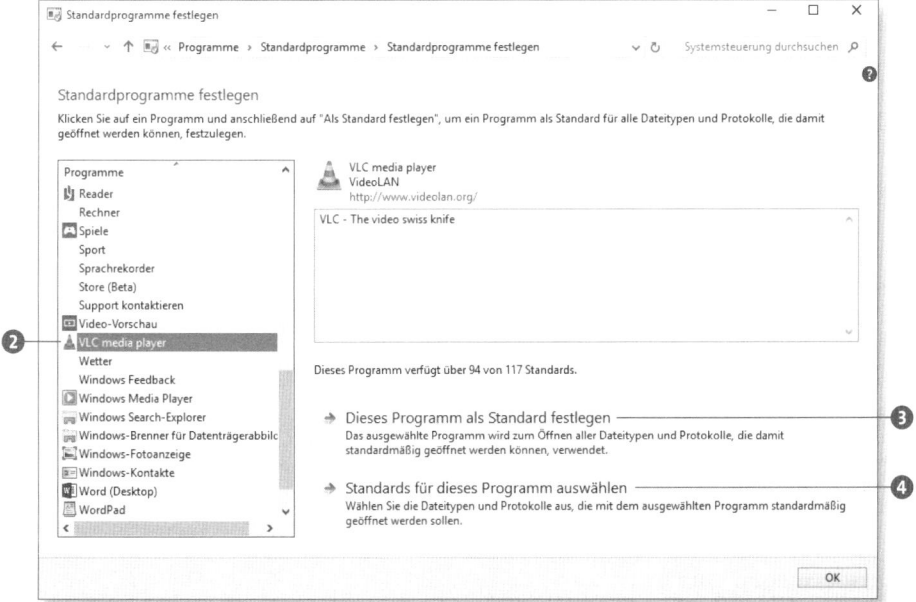

Die Verknüpfung **Standards für dieses Programm auswählen** ❹ führt zur Dialogseite **Zuordnungen für ein Programm festlegen**, die Sie in Abbildung 8.20 sehen. Auf dieser können Sie die Zuordnung für jeden von dem ausgewählten Programm unterstützten Dateityp einzeln regeln. Aktivieren oder deaktivieren Sie die Kontrollkästchen neben den Dateitypen, die Sie mit dem Programm verbinden bzw. nicht verbinden wollen, und klicken Sie anschließend rechts unten auf die Schaltfläche **Speichern**.

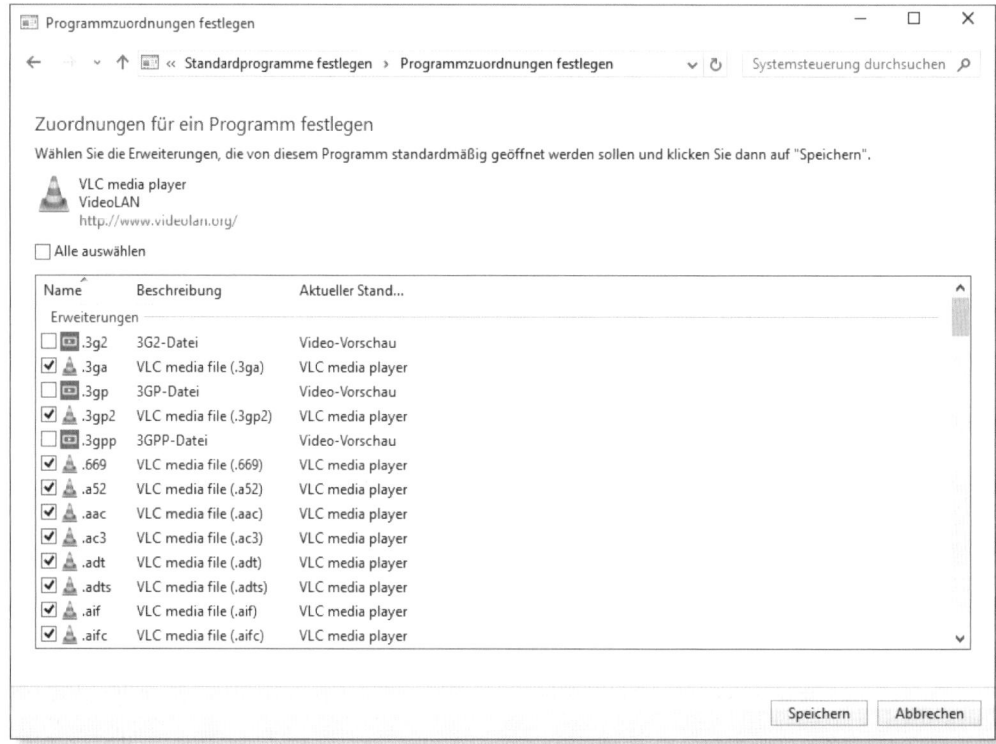

Abbildung 8.20 Die Dialogseite »Zuordnungen für ein Programm festlegen« stellt alle Dateitypen, die von einem zuvor ausgewählten Programm oder von einer zuvor ausgewählten App unterstützt werden, zur Auswahl.

8.12.3 Standardprogramm im Explorer festlegen

Es gibt übrigens noch eine weitere Möglichkeit, einfache Programmzuordnungen vorzunehmen, nämlich im Explorer. Hier können Sie gegebenenfalls beim Öffnen einer Datei ein Standardprogramm für den entsprechenden Dateityp auswählen. Gehen Sie dabei folgendermaßen vor:

1 Klicken Sie die Datei, für deren Typ Sie ein anderes Programm als Standard festlegen wollen, im Explorer mit der rechten Maustaste an.

2 Klicken Sie im erscheinenden Kontextmenü auf **Öffnen mit** und im aufklappenden Untermenü auf **Andere App auswählen** ❶.

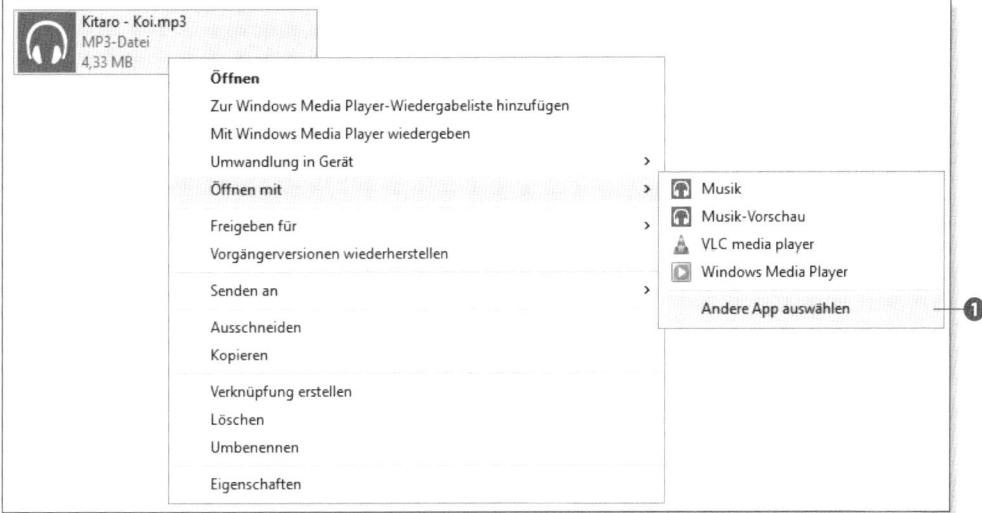

3 Setzen Sie im erscheinenden Popup-Fenster ein Häkchen in das Kontrollkästchen unterhalb der Programmliste ❷ (in der Abbildung lautet die Option **Immer diese App zum Öffnen von .mp3-Dateien verwenden** – das hier angegebene Format richtet sich natürlich nach dem Typ der im Explorer zuvor ausgewählten Datei).

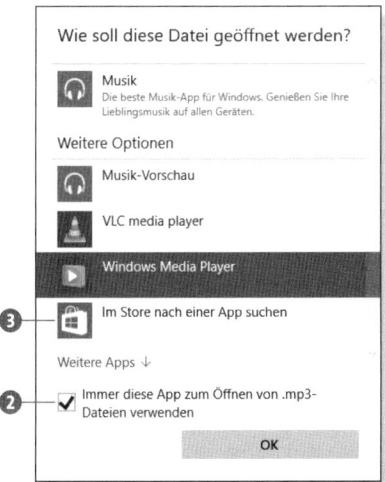

4 Klicken Sie im Popup-Fenster auf die App bzw. auf das Programm, das Sie als Standard für Dateien des entsprechenden Typs festlegen wollen, und bestätigen Sie mit **OK**. Klicken Sie gegebenenfalls auf **Weitere Apps**, um in der Liste noch mehr Programme anzuzeigen. Anschließend können Sie auch hier wiederum über die Verknüpfung **Andere App auf diesem PC suchen** ein Programm im Dateisystem des Computers auswählen. Alternativ können Sie im Windows Store nach einer passenden App suchen und diese installieren ❸. Windows verbindet den Dateityp dann automatisch mit der App.

9   Nach Dateien, Apps und Windows-Einstellungen suchen

Die Möglichkeiten, nach Dateien und Ordnern, nach Apps und Programmen sowie nach Windows-Einstellungen und anderen Elementen zu suchen, sind in Windows äußerst vielseitig. Das Suchfeld, das in früheren Windows-Versionen im Startmenü integriert war, ist in Windows 10 nunmehr direkt auf der Taskleiste verfügbar, was sehr praktisch ist. Nichts von seiner Bedeutung verloren hat die Suchfunktion des Explorers (früherer Name: Windows-Explorer). Gerade für die Suche im Dateisystem stellt der Explorer erweiterte Optionen, wie z.B. das Verwenden von Platzhaltern oder die Einschränkung der Suchergebnisse mittels Filterkriterien, zur Verfügung. Mit dem gleichen Suchfeld können Sie auch die Systemsteuerung nach Einstellungen durchsuchen und auch die App *Einstellungen* besitzt ein eigenes Suchfeld. Schließlich öffnet das Drücken der Taste (F1) Angebote der Windows-10-Onlinehilfe im Browser (die Adresse der offiziellen Website der Windows-10-Onlinehilfe lautet übrigens *http://windows.microsoft.com/de-de/windows-10/support*). Welche Suchfunktionen Sie verwenden, bleibt letzten Endes Ihnen als Anwender überlassen.

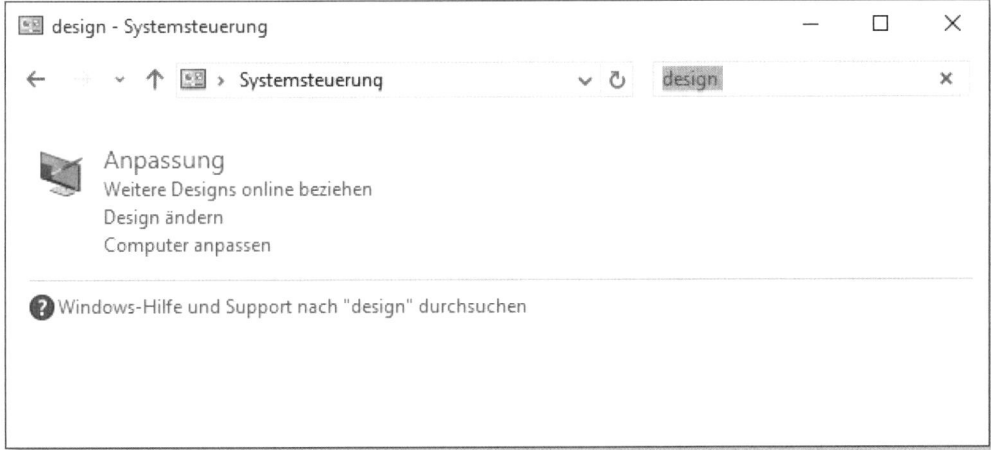

Abbildung 9.1 Systemsteuerung durchsuchen: Der Suchbegriff »Design« zeigt erwartungsgemäß Verknüpfungen zur Dialogseite »Anpassung« – zusammen mit dem Angebot, die Windows-Online-hilfe nach dem gleichen Begriff zu durchsuchen.

9.1   Suchoptionen in der Taskleiste

Wenn Sie eine Suchaktion in der Taskleiste starten, sucht Windows 10 nach installierten Apps und Programmen, in den Windows-Einstellungen und im Dateisystem, aber auch im Web. Klicken Sie einfach in das Suchfeld und geben Sie den gewünschten Suchbegriff oder auch mehrere Suchbegriffe ein. Die Ergebnisse stellen sich automatisch ein. Sie erscheinen bereits nach Eingabe des ersten Zeichens und werden mit jedem weiteren Zeichen aktualisiert.

Allerdings kann die einbezogene Websuche dazu führen, dass viel mehr angezeigt wird, als man eigentlich haben möchte. Möchten Sie z. B. eine App finden, von der Sie wissen, dass sie auf dem Computer installiert ist, oder einen bestimmten Ordner im Dateisystem, dann haben Sie vermutlich kein Interesse daran, Webergebnisse zu erhalten. Wenn Sie die Websuche stört, können Sic dicsc folgendermaßen ausschalten:

1 Klicken Sie einmal in das Suchfeld der Taskleiste. Daraufhin erscheint bereits die Leiste, auf der später die Suchergebnisse angezeigt werden.

2 Klicken Sie am linken Rand der Leiste auf das Zahnradsymbol ❶. Damit öffnen Sie die Einstellungen bezüglich der Sprachassistentin Cortana sowie der Taskleistensuche (Informationen zu Cortana erhalten Sie in Kapitel 17, »Spracherkennung und Cortana«, ab Seite 719).

3 Stellen Sie den Schalter unterhalb von **Online suchen und Webergebnisse einbeziehen** auf **Aus** ❷.

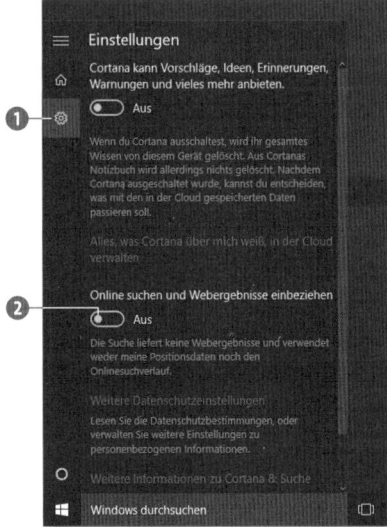

Wenn Sie die Suche nach Webinhalten wieder benötigen, stellen Sie den Schalter einfach wieder auf **Ein**. Abbildung 9.2 zeigt Ergebnisse für den Suchbegriff »Windows«, einmal bei eingeschalteter Websuche und einmal bei ausgeschalteter Websuche. Bemerkenswert ist, dass bei ausgeschalteter Websuche zusätzliche Einträge für Windows PowerShell in den Apps erscheinen.

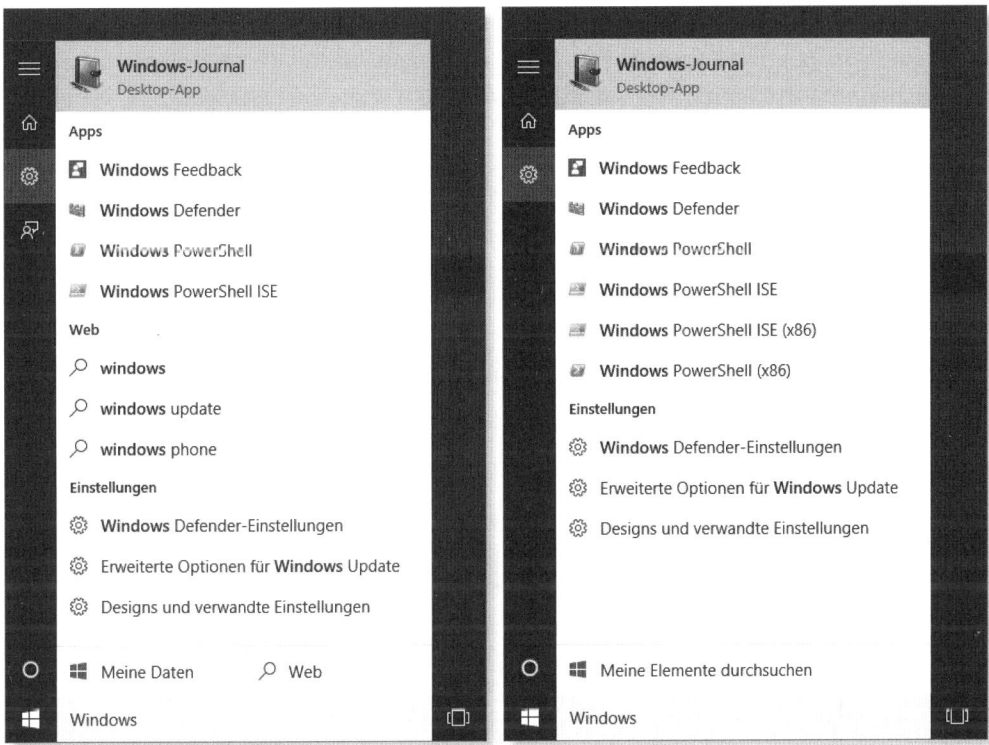

Abbildung 9.2 Ergebnisse für die Suche nach »Windows« bei eingeschalteter Websuche (linkes Bild) und ausgeschalteter Websuche (rechtes Bild)

Groß- und Kleinschreibung bei der Suche
Auf Groß- und Kleinschreibung brauchen Sie bei der Suche keine Rücksicht zu nehmen, so dass Sie ausschließlich Kleinbuchstaben verwenden können. Das gilt im Übrigen auch für die Suche im Explorer, in den Einstellungen, in der Systemsteuerung und auch in der Windows-Onlinehilfe. Folglich hätte in der Abbildung 9.2 die Suche nach »windows« (kleingeschrieben) die gleichen Treffer ergeben.

INFO

Das Suchfeld nimmt in der Taskleiste doch recht viel Platz ein. Wenn Sie diesen anderweitig benötigen – z. B. weil Sie es gewohnt sind, in der Taskleiste viele Apps als Symbole verfügbar zu machen oder häufig mit sehr vielen Apps gleichzeitig arbeiten –, dann können Sie auch nur ein entsprechend kleineres Symbol für die Suche anzeigen oder die Suche ganz aus der Taskleiste entfernen. Die entsprechenden Optionen finden Sie im Kontextmenü der Taskleiste. Klicken Sie dort mit der rechten Maustaste auf eine freie Stelle – Sie können auch direkt in das Suchfeld rechtsklicken – und wählen Sie **Suchen** im erscheinenden Kontextmenü. Das Untermenü enthält die Optionen **Ausgeblendet**, **Suchsymbol anzeigen** sowie **Suchfeld anzeigen** – Letzteres entspricht dem Standard.

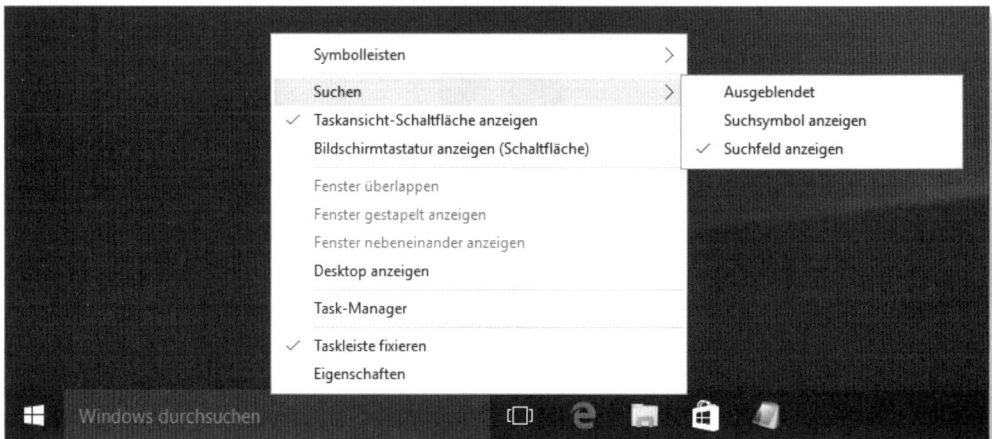

Abbildung 9.3 Kontextmenü der Taskleiste mit den Optionen zur Anzeige des Suchfeldes

Neben der Option, die gerade aktiviert ist, erscheint ein Häkchen. Beachten Sie, dass die Auswahl von **Ausgeblendet** die Suchoption auf dem Desktop – zumindest optisch – entfernt. Es ist nicht etwa so, dass unter dieser Einstellung dem Startmenü das aus früheren Windows-Versionen bekannte Suchfeld wieder hinzugefügt würde. Per Tastenkombination können Sie das Suchfeld samt Ergebnisleiste jedoch immer zur Anzeige bringen. Drücken Sie dazu entweder ⊞ + Q oder ⊞ + S – die beiden Tastenkombinationen sind einander völlig gleichwertig. Unter der Einstellung **Ausgeblendet** verschwindet das Suchfeld nach durchgeführter Suchaktion automatisch wieder.

Abbildung 9.4 Das Suchsymbol nimmt in der Taskleiste deutlich weniger Platz in Anspruch als das dort standardmäßig angezeigte Suchfeld.

Wenn Sie in der Anzeige der Suchergebnisse eine App anklicken, startet diese. Handelt es sich um eine Einstellung, rufen Sie damit den entsprechenden Windows-Dialog auf und bei Dateien startet die zugehörige App mit der geladenen Datei – beispielsweise werden **.docx**-Dateien standardmäßig mit dem Programm Microsoft Word geöffnet, Textdateien im Windows Editor und Bilddateien werden in der Fotos-App angezeigt. Wenn Sie eine gefundene Datei oder App dagegen mit der rechten Maustaste anklicken, erscheint ein Popup-Fenster mit Befehlen, die auf das Element angewendet werden können.

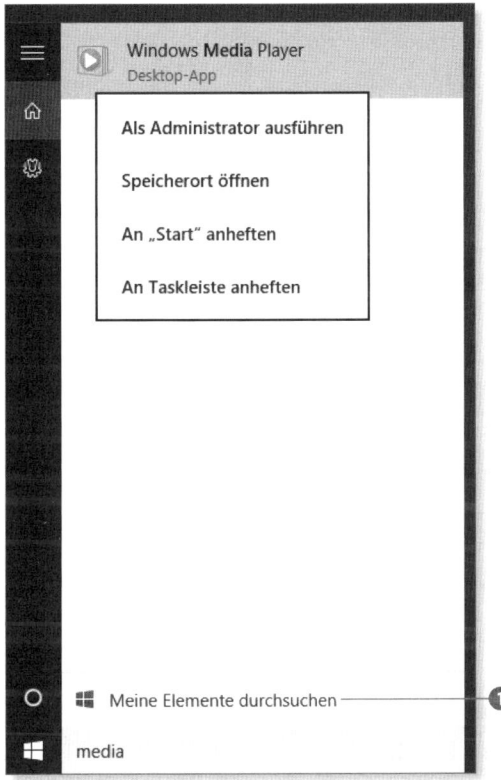

Abbildung 9.5 Die wichtigsten Befehle sind für gefundene Apps und Dateien bereits im Kontext der Suchergebnisse verfügbar.

Bei ausgeschalteter Websuche können Sie über **Meine Elemente durchsuchen** ❶ eine erweiterte Ergebnisleiste mit zusätzlichen Optionen anzeigen. Mit den beiden Listenfeldern **Sortierung** ❷ und **Anzeigen** ❸ lassen sich die Suchergebnisse nach Relevanz oder nach Aktualität sortieren und nach verschiedenen Kriterien filtern. Möchten Sie beispielsweise, dass Windows den eingegebenen Begriff ausschließlich mit den installierten Apps und Programmen vergleicht, stellen Sie im zweiten Listenfeld **Apps** ein. Ganz unten auf der erweiterten Ergebnisleiste (in Abbildung 9.6 nicht zu sehen) befinden sich die Verknüpfungen **Explorer**, **OneDrive** und **Einstellungen**. Die erste startet unmittelbar eine Suchaktion mit dem eingegebenen Begriff im Explorer, die zweite auf Ihrem Onlinespeicher und die dritte durchsucht die Einstellungen nach dem eingegebenen Begriff.

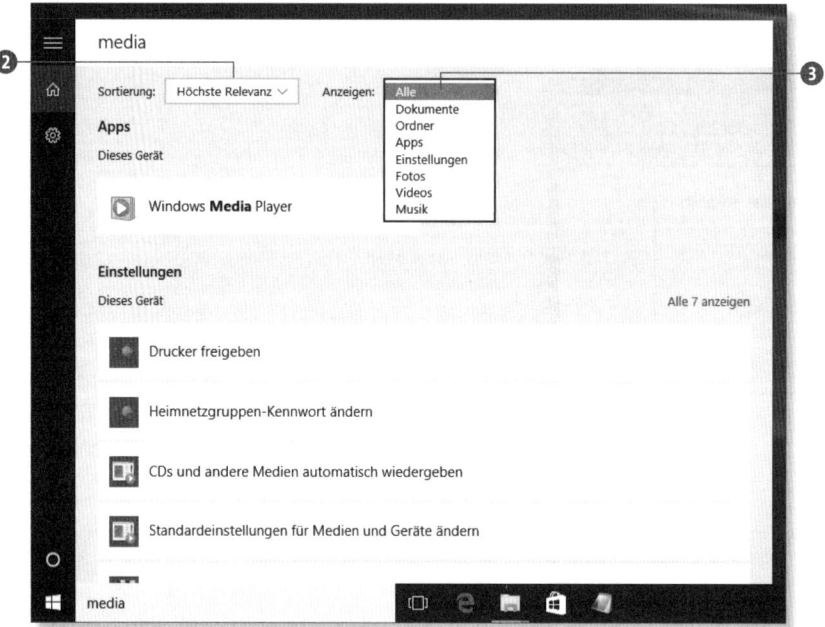

Abbildung 9.6 Noch mehr Optionen, einschließlich Sortierung und Filterung, bietet die erweiterte Ergebnisleiste.

INFO

Aufruf der erweiterten Ergebnisleiste bei eingeschalteter Websuche

Bei aktiver Websuche verhält es sich etwas anders. Am unteren Rand der Ergebnisleiste erscheinen anstelle von **Meine Elemente durchsuchen** die Auswahlmöglichkeiten **Meine Daten** sowie **Web**. **Meine Daten** entspricht **Meine Elemente durchsuchen**, öffnet also die in Abbildung 9.6 gezeigte erweiterte Ergebnisleiste. Bemerkenswert ist, dass auch bei eingeschalteter Websuche hier nur lokale Ergebnisse erscheinen. Die Auswahl von **Web** startet dagegen mit dem eingegebenen Begriff die Bing-Suche im Microsoft-Edge-Browser.

Abbildung 9.7 Optionen am unteren Rand der Ergebnisleiste bei eingeschalteter Websuche

9.2   In der Systemsteuerung suchen

In der Systemsteuerung können Sie an jeder beliebigen Stelle das Suchfeld oben rechts verwenden ❶, um nach Windows-Einstellungen und Dialogen zu suchen. Gefunden werden nur Einstellungen der Systemsteuerung, nicht jedoch ihre Pendants in der App *Einstellungen*.

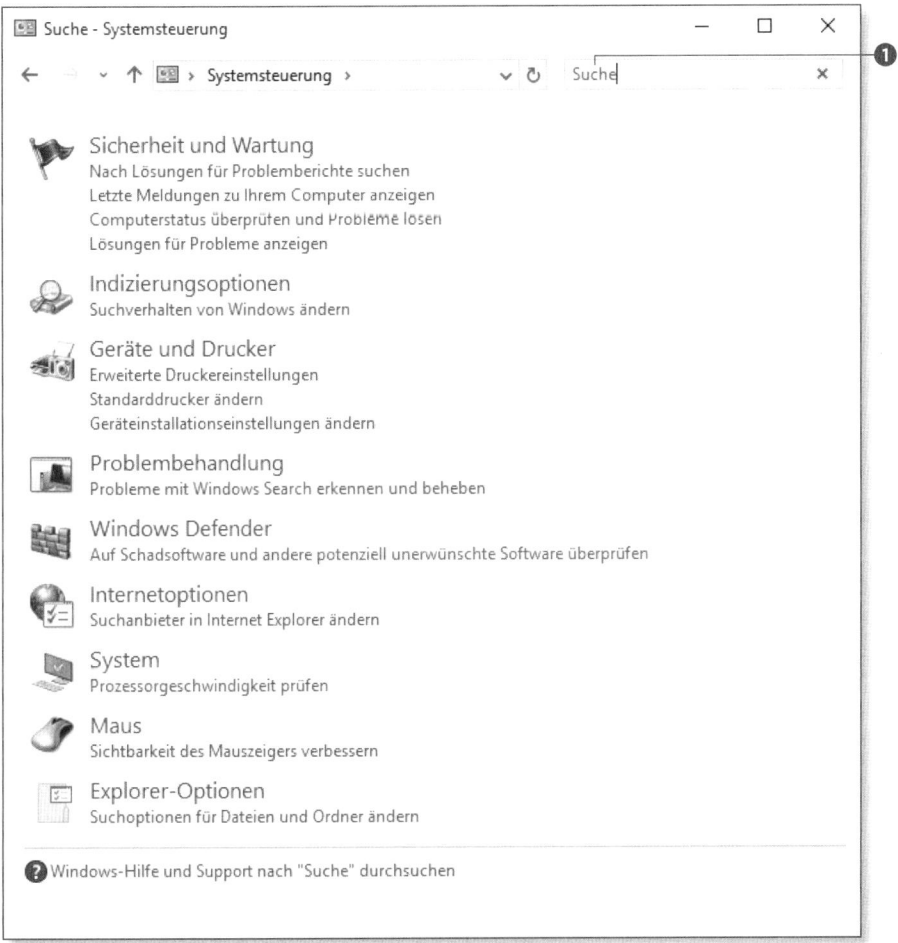

Abbildung 9.8 Trefferliste für die Eingabe des Suchbegriffs »Suche« in das Suchfeld der Systemsteuerung

Nach Apps und Programmen können Sie natürlich auf die im letzten Abschnitt beschriebene und bequeme Weise in der Taskleiste suchen. Außerdem finden Sie im Startmenü die alphabetisch geordnete Übersicht **Alle Apps**, mit der sich installierte Apps und

Programme in der Regel ohne langes Suchen schnell finden lassen. Soweit es sich um klassische Programme handelt, enthält auch die Systemsteuerung eine Übersicht auf der Dialogseite **Programme und Features** (Windows-Store-Apps erscheinen nicht in der Systemsteuerung), wenngleich diese eigentlich für einen ganz anderen Zweck, nämlich Programme zu deinstallieren oder den Installationsumfang zu ändern, vorgesehen ist (siehe dazu in Kapitel 8, »Apps installieren und verwalten«, den Abschnitt 8.10, »Programme deinstallieren«, ab Seite 444). Allerdings kann es durchaus vorkommen, dass Sie hier ein installiertes Programm oder ein Tool sehen, das in der Alle-Apps-Übersicht nicht erscheint. Sie können auf der Dialogseite **Programme und Features** den Namen des gesuchten Programms oder die ersten Zeichen davon in das besagte Suchfeld eingeben (die Suche nach Programmen auf der Startseite der Systemsteuerung oder an einer anderen Stelle liefert dagegen keine Ergebnisse).

Wenn die Systemsteuerung noch nicht geöffnet ist, rufen Sie die Dialogseite **Programme und Features** am schnellsten per Rechtsklick auf das Windows-Symbol in der Taskleiste und Auswahl des gleichnamigen Menüpunktes, ganz oben im erscheinenden Menü, auf. Auf der Startseite der Systemsteuerung klicken Sie unterhalb der Kategorie **Programme** auf die Verknüpfung **Programm deinstallieren**.

9.3   Innerhalb von Apps suchen

Sie können viele Apps auch gezielt nach Inhalten durchsuchen. Voraussetzung ist allerdings, dass die betreffende App die Suchfunktion unterstützt. Das wird natürlich nur bei solchen Apps der Fall sein, bei denen dies von den Inhalten her überhaupt Sinn ergibt. So können Sie in der Mail-App z. B. Ihren Posteingang nach E-Mails durchsuchen und in der Store-App nach Apps, die Microsoft im Windows Store anbietet. Anders als unter Windows 8 und Windows 8.1 stehen die Suchfelder in den Apps gewöhnlich sofort zur Verfügung und müssen nicht erst eingeblendet werden.

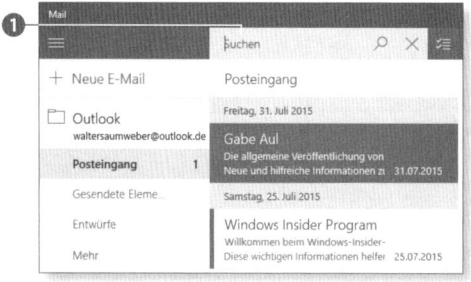 

Abbildung 9.9 Suchfelder in der Mail- ❶ und in der Store-App ❷

Besonders interessant ist die Suche in den *Einstellungen* (gemeint ist die App, die im Startmenü über die Auswahl von **Einstellungen** oder durch Drücken von ⊞ + I aufgerufen werden kann). Abbildung 9.10 zeigt die Ergebnisse für den Suchbegriff »Programme«. Wie unschwer zu erkennen ist, enthält die Trefferliste auch Dialoge der Systemsteuerung. Die Suche ist hier also, bezogen auf Windows-Einstellungen, ebenso umfassend, wie es bei einer Suchaktion in der Taskleiste der Fall ist.

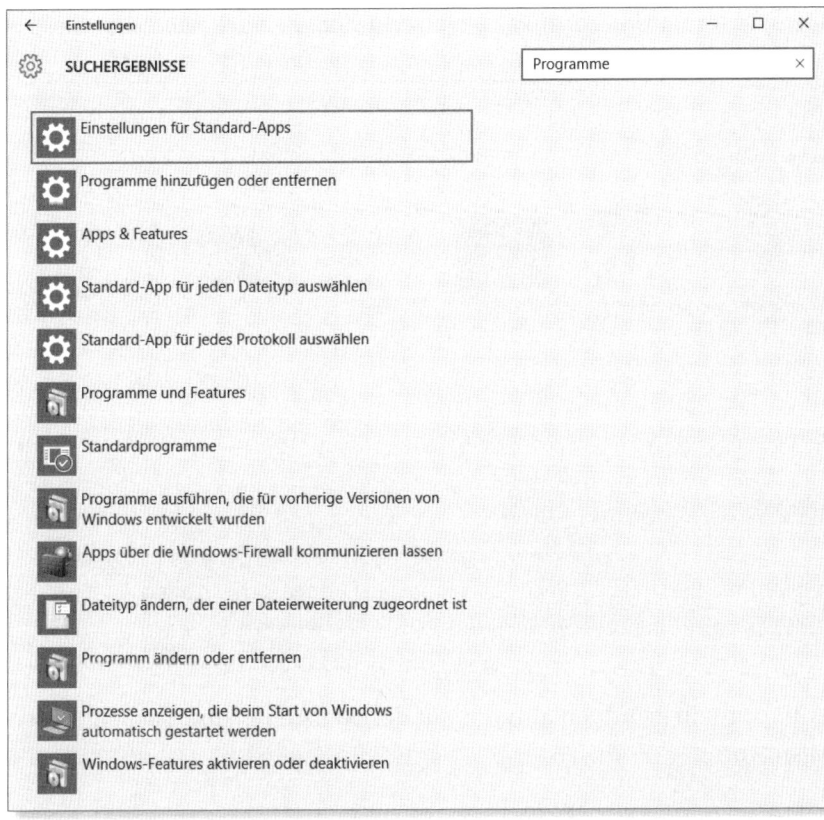

Abbildung 9.10 Die Suche in den »Einstellungen« zeigt, falls vorhanden, auch Ergebnisse aus der Systemsteuerung.

9.4   Unterordner von der Suche ausschließen

Die passende Anlaufstelle für differenzierte Suchvorgänge im Dateisystem ist der Explorer. Hier geben Sie den gewünschten Suchbegriff in das Suchfeld rechts oben ein. Die Suche startet daraufhin automatisch und die gefundenen Elemente werden im rechten Hauptbereich angezeigt. Standardmäßig wird jeweils der aktuelle Ordner – das ist der Ordner, der gerade geöffnet ist und dessen Dateien und Unterordner im rechten Hauptbereich angezeigt werden – durchsucht, wobei auch vorhandene Unterordner mit einbezogen werden. In Abbildung 9.11 ist beispielsweise der Bilderordner geöffnet. Bei einem Suchvorgang würden hier unter der Standardeinstellung auch Dateien und eventuell weitere Ordner gefunden, die in den Ordnern **Eigene Aufnahmen** und **Gespeicherte Bilder** enthalten sind. Ist das der Fall, enthalten die Ordner **Eigene Aufnahmen** und **Gespeicherte Bilder** wiederum Unterordner, so erstreckt sich die Suche auch auf diese.

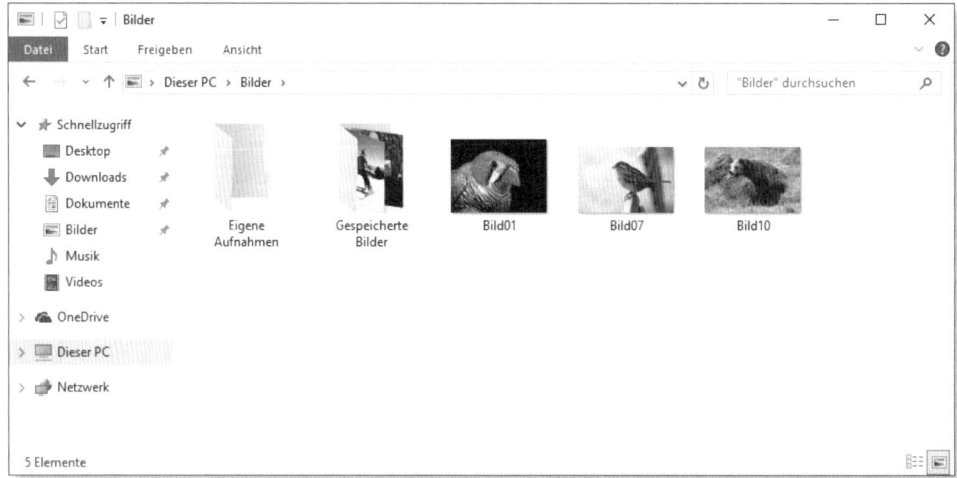

Abbildung 9.11 Standardmäßig erfolgt die Suche im geöffneten Ordner sowie in allen enthaltenen Unterordnern, wobei die Verschachtelungstiefe keine Rolle spielt.

Möchten Sie nur im aktuellen Ordner, also nur auf der obersten Ebene, suchen, gehen Sie folgendermaßen vor:

1 Öffnen Sie den Ordner, den Sie durchsuchen wollen, so dass die enthaltenen Dateien und Unterordner im rechten Bereich angezeigt werden. Klicken Sie also im linken Navigationsbereich einmal oder im rechten Hauptbereich doppelt auf den Ordnernamen.

2 Setzen Sie den Cursor in das Suchfeld. Daraufhin erscheint im Menüband die Registerkarte **Suchtools/Suchen**. Klicken Sie gegebenenfalls auf den Registerreiter, um die Optionen auf dieser Registerkarte anzuzeigen.

3 Klicken Sie in der ersten Gruppe der Registerkarte **Suchtools/Suchen** auf die Schaltfläche **Aktueller Ordner**.

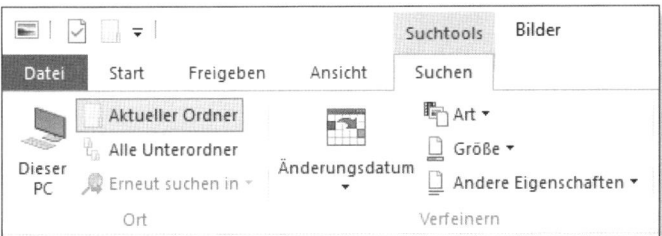

4 Geben Sie jetzt den gewünschten Suchbegriff oder die gewünschten Suchbegriffe in das Suchfeld ein. Die Suche erfolgt nun ausschließlich auf der ersten Ebene des geöffneten Ordners. Die in Unterordnern enthaltenen Elemente werden nicht mit einbezogen.

Alternativ zu der beschriebenen Vorgehensweise können Sie zunächst die standardmäßige Suche in Unterordnern durchführen und die Ergebnisse nachträglich auf den aktuellen Ordner einschränken, also die Schritte 3 und 4 miteinander vertauschen. Bei sehr großen Unterordnern kann dies allerdings etwas mehr Zeit in Anspruch nehmen. Die Einstellung **Aktueller Ordner** ist übrigens nicht von Dauer, beim nächsten Suchvorgang suchen Sie automatisch wieder in allen Unterordnern.

9.5   Platzhalter bei der Dateisuche verwenden

Nicht immer kennt man den kompletten Namen einer Datei oder eines Ordners, den man finden möchte. In diesem Fall können Sie bei der Suche im Explorer Platzhalter verwenden. Während das Fragezeichen (?) ein einzelnes Zeichen ersetzt, steht der Stern (*) für eine beliebige Anzahl von Zeichen. Beide Zeichen können Sie auch in beliebiger Reihenfolge miteinander kombinieren. Demnach findet die Suchanfrage »?lf« z. B. Dateien und Ordner mit dem Namen *Alf* oder *Ulf* und die Suchanfrage »Win*« findet alle Dateien und Ordner, die mit *Win* beginnen. Natürlich darf der Stern auch ganz am Anfang stehen. Auf diese Weise können Sie z. B. anhand der Dateierweiterung alle Dateien eines bestimmten Formats finden. So liefert die Suche nach »*.exe« beispielsweise alle Dateien mit der Erweiterung **.exe** und mit der Angabe von »*.docx« finden Sie alle Microsoft-Word-Dateien des neuen Formats. Möchten Sie sowohl die Dateien mit der Erweiterung **.docx** als auch die Dateien mit der Erweiterung **.doc** finden, verwenden Sie z. B. den Suchbegriff »*.doc?«.

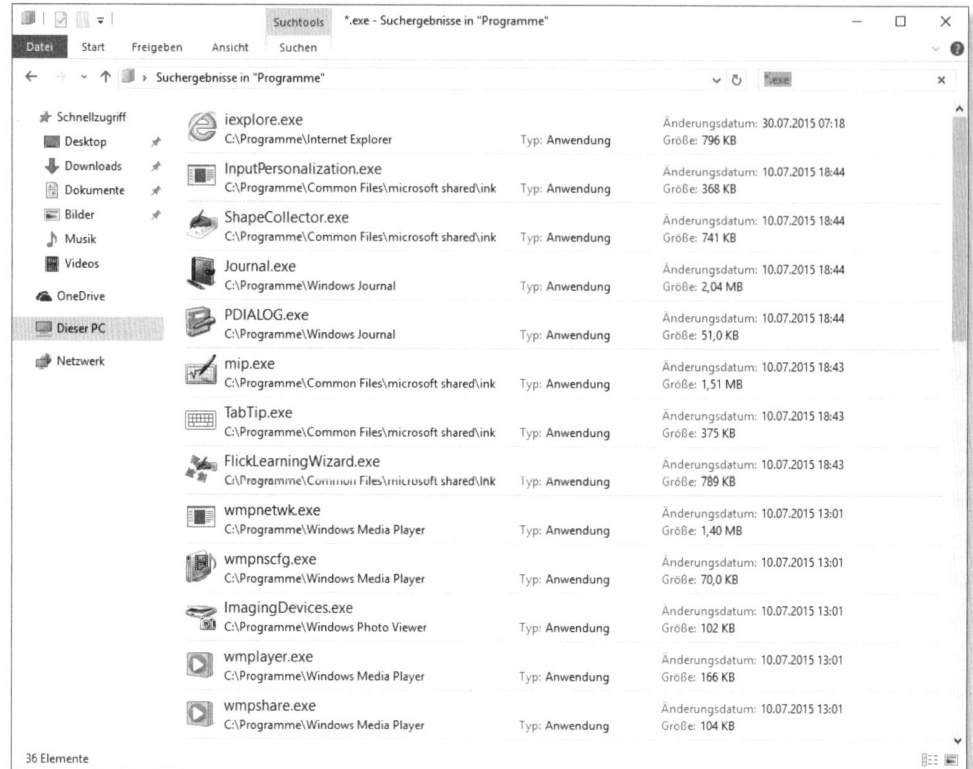

Abbildung 9.12 Suche nach ».exe«-Dateien im Programmverzeichnis von Laufwerk C:
(Suchanfrage »*.exe«)

Wenn Sie die Erweiterungen von Dateien im Explorer nicht sehen, können Sie diese einblenden, indem Sie auf der Registerkarte **Ansicht** das Kontrollkästchen **Dateinamenerweiterungen** aktivieren. Für die Suche selbst hat dies jedoch keine Relevanz, nur dass ohne die Anzeige von Dateierweiterungen z. B. die ausführbare Datei des Internet Explorers nicht wie in Abbildung 9.12 als **iexplorer.exe**, sondern als **iexplorer** angezeigt wird. In beiden Fällen liefert die Suchanfrage »*.exe« aber genau die gleichen Ergebnisse.

9.6   Die Suche in indizierten Ordnern auf Dateinamen beschränken

Standardmäßig werden bei nicht indizierten Ordnern nur die Dateinamen sowie die Namen der Unterordner durchsucht, während bei indizierten Ordnern zusätzlich eine Inhaltssuche erfolgt. Das heißt, gefunden werden in indizierten Ordnern alle Dateien, bei denen der Suchbegriff im Dateinamen oder im Inhalt eines Dokuments auftaucht. Das ist in vielen Fällen auch so erwünscht. Wenn es sich um einen Ordner mit sehr vielen Dateien (und eventuellen Unterordnern, die wiederum Dateien enthalten) handelt, kann die Ergebnisliste allerdings so lang werden, dass man schnell den Überblick verliert.

Was in Windows 7 noch ein Problem darstellt, funktioniert mit Windows 10 nunmehr ganz einfach: Hier können Sie bei jeder Suche ausdrücklich festlegen, ob Sie nur nach Datei- und Ordnernamen oder auch nach Inhalten suchen wollen (in Windows 7 ist dies auf einfachem Wege praktisch nicht möglich; hier bleibt einem nichts anderes übrig, als einen Ordner erst aus dem Suchindex herauszunehmen, um ihn nach der Suche gegebenenfalls wieder hinzuzufügen).

Gehen Sie folgendermaßen vor, wenn Sie in einem indizierten Ordner nur nach Datei- und Ordnernamen, aber nicht nach Inhalten suchen wollen:

1 Navigieren Sie im Explorer zu dem Ordner, den Sie durchsuchen wollen. Selektieren Sie den Ordner also im linken Navigationsbereich, so dass die enthaltenen Dateien und Unterordner im rechten Bereich angezeigt werden.

2 Setzen Sie den Cursor in das obere rechte Suchfeld. Im Menüband erscheint daraufhin die Registerkarte **Suchtools/Suchen**. Klicken Sie gegebenenfalls auf den Registerreiter, um die Optionen auf dieser Registerkarte anzuzeigen.

3 Klicken Sie in der Gruppe **Verfeinern** der Registerkarte **Suchtools/Suchen** auf die Schaltfläche **Andere Eigenschaften**. Wählen Sie im aufklappenden Menü die Kategorie **Name**.

4 Geben Sie jetzt in das Suchfeld hinter **name:** den Namen ein, nach dem Sie suchen wollen.

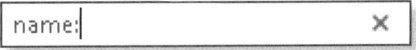

Auf diese Weise werden nur Dateien und Ordner gefunden, deren Name mit dem Suchbegriff übereinstimmt, wobei es ausreicht, wenn die ersten Zeichen des Dateinamens mit dem Suchbegriff übereinstimmen. Alternativ hätten Sie in Schritt 3 den Filter **name:** auch von Hand in das Suchfeld eintippen können.

INFO

Keine Platzhalter bei der Anwendung von Suchfiltern

Bei der verfeinerten Suche ist das Verwenden von Platzhaltern leider nicht möglich. Diese Einschränkung besteht immer dann, wenn die Suchergebnisse durch eines der Kriterien in der Gruppe **Verfeinert** auf der Registerkarte **Suchtools/ Suchen** gefiltert werden.

9.7 In nicht indizierten Ordnern nach Dateiinhalten suchen

Genauso einfach wie die Beschränkung der Suche auf Dateinnamen in indizierten Ordnern funktioniert auch der umgekehrte Fall, nämlich wenn in nicht indizierten Orten zusätzlich nach Dateiinhalten gesucht werden soll. Gehen Sie folgendermaßen vor, wenn Sie in einem nicht indizierten Ordner außer nach Datei- und Ordnernamen auch nach Inhalten suchen wollen:

1 Öffnen Sie im Explorer den Ordner, den Sie durchsuchen wollen, so dass die enthaltenen Dateien und Unterordner im rechten Hauptbereich angezeigt werden.

2 Setzen Sie den Cursor in das Suchfeld. Klicken Sie gegebenenfalls auf den Registerreiter **Suchtools/Suchen**, um die Optionen auf dieser Registerkarte anzuzeigen.

3 Klicken Sie in der Gruppe **Optionen** auf die Schaltfläche **Erweiterte Optionen**. Klicken Sie im erscheinenden Menü auf **Dateiinhalte**, um das Durchsuchen von Dateiinhalten für nicht indizierte Ordner zu aktivieren. Bei aktivierter Inhaltssuche ist diese Option auf der linken Seite mit einem Häkchen versehen.

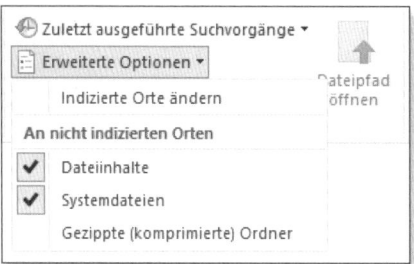

4 Tippen Sie jetzt den gewünschten Suchbegriff in das Suchfeld ein. Die im Inhalt von Dokumenten gefundenen Ergebnisse erscheinen im Hauptbereich gelb markiert in einer eigenen Spalte.

Beachten Sie, dass sich die in Schritt 3 gezeigte Einstellung nicht nur auf einen Suchvorgang bezieht. Deaktivieren Sie die Option einfach wieder, nachdem Sie die Suche durchgeführt haben, wenn Sie die Inhaltssuche für nicht indizierte Ordner nur einmalig verwenden wollen.

9.8   ZIP-Archive durchsuchen

Standardmäßig bleibt der Inhalt von ZIP-Archiven bei Suchvorgängen unberücksichtigt. Gefunden würde demnach nur das ZIP-Archiv selbst. Möchten Sie, dass Windows auch nach Dateien und Ordnern sucht, die in ZIP-Archiven gepackt sind, können Sie dies ebenfalls im Menü zur Schaltfläche **Erweiterte Optionen** aktivieren. Klicken Sie dazu einmal auf die Option **Gezippte (komprimierte) Ordner** (bei aktivierter Option erscheint auf der linken Seite ein Häkchen).

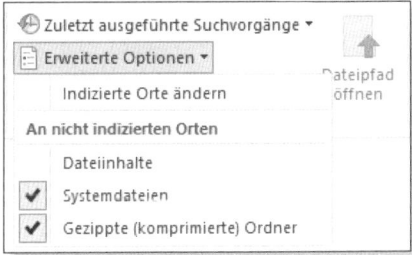

Abbildung 9.13 Die Suche in ZIP-Archiven müssen Sie gegebenenfalls erst aktivieren.

Unabhängig davon, ob die Option **Gezippte (komprimierte) Ordner** aktiviert ist oder nicht, können Sie ein ZIP-Archiv immer durchsuchen, wenn es geöffnet ist. Klicken Sie das Symbol des ZIP-Archivs im rechten Hauptbereich des Explorers doppelt an, damit die enthaltenen Dateien und Ordner dort angezeigt werden. Geben Sie dann in das Suchfeld den gewünschten Begriff ein, um die entsprechenden im ZIP-Archiv gepackten Dateien und Ordner zu finden.

Die gleichen Einstellungsmöglichkeiten wie im Menü zur Schaltfläche **Erweiterte Optionen** aus Abbildung 9.13 finden Sie übrigens nochmals in den Ordneroptionen auf der Registerkarte **Suchen**. Grundsätzlich spielt es keine Rolle, wo Sie eine Einstellung aktivieren oder deaktivieren. Allerdings können Sie in den Ordneroptionen die Standardeinstellungen bezüglich Inhaltssuche, Suche nach Systemdateien und Suche in ZIP-Archiven mit einem einzigen Klick auf die Schaltfläche **Standardwerte** (siehe Abbildung 9.14) wiederherstellen. Aufrufen können Sie das Dialogfeld **Ordneroptionen** im Menüband über die gleichnamige Symbolschaltfläche auf der Registerkarte **Ansicht**. Sie befindet sich ganz rechts auf dieser Registerkarte.

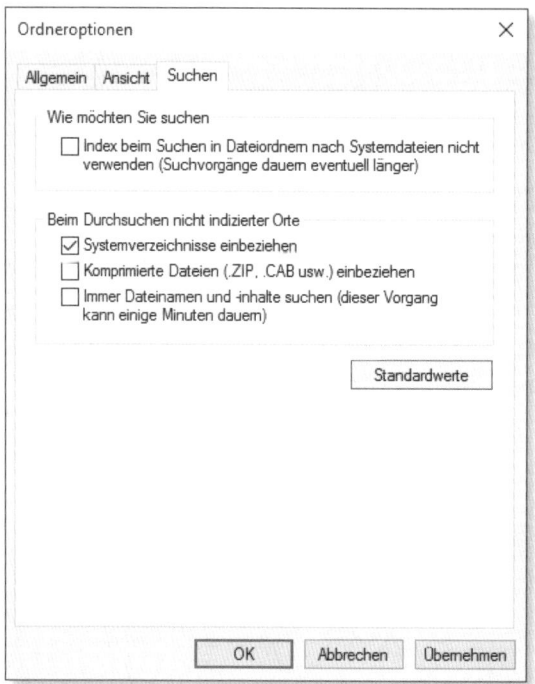

Abbildung 9.14 Ordneroptionen, Registerkarte »Suchen«: Die Einstellungen korrespondieren mit denen im Menü zur Schaltfläche »Erweiterte Optionen« auf der Registerkarte »Suchtools/Suchen«.

9.9   Bei der Dateisuche verschiedene Filterkriterien anwenden

Im Explorer finden Sie in der Gruppe **Verfeinern** auf der Registerkarte **Suchtools/Suchen** alle Suchfilter, die Sie auf einen Suchvorgang anwenden können. Der Suchfilter **Name** wurde ja bereits oben in Abschnitt 9.6, »Die Suche in indizierten Ordnern auf Dateinamen beschränken«, ab Seite 466 verwendet.

Möchten Sie Dateien finden, die eine bestimmte Größe haben, klicken Sie in der Gruppe **Verfeinern** auf die Schaltfläche **Größe** und wählen im aufklappenden Menü die gewünschte Größe aus. Als Suchergebnisse werden dann genau diejenigen Dateien angezeigt, deren Größe in dem gewählten Bereich liegt. Mit der Option **Leer (0 KB)** können Sie Dateien auffinden, in denen praktisch nichts gespeichert ist.

Abbildung 9.15 Schaltfläche »Größe« auf der Registerkarte »Suchtools/Suchen«: Hier können Sie die Suche nach der Dateigröße filtern.

Die Suche mit Größenfiltern liefert allein Dateien – wozu allerdings auch ZIP-Archive gehören –, jedoch keine Ordner. Gehen Sie z. B. folgendermaßen vor, um alle Dateien anzuzeigen, die im Bilderordner gespeichert sind und eine Größe von 100 Kilobytes bis 1 Megabyte besitzen:

1 Selektieren Sie im linken Bereich des Explorers den Eintrag **Dieser PC**. Klicken Sie anschließend im rechten Bereich doppelt auf den Ordner **Bilder**. Alternativ können Sie auch den Knoten neben **Dieser PC** öffnen und auf der Ebene darunter den Bilderordner einmal anklicken. Standardmäßig enthält aber auch der Schnellzugriff eine Verknüpfung zum Bilderordner.

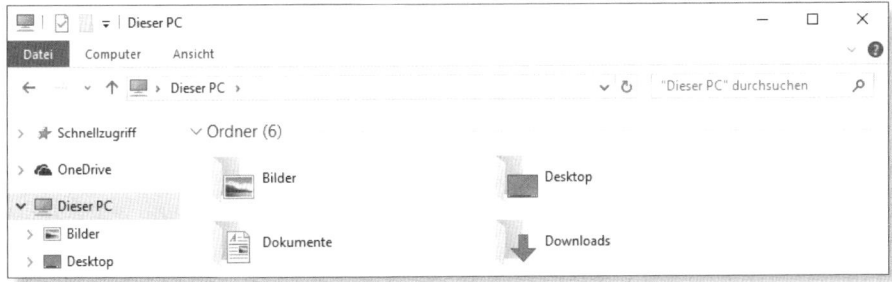

2 Setzen Sie den Cursor in das Suchfeld, um die Registerkarte **Suchtools/Suchen** einzublenden. Alternativ können Sie auch ⌷Strg⌷ + ⌷F⌷ drücken. Klicken Sie gegebenenfalls auf den Registerreiter **Suchtools/Suchen**, um das Menüband zu erweitern und die Optionen dieser Registerkarte anzuzeigen.

3 Klicken Sie in der Gruppe **Verfeinern** der Registerkarte **Suchtools/Suchen** auf die Schaltfläche **Größe**. Wählen Sie im aufklappenden Menü den gewünschten Wert aus, hier also **Mittel (100 KB – 1 MB)**. Die Dateien des Bilderordners, die der gewählten Größe entsprechen, werden daraufhin sofort im rechten Fensterbereich des Explorers angezeigt.

Um Dateien zu finden, die zu einem bestimmten Zeitpunkt geändert wurden, klicken Sie in der Gruppe **Verfeinern** der Registerkarte **Suchtools/Suchen** auf die Schaltfläche **Änderungsdatum** und wählen im aufklappenden Menü den gewünschten Zeitraum aus. Mit der Auswahl von **Diese Woche** finden Sie beispielsweise alle Dateien, die in der aktuellen Woche geändert wurden. Dazu zählen im Übrigen auch solche Dateien, die in dem entsprechenden Zeitraum neu erstellt worden sind.

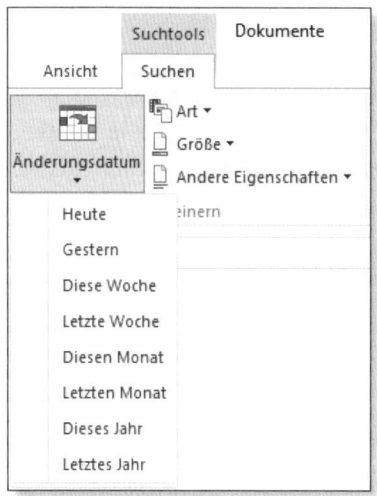

Abbildung 9.16 Das Suchkriterium »Änderungsdatum« umfasst auch Dateien, die im entsprechenden Zeitraum neu erstellt worden sind.

Neben der in Abschnitt 9.6, »Die Suche in indizierten Ordnern auf Dateinamen beschränken«, ab Seite 466 gezeigten Suche nach Namen stehen im Menü zur Schaltfläche **Andere Eigenschaften** verschiedene weitere Kriterien zur Auswahl, z. B. **Typ**, **Ordnerpfad**, **Markierungen** oder **Bewertung**. Welche das genau sind, ist abhängig vom aktuell geöffneten Ordner. Für den Ordner **Dokumente** erscheint z. B. das Kriterium **Autoren** und die Suchergebnisse im Ordner **Bilder** können Sie nach Aufnahmedatum filtern.

Wenn Sie es sich zur Angewohnheit gemacht haben, Dateien, die Ihnen wichtig sind, mit Markierungen zu versehen, können Sie gezielt nach diesen suchen. Gehen Sie z. B.

folgendermaßen vor, um Ihren persönlichen Bilderordner nach Dateien mit der Markierung **Tiere** zu durchsuchen:

1 Öffnen Sie den Bilderordner im Explorer. Klicken Sie also im linken Navigationsbereich auf **Dieser PC** und anschließend im rechten Bereich doppelt auf **Bilder**.

2 Setzen Sie den Cursor in das Suchfeld oder drücken Sie [Strg] + [F], um die Registerkarte **Suchtools/Suchen** anzuzeigen.

3 Klicken Sie nun in der Gruppe **Verfeinern** dieser Registerkarte auf die Schaltfläche **Andere Eigenschaften** und im aufklappenden Menü auf **Markierungen** ❶.

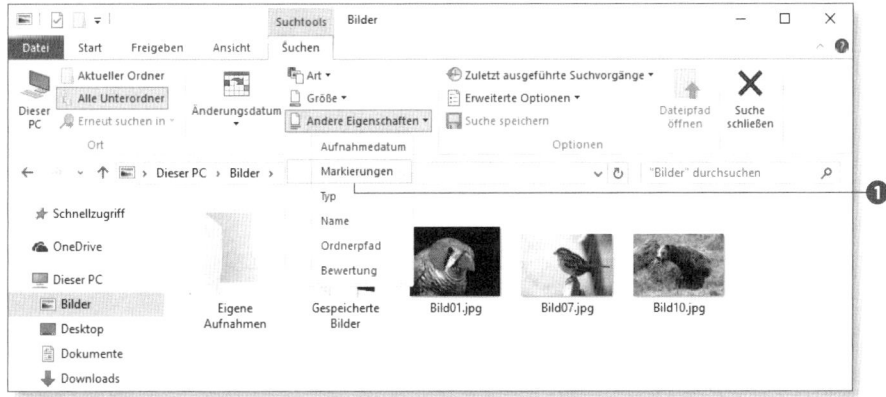

4 Notieren Sie im Suchfeld nach dem Doppelpunkt die Markierung, nach der Sie suchen wollen, hier also »Tiere« ❷. Danach werden die gefundenen Dateien – solche, die sich im Ordner **Bilder** befinden und mit der Markierung **Tiere** versehen sind – sofort im Hauptbereich angezeigt.

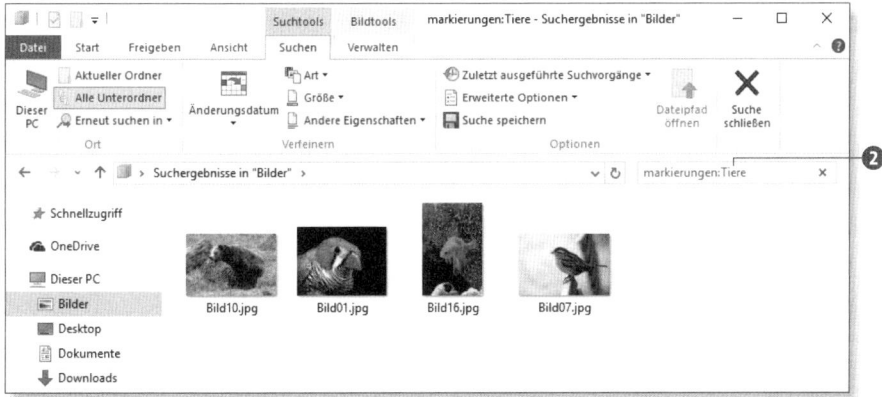

Möchten Sie nach bewerteten Fotos, Musikstücken oder Videos suchen, klicken Sie im Menü zur Schaltfläche **Andere Eigenschaften** ❸ auf **Bewertung**. Danach erscheint unterhalb des Suchfeldes ein kleines Auswahlfenster. Klicken Sie dort auf die gewünschte Anzahl von Sternen. Es handelt sich um keine Mindestwerte, sondern um exakte Vergleichswerte, so dass z. B. mit der Auswahl **4 Sterne** keine Dateien als Treffer angezeigt werden, die mit fünf Sternen bewertet sind. Mit **Nicht bewertet** erhalten Sie als Suchergebnisse alle Dateien, für die keine Bewertung hinterlegt ist.

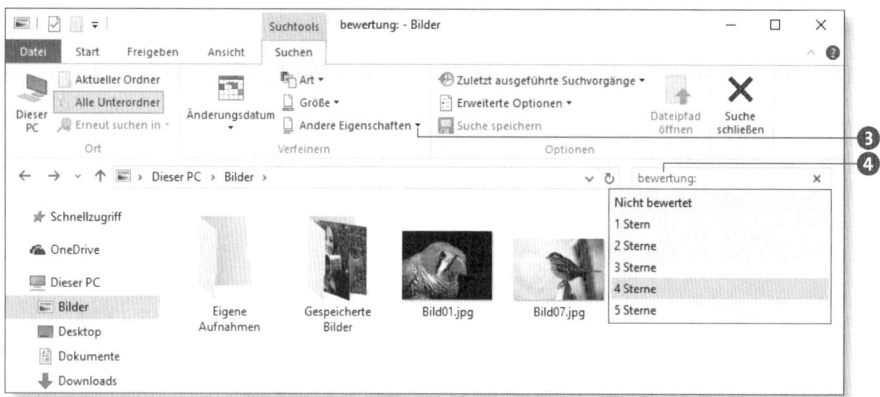

Abbildung 9.17 So filtern Sie Bilder, Videos oder Musikstücke nach Bewertung.

Das Auswahlfenster aus Abbildung 9.17 erscheint übrigens auch, wenn Sie den Term »bewertung:« ❹ von Hand in das Suchfeld eingeben.

Bei der Suche mit dem Filterkriterium **Typ** müssen Sie den Dateityp nach dem Doppelpunkt normalerweise selbst eingeben. Den Punkt vor der Dateierweiterung brauchen Sie dabei nicht unbedingt mit anzugeben. Eine Suchanfrage nach Word-Dateien könnte also z. B. »typ:.docx« oder – ohne den Punkt – »typ:docx« lauten (ganz korrekt formuliert lautet die Anfrage allerdings »typ:=.docx«, für die Anzeige der Ergebnisse macht dies jedoch keinen Unterschied).

Mit dem Filter **Ordnerpfad** können Sie Dateien und Ordner anhand ihres Speicherortes auffinden. Gefunden werden, ausgehend vom aktuellen Ordner, alle Dateien und Unterordner, bei denen der Suchbegriff an irgendeiner Stelle im Pfad vorkommt. Der verwendete Suchbegriff muss dabei nicht unbedingt am Anfang des Ordnernamens (falls dieser aus mehr als einem Wort besteht) vorkommen, der Wortanfang muss aber jeweils übereinstimmen. Ist eine Datei z. B. im Ordner *C:\Benutzer\<Benutzername>\ Gespeicherte Spiele\Neue Spiele\Top Games* gespeichert und starten Sie die Suche vom Benutzerordner aus, dann wird die Datei mit den Suchbegriffen »Top«, »To«, »Neue«,

»Neu«, »Gespeicherte«, »Gespeichert« gefunden, aber beispielsweise auch mit den Suchbegriffen »Spiele«, »Spiel« oder »Games«. Da Groß- und Kleinschreibung bei der Suche grundsätzlich keine Rolle spielen, können Sie die Begriffe natürlich auch kleinschreiben.

Als Suchergebnisse angezeigt werden Dateien wie Ordner. Die Suche mit dem Filter **Ordnerpfad** eignet sich daher vor allem auch dann, wenn Sie einen tief verschachtelten Unterordner, dessen genauen Speicherort Sie womöglich vergessen haben, auffinden möchten. Suchen Sie gegebenenfalls von der Ebene **Dieser PC** aus, wenn Sie sich überhaupt nicht mehr erinnern, in welchem Bereich sich der gesuchte Ordner befindet.

Falls notwendig, können Sie auch mehrere Suchfilter miteinander kombinieren. Möchten Sie z. B. im Ordner **Dokumente** nach .docx-Dateien suchen, die in der aktuellen Woche geändert worden sind, gehen Sie folgendermaßen vor:

1   Öffnen Sie im Explorer den Ordner **Dokumente**, so dass die enthaltenen Dateien und Unterordner dort im rechten Fensterbereich angezeigt werden.

2   Setzen Sie den Cursor in das Suchfeld oder drücken Sie ⌨Strg + ⌨F.

3   Klicken Sie in der Gruppe **Verfeinern** der erscheinenden Registerkarte **Suchtools/ Suchen** auf die Schaltfläche **Andere Eigenschaften**. Wählen Sie den Filter **Typ** im aufklappenden Menü.

4   Tippen Sie in das Suchfeld nach dem Doppelpunkt die gesuchte Dateierweiterung, also ».docx«, ein.

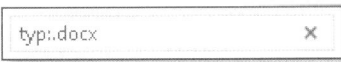

5   Klicken Sie jetzt in der Gruppe **Verfeinern** der Registerkarte **Suchtools/Suchen** auf die Schaltfläche **Änderungsdatum**. Wählen Sie in der aufklappenden Liste den Eintrag **Diese Woche** aus. Damit ergänzen Sie die Suchanfrage zu »typ:.docx änderungsdatum:diese woche« (mehrere Suchfilter werden jeweils mit einem Leerzeichen getrennt).

Im Hauptbereich werden nun alle Word-Dokumente mit der Erweiterung **.docx** angezeigt, die in der aktuellen Woche geändert oder neu erstellt wurden. Die Reihenfolge, in der die Suchfilter angegeben werden, spielt im Übrigen keine Rolle. Daher könnten Sie im obigen Beispiel auch zuerst das Änderungsdatum (Schritt 5) und danach den Dateityp angeben (Schritte 3 und 4).

9.10   Den Suchindex anpassen

Im Suchindex werden anhand von internen Tabellen die Daten von Dateien so gespeichert, dass diese bei einer Suche schnell gefunden werden können. Ein weiterer Vorteil ist, dass Windows an indizierten Orten automatisch auch Dateiinhalte durchsucht. Allerdings ist der Geschwindigkeitsvorteil bei sehr kleinen Ordnern, die nur wenige Dateien enthalten, eher gering, ein zu großer Index verlangsamt die Suche eventuell sogar. Sie sollten daher nur bevorzugte Ordner zum Suchindex hinzufügen. Im Allgemeinen ist es sinnvoll, besonders wichtige Ordner zu indizieren und weniger wichtige Ordner vom Index auszuschließen.

Zuständig für Einstellungen in Bezug auf den Suchindex ist der Dialog **Indizierungsoptionen**, der direkt im Explorer aufgerufen werden kann. Führen Sie gegebenenfalls folgende Schritte durch, um Ordner zum Suchindex hinzuzufügen oder von der Indizierung auszunehmen:

1 Zeigen Sie im Explorer die Registerkarte **Suchtools/Suchen** an. Setzen Sie dazu den Cursor in das Suchfeld oder drücken Sie ⌨Strg + ⌨F.

2 Klicken Sie in der Gruppe **Optionen** der Registerkarte **Suchtools/Suchen** auf die Schaltfläche **Erweiterte Optionen**. Wählen Sie im aufklappenden Menü den Befehl **Indizierte Orte ändern** ❶.

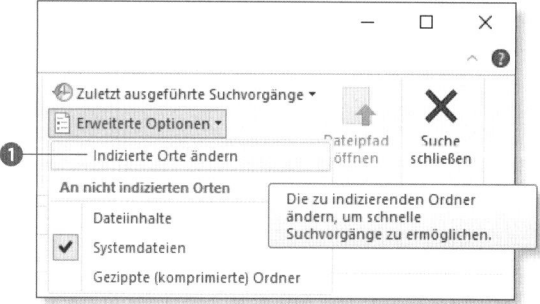

3 Es erscheint das Dialogfeld **Indizierungsoptionen**. Hier sehen Sie in der ersten Spalte alle Orte, die im Suchindex enthalten sind. Die zweite Spalte enthält die Namen von Unterordnern, für die die Indizierung nicht aktiviert ist. Klicken Sie links unten im Dialogfeld auf die Schaltfläche **Ändern**.

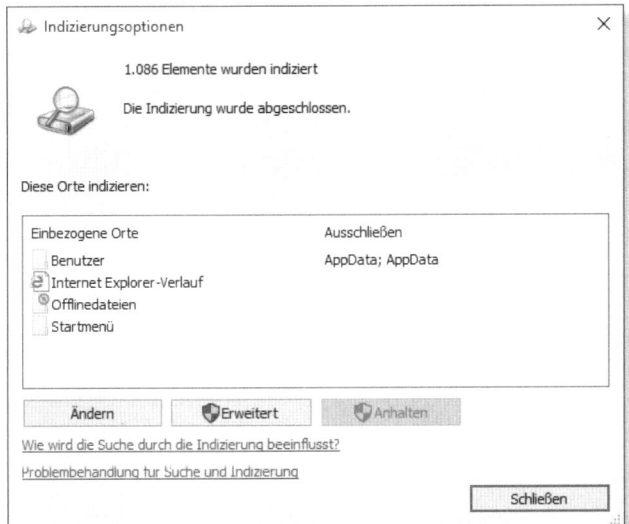

4 Es erscheint ein weiteres Dialogfeld **Indizierte Orte**. Aktivieren Sie hier im oberen Abschnitt **Ausgewählte Orte ändern** vor den Ordnern und Laufwerken, die Sie indizieren lassen wollen, die entsprechenden Kontrollkästchen. Deaktivieren Sie die Kontrollkästchen bei den Ordnern, die Sie vom Suchindex ausnehmen wollen.

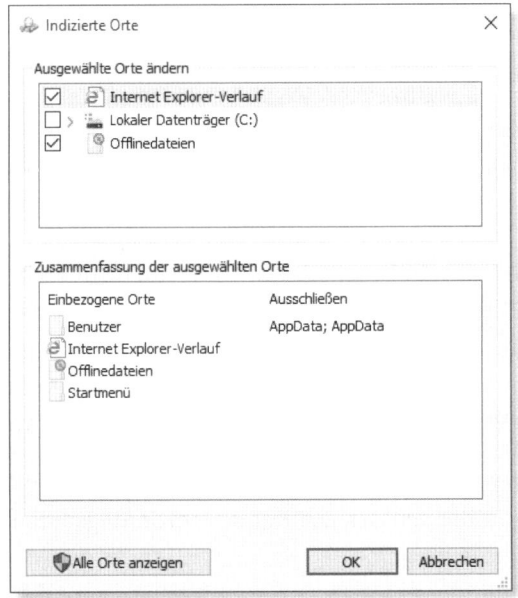

Erweitern Sie gegebenenfalls einen Ordner oder ein Laufwerk, wenn Sie nur bestimmte Unterordner indizieren wollen. Klicken Sie dazu einmal auf die nach rechts weisende Pfeilspitze, die sich unmittelbar vor dem Ordnernamen befindet. Um z. B. den Benutzerordner zu sehen, erweitern Sie den Knoten von Laufwerk *C:* ❷.

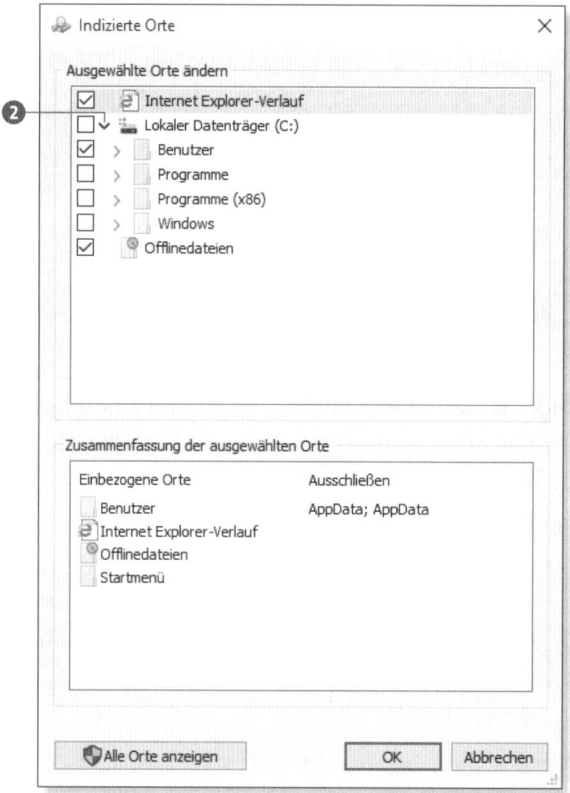

Um einen bereits indizierten Unterordner sofort anzuzeigen, ohne ihn im oberen Bereich erst durch mehrfaches Öffnen der jeweiligen übergeordneten Ordner schrittweise auszuwählen, können Sie auch im unteren Abschnitt **Zusammenfassung der ausgewählten Orte** auf den Ordnernamen klicken. Danach erscheint der Ordner mit seinem Kontrollkästchen im oberen Abschnitt, falls das vorher nicht der Fall war.

5 Bestätigen Sie Ihre Änderungen, indem Sie im Dialogfeld **Indizierte Orte** auf die **OK**-Schaltfläche klicken. Danach können Sie auch das Dialogfeld **Indizierungsoptionen** schließen, wenn Sie dieses nicht mehr benötigen.

Wechseldatenträger indizieren

Auf die beschriebene Weise können Sie auch externe Festplatten und USB-Sticks indizieren lassen. Schließen Sie diese an den Computer an, bevor Sie die Indizierungsoptionen aufrufen. Das externe Speichermedium steht dann im Dialogfeld **Indizierte Orte** ebenfalls zur Auswahl. Hier fügen Sie entweder die ganze Festplatte zum Suchindex hinzu oder nur bestimmte Ordner, indem Sie deren Kontrollkästchen aktivieren. Sinnvoll ist die Indizierung von externen Speichermedien natürlich nur, wenn diese sehr groß sind und entsprechend viele Dateien enthalten.

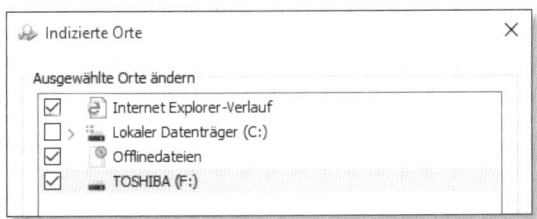

Abbildung 9.18 Laufwerk F:, das sich auf einen angeschlossenen USB-Stick bezieht, ist hier ebenfalls im Suchindex enthalten.

Möchten Sie den externen Datenträger einmal wieder aus dem Suchindex herausnehmen, müssen Sie ihn dazu nicht erst an den Computer anschließen. Da der Eintrag im Dialogfeld **Indizierte Orte** auch dann vorhanden ist, wenn der Datenträger nicht mit dem Computer verbunden ist, müssen Sie nur das entsprechende Kontrollkästchen deaktivieren. Danach wird der Eintrag für den Datenträger aus dem Dialogfeld vollständig entfernt.

9.11   Den Suchindex manuell aktualisieren

Der Suchindex wird im Hintergrund ständig automatisch aktualisiert, so dass Sie sich darum normalerweise nicht kümmern müssen. Wenn Sie jedoch den Eindruck haben, dass die Suche nicht optimal funktioniert – z. B. weil Dateien, von denen Sie wissen, dass sie vorhanden sind, nicht gefunden werden –, oder nachdem Sie Ordner zum Suchindex hinzugefügt oder daraus entfernt haben, ist es eventuell sinnvoll, den Index neu aufzubauen. Dies ist mit wenigen Handgriffen und einer unter Umständen etwas längeren Wartezeit erledigt:

1   Setzen Sie den Cursor in das Suchfeld des Explorers oder drücken Sie `Strg` + `F`, um die Registerkarte **Suchtools/Suchen** anzuzeigen.

2 Rufen Sie die Indizierungsoptionen auf, indem Sie auf der Registerkarte **Suchtools/Suchen** auf die Schaltfläche **Erweiterte Optionen** und anschließend im aufklappenden Menü auf **Indizierte Orte ändern** klicken.

3 Klicken Sie im Dialogfeld **Indizierungsoptionen** auf die Schaltfläche **Erweitert**.

4 Es erscheint das Dialogfeld **Erweiterte Optionen**. Klicken Sie hier auf der Registerkarte **Indexeinstellungen** auf die Schaltfläche **Neu erstellen**.

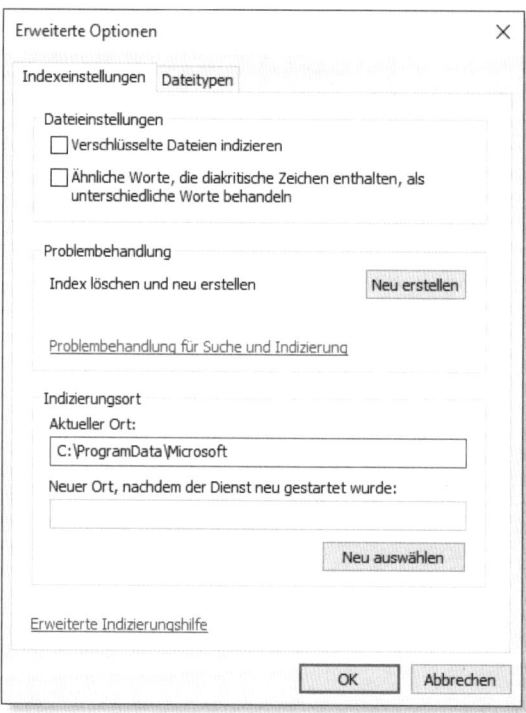

Daraufhin baut Windows den Suchindex neu auf, was je nach Größe der zu indizierenden Ordner eine geraume Zeit in Anspruch nehmen kann. Sie können während dieser Zeit jedoch am Computer weiterarbeiten. Suchvorgänge sollten Sie jedoch erst danach durchführen (andernfalls müssen Sie mit unvollständigen Suchergebnissen rechnen). Wenn es so weit ist, erscheint im Dialogfeld **Indizierungsoptionen** eine entsprechende Meldung (*Die Indizierung wurde abgeschlossen*) mit der Anzeige, wie viele Elemente indiziert worden sind.

9.12   Die Indizierung für bestimmte Dateitypen ausschließen

Sie können die Indizierung von Dateiinhalten auch ordnerübergreifend für bestimmte Dateiformate abbedingen. Klicken Sie dazu im Dialogfeld **Indizierungsoptionen** auf die Schaltfläche **Erweitert** und holen Sie im erscheinenden Dialogfeld **Erweiterte Optionen** die Registerkarte **Dateitypen** in den Vordergrund. Hier finden Sie alle gängigen Dateitypen aufgelistet.

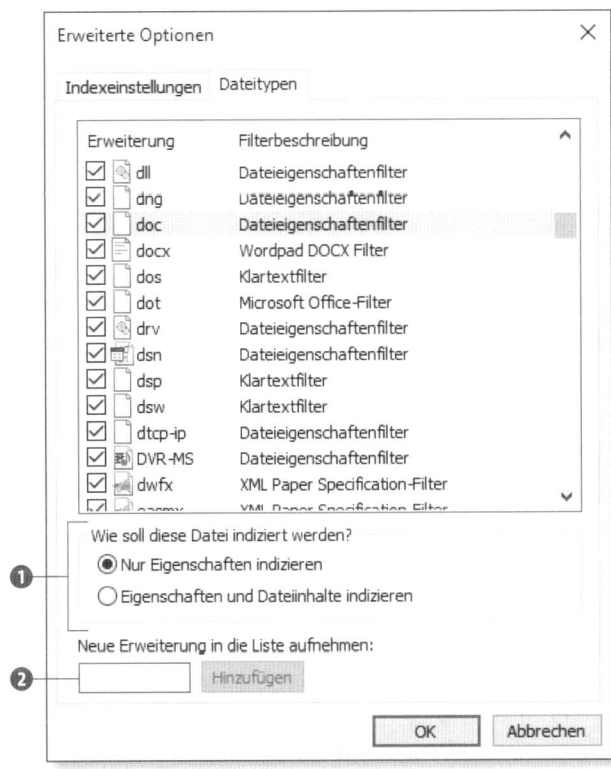

Abbildung 9.19 Dialogfeld »Erweiterte Optionen«: Auf der Registerkarte »Dateitypen« können Sie festlegen, bei welchen Dateitypen die Indizierung von Inhalten durchgeführt werden kann.

Wenn Sie in der Liste eine Erweiterung selektieren, erkennen Sie im Abschnitt darunter (**Wie soll diese Datei indiziert werden?** ❶), ob für Dateien dieses Formats nur die Dateieigenschaften oder auch der Dateiinhalt indiziert wird. Ändern Sie die Einstellung gegebenenfalls, indem Sie das entsprechende Optionsfeld aktivieren. Haben Sie z. B. sehr viele Word-Dateien und möchten Sie die Inhaltssuche für diese generell unterbinden (z. B. weil Sie Ihre Word-Dateien mit Markierungen versehen haben und es deshalb für Sie praktikabler erscheint, ausschließlich nach Dateieigenschaften zu suchen), dann aktivieren Sie für die Formate **.docx** und **.doc** die Option **Nur Eigenschaften indizieren**. Wenn Sie in der Liste das Häkchen neben einem Dateityp entfernen, werden von Dateien dieses Typs weder Dateiinhalte noch die Dateieigenschaften indiziert. Das Gleiche gilt natürlich auch für Dateitypen, die in der Liste nicht aufgeführt sind.

Um ein weiteres Format bekannt zu machen, tippen Sie die entsprechende Dateierweiterung in das Textfeld links unten unterhalb von **Neue Erweiterung in die Liste aufnehmen** ❷ (siehe Abbildung auf Seite 481) und klicken anschließend auf die danebenstehende Schaltfläche **Hinzufügen**.

9.13   Windows Search deaktivieren

Die Indizierung von Speicherorten hat zwar den Vorteil, dass die Suche in diesen schneller vonstattengeht, es gibt aber auch Gründe, auf diesen Dienst zu verzichten:

- Die Aktualisierung des Suchindex läuft praktisch permanent im Hintergrund und beansprucht so, wenngleich in geringem Umfang, Systemressourcen.
- Wenn Sie die Indizierung ausschalten, führt Windows Suchvorgänge immer direkt in den Ordnern und Dateien durch. Dies kann zwar etwas länger dauern, liefert aber genauere Suchergebnisse als die Suche auf Indexbasis.

Wenn Sie z. B. gerade sehr viele Dateien und Ordner geändert, verschoben oder gelöscht haben und Sie im Anschluss einen Suchvorgang durchführen, können Sie nicht mit 100%iger Sicherheit damit rechnen, dass sich der Suchindex auf dem aktuellen Stand befindet. Wenn Sie also auf sehr genaue Suchergebnisse Wert legen und dabei eine etwas längere Wartezeit in Kauf nehmen – die, wie gesagt, von der Größe des zu durchsuchenden Ordners abhängig ist – oder wenn Sie die Dateisuche nicht häufig in Anspruch nehmen, können Sie den entsprechenden Dienst folgendermaßen deaktivieren:

1 Geben Sie in das Suchfeld der Taskleiste den Begriff »Dienste« ein. Klicken Sie anschließend auf eine der Symbolverknüpfungen **Dienste** oder **Lokale Dienste anzeigen** ❶. Daraufhin erscheint das Dialogfenster **Dienste**, in dem alle Windows-Dienste aufgelistet sind.

In der Systemsteuerung können Sie das Dialogfenster **Dienste** aufrufen, indem Sie dort nacheinander die Kategorien **System und Sicherheit** und **Verwaltung** anwählen und anschließend im erscheinenden gleichnamigen Dialogfenster doppelt auf den Eintrag **Dienste** klicken.

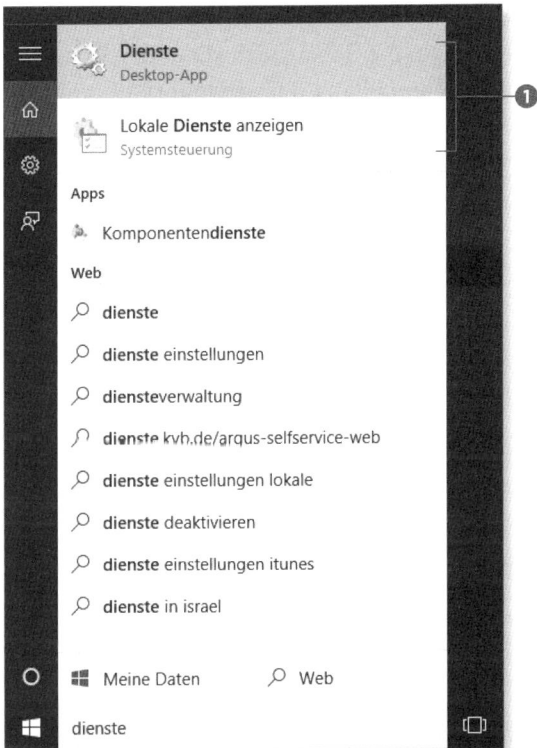

2 Doppelklicken Sie im Dialogfenster **Dienste** auf den Dienst **Windows Search** ❷.

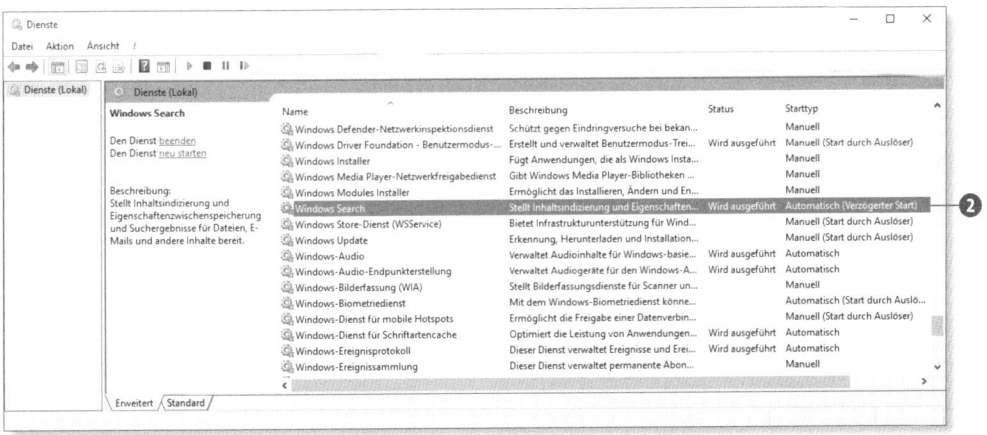

3 Im nun erscheinenden Eigenschaftendialog können Sie den Dienst für die aktuelle Sitzung beenden. Klicken Sie in diesem Fall auf die Schaltfläche **Beenden**. Der Dienst wird dann beim nächsten Computerstart wieder aktiv. Um Windows Search ganz auszuschalten, öffnen Sie die Liste zu **Starttyp** und klicken darin auf **Deaktiviert ❸**. Klicken Sie auch in diesem Fall zusätzlich auf die Schaltfläche **Beenden ❹**, wenn Sie nicht wollen, dass der Dienst während der aktuellen Sitzung weiterläuft.

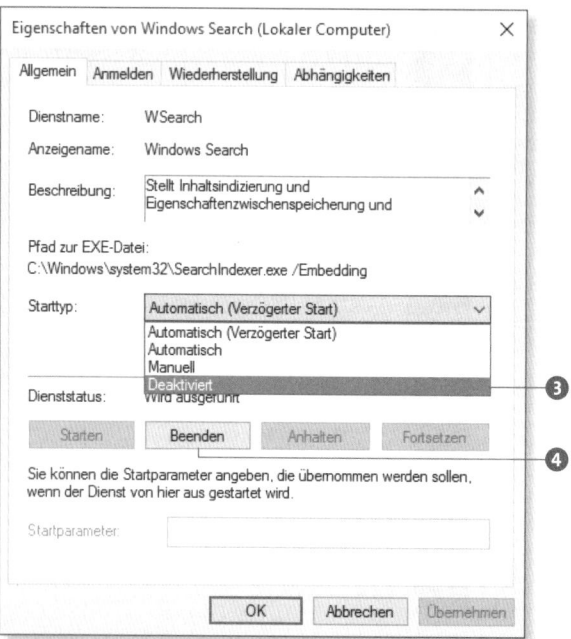

Sie können Windows Search jederzeit wieder einschalten, indem Sie den Starttyp auf den entsprechenden Wert setzen. Im Übrigen können Sie auch bei deaktiviertem Dienst im Explorer nach Dateien und Ordnern suchen und dabei die Optionen auf der Registerkarte **Suchtools/Suchen** verwenden. Innerhalb von Bibliotheken kann die Suche allerdings nur bei aktivierter Indizierung durchgeführt werden.

TEIL IV
Internet, Netzwerk und E-Mails

10   Im Internet surfen

Wenn Sie Windows 10 installiert haben bzw. in Betrieb nehmen, verfügen Sie sogleich über zwei verschiedene Browser. Der eine ist der Internet Explorer in der Version 11, die bereits unter Windows 8.1 vorinstalliert war. Bei dem anderen handelt es sich um die jüngste Kreation von Microsoft mit dem Namen Microsoft Edge. Der Microsoft-Edge-Browser bietet zwar einige Innovationen, er befindet sich jedoch noch im Entwicklungsstadium und lässt daher auch einige Dinge vermissen. Demgegenüber weist der Internet Explorer eine ganze Palette an Funktionen und Einstellungsmöglichkeiten auf.

Abbildung 10.1 Schon unter Windows 8.1 war der Internet Explorer in der Version 11 vorinstalliert.

Welchen Browser Sie verwenden – möglicherweise beide –, bleibt natürlich Ihnen überlassen. Microsoft bevorzugt eindeutig den neueren, denn das standardmäßig in der Taskleiste vorhandene Symbol ❶ startet Microsoft Edge, nicht wie in früheren Windows-Versionen den Internet Explorer. Zudem enthält ausgerechnet die Willkommensseite von IE 11 (*https://www.microsoft.com/de-de/welcomeie11*), die beim ersten Start des Internet Explorers zusammen mit der vordefinierten MSN-Startseite automatisch erscheint, das Angebot, Microsoft Edge zu testen.

Abbildung 10.2 Das Browsersymbol in der Taskleiste startet
unter Windows 10 den Microsoft-Edge-Browser.

Um den Internet Explorer zu starten, müssen Sie sich zunächst ins Startmenü begeben. Klicken Sie dort ganz unten auf der linken Seite auf **Alle Apps** und scrollen Sie anschließend zum Buchstaben **W**. Der Eintrag **Internet Explorer** befindet sich hier unter **Windows-Zubehör** ❷.

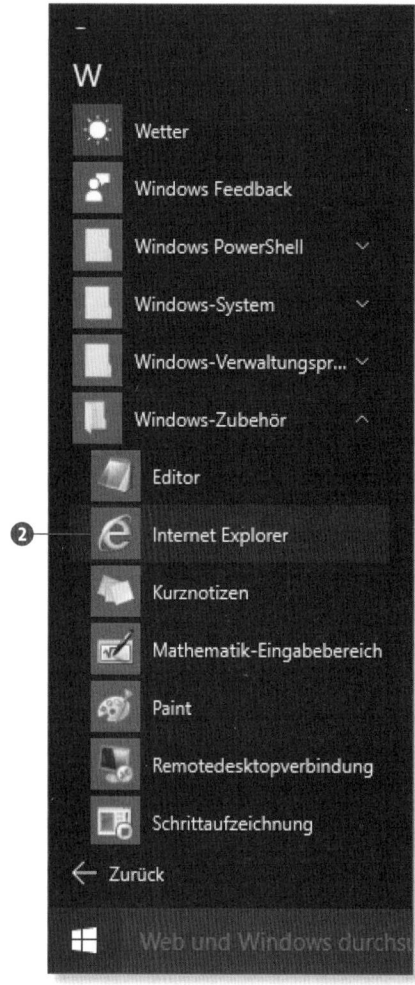

Abbildung 10.3 Eine Verknüpfung für den Internet Explorer finden Sie im Startmenü in der Alle-Apps-Übersicht unter dem Buchstaben »W« im Ordner »Windows-Zubehör«.

Internet Explorer über die Suchfunktion starten

Sie können natürlich auch die Suche bemühen, um den Internet Explorer zu starten. In diesem Fall brauchen Sie in das Suchfeld der Taskleiste nicht einmal »internet« oder etwa »internet explorer« einzugeben. Die passende Symbolverknüpfung erscheint bereits mit Eingabe des Buchstabens »i« und die Eingabe von »ie« findet die Internet-Explorer-App ebenfalls (»IE« ist eine gebräuchliche Abkürzung für Internet Explorer).

Abbildung 10.4 Das Popup-Fenster erscheint per Rechtsklick auf die Verknüpfung: Wenn Sie den Internet Explorer häufig verwenden, können Sie ihn sogleich auf der rechten Seite des Startmenüs oder in der Taskleiste anheften.

Ich werde in diesem Kapitel zunächst auf den Internet Explorer eingehen und anschließend die Features von Microsoft Edge vorstellen.

Abbildung 10.5 Internet Explorer mit zwei geöffneten Registerkarten

Abbildung 10.5 auf Seite 489 zeigt den gestarteten Internet Explorer mit zwei geladenen Webseiten. Unmittelbar oberhalb des Anzeigebereichs befindet sich die Adressleiste ❶. Daneben erscheinen die Registerkarten geöffneter Webseiten ❷ (hier sind es zwei) und am rechten Rand die Symbolleiste mit den Optionen **Startseite** ❸, **Favoriten, Feeds und Verlauf anzeigen** ❹, **Extras** ❺ und ein Smiley, über das Sie Microsoft Ihre Meinung zum Internet Explorer mitteilen können.

10.1   Neue IE-Versionen automatisch installieren

Zukünftige Versionen des Internet Explorers (sofern es sie geben wird) werden standardmäßig automatisch als Windows Update heruntergeladen und installiert. Wenn Sie das nicht wollen, können Sie diese Einstellung folgendermaßen deaktivieren oder auch wieder aktivieren, falls sie auf dem Computer – z. B. vonseiten des Herstellers – deaktiviert wurde:

1 Starten Sie den Internet Explorer, z. B. indem Sie im Startmenü auf **Alle Apps** und anschließend unter **W** auf **Windows-Zubehör** und dann auf die Verknüpfung **Internet Explorer** klicken.

2 Klicken Sie rechts oben in der kleinen Symbolleiste auf das Zahnradsymbol ❶ und im aufklappenden Menü auf **Info**.

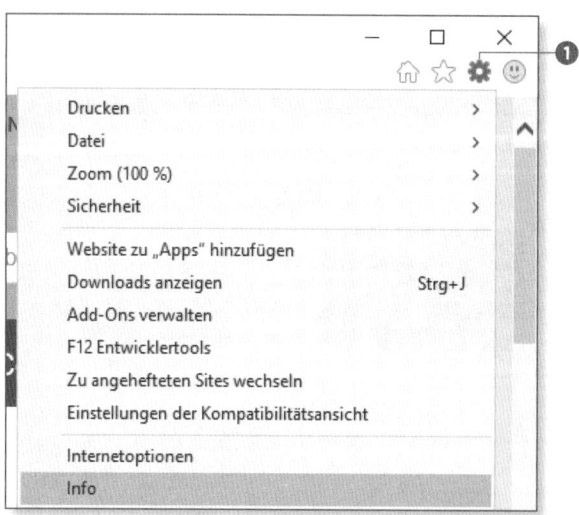

3 Es erscheint das Dialogfeld **Informationen zu Internet Explorer**. Hier sehen Sie unter anderem die aktuelle Versionsnummer. Entfernen Sie das Häkchen im Kontrollkästchen, wenn Sie neue IE-Versionen nicht automatisch installieren wollen, oder setzen Sie das Häkchen, um neue IE-Versionen mit dem Windows-Update-Dienst automatisch installieren zu lassen.

10.2 Favoriten und »Superfavoriten«

Internetseiten, die Ihnen besonders wichtig sind, können Sie im Internet Explorer als Favoriten hinzufügen. Sie ersparen es sich damit, die Adresse der Webseite jedes Mal erneut eingeben zu müssen. Einen Internetfavoriten – also eine im Internet Explorer zu den Favoriten hinzugefügte Webseite – können Sie einfach per Mausklick bzw. per Fingertipp aufrufen.

10.2.1 Favoriten hinzufügen

Eine Webseite können Sie folgendermaßen zu den Favoriten hinzufügen:

1 Öffnen Sie die Webseite, die Sie zu den Favoriten hinzufügen wollen.

2 Klicken Sie bei geladener Webseite in der kleinen Symbolleiste rechts oben auf das Symbol mit dem Stern ❶.

3 Klicken Sie im erscheinenden Favoritencenter auf die Schaltfläche **Zu Favoriten hinzufügen** ❷.

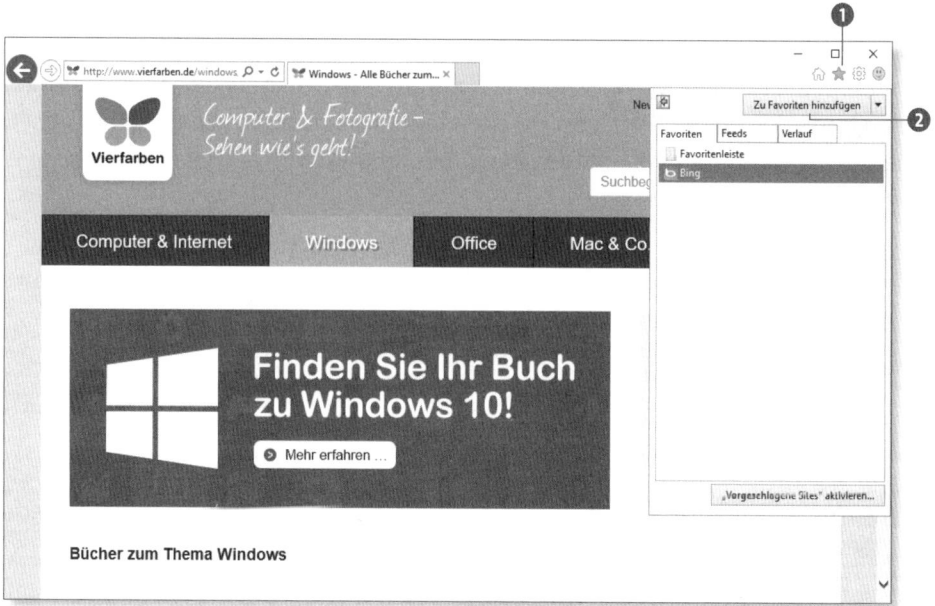

4 Es erscheint das Dialogfeld **Favoriten hinzufügen**. Wenn Sie wollen, können Sie hier in das Feld **Name** einen anderen, eventuell kürzeren Namen für die Verknüpfung eintragen.

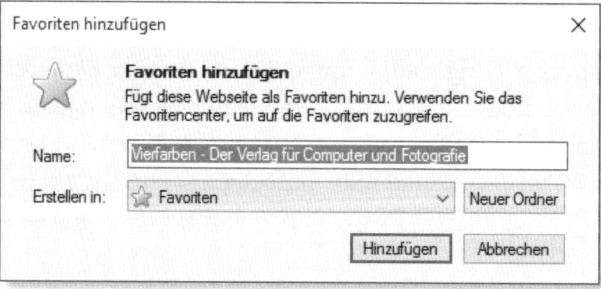

Wenn Sie die Verknüpfung zur Webseite auf der obersten Ebene erstellen wollen, belassen Sie es im Listenfeld **Erstellen in** bei dem voreingestellten Auswahlpunkt **Favoriten**. Haben Sie bereits Unterordner innerhalb der Favoriten angelegt, können Sie einen davon im Listenfeld auswählen.

Möchten Sie für den aktuellen Favoriten einen neuen Ordner erstellen, klicken Sie auf die Schaltfläche **Neuer Ordner**. Geben Sie im erscheinenden Dialogfeld einen Namen für den Ordner an und klicken Sie auf **Erstellen**. Der neue Ordner wird dann im Dialogfeld **Favoriten hinzufügen** automatisch als Zielordner ausgewählt.

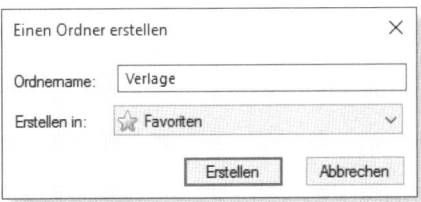

5 Klicken Sie im Dialogfeld **Favoriten hinzufügen** auf die Schaltfläche **Hinzufügen**, um den Favoriten, also die Verknüpfung zu der im Browser angezeigten Webseite, an dem Ort, der im Listenfeld **Erstellen in** angegeben ist, zu erstellen.

Shortcuts

Mit der Tastenkombination ⎄Strg⎄ + ⎄D⎄ können Sie das Dialogfeld **Favoriten hinzufügen** direkt aufrufen. Außerdem finden Sie den Befehl **Zu Favoriten hinzufügen** im Kontextmenü einer geladenen Webseite. Klicken Sie mit der rechten Maustaste auf die Webseite, um das Kontextmenü zu öffnen. Sie sollten jedoch kein verlinktes Element (Hyperlink, Bild) anklicken, da ansonsten mit dem Befehl **Zu Favoriten hinzufügen** die mit diesem Element verbundene Verknüpfung und nicht die Verknüpfung zur angezeigten Webseite gespeichert wird. Führen Sie den Rechtsklick am besten auf einer freien Stelle der Webseite aus.

Um einen Favoriten, also die entsprechende Webseite, im Internet Explorer zu öffnen, brauchen Sie die entsprechende Verknüpfung im Favoritencenter nur anzuklicken. Wenn Sie einen Favoriten einmal nicht mehr benötigen, können Sie diesen folgendermaßen löschen:

1 Klicken Sie in der rechten oberen Ecke des Internet-Explorer-Browserfensters auf das Sternsymbol ❶ (siehe die Abbildung auf der folgenden Seite).

2 Klicken Sie im erscheinenden Favoritencenter auf den Reiter **Favoriten** ❷, wenn sich diese Registerkarte nicht im Vordergrund befindet.

3 Klicken Sie das Element (Verknüpfung oder Ordner), das Sie entfernen wollen, mit der rechten Maustaste an und wählen Sie den Befehl **Löschen** im erscheinenden Kontextmenü. Das gewählte Element wird daraufhin ohne Rückfrage gelöscht.

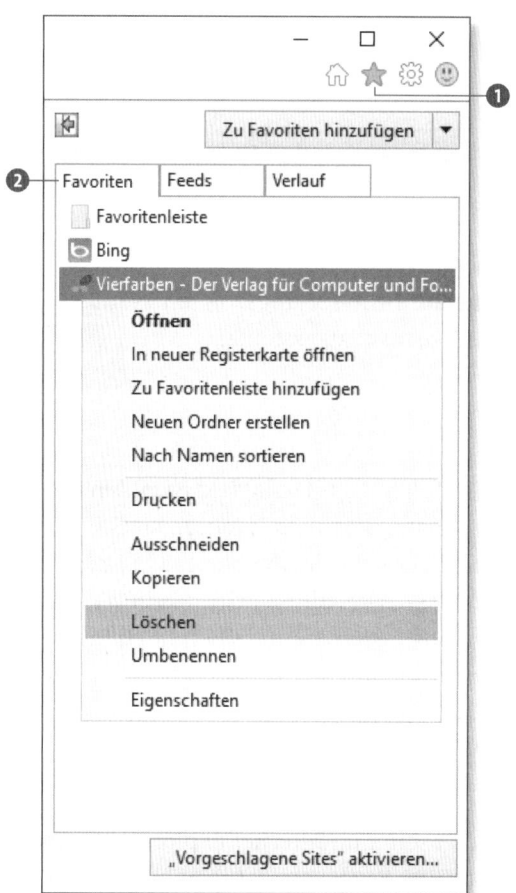

INFO

Das Favoritencenter dauerhaft anzeigen

Wenn Sie Ihre Favoriten häufig aufrufen, können Sie das Favoritencenter auch dauerhaft anzeigen. Klicken Sie dazu links oben im Favoritencenter auf die Schaltfläche mit dem nach links weisenden grünen Pfeil ➌. Das Favoritencenter wird daraufhin am linken Fensterrand angedockt. Dort können Sie es wieder lösen, indem Sie auf die dann vorhandene kleine Schließen-Schaltfläche in der rechten oberen Ecke klicken.

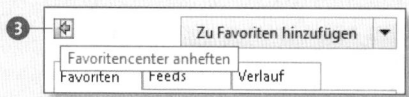

Abbildung 10.6 Wenn Sie Ihre Favoriten häufig benötigen, können Sie das Favoritencenter am linken Rand des IE-Anwendungsfensters andocken.

10.2.2 Die Favoritenleiste verwenden

Der Internet Explorer stellt eigentlich zwei Arten von Favoriten zur Verfügung, außer den normalen noch Verknüpfungen zu besonders bevorzugten Webseiten (Ihre »Superfavoriten«). Diese werden in der sogenannten Favoritenleiste gespeichert. In dieser gestaltet sich das Verwenden von Favoriten besonders bequem.

Die Favoritenleiste ist standardmäßig ausgeblendet. Sie können sie einblenden, indem Sie in der Titelleiste des Browserfensters mit der rechten Maustaste auf eine freie Stelle und im aufklappenden Menü auf **Favoritenleiste** klicken (bei eingeblendeter Favoritenleiste ist dieser Auswahlpunkt mit einem Häkchen versehen).

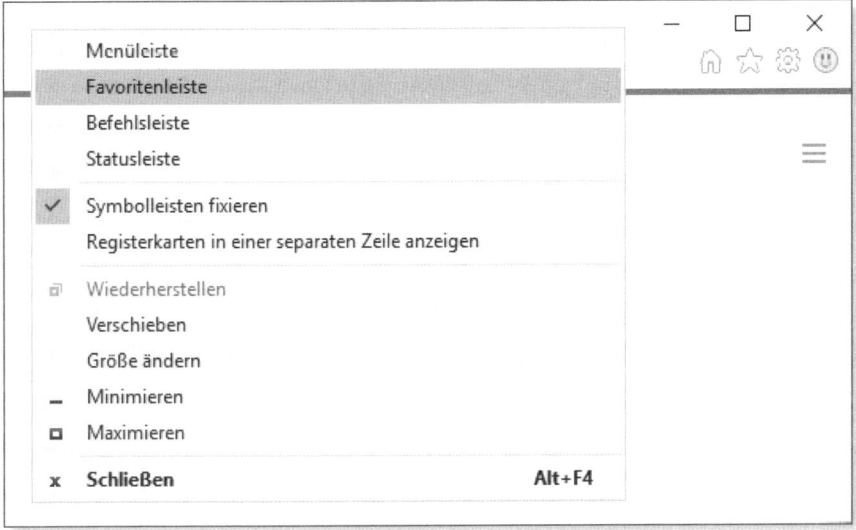

Abbildung 10.7 Im Kontextmenü der Titelleiste bringen Sie die Favoritenleiste zum Vorschein.

Die Favoritenleiste enthält nur eine einzige Symbolschaltfläche, die sich am linken Rand befindet (❶ auf Seite 496). Sie trägt die QuickInfo *Zu Favoritenleiste hinzufügen*. Wenn Sie die aktuell angezeigte Webseite der Favoritenleiste hinzufügen wollen, brauchen Sie das Symbol nur anzuklicken.

Die Favoriten erscheinen in der Favoritenleiste in Form von Schaltflächen, standardmäßig mit Text und Symbol, wie es in Abbildung 10.8 für die Webseite der Suchmaschine DuckDuckGo zu sehen ist.

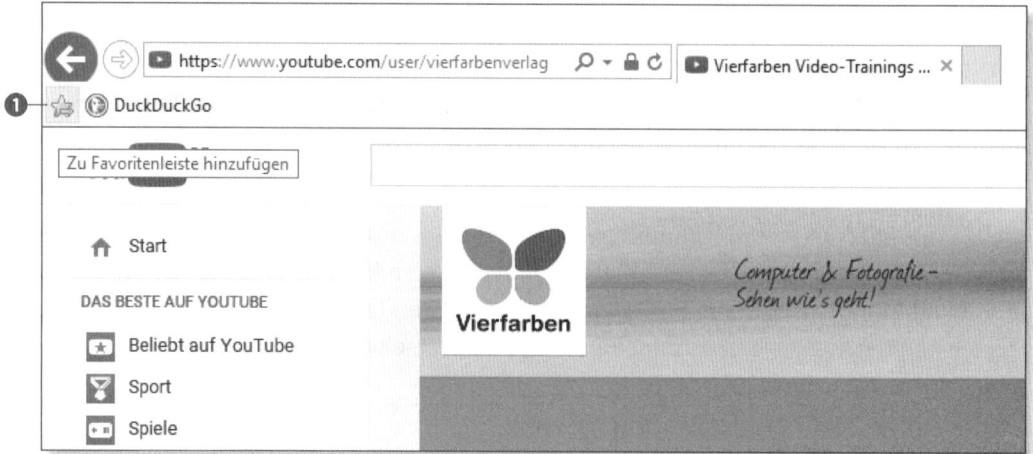

Abbildung 10.8 Per Klick auf die kleine Symbolschaltfläche am linken Rand der Favoritenleiste fügen Sie dort die angezeigte Webseite als Verknüpfung hinzu.

Wenn nach Ihrem Geschmack die Favoriten in der Favoritenleiste zu viel Platz einnehmen, können Sie den Text auf die Länge eines Wortes verkürzen (**Kurze Titel**, ❷ in Abbildung 10.9) oder auch nur die Symbole der Webseiten anzeigen (**Nur Symbole**).

Klicken Sie dazu in der Favoritenleiste mit der rechten Maustaste auf einen beliebigen Favoriten und im erscheinenden Kontextmenü auf **Anpassen der Titellängen**. Wählen Sie anschließend im aufklappenden Untermenü die gewünschte Option aus.

Die Einstellung bezieht sich immer auf alle Favoriten der Favoritenleiste. Wenn Sie hier also z. B. **Nur Symbole** wählen, werden in der Favoritenleiste für alle Verknüpfungen nur mehr die Symbole ohne Text angezeigt.

Möchten Sie einen Favoriten aus der Favoritenleiste wieder entfernen, klicken Sie diesen mit der rechten Maustaste an und wählen auf der ersten Ebene des erscheinenden Kontextmenüs den Befehl **Löschen** ❸. Hierbei spielt es natürlich eine Rolle, für welchen Favoriten Sie das Kontextmenü aufrufen.

Im Dateisystem sind die »Superfavoriten« übrigens im Ordner **Favoritenleiste** unterhalb des Ordners **Favoriten** des Benutzerordners gespeichert, also z. B. unter **C:\ Benutzer\<Benutzername>\Favoriten\Favoritenleiste**.

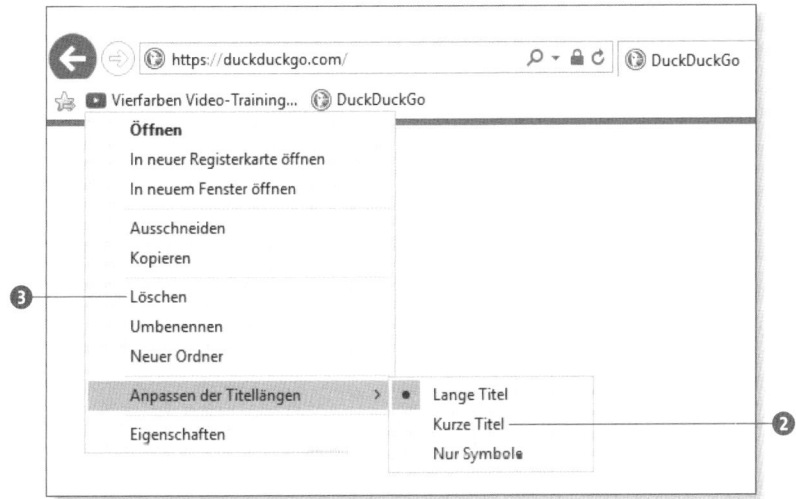

Abbildung 10.9 Gegebenenfalls können Sie die Favoriten in der Favoritenleiste mit minimalem Text oder nur mit Symbolen anzeigen.

10.3   Festlegen, mit welchen Webseiten der Internet Explorer startet

Per Voreinstellung ist für den Internet Explorer die Webseite *http://www.msn.com* als Startseite definiert. Das heißt, der Internet Explorer zeigt standardmäßig nach dem Start die MSN-Seite an. Führen Sie gegebenenfalls folgende Schritte durch, um für den Internet Explorer eine andere oder auch mehrere Startseiten festzulegen:

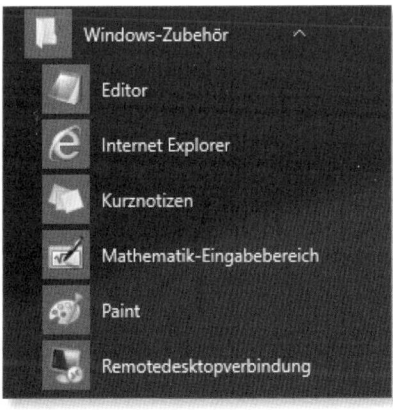

Abbildung 10.10 Den Internet Explorer finden Sie im Startmenü unter »Windows-Zubehör«.

1 Starten Sie den Internet Explorer, z. B. indem Sie im Startmenü auf **Alle Apps** und anschließend unter **W** auf **Windows-Zubehör** und dann auf die Verknüpfung **Internet Explorer** klicken.

Der folgende Schritt ist zwar nicht zwingend notwendig, er vereinfacht jedoch den Vorgang:

2 Öffnen Sie im Internet Explorer die Webseite, die Sie als Startseite festlegen wollen. Schließen Sie gegebenenfalls die anderen Registerkarten.

3 Klicken Sie in der kleinen Symbolleiste oben rechts auf das Zahnradsymbol ❶. Wählen Sie **Internetoptionen** ❷ im aufklappenden Menü.

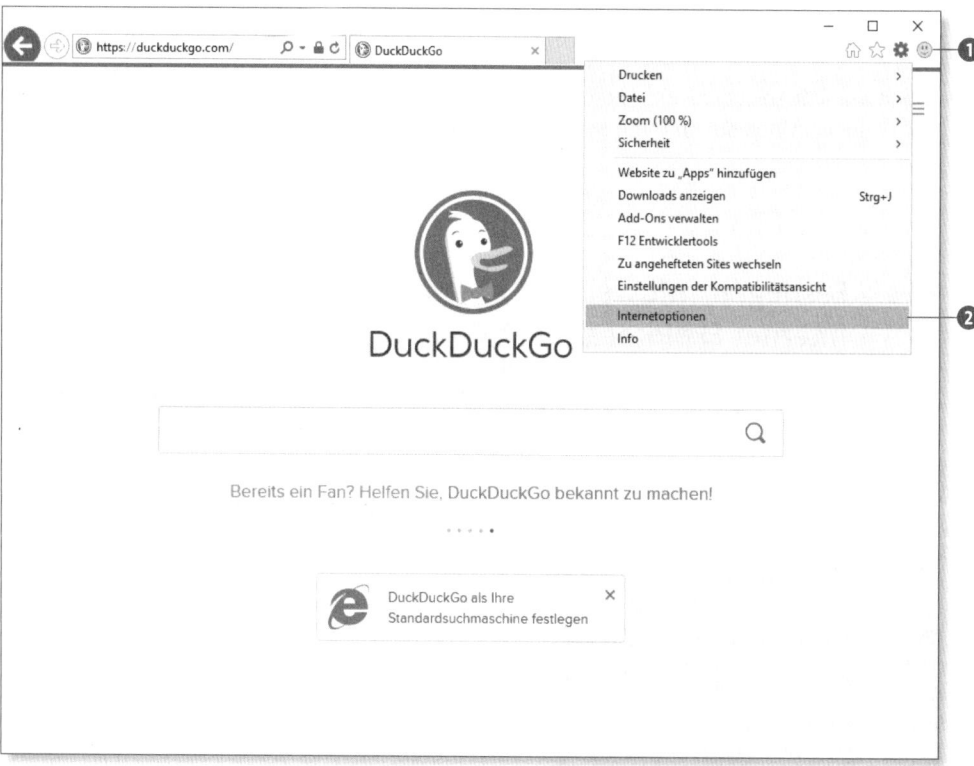

Einige Webseiten stellen die Option **Als Startseite festlegen** direkt auf der Seite als Link zur Verfügung. In diesem Fall können Sie sich die Mühe sparen und brauchen den Link nur anzuklicken, um die geladene Seite als Startseite für den Internet Explorer festzulegen.

4 Im erscheinenden gleichnamigen Dialogfeld sehen Sie auf der Registerkarte **Allgemein** im Abschnitt **Startseite** die Adresse der Internetseite, die beim Starten des Internet-Explorer-Browsers automatisch geöffnet wird ❸. Geben Sie anstelle der vorhandenen Adresse die Adresse der Webseite ein, die Sie beim Starten des Internet Explorers anzeigen wollen. Wenn Sie Schritt 2 durchgeführt haben, können Sie einfach auf die Schaltfläche **Aktuelle Seite** ❹ klicken. Daraufhin wird die Adresse der im Browser angezeigten Webseite statt der vorhandenen in das Feld eingetragen.

Alternativ können Sie festlegen, dass der Internet Explorer beim Start diejenigen Webseiten anzeigt, die beim letzten Schließen des Browsers geöffnet waren. Aktivieren Sie dazu im Abschnitt **Start** das Optionsfeld **Mit Registerkarten der letzten Sitzung starten** ❺.

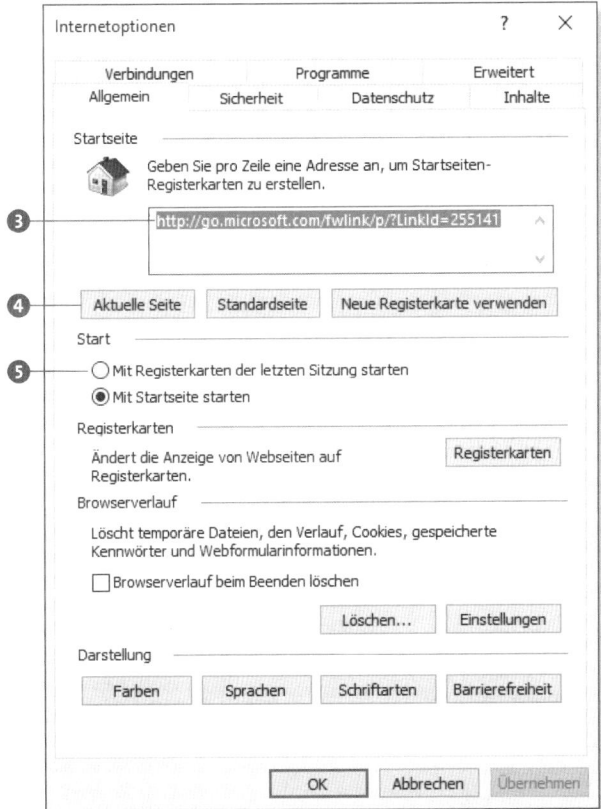

5 Bestätigen Sie die Änderung im Dialogfeld **Internetoptionen** mit **OK** oder – wenn Sie das Dialogfeld für weitere Einstellungen geöffnet lassen wollen – mit **Übernehmen**.

Wenn Sie wollen, können Sie auf die beschriebene Weise auch mehrere Startseiten für den Internet Explorer festlegen. Am einfachsten öffnen Sie in diesem Fall in Schritt 2 der obigen Anleitung im Browserfenster jede Webseite, die Sie zukünftig beim Start automatisch anzeigen lassen wollen, in einer eigenen Registerkarte. Beachten Sie, dass die Reihenfolge der Registerkarten später bei der Anzeige übernommen wird. Das heißt, die Webseite, die Sie in Schritt 2 in der ersten Registerkarte öffnen, wird später im Internet Explorer in der ersten Registerkarte angezeigt. Allerdings können Sie die Adressen im Dialogfeld **Internetoptionen** auch nachträglich per Copy & Paste vertauschen. Natürlich steht es Ihnen auch frei, neue Adressen von Hand einzutragen oder bestehende zu löschen. Die Webseite, deren Adresse hier ganz oben steht, erscheint beim Start in der ersten Registerkarte, die Webseite, deren Adresse in der zweiten Zeile steht, in der zweiten Registerkarte usw.

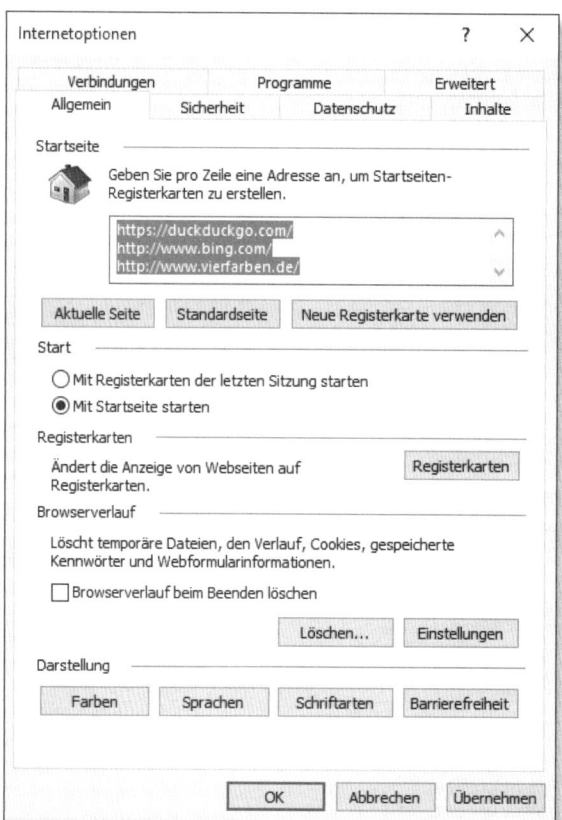

Abbildung 10.11 Hier sind für den Internet Explorer drei Startseiten festgelegt: »https://duckduckgo.com«, »http://www.bing.com« und »http://www.vierfarben.de«.

10.4   Unerkannt surfen (InPrivate-Modus)

Wenn Sie nicht wollen, dass der Browser Daten speichert, die Sie oder Ihr Benutzerverhalten identifizieren könnten, können Sie ein neues Browserfenster im *InPrivate-Modus* öffnen. Im InPrivate-Modus speichert der Internet Explorer keine Cookies, Kennwörter oder Formulareingaben, und zwar unabhängig davon, ob Sie deren Speicherung in den Internetoptionen aktiviert haben. Auch werden alle Webseiten, die Sie während des InPrivate-Browsens aufrufen, nicht im Browserverlauf gespeichert.

In dem Internet-Explorer-Browserfenster, das in der folgenden Abbildung zu sehen ist, ist z. B. der InPrivate-Modus aktiv, was an der Schaltfläche mit der entsprechenden Beschriftung am Anfang der Adressleiste zu erkennen ist ❶.

Die Schaltfläche **InPrivate** ist bei mehreren geöffneten Webseiten auf jeder Registerkarte zu sehen. Klicken Sie gegebenenfalls auf diese Schaltfläche, um weitere Informationen zum InPrivate-Browsen zu erhalten. Bei jeder weiteren Registerkarte, die geöffnet wird, ist automatisch der InPrivate-Modus aktiv.

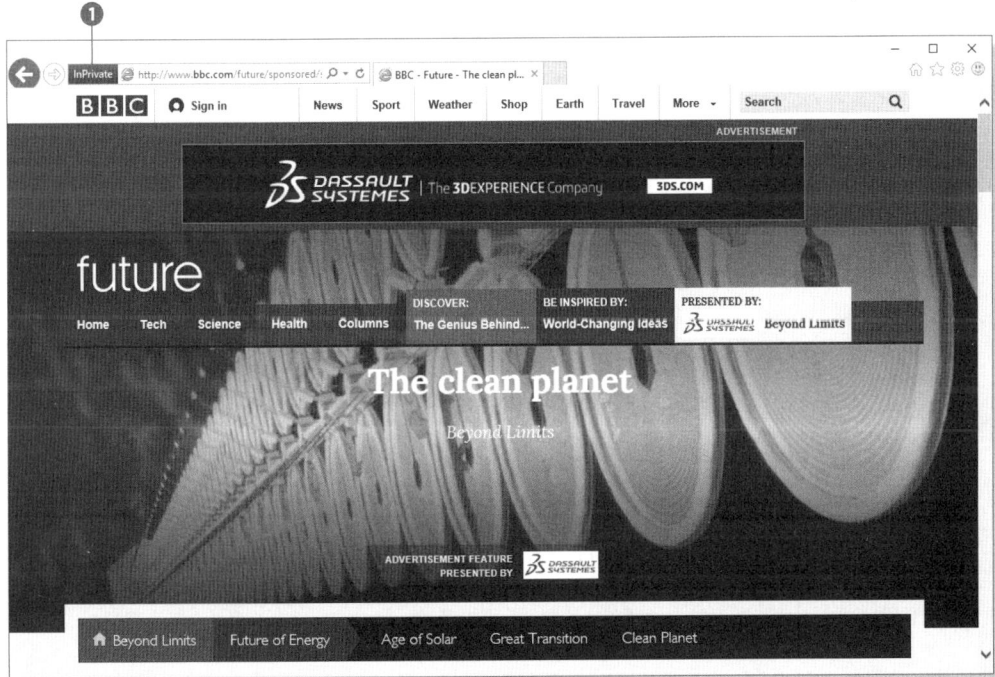

Abbildung 10.12 Starten Sie ein Internet-Explorer-Fenster im InPrivate-Modus, wenn Sie nicht wollen, dass der Browser Kennwörter, Formulareingaben und andere private Daten speichert.

Den InPrivate-Modus über die Sprungliste des IE-Programmsymbols starten
Zusätzlich zu den oben gezeigten Möglichkeiten gibt es sogar noch eine weitere.
Diese können Sie auch dann verwenden, wenn noch überhaupt kein Internet-Ex-
plorer-Anwendungsfenster geöffnet ist und Sie sofort mit einer InPrivate-Sitzung
beginnen möchten – vorausgesetzt, Sie haben in der Taskleiste ein Programmsymbol für den Internet Explorer hinzugefügt. Die Sprungliste des IE-Taskleisten-
symbols enthält nämlich ebenfalls einen Befehl für das InPrivate-Browsen. Klicken Sie also das Programmsymbol in der Taskleiste mit der rechten Maustaste
an, um die Sprungliste zu öffnen. Wählen Sie dort im Bereich **Aufgaben** den Befehl **InPrivate-Browsen starten**.

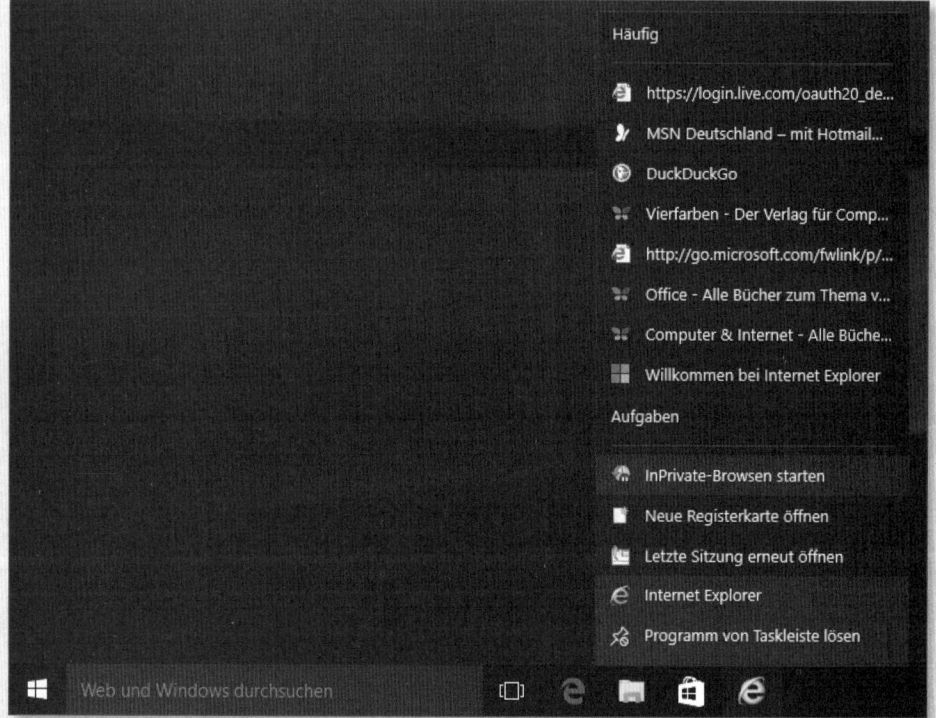

Abbildung 10.13 Wenn das IE-Symbol in der Taskleiste angeheftet ist, können Sie den Internet Explorer sofort im InPrivate-Modus starten.

Es gibt mehrere Wege, um im Internet Explorer den InPrivate-Modus einzuschalten:

- Klicken Sie in der rechten oberen Ecke des gerade geöffneten Browserfensters auf
  das Zahnradsymbol. Wählen Sie im aufklappenden Menü **Sicherheit ▶ InPrivate-
  Browsen**.

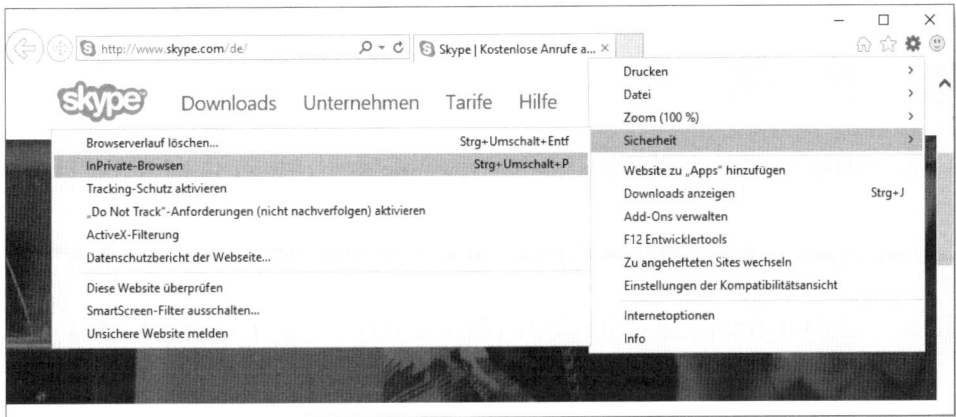

- Klicken Sie auf den grauen Platzhalter, der sich neben der zuletzt geöffneten Registerkarte befindet ❶ (alternativ können Sie auch Strg + T drücken). Klicken Sie anschließend auf der neu geöffneten Registerkarte auf die Verknüpfung **InPrivate-Browsen starten** ❷.

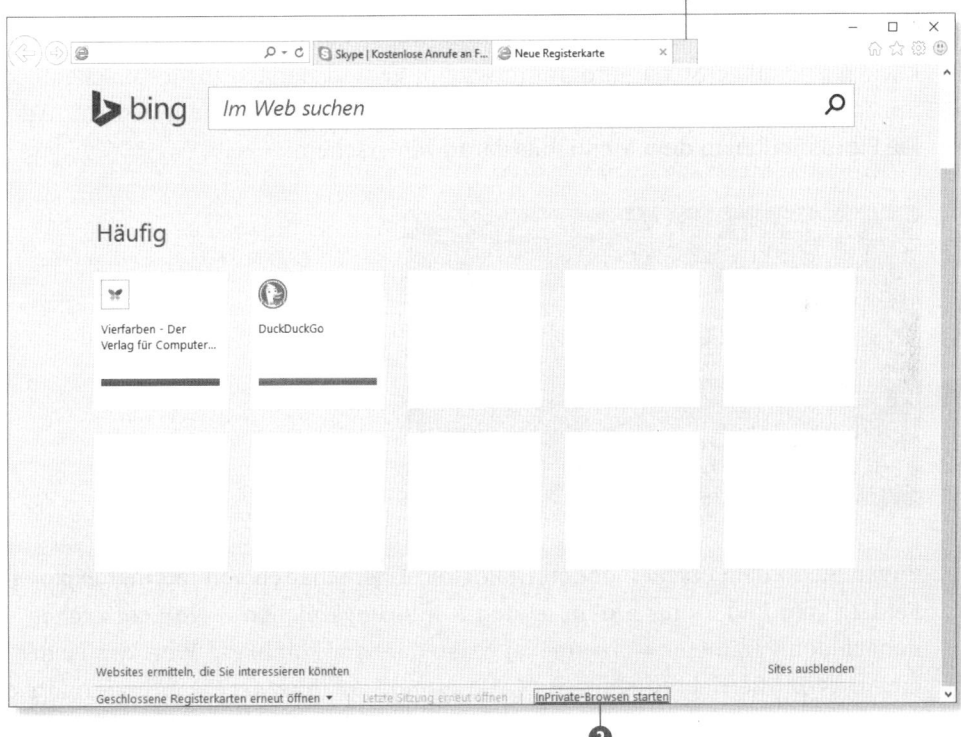

- Schließlich können Sie das InPrivate-Browsen auch mit der Tastenkombination $\boxed{\text{Strg}}$ + $\boxed{\text{⇪}}$ + $\boxed{\text{P}}$ aktivieren.

In allen Fällen erscheint ein neues Internet-Explorer-Browserfenster, in dem der InPrivate-Modus eingeschaltet ist. Das gilt auch für jede weitere Registerkarte, die in diesem Fenster geöffnet wird.

10.5   Den Internet Explorer automatisch im InPrivate-Modus starten

Wenn Sie möchten, können Sie das IE-Programmsymbol in der Taskleiste, falls Sie den Internet Explorer dort angeheftet haben, oder z. B. auch eine IE-Desktopverknüpfung so anpassen, dass der InPrivate-Modus automatisch aktiviert wird, wenn der Internet Explorer über die entsprechende Verknüpfung gestartet wird. Gehen Sie z. B. folgendermaßen vor, um das IE-Programmsymbol in der Taskleiste entsprechend anzupassen:

1 Rufen Sie die Eigenschaften des IE-Programmsymbols in der Taskleiste auf. Dazu klicken Sie zunächst das Programmsymbol ❶ und danach in der erscheinenden Sprungliste den Eintrag **Internet Explorer** ❷ mit der rechten Maustaste an. Wählen Sie **Eigenschaften** in dem Menü, das daraufhin erscheint.

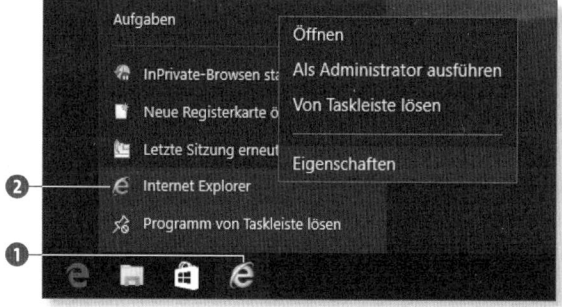

2 Fügen Sie in dem erscheinenden Dialogfeld **Eigenschaften von Internet Explorer** im Feld **Ziel** am Ende – nach dem letzten Anführungszeichen – ein Leerzeichen und danach den Parameter »-private« an ❸, so dass der komplette Wert des Feldes bei einem 64-Bit-Betriebssystem z. B. *"C:\Program Files\Internet Explorer\iexplore.exe" -private* lautet (*"C:\Program Files (x86)\Internet Explorer\iexplore.exe" -private* bei 32-Bit-Betriebssystemen).

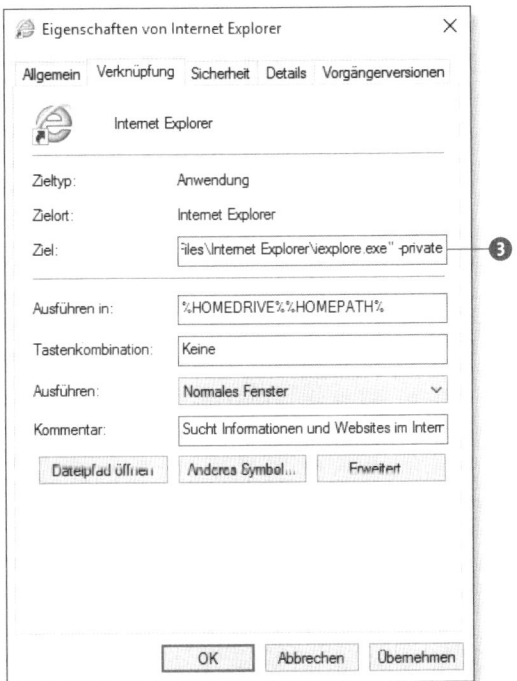

3 Bestätigen Sie die Änderung im Dialogfeld **Eigenschaften von Internet Explorer** mit **OK** oder **Übernehmen**. Wenn Sie danach den Internet Explorer über das Programm-symbol in der Taskleiste starten, wird die erste und jede weitere Registerkarte auto-matisch im InPrivate-Modus geöffnet.

Möchten Sie auf dem Desktop ein Symbol für den Internet Explorer hinzufügen, um dieses zum Starten im InPrivate-Modus zu verwenden, können Sie dies folgenderma-ßen tun:

1 Rufen Sie wie beschrieben die Verknüpfungseigenschaften des IE-Programmsym-bols in der Taskleiste auf (siehe Schritt 1 der obigen Anleitung).

2 Legen Sie den im Feld **Ziel** enthaltenen Text in den Zwischenspeicher von Windows, z. B. indem Sie diesen markieren und anschließend ⌊Strg⌋ + ⌊C⌋ drücken. Alter-nativ können Sie auch den Befehl **Kopieren** im Kontextmenü des markierten Textes verwenden.

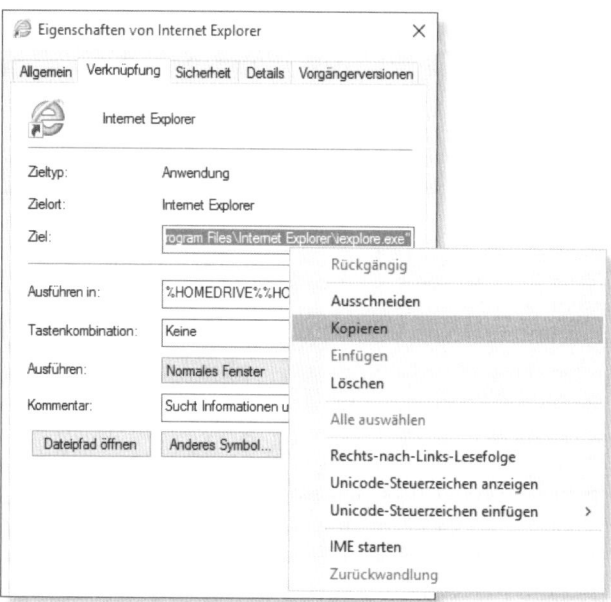

3 Schließen Sie das Eigenschaften-Dialogfeld, indem Sie auf die Schaltfläche **Abbrechen** oder auf das kleine Kreuz in der rechten oberen Ecke des Dialogfelds klicken.

4 Klicken Sie jetzt mit der rechten Maustaste auf eine freie Stelle des Desktops und wählen Sie **Neu** ▶ **Verknüpfung** im erscheinenden Kontextmenü.

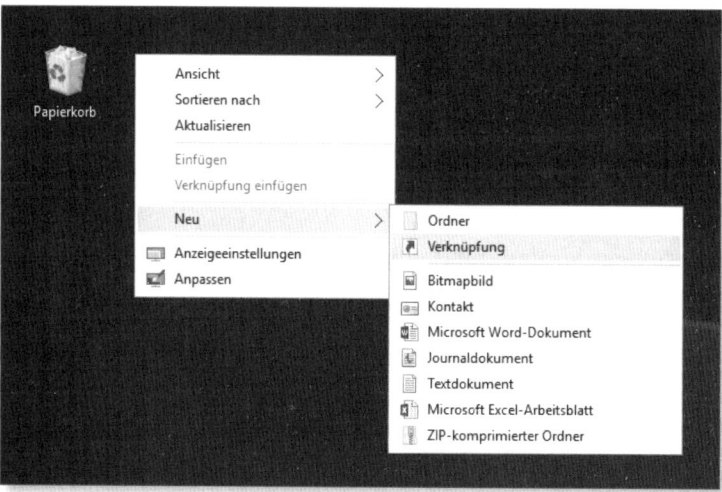

5 Es erscheint das Dialogfeld **Verknüpfung erstellen**. Fügen Sie in das Feld unterhalb von **Geben Sie den Speicherort des Elements ein** den in Schritt 2 kopierten Text ein.

Setzen Sie dazu den Cursor in das Feld und drücken Sie ⌈Strg⌉ + ⌈V⌉. Alternativ klicken Sie mit der rechten Maustaste in das Feld und wählen **Einfügen** im erscheinenden Kontextmenü. Ergänzen Sie den Pfad zur ausführbaren Datei des Internet Explorers um den Parameter »-private«. Beachten Sie, dass zwischen dem letzten Anführungszeichen und dem Parameter *-private* ein Leerzeichen stehen muss. Klicken Sie anschließend rechts unten auf die Schaltfläche **Weiter**.

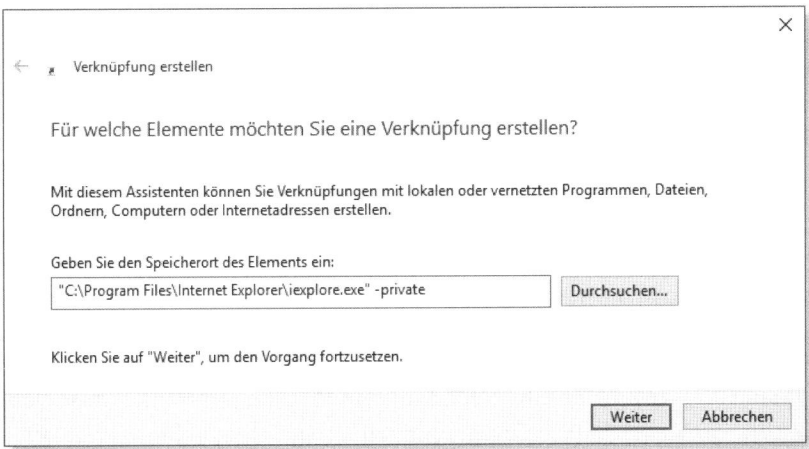

6 Geben Sie auf der nächsten Seite einen beliebigen Namen für die Verknüpfung an, z. B. »InPrivate«, »InPrivate-Modus« oder »InPrivate-Browsen«. Der Name erscheint später auf dem Desktop unterhalb des Verknüpfungssymbols.

7 Klicken Sie rechts unten auf die Schaltfläche **Fertig stellen**, um die Verknüpfung auf dem Desktop zu erstellen.

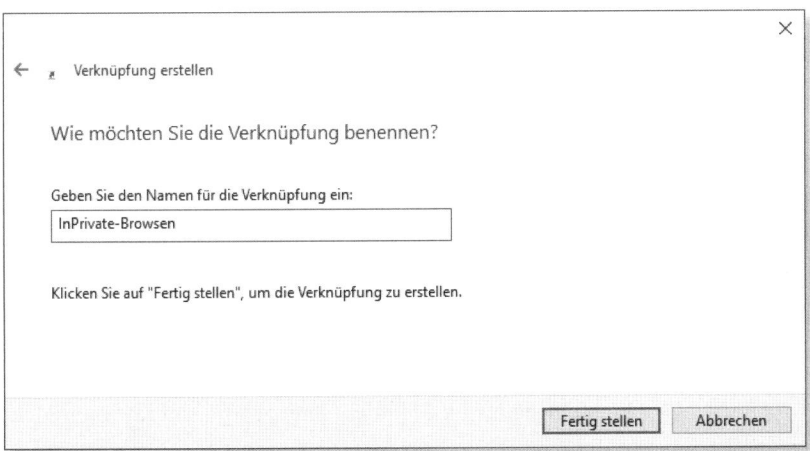

Wenn Sie das IE-Symbol in der Taskleiste so belassen, wie es nach dem Anheften ist, und wie beschrieben eine Desktopverknüpfung für den InPrivate-Modus anlegen, haben Sie beim Starten des Internet Explorers jedes Mal die Wahl, ob Sie im normalen oder im InPrivateModus surfen wollen.

Abbildung 10.14 IE-Desktopverknüpfung für das InPrivate-Browsen

10.6   Menüleiste im Internet Explorer anzeigen

Eigentlich ein Relikt aus alten Zeiten ist im Internet Explorer die Menüleiste, die durch Drücken der Taste Alt temporär eingeblendet werden kann. Normalerweise benötigen Sie die Menüleiste nicht, da ihre Optionen auch an anderen Stellen zur Verfügung stehen, wie z. B. in der kleinen Symbolleiste in der rechten oberen Ecke des Internet-Explorer-Anwendungsfensters. Nichtsdestotrotz kann die Menüleiste manchmal sehr praktisch sein. Für die Arbeit mit Favoriten bietet sie z. B. ein eigenes Menü mit allen wichtigen Optionen. Während der Befehl **Zu Favoriten hinzufügen** ❶ ebenfalls das Dialogfeld **Favoriten hinzufügen** öffnet, können Sie – falls aktuell mehrere Registerkarten geöffnet sind – durch Auswahl von **Aktuelle Registerkarten zu Favoriten hinzufügen** ❷ alle in den Registerkarten angezeigten Webseiten auf einmal Ihren Favoriten hinzufügen.

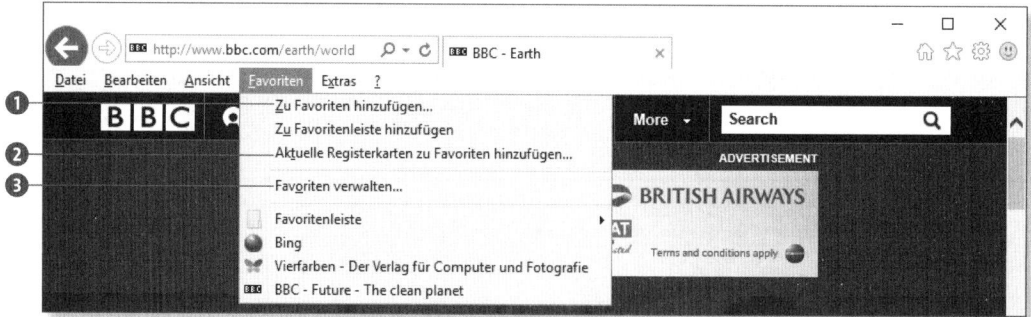

Abbildung 10.15 Im Internet Explorer eingeblendete Menüleiste mit geöffnetem Favoriten-Menü

Der Befehl **Favoriten verwalten** ❸ im Favoriten-Menü der Menüleiste öffnet das gleichnamige Dialogfeld, das Sie in der folgenden Abbildung sehen. Hier können Sie wie im
Favoritencenter neue Favoritenordner erstellen sowie einen Ordner oder eine Verknüpfung verschieben, umbenennen oder löschen. Selektieren Sie dazu die Verknüpfung oder
den Ordner in der Liste und klicken Sie dann unten auf die entsprechende Schaltfläche.
Die Aktionen werden sofort durchgeführt, ohne dass Sie diese bestätigen müssen.

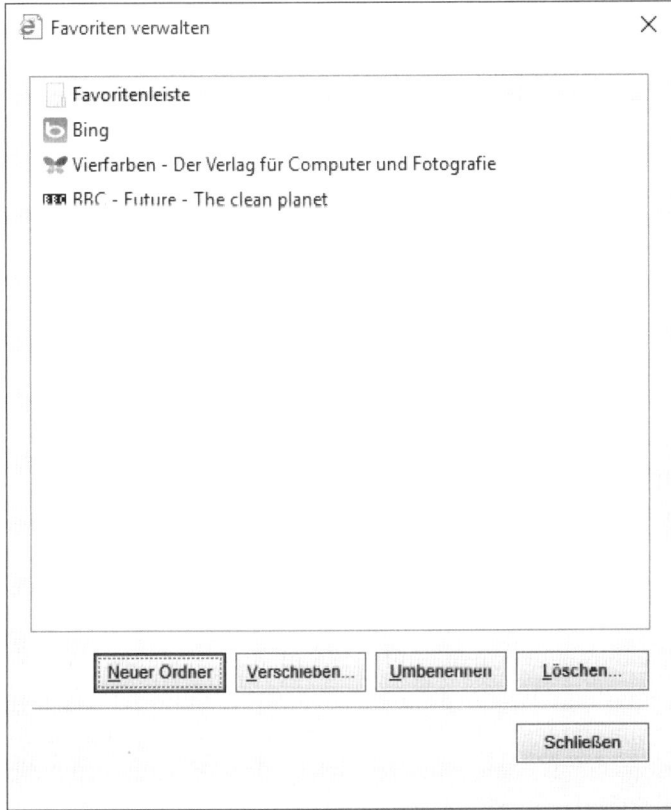

Abbildung 10.16 Das Dialogfeld »Favoriten verwalten« können Sie als bequeme und
übersichtliche Alternative zum Favoritencenter per Menüleistenbefehl aufrufen.

Wenn Sie es bevorzugen, mit der Menüleiste zu arbeiten, können Sie diese auch dauerhaft einblenden. Klicken Sie dazu in der Titelleiste des Browserfensters auf eine freie
Stelle und anschließend im aufklappenden Menü auf **Menüleiste** (siehe die Abbildung
auf der folgenden Seite).

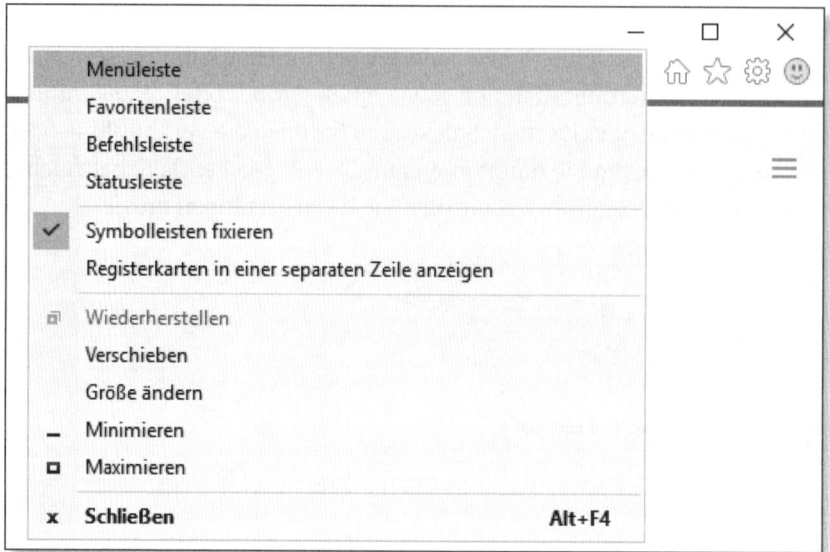

Abbildung 10.17 Kontextmenü der Browser-Titelleiste: Hier können Sie festlegen, dass die Menüleiste im Internet Explorer dauerhaft angezeigt wird.

10.7   Optionen im Kontext von geladenen Webseiten und Registerkarten

Der Internet Explorer bietet zahlreiche Befehle, die sich auf eine geladene Webseite beziehen, an verschiedenen Stellen an. Viele wichtige Optionen finden Sie direkt im Kontextmenü der Webseite. Um dieses zu öffnen, führen Sie auf der geladenen Webseite einen Rechtsklick auf eine neutrale Stelle aus – also z. B. nicht auf eine Grafik oder einen Hyperlink. Im Weiteren sind einige Aktionen mit Webseiten und Registerkarten beschrieben, die man erfahrungsgemäß immer wieder benötigt, bzw. Optionen, auf die man als Anwender gerne zurückgreifen wird.

10.7.1   Webseiten aktualisieren

Trotz moderner Webtechnik aktualisieren sich die meisten Webseiten nicht von selbst. Daher ist es mitunter notwendig, eine geöffnete Webseite selbst neu zu laden, um den aktuellen Stand vor sich zu haben – denken Sie z. B. an eine Live-Kommentierung eines Sportereignisses.

Im Internet Explorer können Sie eine angezeigte Webseite folgendermaßen aktualisieren:

- Klicken Sie auf das Aktualisieren-Symbol, das sich am rechten Ende der Adressleiste befindet ❶.

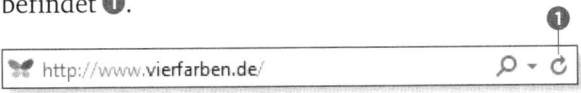

- Klicken Sie mit der rechten Maustaste auf den Reiter der Registerkarte, in der die Webseite geöffnet ist. Wählen Sie den Befehl **Aktualisieren** im erscheinenden Kontextmenü.

- Alternativ können Sie eine angezeigte Webseite auch durch Drücken der Taste F5 aktualisieren.

Eine Webseite aktualisieren bedeutet, sie noch einmal aus dem Internet vom entsprechenden Webserver anzufordern. Es ist nämlich so, dass das im Web eingesetzte Protokoll HTTP die Inhalte einmalig an den Browser liefert, danach wird die Verbindung geschlossen. Dadurch entspricht der Seiteninhalt eventuell bereits nach kurzer Zeit nicht mehr dem aktuellen Stand, z. B. wenn eine Webseite Informationen mit baldigem Verfallsdatum anbietet, etwa minütlich aktualisierte Sportergebnisse. Es kann auch aus spezielleren Gründen bei einigen Webseiten dazu kommen, dass Sie bereits beim ersten Aufruf veraltete Inhalte sehen. In all diesen Fällen können Sie die Webseite jederzeit mit den oben beschriebenen Methoden neu laden und erhalten dann, falls vorhanden, eine neuere Version der Webseite. Zwar gibt es Techniken, mit denen Webseiten sich selbst aktualisieren, sodass ein manuelles Aktualisieren nicht mehr notwendig ist. Diese Techniken werden speziell von den großen bekannten Websites umgesetzt. Bei den meisten Websites ist die Aktualisierungsfunktion aber nach wie vor nützlich. Ein weiterer Grund, eine geladene Webseite neu anzufordern, ist, wenn diese aus irgendwelchen Gründen im Browser zunächst nicht korrekt oder nicht vollständig angezeigt wird.

10.7.2   Webseiten in einer neuen Registerkarte anzeigen

Gewöhnlich wird ein Favorit in der aktuellen Registerkarte geöffnet. Dazu klicken Sie ihn einfach an, z. B. im Favoritencenter oder in der Favoritenleiste. Wenn Sie die Webseite in einer neuen Registerkarte öffnen wollen, können Sie – statt zunächst die neue Registerkarte anzuzeigen und anschließend in dieser den gewünschten Favoriten zu öffnen – folgendermaßen vorgehen:

- Verwenden Sie im Kontext des Favoriten den Befehl **In neuer Registerkarte öffnen**. Klicken Sie den Favoriten mit der rechten Maustaste an, um das Kontextmenü anzuzeigen.

- Klicken Sie den Favoriten mit der linken Maustaste an und halten Sie dabei die Taste `Strg` gedrückt.

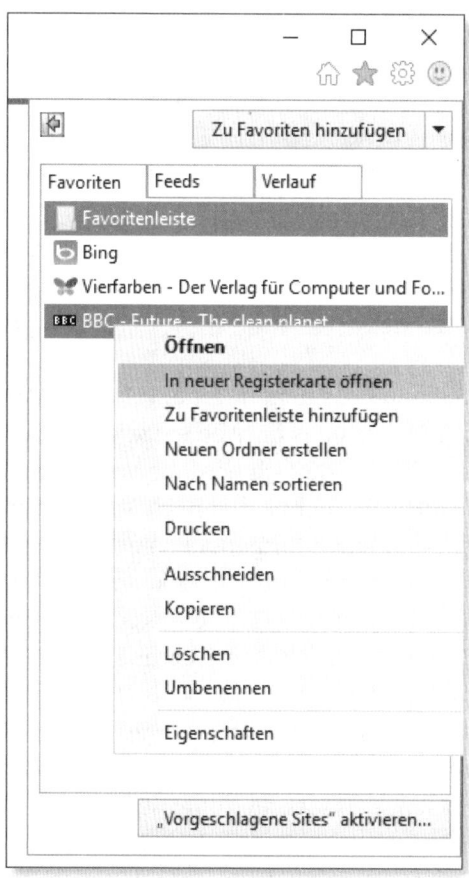

Abbildung 10.18 Im Kontext von Favoriten können Sie auf den Befehl
»In neuer Registerkarte öffnen« zugreifen.

Ähnlich wie beschrieben verhält es sich mit Links, die sich auf einer Webseite befinden. Diese werden – falls im zugrunde liegenden HTML-Code nichts anderes festgelegt ist – in der Regel ebenfalls in der aktuellen Registerkarte geöffnet. Wenn Sie also auf der in Abbildung 10.19 angezeigten Webseite auf den Link **Sport** ❶ klicken, erscheint anstelle der Wettervorhersage die verlinkte Webseite in der Registerkarte. Wenn Sie den Link jedoch mit der rechten Maustaste anklicken und im erscheinenden Kontextmenü den Befehl **In neuer Registerkarte öffnen** wählen, wird die verlinkte Webseite in einer neuen Registerkarte angezeigt (alternativ können Sie auch hier den Hyperlink bei gedrückt gehaltener ⌜Strg⌟-Taste anklicken, ohne das Kontextmenü zu öffnen). Der Befehl **In neuem Fenster öffnen** ❷ öffnet die Webseite dagegen in einem neuen Browserfenster.

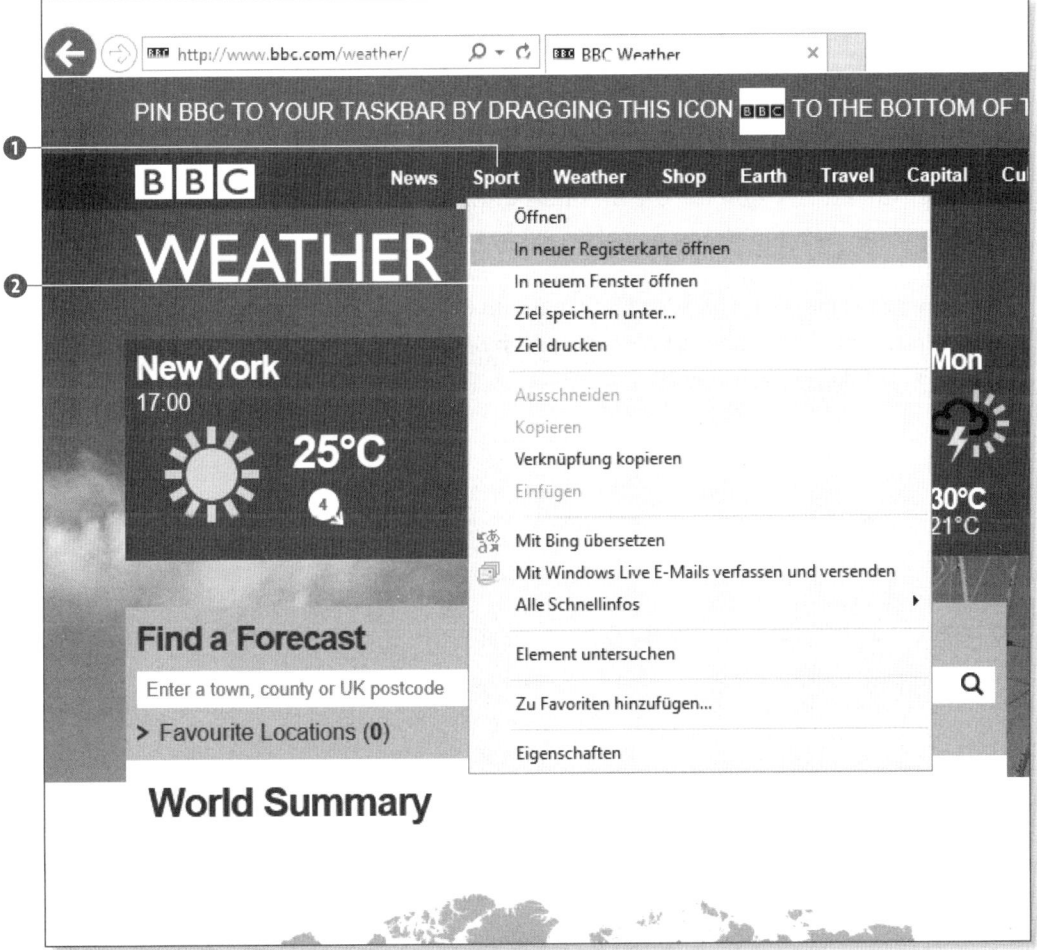

Abbildung 10.19 Internet Explorer: Im Kontext von verlinkten Webseiten stehen die Befehle »In neuer Registerkarte öffnen« und »In neuem Fenster öffnen« zur Verfügung.

INFO

Registerkarten verschieben

Haben Sie im Internet Explorer mehrere Webseiten geöffnet und möchten Sie eine Registerkarte an eine andere Stelle verschieben, ziehen Sie diese einfach nach links oder nach rechts an die gewünschte Stelle. Wenn Sie die Registerkarte ein Stück nach unten oder nach oben ziehen und die Maustaste dann loslassen, öffnet Windows für die Registerkarte ein neues Browserfenster. Auf die gleiche Weise können Sie Registerkarten von einem Browserfenster in ein anderes »hineinziehen«.

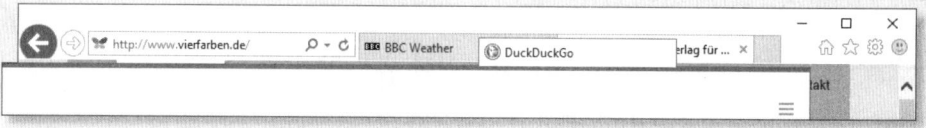

Abbildung 10.20 Registerkarte in einem neuen Internet-Explorer-Fenster anzeigen

10.7.3   Webseiten durchsuchen

Sie können auf einer Webseite, die im Internet Explorer angezeigt wird, folgendermaßen nach einem oder mehreren Begriffen suchen:

1 Drücken Sie ⎡Strg⎤ + ⎡F⎤ oder klicken Sie in der rechten oberen Ecke des Browserfensters auf das Zahnradsymbol und wählen Sie im aufklappenden Menü den Befehl **Datei ▶ Auf dieser Seite suchen**.

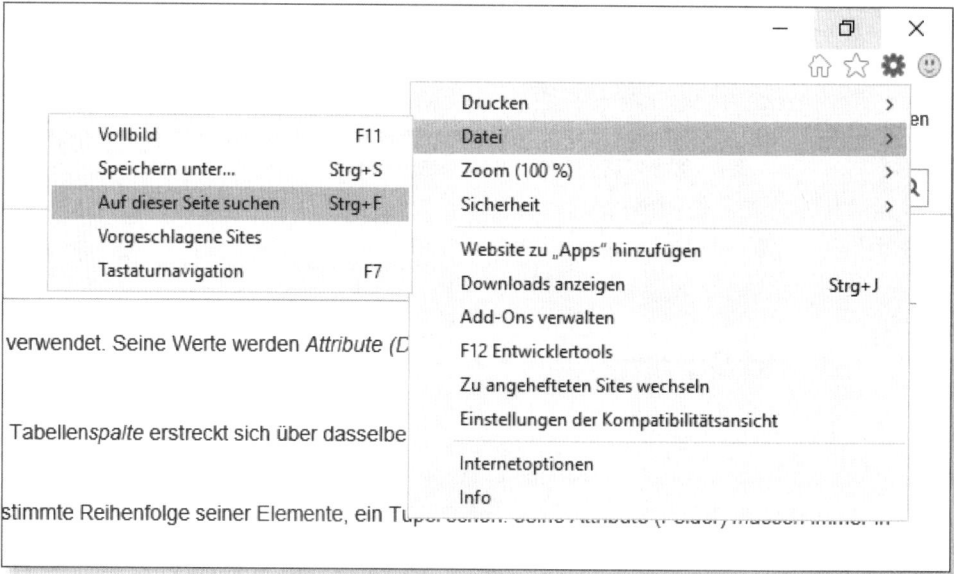

2 Die Suchleiste erscheint im oberen Bereich direkt unterhalb der Adressleiste. Tippen Sie in das Suchfeld den Begriff, nach dem Sie auf der angezeigten Webseite suchen wollen, oder einen Teil davon ein ❶. Sie können aber auch nach mehreren Begriffen suchen.

3 Die Suche startet daraufhin sofort. Übereinstimmungen erscheinen auf der Webseite gelb markiert. Die farbliche Hervorhebung können Sie aus- und auch wieder einschalten, indem Sie in der Suchleiste auf das Symbol mit dem Farbstift klicken ❷. Mit den Schaltflächen **Weiter** ❸ und **Zurück** ❹ gelangen Sie jeweils zum nächsten bzw. zum vorhergehenden Treffer.

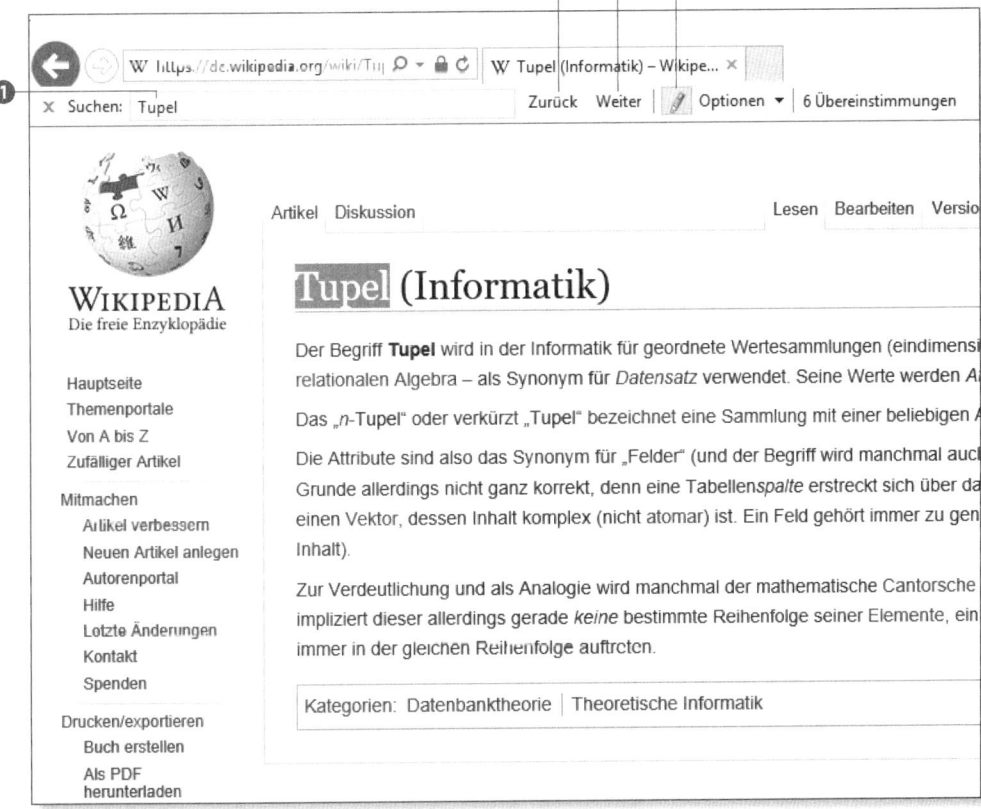

4 Standardmäßig unterscheidet die Seitensuche nicht zwischen Groß- und Kleinschreibung. Möchten Sie dies für die aktuelle Suche anders handhaben, aktivieren Sie im Menü zur Schaltfläche **Optionen** den Befehl **Groß-/Kleinschreibung beachten**. Hier können Sie mit dem Befehl **Nur ganzes Wort suchen** auch die Anzeige von Teiltreffern ausschalten.

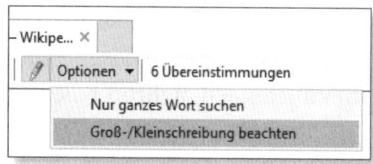

5 Klicken Sie am linken Rand der Suchleiste auf das kleine Kreuz, um die Suchleiste zu schließen, wenn Sie diese nicht mehr benötigen.

10.7.4   Webseiten in der Kompatibilitätsansicht anzeigen

Wenn eine Webseite nicht korrekt dargestellt wird, kann das daran liegen, dass sie ursprünglich für ältere Browser konzipiert wurde und deshalb veralteten HTML- bzw. CSS-Code verwendet (dass solche Webseiten auf Ihrem Computer Schaden anrichten, müssen Sie jedoch, zumindest unter diesem Gesichtspunkt, nicht befürchten). In diesem Fall können Sie versuchen, die Webseite dennoch korrekt darzustellen, indem Sie diese im Internet Explorer in der Kompatibilitätsansicht anzeigen. Gehen Sie folgendermaßen vor, um eine Webseite zur Kompatibilitätsansichtsliste hinzuzufügen:

1 Klicken Sie rechts oben im Anwendungsfenster des Internet Explorers auf das Zahnradsymbol. Wählen Sie **Einstellungen der Kompatibilitätsansicht** im aufklappenden Menü.

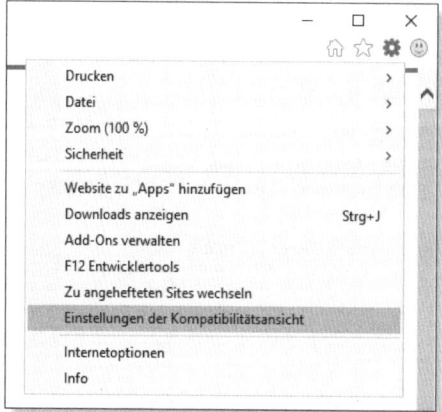

2 Im erscheinenden gleichnamigen Dialogfeld ist die geladene Webseite bereits im Textfeld **Folgende Website hinzufügen** eingetragen ❶. Ist das nicht der Fall – weil die Webseite, die Sie zur Kompatibilitätsansichtsliste hinzufügen wollen, aktuell nicht im Browser geöffnet ist –, können Sie die Adresse hier auch von Hand eintippen.

3 Klicken Sie auf die Schaltfläche **Hinzufügen** ❷, um die im Feld **Folgende Webseite hinzufügen** eingetragene Webseite der Kompatibilitätsansichtsliste hinzuzufügen.

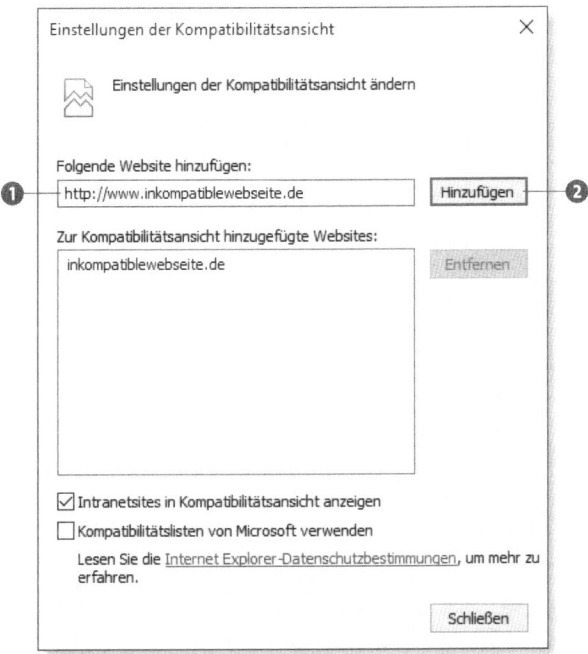

Kompatibilitätslisten von Microsoft verwenden

TIPP

Wenn Sie die Option **Kompatibilitätslisten von Microsoft verwenden** ❺ (siehe die Abbildung auf Seite 518) aktivieren, verwendet der Internet Explorer eine interne Liste von Webseiten, die automatisch in der Kompatibilitätsansicht angezeigt werden, ohne dass Sie diese Webseiten wie beschrieben hinzufügen müssen.

Vermutlich ist das Verwenden der Microsoft-Kompatibilitätslisten unter Windows 10 standardmäßig nicht aktiviert, weil in diesem Zusammenhang in der Vergangenheit Probleme aufgetreten sind – z. B. wurden unter Verwendung der internen Kompatibilitätslisten einige Webauftritte von Google und auch von Microsoft selbst nicht korrekt dargestellt. Laut Microsoft konnten diese Probleme behoben werden, indem man die Option **Kompatibilitätslisten von Microsoft verwenden** deaktiviert, einen Computer-Neustart durchführt und das Verwenden der Kompatibilitätslisten danach wieder einschaltet. In letzter Zeit war von auftretenden Fehlern im Zusammenhang mit den Microsoft-Kompatibilitätslisten jedoch nichts zu hören.

4 Nachdem Sie die Webseite der Kompatibilitätsansichtsliste hinzugefügt haben, wird diese bei jedem Aufruf im Internet Explorer automatisch in der Kompatibilitätsansicht angezeigt. Am besten, Sie überzeugen sich sogleich davon, ob die Webseite in dieser korrekt dargestellt wird. Gegebenenfalls können Sie die Kompatibilitätsansicht für eine Webseite wieder deaktivieren, indem Sie diese aus der Kompatibilitätsansichtsliste entfernen. Dazu markieren Sie die Webseite im Dialogfeld **Einstellungen der Kompatibilitätsansicht** ❸ und klicken dann auf die Schaltfläche **Entfernen** ❹.

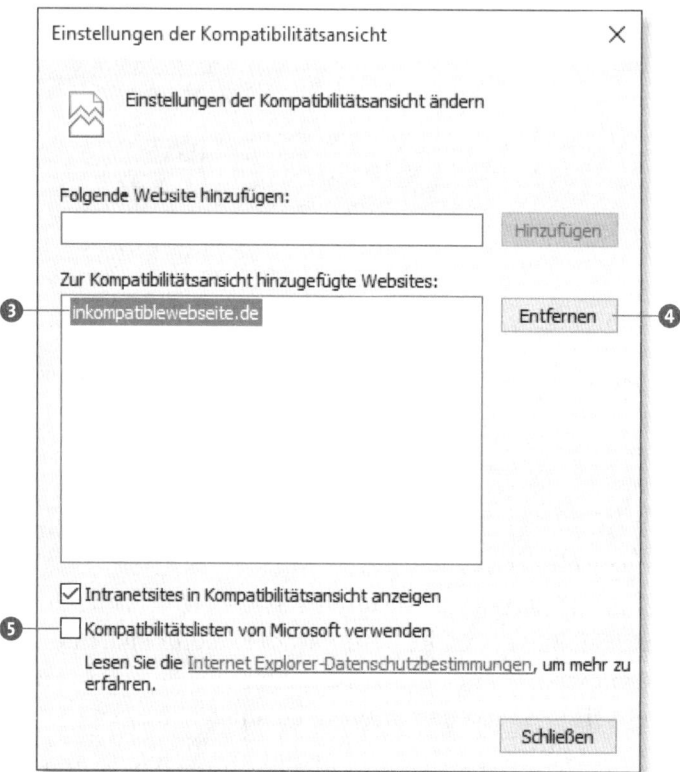

10.7.5   Desktopverknüpfungen direkt im Browser erstellen

Möchten Sie für die Webseite, die Sie gerade im Internet Explorer geöffnet haben, eine Verknüpfung auf dem Desktop hinzufügen, können Sie das direkt an Ort und Stelle erledigen: Rufen Sie das Kontextmenü der geöffneten Webseite auf – klicken Sie dazu mit der rechten Maustaste auf eine freie Stelle – und wählen Sie in diesem den Befehl **Verknüpfung erstellen**. Beantworten Sie die anschließende Rückfrage mit **Ja**. Danach legt Windows eine Verknüpfung zur Webseite auf dem Desktop ab.

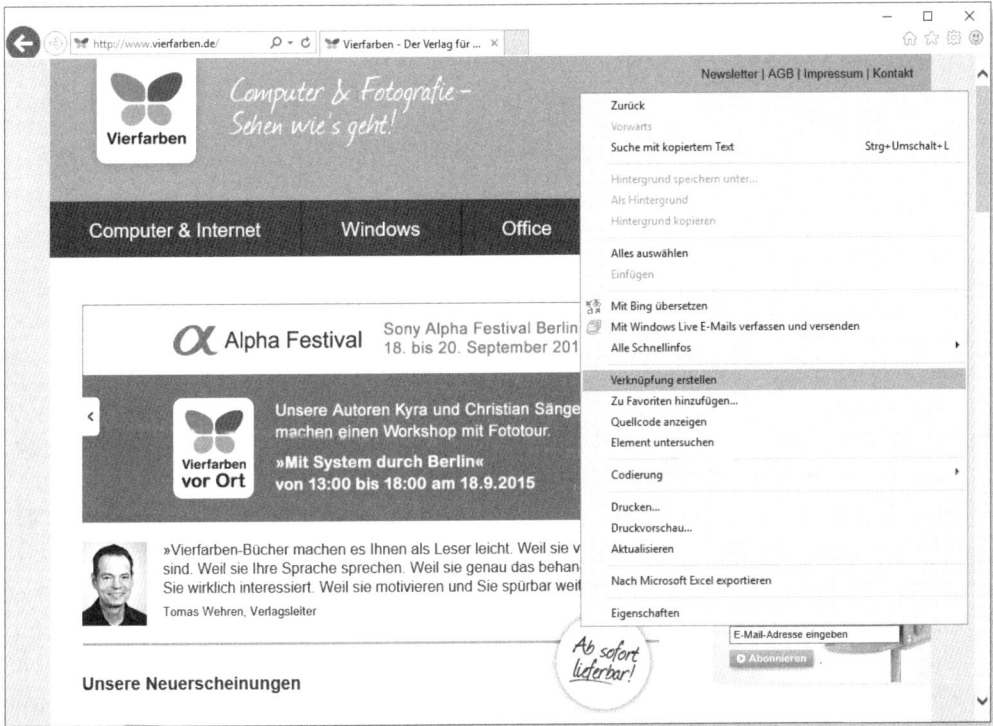

Abbildung 10.21 Mit dem Befehl »Verknüpfung erstellen« können Sie einen Link zur angezeigten Webseite auf dem Windows-Desktop ablegen.

10.7.6   Webseiten im Startmenü verfügbar machen

Wenn Ihnen eine Webseite besonders wichtig ist, können Sie für diese eine Verknüpfung im Startmenü hinzufügen:

1 Öffnen Sie die Webseite, die Sie im Startmenü verfügbar machen wollen, im Internet Explorer. Rufen Sie diesen, falls er noch nicht geöffnet ist, im Startmenü unter **Windows-Zubehör** oder über eine Verknüpfung im Startmenü bzw. der Taskleiste auf.

2 Klicken Sie in der rechten oberen Ecke des Browserfensters auf das Zahnradsymbol ❶, um das Kontextmenü zu öffnen.

3 Wählen Sie hier nun den Befehl **Website zu „Apps" hinzufügen** aus dem erscheinenden Kontextmenü aus (siehe die Abbildung auf der folgenden Seite).

4 Daraufhin wird der Alle-Apps-Übersicht des Startmenüs ein Eintrag für die Webseite hinzugefügt. Unmittelbar nach dem Ausführen des Befehls **Website zu „Apps"
hinzufügen** erscheint die Webseite außerdem in der Rubrik **Zuletzt hinzugefügt ❷**.
Wenn Sie für die Webseite zusätzlich eine Kachel auf der rechten Seite des Startmenüs hinzufügen wollen, klicken Sie mit der rechten Maustaste auf den Eintrag
und wählen im Kontextmenü den Befehl **An „Start" anheften** (alternativ können Sie
die Webseite auch per Drag & Drop hinzufügen, ohne das Kontextmenü zu öffnen;
ziehen Sie dazu den Eintrag zur rechten Seite hin an die gewünschte Stelle). Mit
dem Befehl **An Taskleiste anheften ❸** können Sie ein Symbol für die Webseite in der
Taskleiste anzeigen.

Wenn Sie die Webseite einmal nicht mehr im Startmenü benötigen, können Sie diese dort wie folgt entfernen:

1 Wenn die Webseite im Startmenü angeheftet ist, klicken Sie mit der rechten Maustaste auf die Kachel und wählen im Kontextmenü den Befehl **Von „Start" lösen**.

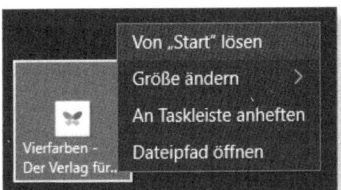

2 Um auch den Eintrag in der Alle-Apps-Übersicht zu entfernen, klicken Sie diesen ebenfalls mit der rechten Maustaste an. Wählen Sie im erscheinenden Kontextmenü den Befehl **Dateipfad öffnen**.

3 Der gewählte Befehl öffnet ein Explorer-Fenster mit den Verknüpfungen des Startmenüs. Löschen Sie hier die Verknüpfung zur Webseite. Klicken Sie dazu die Verknüpfung mit der rechten Maustaste an und wählen Sie den Befehl **Löschen** im erscheinenden Kontextmenü oder markieren Sie die Verknüpfung und drücken Sie die
Taste Entf.

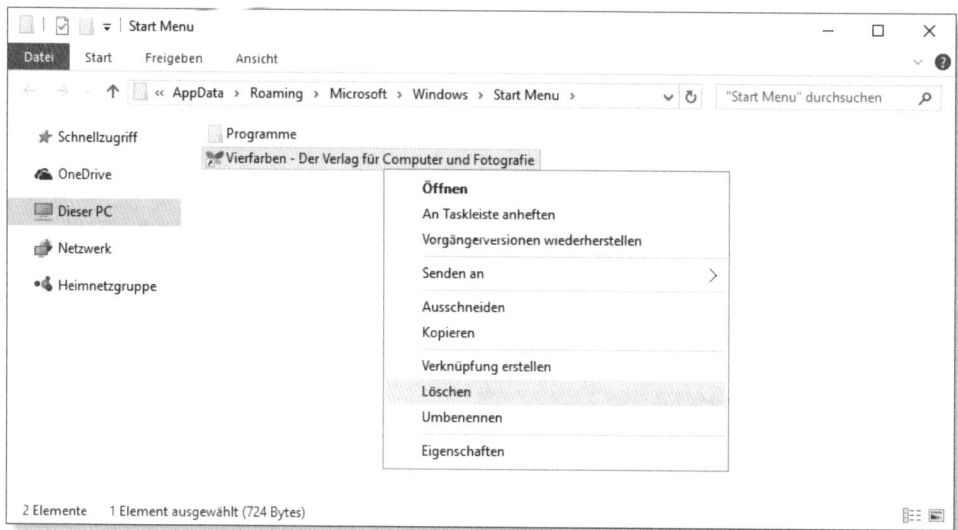

10.8   Einstellungen zu AutoVervollständigen anpassen

Standardmäßig werden im Internet Explorer Benutzernamen und Kennwörter nach
Rückfrage, jedoch keine Formularangaben gespeichert. Wenn Ihnen die Standardeinstellung nicht zusagt, können Sie in den Internetoptionen selbst festlegen, welche Eingaben, die in Internetformularen getätigt werden, gespeichert werden sollen. Wenn Sie
sich beispielsweise dazu entscheiden, Formulareingaben ebenfalls zu speichern, und
dann in einem Formular auf einer bestimmten Webseite Daten eingeben – z. B. Name,
Anschrift und Telefonnummer –, so werden diese beim nächsten Mal als Vorschläge
angezeigt. Wenn Sie die Webseite mit dem Formular später wieder im Browser laden,
dann brauchen Sie einen Vorschlag nur anzuklicken, um ihn für das entsprechende Eingabefeld zu übernehmen, was äußerst praktisch ist. Beachten Sie jedoch, dass gerade
das Speichern von Formulardaten und Kennwörtern ein gewisses Sicherheitsrisiko darstellt, zumindest dann, wenn Ihr Computer auch von anderen Personen genutzt wird.

INFO

Welche Formulareingaben werden gespeichert?

Formulare in diesem Sinne sind alle Elemente, die im vorliegenden HTML-Code als solche definiert sind. Beispielsweise ist ein Suchfeld, das auf einer Webseite zur Verfügung steht, in der Regel ebenfalls Teil eines Formulars. Das heißt, wenn der Browser so eingestellt ist, dass er Formulareingaben speichert, erscheinen Begriffe, die Sie in der Vergangenheit in das Suchfeld eingegeben haben, ebenfalls in einer Vorschlagsliste, sobald Sie den Cursor in das Feld setzen und übereinstimmende Zeichen eingeben. Die Vorschläge werden meistens unterhalb oder oberhalb der entsprechenden Eingabefelder angezeigt.

Gehen Sie folgendermaßen vor, um festzulegen, welche Browsereingaben auf dem Computer gespeichert werden sollen:

1 Klicken Sie in der rechten oberen Ecke des IE-Browserfensters auf das Zahnradsymbol und im aufklappenden Menü auf **Internetoptionen**.

2 Es erscheint das gleichnamige Dialogfeld. Klicken Sie auf den Registerreiter **Inhalte** ❶, um die Optionen auf dieser Registerkarte anzuzeigen.

3 Klicken Sie auf der Registerkarte **Inhalte** im Abschnitt **AutoVervollständigen** auf die Schaltfläche **Einstellungen** ❷.

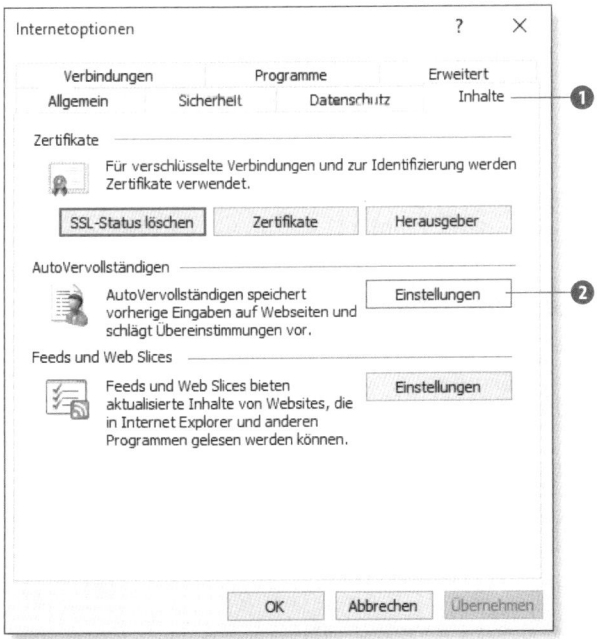

4 Es erscheint ein weiteres Dialogfeld **Einstellungen für AutoVervollständigen**. Aktivieren Sie in diesem die Kontrollkästchen vor den Elementen, deren Eingaben Sie speichern wollen. Aktivieren Sie z. B. das Kontrollkästchen neben **Formulare ❸**, wenn Sie neben Benutzernamen und Kennwörtern auch andere Formulareingaben für die Wiederverwendung speichern wollen. Möchten Sie dagegen keine Kennwörter speichern, deaktivieren Sie das Kontrollkästchen **Benutzernamen und Kennwörter für Formulare ❹** (natürlich können Sie sich auch dazu entscheiden, Formulareingaben, jedoch keine Kennwörter zu speichern).

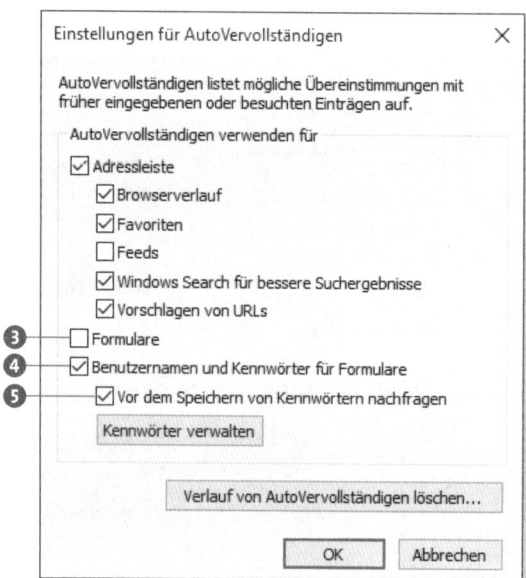

Wie gesagt, das Speichern von Formulareingaben und Kennwörtern ist äußerst praktisch, jedoch mit einem gewissen Sicherheitsrisiko verbunden, wenn auch andere Personen den Computer verwenden, da die Einstellungen zu AutoVervollständigen grundsätzlich für alle Benutzer auf dem Computer gelten. Die Option **Benutzernamen und Kennwörter für Formulare** sollte daher nur zusammen mit der Option **Vor dem Speichern von Kennwörtern nachfragen ❺** aktiviert sein. Unter dieser Einstellung erscheint bei jedem Kennwort, das Sie auf einem Formular zum ersten Mal eingeben, eine Rückfrage, bevor das Kennwort gespeichert wird.

5 Schließen Sie das Dialogfeld **Einstellungen für AutoVervollständigen** mit **OK**, um die geänderten Einstellungen zu übernehmen.

10.9   Browserverlauf löschen

Standardmäßig speichert der Internet Explorer, wie andere Browser auch, eine Liste der Webseiten, die Sie in der Vergangenheit besucht haben. Auf diese können Sie über das Symbol **Favoriten, Feeds und Verlauf anzeigen** ❶ zugreifen, um sie bei Bedarf schnell wieder aufzurufen. Im erscheinenden Favoritencenter finden Sie die gespeicherten Webseiten auf der Registerkarte **Verlauf**.

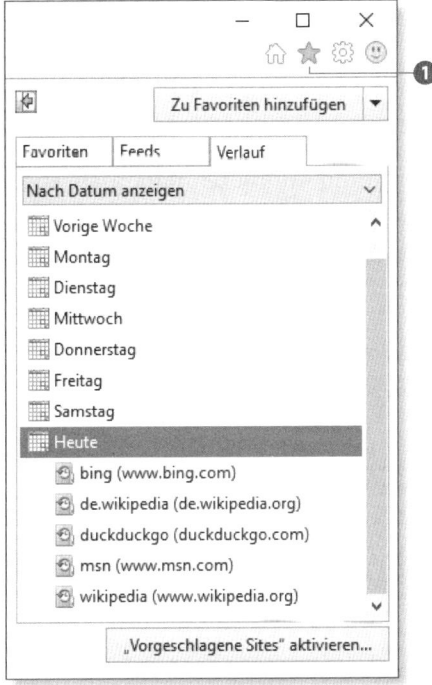

Abbildung 10.22 Im Favoritencenter hält die Registerkarte »Verlauf« eine Liste der besuchten Webseiten vor.

Die Liste der besuchten Webseiten, gespeicherte Formulardaten und Kennwörter (siehe dazu den Abschnitt 10.8, »Einstellungen zu AutoVervollständigen anpassen«, ab Seite 522) sowie weitere gespeicherte Elemente, wie z. B. Cookies oder temporäre Internetdateien, können Sie jederzeit löschen:

1 Rufen Sie die Internetoptionen auf. Klicken Sie also in der rechten oberen Ecke des Internet-Explorer-Browserfensters auf das Zahnradsymbol und wählen Sie **Internetoptionen** im aufklappenden Menü.

2 Klicken Sie auf der Registerkarte **Allgemein** des Dialogfeldes **Internetoptionen** auf die Schaltfläche **Löschen** ❶.

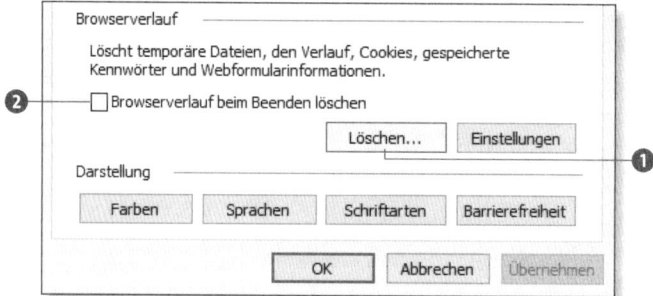

Wenn Sie generell keine Verknüpfungen zu besuchten Webseiten dauerhaft speichern möchten, können Sie das Kontrollkästchen **Browserverlauf beim Beenden löschen** ❷ aktivieren. In diesem Fall wird der Verlauf der besuchten Webseiten nach jeder Browsersitzung automatisch gelöscht.

3 Aktivieren Sie im erscheinenden Dialogfeld **Browserverlauf löschen** alle Elemente, die Sie löschen wollen. Klicken Sie anschließend rechts unten in diesem Dialogfeld ebenfalls auf die Schaltfläche **Löschen** ❸.

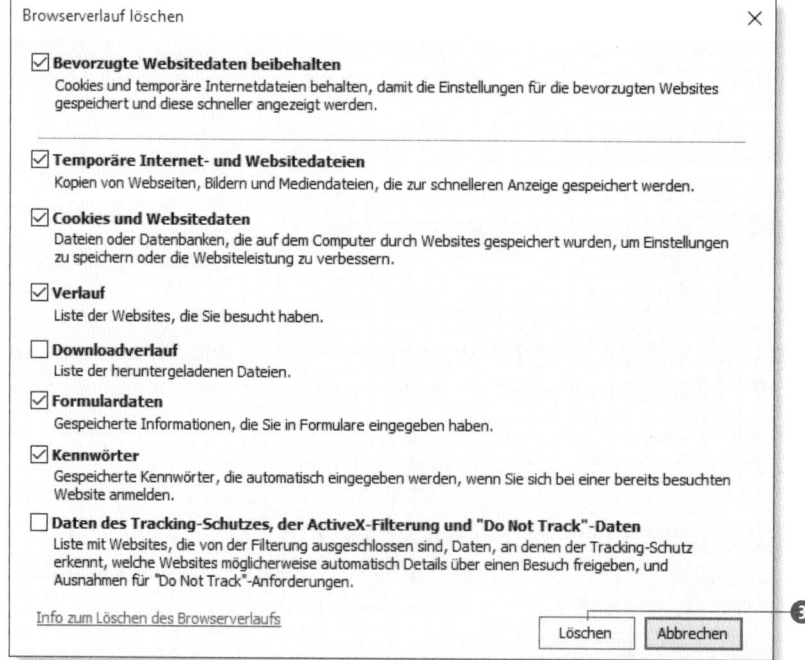

Das Dialogfeld **Browserverlauf löschen** können Sie übrigens auch über die Registerkarte **Inhalte** aufrufen, indem Sie dort im Abschnitt **AutoVervollständigen** auf die Schaltfläche **Einstellungen** und anschließend im erscheinenden Dialogfeld **Einstellungen für Auto-Vervollständigen** auf die Schaltfläche **Verlauf von AutoVervollständigen löschen** klicken (siehe dazu auch die Abbildung zu Schritt 4 der Anleitung auf Seite 524).

10.10   Internet Explorer auf die Standardeinstellungen zurücksetzen

Wenn Sie einmal mit den von Ihnen getätigten Internet-Explorer-Einstellungen nicht mehr zufrieden sind und schon zu viel verändert haben, können Sie den Ausgangszustand wiederherstellen. Dies ist mit wenigen Handgriffen erledigt:

1 Öffnen Sie die Internetoptionen. Klicken Sie dazu in der rechten oberen Ecke auf das Zahnradsymbol und wählen Sie **Internetoptionen** im aufklappenden Menü.

2 Klicken Sie im gleichnamigen Dialogfeld auf den Registerreiter **Erweitert ❶**, um diese Registerkarte in den Vordergrund zu holen.

3 Klicken Sie auf der Registerkarte **Erweitert** auf die Schaltfläche **Zurücksetzen ❷**, um den Internet Explorer auf den Standardzustand zurückzusetzen.

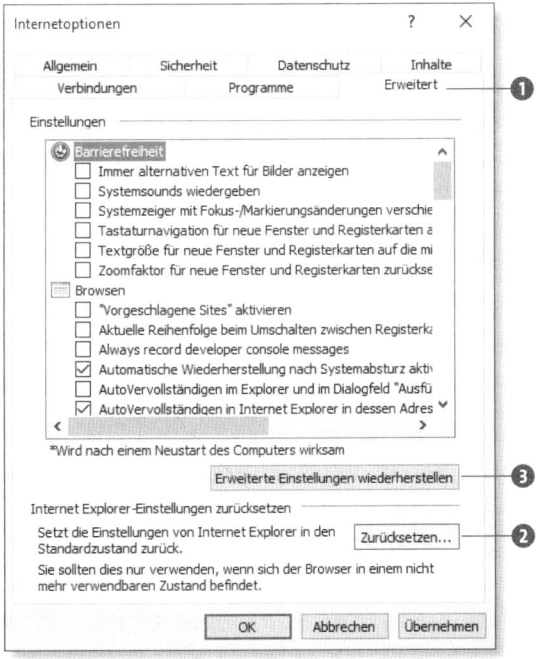

Klicken Sie dagegen auf die Schaltfläche **Erweiterte Einstellungen wiederherstellen** ❸, wenn Sie nur die in der Liste angezeigten Einstellungen zurücksetzen wollen.

4 Es erscheint das Dialogfeld **Internet Explorer-Einstellungen zurücksetzen**. Aktivieren Sie in diesem das Kontrollkästchen neben **Persönliche Einstellungen löschen** ❹, wenn Sie die hier genannten Daten und Einstellungen ebenfalls löschen bzw. auf den Ausgangszustand zurücksetzen wollen. Dazu gehören z. B. die definierten Startseiten, der Browserverlauf oder gespeicherte Kennwörter.

5 Klicken Sie auf die Schaltfläche **Zurücksetzen** ❺. Damit die Änderungen wirksam werden, müssen Sie den Computer neu starten. Danach finden Sie den Internet Explorer im Ausgangszustand vor (mit Ausnahme der als persönliche Einstellungen genannten Elemente, falls Sie das entsprechende Kontrollkästchen im letzten Schritt nicht aktiviert hatten).

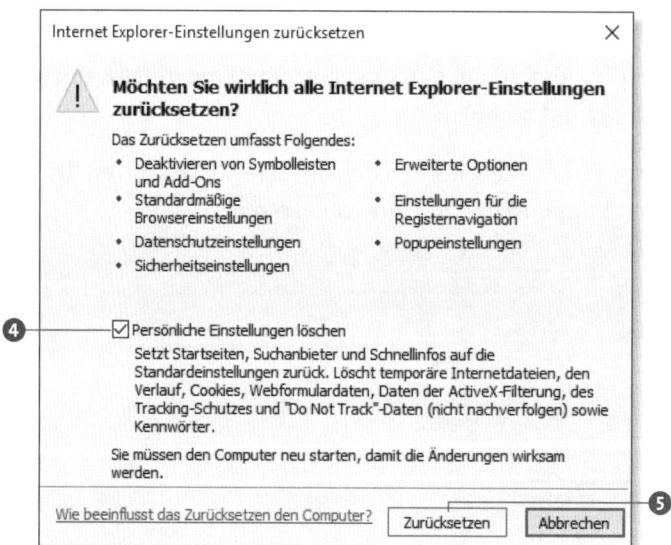

10.11   Microsoft Edge

Vom Aufbau und von der Funktionsweise her ist der Microsoft-Edge-Browser dem Internet Explorer sehr ähnlich. Vieles, was ich bis jetzt für den Internet Explorer beschrieben habe, funktioniert daher auch in Microsoft Edge. Ansonsten haben die beiden Browser eigentlich wenig miteinander zu tun, Schnittstellen gibt es allein im Microsoft-Edge-Browser. Hier können Sie bei Bedarf Ihre Internet-Explorer-Favoriten verfügbar machen (siehe dazu den Abschnitt 10.11.2, »IE-Favoriten importieren«, ab Seite 530) oder eine in Microsoft Edge geladene Webseite per Menübefehl sofort im Internet Explorer öffnen, ohne diesen erst starten zu müssen. Hierzu klicken Sie in der rechten oberen Ecke des Microsoft-Edge-Browserfensters auf das Symbol mit den drei Punkten ❶ (QuickInfo: *Weitere Aktionen*) und wählen im aufklappenden Menü den Befehl **Mit Internet Explorer öffnen**.

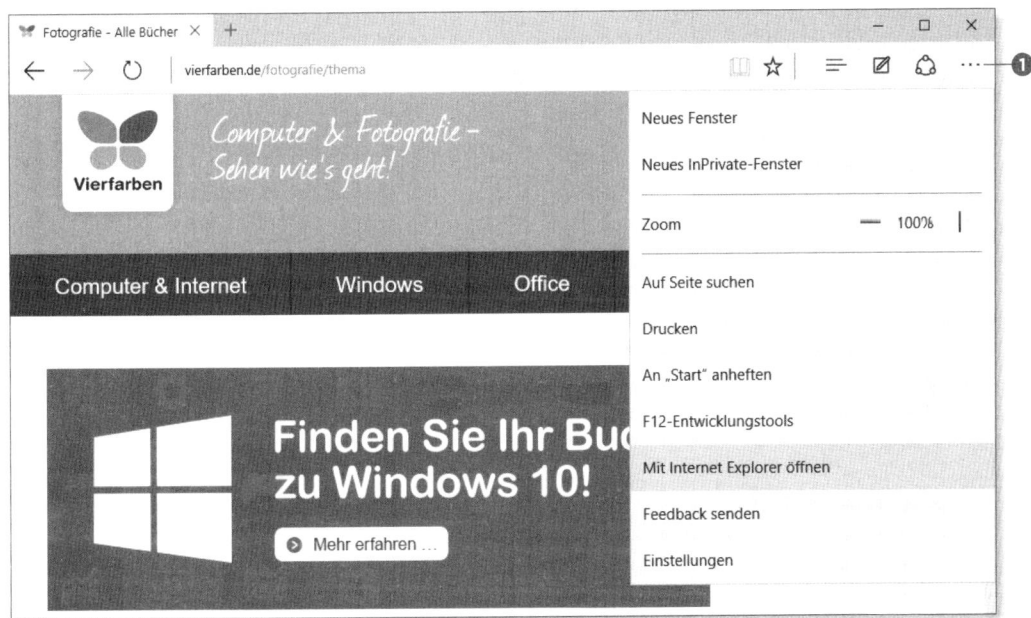

Abbildung 10.23 Eine der wenigen Schnittstellen zwischen den beiden Microsoft-Browsern: Eine geladene Webseite kann aus Microsoft Edge heraus sofort mit dem Internet Explorer geöffnet werden.

10.11.1   Favoriten in Microsoft Edge hinzufügen

Um z. B. im Microsoft-Edge-Browser Favoriten hinzuzufügen, verfahren Sie folgendermaßen:

1 Öffnen Sie die Webseite, die Sie zu den Favoriten hinzufügen wollen, in einer Registerkarte des Microsoft-Edge-Browsers.

2 Klicken Sie in der Symbolleiste, die sich in der rechten oberen Ecke des Browserfensters direkt über dem Anzeigebereich befindet, auf das Sternsymbol (❶ auf Seite 530). Dieses erscheint nur auf Registerkarten mit geladener Webseite.

3 Klicken Sie am oberen Rand des erscheinenden Popup-Fensters auf das mit **Favoriten** beschriftete Symbol, falls dieses nicht den Fokus besitzt (mit dem Symbol **Leseliste** können Sie die Webseite in Ihrer Leseliste speichern; mehr zur Leseliste erfahren Sie in Abschnitt 10.11.4, »Webseiten kommentieren – Leseliste«, ab Seite 534). Überschreiben Sie gegebenenfalls den vorgeschlagenen Namen für die Verknüpfung ❷.

4 Legen Sie in dem Feld **Erstellen in** fest, wo der Favorit gespeichert werden soll, auf der ersten Ebene der Favoriten, in der Favoritenleiste oder in einem Unterordner. Klicken Sie gegebenenfalls auf die Verknüpfung **Neuen Ordner erstellen** ❸, um für den Favoriten einen neuen Ordner anzulegen.

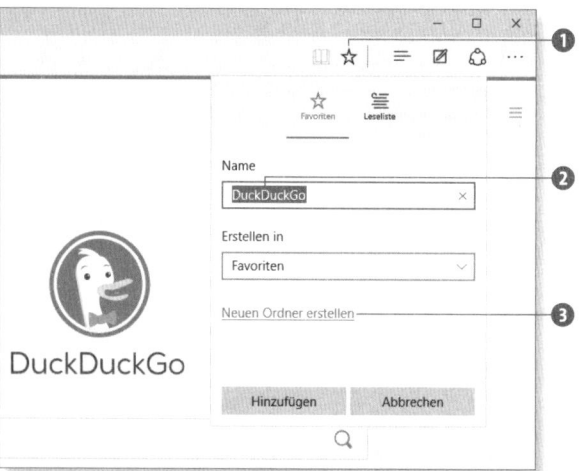

5 Klicken Sie auf die Schaltfläche **Hinzufügen**, um die geladene Webseite in Microsoft Edge als Favoriten hinzuzufügen.

10.11.2   IE-Favoriten importieren

Es verhält sich so, dass Microsoft Edge und der Internet Explorer ihre Favoriten getrennt verwalten, wobei der persönliche Favoritenordner im Benutzerverzeichnis (z. B. `C:\Benutzer\<Benutzername>\Favoriten`) ausschließlich die Favoriten des Internet Explorers speichert. Wenn Sie Ihre Favoriten von einer alten Windows-Installation übernommen haben, haben sich dort sicherlich einige angesammelt, auf die Sie im Microsoft-Edge-Browser möglicherweise nicht verzichten wollen. Daran hat wohl auch Microsoft gedacht und im Microsoft-Edge-Browser eine Option für den Import integriert. Führen Sie gegebenenfalls folgende Schritte durch, um Ihre IE-Favoriten in den Microsoft-Edge-Browser zu importieren:

1 Klicken Sie in der Symbolleiste des Microsoft-Edge-Browsers auf das Symbol mit der QuickInfo *Hub (Favoriten, Leseliste, Verlauf und Downloads)* ❶.

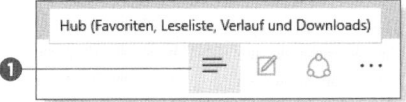

2 Klicken Sie innerhalb der erscheinenden Leiste auf das Sternsymbol ❷, falls dieses nicht bereits den Fokus besitzt.

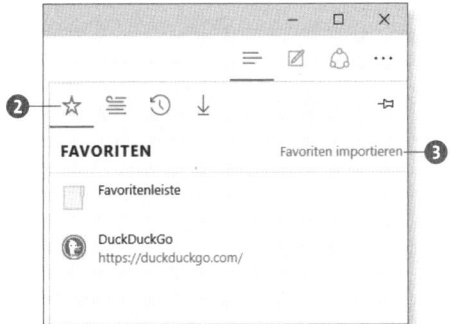

3 Klicken Sie auf die Verknüpfung **Favoriten importieren** ❸.

4 Aktivieren Sie das Kontrollkästchen neben Internet Explorer, falls dieses nicht bereits aktiviert ist, und klicken Sie auf die Schaltfläche **Importieren**. Danach können Sie die importierten Internet-Explorer-Favoriten in Microsoft Edge nutzen.

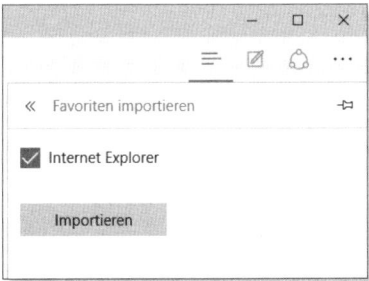

Über das Symbol mit der QuickInfo *Hub (Favoriten, Leseliste, Verlauf und Downloads)* können Sie auch auf Ihre gespeicherten Favoriten zugreifen, wie es in den Schritten 1 und 2 der obigen Anleitung dargestellt ist. Klicken Sie in der Leiste auf den Favoriten, den Sie öffnen wollen (siehe die folgende Abbildung).

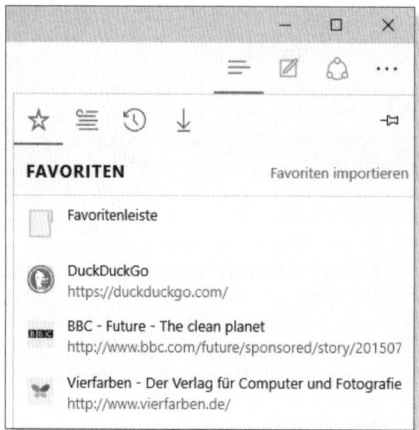

Abbildung 10.24 Favoriten-Menü von Microsoft Edge nach dem Import der IE-Favoriten: Favoriten, die doppelt vorhanden sind, werden erkannt und nicht importiert.

10.11.3   Favoritenleiste einblenden

Der Microsoft-Edge-Browser besitzt wie der Internet Explorer eine Favoritenleiste. Falls Sie von ihr Gebrauch machen wollen, müssen Sie diese erst folgendermaßen einblenden:

1 Klicken Sie in der rechten oberen Ecke des Microsoft-Edge-Browserfensters auf das Symbol mit den drei Punkten ❶. Wählen Sie **Einstellungen** im erscheinenden Menü.

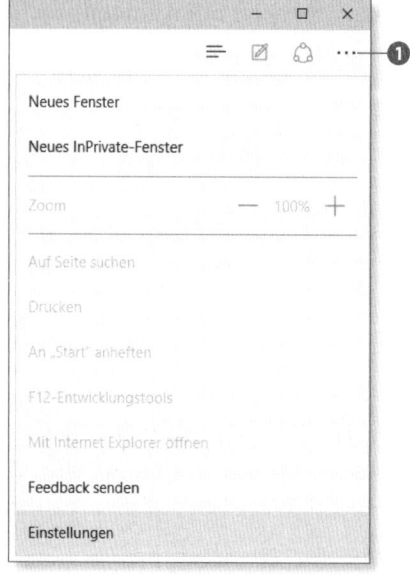

2 Stellen Sie in den Einstellungen von Microsoft Edge den Schalter unterhalb von **Favoritenleiste anzeigen** auf **Ein 2**.

Die Favoriten erscheinen in der Favoritenleiste von Microsoft Edge ebenfalls mit Text und Symbol, das Aussehen lässt sich jedoch nicht wie im Internet Explorer anpassen – die Kontextmenüs der Favoriten enthalten bis dato nur die Befehle **In neuem Tab öffnen** und **Entfernen**. Auch besitzt die Favoritenleiste keine Schaltfläche zum einfachen Hinzufügen von Favoriten, wie das im Internet Explorer der Fall ist. Um einen Favoriten in der Favoritenleiste abzulegen, müssen Sie so vorgehen, wie am Anfang dieses Abschnitts beschrieben, und den Favoriten im Ordner **Favoritenleiste** speichern (siehe Schritt 4 der Anleitung auf Seite 530).

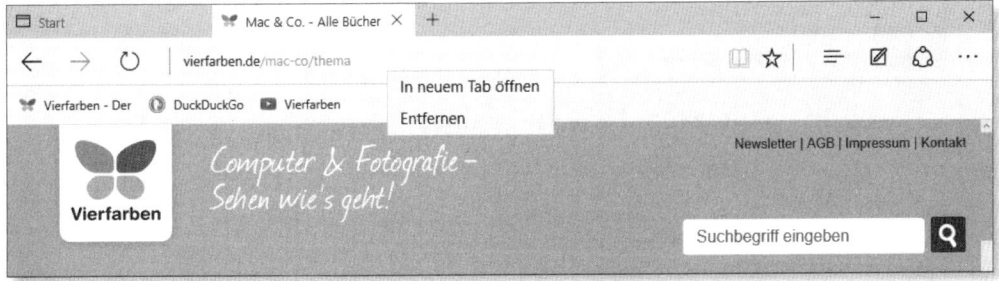

Abbildung 10.25 In Microsoft Edge eingeblendete Favoritenleiste

10.11.4 Webseiten kommentieren – Leseliste

In Microsoft Edge gibt es zwei neue Features, die besondere Beachtung verdienen: das Erstellen von Webseitennotizen und die Leseliste. Gehen Sie folgendermaßen vor, um eine geöffnete Webseite zu kommentieren und die kommentierte Webseite anschließend zu speichern oder mit anderen Personen zu teilen:

1 Klicken Sie in der rechten oberen Ecke auf das Symbol **Webseitennotiz erstellen ❶**.

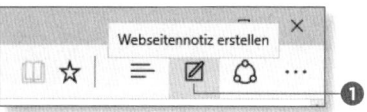

2 Mit den Zeichenwerkzeugen im linken Bereich der erscheinenden Leiste können Sie nun auf der Webseite schreiben, malen oder nummerierte Textfelder erstellen. Klicken Sie zunächst auf das Symbol und verwenden Sie das Werkzeug anschließend auf der Webseite.

Um die Farbe des Stiftes ❷ oder des Textmarkers ❸ zu ändern, klicken Sie zunächst auf das Symbol und anschließend auf die kleine weiße Pfeilspitze, die daraufhin in der rechten unteren Ecke des Symbols erscheint. Wählen Sie im aufklappenden Popup-Fenster die gewünschte Farbe aus ❹. Im unteren Abschnitt können Sie die Stärke der zu zeichnenden Linien festlegen ❺.

Benutzen Sie gegebenenfalls den Radiergummi ❻, um mit dem Stift oder mit dem Textmarker erstellte Notizen wieder zu entfernen. Dazu klicken Sie einmal auf das Symbol und fahren anschließend bei gedrückter linker Maustaste über die zu entfernenden Notizen.

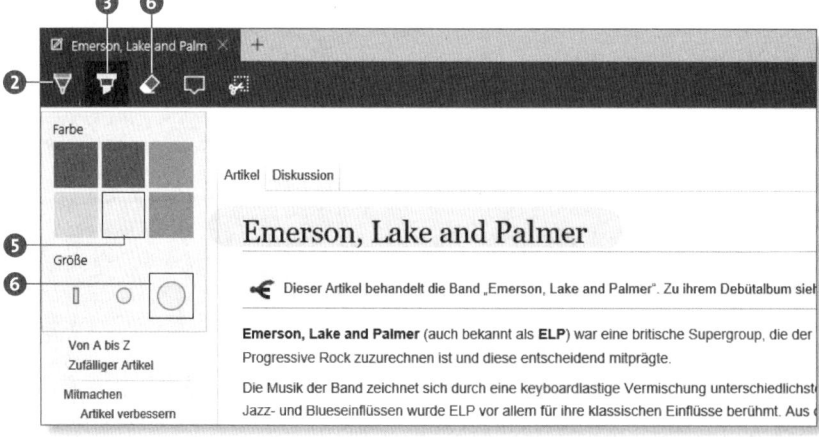

Mit dem Symbol **Getippte Notiz hinzufügen** ❼ können Sie ein Textfeld erstellen und editieren. Klicken Sie zunächst das Symbol und anschließend auf der Webseite die Stelle an, an der Sie das Textfeld haben wollen. Tippen Sie danach an der Cursorposition den gewünschten Text ein. Wenn Sie es sich später anders überlegen und das Textfeld löschen wollen, klicken Sie in dessen rechter unterer Ecke auf das Papierkorbsymbol ❽.

3 Mit dem Symbol **Beschneiden** ❾ können Sie auch nur einen Ausschnitt der geladenen Webseite speichern bzw. teilen. Dazu ziehen Sie auf der Webseite einen Rahmen um den zu speichernden Inhalt auf. Falls Sie den so markierten Inhalt doch nicht speichern wollen, reicht ein Klick auf das Radiergummisymbol, um den Auswahlrahmen wieder zu entfernen.

4 Klicken Sie auf der rechten Seite der oberen Leiste auf das Symbol **Webseitennotiz speichern** ❿, um die kommentierte Webseite bzw. die mit dem Beschneiden-Werkzeug ausgewählten Inhalte in der OneNote-App, in Ihren Favoriten oder in der Leseliste zu speichern. Über das Teilen-Symbol ⓫ können Sie die Webseitennotiz per E-Mail senden oder über OneNote zur Verfügung stellen. Falls Sie sich dazu entschließen, die Webseitennotiz doch nicht zu verwenden, können Sie diese per Klick auf die Schaltfläche **Beenden** verwerfen.

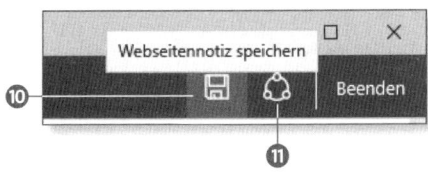

Um Ihre Leseliste anzuzeigen, klicken Sie in der oberen Symbolleiste auf das Symbol **Hub (Favoriten, Leseliste, Verlauf und Downloads)** (❶ auf Seite 536) und anschließend am oberen Rand des erscheinenden Popup-Fensters auf das Symbol **Leseliste** ❷. Wenn Sie auf die oben beschriebene Weise eine kommentierte Webseite in Ihrer Leseliste gespeichert haben, wird diese hier angezeigt und Sie brauchen nur darauf zu klicken, um die Webseitennotiz in der aktuellen Registerkarte zu öffnen. Dies funktioniert im Übrigen auch, wenn Sie offline arbeiten, also aktuell nicht mit dem Internet verbunden sind.

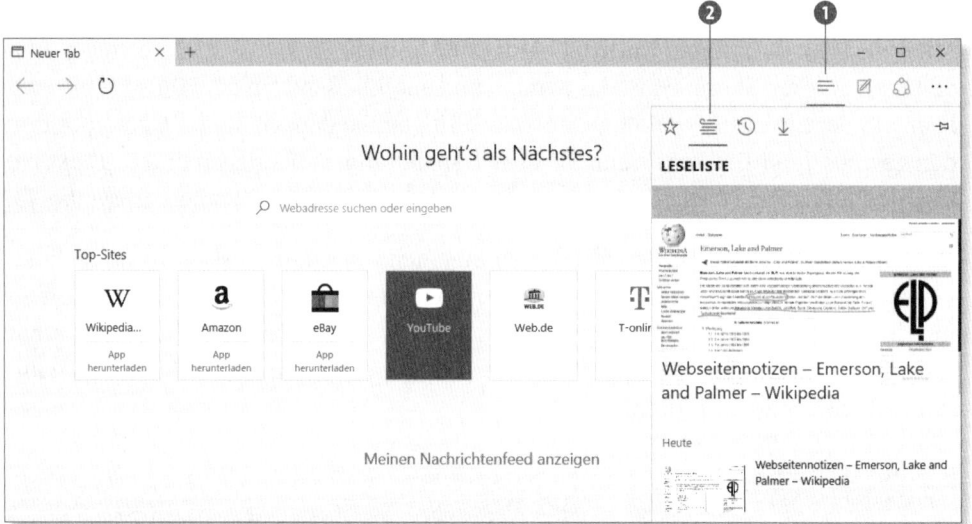

Abbildung 10.26 Leseliste in Microsoft Edge anzeigen

Bei geöffneter Webseitennotiz können Sie Ihre Notizen wahlweise aus- und wieder einblenden ❸ oder statt der lokal gespeicherten die originale – eventuell inzwischen aktualisierte – Webseite anzeigen ❹.

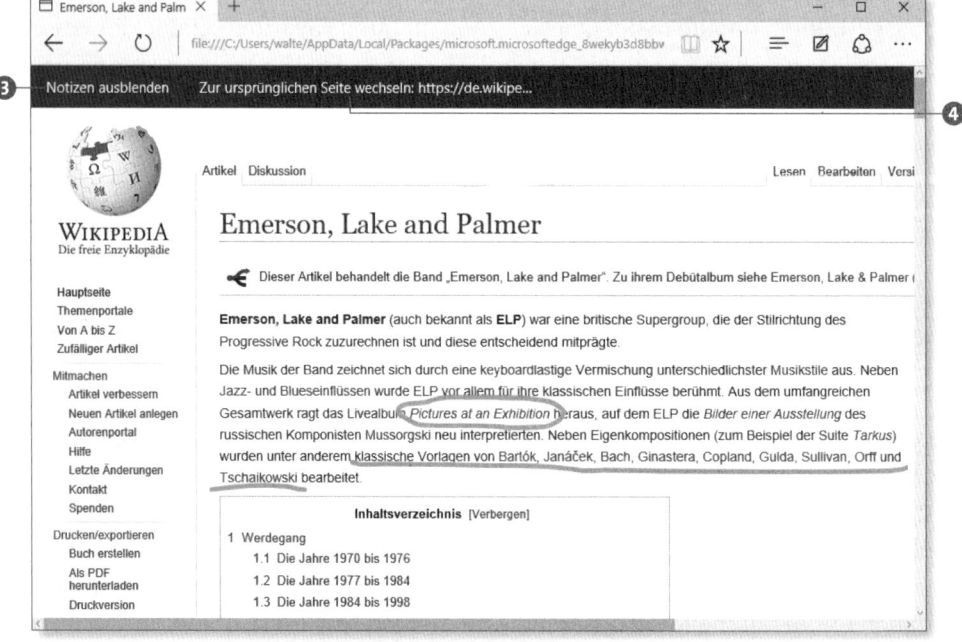

Abbildung 10.27 In Microsoft Edge geöffnete Webseitennotiz

10.11.5   Die Leseansicht verwenden

Wenn Sie im Microsoft-Edge-Browser eine Webseite geöffnet haben, können Sie per Klick auf das Buchsymbol ❶ in die sogenannte *Leseansicht* wechseln – alternativ drücken Sie dazu die Tastenkombination [Strg] + [⇧] + [R]. Indem Sie erneut auf das Buchsymbol klicken, kehren Sie wieder zur normalen Ansicht zurück. In der Leseansicht liegt der Fokus allein auf dem Text, andere Elemente wie z. B. Grafiken sind ausgeblendet.

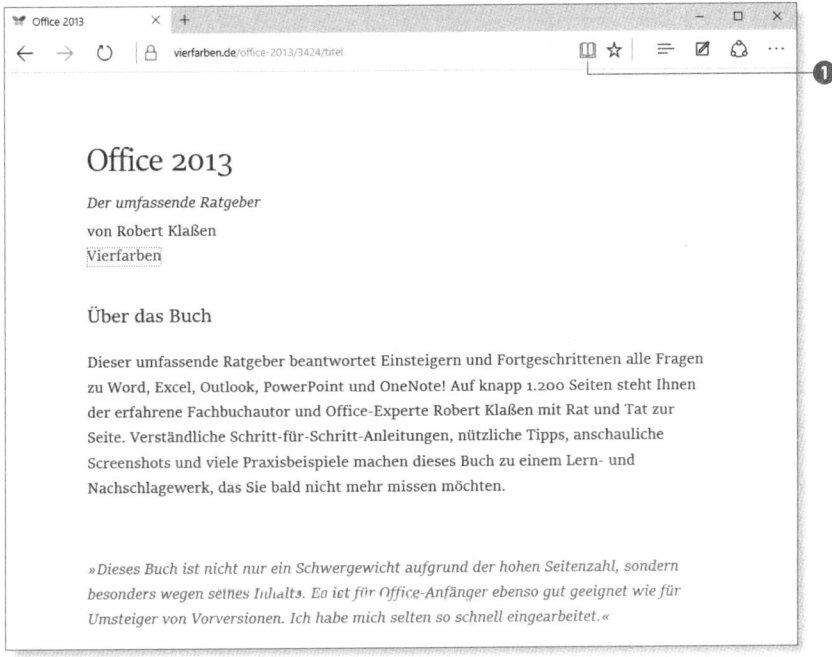

Abbildung 10.28 Webseite in der Leseansicht

Sie können die Leseansicht sogar nach Ihren Wünschen anpassen. Rufen Sie dazu die Einstellungen des Microsoft-Edge-Browsers auf, indem Sie in der oberen Symbolleiste auf das Symbol **Weitere Aktionen** (das Symbol mit den drei Punkten) klicken und im erscheinenden Menü **Einstellungen** wählen. Scrollen Sie die Funktionsleiste **Einstellungen** etwas nach unten, bis Sie den Abschnitt **Lesen** sehen. Der Stil der Leseansicht beeinflusst die Hintergrundfarbe sowie die Schriftfarbe des angezeigten Textes (❹ auf Seite 539). Außer **Standard** können Sie hier **Hell**, **Mittel** oder **Dunkel** einstellen. Im Listenfeld darunter können Sie zwischen einer kleinen, mittleren, großen und sehr großen Schriftgröße wählen. Die angezeigte Webseite ändert sofort ihr Erscheinungsbild, sodass Sie bei geöffneter Funktionsleiste alle Einstellungen durchprobieren können, bevor Sie sich entscheiden.

INFO

Erweiterte Microsoft-Edge-Einstellungen

Auch Microsoft Edge hat wie der Internet Explorer erweiterte Einstellungen. Klicken Sie in der Einstellungen-Funktionsleiste unterhalb des Abschnitts **Lesen** auf die Schaltfläche **Erweiterte Einstellungen**, um diese anzuzeigen. Zwar sind die angebotenen Optionen überschaubar, nichtsdestotrotz finden sich hier sehr wichtige Einstellungen, auch in Bezug auf den Datenschutz. Hier können Sie z.B. festlegen, ob Kennwörter ❷ oder Formulareingaben ❸ gespeichert werden sollen (zur Sicherheit erscheint in Microsoft Edge vor dem Speichern von Kennwörtern in jedem Fall eine Rückfrage, auch wenn diese Option aktiviert ist). Des Weiteren können Sie die Cortana-Unterstützung für den Browser einschalten, den Suchanbieter für Microsoft Edge wechseln oder etwa Cookies von Drittanbietern blockieren (die letztgenannten Einstellungen sind in Abbildung 10.29 nicht mehr zu sehen, da sie sich weiter unten auf der Funktionsleiste befinden).

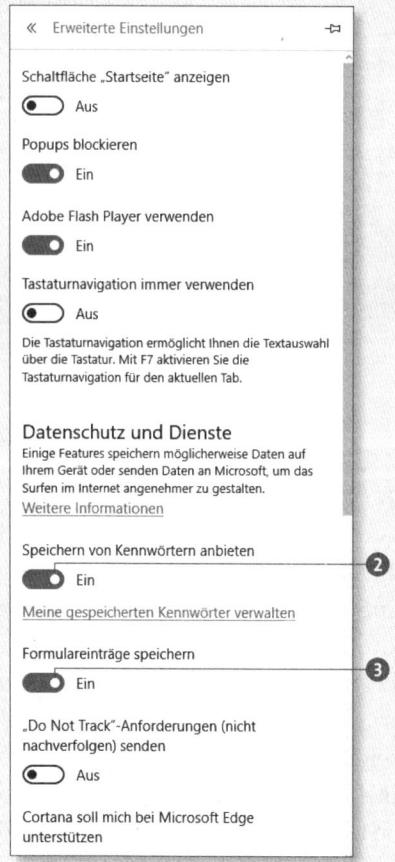

Abbildung 10.29 Erweiterte Einstellungen des Microsoft-Edge-Browsers

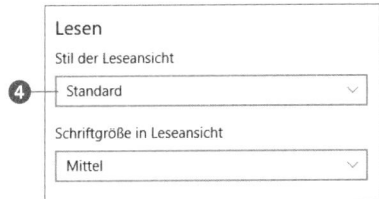

Abbildung 10.30 Die Optionen im Abschnitt »Lesen« der Microsoft-Edge-Einstellungen beziehen sich allein auf die Leseansicht.

10.11.6   Startseite für Microsoft Edge festlegen

Der Microsoft-Edge-Browser startet wie der Internet Explorer standardmäßig mit der MSN-Website. Dies können Sie ebenfalls in den Einstellungen ändern, wenngleich diese Möglichkeit auf den ersten Blick nicht unbedingt ersichtlich ist. Gehen Sie folgendermaßen vor, um eine oder mehrere Startseiten für Microsoft Edge festzulegen:

1 Klicken Sie in der rechten oberen Ecke des Microsoft-Edge-Anwendungsfensters auf das Symbol mit den drei Punkten. Wählen Sie **Einstellungen** im erscheinenden Menü.

2 Aktivieren Sie ganz am Anfang der erscheinenden Funktionsleiste unterhalb von **Öffnen mit** das Optionsfeld **Bestimmte Seite(n) ❶**.

3 Direkt unterhalb des Optionsfeldes erscheint nun ein Listenfeld. Öffnen Sie dieses und wählen Sie in der Liste **Benutzerdefiniert** ❷. Wenn Sie die Webseite von Bing anstelle der von MSN als Startseite festlegen möchten, klicken Sie natürlich diesen Listeneintrag an.

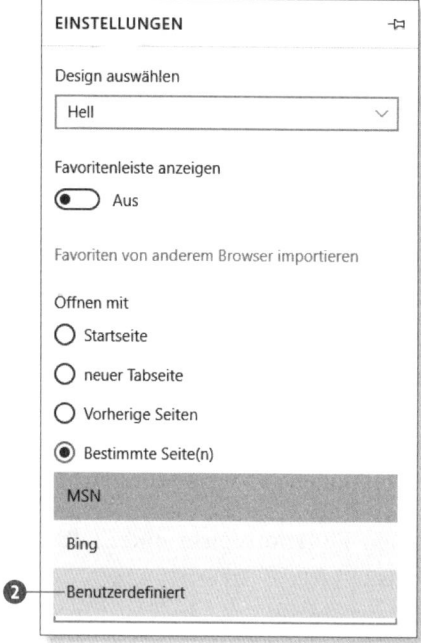

4 Geben Sie nun unterhalb des Listenfeldes die Adresse der gewünschten Webseite ein ❸ (die Angabe des Protokolls, z. B. *http://* oder *https://*, können Sie weglassen). Klicken Sie anschließend auf das nebenstehende Pluszeichen.

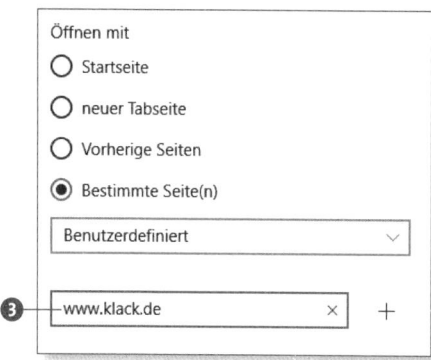

5 Wenn Sie mehrere Startseiten definieren möchten, verfahren Sie entsprechend. Geben Sie also für die zweite Startseite in das nächste Textfeld die Adresse der Webseite ein und klicken Sie wiederum auf das nebenstehende Pluszeichen.

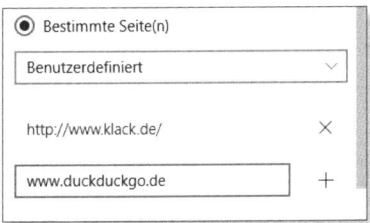

Nach dem nächsten Start von Microsoft Edge sehen Sie in den Registerkarten die von Ihnen definierten Startseiten.

INFO

Browserverlauf löschen

Natürlich können Sie auch in Microsoft Edge den Verlauf der besuchten Webseiten und gegebenenfalls weitere Elemente wie z. B. gespeicherte Kennwörter und Formulardaten manuell löschen. Klicken Sie dazu auf der Einstellungen-Funktionsleiste unterhalb von **Browserdaten löschen** auf die Schaltfläche **Zu löschendes Element auswählen**. Wählen Sie anschließend die Elemente aus, die Sie löschen wollen, und klicken Sie auf die Schaltfläche **Löschen**.

Abbildung 10.31 Browserdaten löschen im Microsoft-Edge-Browser

541

10.12   Die Tastaturnavigation verwenden

Um Text auf einer Webseite zu markieren, überstreicht man diesen üblicherweise mit der Maus. Standardmäßig steht die Tastatur, bei der die exakte Auswahl erfahrungsgemäß besser gelingt, hierfür im Browser nicht zur Verfügung. Sie können die Tastaturnavigation jedoch durch Drücken von F7 aktivieren – bestätigen Sie die anschließende Rückfrage mit Ja. Daraufhin erscheint ein Cursor auf der Webseite, mit dem der gewünschte Text bequem über die Tastatur ausgewählt werden kann. Dies ist besonders hilfreich, wenn – wie bei den meisten Tablet-PCs – überhaupt keine Maus verwendet wird.

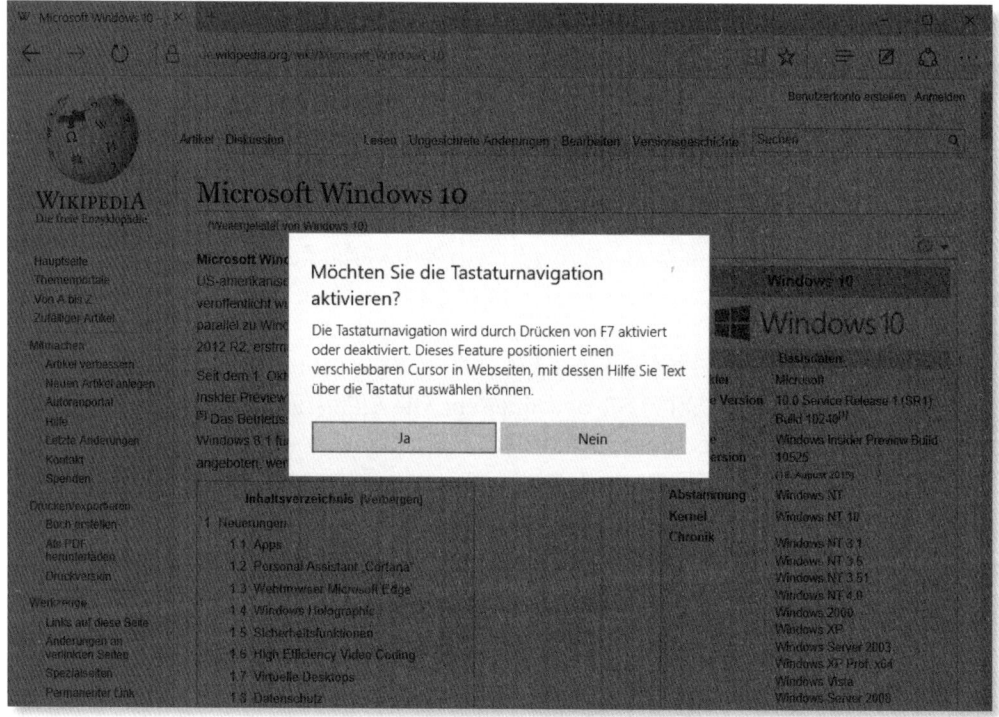

Abbildung 10.32 Wenn Sie auf einer Registerkarte die Tastaturnavigation einschalten, können Sie Text, den Sie auf der geladenen Webseite kopieren wollen, bequem mit der Tastatur auswählen.

Die Tastaturnavigation funktioniert sowohl im Internet Explorer als auch im Microsoft-Edge-Browser und übrigens auch in anderen Browsern, wie z. B. in Mozilla Firefox. Beachten Sie, dass die Tastaturnavigation gegebenenfalls für jede Registerkarte separat eingeschaltet werden muss. Wenn Sie die Tastaturnavigation auf einer Registerkarte nicht mehr benötigen, können Sie sie durch erneutes Drücken von F7 wieder ausschalten.

Möchten Sie, dass die Tastaturnavigation beim Öffnen eines neuen Browserfensters oder beim Öffnen einer neuen Registerkarte im Internet Explorer automatisch aktiviert wird, können Sie dies folgendermaßen festlegen:

1 Klicken Sie in der rechten oberen Ecke des IE-Browserfensters auf das Zahnradsymbol. Wählen Sie **Internetoptionen** im aufklappenden Menü.

2 Klicken Sie im erscheinenden gleichnamigen Dialogfeld auf den Registerreiter **Erweitert ❶**, um die Optionen auf dieser Registerkarte anzuzeigen.

3 Aktivieren Sie im Abschnitt **Barrierefreiheit** das Kontrollkästchen neben **Tastaturnavigation für neue Fenster und Registerkarten aktivieren ❷**. Bestätigen Sie mit **OK** oder **Übernehmen**.

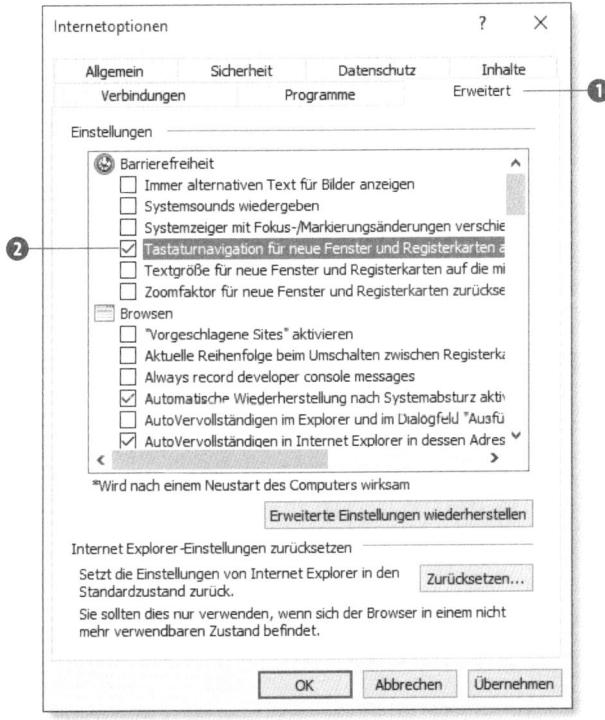

Für Microsoft Edge können Sie das automatische Verwenden der Tastaturnavigation ebenfalls in den erweiterten Einstellungen dieses Browsers einschalten:

1 Klicken Sie in der rechten oberen Ecke des Microsoft-Edge-Browserfensters auf das Symbol mit den drei Punkten. Wählen Sie **Einstellungen** im erscheinenden Menü.

2 Klicken Sie in den Microsoft-Edge-Einstellungen auf die Schaltfläche **Erweiterte Einstellungen anzeigen ❶**.

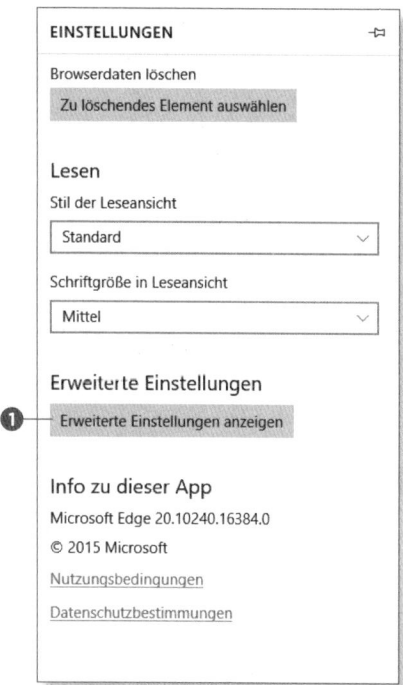

3 Stellen Sie in den erweiterten Einstellungen den Schalter unterhalb von **Tastaturnavigation immer verwenden** auf **Ein ❷**.

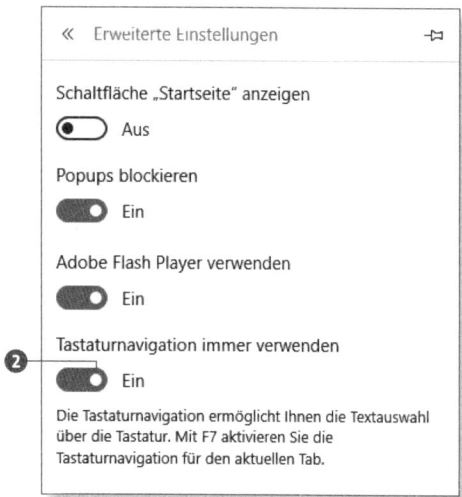

Unabhängig davon, ob in den Browsern das automatische Verwenden der Tastaturnavigation aktiviert ist, können Sie sowohl im Internet Explorer als auch in Microsoft Edge die Tastaturnavigation auf einer Registerkarte nach wie vor durch Drücken von F7 ein- oder ausschalten.

10.13   Übersicht aller gespeicherten Kennwörter anzeigen

Auf der Dialogseite **Anmeldeinformationsverwaltung** der Systemsteuerung können Sie alle Ihre gespeicherten Webkennwörter überprüfen – auch diejenigen, die Sie eventuell in anderen Browsern als dem Internet Explorer oder Microsoft Edge eingegeben haben – und diese gegebenenfalls auch einzeln entfernen. Hier können Sie sich ein Kennwort auch anzeigen lassen, wenn Sie es einmal vergessen haben. Führen Sie in diesem Fall folgende Schritte durch:

1 Klicken Sie in der Taskleiste mit der rechten Maustaste auf das Windows-Symbol und im erscheinenden Menü auf **Systemsteuerung**.

2 Klicken Sie in der Systemsteuerung auf die Kategorie **Benutzerkonten** und anschließend auf **Anmeldeinformationsverwaltung** ❶. Die Verknüpfung **Webanmeldeinformationen verwalten** ❷ führt zu der gleichen Dialogseite.

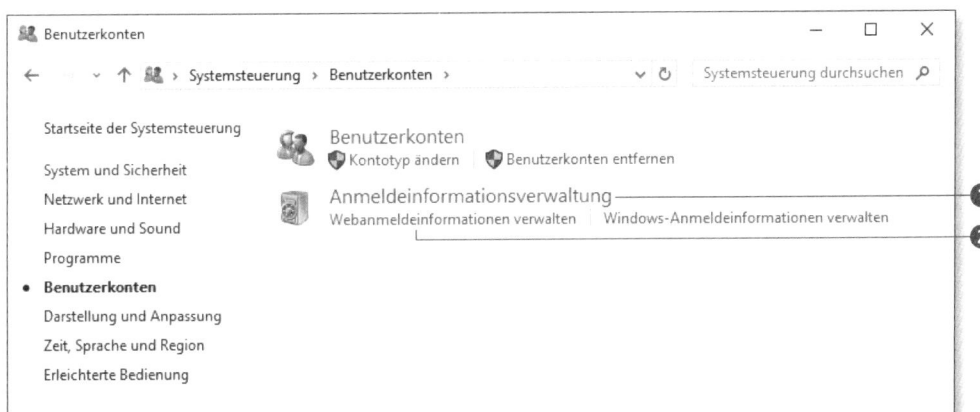

3 Klicken Sie auf der erscheinenden Dialogseite auf den Abschnitt **Webanmeldeinformationen** ❸, falls dieser nicht vorausgewählt ist.

4 Klicken Sie neben dem Kennwort, das Sie anzeigen wollen, auf das Symbol mit der nach unten gerichteten Pfeilspitze, um den entsprechenden Abschnitt zu erweitern ❹.

5 Klicken Sie in dem erweiterten Abschnitt auf **Einblenden** ❺.

Über die Verknüpfung **Entfernen** ❻ können Sie das gespeicherte Kennwort löschen.

6 Geben Sie im erscheinenden Dialogfeld **Windows-Sicherheit** das Kennwort Ihres Benutzerkontos, mit dem Sie am Computer angemeldet sind, oder – falls diese Anmeldeoption eingerichtet ist – Ihre PIN ein und schließen Sie das Dialogfeld mit **OK**.

Danach erscheint das Kennwort auf der Dialogseite **Anmeldeinformationsverwaltung** im Klartext. Über die Verknüpfung **Ausblenden** können Sie es gegebenenfalls wieder ausblenden.

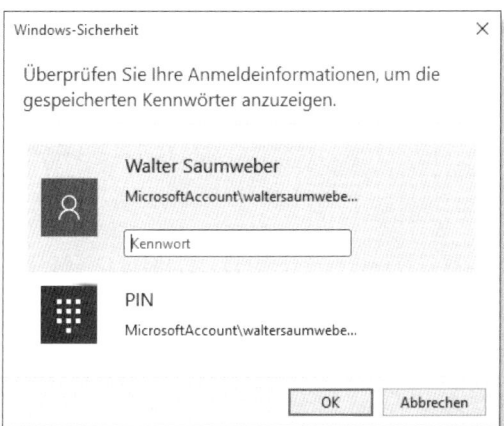

Alternativ zur beschriebenen Vorgehensweise können Sie die Dialogseite **Anmeldeinfor-mationsverwaltung** auch in den Internetoptionen aufrufen. Klicken Sie dazu auf der Re-gisterkarte **Inhalte** im Abschnitt **AutoVervollständigen** auf die Schaltfläche **Einstellungen** und im erscheinenden Dialogfeld auf die Schaltfläche **Kennwörter verwalten**.

11   Mehrere Computer miteinander verbinden

Windows 10 ist optimal geeignet, wenn es um die Vernetzung von wenigen Computern im privaten Umfeld geht. Für größere Projekte und im Arbeitsumfeld sollten Sie jedoch auf ein Server-Betriebssystem zurückgreifen (z. B. Windows 10 Pro in Verbindung mit Windows Server 2016, wenn es so weit ist). Aber auch das Einrichten von kleineren Netzwerken ist grundsätzlich mit mehr oder weniger umfangreichen Konfigurationsarbeiten verbunden: Es muss eine Domäne unter Verwendung eines Netzwerkprotokolls eingerichtet werden, jeder Computer benötigt eine eindeutige IP-Adresse usw. Wenn Sie allerdings zwei oder mehrere Windows 10-, Windows-8- bzw. Windows-8.1- oder Windows-7-Computer miteinander verbinden wollen, geht das besonders elegant mit einer Heimnetzgruppe. Diese lässt sich nicht nur bequem einrichten, sondern danach genauso komfortabel verwalten. Die oben genannten Konfigurationsarbeiten entfallen praktisch vollständig. Innerhalb eines WLANs müssen die Computer nicht einmal mit einem Kabel verbunden sein.

11.1   Das Netzwerk- und Freigabecenter

Der zentrale Anlaufpunkt für alle Netzwerkeinstellungen ist das Netzwerk- und Freigabecenter. Hier sehen Sie den aktuellen Status eines Netzwerks und können alle notwendigen Einstellungen vornehmen, unabhängig davon, um welche Art von Netzwerk es sich handelt.

Abbildung 11.1 Das Netzwerk- und Freigabecenter über die Systemsteuerung öffnen

Sie können das Netzwerk- und Freigabecenter öffnen, indem Sie auf der Startseite der Systemsteuerung auf die Kategorie **Netzwerk und Internet** und anschließend auf **Netzwerk- und Freigabecenter** klicken (siehe ❶ in der Abbildung auf der vorherigen Seite).

Noch schneller geht es, wenn Sie im Infobereich der Taskleiste mit der rechten Maustaste auf das Netzwerksymbol klicken ❷ und im aufklappenden Menü **Netzwerk- und Freigabecenter öffnen** wählen.

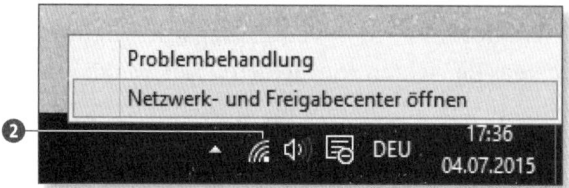

Abbildung 11.2 Das Netzwerk- und Freigabecenter über das Netzwerksymbol im Infobereich der Taskleiste öffnen

Im Netzwerk- und Freigabecenter sehen Sie im ersten Abschnitt des rechten Bereichs alle aktiven Netzwerke. Wenn Sie ein WLAN für den Internetzugriff verwenden, sehen Sie dieses. Ist hier unterhalb des Netzwerks angegeben, dass es sich um ein privates Netzwerk handelt ❸, bedeutet dies, dass Sie eine Heimnetzgruppe sofort erstellen können. Neben **Heimnetzgruppe** steht dann die Verknüpfung **Bereit zum Erstellen** ❹ oder **Zum Beitreten verfügbar**, falls in der Umgebung bereits eine Heimnetzgruppe existiert. Wie Sie gegebenenfalls den Netzwerkstandort ändern, erfahren Sie gleich im nächsten Abschnitt.

INFO

Bestehende Netzwerkverbindungen konfigurieren oder entfernen
Die Einstellungen für eingerichtete Verbindungen konfigurieren Sie nachträglich am besten auf der Dialogseite **Netzwerkverbindungen**, die Sie im Netzwerk- und Freigabecenter über die Verknüpfung **Adaptereinstellungen ändern** ❺ aufrufen können. Selektieren Sie auf der Dialogseite **Netzwerkverbindungen** die Verbindung, die Sie konfigurieren möchten, und wählen Sie in der oberen Aktionsleiste den passenden Befehl. Um eine Verbindung vorübergehend zu deaktivieren, klicken Sie in der oberen Aktionsleiste auf die Schaltfläche **Netzwerkgerät deaktivieren** oder im Kontextmenü der Verbindung auf den Befehl **Deaktivieren**. Um eine Verbindung komplett zu entfernen, wählen Sie in der Aktionsleiste **Organisieren** ▸ **Löschen**. Der gleiche Befehl steht ebenfalls im Kontextmenü zur Verfügung.

Abbildung 11.3 Das Netzwerk- und Freigabecenter ist die zentrale Anlaufstelle für alle speziellen Netzwerkeinstellungen.

Um eine Breitband- oder DFÜ-Verbindung mit einem DSL-Modem einzurichten, klicken Sie auf **Neue Verbindung oder neues Netzwerk einrichten** ❺ und wählen im Anschluss **Verbindung mit dem Internet herstellen**. Geben Sie im Weiteren die Verbindungsdaten – also Benutzername, Kennwort und gegebenenfalls Einwahlrufnummer – ein und klicken Sie auf **Verbinden**.

11.2   Den Netzwerkstandort ändern

Windows 10 unterscheidet zwischen privaten und öffentlichen Netzwerken. Eine Heimnetzgruppe können Sie nur in Ersteren erstellen. Wenn Sie bei der ersten Konfiguration von Windows 10 in Ihrem WLAN die Freigabe zwischen PCs aktiviert haben (siehe in Kapitel 1, »Windows 10 installieren«, Abschnitt 1.4, »Erste Konfiguration von Windows 10 durchführen«, ab Seite 24), befinden Sie sich bereits in einem privaten Netzwerk. In diesem Fall müssen Sie nichts mehr ändern.

Falls sich Ihr WLAN in einem öffentlichen Netzwerk befindet, sehen Sie dies im Abschnitt **Aktive Netzwerke anzeigen** des Netzwerk- und Freigabecenters ❶.

Abbildung 11.4 Wenn Ihr Netzwerk im Netzwerk- und Freigabecenter als öffentliches Netzwerk ausgewiesen ist, müssen Sie erst noch den Netzwerkstandort ändern, bevor Sie eine Heimnetz-gruppe anlegen oder einer bestehenden beitreten können.

Um eine Heimnetzgruppe einrichten zu können, müssen Sie erst den Netzwerkstandort in einen privaten ändern. Führen Sie dazu folgende Schritte durch:

1 Öffnen Sie das Startmenü und wählen Sie **Einstellungen** oder drücken Sie ⊞ + Ⓘ.

2 Klicken Sie in den Einstellungen auf **Netzwerk und Internet**.

3 Auf der erscheinenden Seite sehen Sie Ihre Netzwerkverbindung. Klicken Sie unter-halb der Liste der erkannten Netzwerke auf die Verknüpfung **Erweiterte Optionen** ➋.

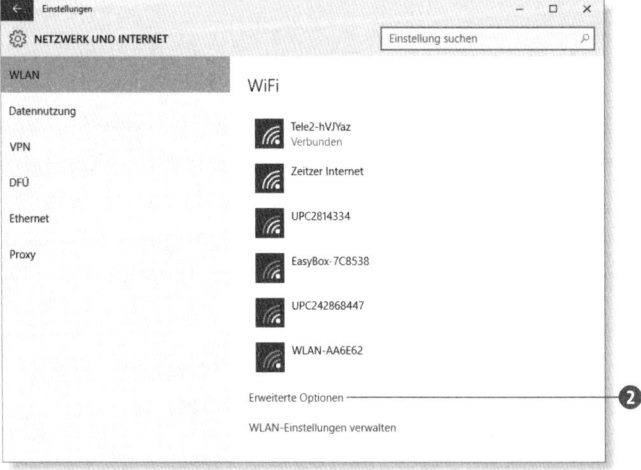

4 Stellen Sie auf der nächsten Seite im ersten Abschnitt **Geräte und Inhalte suchen** den Schalter auf **Ein** (**Ein** bedeutet Heimnetzwerk, **Aus** bedeutet öffentliches Netzwerk). Der Netzwerkstandort wird daraufhin sofort geändert.

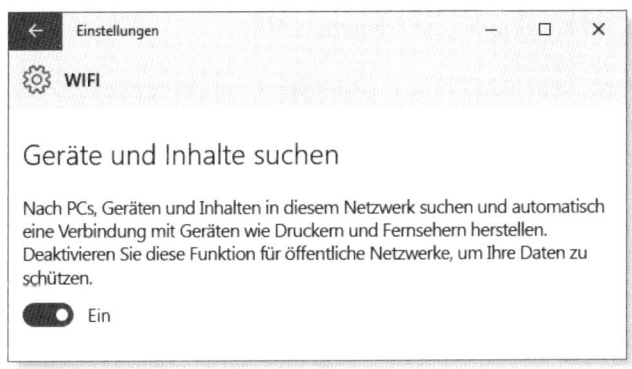

11.3   Eine Heimnetzgruppe auf dem ersten Computer einrichten

Hier noch einmal die Voraussetzungen, um mehrere Computer in einer Heimnetzgruppe zu verbinden:

- Der Netzwerkstandort der beteiligten Computer muss privat bzw. unter Windows 7 auf **Heimnetzwerk** eingestellt sein.
- Auf den Computern muss Windows 10, Windows 8 bzw. Windows 8.1 oder Windows 7 installiert sein. Die Edition spielt keine Rolle.
- Wenn Sie sich nicht in einem WLAN befinden, müssen die beteiligten Computer per Netzwerkkabel miteinander verbunden sein.

Das Prinzip ist wie folgt: Sie richten auf einem der Computer eine Heimnetzgruppe ein. Danach können andere Computer der Heimnetzgruppe beitreten. Die beteiligten Computer sind völlig gleichberechtigt und die Heimnetzgruppe bleibt so lange bestehen, wie sich noch mindestens ein Computer in ihr befindet. Es ist also z. B. ohne Weiteres möglich, dass der erste Computer, auf dem die Heimnetzgruppe ursprünglich eingerichtet wurde, die Heimnetzgruppe verlässt und ihr später wieder beitritt.

Beim Erstellen einer Heimnetzgruppe können Sie es sich auf Ihrem Windows-10-Computer aussuchen, ob Sie die dazu erforderlichen Aktionen in der Systemsteuerung oder über die Einstellungen vornehmen wollen. Gehen Sie im ersteren Fall folgendermaßen vor:

1 Öffnen Sie das Netzwerk- und Freigabecenter. Klicken Sie dazu entweder mit der rechten Maustaste auf das Netzwerksymbol im Infobereich der Taskleiste und wählen Sie im erscheinenden Kontextmenü **Netzwerk- und Freigabecenter öffnen** oder klicken Sie auf der Startseite der Systemsteuerung auf die Kategorie **Netzwerk und Internet** und anschließend auf **Netzwerk- und Freigabecenter**.

2 Bei einem privaten Netzwerk sehen Sie nun im Netzwerk- und Freigabecenter im Abschnitt **Aktive Netzwerke anzeigen** neben **Heimnetzgruppe** die Verknüpfung **Bereit zum Erstellen ❶**. Klicken Sie diese an.

Wurde auf dem Computer bereits eine Heimnetzgruppe eingerichtet, steht neben **Heimnetzgruppe** der Text **Beigetreten**. Auf Computern, die sich im gleichen WLAN befinden oder per Netzwerkkabel verbunden und noch nicht Mitglied der Heimnetzgruppe sind, lautet der Text **Zum Beitreten verfügbar**.

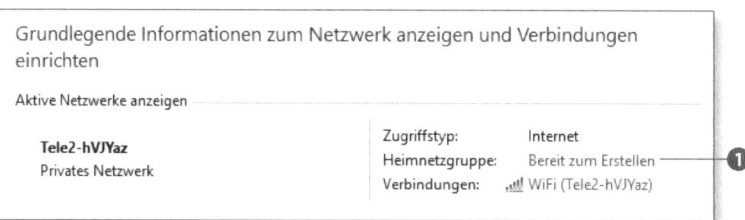

3 Klicken Sie auf der erscheinenden Dialogseite auf die Schaltfläche **Heimnetzgruppe erstellen ❷**.

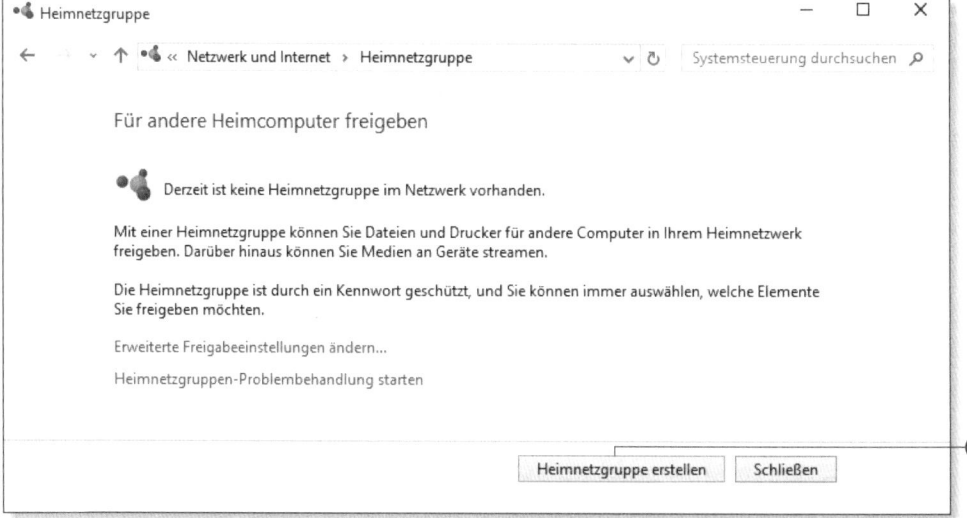

4 Es erscheint ein zusätzliches Dialogfeld **Heimnetzgruppe erstellen**. Bestätigen Sie die erste Seite mit **Weiter**.

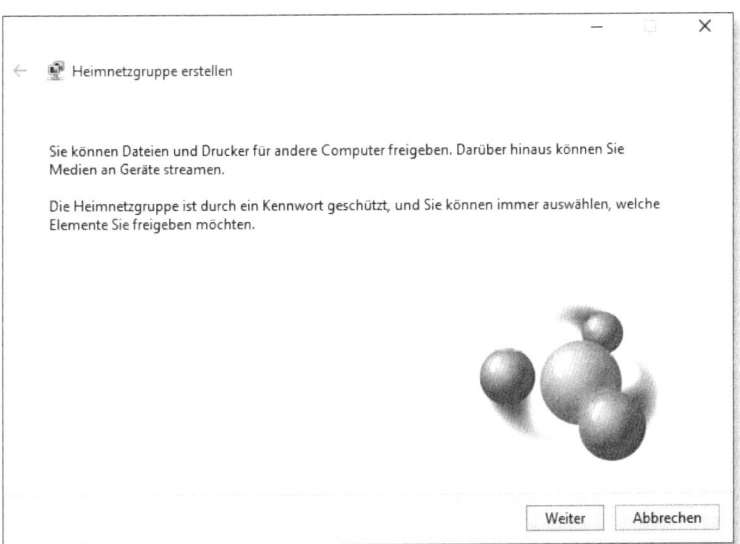

5 Wählen Sie auf der nächsten Seite die Elemente aus, die Sie für andere Computer der Heimnetzgruppe freigeben wollen. Zur Auswahl stehen die Standardbibliotheken sowie Drucker und andere angeschlossene Geräte. Klicken Sie anschließend auf **Weiter**.

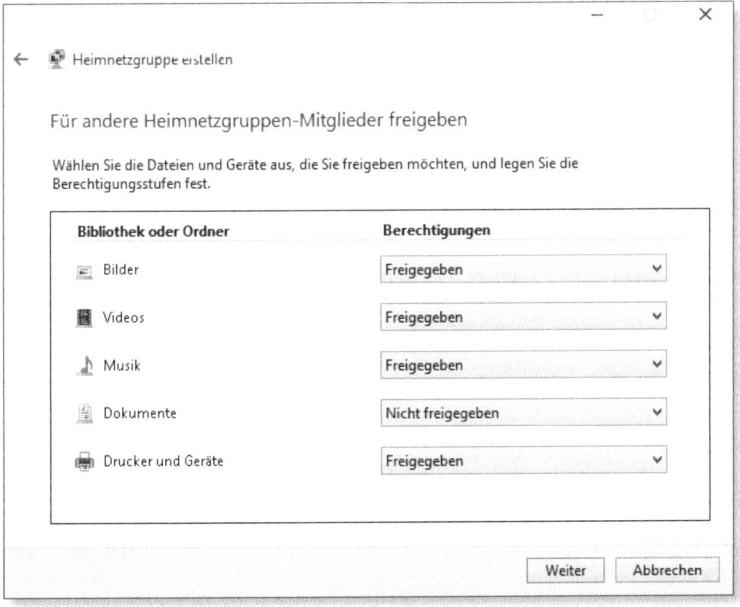

6 Windows erstellt nun die Heimnetzgruppe und teilt Ihnen deren Kennwort mit. Das Kennwort benötigen Sie später auf anderen Computern, um sie der Heimnetzgruppe hinzuzufügen. Am besten notieren Sie sich das Kennwort oder Sie drucken es aus. Im letzteren Fall klicken Sie auf die Verknüpfung **Kennwort und Anweisungen drucken ❸**. Allerdings können Sie sich das Kennwort auch später jederzeit im Netzwerk- und Freigabecenter anzeigen lassen und auch ausdrucken.

7 Klicken Sie schließlich auf **Fertig stellen**, um den Dialog zu beenden. Damit ist die Heimnetzgruppe auch schon eingerichtet.

11.4   Eine Heimnetzgruppe über die Einstellungen einrichten

Der Weg über die Einstellungen führt zwar zur gleichen Dialogseite in der Systemsteuerung, ist aber möglicherweise etwas kürzer:

1 Öffnen Sie das Startmenü und klicken Sie in diesem auf **Einstellungen** oder drücken Sie ⊞ + Ⅰ.

2 Wählen Sie in den Einstellungen **Netzwerk und Internet** und anschließend **WLAN** oder **Ethernet**.

3 Klicken Sie auf der rechten Seite im Abschnitt **Verwandte Einstellungen** auf die Verknüpfung **Heimnetzgruppe** ❶. Dies führt Sie zur entsprechenden Dialogseite in der Systemsteuerung. Von hier aus geht es weiter wie in Schritt 3 der Anleitung im vorherigen Abschnitt 11.3, »Eine Heimnetzgruppe auf dem ersten Computer einrichten«, auf Seite 554.

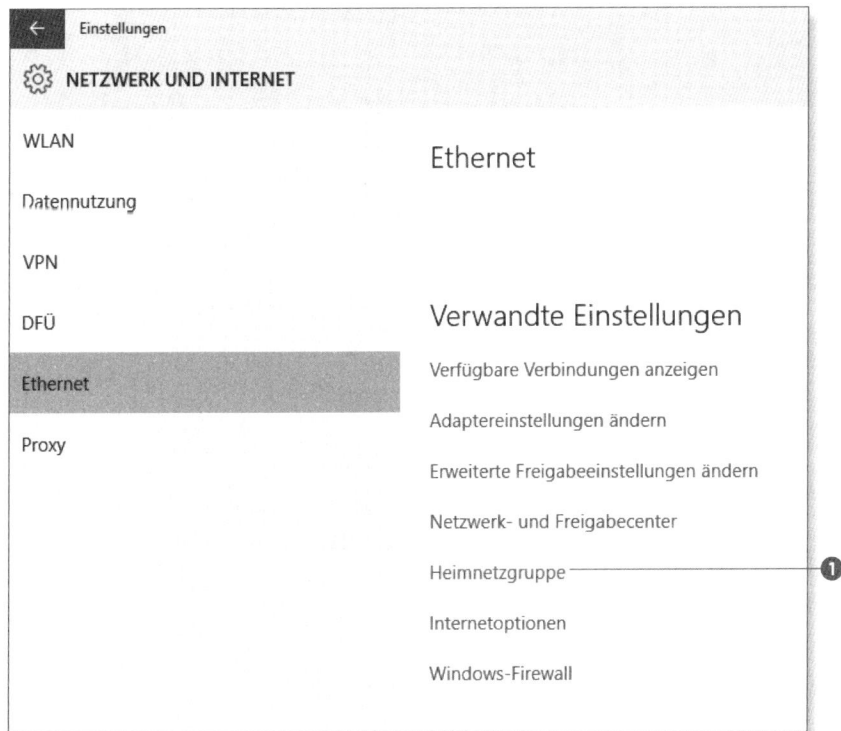

11.5   Einstellungen der Heimnetzgruppe anpassen

Die Einstellungen der Heimnetzgruppe können Sie in der Systemsteuerung ändern. Die Dialogseite **Heimnetzgruppen-Einstellungen ändern** erscheint, wenn Sie im Netzwerk- und Freigabecenter auf die Verknüpfung **Beigetreten** (❶ auf der folgenden Seite) oder links unten auf die Verknüpfung **Heimnetzgruppe** ❷ klicken.

In den Einstellungen können Sie **Netzwerk und Internet ▶ WLAN** bzw. **Ethernet** wählen und anschließend auf die Verknüpfung **Heimnetzgruppe** klicken. Auf der Startseite der Systemsteuerung können Sie unterhalb der Kategorie **Netzwerk und Internet** die Verknüpfung **Heimnetzgruppen- und Freigabeoptionen auswählen** anklicken.

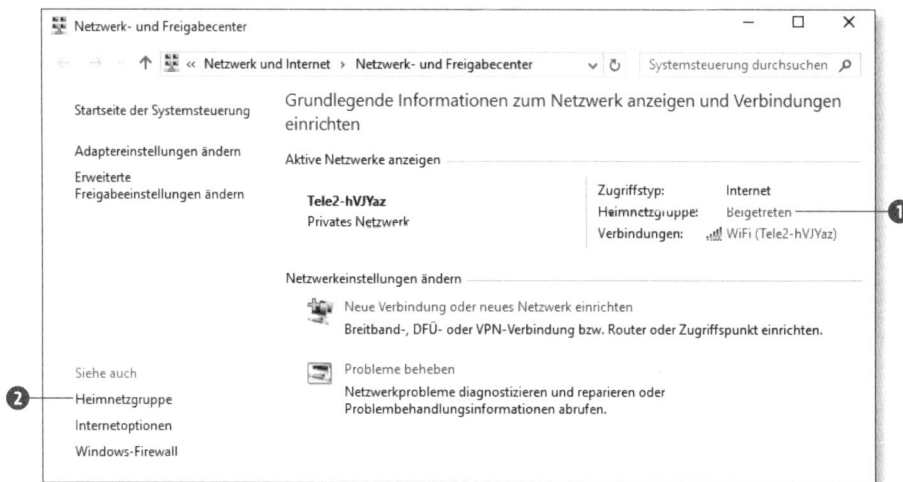

Abbildung 11.5 Aufruf der Dialogseite »Heimnetzgruppen-Einstellungen ändern«
über das Netzwerk- und Freigabecenter

Auf der Dialogseite **Heimnetzgruppen-Einstellungen ändern** können Sie sich über die entsprechende Verknüpfung das Kennwort der eingerichteten Heimnetzgruppe anzeigen lassen und dieses gegebenenfalls auch ausdrucken ❸. Wenn Sie das Kennwort ändern möchten, klicken Sie auf **Kennwort ändern** ❹, bestätigen die anschließende Rückfrage und geben im nächsten Schritt das gewünschte neue Kennwort ein.

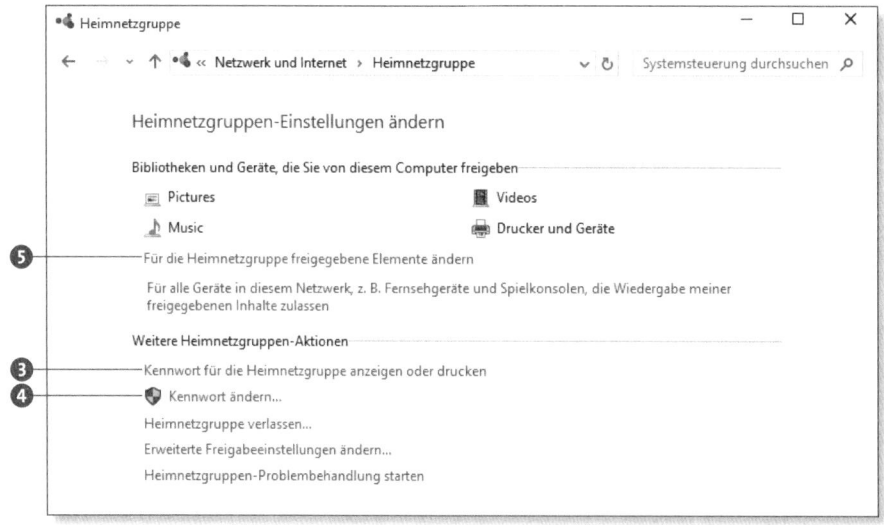

Abbildung 11.6 Auf der Dialogseite »Heimnetzgruppen-Einstellungen ändern« finden Sie alle Optionen, die sich auf die eingerichtete Heimnetzgruppe beziehen.

Klicken Sie auf der Dialogseite **Heimnetzgruppen-Einstellungen ändern** auf die Verknüpfung **Für die Heimnetzgruppe freigegebene Elemente ändern ❺**, um Bibliotheken oder Drucker nachträglich freizugeben oder von der Freigabe auszuschließen. Diese Einstellungen beziehen sich jeweils auf den aktuellen Computer. Das heißt, andere Computer der Heimnetzgruppe können nur auf die hier freigegebenen Elemente zugreifen.

11.5.1   Einzelne Dateien oder Ordner in der Heimnetzgruppe freigeben

Im Dialogfeld **Heimnetzgruppen-Freigabeeinstellungen ändern**, das nach Anklicken der Verknüpfung **Für die Heimnetzgruppe freigegebene Elemente ändern** erscheint, haben Sie nur die vier Standardbibliotheken **Bilder**, **Videos**, **Musik**, **Dokumente** zur Auswahl. Diese können Sie entweder komplett freigeben oder nicht freigeben. Differenzierter können Sie die Freigabe für einzelne Elemente (Dateien, Ordner und Bibliotheken) im Explorer regeln. Wenn Sie im Explorer eine Datei, einen Ordner oder eine Bibliothek mit der rechten Maustaste anklicken, finden Sie im Untermenü zu **Freigeben für** (siehe Abbildung 11.7) die Befehle **Heimnetzgruppe (anzeigen)**, **Heimnetzgruppe (anzeigen und bearbeiten)** sowie **Freigabe beenden**. Die gleichen Befehle stehen auch im Menüband in der Gruppe **Freigeben für** auf der Registerkarte **Freigeben** zur Verfügung.

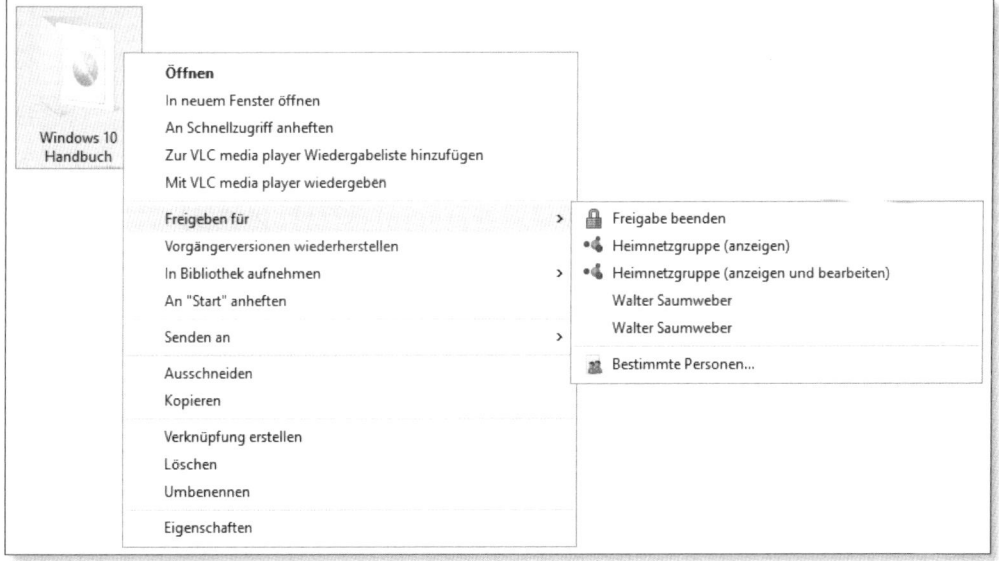

Abbildung 11.7 Im Explorer können Sie die Freigabe für einzelne Dateien und Ordner separat festlegen.

Wählen Sie für eine Datei, einen Ordner oder eine Bibliothek die Option **Heimnetzgrup-pe (anzeigen)**, wenn Sie nicht wollen, dass andere Mitglieder der Heimnetzgruppe an der Datei bzw. in dem Ordner oder in der Bibliothek Änderungen durchführen können. Mit dem Befehl **Freigabe beenden** nehmen Sie das gewählte Element ausdrücklich von der Freigabe in der Heimnetzgruppe aus. Andere Computer der Heimnetzgruppe kön-nen dann auf das Element nicht zugreifen, auch wenn für den übergeordneten Contai-ner, also für die Bibliothek oder für den Ordner, in dem das Element enthalten ist, eine Freigabe besteht.

Die genannten Optionen stehen im Übrigen nicht nur innerhalb der vordefinierten Bib-liotheken **Bilder**, **Dokumente**, **Musik** und **Videos** zur Verfügung. Vielmehr können Sie im Explorer grundsätzlich jede Datei und jeden Ordner für die Heimnetzgruppe freigeben und natürlich auch Bibliotheken, die Sie selbst erstellt haben.

Da die Freigaben von Dateien und Ordnern nicht im Dialog **Heimnetzgruppen-Freigabe-einstellungen ändern** erscheinen, wird es allerdings manchmal etwas unübersichtlich, was die Freigaben für die Heimnetzgruppe angeht.

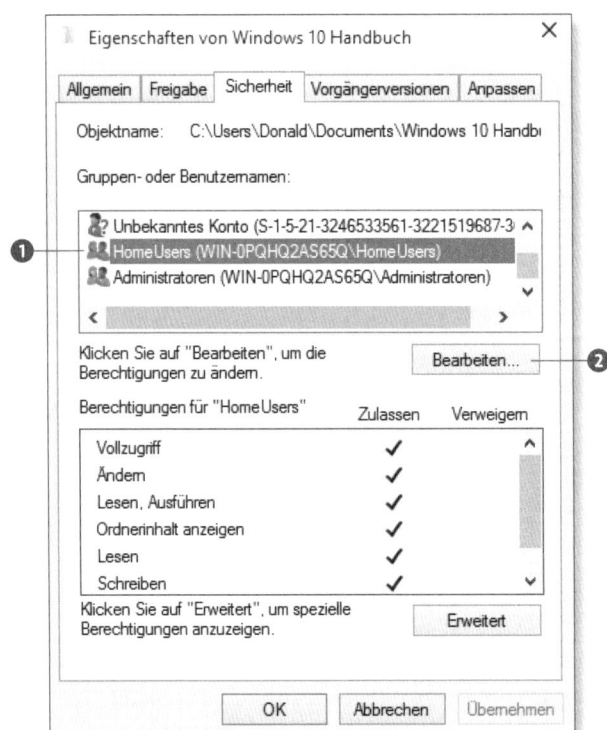

Abbildung 11.8 Über die Zugriffsrechte der Heimnetzgruppe auf einen Ordner oder auf eine Datei können Sie sich im Eigenschaften-Dialog informieren.

Wenn Sie bei einem Ordner oder einer Datei diesbezüglich im Zweifel sind, können Sie sich über den Eigenschaften-Dialog informieren. Klicken Sie das Element im Explorer mit der rechten Maustaste an und wählen Sie **Eigenschaften** im Kontextmenü. Besteht eine Freigabe für die Heimnetzgruppe, finden Sie auf der Registerkarte **Sicherheit** der Ordner-/Dateieigenschaften, unterhalb von **Gruppen- oder Benutzernamen**, den Eintrag **HomeUsers** ❶. Wenn Sie diesen selektieren, sehen Sie in der unteren Liste alle Zugriffsberechtigungen der Heimnetzgruppe für das Element. Über die Schaltfläche **Bearbeiten** ❷ können Sie die einzelnen Zugriffsoptionen hier auch ändern.

Spezielle Bibliotheken für die Heimnetzgruppe einrichten

Möglicherweise möchten Sie ja auf dem Computer gezielt eine einzelne selbst erstellte Bibliothek für die anderen Teilnehmer der Heimnetzgruppe vorsehen. Entfernen Sie in diesem Fall im Dialogfeld **Heimnetzgruppen-Freigabeeinstellungen ändern** die Freigaben für die Bibliotheken **Bilder**, **Videos**, **Musik** und **Dokumente** und geben Sie die besagte Bibliothek im Explorer wie beschrieben für die Heimnetzgruppe frei.

11.6   Einer Heimnetzgruppe beitreten

Nachdem die Heimnetzgruppe eingerichtet ist, führen Sie auf einem zweiten Windows-10-Computer folgende Schritte durch, um der Heimnetzgruppe beizutreten:

1   Klicken Sie auf der Startseite der Systemsteuerung unterhalb von **Netzwerk und Internet** auf die Verknüpfung **Heimnetzgruppen- und Freigabeoptionen auswählen**.

2   Klicken Sie auf der daraufhin erscheinenden Dialogseite auf die Schaltfläche **Jetzt beitreten** ❶ (siehe die Abbildung auf der folgenden Seite).

3 Es erscheint ein zusätzliches Dialogfeld mit dem Titel **Einer Heimnetzgruppe beitreten**. Bestätigen Sie die erste Seite mit **Weiter**.

4 Wählen Sie als Nächstes die Elemente aus, die Sie auf dem aktuellen Computer für die Heimnetzgruppe freigeben wollen.

5 Geben Sie auf der nächsten Seite das Kennwort der Heimnetzgruppe an ❷ und klicken Sie wiederum auf **Weiter**. Danach ist der aktuelle Computer Mitglied der Heimnetzgruppe. Die geteilten Elemente sehen Sie auf jedem Computer im Explorer im Abschnitt **Heimnetzgruppe**.

INFO

Windows-7- und Windows-8/8.1-Computer zur Heimnetzgruppe hinzufügen

In der Systemsteuerung und über das Netzwerk- und Freigabecenter funktioniert der Beitritt zu einer eingerichteten Heimnetzgruppe auf Windows-7- und Windows-8/8.1-Computern in der gleichen Weise. Die Einstellungen sind auf Windows-7-Betriebssystemen ja nicht vorhanden, auf Windows-8/8.1-Computern können Sie jedoch den Beitritt auch komplett in den PC-Einstellungen durchführen.

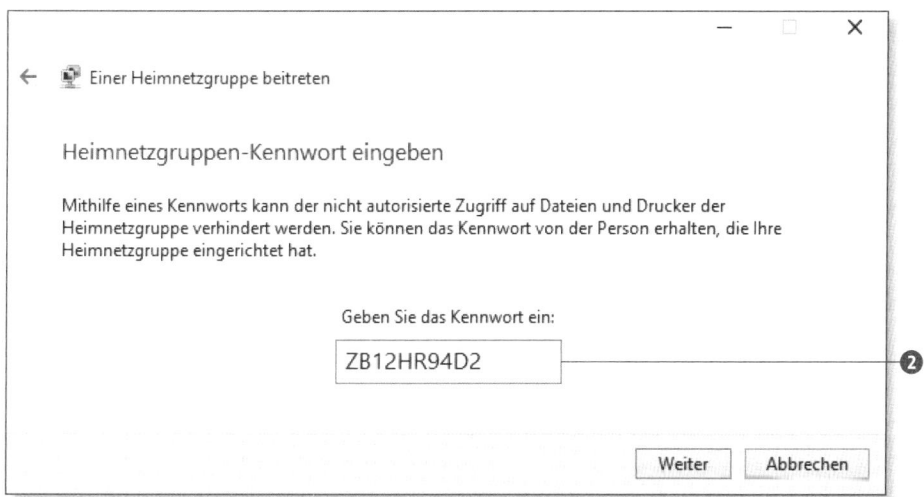

Auch hier gibt es Alternativen. Das Dialogfeld **Für andere Heimcomputer freigeben** aus Schritt 2 können Sie z. B. auch im **Netzwerk- und Freigabecenter** über die Verknüpfung **Zum Beitreten verfügbar** ❸ aufrufen.

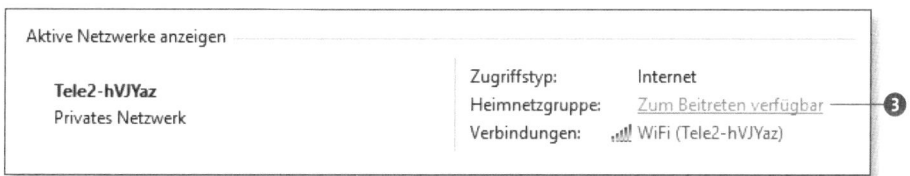

Abbildung 11.9 Den Beitritt zu einer Heimnetzgruppe können Sie auch über die entsprechende Verknüpfung im Netzwerk- und Freigabecenter einleiten.

Wie nicht anders zu erwarten, funktioniert der Beitritt natürlich auch über die Einstellungen. Hier können Sie auf der Seite **Netzwerk und Internet ▶ WLAN** bzw. **Ethernet** wiederum über die Verknüpfung **Heimnetzgruppe** die Dialogseite mit der Schaltfläche **Jetzt beitreten** (siehe die Abbildung auf Seite 562) aufrufen.

11.7   So verlassen Sie eine Heimnetzgruppe

Jeder Computer, der Mitglied einer Heimnetzgruppe ist, kann diese zu jedem beliebigen Zeitpunkt auch wieder verlassen. Dabei spielt es keine Rolle, ob auf dem Computer die Heimnetzgruppe eingerichtet wurde oder der Computer später beigetreten ist.

Gehen Sie zum Verlassen einer Heimnetzgruppe folgendermaßen vor:

1 Öffnen Sie das Netzwerk- und Freigabecenter. Klicken Sie dort im Abschnitt **Aktive Netzwerke anzeigen** neben **Heimnetzgruppe** auf die Verknüpfung **Beigetreten**. Alternativ klicken Sie auf der Startseite der Systemsteuerung auf **Heimnetzgruppen- und Freigabeoptionen auswählen**.

2 Klicken Sie im unteren Abschnitt der erscheinenden Dialogseite **Heimnetzgruppen-Einstellungen ändern** auf die Verknüpfung **Heimnetzgruppe verlassen**.

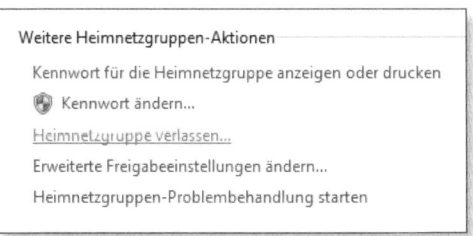

3 Es erscheint das Dialogfeld, das Sie in der folgenden Abbildung sehen. Klicken Sie in diesem auf den Abschnitt **Heimnetzgruppe verlassen**.

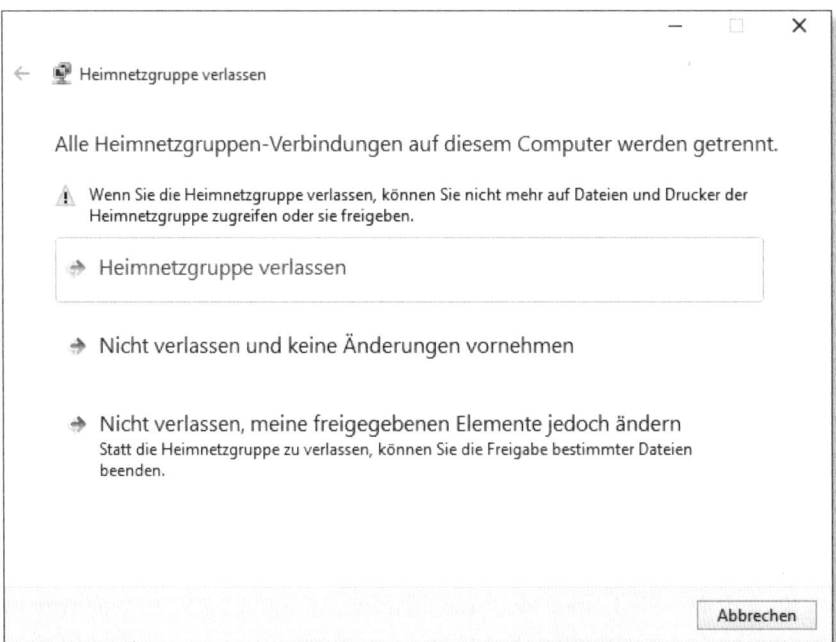

4 Nach wenigen Sekunden bekommen Sie die Mitteilung, dass Sie die Heimnetzgruppe erfolgreich verlassen haben und Ihre Dateien nicht mehr für die Heimnetzgruppe freigegeben werden. Klicken Sie unten im Dialogfeld auf die Schaltfläche **Fertig stellen**.

In den Einstellungen führt die Verknüpfung **Heimnetzgruppe** auf der Seite **Netzwerk und Internet ▶ WLAN** bzw. **Ethernet** wiederum zur Dialogseite **Heimnetzgruppen-Einstellungen ändern** aus Schritt 2.

12   E-Mails schreiben und verwalten in der Mail-App

Unter Windows 10 ist ein E-Mail-Client bereits vorinstalliert, eine Kachel der Mail-App finden Sie standardmäßig auf der rechten Seite des Startmenüs. Die Mail-App zeichnet sich ganz im Sinne des neuen Microsoft-Designstils durch Schlichtheit und leichte Bedienbarkeit aus. Trotzdem stellt sie alle wichtigen Funktionen zur Verfügung, die man von einem E-Mail-Programm erwartet. Allein die Ordnerverwaltung lässt noch Wünsche offen, vermutlich wird Microsoft aber diesbezüglich noch nachbessern und z. B. Optionen zum Erstellen von neuen Ordnern per App-Update integrieren.

Abbildung 12.1 Die Mail-App ist standardmäßig an das Startmenü angeheftet. Die App-Kachel finden Sie in der Rubrik »Alles auf einen Blick«.

12.1   E-Mail-Konten hinzufügen

Sie können innerhalb der Mail-App beliebig viele E-Mail-Konten hinzufügen und verwalten. Wenn Sie sich an Ihrem Computer mit einem Outlook- oder mit einem Hotmail-Konto angemeldet haben, wird dieses Konto in der Mail-App automatisch hinzugefügt. Außerdem erscheint automatisch das Angebot, ein anderes E-Mail-Konto hinzuzufügen, wenn Sie die Mail-App das erste Mal starten. Klicken Sie auf **Konto hinzufügen** ❶ (siehe Abbildung 12.2), wenn Sie sogleich ein weiteres E-Mail-Konto hinzufügen wollen. Danach geht es mit Schritt 4 der folgenden Anleitung auf Seite 570 weiter. Per Klick auf die Schaltfläche **Bereit** (❷ in der Abbildung auf Seite 568) gelangen Sie zu Ihrem Postfach, ohne ein weiteres Konto hinzuzufügen. Die Schaltfläche **Konto hinzufügen** erscheint im Übrigen auch bei lokalen Benutzerkonten, und zwar bei jedem Start, solange die Mail-App noch kein Konto verwaltet.

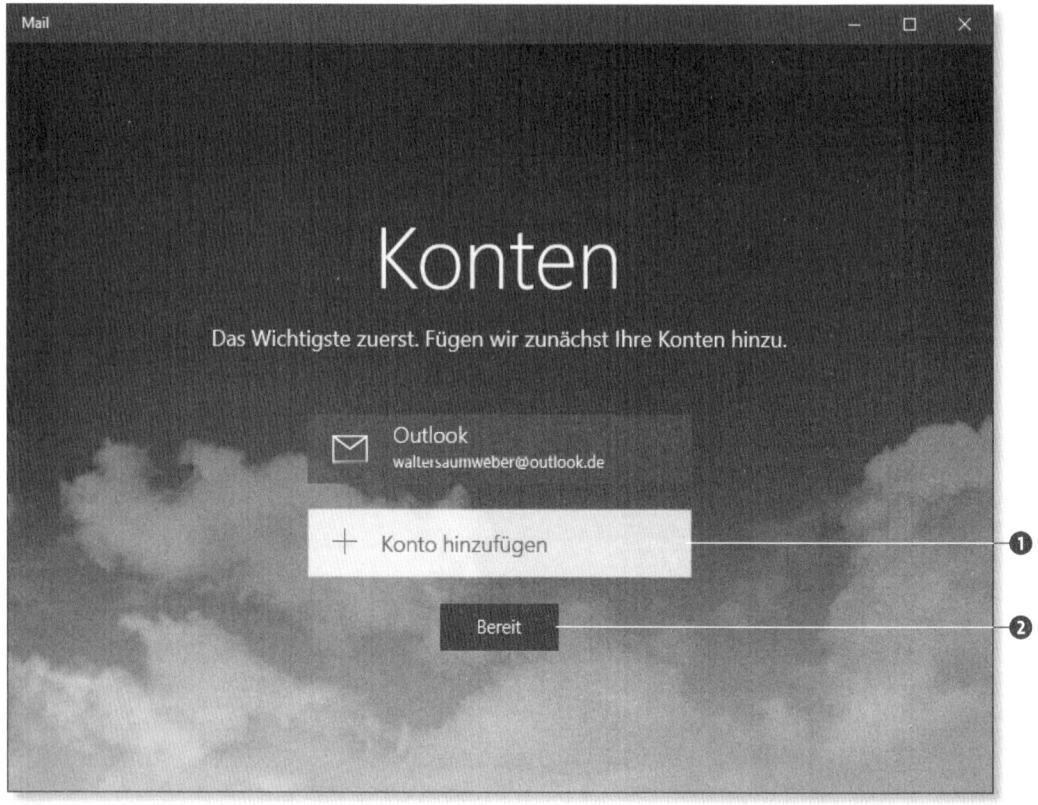

Abbildung 12.2 Die Mail-App nach dem ersten Start bei Verwendung eines Microsoft-Kontos

INFO

Outlook-Konto

Die Bezeichnung *Outlook* für den E-Mail-Dienst von Microsoft ist möglicherweise etwas irritierend. Tatsächlich hat dieser Dienst nichts mit dem gleichnamigen E-Mail-Programm der Office-Suite zu tun. Vielmehr ist Outlook der designierte Nachfolger von Hotmail.

Während der Domänenteil – also das, was nach dem @-Zeichen folgt – bei Hotmail-Adressen *hotmail.com, hotmail.de, live.com* oder *live.de* lautet, enden Outlook-Adressen auf *@outlook.de* oder *@outlook.com*. Wenn Sie z. B. im Browser die Adresse »http://www.outlook.com« eingeben, werden Sie automatisch zur Internetseite *https://login.live.com* weitergeleitet. Dort können Sie sich über den Link **Jetzt registrieren** für ein Microsoft-Konto registrieren. Inzwischen bietet Microsoft neben den Outlook-Adressen *outlook.de* und *outlook.com* auch wieder eine Hotmail-Adresse (*hotmail.com*) an.

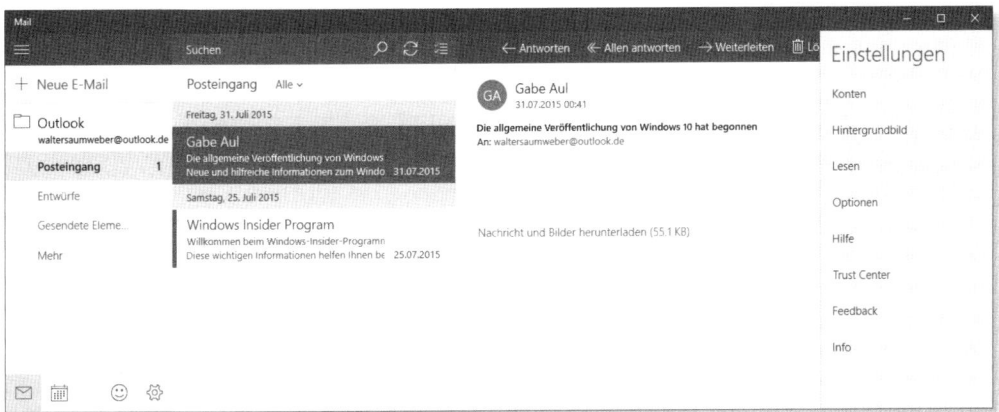

Abbildung 12.3 Die Oberfläche der Mail-App im »Posteingang« und bei geöffneten »Einstellungen«

Innerhalb der Mail-App können Sie ein weiteres E-Mail-Konto folgendermaßen hinzufügen:

1 Klicken Sie in der Mail-App links unten auf das Zahnradsymbol ❶.

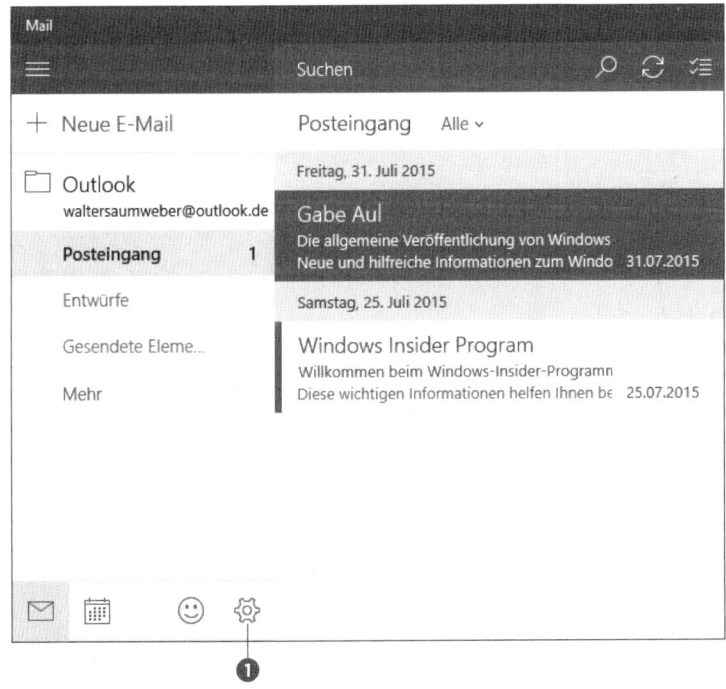

2 Daraufhin erscheint am rechten Rand der App die Leiste **Einstellungen**. Klicken Sie
hier auf **Konten** ❷.

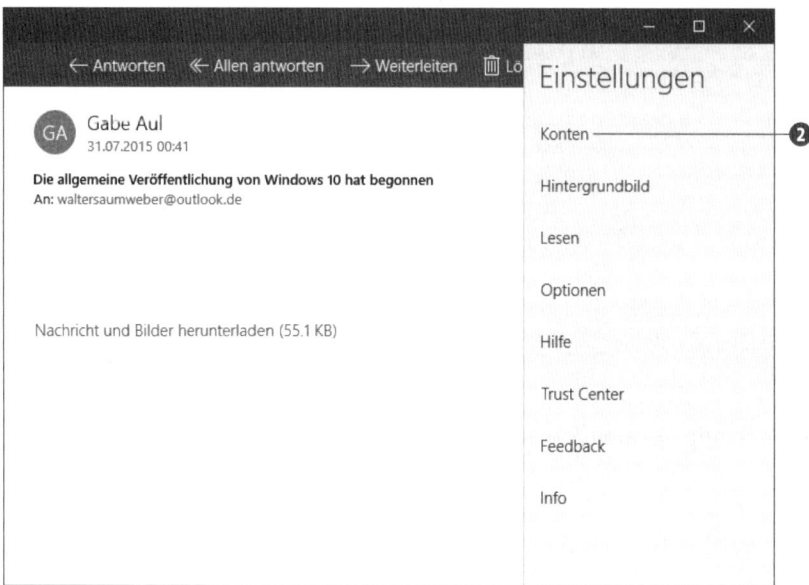

3 Klicken Sie anschließend auf **Konto hinzufügen**.

4 Wählen Sie im erscheinenden Popup-Fenster Ihren Anbieter aus.

5 Klicken Sie auf **Outlook.com**, **Exchange**, **Google**, **Yahoo! Mail** oder auf **iCloud**, wenn
sich das Konto, das Sie hinzufügen wollen, bei einem dieser Anbieter befindet. Ha-
ben Sie ein E-Mail-Konto bei einem anderen Anbieter, klicken Sie auf **Anderes Konto**.

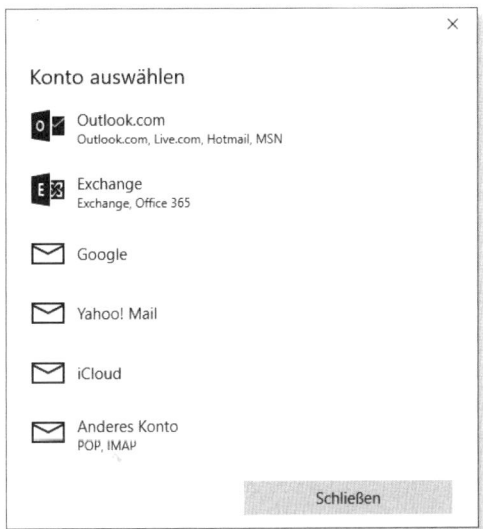

Wenn Sie im Popup-Fenster ein Stückchen weiter nach unten scrollen – eine Scroll-leiste erscheint, wenn Sie den Mauszeiger an den rechten Rand des Popup-Fensters bewegen – erscheint noch die Option **Erweitertes Setup**. Klicken Sie diese an, wenn Sie Exchange ActiveSync oder Internet-E-Mail verwenden.

6 Im Wesentlichen brauchen Sie jetzt nur noch Ihre Zugangsdaten anzugeben. Die weitere Schrittfolge sei am Beispiel eines Google-Kontos dargestellt. Tippen Sie zunächst die E-Mail-Adresse in das dafür vorgesehene Feld ein und klicken Sie auf **Weiter**.

7 Geben Sie danach das Kennwort Ihres E-Mail-Kontos an und klicken Sie auf **Anmelden**.

8 Im erscheinenden Dialog **Mit einem Dienst verbinden** müssen Sie nun noch die notwendigen Berechtigungen für die Kommunikation der Mail-App mit Google erteilen. Klicken Sie rechts unten auf die Schaltfläche **Akzeptieren**, um dies zu tun.

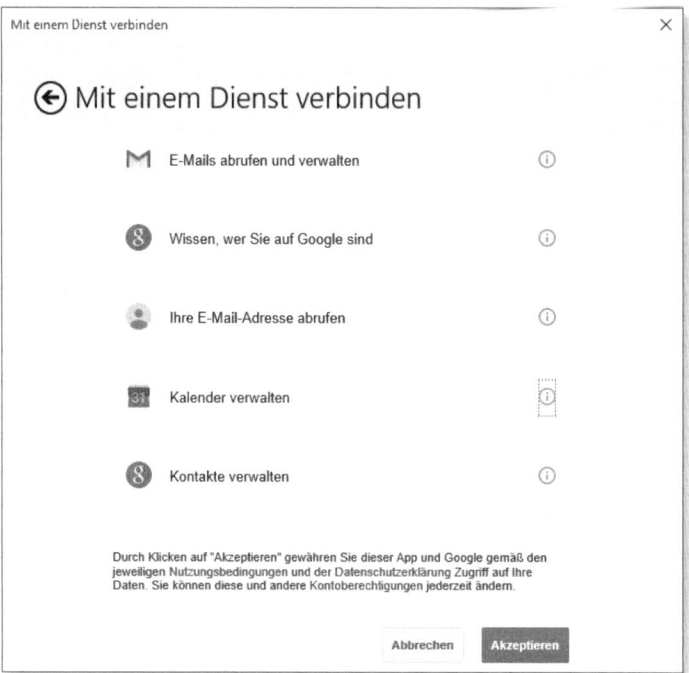

9 Der Name, den Sie im folgenden Popup-Fenster angeben, erscheint als Absender von Nachrichten, die Sie in der Mail-App unter diesem E-Mail-Konto versenden. Klicken Sie auf die Schaltfläche **Anmelden**, nachdem Sie den Namen eingegeben haben.

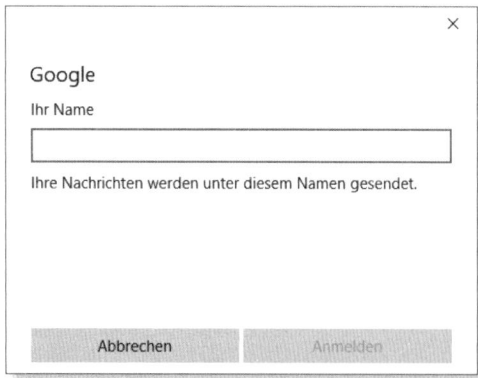

Weitere Angaben

Auch wenn Sie in Schritt 5 der vorherigen Anleitung die Option **Anderes Konto** gewählt hatten, können Sie in den meisten Fällen damit rechnen, dass die Angabe von E-Mail-Adresse und Kennwort ausreicht, da die Verbindungsdaten der gängigsten E-Mail-Anbieter in der Mail-App bekannt sind. Sollte sich herausstellen, dass dies nicht der Fall ist, benötigen Sie in der Regel noch die Domainnamen des Posteingangs- und des Postausgangsservers, gegebenenfalls müssen Sie auch angeben, ob diese eine SSL-Verschlüsselung erfordern oder ob spezielle Ports verwendet werden. Die notwendigen Informationen erfahren Sie bei Ihrem E-Mail-Provider, oft hilft auch schon ein bisschen Googeln (suchen Sie z. B. nach »Posteingangsserver« und dem Namen des Anbieters).

Das E-Mail-Konto wird nun sogleich in die Mail-App integriert. Um z. B. statt der Ordner des Outlook-Kontos die Ordner des gerade hinzugefügten Google-Kontos anzuzeigen, klicken Sie in der Ordnerleiste auf **Konten** ❶, um alle integrierten E-Mail-Konten anzuzeigen, und wählen unter diesen das gewünschte Konto aus ❷.

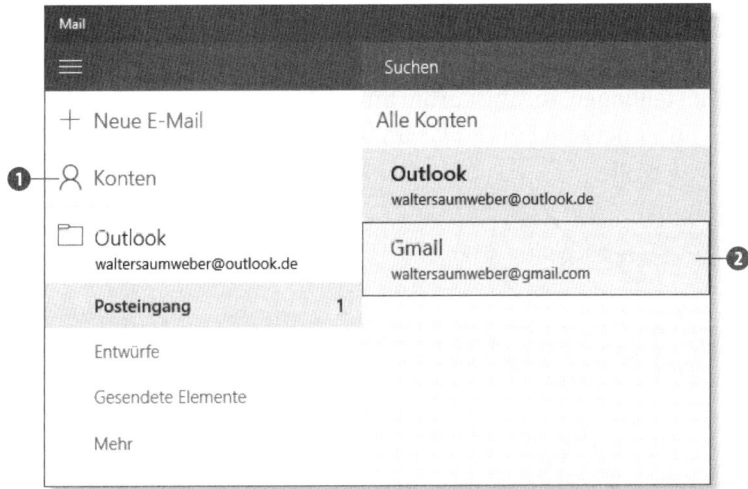

Abbildung 12.4 In der Ordnerleiste öffnet die Auswahl von »Konten« eine Liste mit allen E-Mail-Konten, die von der Mail-App verwaltet werden.

12.2   E-Mail-Konten synchronisieren

Unmittelbar nach dem Hinzufügen eines E-Mail-Kontos lädt die Mail-App anstehende E-Mails vom Server Ihres E-Mail-Anbieters. Danach synchronisiert die Mail-App die

Daten normalerweise automatisch. Das heißt, wenn auf Ihrem E-Mail-Server neue E-Mail-Nachrichten eingehen, sehen Sie diese nach einer bestimmten Zeit auch in Windows 10 in der Mail-App.

Das Gleiche gilt z. B. bei einem Google-Konto für die Synchronisierung von Kontakten und Kalendereinträgen. Das heißt, neue Kontakte erscheinen automatisch in der Kontakte-App von Windows 10 und neue Kalendereinträge in der Kalender-App. Gelöschte Kontakte und Kalendereinträge werden ebenfalls aktualisiert, das heißt aus der Kontakte-App bzw. aus der Kalender-App entfernt.

Das Verhalten der Synchronisierung – z. B. ob sie überhaupt automatisch bzw. in welchen Zeitabständen sie stattfinden soll – stellen Sie gegebenenfalls folgendermaßen ein:

1 Klicken Sie in der Symbolleiste in der linken unteren Ecke der Mail-App auf das Zahnradsymbol ❶.

2 Klicken Sie in der Leiste **Einstellungen**, die daraufhin am rechten Rand der Mail-App erscheint, auf **Konten** und anschließend auf das Konto, für das Sie die Synchronisierungseinstellungen festlegen wollen.

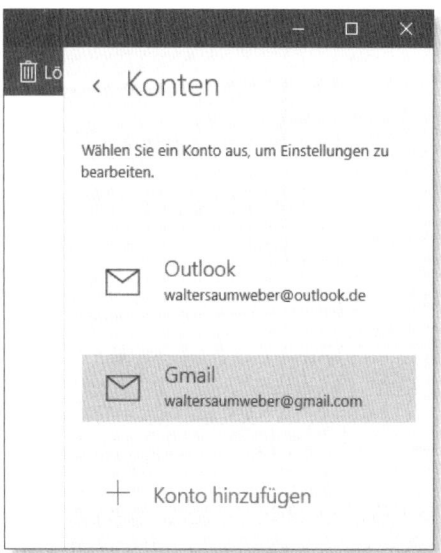

3 Klicken Sie im erscheinenden Popup-Fenster auf **Synchronisierungseinstellungen für Postfach ändern** ❷.

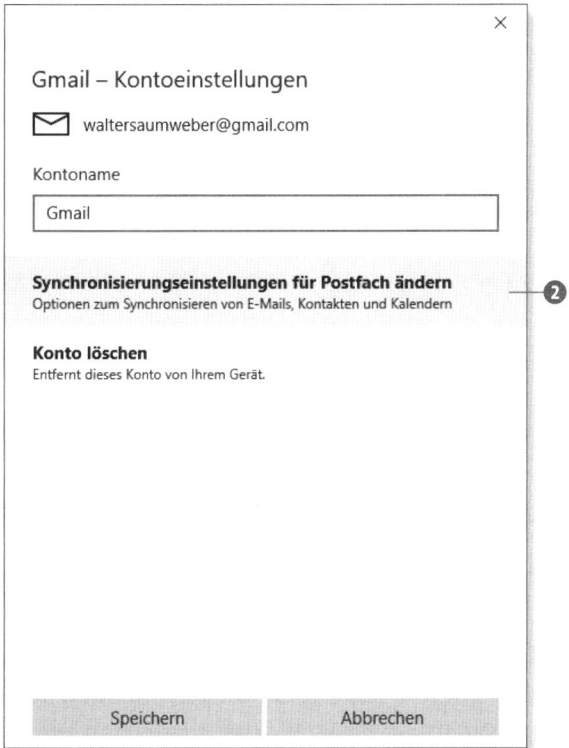

4 Danach können Sie im Popup-Fenster nach Bedarf alle Synchronisierungseinstellungen vornehmen. Voreingestellt ist im Listenfeld **Neue E-Mail herunterladen** ❸ die Option **Je nach Nutzung**. Dies bedeutet, dass Windows diese Einstellung gegebenenfalls automatisch anpasst in Abhängigkeit davon, wie viele E-Mails Sie erhalten und wie oft Sie diese abrufen. Die unter der Option **Je nach Nutzung** aktuell verwendete Einstellung sehen Sie neben dem Text **Derzeit wird synchronisiert …** ❹. Sie können im Listenfeld aber auch eine feste Zeitspanne einstellen oder mit der Option **Bei Eintreffen** explizit festlegen, dass die Synchronisierung jedes Mal sofort durchgeführt wird, wenn auf dem E-Mail-Server neue Nachrichten eingehen. Mit der Option **Manuell** schalten Sie die automatische Synchronisierung von E-Mail-Nachrichten komplett ab. In diesem Fall sind Sie darauf angewiesen, die Synchronisierung von Zeit zu Zeit selbst anzustoßen, um neue E-Mail-Nachrichten herunterzuladen.

5 Im zweiten Listenfeld legen Sie fest, in welchen Zeitabständen Kontakte und Kalendereinträge synchronisiert werden sollen ❺.

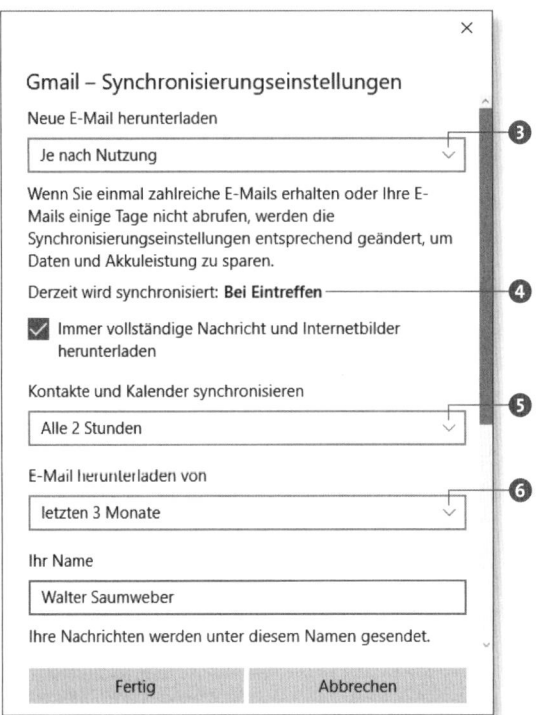

6 Legen Sie gegebenenfalls im Feld unterhalb von **E-Mail herunterladen von** ❻ fest, welche E-Mails vom Server geladen werden sollen: die der letzten drei Monate oder des letzten Monats oder nur solche Nachrichten, die dort in den letzten zwei Wochen oder in den letzten sieben Tagen eingegangen sind. Mit der Auswahl von **jedem Zeitraum** lädt die Mail-App alle E-Mails herunter, die sich auf Ihrem E-Mail-Server befinden.

7 Wenn Sie die Anzeige im Popup-Fenster etwas nach unten scrollen, sehen Sie den Abschnitt **Synchronisierungsoptionen** mit Schaltern für E-Mail, Kalender und Kontakte (die letzten beiden Schalter erscheinen allerdings nur für Konten, welche die entsprechenden Dienste unterstützen, bei einem Google-Konto ist das z. B. der Fall). Wenn Sie den Schalter neben **E-Mail** ❼ auf **Aus** setzen, deaktivieren Sie das E-Mail-Konto in der Mail-App. Diese lädt dann für dieses Konto überhaupt keine E-Mails mehr herunter und das E-Mail-Konto erscheint auch nicht mehr in der ersten Spalte der Mail-App, sodass die Synchronisierung auch nicht manuell gestartet werden kann. Das E-Mail-Konto ist jedoch in der Mail-App nach wie vor vorhanden und Sie können es jederzeit wieder aktivieren, indem Sie den Schalter wieder auf **Ein** setzen. In gleicher Weise können Sie das Verwalten von Kontakten sowie des Kalenders deaktivieren (und bei Bedarf auch wieder aktivieren).

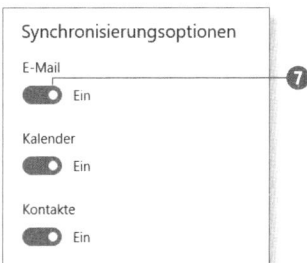

8 Klicken Sie unten im Popup-Fenster auf die Schaltfläche **Fertig** und anschließend auf **Speichern**, um die geänderten Synchronisierungseinstellungen zu speichern.

Unabhängig davon, welche Einstellungen Sie für die automatische Synchronisierung getroffen haben, können Sie diese für ein in der Mail-App hinzugefügtes E-Mail-Konto auch jederzeit manuell durchführen:

1 Klicken Sie in der Ordnerleiste auf **Konten**, falls das betreffende E-Mail-Konto aktuell nicht in der Ordnerleiste angezeigt wird.

2 Klicken Sie in der Leiste, die rechts daneben erscheint, auf das E-Mail-Konto, für das Sie die Synchronisierung durchführen wollen.

3 Selektieren Sie in der Ordnerleiste am besten den Posteingang, falls dieser nicht bereits vorausgewählt ist.

4 Klicken Sie rechts neben dem Suchfeld auf das Symbol **Diese Ansicht synchronisieren** ❽.

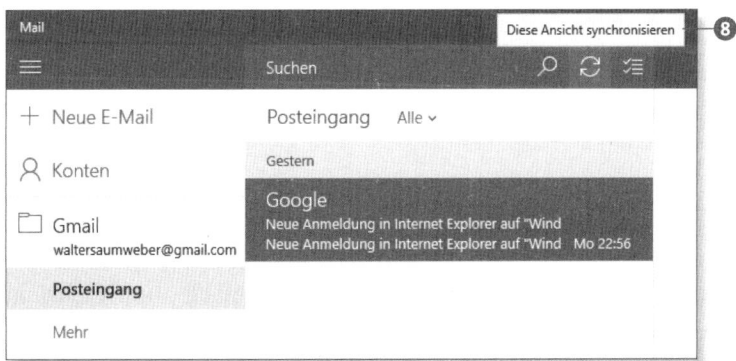

Danach werden neu eingegangene E-Mails vom Server Ihres E-Mail-Providers in die Mail-App geladen. Wenn Sie in der Ordnerleiste den Ordner **Posteingang** selektieren, sehen Sie die neuen E-Mail-Nachrichten sogleich in der Nachrichtenliste, also in der Spalte daneben.

INFO

Gelesene und ungelesene E-Mails

Nach Eingang einer neuen Mail in das Postfach der Mail-App ist die Nachricht zunächst einmal als ungelesen gekennzeichnet, bis sie im rechten Bereich zur Anzeige gebracht wird – dies geschieht, wenn Sie die Nachricht in der Nachrichtenliste einmal anklicken. Sie können eine E-Mail aber auch per Klick auf die Schaltfläche **Als gelesen markieren** bzw. **Als ungelesen markieren** (die Aufschrift der Schaltfläche entspricht dem Status der E-Mail, die in der Nachrichtenleiste selektiert ist) als gelesen und später wieder als ungelesen markieren.

Ungelesene E-Mails sind in der Nachrichtenleiste an der blauen Schriftfarbe des Betreffs zu erkennen ❶. Die Anzahl der ungelesenen E-Mails wird außerdem in der Ordnerleiste, rechts neben dem Ordner **Posteingang**, angezeigt. Möchten Sie in der Nachrichtenliste nur die ungelesenen Nachrichten anzeigen, öffnen Sie das obige Listenfeld mit der Voreinstellung **Alle** ❷ und wählen dort **Ungelesen**.

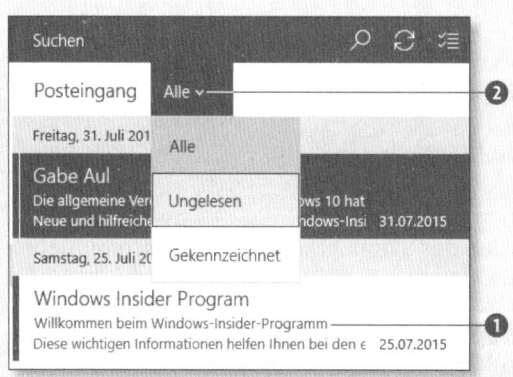

Abbildung 12.5 Nur ungelesene E-Mails in der Nachrichtenliste anzeigen

12.3   E-Mail-Nachrichten schreiben und versenden

Führen Sie folgende Schritte durch, um in der Mail-App eine neue E-Mail-Nachricht zu verfassen und diese an eine oder mehrere Personen zu versenden:

1 Zeigen Sie in der Ordnerleiste das E-Mail-Konto an, mit dem Sie die E-Mail versenden wollen. Klicken Sie also gegebenenfalls auf **Konten** und wählen Sie das gewünschte E-Mail-Konto aus.

2   Klicken Sie oben in der Ordnerleiste auf **Neue E-Mail**.

3   Daraufhin erscheint auf der rechten Seite ein Formular zum Verfassen einer E-Mail-Nachricht, das Sie in der folgenden Abbildung sehen. Geben Sie in das **An**-Feld ❶ die E-Mail-Adressen der Empfänger ein. Nach Eingabe der ersten Zeichen erscheinen gegebenenfalls Vorschläge aus Ihren Kontakten oder bereits verwendeten E-Mail-Adressen.

4   Geben Sie die E-Mail-Adressen von Personen, denen Sie eine Kopie der Nachricht senden wollen, im **Cc**-Feld oder im **Bcc**-Feld an. Um die beiden Felder anzuzeigen, klicken Sie auf die Verknüpfung **Cc und Bcc** ❷.

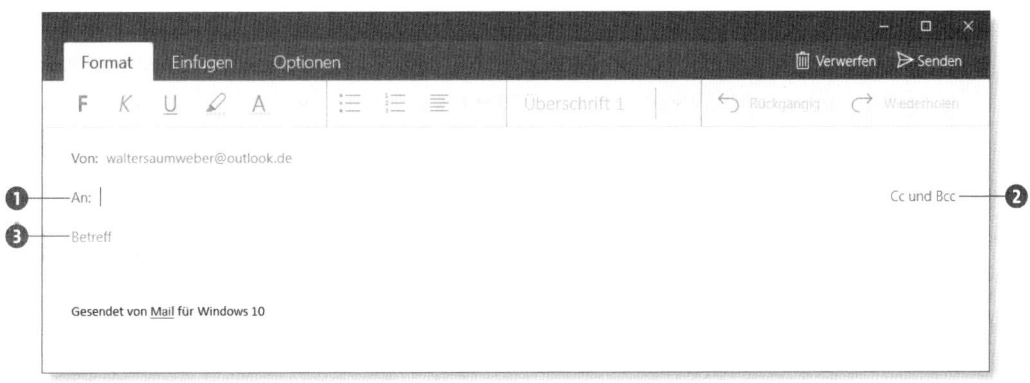

Die Empfänger, die Sie im **Bcc**-Feld angeben, erhalten ebenfalls eine Kopie der Nachricht. Im Unterschied zu den im **Cc**-Feld angegebenen Adressaten sind die Empfänger im **Bcc**-Feld jedoch für andere nicht sichtbar (*Bcc* steht für *blind carbon copy*, also Blindkopie). Das heißt, alle Empfänger der Nachricht sehen nur, an welche Adressaten (**An**) die E-Mail ging und wer alles eine Kopie erhalten hat (**Cc**), aber nicht, an welche Empfänger Blindkopien versendet wurden. Folglich kann auch ein **Bcc**-Empfänger nicht erkennen, ob weitere Personen eine Blindkopie bekommen haben und welche Personen dies sind.

5 Geben Sie in das Feld **Betreff** (❸ auf Seite 579) eine aussagekräftige Kurzfassung der Nachricht ein. Grundsätzlich sollten Sie jede E-Mail mit einem Betreff versehen. Zum einen wissen dann Ihre Empfänger sofort, worum es geht, und zum anderen vermeiden Sie damit, dass Ihre Nachricht bei den Empfängern im Spamordner landet (bei E-Mails ohne Betreffzeile ist die Gefahr im Allgemeinen größer, dass es sich um automatisch generierte Nachrichten von externen Programmen handelt).

6 Standardmäßig wird die E-Mail mit normaler Priorität versendet. Möchten Sie eine andere Priorität (niedrig oder hoch) festlegen, klicken Sie in der oberen Aktionsleiste auf **Optionen** und anschließend auf das Symbol für hohe ❹ oder auf das Symbol für niedrige Priorität ❺.

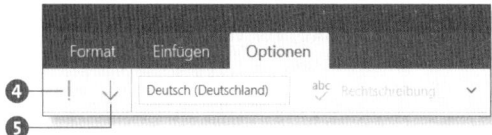

7 Den Text der Nachricht geben Sie im unteren Bereich des Formulars ein. Die Mitteilung **Gesendet von Mail für Windows 10** können Sie gegebenenfalls löschen, wenn Sie nicht möchten, dass diese am Ende der E-Mail-Nachricht erscheint.

Benutzen Sie die Optionen des Registers **Format**, um einzelne Textpassagen zu formatieren (fett, kursiv, unterstrichen, mit spezieller Schriftfarbe etc.). Möchten Sie z. B. die Schriftgröße oder die Schriftart ändern, markieren Sie den zu formatierenden Text und klicken auf die Schaltfläche mit der nach unten weisenden Pfeilspitze ❻ (QuickInfo **Schriftartformatierung**). Stellen Sie anschließend in den beiden Listenfeldern die gewünschte Schriftart ❼ und die gewünschte Schriftgröße ❽ ein. Klicken Sie auf **Formatierung löschen** ❾, wenn Sie eine Formatierung nachträglich wieder entfernen möchten. Mit den beiden Symbolschaltflächen, die sich rechts neben der Schaltfläche **Schriftartformatierung** befinden, können Sie in die Nachricht Aufzählungspunkte ❿ oder Nummerierungen ⓫ einfügen.

Die Optionen **Rückgängig** ⓬ und **Wiederholen** ⓭ entsprechen den bekannten Vor- und Zurück-Symbolen. Das heißt, mit dem Befehl **Rückgängig** können Sie eine Aktion – oder durch wiederholte Auswahl auch mehrere Aktionen – rückgängig machen und mit **Wiederholen** können Sie den jeweils vorherigen Zustand wiederherstellen, wenn Sie eine Aktion durch Auswahl von **Rückgängig** zurückgenommen haben (die Bezeichnung *wiederholen* ist hier wohl etwas missverständlich). Die Schaltfläche **Wiederholen** aktiviert sich automatisch, sobald eine Aktion rückgängig gemacht wurde.

Um in die Nachricht einen Hyperlink einzufügen, klicken Sie im Register **Einfügen** ⑭ auf die Symbolschaltfläche **Link** ⑮. In dem Popup-Fenster, das daraufhin erscheint, können Sie die Zieladresse und einen Text für den Hyperlink angeben. Klicken Sie anschließend auf die Schaltfläche **Einfügen**. Der Hyperlink wird an der Stelle eingefügt, an der sich der Cursor befindet.

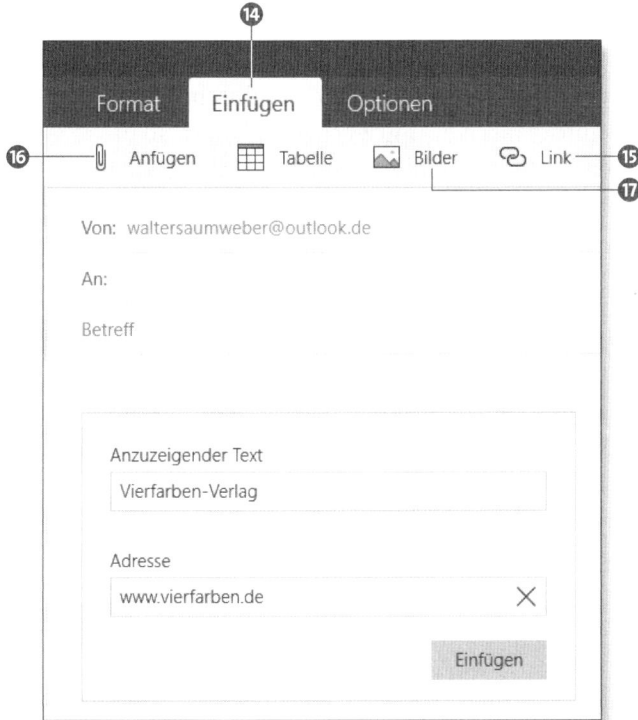

8 Wenn Sie zusammen mit der E-Mail eine oder mehrere Dateien als Anhang (z. B. ein Foto) versenden möchten, klicken Sie im Register **Einfügen** auf das Symbol **Anfügen** ⑯ – alternativ können Sie auch [Alt] + [I] drücken. Wählen Sie anschließend im erscheinenden Explorer-Fenster die Datei oder die Dateien aus, die Sie der E-Mail anhängen wollen, und klicken Sie rechts unten auf die Schaltfläche **Öffnen**. Über die Symbolschaltfläche **Bilder**  des Registers **Einfügen** können Sie ein Foto auch direkt in den Nachrichtentext einbetten.

9 Wenn Sie mit dem Bearbeiten der E-Mail-Nachricht fertig sind, können Sie diese über die Symbolschaltfläche **Senden** in der oberen rechten Ecke der Mail-App an die Empfänger versenden.

12.4   Eine E-Mail »verwerfen« oder als Entwurf speichern

Haben Sie es sich anders überlegt und möchten Sie die E-Mail nicht versenden und auch nicht als Entwurf speichern, klicken Sie links neben der Senden-Schaltfläche auf die Schaltfläche **Verwerfen**. Wenn Sie keine der beiden Aktionen durchführen – senden oder verwerfen –, wird die E-Mail automatisch als Entwurf gespeichert, so dass Sie sie zu einem späteren Zeitpunkt weiterbearbeiten und gegebenenfalls versenden können. E-Mail-Entwürfe landen in einem eigenen Ordner gleichen Namens. Klicken Sie gegebenenfalls in der Ordnerliste auf **Mehr** ❶ und danach in der erweiterten Leiste auf **Entwürfe** ❷, um diesen Ordner anzuzeigen.

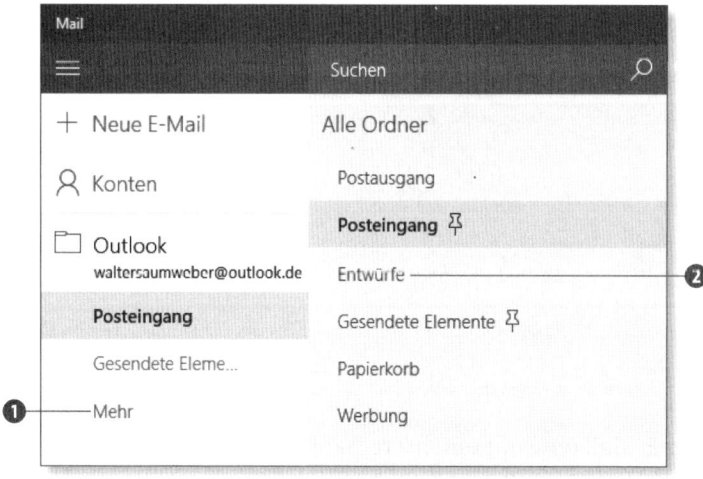

Abbildung 12.6 So zeigen Sie Ihren Ordner für E-Mail-Entwürfe in der Nachrichtenliste an.

Um an einem E-Mail-Entwurf weiterzuarbeiten, brauchen Sie diesen in der Nachrichtenliste nur anzuklicken. Damit rufen Sie das E-Mail-Formular erneut auf. Wenn Sie sich dagegen entscheiden, einen E-Mail-Entwurf doch nicht zu versenden, können Sie ihn wie eine gewöhnliche Nachricht löschen: Selektieren Sie ihn in der Nachrichtenliste und drücken Sie `Entf` oder klicken Sie auf die Symbolschaltfläche **Löschen** in der Aktionsleiste. Alternativ klicken Sie den Eintrag mit der rechten Maustaste an und wählen den Befehl **Löschen** im erscheinenden Kontextmenü.

12.5   Auf eine E-Mail antworten

Um dem Absender einer E-Mail, die Sie erhalten haben, zu antworten, verfahren Sie folgendermaßen:

1 Selektieren Sie die E-Mail in der Nachrichtenliste.

2 Klicken Sie in der oberen Aktionsleiste auf die Symbolschaltfläche **Antworten**.

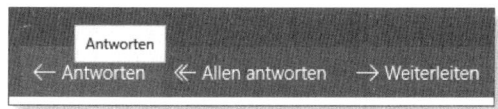

3 Daraufhin erscheint das übliche Entwurfsformular mit dem Absender der E-Mail als Adressaten und dem ursprünglichen Text der Nachricht. Verfassen Sie Ihre Antwort und klicken Sie dann auf **Senden**.

Mit der Option **Allen antworten** antworten Sie auch denjenigen Personen, die im **Cc**-Feld aufgeführt sind. Mit der Option **Weiterleiten** können Sie eine empfangene E-Mail an dritte Personen senden.

12.6   Funktionen für Mail-Ordner und E-Mail-Nachrichten

Auch in der Mail-App gibt es Favoriten. Favorisierte Ordner sind in der Ordnerleiste immer sichtbar und müssen nicht erst über die Verknüpfung **Mehr** zur Anzeige gebracht werden. Um einen Ordner zu den Favoriten hinzuzufügen, klicken Sie in der Ordnerleiste auf die Verknüpfung **Mehr** und führen anschließend in der erweiterten Leiste einen Rechtsklick auf den betreffenden Ordner aus. Wählen Sie im Kontextmenü den Befehl **Zu Favoriten hinzufügen** ❶.

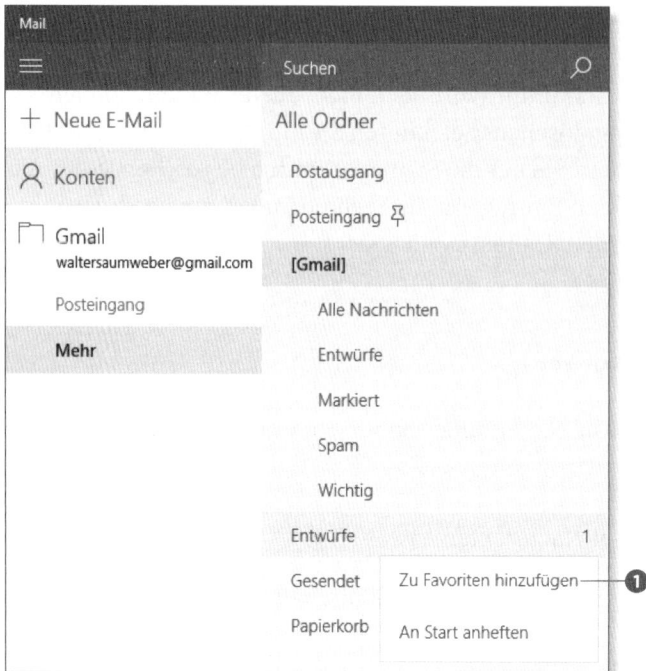

Abbildung 12.7 Mit den Befehlen im Kontextmenü von Ordnern können Sie diese in der Mail-App als Favoriten hinzufügen oder im Startmenü von Windows 10 anheften.

Mit dem Befehl **An Start anheften** können Sie dem Startmenü von Windows 10 eine Kachel für den Ordner hinzufügen. Wenn Sie auf diese Weise z. B. den Posteingang eines in der Mail-App verwalteten Kontos im Startmenü verfügbar machen, können Sie die Mail-App mit dem geöffneten Posteingang dieses Kontos per Klick auf die Ordnerkachel starten (mit der im Startmenü standardmäßig vorhandenen App-Kachel der Mail-App startet die Mail-App mit dem Posteingang des E-Mail-Kontos, das zuletzt verwendet wurde). Außerdem werden Sie direkt auf der Ordnerkachel über neu eingehende Nachrichten informiert.

Alle wichtigen Optionen für E-Mail-Nachrichten finden Sie in deren Kontextmenü. Klicken Sie eine E-Mail in der Nachrichtenliste mit der rechten Maustaste an, um das Menü aus Abbildung 12.8 zu öffnen. Der Befehl **Kennzeichnung festlegen** fügt der E-Mail ein entsprechendes Symbol in der rechten oberen Ecke hinzu. Genauso wie nur die ungelesenen E-Mails können Sie sich in der Nachrichtenliste auch nur die gekennzeichneten Nachrichten anzeigen lassen (siehe dazu weiter oben die Abbildung 12.5 im Kasten »Gelesene und ungelesene E-Mails« auf Seite 578). Bei gekennzeichneten E-Mail-Nachrichten enthält das Kontextmenü den Befehl **Kennzeichnung löschen**.

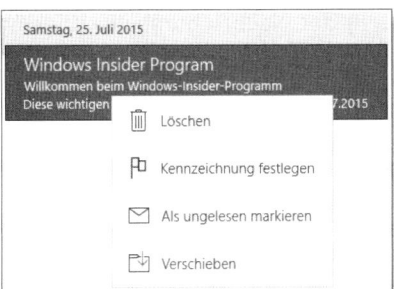

Abbildung 12.8 Die wichtigsten Optionen für E-Mail-Nachrichten finden Sie im Kontextmenü.

Um eine E-Mail in einen anderen Ordner zu verschieben, wählen Sie den entsprechenden Befehl im Kontextmenü. Daraufhin erscheint die erweiterte Ordnerleiste **Verschieben nach**, auf der Sie den Zielordner auswählen können.

Sie können in der Nachrichtenliste auch mehrere E-Mails zusammen auswählen. Dazu
klicken Sie zunächst auf das Symbol **Auswahlmodus starten** ❷. Dies fügt den E-Mail-
Nachrichten Kontrollkästchen hinzu. Aktivieren Sie anschließend die Kontrollkästchen
bei den E-Mails, die Sie auswählen wollen. Wenn Sie danach das Kontextmenü für eine
der ausgewählten E-Mail-Nachrichten aufrufen, wird der darin gewählte Befehl für alle
selektierten E-Mails ausgeführt.

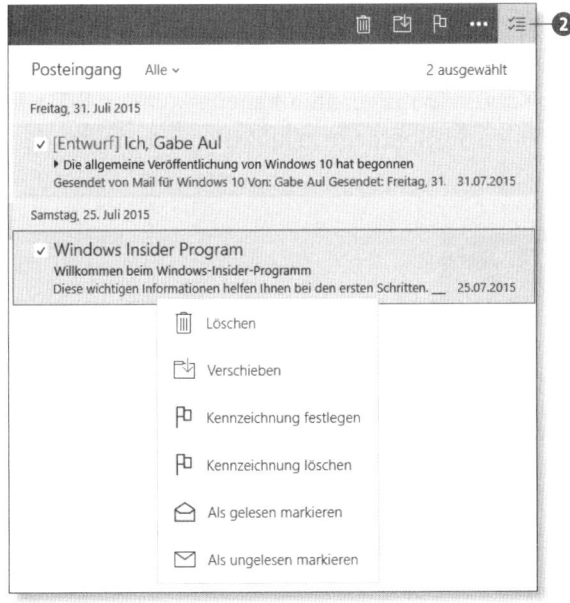

Abbildung 12.9 Im Auswahlmodus können Sie einen Befehl auf mehrere E-Mails anwenden.

Um eine Nachricht zu drucken, selektieren Sie diese in der Nachrichtenliste. Klicken Sie anschließend in der rechten oberen Ecke der Mail-App auf das Symbol mit den drei Punkten ❸ und wählen Sie den Befehl **Drucken** im aufklappenden Menü.

Abbildung 12.10 Eine E-Mail-Nachricht ausdrucken

12.7   E-Mail-Konto entfernen

Sie können ein in der Mail-App hinzugefügtes E-Mail-Konto jederzeit wieder entfernen, wenn Sie es dort nicht mehr benötigen. Führen Sie dazu folgende Schritte durch:

1 Klicken Sie mit der rechten Maustaste in der Ordnerliste – oder in der erweiterten Ordnerliste, nachdem Sie diese über **Konten** ❶ aufgerufen haben – auf das E-Mail-Konto, das Sie entfernen möchten. Wählen Sie **Kontoeinstellungen** im erscheinenden Kontextmenü ❷.

Alternativ klicken Sie in der linken unteren Ecke der Mail-App auf das Zahnradsymbol und wählen **Konten** in der Einstellungen-Leiste, die am rechten Bildschirmrand erscheint. Klicken Sie anschließend auf das E-Mail-Konto, das Sie entfernen wollen.

2 Klicken Sie im erscheinenden Dialogfeld auf den Abschnitt **Konto löschen**.

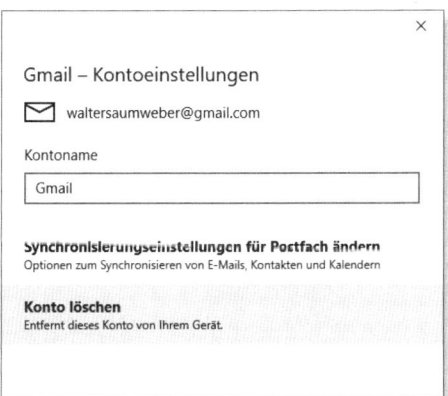

3 Bestätigen Sie die Rückfrage per Klick auf die Schaltfläche **Löschen**.

Danach wird das betreffende E-Mail-Konto nicht mehr in der Mail-App verwaltet. Bei Bedarf können Sie es dort aber jederzeit wieder hinzufügen.

TEIL V

Geräte, Sicherheit und Troubleshooting

13   Angeschlossene Geräte verwenden

In diesem Kapitel werden einige wichtige Vorgehensweisen erörtert, die im Zusammenhang mit angeschlossenen Geräten stehen. Sie erfahren z. B., wie Sie die Auflösung Ihres Bildschirms überprüfen und gegebenenfalls ändern, wie Sie einen zweiten Monitor verwenden oder wie Sie die neuesten Treiber für Ihre Hardware manuell installieren können.

Für externe Festplatten, USB-Sticks, Speicherkarten, Kameras etc. können Sie sogenannte Standardaktionen festlegen. Diese werden dann unmittelbar nach dem Anschließen automatisch ausgeführt. Außerdem erfahren Sie in diesem Kapitel, wie Sie Datenträger formatieren und aus welchen Gründen hierbei das Dateisystem NTFS vorzuziehen ist.

13.1   Die Bildschirmauflösung anpassen

Mit der Bildschirmauflösung legen Sie fest, in welcher Größe und in welcher Qualität die Elemente auf dem Bildschirm angezeigt werden. Es gilt: Bei einer niedrigen Auflösung werden die Elemente auf dem Monitor größer als bei einer geringen Auflösung angezeigt. Umgekehrt hängt die Qualität der Anzeige mit der Dichte der Bildpunkte zusammen.

Passen Sie die Bildschirmauflösung am besten so an, dass Sie alle Elemente auf dem Bildschirm gut erkennen können und diese in ausreichender Schärfe angezeigt werden. Beachten Sie auch, dass die meisten Monitore nur bestimmte Auflösungen unterstützen. Über diese können Sie sich in Ihrem Benutzerhandbuch informieren.

Die unterstützten Bildschirmauflösungen erscheinen aber auch im folgenden Dialog. Gehen Sie folgendermaßen vor, um zu sehen, welche Auflösungen für Ihren Monitor infrage kommen, und ändern Sie sie gegebenenfalls:

1 Öffnen Sie das Startmenü und wählen Sie in diesem **Einstellungen** oder drücken Sie ⊞ + Ⅰ.

2 Klicken Sie auf der Startseite der Einstellungen auf den Abschnitt **System**. Wählen Sie anschließend im linken Bereich der erscheinenden Dialogseite die Kategorie **Bildschirm**.

Alternativ zu den Schritten 1 und 2 können Sie auch mit der rechten Maustaste auf eine freie Stelle des Desktops klicken und im erscheinenden Kontextmenü den Menüpunkt **Anzeigeeinstellungen** wählen. Damit öffnen Sie die Einstellungen mit der Seite **System ▶ Bildschirm**.

3 Klicken Sie nun auf die Verknüpfung **Erweiterte Anzeigeeinstellungen** ❶.

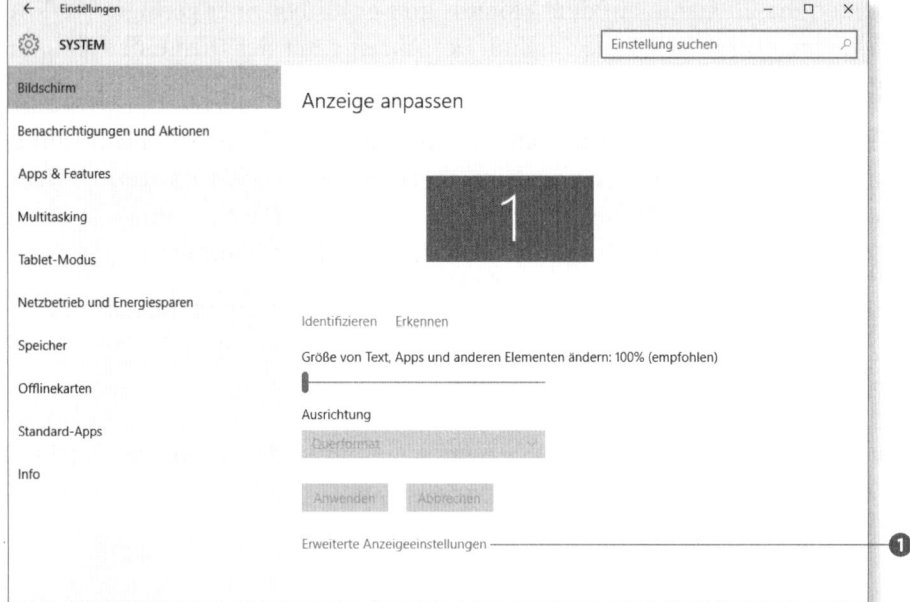

4 Auf der erscheinenden Dialogseite sehen Sie im Listenfeld unterhalb von **Auflösung** die aktuell verwendete Bildschirmauflösung ❷. Öffnen Sie das Listenfeld, indem Sie darauf klicken.

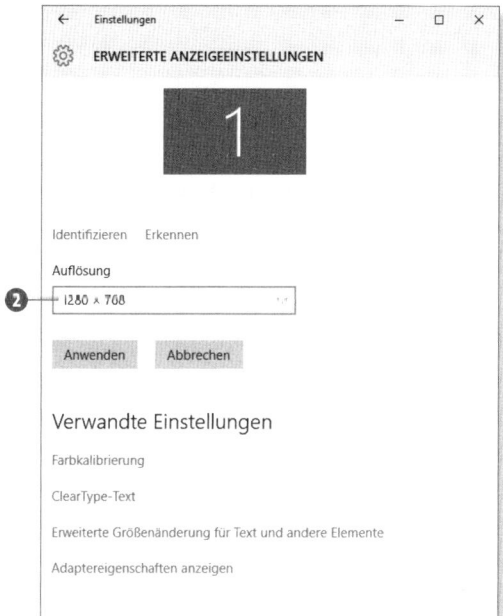

5 Die Einträge im geöffneten Listenfeld entsprechen allen für Ihren Monitor infrage kommenden Auflösungen. Auflösungen, die vom Monitor nicht unterstützt werden, erscheinen hier nicht. Ist für den Bildschirm eine bestimmte Auflösung empfohlen, so ist sie entsprechend gekennzeichnet (sie ist in der Regel bereits voreingestellt). Wählen Sie gegebenenfalls die passende Bildschirmauflösung aus. Klicken Sie anschließend auf die danach aktivierte Schaltfläche **Anwenden** ❸.

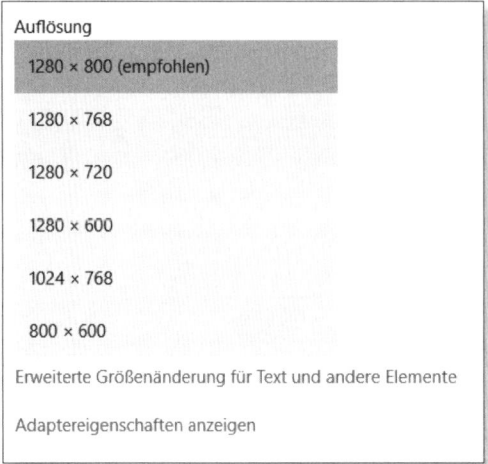

6 Daraufhin führt Windows die Änderung der Bildschirmauflösung durch, die Sie da-
nach noch einmal bestätigen müssen. Klicken Sie hierzu im erscheinenden Popup-
Fenster auf die Schaltfläche **Änderungen beibehalten**. Wenn Sie auf die Schaltfläche
Zurücksetzen klicken, stellt Windows die zuvor verwendete Bildschirmauflösung
wieder her. Dies geschieht auch automatisch nach 5 Sekunden, wenn Sie auf das
Dialogfeld nicht reagieren.

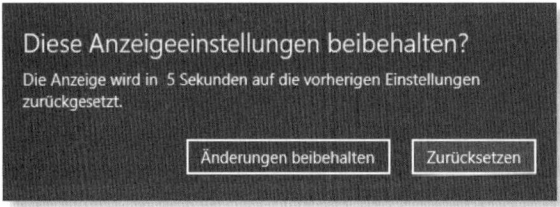

Sie können auf diese Weise mehrere Bildschirmauflösungen ausprobieren, bevor Sie
sich endgültig entscheiden. Kehren Sie im Zweifel einfach wieder zur zuletzt verwendeten Auflösung zurück.

13.2   Ausgabe auf einen zweiten Monitor weiterleiten

Windows 10 unterstützt das gleichzeitige Verwenden von mehreren Bildschirmen in
besonders bequemer Weise. Im Grunde brauchen Sie den zweiten Monitor nur an den
Computer anzuschließen. Er sollte vom System automatisch erkannt werden und in der
Regel wird die Anzeige auch sofort auf den zweiten Monitor dupliziert.

Bildschirm kalibrieren

Um die Qualität der Farbanzeige zu verbessern, können Sie den Bildschirm kalibrieren. Die Bildschirm-Farbkalibrierung können Sie auf der Dialogseite **Erweiterte Anzeigeeinstellungen** im unteren Abschnitt **Verwandte Einstellungen** über die Verknüpfung **Farbkalibrierung** starten. Der erscheinende Assistent führt Sie durch die einzelnen Schritte – folgen Sie einfach den Anweisungen.

Alternativ können Sie die Bildschirm-Farbkalibrierung in der Systemsteuerung über die Kategorien **Darstellung und Anpassung** und **Anzeige** aufrufen. Klicken Sie im linken Aufgabenbereich der Dialogseite **Anzeige** auf **Farbe kalibrieren** ❶.

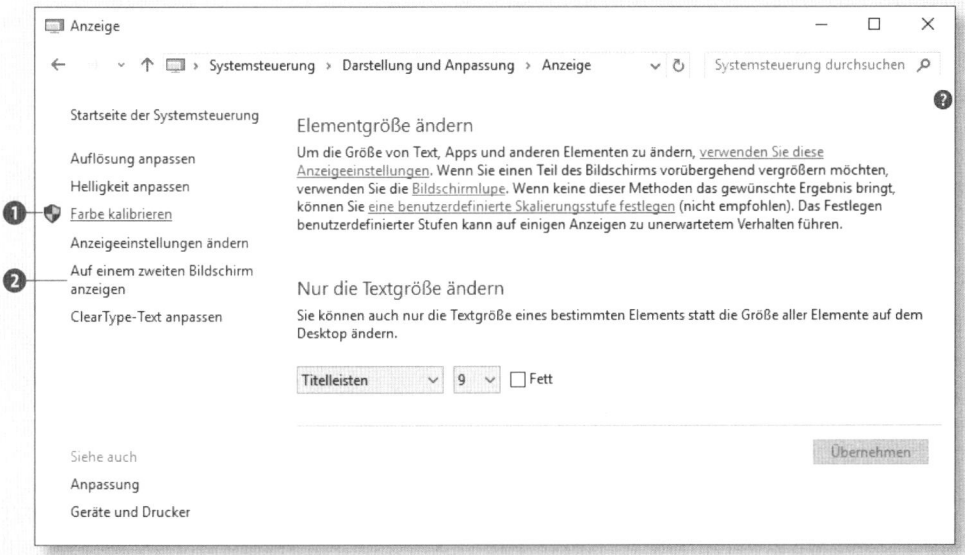

Abbildung 13.1 Farbkalibrierung in der Systemsteuerung starten

Sie können die Konfiguration des angeschlossenen zweiten Bildschirms einmal in der Systemsteuerung auf der Dialogseite **Anzeige** über die Verknüpfung **Auf einem zweiten Bildschirm anzeigen** durchführen ❷ (siehe Abbildung 13.1 im Infokasten »Bildschirm kalibrieren« auf dieser Seite). Wählen Sie auf der Startseite der Systemsteuerung nacheinander die Kategorien **Darstellung und Anpassung** und **Anzeige**, um diese Dialogseite aufzurufen. Am schnellsten geht es, wenn Sie einfach ⊞ + P drücken, nachdem Sie den Monitor angeschlossen haben. In beiden Fällen erscheint am rechten Bildschirmrand die Leiste, die in Abbildung 13.2 auf Seite 596 zu sehen ist, mit den verschiedenen Optionen bezüglich des zweiten Monitors.

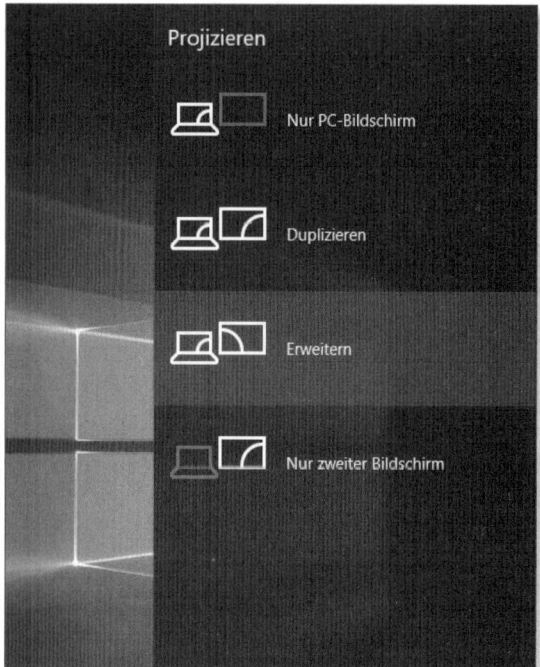

Abbildung 13.2 Funktionsleiste »Projizieren«: Hier können Sie festlegen, wie ein angeschlossener zweiter Monitor verwendet werden soll.

Ein zweiter Bildschirm kann verschiedene Funktionen erfüllen:

▪ Sie möchten anderen Personen eine Präsentation anzeigen, so dass Ihre Zuhörer diese auf dem zweiten Bildschirm mitverfolgen können. Wählen Sie in diesem Fall **Duplizieren**.

▪ Sie möchten zu Hause für Ihr Notebook, Ihr Ultrabook oder für Ihren Tablet-PC einen größeren Bildschirm verwenden. In diesem Fall wählen Sie **Nur zweiter Bildschirm**.

▪ Sie möchten die Anzeige auf zwei Bildschirme verteilen. Dies kann sehr hilfreich sein, wenn Sie mit Feinarbeiten beschäftigt sind, etwa als Programmentwickler oder Webdesigner, aber z. B. auch, wenn Sie eine PowerPoint-Präsentation erstellen. Wählen Sie in diesem Fall die Option **Erweitern**.

Unter der Einstellung **Nur PC-Bildschirm** wird der zweite Monitor einfach ignoriert. Klicken Sie in der Funktionsleiste die passende Option an. Um wieder zur alten Konfiguration zurückzukehren oder eine andere zu verwenden, blenden Sie die Leiste **Projizieren** einfach erneut ein und wählen die gewünschte neue Konfiguration aus.

13.3   Externe Festplatten und USB-Sticks verwenden

Angeschlossene Speichermedien können Sie grundsätzlich so verwenden wie integrierte und sie erscheinen auch als eigenes Laufwerk im Explorer. Einige Besonderheiten gibt es dennoch zu verzeichnen.

13.3.1   Standardaktion für Wechseldatenträger festlegen

Wenn Sie eine Festplatte oder einen USB-Stick an den Computer anschließen und Sie für Wechseldatenträger noch keine Standardaktion festgelegt haben, erscheint in der rechten unteren Ecke des Bildschirms, direkt über dem Infobereich der Taskleiste, ein Popup-Fenster, wie es in Abbildung 13.3 zu sehen ist.

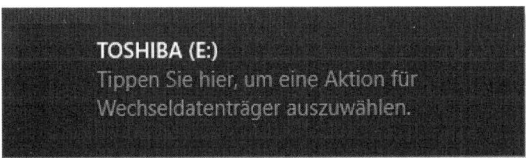

Abbildung 13.3 Wenn Sie einen Wechseldatenträger an den Computer anschließen, können Sie sogleich eine Standardaktion vereinbaren.

Sie können das Popup-Fenster ignorieren oder darauf klicken, um anschließend eine Aktion auszuwählen, die zukünftig automatisch durchgeführt werden soll, wenn Sie das Gerät wieder an den Computer anschließen. Wählen Sie im erscheinenden Popup-Fenster **Ordner öffnen, um Dateien anzuzeigen**, wenn Sie möchten, dass nach dem Anschließen des Wechseldatenträgers ein Explorer-Fenster mit dem geöffneten Laufwerk erscheint. Wählen Sie **Keine Aktion durchführen**, wenn Sie möchten, dass nach dem Anschließen erst einmal keine Aktion durchgeführt wird (das Popup-Fenster aus Abbildung 13.3 erscheint danach nicht mehr). Mit der Option **Laufwerk für Sicherung konfigurieren** können Sie den angeschlossenen Datenträger für eine entsprechende Datensicherung vorbereiten. Die Auswahl **Speichereinstellungen konfigurieren** öffnet die Dialogseite **System/Speicher** der Einstellungen. Auf dieser können Sie sich detailliert über die Speichernutzung des angeschlossenen Datenträgers informieren und das Laufwerk gegebenenfalls als Standardspeicherort für bestimmte Medientypen (Dokumente, Bilder, Musik, Videos) festlegen.

Abbildung 13.4 Optionen, die nach dem Anschließen eines
Wechseldatenträgers zur Auswahl stehen

Die Einstellungen für Wechseldatenträger bezüglich der automatischen Wiedergabe – also der Aktion, die nach dem Anschließen automatisch ausgeführt werden soll – können Sie nachträglich sowohl in den Einstellungen als auch in der Systemsteuerung ändern. Das Naheliegendste ist wohl, dies in den Einstellungen zu tun:

1 Rufen Sie die Einstellungen auf, indem Sie den entsprechenden Menüpunkt im Startmenü anklicken oder ⊞ + Ⓘ drücken.

2 Klicken Sie auf der Startseite der Einstellungen auf den Abschnitt **Geräte**.

3 Selektieren Sie im linken Bereich der Dialogseite **Geräte** die Kategorie **Automatische Wiedergabe**.

4 Im Listenfeld unterhalb von **Wechseldatenträger** ❶ können Sie jetzt die gewünschte Standardaktion einstellen. Zur Auswahl stehen auch hier die Optionen **Ordner öffnen, um Dateien anzuzeigen**, **Laufwerk für Sicherung konfigurieren**, **Speichereinstellungen konfigurieren** sowie **Keine Aktion durchführen**. Wenn Sie im Listenfeld **Jedes Mal nachfragen** einstellen, verhält es sich so wie zu Beginn: Wenn der Wechseldaten-

träger an den Computer angeschlossen wird, erscheint jedes Mal das Popup-Fenster
aus Abbildung 13.3 auf Seite 597.

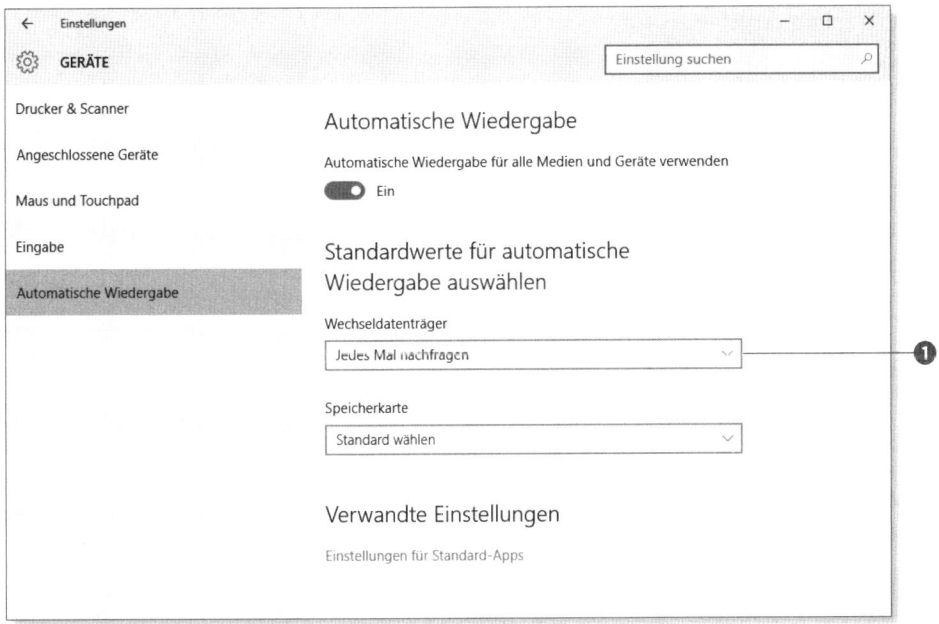

INFO

Automatische Wiedergabe ausschalten

Manche Anwender bevorzugen es dagegen, die automatische Wiedergabe komplett auszuschalten. Setzen Sie dazu auf der Dialogseite **Geräte/Automatische
Wiedergabe** den Schalter im rechten Bereich auf **Aus** (Abbildung 13.5). Das hat
z. B. zur Folge, dass der Setup-Assistent nicht mehr automatisch startet, wenn die
Installations-CD/DVD für ein Programm in das DVD-Laufwerk eingelegt wird. In
diesem Fall können Sie die Installation starten, indem Sie die Setup-Datei im Explorer doppelt anklicken.

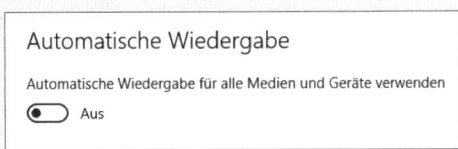

Abbildung 13.5 Gegebenenfalls können Sie die automatische Wiedergabe
für Geräte und Medien auch ganz ausschalten.

Außerdem lässt sich die Standardaktion für Wechseldatenträger auch in der System-steuerung festlegen. Hier können Sie sogar für verschiedene Medientypen explizit fest-legen, was passieren soll, wenn der Datenträger an den PC angeschlossen wird. Gehen Sie dazu folgendermaßen vor:

1 Klicken Sie in der Taskleiste mit der rechten Maustaste auf das Windows-Symbol und wählen Sie **Systemsteuerung** im erscheinenden Menü.

2 Klicken Sie auf der Startseite der Systemsteuerung auf die Kategorie **Programme** und anschließend unterhalb der Kategorie **Standardprogramme** auf die Verknüpfung **Standardeinstellungen für Medien und Geräte ändern**.

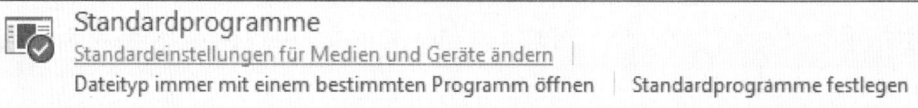

3 Danach befinden Sie sich auf der Dialogseite **Automatische Wiedergabe**. Öffnen Sie hier das Listenfeld neben **Wechseldatenträger** und wählen Sie die gewünschte Stan-dardaktion aus ❶. Die Option **Laufwerk für Sicherung konfigurieren** wird in der Sys-temsteuerung allerdings nicht angeboten.

4 Alternativ können Sie auch Standardaktionen für bestimmte Medien und Inhalte differenziert festlegen. Für Bilder und Videos steht z. B. eine Importfunktion zur Verfügung und Musikstücke, die auf dem Datenträger enthalten sind, können Sie automatisch im Windows Media Player wiedergeben lassen. Aktivieren Sie gegebe-nenfalls das Kontrollkästchen im Abschnitt **Wechseldatenträger** ❷ und wählen Sie in den Listenfeldern jeweils die gewünschte Aktion aus. Unabhängig davon können Sie auch für CDs, DVDs, Blu-ray Discs und Speicherkarten Standardaktionen festlegen.

Die automatische Wiedergabe für Medien und Geräte generell abschalten können Sie ebenfalls auf der Dialogseite **Automatische Wiedergabe** der Systemsteuerung. Ob Sie dies hier tun oder in den Einstellungen (siehe dazu den Infokasten »Automati-sche Wiedergabe ausschalten« auf Seite 599), spielt im Übrigen keine Rolle. Entfer-nen Sie gegebenenfalls das Häkchen neben **Automatische Wiedergabe für alle Medien und Geräte verwenden** ❸, wenn Sie von der automatischen Wiedergabe überhaupt keinen Gebrauch machen wollen.

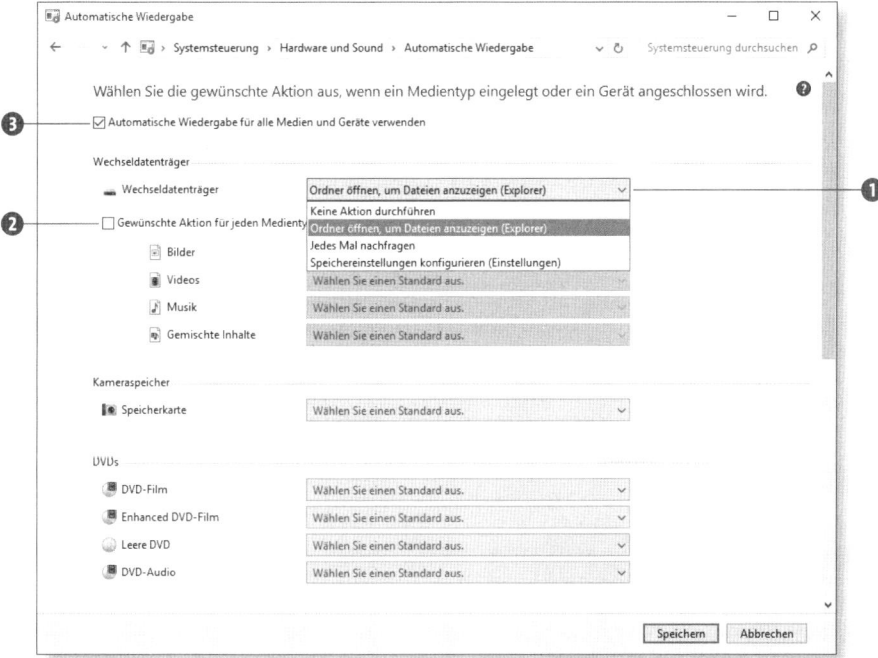

5 Zusätzlich können Sie weiter unten im Abschnitt **Software** neben **Software und Spie-le** festlegen, dass ausführbare Dateien automatisch starten, wenn ein Datenträger (CD/DVD) eingelegt oder ein Gerät angeschlossen wird (Auswahl von **Programm in-stallieren oder ausführen ④**). In diesem Fall starten z. B. Installationsdateien automa-tisch, so dass der Setup-Assistent erscheint, wenn Sie den Installationsdatenträger einlegen.

6 Wenn Sie wollen, können Sie per Klick auf die Schaltfläche **Alle Standards zurückset-zen ⑤** jederzeit die Standardeinstellungen für die automatische Wiedergabe wieder-herstellen.

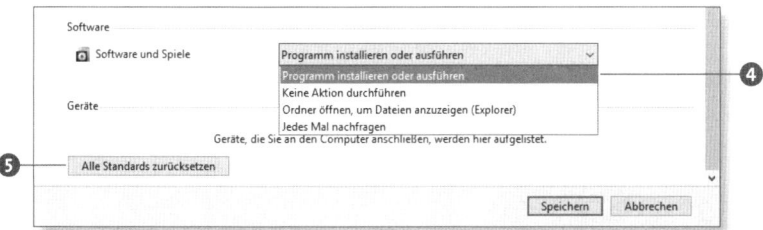

7 Klicken Sie rechts unten auf der Dialogseite **Automatische Wiedergabe** auf die Schalt-fläche **Speichern**, um die neuen Einstellungen zu übernehmen.

13.3.2   Hardware sicher entfernen

Wenn Sie eine Festplatte oder einen USB-Stick an den Computer angeschlossen haben und das Gerät nicht mehr benötigen, sollten Sie es nicht einfach vom Computer abziehen. Das gilt auch für andere Geräte wie z. B. eine angeschlossene Kamera. Das kann zwar oft gut gehen, in Einzelfällen jedoch zu Problemen führen. Gehen Sie vielmehr folgendermaßen vor:

1 Klicken Sie im Infobereich der Taskleiste auf das Symbol **Ausgeblendete Symbole einblenden ❶** und anschließend auf das Symbol **Hardware sicher entfernen und Medium auswerfen ❷**.

Wenn das Symbol **Hardware sicher entfernen und Medium auswerfen** direkt auf der Taskleiste angezeigt wird, klicken Sie es natürlich dort an.

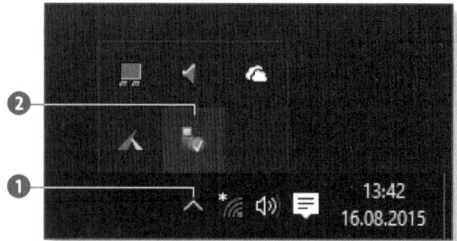

2 Klicken Sie im erscheinenden Kontextmenü auf das Gerät, das Sie entfernen wollen.

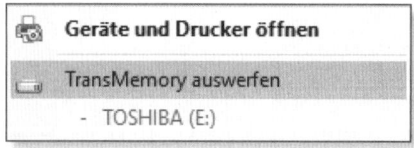

3 Warten Sie, bis die Meldung, dass das Gerät entfernt werden kann, erscheint. Danach können Sie das Gerät vom Computer abziehen.

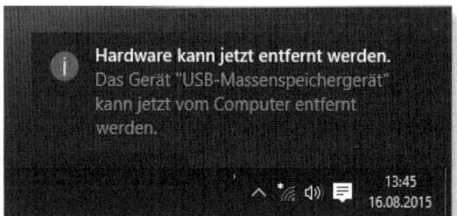

Wenn Sie möchten, dass das Symbol **Hardware sicher entfernen und Medium auswerfen** direkt auf der Taskleiste angezeigt wird, wenn Sie einen Wechseldatenträger an den Computer anschließen, können Sie dies folgendermaßen einrichten:

1 Klicken Sie am rechten Ende der Taskleiste mit der rechten Maustaste auf die Zeit-/ Datumsanzeige ❶. Wählen Sie im erscheinenden Kontextmenü den Befehl **Benach-richtigungssymbole anpassen**.

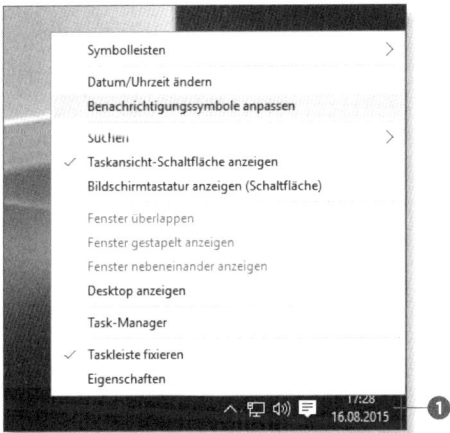

2 Es erscheint die Dialogseite **System/Benachrichtigungen und Aktionen** der Einstellun-gen. Klicken Sie im rechten Bereich auf die Verknüpfung **Symbole für die Anzeige auf der Taskleiste auswählen** ❷.

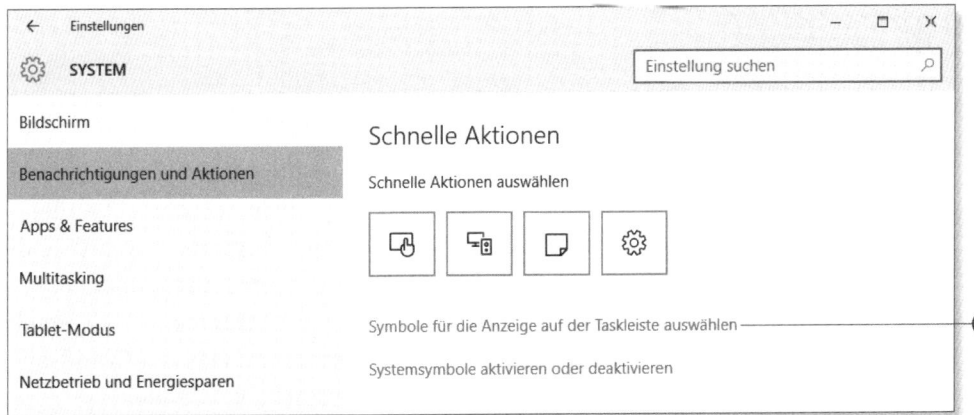

3 Stellen Sie auf der nächsten Seite den Schalter für das Symbol **Windows-Explorer/ Hardware sicher entfernen und Medium auswerfen** auf **Ein** ❸.

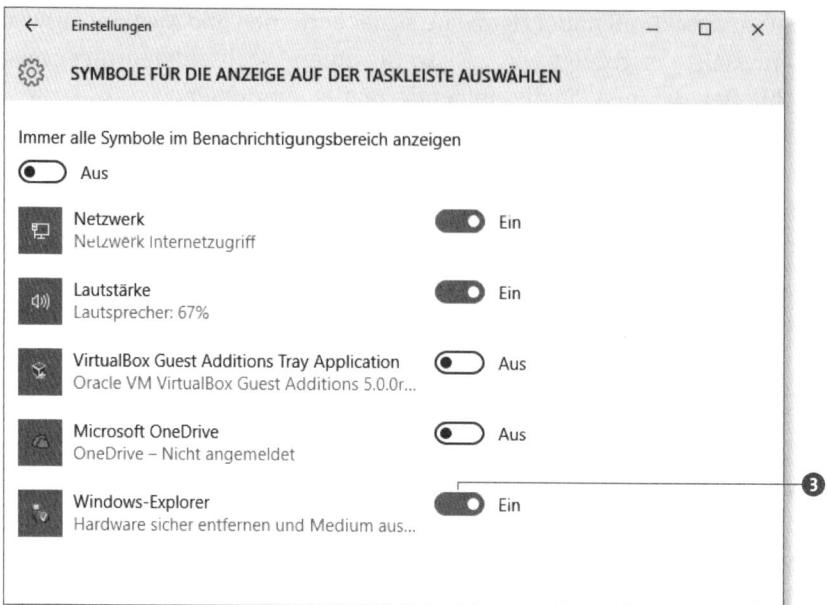

Wenn Sie nun das nächste Mal einen Wechseldatenträger an den Computer anschließen oder gerade einen Wechseldatenträger angeschlossen haben, sehen Sie
das Symbol **Hardware sicher entfernen und Medium auswerfen** ➍ in der Taskleiste.

13.4 Laufwerke formatieren

Durch die Formatierung wird ein Speichermedium zur Aufnahme von Daten vorbereitet, nicht formatierte Datenträger können daher noch nicht verwendet werden. Externe Festplatten und USB-Sticks sind in der Regel bereits formatiert, wenn Sie diese
erwerben. Sowohl bei Festplatten als auch bei USB-Sticks wird hierzu manchmal ein
FAT-Dateisystem verwendet, obwohl sich Festplatten und USB-Sticks im Allgemeinen
problemlos mit dem moderneren Dateisystem NTFS formatieren lassen. Grundsätzlich
empfiehlt es sich aus zwei Gründen, das NTFS-Dateisystem zu verwenden:

- Beim Kopieren von Dateien auf FAT-formatierte Datenträger gehen Dateieigenschaften verloren (z. B. Markierungen, die Sie hinzugefügt haben).

- FAT-formatierte Datenträger können nicht BitLocker-verschlüsselt werden. Zur BitLocker-Laufwerkverschlüsselung siehe Kapitel 15, »Dateien, Ordner und Laufwerke vor fremdem Zugriff schützen«, ab Seite 631.

Sie können grundsätzlich jedes Laufwerk neu formatieren, bis auf eine Ausnahme, nämlich die Partition, auf der Windows installiert ist. Beachten Sie jedoch, dass beim Formatieren alle auf dem Datenträger gespeicherten Daten verloren gehen. Sichern Sie die Daten gegebenenfalls auf einem anderen Datenträger. Gehen Sie z. B. folgendermaßen vor, um eine externe Festplatte oder einen USB-Stick mit dem Dateisystem NTFS zu formatieren:

1 Schließen Sie die externe Festplatte bzw. den USB-Stick an den Computer an.

2 Starten Sie den Explorer. Klicken Sie im Navigationsbereich auf **Dieser PC**, um im rechten Bereich alle Laufwerke anzuzeigen.

3 Klicken Sie das Laufwerk des USB-Sticks bzw. der externen Festplatte mit der rechten Maustaste an. Wählen Sie den Befehl **Formatieren** im erscheinenden Kontextmenü.

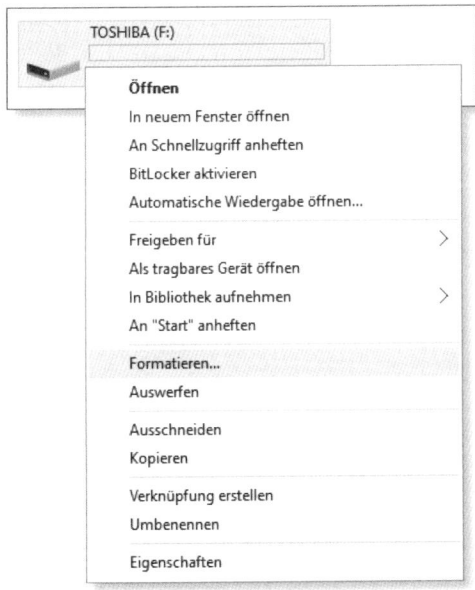

4 Öffnen Sie im erscheinenden Dialogfeld das Listenfeld unterhalb von **Dateisystem** und wählen Sie dort das Dateisystem NTFS **❶**.

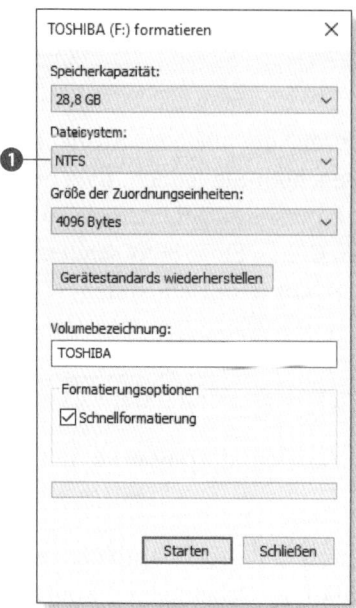

5 An und für sich spricht nichts dagegen, eine **Schnellformatierung** durchzuführen (siehe dazu den unten stehenden Infokasten »Schnellformatierung«). Wenn Sie mehr Zeit haben und noch gründlicher vorgehen wollen, können Sie das Häkchen neben **Schnellformatierung** entfernen. Klicken Sie auf **Starten**, um die Formatierung mit dem gewählten Dateisystem durchzuführen.

Danach brauchen Sie nur noch abzuwarten, Sie können in der Zwischenzeit jedoch am Computer weiterarbeiten. Über den Stand der Formatierung hält Sie eine Fortschrittsanzeige auf dem Laufenden.

INFO

Schnellformatierung

Die Schnellformatierung erstellt zwar ebenfalls eine neue Datenzugriffstabelle, geht aber beim Überschreiben des Datenträgers nicht so gründlich vor, wie das bei der normalen Formatierung der Fall ist. Dennoch ist die Schnellformatierung im Allgemeinen völlig ausreichend.

13.5   Gerätetreiber aktualisieren

Gerätetreiber sind kleine Programme, die den Zugriff und die Kommunikation zwischen Computer und Geräten – angeschlossenen und integrierten – steuern. Damit alle Geräte korrekt funktionieren, ist es wichtig, dass die Treiber sich immer auf dem aktuellen Stand befinden. Für viele Geräte können Sie neue Treiber mit den Windows Updates beziehen. Allerdings unterstützen nicht alle Hersteller diesen Dienst, so dass Sie neue Treiber für die entsprechenden Geräte gegebenenfalls manuell installieren müssen. Gehen Sie dabei folgendermaßen vor:

1 Klicken Sie in der Taskleiste mit der rechten Maustaste auf das Symbol mit dem Windows-Logo und wählen Sie **Geräte-Manager** im erscheinenden Menü.

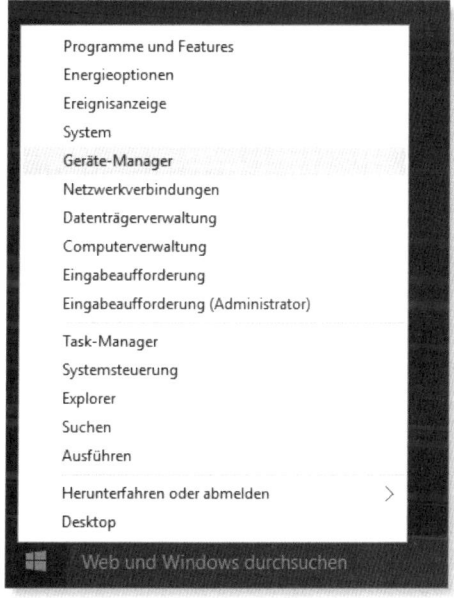

2 Der Geräte-Manager enthält eine Liste aller Geräte, die alphabetisch nach Kategorien geordnet ist. Erweitern Sie gegebenenfalls den Knoten neben einer Kategorie, um alle Geräte dieser Kategorie anzuzeigen. Erweitern Sie z. B. den Knoten neben **Mäuse und andere Zeigegeräte**, um den Eintrag für die angeschlossene Maus zu sehen ❶.

3 Klicken Sie mit der rechten Maustaste auf das Gerät, dessen Treiber Sie aktualisieren wollen ❷. Wählen Sie **Eigenschaften** im erscheinenden Kontextmenü.

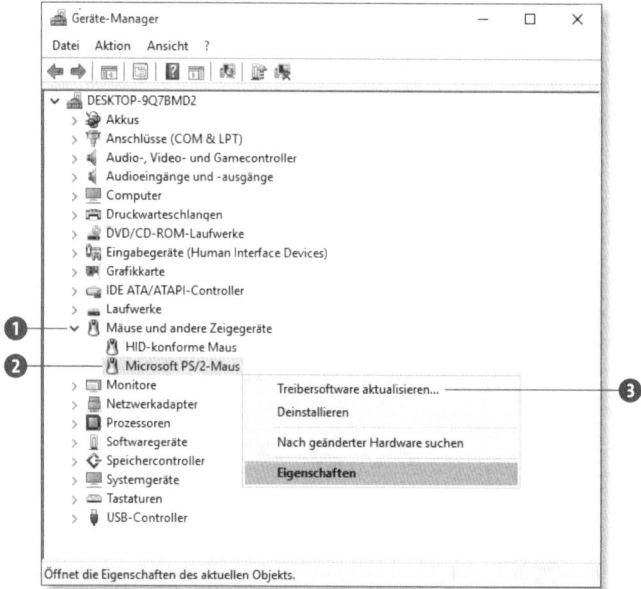

Alternativ können Sie im Kontextmenü auch den Befehl **Treibersoftware aktualisieren**
❸ wählen und anschließend mit Schritt 6 weitermachen. Das Eigenschaften-Dialogfeld, das nach Auswahl des Befehls **Eigenschaften** erscheint, bietet jedoch einige
weitere Optionen, auf die Sie möglicherweise jetzt oder später einmal zurückgreifen
wollen.

4 Klicken Sie im erscheinenden Eigenschaften-Dialogfeld auf den Registerreiter **Treiber** ❹, um die Optionen dieser Registerkarte anzuzeigen.

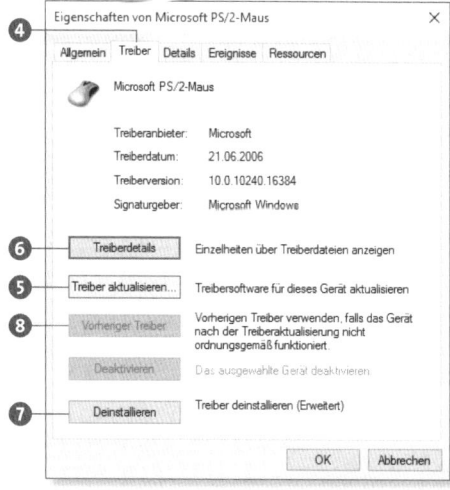

5 Klicken Sie auf der Registerkarte **Treiber** im Eigenschaften-Dialogfeld der PS/2-kompatiblen Maus auf die Schaltfläche **Treiber aktualisieren ❺**.

Über die Schaltfläche **Treiberdetails ❻** können Sie sich weitere Informationen zu dem aktuell verwendeten Treiber anzeigen lassen. In dem erscheinenden gleichnamigen Dialogfeld sehen Sie z. B. alle Treiberdateien, die für das Gerät installiert wurden, mit Pfadangabe.

Wenn Sie annehmen, dass ein Treiber nicht korrekt funktioniert – möglicherweise weil bei der Installation Fehler aufgetreten sind –, können Sie ihn über die Schaltfläche **Deinstallieren ❼** vom Computer entfernen.

Vermuten Sie, dass die aktuelle Treiberversion des Herstellers generell Probleme macht, können Sie auf die Vorgängerversion des Treibers zurückgreifen. Klicken Sie dazu auf die Schaltfläche **Vorheriger Treiber ❽** und beantworten Sie die Rückfrage mit **Ja** (die Schaltfläche **Vorheriger Treiber** ist nur aktiv, wenn für das Gerät bereits mehrere Treiberversionen auf dem Computer installiert wurden).

6 Klicken Sie im erscheinenden Assistenten auf den Abschnitt **Automatisch nach aktueller Treibersoftware suchen**. Beachten Sie, dass eine Internetverbindung bestehen muss, damit Windows auf der Website des Herstellers nach Treibern suchen kann.

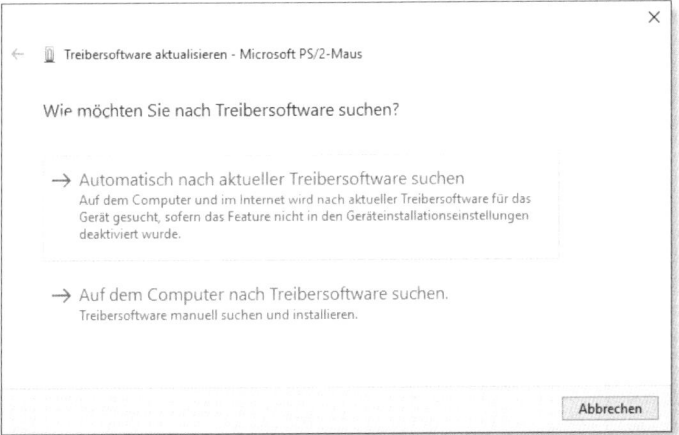

7 Falls neue Treiber für das ausgewählte Gerät erhältlich sind, werden diese nun installiert. Befindet sich die Treibersoftware auf dem neuesten Stand, erscheint im Assistenten eine entsprechende Meldung.

8 Schließen Sie den Assistenten und danach das Eigenschaften-Dialogfeld, indem Sie jeweils rechts unten auf die **Schließen**-Schaltfläche klicken.

13.6 Laufwerksbuchstaben ändern

Mancher Anwender mag es vorziehen, für bestimmte Laufwerke ganz bestimmte Buchstaben zu verwenden, z. B. den Buchstaben U für einen USB-Stick, F für eine externe Festplatte oder K für eine angeschlossene Kamera. Der für ein Laufwerk verwendete Buchstabe hat aber nicht immer nur rein deklarative Bedeutung. Manchmal kann das Ändern des Laufwerksbuchstabens auch Probleme beheben. Im Netzwerk kann es z. B. vorkommen, dass ein angeschlossenes Gerät im Explorer nicht erscheint, weil der entsprechende Laufwerksbuchstabe schon einmal anderweitig vergeben wurde. Führen Sie gegebenenfalls folgende Schritte durch, um einem Laufwerk einen neuen Buchstaben zuzuweisen:

1 Klicken Sie in der Systemsteuerung auf die Kategorie **System und Sicherheit** und anschließend auf **Verwaltung**.

2 Führen Sie im rechten Bereich des erscheinenden Explorer-Fensters einen Doppelklick auf **Computerverwaltung** aus ➊.

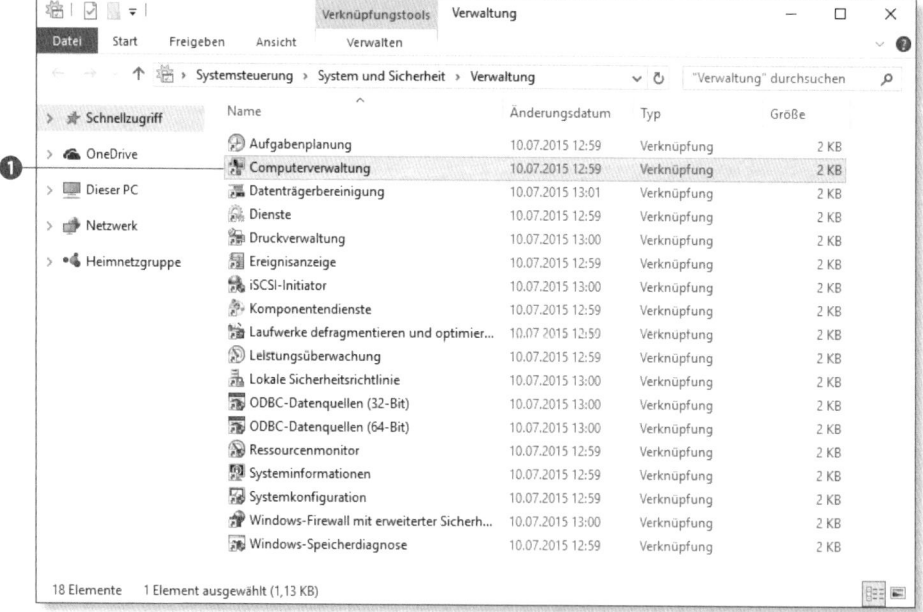

3 Selektieren Sie im linken Bereich der Computerverwaltung, unterhalb von Daten-
speicher, den Eintrag **Datenträgerverwaltung ➋**.

4 Im rechten Bereich sehen Sie nun alle Ihre Laufwerke, auch die von angeschlossenen
Geräten. Klicken Sie hier das Laufwerk, dessen Laufwerksbuchstaben Sie ändern
wollen, mit der rechten Maustaste an. Wählen Sie im aufklappenden Kontextmenü
den Befehl **Laufwerkbuchstaben und -pfade ändern**.

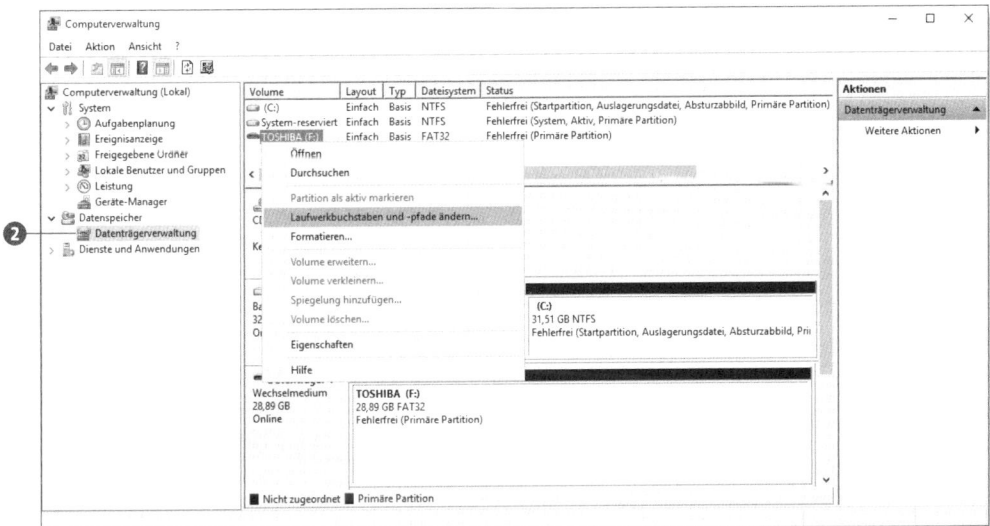

5 Klicken Sie im erscheinenden Dialogfeld auf die Schaltfläche **Ändern ➌**.

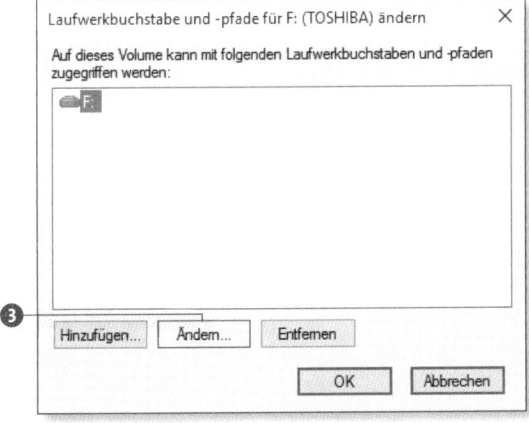

6 Es erscheint ein weiteres Dialogfeld **Laufwerkbuchstabe oder -pfad ändern**. In diesem können Sie den Laufwerksbuchstaben, den Sie zuweisen wollen, aus einer Liste auswählen. Schließen Sie das Dialogfeld danach mit **OK**, um die Änderung zu bestätigen.

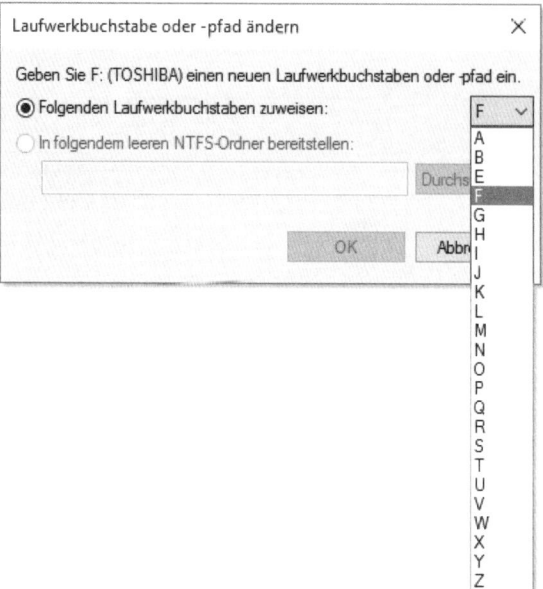

14   Die Systemwiederherstellung verwenden

Wenn Sie feststellen, dass Ihr Computer nicht mehr einwandfrei funktioniert, können Sie mithilfe der Systemwiederherstellung die Konfiguration des Betriebssystems in einen früheren Zustand zurücksetzen, in dem das Problem noch nicht aufgetreten war. Ihre persönlichen Daten – E-Mails, Bilder, Videos etc. – bleiben von diesem Vorgang unberührt. Geändert oder gelöscht werden nur Systemeinstellungen, Systemdateien und eventuell installierte Software. Dessen ungeachtet ist es natürlich sinnvoll, wichtige persönliche Daten vorher zu sichern. Die Systemwiederherstellung ist somit ein geeignetes und im Allgemeinen wenig einschneidendes Mittel, um auch schwerwiegende Computerprobleme mit nur geringem Aufwand zu reparieren.

»Downloads«-Ordner

Wie gesagt, bleibt Ihr Benutzerordner im Zuge einer Systemwiederherstellung grundsätzlich unangetastet. Das heißt, alle Dateien und die Ordnerstruktur bleiben so, wie sie sind. Eine Ausnahme besteht jedoch für den Ordner **Downloads**. Wenn sich in diesem ausführbare Dateien, z. B. solche mit der Erweiterung **.exe**, oder Programmbibliotheken (Erweiterung **.dll**) befinden, kann es passieren, dass diese im Zuge der Systemwiederherstellung gelöscht werden. Verschieben Sie solche Dateien gegebenenfalls in einen anderen Ordner, bevor Sie die Systemwiederherstellung in Gang setzen.

INFO

14.1   Den Computer auf einen früheren Zustand zurücksetzen

Grundlage der Systemwiederherstellung sind sogenannte Wiederherstellungspunkte. Windows protokolliert in diesen die jeweils aktuelle Konfiguration des Betriebssystems. Wiederherstellungspunkte werden von der Systemwiederherstellung in regelmäßigen Abständen und auch vor der Installation von Windows Updates und eventuell auch vor der Installation von Treibern automatisch erstellt. Wenn Sie von der Systemwiederherstellung Gebrauch machen, wählen Sie einen solchen Wiederherstellungspunkt aus, um Windows 10 auf den damit verbundenen früheren Konfigurationszustand zurückzusetzen. Führen Sie dazu folgende Schritte durch:

1 Navigieren Sie in der Systemsteuerung zur Kategorie **System und Sicherheit** ▶ **System**. Um direkt dorthin zu gelangen, können Sie auch mit der rechten Maustaste auf das Windows-Symbol in der Taskleiste klicken und anschließend den Menüpunkt **System** auswählen.

2 Klicken Sie im linken Bereich der Dialogseite **System** auf die Verknüpfung **Computerschutz ❶**.

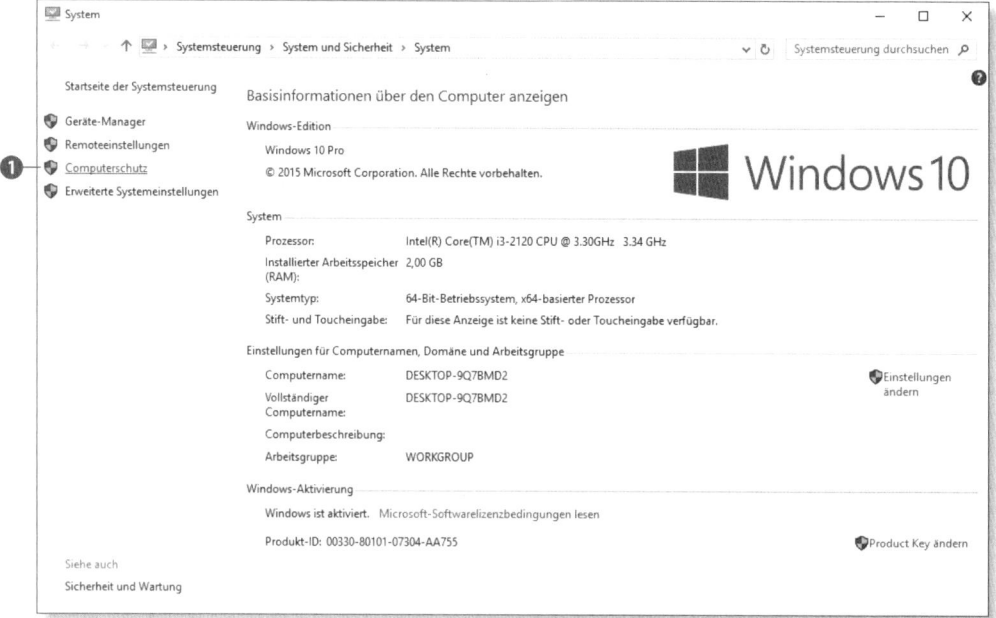

3 Es erscheint das Dialogfeld **Systemeigenschaften** mit der Registerkarte **Computerschutz** im Vordergrund. Wenn der Computerschutz für das Hauptlaufwerk bereits eingeschaltet ist, erscheint in der Spalte **Schutz** neben dem Laufwerk das Wort **Ein ❷**. Machen Sie in diesem Fall sogleich mit Schritt 6 weiter.

4 Ist der Computerschutz für das Hauptlaufwerk nicht eingeschaltet, erscheint in der Spalte **Schutz** neben dem Laufwerk das Wort **Aus**. Um den Computerschutz für das Laufwerk zu aktivieren, selektieren Sie dieses und klicken anschließend auf die Schaltfläche **Konfigurieren ❸**.

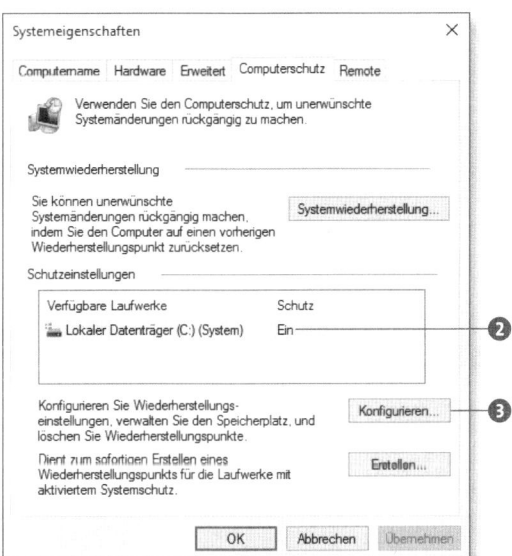

5 Aktivieren Sie im erscheinenden Dialogfeld die Option **Computerschutz aktivieren** ❹ und bestätigen Sie mit **OK**.

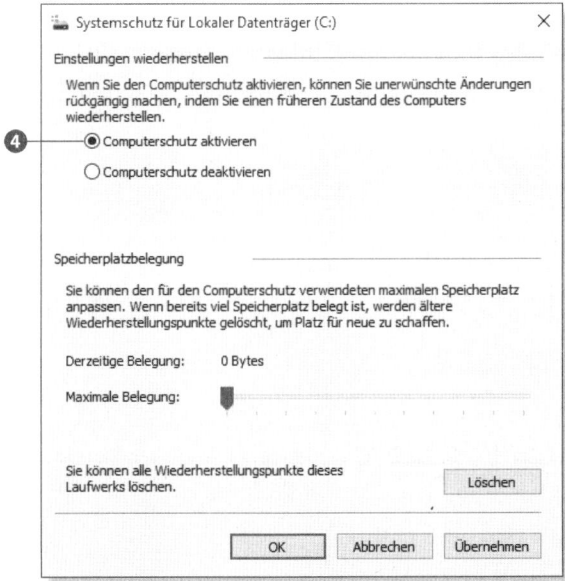

6 Selektieren Sie auf der Registerkarte **Computerschutz** des Dialogfelds **Systemeigenschaften** das Hauptlaufwerk Ihres Computers. Klicken Sie anschließend auf die Schaltfläche **Systemwiederherstellung** ❺.

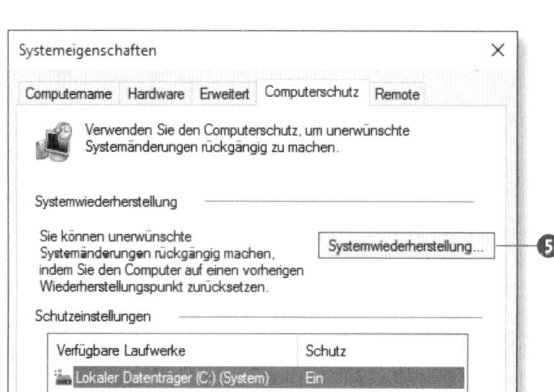

7 Bestätigen Sie die Seite **Systemdateien und -einstellungen wiederherstellen** des erscheinenden Assistenten mit **Weiter**.

Wenn auf der Seite ein Systemwiederherstellungspunkt angeboten wird, können Sie diesen übernehmen. Lassen Sie in diesem Fall das Optionsfeld **Empfohlene Wiederherstellung** aktiviert und fahren Sie anschließend mit Schritt 11 fort. Die empfohlene Wiederherstellung bezieht sich auf den jüngsten Wiederherstellungspunkt. Sie macht gegebenenfalls die letzte Installation von Windows Updates rückgängig. Um aus einer Liste älterer Wiederherstellungspunkte auswählen zu können, aktivieren Sie das Optionsfeld **Anderen Wiederherstellungspunkt auswählen** ❻. Machen Sie in diesem Fall mit dem nächsten Schritt weiter.

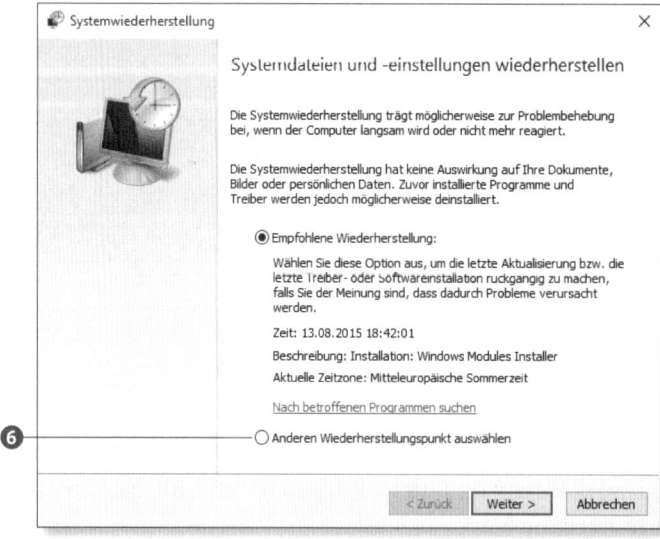

8 Markieren Sie auf der Seite **Wiederherstellung des Computerzustands zum angegebe-nen Zeitpunkt** den gewünschten Systemwiederherstellungspunkt.

Der ersten Spalte der Liste können Sie den Zeitpunkt entnehmen, an dem ein Sys-temwiederherstellungspunkt erstellt worden ist. Beispielsweise würde der Compu-ter mit dem in der folgenden Abbildung gewählten Wiederherstellungspunkt nach durchgeführter Systemwiederherstellung genau den Systemzustand haben, den er am 06. August 2015 um 00:28 Uhr innehatte.

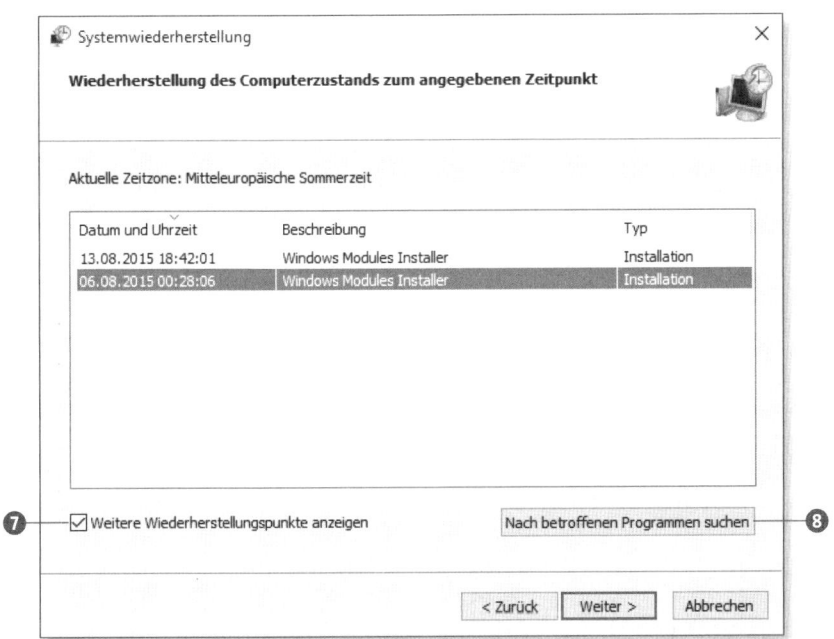

In der zweiten Spalte sehen Sie eine Beschreibung des Wiederherstellungspunktes. Manchmal erscheint hier der Text **Windows Update**, wenn Windows Updates einzeln installiert wurden. **Windows Modules Installer** (der Eintrag, der in der obigen Abbil-dung zu sehen ist) ist ein Prozess bzw. ein Programm, mit dem zu einem bestimmten Zeitpunkt jeden Monat die aktuellen Updates für Betriebssystem und gegebenenfalls auch für installierte Microsoft-Programme wie z. B. Microsoft Office heruntergela-den und installiert werden. Falls es sich um einen Wiederherstellungspunkt handelt, den Sie selbst gesetzt haben, erscheint in der Spalte **Beschreibung** der Name, den Sie diesem gegeben haben. Wie Sie Wiederherstellungspunkte manuell erstellen, erfah-ren Sie in Abschnitt 14.3, »Systemwiederherstellungspunkte manuell erstellen«, ab Seite 622. Für benutzerdefinierte Wiederherstellungspunkte erscheint in der dritten Spalte als Typ **Manuell**.

Die Liste auf der Seite **Wiederherstellung des Computerzustands zum angegebenen Zeitpunkt** zeigt zunächst alle Wiederherstellungspunkte der letzten fünf Tage. Falls ältere Wiederherstellungspunkte existieren, erscheint im Dialogfeld die Option **Weitere Wiederherstellungspunkte anzeigen**. Aktivieren Sie bei Bedarf das entsprechende Kontrollkästchen (❼ in der Abbildung auf Seite 617), um auch diejenigen Wiederherstellungspunkte zu sehen, die älter als fünf Tage sind.

9 Klicken Sie gegebenenfalls auf der Seite **Wiederherstellung des Computerzustands zum angegebenen Zeitpunkt** auf die Schaltfläche **Nach betroffenen Programmen suchen** ❽, um sich einen Überblick zu verschaffen, welche Software geändert oder vom Computer entfernt würde, falls eine Systemwiederherstellung mit dem aktuell markierten Wiederherstellungspunkt durchgeführt wird. Sie können diese Vorschau mit jedem Wiederherstellungspunkt durchführen, den Sie in Erwägung ziehen, bevor Sie sich endgültig entscheiden. Ein Beispiel für die resultierende Anzeige sehen Sie in der folgenden Abbildung.

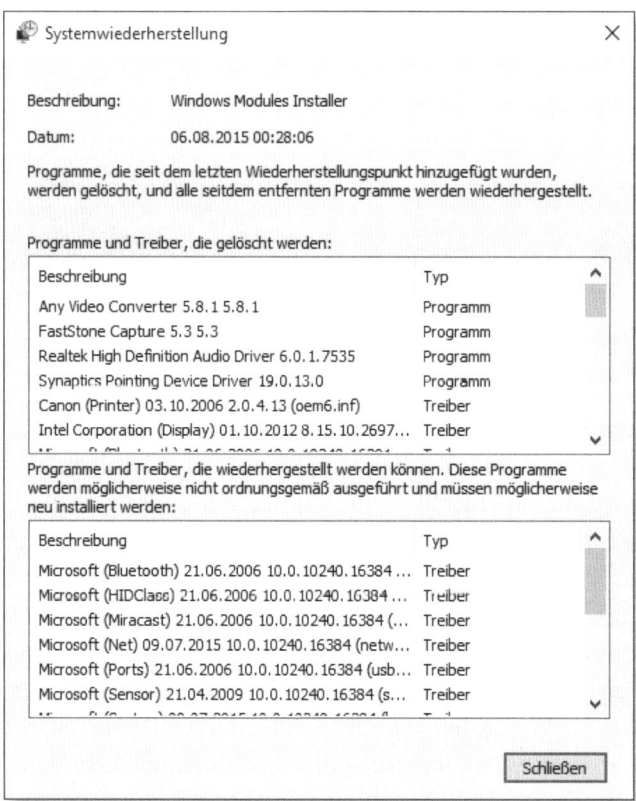

An dieser Stelle ein wichtiger Hinweis: Leider scheint es sich so zu verhalten, dass Windows 10 bei Programminstallationen nicht automatisch einen Systemwiederherstellungspunkt erstellt, wie das in den Windows-Versionen zuvor der Fall war. Erstellen Sie gegebenenfalls manuell einen Wiederherstellungspunkt, bevor Sie ein neues Programm installieren. Wenn danach Probleme auftreten, können Sie Ihren Computer auf den Zustand vor der Installation zurücksetzen.

10 Bestätigen Sie die Auswahl auf der Seite **Wiederherstellung des Computerzustands zum angegebenen Zeitpunkt** mit **Weiter**, nachdem Sie sich für einen Wiederherstellungspunkt entschieden haben.

11 Es erscheint die Seite **Wiederherstellungspunkt bestätigen**. Sie zeigt noch einmal die Daten des Wiederherstellungspunktes, den Sie ausgewählt haben, sowie das Laufwerk, auf dem die Wiederherstellung durchgeführt wird, zusammen mit der Aufforderung, alle laufenden Programme zu schließen (was Sie unbedingt tun sollten). Auch diese Seite enthält für den gewählten Wiederherstellungspunkt noch einmal das Angebot, über die entsprechende Verknüpfung nach betroffenen Programmen zu suchen ❾. Klicken Sie unten auf die Schaltfläche **Fertig stellen**, um die Systemwiederherstellung mit dem hier angezeigten Wiederherstellungspunkt durchzuführen.

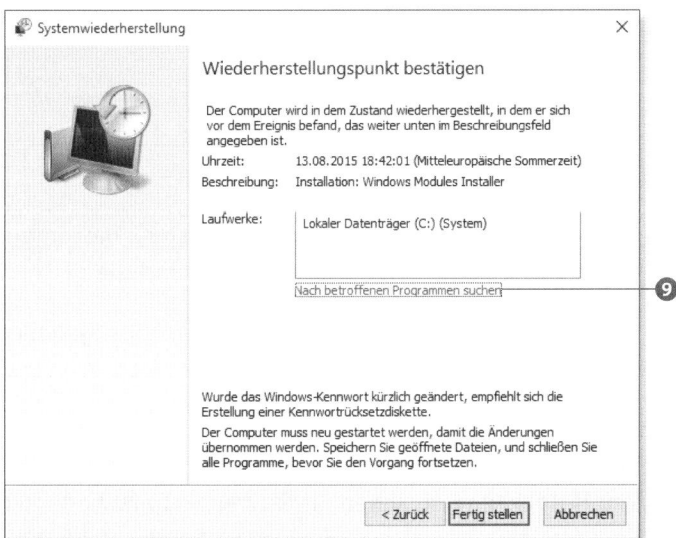

12 Danach erscheint nochmals eine Warnmeldung mit dem Hinweis, dass die Systemwiederherstellung nicht unterbrochen werden kann, nachdem sie einmal gestartet wurde. Beantworten Sie die Frage, ob Sie den Vorgang fortsetzen wollen, gegebenenfalls mit **Ja**.

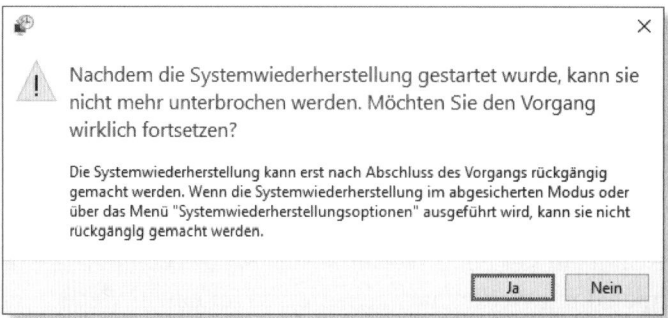

Danach führt Windows 10 die Systemwiederherstellung durch, was eine Weile in Anspruch nehmen kann. Dabei wird der Computer automatisch neu gestartet. Am Ende erscheint eine Abschlussmeldung.

14.2   Eine Systemwiederherstellung rückgängig machen

Eine durchgeführte Systemwiederherstellung macht sich ebenfalls als Systemwiederherstellungspunkt bemerkbar. Dieser wird unmittelbar vor der Systemwiederherstellung automatisch gesetzt, so dass der Vorgang jederzeit wieder rückgängig gemacht werden kann:

1 Klicken Sie mit der rechten Maustaste auf das Windows-Symbol in der Taskleiste und im erscheinenden Menü auf **System**.

2 Klicken Sie im linken Bereich der erscheinenden Dialogseite **System/Basisinformationen über den Computer anzeigen** auf die Verknüpfung **Computerschutz**.

3 Selektieren Sie auf der Registerkarte **Computerschutz** des Dialogfelds **Systemeigenschaften** das entsprechende Laufwerk und klicken Sie auf die Schaltfläche **Systemwiederherstellung**.

4 Wenn zwischenzeitlich kein anderer Systemwiederherstellungspunkt erstellt worden ist, wird die Option zum Rückgängigmachen der letzten Systemwiederherstellung bereits auf der ersten Seite des Assistenten angeboten. Die entsprechende Option lautet in diesem Fall **Systemwiederherstellung rückgängig machen** ❶. Bestätigen Sie nacheinander mit **Weiter** und **Fertig stellen**, um die zuletzt durchgeführte Systemwiederherstellung rückgängig zu machen.

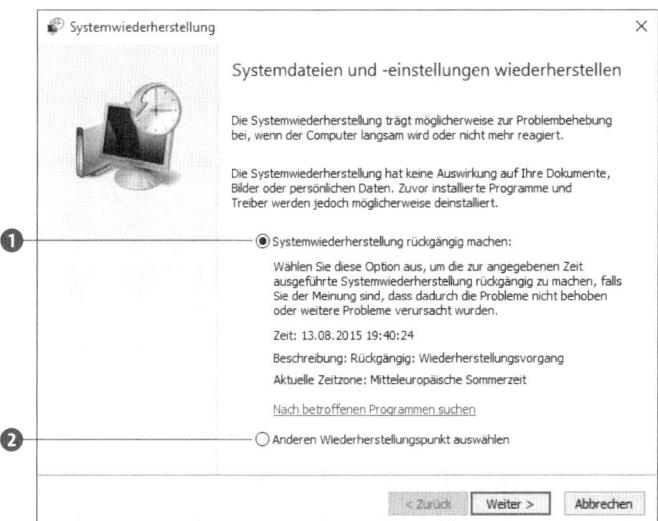

5 Wurde nach Durchführung der Systemwiederherstellung bereits ein weiterer Systemwiederherstellungspunkt erstellt, wird dieser auf der ersten Seite des Assistenten angeboten. Aktivieren Sie in diesem Fall die Option **Anderen Wiederherstellungspunkt auswählen** ❷ und bestätigen Sie mit **Weiter**. Wählen Sie nun den entsprechenden Wiederherstellungspunkt in der Liste auf der Seite **Wiederherstellung des Computerzustands zum angegebenen Zeitpunkt** aus. Die Beschreibung dieses Systemwiederherstellungspunktes lautet **Wiederherstellungsvorgang** ❸ und er besitzt den Typ **Rückgängig** ❹. Klicken Sie anschließend auf **Weiter** und auf **Fertig stellen**.

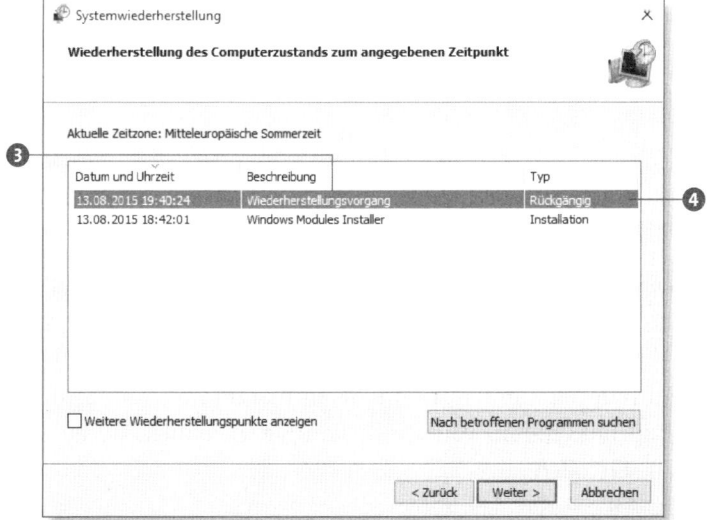

621

14.3   Systemwiederherstellungspunkte manuell erstellen

Bei der Systemwiederherstellung sind Sie nicht ausschließlich auf diejenigen Wiederherstellungspunkte angewiesen, die vom System automatisch erstellt werden, sondern Sie können auch selbst Wiederherstellungspunkte setzen. Neben der standardmäßig aktivierten automatischen Erstellung kann es verschiedene Gründe geben, einen Systemwiederherstellungspunkt manuell zu erstellen. Das ist z. B. sinnvoll, wenn Sie im Begriff sind, die Computerkonfiguration zu ändern, und Sie dabei Bedenken haben. Oder Sie möchten einfach einen jüngeren Zeitpunkt festhalten, an dem Ihr Computer definitiv zu Ihrer Zufriedenheit funktioniert hat. Führen Sie gegebenenfalls folgende Schritte durch, um einen Systemwiederherstellungspunkt manuell zu erstellen:

1 Klicken Sie in der Taskleiste mit der rechten Maustaste auf das Windows-Symbol. Wählen Sie **System** im erscheinenden Menü.

2 Klicken Sie im linken Aufgabenbereich der erscheinenden Dialogseite **Basisinformationen über den Computer anzeigen** auf die Verknüpfung **Computerschutz**.

3 Es erscheint das Dialogfeld **Systemeigenschaften** mit der Registerkarte **Computerschutz** im Vordergrund. Klicken Sie im unteren Abschnitt dieser Registerkarte auf die Schaltfläche **Erstellen**.

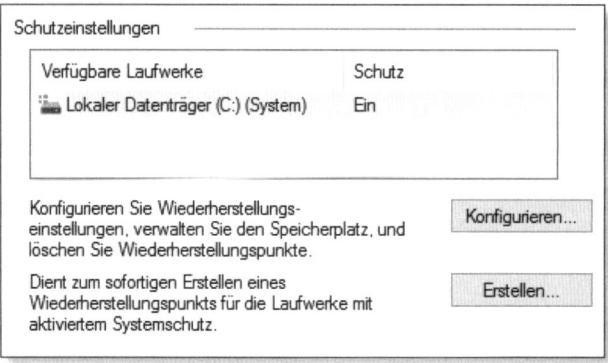

4 Es erscheint ein weiteres Dialogfeld mit dem Titel **Computerschutz**. Tippen Sie in das Textfeld eine kurze Beschreibung für den noch zu erstellenden Systemwiederherstellungspunkt ein. Diese dient allein der Kennzeichnung, damit Sie den Wiederherstellungspunkt später identifizieren können, wenn Sie einmal im Zuge der Systemwiederherstellung darauf zurückgreifen wollen. Klicken Sie anschließend auf die dann aktivierte Schaltfläche **Erstellen**.

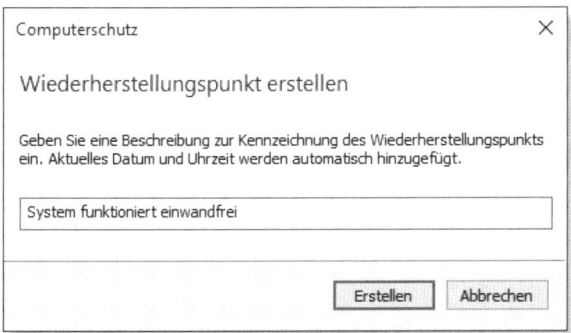

Windows erstellt danach den Systemwiederherstellungspunkt und gibt anschließend eine entsprechende Meldung aus. Den neuen Wiederherstellungspunkt können Sie jetzt bei der nächsten Systemwiederherstellung auswählen. Davon könnten Sie sich sogleich überzeugen, indem Sie im Dialogfeld **Systemeigenschaften** über die Schaltfläche **Systemwiederherstellung** den Systemwiederherstellungsassistenten starten und sich von diesem die zur Verfügung stehenden Wiederherstellungspunkte anzeigen lassen (Option **Anderen Wiederherstellungspunkt auswählen**).

Beachten Sie, dass Sie immer alle Systemwiederherstellungspunkte anzeigen müssen, um auf einen manuell erstellten Wiederherstellungspunkt zurückzugreifen. Das gilt auch dann, wenn der manuell erstellte der jüngste ist, da manuell erstellte Wiederherstellungspunkte von der Systemwiederherstellung grundsätzlich nicht automatisch angeboten werden.

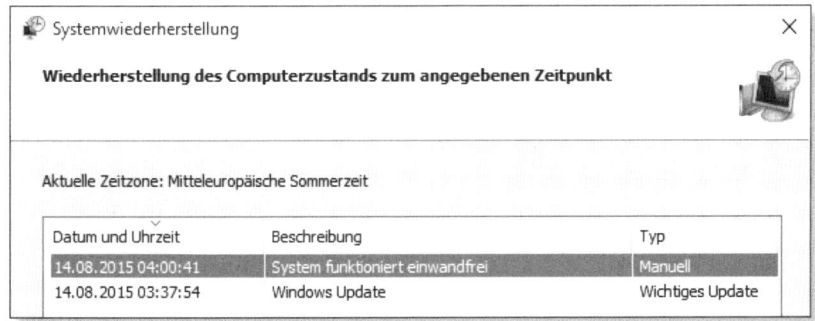

Abbildung 14.1 Der neue Systemwiederherstellungspunkt steht neben den automatisch erstellten zur Auswahl.

14.4   Das Verhalten der Systemwiederherstellung anpassen

Wenn Sie auf der Registerkarte **Computerschutz** des Dialogfelds **Systemeigenschaften** auf die Schaltfläche **Konfigurieren** klicken, erscheint das Dialogfeld aus Abbildung 14.2. Hier können Sie die Einstellungen für die Systemwiederherstellung anpassen.

Mit dem Schieberegler im Abschnitt **Speicherplatzbelegung** können Sie den Speicherplatz einstellen, der für die Systemwiederherstellung zur Verfügung stehen soll ❶. Unmittelbar darüber sehen Sie den von der Systemwiederherstellung aktuell belegten Speicherplatz ❷. Falls mit dem Erstellen eines neuen Wiederherstellungspunktes der zur Verfügung stehende Speicherplatz überschritten wird, werden andere Wiederherstellungspunkte – beginnend bei dem ältesten – gelöscht.

Über die Schaltfläche **Löschen** ❸ können Sie Windows veranlassen, alle bestehenden Wiederherstellungspunkte zu löschen. Zuvor erscheint allerdings eine Warnmeldung, die Sie gegebenenfalls mit **Fortsetzen** bestätigen müssen. Wenn Sie darauf zurückgreifen, sollten Sie jedoch ins Auge fassen, im Anschluss sogleich einen neuen Systemwiederherstellungspunkt zu erstellen (siehe dazu den vorherigen Abschnitt).

Abbildung 14.2 Im Dialogfeld »Systemschutz« können Sie das Verhalten der Systemwiederherstellung anpassen.

Im oberen Abschnitt **Einstellungen wiederherstellen** können Sie die Systemwiederherstellung gegebenenfalls vollständig deaktivieren, und zwar mithilfe des Optionsfelds **Computerschutz deaktivieren** ❹. Windows löscht dann, ebenfalls auf Nachfrage, alle existierenden Wiederherstellungspunkte. Allerdings werden unter dieser Einstellung auch keine neuen Wiederherstellungspunkte mehr erstellt, solange Sie die Systemwiederherstellung nicht wieder einschalten, indem Sie das obere Optionsfeld **Computerschutz aktivieren** ❺ wieder aktivieren. Wie üblich müssen Änderungen im Dialogfeld mit **OK** oder **Übernehmen** bestätigt werden, damit diese wirksam werden.

Der einzige Grund, die Systemwiederherstellung auszuschalten, besteht allerdings in einem Mangel an zur Verfügung stehendem Speicherplatz. Windows 10 stellt jedoch mit dem oben erwähnten Schieberegler, mit dem Sie den Speicher, der für die Systemwiederherstellung zur Verfügung stehen soll, bequem anpassen können, ein probateres Mittel zur Verfügung. Immerhin ist Ihr Computer noch ausreichend geschützt, solange Sie nur einen einzigen zeitnahen Systemwiederherstellungspunkt zur Disposition haben – vorausgesetzt, der Systemwiederherstellungspunkt speichert einen Zustand, in dem noch »alles in Ordnung« war.

Jedes Laufwerk hat seine eigene Systemwiederherstellung

Auch wenn es vielleicht selbstverständlich ist, sei an dieser Stelle der Deutlichkeit halber ausdrücklich darauf hingewiesen: Wenn auf der Registerkarte **Computerschutz** des Dialogfelds **Systemeigenschaften** mehrere Laufwerke angezeigt werden, hat jedes Laufwerk seine eigene Systemwiederherstellung, die auch für jedes Laufwerk wie beschrieben ein- oder ausgeschaltet werden kann. Das heißt auch, dass die Einstellungen, die Sie im Dialogfeld **Systemschutz für <Name des Datenträgers>** treffen, sich ausschließlich auf das im Dialogfeld **Systemeigenschaften** auf der Registerkarte **Computerschutz** markierte Laufwerk beziehen. Genauso besitzt jedes geschützte Laufwerk seine eigenen Systemwiederherstellungspunkte, oder mit anderen Worten: Jeder Systemwiederherstellungspunkt bezieht sich auf ein bestimmtes Laufwerk.

Dieser Sachverhalt wird allerdings nur äußerst selten zum Tragen kommen, da Windows in den meisten Fällen zusammen mit allen Programmen komplett auf dem Stammlaufwerk installiert ist. Systemwiederherstellungspunkte für Laufwerke zu erstellen, auf denen sich ausschließlich Benutzerdaten befinden, ergibt in der Regel keinen Sinn, da diese nicht in den Wiederherstellungspunkten gesichert werden. Beachten Sie auch, dass in der Liste der verfügbaren Laufwerke nur solche erscheinen, die mit NTFS formatiert sind. FAT- und FAT32-Partitionen werden von der Systemwiederherstellung nicht unterstützt.

INFO

14.5   Mehrere Laufwerke mit der Systemwiederherstellung überwachen

Standardmäßig überwacht der Computerschutz nur das Laufwerk der Windows-Installation. Um den Computerschutz auch für eventuell vorhandene weitere Laufwerke zu aktivieren, selektieren Sie auf der Registerkarte **Computerschutz** der Systemeigenschaften das betreffende Laufwerk im Abschnitt **Schutzeinstellungen** ❶. Rufen Sie dann über die Schaltfläche **Konfigurieren** ❷ den oben genannten Dialog auf und aktivieren Sie in diesem das Optionsfeld **Computerschutz aktivieren**. Beachten Sie jedoch, dass in der Liste der verfügbaren Laufwerke nur solche erscheinen, die mit NTFS formatiert sind (siehe dazu den Infokasten »Jedes Laufwerk hat seine eigene Systemwiederherstellung« auf Seite 625).

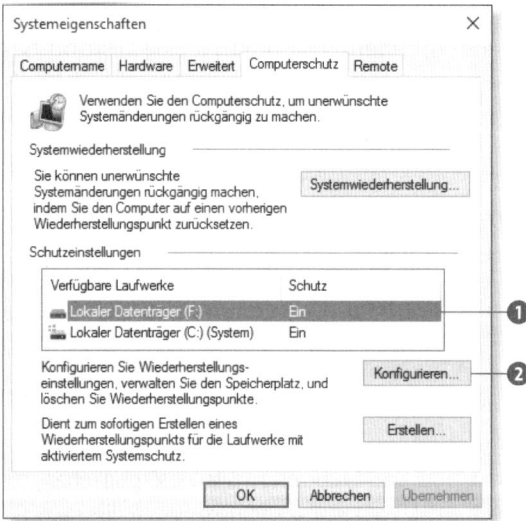

Abbildung 14.3 Sie können gegebenenfalls mehrere Laufwerke von der Systemwiederherstellung überwachen lassen. Der Computerschutz ist hier für das Stammlaufwerk C: und für das Laufwerk F: eingeschaltet.

14.6   Windows 10 auf den Ausgangszustand zurücksetzen

Wenn überhaupt nichts mehr geht, können Sie Ihren Computer in den Originalzustand zurückversetzen. Dabei wird das System auf die Konfiguration zurückgesetzt, die es unmittelbar nach der Installation von Windows 10 bzw. – falls Ihr Computer mit einem OEM-Betriebssystem ausgeliefert wurde – nach der Inbetriebnahme hatte.

Das Besondere an dieser Aktion ist, dass sie nur wenige Handgriffe erfordert und in verhältnismäßig kurzer Zeit vonstattengeht. Bei schwerwiegenden Problemen brauchen Sie Windows 10 also nicht erst neu zu installieren oder auf mehr oder weniger umständliche Weise zu reparieren, sondern können die in Windows 10 integrierte *Reset*-Funktion verwenden. Berücksichtigen Sie jedoch, dass dabei alle Apps und Programme, die Sie selbst installiert haben, entfernt werden. Außerdem wird das Betriebssystem auf die Standardeinstellungen zurückgesetzt. Bei den Dateien haben Sie jedoch die Wahl, ob Sie sie behalten oder ebenfalls entfernen lassen wollen.

Führen Sie gegebenenfalls folgende Schritte durch, um Ihr Windows 10 auf den Originalzustand zurückzusetzen:

1 Öffnen Sie das Startmenü und klicken Sie in diesem auf **Einstellungen**.

2 Klicken Sie auf der Startseite der Einstellungen auf den Abschnitt **Update und Sicherheit**.

3 Selektieren Sie im linken Bereich der erscheinenden Dialogseite die Kategorie **Wiederherstellung**. Klicken Sie anschließend im rechten Bereich auf die Schaltfläche **Los geht's ❶**.

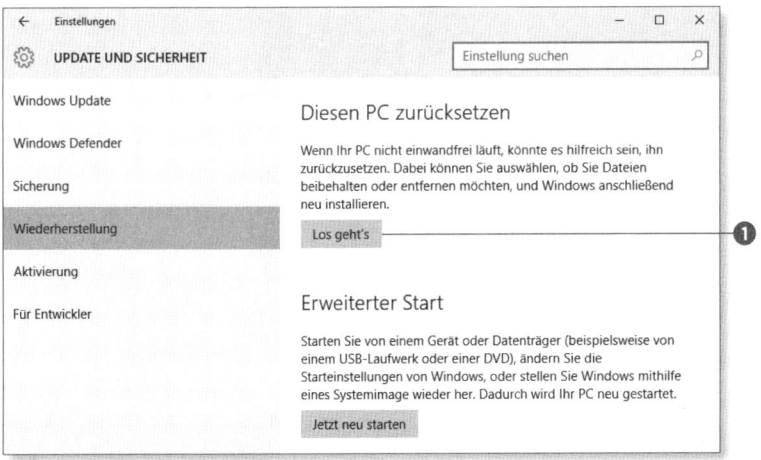

4 Es erscheint das Popup-Fenster, das in der folgenden Abbildung zu sehen ist. Klicken Sie einmal in den oberen Abschnitt, wenn Sie Ihre persönlichen Dateien behalten wollen. Um alles zu entfernen, klicken Sie in den unteren Abschnitt.

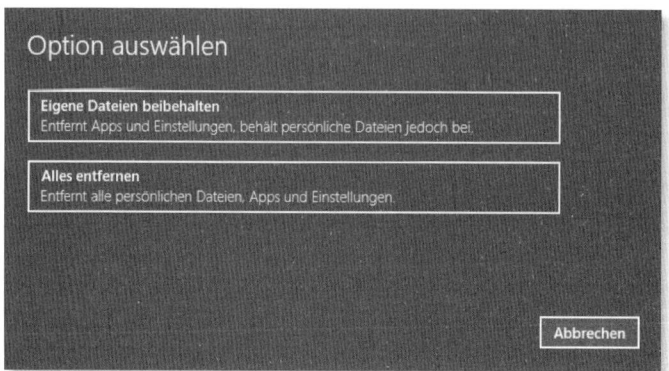

5 Falls Sie sich im letzten Schritt dazu entschlossen hatten, auch die Dateien zu entfernen, werden Sie jetzt gefragt, ob Sie Ihr Laufwerk vollständig bereinigen möchten. Dies nimmt einen etwas längeren Zeitraum in Anspruch, im Allgemeinen müssen Sie mit einer Dauer von 20 bis 40 Minuten rechnen. Es wird dadurch verhindert, dass Dateien mittels spezieller Programme wiederhergestellt werden könnten. Wenn Sie z. B. beabsichtigen, Ihren Computer zu verkaufen oder auszuleihen, und auf diesem Wege Ihre persönlichen Daten entfernen wollen, sollten Sie sicherheitshalber auch das Laufwerk bereinigen lassen. Ist das nicht der Fall – wenn Sie also Ihren Computer weiterbenutzen –, können Sie ohne Weiteres die Option **Nur Dateien entfernen** wählen. Auf den Wiederherstellungserfolg hat die Wahl keinerlei Auswirkung.

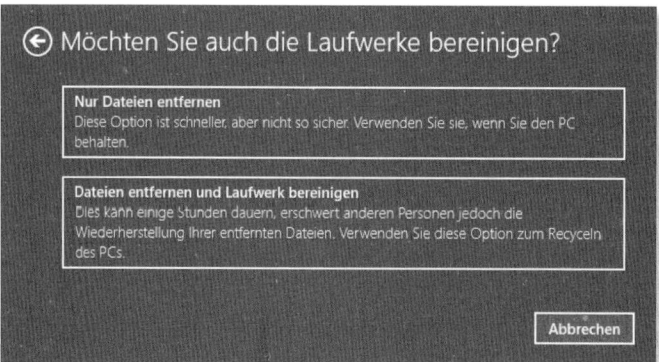

6 Eigenartigerweise nur wenn Sie in Schritt 4 entschieden hatten, Ihre persönlichen Dateien zu behalten, erscheint danach eine Liste von Programmen, die Sie nach dem Reset gegebenenfalls selbst wieder installieren müssen. Bestätigen Sie mit **Weiter**.

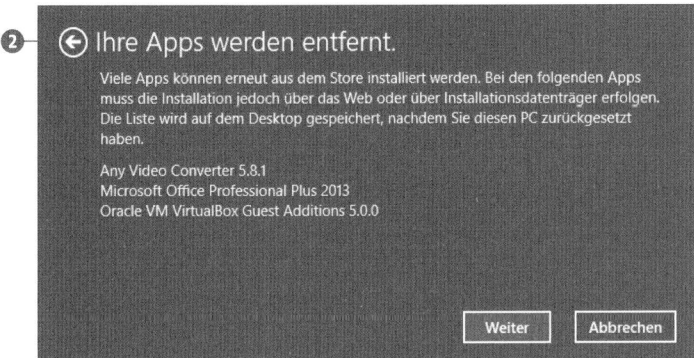

Natürlich müssen Sie alle Programme, die nicht vorinstalliert waren, nach dem Zurücksetzen des PCs gegebenenfalls selbst wieder installieren, und zwar unabhängig davon, welche Wahl Sie in Schritt 4 bezüglich der Dateien getroffen hatten. Wenn Sie Ihre Dateien nicht behalten, aber auf die Information nicht verzichten wollen, bietet es sich an, in Schritt 4 zunächst anders zu wählen, damit die Liste angezeigt wird, und anschließend per Klick auf das Zurück-Symbol ❷ den Dialogschritt **Option auswählen** erneut aufzurufen.

7 Als Letztes erscheint eine zusammenfassende Übersicht. Klicken Sie auf die Schaltfläche **Zurücksetzen**, um Windows 10 auf den Ausgangszustand zurückzusetzen.

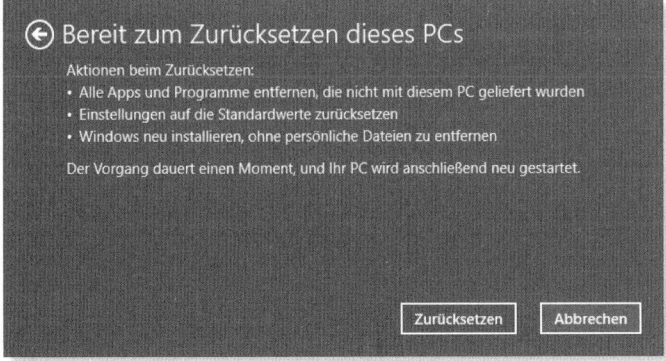

15   Dateien, Ordner und Laufwerke vor fremdem Zugriff schützen

Die meisten Anwender speichern auf ihrem Computer und möglicherweise auch auf externen Datenträgern persönliche Informationen, von denen sie nicht möchten, dass andere sie sehen oder verändern können. Windows 10 bietet Ihnen die Möglichkeit, einzelne Dateien, Ordner oder auch ganze Laufwerke einschließlich USB-Sticks oder externer Festplatten zu schützen.

Grundsätzlich gibt es viele Methoden, um den unbefugten Zugriff auf Daten zu verhindern. Eine große Rolle spielen dabei in Windows nicht zuletzt die Benutzerkontenverwaltung und die Benutzerkontensteuerung. Außerdem können Sie für Dateien und Ordner Zugriffsrechte vergeben oder eine Office-Datei z.B. auch per Kennwort schützen. Den zuverlässigsten Schutz bietet jedoch die Verschlüsselung, um die es in diesem Kapitel gehen wird. Wenn Ihnen also bestimmte Daten sehr wichtig sind, sollten Sie in jedem Fall auf die hier gezeigten Methoden (BitLocker-Laufwerkverschlüsselung, EFS-Verschlüsselung) zurückgreifen. Diese sind darüber hinaus einfach umzusetzen und der Rechteinhaber kann eine verschlüsselte Datei oder einen verschlüsselten Ordner, einen verschlüsselten USB-Stick oder eine verschlüsselte Festplatte praktisch genauso verwenden wie vorher.

15.1   BitLocker-Laufwerkverschlüsselung

Die BitLocker-Laufwerkverschlüsselung ist eine einfache und sichere Methode, persönliche Daten vor dem Zugriff anderer zu schützen. Sie verschlüsseln damit z.B. einen USB-Stick oder eine externe Festplatte, die Sie schützen wollen. Danach ist der Zugriff nur noch mit Kennwort möglich. Die Verschlüsselung mit der BitLocker-Methode bietet einen sehr starken Schutz, so dass Sie ziemlich sicher sein können, dass andere Personen nicht an Ihre Daten herankommen, wenn Ihnen die Festplatte oder der USB-Stick einmal abhandenkommt. Nach der Verschlüsselung können Sie den USB-Stick oder die externe Festplatte praktisch genauso verwenden wie vorher. Mit der einzigen Ausnahme, dass Sie ein Kennwort eingeben müssen, wenn Sie den USB-Stick oder die Festplatte an den Computer anschließen, und sogar dieses Erfordernis lässt sich für einzelne Geräte deaktivieren.

Sie können mit BitLocker jedoch nicht nur Wechseldatenträger, sondern auch ganze Festplattenlaufwerke auf Ihrem Computer verschlüsseln. Ein TPM-Chip (TPM steht für *Trusted Platform Module*) ist dabei nicht unbedingt erforderlich und unter Windows 10 können Sie – wie bereits unter Windows 8/8.1 – zum Entsperren von Festplattenlaufwerken ebenfalls ein Kennwort verwenden.

BitLocker/BitLocker To Go

Bei der Verschlüsselung von Wechseldatenträgern spricht man übrigens von *BitLocker To Go*, bei der Verschlüsselung von Festplattenlaufwerken einfach nur von *BitLocker* ohne das »To Go«. Dies ist jedoch eine reine Konvention, die wohl aus der Tatsache entstanden ist, dass die Verschlüsselung von Wechseldatenträgern mit Windows 7 neu hinzugekommen ist. Die Verschlüsselung von Festplattenlaufwerken gab es schon unter Windows Vista, allerdings funktionierte sie dort und auch unter Windows 7 nicht so einfach wie später unter Windows 8/8.1 und nunmehr unter Windows 10. Letzten Endes handelt es sich bei BitLocker und BitLocker To Go aber um die gleiche Methode. Das heißt, der Schutz ist bei einem Wechseldatenträger oder einem Festplattenlaufwerk gleich stark, da beide mit dem gleichen Algorithmus verschlüsselt werden.

15.1.1   So verschlüsseln Sie einen Wechseldatenträger

Grundsätzlich können Sie mit der im Folgenden beschriebenen Methode jeden USB-Stick und jede externe Festplatte verschlüsseln, ungeachtet dessen, ob sich darauf Daten befinden oder nicht. Allerdings dauert die BitLocker-Verschlüsselung wesentlich länger, wenn sich auf dem Wechseldatenträger Daten befinden. Ich empfehle Ihnen daher, die Daten gegebenenfalls zwischenzuspeichern und die Festplatte oder den USB-Stick anschließend zu formatieren, bevor Sie mit der Verschlüsselung beginnen. Dann können Sie in Schritt 7 der folgenden Anleitung bedenkenlos die Option **Nur verwendeten Speicherplatz verschlüsseln** wählen. Auf diese Weise sparen Sie sich eine Menge Zeit. Im Übrigen wird die Verschlüsselung einer leeren Festplatte auch dann erheblich weniger Zeit in Anspruch nehmen, wenn Sie sich in Schritt 7 entscheiden, das ganze Laufwerk zu verschlüsseln, als bei einer Festplatte, auf der sich Daten befinden.

Gehen Sie folgendermaßen vor, um einen USB-Stick oder eine externe Festplatte zu verschlüsseln:

1 Schließen Sie den USB-Stick oder die externe Festplatte an den Computer an.

2 Klicken Sie mit der rechten Maustaste auf das Symbol mit dem Windows-Logo. Wählen Sie **Systemsteuerung** im erscheinenden Kontextmenü.

3 Klicken Sie auf der Startseite der Systemsteuerung auf die Kategorie **System und Sicherheit** und anschließend auf **BitLocker-Laufwerkverschlüsselung.**

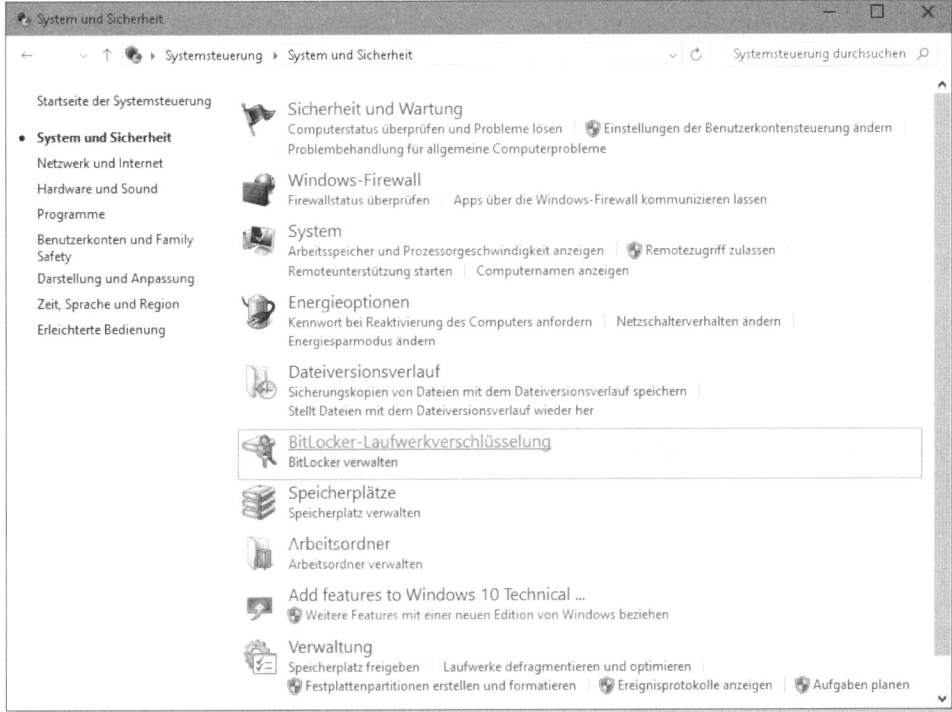

4 Erweitern Sie auf der folgenden Dialogseite den Abschnitt für den zu verschlüsselnden Wechseldatenträger, indem Sie auf das nebenstehende Symbol klicken ❶ (siehe die Abbildung auf der folgenden Seite). Klicken Sie anschließend in diesem Abschnitt auf die Verknüpfung **BitLocker aktivieren** ❷.

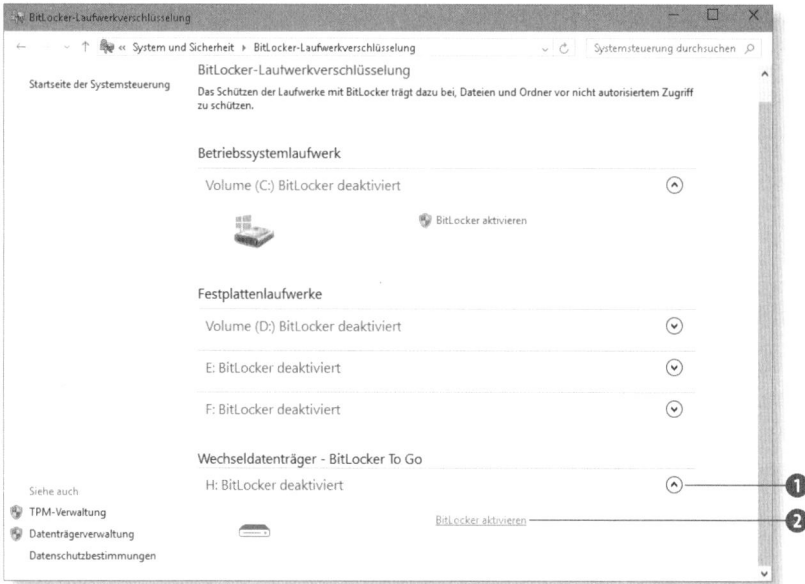

5 Nach einer kurzen Startphase, in der BitLocker das Laufwerk initialisiert, werden Sie aufgefordert, die Methode (Kennwort oder Smartcard) auszuwählen, mit der das Wechselmedium, das im Dialogfeld als Laufwerk bezeichnet wird, später entsperrt werden soll. Wenn Sie den USB-Stick oder die externe Festplatte durch ein Kennwort schützen wollen, aktivieren Sie oben das entsprechende Kontrollkästchen ❸ und geben Sie das Kennwort, das Sie frei wählen können, in die beiden Textfelder ein. Klicken Sie anschließend auf **Weiter**. Sie legen sich damit im Übrigen nicht ein für alle Mal fest. Die Methode sowie das Kennwort können Sie in der Systemsteuerung jederzeit nachträglich ändern.

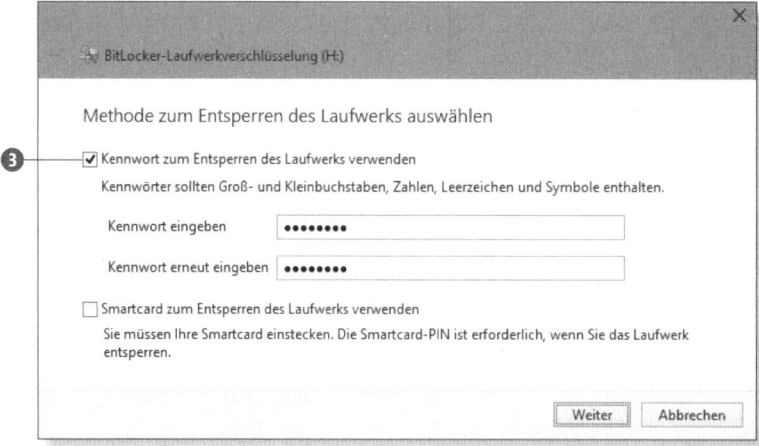

6 BitLocker erzeugt nun einen Wiederherstellungsschlüssel. Dies geschieht als zusätzliche Sicherung, die Sie nicht ablehnen können, für den Fall, dass Sie das Kennwort einmal vergessen sollten. Beantworten Sie die Frage **Wie soll der Wiederherstellungsschlüssel gesichert werden?** also entweder mit **Wiederherstellungsschlüssel drucken** oder mit **In Datei speichern**, um den Wiederherstellungsschlüssel lokal zu speichern. Alternativ können Sie den Wiederherstellungsschlüssel auch auf Ihrem Onlinespeicherplatz bei OneDrive sichern (Option **Im Microsoft-Konto speichern**). Da dort andere Personen keinen Zugriff haben, stellt dies wohl die beste Variante dar. Sie brauchen die entsprechende Option im Dialogfeld nur anzuklicken. Klicken Sie anschließend unten auf die nunmehr aktivierte Schaltfläche **Weiter**.

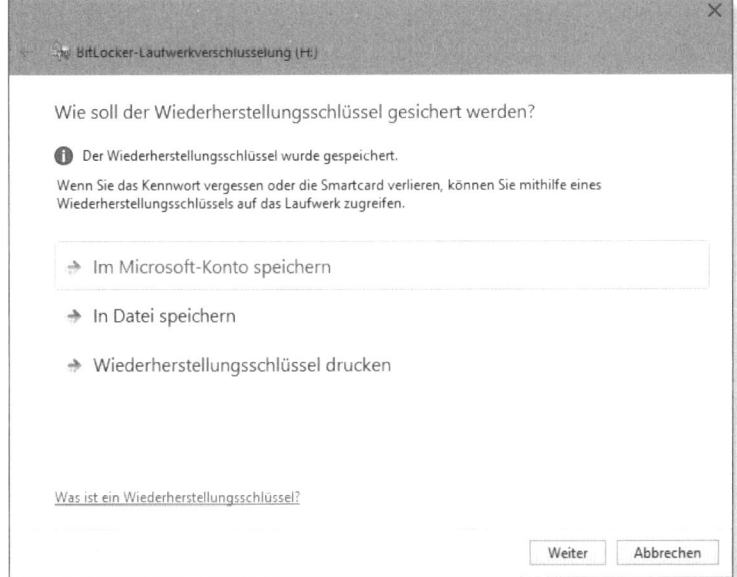

7 Sie werden nun gefragt, ob Sie nur den verwendeten Speicherplatz oder das gesamte Laufwerk verschlüsseln wollen. Wählen Sie die für Sie passende Option aus und klicken Sie auf **Weiter**.

Bei neuen, noch ungenutzten und auch bei frisch formatierten Datenträgern, auf denen sich noch keine Daten befinden, können Sie bedenkenlos die Option **Nur verwendeten Speicherplatz verschlüsseln** wählen. Befinden sich bereits Daten auf dem Laufwerk, stellt die komplette Verschlüsselung in jedem Fall den zuverlässigeren Schutz dar.

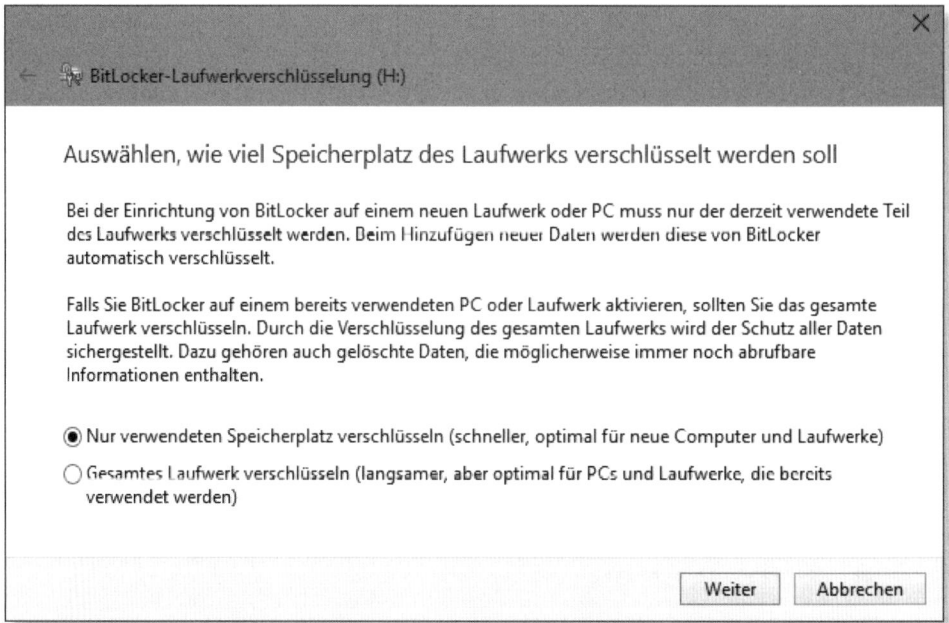

8 Auf der nächsten Seite erfolgt noch einmal eine Rückfrage, ob Sie das Laufwerk jetzt verschlüsseln wollen. Falls ja, klicken Sie unten auf die Schaltfläche **Verschlüsselung starten**, um den Mechanismus in Gang zu setzen.

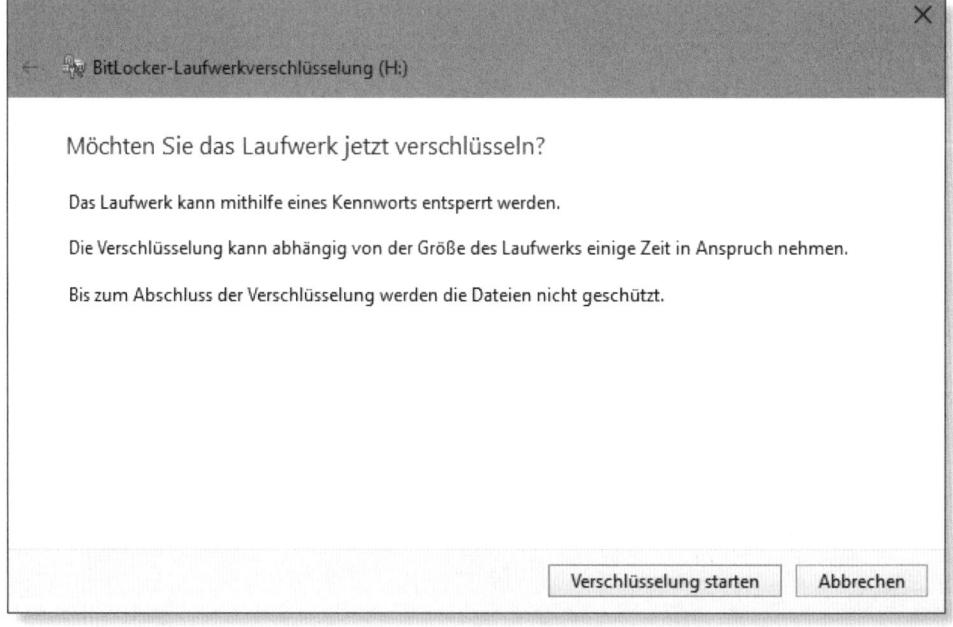

Danach brauchen Sie nichts mehr zu tun. BitLocker teilt es Ihnen mit, sobald das Laufwerk verschlüsselt ist. Bis dahin kann es je nach Größe des zu verschlüsselnden Datenträgers und der in Schritt 7 gewählten Option einige Zeit dauern. Während des Verschlüsselungsvorgangs können Sie am Computer ohne Einschränkung weiterarbeiten. Wenn Sie den Computer zwischenzeitlich herunterfahren, wird die Verschlüsselung in der nächsten Sitzung fortgesetzt. Beachten Sie jedoch, dass Sie bei laufender Verschlüsselung keinesfalls das Wechselmedium abziehen dürfen, ohne den Verschlüsselungsvorgang vorher angehalten zu haben (Schaltfläche **Anhalten** in Abbildung 15.1).

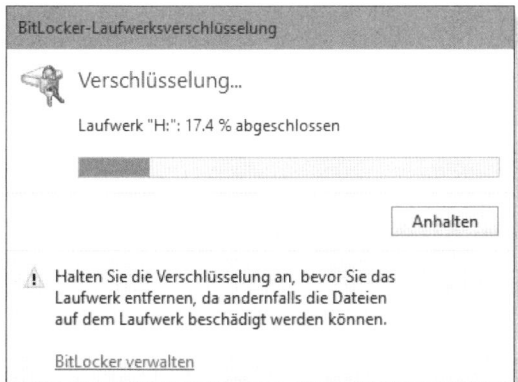

Abbildung 15.1 Die Verschlüsselung kann je nach Größe des Wechseldatenträgers und abhängig davon, ob das gesamte Laufwerk oder nur der verwendete Speicherplatz zu verschlüsseln ist, einige Zeit in Anspruch nehmen.

15.1.2   BitLocker ohne TPM zulassen

Die Verschlüsselung von Festplattenlaufwerken funktioniert praktisch auf die gleiche Weise wie das Verschlüsseln von Wechselmedien. Trotzdem werden wir die einzelnen Schritte im nächsten Abschnitt 15.1.3, »Festplattenlaufwerke verschlüsseln«, ab Seite 641, kurz nachvollziehen. Wenn die Hauptplatine Ihres Computers mit einem TPM-Chip ausgestattet ist, brauchen Sie jetzt nichts weiter zu tun und können sogleich damit beginnen. Ist das nicht der Fall, müssen Sie erst per Gruppenrichtlinie BitLocker ohne kompatibles TPM zulassen. Ansonsten erhalten Sie beim Versuch, BitLocker für ein Festplattenlaufwerk zu aktivieren, eine Fehlermeldung wie in Abbildung 15.2 auf Seite 638. Wenn Sie sich nicht sicher sind, ob Ihr Computer über ein TPM verfügt, können Sie ja erst einmal versuchen, BitLocker für Ihr Festplattenlaufwerk zu aktivieren. Sollte sich dabei die besagte Fehlermeldung einstellen, kehren Sie einfach zu diesem Abschnitt zurück.

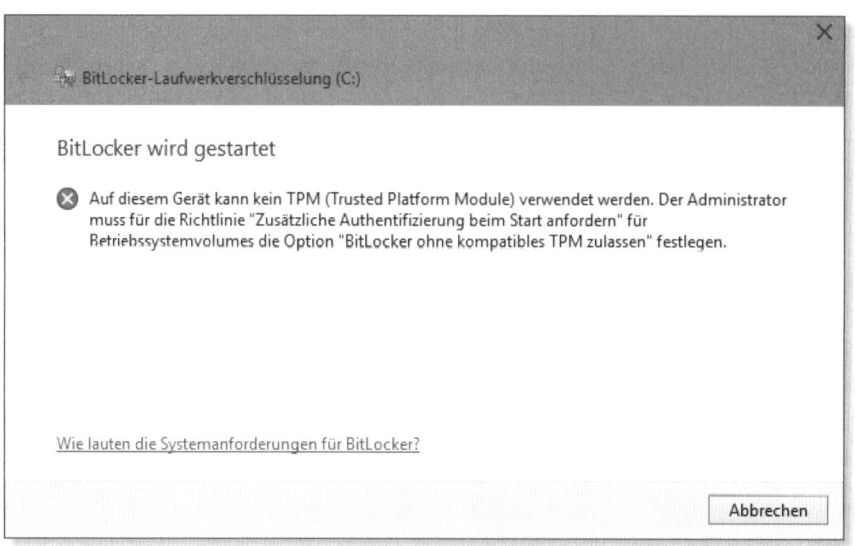

Abbildung 15.2 Wenn sich diese Fehlermeldung einstellt, müssen Sie erst noch BitLocker ohne TPM zulassen, um Festplattenlaufwerke verschlüsseln zu können.

INFO

Trusted Platform Module Management

Wenn Sie wollen, können Sie auch die TPM-Verwaltung aufrufen, indem Sie »tpm.msc« in das Suchfeld der Taskleiste eintippen und anschließend auf die angezeigte Symbolverknüpfung ❶ klicken.

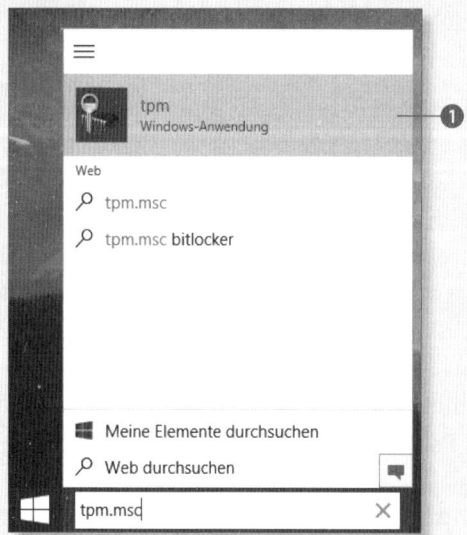

Abbildung 15.3 Aufruf der TPM-Verwaltung über die Suchfunktion der Taskleiste

INFO

Außerdem enthält die Seite **BitLocker-Laufwerkverschlüsselung** der Systemsteuerung links unten im Aufgabenbereich eine Verknüpfung zur TPM-Verwaltung 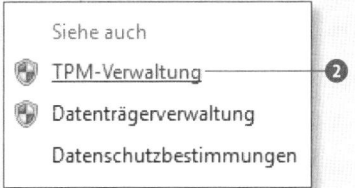.

Abbildung 15.4 Aufruf der TPM-Verwaltung in der Systemsteuerung

In der TPM-Verwaltung sehen Sie sofort, ob die Hauptplatine Ihres Computers mit einem TPM-Chip ausgestattet ist. Ist das nicht der Fall, erscheint im mittleren Fenster der TPM-Verwaltung die Meldung, die in der folgenden Abbildung 15.5 zu sehen ist.

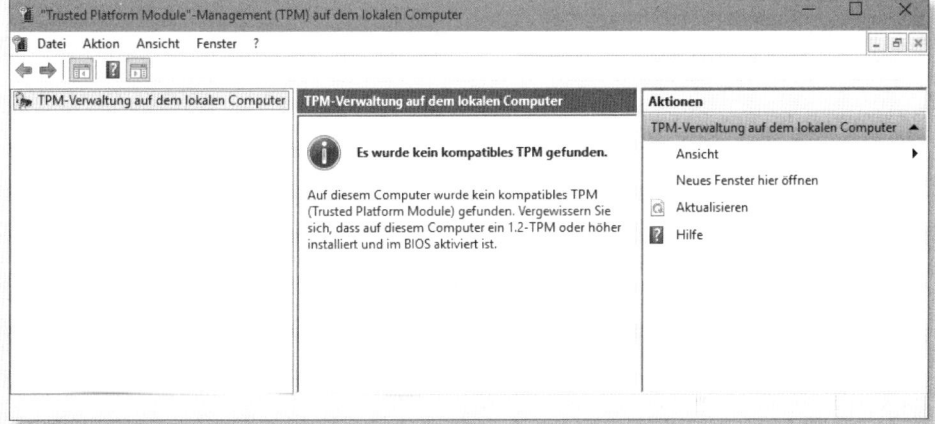

Abbildung 15.5 Auf dem Computer ist kein TPM-Chip vorhanden.

Beachten Sie, dass Administratorrechte erforderlich sind, um BitLocker ohne TPM zuzulassen. Melden Sie sich also mit einem Administratorkonto am Computer an und führen Sie die folgenden Schritte durch:

1 Öffnen Sie den Editor für lokale Gruppenrichtlinien. Geben Sie dazu »gpedit.msc« in das Suchfeld der Taskleiste ein und klicken Sie anschließend auf die angezeigte Symbolverknüpfung ❶ (siehe die Abbildung auf der folgenden Seite).

2 Navigieren Sie im linken Bereich des Editors für lokale Gruppenrichtlinien zum Ordner **Computerkonfiguration ▶ Administrative Vorlagen ▶ Windows-Komponenten ▶
BitLocker-Laufwerkverschlüsselung ▶ Betriebssystemlaufwerke**. Klicken Sie den Ordner **Betriebssystemlaufwerke** ❷ einmal an, um im rechten Bereich die zugehörigen
Gruppenrichtlinien anzuzeigen.

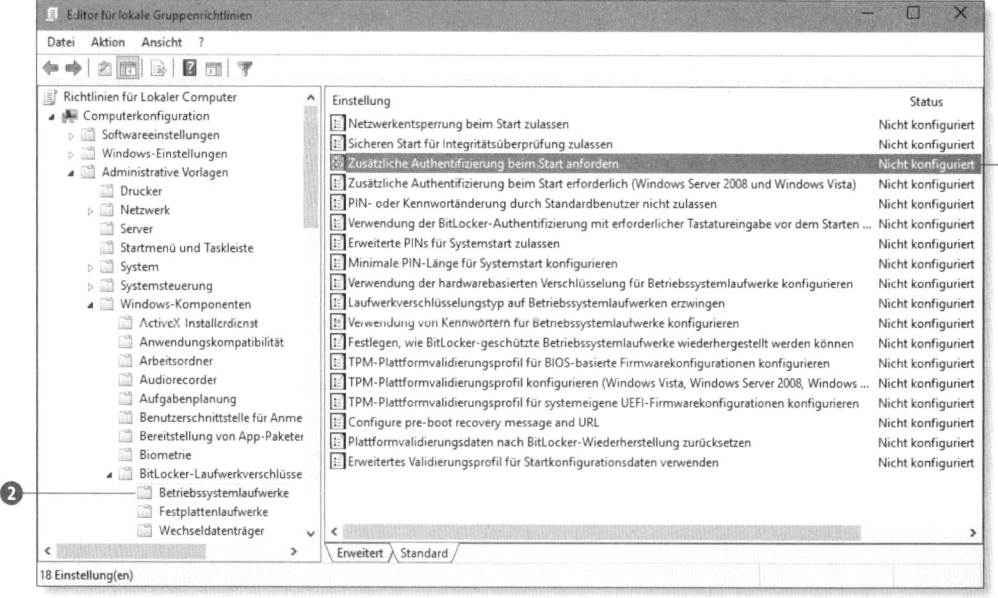

3 Klicken Sie im rechten Bereich doppelt auf die Richtlinie **Zusätzliche Authentifizierung beim Start anfordern** (❸ auf Seite 640). Es erscheint das Dialogfenster zum Bearbeiten der Richtlinie, das Sie in der folgenden Abbildung sehen.

4 Aktivieren Sie oben im Dialogfenster das Optionsfeld **Aktiviert** ❹ und setzen Sie gegebenenfalls im Abschnitt **Optionen** neben **BitLocker ohne kompatibles TPM zulassen** ein Häkchen ❺. Bestätigen Sie die neue Einstellung mit **OK** oder **Übernehmen**. Danach können Sie BitLocker auch für Festplattenlaufwerke aktivieren.

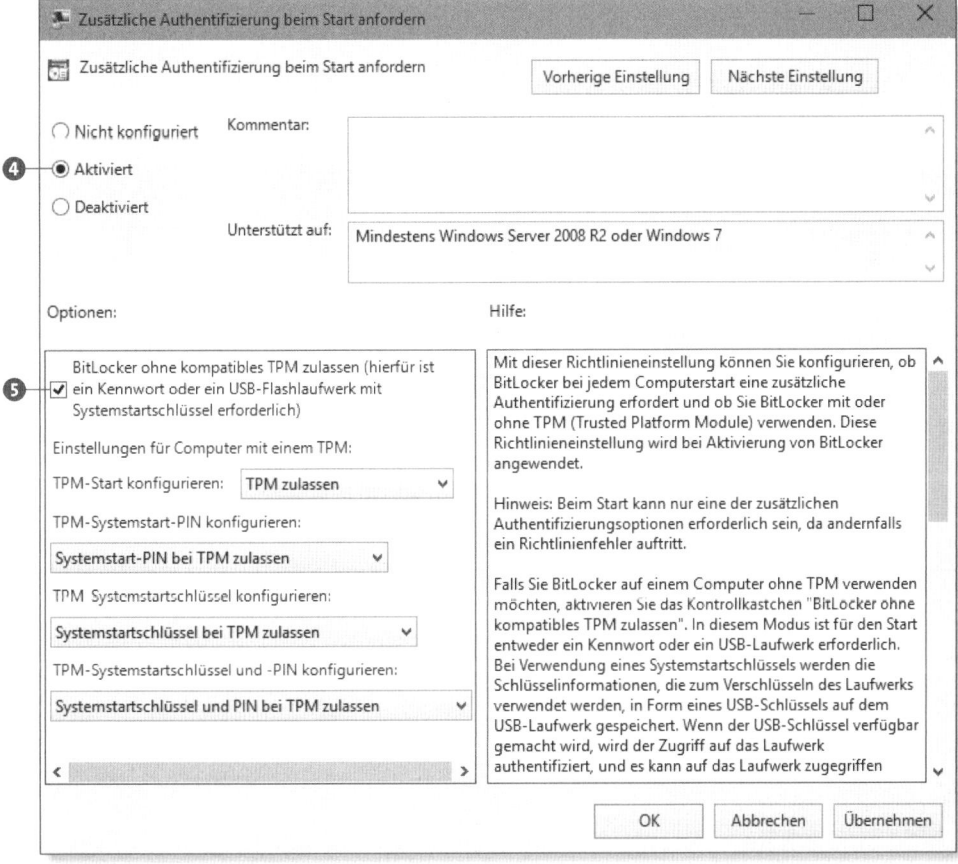

15.1.3 Festplattenlaufwerke verschlüsseln

BitLocker funktioniert für Festplattenlaufwerke genauso einfach wie BitLocker To Go für Wechselmedien, so dass die Vorgehensweise im Wesentlichen der oben in Abschnitt 15.1.1, »So verschlüsseln Sie einen Wechseldatenträger«, ab Seite 632 beschriebenen gleicht. Gegenüber Windows-Betriebssystemen vor Windows 8 können Sie zum Entsperren nun auch wie bei Wechselmedien ein Kennwort verwenden. Hier die einzelnen Schritte, um z. B. das Laufwerk **C:** zu verschlüsseln:

1 Klicken Sie in der Systemsteuerung nacheinander auf die Kategorien **System und Sicherheit** und **BitLocker-Laufwerkverschlüsselung**.

2 Klicken Sie im Abschnitt für das Festplattenlaufwerk **C:** auf die Verknüpfung **Bit-Locker aktivieren** ❶.

Wenn Sie jetzt eine Fehlermeldung erhalten, müssen Sie zunächst BitLocker ohne kompatibles TPM zulassen. Lesen Sie dazu den vorherigen Abschnitt 15.1.2, »BitLocker ohne TPM zulassen«, ab Seite 637.

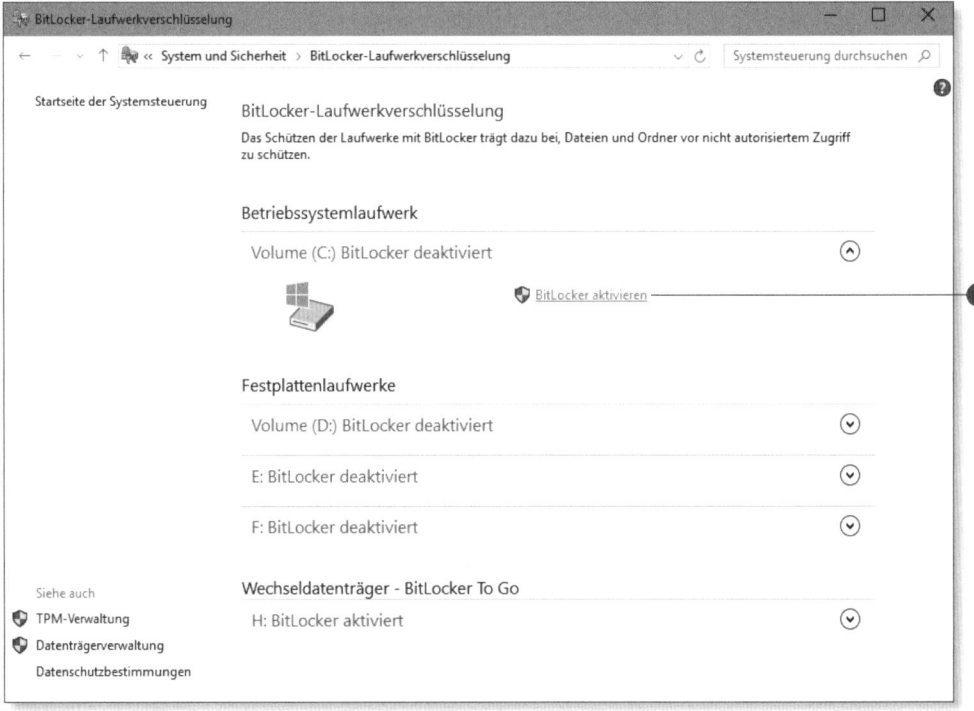

3 Nachdem BitLocker die Konfiguration Ihres Computers überprüft hat, erscheint das Dialogfeld, das Sie in der folgenden Abbildung sehen. Klicken Sie hier auf den Abschnitt **Kennwort eingeben**, wenn später zum Entsperren der Festplatte ein Kennwort verwendet werden soll. Gegebenenfalls können Sie die Methode zum Entsperren auch nachträglich ändern.

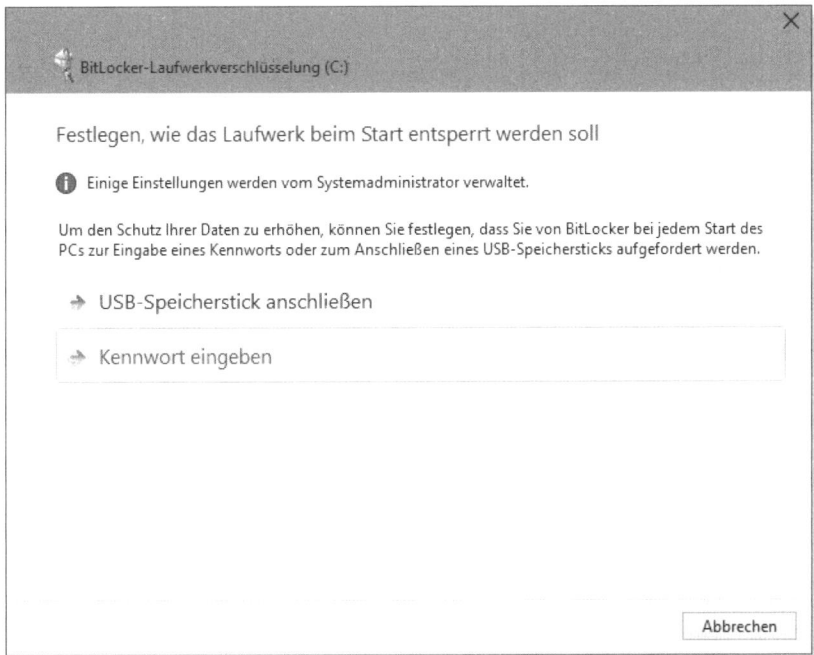

4 Geben Sie auf der nächsten Seite das gewünschte Kennwort in die beiden Textfelder ein und klicken Sie auf **Weiter**. Es versteht sich von selbst, dass ein Kennwort ausreichend sicher sein sollte, also entsprechend lang sein und idealerweise aus einer Kombination von Buchstaben und Zahlen bestehen sollte. Auch das Kennwort kann nachträglich geändert werden.

5 Geben Sie im nächsten Schritt (siehe die Abbildung auf der folgenden Seite) an, wo der zu erstellende Wiederherstellungsschlüssel gespeichert werden soll, indem Sie in den entsprechenden Abschnitt klicken. Zur Auswahl stehen **Im Microsoft-Konto speichern**, **Auf USB-Speicherstick speichern**, **In Datei speichern** und **Wiederherstellungsschlüssel drucken**. Klicken Sie anschließend auf **Weiter** – die Schaltfläche wird aktiviert, nachdem Sie eine der genannten Speicheroptionen gewählt haben.

Den Wiederherstellungsschlüssel können Sie später verwenden, um das Laufwerk zu entsperren, falls Sie das Kennwort einmal vergessen sollten. Wenn Sie die Option **In Datei speichern** wählen, sollten Sie diese daher auf keinen Fall auf dem zu verschlüsselnden Laufwerk speichern.

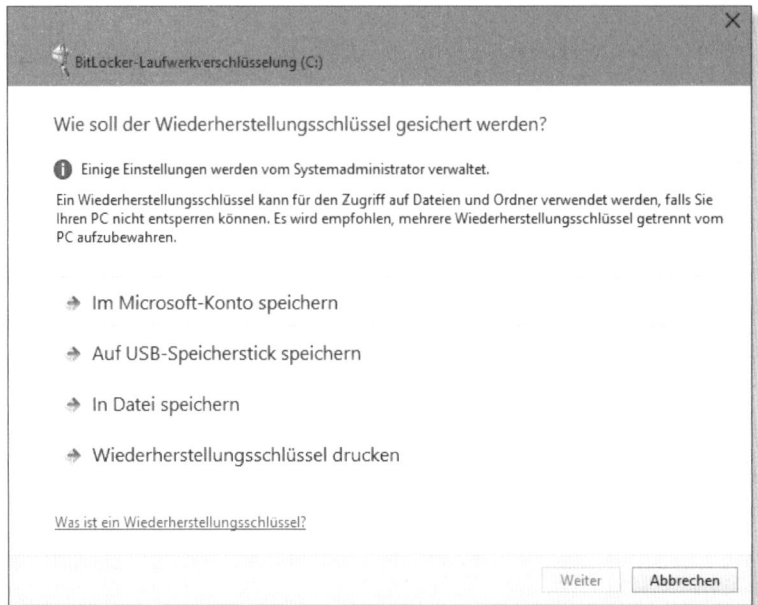

6 Sie werden nun gefragt, ob Sie nur den verwendeten Speicherplatz oder das ganze Laufwerk verschlüsseln wollen. Für einen optimalen Schutz sollten Sie grundsätzlich das gesamte Laufwerk verschlüsseln. Wenn Sie Ihren Computer jedoch neu in Betrieb genommen und Sie auf der Festplatte noch keine persönlichen Daten gespeichert haben, reicht es aus, nur den verwendeten Speicherplatz zu verschlüsseln. Neu hinzugefügte Daten werden in diesem Fall automatisch verschlüsselt. Wählen Sie die für Sie passende Option aus und klicken Sie auf **Weiter**.

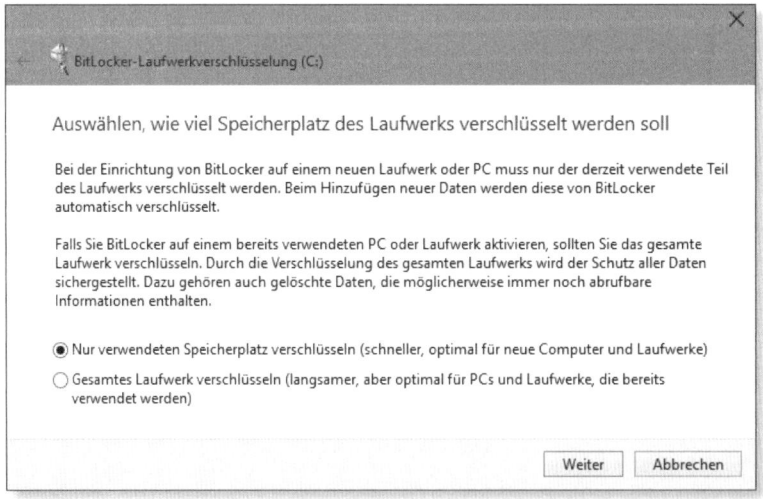

7 Auf der nächsten Dialogseite erfolgt noch einmal eine Rückfrage, ob Sie das Laufwerk jetzt verschlüsseln wollen. Ich empfehle Ihnen, die BitLocker-Systemüberprüfung aktiviert zu lassen. Sie überprüft im Vorfeld, ob das Laufwerk problemlos verschlüsselt werden kann. Klicken Sie auf **Weiter**, um den Verschlüsselungsvorgang in Gang zu setzen. Sie werden nun aufgefordert, Ihren Computer neu zu starten. Dies können Sie sofort tun oder erst später, wenn Sie mit Ihrer Arbeit fertig sind.

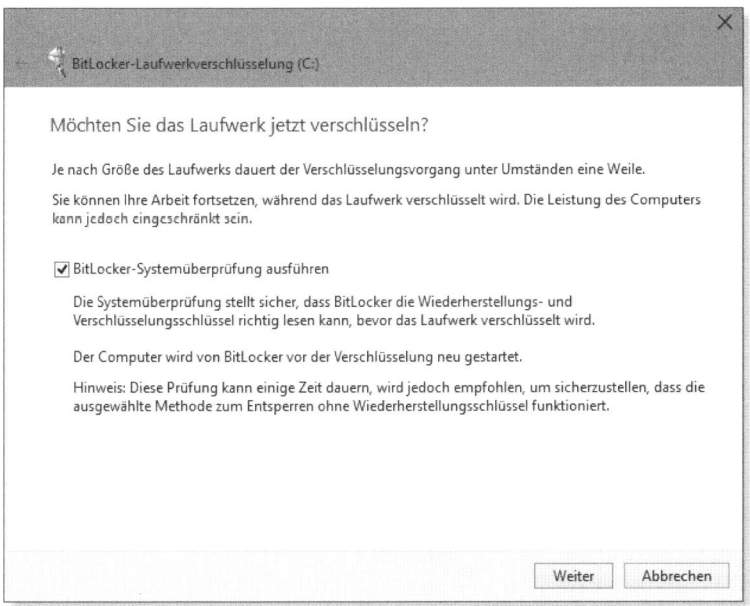

BitLocker verschlüsselt nun Ihr Festplattenlaufwerk. Beim nächsten Start des Computers muss zum Entsperren des Laufwerks das hinterlegte Kennwort eingegeben werden. Erst danach kann sich ein Benutzer mit seinem Konto am Computer anmelden.

15.2   So verwenden Sie einen verschlüsselten Wechseldatenträger

Wenn Sie die externe Festplatte oder den USB-Stick, den Sie verschlüsselt haben, später wieder an einen Computer anschließen (Betriebssysteme Windows 7, Windows 8 bzw. 8.1 oder Windows 10), werden Sie nach dem Kennwort gefragt. Das Gleiche geschieht – wenn Sie die Frage zunächst ignorieren – beim ersten Versuch, das Laufwerk im Explorer zu öffnen. Tippen Sie im erscheinenden Popup-Fenster das Kennwort ein und klicken Sie anschließend auf die Schaltfläche **Entsperren**. Danach können Sie den Wechseldatenträger wie gewohnt auf diesem Computer verwenden.

Abbildung 15.6 Nachdem Sie einen verschlüsselten Wechseldatenträger entsperrt haben, können Sie ihn in gewohnter Weise verwenden.

Wenn Sie sich sicher sind, dass Ihr Computer nicht von unbefugten Personen benutzt wird bzw. dass keine anderen Personen Zugriff auf den angeschlossenen Datenträger haben, können Sie sich im gleichen Dialog dafür entscheiden, dass der USB-Stick oder die externe Festplatte auf diesem Computer automatisch entsperrt werden soll. Klicken Sie dazu auf die Verknüpfung **Weitere Optionen** (siehe Abbildung 15.6) und aktivieren Sie das Kontrollkästchen neben **Auf diesem PC automatisch entsperren** (siehe Abbildung 15.7). Danach brauchen Sie das Kennwort nicht mehr einzugeben, wenn Sie den USB-Stick oder die externe Festplatte das nächste Mal an den Computer anschließen. Der Wechseldatenträger bleibt nach wie vor geschützt, da sich das automatische Entsperren nur auf den aktuellen Computer bezieht.

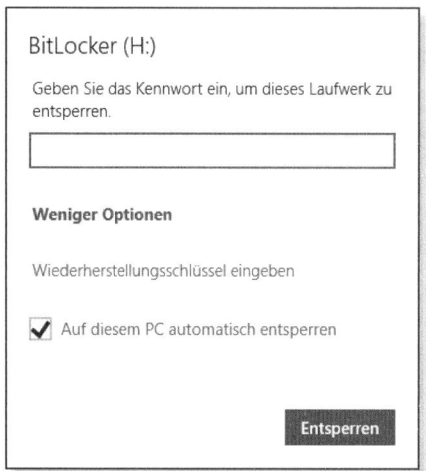

Abbildung 15.7 Hier können Sie festlegen, dass der Wechseldatenträger zukünftig automatisch entsperrt wird.

15.3   BitLocker-Verschlüsselung aufheben oder neu konfigurieren

Sie können für eine BitLocker-Laufwerkverschlüsselung (Festplatten) oder BitLocker-To-Go-Verschlüsselung (Wechseldatenträger) jederzeit neue Einstellungen treffen oder die Verschlüsselung ganz aufheben. Rufen Sie dazu in der Systemsteuerung die Dialogseite **BitLocker-Laufwerkverschlüsselung** auf, indem Sie nacheinander die Kategorien **System und Sicherheit** und **BitLocker-Laufwerkverschlüsselung** anklicken. Alle wichtigen Optionen zum Konfigurieren einer BitLocker- oder einer BitLocker-To-Go-Laufwerkverschlüsselung finden Sie in den entsprechenden Abschnitten direkt auf der Dialogseite, z. B. zum Ändern des Kennworts ❶ oder zum erneuten Erstellen eines Wiederherstellungsschlüssels (Option **Wiederherstellungsschlüssel sichern** ❷). Erweitern Sie gegebenenfalls einen Abschnitt, indem Sie auf das Symbol am rechten Rand des Abschnitts klicken.

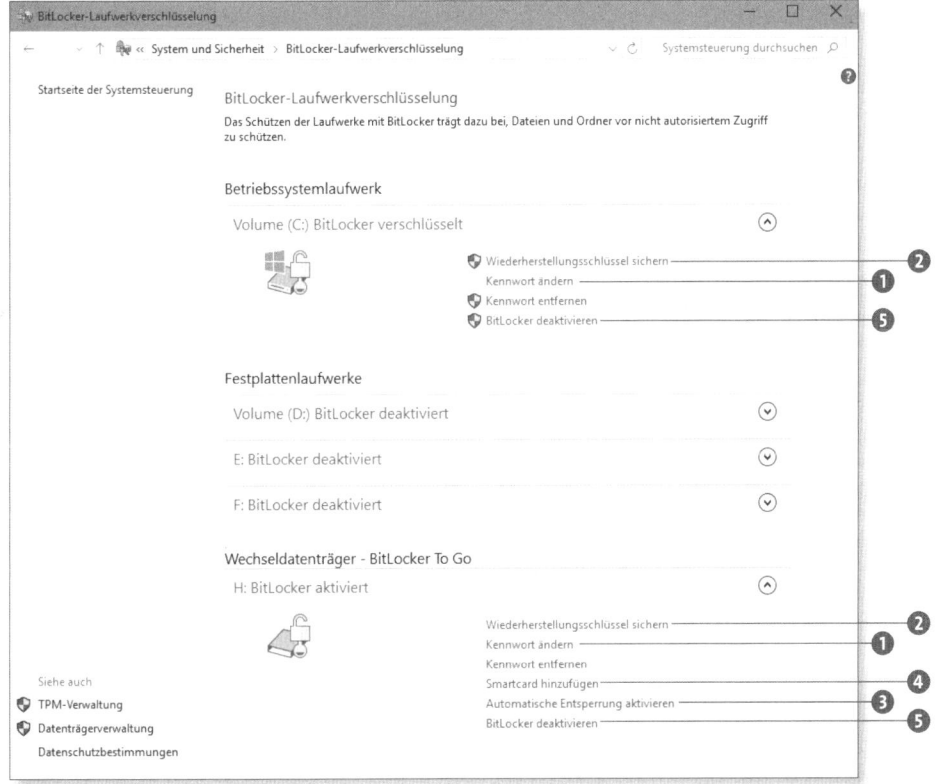

Abbildung 15.8 Optionen zum Konfigurieren von BitLocker-Laufwerkverschlüsselungen

Wechseldatenträger haben zusätzlich die Option **Automatische Entsperrung aktivieren** ❸ bzw. **Automatische Entsperrung deaktivieren** für den Fall, dass die automatische Entsperrung aktiviert ist. Mit dem Befehl **Smartcard hinzufügen** (❹ auf Seite 647) kann bei eingelegter Smartcard die Methode des Entsperrens geändert werden. Das Kennwort für eine Verschlüsselung können Sie natürlich nur entfernen, wenn Sie vorher die Methode zum Entsperren geändert haben.

Um eine Verschlüsselung vollständig rückgängig zu machen, klicken Sie im entsprechenden Abschnitt auf **BitLocker deaktivieren** ❺ (Abbildung 15.8). Der Vorgang kann wiederum eine Weile dauern. Auch hier gilt wieder, dass Sie die Entschlüsselung auf jeden Fall anhalten müssen ❻, bevor Sie einen Wechseldatenträger vom Computer abziehen.

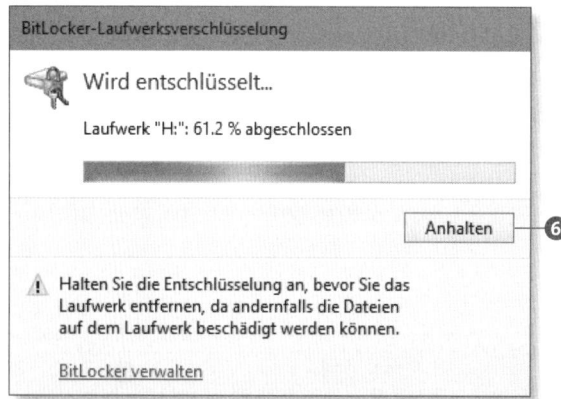

Abbildung 15.9 Eine BitLocker- bzw. eine BitLocker-To-Go-Verschlüsselung können Sie jederzeit rückgängig machen.

15.4   Dateien und Ordner mit EFS verschlüsseln

Sie können auch einzelne Dateien oder komplette Ordner schützen. Wenn Sie einen Ordner verschlüsseln, heißt das, dass alle Dateien und gegebenenfalls Unterordner, die sich in dem zu verschlüsselnden Ordner befinden, verschlüsselt werden (ob Sie Unterordner einbeziehen wollen, können Sie separat während der Konfiguration entscheiden). Dateien und gegebenenfalls auch Ordner (falls Sie Unterordner einbezogen haben), die Sie später in den verschlüsselten Ordner kopieren oder dort neu erstellen, werden automatisch mitverschlüsselt.

Die Verschlüsselung von Dateien und Ordnern erfolgt mit dem *Encrypting File System*, kurz EFS, das in Windows 10 integriert ist. Verschlüsselte Dateien können nur von berechtigten Benutzern geöffnet und bearbeitet werden. Nicht berechtigte haben auf eine EFS-verschlüsselte Datei keinen Zugriff.

Die EFS-Verschlüsselung funktioniert nur auf NTFS-Dateisystemen

Voraussetzung für die EFS-Verschlüsselung ist ein NTFS-formatiertes Dateisystem. Auf Partitionen und Datenträgern, die mit FAT16 oder FAT32 formatiert sind, steht das Encrypting File System nicht zur Verfügung. Das hat z. B. zur Folge, dass eine EFS-geschützte Datei, wenn Sie diese auf CD oder DVD brennen, dort nicht verschlüsselt wird.

Bei den anderen Medien bestehen im Allgemeinen keine Beschränkungen, da man diese heutzutage üblicherweise mit NTFS formatiert – zumindest ist dieses Dateisystem für Festplatten und auch USB-Sticks vorzuziehen.

Um einen Datenträger zu formatieren, klicken Sie das entsprechende Laufwerk im Explorer mit der rechten Maustaste an und wählen im Kontextmenü den Befehl **Formatieren**.

Der Aufwand, um eine Datei oder einen Ordner mit EFS zu verschlüsseln, ist verhältnismäßig gering. Führen Sie folgende Schritte durch, um einen Ordner oder eine Datei zu verschlüsseln und damit vor dem Zugriff anderer zu schützen:

1 Starten Sie den Explorer. Klicken Sie mit der rechten Maustaste auf den Ordner oder die Datei, die Sie verschlüsseln wollen, und wählen Sie **Eigenschaften** im erscheinenden Kontextmenü.

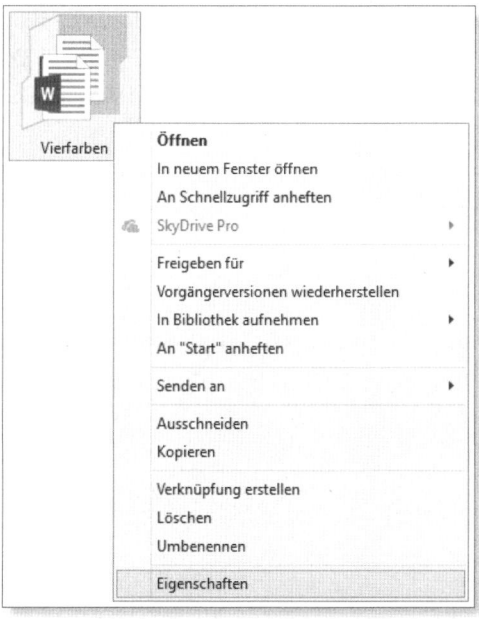

2 Klicken Sie auf der Registerkarte **Allgemein** des erscheinenden Eigenschaften-Dialogfelds auf die Schaltfläche **Erweitert ❶**.

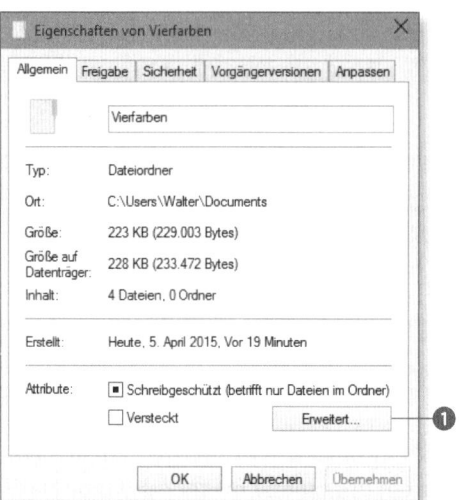

3 Es erscheint ein zusätzliches Dialogfeld **Erweiterte Attribute**, das Sie in der folgenden Abbildung sehen. Um die gewählte Datei bzw. den gewählten Ordner zu verschlüsseln, setzen Sie vor die Option **Inhalt verschlüsseln, um Daten zu schützen** ein Häkchen **❷**. Für einen optimalen Schutz empfiehlt es sich, die Optionen **Ordner kann archiviert werden ❸** und **Zulassen, dass für Dateien in diesem Ordner Inhalte zusätzlich zu Dateieigenschaften indiziert werden ❹** gegebenenfalls zu deaktivieren. Falls Sie eine einzelne Datei ausgewählt haben, lauten die entsprechenden Optionen **Datei kann archiviert werden** und **Zulassen, dass für diese Datei Inhalte zusätzlich zu Dateieigenschaften indiziert werden**. Bestätigen Sie die Änderungen mit **OK**.

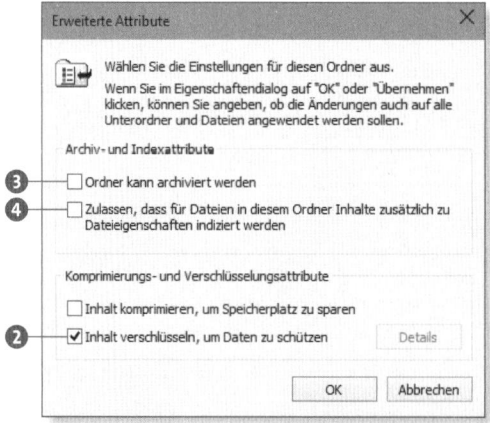

4 Bestätigen Sie den Ausgangsdialog (**Eigenschaften von <Datei- bzw. Ordnername>** aus Schritt 2) ebenfalls mit **OK** oder **Übernehmen**.

Wenn Sie einen Ordner zum Verschlüsseln ausgewählt haben, werden Sie jetzt im Dialogfeld **Änderungen der Attribute bestätigen** gefragt, ob Sie auch die darin befindlichen Unterordner samt Dateien verschlüsseln wollen. Um den kompletten Ordner mit allen Unterordnern zu schützen, wählen Sie die Option **Änderungen für diesen Ordner, untergeordnete Ordner und Dateien übernehmen**. Mit der Option **Änderungen nur für diesen Ordner übernehmen** werden nur die im Ordner auf der ersten Ebene enthaltenen Dateien, nicht jedoch die Dateien in eventuellen Unterordnern verschlüsselt.

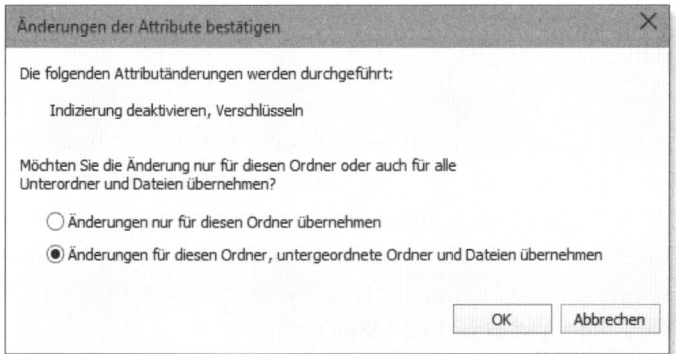

Wenn Sie eine Datei, die sich in einem unverschlüsselten Ordner befindet, zum Verschlüsseln ausgewählt haben, werden Sie im Dialogfeld **Verschlüsselungswarnung** gefragt, ob Sie nur die einzelne Datei oder den Ordner, in dem sie sich befindet, verschlüsseln wollen. Dazu sei gesagt, dass eine Verschlüsselung kompletter Ordner grundsätzlich den besseren Schutz bietet. Andernfalls ist es nämlich möglich, dass eine Anwendung, die eine verschlüsselte Datei bearbeitet, eine temporäre, unverschlüsselte Kopie der Datei speichert. Bei einem verschlüsselten Ordner ist dagegen sichergestellt, dass alle Dateien, die nachträglich in dem Ordner landen – sei es, dass sie dort neu erstellt oder in den Ordner hineinkopiert werden –, sofort automatisch verschlüsselt werden.

Wählen Sie also gegebenenfalls die Option **Datei und übergeordneten Ordner verschlüsseln (empfohlen)**, um den übergreifenden Ordner zu verschlüsseln. Beachten Sie jedoch, dass damit alle Dateien der ersten Ebene verschlüsselt werden, nicht aber die Dateien in Unterordnern. Möchten Sie diese auch verschlüsseln, müssen Sie die Verschlüsselung, wie beschrieben, direkt in den Ordnereigenschaften aktivieren und anschließend die Rückfrage entsprechend beantworten.

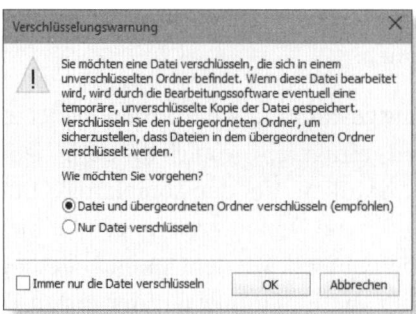

5 Bestimmen Sie im Dialogfeld **Änderungen der Attribute bestätigen**, ob Sie auch enthaltene Unterordner verschlüsseln wollen, bzw. wählen Sie im Dialogfeld **Verschlüsselungswarnung** eine der Optionen **Datei und übergeordneten Ordner verschlüsseln (empfohlen)** oder **Nur Datei verschlüsseln**.

Die Datei bzw. der Ordner mit seinen Dateien und gegebenenfalls Unterordnern sind nun verschlüsselt. Sie erscheinen im Explorer in grüner Farbe. Verschlüsselte Dateien können nur Sie selbst verwenden (wie Sie gegebenenfalls ausgewählten Personen Zugriff auf verschlüsselte Dateien gewähren, erfahren Sie im nächsten Abschnitt). Andere Benutzer oder Eindringlinge via Boot-CD bekommen verschlüsselte Dateien zwar angezeigt, können sie aber nicht öffnen und auch nicht kopieren.

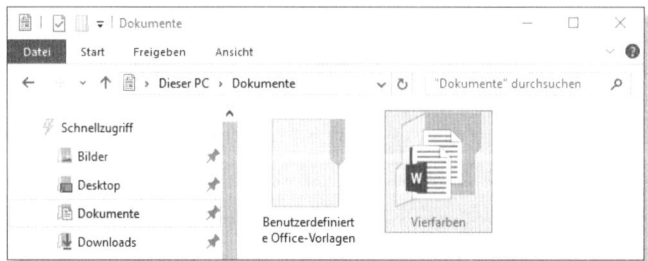

Abbildung 15.10 Verschlüsselte Dateien und Ordner sind im Explorer an der grünen Schriftfarbe zu erkennen.

Eine bestehende Verschlüsselung aufheben

Genauso einfach, wie Sie eine Verschlüsselung aktivieren, können Sie diese auch wieder aufheben. Entfernen Sie einfach im Dialogfeld **Erweiterte Attribute** (Schritt 3 der obigen Anleitung) neben **Inhalt verschlüsseln, um Daten zu schützen** das Häkchen und bestätigen Sie zweimal mit **OK**. Windows 10 entschlüsselt daraufhin die Datei oder den Ordner sofort.

15.5   Berechtigungen für verschlüsselte Dateien erteilen

Wenn Sie möchten, dass auch andere, von Ihnen ausgewählte Personen auf eine von Ihnen verschlüsselte Datei zugreifen können, müssen Sie diesen Personen explizit die Berechtigung dazu erteilen. Führen Sie zu diesem Zweck folgende Schritte durch:

1 Klicken Sie die Datei, für die Sie die andere Person berechtigen wollen, im Explorer mit der rechten Maustaste an und wählen Sie **Eigenschaften** im erscheinenden Kontextmenü.

2 Klicken Sie auf der Registerkarte **Allgemein** des erscheinenden Eigenschaften-Dialogfelds auf die Schaltfläche **Erweitert** und anschließend in den erweiterten Attributen auf die Schaltfläche **Details**.

3 Es erscheint das Dialogfeld **Benutzerzugriff auf <Dateiname>**, das Sie in der folgenden Abbildung sehen. Klicken Sie in diesem auf die Schaltfläche **Hinzufügen**.

Es ist nur möglich, andere Personen für einzelne Dateien, jedoch nicht für einen kompletten Ordner zu berechtigen. In den Eigenschaften von Ordnern erscheint diese Schaltfläche daher nicht.

4 Das nun erscheinende Dialogfeld **Windows-Sicherheit** enthält eine Liste der auf dem Computer zur Verfügung stehenden Zertifikate. Wählen Sie das Zertifikat des Benutzers aus, den Sie für die Datei berechtigen wollen, und bestätigen Sie Ihre Auswahl mit **OK**.

5 Im Dialogfeld **Benutzerzugriff auf <Dateiname>** sehen Sie jetzt in der Liste unterhalb von **Benutzer mit Zugriff auf diese Datei** das neu hinzugefügte Zertifikat. Bestätigen Sie auch dieses Dialogfeld mit **OK**. Dies ist unbedingt erforderlich, da das neue Zertifikat sonst nicht endgültig hinzugefügt wird. Danach ist das entsprechende Benutzerkonto für den Zugriff auf die Datei berechtigt.

Zertifikat-Manager

Windows legt für jeden Benutzer automatisch ein Verschlüsselungszertifikat an, wenn er das erste Mal eine Datei oder einen Ordner verschlüsselt. Einen Überblick über alle auf dem Computer befindlichen Zertifikate können Sie sich im Zertifikat-Manager verschaffen. Um diesen zu starten, suchen Sie in der Taskleiste nach »certmgr.msc« und klicken anschließend auf die angezeigte Symbolverknüpfung.

Ihre eigenen Zertifikate finden Sie im Zertifikat-Manager unter **Zertifikate – Aktueller Benutzer** ▶ **Eigene Zertifikate** ▶ **Zertifikate**. Der Zertifikat-Manager bietet auch viele nützliche Funktionen. Um z. B. genauere Informationen über ein Zertifikat zu erhalten, markieren Sie es im rechten Fensterausschnitt und wählen den Menübefehl **Aktion** ▶ **Öffnen**. Mit dem Befehl **Aktion** ▶ **Alle Aufgaben** ▶ **Exportieren** können Sie ein Zertifikat exportieren. Beide Befehle stehen auch direkt in den Kontextmenüs der Zertifikateinträge zur Verfügung.

15.6   Für alle Fälle: Zertifikate sichern und importieren

Wenn das Zertifikat, mit dem Sie Dateien verschlüsselt haben, aus irgendwelchen Gründen abhandenkommt – z. B. weil es versehentlich gelöscht oder das entsprechende Benutzerkonto vom Computer entfernt wird –, kommen Sie an die verschlüsselten Daten nicht mehr heran. Für solche Fälle können Sie Vorsorge treffen, indem Sie das Zertifikat nach dem Erstellen sichern. Dabei wird eine Kopie des Schlüssels in einer Zertifikatdatei (Erweiterung **.pfx**) gespeichert, am besten auf einem externen Datenträger. Dann können Sie das Zertifikat bei Bedarf importieren, z. B. auch auf einem anderen Computer, wenn Sie auf diesem die verschlüsselten Dateien ebenfalls verwenden wollen.

15.6.1   So exportieren Sie ein EFS-Zertifikat

Wenn Sie unter einem Benutzerkonto das erste Mal eine Datei oder einen Ordner verschlüsseln, erstellt Windows automatisch ein entsprechendes Zertifikat und fordert Sie auch gleich auf, dieses zu sichern. Diese Meldung erscheint allerdings nur kurz am unteren Bildschirmrand. Danach finden Sie die entsprechende Option im Infobereich der Taskleiste. Gehen Sie folgendermaßen vor, um das Zertifikat auf einem externen Datenträger zu sichern:

1 Klicken Sie im Infobereich der Taskleiste auf das gelbe Symbol mit dem grünen Schlüssel ❶.

Wenn Sie in der Taskleiste nicht alle Symbole anzeigen – dies entspricht der Voreinstellung von Windows –, müssen Sie dort zunächst auf das Symbol mit dem nach oben gerichteten Dreieck klicken ❷, um die ausgeblendeten Symbole einzublenden.

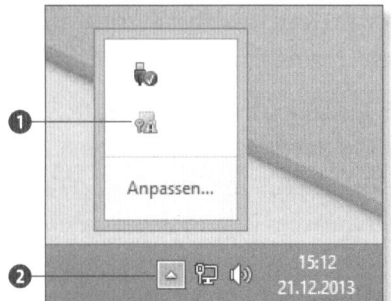

2 Es erscheint das Dialogfeld **Verschlüsselndes Dateisystem**. Klicken Sie in diesem auf den Abschnitt **Jetzt sichern (empfohlen)**.

Wenn Sie auf **Später sichern** klicken, fordert Sie Windows bei jeder Anmeldung erneut auf, die Sicherung vorzunehmen. Mit der Option **Nie sichern** erscheinen die Meldung sowie das Symbol in der Taskleiste nicht mehr.

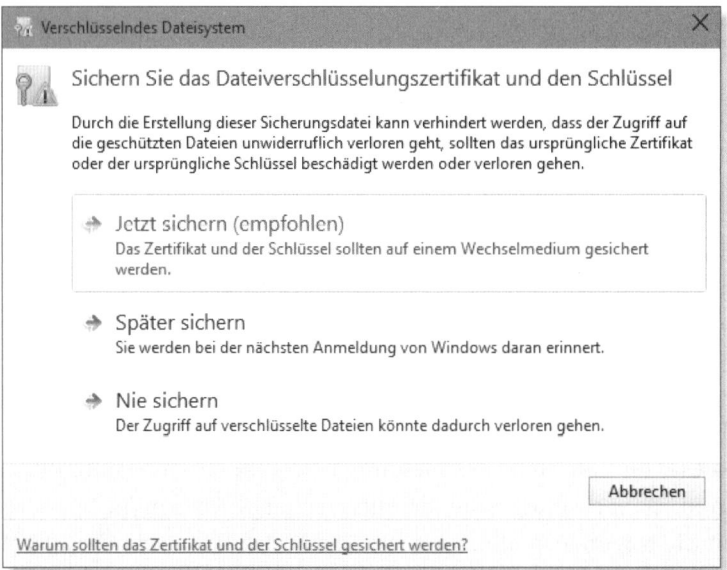

3 Es erscheint die Willkommensseite des Zertifikatexport-Assistenten. Klicken Sie hier auf **Weiter**.

4 Wählen Sie auf der nächsten Seite die Einstellungen für den Export aus. Welche Optionen verfügbar sind, hängt von der Systemumgebung ab. In der Regel werden Sie die Voreinstellungen übernehmen können. Exportieren Sie gegebenenfalls alle Ihre EFS-Zertifikate (Option **Wenn möglich, alle Zertifikate im Zertifizierungspfad einbeziehen**).

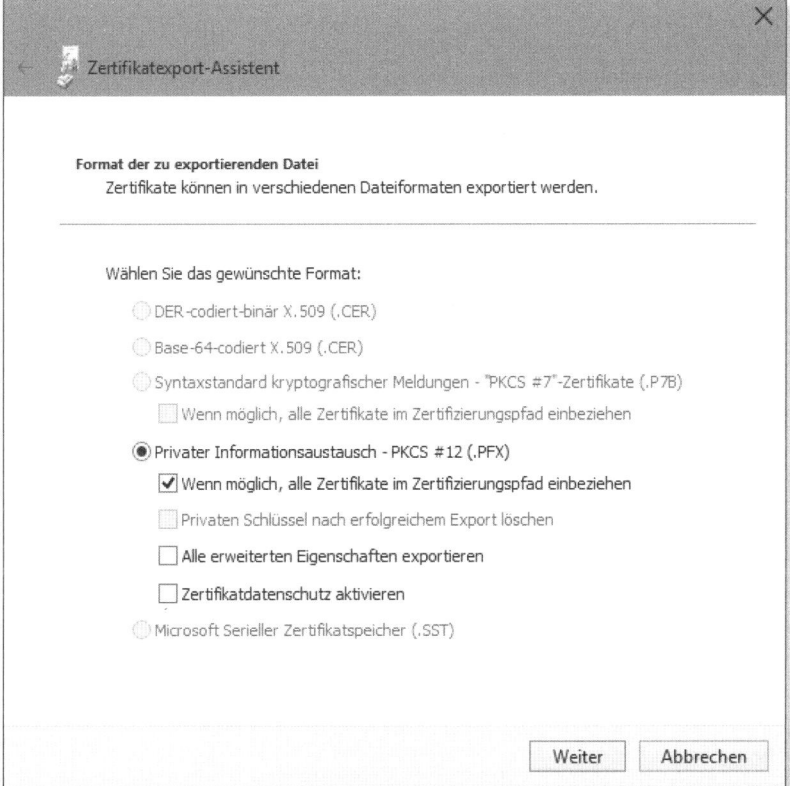

5 Aktivieren Sie auf der nächsten Seite das untere Kontrollkästchen zum **Kennwort** (siehe die Abbildung auf der nächsten Seite). Geben Sie ein Kennwort für die Zertifikatdatei ein und bestätigen Sie dieses. Klicken Sie anschließend auf **Weiter**.

Damit wird das Zertifikat vor unerlaubtem Zugriff geschützt. Wenn die Zertifikatdatei einmal in falsche Hände geraten sollte, kann die betreffende Person ohne Kenntnis des Kennworts mit der Datei keinen Import durchführen.

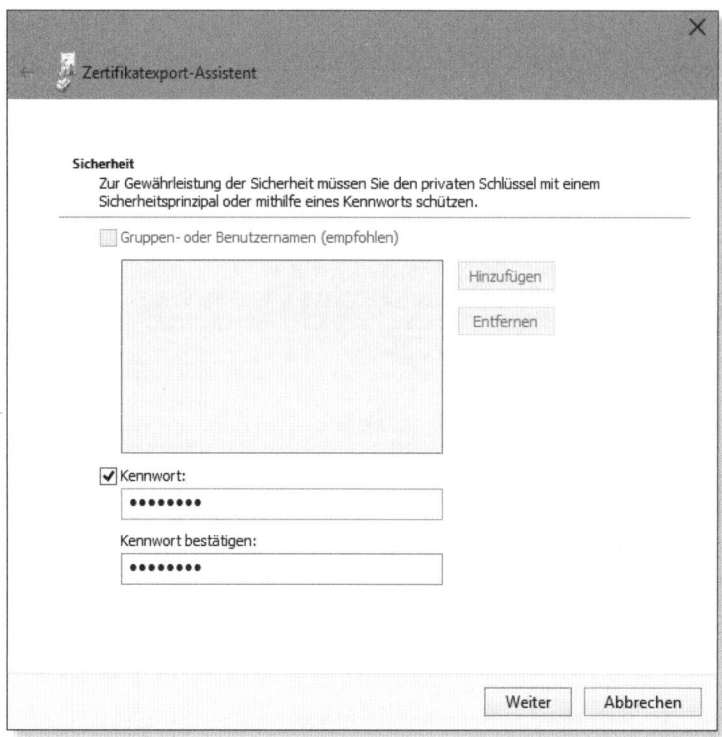

6 Auf der Folgeseite legen Sie schließlich den Speicherort für die Zertifikatdatei fest. Wählen Sie diesen gegebenenfalls über die Schaltfläche **Durchsuchen** und vergeben Sie einen beliebigen Dateinamen.

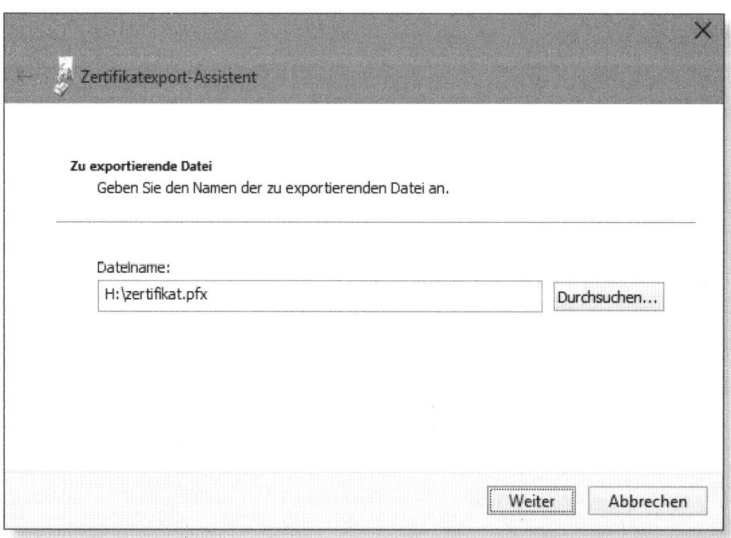

7 Auf der letzten Seite des Assistenten sehen Sie noch einmal alle gewählten Exporteinstellungen. Klicken Sie auf **Fertig stellen**, um die Sicherung zu starten. Windows 10 teilt Ihnen das erfolgreiche Ende des Vorgangs in einem gesonderten Dialogfeld mit.

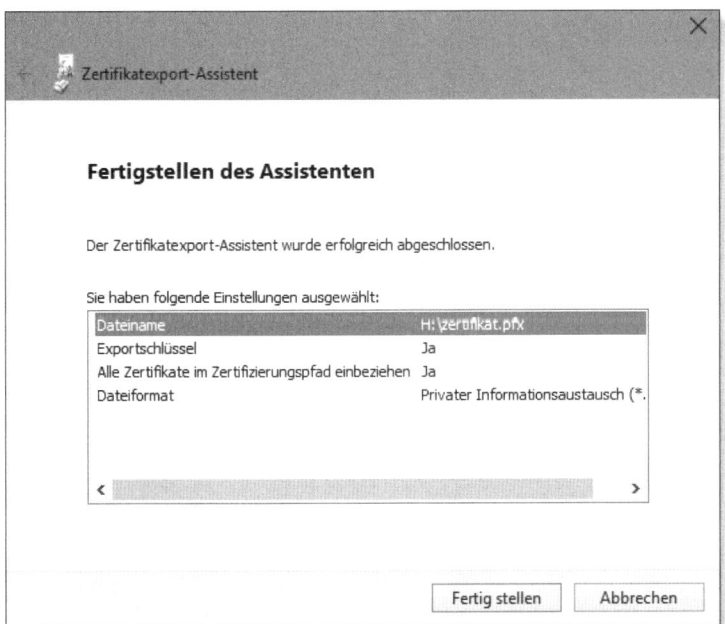

Verfall von EFS-Zertifikaten

Obwohl jedes Zertifikat grundsätzlich ein Ablaufdatum besitzt, brauchen Sie sich deswegen eigentlich keine Sorgen zu machen. Windows 10 legt Zertifikate zum Verschlüsseln von Dateien so an, dass sie für nahezu 100 Jahre gelten (abzüglich 24 Tage). Wenn Sie z. B. am 03.03.2016 zum ersten Mal eine EFS-Verschlüsselung durchführen, legt Windows für Ihr Benutzerkonto automatisch ein Zertifikat mit Ablaufdatum im Jahre 2116 an.

Die Zertifikatdatei können Sie im Explorer übrigens jederzeit kopieren, um weitere Sicherungen zur Verfügung zu haben. Der Kennwortschutz bleibt dabei erhalten. So hätten Sie als Ziel für den Export zunächst auch einen Ordner auf der Festplatte wählen und die Zertifikatdatei anschließend auf den Wechseldatenträger kopieren können.

Nachträglich – wenn das Icon in der Taskleiste nicht mehr erscheint – rufen Sie den Zertifikatexport-Assistenten wie folgt auf:

1 Starten Sie den Zertifikat-Manager, indem Sie in das Suchfeld der Taskleiste den Suchbegriff »certmgr.msc« eingeben und anschließend auf die angezeigte Symbol-verknüpfung klicken.

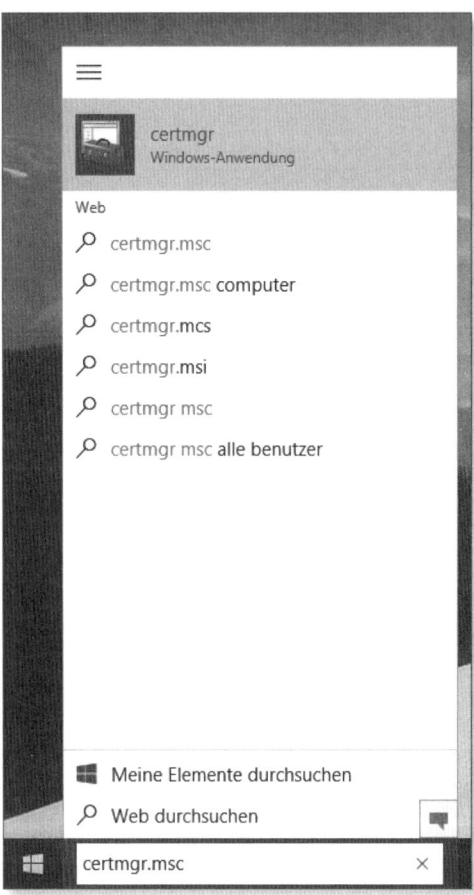

2 Navigieren Sie im Zertifikat-Manager zu **Zertifikate – Aktueller Benutzer** ▶ **Eigene Zertifikate** ▶ **Zertifikate** ❶, um im rechten Bereich die Zertifikate Ihres Benutzerkontos anzuzeigen.

3 Klicken Sie das Zertifikat, das Sie exportieren wollen, im rechten Fensterbereich mit der rechten Maustaste an und wählen Sie im erscheinenden Kontextmenü den Befehl **Alle Aufgaben** ▶ **Exportieren**. Der gleiche Befehl steht bei selektiertem Zertifikat auch im Menü **Aktion** ❷ zur Verfügung.

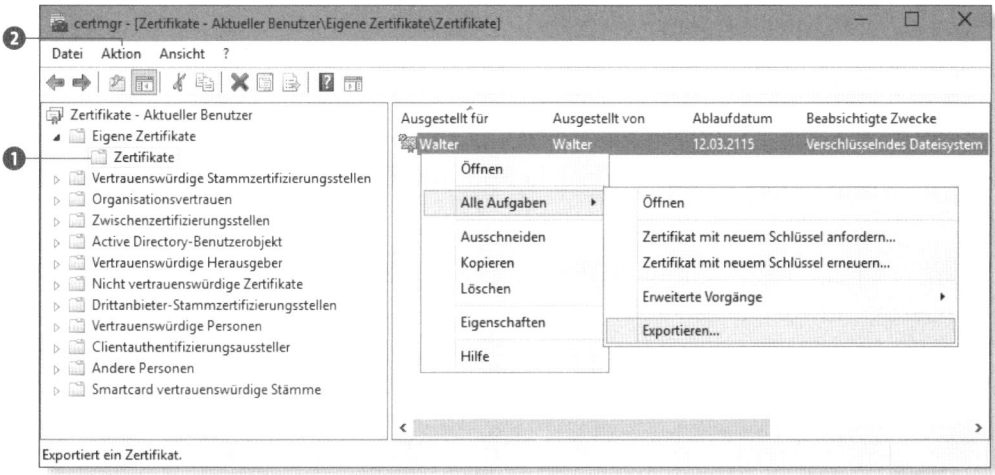

Daraufhin erscheint der Zertifikatexport-Assistent. Beachten Sie, dass Sie das Zertifikat mit dem privaten Schlüssel exportieren müssen. Diese Option ist auf der zweiten Seite des Assistenten nicht voreingestellt, wenn Sie diesen nachträglich über den Zertifikat-Manager aufrufen.

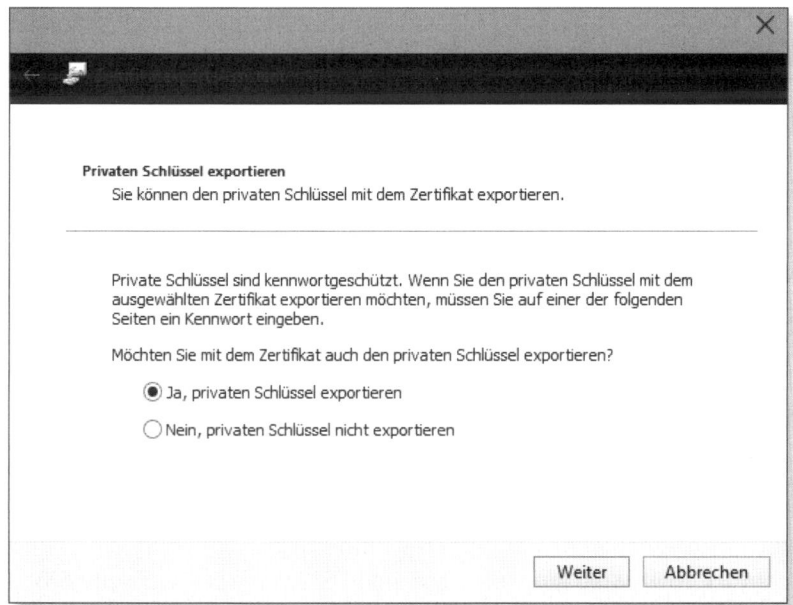

Abbildung 15.11 Den Export des privaten Schlüssels festlegen

15.6.2   So importieren Sie ein EFS-Zertifikat

Wenn Sie das gesicherte Zertifikat einmal benötigen, können Sie den Import folgendermaßen durchführen:

1 Öffnen Sie im Explorer den Ordner, in dem sich die Zertifikatdatei befindet.

2 Doppelklicken Sie auf die Datei. Es erscheint die Willkommensseite des Zertifikatimport-Assistenten. Belassen Sie es hier bei der Auswahl **Aktueller Benutzer** und klicken Sie auf **Weiter**.

3 Überzeugen Sie sich auf der nächsten Seite, dass der Pfad zur Zertifikatdatei und der Dateiname korrekt sind, und klicken Sie ebenfalls auf **Weiter**.

4 Geben Sie auf der nächsten Seite das beim Export hinterlegte Kennwort ein (siehe Schritt 5 in Abschnitt 15.6.1, »So exportieren Sie ein EFS-Zertifikat«, auf Seite 657). Aktivieren Sie im unteren Abschnitt gegebenenfalls weitere Importoptionen. Klicken Sie anschließend auf **Weiter**.

5 Legen Sie auf der Folgeseite fest, ob Windows den Zertifikatspeicher automatisch auswählen soll. Falls nicht, aktivieren Sie die Option **Alle Zertifikate in folgendem Speicher speichern** und geben Sie in dem Feld darunter explizit den gewünschten Pfad an. Es liegt jedoch nahe, den Zertifikatspeicher von Windows automatisch auswählen zu lassen, da sich in diesem womöglich bereits Zertifikate befinden.

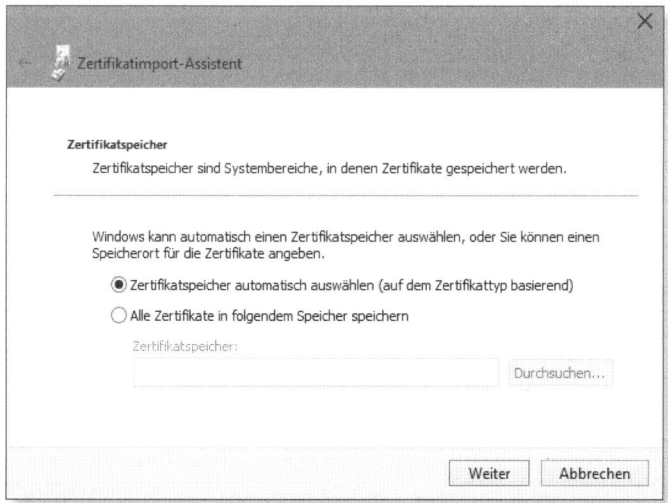

6 Die letzte Seite zeigt eine Übersicht über die gewählten Importeinstellungen. Klicken Sie auf **Fertig stellen**, um den Import zu starten. Windows 10 zeigt das erfolgreiche Ende des Imports wiederum in einem Meldungsfenster an.

15.7   Wiederherstellungs-Agenten einrichten

Wenn mit einem System mehrere Personen arbeiten, besteht bei verschlüsselten Dateien grundsätzlich immer die Gefahr, dass es zu Datenverlust kommt. Nämlich dann, wenn ein Benutzerkonto, unter dem Dateien verschlüsselt worden sind, entfernt wird und niemand anderer für die Dateien berechtigt wurde. Dem können Sie vorbeugen, indem Sie einen oder mehrere Benutzer, jeweils auf der Grundlage eines Zertifikats, als Wiederherstellungs-Agenten festlegen. Ein Wiederherstellungs-Agent kann alle Dateien, die von anderen Benutzern verschlüsselt worden sind, entschlüsseln.

Zunächst benötigen Sie ein Zertifikat für den Wiederherstellungs-Agenten. Dieses erstellen Sie am besten mit dem Befehl `cipher`:

1 Klicken Sie in der Taskleiste mit der rechten Maustaste auf das Symbol mit dem Windows-Logo. Wählen Sie **Eingabeaufforderung** im erscheinenden Kontextmenü.

2 Navigieren Sie in der Eingabeaufforderung zu dem Ordner, in dem Sie das Zertifikat erstellen wollen, z. B. nach **C:\Users\<Benutzername>\Documents** (mit dem Befehl `cd..` gelangen Sie jeweils eine Ebene nach oben, mit `cd <Ordnername>` gelangen Sie zum entsprechenden Unterordner).

3 Tippen Sie nun am Prompt den Befehl `cipher /r:Zertifikatname` ein, wobei `Zertifikatname` für einen frei wählbaren Namen steht, und drücken Sie die Eingabetaste. Geben Sie anschließend ein Kennwort für den Wiederherstellungsschlüssel ein und drücken Sie erneut ⏎. Lassen Sie sich nicht davon irritieren, dass das Kennwort am Prompt nicht wiedergegeben wird.

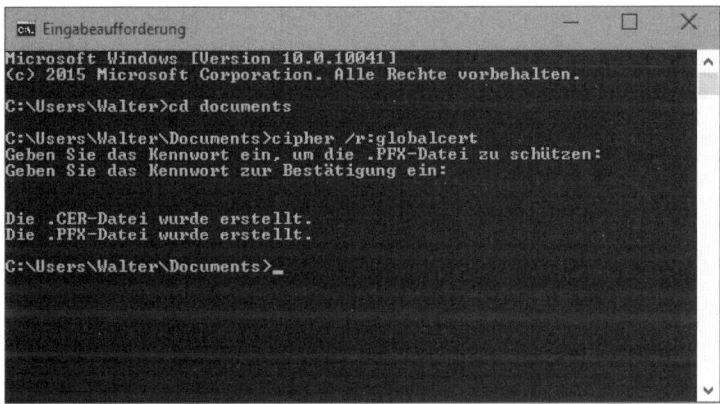

Abbildung 15.12 Mit dem Befehl »cipher« erzeugen Sie neue Zertifikate samt Wiederherstellungsschlüssel.

4 Nachdem Sie das Kennwort bestätigt haben, erzeugt Windows eine **.cer**- und eine **.pfx**-Datei. Speichern Sie Letztere am besten auf einem externen Datenträger.

Den Wiederherstellungs-Agenten legen Sie nun für dieses Zertifikat per Gruppenrichtlinie fest:

1 Starten Sie den Editor für lokale Gruppenrichtlinien, indem Sie »gpedit.msc« in das Suchfeld der Taskleiste eingeben und auf die angezeigte Symbolverknüpfung klicken.

2 Navigieren Sie im linken Bereich des Editors für lokale Gruppenrichtlinien über **Computerkonfiguration ▸ Windows-Einstellungen ▸ Sicherheitseinstellungen ▸ Richtlinien für öffentliche Schlüssel** zum Verzeichnis **Verschlüsselndes Dateisystem ❶**.

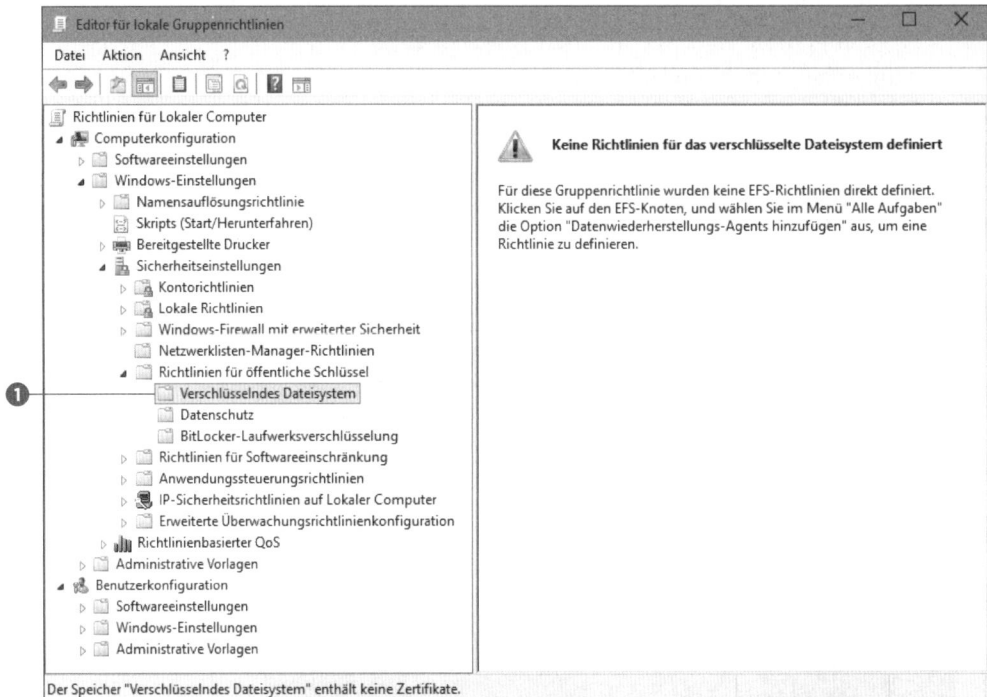

3 Klicken Sie das Verzeichnis **Verschlüsselndes Dateisystem** mit der rechten Maustaste an. Wählen Sie im Kontextmenü den Befehl **Datenwiederherstellungs-Agents hinzufügen**.

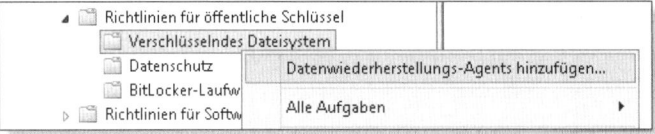

4 Es erscheint der Assistent für das Hinzufügen eines Wiederherstellungs-Agenten. Klicken Sie auf der Willkommensseite auf **Weiter** und auf der Folgeseite auf die Schaltfläche **Ordner durchsuchen ❷**.

5 Wählen Sie im erscheinenden Dialogfeld das Zertifikat aus, das Sie mit dem `cipher`-Befehl erstellt haben, und klicken Sie auf **Öffnen**.

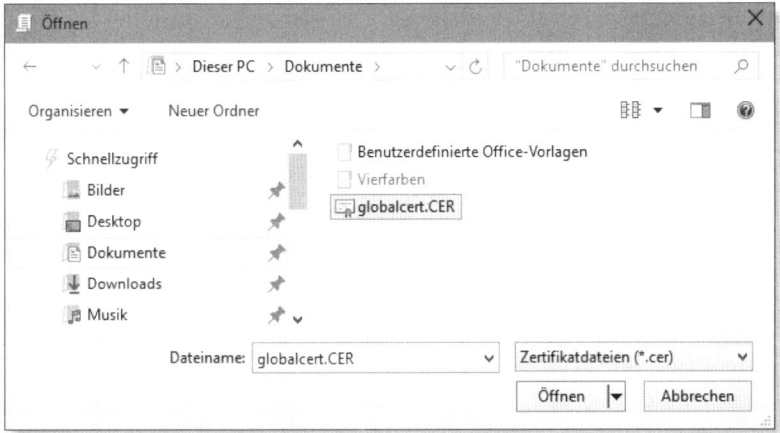

6 Bestätigen Sie die Rückfrage im erscheinenden Dialogfeld **Wiederherstellungs-Agent hinzufügen** mit **Ja**.

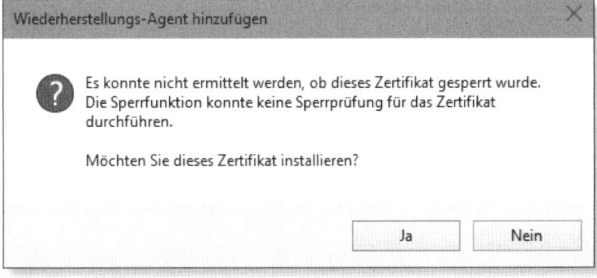

7 Klicken Sie im Assistenten für das Hinzufügen eines Wiederherstellungs-Agenten auf **Weiter**.

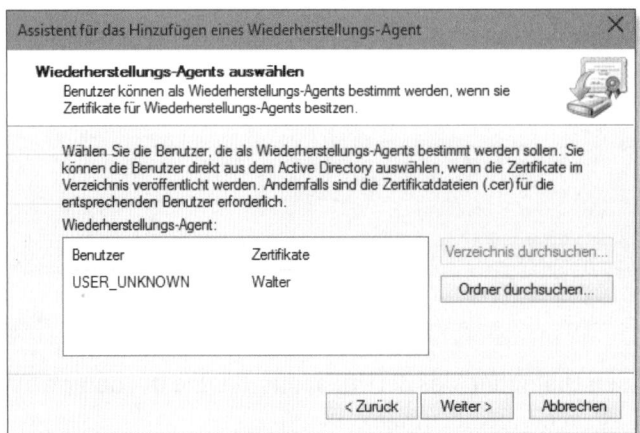

8 Klicken Sie auf der letzten Seite des Assistenten auf **Fertig stellen**, um den Wiederherstellungs-Agenten zu erstellen.

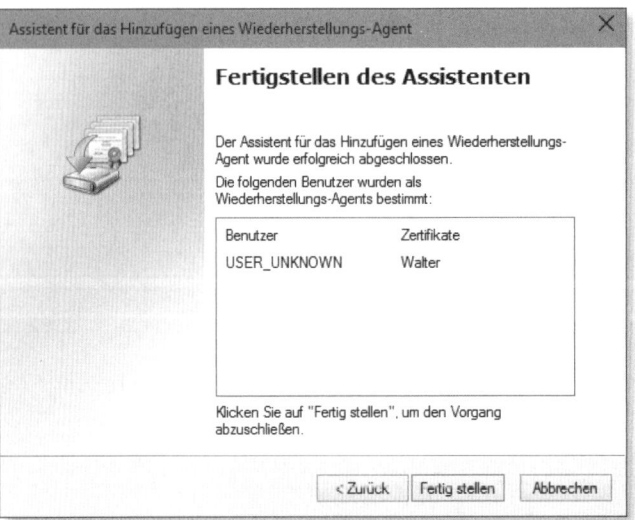

Das Zertifikat des Wiederherstellungs-Agenten sehen Sie danach im Editor für lokale Gruppenrichtlinien. Wenn Sie nun einmal Daten wiederherstellen müssen, die ein anderer Anwender verschlüsselt hat, importieren Sie einfach den in der **.pfx**-Datei gespeicherten Schlüssel (zum Import von Zertifikaten siehe den Abschnitt 15.6.2, »So importieren Sie ein EFS-Zertifikat«, ab Seite 662).

TEIL VI

Spezialitäten für Power-User

16   Die Registrierungsdatenbank von Windows – Registry-Hacks

In der Registrierungsdatenbank von Windows, die meist kürzer mit dem englischen Begriff *Registry* oder auch einfach mit *Registrierung* bezeichnet wird, sind praktisch alle Einstellungen des Betriebssystems gespeichert. Wenn Sie Ihren Computer starten, werden diese ausgelesen und Windows 10 präsentiert sich dementsprechend.

Wenn Sie in der Benutzeroberfläche von Windows 10 Änderungen vornehmen, ist dies zwangsläufig auch mit Änderungen in der Registry verbunden. Das heißt, in der Registrierungsdatenbank, die im Wesentlichen aus sogenannten Schlüsseln und Werten besteht, werden die Werte für die entsprechenden Schlüssel neu gesetzt.

Umgekehrt können Sie aber auch direkt in die Registry eingreifen, um bestimmte Änderungen am Betriebssystem durchzuführen. Aber wozu der Umweg über die Registry, wenn es doch viel einfacher über die Benutzeroberfläche von Windows 10 geht? Hier brauchen Sie womöglich nur ein Kontrollkästchen oder ein Optionsfeld zu setzen oder eine Schaltfläche zu betätigen, um die gewünschte Einstellung zu aktivieren oder auch wieder zu deaktivieren.

Tatsächlich ist es so, dass für praktisch alle gängigen Betriebssystemeinstellungen Optionen in der Benutzeroberfläche existieren. Die gewünschten Änderungen können Sie z.B. in den Dialogen der Systemsteuerung oder in den Einstellungen ohne jedes Risiko vornehmen. Die in der Benutzeroberfläche von Windows 10 zur Verfügung stehenden Optionen sind für den normalen Anwender zwar völlig ausreichend, für besonders anspruchsvolle Anwender bietet die Registry jedoch noch weitergehende Möglichkeiten. Für einige spezielle Einstellungen gibt es nämlich kein Pendant in der Benutzeroberfläche von Windows 10, diese können nur direkt in der Registrierungsdatenbank geändert werden – man spricht in diesem Fall von Registry-Hacks.

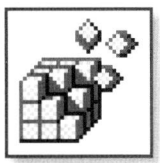

Abbildung 16.1 Das Symbol des Registrierungs-Editors

16.1   Mit dem Registrierungs-Editor arbeiten

Zugriff auf die Registrierungsdatenbank bietet ein in Windows integriertes Programm, der Registrierungs-Editor. Die ausführbare Datei heißt **regedit**.*exe* und sie befindet sich im Windows-Verzeichnis (z. B. **C:\Windows\regedit.exe**). Eine Verknüpfung für den Registrierungs-Editor ist im Startmenü von Windows 10 zunächst einmal nicht vorhanden. Sie können den Registrierungs-Editor aber starten, indem Sie den Suchbegriff »regedit« in das Suchfeld der Taskleiste eintippen und anschließend auf die angezeigte Symbolverknüpfung ❶ klicken.

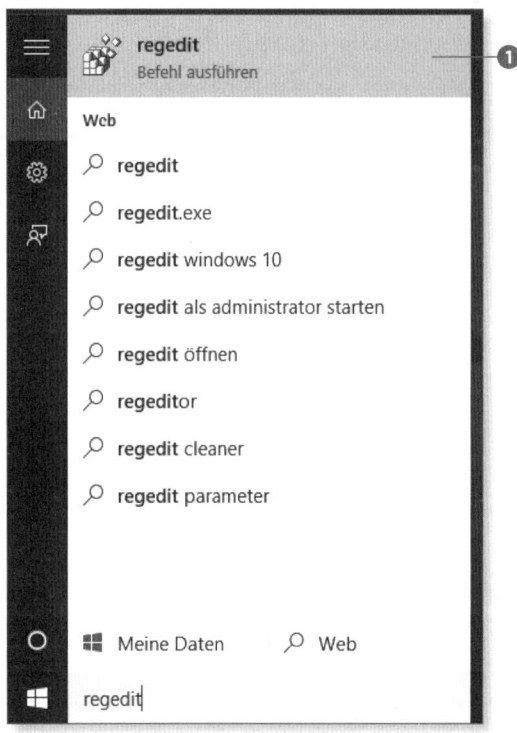

Abbildung 16.2 Aufruf des Registrierungs-Editors

Wie jedes andere Programm können Sie den Registrierungs-Editor an die Startseite oder an die Taskleiste anheften. Leider stehen die entsprechenden Befehle im Kontext der in Abbildung 16.2 gezeigten Verknüpfung nicht zur Verfügung.

Um den Registrierungs-Editor an die Taskleiste anzuheften, klicken Sie mit der rechten Maustaste auf das Symbol in der Taskleiste, wenn er gestartet ist. Im Kontextmenü dieser Verknüpfung können Sie den Befehl **Programm an Taskleiste anheften** auswählen.

Führen Sie Registry-Änderungen nur mit Bedacht durch!

Nach dem bereits Gesagten können Sie sich denken, dass unmittelbare Eingriffe in die Registrierungsdatenbank ein sehr sensibles Unterfangen darstellen. Unbedachte Änderungen können dazu führen, dass Windows 10 nicht mehr korrekt funktioniert oder im schlimmsten Fall überhaupt nicht mehr startet. Sie sollten daher nie einfach herumprobieren, sondern immer genau wissen, was Sie tun. Anzuraten ist auch eine vorherige Sicherung der Registry bzw. des Registry-Schlüssels, an dem Sie Änderungen durchzuführen beabsichtigen.

Eine Möglichkeit zum Ausprobieren gibt es dennoch: Wenn Sie bestimmte Einstellungen testen, also Werte in der Registry verändern wollen, ohne zu wissen, welche Auswirkungen dies nach sich zieht, empfehle ich Ihnen, dies auf einem virtuellen Computer zu tun. Eine virtuelle Festplatte können Sie kopieren und bei Bedarf einfach überschreiben und damit den alten Zustand wiederherstellen.

Um den Registrierungs-Editor im Startmenü verfügbar zu machen, gehen Sie am besten so vor:

1 Klicken Sie das Symbol des Registrierungs-Editors in der Taskleiste mit der rechten Maustaste an.

2 Klicken Sie im Kontextmenü ebenfalls mit der rechten Maustaste auf den Eintrag **regedit ❷**.

3 Wählen Sie **Eigenschaften ❸** im erscheinenden Popup-Fenster.

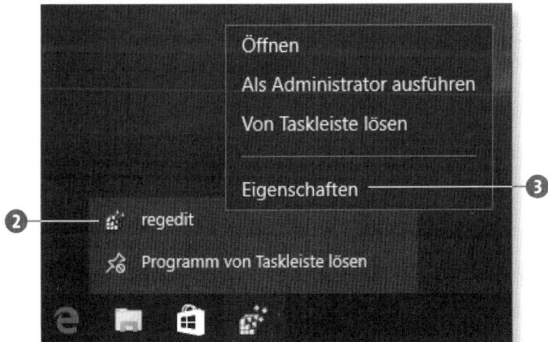

4 Kopieren Sie im erscheinenden Dialogfeld den Pfad im Feld **Ziel ❹**, z. B. indem Sie diesen markieren und ⌈Strg⌉ + ⌈C⌉ drücken. Danach können Sie das Dialogfeld wieder schließen.

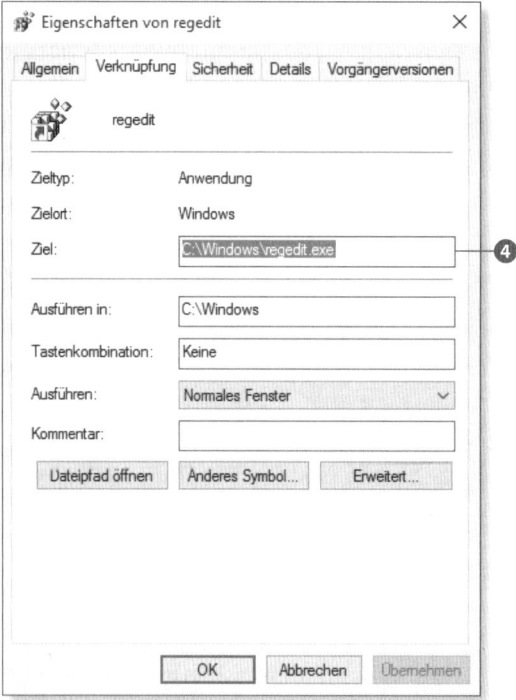

5 Legen Sie nun eine neue Verknüpfung auf dem Desktop an. Klicken Sie dazu mit der rechten Maustaste auf eine freie Stelle und wählen Sie **Neu ▶ Verknüpfung**. Geben Sie als Speicherort des Elements den in Schritt 4 kopierten Pfad an. Fügen Sie diesen also z. B. mit ⌜Strg⌟ + ⌜V⌟ in das Textfeld ein ❺.

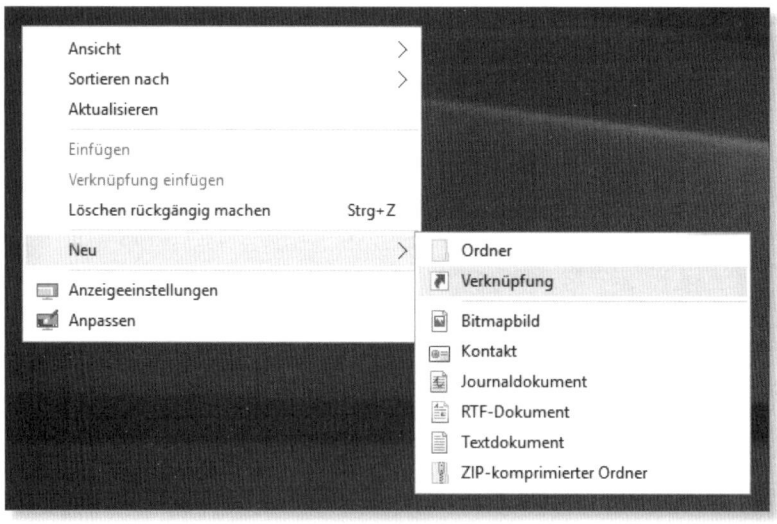

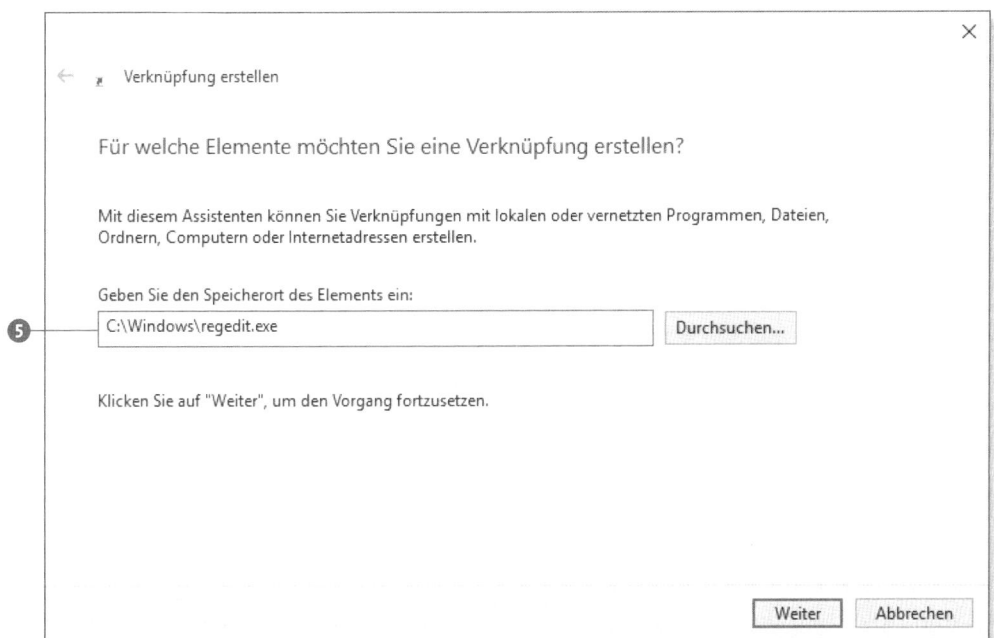

6 Im Kontextmenü der Desktopverknüpfung können Sie nun den Befehl **An "Start" an-heften** ausführen **6**.

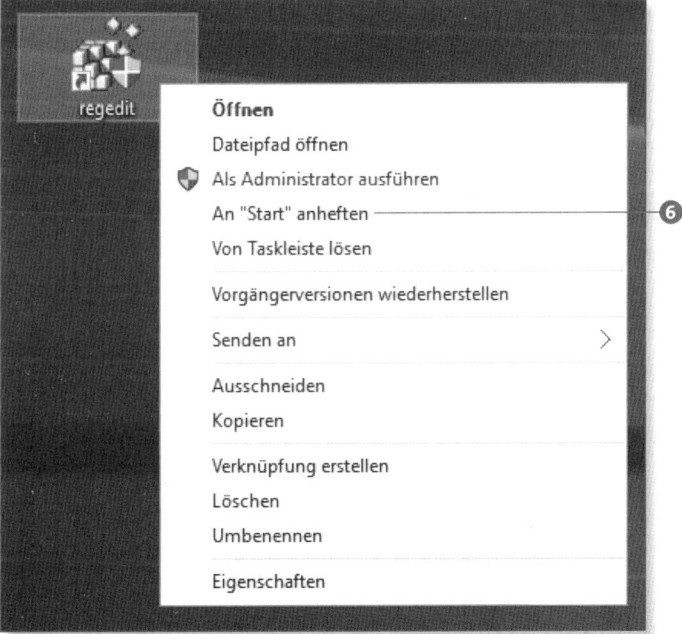

Das Symbol des Registrierungs-Editors sehen Sie in Abbildung 16.3 ganz rechts neben dem Symbol der Store-App.

Abbildung 16.3 Wenn Sie den Registrierungs-Editor häufig verwenden, ist es sinnvoll, diesen auf der Startseite zu verknüpfen oder an die Taskleiste anzuheften.

Die Ansicht des Registrierungs-Editors ähnelt der des Explorers. Für die Navigation in der Schlüsselhierarchie ist ebenfalls der linke Fensterausschnitt vorgesehen, die einzelnen Schlüssel sehen Sie hier in Form von Ordnersymbolen. Auf der ersten Ebene finden Sie die fünf Hauptschlüssel der Registry:

- Der Schlüssel *HKEY_CLASSES_ROOT* enthält Dateitypen und legt deren Verknüpfung zu Anwendungen fest.

- *HKEY_USERS* enthält benutzerspezifische Einstellungen, z. B. solche bezüglich der Benutzeroberfläche. Für jeden eingerichteten Benutzer ist hier ein eigener Unterschlüssel vorhanden. Die Standardeinstellungen befinden sich im Unterschlüssel *.DEFAULT*.

- Der Schlüssel *HKEY_CURRENT_USER* bezieht seine Daten aus dem Schlüssel *HKEY_USERS*. Sobald sich ein Benutzer an Windows 10 anmeldet, wird der Unterschlüssel für sein Benutzerkonto mit den aktuellen Einstellungen für Desktop, visuelle Effekte usw. in den Schlüssel *HKEY_CURRENT_USER* kopiert. Nimmt der Benutzer während der Sitzung Änderungen an den Einstellungen vor, werden diese auch im Schlüssel *HKEY_USERS* aktualisiert.

- *HKEY_LOCAL_MACHINE* enthält Hardwareinformationen und globale Einstellungen für solche Apps und Programme, die für alle Benutzer installiert sind.

- *HKEY_CURRENT_CONFIG* schließlich enthält aktuelle System- und Hardwareeinstellungen. Der Schlüssel wird bei jedem Systemstart neu erstellt. Im Unterschlüssel *Software* finden Sie z. B. Informationen zu den installierten Schriftarten und der Unterschlüssel *System* enthält unter anderem Einstellungen zum verwendeten Drucker.

INFO

Registry-Hauptschlüssel – Kurzschreibweisen

Für jeden der Hauptschlüssel gibt es auch eine Kurzform. Der Schlüssel HKEY_CLASSES_ROOT wird kürzer mit HKCR bezeichnet, HKCU steht für HKEY_CURRENT_USER, HKLM für HKEY_LOCAL_MACHINE, HKU für HKEY_USERS und HKEY_CURRENT_CONFIG besitzt das Kürzel HKCC. Das H am Anfang der Schlüsselnamen steht übrigens für das englische Wort *handle*.

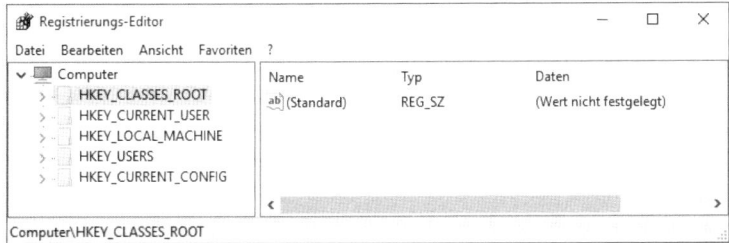

Abbildung 16.4 Der linke Bereich des Registrierungs-Editors enthält auf der ersten Ebene alle Einträge für die Hauptschlüssel.

Jeder Registry-Schlüssel kann einen oder mehrere Einträge haben. Diese sehen Sie im rechten Fensterbereich, wenn der entsprechende Schlüssel im linken Fensterbereich selektiert ist. Man spricht auch in Bezug auf diese Einträge von Werten, wenngleich diesen ebenfalls wiederum ein Wert zugewiesen werden kann.

In Abbildung 16.5 ist im linken Bereich des Registrierungs-Editors der Schlüssel *HKEY_CURRENT_USER\Software* selektiert. Dieser besitzt hier nur einen einzigen Wert, der im rechten Fensterbereich zu sehen ist. Es handelt sich um einen sogenannten Standardwert vom Typ *REG_SZ*, für den – wie in der Spalte **Daten** zu erkennen ist – ein Datenwert aktuell nicht festgelegt ist. Vorhandene Unterschlüssel erscheinen im rechten Fensterbereich übrigens nicht. Diese sehen Sie, wenn Sie im linken Bereich den entsprechenden Knoten erweitern ❶.

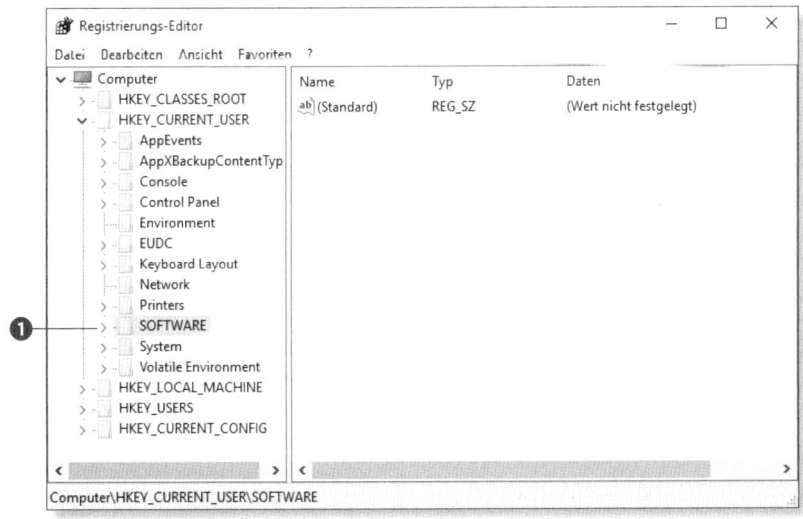

Abbildung 16.5 Der rechte Bereich des Registrierungs-Editors zeigt die Werte des im linken Bereich markierten Registry-Schlüssels.

Um Einstellungen zu ändern, ist es häufig notwendig, für einen Registry-Schlüssel neue Werte anzulegen. Klicken Sie dazu im rechten Bereich auf eine freie Stelle und wählen Sie **Neu** im erscheinenden Kontextmenü – der gleiche Befehl steht auch im **Bearbeiten**-Menü in der oberen Menüleiste zur Verfügung.

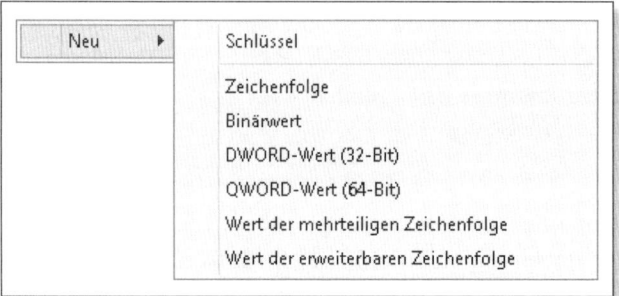

Abbildung 16.6 Mögliche Typen für einen neuen Registry-Wert

Die Werte eines Registry-Schlüssels können verschiedene Typen haben. Den für die gewünschte neue Einstellung jeweils erforderlichen Typ können Sie im Untermenü auswählen, wie es in Abbildung 16.6 zu sehen ist. Hier ein kurzer Überblick über die möglichen Typen von Registry-Werten:

- Einfache Zeichenfolgen besitzen den Typ *REG_SZ*.

- Bei dem Typ *REG_BINARY* handelt es sich um einen Binärwert. Dieser besteht aus den Werten 0 und 1, in der Regel in Hexadezimalform. Binärwerte findet man häufig bei Hardwarekonfigurationen.

- Der Typ *REG_DWORD* bezeichnet einen sogenannten DWORD-Wert (Auswahl von **DWORD-Wert (32-Bit)** im **Neu**-Untermenü). Dabei handelt es sich um eine Zahl, die in dezimaler oder hexadezimaler Form dargestellt werden kann. Die Länge eines DWORD-Wertes darf maximal 32 Bit betragen.

- Der Typ *REG_QWORD* (Auswahl von **QWORD-Wert (64-Bit)**) steht nur auf 64-Bit-Betriebssystemen zur Verfügung. Es handelt sich um eine 64-Bit-Zahl.

- Mit der Auswahl von **Wert der mehrteiligen Zeichenfolge** erstellen Sie einen Wert vom Typ *REG_MULTI_SZ*. In einem solchen Wert können mehrere Zeichenfolgen gespeichert werden, die voneinander durch ein Nullbyte getrennt sind.

- Durch Auswahl von **Wert der erweiterbaren Zeichenfolge** wird ein Wert des Typs *REG_EXPAND_SZ* erstellt. Dabei handelt es sich in der Regel um eine Zeichenkette mit einer Umgebungsvariablen (z. B. *%windir%* oder *%SystemRoot%* für das Windows-Verzeichnis).

Änderungen in der Registry erfordern oft höhere Rechte

Bedenken Sie, dass sich viele Änderungen in der Registry nur mit erhöhten Rechten durchführen lassen. Starten Sie den Registrierungs-Editor gegebenenfalls als Administrator (mit einem Rechtsklick auf die Verknüpfung und Auswahl von **Als Administrator ausführen**).

16.2   Die Registry sichern

Manuelle Änderungen an der Registrierungsdatenbank von Windows sind im Allgemeinen problemlos, solange Sie wissen, was die Einstellungen bedeuten. Das gilt insbesondere für die im Weiteren vorgestellten Registry-Hacks. Dennoch sollten Sie immer die nötige Vorsicht walten lassen und die Registry zuvor sichern. Das tun Sie am besten, indem Sie einen Systemwiederherstellungspunkt erstellen, da dieser auch alle Registry-Einstellungen umfasst. Wie Sie einen Systemwiederherstellungspunkt erstellen und Windows 10 auf Basis eines Systemwiederherstellungspunktes in einen früheren Zustand zurückversetzen können, erfahren Sie in Kapitel 14, »Die Systemwiederherstellung verwenden«, ab Seite 613.

Grundsätzlich können Sie auch alle Registry-Einstellungen oder die Einstellungen eines bestimmten Registry-Schlüssels exportieren, das heißt in Form von **.reg**-Dateien speichern. Das Wiederherstellen von Registry-Einstellungen mittels Registrierungsdateien funktioniert in der Regel jedoch nur, wenn es sich um einen Unterschlüssel handelt, da die meisten Hauptschlüssel (und auch einige Unterschlüssel) bereits nach dem Starten des Betriebssystems vom System selbst oder von anderen Prozessen geöffnet sind und daher nicht überschrieben werden können.

Registrierungsdateien im abgesicherten Modus importieren

Das gilt übrigens auch dann, wenn Sie Windows 10 im abgesicherten Modus starten. Auch im abgesicherten Modus können Sie unter Windows 10 nicht damit rechnen, die kompletten Registry-Einstellungen mittels Registrierungsdatei wiederherstellen zu können.

Viele Unterschlüssel, die für spezielle Betriebssystemeinstellungen verantwortlich sind, können Sie nach dem Export jedoch bei Bedarf mittels der entsprechenden Registrierungsdatei wiederherstellen. Dies ist z. B. dann sinnvoll, wenn Sie eine bestimmte Einstellung später doch wieder verwenden wollen, ohne die übrigen Registry-Einstellungen zu verändern.

Gehen Sie folgendermaßen vor, um einen Registry-Schlüssel – hier den Schlüssel *HKEY_CLASSES_ROOT*\shell*, der in Abschnitt 16.4, »Option ›Mit Editor öffnen‹ im Explorer-Kontextmenü hinzufügen«, ab Seite 685 verändert wird – zu sichern:

1 Starten Sie den Registrierungs-Editor, z. B. indem Sie nach »regedit« suchen und anschließend auf die angezeigte Symbolverknüpfung klicken. Bestätigen Sie eine eventuelle Warnmeldung der Benutzerkontensteuerung mit **Ja**.

Um den Registrierungs-Editor als Administrator zu starten, klicken Sie die Verknüpfung mit der rechten Maustaste an und wählen den entsprechenden Befehl im erscheinenden Popup-Fenster.

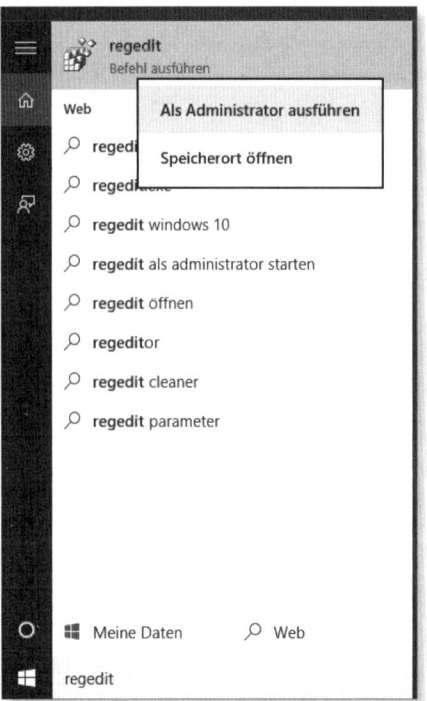

2 Selektieren Sie im linken Bereich des Registrierungs-Editors den Registry-Schlüssel, den Sie sichern wollen ❶. Erweitern Sie gegebenenfalls die entsprechenden Knoten, um die Unterschlüssel zu sehen ❷.

3 Klicken Sie in der oberen Menüleiste auf **Datei** und danach auf **Exportieren**, nachdem Sie den zu sichernden Schlüssel im linken Bereich selektiert haben. Alternativ klicken Sie den Registry-Schlüssel hier mit der rechten Maustaste an und wählen den entsprechenden Befehl im Kontextmenü ❸.

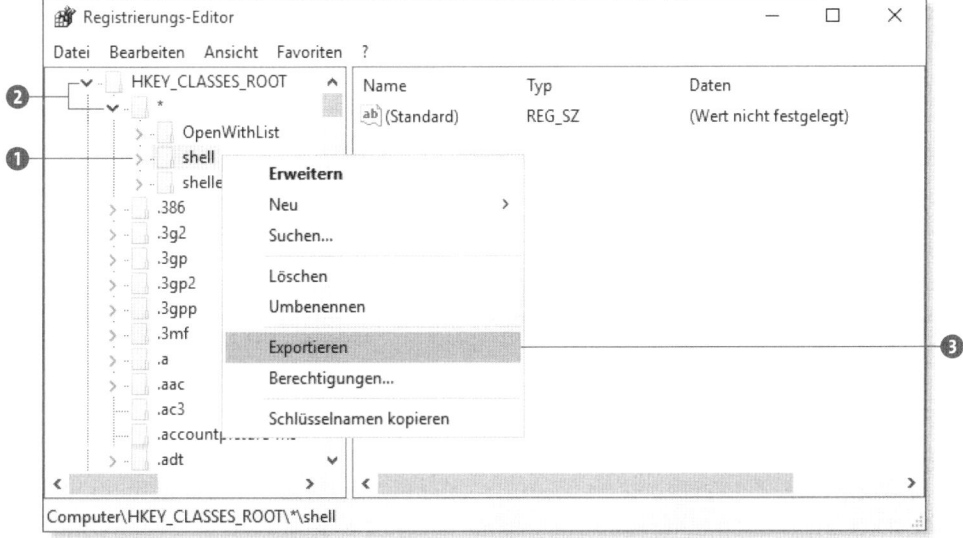

4 Links unten im erscheinenden Dialogfeld **Registrierungsdatei exportieren** sollte nun die Option **Ausgewählte Teilstruktur** aktiviert ❹ und im Feld darunter der Name des ausgewählten Schlüssels eingetragen sein ❺. Geben Sie einen Namen für die Registrierungsdatei ein – dieser ist frei wählbar – und wählen Sie einen Speicherort. Speichern Sie die Datei z. B. mit dem Namen des zu exportierenden Schlüssels und einer entsprechenden Zeitangabe.

Natürlich können Sie die Registrierungsdatei auch auf einem externen Speichermedium – z. B. auf einem USB-Stick – speichern. Wenngleich Registrierungsdateien (Dateierweiterung .**reg**) beliebig viele Registry-Einstellungen speichern können, handelt es sich um einfache Textdateien, die in der Regel nicht sehr groß sind.

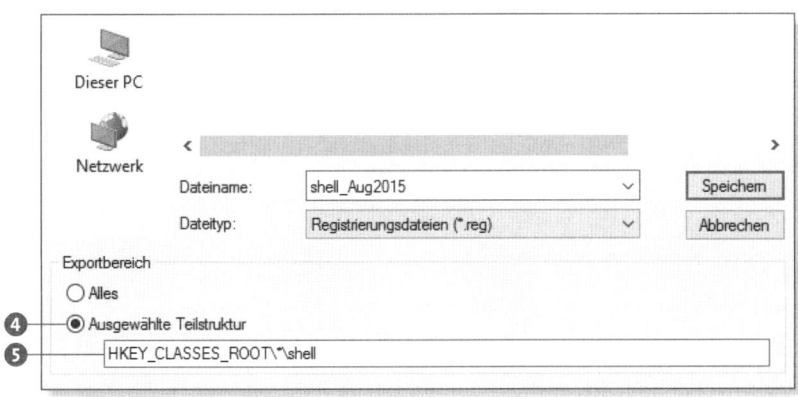

5 Klicken Sie im Dialogfeld **Registrierungsdatei exportieren** auf die Schaltfläche **Speichern**, um eine Registrierungsdatei mit den aktuellen Einstellungen des Registry-Schlüssels am ausgewählten Ort zu speichern.

Auf die oben beschriebene Weise sichern Sie einen einzelnen Registry-Schlüssel. Um alle Registry-Einstellungen in der resultierenden Registrierungsdatei zu speichern, aktivieren Sie im Dialogfeld **Registrierungsdatei exportieren** im Abschnitt **Exportbereich** die Option **Alles**. Diese Option ist bereits vorausgewählt, wenn Sie im linken Bereich des Registrierungs-Editors den obersten Eintrag **Computer** selektieren und danach den Befehl **Exportieren** wählen.

Wie gesagt, funktioniert die Wiederherstellung der kompletten Registry mittels Registrierungsdatei im Allgemeinen jedoch nicht, da praktisch immer irgendwelche Schlüssel in Verwendung, also geöffnet sind. Vorzuziehen ist in diesem Sinne immer ein Systemwiederherstellungspunkt. Allerdings können Sie REG-Dateien z. B. im Windows Editor öffnen, so dass Sie alle Schlüssel mit ihren Werten sehen.

Abbildung 16.7 Im Windows Editor geöffnete Registrierungsdatei (hier mit allen Registry-Einstellungen)

Öffnen von Registrierungsdateien

Der Editor von Windows ist nicht das Standardprogramm für Registrierungsdateien. Versuchen Sie also nicht, eine REG-Datei durch Doppelklick im Explorer zu öffnen. Dadurch würden die aktuellen Einstellungen der Registrierungsdatenbank mit denen, die in der REG-Datei gespeichert sind, überschrieben. Klicken Sie die Datei stattdessen im Explorer mit der rechten Maustaste an und wählen Sie **Bearbeiten** im erscheinenden Kontextmenü. Oder laden Sie die Registrierungsdatei bei geöffnetem Windows Editor mit dem Befehl **Datei ▶ Öffnen**.

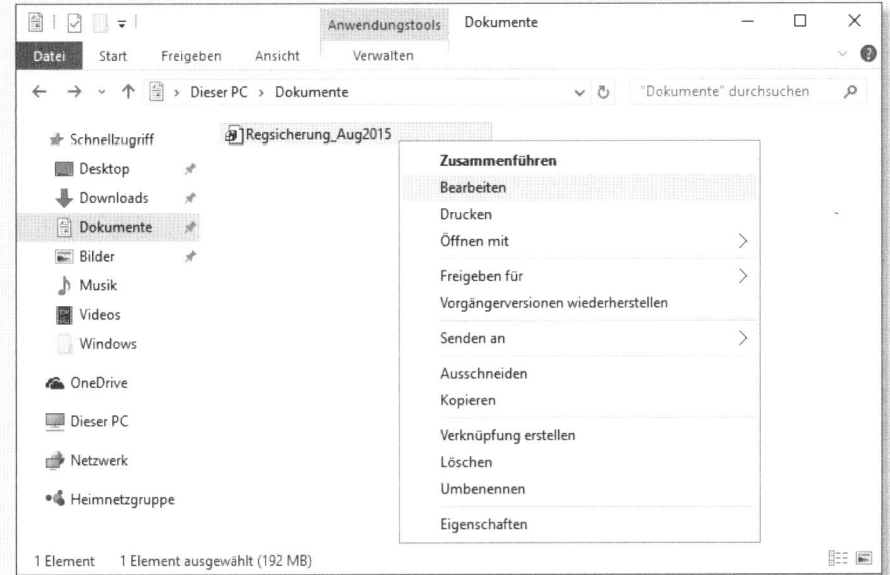

Abbildung 16.8 Explorer: Mit dem Kontextmenü-Befehl »Bearbeiten« können Sie eine Registrierungsdatei im Windows Editor öffnen, ohne Änderungen in der Registry zu verursachen.

16.3   Registry-Einstellungen wiederherstellen

Windows speichert die Registrierungsdatei mit der Dateierweiterung **.reg**. Bei Bedarf stellen Sie die in der Registrierungsdatei gespeicherten Einstellungen in der Registrierungsdatenbank wieder her, indem Sie die Registrierungsdatei im Registrierungs-Editor importieren:

1 Klicken Sie in der oberen Menüleiste auf **Datei ▶ Importieren**.

2 Wählen Sie im erscheinenden Dialogfeld **Registrierungsdatei importieren** die REG-Datei aus und klicken Sie auf die Schaltfläche **Öffnen**.

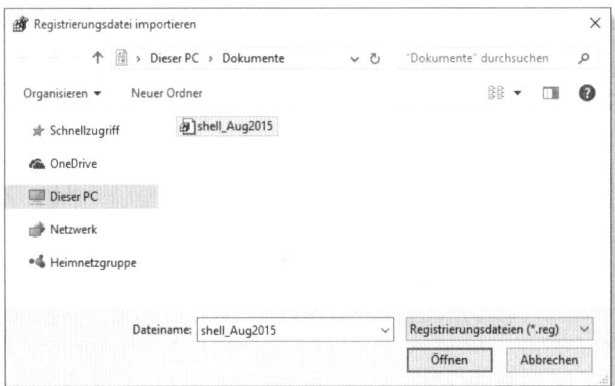

Es gibt sogar noch einen einfacheren Weg, um eine Registrierungsdatei zu importieren: Klicken Sie die Registrierungsdatei im Explorer doppelt an und bestätigen Sie die Warnmeldung der Benutzerkontensteuerung und eine weitere des Registrierungs-Editors (dieser braucht nicht geöffnet zu sein) jeweils mit **Ja**. In beiden Fällen führt Windows die Registry-Änderung auf Basis der ausgewählten Registrierungsdatei durch und teilt anschließend das erfolgreiche Ende mit.

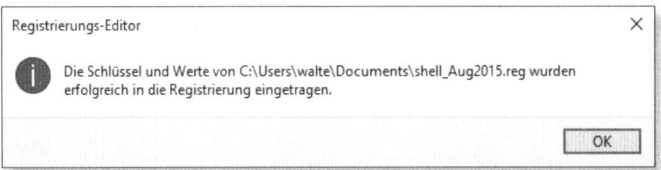

Abbildung 16.9 Meldung nach dem erfolgreichen Import einer Registrierungsdatei

16.4   Option »Mit Editor öffnen« im Explorer-Kontextmenü hinzufügen

Viele Dateien unterschiedlichen Typs lassen sich im Editor von Windows – das dahinter stehende Programm heißt **notepad.exe** und befindet sich im Windows-Verzeichnis des Stammlaufwerks (z. B. **C:\Windows**) – öffnen und bearbeiten. Allerdings sind die meisten Dateitypen standardmäßig mit einem anderen Programm verbunden, so dass dieses startet, wenn Sie z. B. im Explorer den Dateinamen doppelt anklicken.

Oft möchte man eine Datei jedoch schnell einmal im Windows Editor öffnen, obwohl man dazu üblicherweise ein anderes Programm verwendet. HTML-Dateien (Dateierweiterung .html bzw. .htm) öffnen sich beispielsweise automatisch im Browser, und das ist auch richtig so. Wenn Sie nun aber im Code Ihrer Webseite eine kleine Änderung durchführen müssen, ist der Browser nicht die richtige Wahl. Oder Sie möchten als versierter Windows-Anwender eine Registrierungsdatei direkt im Windows Editor bearbeiten. Indem Sie diese im Explorer doppelt anklicken, laden Sie die Datei nicht etwa zur Bearbeitung, vielmehr wird die REG-Datei ausgeführt, was eventuelle Änderungen in der Windows-Registrierungsdatenbank zur Folge hat. Dagegen lassen sich beide Dateien, die REG-Datei sowie die HTML-Datei, ohne Weiteres im Windows Editor öffnen und bearbeiten.

Um eine Datei, die standardmäßig mit einem anderen Programm verbunden ist, im Editor zu öffnen, klicken Sie diese entweder im Explorer mit der rechten Maustaste an, klicken im erscheinenden Kontextmenü auf den Befehl **Öffnen mit** und anschließend auf **Editor** – vorausgesetzt, es existiert ein solcher Eintrag in der Liste. Falls nicht, müssen Sie über **Standardprogramm auswählen** einen weiteren Dialog bemühen und dort den Windows Editor auswählen. Alternativ verwenden Sie im Menüband des Explorers auf der Registerkarte **Start** die Schaltfläche **Öffnen** mit den gleichen Optionen.

Abbildung 16.10 Oft sehr praktisch: zusätzliche Option zum Öffnen mit dem Editor von Windows

685

Wie praktisch wäre es doch, wenn, wie in Abbildung 16.10 auf Seite 685 zu sehen, direkt im Kontextmenü von Dateien eine Option zum Öffnen mit dem Editor von Windows zur Verfügung stünde? Per Registry-Eingriff können Sie den gewünschten Eintrag im Kontextmenü folgendermaßen einrichten:

1 Starten Sie den Registrierungs-Editor, indem Sie in der Taskleiste den Suchbegriff »regedit« verwenden und anschließend auf die angezeigte Symbolverknüpfung klicken. Bestätigen Sie eine eventuelle Warnmeldung der Benutzerkontensteuerung mit **Ja**.

2 Navigieren Sie im linken Fenster des Registrierungs-Editors zum Schlüssel **HKEY_ CLASSES_ROOT*\shell**. Klicken Sie den Schlüssel mit der rechten Maustaste an und wählen Sie **Neu ▶ Schlüssel** im erscheinenden Kontextmenü. Mit dieser Option legen Sie einen neuen Unterschlüssel an.

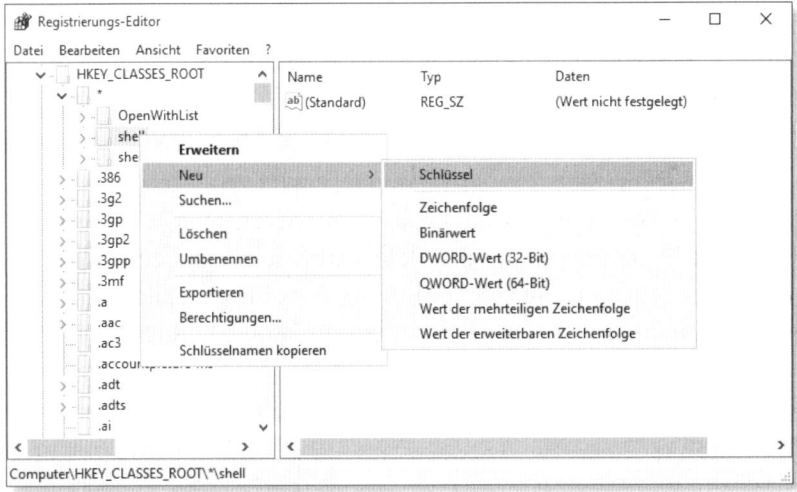

3 Tippen Sie als Namen für den Schlüssel »Mit Editor öffnen« ein und drücken Sie die Eingabetaste. Der Name dieses Schlüssels bestimmt später den Text der Option im Datei-Kontextmenü des Explorers.

4 Führen Sie einen Rechtsklick auf den neuen Schlüssel **Mit Editor öffnen** aus und wählen Sie wiederum **Neu ▶ Schlüssel**. Vergeben Sie für diesen Unterschlüssel den Namen »command«. Die somit erzeugte Struktur sehen Sie in der folgenden Abbildung.

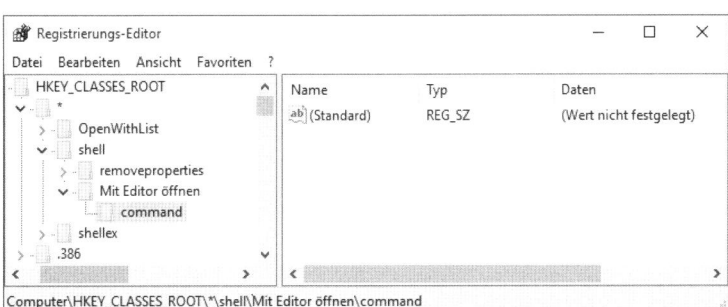

5 Selektieren Sie im linken Fensterbereich den Schlüssel **command**, den Sie gerade neu angelegt haben. Klicken Sie anschließend im rechten Fensterbereich doppelt auf die Zeichenfolge **(Standard)**.

6 Tippen Sie im erscheinenden Dialogfeld **Zeichenfolge bearbeiten** als Wert »notepad. exe %1« ein (mit einem Leerzeichen zwischen »notepad.exe« und »%1«) und bestätigen Sie mit **OK**. Danach steht im Explorer die Option **Mit Editor öffnen** im Kontextmenü von Dateien zur Verfügung.

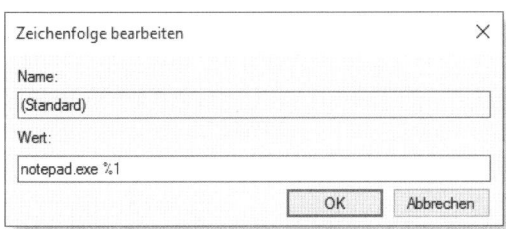

16.5   Option zum Verschlüsseln von Dateien und Ordnern im Kontextmenü hinzufügen

Genauso wie im letzten Abschnitt die Option **Mit Editor öffnen** können Sie den Kontextmenüs im Explorer auch eine Option zum Verschlüsseln von Dateien und Ordnern hinzufügen. Dies erscheint ebenfalls praktisch, weil man für die Verschlüsselung einer Datei oder eines Ordners ebenfalls über mehrere Dialoge gehen muss. Mit der genannten Option im Kontextmenü von Dateien und auch Ordnern dagegen verschlüsseln Sie eine Datei oder einen ganzen Ordner praktisch per Mausklick.

Führen Sie folgende Schritte durch, um die Option **Verschlüsseln** in den Explorer-Kontextmenüs einzurichten:

1 Navigieren Sie im linken Fensterbereich des Registrierungs-Editors zum Schlüssel **HKEY_LOCAL_MACHINE\SOFTWARE\Microsoft\Windows\CurrentVersion\Explorer\ Advanced**.

2 Klicken Sie mit der rechten Maustaste auf eine freie Stelle im rechten Fensterbereich und wählen Sie im erscheinenden Menü **Neu ▶ DWORD-Wert (32-Bit)**.

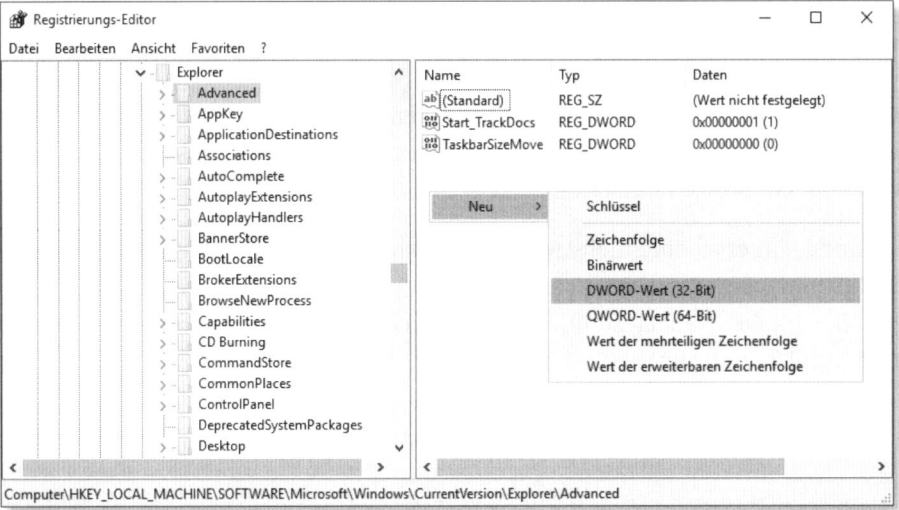

3 Tippen Sie als Namen für den neuen DWORD-Wert »EncryptionContextMenu« ein und drücken Sie die Eingabetaste.

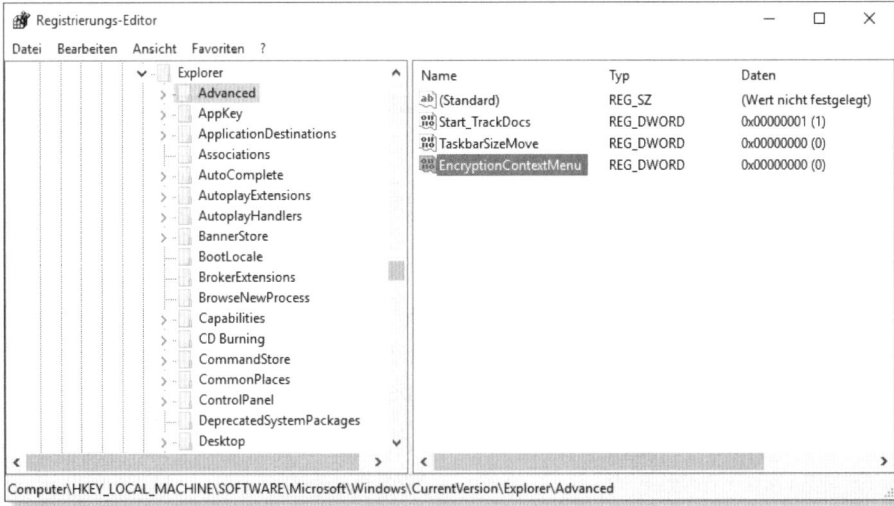

4 Klicken Sie im rechten Fensterbereich des Registrierungs-Editors doppelt auf den eben erstellten DWORD-Wert **EncryptionContextMenu** und setzen Sie im Dialogfeld **DWORD-Wert (32-Bit) bearbeiten** den Wert auf »1«. Schließen Sie das Dialogfeld mit **OK**.

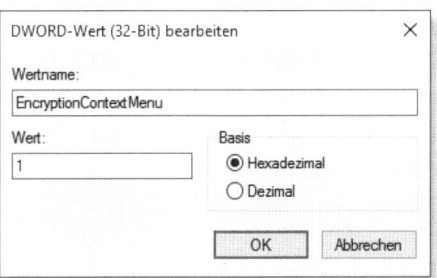

Wie beim Hinzufügen der Option **Mit Editor öffnen** (siehe oben den Abschnitt 16.4, »Option ›Mit Editor öffnen‹ im Explorer-Kontextmenü hinzufügen«, ab Seite 685) ist ein Neustart nicht erforderlich. Die Einstellung wird sofort wirksam. In den Kontextmenüs des Explorers steht nun die Option **Verschlüsseln** – bzw. bei bereits verschlüsselten Dateien und Ordnern die Option **Entschlüsseln** – zur Verfügung. Klicken Sie die Datei oder den Ordner, den Sie verschlüsseln wollen, einfach mit der rechten Maustaste an und wählen Sie die Option **Verschlüsseln** im Kontextmenü. Die Datei oder der Ordner werden dann sofort EFS-verschlüsselt.

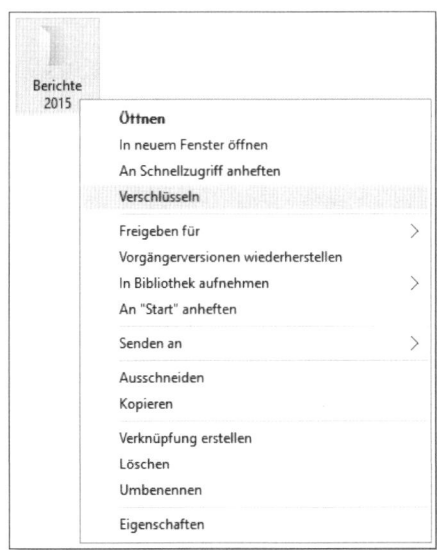

Abbildung 16.11 Explorer-Kontextmenü: zusätzlicher Befehl zum einfachen Verschlüsseln von Dateien und Ordnern

16.6   Optionen zum Speichern von Dateien und Ordnern im Explorer-Kontextmenü hinzufügen

Das Kontextmenü des Explorers enthält zwar die Befehle **Kopieren** und **Ausschneiden**, jedoch keine Option, um eine Datei oder einen Ordner direkt an einen anderen Zielort zu kopieren oder zu verschieben. Das unmittelbare Speichern funktioniert zwar über das Senden-an-Menü, die Auswahl ist hier jedoch begrenzt. Es gibt jedoch Registry-Hacks, mit denen man im Kontextmenü des Explorers je eine Option zum Kopieren und/oder Verschieben in einen beliebigen anderen Ordner hinzufügen kann. Dies ist mit wenigen Handgriffen geschehen:

1 Navigieren Sie im linken Bereich des Registrierungs-Editors zum Schlüssel **HKEY_ CLASSES_ROOT\AllFilesystemObjects\shellex\ContextMenuHandlers**.

2 Legen Sie unterhalb des Schlüssels **ContextMenuHandlers** einen Schlüssel mit dem Namen »In Ordner kopieren« an. Klicken Sie dazu bei geöffnetem Schlüssel **Context-MenuHandlers** mit der rechten Maustaste auf eine beliebige freie Stelle des rechten Bereichs und wählen Sie im erscheinenden Kontextmenü **Neu ▸ Schlüssel**.

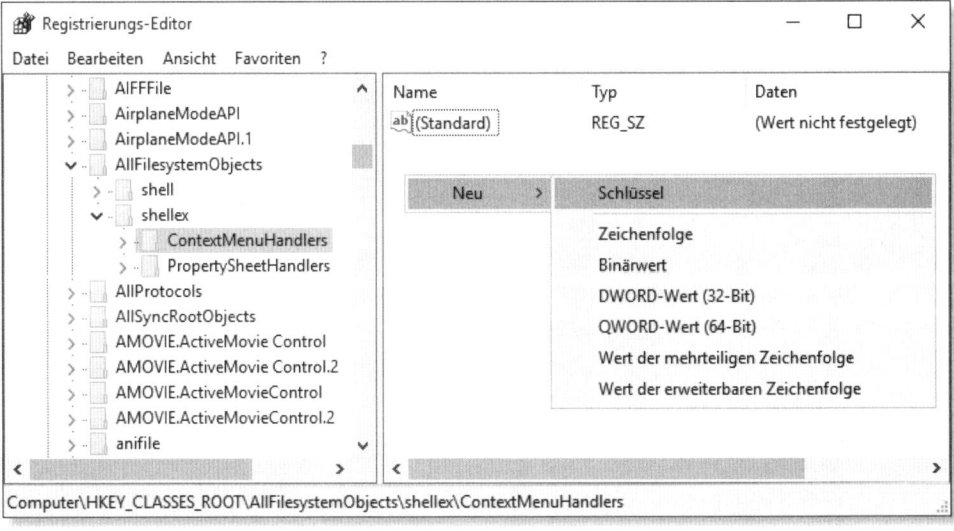

Alternativ können Sie das Kontextmenü auch über den Schlüsseleintrag im linken Fensterbereich öffnen.

3 Selektieren Sie im linken Bereich den eben erstellten Schlüssel **In Ordner kopieren** ❶ und klicken Sie im rechten Bereich doppelt auf die Zeichenfolge **(Standard)** ❷.

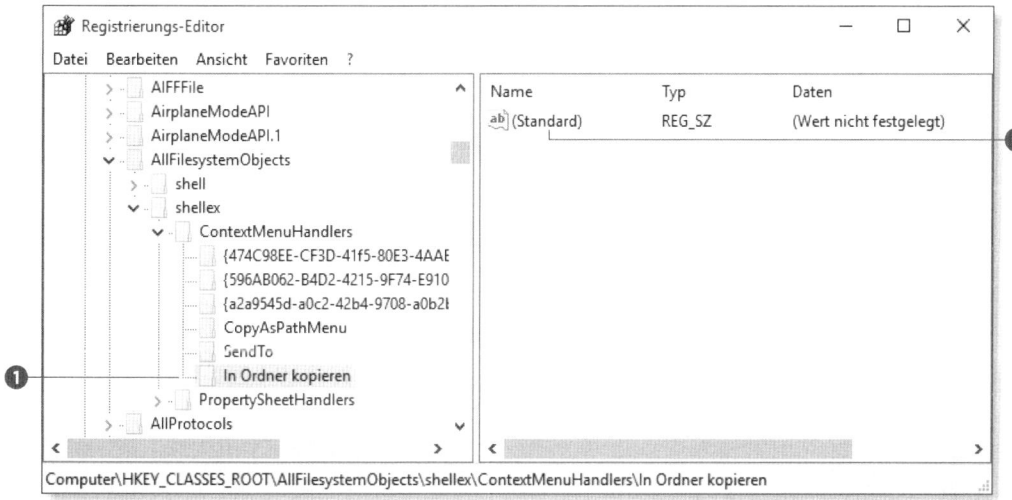

4 Geben Sie im erscheinenden Bearbeitungsfenster als Wert für die Standardzeichenfolge »{C2FBB630-2971-11D1-A18C-00C04FD75D13}« ein und bestätigen Sie mit **OK**. Danach steht die Option **In Ordner kopieren** in den Kontextmenüs von Dateien und Ordnern zur Verfügung.

5 Wenn Sie zusätzlich eine Option zum Verschieben hinzufügen möchten, verfahren Sie analog. Legen Sie unterhalb des Schlüssels **ContextMenuHandlers** einen weiteren Schlüssel mit dem Namen »In Ordner verschieben« an. Hinterlegen Sie für die Standardzeichenfolge dieses Schlüssels den Wert »{C2FBB631-2971-11D1-A18C-00C04FD75D13}« (die beiden Werte unterscheiden sich nur in der letzten Ziffer des ersten Teils, d. h., hier steht nun abweichend »631« statt »630«).

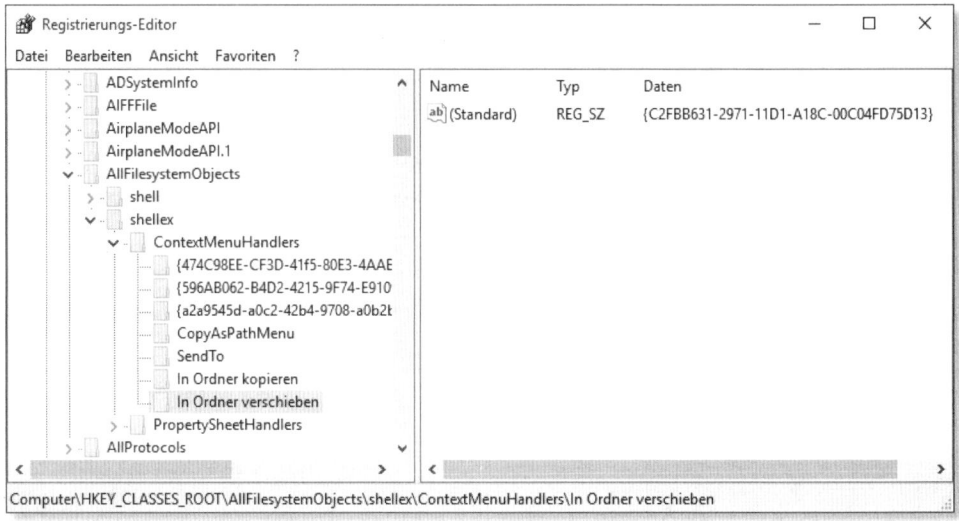

16.7   Die Registrierungsdatenbank durchsuchen

Wie Sie sicher schon erkannt haben, handelt es sich bei den Registry-Einträgen um eine weit verzweigte Baumstruktur mit Schlüsseln, Unterschlüsseln und Werten. Es ist also nicht unbedingt leicht, im linken Navigationsbereich einen Schlüssel oder einen bestimmten Wert aufzufinden, wenn Sie den Pfad nicht genau kennen. Wenn Ihnen nur der Name eines Registry-Schlüssels oder eines Wertes – oder auch nur ein Teil davon – bekannt ist, können Sie die Registry auch nach diesem durchsuchen:

1 Drücken Sie ⌷Strg⌷ + ⌷F⌷ oder wählen Sie in der oberen Menüleiste **Bearbeiten** ▸ **Suchen**, um die folgende Suchmaske aufzurufen.

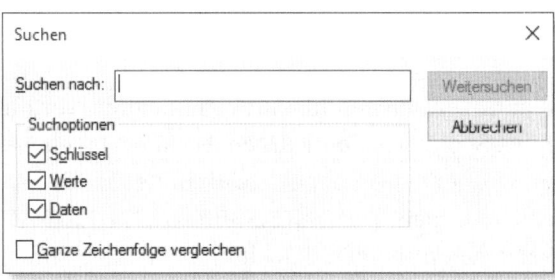

2 Geben Sie in das obere Textfeld den gewünschten Suchbegriff ein. Sie können auch nach Teilbegriffen suchen, die Suche nach »ware« findet z. B. auch Schlüssel mit dem Namen *Software*. Mit den Kontrollkästchen im Abschnitt **Suchoptionen** legen Sie fest, welche Einträge – Schlüssel, Werte bzw. Daten – durchsucht werden sollen. Bei aktivierter Option **Ganze Zeichenfolge vergleichen** wird nur eine vollständige Übereinstimmung als Treffer gewertet. Der Suchbegriff »google« findet dabei z. B. weder den Schlüssel *google.de* noch *profile-google-com*. Aktivieren Sie diese Option also nicht bei Eingabe eines Teilbegriffs.

3 Klicken Sie auf die Schaltfläche **Weitersuchen**, um die Suche nach dem eingegebenen Begriff zu starten. Die Suche beginnt bei der im linken Navigationsbereich markierten Stelle. Nach der Anzeige des ersten gefundenen Eintrags können Sie die Suche durch Drücken von `F3` fortsetzen, alternativ wählen Sie **Bearbeiten ▸ Weitersuchen** in der oberen Menüleiste. Nachdem die Registrierungsdatenbank vollständig durchsucht wurde, erscheint eine entsprechende Meldung.

16.8 Registry-Schlüssel als Favoriten hinzufügen

Auch im Registrierungs-Editor gibt es Favoriten. Wenn Sie einen Registry-Schlüssel als Favoriten hinzugefügt haben, können Sie ihn bei Bedarf mit einem einzigen Mausklick selektieren. Gehen Sie folgendermaßen vor, um einen Registry-Schlüssel, den Sie häufig benötigen, im Registrierungs-Editor zu den Favoriten hinzuzufügen:

1 Selektieren Sie im linken Bereich den Schlüssel, den Sie zu den Favoriten hinzufügen wollen. Gerade bei einem so tief verschachtelten Unterschlüssel wie HKEY_LOCAL_ MACHINE\SOFTWARE\Microsoft\Windows\CurrentVersion\Explorer\Advanced, der in Abschnitt 16.5, »Option zum Verschlüsseln von Dateien und Ordnern im Kontextmenü hinzufügen«, ab Seite 687 bearbeitet wurde, bietet es sich z. B. an, diesen zu den Favoriten hinzuzufügen, wenn Sie beabsichtigen, später wieder darauf zuzugreifen (z. B. wenn Sie wieder die ursprüngliche Einstellung verwenden oder zwischen beiden Einstellungen wechseln wollen). Die beste Gelegenheit, einen Schlüssel zu den Favoriten hinzuzufügen, bietet sich natürlich dann, wenn Sie sowieso gerade dabei sind, den Schlüssel zu bearbeiten.

2 Wählen Sie in der oberen Menüleiste den Befehl **Favoriten ▸ Zu Favoriten hinzufügen**.

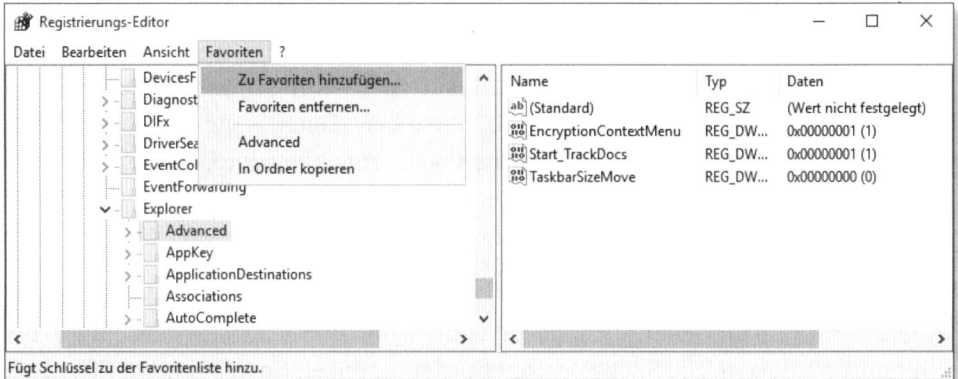

3 Ändern Sie im erscheinenden Dialogfeld **Zu Favoriten hinzufügen** gegebenenfalls den Namen für den Favoriteneintrag. Voreingestellt ist hier der Name des Registry-Schlüssels. Klicken Sie auf **OK**, um den Schlüssel zu den Favoriten hinzuzufügen.

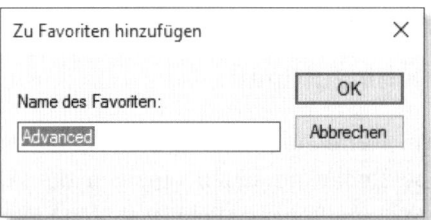

Danach erscheint der Schlüssel als Eintrag im **Favoriten**-Menü. Dort können Sie ihn jederzeit durch Anklicken auswählen. Im linken Bereich des Registrierungs-Editors wird dann der entsprechende Pfad geöffnet und der Schlüssel selektiert.

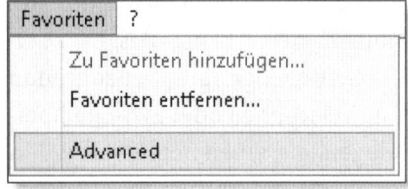

Abbildung 16.12 Der hinzugefügte Registry-Schlüssel erscheint als Eintrag im »Favoriten«-Menü.

Um einen Favoriten, den Sie nicht mehr benötigen, zu entfernen, wählen Sie in der Menüleiste den Befehl **Favoriten ▸ Favoriten entfernen** (siehe Abbildung 16.12), selektieren im erscheinenden Dialogfeld (siehe Abbildung 16.13) den Favoriten, den Sie löschen wollen, und bestätigen mit **OK**.

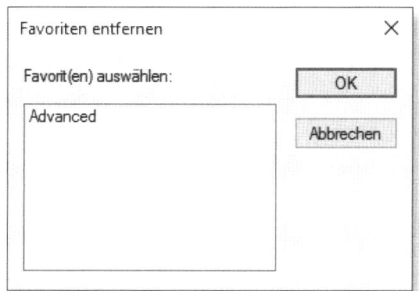

Abbildung 16.13 Hier können Sie einen Favoriten wieder entfernen.

16.9   Fensterelemente und Icons konfigurieren

Die Einstellungsmöglichkeiten in der Benutzeroberfläche bezüglich metrischer Größen wie etwa dem Abstand von Icons auf dem Desktop, der Breite von Scrollbars in Anwendungsfenstern, der Größe von Menü- und Titelleisten etc. und auch die Möglichkeit der Änderung von Schriftarten sind in Windows 10, wie bereits unter Windows 8 bzw. Windows 8.1, gegenüber früheren Windows-Versionen deutlich reduziert.

So haben es erfahrene Anwender in der Vergangenheit oft vorgezogen, die Größe von verschiedenen Steuerelementen zu reduzieren, um im Anwendungsfenster mehr Platz für den Hauptbereich zur Verfügung zu haben. Glücklicherweise funktioniert dies auch unter Windows 10, wobei man allerdings auf die Registry angewiesen ist. Alle Registry-Werte, die für die Anpassung von Anwendungsfenstern und Icons zuständig sind, finden Sie im Schlüssel **HKEY_CURRENT_USER\Control Panel\Desktop\WindowMetrics**.

Werte und Daten

Hier noch einmal der Hinweis: Die Registry-Einträge für einen Schlüssel werden Werte genannt, die jedoch selbst wiederum Werte besitzen – Letztere werden auch Daten genannt. **BorderWidth**, **CaptionWidth** oder **CaptionHeight** sind also Werte des Schlüssels **WindowMetrics**, und diese haben nach der Installation von Windows 10 die Werte (Daten) *-15* (**BorderWidth**) sowie *-330* (**CaptionWidth** und **CaptionHeight**). Zur Unterscheidung bezeichne ich die Werte eines Schlüssels immer als Registry-Werte und deren Werte bzw. Daten einfach als Werte. Im rechten Bereich des Registrierungs-Editors finden Sie die Registry-Werte eines Schlüssels in der ersten Spalte (Spaltenüberschrift **Name**), die Werte respektive Daten stehen in der dritten Spalte (Spaltenüberschrift **Daten**).

INFO

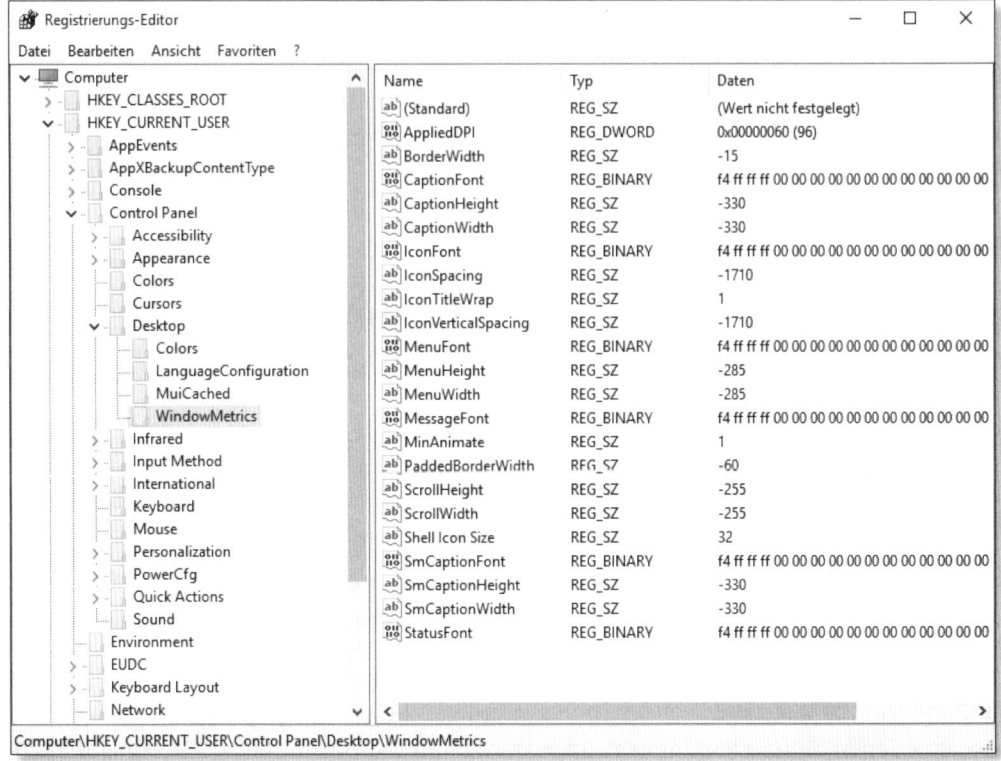

Abbildung 16.14 Mit den Werten des Schlüssels »WindowMetrics« können Sie das Aussehen von Desktopfenstern und Icons verändern.

Tabelle 16.1 listet in alphabetischer Reihenfolge diejenigen Registry-Werte auf, mit denen einzelne Fensterelemente geändert werden können. Den Namen des Registry-Wertes sehen Sie in der ersten Spalte, die zweite Spalte enthält eine kurze Beschreibung, die dritte Spalte enthält den Standardwert.

Registry-Wert	Beschreibung	Standard-einstellung
BorderWidth	Rahmenbreite	-15
CaptionHeight	Höhe der Steuerelemente in der Titelleiste eines Fensters	-330
CaptionWidth	Breite der Steuerelemente in der Titelleiste eines Fensters	-330
MenuHeight	Höhe der Menüleiste	-285

Registry-Wert	Beschreibung	Standard-einstellung
MenuWidth	Breite der Schaltflächen in der Menüleiste	-285
ScrollHeight	Höhe der horizontalen Bildlaufleiste	-255
ScrollWidth	Breite der vertikalen Bildlaufleiste	-255
SmCaptionHeight	Höhe kleiner Titelleisten und ihrer Symbole	-330
SmCaptionWidth	Breite kleiner Titelleisten und ihrer Symbole	-330

Tabelle 16.1 Registry-Werte, die für das Erscheinungsbild von Anwendungsfenstern auf dem Desktop zuständig sind

Der Wert für **Shell Icon Size** ist in Pixel, die anderen Werte sind als Twips (1/20 Punkt = 1/1440 Zoll) angegeben. Zur Unterscheidung werden Angaben in Twips mit einem negativen Vorzeichen (-) in die Registry eingetragen.

Die folgende Abbildung 16.15 zeigt Titelleiste und Navigationsleiste des Explorers bei dem Wert -255 für die Zeichenfolgen **CaptionWidth**, **CaptionHeight**, **SmCaptionWidth** und **SmCaptionHeight**. Die Titelleiste, die Navigationsleiste und manche Symbole sind etwas kleiner als im Normalzustand.

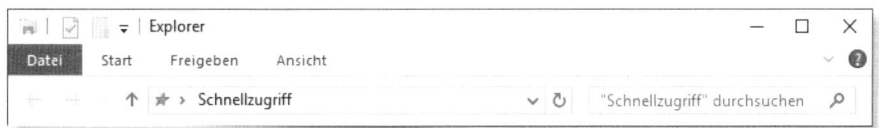

Abbildung 16.15 Explorer-Fenster unter dem Wert -255 für »CaptionWidth«, »CaptionHeight«, »SmCaptionWidth« und »SmCaptionHeight«

Abbildung 16.16 zeigt die gleichen Leisten unter dem Wert -400 für die oben genannten Zeichenfolgen. Die Titelleiste nimmt z. B. wesentlich mehr Platz ein.

Abbildung 16.16 Bei dem Wert -400 für »CaptionWidth«, »CaptionHeight«, »SmCaptionWidth« und »SmCaptionHeight« enthalten die Leisten entsprechend größere Symbole.

Für die Größe der Schaltflächen in der Titelleiste des Explorers sind, wie aus der Tabelle 16.1 ab Seite 696 zu entnehmen ist, die Zeichenfolgen **CaptionWidth** und **CaptionHeight** verantwortlich. Die Größe der Symbole in der Navigationsleiste wird dagegen mit einigen Einschränkungen von den Werten für **SmCaptionWidth** und **SmCaptionHeight** bestimmt (die Symbole **Vor** und **Zurück** sind davon z. B. nicht betroffen, sie bleiben immer gleich).

Gehen Sie z. B. folgendermaßen vor, um die Größe von Steuerelementen in der Titelleiste von Anwendungsfenstern anzupassen:

1 Starten Sie den Registrierungs-Editor. Navigieren Sie im linken Fensterbereich des Registrierungs-Editors zum Schlüssel **HKEY_CURRENT_USER\Control Panel\Desktop\ WindowMetrics**.

2 Klicken Sie im rechten Fensterbereich doppelt auf die Zeichenfolge (Typ *REG_SZ*) **CaptionHeight**.

3 Geben Sie im erscheinenden Dialogfeld den gewünschten Wert für **CaptionHeight** in Twips, also mit einem vorangestellten Minuszeichen, ein. Damit legen Sie die Höhe der Schaltflächen in der Titelleiste von Anwendungsfenstern fest. Klicken Sie anschließend auf die **OK**-Schaltfläche.

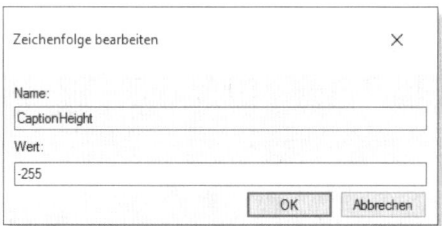

4 Verfahren Sie mit der Zeichenfolge **CaptionWidth** genauso. Klicken Sie diese im rechten Fensterbereich des Registrierungs-Editors doppelt an und ändern Sie den Wert im erscheinenden Dialogfeld – dieser bestimmt die Breite von Schaltflächen in der Titelleiste von Anwendungsfenstern. Schließen Sie das Dialogfeld **Zeichenfolge bearbeiten** anschließend per Klick auf die **OK**-Schaltfläche.

5 Starten Sie den Computer neu oder melden Sie sich vom Computer ab und wieder an. Erst danach werden die neuen Einstellungen wirksam.

Es sei noch angemerkt, dass verschiedene Einstellungen nach unten oder nach oben hin begrenzt sind. Das gilt z. B. für die Zeichenfolgen **CaptionWidth** und **CaptionHeight**. Sehr niedrige Werte werden für diese Zeichenfolgen nicht mehr umgesetzt. Das heißt, die Größe der Steuerelemente in der Titelleiste von Fenstern wird gegebenenfalls nicht mehr weiter verringert, sondern automatisch der kleinstmögliche Wert verwendet. Probieren Sie einfach verschiedene Kombinationen von Werten aus, bis Ihnen das Ergebnis zusagt. Schließlich können Sie bei Bedarf mit der gesicherten Registrierungsdatei die Standardeinstellungen für den Schlüssel **WindowMetrics** jederzeit wiederherstellen (den Schlüssel **WindowMetrics** sollten Sie auf jeden Fall exportieren, bevor Sie in diesem Veränderungen durchführen).

In Tabelle 16.2 auf dieser Seite sehen Sie diejenigen Registry-Werte des Schlüssels **WindowMetrics**, die sich speziell auf die Darstellung von Icons beziehen. Die Werte für **IconSpacing** und **IconVerticalSpacing** werden in Twips angegeben. Die gültigen Werte für **Shell Icon Size** liegen im Bereich zwischen 16 und 48 Pixel.

Registry-Wert	Beschreibung	Standard-einstellung
IconSpacing	Größe einer Rasterzelle – diese legt beim automatischen Anordnen der Desktopsymbole die horizontalen Abstände der Icons zueinander fest.	-1710
IconTitleWrap	Legt fest, ob Symboltitel umbrochen werden. Standardmäßig ist das Umbrechen eingeschaltet, wobei der vertikale Abstand zwischen den Symbolen um 3 Zeilen vergrößert wird. Dies entspricht dem Wert 1. Mit dem Wert 0 schalten Sie das Umbrechen von Symboltiteln aus.	1
IconVertical-Spacing	Höhe einer Symbolzelle	-1125
Shell Icon Size	Höhe und Breite der Symbole im Explorer	32

Tabelle 16.2 Registry-Werte des Schlüssels »WindowMetrics«, die sich speziell auf Icons beziehen

Einsatz von Registrierungsdateien

Gerade im Zusammenhang mit den Einstellungen des Registry-Schlüssels **WindowMetrics** wird ein weiterer Nutzen von Registrierungsdateien deutlich. So steht es Ihnen frei, neben den Standardeinstellungen dieses Schlüssels eventuell weitere Konfigurationen zu exportieren. Dann können Sie gegebenenfalls zwischen diesen wechseln, indem Sie die entsprechende **.reg**-Datei per Doppelklick im Explorer ausführen, ohne die verschiedenen Registry-Werte jedes Mal im Registrierungs-Editor von Hand ändern zu müssen.

TIPP

16.10   Schriftarten von Fensterelementen ändern

Unter Windows 10 ist es ebenfalls nicht möglich, die verwendeten Schriftarten über die Benutzeroberfläche zu ändern. Für die Schriftgröße und den Schriftstil gilt diese Aussage nicht, diese können Sie direkt in der Benutzeroberfläche von Windows 10 ändern. Wie Sie die Optik von Startmenü und Desktop grundsätzlich anpassen, erfahren Sie in Kapitel 4, »Windows 10 verwenden und individuell einrichten«, ab Seite 157. Um die Schriftarten, die für Fenstertitel, in Menüs, in Meldungsfenstern oder in Statusleisten verwendet werden, zu ändern, sind Sie jedoch auf die Registry angewiesen. Die Tabelle 16.3 zeigt die entsprechenden Registry-Werte des Schlüssels **HKEY_CURRENT_USER\ Control Panel\Desktop\WindowMetrics**.

Registry-Wert	Beschreibung
CaptionFont	Schriftart der Fenstertitel
IconFont	Schriftart von Symbolen (Icons)
MenuFont	Schriftart, die in Menüs verwendet wird
MessageFont	Schriftart in Meldefenstern
SmCaptionFont	Schriftart kleiner Titelleisten
StatusFont	Schriftart der Statusleisten

Tabelle 16.3 Registry-Werte des Schlüssels »WindowMetrics«, die für die Schriftarten verschiedener Elemente zuständig sind

Gehen Sie z. B. folgendermaßen vor, um die in Titelleisten verwendete Schriftart zu ändern:

1 Starten Sie den Registrierungs-Editor. Navigieren Sie im linken Bereich des Registrierungs-Editors zum Schlüssel **HKEY_CURRENT_USER\Control Panel\Desktop\ WindowMetrics**.

2 Klicken Sie im rechten Bereich doppelt auf den Registry-Wert **CaptionFont**. Dieser ist vom Typ *REG_BINARY*.

Es erscheint das Dialogfeld zum Bearbeiten des Registry-Wertes. In der letzten Spalte sehen Sie die für Titelleisten aktuell verwendete Schriftart (hier Segoe UI).

3 Notieren Sie im Dialogfeld **Binärwert bearbeiten** anstelle der aktuell verwendeten Schriftart die gewünschte neue Schriftart. Beachten Sie dabei, dass zwischen jedem Buchstaben und auch nach einem Leerzeichen ein Punkt stehen muss. Möchten Sie z. B. die Schriftart Arial verwenden, notieren Sie »A.r.i.a.l«.

Am sichersten gehen Sie so vor: Löschen Sie zunächst den vorhandenen Namen bis auf das erste Zeichen. Ersetzen Sie dabei jeden gelöschten Buchstaben und jedes gelöschte Leerzeichen durch einen Punkt. Danach ersetzen Sie das erste noch vorhandene Zeichen mit dem ersten Zeichen des neuen Fontnamens, hier ersetzen Sie also das »S« mit dem »A« für die Schriftart Arial. Anschließend notieren Sie den Rest des Namens der neuen Schriftart, wobei Sie die Punkte wiederum mit den noch einzugebenden Zeichen (Buchstaben und eventuell Leerzeichen) ersetzen – die Anzahl der Zeichen in der Spalte bleibt also immer gleich. Das Ergebnis für die Schriftart Arial sehen Sie in der folgenden Abbildung.

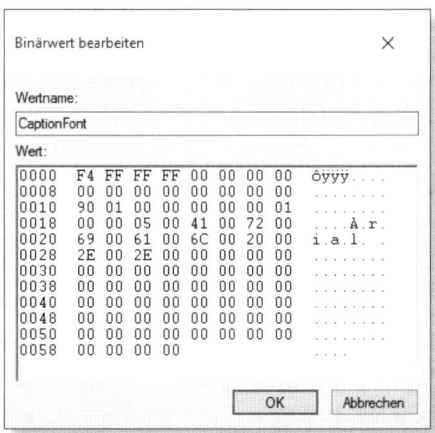

Beachten Sie auch, dass Sie nur systemeigene Schriftarten verwenden dürfen. Diese können Sie in der Systemsteuerung nachsehen, indem Sie dort nacheinander die Kategorien **Darstellung und Anpassung** und **Schriftarten** öffnen. Wie die folgende Abbildung zeigt, sehen Sie auf der erscheinenden Dialogseite auch das Schriftbild der Fonts. Suchen Sie sich einfach die Schriftart aus, die Ihnen passend erscheint, und notieren Sie im Dialogfeld **Binärwert bearbeiten** genau den Namen, so wie er in der Systemsteuerung auf der Dialogseite **Schriftarten** erscheint.

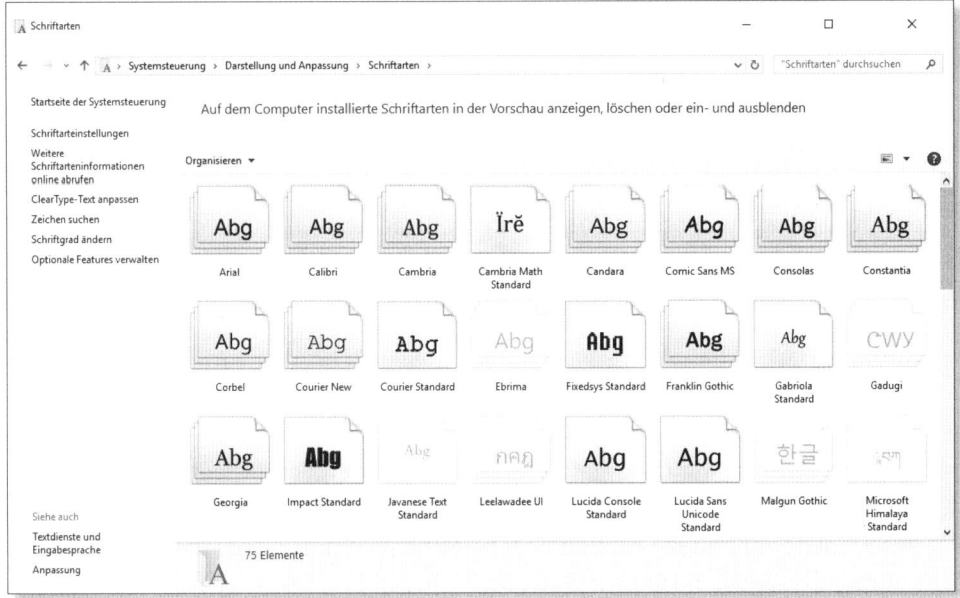

4 Melden Sie sich vom Computer ab und wieder an, damit Sie die Änderungen sofort sehen können.

Abbildung 16.17 zeigt die Titelleisten des Explorers und des Editors von Windows einmal mit der Schriftart Segoe UI (Bilder oben) sowie mit der Schriftart Arial (Bilder unten).

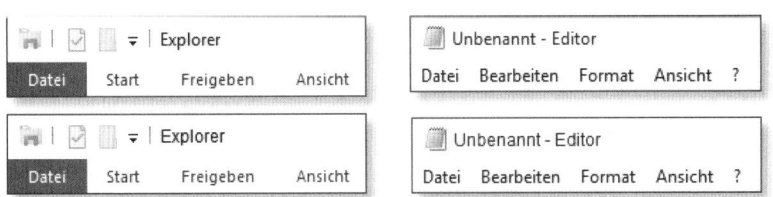

Abbildung 16.17 Die Schriftart der Titelleisten von Anwendungsfenstern können Sie austauschen, indem Sie den Registry-Wert »CaptionFont« bearbeiten.

16.11   So passen Sie in der Taskleiste die Größe der Vorschaufenster an

Windows 10 zeigt Vorschaubilder aller geöffneten Programme (einschließlich Apps), Dokumente, Internetseiten an, wenn Sie den Mauszeiger in der Taskleiste über ein Programmsymbol bewegen. Halten Sie anschließend den Mauszeiger in das Vorschaubild, so sehen Sie das Dokument oder die Internetseite in voller Größe. Wenn Sie den Mauszeiger wieder vom Vorschaubild entfernen, befinden Sie sich wieder in der aktuellen Anwendung.

Die Taskleisten-Vorschaufunktion gibt es seit Windows 7 und sie erfreut sich bei den Anwendern mittlerweile großer Beliebtheit, da sie es ermöglicht, schnell einmal Informationen anderer Programme anzuzeigen, ohne die Anwendung, mit der man gerade arbeitet, verlassen zu müssen. Allerdings sind die Vorschaufenster standardmäßig sehr klein, was sich jedoch über einen Registry-Eintrag ändern lässt:

1 Rufen Sie den Registrierungs-Editor auf, indem Sie in der Taskleiste den Suchbegriff »regedit« eingeben und anschließend auf die angezeigte Symbolverknüpfung **regedit** bzw. **regedit.exe** klicken, falls Sie die Anzeige von Dateinamenerweiterungen aktiviert haben. Bestätigen Sie eine eventuelle Warnmeldung der Benutzerkontensteuerung mit **Ja**.

2 Navigieren Sie im linken Fensterbereich des Registrierungs-Editors zum Schlüssel **HKEY_CURRENT_USER\Software\Microsoft\Windows\CurrentVersion\Explorer\ Taskband**.

3 Führen Sie im rechten Fensterbereich einen Rechtsklick auf eine freie Stelle aus. Wählen Sie **Neu ▶ DWORD-Wert (32-Bit)** im erscheinenden Kontextmenü.

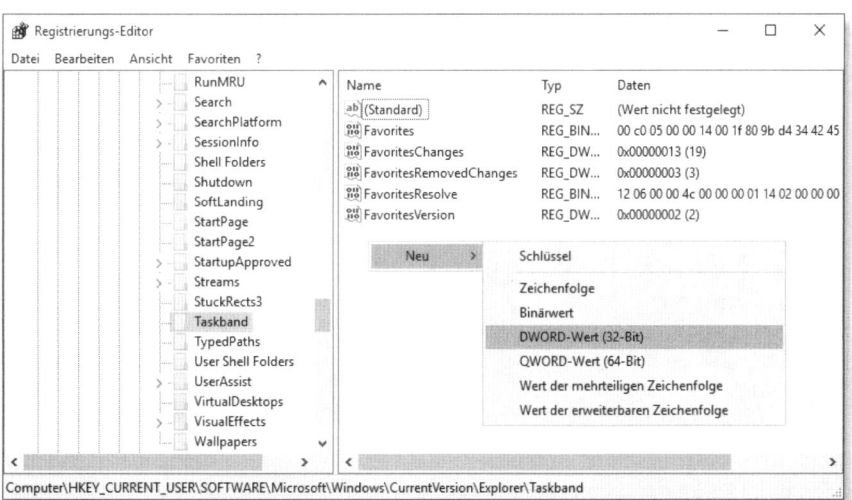

4 Tippen Sie als Namen für den DWORD-Wert »MinThumbSizePx« ein und drücken Sie ⏎ .

5 Klicken Sie jetzt doppelt auf den neu erstellten Registry-Wert **MinThumbSizePx**. Wählen Sie im erscheinenden Dialogfeld als Basis **Dezimal**.

6 Geben Sie in das **Wert**-Feld die gewünschte Größe in Pixel ein. Probieren Sie es fürs Erste am besten mit einer Größe zwischen 300 und 400 Pixel (Standard ist etwa 200).

7 Bestätigen Sie die Änderungen im Dialogfeld **DWORD-Wert (32-Bit) bearbeiten**, indem Sie auf die **OK**-Schaltfläche klicken.

8 Starten Sie den Computer neu oder melden Sie sich vom Computer ab und wieder an, damit die neue Einstellung wirksam wird.

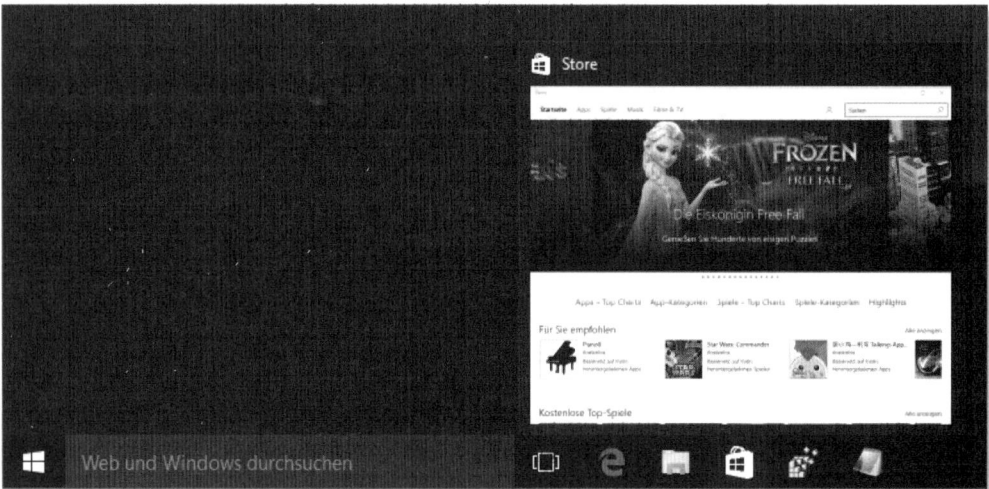

Abbildung 16.18 DWORD-Wert »MinThumbSizePx«: Mit einer Pixelbreite von 350 erscheinen die Vorschaubilder in der Taskleiste bereits deutlich größer.

Schauen Sie sich die Vorschaubilder am besten gleich an, um zu sehen, ob die Grö-ße Ihren Vorstellungen entspricht. Sie können den Wert für **MinThumbSizePx** jederzeit anpassen. Möchten Sie einmal wieder zur alten Vorschaugröße zurückkehren, löschen Sie einfach den DWORD-Wert **MinThumbSizePx**, indem Sie ihn markieren und die Taste `Entf` drücken.

16.12   Vorschaufunktion der Taskleiste beschleunigen

Die im letzten Abschnitt genannten Vorschaubilder stellen sich in der Taskleiste stan-dardmäßig nur mit merklicher Verzögerung ein, wenn der Mauszeiger über ein Pro-grammsymbol gehalten wird. Genauso lange dauert es auch, bis die Vorschaubilder wieder verschwinden, wenn die Maus vom Programmsymbol entfernt wird. Mit einem kleinen Eingriff in die Registry lässt sich die Geschwindigkeit für das Ein- und Ausblen-den der Taskleisten-Vorschaubilder jedoch nach Belieben anpassen:

1 Navigieren Sie im linken Fensterbereich des Registrierungs-Editors zum Schlüssel **HKEY_CURRENT_USER\Control Panel\Mouse** ❶.

2 Im rechten Fenster sehen Sie jetzt eine Zeichenfolge mit dem Namen **MouseHover-Time** ❷. Klicken Sie diese doppelt an.

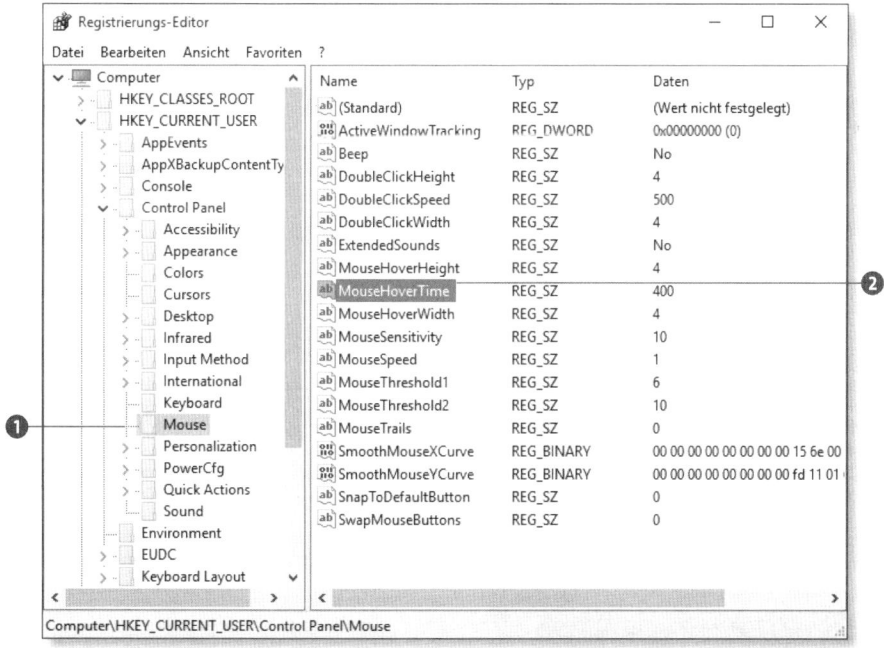

3 Geben Sie im erscheinenden Bearbeitungsdialog den gewünschten neuen Wert ein und bestätigen Sie mit **OK**.

Der Wert gibt die Verzögerung in Millisekunden an – Standard ist 400. Je kleiner der Wert, desto schneller stellt sich der MouseHover-Effekt ein. Versuchen Sie es am besten mit den Werten 100, 50 oder 30, um die Verzögerung zu reduzieren. Den Wert 0 sollten Sie aber nicht verwenden!

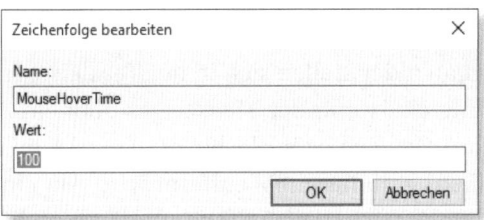

Damit die Änderungen übernommen werden, müssen Sie den Computer neu starten oder sich ab- und wieder anmelden. Außerdem ist es ratsam, korrespondierend zu der beschriebenen Registry-Änderung in den visuellen Effekten die Option **Animationen auf der Taskleiste** zu deaktivieren. Erst danach kommt der Beschleunigungseffekt voll zum Tragen. Führen Sie dazu folgende Schritte durch:

1 Klicken Sie in der Taskleiste mit der rechten Maustaste auf das Windows-Symbol und wählen Sie **System** im erscheinenden Menü.

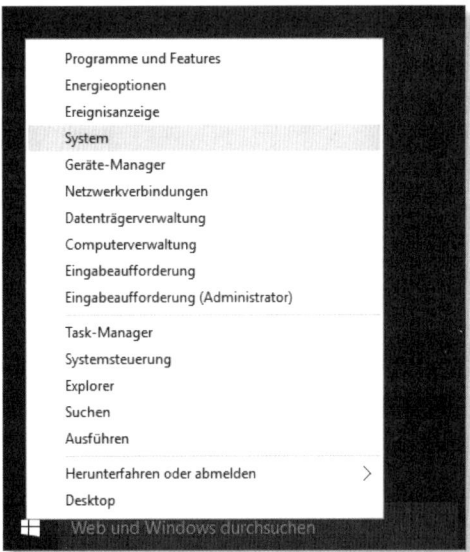

2 Es erscheint die Dialogseite **System/Basisinformationen über den Computer anzeigen** der Systemsteuerung. Klicken Sie im linken Aufgabenbereich auf **Erweiterte System-einstellungen**.

3 Klicken Sie jetzt auf der Registerkarte **Erweitert** des erscheinenden Dialogfelds **Systemeigenschaften** im oberen Abschnitt **Leistung** auf die Schaltfläche **Einstellungen**.

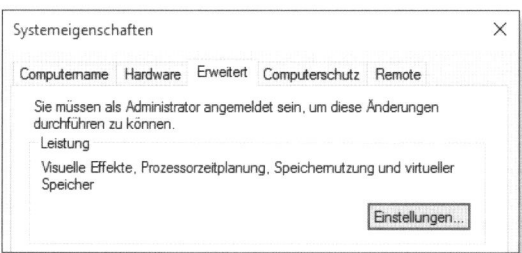

4 Es erscheinen die Leistungsoptionen mit der Registerkarte **Visuelle Effekte** im Vordergrund. Entfernen Sie das Häkchen aus dem Kontrollkästchen neben **Animationen auf der Taskleiste** ❶. Bestätigen Sie mit **OK** oder **Übernehmen**.

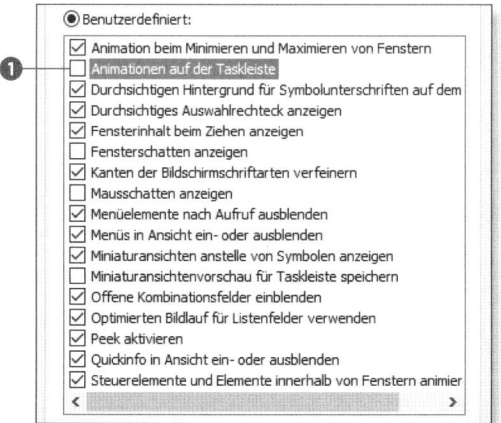

16.13   Windows Script Host deaktivieren

Um sich vor Angriffen durch bösartigen Skriptcode zu schützen, erscheint es durchaus sinnvoll, Windows Script Host – der frühere Name ist Windows Scripting Host – außer Kraft zu setzen. Die Entscheidung dürfte vor allem dann leichtfallen, wenn man keine eigenen Skripte ausführen möchte. Das Programm, das VB-Skripte ausführt, befindet sich im Windows-Verzeichnis unter *System32* und heißt **wscript.exe**. Dessen automatischen Aufruf verhindern Sie mittels eines Eintrags in der Registry. Führen Sie dazu folgende Schritte aus:

1 Starten Sie den Registrierungs-Editor. Selektieren Sie im linken Fensterbereich den Schlüssel **HKEY_LOCAL_MACHINE\SOFTWARE\Microsoft\Windows Script Host\ Settings**.

2 Legen Sie eine neue Zeichenfolge an. Klicken Sie dazu mit der rechten Maustaste auf eine freie Stelle im rechten Fensterbereich und wählen Sie **Neu ▶ Zeichenfolge**. Geben Sie der Zeichenfolge den Namen »Enabled«.

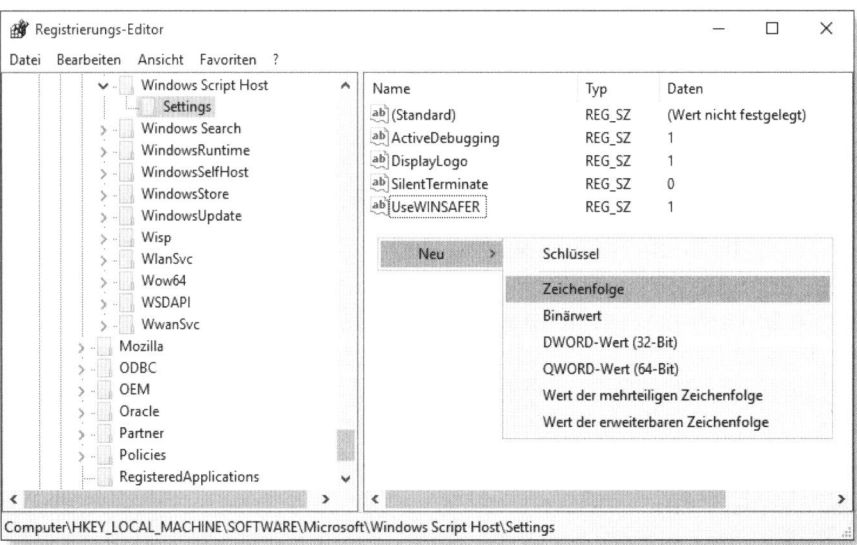

3 Klicken Sie jetzt doppelt auf den neuen Eintrag und legen Sie im erscheinenden Bearbeitungsdialog als Wert »0« fest. Schließen Sie das Dialogfeld per Klick auf die **OK**-Schaltfläche.

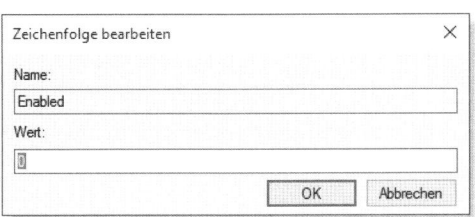

Damit haben Sie Windows Script Host deaktiviert. Die Einstellung kommt sofort zum Tragen. Ein Neustart ist nicht erforderlich. Wenn Sie Windows Script Host wieder aktivieren wollen, setzen Sie den Wert der Zeichenfolge **Enabled** auf »1«. Falls Sie des Öfteren zwischen beiden Einstellungen wechseln – z. B. weil Sie zwischendurch eigene Skripte ausführen möchten –, legen Sie sich den Schlüssel **HKEY_LOCAL_MACHINE\ SOFTWARE\Microsoft\Windows Script Host\Settings** im Registrierungs-Editor am besten zu den Favoriten bzw. erstellen Sie zwei passende Registrierungsdateien, eine zum Einschalten des Skript-Interpreters und eine weitere zum Ausschalten.

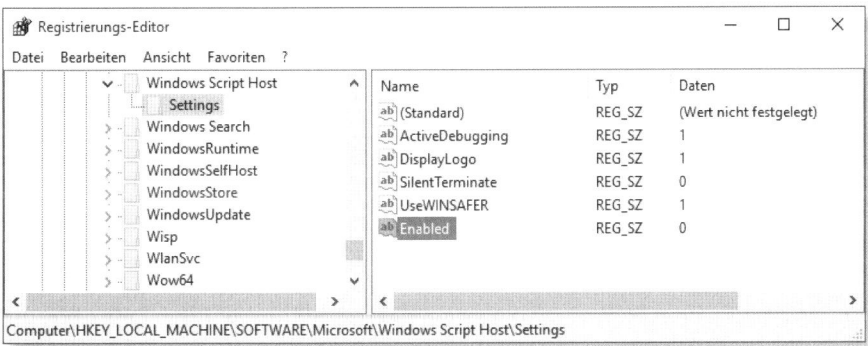

Abbildung 16.19 Mit der Registry-Zeichenfolge »Enabled« steuern Sie den Skript-Interpreter von Windows – der Wert »0« deaktiviert Windows Script Host.

16.14 Standardmäßige Installationsverzeichnisse für Programme festlegen

Beim Installieren neuer Programme bietet das Setup auf einem 64-Bit-Betriebssystem per Default für 64-Bit-Programme stets **C:\Program Files** und für 32-Bit-Programme **C:\Program Files (x86)** als Zielordner an (auf einem 32-Bit-Betriebssystem existiert nur ein Installationspfad, nämlich **C:\Program Files**). Dies geschieht sogar dann, wenn Sie Ihre Programme auf einer anderen Partition installiert haben.

Falls Programme in einen anderen Ordner installiert werden sollen, ist es mitunter umständlich, den Pfad jedes Mal im Benutzerdialog zu ändern. Ein kleiner Eingriff in die Registry schafft Abhilfe, da die meisten Setup-Programme den Pfad aus den Zeichenfolgen **ProgramFilesDir** und **ProgramFilesDir (x86)** im Schlüssel **HKEY_LOCAL_MACHINE\ SOFTWARE\Microsoft\Windows\CurrentVersion** auslesen.

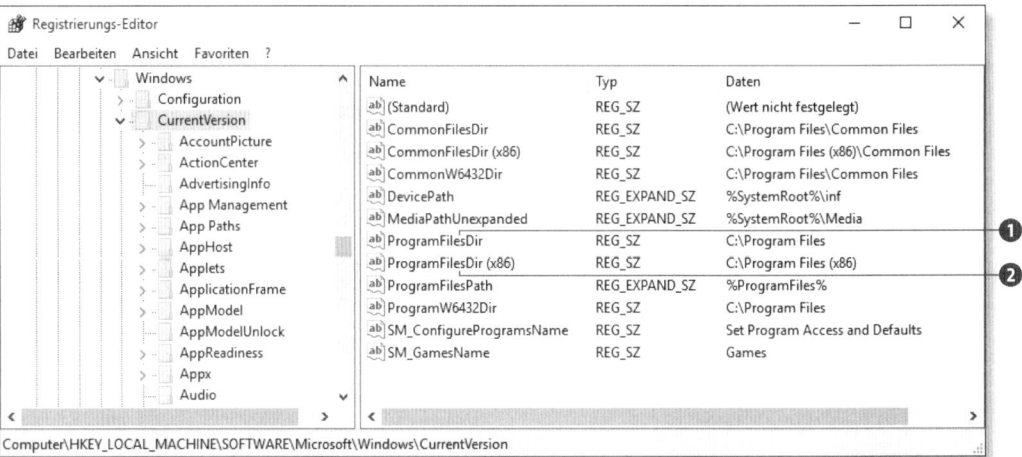

Abbildung 16.20 Die Zeichenfolgen »ProgramFilesDir« und »ProgramFilesDir (x86)« sind für die beim Setup vorgeschlagenen Installationspfade verantwortlich.

Geben Sie für diese Zeichenfolgen den gewünschten Pfad als Wert an. Öffnen Sie also jeweils den Bearbeitungsdialog, indem Sie im rechten Fensterbereich des Registrierungs-Editors doppelt auf die Einträge **ProgramFilesDir** ❶ und **ProgramFilesDir (x86)** ❷ klicken, geben Sie im **Wert**-Feld den gewünschten Installationspfad an und bestätigen Sie mit **OK**.

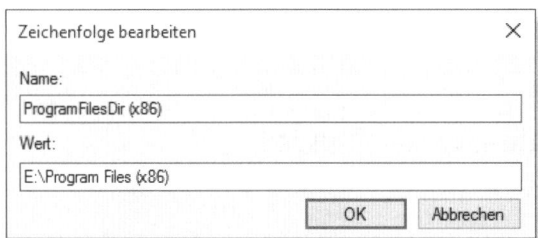

Abbildung 16.21 Installationspfad für Setup-Programme: Mit dem Wert der Zeichenfolge »ProgramFilesDir (x86)« legen Sie den standardmäßigen Installationspfad für 32-Bit-Programme fest.

16.15   Berechtigungen für einzelne Schlüssel vergeben

Sie können unter einem Administratorkonto für andere Benutzer Berechtigungen bezüglich eines Unterschlüssels oder auch bezüglich eines Hauptschlüssels vergeben. Führen Sie dazu folgende Schritte durch:

1 Melden Sie sich mit einem Administratorkonto am Computer an und starten Sie den Registrierungs-Editor.

2 Selektieren Sie im linken Bereich des Registrierungs-Editors den Schlüssel, für den Sie die Berechtigungen ändern wollen. Wählen Sie anschließend in der oberen Menüleiste den Befehl **Bearbeiten ▶ Berechtigungen**. Alternativ klicken Sie den Schlüssel mit der rechten Maustaste an und wählen den Befehl **Berechtigungen** im Kontextmenü des Schlüssels. Im Weiteren ändern wir beispielhaft die Berechtigungen für den Hauptschlüssel **HKEY_LOCAL_MACHINE**. Um die Berechtigungen für einen Unterschlüssel zu konfigurieren, öffnen Sie diesen und verfahren analog.

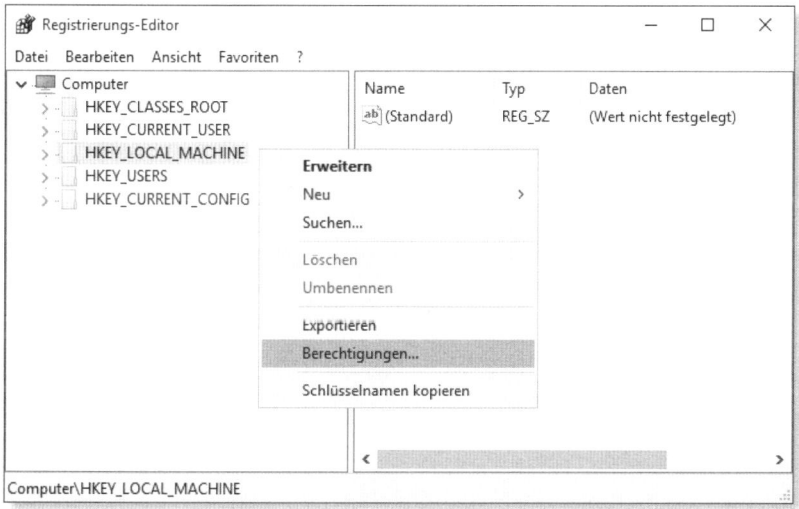

3 Wählen Sie im oberen Abschnitt des erscheinenden Dialogfelds **Berechtigungen für "<Schlüsselname>"** die Gruppe oder – falls vorhanden – einen einzelnen Benutzer aus, für den Sie die Berechtigungen bezüglich des Registry-Schlüssels neu konfigurieren möchten. Machen Sie anschließend mit Schritt 8 weiter. Führen Sie gegebenenfalls die folgenden Schritte 4 bis 7 durch, um hier eine weitere Gruppe oder einen einzelnen Benutzer hinzuzufügen.

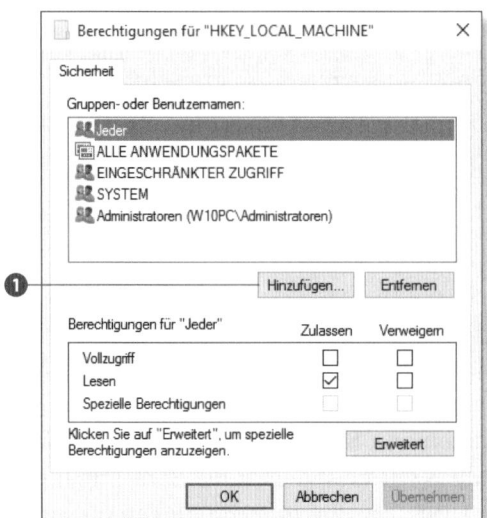

4 Klicken Sie im Dialogfeld **Berechtigungen für "<Schlüsselname>"** auf die Schaltfläche **Hinzufügen ❶**.

5 Es erscheint ein weiteres Dialogfeld mit dem Namen **Benutzer oder Gruppen auswählen**. Tippen Sie hier in das untere Feld den Namen der Gruppe oder des Benutzers ❷ ein, den Sie im Ausgangsdialog hinzufügen wollen.

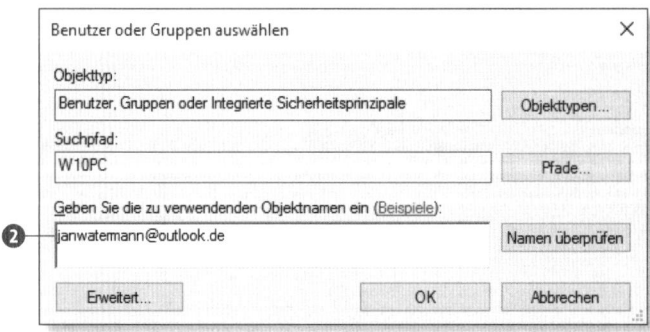

Beachten Sie, dass das oberste Feld den entsprechenden Objekttyp anzeigen muss. Standardmäßig werden hier alle Objekttypen angezeigt – falls das nicht der Fall sein sollte, können Sie den entsprechenden Objekttyp über die nebenstehende Schaltfläche auswählen.

6 Klicken Sie auf die Schaltfläche **Namen überprüfen ❸**. Wenn der Gruppenname bzw. der Benutzername existiert, wird dieser nun unterstrichen dargestellt, wie es in der folgenden Abbildung zu sehen ist.

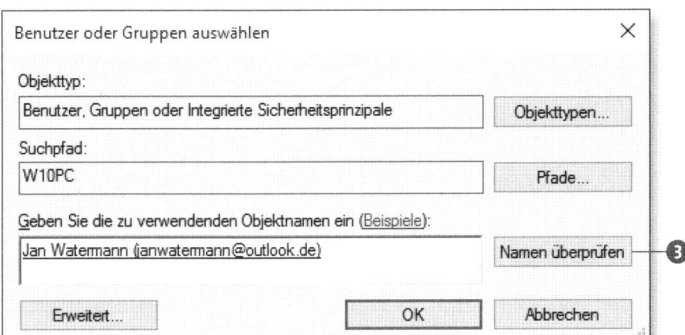

7 Wenn Sie wollen, können Sie auf diese Weise noch weitere Benutzer oder Gruppen hinzufügen. Bestätigen Sie anschließend mit **OK** (obige Abbildung), um zum Ausgangsdialog **Berechtigungen für "<Schlüsselname>"** zurückzukehren. Hier sehen Sie nun im oberen Abschnitt **Gruppen- oder Benutzernamen** die neuen Einträge.

8 Im unteren Abschnitt des Dialogfelds **Berechtigungen für "<Schlüsselname>"** sehen Sie jeweils die aktuellen Berechtigungen für die im oberen Abschnitt ausgewählte Gruppe bzw. für den ausgewählten Benutzer. Die Gruppe **System** sowie die Administratoren besitzen standardmäßig z. B. Vollzugriff auf alle Schlüssel, für die Gruppe **Jeder** ist standardmäßig nur die Leseberechtigung gesetzt.

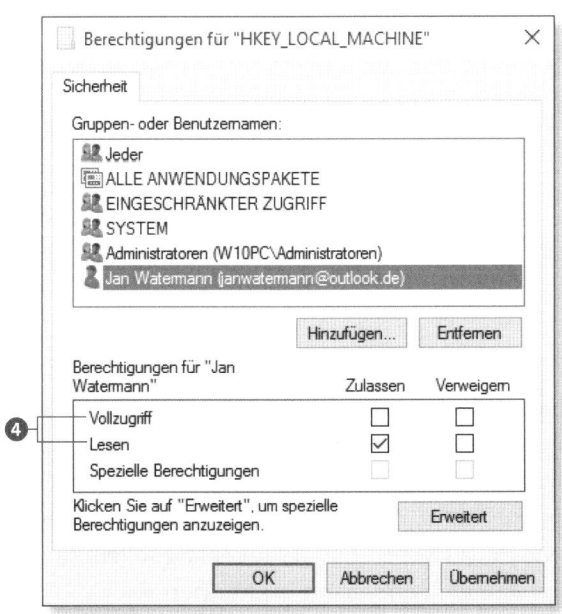

Für neu hinzugefügte Benutzer- oder Gruppennamen sind erst einmal überhaupt keine Berechtigungen eingetragen. Aktivieren Sie eines der Kontrollkästchen **Vollzugriff** oder **Lesen** ❹, je nachdem, welche Berechtigung Sie für den ausgewählten Benutzer bzw. für die ausgewählte Gruppe vergeben wollen.

9 Wenn Sie darüber hinaus spezielle Berechtigungen festlegen wollen, klicken Sie im Dialogfeld **Berechtigungen für "<Schlüsselname>"** auf die Schaltfläche **Erweitert**, um das Dialogfeld **Erweiterte Sicherheitseinstellungen für "<Schlüsselname>"**, das Sie in der folgenden Abbildung sehen, zu öffnen. Wählen Sie hier erneut die Gruppe oder den Benutzer aus, dessen Berechtigungen Sie bearbeiten wollen, und klicken Sie auf die Schaltfläche **Bearbeiten** ❺.

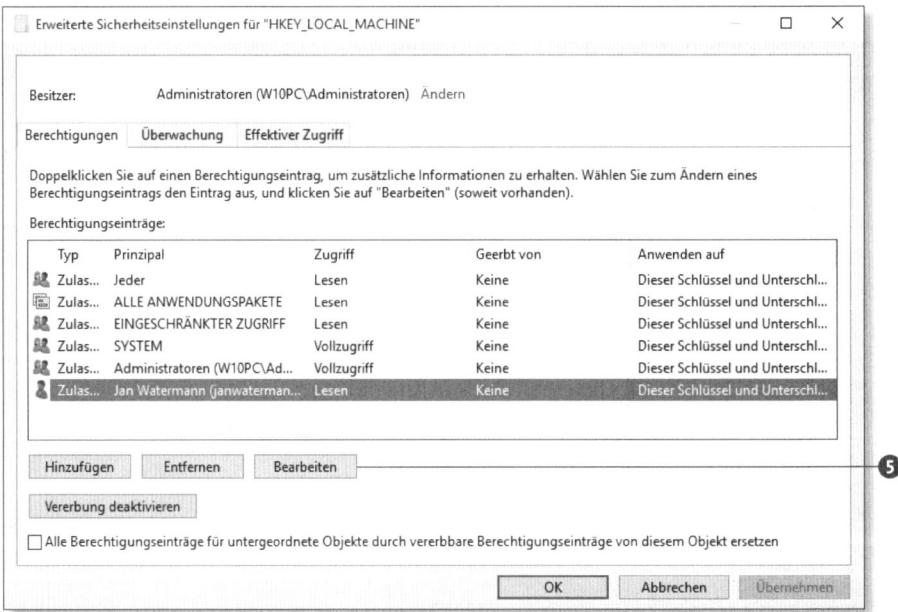

10 Es erscheint ein weiteres Dialogfeld **Berechtigungseintrag für "<Schlüsselname>"**. Hier können Sie im Feld **Anwenden auf** ❻ festlegen, ob die Berechtigungen allein auf den aktuellen Schlüssel ohne Berücksichtigung eventueller Unterschlüssel oder nur auf die vorhandenen Unterschlüssel oder auf beides (aktueller Schlüssel einschließlich Unterschlüssel) angewendet werden sollen. Die Einstellung **Dieser Schlüssel und Unterschlüssel** entspricht dem Standard und in den meisten Fällen wird es sinnvoll sein, es dabei zu belassen. Gegebenenfalls können Sie die Berechtigungen für bestimmte Unterschlüssel anschließend immer noch separat konfigurieren.

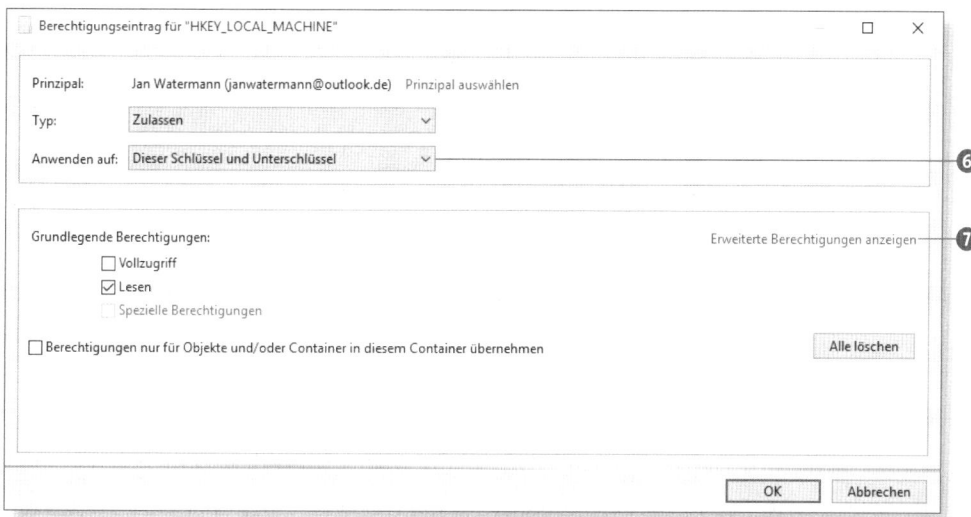

11 Klicken Sie im Dialogfeld **Berechtigungseintrag für "<Schlüsselname>"** auf die Verknüpfung **Erweiterte Berechtigungen anzeigen** ❼. Im unteren Abschnitt des Dialogfelds erscheinen daraufhin alle möglichen erweiterten Berechtigungen, wie es die folgende Abbildung zeigt. Aktivieren Sie die Kontrollkästchen bei den Berechtigungen, die Sie dem Benutzer erlauben wollen, bzw. deaktivieren Sie die Kontrollkästchen bei den Aktionen, die Sie nicht erlauben wollen. Eine kurze Beschreibung der einzelnen Berechtigungen finden Sie in Tabelle 16.4 auf Seite 716.

12 Bestätigen Sie die Dialogfelder **Berechtigungseintrag für "<Schlüsselname>"**, **Erwei-terte Sicherheitseinstellungen für "<Schlüsselname>"** sowie das Ausgangsdialogfeld **Berechtigungen für "<Schlüsselname>"** jeweils mit **OK**, um durchgeführte Änderungen zu speichern.

Berechtigung	Beschreibung
Vollzugriff	Beinhaltet alle Berechtigungen.
Wert abfragen	Werte können gelesen werden.
Wert festlegen	Neue Werte können erstellt werden.
Unterschlüssel erstellen	Unterschlüssel können neu erstellt werden.
Unterschlüssel auflisten	Unterschlüssel können angezeigt werden.
Benachrichtigungen	Benachrichtigungen von einem Registry-Schlüssel
Verknüpfung erstellen	Erstellen von symbolischen Verknüpfungen innerhalb des Registry-Schlüssels
Löschen	Löschen von Registry-Objekten (Schlüssel, Werte)
DAC schreiben	Verändern der DAC (Discretionary Access Control). Diese ist Teil der Zugriffskontrollliste (Access Control List oder kurz ACL).
Besitzer festlegen	den Besitzer des Registry-Schlüssels ändern
Lesekontrolle	Öffnen der DAC für einen Registry-Schlüssel

Tabelle 16.4 Spezielle Berechtigungen für einen Registry-Schlüssel

16.16   Den Zugriff auf die Registry generell unterbinden

Wenn Sie vermeiden wollen, dass Benutzer an der Registrierungsdatenbank Veränderungen durchführen, können Sie den Zugriff per Gruppenrichtlinie vollständig unterbinden. Führen Sie dazu folgende Schritte durch:

1 Melden Sie sich mit einem Administratorkonto am Computer an und starten Sie den Editor für lokale Gruppenrichtlinien. Tippen Sie dazu in das Suchfeld der Taskleiste den Begriff »gpedit.msc« ein und klicken Sie auf die daraufhin angezeigte Symbolverknüpfung ❶.

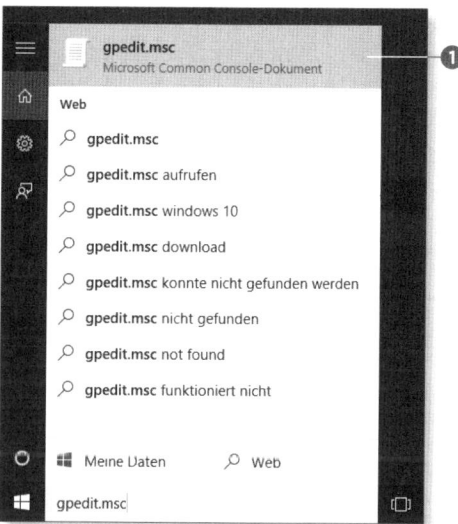

2 Navigieren Sie im linken Bereich des Editors für lokale Gruppenrichtlinien zu **Benutzerkonfiguration ▶ Administrative Vorlagen ▶ System ❷**.

3 Klicken Sie im rechten Bereich doppelt auf die Richtlinie **Zugriff auf Programme zum Bearbeiten der Registrierung verhindern ❸**.

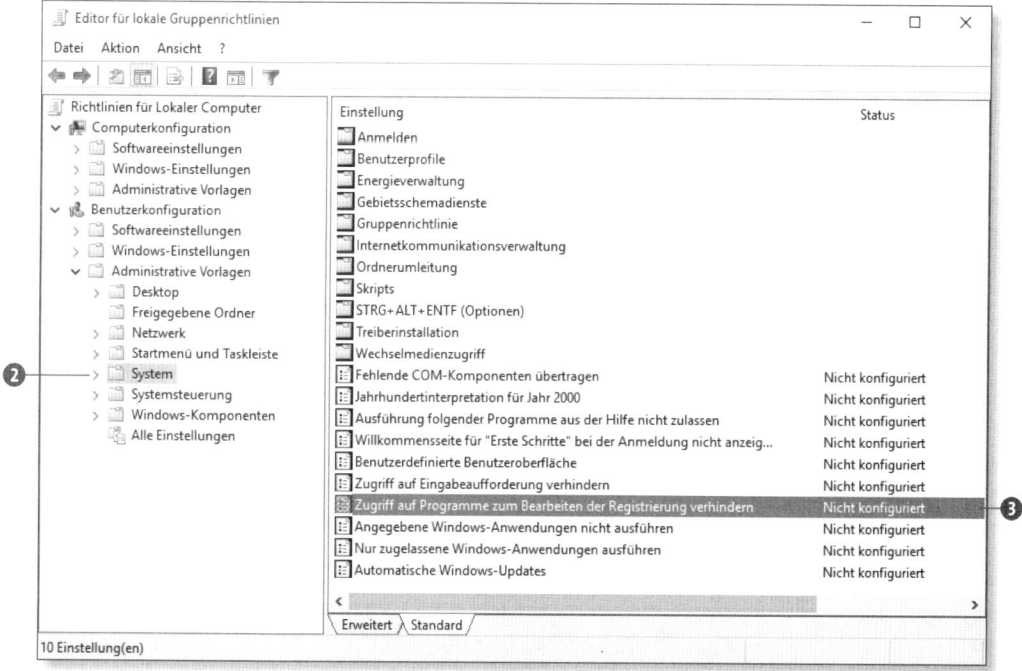

4 Es erscheint das Dialogfeld, das Sie in der folgenden Abbildung sehen. Klicken Sie auf das Optionsfeld **Aktiviert** ❹ und bestätigen Sie mit **OK** oder **Übernehmen**, um die Richtlinieneinstellung zu aktivieren.

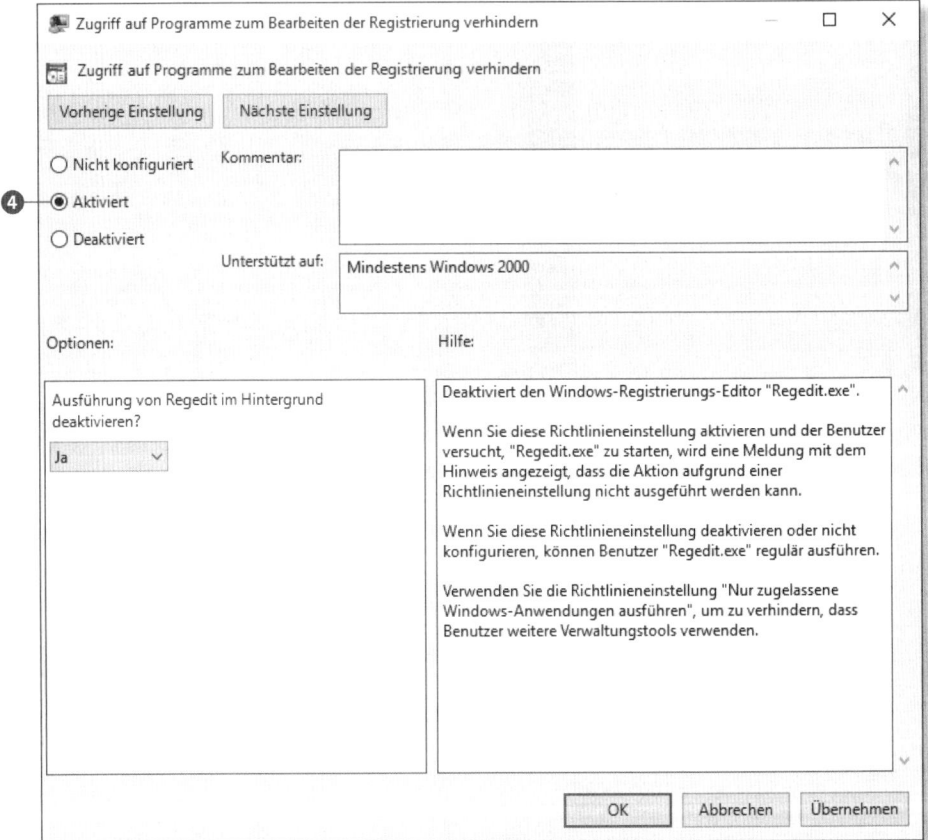

Beachten Sie, dass danach kein Benutzer mehr den Registrierungs-Editor starten kann. Dies gilt auch für die Administratoren. Gegebenenfalls müssten Sie die Richtlinie vorübergehend deaktivieren, um Veränderungen an der Registry durchführen zu können.

17   Spracherkennung und Cortana

Die Spracherkennung in Windows ist von Microsoft über Jahre hinweg kontinuierlich verbessert worden und sie befindet sich mit Windows 10 nunmehr auf einem geradezu erstaunlichen Niveau. Sie können die Spracherkennung zur Bedienung des Computers, aber z. B. auch zum Diktieren von Text einsetzen. Allerdings sollten Sie am Anfang noch keine perfekte Umsetzung des gesprochenen Wortes erwarten. Die Spracherkennung ist jedoch lernfähig, das heißt, Windows 10 wird sich mit der Zeit an Ihre Art zu sprechen anpassen, so dass sich immer bessere Ergebnisse einstellen werden.

Alles, was Sie für die Spracherkennung benötigen, ist ein Mikrofon. Natürlich können Sie auch ein Headset verwenden. Beides gibt es bereits zu sehr günstigen Preisen in ausreichender Qualität (etwa von 10 € aufwärts). Notebook- und Tablet-PC-Anwender brauchen in der Regel nicht einmal ein externes Mikrofon, da dieses in den meisten Geräten bereits integriert ist. Hier können Sie Ihre Stimme bei eingeschalteter Spracherkennung einfach in Richtung des Bildschirms richten, was sehr bequem ist.

17.1   Die Spracherkennung einrichten

Bevor Sie die Spracherkennung verwenden können, müssen Sie sie erst einrichten, wobei es sinnvoll ist, ein externes Mikrofon vorher an den Computer anzuschließen. Führen Sie danach folgende Schritte durch:

1 Suchen Sie in der Taskleiste nach dem Begriff »Sprache«. Klicken Sie anschließend auf **Windows-Spracherkennung ❶**.

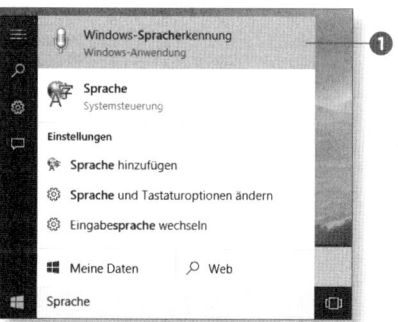

2 Es erscheint der Assistent zum Einrichten der Spracherkennung. Lesen Sie gegebenenfalls den Text auf der Willkommensseite und klicken Sie auf die Schaltfläche **Weiter**, um zur nächsten Dialogseite zu gelangen.

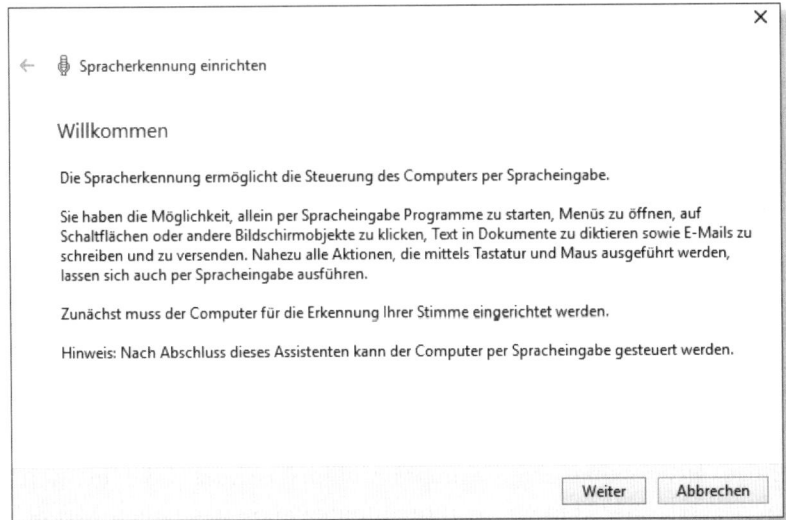

3 Wählen Sie auf der nächsten Dialogseite aus, welche Art von Mikrofon Sie verwenden. Aktivieren Sie das Optionsfeld **Kopfhörermikrofon**, wenn Sie ein Headset verwenden. In der Regel erkennt Windows Ihr Mikrofon und hat die richtige Option bereits vorausgewählt. Bestätigen Sie auch die Angabe auf dieser Dialogseite mit **Weiter**.

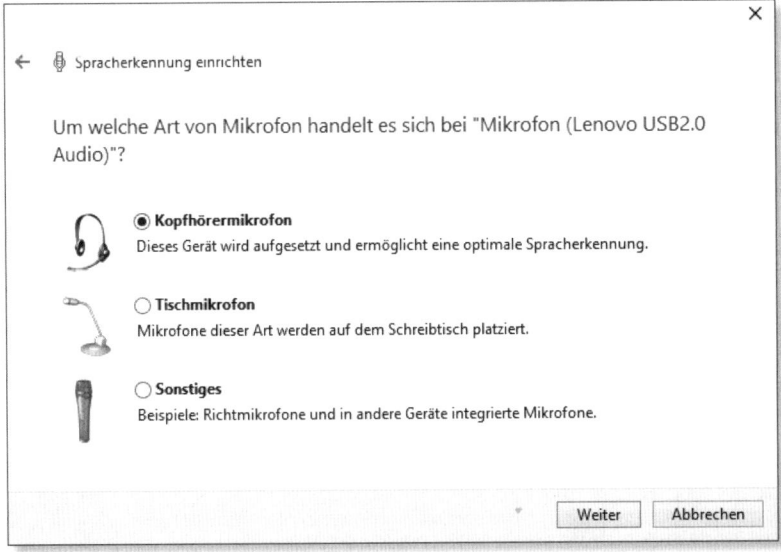

4 Es erscheint die Dialogseite **Mikrofon einrichten**. Lesen Sie gegebenenfalls die Informationen auf dieser Seite. Klicken Sie anschließend auf die Schaltfläche **Weiter**, um zur nächsten Dialogseite zu gelangen.

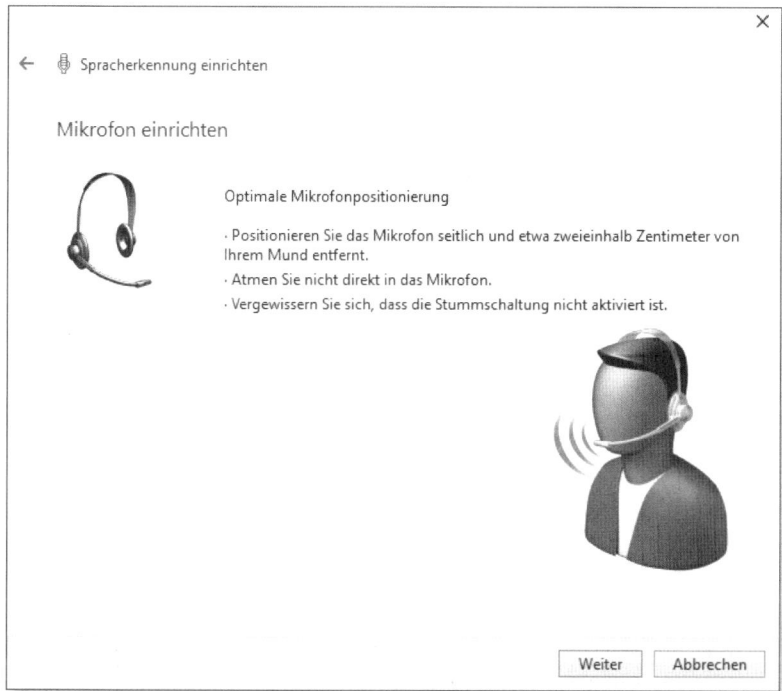

Wenn Sie die Stummschaltung aktiviert haben, heben Sie diese gegebenenfalls über das Lautstärkesymbol im Infobereich der Taskleiste ❷ wieder auf. Klicken Sie einmal auf das Symbol in der Taskleiste – bei Stummschaltung erscheint neben dem Symbol ein kleines Kreuz – und anschließend auf das gleiche Symbol im erscheinenden Popup-Fenster ❸. Bewegen Sie bei Bedarf den Schieberegler nach rechts, wenn die Lautstärke zu gering eingestellt ist.

5 Sprechen Sie die beiden Sätze, die auf der nächsten Dialogseite angezeigt werden, laut und deutlich in das Mikrofon. Klicken Sie danach auf **Weiter**.

721

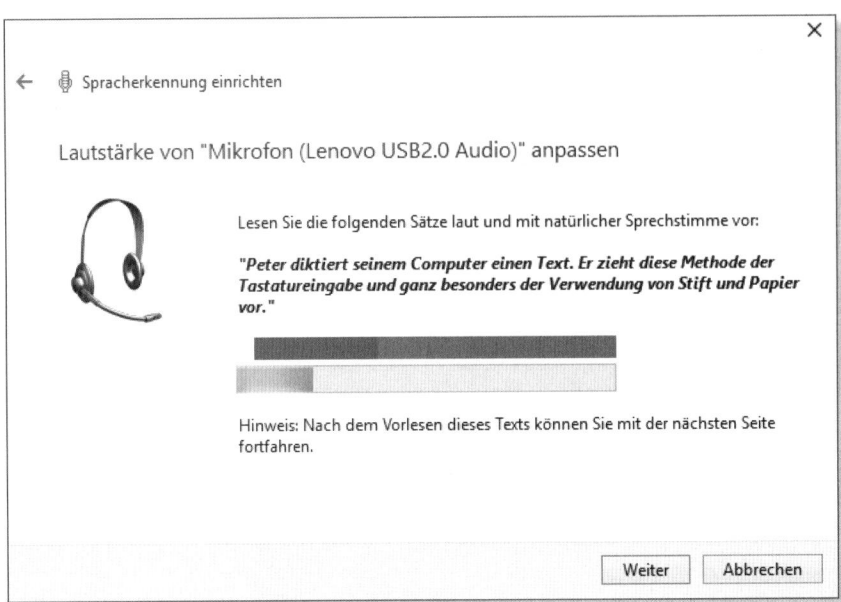

6 Wenn Windows Ihre Stimme erkannt hat, ist die Spracherkennung damit bereits eingerichtet. Klicken Sie auf der Dialogseite **Das Mikrofon ist nun eingerichtet** auf die
Schaltfläche **Weiter**.

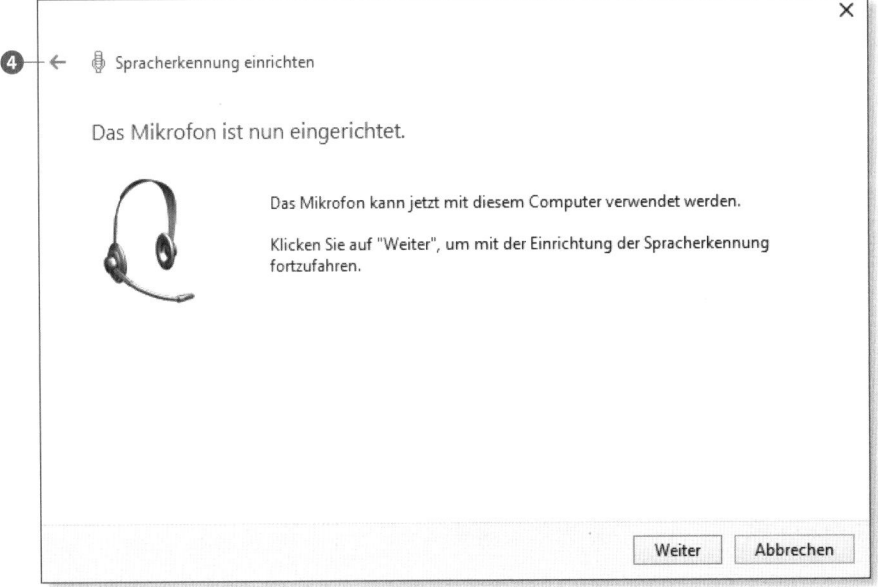

Wenn Windows Ihre Stimme nicht oder nicht deutlich genug erkannt hat, erscheint eine Meldung mit entsprechenden Hinweisen auf der Dialogseite. Klicken Sie in diesem Fall auf die Zurück-Schaltfläche ❹ und wiederholen Sie Schritt 5.

7 Klicken Sie auf der nächsten Dialogseite **Genauigkeit der Spracherkennung verbessern** in das Optionsfeld **Dokumentüberprüfung aktivieren** ❺, um die Dokumentüberprüfung zu aktivieren. Bei eingeschalteter Dokumentüberprüfung wird die Spracherkennung auf der Basis von in Dokumenten und E-Mail-Nachrichten häufig verwendeten Wörtern und Begriffen verbessert. Bestätigen Sie auch die Dialogseite **Genauigkeit der Spracherkennung verbessern** mit **Weiter**.

8 Auf der nächsten Dialogseite legen Sie den Aktivierungsmodus fest. Bei Auswahl des manuellen Aktivierungsmodus ❻ wird die Spracherkennung komplett deaktiviert, wenn Sie »Zuhören beenden« sagen oder Strg + ⊞ drücken. Sie muss dann bei Bedarf manuell eingeschaltet werden, also z. B. durch erneutes Drücken von Strg + ⊞. Bei Auswahl des Stimmaktivierungsmodus ❼ wird die Spracherkennung in den Ruhezustand versetzt und kann auch durch den Sprachbefehl »Zuhören starten« aktiviert werden.

Sowohl die Einstellung zum Aktivierungsmodus als auch die Einstellung zur Dokumentüberprüfung können Sie in der Systemsteuerung jederzeit nachträglich ändern.

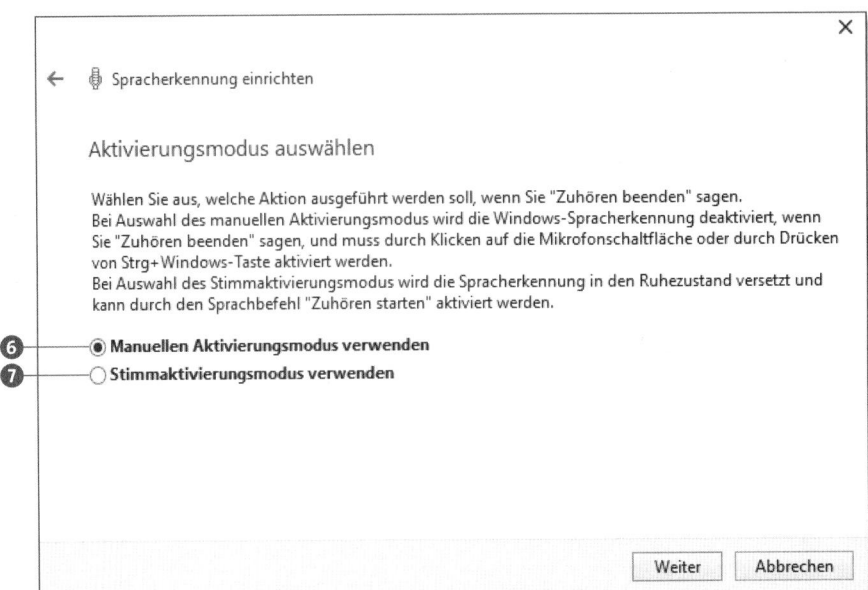

9 Auf der nächsten Dialogseite **Sprachreferenzkarte drucken** können Sie eine Webseite mit Informationen zum Verwenden der Spracherkennung anzeigen. Klicken Sie in diesem Fall auf die Schaltfläche **Referenzblatt anzeigen**.

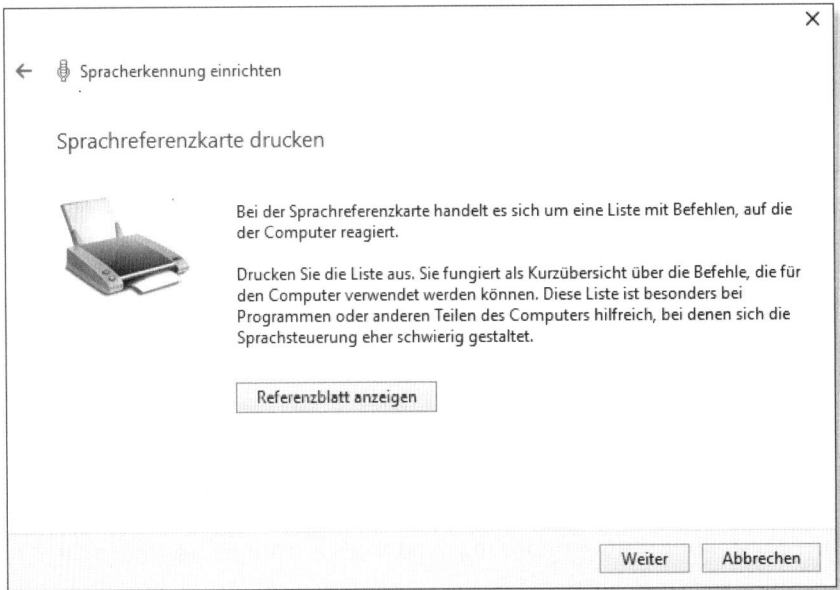

Die oben genannte Webseite, die mit *Verwenden der Spracherkennung* betitelt ist, enthält eine komplette Aufstellung aller Sprachbefehle nach Kategorien geordnet. Wichtige Sprachbefehle zum Diktieren von Text finden Sie vor allem im Abschnitt **Diktat**. Erweitern Sie gegebenenfalls diesen Abschnitt, indem Sie darauf klicken, oder klicken Sie auf **Alle anzeigen**, um alle Abschnitte zu erweitern. Die beiden Videos am Anfang der Seite sind zwar in englischer Sprache, die Untertitel zeigen jedoch die deutschen Sprachbefehle. Bis dato bezieht sich die Webseite noch auf Windows 8.1 (die Adresse lautet *http://windows.microsoft.com/de-DE/windows-8/ using-speech-recognition*), was aber im Hinblick auf die Verwendung der Spracherkennung keinen Unterschied macht. Die Sprachbefehle sind unter Windows 8.1 die gleichen wie unter Windows 10.

10 Klicken Sie auf der Dialogseite **Sprachreferenzkarte drucken** auf die Schaltfläche **Weiter**, um zur nächsten Dialogseite zu gelangen. Deaktivieren Sie hier gegebenenfalls das Kontrollkästchen **Spracherkennung beim Start ausführen**, wenn Sie nicht möchten, dass die Spracherkennung bei jedem Start von Windows automatisch ausgeführt wird. Bestätigen Sie auch diese Dialogseite mit **Weiter**.

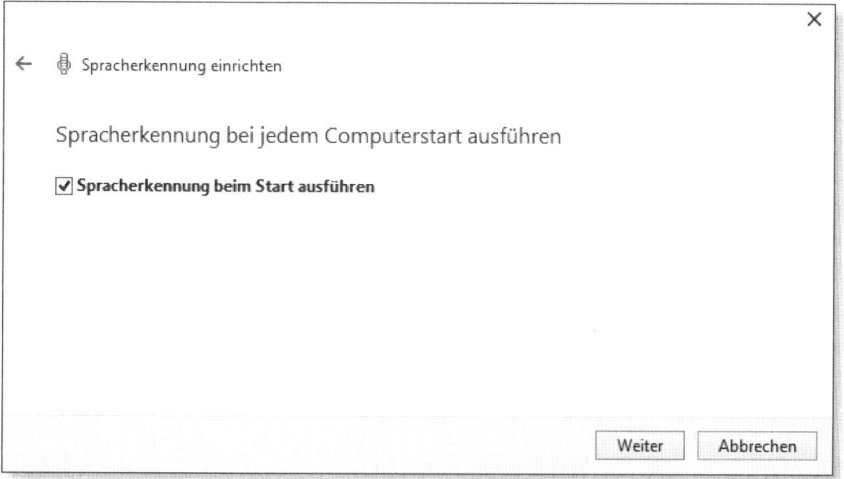

11 Im letzten Dialogschritt haben Sie die Möglichkeit, ein Lernprogramm zu starten, was durchaus sinnvoll ist. Klicken Sie dazu unten auf die entsprechende Schaltfläche. Allerdings können Sie das Lernprogramm auch später noch in der Systemsteuerung aufrufen. Wenn Sie also das Lernprogramm im Moment noch nicht absolvieren wollen, klicken Sie auf die Schaltfläche **Lernprogramm überspringen** ❸.

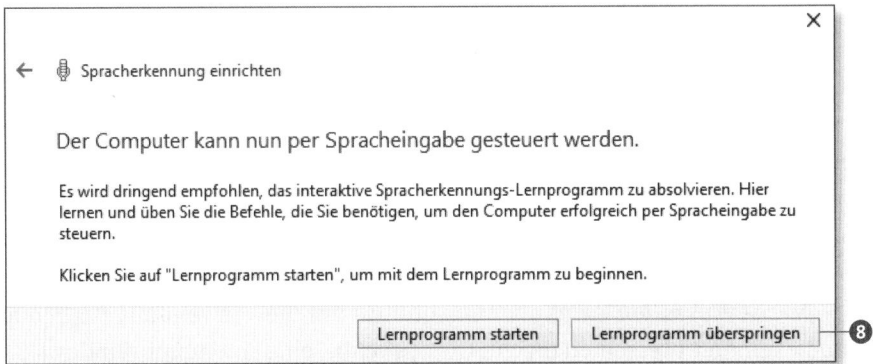

Die Spracherkennung ist nun vollständig eingerichtet und Sie sehen am oberen Bildschirmrand eine kleine Leiste, die praktisch die Benutzeroberfläche der Spracherkennung darstellt. Diese bleibt immer sichtbar, solange die Spracherkennung ausgeführt
wird.

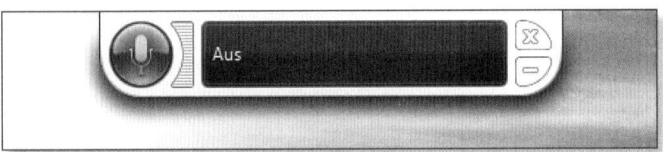

Abbildung 17.1 Spracherkennungsleiste

Die Leiste der Spracherkennung können Sie durch Ziehen mit der Maus oder bei Touchbedienung mit dem Finger an jede beliebige andere Stelle verschieben, z.B. auch an
den unteren Bildschirmrand. Im Übrigen macht es für die Spracherkennung keinen Unterschied, an welcher Stelle des Betriebssystems Sie sich gerade befinden.

17.2   Die Spracherkennung verwenden

Ausführen und Einschalten sind bei der Spracherkennung verschiedene Dinge. Wenn die
Spracherkennung ausgeführt wird, sehen Sie auf dem Bildschirm das kleine Fenster mit
dem Mikrofonsymbol auf der linken Seite. Damit Sprachbefehle erkannt werden, müssen
Sie die Spracherkennung allerdings noch einschalten. Klicken Sie dazu auf das Mikrofonsymbol oder drücken Sie Strg + ⊞ (⊞ + Strg funktioniert ebenfalls). Mit den gleichen Aktionen schalten Sie die Spracherkennung auch wieder aus. Bei eingeschaltetem

Stimmaktivierungsmodus können Sie die Spracherkennung auch durch den Sprachbefehl »Zuhören starten« aktivieren, was aber nicht immer auf Anhieb funktioniert.

Bei ausgeschalteter Spracherkennung erscheint in dem kleinen Fenster der Text *Aus* oder – bei aktiviertem Stimmerkennungsmodus – *Ruhezustand*. Wenn Sie die Spracherkennung einschalten, sehen Sie in dem Fenster den Text *Zuhören*.

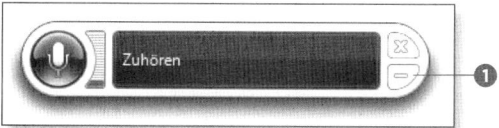

Abbildung 17.2 Die Spracherkennung ist aktiv, so dass Sprachbefehle umgesetzt werden.

Wenn Sie die Spracherkennung minimieren – klicken Sie dazu auf der rechten Seite auf die untere Schaltfläche ❶ –, verschwindet das Fenster der Spracherkennung. Über das kleine Symbol im Infobereich der Taskleiste ❷ können Sie das Fenster der Spracherkennung wieder einblenden. Wählen Sie dazu den Befehl **Spracherkennung öffnen** ❸ im Menü des Infobereichsymbols.

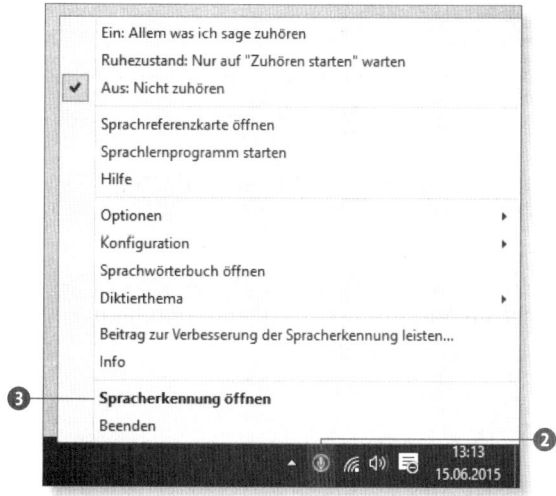

Abbildung 17.3 Symbol der Spracherkennung mit geöffnetem Menü im Infobereich der Taskleiste

Indem Sie im Fenster der Spracherkennung auf der rechten Seite auf die obere kleine Schaltfläche klicken, beenden Sie die Spracherkennung. Um die Spracherkennung wieder zu starten, müssten Sie in der Taskleiste nach diesem Begriff suchen – dies ist jedenfalls der kürzeste Weg. Alternativ erreichen Sie die Spracherkennung in der Systemsteuerung, wenn Sie auf die Kategorie **Erleichterte Bedienung** klicken. Auf der erscheinenden Dialogseite finden Sie dann die Verknüpfung **Spracherkennung starten ❹**.

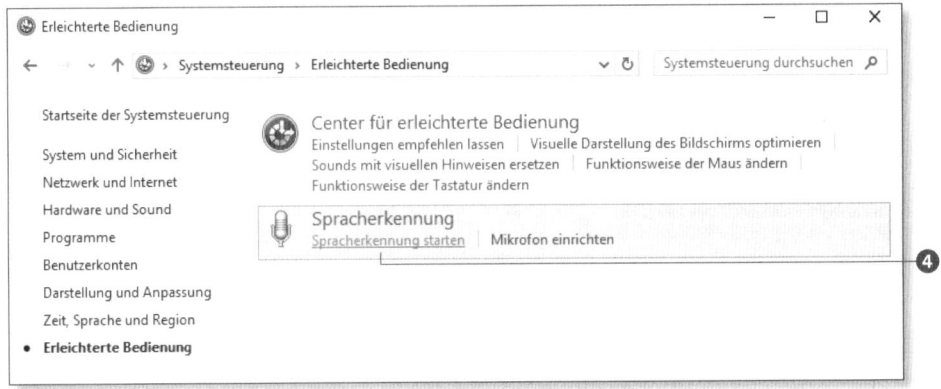

Abbildung 17.4 Die Spracherkennung in der Systemsteuerung starten

Wenn Sie die Spracherkennung regelmäßig verwenden, ist es sinnvoll, sie an die Taskleiste oder im Startmenü anzuheften, wenn Sie sie nicht automatisch mit dem Start von Windows 10 ausführen lassen. Da während der Ausführung der Spracherkennung kein Programmsymbol in der Taskleiste erscheint, sondern nur ein kleines Infobereichsymbol, dessen Menü die entsprechenden Befehle nicht zur Verfügung stellt, müssen Sie dies folgendermaßen erledigen:

1 Suchen Sie im Suchfeld der Taskleiste nach der Spracherkennung, so dass die Verknüpfung **Windows-Spracherkennung** erscheint.

2 Klicken Sie mit der rechten Maustaste auf die Verknüpfung und wählen Sie im erscheinenden Kontextmenü **An „Start" anheften** oder **An Taskleiste anheften**, je nachdem, wo Sie die Spracherkennung verfügbar machen wollen.

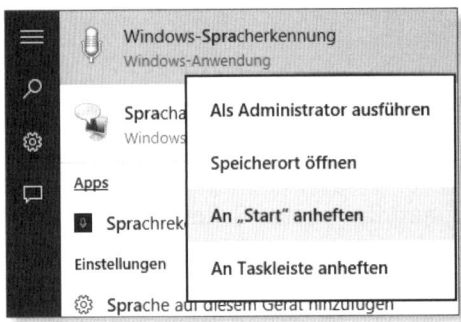

Wenn Sie die Spracherkennung an die Taskleiste anheften, haben Sie dort immer ein Programmsymbol zur Verfügung, das Sie bei Bedarf nur anzuklicken brauchen, um die Spracherkennung zu starten ➊.

Abbildung 17.5 In der Taskleiste angeheftete Spracherkennung

Sie können die Spracherkennung dazu verwenden, um Texte zu diktieren und um – wohlgemerkt, in begrenztem Umfang – das Betriebssystem zu steuern. Erfahrungsgemäß auf Anhieb gut funktionieren z. B. die Sprachbefehle zum Starten und zum Wechseln von Apps und Programmen. Sagen Sie beispielsweise »Editor öffnen«, »Paint öffnen« oder »Eingabeaufforderung öffnen«, um den Editor von Windows, das Zeichenprogramm Paint oder die Eingabeaufforderung zu starten. Alternativ können Sie auch das Wort »starten« verwenden (»Editor starten«, »Paint starten« oder »Eingabeaufforderung starten«). Auf diese Weise können Sie auch die Einstellungen öffnen (»Einstellungen öffnen« oder »Einstellungen starten«).

Um zwischen gestarteten Apps und Programmen zu wechseln, sagen Sie z. B. »Zu Editor wechseln«, »Zu Paint wechseln«, »Zu Eingabeaufforderung wechseln« usw. Der Befehl »Zu Desktop wechseln« minimiert alle Fenster, so dass Sie den Desktop sehen, und indem Sie sagen »Zu Einstellungen wechseln«, gelangen Sie direkt zu den Einstellungen, falls diese bereits geöffnet sind. Um eine App oder ein klassisches Programm zu schließen, sagen Sie einfach »Mail schließen«, »Fotos schließen«, »Editor schließen« usw.

Die Spracherkennung kann aber noch viel mehr: Grundsätzlich können Sie jedes Element der Benutzeroberfläche aktivieren, indem Sie einfach den Namen sagen. Um z. B. in den Einstellungen zur Seite **Personalisierung** und dort anschließend zur Kategorie **Designs** zu wechseln, sagen Sie einfach »Personalisierung« und danach »Designs«. Oder sagen Sie z. B. »Anpassen«, um im aufgeklappten Desktop-Kontextmenü diesen Menüpunkt auszuwählen. Wenn das doch nicht funktioniert, bietet die Spracherkennung einen überaus nützlichen Befehl: Sagen Sie »Nummern anzeigen«, um jedes verfügbare Element der Benutzeroberfläche mit einer Nummer zu versehen. Den Effekt sehen Sie in Abbildung 17.6 auf Seite 730.

Sagen Sie danach zuerst die Nummer, um das entsprechende Element auszuwählen, und anschließend »okay«, um die Auswahl zu bestätigen. Diese Methode klappt fast immer, da der Computer hier erwartet, was Sie ihm sagen wollen.

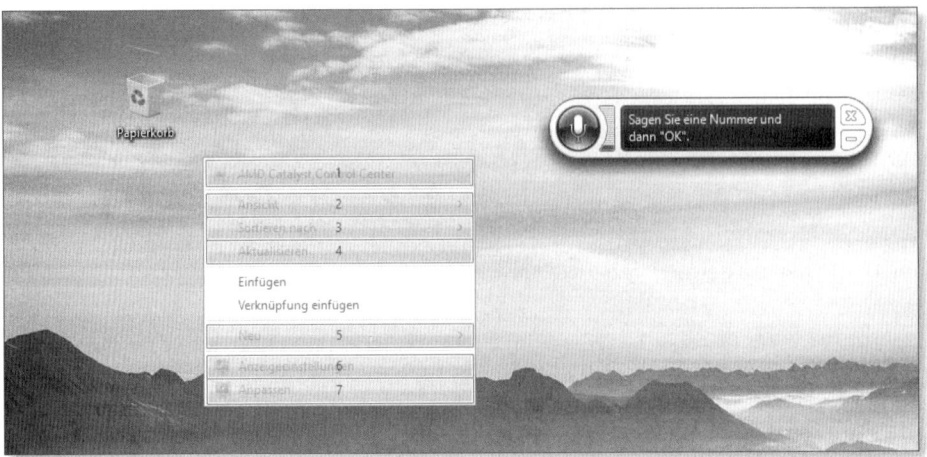

Abbildung 17.6 Wenn der Computer Sie nicht versteht, können Sie die Spracherkennung veranlassen, die Benutzerelemente zu nummerieren.

Was das Diktieren von Text angeht, so hat sich die Qualität der Spracherkennung bereits mit Windows 8 deutlich verbessert. Allerdings sollten Sie auch unter Windows 10, zumindest für den Anfang, nicht allzu viel erwarten. Immerhin werden die meisten gängigen Wörter bei deutlicher Aussprache korrekt umgesetzt, was sich mit zunehmendem Gebrauch noch erheblich verbessert. Denken Sie auch daran, dass Sie per Spracheingabe nicht nur den Inhalt von Office-Dokumenten diktieren, sondern auf diese Weise z. B. in der Mail-App auch E-Mail-Nachrichten verfassen können.

Die folgende Tabelle listet einige wichtige Sprachbefehle auf, die Sie beim Diktieren von Text verwenden können. Genannt sind hier nur diejenigen Befehle, die erfahrungsgemäß gut funktionieren, also von der Spracherkennung auf Anhieb gut verstanden werden. In der Sprachreferenz finden sich weitaus mehr Sprachbefehle, die praktische Umsetzung verspricht jedoch bei einigen Befehlen erst Aussicht auf Erfolg, nachdem sich die Spracherkennung an Ihre Stimme gewöhnt hat. In der folgenden Tabelle steht das, was Sie ins Mikrofon sprechen, jeweils in der ersten Spalte, die zweite Spalte beschreibt die Wirkung des jeweiligen Sprachbefehls.

Sprachbefehl	Wirkung
Neue Zeile	Einfügen einer neuen Zeile
Neuer Absatz	Einfügen eines neuen Absatzes
Zum Satzanfang wechseln	Die Einfügemarke an den Anfang des Satzes positionieren, in dem sich der Cursor befindet

Sprachbefehl	Wirkung
Zum Satzende wechseln	Die Einfügemarke an das Ende des Satzes positionieren, in dem sich der Cursor befindet
Zum Absatzanfang wechseln	Die Einfügemarke an den Anfang des Absatzes positionieren, in dem sich der Cursor befindet
Zum Absatzende wechseln	Die Einfügemarke an das Ende des Absatzes positionieren, in dem sich der Cursor befindet
Zum Dokumentanfang wechseln	Die Einfügemarke an den Anfang des Dokuments setzen
Zum Dokumentende wechseln	Die Einfügemarke an das Ende des Dokuments setzen
Zu *<Name des Wortes>* wechseln	Setzt die Einfügemarke an den Anfang des bezeichneten Wortes.
<Name des Wortes> auswählen	Markiert das bezeichnete Wort.
Alles markieren	Markiert das gesamte Dokument.
Auswahl aufheben	Hebt eine Markierung wieder auf.
Das hier löschen	Löscht den markierten bzw. den zuletzt diktierten Text.
Vorherigen Satz löschen	Löscht den Satz, in dem sich der Cursor befindet, bzw. den Satz davor, wenn der Cursor sich zwischen zwei Sätzen befindet.
Nächsten Satz löschen	Löscht den Satz, in dem sich der Cursor befindet, bzw. den Satz danach, wenn der Cursor sich zwischen zwei Sätzen befindet.
Vorherigen Absatz löschen	Löscht den Absatz, in dem sich der Cursor befindet, bzw. den vorherigen Absatz, wenn sich der Cursor zwischen zwei Absätzen befindet.
Nächsten Absatz löschen	Löscht den Absatz, in dem sich der Cursor befindet, bzw. den folgenden Absatz, wenn sich der Cursor zwischen zwei Absätzen befindet.
Punkt	Einfügen eines Punktes
Doppelpunkt	Fügt einen Doppelpunkt ein.
Komma	Einfügen eines Kommas

Sprachbefehl	Wirkung
Semikolon	Einfügen eines Semikolons (;)
Ausrufezeichen	Einfügen eines Ausrufezeichens (!)
Gleichheitszeichen	Fügt ein Gleichheitszeichen (=) ein.
Pluszeichen	Fügt ein Pluszeichen (+) ein.
Minuszeichen	Fügt ein Minuszeichen bzw. einen Bindestrich (-) ein.
Bindestrich	wie Minuszeichen
Schrägstrich	Fügt einen Schrägstrich (/) ein.
Umgekehrter Schrägstrich	Fügt einen Backslash (\) ein.
Größer als	Einfügen des Zeichens >
Kleiner als	Einfügen des Zeichens <

Tabelle 17.1 Wichtige Sprachbefehle zum Editieren von Text, die meist auf Anhieb gut verstanden werden

Ein sehr nützlicher Sprachbefehl beim Diktat ist auch »<Name des Wortes> korrigieren«, den Sie folgendermaßen verwenden können:

1 Sagen Sie den Namen des Wortes, das Sie korrigieren wollen, gefolgt von dem Wort »korrigieren«.

Wenn Sie z.B. den Text »Apps aus dem Windows Store installieren« diktiert haben und vom Computer falsch verstanden worden sind, so dass nun im Dokument »Apps aus dem Windows Tor installieren« steht, sagen Sie »Tor korrigieren«.

Wenn sich mehrere gleichlautende Wörter im Text befinden, versieht die Spracherkennung diese mit Nummern und das letzte Wort mit **OK**. Sagen Sie dann die Nummer des Wortes, das Sie korrigieren wollen, oder sagen Sie »okay«, wenn es sich um das letzte der gleichlautenden Wörter handelt.

2 Das so ausgewählte Wort wird markiert und es erscheint ein Dialogfeld mit dem Namen **Alternativenfenster** mit einer Liste von Vorschlägen. Sagen Sie zuerst die entsprechende Nummer und danach »okay«, um einen der Vorschläge zu übernehmen. Das ausgewählte Wort wird daraufhin ersetzt.

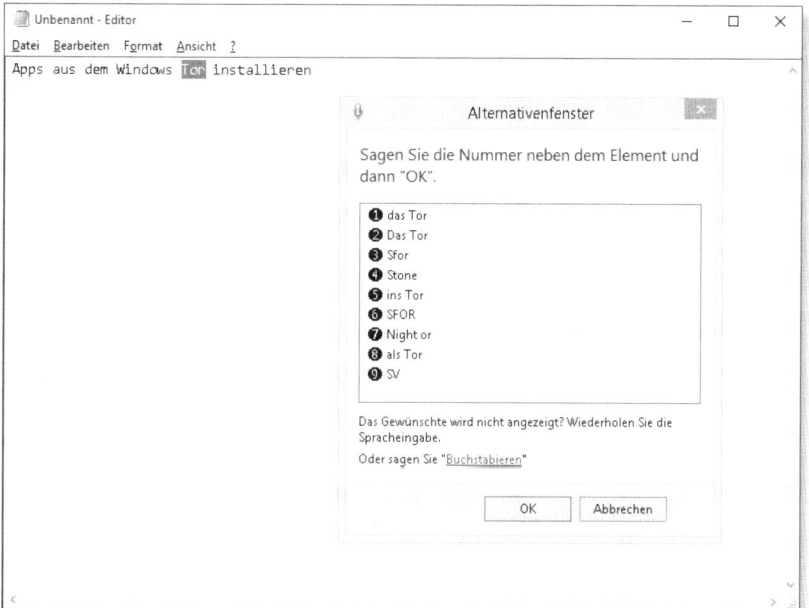

3 Wenn keiner der Vorschläge im Alternativenfenster passt, können Sie das, was Sie schreiben wollen, erneut sagen – es wird dann eine neue Vorschlagsliste angezeigt – oder Sie sagen »Buchstabieren«. Im letzteren Fall buchstabieren Sie das Wort, das Sie schreiben wollen, und sagen »okay«, wenn Sie beim letzten Buchstaben angelangt sind.

Wenn Sie beim Buchstabieren einen Großbuchstaben schreiben wollen, sagen Sie das so, wie Sie es gewohnt sind, also z. B. »großes S« für den Buchstaben S.

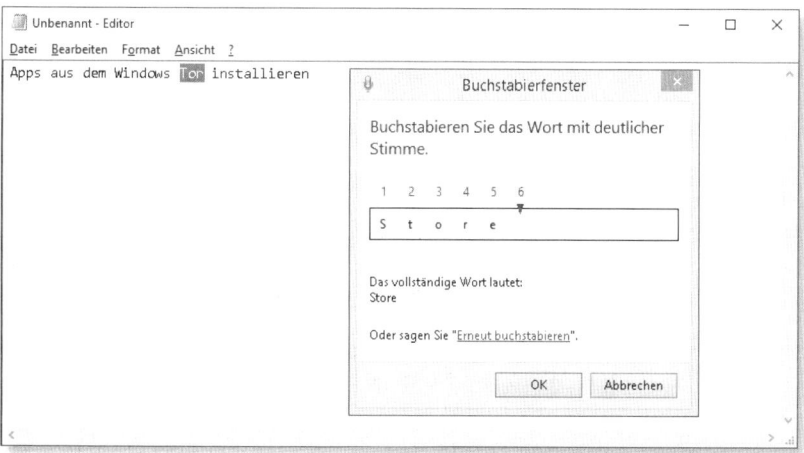

4 Wenn Windows das zu korrigierende Wort kennt, wird die Korrektur nach dem Buchstabieren sofort durchgeführt, nachdem Sie »okay« gesagt haben. Wenn sich das zu korrigierende Wort aber noch nicht im Sprachwörterbuch befindet, bietet Ihnen Windows zunächst in einem weiteren Dialogfeld **Wort dem Wörterbuch hinzufügen** an, das Wort im Sprachwörterbuch hinzuzufügen. Legen Sie gegebenenfalls fest, ob das Wort immer großgeschrieben wird, indem Sie das entsprechende Optionsfeld aktivieren (**Dieses Wort wird immer großgeschrieben** oder **Dieses Wort wird manchmal großgeschrieben**). Wenn es sich bei dem Wort um den Namen einer Person oder eines Ortes handelt, können Sie außerdem Ihre Aussprache aufzeichnen lassen. Aktivieren Sie dazu das Kontrollkästchen neben **Aussprache nach Speicherung der Änderung aufnehmen**. Sagen Sie »Wort hinzufügen« oder klicken Sie auf die entsprechende Schaltfläche, um die Korrektur durchzuführen und das Wort dem Sprachwörterbuch hinzuzufügen. Sagen Sie »Nur einfügen« oder klicken Sie auf die entsprechende Schaltfläche, um nur das Wort einzufügen, ohne es im Sprachwörterbuch zu speichern.

5 Wenn Sie im letzten Schritt die Option **Aussprache nach Speicherung der Änderung aufnehmen** aktiviert haben, erscheint nun das Dialogfenster **Aussprache aufnehmen**. Sagen Sie »Aufzeichnen« oder klicken Sie auf die entsprechende Schaltfläche und sprechen Sie das Wort noch einmal mit möglichst deutlicher Stimme. Danach können Sie sich die Aufzeichnung anhören und gegebenenfalls mehrmals wiederholen. Mit **Fertig stellen** übernehmen Sie die Aufzeichnung in das Sprachwörterbuch.

Im Übrigen können Sie auf die beschriebene Weise auch mehrere zusammenhängende Wörter korrigieren. Wenn Sie z. B. statt »Apps aus dem Windows Tor installieren« schreiben wollen: »Apps aus dem Windows Store beziehen«, sagen Sie »Store beziehen korrigieren«. Danach geht es wie beschrieben mit Schritt 2 weiter.

TIPP

Sprechen Sie flüssig

Dass Sie beim Diktieren mit deutlicher und klarer Stimme sprechen sollten, liegt praktisch auf der Hand. Zusätzlich wirkt es sich beim Verwenden der Spracherkennung günstig aus, wenn Sie möglichst in vollständigen Sätzen oder aussagekräftigen Satzfragmenten sprechen, also so, wie Sie es bei einem menschlichen Gegenüber auch täten. Tatsächlich ist es nämlich so, dass die Spracherkennung in begrenztem Umfang zusammenhängende Passagen erkennt. Machen Sie also beim Sprechen nicht zu lange Pausen zwischen den Wörtern eines Satzes.

17.3   Sprachreferenzkarte anzeigen

Eine komplette Aufstellung aller Sprachbefehle finden Sie in der sogenannten Sprachreferenzkarte. Augenblicklich handelt es sich dabei um die mit *Verwenden der Spracherkennung* betitelte Webseite, die bereits beim Einrichten der Spracherkennung aufgerufen werden kann (siehe Schritt 9 in Abschnitt 17.1, »Die Spracherkennung einrichten«, ab Seite 719). Es gibt mehrere Wege, die Sprachreferenzkarte nachträglich aufzurufen:

- Klicken Sie in der Systemsteuerung nacheinander auf die Kategorien **Erleichterte Bedienung** und **Spracherkennung**. Klicken Sie anschließend auf der Dialogseite **Spracherkennungsqualität konfigurieren** auf die Verknüpfung **Sprachreferenzkarte öffnen** ❶.

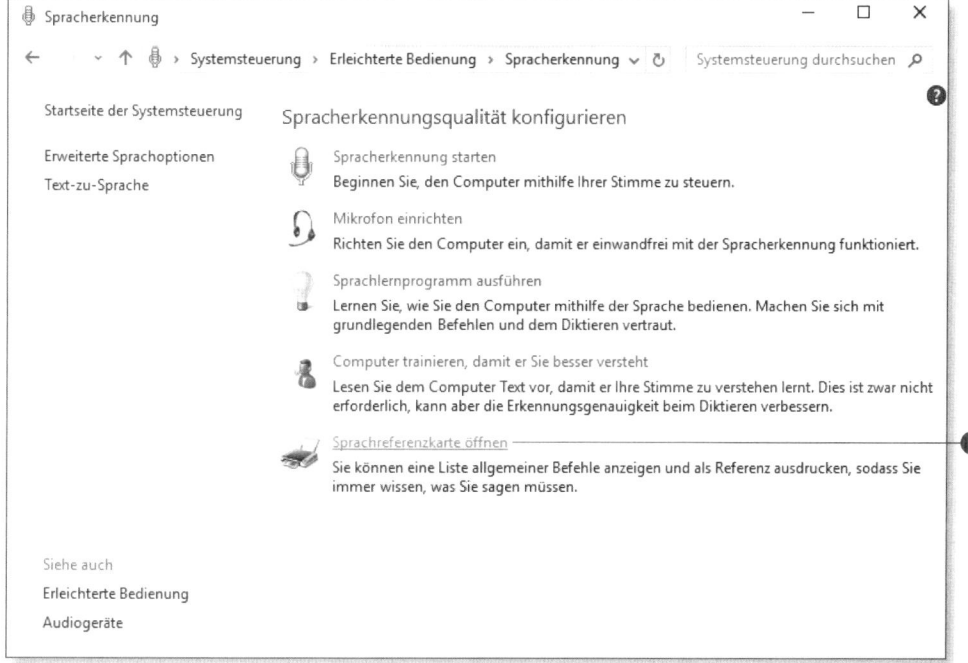

Abbildung 17.7 Es gibt mehrere Wege, die Sprachreferenzkarte zu öffnen – hier über einen Link im Dialog »Spracherkennungsqualität konfigurieren«.

- Klicken Sie mit der rechten Maustaste in das kleine Fenster der Spracherkennung – z. B. auf das linke Mikrofonsymbol – und wählen Sie den Befehl **Sprachreferenzkarte öffnen** im aufklappenden Menü.
- Wenn die Spracherkennung eingeschaltet ist, können Sie auch einfach »Was kann ich sagen?« sagen. Mit diesem Sprachbefehl, der praktisch immer verstanden wird, wird die Referenzkarte für die Windows-Spracherkennung sofort geöffnet.

Abbildung 17.8 Auch mit dem Sprachbefehl »Was kann ich sagen?« wird die Referenzkarte für die Windows-Spracherkennung geöffnet.

17.4   Die Spracherkennung trainieren

Falls Ihr Computer beim Diktat zu viele Fehler macht, können Sie ihn trainieren, damit er sich noch besser an Ihre Stimme gewöhnt. Klicken Sie dazu auf der Dialogseite **Spracherkennungsqualität konfigurieren** auf die Verknüpfung **Computer trainieren, damit er Sie besser versteht.**

 Computer trainieren, damit er Sie besser versteht

Lesen Sie dem Computer Text vor, damit er Ihre Stimme zu verstehen lernt. Dies ist zwar nicht erforderlich, kann aber die Erkennungsgenauigkeit beim Diktieren verbessern.

Abbildung 17.9 Stimmtraining für die Spracherkennung in der Systemsteuerung aufrufen

Alternativ rufen Sie das gleiche Programm auf, indem Sie mit der rechten Maustaste in das Fenster der Spracherkennung klicken und im erscheinenden Kontextmenü den Befehl **Konfiguration ▸ Spracherkennung verbessern** wählen.

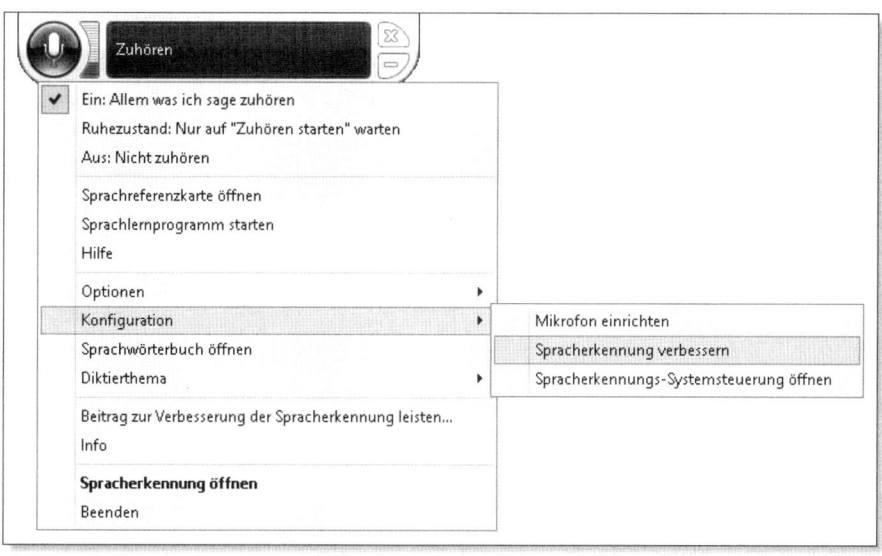

Abbildung 17.10 Das Stimmtraining im Kontextmenü des Spracherkennung-Anwendungsfensters aufrufen

Sprachlernprogramm

Das Sprachlernprogramm, das z.B. im Kontextmenü der Spracherkennung mit dem Befehl **Sprachlernprogramm starten** oder in der Systemsteuerung auf der Dialogseite **Spracherkennungsqualität konfigurieren** über die Verknüpfung **Sprachlernprogramm ausführen** aufgerufen werden kann, ist leider nicht mehr das, was es unter Windows 7 und auch noch unter Windows 8 war. Tatsächlich verdient es diese Bezeichnung seit Windows 8.1 und bis dato auch unter Windows 10 nicht mehr, da es sich um kein integriertes Programm handelt. Stattdessen öffnet die Internetseite *http://windows.microsoft.com/en-us/windows-8/using-speech-recognition* mit der englischen Sprachreferenzkarte, die für deutsche Anwender praktisch nutzlos ist. Wenn Sie sich die Videos ansehen wollen, empfehle ich Ihnen daher, wie im vorherigen Abschnitt beschrieben, die deutsche Sprachreferenzkarte zu öffnen (alternativ können Sie in der URL auch den Teil »en-us« durch »de-de« ersetzen).

Nach der Willkommensseite wird ein Trainingstext zeilenweise angezeigt. Sprechen Sie den Text mit deutlicher Stimme. Nachdem Sie eine Zeile gesprochen haben, wird automatisch die nächste Zeile angezeigt. Über **Pause** und **Fortsetzen** können Sie die Übung unterbrechen und später wieder fortsetzen, wobei Sie nicht unbedingt auf die Schaltflächen klicken müssen, sondern einfach »Pause« bzw. »Fortsetzen« sagen können. Wenn nach wiederholtem Sprechen einer Zeile die nächste partout nicht angezeigt wird, kann es allerdings helfen, auf **Pause** und dann gleich wieder auf **Fortsetzen** zu klicken, um den Satz danach noch einmal zu sprechen. Der untere Fortschrittsbalken zeigt an, an welcher Stelle im Trainingsprogramm Sie sich gerade befinden.

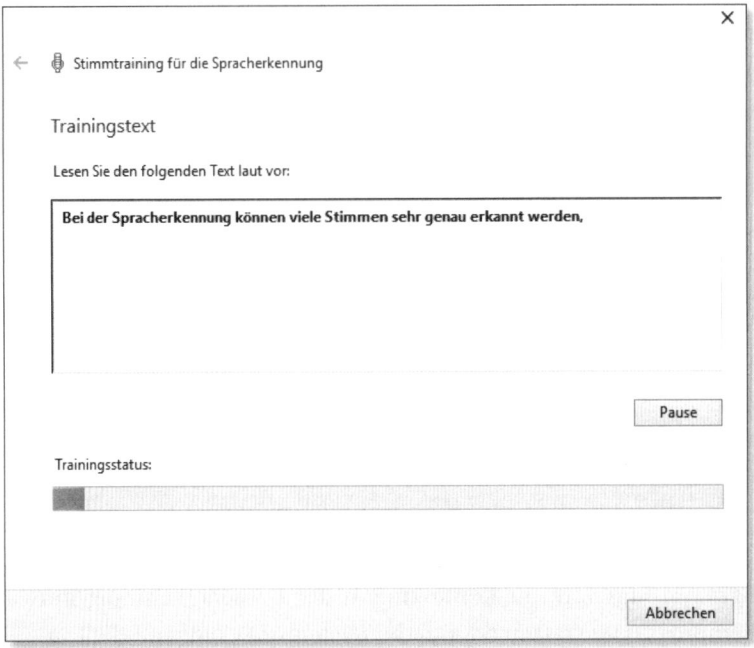

Abbildung 17.11 Stimmtraining für die Spracherkennung: Sprechen Sie die angezeigten Sätze mit deutlicher Stimme.

Nachdem Sie die letzte Zeile gelesen haben, können Sie das Training fortsetzen oder beenden, indem Sie die **Abbrechen**-Schaltfläche betätigen. Über die Schaltfläche **Weiter** entscheiden Sie sich gegebenenfalls dafür, Sprachdaten an Microsoft zu senden, um so zur Verbesserung der Spracherkennung beizutragen. Statt auf die Schaltflächen zu klicken, können Sie natürlich auch hier die entsprechenden Sprachbefehle verwenden, also »Training fortsetzen«, »Abbrechen« oder »Weiter« sagen.

17.5   Die Sprachassistentin Cortana

Sie heißt Sprachassistentin, weil man ihr im Dialog Anweisungen erteilen kann. Dadurch lassen sich kleinere Aufgaben am PC sehr schnell erledigen. Sie können Cortana z. B. veranlassen, Kalendereinträge für Sie vorzunehmen, oder sie zu Sportergebnissen oder zu

Aktienkursen befragen. Sie können Cortana aber z. B. auch sagen: »Sing ein Lied!«, oder: »Erzähle einen Witz!«, und statt sie um die Wettervorhersage zu bitten, können Sie auch fragen: »Brauche ich morgen einen Schirm, wenn ich das Haus verlasse?«

Über zwei Dinge sollten Sie sich jedoch im Klaren sein, bevor Sie Cortana aktivieren: Erstens, Sie müssen mit einem Microsoft-Konto am Computer angemeldet sein – mit einem lokalen Benutzerkonto können Sie Cortana nicht verwenden. Zweitens, damit Cortana optimal für Sie arbeiten kann, werden persönliche Informationen (z. B. Positionsdaten, Ihre Spracheingaben, Informationen aus Kalendereinträgen und Kontakten, E-Mails und SMS sowie Browser- und Suchverlauf) an Microsoft gesendet, solange die Sprachassistentin aktiv ist. Wenn Sie das nicht wollen, empfehle ich Ihnen, Cortana nicht zu aktivieren bzw. auszuschalten, falls sie bereits aktiviert ist (siehe dazu den Kasten »Cortana konfigurieren« auf Seite 742).

Und so aktivieren Sie Cortana:

1 Setzen Sie den Cursor in das Suchfeld der Taskleiste. Wenn Sie Cortana für Ihr Benutzerkonto noch nie aktiviert hatten, erscheint sofort die Einladung, die Sie in der folgenden Abbildung sehen. Klicken Sie auf **Ich bin dabei** ❶, wenn Sie Cortana nutzen wollen.

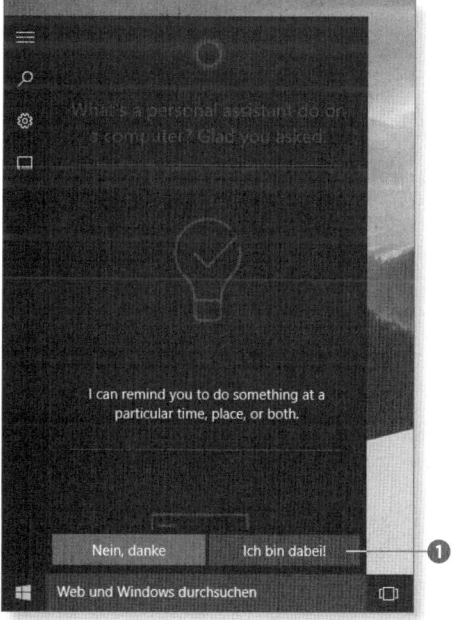

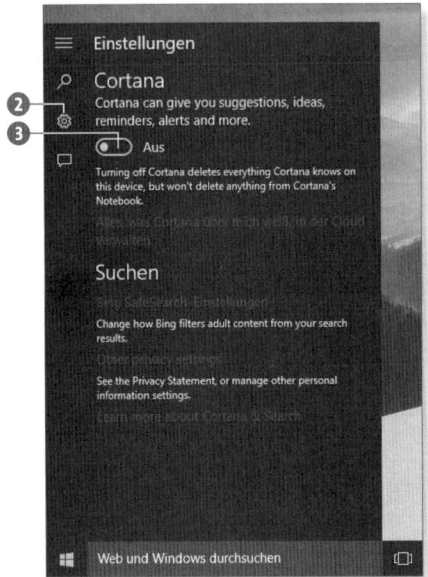

Klicken Sie auf das Zahnradsymbol ❷ und danach einmal in das Feld neben **Aus** ❸, falls die Einladung, Cortana zu nutzen, nicht automatisch erscheint.

2 Bestätigen Sie mit **Ich stimme zu** ❹, wenn Sie mit der Übertragung der angegebenen persönlichen Informationen einverstanden sind. Ansonsten können Sie Cortana nicht nutzen.

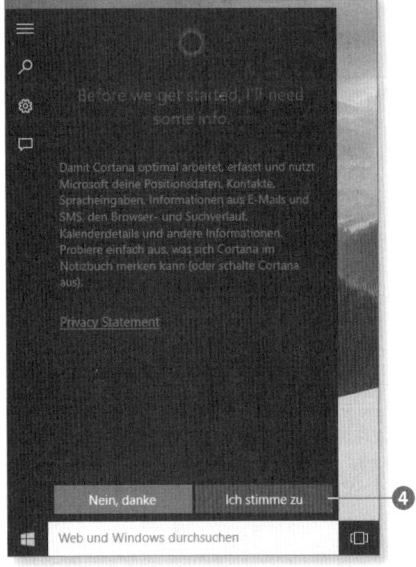

3 Bestätigen Sie gegebenenfalls, dass die Sprachassistentin auf »Hey Cortana« reagieren soll. Andernfalls klicken Sie auf **Überspringen** ❺.

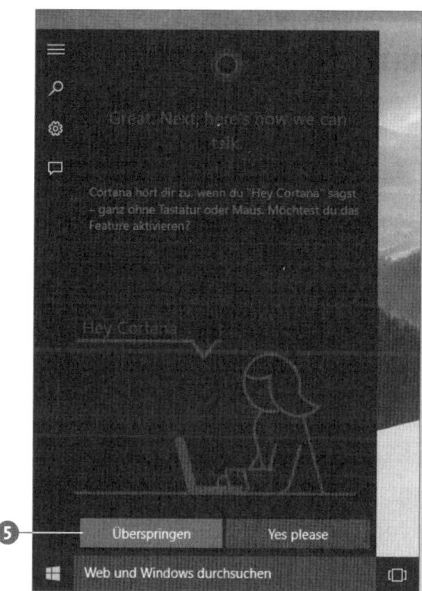

4 Wenn Sie möchten, dass Cortana Sie mit Namen anredet, tippen Sie Ihren Vor- oder Spitznamen in das Feld ❻ ein und bestätigen mit **Diesen verwenden** ❼.

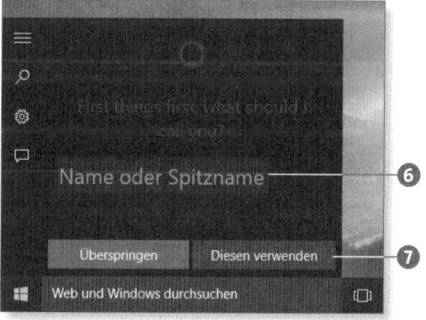

Damit ist Cortana aktiviert. Das Erste, was Sie sehen, sind Schlagzeilen des Tages und eventuell eine Wettervorhersage. Sie können sich mit der Sprachassistentin direkt unterhalten oder Cortana mithilfe verschiedener Optionen, die auf der linken Seite in Form von Symbolen verfügbar sind, anweisen, was sie für Sie tun soll.

Cortana erkennt Sie übrigens auf allen Windows-10-Geräten wieder, wenn Sie sich auf diesen mit demselben Microsoft-Konto anmelden.

INFO

Cortana konfigurieren

Über das Zahnradsymbol ❶, das sich ebenfalls am linken Rand des Cortana-Popup-Fensters befindet, können Sie die Einstellungen, die Sie bei der Aktivierung von Cortana getroffen haben, ändern. Klicken Sie z. B. auf **Meinen Namen ändern** ❷ und geben Sie anschließend einen neuen Namen an, wenn Sie wollen, dass Cortana Sie mit diesem anderen Namen anredet (einen einmal hinterlegten Namen komplett zu entfernen ist bis dato jedoch nicht möglich). Über die Verknüpfung **Alles, was Cortana über mich weiß, in der Cloud verwalten** ❸ können Sie in begrenztem Umfang die Daten einsehen, die Microsoft von Ihnen gespeichert hat, und wahlweise den aktuellen Stand der persönlichen Infos, der gespeicherten Standorte, der gespeicherten Suchverläufe und/oder speziell die gespeicherten Cortana-Daten (z. B. Informationen von den Apps *Kalender* und *Kontakte*) sowie Sprach-, Freihand- und Texteingaben löschen. Um Cortana komplett auszuschalten, klicken Sie einmal in das obere Feld neben **Ein** ❹.

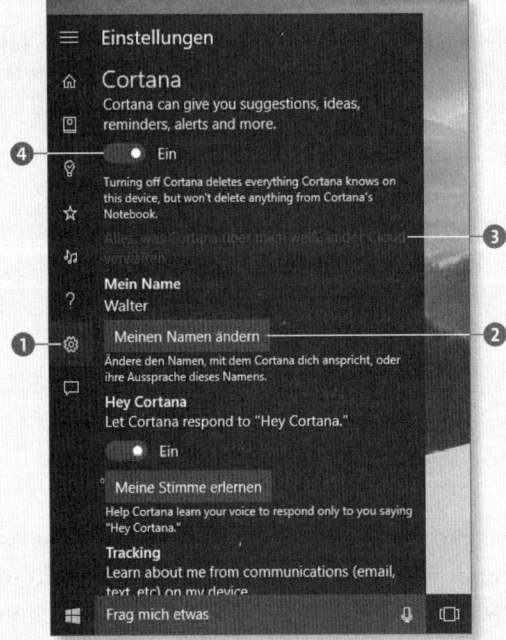

Abbildung 17.12 Über das Zahnradsymbol können Sie gegebenenfalls die Einstellungen für Cortana ändern.

18   Zusätzliche Sprachen installieren und verwenden

Bei Bedarf können Sie für Ihren Computer mehrere Sprachen installieren und zwischen diesen problemlos umschalten. Neu ist in Windows 10, dass auch Sprachpakete für die Handschrift- und für die Spracherkennung zur Verfügung stehen.

18.1   So installieren Sie eine neue Sprache

Wenn Sie auf dem Computer eine weitere Sprache installieren, möchten Sie diese gewöhnlich sowohl für das Tastaturlayout als auch für die Anzeigesprache zur Verfügung haben. Die Anzeigesprache ist die Sprache, die in der Benutzeroberfläche für die Anzeige von Menüs, Dialogseiten usw. verwendet wird. Die Installation einer weiteren Sprache erfolgt praktisch in zwei Schritten: Zunächst fügen Sie die neue Sprache hinzu. Danach könnten Sie zwar bereits das Tastaturlayout in dieser Sprache einstellen, jedoch die Sprache noch nicht als Anzeigesprache verwenden. Für Letzteres müssen Sie nach dem Hinzufügen noch das entsprechende Sprachpaket installieren, erst dann ist die Sprache komplett auf dem Computer verfügbar.

18.1.1   Eine neue Sprache hinzufügen

Unter Windows 10 brauchen Sie sich nicht zwangsläufig in die Systemsteuerung zu begeben, um auf dem Computer eine weitere Sprache hinzuzufügen. Vielmehr können Sie dies mit wenigen Handgriffen in den Einstellungen erledigen:

1 Öffnen Sie das Startmenü und klicken Sie in diesem auf **Einstellungen**.

2 Wählen Sie auf der ersten Seite der Einstellungen **Zeit und Sprache** und anschließend **Region und Sprache**.

3 Im rechten Bereich sehen Sie nun im Abschnitt **Sprachen** Symbole für alle Sprachen, die bereits auf dem Computer installiert sind – zunächst ist das natürlich nur eine. Klicken Sie auf das Symbol **Sprache hinzufügen** ❶.

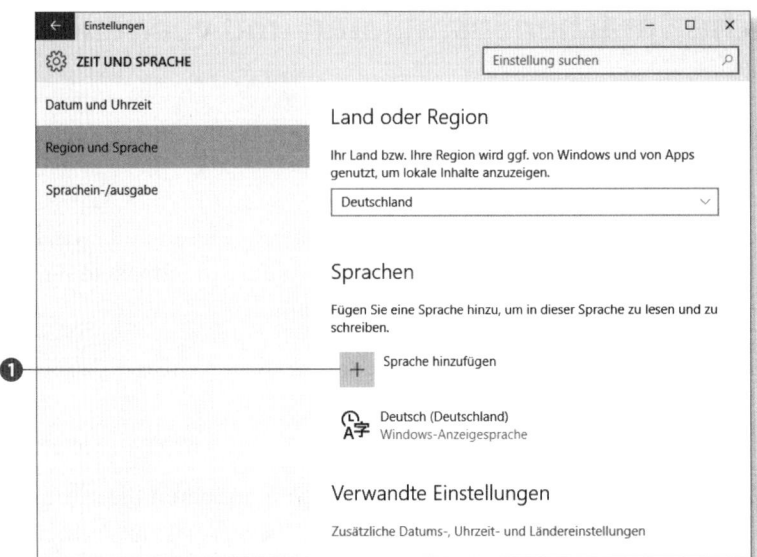

4 Wählen Sie auf der erscheinenden Seite die Sprache aus, die Sie auf Ihrem Computer hinzufügen wollen. Die zur Auswahl stehenden Sprachen sind hier nach den deutschen Namen geordnet – scrollen Sie die Anzeige gegebenenfalls nach rechts, um alle Sprachen zu sehen. Sie brauchen die gewünschte Sprache nur anzuklicken.

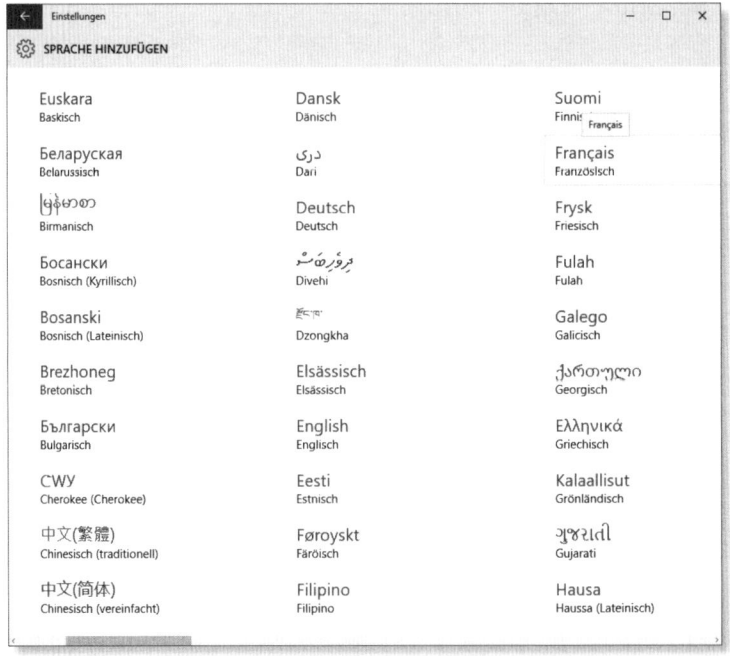

5 Wenn es für die ausgewählte Sprache mehrere Dialekte gibt, wie das z. B. bei der englischen oder der französischen Sprache der Fall ist, erscheint nun eine entsprechende Auswahl. Klicken Sie auf die gewünschte Sprachvariante, z. B. **Französisch (Frankreich)** oder etwa **Französisch (Kanada)**, falls Sie im vorigen Schritt die französische Sprache gewählt haben.

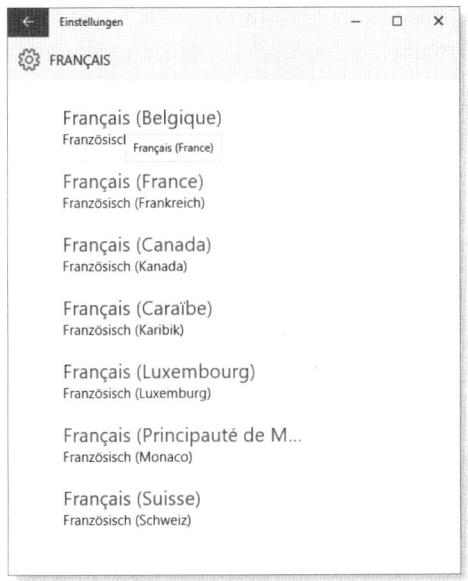

Die hinzugefügte Sprache erscheint nun auf der Dialogseite **Region und Sprache** als zusätzlicher Eintrag im Abschnitt **Sprachen** ❷.

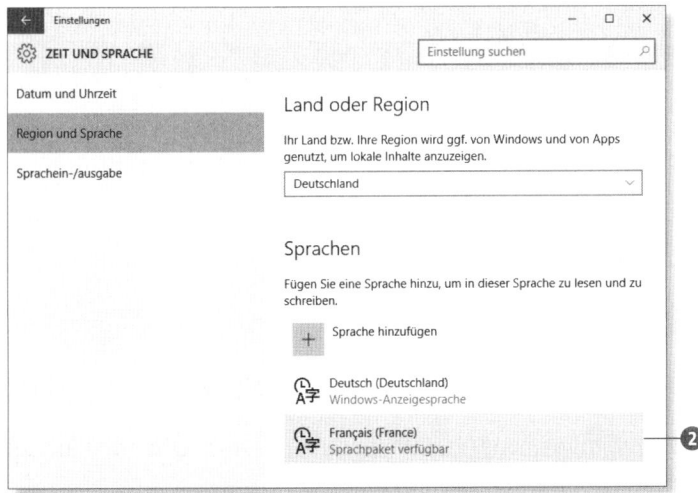

18.1.2   Sprachpaket installieren

Wenn Sie nun zu der neu installierten Sprache wechseln, würde sich zwar das Tastatur-layout ändern, nicht jedoch die Anzeigesprache der Windows-Benutzeroberfläche. Um die hinzugefügte Sprache auch als Anzeigesprache verwenden zu können, müssen Sie noch das entsprechende Sprachpaket installieren.

Wenn die Installation des Sprachpakets für eine hinzugefügte Sprache noch ansteht, erscheint neben dem Symbol der Hinweis *Sprachpaket verfügbar*. Führen Sie in diesem Fall folgende Schritte durch, um das entsprechende Sprachpaket für die Anzeigespra-che zu installieren:

1   Klicken Sie auf der Seite **Region und Sprache** im Abschnitt **Sprachen** des rechten Be-reichs auf das Symbol der Sprache.

2   Daraufhin erscheinen unterhalb des Symbols die Schaltflächen **Als Standard**, **Optio-nen** und **Entfernen**. Klicken Sie auf **Optionen**.

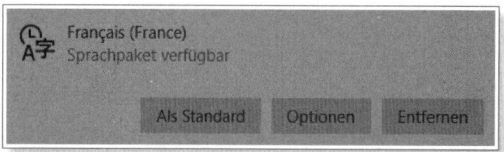

3   Klicken Sie auf der Folgeseite im Abschnitt **Sprachoptionen** unterhalb von **Sprach-paket herunterladen** auf die Schaltfläche **Herunterladen**.

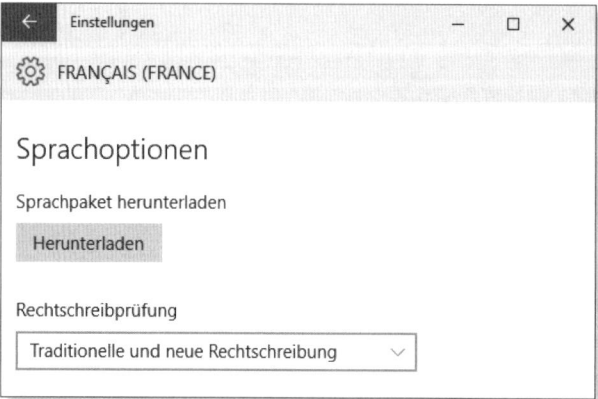

Das Sprachpaket wird nun installiert, was eine Weile dauern kann. Über den aktuellen Stand der Installation informiert eine Fortschrittsanzeige.

18.1.3   Neue Sprache in der Systemsteuerung installieren

Wie bei so vielen Aufgaben haben Sie auch hier die Wahl: Sie können die Installation einer weiteren Sprache, wie oben gezeigt, in den Einstellungen, aber auch in der Systemsteuerung durchführen. Hier der Vollständigkeit halber und zum Vergleich die Schritte, die erforderlich sind, um auf dem Computer eine neue Sprache über die Systemsteuerung zu installieren:

1 Öffnen Sie die Systemsteuerung, z. B. indem Sie das Windows-Symbol in der Taskleiste mit der rechten Maustaste anklicken und im erscheinenden Menü den entsprechenden Eintrag wählen.

2 Klicken Sie auf der Startseite der Systemsteuerung unterhalb der Kategorie **Zeit, Sprache und Region** auf die Verknüpfung **Sprache hinzufügen**.

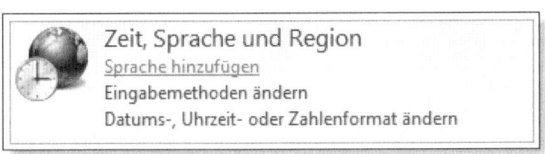

3 Die erscheinende Dialogseite **Spracheinstellungen ändern** listet wie die entsprechende Seite **Region und Sprache** der Einstellungen alle auf dem Computer hinzugefügten Sprachen auf. Klicken Sie auf die Aktionsschaltfläche **Sprache hinzufügen ❶**, um eine weitere Sprache hinzuzufügen.

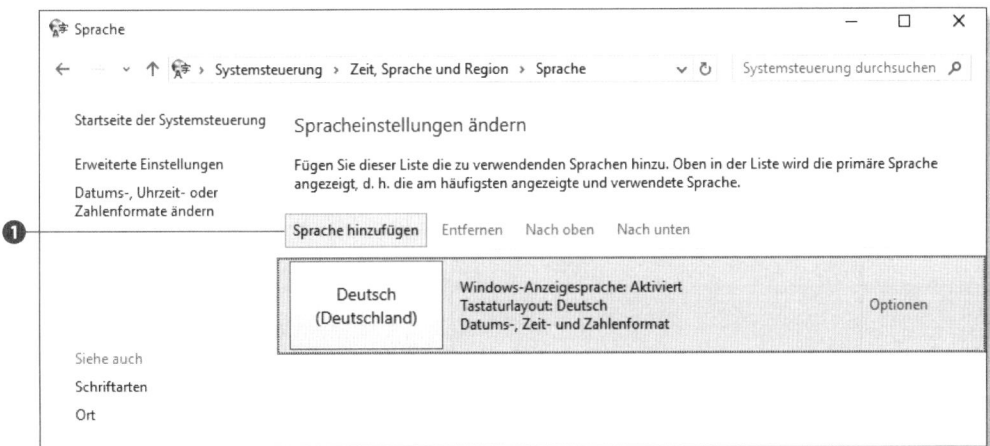

4 Wählen Sie auf der nächsten Dialogseite die Sprache aus, die Sie auf dem Computer hinzufügen wollen. Die zur Auswahl stehenden Sprachen sind auch hier nach den deutschen Namen alphabetisch geordnet. Über das Suchfeld oben rechts ❷ können Sie gegebenenfalls gezielt nach einer bestimmten Sprache suchen. Klicken Sie die Sprache an, die Sie hinzufügen wollen, und klicken Sie anschließend auf die Schaltfläche **Hinzufügen** ❸.

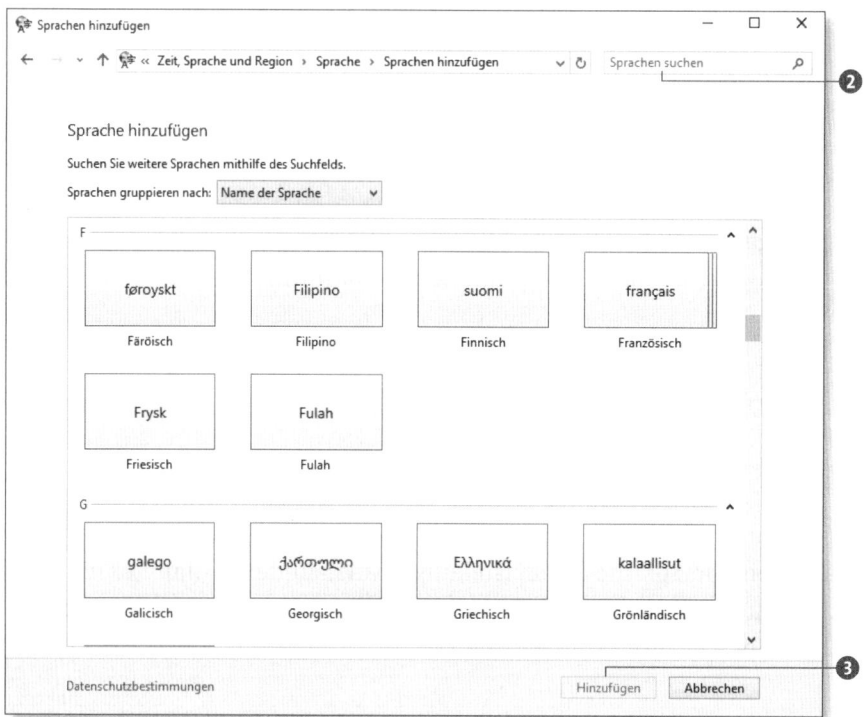

Wenn es für die ausgewählte Sprache mehrere Dialekte gibt, wie das bei der in der folgenden Abbildung ausgewählten französischen Sprache der Fall ist, lautet die Aufschrift der entsprechenden Schaltfläche **Öffnen** ❹. Klicken Sie in diesem Fall diese Schaltfläche an und wählen Sie danach die gewünschte Sprachvariante aus. Klicken Sie anschließend auf **Hinzufügen** ❺, um die ausgewählte Sprache hinzuzufügen.

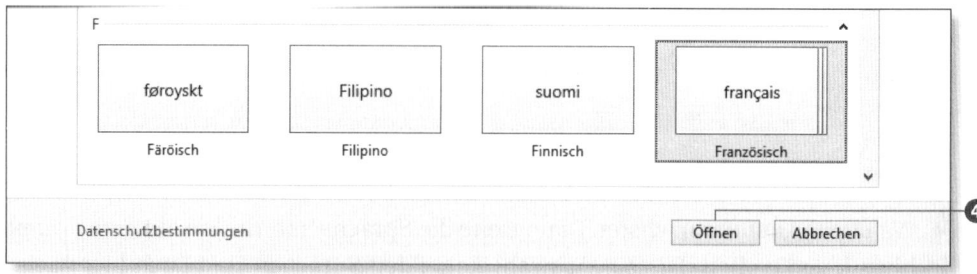

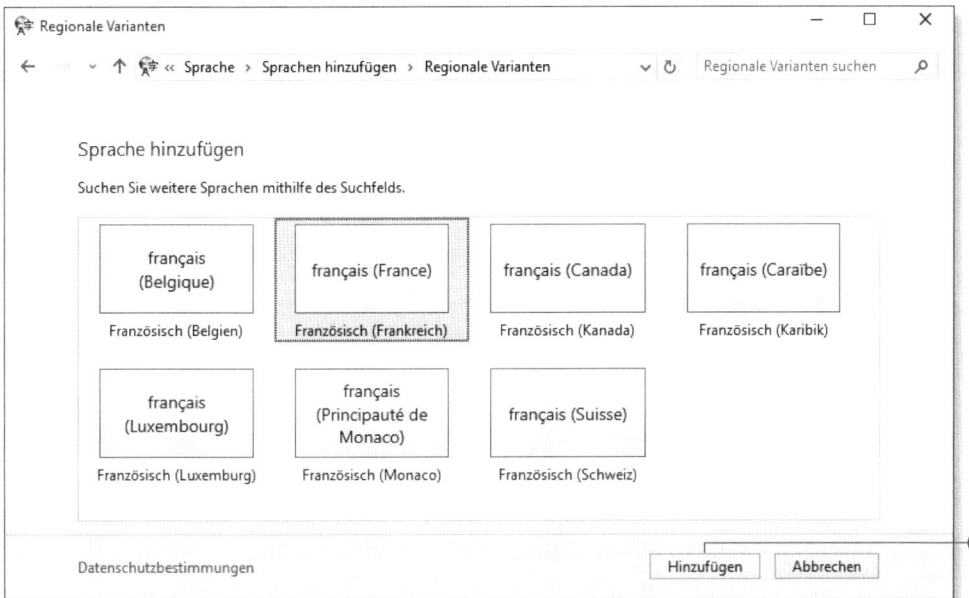

5 Die neu hinzugefügte Sprache erscheint nun ebenfalls auf der Dialogseite **Sprach-einstellungen ändern** – gegebenenfalls mit dem Hinweis, dass die Windows-Anzeige-sprache, also das entsprechende Sprachpaket, zum Download verfügbar ist. Klicken Sie rechts daneben auf die Verknüpfung **Optionen** ❻.

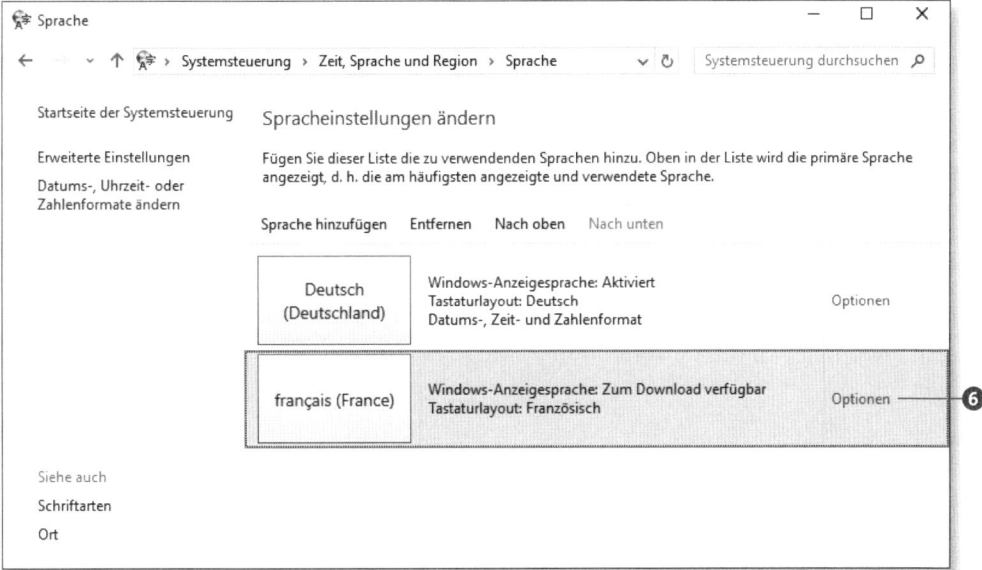

6 Klicken Sie anschließend auf der erscheinenden Dialogseite **Sprachoptionen** unter Windows-Anzeigesprache auf die Verknüpfung **Sprachpaket herunterladen und installieren ❼**.

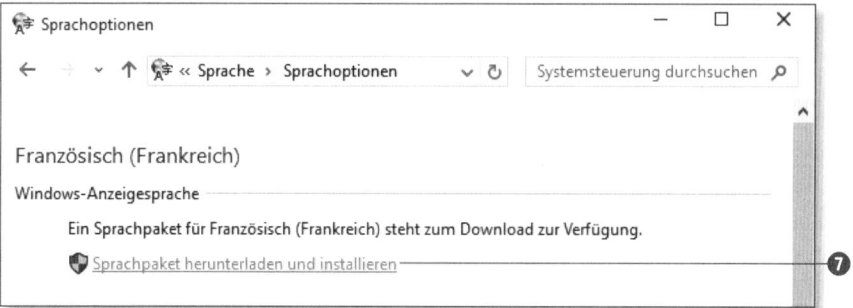

7 Bestätigen Sie die Sicherheitsmeldung der Benutzerkontensteuerung mit **Ja**. Danach wird das Sprachpaket einschließlich eventueller Sprachpaket-Updates heruntergeladen und auf dem Computer installiert. Klicken Sie auf **Schließen**, wenn dieser Vorgang beendet ist.

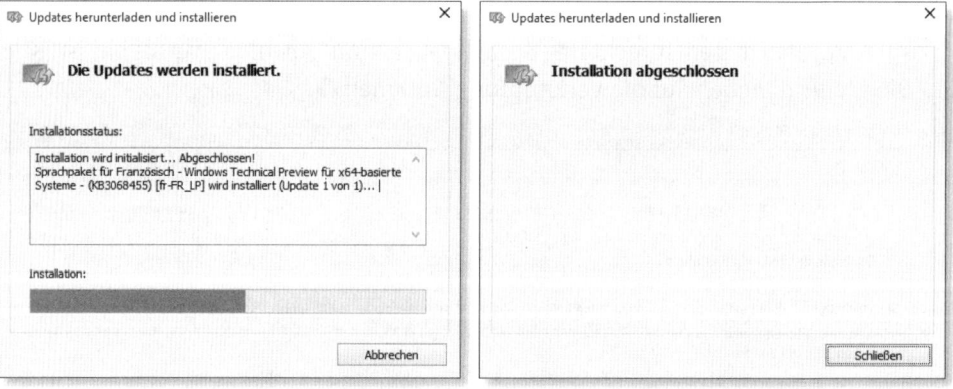

Nach der Installation des Sprachpakets erscheint auf der Dialogseite **Spracheinstellungen ändern** neben der betreffenden Sprache der Text *Windows-Anzeigesprache: Verfügbar*.

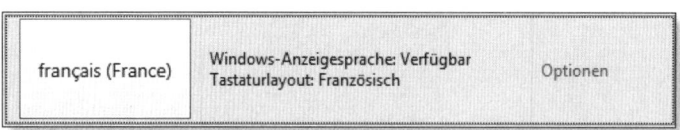

Abbildung 18.1 Das Sprachpaket ist installiert und kann verwendet werden.

18.2   So wechseln Sie in der Benutzeroberfläche die Sprache

Es gibt mehrere Möglichkeiten, um zwischen den installierten Sprachen umzuschalten. Wenn Sie sowohl das Tastaturlayout als auch die Anzeigesprache ändern wollen, können Sie das ebenfalls in den Einstellungen erledigen. Klicken Sie auf der Seite **Region und Sprache** im Abschnitt **Sprachen** auf das Symbol der Sprache, die Sie als neue Anzeigesprache verwenden wollen, und anschließend auf die Schaltfläche **Als Standard ❶**.

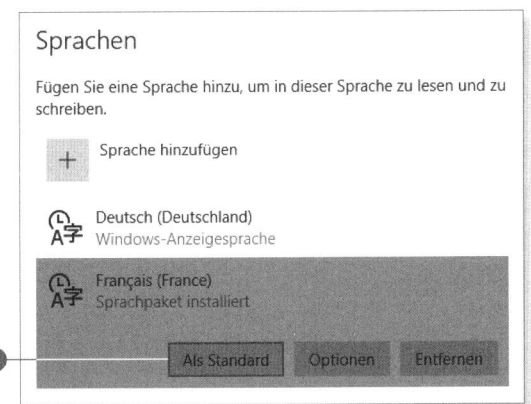

Abbildung 18.2 Gleichzeitige Änderung der Anzeigesprache und des Tastaturlayouts

Die Sprache wird daraufhin in der Liste an die oberste Stelle gesetzt (siehe Abbildung 18.3 auf Seite 752). Windows ändert die Anzeigesprache und auch das Tastaturlayout, sobald Sie sich vom Computer ab- und wieder anmelden oder den Computer neu starten.

> **Tastaturlayout per Tastenkombination wechseln**
>
> Alternativ können Sie das Popup-Fenster aus Abbildung 18.4 (siehe Seite 752) – allerdings ohne die Option zum Öffnen der Spracheinstellungen – auch jederzeit mit der Tastenkombination ⊞ + [Leertaste] anzeigen. Halten Sie die Taste ⊞ gedrückt und betätigen Sie gegebenenfalls mehrmals die Leertaste, um im Menü eine andere Sprache auszuwählen. Lassen Sie die Windows-Taste los, sobald die gewünschte Sprache selektiert ist.
>
> Die Tastenkombination ⊞ + [Leertaste] funktioniert übrigens auch auf dem Anmeldebildschirm. Wenn Sie hier bei der Eingabe des Kennworts mit dem aktuellen Tastaturlayout nicht zurechtkommen, können Sie auf diese Weise sofort zum deutschen Layout zurückkehren. Alternativ klicken Sie dazu in der rechten unteren Ecke des Anmeldebildschirms auf das Sprachsymbol.

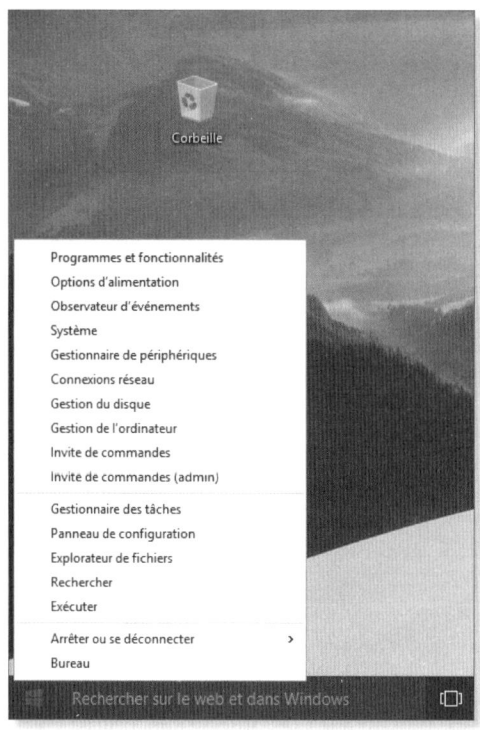

Abbildung 18.3 Windows nach Änderung der Anzeigesprache: Sämtliche Einträge – vom Startmenü über die Einstellungen bis hin zum Papierkorbsymbol – erscheinen in der neuen Sprache.

Möchten Sie nur die Eingabemethode, also die Sprache für das Tastaturlayout, umschalten, die bisher verwendete Anzeigesprache aber beibehalten, klicken Sie im Infobereich der Taskleiste auf das Sprachsymbol ❷ und anschließend im erscheinenden Popup-Fenster auf die gewünschte neue Sprache. Das Tastaturlayout schaltet daraufhin sofort um.

Abbildung 18.4 Über das Sprachsymbol im Infobereich der Taskleiste können Sie das Tastaturlayout unter Beibehaltung der Anzeigesprache wechseln.

Schließlich können Sie das Tastaturlayout zusammen mit der Anzeigesprache auch in der Systemsteuerung auf der Dialogseite **Spracheinstellungen ändern** wechseln. Standardmäßig wird vom Computer nämlich automatisch die Sprache verwendet, die dort in der Sprachliste ganz oben steht. Um eine Sprache in der Liste nach oben oder nach unten zu verschieben, selektieren Sie diese und klicken dann auf die Schaltflächen **Nach oben** bzw. **Nach unten**.

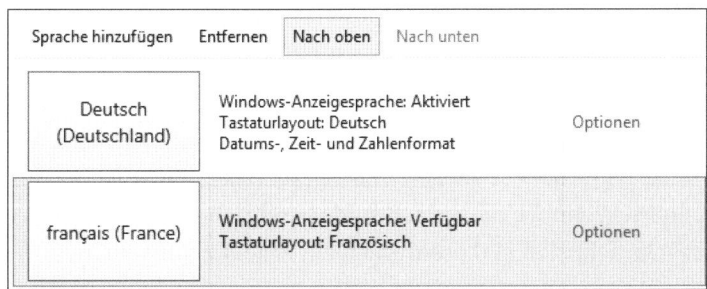

Abbildung 18.5 Sprachliste auf der Dialogseite »Spracheinstellungen ändern« der Systemsteuerung: Standardmäßig verwendet Windows die Anzeigesprache, die in der Liste ganz oben steht.

Nachdem Sie auf diese Weise eine andere Sprache an die erste Stelle gesetzt haben, müssen Sie sich ab- und wieder anmelden oder einen Neustart durchführen, bevor Windows die neue Sprache – als Anzeigesprache sowie als Eingabesprache – verwendet.

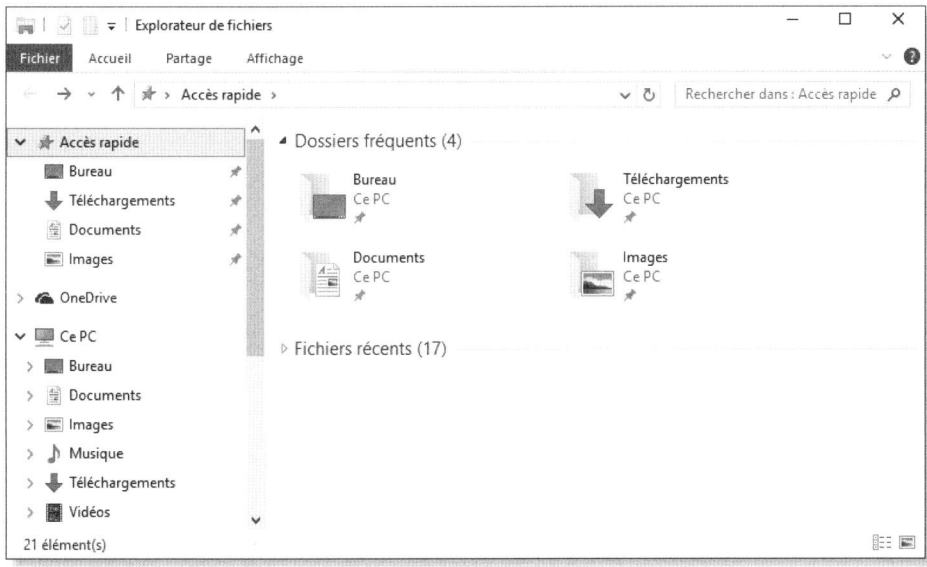

Abbildung 18.6 Explorer bei eingestellter französischer Anzeigesprache

Es spielt übrigens keine Rolle, wo Sie die entsprechende Aktion durchführen. Wenn Sie auf der Seite **Region und Sprache** der Einstellungen eine Sprache als Standard festlegen, wird diese auf der Dialogseite **Spracheinstellungen ändern** der Systemsteuerung automatisch nach oben befördert und umgekehrt.

18.3   So entfernen Sie eine installierte Sprache

Wenn Sie eine Sprache nicht mehr benötigen, können Sie diese in den Einstellungen entfernen, so dass sie nicht mehr in der Benutzeroberfläche verfügbar ist. Alles, was Sie dazu tun müssen, ist, auf der Seite **Region und Sprache** auf den Eintrag der Sprache und anschließend auf die Schaltfläche **Entfernen** zu klicken. Das Sprachpaket bleibt jedoch bei dieser Vorgehensweise installiert. Wenn Sie die Sprache, wie beschrieben, einmal wieder hinzufügen, brauchen Sie das Sprachpaket in diesem Fall nicht erneut zu installieren.

Um eine installierte Sprache vollständig – also einschließlich des Sprachpakets – vom Computer zu entfernen, müssen Sie sich in die Systemsteuerung begeben. Gehen Sie folgendermaßen vor:

1 Öffnen Sie die Systemsteuerung. Klicken Sie z. B. in der Taskleiste mit der rechten Maustaste auf das Symbol mit dem Windows-Logo und wählen Sie **Systemsteuerung** im erscheinenden Kontextmenü.

2 Klicken Sie auf der Startseite der Systemsteuerung unterhalb der Kategorie **Zeit, Sprache und Region** auf die Verknüpfung **Sprache hinzufügen**.

3 Klicken Sie auf der erscheinenden Dialogseite **Spracheinstellungen ändern** neben der Sprache, die Sie deinstallieren wollen, auf **Optionen** ❶.

Wenn Sie dagegen auf die Aktionsschaltfläche **Entfernen** ❷ klicken, nachdem Sie die zu entfernende Sprache in der Liste selektiert haben, passiert das Gleiche wie oben beschrieben: Die Sprache wird von der Benutzeroberfläche entfernt, das Sprachpaket bleibt jedoch installiert.

4 Klicken Sie auf der Seite **Sprachoptionen** im Abschnitt **Windows-Anzeigesprache** auf die Verknüpfung **Sprachpaket deinstallieren** ❸.

Windows deinstalliert nun das Sprachpaket. Auch dieser Vorgang kann eine Weile in Anspruch nehmen.

5 Danach müssen Sie die Sprache noch, wie weiter oben beschrieben, entfernen. Selektieren Sie den Eintrag auf der Dialogseite **Spracheinstellungen ändern** – er enthält
nach dem Entfernen des Sprachpakets wieder die Mitteilung *Windows-Anzeigesprache: Zum Download verfügbar*. Klicken Sie anschließend in der Aktionsleiste auf
die Schaltfläche **Entfernen**.

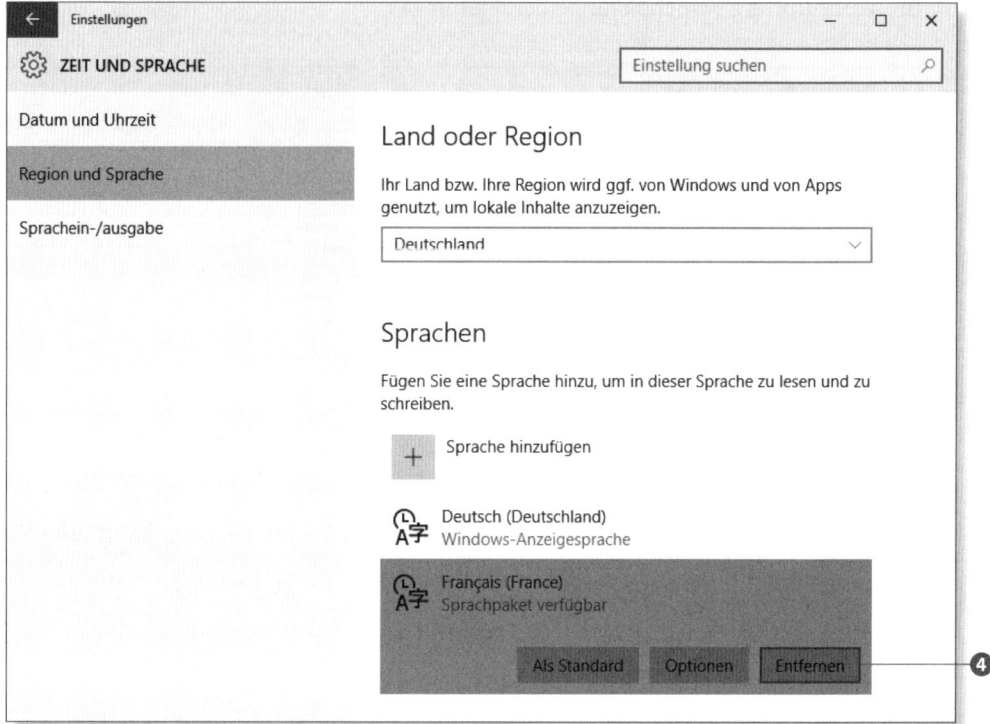

Alternativ können Sie die Sprache natürlich auch in den Einstellungen auf der Seite **Region und Sprache** entfernen. Klicken Sie die zu entfernende Sprache in der Liste an und
klicken Sie anschließend auf die daraufhin erscheinende Schaltfläche **Entfernen ❹**.

18.4   Sprachpaket für die Spracherkennung installieren

Genauso wie Sprachpakete für verschiedene Anzeigesprachen können Sie in Windows 10 auch Sprachpakete für die Spracherkennung (und bei Bedarf ebenfalls für die
Handschrifterkennung) herunterladen. Hierzu sind nur ein paar zusätzliche Handgriffe erforderlich:

1 Navigieren Sie in den Einstellungen über **Zeit und Sprache** zu **Region und Sprache**. Fügen Sie die Sprache, die Sie für die Spracherkennung verfügbar machen wollen, hinzu, falls diese noch nicht in der Sprachenliste erscheint (siehe dazu Abschnitt 18.1.1, »Eine neue Sprache hinzufügen«, ab Seite 743).

2 Klicken Sie in der Sprachenliste auf der Seite **Region und Sprache** auf die gewünschte Sprache, so dass die Schaltflächen **Als Standard**, **Optionen** und **Entfernen** erscheinen. Klicken Sie auf die Schaltfläche **Optionen**.

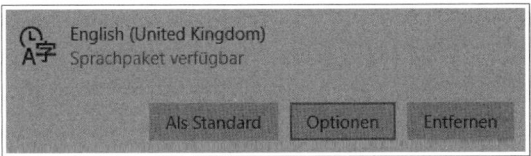

3 Klicken Sie auf der erscheinenden Seite im Abschnitt **Sprachoptionen** unterhalb von **Spracherkennung** auf die Schaltfläche **Herunterladen** ❶.

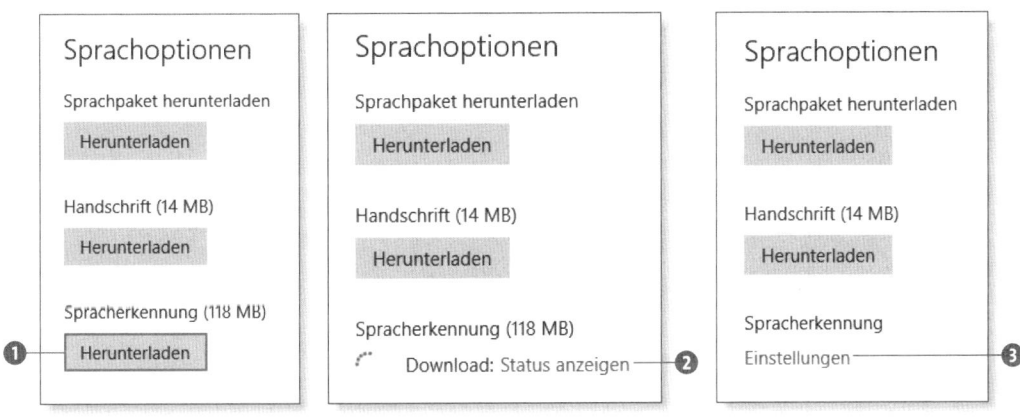

Über die mittlere Schaltfläche können Sie bei Bedarf ein Sprachpaket für die Handschrifterkennung herunterladen.

4 Warten Sie ab, bis das Sprachpaket heruntergeladen ist. Dies kann eine kurze Weile dauern. Wenn Sie wollen, können Sie sich über die Verknüpfung **Status anzeigen** ❷ den augenblicklichen Stand des Vorgangs anzeigen lassen.

5 Wenn das Sprachpaket heruntergeladen ist, erscheint in dem Abschnitt die Verknüpfung **Einstellungen** ❸. Klicken Sie diese an.

6 Es erscheint die Seite **Sprachein-/ausgabe** der Einstellungen. Stellen Sie in dem Listenfeld des Abschnitts **Spracherkennungssprache** gegebenenfalls die Sprache ein, in der Sie mit Ihrem Computer sprechen wollen ❹. In dem Listenfeld erscheinen alle Sprachen, für die Sie das entsprechende Sprachpaket installiert haben.

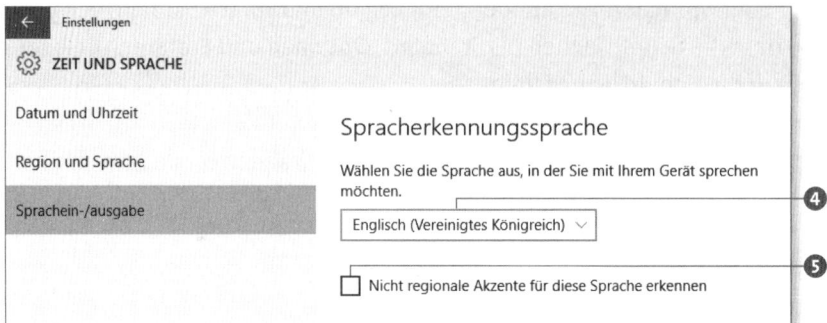

Indem Sie die Option **Nicht regionale Akzente für diese Sprache erkennen** aktivieren ❺, teilen Sie der Spracherkennung praktisch mit, dass es sich nicht um Ihre Muttersprache handelt und Sie mit ausländischem Akzent sprechen. Ihr Computer wird in diesem Fall versuchen, sich darauf einzustellen.

19   Hyper-V – die eingebaute Virtualisierungslösung

Mit Hyper-V können Sie auf Ihrem Windows-10-Computer virtuelle Computer realisieren. Ein virtueller Computer ist praktisch ein simulierter Computer im realen Computer, der ansonsten völlig eigenständig funktioniert. Dementsprechend laufen virtuelle Computer auch mit einem eigenen Betriebssystem. Das heißt z. B., dass, wenn ein virtueller Computer mit Schadsoftware infiziert ist, dies in aller Regel keinen Einfluss auf den realen Computer hat, der den virtuellen Computer beherbergt.

Auf virtuellen Computern können Sie z. B. mit einem anderen Betriebssystem ältere Programme ausführen, die in Windows 10 ansonsten nicht mehr ausgeführt werden könnten. Sie können einen virtuellen Computer aber auch als Sandbox benutzen, also z. B. zum Testen von Programmen, von denen Sie nicht sicher sind, ob sie Schaden anrichten.

19.1   Systemanforderungen für Hyper-V

Um mit Hyper-V virtuelle Computer erstellen zu können, muss Ihr PC folgende Voraussetzungen erfüllen:

- Er muss über einen Intel- oder AMD-Prozessor der neueren Generation verfügen, der SLAT (*Second Level Address Translation*) unterstützt. Dies ist bei neueren Prozessoren in der Regel der Fall.

- Es müssen mindestens 4 GByte RAM adressierbar sein. Je mehr, desto besser, und besonders wenn Sie mehrere virtuelle Maschinen parallel betreiben wollen, sollte dieser Wert höher liegen.

- Außerdem ist Hyper-V nur in den Versionen Windows 10 Pro oder Windows 10 Enterprise (64-Bit) verfügbar.

19.2   Hyper-V aktivieren

Hyper-V ist standardmäßig deaktiviert. Um die Software nutzen zu können, müssen Sie Hyper-V zunächst aktivieren. Bei diesem Vorgang können Sie sich auch davon überzeugen, ob Ihr Computer die Voraussetzungen für den Betrieb von Hyper-V erfüllt. Führen Sie die folgenden Schritte durch, um Hyper-V auf Ihrem Computer zu aktivieren:

1 Tippen Sie in das Suchfeld der Taskleiste den Begriff »Feature« ein (Groß- und Klein-schreibung spielen keine Rolle). Klicken Sie anschließend auf **Windows-Features aktivieren oder deaktivieren ❶**.

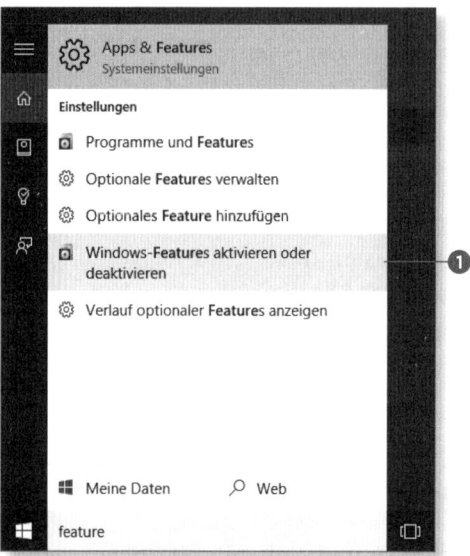

2 Aktivieren Sie im erscheinenden Dialogfeld **Windows-Features** das Kontrollkästchen neben **Hyper-V ❷**.

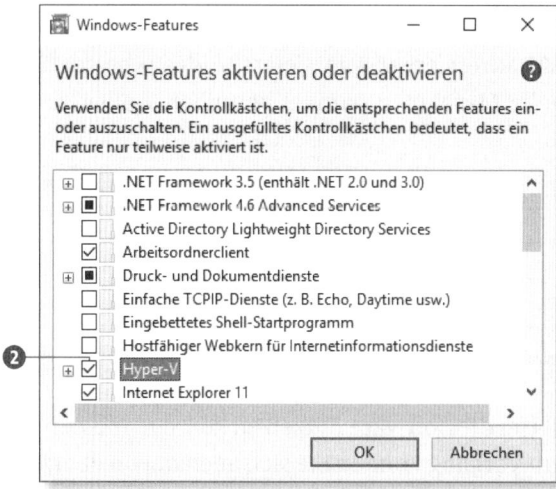

Damit aktivieren Sie gleichzeitig die Hyper-V-Plattform und die Hyper-V-Verwaltungstools.

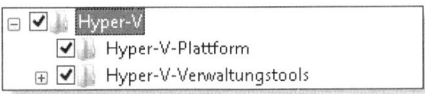

3 Klicken Sie anschließend im Dialogfeld **Windows-Features** auf **OK**, um die Aktivierung zu bestätigen.

4 Windows sucht nun die Dateien für die Hyper-V-Features, was eine kurze Weile dauern kann. Danach werden Sie aufgefordert, den Computer neu zu starten. Klicken Sie im erscheinenden Dialogfenster auf die Schaltfläche **Jetzt neu starten ❸**, um den Neustart sofort durchzuführen. Möchten Sie den Computer erst später neu starten, klicken Sie auf die Schaltfläche **Nicht neu starten**.

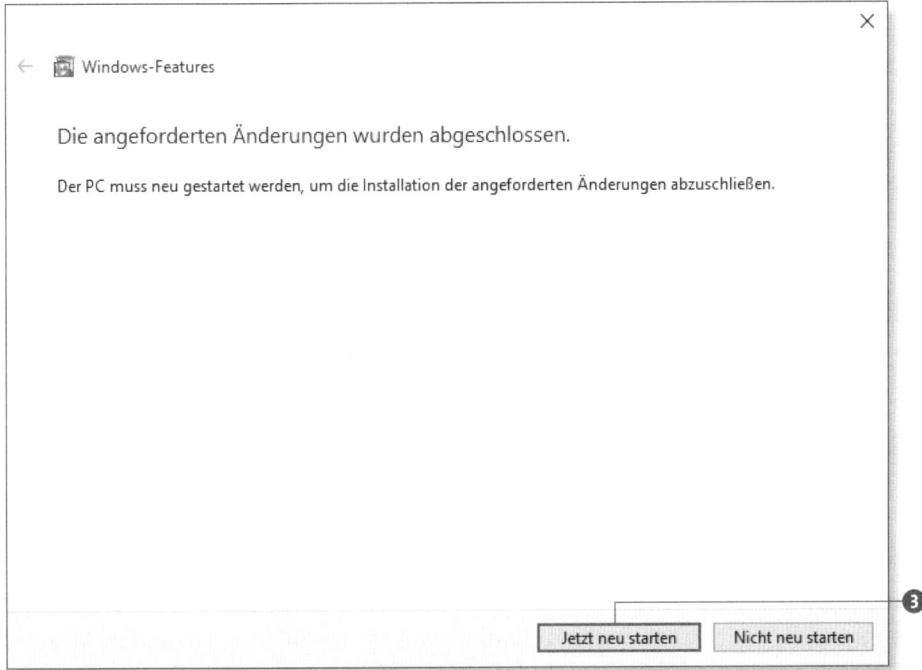

Nach dem Neustart ist Hyper-V auf dem Computer verfügbar. Allerdings findet sich zunächst keine Verknüpfung für den Hyper-V-Manager im Startmenü. Am besten Sie fügen das Programm dort oder in der Taskleiste nachträglich hinzu. Dies können Sie sogleich beim Start des Hyper-V-Managers erledigen. Geben Sie das Wort »hyper« in das

Suchfeld der Taskleiste ein und klicken Sie anschließend mit der rechten Maustaste auf das Suchergebnis **Hyper-V-Manager**. Das erscheinende Kontextmenü enthält die Befehle **An „Start" anheften** sowie **An Taskleiste anheften**.

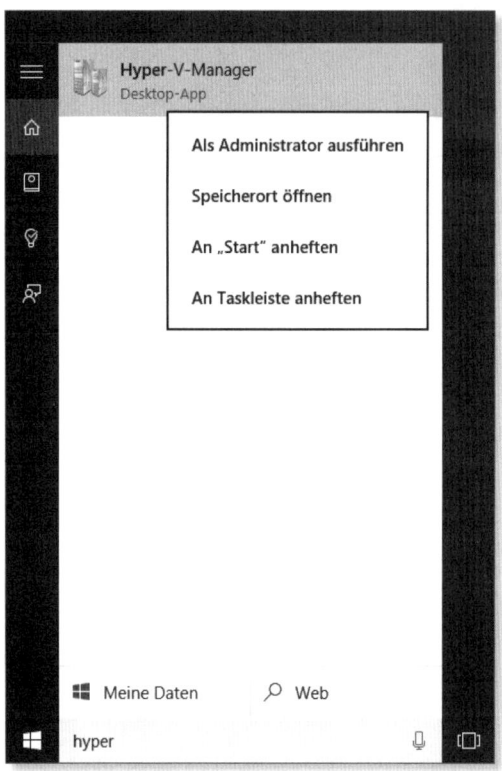

Abbildung 19.1 Heften Sie den Hyper-V-Manager an das Startmenü und/oder an die Taskleiste an.

19.3   Eine virtuelle Maschine anlegen

Gleich zu Beginn eine Begriffsdefinition: Das Hauptbetriebssystem, also das Betriebssystem, das auf Ihrem Computer ohne virtuelle Maschinen installiert ist, wird Hostbetriebssystem (oder Wirtsystem) genannt, weil es die auf den virtuellen Maschinen installierten Betriebssysteme praktisch beherbergt. Nachdem Sie eine neue virtuelle Maschine erstellt haben, verhält sie sich gewissermaßen so wie ein Computer, auf dem noch kein Betriebssystem installiert ist. Das heißt, um einen funktionsfähigen virtuellen Computer zu erstellen, müssen Sie zunächst die virtuelle Maschine – das ist der Computer – erstellen und anschließend das gewünschte Betriebssystem installieren. Das Betriebssystem, das auf einer virtuellen Maschine läuft, nennt man Gastbetriebssystem.

Führen Sie folgende Schritte durch, um einen virtuellen Computer neu zu erstellen:

1 Starten Sie den Hyper-V-Manager, z. B. indem Sie nach »hyper« suchen und anschließend auf das Suchergebnis klicken. Bei dieser Gelegenheit können Sie auch gleich
eine Verknüpfung für den Hyper-V-Manager im Startmenü oder in der Taskleiste anlegen (siehe Abbildung 19.1 auf Seite 762).

Auch für Gastbetriebssysteme sind Lizenzen erforderlich
Beachten Sie, dass für Gastbetriebssysteme ebenfalls gültige Lizenzen erforderlich sind. Im Übrigen verläuft die Installation eines Gastbetriebssystems auf einem virtuellen Computer nicht anders als auf einem realen Computer. Sie müssen
auch hier im Zuge der Installation oder innerhalb eines begrenzten Zeitraums danach einen gültigen Produktschlüssel angeben, um das Betriebssystem dauerhaft
nutzen zu können.

INFO

2 Klicken Sie im linken Fensterbereich des Hyper-V-Managers auf den dort angezeigten Namen Ihres Computers ❶. Klicken Sie anschließend im rechten Fensterbereich
auf **Manager für virtuelle Switches** ❷.

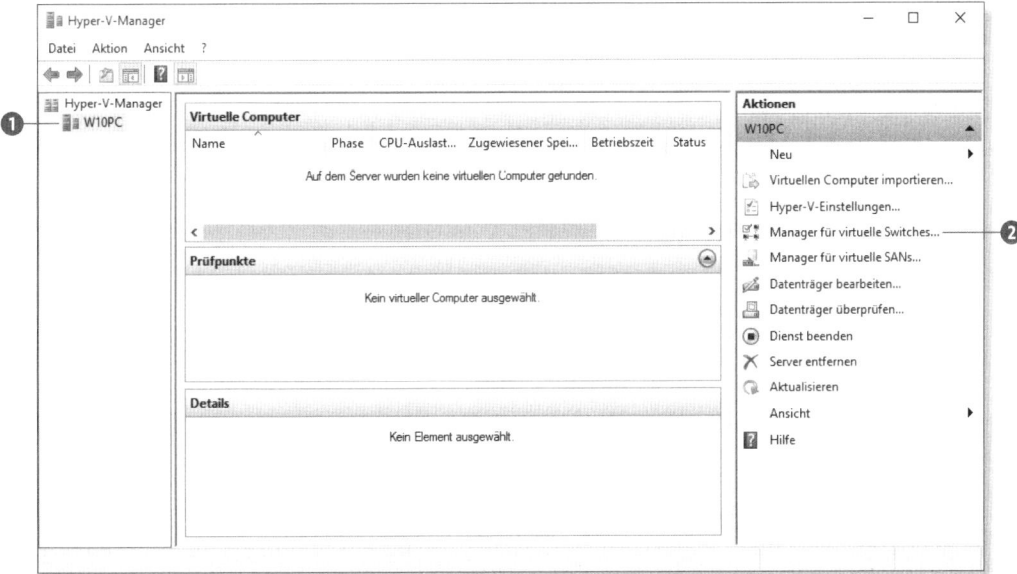

3 Selektieren Sie im linken Bereich des zusätzlich erscheinenden Dialogfelds den Eintrag **Neuer virtueller Netzwerkswitch** ❸ und im rechten Bereich unter **Welche Art von virtuellem Switch möchten Sie erstellen?** den Eintrag **Extern** ❹. Klicken Sie anschließend auf die Schaltfläche **Virtuellen Switch erstellen** ❺.

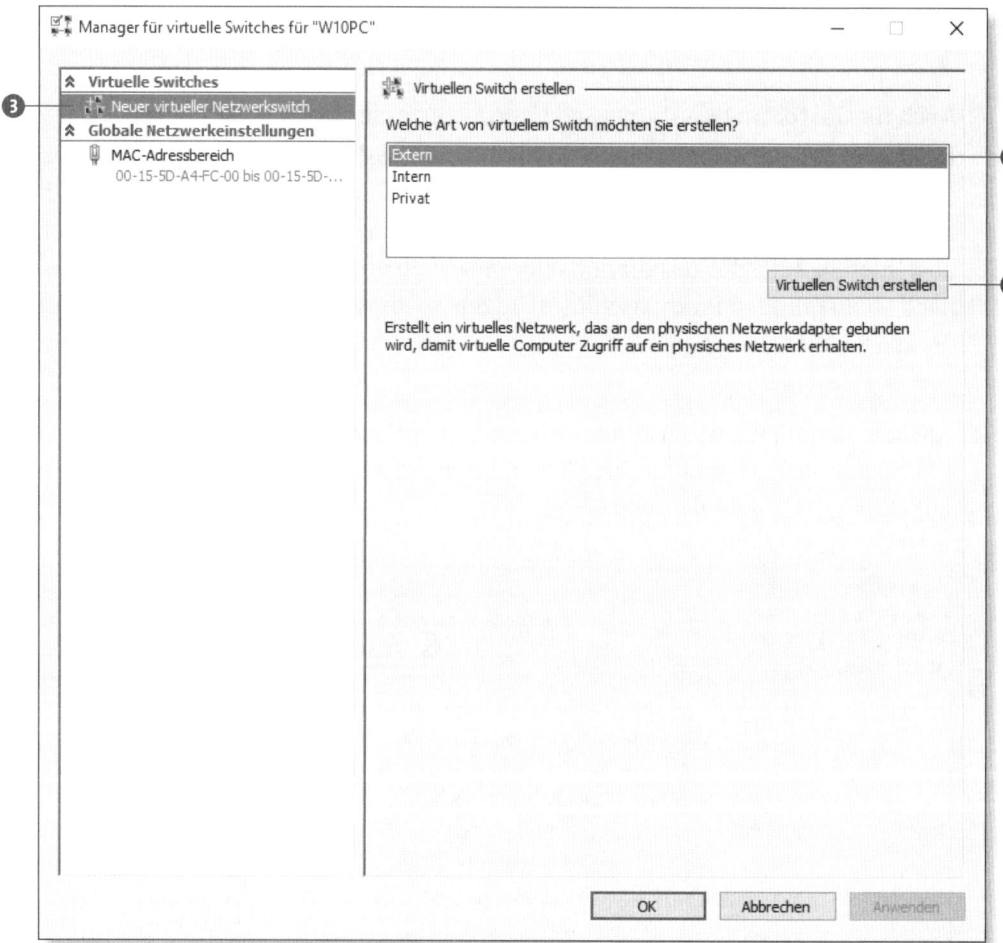

4 Geben Sie auf der nächsten Seite des Dialogs einen neuen Namen für den virtuellen Netzwerkswitch an oder belassen Sie es bei der Voreinstellung **Neuer virtueller Switch** ❻. Geben Sie im Abschnitt **Verbindungstyp** einen physischen Netzwerkadapter an ❼. In der Regel ist hier die passende Netzwerkkarte bereits voreingestellt. Klicken Sie unten auf die Schaltfläche **Anwenden** ❽, nachdem Sie alle Einstellungen getroffen haben.

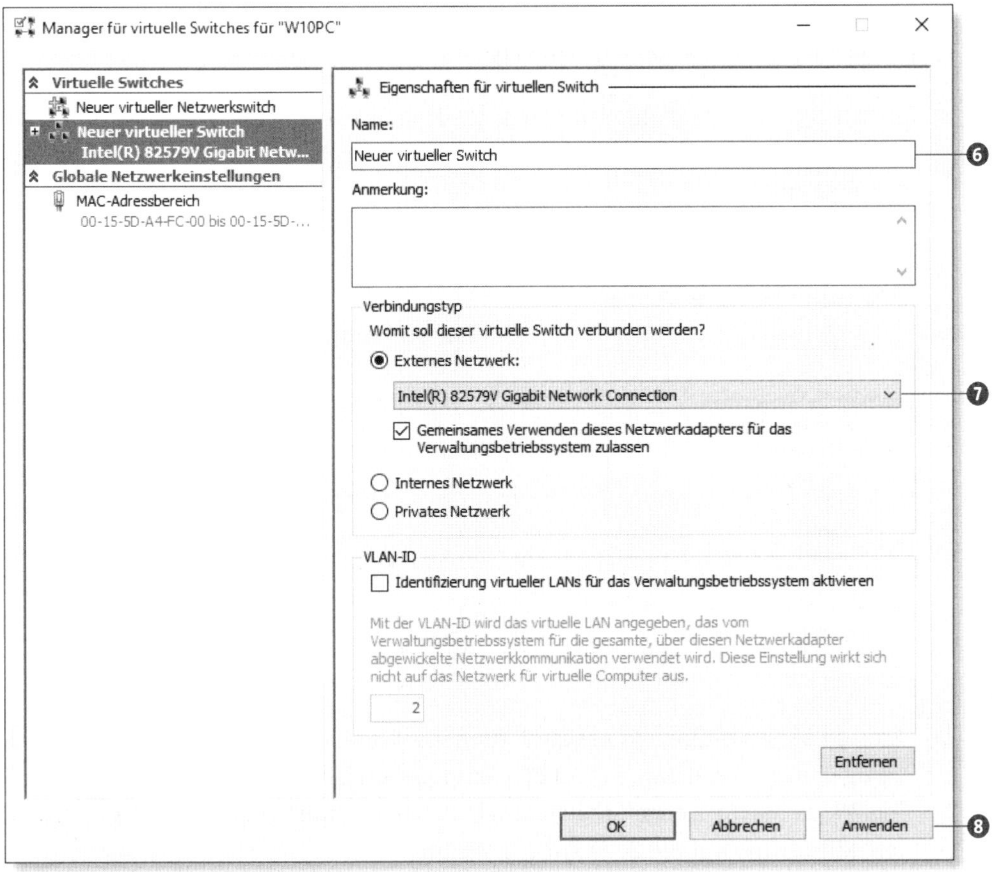

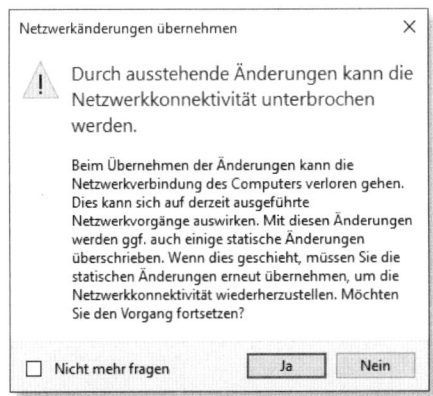

5 Eventuell erscheint nun eine Warnmeldung, dass durch ausstehende Änderungen die Netzwerkkonnektivität unterbrochen werden kann. Bestätigen Sie die Frage, ob Sie den Vorgang fortsetzen wollen, mit **Ja**.

6 Schließen Sie das Dialogfeld **Manager für virtuelle Switches für "<Computername>"**, indem Sie auf die **OK**-Schaltfläche klicken.

7 Klicken Sie nun im rechten Bereich des Hyper-V-Managers auf die Aktion **Neu ▶ Virtueller Computer**. Damit starten Sie einen Assistenten zum Erstellen von virtuellen Computern.

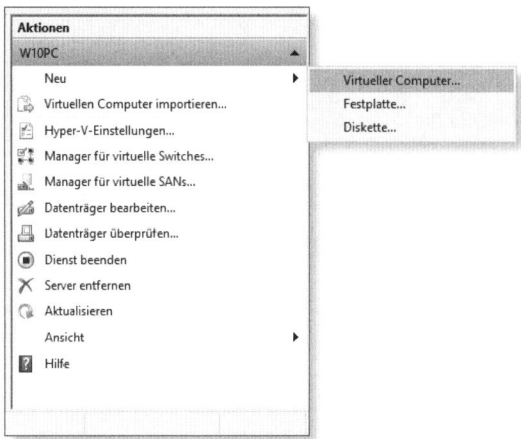

8 Klicken Sie im Dialogfeld **Assistent für neue virtuelle Computer** auf die Schaltfläche **Fertig stellen**, um einen virtuellen Computer mit Standardeinstellungen zu erstellen. Wenn Sie die Einstellungen des virtuellen Computers selbst konfigurieren wollen, klicken Sie auf die Schaltfläche **Weiter**.

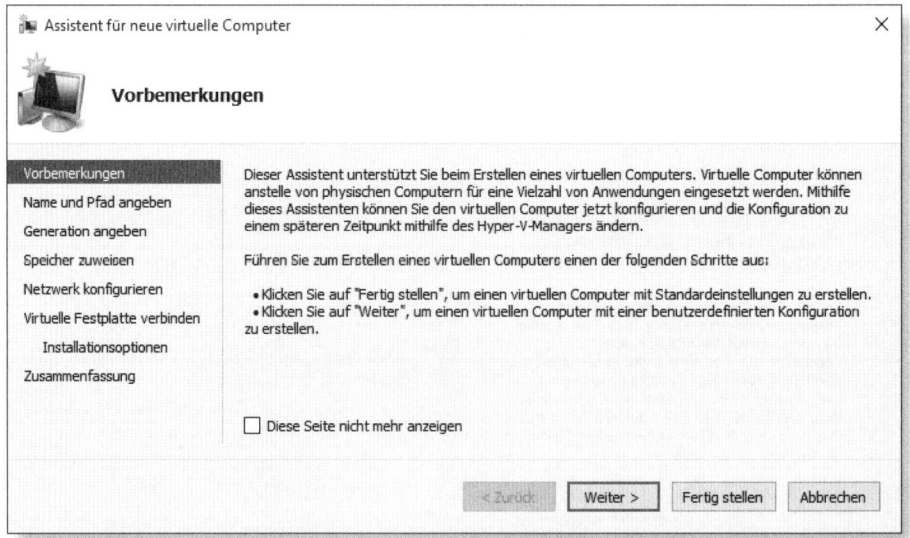

9 Geben Sie auf der nächsten Seite des Assistenten gegebenenfalls einen eigenen Namen für den virtuellen Computer ein, indem Sie den Vorgabetext **Neuer virtueller Computer ❾** überschreiben. Es bietet sich z. B. an, den Namen nach dem Betriebssystem, das auf dem virtuellen Computer installiert werden soll, zu wählen. Nennen Sie den virtuellen Computer beispielsweise »Windows 7 Ultimate«, wenn Sie beabsichtigen, dieses Betriebssystem zu installieren.

10 Standardmäßig werden die Daten von virtuellen Computern im Ordner **Microsoft\ Windows\Hyper-V** des Programmverzeichnisses gespeichert. Möchten Sie für den virtuellen Computer einen anderen Speicherort festlegen, aktivieren Sie das entsprechende Kontrollkästchen ❿ und geben den gewünschten Pfad an oder wählen den Speicherort über die **Durchsuchen**-Schaltfläche ⓫ aus.

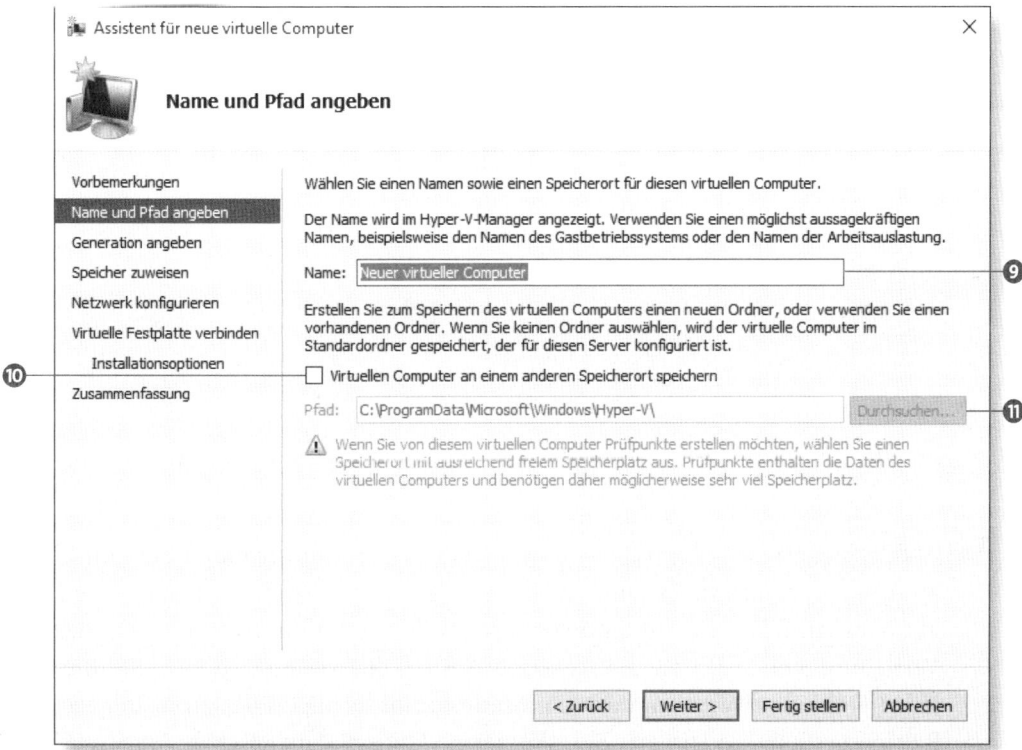

11 Klicken Sie auf der Seite **Name und Pfad angeben** auf **Weiter**, um zum nächsten Konfigurationsschritt zu gelangen. Mit **Fertig stellen** erstellen Sie den virtuellen Computer mit dem angegebenen Namen und Speicherort, ansonsten werden die Standardeinstellungen verwendet.

12 Wenn Sie beabsichtigen, auf dem virtuellen Computer Windows Server 2012 oder höher oder eine 64-Bit-Version von Windows 10 oder Windows 8 bzw. Windows 8.1 zu installieren, können Sie auf der Seite **Generation angeben** das Optionsfeld **Generation 2** aktivieren. Belassen Sie es andernfalls bei der voreingestellten Auswahl von **Generation 1**.

13 Auf der nächsten Dialogseite weisen Sie dem virtuellen Computer ein Kontingent an Arbeitsspeicher zu ⓬. Dieses sollte sich nach dem Betriebssystem richten, das auf dem virtuellen Computer installiert werden soll, und natürlich nach den zur Verfügung stehenden Ressourcen des Hostbetriebssystems. Geben Sie hier auf jeden Fall einen Wert an, der den Mindestanforderungen des zu installierenden Betriebssystems entspricht. Bei aktivierter Option **Dynamischen Arbeitsspeicher für diesen virtuellen Computer verwenden** ⓭ wird nicht genutzter Arbeitsspeicher zwischen virtuellem Computer und Hostbetriebssystem und gegebenenfalls auch zwischen mehreren virtuellen Computern, die gleichzeitig ausgeführt werden, bedarfsgerecht verteilt. Klicken Sie wiederum auf **Weiter**, um zum nächsten Konfigurationsschritt zu gelangen.

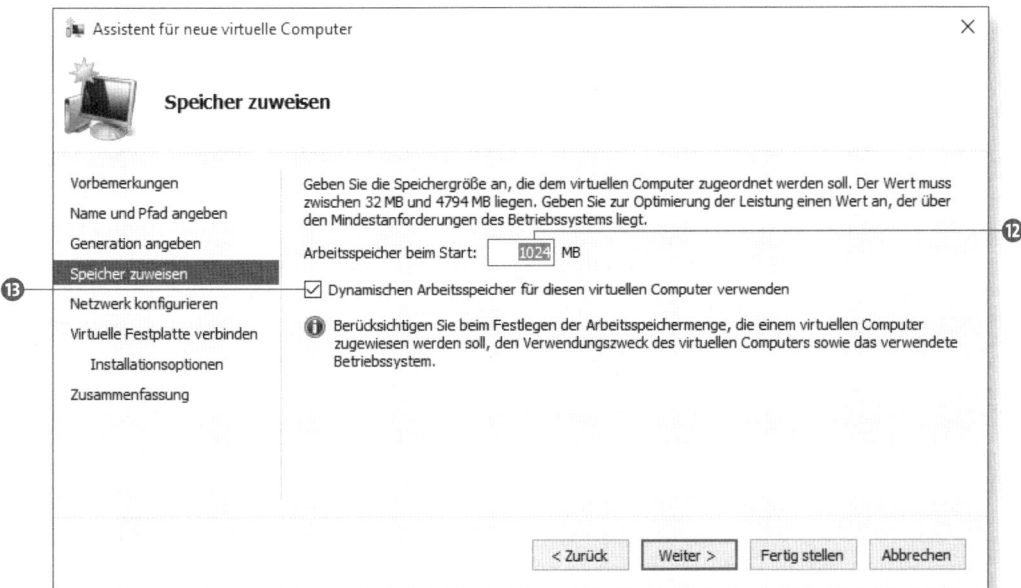

14 Wählen Sie auf der nächsten Seite des Assistenten den zuvor erstellten Netz-werkswitch aus. Stellen Sie also in der Liste den Namen ein, den Sie in Schritt 4 für den Netzwerkswitch vergeben haben. Wenn Sie es bei der Vorgabe belassen haben, heißt dieser **Neuer virtueller Switch**. Bestätigen Sie auch diese Seite mit **Weiter**.

15 Geben Sie auf der nächsten Dialogseite die gewünschten Daten (**Name**, Speicherort ⑭, **Größe**) für die zu erstellende virtuelle Festplatte an. Klicken Sie wiederum auf **Weiter**, um zur Seite **Installationsoptionen** zu gelangen.

Um der virtuellen Maschine eine bereits vorhandene virtuelle Festplatte zuzuweisen, aktivieren Sie auf der Seite **Virtuelle Festplatte verbinden** die Option **Vorhandene virtuelle Festplatte verwenden** ⑮ und geben anschließend den Speicherort der Festplatte an (Hyper-V speichert virtuelle Festplatten als Dateien mit der Erweiterung **.vhdx**).

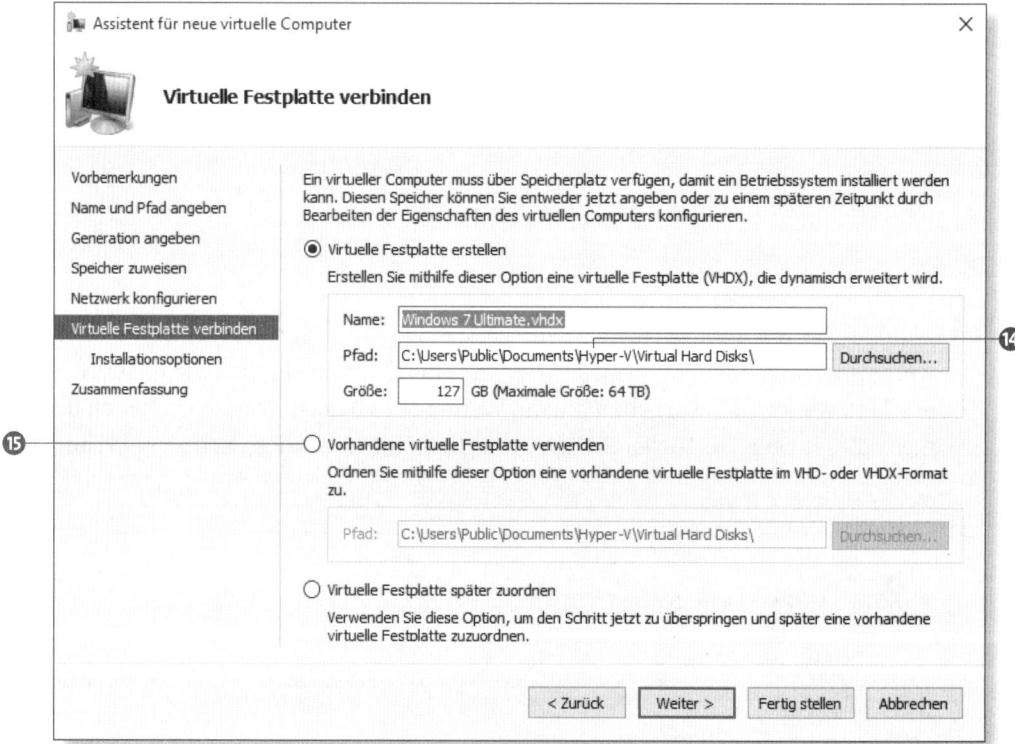

16 Auf der Seite **Installationsoptionen** können Sie jetzt sogleich veranlassen, ein Gastbetriebssystem zu installieren. Aktivieren Sie in diesem Fall die entsprechende Option, z. B. **Betriebssystem von einer startbaren CD/DVD-ROM installieren**. Um das Betriebssystem erst später zu installieren – was wir hier tun werden –, belassen Sie es bei der voreingestellten Option **Betriebssystem zu einem späteren Zeitpunkt installieren** und klicken auf **Weiter**.

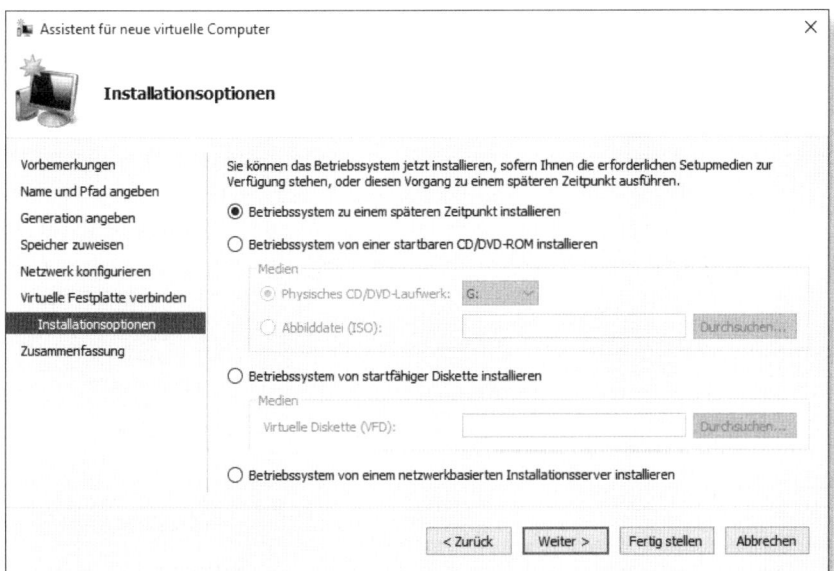

17 Auf der letzten Seite des Assistenten sehen Sie noch einmal eine Zusammenfassung aller gewählten Einstellungen. Wenn Sie noch etwas ändern wollen, klicken Sie entweder auf die **Zurück**-Schaltflächen oder Sie navigieren direkt zur entsprechenden Konfigurationsseite, indem Sie diese im linken Bereich des Dialogfeldes anklicken. Klicken Sie auf die Schaltfläche **Fertig stellen**, um die virtuelle Maschine mit den entsprechenden Einstellungen zu erstellen.

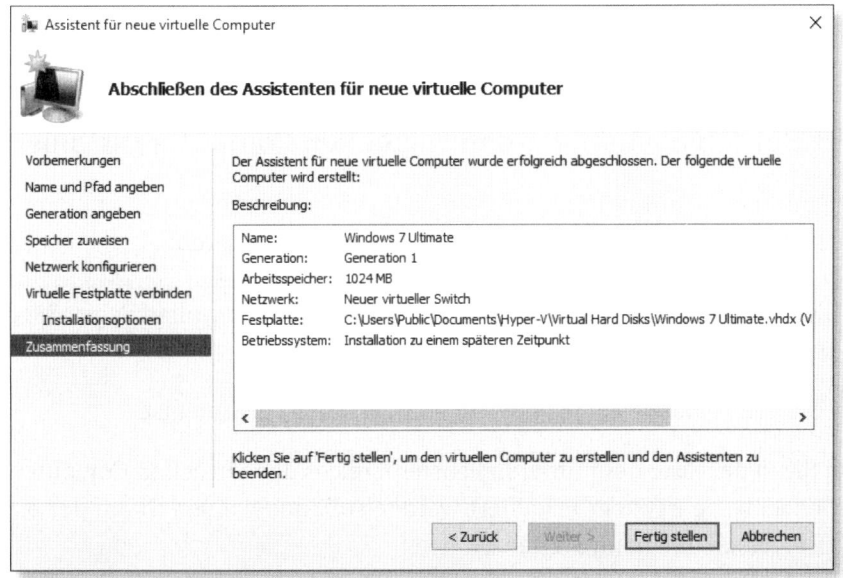

Nachdem der virtuelle Computer erstellt worden ist, erscheint im mittleren Bereich des Hyper-V-Managers im Abschnitt **Virtuelle Computer** ein entsprechender Eintrag ⑱.

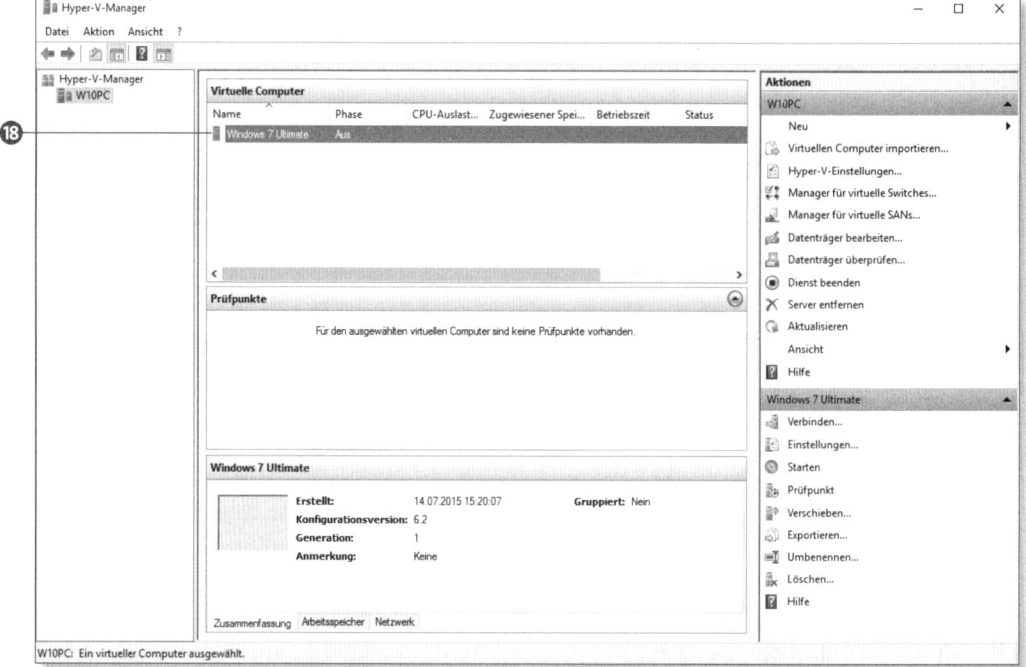

Abbildung 19.2 Hyper-V-Manager nach dem Erstellen des virtuellen Computers »Windows 7 Ultimate«

19.4   Ein Betriebssystem auf dem virtuellen Computer installieren

Führen Sie folgende Schritte durch, um auf einem virtuellen Computer, auf dem noch kein Betriebssystem installiert ist, ein Betriebssystem zu installieren:

1 Wenn Sie das Gastbetriebssystem von einer DVD installieren wollen, legen Sie diese in das DVD-Laufwerk Ihres Computers ein.

2 Starten Sie den Hyper-V-Manager, wenn er nicht bereits geöffnet ist.

3 Wählen Sie in der Liste des mittleren Fensterbereichs den virtuellen Computer aus, auf dem das Betriebssystem installiert werden soll, und wählen Sie in der oberen Menüleiste **Aktion** und dann **Starten** ❶.

Alternativ klicken Sie den Eintrag der virtuellen Maschine mit der rechten Maustaste an und wählen den Befehl **Starten** im Kontextmenü. Der gleiche Befehl steht auch im Abschnitt des virtuellen Computers im rechten Fensterbereich zur Verfügung ❷.

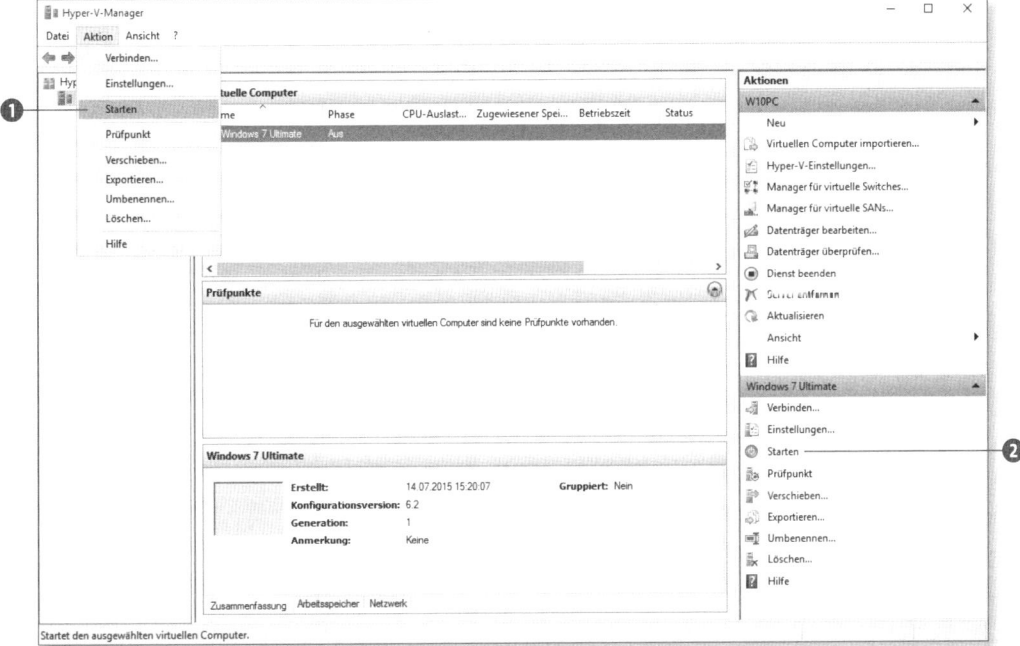

4 Klicken Sie gegebenenfalls im Hyper-V-Manager doppelt auf den Eintrag der virtuellen Maschine, um deren Fenster zu sehen, oder wählen Sie den Befehl **Verbinden**. Auch dieser Befehl steht an den oben genannten Stellen zur Verfügung: in der oberen Menüleiste im Menü **Aktion**, im Aktionsbereich im Abschnitt des virtuellen Computers und im Kontextmenü des Eintrags des virtuellen Computers.

5 Klicken Sie in der oberen Menüleiste des Fensters des virtuellen Computers auf **Medien** und wählen Sie im Weiteren das Installationsmedium aus, z. B. eine ISO-Datei oder die Setup-Datei auf der Installations-DVD. Im letzteren Fall können Sie die Installation auch mit dem Befehl **<Laufwerksbuchstabe> aufzeichnen** im Untermenü von **DVD-Laufwerk** direkt starten.

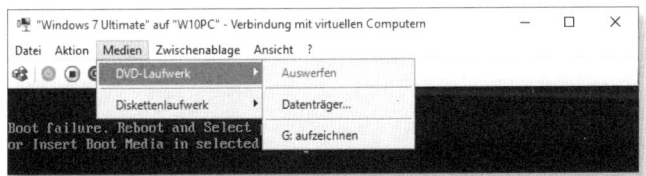

6 Starten Sie den virtuellen Computer neu, falls das Setup des Gastbetriebssystems jetzt nicht startet. Klicken Sie dazu im Fenster der virtuellen Maschine auf **Aktion ▶ Neu starten**.

Spätestens danach startet die Installation des Gastbetriebssystems automatisch. Gegenüber der Installation auf einem realen Computer ergeben sich hier keine Unterschiede.

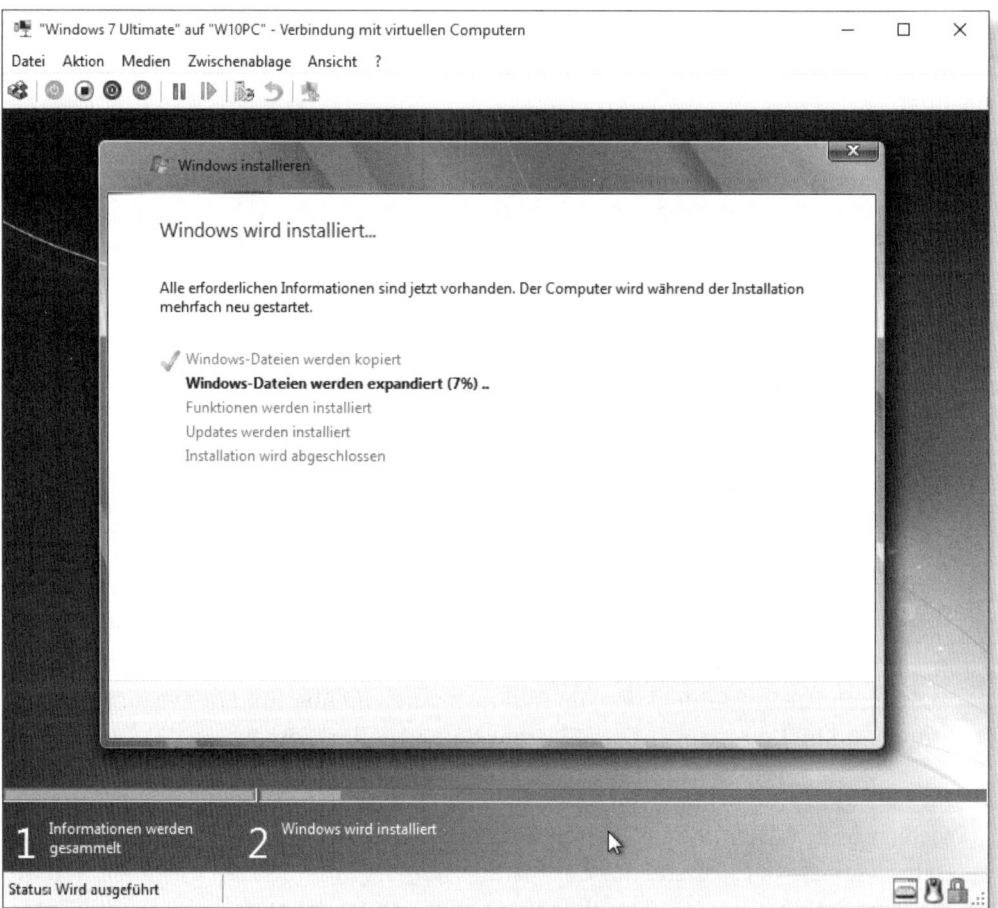

Abbildung 19.3 Das Gastbetriebssystem Windows 7 Ultimate wird auf dem virtuellen Computer installiert.

Stichwortverzeichnis

C

I

N

O